Photoshop Artworks Secret

신성일 지음

신군의

Photoshop Artworks Secret

2011. 3. 8. 1판 1쇄 발행
2017. 11. 20. 1판 5쇄 발행

저자와의
협의하에
검인생략

지은이 | 신성일
펴낸이 | 이종춘
펴낸곳 | BM 주식회사 성안당
주소 | 04032 서울시 마포구 양화로 127 첨단빌딩 5층(출판기획 R&D 센터)
　　　 10881 경기도 파주시 문발로 112 출판문화정보산업단지(제작 및 물류)
전화 | 02) 3142-0036
　　　 031) 950-6300
팩스 | 031) 955-0510
등록 | 1973. 2. 1. 제406-2005-000046호
출판사 홈페이지 | www.cyber.co.kr
도서 내용 문의 | karas1111@naver.com
ISBN | 978-89-315-5525-7 (13000)
정가 | 35,000원

이 책을 만든 사람들
기획 | 최옥현
진행 | 최동진, 김지영
교정·교열 | 보물섬
표지 디자인 | 디자인 뮤제
홍보 | 박연주
국제부 | 이선민, 조혜란, 김해영
마케팅 | 구본철, 차정욱, 나진호, 이동후, 강호묵
제작 | 김유석

■ **도서 A/S 안내**

성안당에서 발행하는 모든 도서는 저자와 출판사, 그리고 독자가 함께 만들어 나갑니다.
좋은 책을 펴내기 위해 많은 노력을 기울이고 있습니다. 혹시라도 내용상의 오류나 오탈자 등이
발견되면 **"좋은 책은 나라의 보배"**로서 우리 모두가 함께 만들어 간다는 마음으로 연락주시기
바랍니다. 수정 보완하여 더 나은 책이 되도록 최선을 다하겠습니다.
성안당은 늘 독자 여러분들의 소중한 의견을 기다리고 있습니다. 좋은 의견을 보내주시는 분께는
성안당 쇼핑몰의 포인트(3,000포인트)를 적립해 드립니다.

잘못 만들어진 책이나 부록 등이 파손된 경우에는 교환해 드립니다.

단순한 편집 프로그램의 기능을 뛰어넘어 상상력을 표현하는 과정을 전하다!

처음 '포토샵 리터칭 & 컴포징' 책을 출간하고 너무 힘들었기 때문에 다시는 집필하지 않겠다고 다짐했지만, 컴퓨터 앞에서 혹시나 하는 마음으로 자료 정리를 해 왔던 작업이 'Photoshop Artworks Secret' 이라는 책으로 출간되었습니다.

생각보다 예제가 많았고, 모든 예제가 합성 작업이었기 때문에 풀어쓰는 과정도 만만치 않았습니다. 그 동안 블로그나 이메일, 쪽지 등을 통해서 제 작업에 관심을 가져주신 분들에게 명쾌한 답이 될지는 가늠할 수 없지만, 제 노하우를 최대한 책에 담으려고 노력했습니다.

합성 작업의 기술적인 테크닉은 생각보다 어렵지 않습니다. 다만 합성 이전에 주제를 정하고, 이야기를 부여하고, 자신의 생각을 상대방이 느끼게 하는 작업은 '주제의 전달' 이라는 측면에서 볼 때 더욱 어렵게 다가올 수 있습니다.

저에게 작업 과정을 물어보는 주위 사람들이 참 많은데, 과정 자체를 설명하기보다 주제를 정하는 방식에 대해 많이 이야기하는 편입니다. 메인이 되는 사진에서 풍기는 이미지, 이미지에서 연상되는 느낌을 정리하고, 단어에서 연관되는 또 다른 단어들을 나열하고, 그 동안 보았던 책이나 작품, 좋은 작품을 보았을 때 느꼈던 작가의 감성 등은 생각의 발상에서 하나 둘 꺼낼 수 있는 중요한 요소가 될 수 있습니다.

이 책에서는 주로 주변 사람들이 부족한 제 작업에 궁금증을 느꼈던 부분에 대해 상세하게 다루었습니다. 합성 과정이 다소 지루하게 느껴질 수도 있지만, 다른 느낌의 오브젝트가 하나 둘씩 더해져서 하나의 이미지로 완성되어 가는 과정을 필자의 평소 작업 그대로 풀었습니다. 이번 출간은 부족한 저를 일깨워주는 작업이었습니다. 예제들을 정리하면서 저 스스로 부족했던 부분을 채울 수 있었기 때문에 집필하는 동안 다시 한 번 공부할 수 있었습니다.

끝으로 이 책이 출간되기까지 도움을 주신 성안당출판사 관계자분들과 늘 힘이 되어주신 쉐뮤엘 님, 아르세르크 님, 장현미 님, 그리고 제 블로그에 와서 늘 응원해 주시고 힘이 되어 주신 모든 분들께 감사의 마음을 전합니다.

저자 신 성 일

아트워크에 실무를 더하다! 아시아적이면서 강렬한 듯 신비한 색감, 그리고 그 색감 속에서 어우러져서 적절하게 배치되어 있는 오브젝트들이 들려주는 신군 님의 이야기 있는 작품을 보면서 작업 과정을 들여다보고 싶은 마음이 저절로 생겼습니다.

이 책은 이러한 많은 의문점들을 수년 동안 직접 체험한 신군 님만의 실무 노하우를 바탕으로 차근차근, 그리고 시원시원하게 풀 것이며, 포토샵을 다루는 여러분에게 또 하나의 커다란 지침서가 되어 줄 것입니다. 포토샵을 사랑하고, 특별히 포토샵을 통해 본인이 상상하는 것을 자유롭게 표현하려는 분들께 이 책을 권합니다.

아르세르크 / 리터칭 커뮤니티 R.E.M

단순한 '편집 프로그램'의 기능을 뛰어넘다! 어도비 크리에이티브 수트 중에서도 포토샵은 버금가는 툴이 없을 정도로 고유 기능이 탁월한 프로그램입니다. 하지만 근래에는 단지 얼굴의 잡티를 제거하고 글자 정도를 넣을 수 있는 편집 프로그램, 이른바 '뽀샵'이라는 신조어가 생길 정도로 평가절하되는 일이 벌어지고 있습니다. 하지만 포토샵은 인간의 내면 깊은 곳까지 숨어있던 상상력을 이끌어내는 현재 가장 위대한 창작 도구입니다. 포토샵은 이제 창조적이면서도 감성적인 영감과 이것을 뒷받침하는 기술까지 갖춘 신군의 내공과 함께 훌륭한 전자 예술 도구로 탈바꿈할 것입니다. 여러분은 이 책을 펴고 그와 함께 이 놀라운 예술 세계로 빠져들어 보세요.

김원석 / M미디어 팀장

상상력을 표현하는 과정을 전하다! 대중적으로 널리 퍼지는 포토샵 아트워크, 블로거로 유명한 신군 님의 노하우를 그대로 풀어쓴 이 책은 아트워크와 함께 다양한 분야의 합성 실무를 소개하면서 놀랍고 환상적인 작품들의 작업 과정을 자세히 전달하고 있습니다. 이 책에서는 단순히 포장된 이미지의 표현이 아니라 주제를 전달하려는 신군 님의 감성을 느낄 수 있는 현직 디자이너와 디지털 아트에 관심이 많은 사람들에게 많은 도움이 될 것입니다.

쉐뮤엘 / 리터칭 커뮤니티 R.E.M

상상했던 장면을 현실로 표현하다! 포토샵은 국내외에서 가장 많이 사용하는 그래픽 프로그램입니다. 전문가부터 일반 유저까지 다양한 유저들을 확보하면서 다양한 분야에서 활용되고 있습니다. 이 중에서도 합성을 통해 색다른 결과물을 창출할 수 있기 때문에 합성이 가장 많이 사랑받을 것입니다.

합성뿐만 아니라 다양한 실무를 다루는 이번 책은 '포토샵 마스킹 테크닉', '포토샵 아트워크', '인쇄 실무 디자인' 부분으로 구성되었고, 다양한 독자층을 대상으로 하면서 중급 이상의 레벨이어서 전문가가 되기 위한 교재로 충분합니다. 저자만의 독특한 기법을 배우고 활용할 수 있다는 것이 특징으로, 누구나 합성과 디지털 아트워크에 관심만 있다면 놀라운 효과를 경험할 수 있습니다. 또한 디지털 이미지를 활용하여 다양한 결과물을 창출할 수 있게 방법을 제시하고, 디자인 감각과 표현 방법을 기를 수 있게 도와줍니다. 최대한 실무를 기본으로해서 예제가 구성되어 있고, 저자의 노하우가 그대로 스며들어 있습니다. 또한 단계별로 구성된 예제 파일들을 통해 실력을 더욱 높일 수 있습니다.

임태승 / 오토사운드 편집장 & 포토그래퍼

온라인 동영상 교육 사이트를 8년 동안 운영하다 보니 요즘은 사람들이 어떤 교육을 원하는지 상담을 통해서 알게 됩니다. 요즘에는 포토샵 분야에서 최대 화두이자 트렌드는 바로 포토샵 아트워크입니다. 필자는 현재 블로그를 통해 포토샵 아트워크 예제들을 선보이고 있는데, 이들 예제도 매우 퀄리티가 높습니다. 이 책은 이러한 아트워크 예제들의 다양한 테크닉을 단계별로 알기 쉽게 설명했습니다. 따라서 요즘의 트렌드인 포토샵 아트워크 테크닉을 제대로 배우려는 사용자에게 이 책을 강력히 추천합니다.

필자는 현재 도서 출간과 함께 포토샵 아트워크 온라인 동영상 강의도 준비하고 있는데, 필자의 개인 웹 사이트를 방문하면 이러한 필자의 활발한 온라인 활동을 볼 수 있습니다. 포토샵 아트워크는 크게 어렵지 않다는 것을 좀 더 많은 사람들에게 보여주려는 필자의 노력에 큰 경의를 표합니다.

김동준 / 온라인 동영상 교육 사이트 IB아카데미 대표이 책은 포토샵을 활용한 이미지 합성과 보정의 노하우를 공개하면서 포토샵을 어려워하는 사용자들을 위해 제작되었습니다. 누구나 쉽게 럭셔리한 포토샵 작업을 디자인할 수 있게 하는 이 책을 놓치지 마세요!

Lesson

결과 파일 부록 CD\Theme03\Lesson03\고래.psd

03

프리윌리

영화 《프리윌리》를 아나요? 제멋대로이고 고집불통에 도둑질을 일삼아 경찰서를 제 집 드나들 듯 하는 문제소년 제시와 거대한 범고래의 우정과 사랑을 담은 영화인데, 영화 OST 중 마이클 잭슨이 불렀던 'Will you be there'을 듣던 중 오래 전에 보았던 포스터가 생각나서 비슷하게 만들어 보았는데, 구성은 아주 간단합니다. 이번에는 바다와 파도, 그리고 고래 과정을 따라하면서 'Water Splash'를 표현하는 방법에 대해 알아보겠습니다.

예제 파일
부록 CD를 통해 실습에 필요한 모든 예제 파일을 제공합니다.

결과 파일
예제 파일을 불러와서 이미지를 합성 및 보정하여 작업한 결과물을 부록 CD에 담았습니다.

Step **02** **돌고래 합성하기**

돌고래 사진을 불러온 후 점프하면서 생기는 스플래시 효과를 표현하는 방법에 대해 알아보겠습니다.

예제 파일 부록 CD\Theme03\Lesson03\돌고래.jpg, splash2.jpg

01 부록 CD에서 '돌고래.jpg' 파일을 불러옵니다. 'Path' 파일을 선택하고 Ctrl 를 누른 채 작업 창을 클릭하여 선택 영역으로 만들어 줍니다. 02 단축키 Ctrl + A, Ctrl + C, Ctrl + W, Ctrl + V 를 차례대로 눌러 현재 작업 창에 붙여놓습니다. 그런 다음 단축키 Ctrl + T 를 눌러 다음의 그림과 같이 크기와 위치를 조절하세요.

글자 아래쪽에 명암 넣기

글자 'Music Space'를 복사해 블렌딩 모드를 'Multiply'로 변경하고 마스크를 씌웁니다. 그리고 그러데이션을 위에서 아래로 적용해 글자의 아랫부분을 어둡게 하고 위의 밝은 부분을 살립니다.

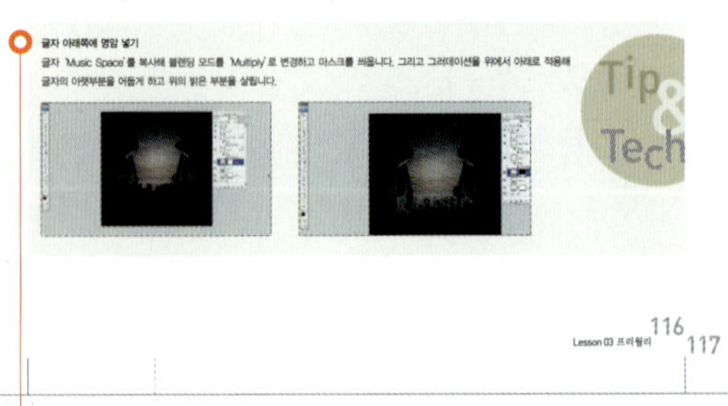

레슨 제목 및 발문
각 레슨에서 학습할 제목과 배울 중요한 핵심 내용을 파악할 수 있습니다.

Step by Step
각 레슨에서 학습할 내용 중 가장 중요한 3단계를 수록해 작업 과정을 한눈에 볼 수 있습니다.

Tip & Tech
앞에서 배운 스텝 과정을 응용하여 추가로 꼭 알아야 할 사항이나 새로운 기능을 소개합니다.

About this book 총 5개의 테마(Theme)와 39개의 레슨(Lesson)으로 구성되었습니다. 초보자가 쉽게 따라할 수 있게 각 작업에 대한 내용을 빠짐 없이 설명하고, 각 레슨은 내용별로 2~3개의 스텝(Step)으로 구분해서 단계별 학습이 가능합니다.

따라하기
예제를 직접 활용하여 익히는 과정으로, 따라하기 방식으로 구성되었습니다. 또한 체계적으로 단계를 구성해 누구나 쉽게 학습할 수 있습니다.

Q & A 이럴 땐 이렇게 하세요
포토샵 작업을 하면시 문제가 발생하거나 해결짐을 못 찾을 때 이곳을 참고하세요. 필자의 비법이 담겨있어서 가이드 역할을 할 것입니다.

Special Page
필자가 그 동안 작업한 작품집으로, 하나의 이미지를 작업하면서 느낀 점과 작품의 의도를 알 수 있습니다.

부록 CD의 구조
이 책의 부록 CD에는 각 테마의 실습 파일이 수록되어 있습니다. 실습용이라고 해서 한번 사용하고 버리는 것이 아니라 실전에서도 적용할 수 있도록 고품위의 소스들이 많으니 꼭 확인해서 여러분의 것으로 만드세요.

CONTENTS

04 Theme 프린트 디자인을 위한 합성 및 보정

CONTENTS

05 Theme 텍스트 이펙트와 리터칭

뜨거운 태양과 시원한 물놀이, 잠수 호스 등을 이용해 여름의 특징을 보여준 모습

글자는 단순히 읽혀지기 위해서 존재하지 않는다.

평화로운 초원에 곤히 잠든 걸리버 아기

부드러운 느낌의 동화 속 천사 이미지 만들기

심하게 출렁이는 파도 위에서 솟구치는 돌고래의 몸짓

오래된 다이어리 속의 낡은 사진처럼 소매 묻은 일기장 느낌 만들기

사람들의 발걸음 속에서 비와 함께 슬픔이 전해지는 정적인 모습

산봉우리 정상에 우뚝 솟은 손 바위의 사실적인 느낌 표현하기

스피커 진동을 타고 흐르는 음악의 떨림을 생동감 있게 표현하기

영화 '13일의 금요일' 에 나오는 제이슨과 같은 느낌으로 인물 이미지 변형하기

커다란 바위섬 위에 아름다운 여인(인어공주)이 누워있는 모습

힘들수록 현실에서 도망치려고 하는 고단한 삶

꿈꾸는 듯한 상상을 주제로 담은 디지털아트

나만의 세상을 상상해 본 모습

아프리카 동물을 합성해 새로운 동물을 만들어서 분위기 있는 이미지로 탈바꿈하기

'자유' 라는 주제로 하늘을 날고 싶은 느낌 만들기

비트감이 강한 음악이나 댄싱 페스티벌을 표출한 역동감이 느껴지는 모습

물이 튀는 이미지에서 Water Splash 소스를 추출해 점프하는 인물 이미지에 합성한 역동적인 모습

구속이나 틀에 박힌 사고에서 벗어나 자유를 꿈꾸는 느낌

힘이 느껴져야 하므로 불을 넣어 열정을 표현하고 축구공을 넣어 균형을 잡아준 모습

피부 조직의 아래쪽에 있는 작은 혈관과 근육 조직들이 모여 인체를 이룬 작은 패턴의 모습

음악과 자연을 주제로 MP4 제품을 담은 포스터

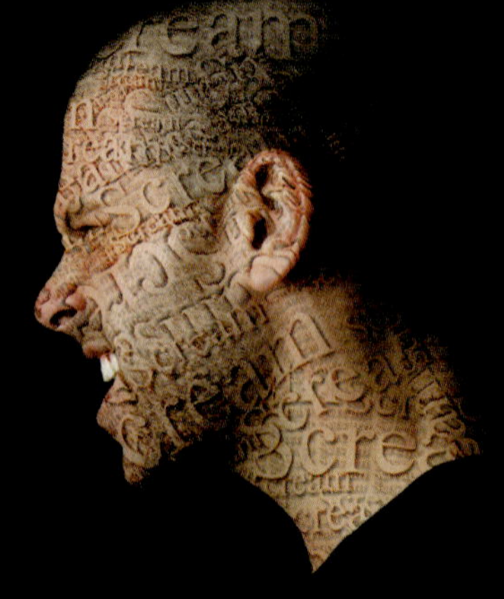

인물의 굴곡에 따라 흘러가는 듯한 글자 효과 적용하기

요식업 관련된 책자 표지 _ 토끼의 점심식사

바닥을 뚫고 지면 위로 향하는 텍스트 이펙트

3D 타입의 글자에 효과를 적용해 입체감 있는 글자 만들기

겨울산행에서 찍은 사진에 글자를 분산시켜서 배치해 눈의 느낌 살리기

원색의 느낌이 살아있는 평범한 사진을 회화풍의 이미지로 러터칭하기

샤픈 디테일이 살아난 강렬한 이미지 풍기기('Lucis Art' 필터 적용)

거북이 등에 작은 언덕 합성하기

인체 형상의 나무 의인화하기

대자연 속 여인의 누드에서 뿜어져 나오는 나비 합성하기

작은 돌맹이를 이용한 성 만들기

스피커를 이용하여 생동감 있는 화면 구성하기

제품 사진을 이용한 포스터

존재하지 않는 세상, 존재하지 않는 장면 연출하기

같은 공간, 전혀 다른 두 가지 장면 구성하기

생각의 반전, 화면의 역구성

걸리버 인간 만들기

Summer
Cool하고 Hot뜨거운 여름이야기

Photoshop Artworks Secret

합성 작업을 위한
포토샵의 기초 다지기

필자는 항상 주변 사람들에게 '합성'은 쉬운 작업이라고 이야기합니다. 왜냐하면 합성 자체에는 많은 기술이 필요하지 않기 때문입니다. 합성 작업에서는 '레이어'와 '레이어 마스크' 외에 별다른 기술적인 요소가 많이 추가되지 않습니다. 합성 작업을 많이 해 보지 않았다면 어떠한 특별한 기술이 있을 것이라고 생각할 수 있습니다. 하지만 필자는 3D나 별도의 프로그램으로 특정한 오브제트를 제작하지 않는 범위 안에서 합성 작업에 필요한 기술은 많이 필요 없다고 생각합니다.

결과 파일 부록 CD\Theme01\Lesson01\그룹레이어.psd, 바다.jpg

수많은 레이어를
그룹으로 관리하기

합성 작업을 하다 보면 수많은 레이어가 쌓입니다. 필자는 배경 뿐만 아니라 합성된 오브젝트마다 별도의 그룹 레이어로 관리하기 때문에 나중에 다른 작업을 할 때 쉽게 소스로 활용할 수 있습니다. 노을 지는 배경에 사람을 합성할 경우 사람과 인물 테두리에 비치는 하이라이트와 그림자의 세 가지 요소가 하나의 그룹 레이어가 됩니다. 이번에는 'Layers' 팔레트를 이용해 작업한 데이터를 살펴보겠습니다.

01 보이는 데이터의 그룹 레이어입니다. 각 그룹에는 적게는 3개, 많게는 6개의 레이어가 포함되어 있고, 전체 레이어의 개수는 25개 이상입니다.

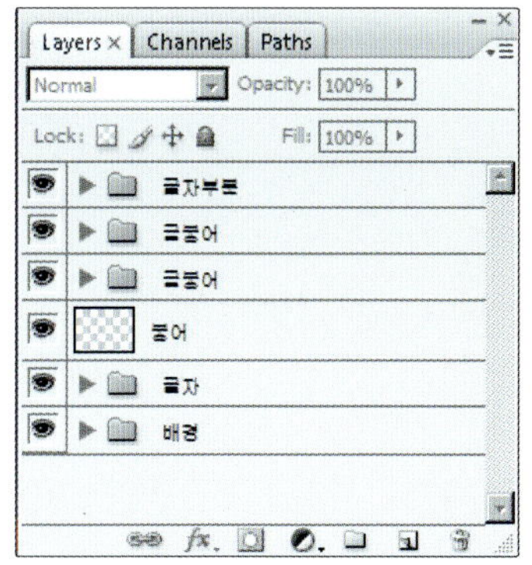

02 그룹 레이어의 옆에 있는 확장 아이콘(▣)을 클릭하면 안에 포함되어 있는 레이어들을 볼 수 있습니다.

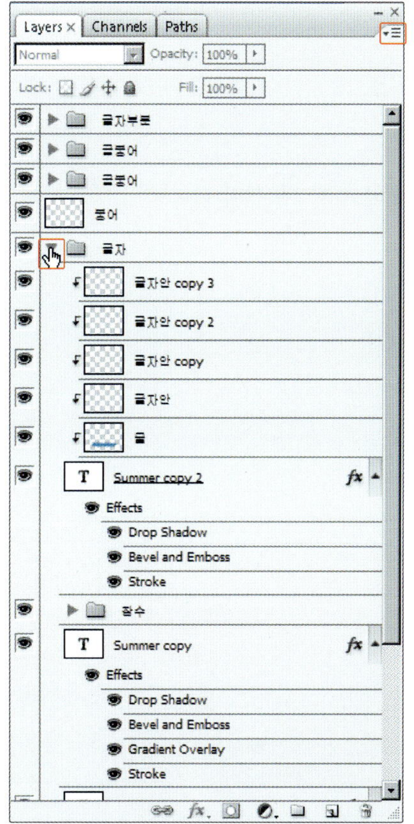

03 눈 아이콘(◉)을 클릭하면 그룹 레이어에 포함된 하위 레이어가 보이지 않습니다.

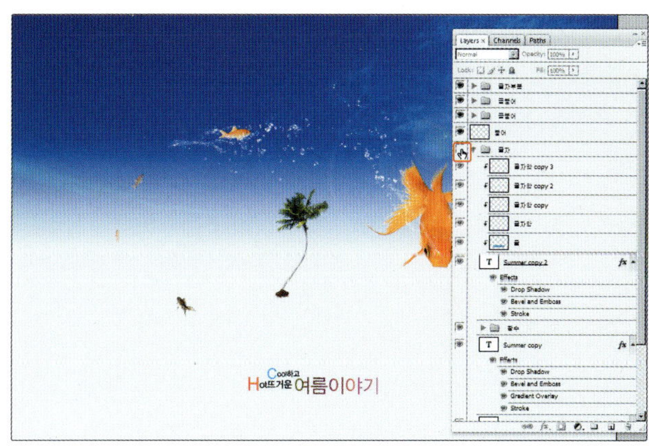

04 '바다.jpg' 이미지를 불러와서 배경에 넣었습니다.

05 마스크를 적용한 'Layer 8' 레이어는 일반적인 레이어 상태입니다.

06 '글자' 그룹 레이어에 마스크를 씌웁니다.

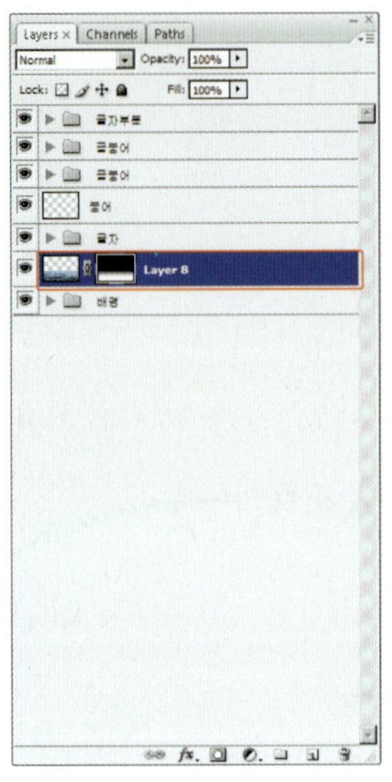
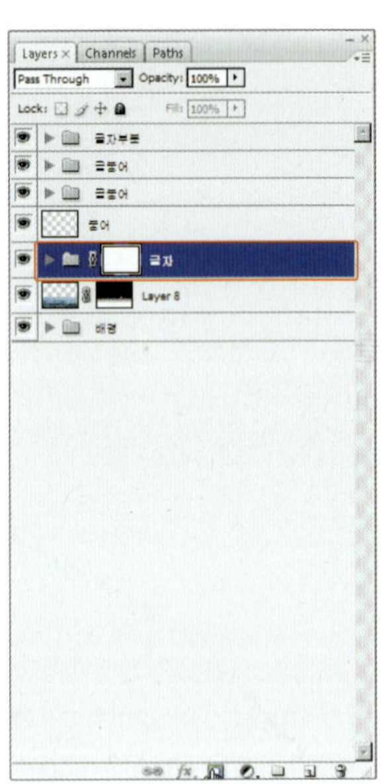

07 글자의 아랫부분을 가리기 위해 마스크를 씌우고 브러시 툴(■)을 선택한 후 전경색을 검은색(■)으로 지정합니다.

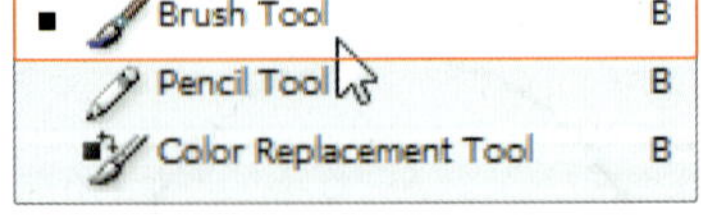

08 옵션바의 'Opacity' 수치값을 조절하면서 글자의 아랫부분을 문지릅니다. 그러면 그룹 레이어에 있는 낱개 레이어의 원본 속성을 유지한 상태에서 그룹 레이어에만 마스크가 적용됩니다.

09 'Layers' 팔레트의 아래쪽에 있는 'Create New Group' 아이콘(🔲)으로 '글자' 레이어를 드래그해 복사합니다.

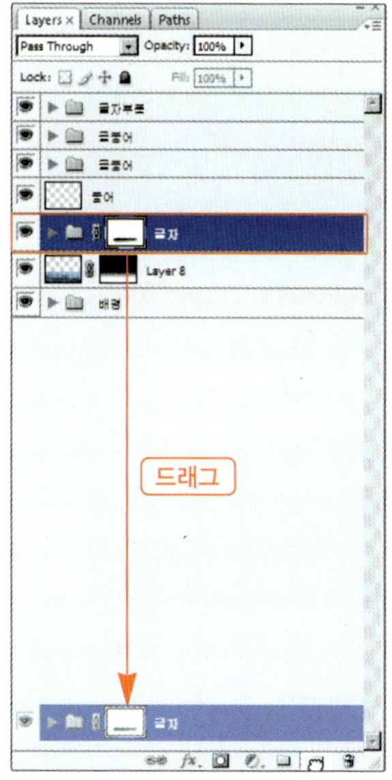

10 단축키 Ctrl + T 를 눌러 실행하고 마우스 오른쪽 버튼을 클릭한 후 바로 가기 메뉴에서 'Flip Vertical'을 선택해서 이미지를 상하 반전시킵니다.

11 반전된 그룹 레이어의 'Opacity' 수치값을 조절하여 반영을 표현합니다. 그룹 상태에서 크기 조절과 블렌딩 모드 변경, 마스크 적용 등이 가능하고 그룹 속에 포함되어 있는 레이어의 속성은 변경되지 않습니다. 다만 그룹 상태에서는 필터를 적용하거나, 컬러를 직접적으로 변경하거나, Free Transform을 적용할 때 'Warp' 명령이 적용되지 않습니다.

12 Shift 를 누른 상태에서 배경을 제외한 나머지 레이어들을 선택하고 Ctrl + G 를 누릅니다.

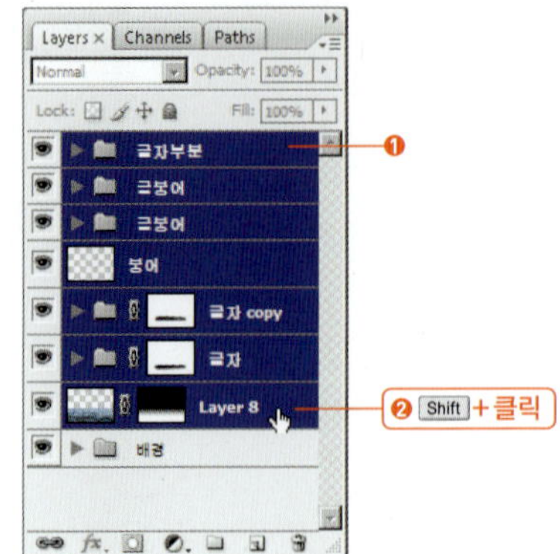

13 여러 개의 그룹 레이어와 일반 레이어를 포함한 'Group 1' 레이어를 만들었습니다. 왼쪽에 있는 확장 아이콘(▶)을 켜면 그 속에 포함된 레이어들을 볼 수 있습니다.

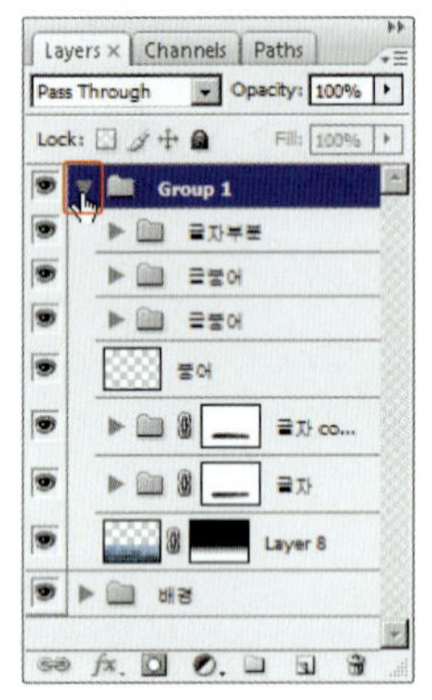

14 'Group' 과 'Layer' 를 선택할 때의 옵션 조절 기능은 간단 하지만 잘 모르는 기능입니다. 일반적으로 Ctrl 을 누른 상태에 서 선택하려는 이미지를 선택합니다. 해당 레이어만 선택하고 싶은데 그룹 레이어가 선택되었을 때는 옵션바의 'Group' 과 'Layer' 의 지정을 확인하세요.

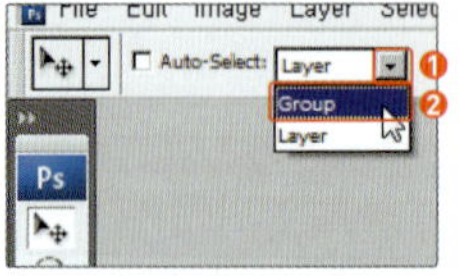

15 그룹으로 지정한 후 Ctrl +이동 툴(⊕)을 누른 상태에서 클릭하면 그룹 레이어가 선택됩니다.

16 옵션바의 지정을 'Layer' 로 변경합니다.

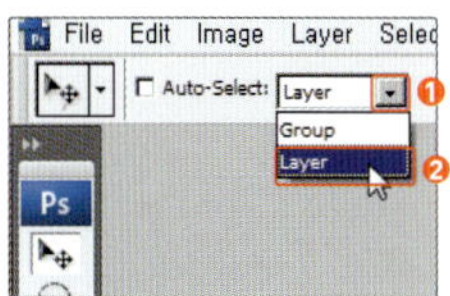

17 Ctrl +이동 툴(⊕)을 누른 상태에서 클릭하면 일반 레이어가 선택됩니다.

18 합성 작업하면서 레이어를 그룹으로 관리할 때 많이 사용하는 옵션입니다. 필자의 경우 대부분 'Layer' 상태로 지정한 후 사용합니다.

예제 파일 부록 CD\Theme01\Lesson02\마스크활용.psd
결과 파일 부록 CD\Theme01\Lesson02\마스크활용-결과.psd

02

합성 마스크만 알아도 50% 성공!

나중에 설명할 Theme 03, Theme 04, Theme 05에서 다루는 예제들의 절반 이상은 마스크 기능을 사용합니다. 마스크는 간단하고 편리하지만, 합성 작업할 때 가장 중요한 필수 기능입니다. 다음 작업의 원리는 매우 간단합니다. 마스크를 씌워 계곡 이미지를 제외한 부분을 검은색으로 칠해서 가린 것으로, 부록 CD에 포함된 파일을 이용해서 과정을 따라해 보세요.

01 부록 CD에서 '마스크활용.psd' 파일을 불러옵니다.

02 'Layers' 팔레트에서 '계곡' 레이어의 눈 아이콘(👁)을 켭니다.

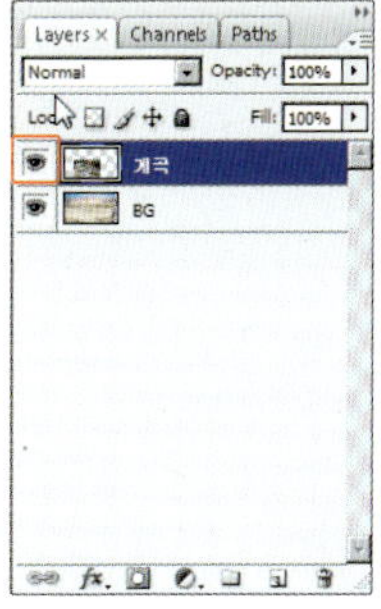

03 'Layers' 팔레트의 아래쪽에 있는 'Add Layer Mask' 아이콘(◻)을 클릭해서 마스크를 씌웁니다.

04 툴바에서 브러시 툴(✏)을 선택하고 전경색을 검은색(◼)으로 지정합니다.

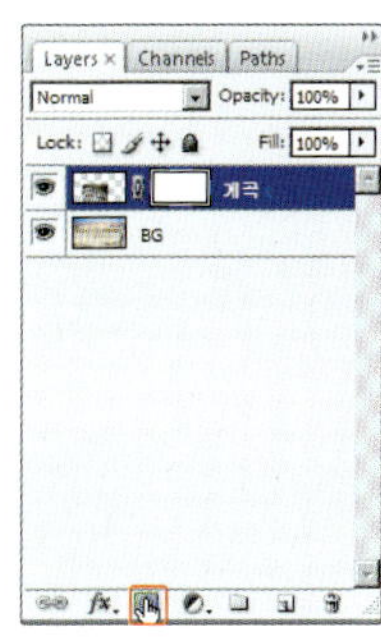

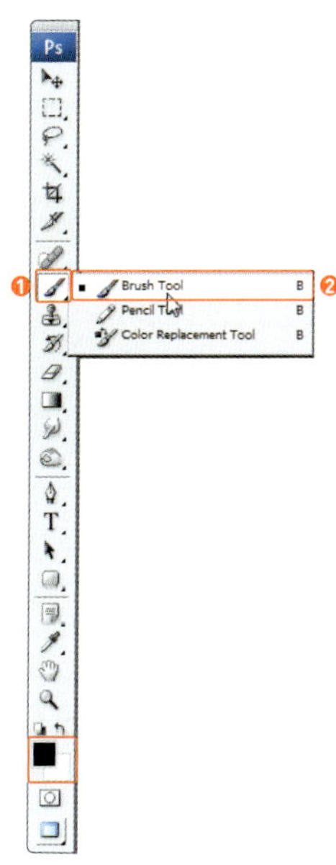

05 옵션바의 'Brush' 를 클릭해 'Soft Round' 는 '100pixel' , 'Opacity' 는 '50%' 로 지정합니다.

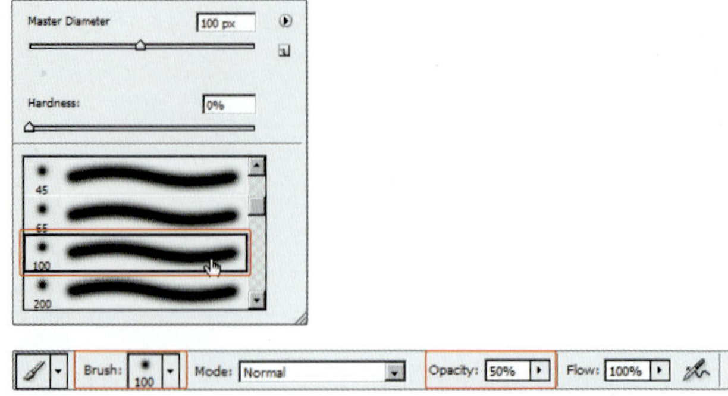

06 불필요한 부분을 문지릅니다. 이렇게 문지르면 문지르는 부분의 이미지가 가려지는데, 지워지는 것은 아닙니다.

07 이미지를 확대하고 옵션바의 'Opacity' 를 조절하면서 문지릅니다.

08 보이는 것처럼 쉽게 마스크 작업만으로 합성할 수 있습니다.

09 'Layers' 팔레트에서 '계곡' 레이어의 마스크 창을 선택합니다.

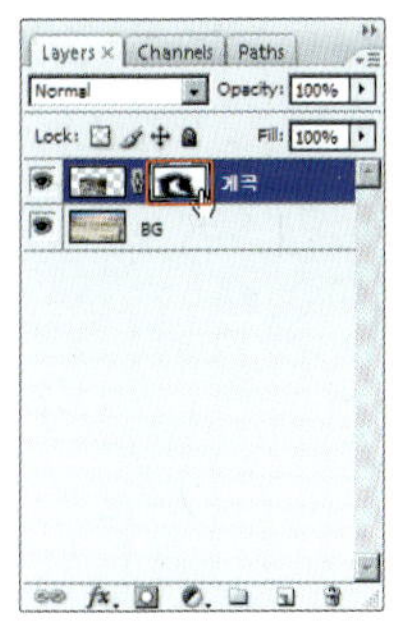

10 'Edit' → 'Fill' 메뉴를 선택해서 'Fill' 대화상자를 나타내고 'Use'에서 'White'를 선택한 후 'OK' 버튼을 클릭합니다.

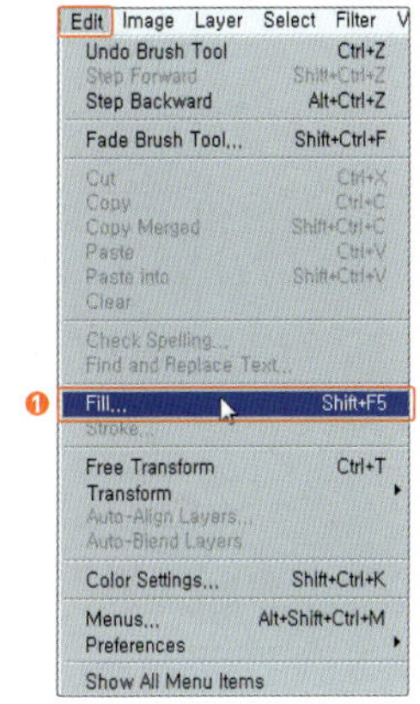

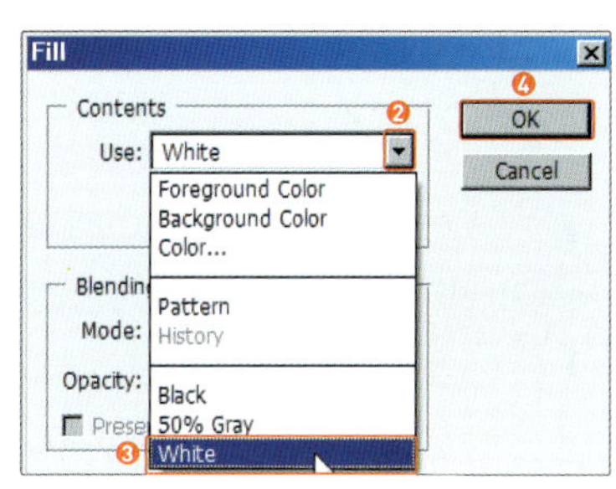

11 마스크 창이 흰색으로 채워지면 원본의 이미지가 나타나는데, 마스크는 원본의 속성을 유지한 상태에서 가리거나 나타내는 기능이 핵심입니다. 필자는 작업할 때 대부분 원본 이미지를 재사용할 경우를 대비해 원본의 속성을 변형시키지 않기 위해서 지우개 툴을 사용하지 않습니다.

12 마스크 창을 선택한 후 휴지통(🗑)으로 드래그합니다.

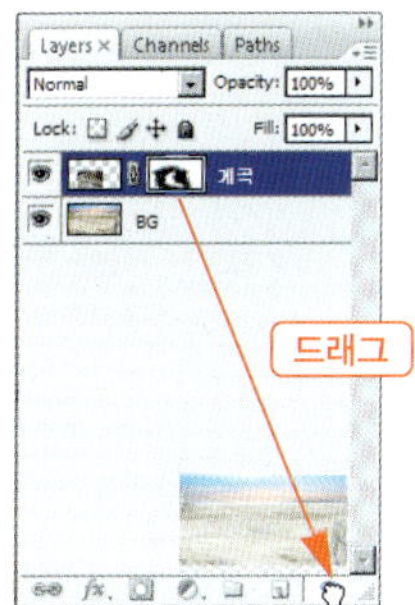

13 경고 메시지가 화면에 나타나면 'Delete' 버튼을 클릭해
서 마스크 속성을 없앱니다.

14 'Delete' 버튼을 클릭했을 때의 화면으로, 마스크 창은 삭
제되고 원본의 속성은 그대로 살아있습니다.

15 'Apply' 버튼을 클릭하면 나타나는 이미지 그대로 마스크
속성이 적용되면서 마스크만 삭제됩니다.

16 마스크에 검은색으로 칠해진 부분이 지워진 채 마스크를
삭제했습니다.

수상한 남자의 수상한 가방

남자의 손에 들린 가방을 봤을 때 비밀스러운 이야기가 생각났습니다. 엄지공주처럼 호주머니에 넣고 다닐 수 있는 작은 요정이거나 마술상자 같은 느낌을 만들어 보고 싶었는데요. 사진에서 보여지는 입가의 옅은 미소에서 약간의 잔인함을 느꼈습니다. 작업한 시기에 봤던 일본 에니메이션 '무한의 주인'에 등상하는 구로이 사바토란 캐릭터가 있습니다. 굉장히 독특한 캐릭터인데요. 사랑하는 여지를 죽음에 이르기 전에 그 목을 취해 어깨에 양옆으로 박제해 보관하는 정신이상자입니다. 뭐 애니 속에서 정신이상자라고는 안하지만 이 정도면 이미 정신이상자죠. 궁극의 사랑은 결국 죽음이라는 이상한 철학을 가진 싸이코 검객인데요. 보통 때는 일본 도깨비 가면과 어깨에 잔뜩 뽕이 들어간 갑옷을 입고 있습니다

03

보정 레이어를 활용해 색 보정하기

색에서 표현되는 분위기는 작업자의 감성을 표현하는 데 있어 매우 중요한 작업이기 때문에 필자는 작업 후에 색 보정에 매우 많은 시간을 투자합니다. 듣는 음악과 그날의 분위기에 따라 색을 다룰 때 감정을 많이 이입하는 편인데, 일반적으로 저채도에서 특정 부분의 컬러를 살리는 작업을 좋아합니다. 하지만 색을 보정할 때마다 시간을 많이 할애할 수는 없습니다. 그래서 작업 과정중에 만들어지는 보정 레이어 목록을 따로 보관해서 사용하면 다른 사진에 보정 레이어 목록만 적용해도 쉽게 색을 변형할 수 있어서 매우 편리합니다.

01 부록 CD에서 '색보정레이어목록.psd' 파일을 불러옵니다. 그런 다음 다른 사진을 불러온 후 F 를 눌러 오른쪽 그림과 같이 화면을 전환하고 Shift 를 누른 상태에서 보정 레이어 목록을 선택하세요.

02 이동 툴(이동 툴)을 이용해 다른 도큐먼트로 드래그합니다.

03 보정 레이어 목록의 눈 아이콘(눈)이 모두 꺼져있는 상태입니다.

04 'Sg-07' 레이어의 눈 아이콘(눈)을 켜고 확장 아이콘(확장)을 클릭하면 아래쪽에 사용한 보정 레이어 목록이 나타납니다.

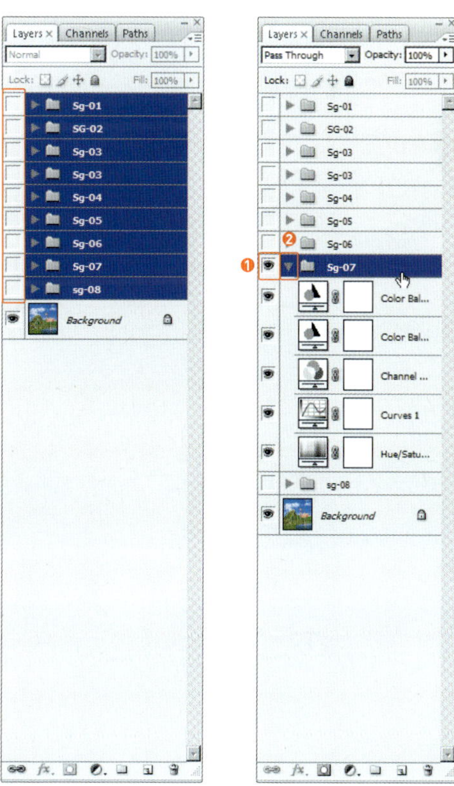

05 다시 확장 아이콘(▶)을 클릭하면 그룹 레이어 상태로 나타납니다.

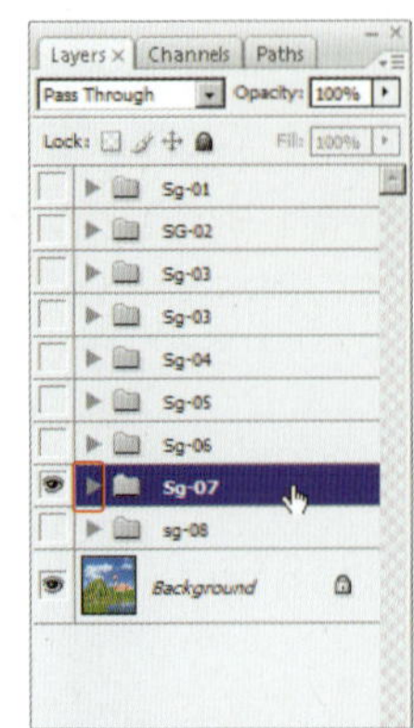

06 '색보정레이어목록.psd' 파일을 보면 하늘색과 배경 등 일반적인 자연 풍경입니다. 필자는 사진을 합성할 때 크게 톤을 조절하지 않고 사용하므로 원색에 보정 레이어를 적용했을 때 색의 변화를 쉽게 알아보기 위해 맨 아래쪽 레이어에 원색이 많이 포함된 사진을 넣습니다.

'Sg-01' 레이어의 색감 적용

'Sg-02' 레이어의 색감 적용

'Sg-03' 레이어의 색감 적용

'Sg-04' 레이어의 색감 적용

'Sg-05' 레이어의 색감 적용

'Sg-06' 레이어의 색감 적용

'Sg-07' 레이어의 색감 적용

'Sg-08' 레이어의 색감 적용

'Sg-09' 레이어의 색감 적용

07 그룹 레이어에 있는 보정 레이어 목록을 선택하고 더블클릭합니다.

08 'Color Balance' 대화상자가 나타나면 색을 조절할 수 있습니다.

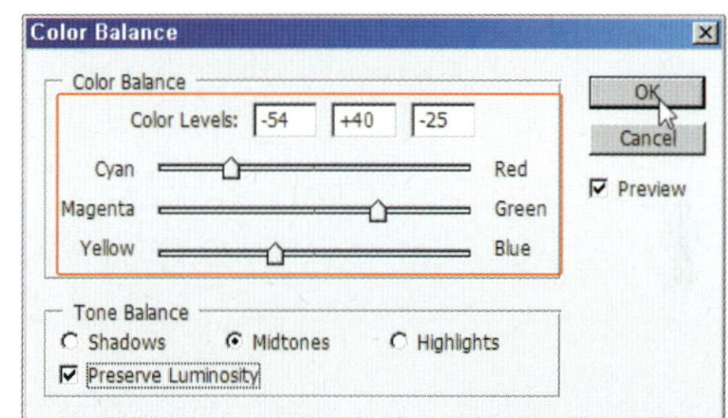

09 'Sg-01' 그룹 레이어의 Color Balance 속성을 변경했습니다.

글 자 는 살 아 숨 쉰 다

TEXTE FFECT

Photoshop Artworks Secret

신군의
합성 테크닉 익히기

합성 작업의 초기에 가장 많이 사용하는 테크닉 중 하나는 바로 마스킹입니다. 서로 다른 배경 속에서 필요한 부분만 따내는 작업은 매우 번기롭지만 몇 가지 방법만 알면 빠르고 쉽게 작업할 수 있습니다. 이번 테마에서는 쉽고 빠른 마스킹 테크닉을 소개하면서 색을 살리는 노하우에 대해 알아보겠습니다.

01

인물에서 복잡한 잔머리 처리하기

디자인 업계에 종사하거나 사진을 다루는 작업을 많이 한다면 모델의 잔머리 때문에 고민스러울 것입니다.
이 경우 채널을 이용해 인물의 머리카락을 쉽게 따는 방법을 알아보겠습니다.

01 부록 CD에서 'hair.jpg' 파일을 불러옵니다.

02 툴바에서 마술봉 툴(　)을 선택합니다. 일반적으로 헤어를 제외한 인물의 테두리는 펜 툴(　)로 따지만 배경과의 색상 경계가 명확하기 때문에 여기에서는 마술봉 툴(　)을 이용합니다.

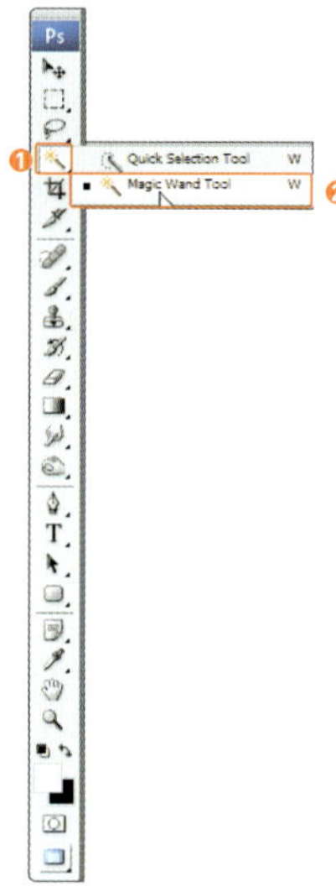

03 마술봉 툴(　)로 흰색 배경을 클릭해 선택 영역으로 활성화합니다.

04 'Select' → 'Inverse' 메뉴(Shift + Ctrl + I)를 선택하여 선택 영역을 반전시킵니다.

05 옵션바에서 'Refine Edge'를 클릭합니다.

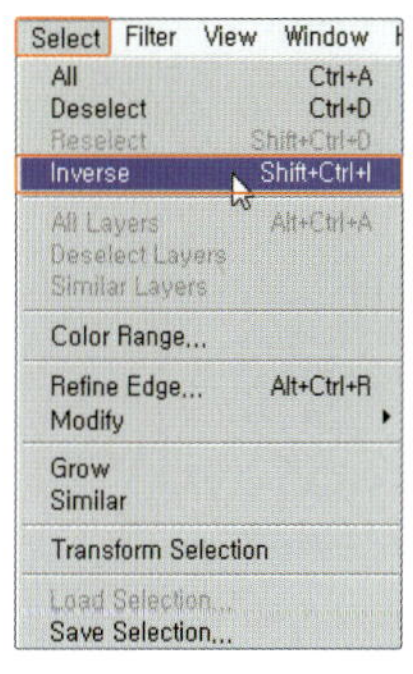

06 'Refine Edge' 대화상자가 나타나면 오른쪽 그림과 같이 지정하고 'OK' 버튼을 클릭합니다. 이 과정은 인물의 머릿결을 제외한 테두리 영역을 마스킹하는 과정입니다.

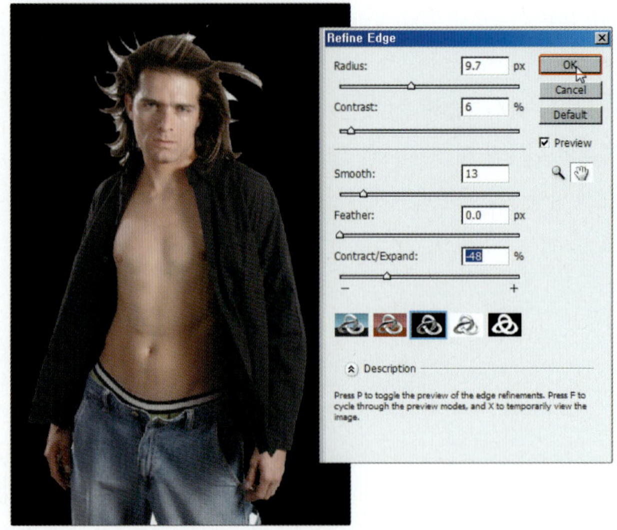

07 단축키 Ctrl + J 를 눌러 선택 영역만큼 이미지를 복사합니다.

08 'Layers' 팔레트에서 'Background' 레이어를 선택하고 'Channels' 팔레트를 클릭합니다.

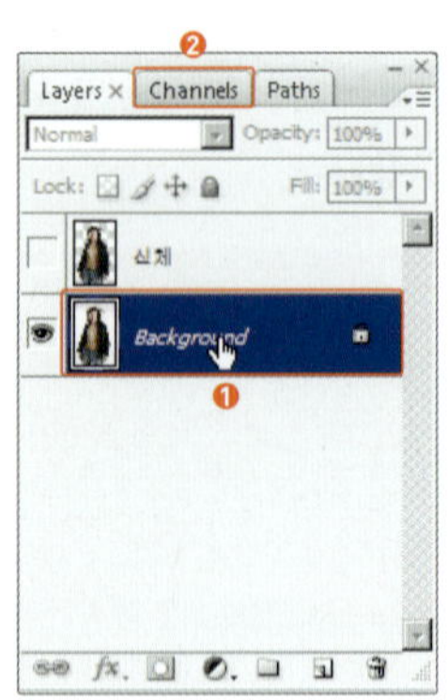

09 'Channels' 팔레트에서 명암 차이가 큰 'Blue' 채널을 팔레트의 아래쪽에 있는 'Create New Channel' 아이콘(□)으로 드래그해 복사합니다.

10 단축키 Ctrl + M 을 눌러 'Curves' 대화상자를 나타내고 오른쪽 그림과 같이 섀도 하이라이트 영역을 좌우로 움직여서 명암 대비를 높인 후 'OK' 버튼을 클릭합니다.

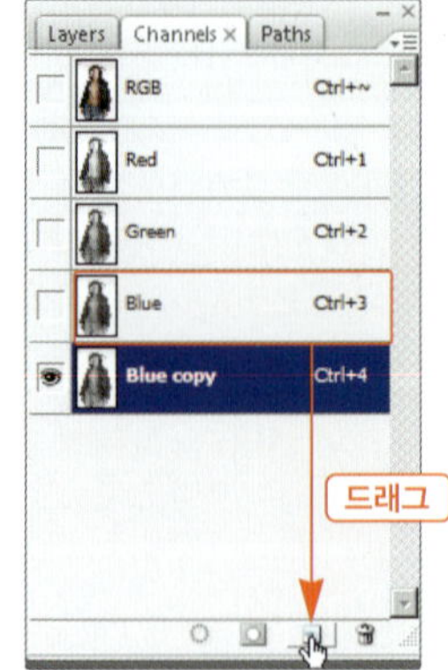

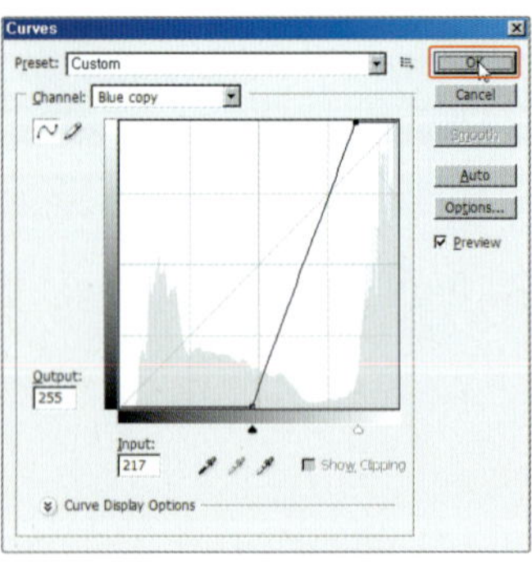

11 툴바에서 라쏘 툴( )을 선택하고 이미지의 왼쪽 위에 미세하게 남아있는 그레이톤을 선택하여 흰색으로 채웁니다.

12 'Channels' 팔레트의 아래쪽에 있는 'Load Channel as Selection' 아이콘( )을 클릭해 하이라이트 영역을 선택합니다.

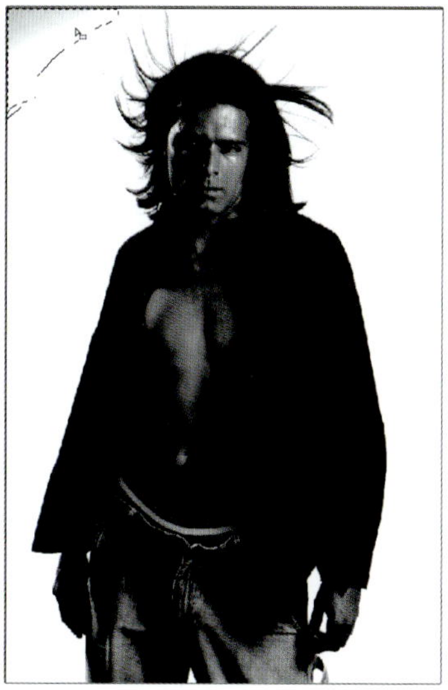

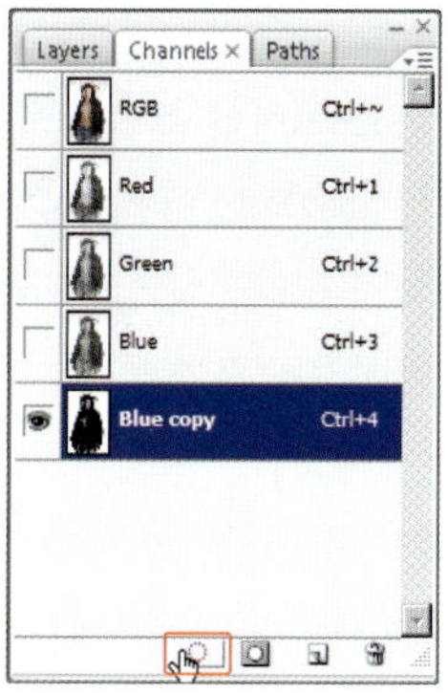

13 검은색 영역을 선택해야 하므로 'Select' → 'Inverse' 메뉴(Shift + Ctrl + I)를 선택해서 선택 영역을 반전시킵니다.

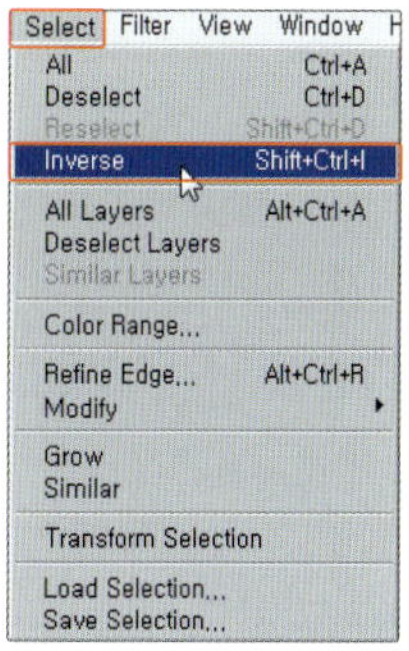

14 'Layers' 팔레트로 되돌아온 후 단축키 Ctrl + J를 눌러 선택 영역만큼 복사합니다. 그런 다음 부록 CD에서 '배경.jpg' 파일을 불러온 후 'Layers' 팔레트에서 'Background' 레이어의 위에 올려놓습니다.

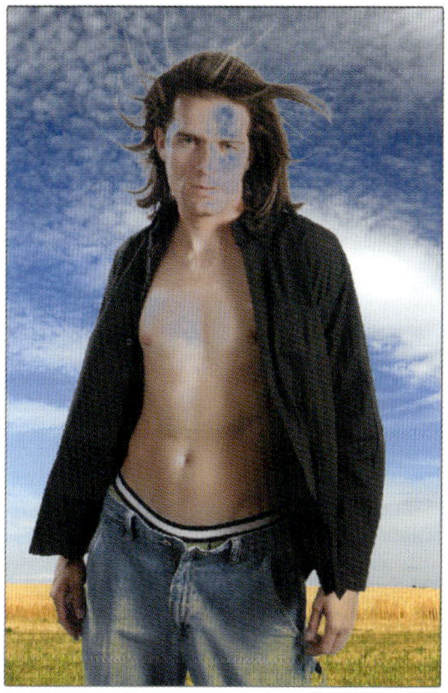

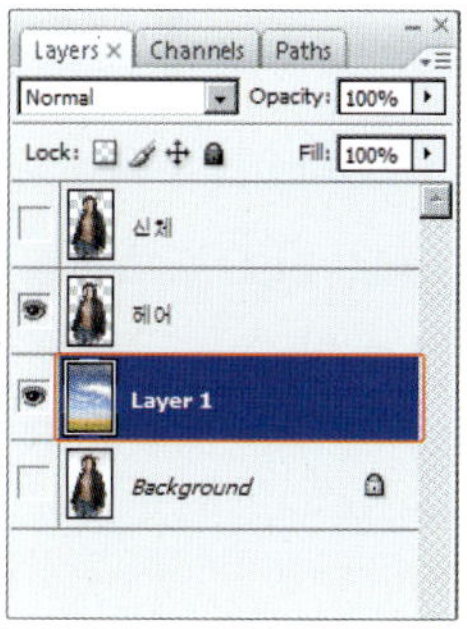

15 'Layers' 팔레트의 구성을 보면 'Refine Edge'로 추출한 레이어와 채널을 활용해 분리한 두 가지 레이어가 있습니다. 여기서 'Refine Edge'로 분리한 레이어를 선택하고 팔레트의 아래쪽에 있는 'Add Layer Mask' 아이콘(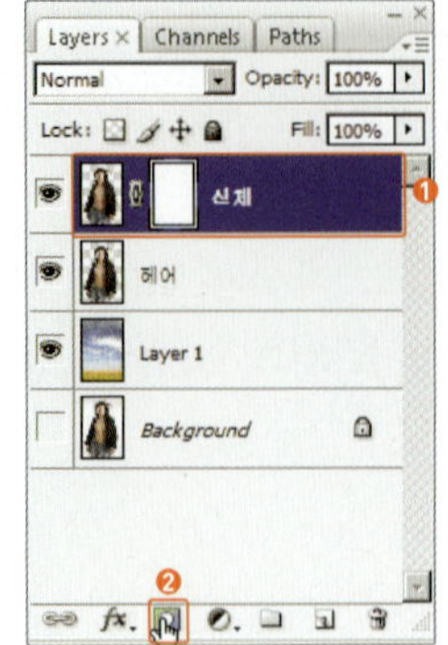)을 클릭해 마스크를 씌우세요.

16 브러시 툴(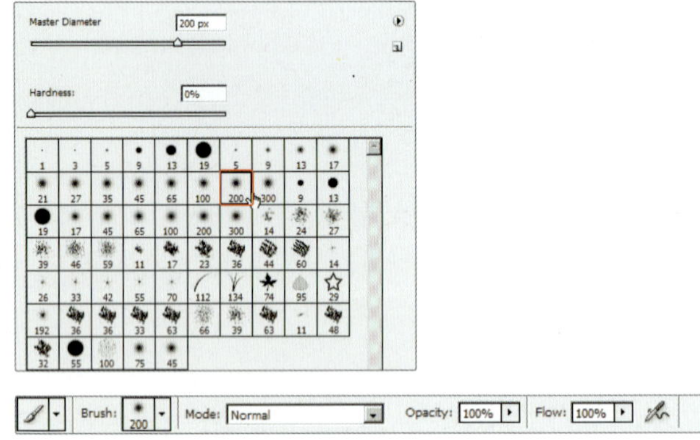)을 선택하고 작업 창에서 마우스 오른쪽 버튼을 클릭한 후 바로 가기 메뉴에서 'Soft Round 200pixel'로 선택합니다. 그런 다음 옵션바에서 'Opacity'를 '100%'로 지정합니다.

17 전경색을 검은색()으로 지정하고 머리카락의 외곽선을 문지릅니다. 그러면 흰색 픽셀이 사라지면서 하위 레이어의 머릿결이 살아납니다.

18 Shift 를 누른 상태에서 두 개의 레이어를 선택하고 단축키 Ctrl + E 를 눌러 합칩니다.

19 머리카락 주위에 흰색 픽셀이 남아있어서 지저분하게 보이는데, 잔머리를 깔끔하게 정리해 보겠습니다. 배경인 'Layer 1' 레이어를 단축키 Ctrl + J 로 복사한 후 맨 위에 올려놓습니다.

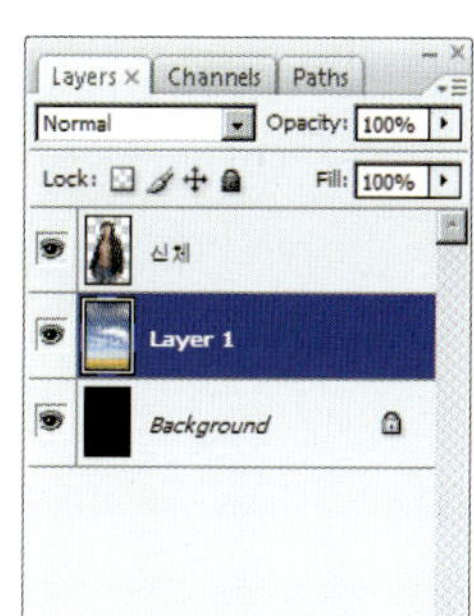

20 Alt 를 누른 상태에서 'Layer 1 copy' 레이어와 '신체' 레이어 사이를 클릭해 'Create Clipping Mask' 상태로 만듭니다.

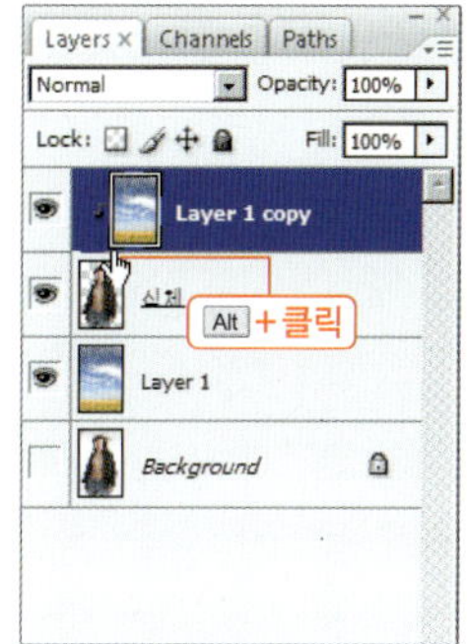

21 Ctrl 을 누른 상태에서 '신체' 레이어를 선택하여 선택 영역으로 활성화합니다.

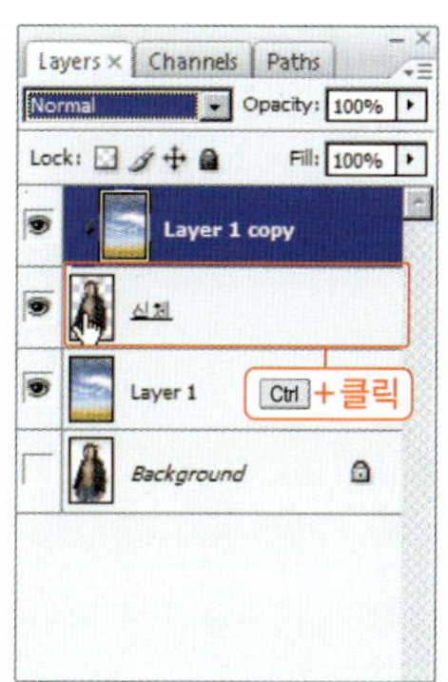

22 'Layer 1 copy' 레이어를 선택하고 Alt 를 누른 상태에서 팔레트의 아래쪽에 있는 'Add Layer Mask' 아이콘(▣)을 클릭해 선택 영역만큼 배경 이미지를 가립니다.

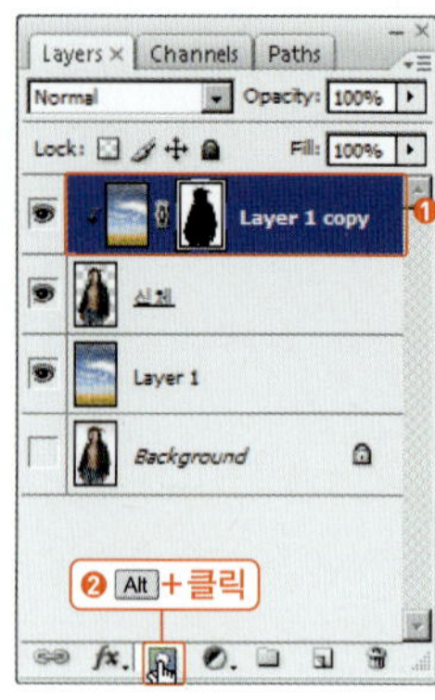

23 'Layer 1 copy' 레이어의 마스크 창을 선택합니다.

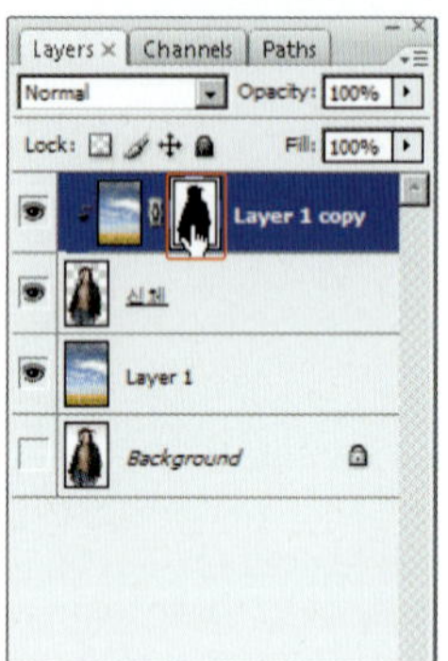

24 'Filter' → 'Blur' → 'Gaussian Blur' 메뉴를 선택하여 마스크에 블러를 적용하면 가려진 검은색 영역과 이미지에서 보여지는 흰색 영역이 혼합됩니다.

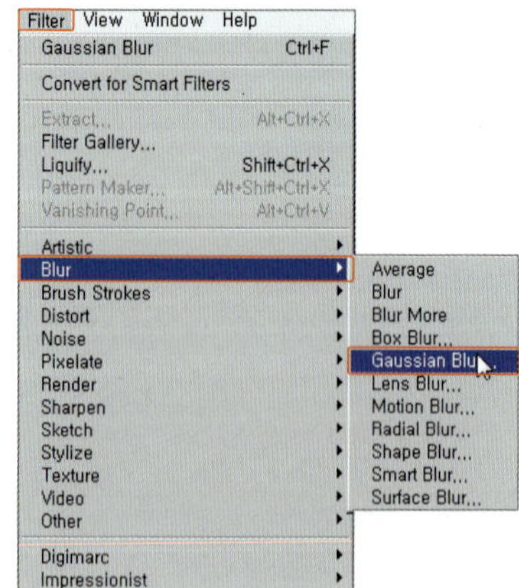

25 블렌딩 모드를 'Multiply'로 변경하여 테두리에 남아있는 흰색 픽셀을 어둡게 표현합니다.

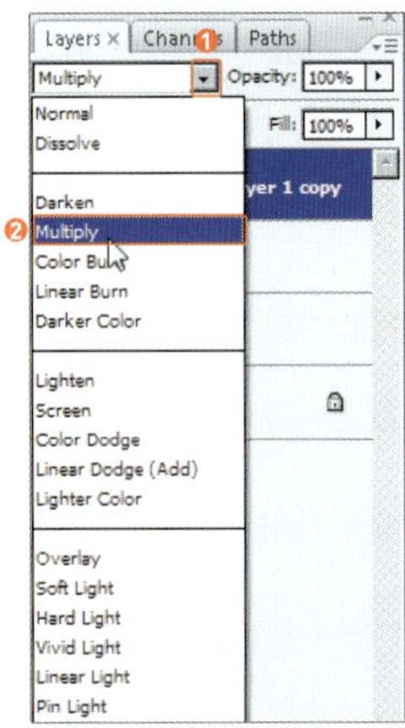

26 툴바에서 브러시 툴을 선택하고 전경색을 검은색(■) 으로 지정합니다. 이전 과정에서 마스크 창에 블러값을 적용하 면 인물의 안쪽 범위에도 배경 이미지가 적용되므로 인물의 중 앙 부위를 문질러서 인물에 미치는 배경을 가립니다.

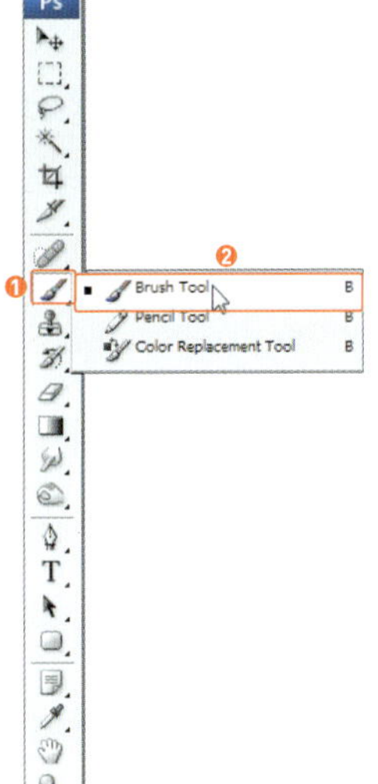

이번 예제에서 헤어를 추출한 방식 그대로 작업한 다른 결과물입니다. 물론 헤어에는 다른 모델의 머리카 락을 합성했고, 색 보정과 특수 필터 'Lucis Art'를 활용해 샤픈 디테일을 살렸습니다.

예제 파일 부록 CD\Theme02\Lesson02\산.jpg
결과 파일 부록 CD\Theme02\Lesson02\산-.jpg

02

복잡한 산과 하늘 분리하기

산과 하늘이 맞닿는 부분을 분리하는 방법에 대해 알아보겠습니다. 일반적으로 구름이 있는 하늘 사진은
마술봉 툴만 이용해 분리하는 것이 쉽지 않습니다. 이번 예제도 Lesson 01 과정처럼 채널을 이용해 배경을
분리하는데, 인물이나 산 등을 마스킹할 때 채널은 매우 유용하게 사용됩니다.

01 부록 CD에서 '산.jpg' 파일을 불러옵니다.

02 'Channels' 팔레트에서 'Blue' 채널을 선택한 후 팔레트의 아래쪽에 있는 'Create New Channel' 아이콘( )으로 드래그해 복사합니다.

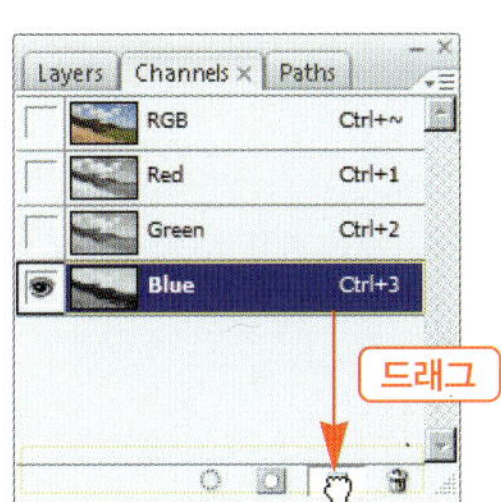

03 단축키 Ctrl + M 을 눌러 'Curves' 대화상자를 나타내고 오른쪽 그림과 같이 커브 곡선을 이동합니다.

04 툴바에서 라쏘 툴( )을 선택하고 하늘 부분을 제외한 밑부분에서 흰색으로 남아있는 영역을 선택합니다.

05 단축키 `Ctrl` + `Alt` + `~`을 눌러 하이라이트 영역을 선택합니다.

06 'Select' → 'Inverse' 메뉴(`Shift` + `Ctrl` + `I`)를 선택하여 선택 영역을 반전시킵니다.

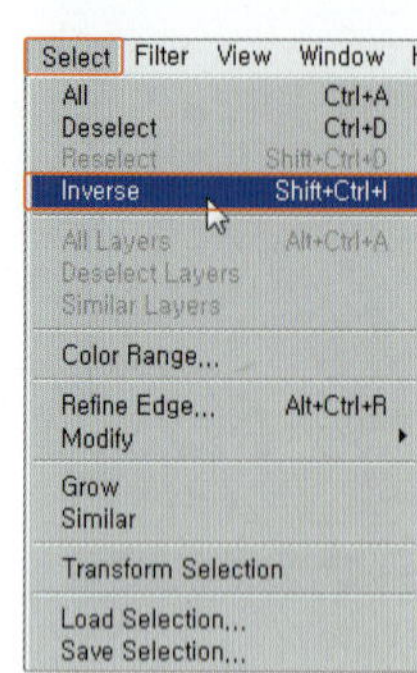

07 'Layers' 팔레트로 되돌아온 후 단축키 `Ctrl` + `J`를 눌러 선택 영역만큼 복사합니다.

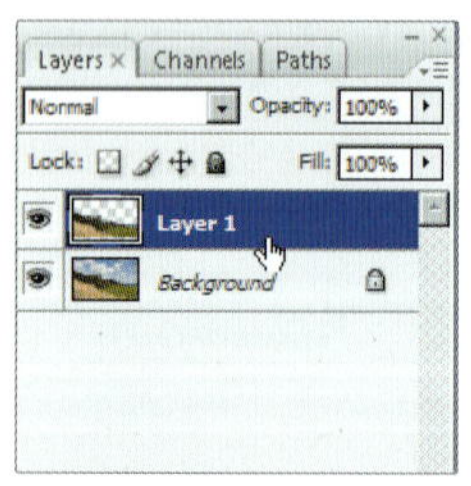

08 단축키 `Shift` + `Ctrl` + `N`을 눌러 'New Layer' 대화상자를 나타낸 후 신규 레이어 '하늘색'을 만듭니다.

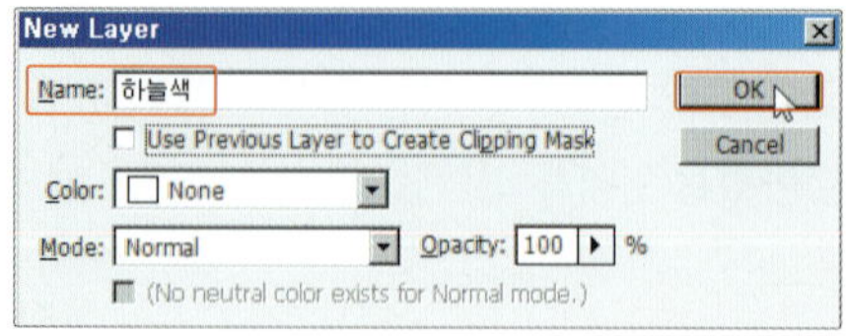

09 '하늘색' 레이어에 다른 하늘색과 비슷한 컬러를 그라데이션을 이용해 채웁니다.

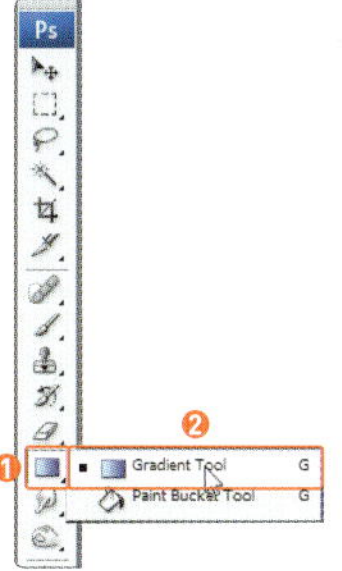

10 배경과 하늘을 깔끔하게 분리했습니다.

11 'Opacity'의 수치값을 다운시키고 배경 레이어에 적용해서 구름의 색감을 은은하게 보정했습니다.

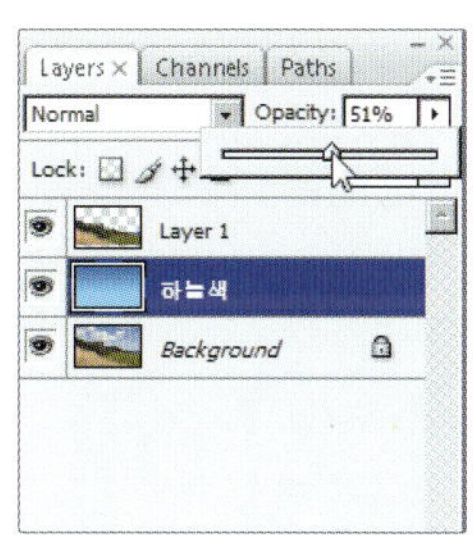

예제 파일 부록 CD\Theme02\Lesson03\LAB.jpg
결과 파일 부록 CD\Theme02\Lesson03\LAB-.jpg

03

화려한 이미지에 어울리는 Lab 컬러 보정하기

일반적으로 '랩 컬러'는 영문 그대로 '엘에이비 컬러'라고 읽는 게 맞습니다. 이것은 밝기와 관련된 L 채널과 색상을 담고 있는 ab 채널로 분리되어 있고, RGB의 컬러 영역보다 색상 영역대가 훨씬 넓기 때문에 보정 작업할 때 계조의 파괴를 최소화한다는 큰 장점이 있습니다. 만약 촬영한 사진 중에서 노출이 적정치 못하여 흐리거나 밋밋하게 촬영됐다면 Lab 보정을 활용해 단시간 내에 여러 가지 컬러를 보정한 느낌을 얻을 수 있을 것입니다.

01 부록 CD에서 'lab.jpg' 파일을 불러옵니다.

02 단축키 [Ctrl]+[J]를 눌러 'Layers' 팔레트에서 'Back
ground' 레이어를 복사하고 'Image' → 'Mode' → 'Lab
Color' 메뉴를 선택합니다.

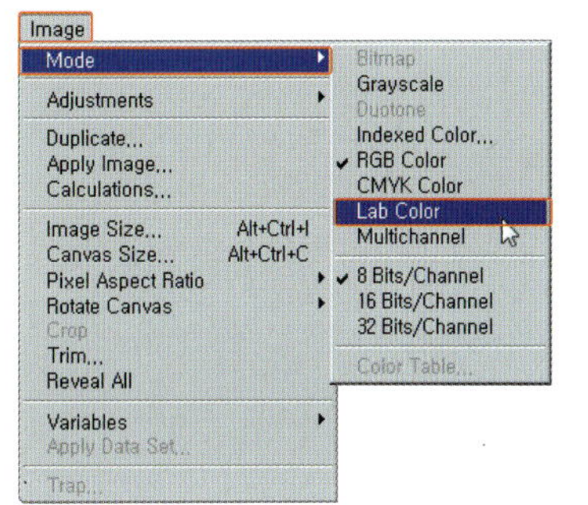
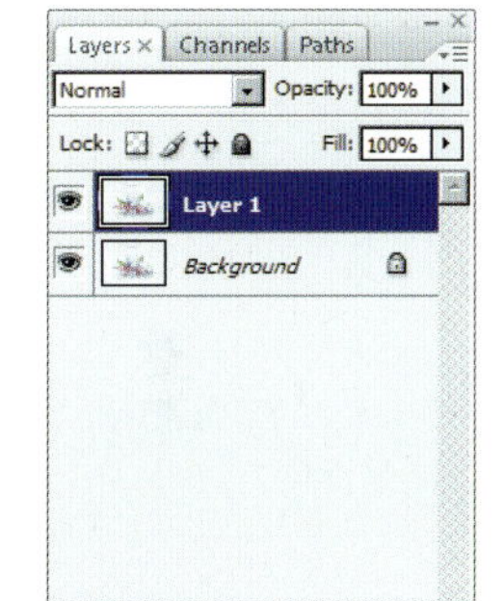

03 경고 메시지 창이 나타나면 'Don't Flatten' 버튼을 클릭
합니다.

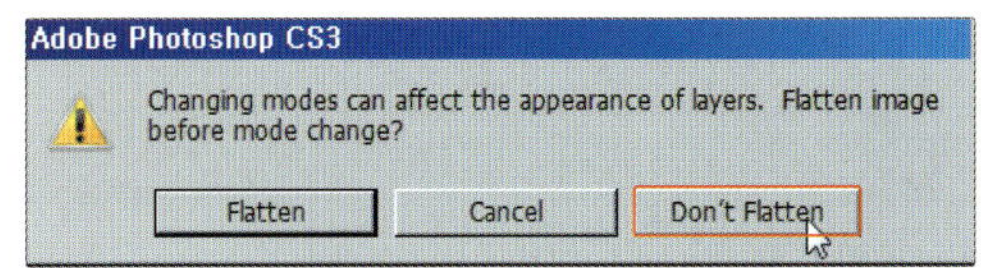

04 단축키 [Ctrl]+[1]을 누르거나 'Channels' 팔레트에서
'Lightness' 채널을 선택하고 'Image' → 'Apply Image'
메뉴를 선택합니다.

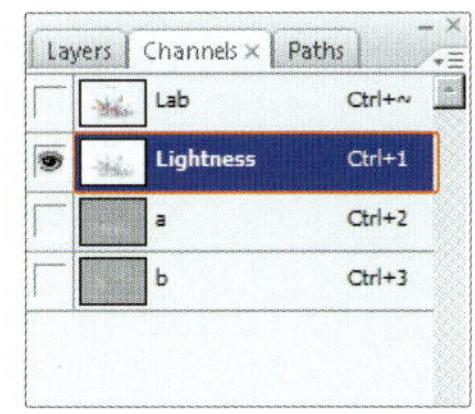

05 'Apply Image' 대화상자가 나타나면 오른쪽 그림과 같이 지정하고 'OK' 버튼을 클릭합니다.

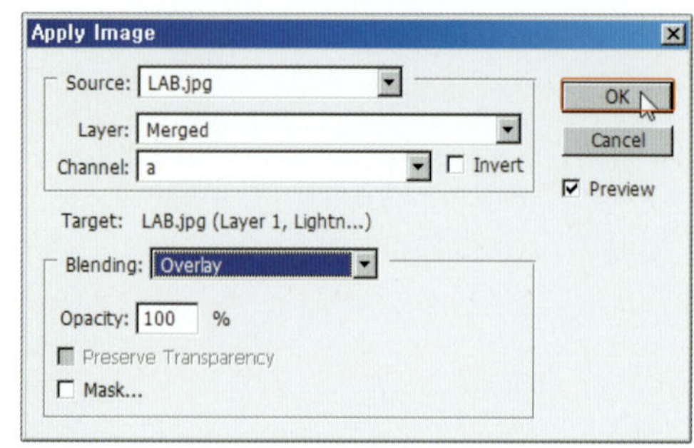

06 단축키 Ctrl + 2 를 누르거나 'Channels' 팔레트에서 'a' 채널을 선택하고 'Image' → 'Apply Image' 메뉴를 선택합니다.

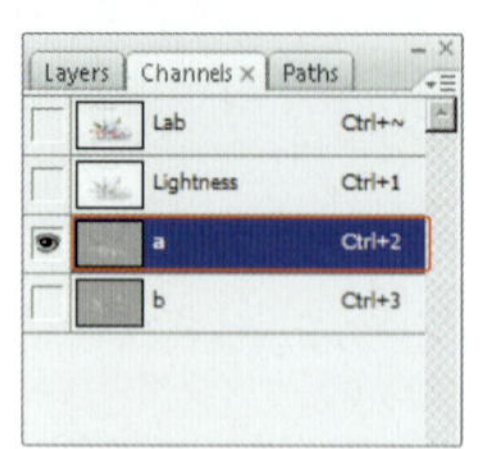

07 'Apply Image' 대화상자가 나타나면 오른쪽 그림과 같이 지정하고 'OK' 버튼을 클릭합니다.

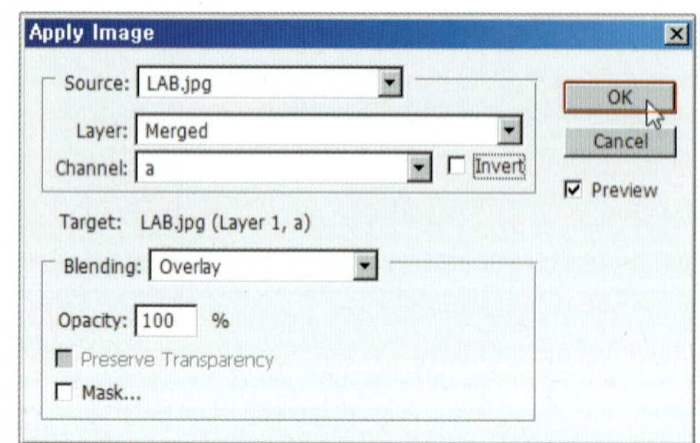

08 단축키 Ctrl + 3 을 누르거나 'Channels' 팔레트에서 'b' 채널을 선택하고 'Image' → 'Apply Image' 메뉴를 선택합니다.

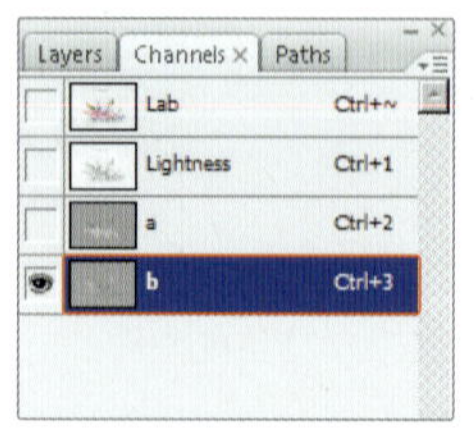

09 'Apply Image' 대화상자가 나타나면 오른쪽 그림과 같이 지정하고 'OK' 버튼을 클릭합니다.

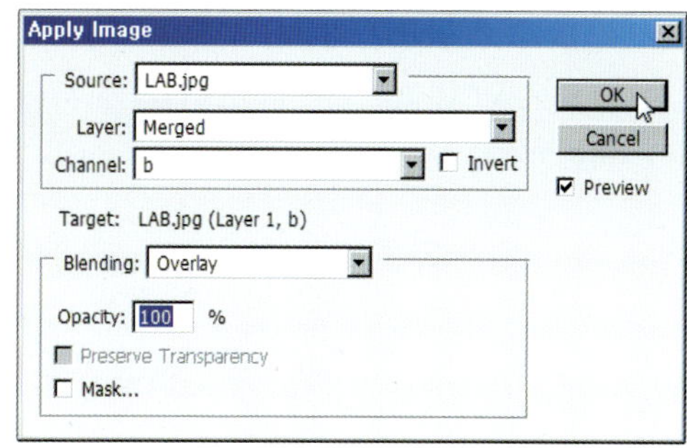

10 단축키 Ctrl + ~ 을 누르거나 'Channels' 팔레트에서 'Lab' 채널을 선택합니다.

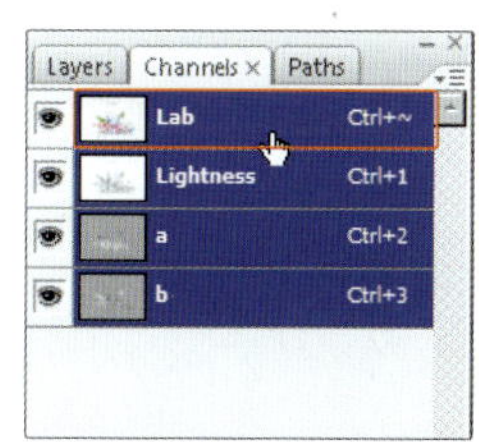

11 보정 전의 이미지보다 색이 화려하게 살아났습니다.

Before

After

12 색이 너무 강하면 'Opacity'의 수치값을 다운시켜서 채도를 떨어뜨리고 'Image' → 'Mode' → 'RGB' 메뉴를 선택해서 RGB 모드로 변환합니다.

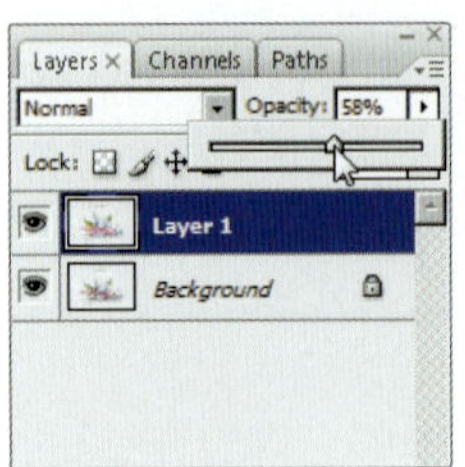

13 경고 메시지 창이 나타나면 'Don't Flatten' 버튼을 클릭해서 레이어가 분리된 상태로 저장합니다.

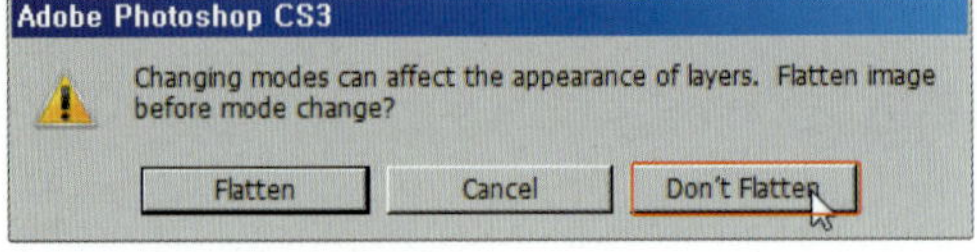

이제까지 설명한 과정과 똑같은 작업을 통해 완성한 이미지로, 흐린 색을 선명하게 보정했습니다.

예제 파일 부록 CD\Theme02\Lesson04\tree.jpg
결과 파일 부록 CD\Theme02\Lesson04\tree.psd

Lesson

04

복잡한 나무 마스킹하기

나무 이미지는 끝부분의 경계가 사람의 잔머리처럼 복잡해 보이는데, 마술봉 툴로 일일이 따는 것은 거의 불가능합니다. 이번에는 채널과 'Refine Edge' 를 활용해 배경과 나무 이미지를 깨끗하게 분리해 보겠습니다.

01 부록 CD에서 'tree.jpg' 파일을 불러옵니다.

02 'Blue' 채널을 'Channels' 팔레트의 아래쪽에 있는 'Create New Channel' 아이콘(□)으로 드래그해 복사하고 'Image' → 'Adjustments' → 'Curve' 메뉴(Ctrl + M)를 선택합니다.

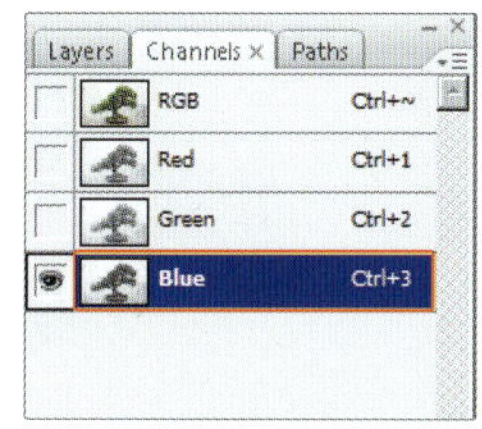

03 'Curves' 대화상자가 나타나면 오른쪽 그림과 같이 커브 곡선을 조절하여 명암 대비를 높입니다.

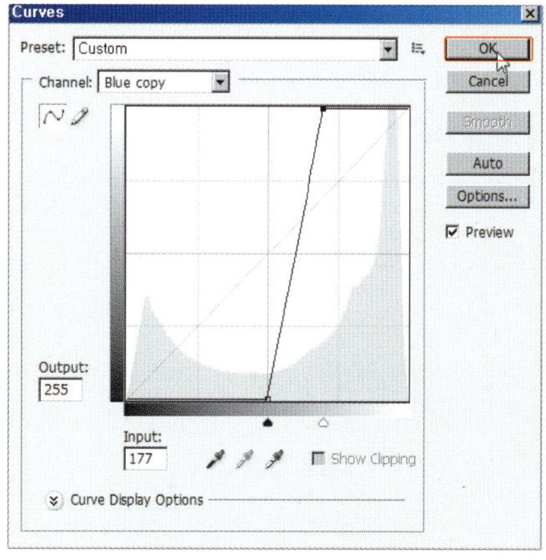

04 툴바에서 라쏘 툴(♭)을 선택하고 소나무 주변의 배경을 선택합니다.

05 전경색을 흰색( )으로 지정하고 단축키 `Alt` + `Delete` 를 눌러 흰색으로 채웁니다.

06 'Image' → 'Apply Image' 메뉴를 선택합니다.

07 'Apply Image' 대화상자가 나타나면 'Blending' 을 'Multiply'로 지정하고 'OK' 버튼을 클릭합니다. 그러면 이미지가 더 어두워지면서 소나무잎 끝부분과 배경과의 경계가 더 명확해집니다.

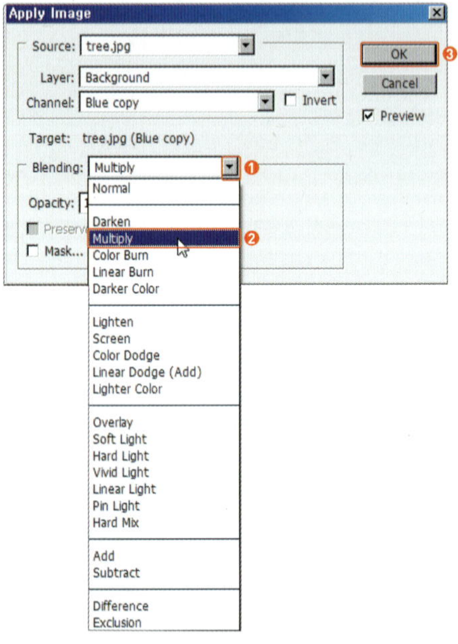

08 툴바에서 브러시 툴(🖊)을 선택하고 전경색을 검은색(■)
으로 지정하여 나무 안쪽에 흰색이 남아있는 부분을 칠합니다.

09 'Channels' 팔레트에서 'Load Channel as Selection'
아이콘(◯)을 클릭해 하이라이트 영역을 선택합니다.

10 'Select' → 'Inverse' 메뉴(Shift + Ctrl + I)를 선택해
서 선택 영역을 반전시킵니다.

11 'Layers' 팔레트로 되돌아온 후 단축키 Ctrl + J 를 눌러
선택 영역만큼 이미지를 복사합니다.

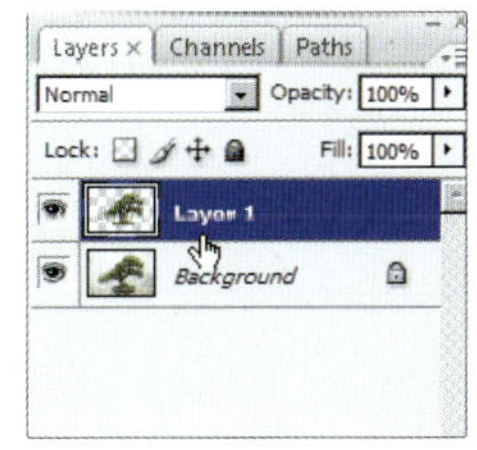

12 신규 레이어를 만들어서 검은색으로 채우고 분리된 소나무 레이어의 아래쪽에 올려놓습니다. 그런 다음 배경과 분리된 이미지에 필요 없는 픽셀들이 남아있는지 확인합니다.

13 'Select' → 'Refine Edge' 메뉴(Alt + Ctrl + R)를 선택해서 'Refine Edge' 대화상자를 나타낸 후 오른쪽 같이 지정하고 'OK' 버튼을 클릭합니다.

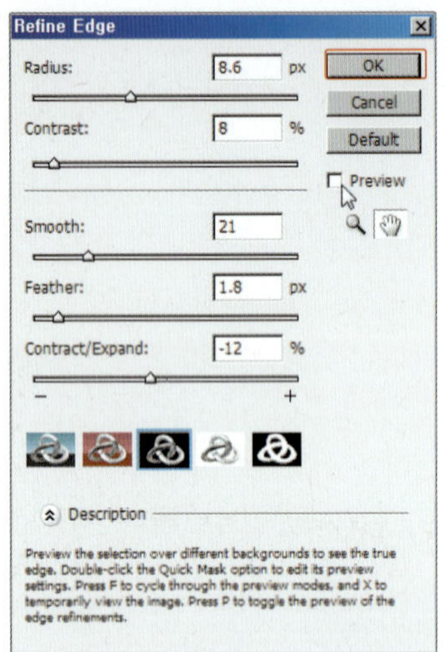

14 분리된 이미지는 PSD 파일이나 PNG 파일로 배경과 분리된 상태로 저장 보관합니다.

이도공간

故장국영의 마지막 작품 이도공간에서 제목만 가져왔습니다. 영화에서의 이도공간은 영혼의 다른 세계를 뜻하지만 이 작업에서의 이도공간은 '두 개의 공간이 한 장면에 담겨 있다'를 의미합니다. 사진을 뒤집어서 보면 다른 이야기를 만날 수 있게 됩니다. 훔쳐보는 어인과 슬피 보이는 다른 여인의 뒷모습. 물과 지면의 방향을 뒤집어 마주보게 배치해 묘한 분위기를 이끌어냈습니다.

Lesson

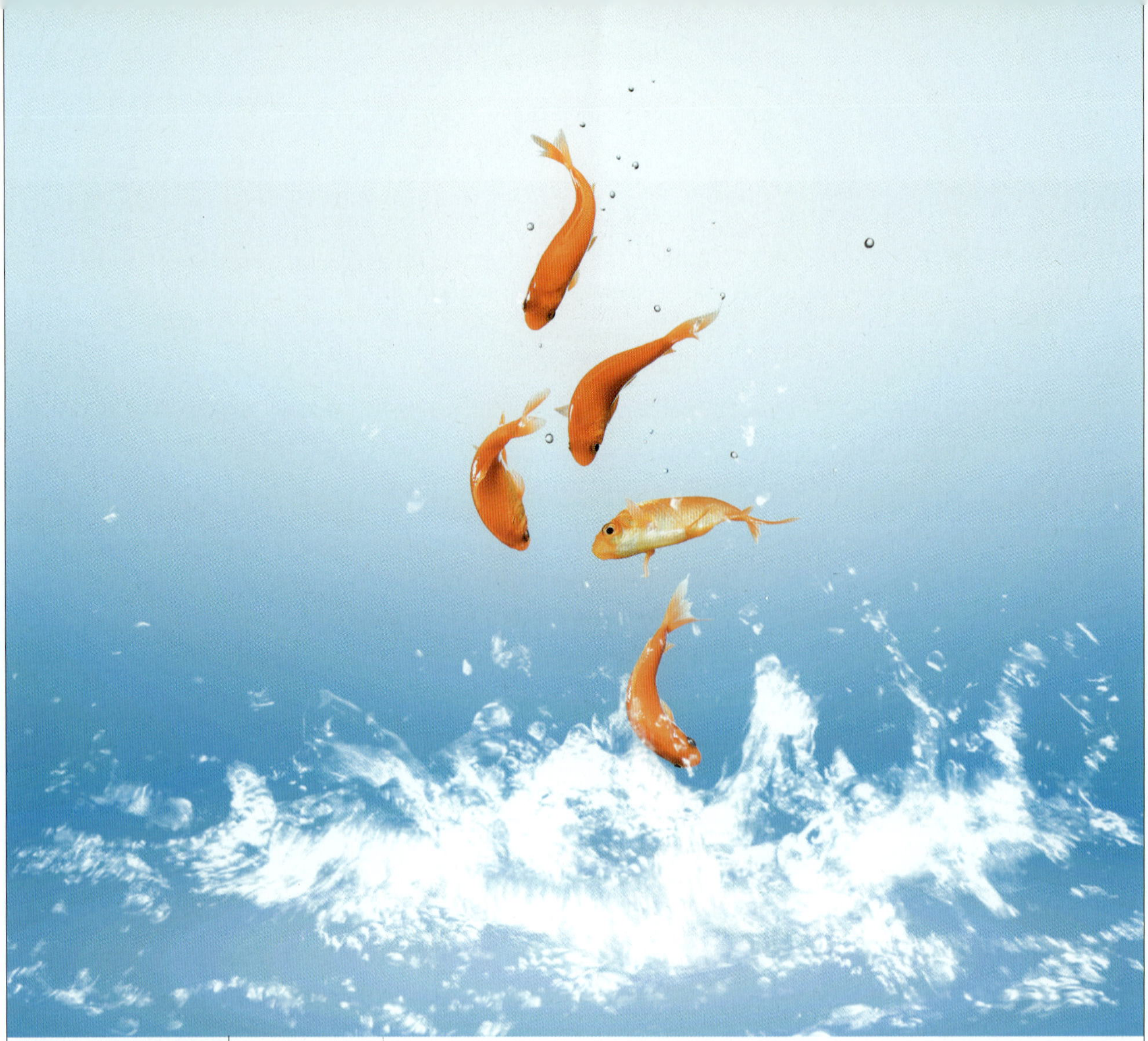

결과 파일 부록 CD\Theme02\Lesson05\브러시활용결과.jpg

05 브러시 제작하기

포토샵에서 기본적으로 제공하는 브러시 이외에 작업자가 만들어서 사용할 수 있는 브러시의 제작법에 대해 알아보겠습니다. 특히 예제에 따라오는 Splash 형태의 브러시는 용도와 활용도가 매우 높으므로 제작 방법을 잘 익혀서 실무에 적용해 봅니다.

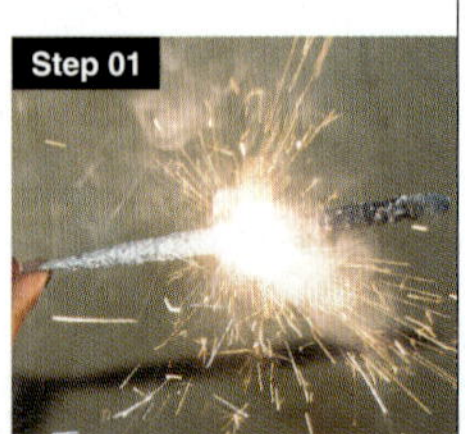

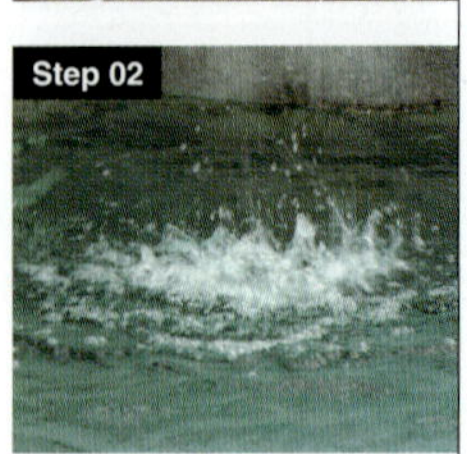

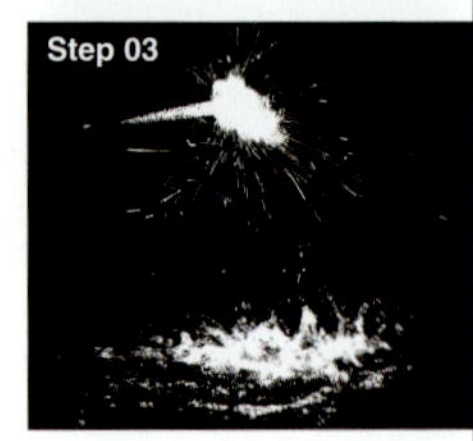

브러시 목록 불러오기

저장한 브러시 목록을 불러오는 방법에 대해 알아보겠습니다.

01 툴바에서 브러시 툴(   )을 선택합니다.

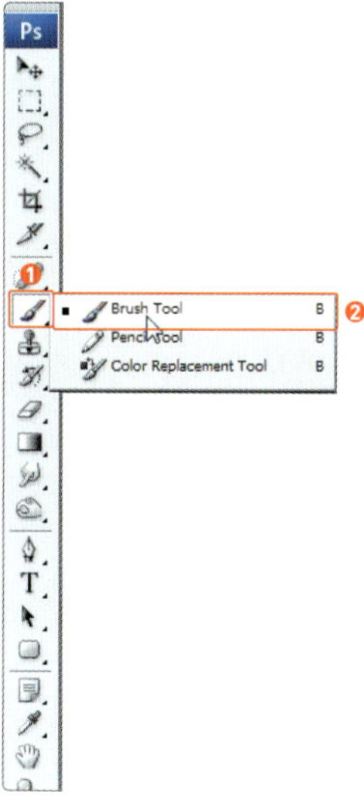

02 위쪽의 옵션바를 순서대로 클릭하고 'Small Thumbnail' 을 선택하여 미리 보기를 작게 지정합니다.

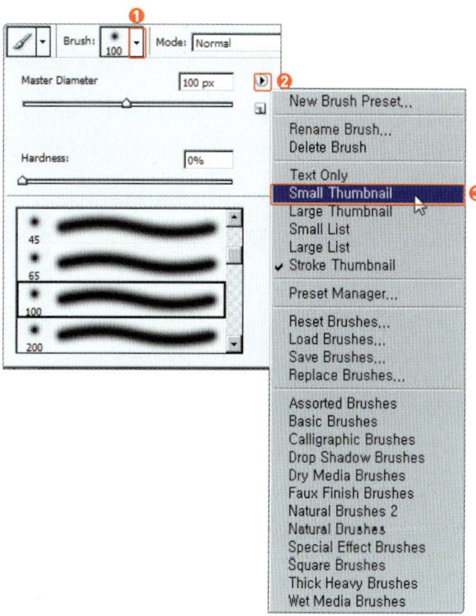

03 오른쪽 그림과 같이 브러시 형태만 보입니다.

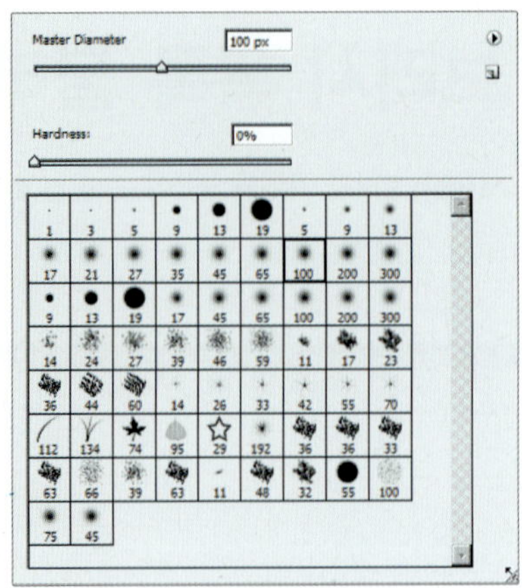

04 왼쪽부터 순서대로 클릭해 'Load Brushes'를 클릭합니다.

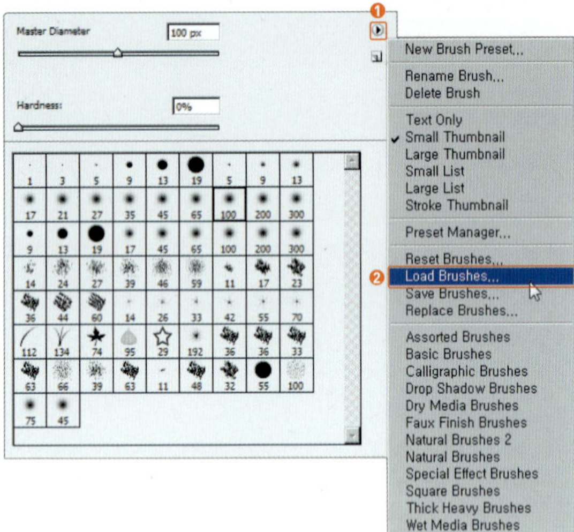

05 'Load' 대화상자가 나타나면 저장된 브러시 목록으로 부록 CD에서 'Test-Brushes.abr'을 선택하고 'Load' 버튼을 클릭합니다.

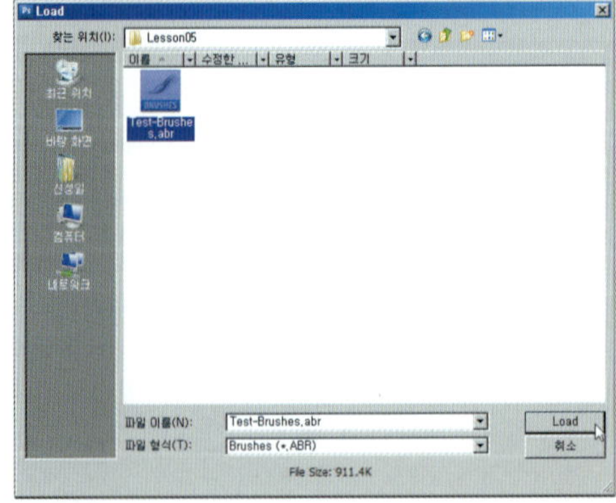

06 기본 브러시 이외에 5개의 브러시를 추가했습니다. 추가한 브러시의 모양을 확인하기 위해 다음의 과정을 진행합니다.

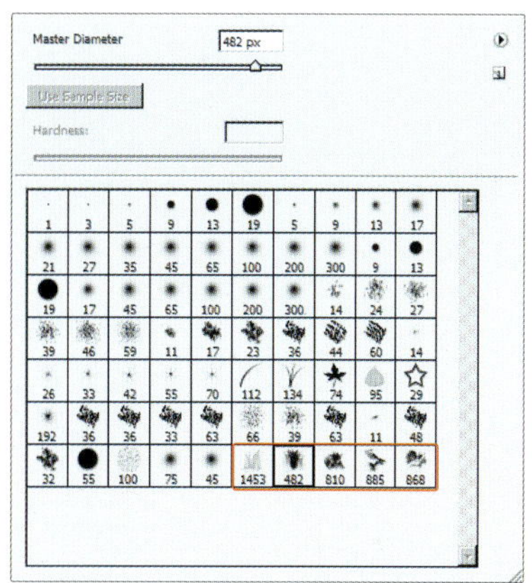

07 'File' → 'New' 메뉴를 선택해서 'New' 대화상자를 나타낸 후 오른쪽 그림과 같이 지정하고 'OK' 버튼을 클릭합니다.

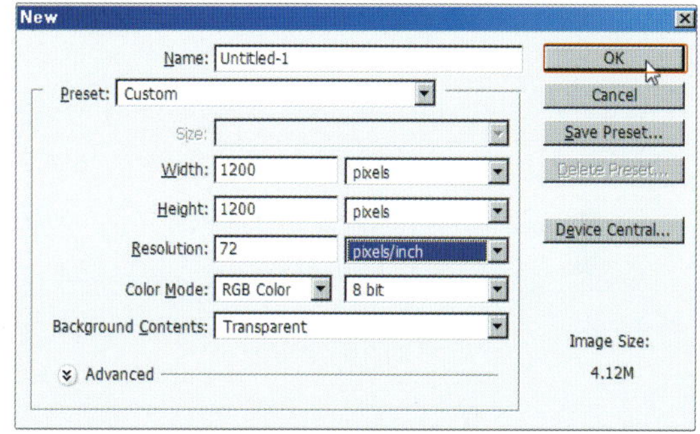

08 전경색을 검은색(■)으로 지정하고 단축키 Alt + Delete 를 눌러 채웁니다.

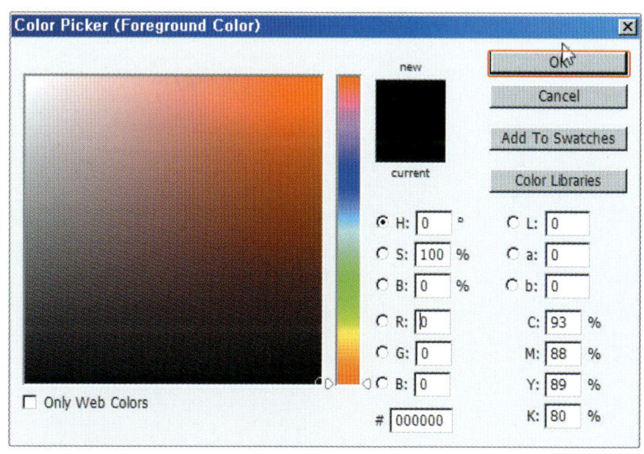

09 단축키 Shift + Ctrl + N 을 눌러 'New Layer' 대화상자를 나타내고 신규 레이어를 만듭니다.

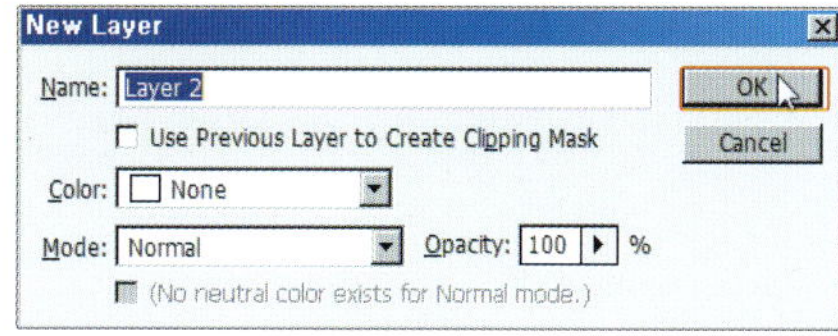

10 '1453' 브러시를 선택하고 전경색을 흰색(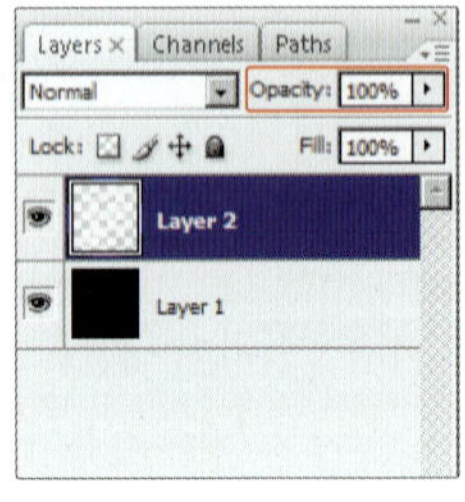)으로 지정
합니다.

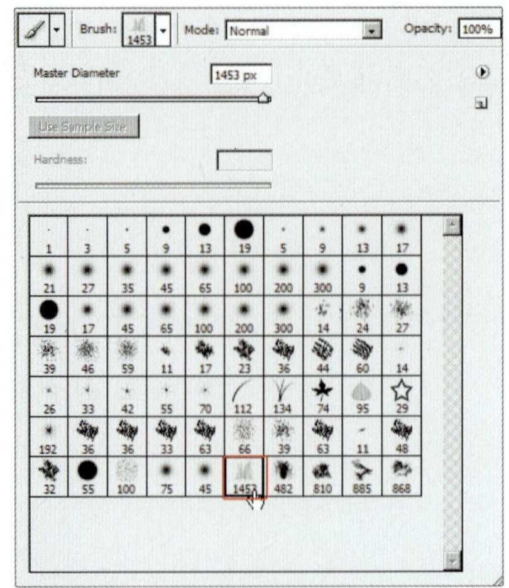

11 생성한 신규 레이어의 'Opacity'를 '100%'로 지정하고
'1453' 브러시를 선택합니다. 추가한 브러시는 구름 모양과
파도치는 부분에서 만들어 낸 형태입니다. 참고로 ◁, ▷를
누르면 브러시 목록에 있는 순서대로 다른 브러시를 선택할 수
있습니다.

브러시 만들기(불꽃)

채널을 이용해 그림에서 보이는 불꽃 부분을 배경과 분리하고 브러시로 만들어 보겠습니다.

예제 파일 부록 CD\Theme02\Lesson05\불꽃.jpg

01 부록 CD에서 '불꽃.jpg' 파일을 불러옵니다.

02 'Channels' 팔레트에서 불꽃의 형태가 가장 잘 보이는 'Blue' 채널을 팔레트의 아래쪽에 있는 'Create New Channel' 아이콘(🗒)으로 드래그하여 복사합니다.

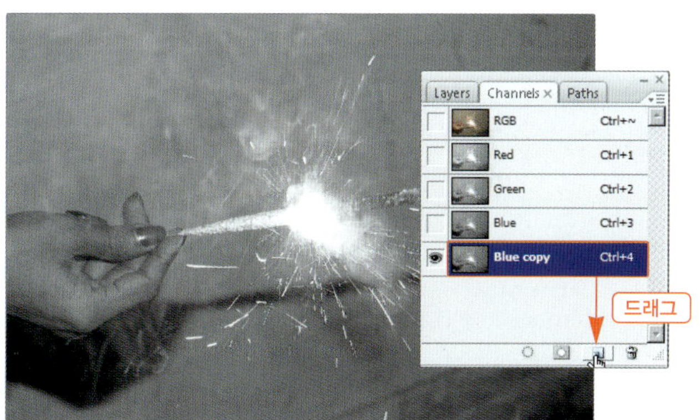

03 단축키 Ctrl + M을 눌러 커브를 실행하고 오른쪽 그림과 같이 커브 곡선을 조절합니다.

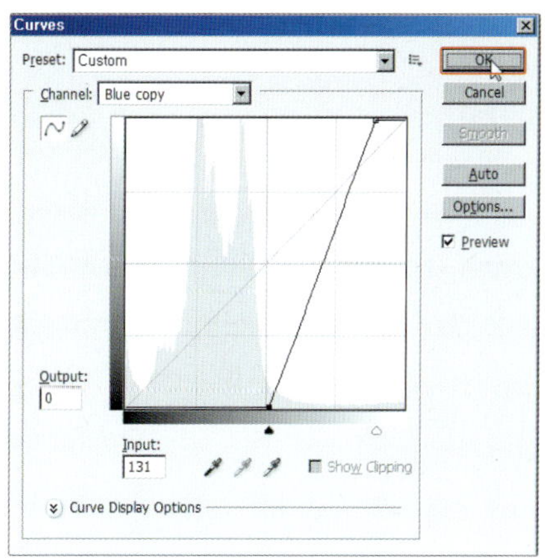

04 라쏘 툴(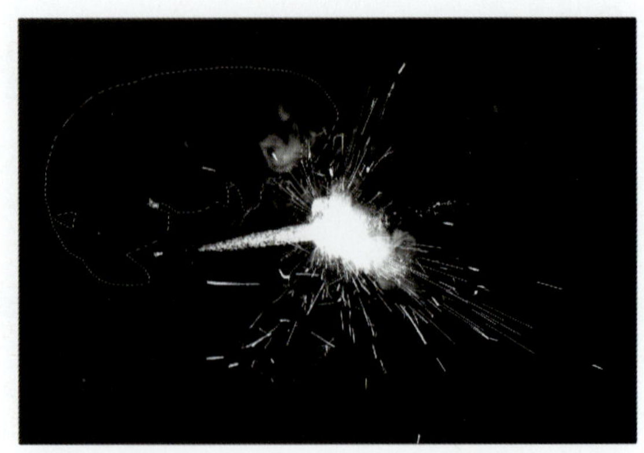)을 이용해 필요 없는 부분을 선택하고 검은색
으로 채웁니다.

05 'Image' → 'Apply Image' 메뉴를 선택합니다. 'Apply
Image' 대화상자가 나타나면 'Blending'을 'Overlay'로
변경하여 흰색과 검은색의 경계를 분리합니다.

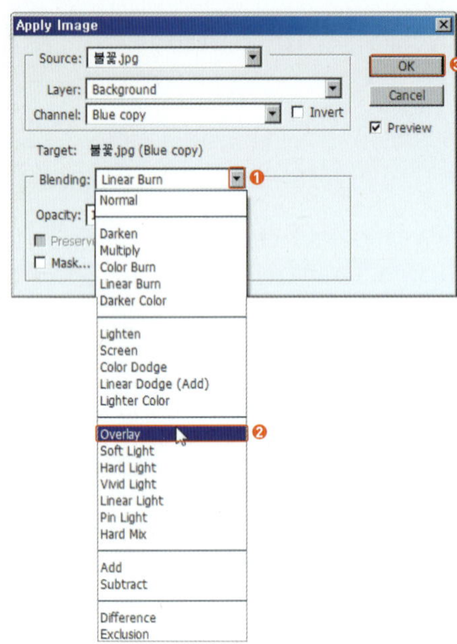

06 'Channels' 팔레트에서 'Load Channel as Selection'
아이콘(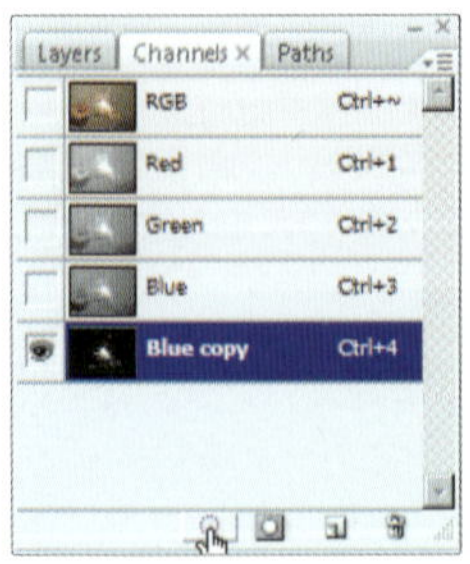)을 클릭해 하이라이트 영역을 선택합니다.

07 'Layers' 팔레트로 되돌아온 후 단축키 Shift + Ctrl + N 을 눌러 'New Layer' 대화상자를 나타낸 후 신규 레이어를 만들고 '브러시'를 입력합니다.

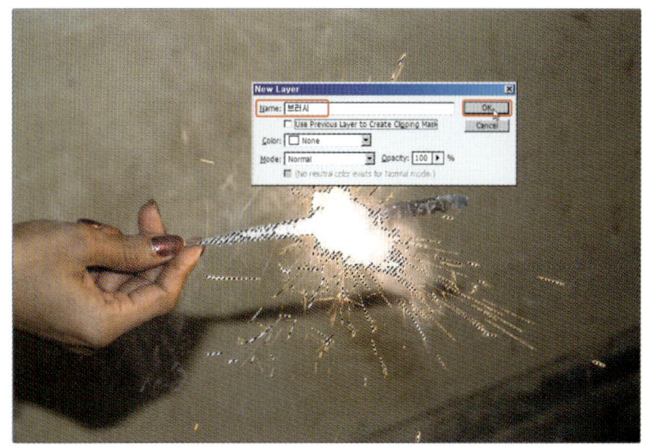

08 선택 영역을 검은색(■)으로 채우고 'Edit' → 'Define Brush Preset' 메뉴를 선택합니다.

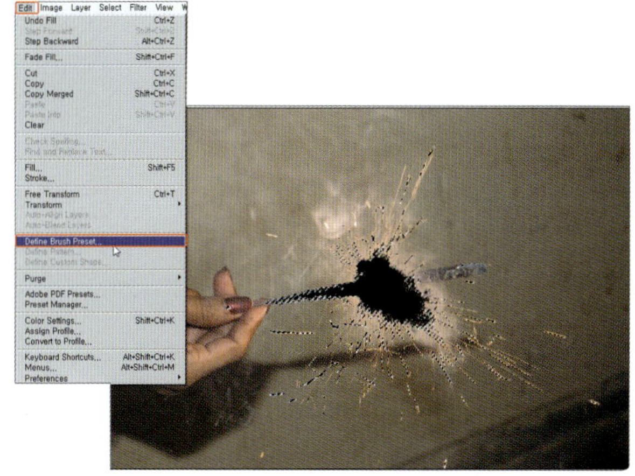

09 'Brush Name' 대화상자가 나타나면 브러시의 이름을 지정하고 'OK' 버튼을 클릭합니다. 왼쪽에 보이는 2050 숫자는 브러시의 규격이 2050Pixel이라는 의미입니다.

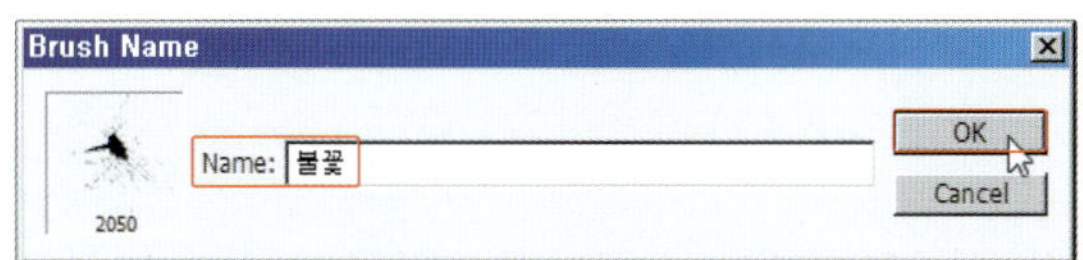

10 검은색으로 채운 레이어에 신규 레이어를 만들고 전경색을 흰색(◢)으로 지정한 후 '2050' 브러시를 선택해 브러시 모양을 확인합니다.

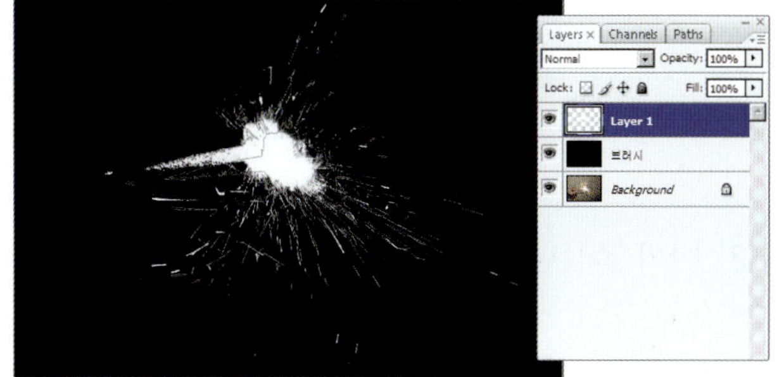

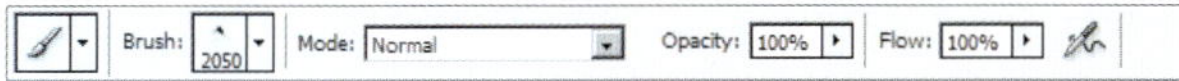

브러시 만들기(Splash)

Splash 형태의 브러시 제작방법에 대해 알아보겠습니다.

예제 파일 부록 CD\Theme02\Lesson05\스플래시-1.jpg

01 부록 CD에서 '스플래시-1.jpg' 파일을 불러옵니다.

02 'Channels' 팔레트에서 'Blue' 채널을 'Create New Channel' 아이콘(🔲)으로 드래그하여 복사합니다.

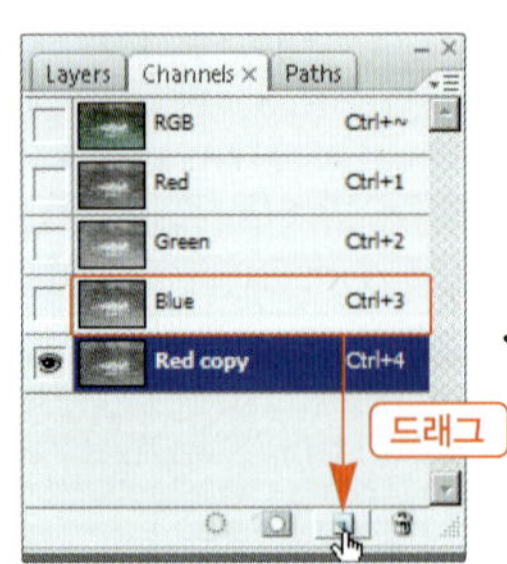

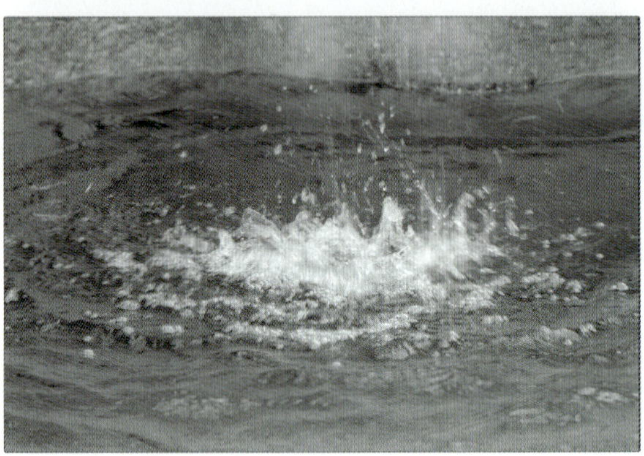

03 단축키 Ctrl+M을 눌러 'Curves' 대화상자를 나타내고 오른쪽 그림과 같이 커브 곡선을 조절합니다.

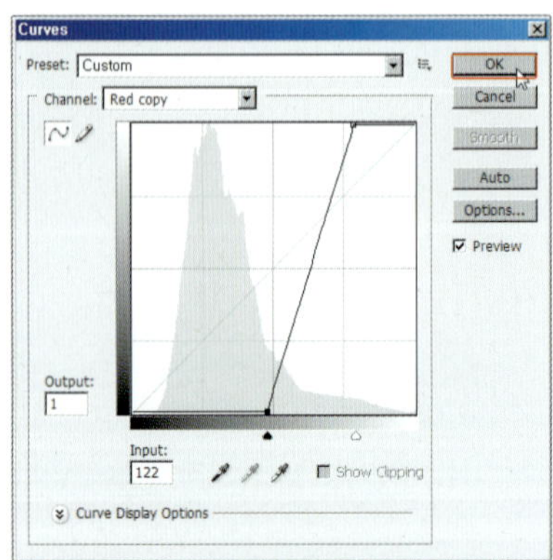

04 라쏘 툴( )을 이용해 필요 없는 부분을 선택하고 검은색으로 채웁니다.

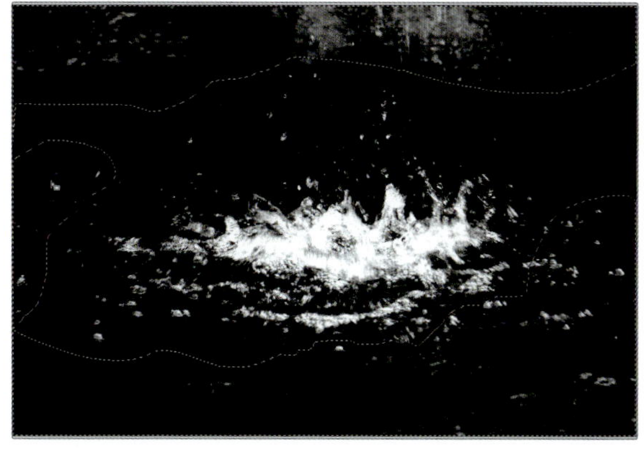

05 'Channels' 팔레트에서 'Load Channel as Selection' 아이콘( )을 클릭해 하이라이트 영역을 선택합니다.

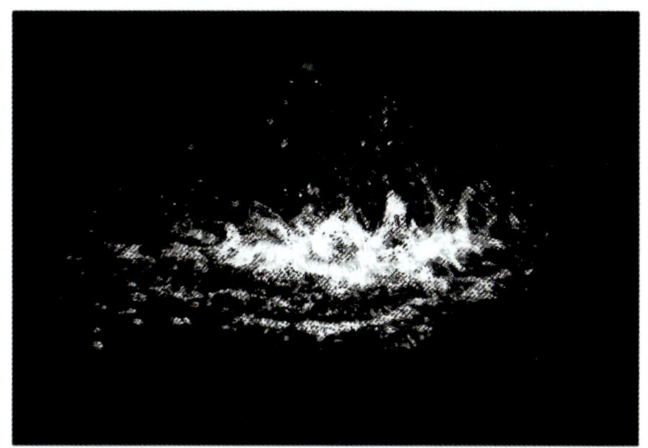

06 'Layers' 팔레트로 되돌아와서 단축키 `Shift` + `Ctrl` + `N` 을 눌러 'New Layer' 대화상자를 나타낸 후 신규 레이어를 만들고 '브러시'를 입력합니다.

07 선택 영역을 검은색( )으로 채웁니다.

08 'Edit' → 'Define Brush Preset' 메뉴를 선택합니다.

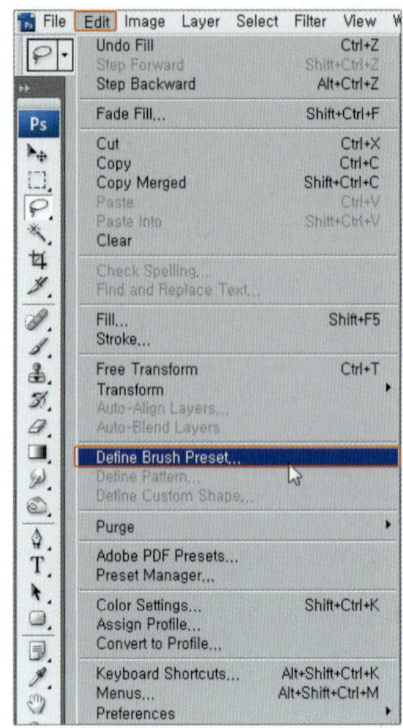

09 'Brush Name' 대화상자가 나타나면 브러시의 이름을 지정하고 'OK' 버튼을 클릭합니다. 왼쪽에 보이는 숫자 2500은 브러시의 규격이 2500pixel이라는 의미인데, 참고로 브러시의 최대 사이즈는 2500pixel입니다.

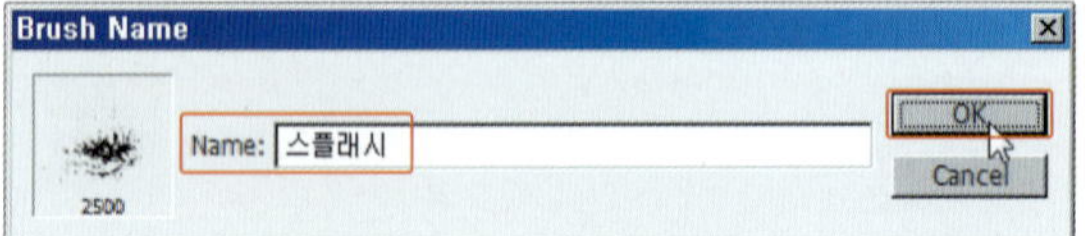

10 브러시 목록에서 이전 과정에서 만든 '2050'과 '2500' 브러시 목록이 추가되었는지 확인합니다.

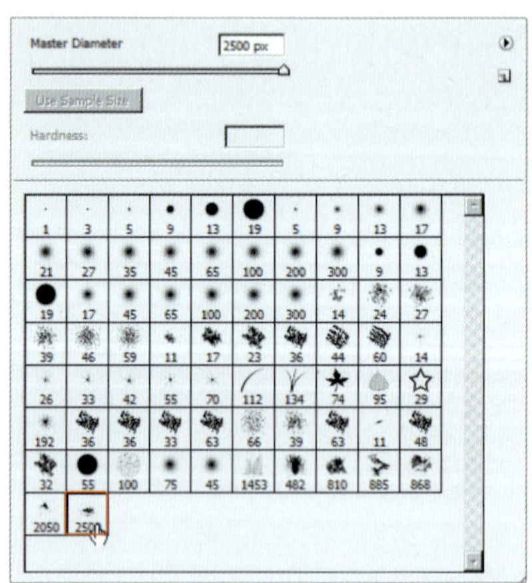

11 검은색으로 채워진 레이어에 신규 레이어를 만들고 전경색을 흰색(■)으로 지정하여 클릭해서 브러시의 모양을 확인합니다.

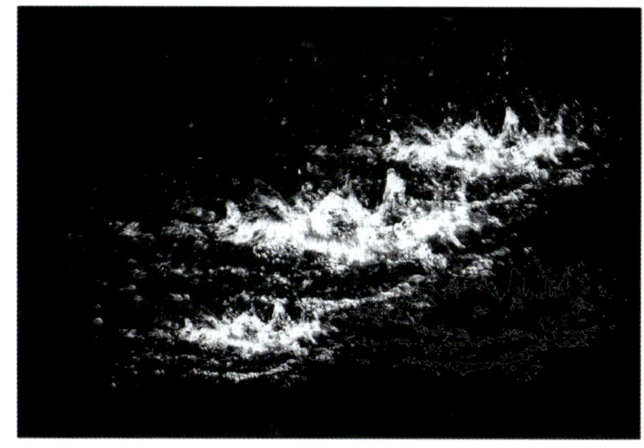

12 화면의 왼쪽부터 차례대로 클릭해서 'Preset Manager'를 클릭합니다.

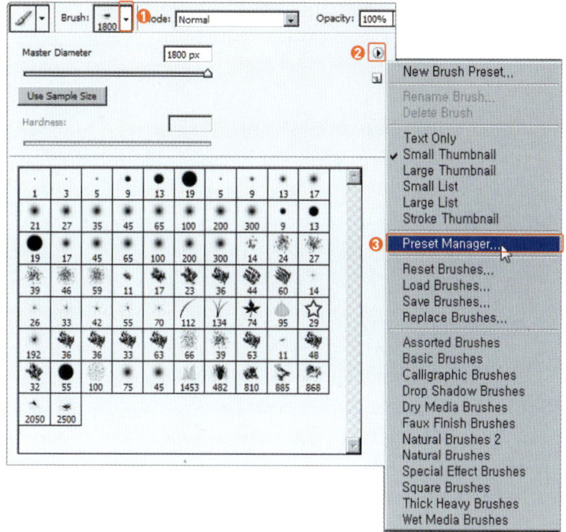

13 'Preset Manager' 대화상자가 나타나면 새로 만든 브러시를 제외한 나머지 브러시 목록을 Shift 를 누른 상태에서 선택하고 'Delete' 버튼을 클릭합니다.

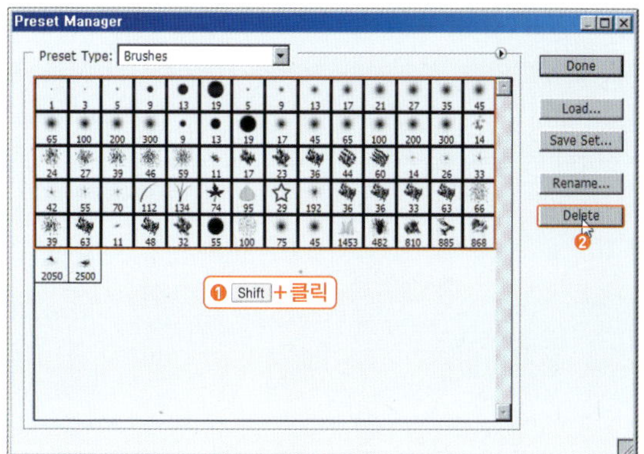

14 선택한 브러시 목록을 지웠으면 'Done' 버튼을 클릭합
니다.

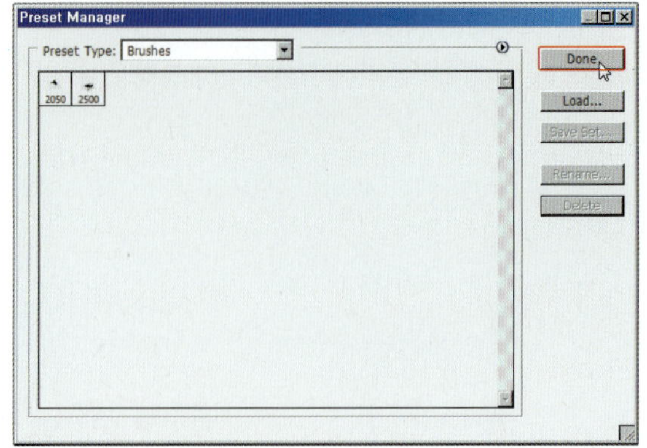

15 순서대로 클릭하고 'Save Brushes'를 클릭합니다.

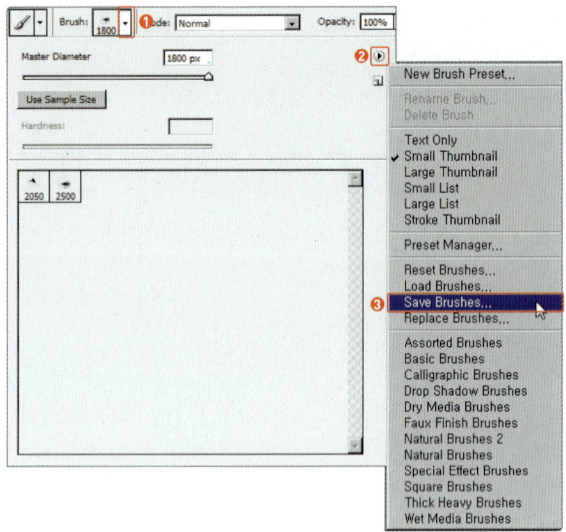

16 'Save' 대화상자가 나타나면 브러시 이름을 지정하고 '저
장' 버튼을 클릭합니다. 브러시를 저장할 경우에는 나중에 사
용할 경우를 대비하여 미리 보기용 화면을 같이 저장하는 것이
좋습니다.

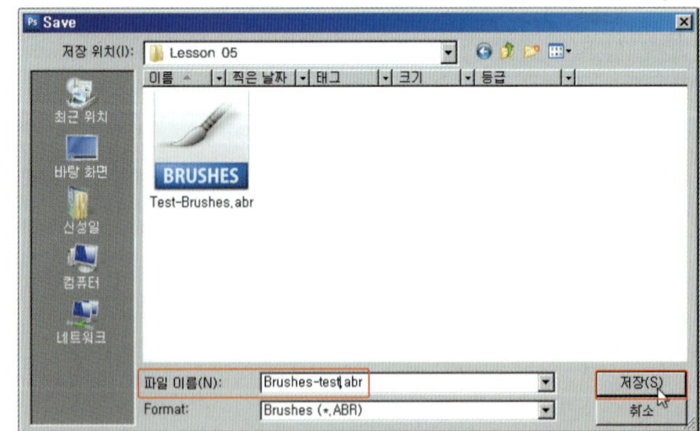

이번 레슨에서 만들어진 브러시를 활용한 예제입니다.

추천 사이트

아무리 개인 작업을 많이 해도 한 사람의 머리속에서 나오는 아이디어는 일정 기간이 지나면 한계에 부딪힙니다. 어느 정도 시점이 되면 반복적인 작업에서 나오는 습관화가 아이디어로 연결되는 경우가 많기 때문에 필자는 이러한 벽에 부딪힐 때면 외국 사이트를 자주 둘러봅니다. 아이디어를 얻고 습작에 적용하다 보면 작업에 투자한 시간만큼 작업자의 노하우로 만들 수 있다고 생각하기 때문에 항상 새로운 것을 찾으면 비슷한 유형의 작업을 따라해 봅니다. 정해진 튜토리얼을 따라하는 과정보다 아무것도 전해지지 않은 상태에서 보고 따라하며 익히는 과정에서 습득하다 보면 손에 느낌이 충분히 전달되기 때문입니다. 책이나 웹에 나타나는 따라하기 과정은 소스와 메뉴가 기본적으로 제공되기 때문에 눈으로만 읽어도 과정을 금방 이해할 수 있습니다. 하지만 다른 과정에 적용했을 때 과연 해당 메뉴얼이 적용되느냐가 문제입니다. 과정을 이해했어도 실무에 그대로 적용하는 것은 쉽지 않습니다. 따라서 많은 작품들을 눈에 담고 손으로 익히는 반복적인 작업을 통해 본인만의 노하우로 만드는 작업이 필요합니다. 이번에는 필자가 자주 찾는 대표적인 사이트를 통해 작품을 보면서 다른 작가들의 감성을 느껴보세요.

사진/광고 CG

http://photo.net/photodb/member-photos?photo_id=7411040
포토넷에서 활동하는 작가로, 사진은 빛으로 그리는 예술이라는 말을 실감할 수 있는 사진들이 많습니다.

http://www.bergh.dk
다양한 광고 CG와 광고와 관련된 사진들을 만나볼 수 있습니다.

그래픽 디자인

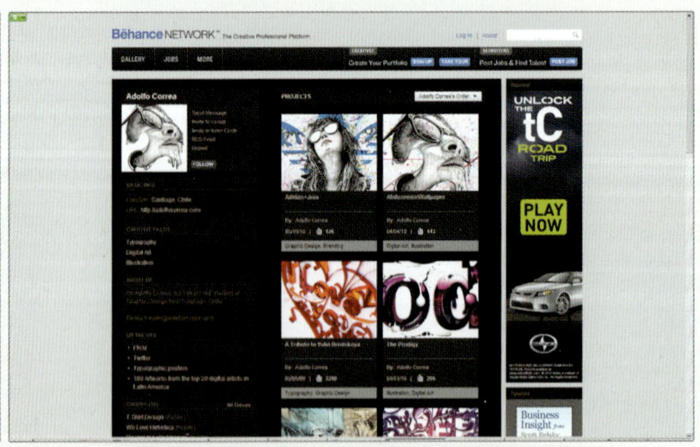

http://intrinsicnature.org/in/home/experiment-4
오브젝트를 분리해 공간을 형성하는 능력이 탁월합니다.

http://www.behance.net/kultsi
메인 화면에 굉장한 퀄리티를 자랑하는 작품이 많은데, 위의 화면은 이 중에서도 좋아하는 작가의 포트폴리오 공간입니다.

영화 포스터

http://www.tomasz-opasinski.com
영화 포스터의 작업 전후 과정이나 작가의 포스터 작업에 사용하는 다양한 템플릿을 만나볼 수 있습니다.

벡터팩(Vectorpack) 다운로드 사이트

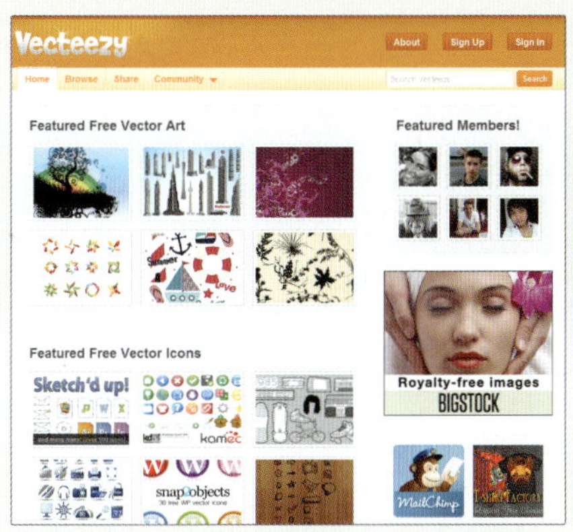 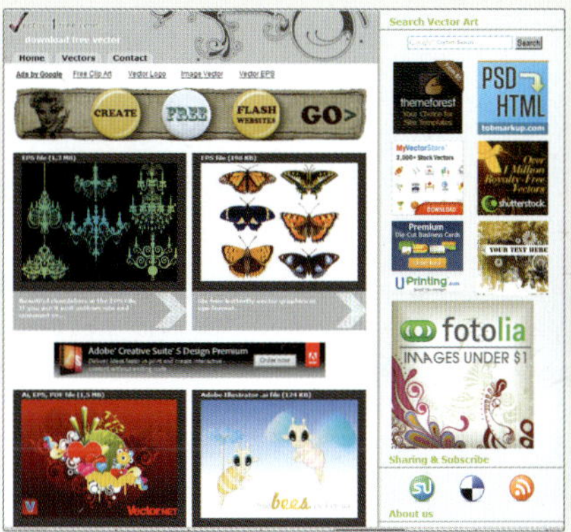 

http://createforfree.blogspot.com

http://www.vecteezy.com

http://vector4free.com

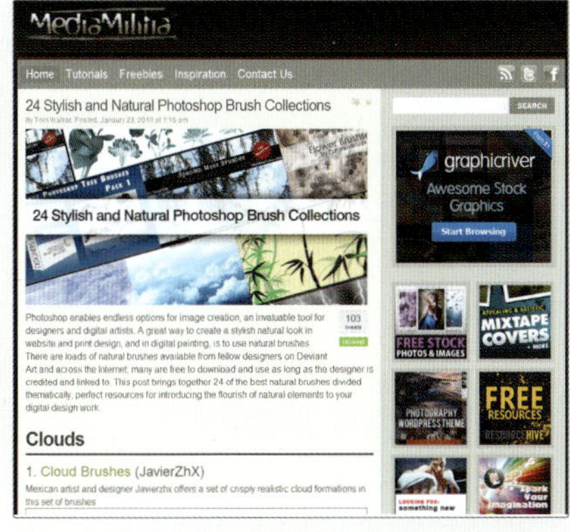 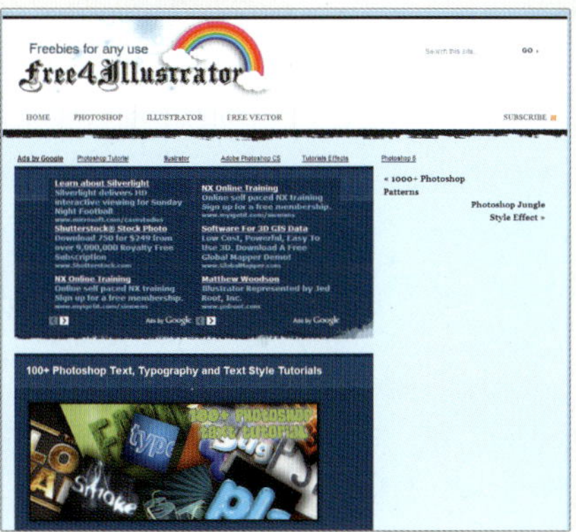

http://mediamilitia.com/24-stylish-and-natural-photoshop-brush-collections
다양한 형태의 브러시를 다운로드해서 사용할 수 있습니다

http://free4illustrator.com/2009/04/photoshop-text-tutorials
텍스트 이펙트와 관련된 다양한 튜토리얼을 볼 수 있습니다.

Photoshop Artworks Secret

디지털 아트워크

디지털 아트워크 작업은 상상을 현실화 할 수 있다는 게 가장 큰 매력이 아닐까 생각해 봅니다. 자신의 생

각을 화면 안에서 이야기로 구성하기 위해서는 주제를 정하고 주제에 부합되는 이미지들을 정리하는 기

초적인 작업과 동시에 이미지를 표현할 수 있는 포토샵의 합성 테크닉도 꼭 필요한 부분입니다. 이번 테

마에서는 아트워크 작업에 필요한 다양한 테크닉들을 실무에서 바로 활용할 수 있도록 근접하게 풀어나

갈 생각입니다.

Lesson

결과 파일 부록 CD\Theme03\Lesson01\T3L1-01.psd

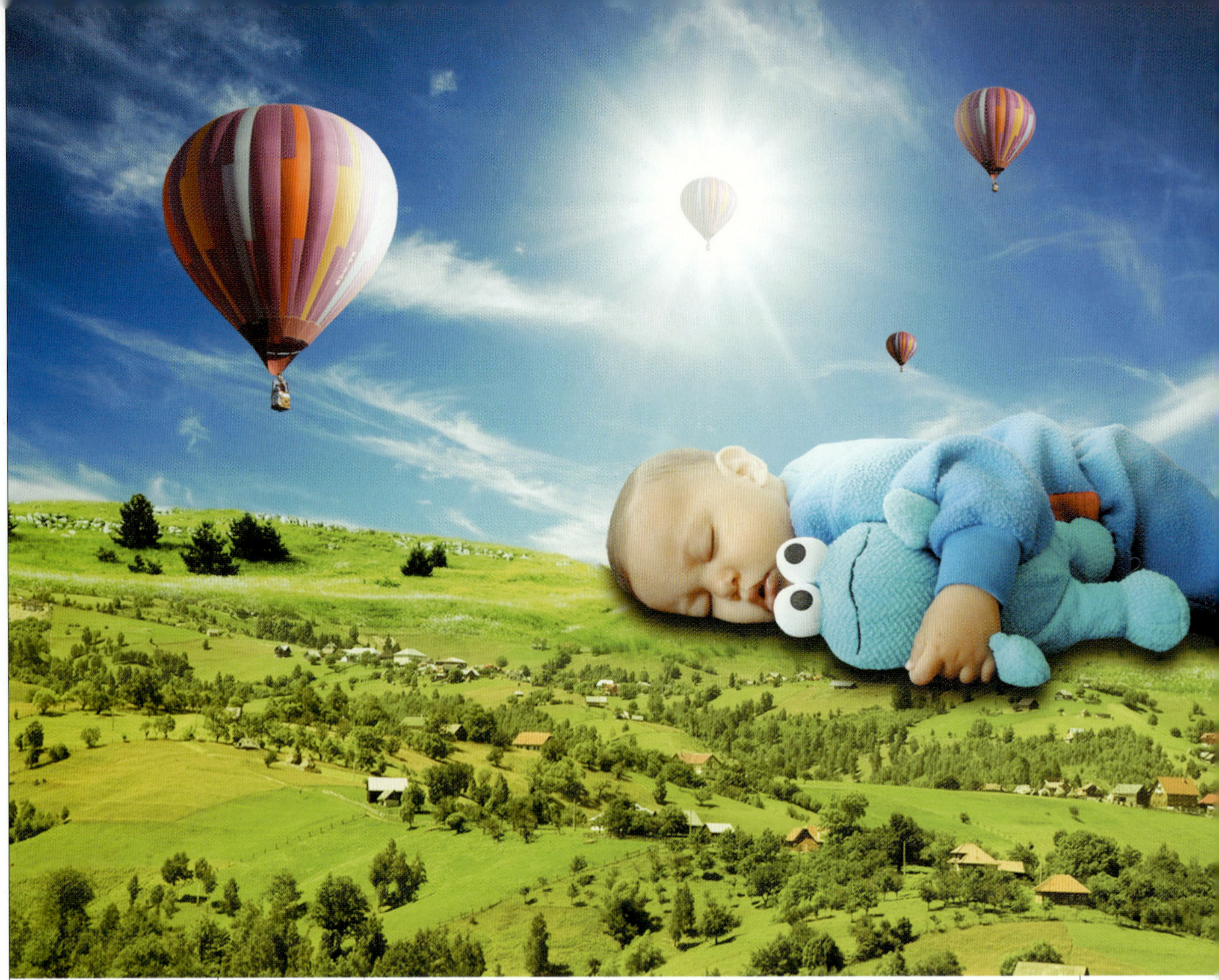

01 자연의 포근함

끝없이 펼쳐진 녹색 초원의 풍경을 바라보면 편안함이 느껴집니다. 이번에는 '자연의 포근함' 이라는 주제로 곤히 잠든 아이의 모습에서 연상되는 이미지와 함께 아름다운 풍경을 만들어 보겠습니다.

Step 01

Step 02

Step 03

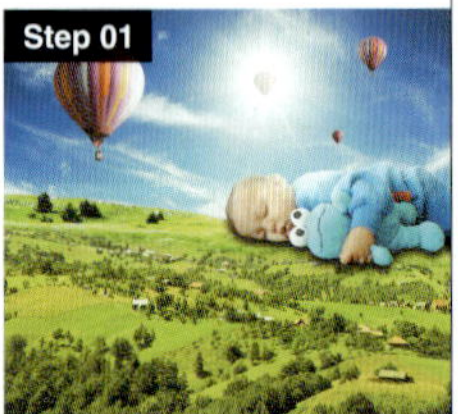

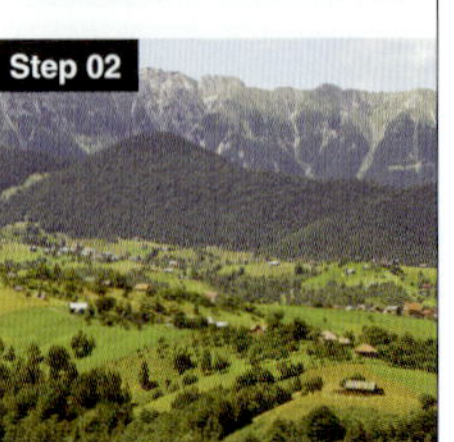

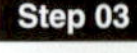

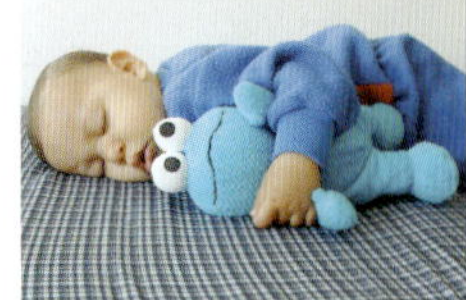

Step 01

초원에 마을 합성하기

레이어 마스크를 이용해 배경을 합성해 보겠습니다.

예제 파일 부록 CD\Theme03\Lesson01\T3L1-01.jpg, T3L1-02.jpg

01 부록 CD에서 기본 배경으로 사용할 'T3L1-01.jpg' 파일을 불러옵니다. **02** 부록 CD에서 배경 합성에 사용할 'T3L1-02.jpg' 파일을 불러옵니다. 그런 다음 단축키 Ctrl+A, Ctrl+C, Ctrl+W를 차례대로 눌러 작업 창에 이미지를 복사한 후 작업 창을 닫으세요.

03 'T3L1-01' 도큐먼트에서 단축키 Ctrl+V를 눌러 붙여넣기합니다. 그런 다음 단축키 Ctrl+T를 눌러 마을이 위치한 면적과 'Background'에 보이는 초원의 면적을 고려해 크기를 조절합니다. **04** 'Layers' 팔레트에서 생성한 'Layer 1' 레이어를 선택하고 Alt를 누른 상태에서 'Add Layer Mask' 아이콘(◉)을 클릭합니다. 그러면 레이어 창에 검은색 마스크가 생성되면서 레이어가 가려집니다.

05 툴바에서 브러시 툴(✎)을 선택하고 전경색을 흰색(◨)으로 선택한 후 빨간색으로 표시한 부분의 안쪽을 문지릅니다.

06 마스크 창에 흰색으로 칠하는 부분의 원본 이미지가 살아나면서 배경과 자연스럽게 합성됩니다.

07 돋보기 툴(🔍)로 확대 및 축소하면서 각 부분을 세밀하게 작업합니다. 그림의 왼쪽과 오른쪽을 보면 능선의 경계선이 맞닿은 부분을 최대한 자연스럽게 연결했습니다.

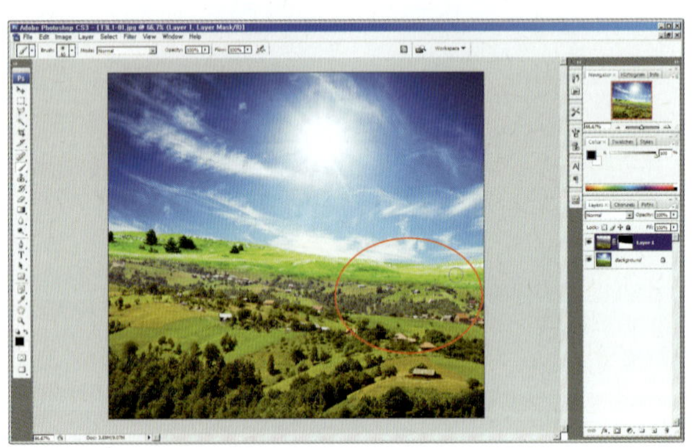

08 배경 이미지와 합성된 마을 이미지의 색이 맞지 않으므로 색을 변경해야 합니다. 'Image' → 'Adjustments' → 'Color Balance' 메뉴를 선택하세요.

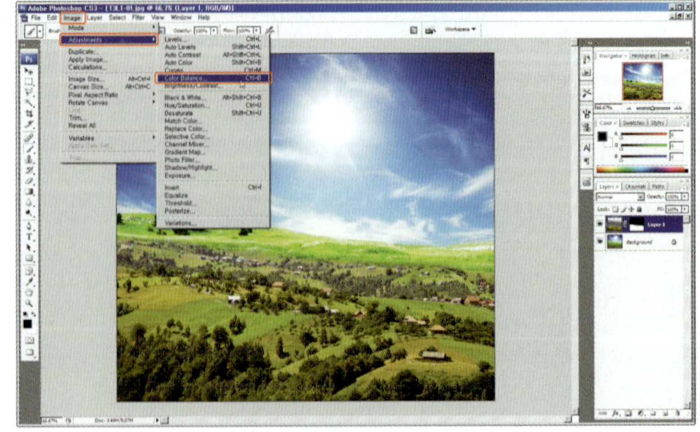

09 'Color Balance' 대화상자가 나타나면 'Green' 톤에 관여하는 'Green' 톤과 'Yellow' 톤의 색을 추가합니다.

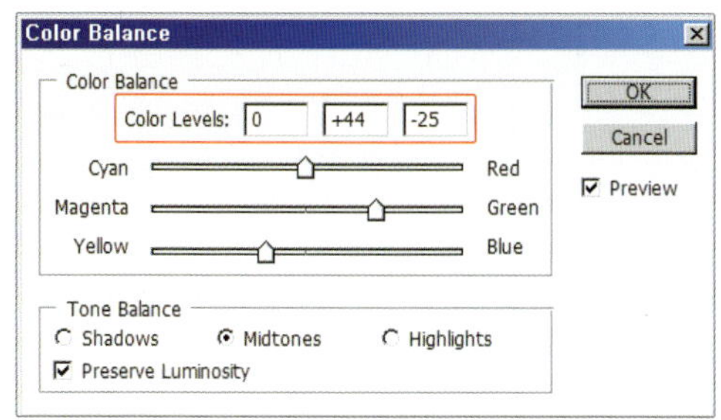
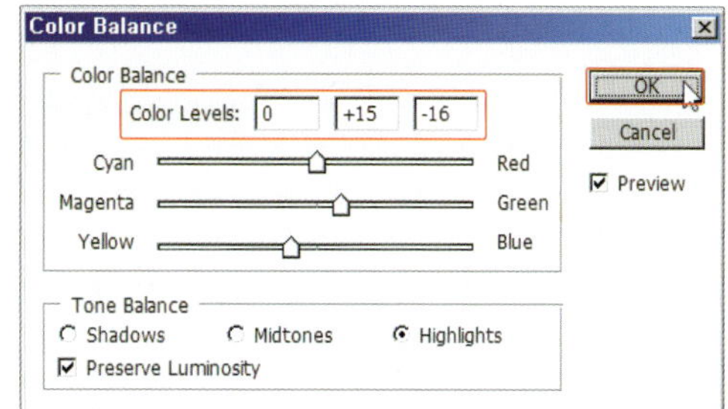

10 'Color Balance'를 적용해서 자연스럽게 배경 이미지를 합성했습니다. 작업을 완료한 후 전체 색을 맞출 수 있지만, 서로 다른 명암과 색을 갖고 있는 상태에서 전체 색 보정은 색과 명암의 균형이 맞지 않을 수 있으므로 번거롭더라도 작업의 중간에 보정합니다.

잠자는 아기 합성하기

이미지를 합성하고 그림자를 자연스럽게 넣어보겠습니다.

예제 파일 부록 CD\Theme03\Lesson01\T3L1-03.jpg, T3L1-04.jpg

01 부록 CD에서 'T3L1-03.jpg' 파일을 불러온 후 'Paths' 팔레트를 클릭합니다. 그런 다음 `Ctrl` 을 누른 상태에서 'Wrok path'를 선택해 선택 영역으로 만드세요. **02** 단축키 `Ctrl` + `C`, `Ctrl` + `W`, `Ctrl` + `V` 를 눌러 작업 창에 붙여넣기합니다. 그런 다음 단축키 `Ctrl` + `T` 를 눌러 다음의 그림과 같이 크기와 위치를 조절하세요.

03 'Layers' 팔레트에서 `Ctrl` 을 누른 상태에서 'Layer 2' 레이어를 선택해 선택 영역으로 활성화합니다. **04** 단축키 `Shift` + `Ctrl` + `N` 을 누르거나 팔레트에서 'Create New Layer' 아이콘( )을 클릭해 그림자를 만들기 위한 새로운 레이어를 만듭니다.

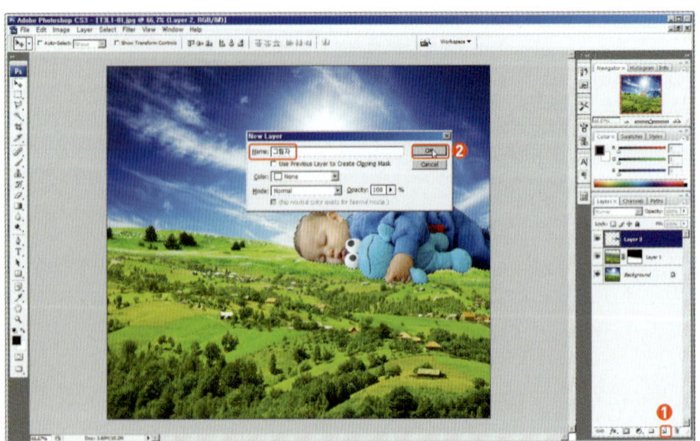

05 전경색을 검은색(■)으로 선택하고 '그림자' 레이어에서 단축키 Alt + Delete 를 눌러 채웁니다. **06** '그림자' 레이어를 'Layer 2' 레이어의 아래쪽으로 이동하고 'Filter' → 'Blur' → 'Gaussian Blur' 메뉴를 선택합니다.

07 'Gaussian Blur' 대화상자가 나타나면 'Radius'를 '8.5pixel'로 조절해 약간 퍼지는 느낌을 만듭니다. **08** 이동 툴(▶)을 이용해 아이 이미지와 겹치지 않게 아래쪽으로 이동하고 'Opacity'를 '85%'로 지정합니다.

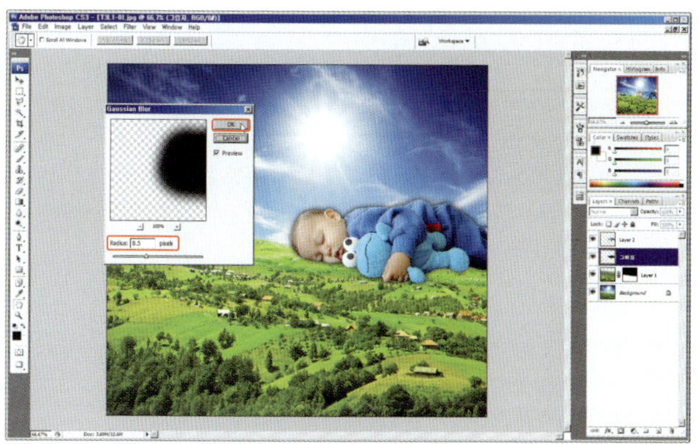

09 부록 CD에서 'T3L1-04.jpg' 파일을 불러오고 왼쪽의 툴바에서 마술봉 툴(✦)을 선택합니다. **10** 배경 이미지와 마스킹할 애드벌룬 이미지는 컬러를 쉽게 구분할 수 있으므로 배경 이미지를 클릭해서 하늘색 부분을 선택합니다.

11 선택 영역을 단축키 Shift + Ctrl + I 로 반전시켜서 애드벌룬 이미지만 선택하고 단축키 Ctrl + C, Ctrl + W, Ctrl + V 로 현재 작업 창에 붙여넣기합니다.

12 단축키 Ctrl + T 를 눌러 애드벌룬 크기를 조절하고 적정한 곳에 위치시킵니다.

합성 후 색 보정 및 명암 작업하기

헤어가 복잡한 인물을 합성하고 잔머리와 배경을 자연스럽게 합성하는 방법을 살펴보겠습니다.

예제 파일 부록 CD\Theme03\Lesson01\T3L1.acv

01 애드벌룬 이미지를 Alt +이동 툴(▶+)로 분산된 형태로 복사하고 단축키 Ctrl + T 를 눌러 크기를 조절해서 원근감을 표현합니다. 그런 다음 빛의 가운데에 위치한 레이어의 'Opacity'를 '21%'로 지정하여 빛 속에 파묻힌 듯한 느낌을 만드세요.

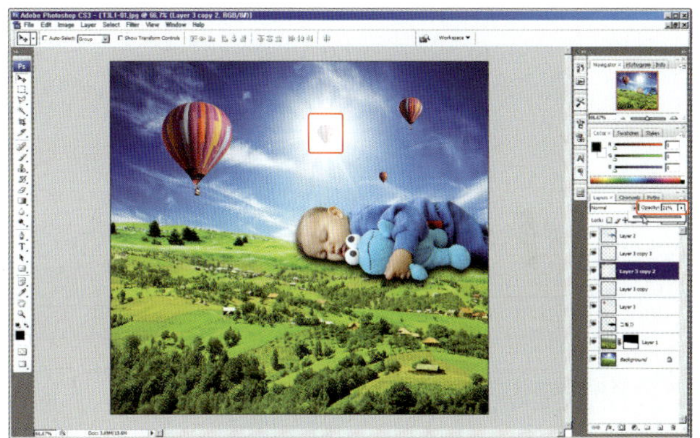

02 밝은 부분의 명암을 표현하기 위해 툴바에서 닷지 툴(🔍)을 선택하고 옵션바에서 'Exposure' 값을 '50%'로 지정합니다. 그런 다음 브러시의 'Soft Round'를 '125pixel'로 지정하세요.

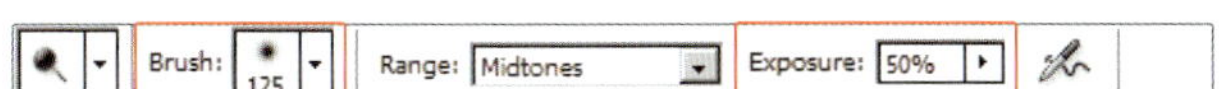

03 빛이 퍼지는 중앙을 기점으로 빛이 닿는 부분, 즉 애드벌룬의 외곽선 부분을 밝게 처리하기 위해 닷지 툴(🔍)로 가볍게 두 번 문지릅니다.

04 전체 색을 보정하기 위해 'Layers' 팔레트에서 보정 레이어 아이콘(◑)을 클릭합니다. **05** 'Photo Filter' 대화상자가 나타나면 다음의 그림과 같이 지정하고 'OK' 버튼을 클릭해 따뜻한 느낌을 추가하세요.

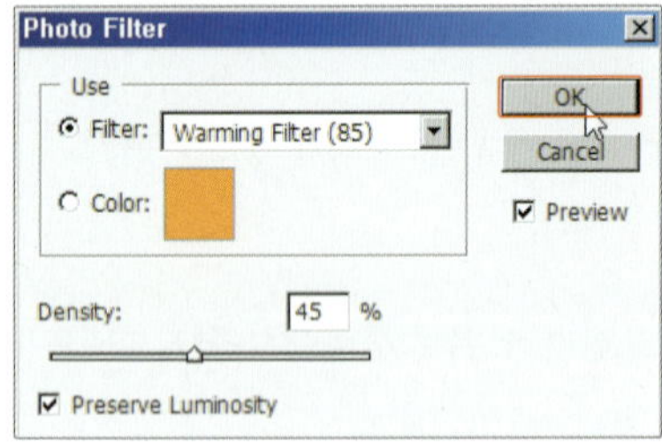

06 색을 보정하기 위해 'Layers' 팔레트에서 보정 레이어 아이콘(◑)을 클릭한 후 'Curve'를 선택합니다. **07** 'Curves' 대화상자가 나타나면 대화상자의 오른쪽에 있는 확장 아이콘(≣▾)을 클릭한 후 'Load Preset'을 선택합니다.

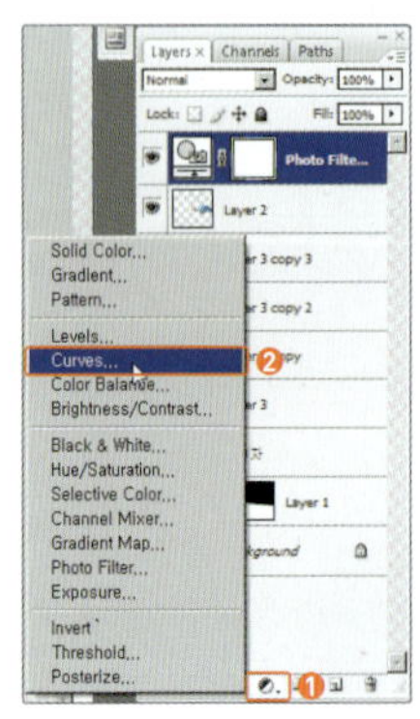

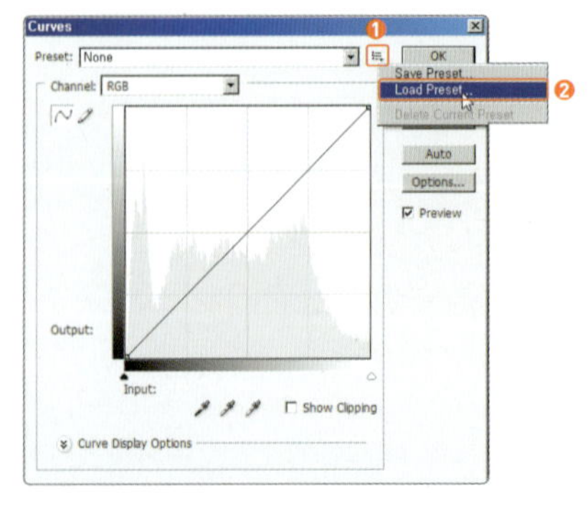

08 부록 CD의 'T3L1.acv' 파일에서 저장된 커브값을 선택하고 'Load' 버튼을 클릭해 색을 적용한 후 작업을 종료합니다. 이제 따뜻한 느낌의 풍경과 색이 어우러진 이미지를 완성했습니다.

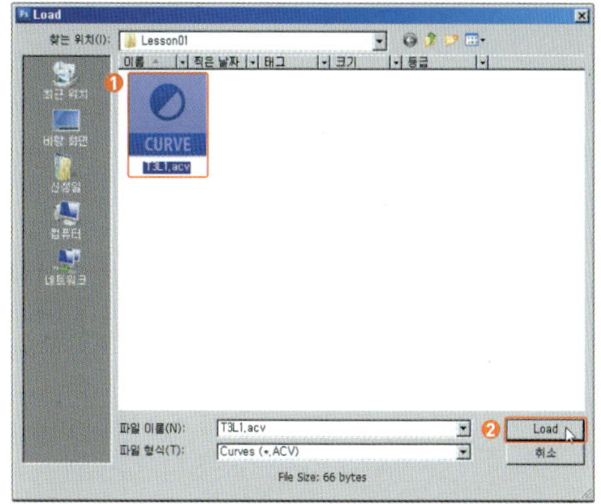

09 불러온 커브의 설정값입니다.

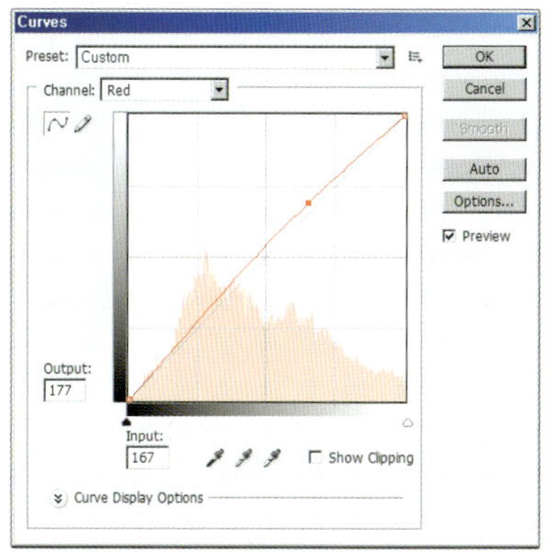
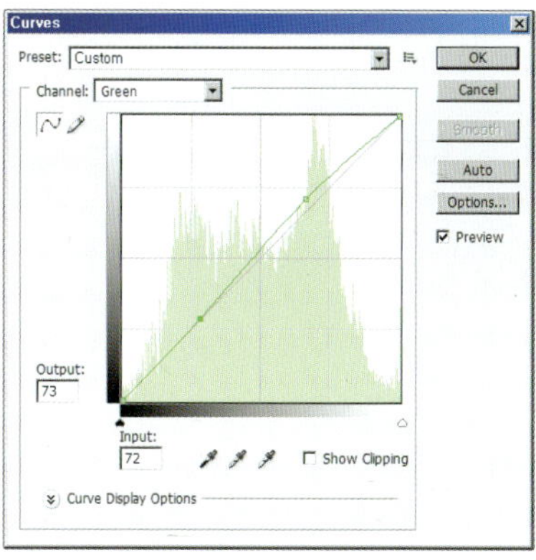
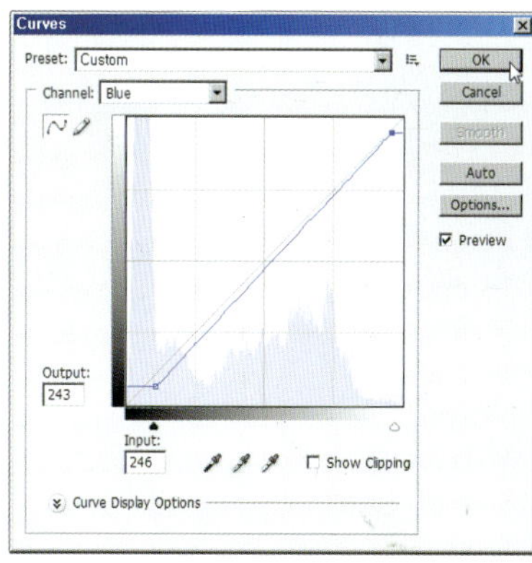

이 작업은 미야자키 하야오 감독의 '원령공주'에서 주인공이 시시가미를 찾아 숲으로 향하던 중 나무 사이로 빼꼼하게 고개를 내밀던 작은 인형들의 모습에서 모티브를 얻어 시작한 작업입니다. 이때는 한참 화려한 색을 살리는 작업에 주력했기 때문에 하늘, 초원, 나무, 꽃 등을 이용한 작업이 많았습니다. 이전까지는 단순히 결과물을 위해 합성하던 시기였지만, 이 작업을 통해 합성 작업에 이야기를 담기 시작했습니다. 지금 보이는 화면에는 많은 이야기가 없지만, 느낌을 표현하기 위해 애쓴 흔적이 여러 곳에 보이네요. 지금 필자의 눈에는 아직 미완성 작업이지만, 시간이 지나서 보는 이전 작업의 느낌은 서랍 속의 일기를 꺼내보는 느낌이네요. '원령공주' 느낌을 내려면 아직 한참을 더 가야 할 것 같습니다.

Paint Splash

가장 즐겨작업하는 스플래시 효과입니다. Theme 04의 Lesson 04 과정에 비슷한 유형의 튜토리얼이 제공됩니다. 이런 작업의 특징은 비슷한 형태의 이미지들을 여러 각도로 촬영해 Mask 작업과 Disort 명령으로 부드럽게 곡선화하여 연결시키는데 있습니다. 스플래시 효과의 가장 큰 장점은 사진이 살아 움직이는 듯한 역동감을 보여줍니다. 여름에 흔히 볼 수 있는 맥주광고나 화장품 광고 등에 잘 나타나 있는 Water Splash 효과들도 이와 비슷한 형태로 작업됩니다.

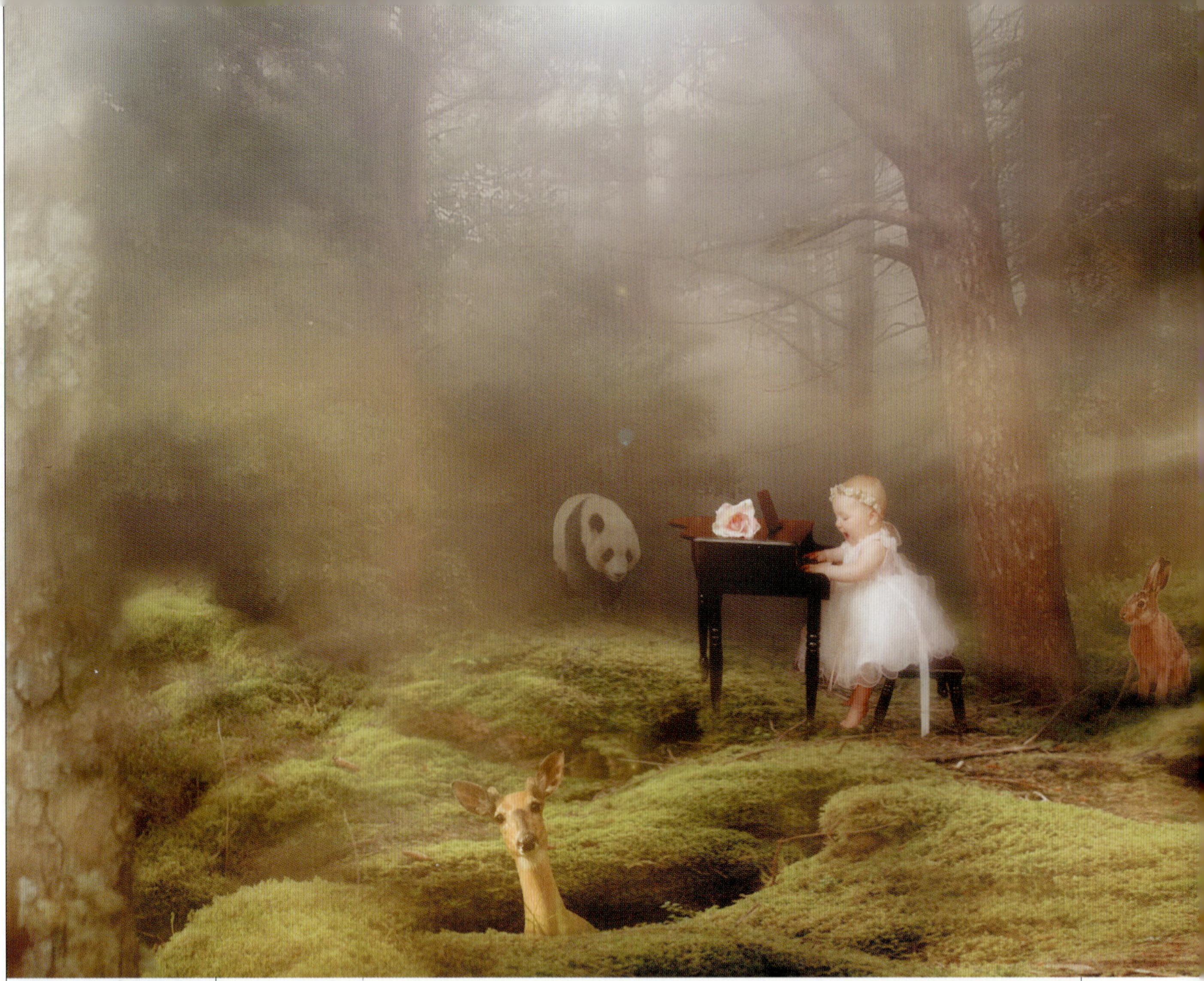

Lesson 02

결과 파일 부록 CD\Theme03\Lesson02\피아노.psd

피아노의 숲

영화 '피아노의 숲'은 인적이 드문 숲 속에 버려진 낡은 피아노를 사랑하는 천방지축 천재소년과 어려서부터 피아노를 연주해야 하는 운명을 가진 두 소년의 우정과 음악에 대한 열정을 다룬 애니메이션입니다. 피아노 콩쿠르 관련 포스터 작업을 위해 자료를 찾던 중 비슷한 분위기의 사진이 눈에 들어 '피아노의 숲'이라는 동명의 영화와 같은 느낌으로 만들어 보았습니다.

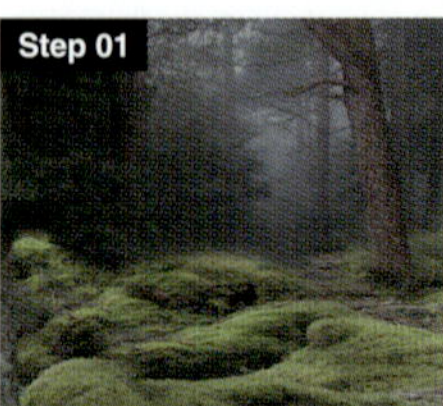

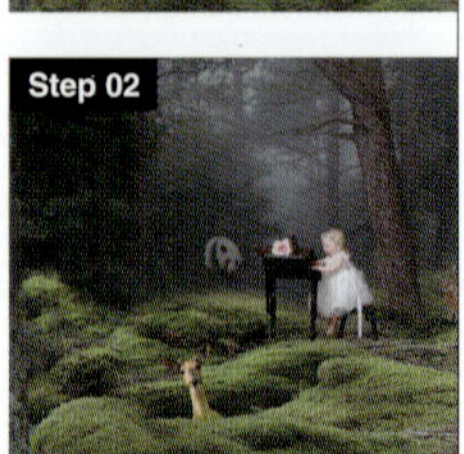

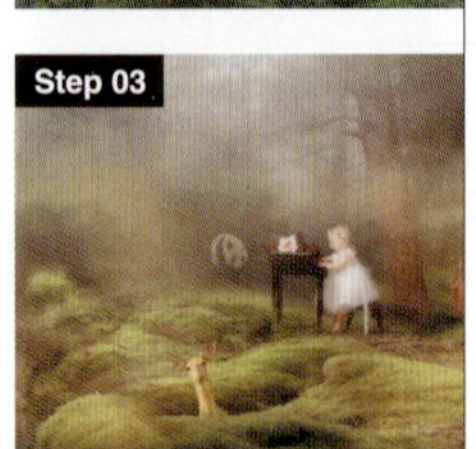

숲 배경 합성하기

레이어 마스크를 이용해 숲속 배경을 자연스럽게 합성해 보겠습니다.

예제 파일 부록 CD\Theme03\Lesson02\숲.psd

01 기본 배경으로 사용할 '숲.psd' 파일을 불러오는데, 이 파일은 '배경'과 '이끼' 레이어로 구성되어 있습니다.

02 '이끼' 레이어를 단축키 Ctrl + J 를 눌러 복사해서 '이끼-1' 레이어를 만듭니다. 복사한 레이어는 나중에 좌우로 늘려서 이미지의 아래쪽 전면을 차지하는 배경 소재로 사용할 것입니다.

03 'Layers' 팔레트에서 '이끼-1' 레이어의 눈 아이콘(👁)을 클릭해서 잠시 숨기고 '이끼' 레이어를 선택합니다. 그런 다음 'Layers' 팔레트에서 'Add Layer Mask' 아이콘(🔲)을 선택하거나 Alt +클릭해 마스크를 검은색으로 채워서 'Hide All' 상태로 만드세요.

04 툴바에서 브러시 툴(✎)을 선택하고 작업 창에서 마우스 오른쪽 버튼을 클릭한 후 바로 가기 메뉴에서 '브러시 목록' 을 선택합니다. 그런 다음 브러시에서 'Soft Round' 는 '100', 'Master Diameter' 는 '90px' 로 지정하세요.

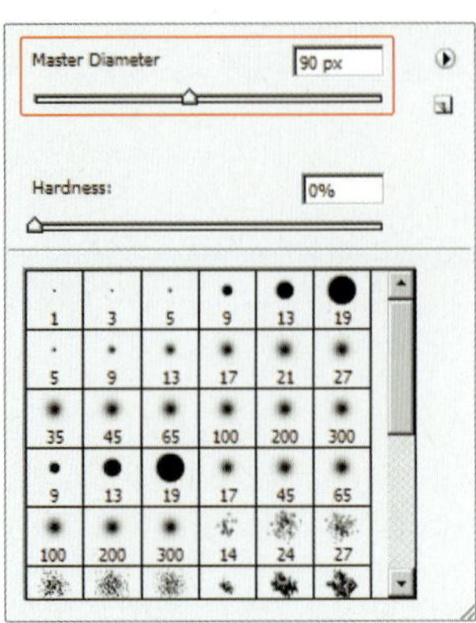

05 D와 X를 교대로 눌러 전경색을 흰색으로 지정하고 'Layers' 팔레트에서 '이끼' 레이어의 마스크 창을 선택한 후 화면을 흰색으로 문지르면 문지르는 부분의 이미지가 나타납니다. **06** 'Layers' 팔레트에서 '이끼-1' 레이어의 눈 아이콘(👁)을 클릭해 이미지를 표시하고 단축키 Ctrl + T 를 눌러 좌우로 늘립니다.

이럴 땐 이렇게 하세요

Q 마스크를 선택하고 흰색으로 칠하는데, 화면처럼 경계면이 부드럽지 않아요. 왜 그럴까요?

A 마스크 작업할 때 옵션바 항목에 'Opacity' 조절 창이 있는데, 이미지와 이미지가 맞닿는 경계면의 경우에는 'Opacity' 수치값을 25~50% 사이로 조절해서 사용합니다. 특히 합성 작업에서 주로 사용하는 기능이므로 자연스럽게 배경 이미지를 합성할 때는 수치값을 조절하면서 사용하세요.

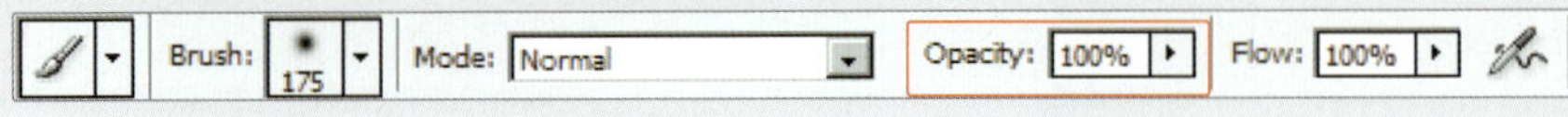

07 'Layers' 팔레트에서 '이끼-1' 레이어를 선택하고 'Add Layer Mask' 아이콘(⬤)을 클릭하거나 Alt +클릭해 마스크를 검은색으로 채워서 'Hide All' 상태로 만듭니다. **08** 전경색을 흰색(▣)으로 지정하고 '이끼-1' 흰색으로 문지르면서 배경 바닥을 이끼 낀 상태로 만듭니다. 그런 다음 단축키 Shift + Ctrl + S 를 눌러 저장하세요.

동물과 아기 이미지 합성하기

주제에 알맞은 사진들을 배치하고 레이어를 그룹으로 만든 후 그룹 레이어에 마스크 작업을 해 보겠습니다.

예제 파일 부록 CD\Theme03\Lesson02\동물.psd, 아이.jpg

01 부록 CD에서 '동물.psd' 파일을 불러옵니다. 그런 다음 Shift 를 누른 상태에서 3개의 레이어들을 선택하고 작업 창으로 드래그하세요.

02 단축키 Ctrl + T 를 눌러 각각의 크기와 위치를 조절하여 배치합니다. **03** 부록 CD에서 '아이.jpg' 파일을 불러온 후 'Paths' 팔레트를 선택하고 Ctrl +클릭해서 'Path 1'을 선택 영역으로 만듭니다. 그런 다음 단축키 Ctrl + C , Ctrl + W , Ctrl + V 를 눌러 작업 창에 붙여넣기하세요.

04 단축키 `Ctrl`+`T`를 눌러 'Free Transform'을 실행하고 마우스 오른쪽 버튼을 클릭한 후 바로 가기 메뉴에서 'Flip Horizontal'을 선택하여 좌우 반전시킵니다. **05** 큰 나무기둥의 옆에 작게 올려놓고 `Enter`를 눌러 크기를 조절합니다.

06 'Layers' 팔레트에서 '팬더' 레이어를 선택하고 'Opacity'를 '32%'로 조절하여 안개 속에서 흐리게 보이는 느낌을 표현합니다.

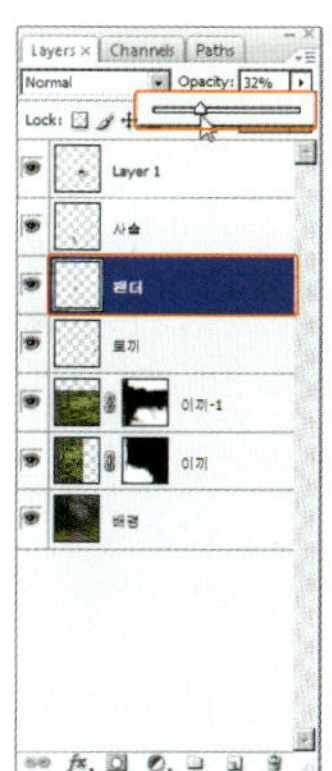

07 레이어가 많아지면 관리하기가 어렵습니다. 배경을 제외한 나머지 이미지를 그룹으로 만들고 `Shift`를 누른 상태에서 'Layer 1' 레이어부터 '토끼' 레이어를 선택한 후 단축키 `Ctrl`+`G`를 눌러 그룹 상태로 만듭니다. 그런 다음 'Layers' 팔레트에서 'Add Layer Mask' 아이콘(▢)을 클릭해 그룹에 마스크를 씌우세요.

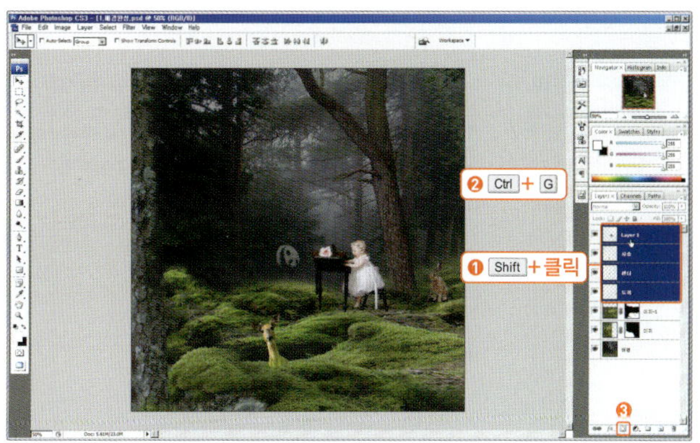

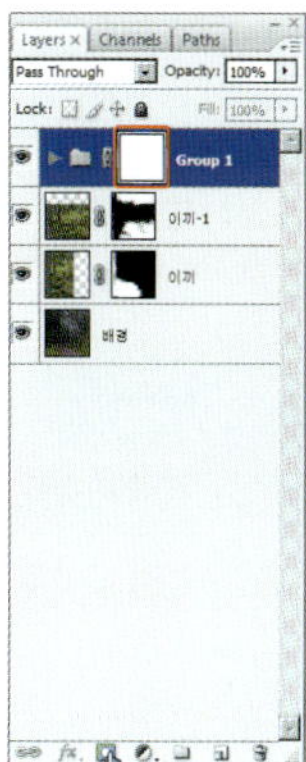

08 툴바에서 브러시 툴(✏)을 선택합니다. **09** 'Layers' 팔레트에서 'Group 1'의 마스크를 선택하고 이미지를 확대해서 사슴의 목 부분 중 아래쪽 부분을 패인 구멍 속에 들어간 것처럼 보이게 전경색을 검은색(■)으로 선택하고 문지릅니다.

10 이와 같은 방법으로 토끼 이미지의 발 부분도 마스크에 검은색으로 칠하면서 풀 속에 자연스럽게 묻힌 듯한 이미지로 만듭니다. **11** 전체 색을 보정하기 위해 'Layers' 팔레트에서 보정 레이어 아이콘(◑)을 클릭하고 'Curves'를 선택합니다.

12 'Curves' 대화상자가 나타나면 다음의 그림과 같이 지정하고 'OK' 버튼을 클릭합니다. 그런 다음 단축키 Shift + Ctrl + S 를 눌러 저장하세요.

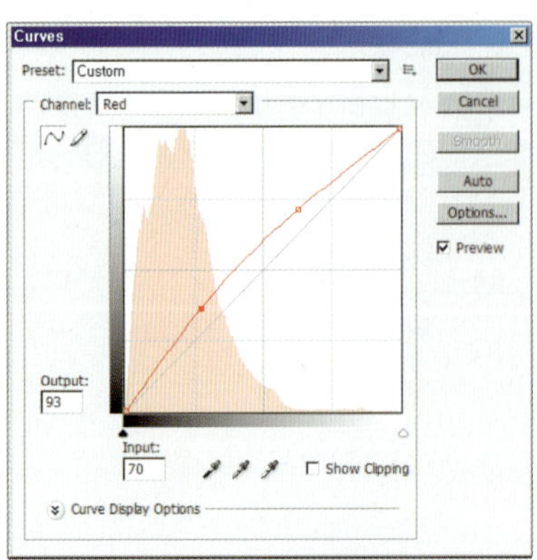

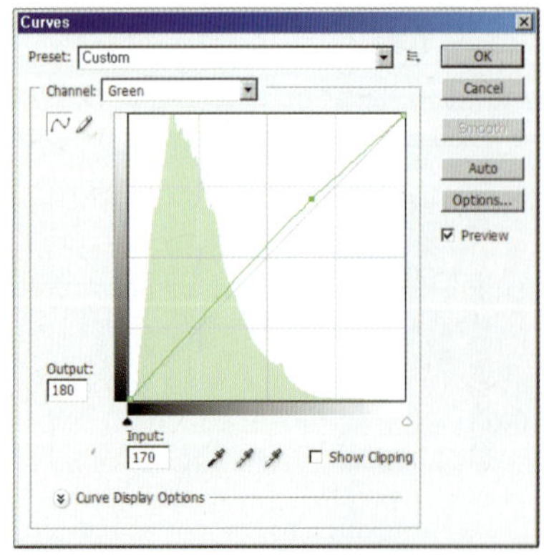

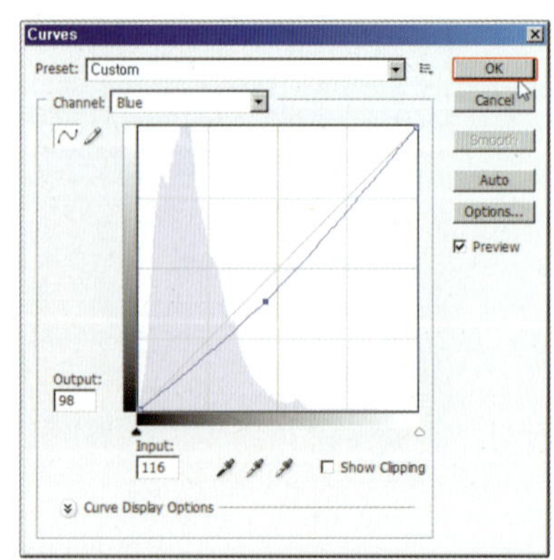

안개 낀 듯한 몽환적인 효과 연출하기

구름이나 안개가 낀 듯한 이미지 소스를 활용해 몽환적인 느낌을 연출해 보겠습니다.

예제 파일 부록 CD\Theme03\Lesson02\안개.jpg

01 부록 CD에서 '안개.jpg' 파일을 불러옵니다. 그런 다음 단축키 Ctrl+A, Ctrl+C, Ctrl+W, Ctrl+V를 차례대로 눌러 작업 창에 이미지를 복사하세요. **02** 'Layers' 팔레트에서 제공하는 안개 이미지의 'Hard Light' 모드로 변경하여 배경에 적용합니다. 안개 이미지의 하이라이트 부분이 배경과 어울리면서 안개 낀 듯한 이미지를 연출하세요.

03 'Layers' 팔레트에서 생성한 'Layer 2' 레이어를 선택하고 'Add Layer Mask' 아이콘(🔲)을 클릭하세요. **04** 툴바에서 브러시 툴(✏️)을 선택하고 전경색을 검은색(■)으로 선택합니다. 그런 다음 인물이나 동물들이 안개 속에 많이 묻혀 있으므로 부분 부분을 문지르면서 안개를 가려주고 인물을 더 부각시키세요.

05 단축키 `Shift` + `Ctrl` + `Alt` + `E` 를 눌러 이제까지의 작업 과정을 합친 새로운 신규 레이어를 만듭니다.

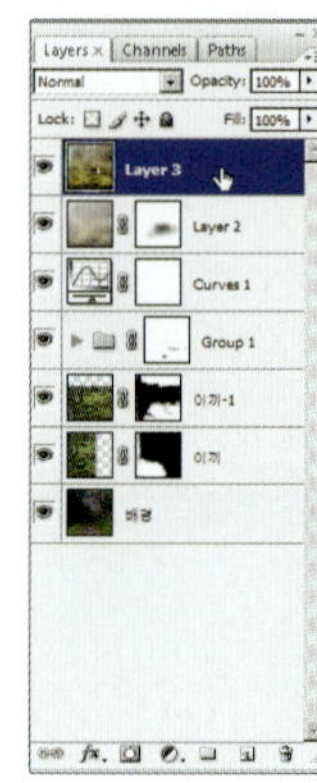

06 'Layers' 팔레트에서 보정 레이어 아이콘(●)을 클릭해서 'Color Balance' 를 선택합니다. 'Color Balance' 대화상자가 나타나면 다음의 그림과 같이 수치값을 입력하고 'OK' 버튼을 클릭하세요.

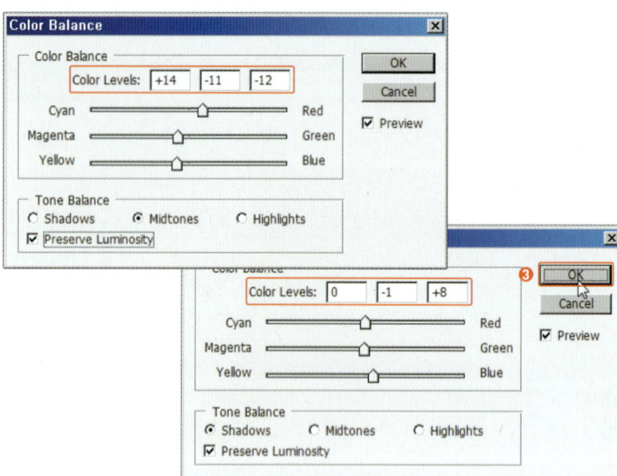

07 지금까지 작업 과정만으로도 충분히 느낌을 살렸지만, 좀 더 따뜻하면서 몽환적인 느낌을 주기 위해 약간의 블러를 적용해 보겠습니다. 단축키 `Ctrl` + `J` 를 눌러 'Layer 3' 레이어를 복사합니다.

08 'Filter' → 'Blur' → 'Gaussian Blur' 메뉴를 선택합니다. **09** 'Gaussian Blur' 대화상자가 나타나면 'Radius' 수치값을 '8pixels'로 지정하고 'OK' 버튼을 클릭합니다. 블러값을 적용할 때는 인물이나 작은 사물 등 배경과 확실하게 구분되는 부분을 선택해서 미리 보면 블러값이 어느 정도 적용되었는지 가늠할 수 있습니다.

10 'Layers' 팔레트에서 'Add Layer Mask' 아이콘(🔲)을 클릭해서 'Layer 3 copy' 레이어에 마스크를 만듭니다. 그런 다음 'Filter' → 'Render' → 'Cloud' 메뉴를 선택하세요. **11** 마스크 창을 보면 검은색과 흰색이 불규칙하게 나타나면서 하위 레이어의 이미지가 은은하게 보입니다.

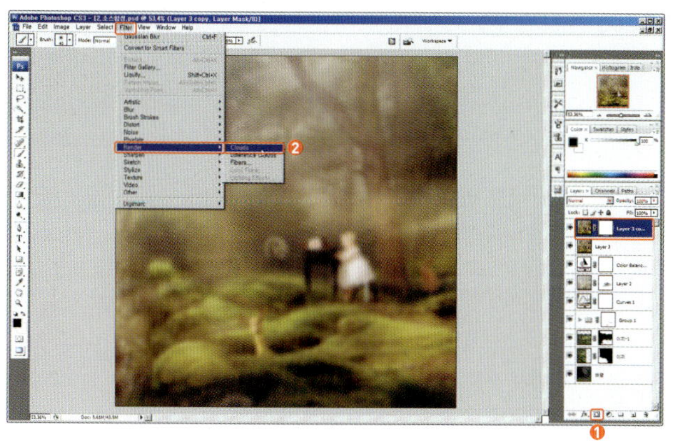

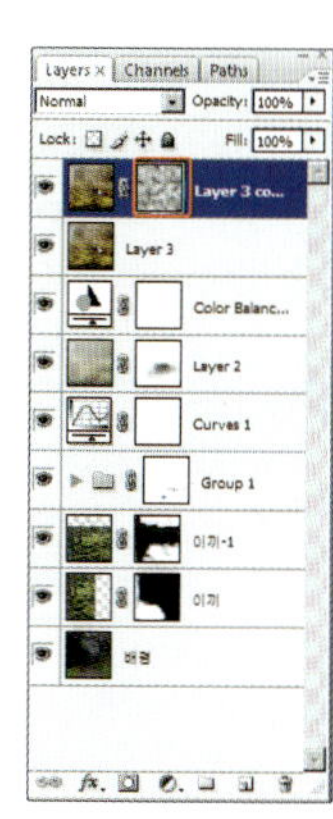

12 툴바에서 브러시 툴(✏)을 선택하고 작업 창에서 마우스 오른쪽 버튼을 클릭한 후 바로 가기 메뉴에서 'Master Diameter'를 선택합니다. 그런 다음 'Soft Round 200px' 브러시를 선택하고 인물이나 동물을 중심으로 살리고 싶은 배경을 전경색 검은색(■)으로 지정하여 문지르세요.

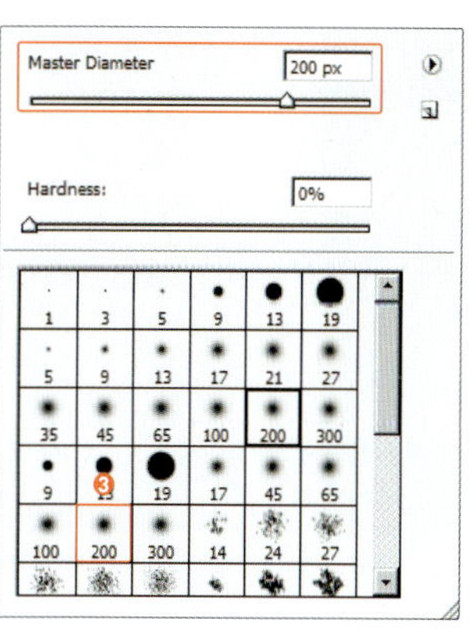

13 'Layers' 팔레트에서 Shift 를 누른 상태에서 'Layer 3' 레이어와 'Layer 3 copy' 레이어를 선택하고 단축키 Ctrl + E 를 눌러 합칩니다.

14 플레어 효과를 적용하기 위해 'Filter' → 'Render' → 'Lens Flare' 메뉴를 선택합니다. **15** 'Lens Flare' 대화상자가 나타나면 다음의 그림과 같이 지정한 후 'OK' 버튼을 클릭하여 몽환적인 느낌으로 숲 속에서 피아노 치는 공주님을 완성합니다.

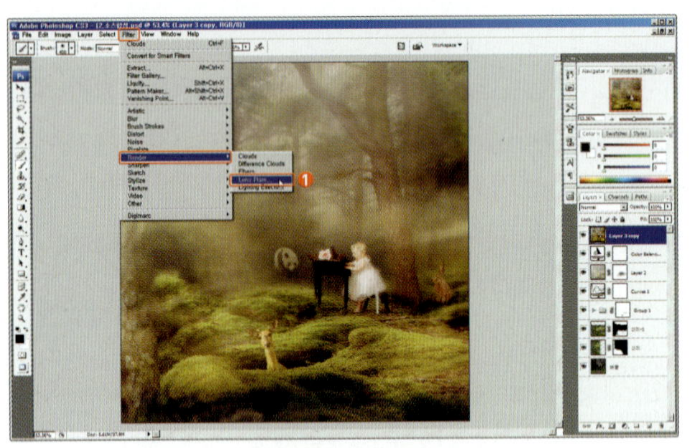

Q
&
A

이럴 땐 이렇게 하세요

Q 플레어 효과를 적용할 때 범위 지정이 어렵고, 원본에 플레어를 적용하면 크기 조절이 어려운데 좋은 방법이 있나요?

A 네, 간단한 블렌딩 모드만으로도 쉽게 가능합니다. 우선 플레어를 적용하기 전에 신규 레이어를 만들고 신규 레이어에 검은색을 채운 후 검은색 레이어에 'Filter' → 'Render' → 'Lens Flare' 메뉴를 지정합니다. 그런 다음 블렌딩 모드를 'Screen' 으로 변경하면 밝은 부분을 제외한 검은색 부분이 보이지 않게 됩니다. 그리고 단축키 Ctrl + T 를 눌러 크기 및 위치를 조절하면 플레어도 마음대로 배치할 수 있습니다.

Lesson 01과 마찬가지로 애니메이션을 본 후에 만든 이미지인데, 전혀 다른 라퓨타에 나오는 거신병이 모티브입니다. 시타와 파즈가 라퓨타에 불시착해 가장 처음 접하는 거대 로봇이 바로 유명한 거신병인데, 무섭게 다가와 비행기의 잔해를 치우고 새를 보호하는 장면이 있습니다. 감독의 '자연 사랑'이라는 작품 전반에 깔린 주제를 놓고 보면 의미 있는 장면이지만, 거신병과 자연 사랑은 잘 안 어울리죠.

처음에는 포토샵을 실행한 후 흰색 배경에 한 마리 새를 놓고 고민하다가 '우선 사람으로 바위를 만들어 보자. 머리와 바위에 나무를 심고, 집도 얹혀보자. 그런데 집은 어떻게 올라가지? 사다리?' 재미있지만 이와 같은 생각을 통해 만들어진 결과물입니다.

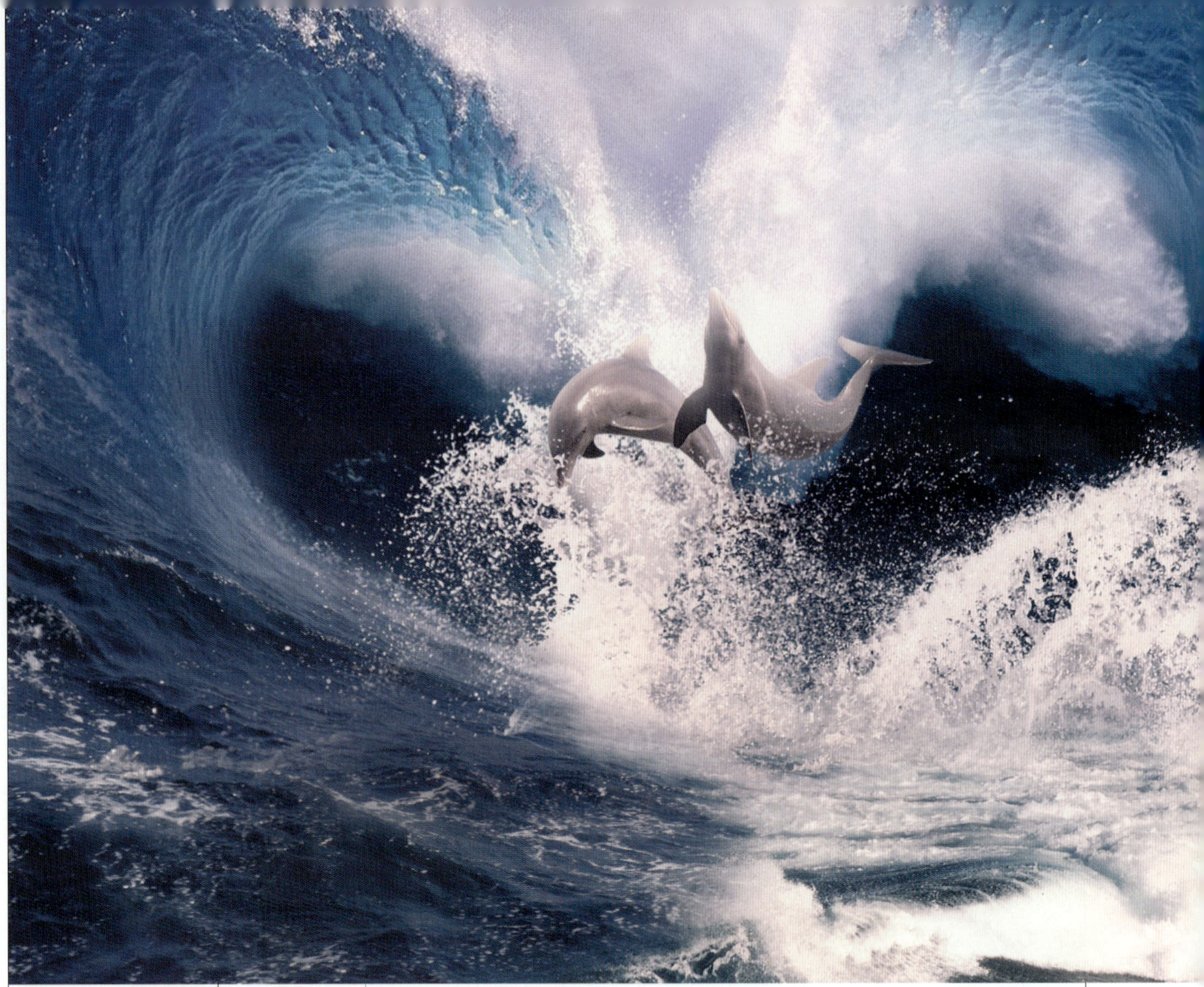

Lesson

결과 파일 부록 CD\Theme03\Lesson03\프리윌리.psd

03 프리윌리

Step 01

Step 02

Step 03

영화 '프리윌리'를 보았나요? 제멋대로이고 고집불통에 도둑질을 일삼아 경찰서를 제 집 드나들 듯 하는 문제소년 제시와 거대한 범고래의 우정과 사랑을 담은 영화입니다. 영화 OST 중 마이클 잭슨이 불렀던 'Will you be there'을 듣던 중 오래 전에 보았던 포스터가 생각나서 비슷하게 만들어 보았는데, 구성은 아주 간단합니다. 이번에는 바다와 파도, 그리고 고래 과정을 따라하면서 'Water Splash'를 표현하는 방법에 대해 알아보겠습니다.

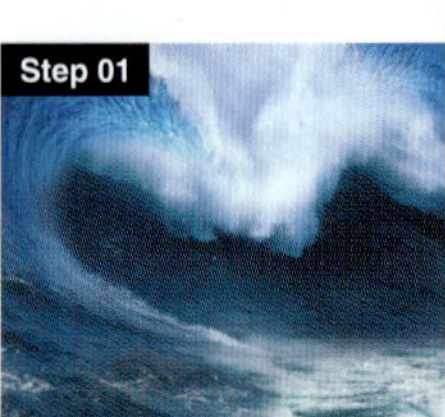

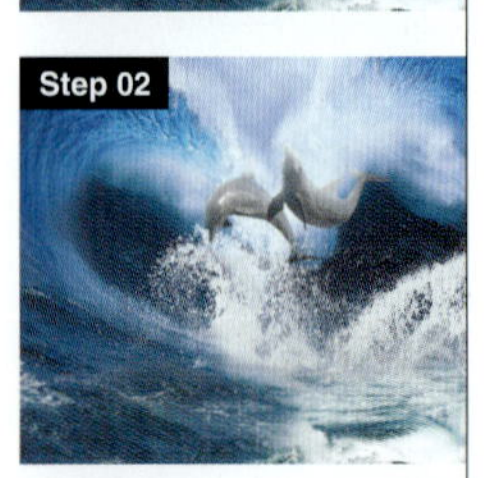

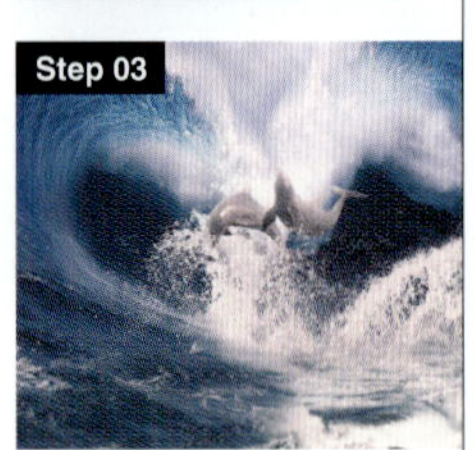

Step 01

파도 합성하기

원하는 컷을 한 번에 쉽게 얻을 수 없기 때문에 합성이 필요합니다. 이번에는 두 장의 사진을 이용해 큰 파도를 만들어 보겠습니다.

예제 파일 부록 CD\Theme03\Lesson03\파도.psd, 파도1.jpg, 파도2.jpg

01 배경 합성에 사용할 '파도.psd' 파일을 불러옵니다. **02** 단축키 `Ctrl`+`T`를 눌러 이미지의 크기를 축소하고 왼쪽으로 조금 이동해서 배경에 보이는 파도 이미지의 가려지는 흰색 부분을 피합니다.

03 'Layers' 팔레트에서 'Add Layer Mask' 아이콘()을 클릭해서 '파도' 레이어에 마스크를 씌웁니다.

04 B를 눌러 브러시 툴(🖌)을 선택하고 전경색을 검은색(■)으로 지정합니다. 그런 다음 옵션바의 'Opacity'를 '50%'로 지정하고 빨간선으로 표시된 부분을 중심으로 문지르세요.

05 단축키 Ctrl + J 를 눌러 '파도' 레이어를 복사해서 '파도 copy' 레이어를 만듭니다. 그런 다음 단축키 Ctrl + T 를 누르고 마우스 오른쪽 버튼을 클릭한 후 바로 가기 메뉴에서 'Flip Horizontal'을 선택해 좌우 반전시키세요. **06** 다음의 그림과 같이 배치합니다.

07 생성한 '파도 copy' 레이어의 마스크 창을 선택합니다. 그런 다음 아래쪽으로 퍼지는 물결 위주로 전경색을 검은색(■)으로 지정한 후 문지르면서 좌우 대칭형 이미지 느낌을 없애세요. **08** 부록 CD에서 '파도1.jpg' 파일을 불러옵니다. 그런 다음 단축키 Ctrl + A , Ctrl + C , Ctrl + W , Ctrl + V 를 차례대로 눌러 현재 작업 창에 붙여넣기하세요.

09 단축키 Ctrl+T를 눌러 세로 크기를 축소하고 마우스 오른쪽 버튼을 클릭한 후 바로 가기 메뉴에서 'Warp'을 선택합니다.
10 위쪽의 좌우 끝점을 위로 당겨서 다음의 그림과 같이 이미지를 변형합니다. 이와 같은 방법으로 왼쪽에 보이는 '파도' 레이어의 흰색 부분과 비슷한 형태의 유선형으로 만드세요.

11 마스크를 씌우고 브러시 툴(✐)을 선택합니다. 그런 다음 전경색을 검은색(■)으로 지정하고 옵션바에서 'Opacity' 수치값을 조절하면서 경계 부분을 문질러서 배경과 자연스럽게 연결하세요. **12** 단축키 Ctrl+B를 눌러 'Color Balance' 대화상자를 나타내고 파란색에 관여하는 'Cyan' 톤과 'Blue' 톤을 조절해 뒤로 보이는 배경과 비슷하게 컬러를 보정합니다.

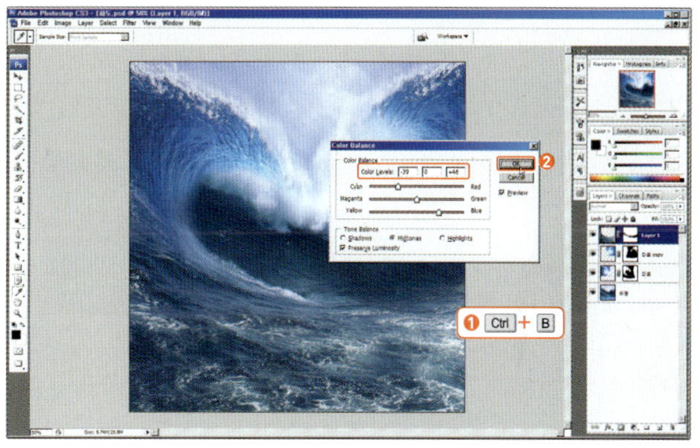

13 부록 CD에서 '파도2.jpg' 파일을 불러옵니다. 그런 다음 단축키 Ctrl+A, Ctrl+C, Ctrl+W를 차례대로 눌러 작업 창에 이미지를 복사한 후 작업 창을 닫으세요. **14** 단축키 Ctrl+V를 눌러 붙여넣기합니다. 그런 다음 단축키 Ctrl+T를 눌러 배경에 보이는 파도의 위치와 크기를 고려해 크기를 조절하세요.

15 'Layers' 팔레트에서 'Add Layer Mask' 아이콘(￭)을 클릭하고 브러시 툴(￭)을 선택합니다. **16** 전경색을 검은색(￭)으로 선택하고 그림에서 표시한 부분을 문질러서 배경과 잘 연결되게 합성합니다. 그런 다음 옵션바에서 'Opacity' 수치값을 '40~50%' 사이로 지정하여 강약을 조절하세요.

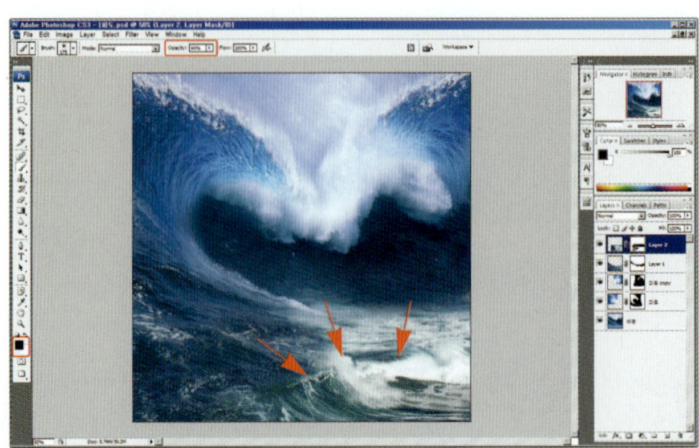

17 레이어가 많이 쌓여있으므로 Shift 를 누른 상태에서 전체 레이어를 선택하고 단축키 Ctrl + G 를 눌러 그룹 상태로 만든 후 레이어 이름을 '파도배경'으로 변경합니다. 그런 다음 단축키 Shift + Ctrl + S 를 눌러 다른 이름으로 저장하세요. 합성할 때는 레이어가 많이 늘어나므로 작업 중간에 그룹으로 배경과 기타 오브젝트들을 분리해서 그룹으로 관리하는 방법으로 가급적 레이어 창을 깨끗하게 사용합니다.

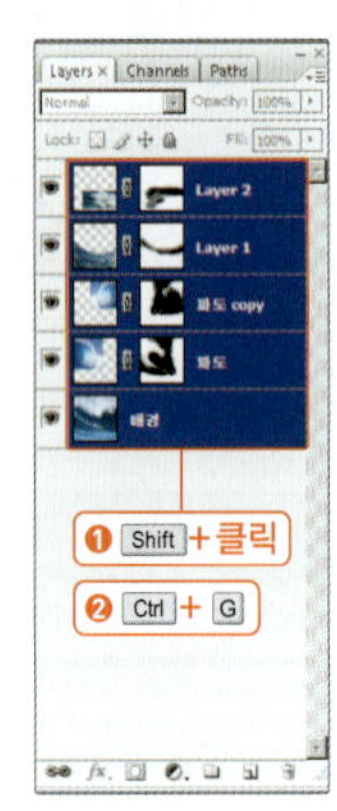

Step 02

돌고래 합성하기

돌고래 사진을 불러온 후 점프하면서 생기는 스플래시 효과를 표현하는 방법에 대해 알아보겠습니다.

예제 파일 부록 CD\Theme03\Lesson03\돌고래.jpg, splash2.jpg

01 부록 CD에서 '돌고래.jpg' 파일을 불러옵니다. 'Paths' 팔레트를 선택하고 [Ctrl]을 누른 채 작업 창을 클릭하여 선택 영역으로 만듭니다. **02** 단축키 [Ctrl]+[A], [Ctrl]+[C], [Ctrl]+[W], [Ctrl]+[V]를 차례대로 눌러 현재 작업 창에 붙여놓습니다. 그런 다음 단축키 [Ctrl]+[T]를 눌러 다음의 그림과 같이 크기와 위치를 조절하세요.

03 툴바에서 닷지 툴(🔍)을 선택하고 고개의 뒷면에 비치는 흰색 물보라와 맞닿는 고래의 등 부분을 밝게 처리합니다. 그런 다음 옵션바에서 'Range'는 'Midtones', 'Exposure'는 '50%' 상태에서 닷지 작업을 진행하세요.

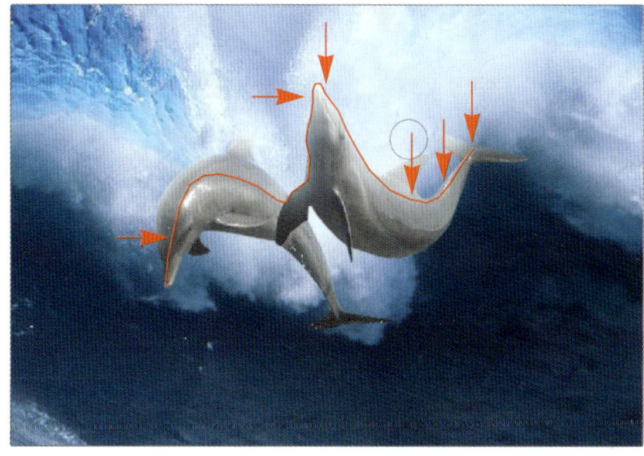

04 스플래시 효과를 만들기 위해 부록 CD에서 'splash2.jpg' 파일을 불러온 후 크롭 툴(■)로 물이 튀는 장면만 자릅니다. **05** 'Channels' 팔레트를 열고 콘트라스트 차이가 가장 큰 채널인 'Red' 채널을 선택한 후 'Channels' 팔레트에서 'Create New Channel' 아이콘(■)으로 드래그하여 'Red copy' 채널을 만드세요.

06 'Image' → 'Adjustments' → 'Curves' 메뉴를 선택하거나 단축키 Ctrl + M 을 누릅니다. **07** 'Curves' 대화상자가 나타나면 라인을 좌우로 이동해 명암 대비를 높이고 'OK' 버튼을 클릭합니다.

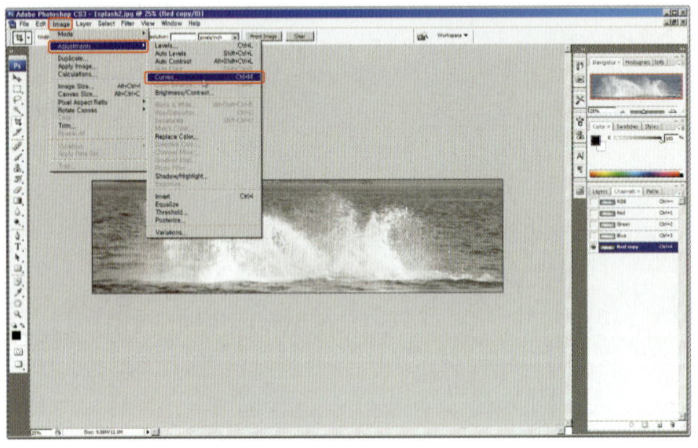
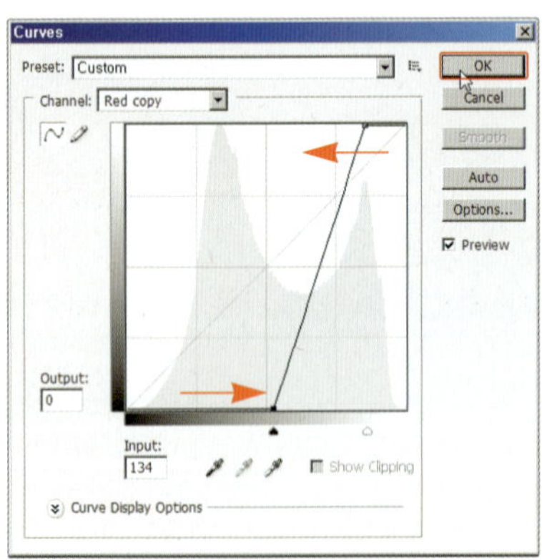

08 'Channels' 팔레트에서 'Load Channel as Selection' 아이콘(■)을 클릭해 채널에서 차지하는 하이라이트 부분만 선택합니다. **09** 'Layers' 팔레트로 되돌아와서 단축키 Ctrl + C 를 눌러 선택 영역을 복사하고 단축키 Ctrl + W 를 눌러 창을 닫습니다.

10 단축키 [Ctrl]+[V]를 눌러 붙여넣기하고 단축키 [Ctrl]+[T]를 눌러 크기 및 위치를 조절합니다. **11** 마스크나 지우개 툴(⬜)을 이용해 다음의 그림과 같이 경계면을 부드럽게 연결하세요.

12 라쏘 툴(⬜)이나 사각 선택 툴(⬜)로 일부분만 선택하고 단축키 [Ctrl]+[J]를 눌러 복사합니다. 그런 다음 단축키 [Ctrl]+[T]를 눌러 크기를 조절하고 다음의 그림과 같이 살짝 돌려서 고래의 윗부분으로 물방울이 튀게 표현하세요. **13** 복제한 'Layer 5' 레이어를 돌고래 이미지의 아래쪽으로 이동하고 마스크나 지우개 툴(⬜)로 겹치는 부분을 정리합니다.

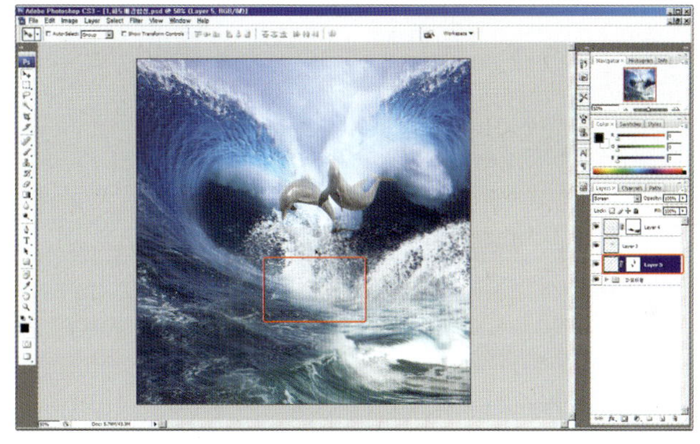

14 [Shift]를 누른 상태에서 'Layer 5' 레이어부터 'Layer 4' 레이어를 선택하고 단축키 [Ctrl]+[G]를 눌러 그룹 레이어로 만듭니다. **15** 그룹 레이어 이름을 '돌고래'로 변경하고 단축키 [Shift]+[Ctrl]+[S]를 눌러 다른 이름으로 저장하세요.

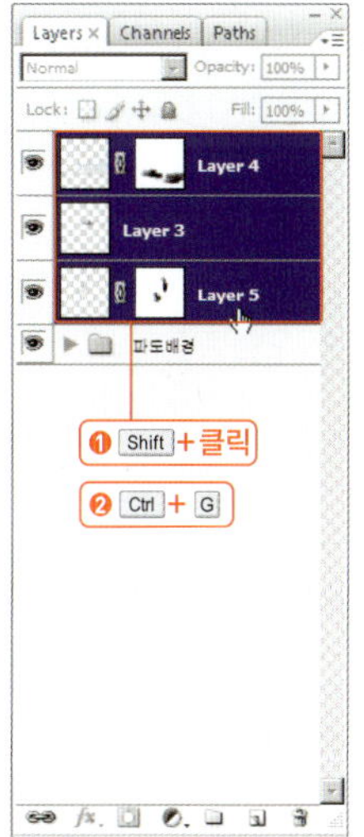

보정 레이어를 이용해 색 보정하기

색 보정 값이 저장된 보정 레이어 그룹을 불러와서 간단하게 색을 변경해 보겠습니다.

예제 파일 부록 CD\Theme03\Lesson03\프리윌리 색보정.psd

01 부록 CD에서 '프리윌리 색보정.psd' 파일을 불러옵니다. **02** F를 눌러 도큐먼트를 겹치고 이동 툴(▶₊)로 작업 창에서 그룹
레이어를 드래그합니다.

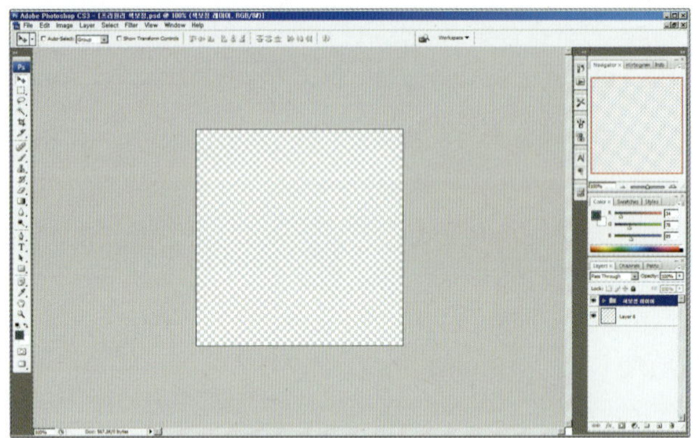

03 'Layers' 팔레트에서 '색보정 레이어' 레이어의 아래쪽 확장 아이콘(▶)을 클릭하여 보정 레이어의 묶음을 펼치고 눈 아이콘
(●)을 하나씩 클릭하여 켜면서 색의 변화를 살펴봅니다.

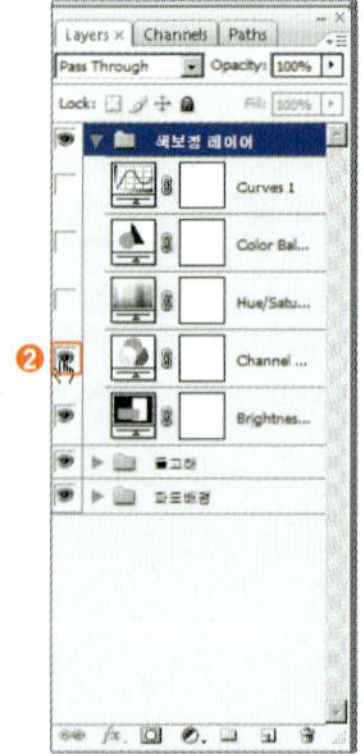

 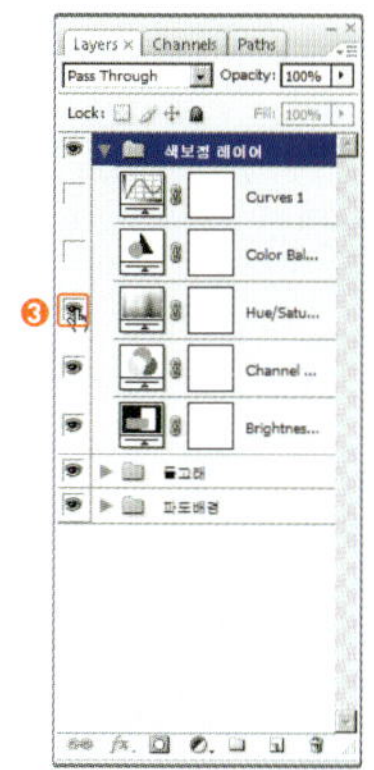

 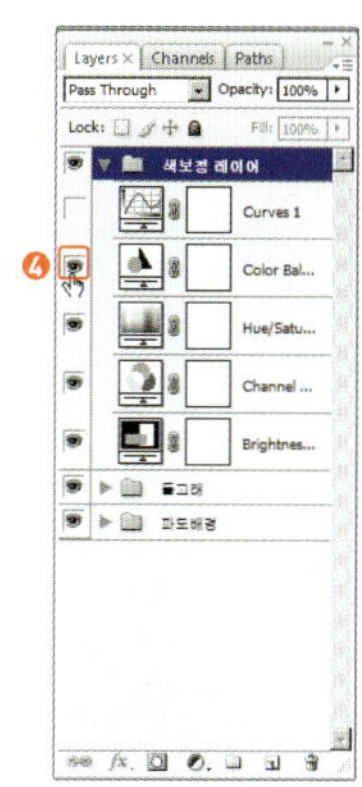

04 보정 레이어 목록을 더블클릭하면 적용한 설정값이 그대로 살아있어서 다른 색으로 변경할 수 있습니다. 필자는 이러한 보정 레이어 목록을 작업이 끝나는 대로 한 레이어 안에 묶어서 사진의 분위기에 맞춰 사용합니다. 특히 색을 통해 최종으로 분위기를 연출하는 작업은 주제의 전달이라는 관점에서 볼 때 매우 중요하므로 보정 레이어를 이용해 원본의 속성을 손상시키지 않고 색을 변형하는 데 편리하게 사용합니다.

05 단축키 Shift + Ctrl + Alt + E 를 눌러 지금까지의 과정을 하나의 최종 레이어로 만들고 작업을 종료합니다.

부록 CD에서 'Theme03\Lesson03' 폴더의 '프리윌리 색보정.psd' 레이어를 살펴보면 '색보정 레이어'와 '색보정 레이어−01' 레이어
가 있습니다. 필자는 그때그때 느낌에 따라 다른 컬러를 적용하고 적용한 목록을 보정 레이어 묶음으로 저장합니다. 보정 레이어는 아
무리 많이 쌓여도 용량에는 변화가 없기 때문에 따라하는 사용자도 원본 사진에 직접 보정하지 말고 보정 레이어를 활용해 보정 목
록을 그룹으로 관리하는 습관을 들이세요. 그러면 나중에 다른 작업을 할 때도 합성된 사진에 보정 레이어만 끌어다 적용해서 쉽게
원하는 색을 표현할 수 있습니다.

   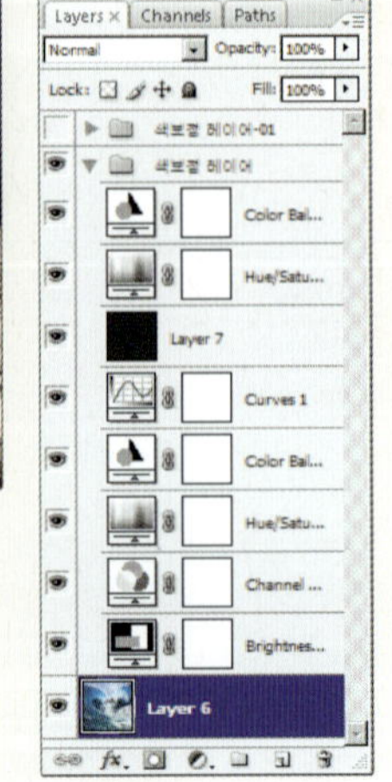

식탐이 많은 욕심쟁이 가재아저씨 몸이 쭈~욱 늘어납니다. 이때 당시 작업은 주제 전달에 준점을 두지 않고 합성 스킬을 늘리기 위해 다양한 작업을 했기 때문에 특별한 의미를 부여하지 않았습니다. 배경 컬러와 커다란 밸브에 낡은 느낌을 추가하고 표면에 해초를 입히는 데 중점을 두고 완성한 습작입니다.

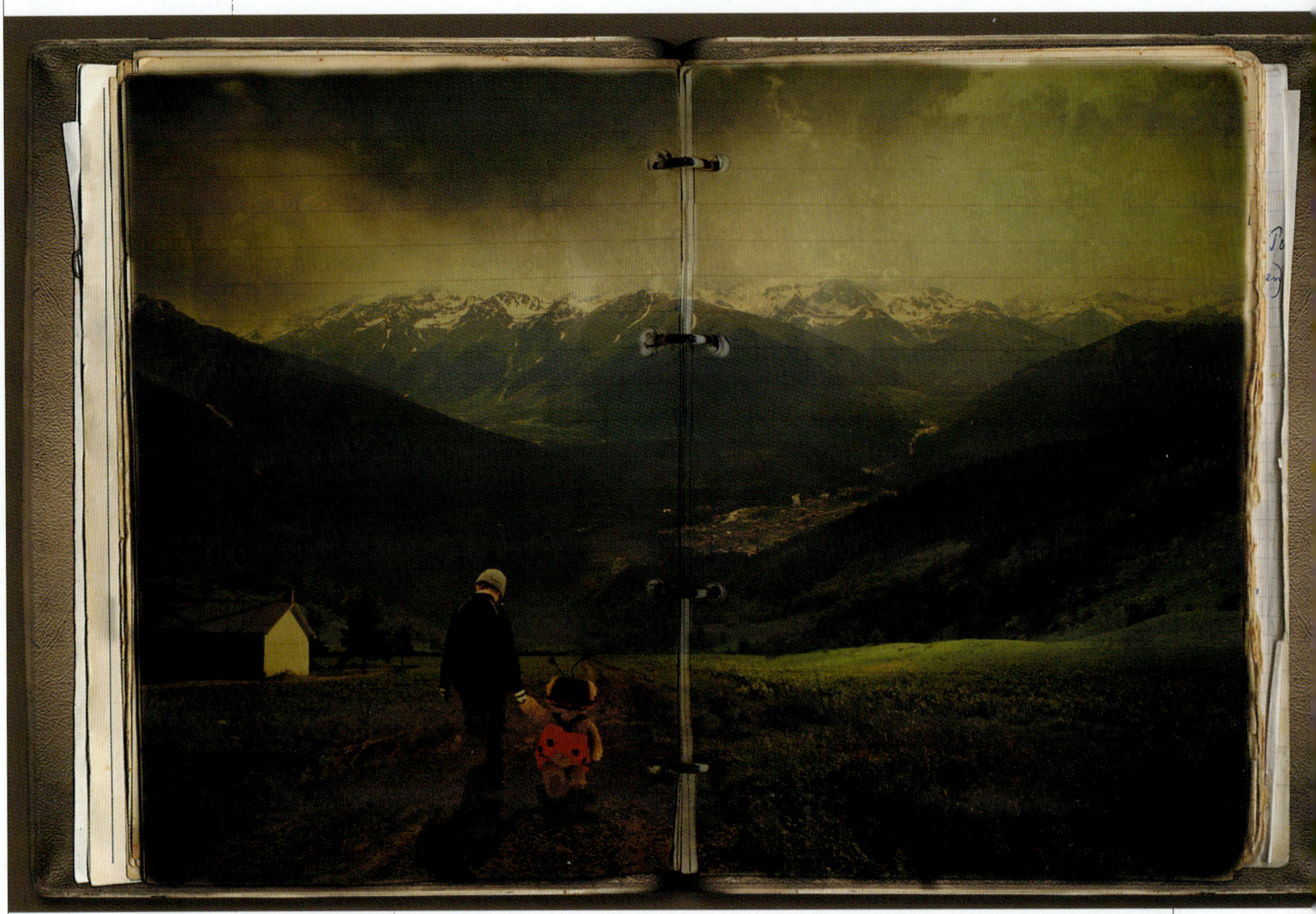

Lesson 04 동행

결과 파일 부록 CD\Theme03\Lesson04\동행.psd

오래된 낡은 수첩에서 꺼낸 사진 한 장은 잊고 있었던 소중한 추억을 떠올리게 하는데, 이번에는 이런 아련한 느낌을 표현하려고 합니다. 낡은 노트와 분위기에 맞는 색을 표현하고 기억 속 저편에 잠자고 있는 소중한 추억의 한 페이지를 넘기는 느낌으로 추억 속 노트를 펼쳐볼까요?

Step 01

Step 02

Step 03

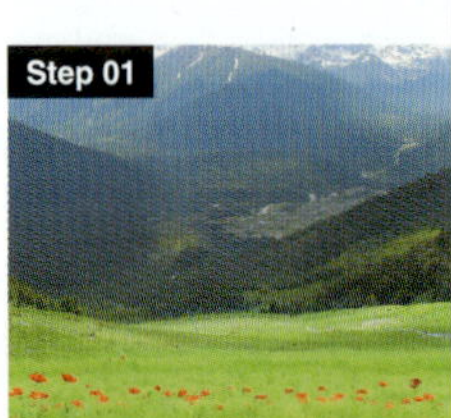

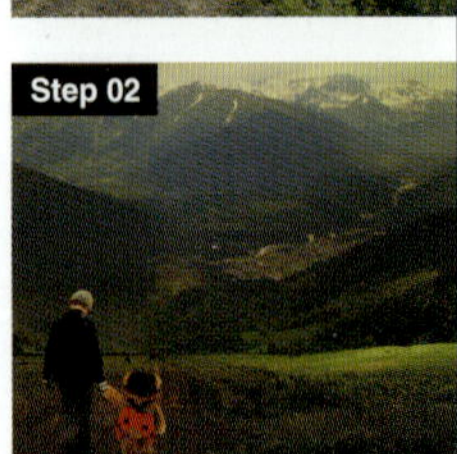

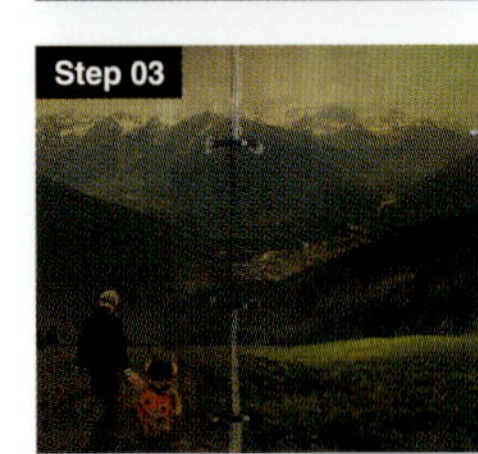

Step 01

채널을 활용해 하늘 분리하기

채널과 커브로 간단하게 하늘을 분리해 보겠습니다.

예제 파일 부록 CD\Theme03\Lesson04\배경이미지.psd, 소년.png, 인형.png

01 부록 CD에서 기본 배경으로 사용할 '배경이미지.psd' 파일을 불러옵니다. 그런 다음 'Layers' 팔레트에서 'Layer 7' 레이어를 선택하고 'Add Layer Mask' 아이콘(◻)을 클릭하세요. **02** 툴바에서 브러시 툴(✎)을 선택하고 옵션바에서 'Opacity'를 '40~50%'로 지정합니다. 그런 다음 전경색을 검은색(■)으로 지정하고 빨간색으로 표시된 부분을 뒤에 보이는 사진과 경계층이 만들어지지 않게 문질러서 자연스럽게 배경과 합성하세요.

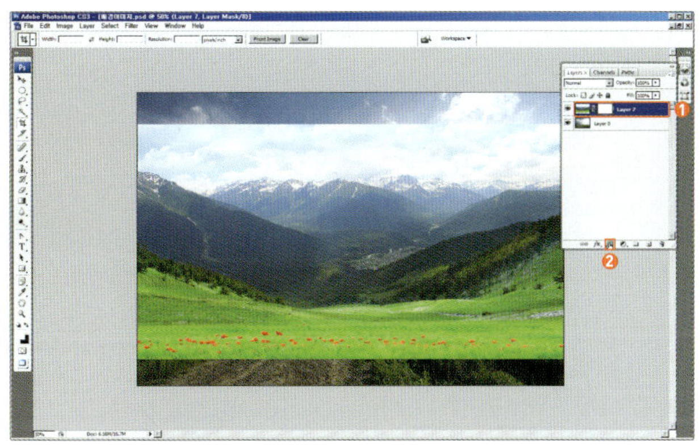 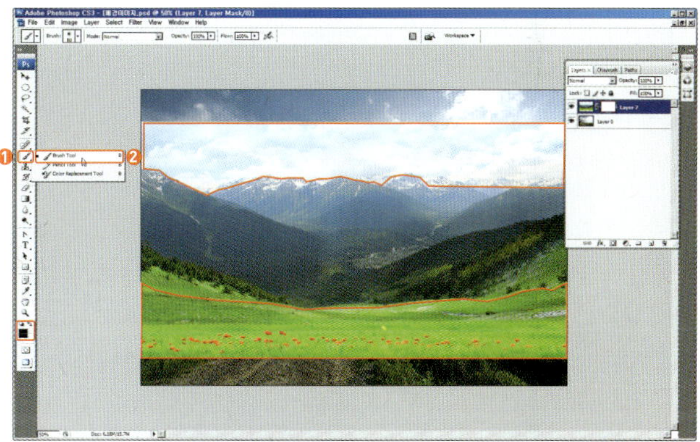

03 'Layers' 팔레트에서 'Layer 0' 레이어를 선택하고 'Layer 7' 레이어의 눈 아이콘(👁)을 잠시 가린 후 'Channels' 팔레트를 선택해서 'Blue' 채널을 'Create New Channel' 아이콘(◩)으로 드래그해 복사합니다. **04** 'Image' → 'Curve' 메뉴(Ctrl + M)를 선택하여 'Curve' 대화상자를 실행하고 다음의 그림과 같이 좌우측으로 꺾어 명암 대비를 높여서 하늘 부분을 흰색으로 만드세요.

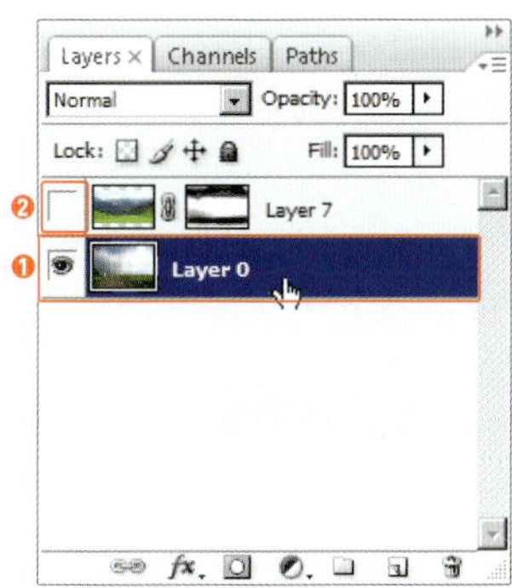 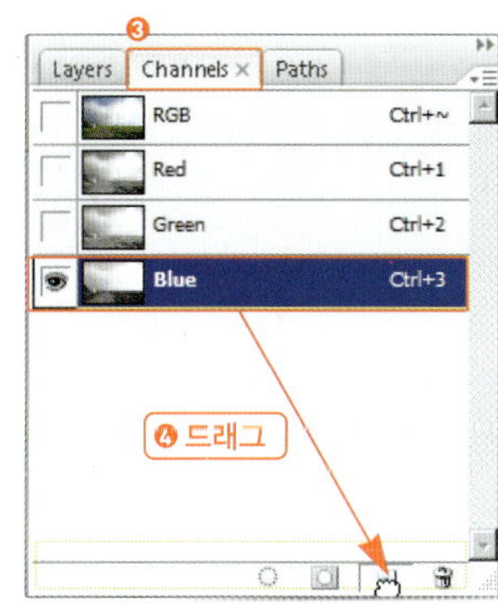 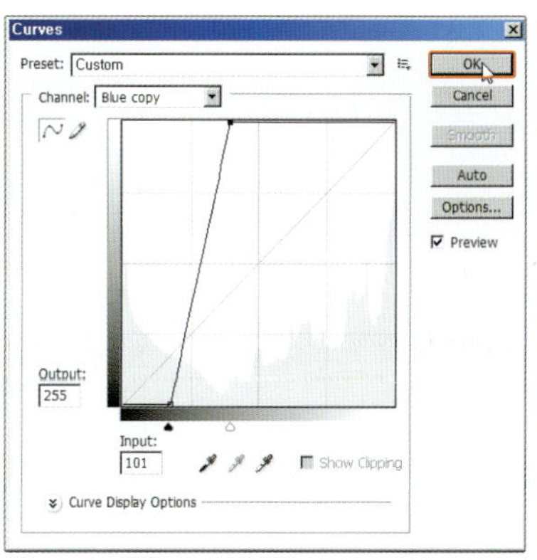

05 툴바에서 라쏘 툴(⬭)을 선택해 검은색과 흰색의 경계가 불분명한 부분을 선택하고 검은색으로 채웁니다. **06** 툴바에서 마술봉 툴(✎)을 선택하고 흰색 부분을 클릭해 선택 영역으로 활성화하세요.

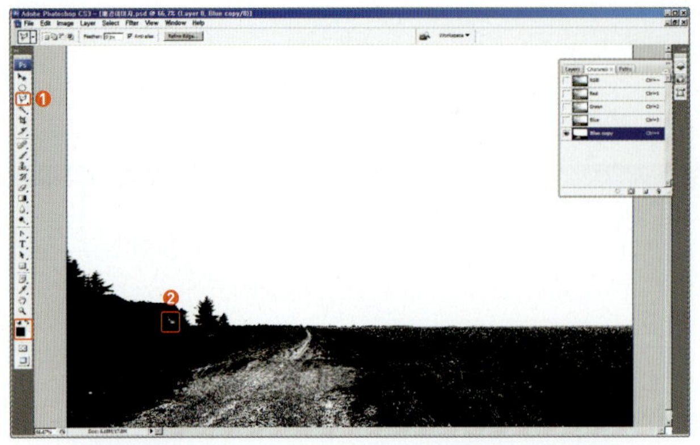 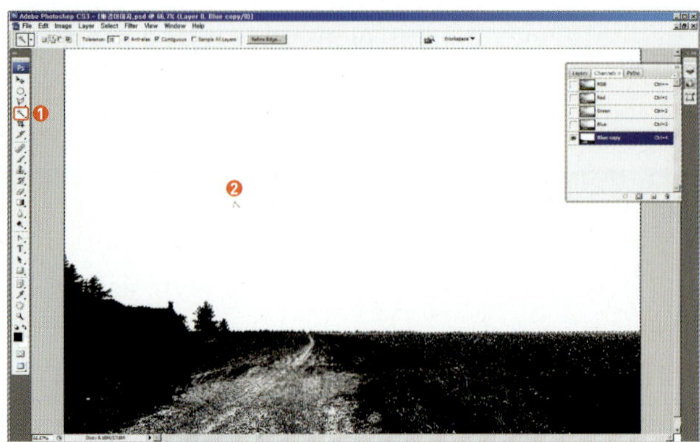

07 아래쪽에 검은색 부분을 선택하기 위해 'Select' → 'Inverse' 메뉴(Shift + Ctrl + I)를 선택해서 선택 영역을 반전시킵니다. **08** 'Layers' 팔레트를 선택하고 단축키 Ctrl + J 를 눌러 선택 영역을 복사하세요.

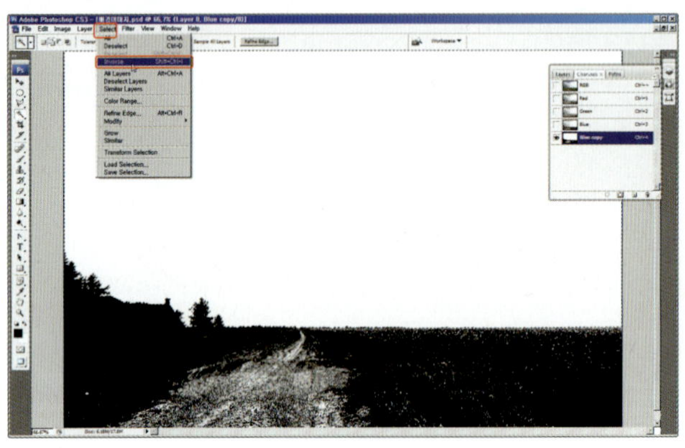 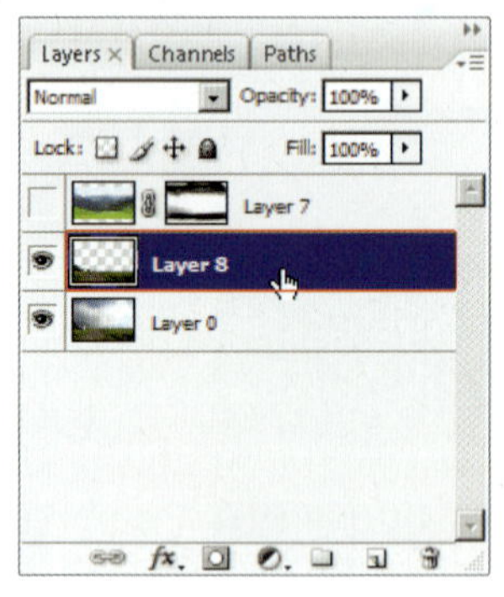

09 모든 레이어의 눈 아이콘(◉)을 클릭해서 표시합니다. **10** 새로 생성한 'Layer 8' 레이어를 맨 위에 올려놓고 'Layers' 팔레트에서 'Add Layer Mask' 아이콘(◻)을 클릭해 마스크를 씌우세요.

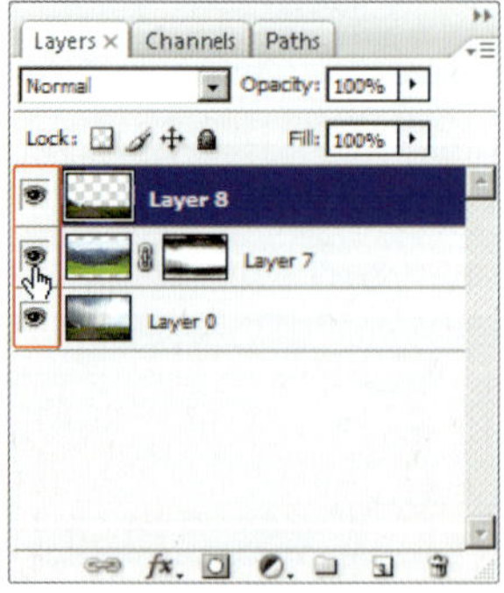 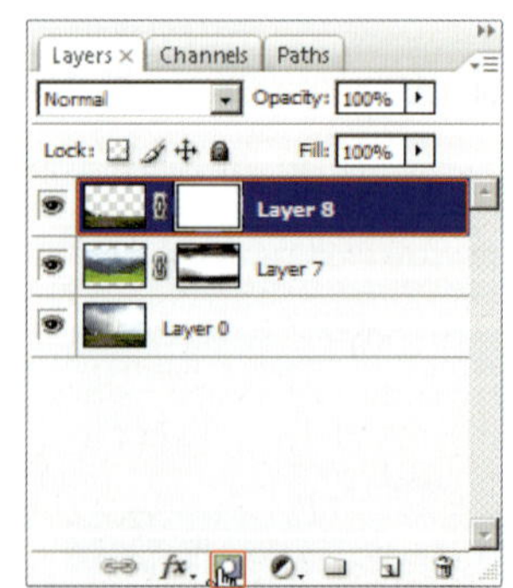

11 전경색을 검은색(■)으로 선택하고 옵션바의 'Opacity'를 '40~50%' 사이에서 조절하면서 이미지가 겹쳐 어색한 부분을 문지릅니다. **12** '소년.png'와 '인형.png' 파일을 불러오고 이동 툴(▶+)을 이용해 작업 창으로 드래그하세요.

13 단축키 `Ctrl`+`T`를 눌러 크기와 위치를 조절해서 손잡고 걸어가는 느낌을 표현합니다. **14** `Ctrl`을 누른 상태에서 'Layer 10' 레이어와 'Layer 9' 레이어를 차례대로 선택하여 선택 영역으로 만드세요.

 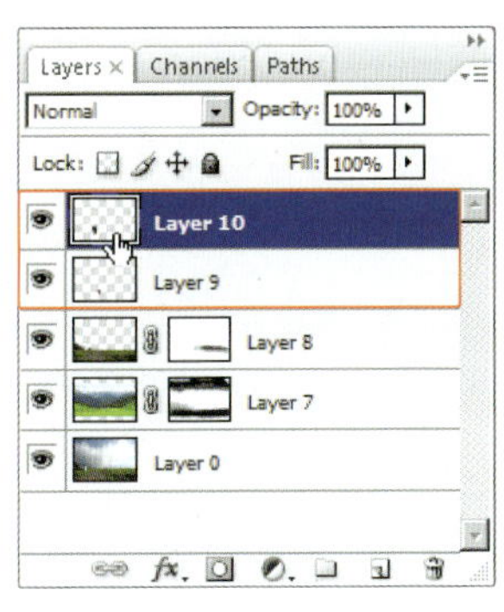

15 단축키 `Alt`+`Ctrl`+`N`을 눌러 신규 레이어를 만들고 레이어 이름을 '그림자'로 입력합니다. **16** '그림자' 레이어를 'Layer 8' 레이어의 위에 올려놓고 검은색(■)으로 채우세요.

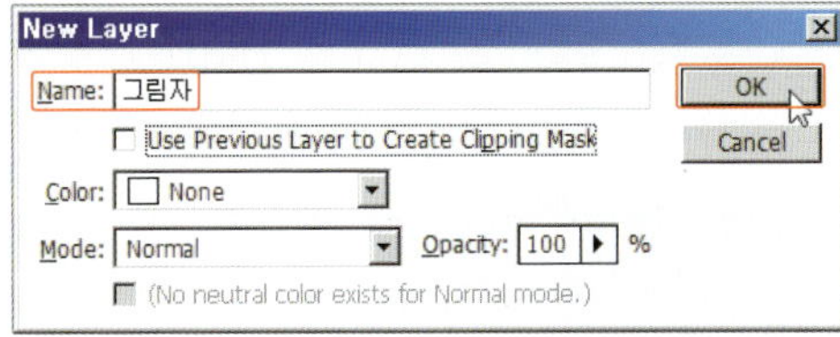 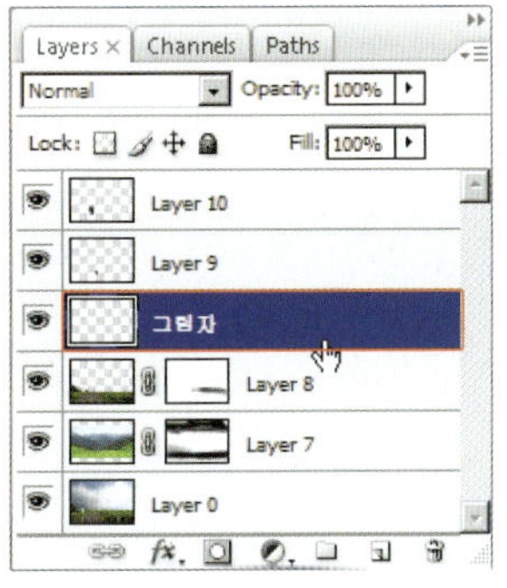

17 'Free Transform'(Ctrl+T)을 실행하고 마우스 오른쪽 버튼을 클릭한 후 바로 가기 메뉴에서 'Flip Vertical'을 선택하여 이미지를 상하 반전시킵니다. **18** 다시 마우스 오른쪽 버튼을 클릭한 후 바로 가기 메뉴에서 'Disort'를 선택하고 아래쪽 꼭지점의 좌우를 당겨 그림자의 형태를 완성하세요.

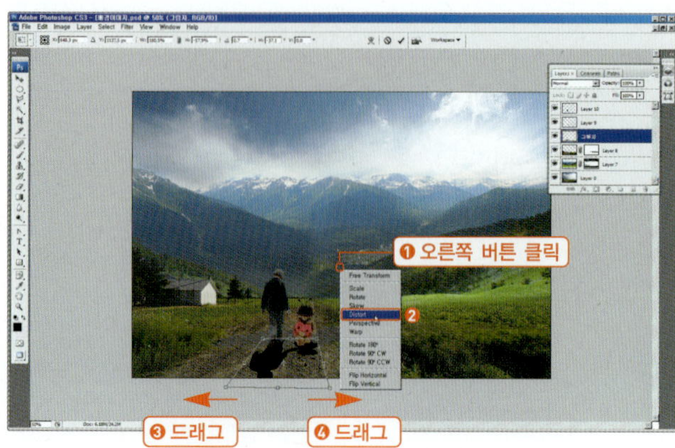

19 '그림자' 레이어의 'Opacity'를 '40%'로 조절해서 자연스러운 그림자를 만듭니다. **20** Ctrl을 누른 상태에서 'Layer 10' 레이어와 'Layer 9' 레이어를 연속으로 선택하여 선택 영역을 만들고 보정 레이어 아이콘(◐)을 클릭한 후 'Curves'를 선택하세요.

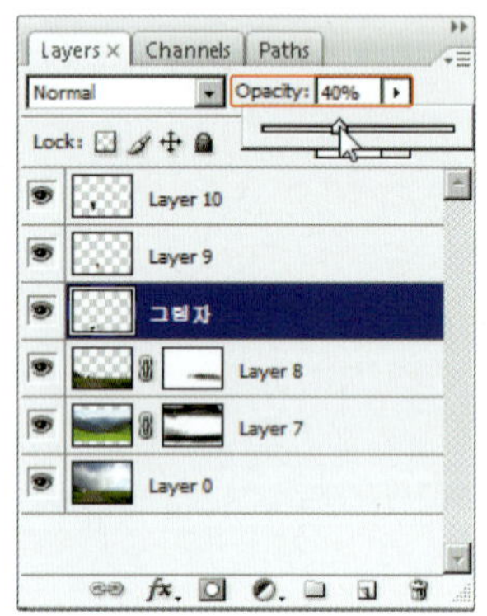

21 'Curves' 대화상자가 나타나면 커브 곡선을 왼쪽 위로 이동해 밝게 만듭니다. 그러면 선택 영역으로 만들었던 아이와 인형 이미지 부위만 밝아지는데, B를 눌러 브러시 툴(✎)을 선택하고 전경색을 검은색(■)으로 지정합니다. **22** 이미지의 외곽 부분과 머리 부분을 제외한 나머지 영역을 어둡게 처리하여 인물 테두리에 하이라이트를 표현합니다.

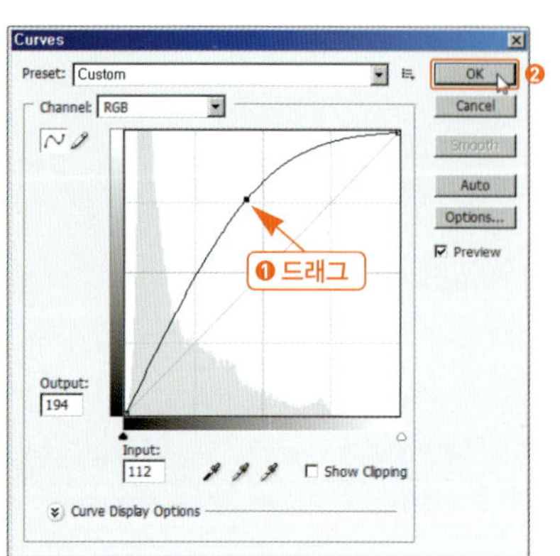

23 레이어가 많이 쌓여있기 때문에 그룹으로 관리해야 합니다. Shift 를 누른 상태에서 전체 레이어를 선택하고 Ctrl + G 를 눌러 그룹 레이어 상태로 만드세요.

 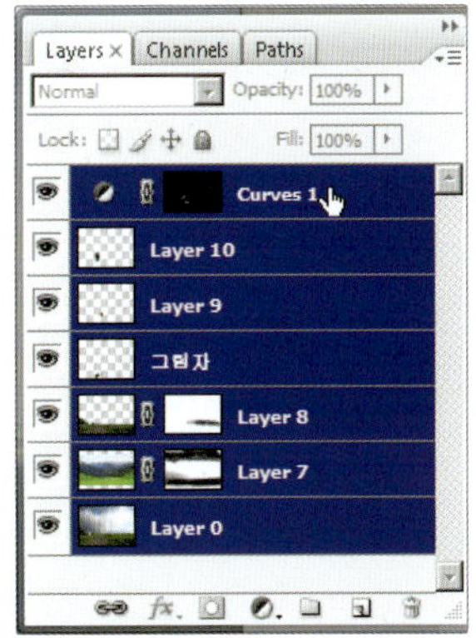

24 'Layers' 팔레트에서 '그룹 레이어' 아이콘(▢)을 클릭하고 생성된 그룹 레이어 이름을 '색보정' 으로 입력합니다.

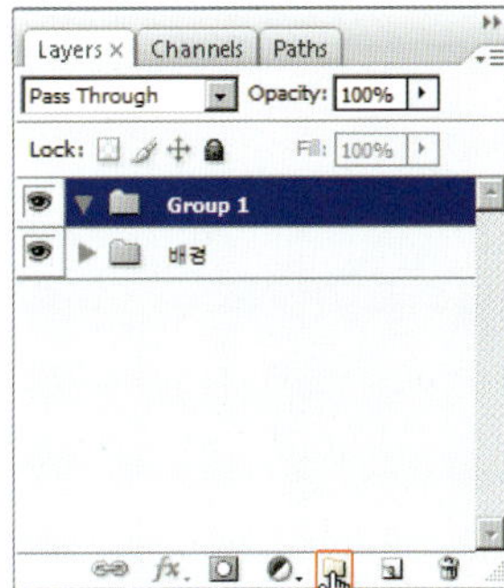 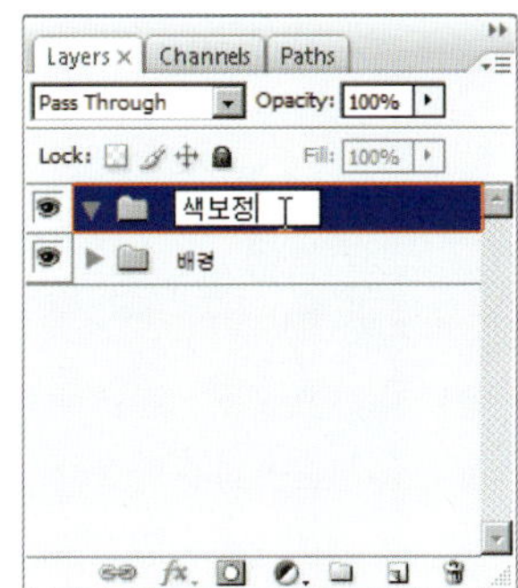

25 'Layers' 팔레트의 아래쪽에 있는 보정 레이어 아이콘(◑)을 클릭해 'Curve' 를 실행하고 다음의 그림과 같이 조절합니다.
26 낡으면서도 오래된 듯한 느낌을 내기 위해 차가운 색인 'Blue' 채널을 감소시키고 'Red' 톤과 'Green' 톤을 추가합니다.

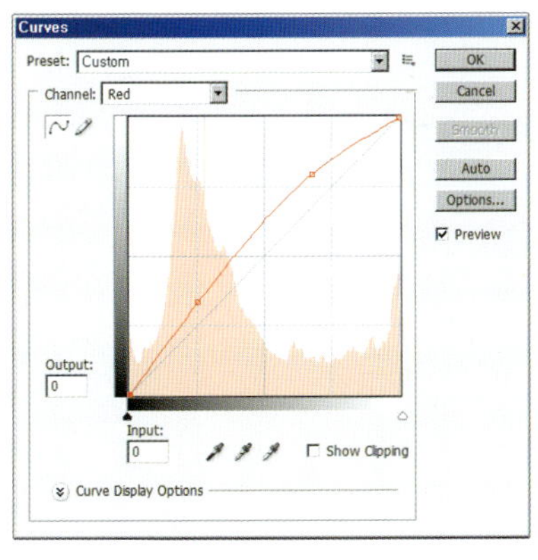 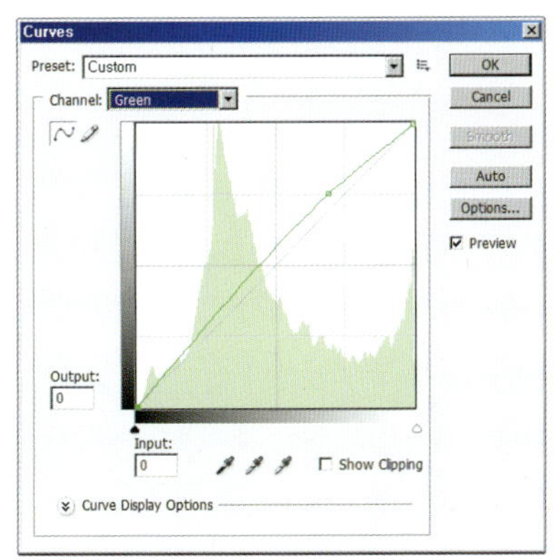 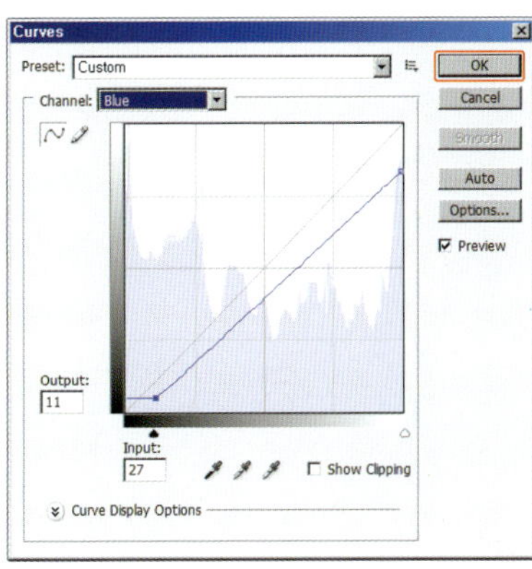

27 'RGB' 채널을 오른쪽 아래로 내려서 전체적인 톤을 어둡
게 조절합니다. 그러면 밝고 화려한 이미지보다 저채도의 이미
지가 사진의 무게감을 더합니다.

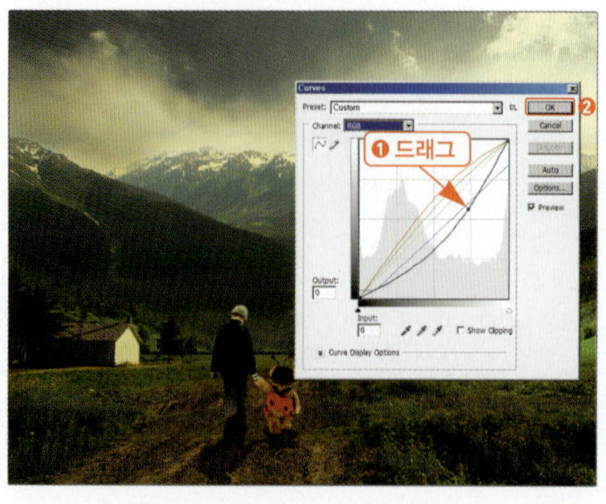

28 보정 레이어 아이콘(◉)을 선택하고 'Color Balance'를 선택한 후 'Color Balance' 대화상자에서 다음의 그림과 같이 조절
합니다.

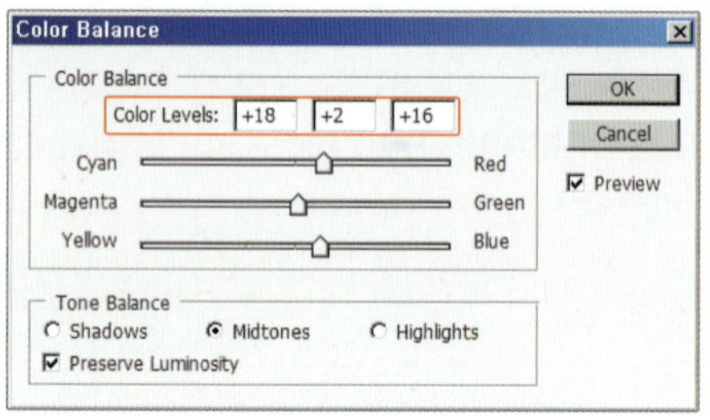

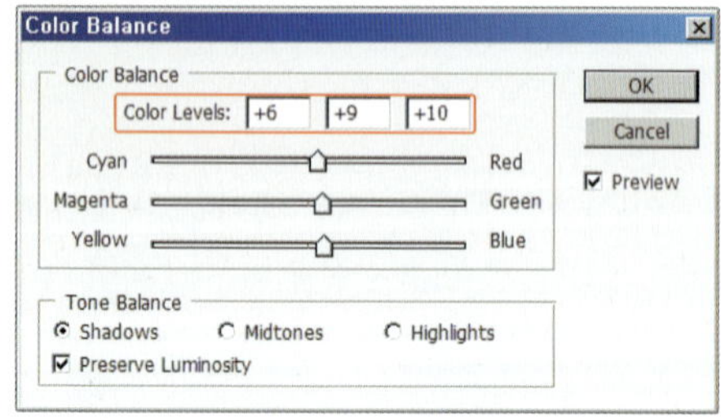

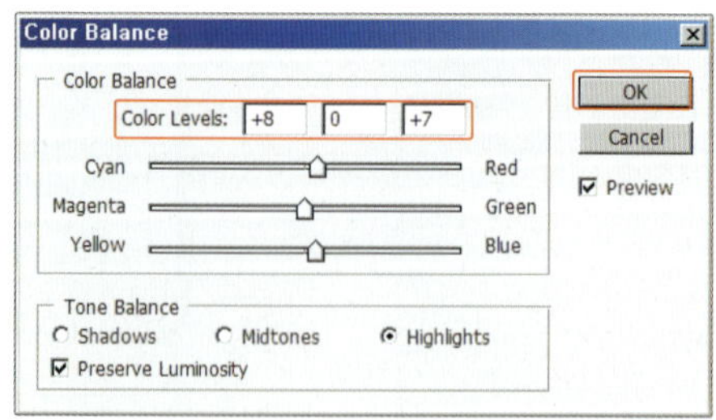

비네팅을 표현하고 노트에 합성하기

화면에 주를 이루는 컬러를 이용해 비네팅 효과를 적용해 보겠습니다.

예제 파일 부록 CD\Theme03\Lesson04\노트.psd

01 시선을 중앙에 집중하기 위해 비네팅과 비슷한 효과를 만들어 보겠습니다. 'Layers' 팔레트에서 'Create New Layer' 아이콘(■)을 클릭해서 새로운 레이어를 만들고 레이어 이름을 '컬러'로 입력하세요. **02** 'Color Picker' 대화상자에서 '#556718'을 선택하고 'OK' 버튼을 클릭합니다. 이 컬러는 임의로 만들어진 색이 아니라 기존에 작업중인 화면의 가장자리 중에서 사진의 전체적인 색을 담고 있는 색을 스포이드 툴(✐)로 찍어 선택한 것입니다.

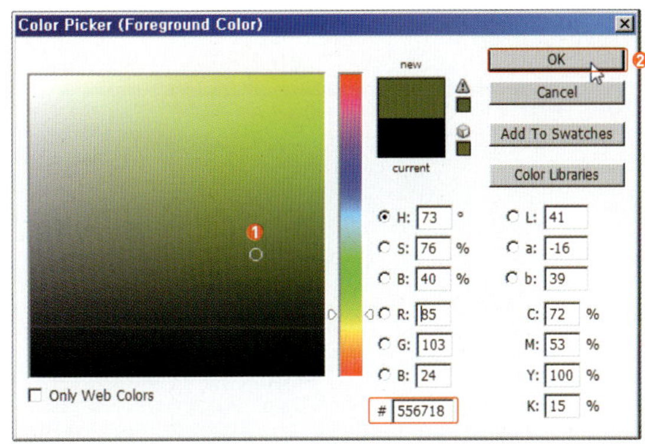

03 블렌딩 모드를 'Multuply'로 조절해 배경과의 혼합을 어둡게 만들고 이미지의 가운데 부분을 밝게 하기 위해 마스크를 씌워 중앙 부위를 밝게 만들겠습니다. **04** 'Layers' 팔레트에서 'Add Layer Mask' 아이콘(◙)을 클릭하세요.

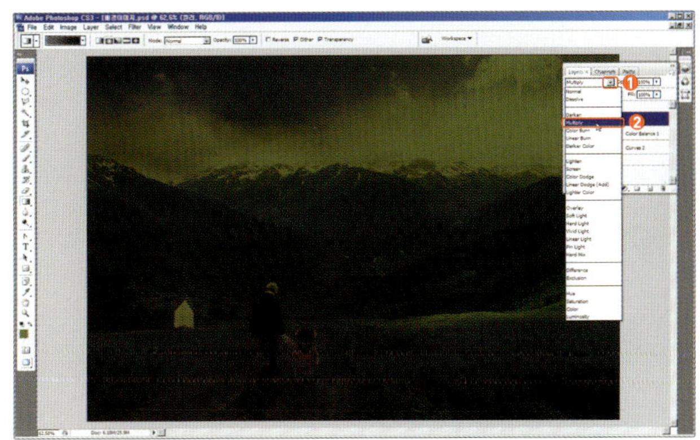

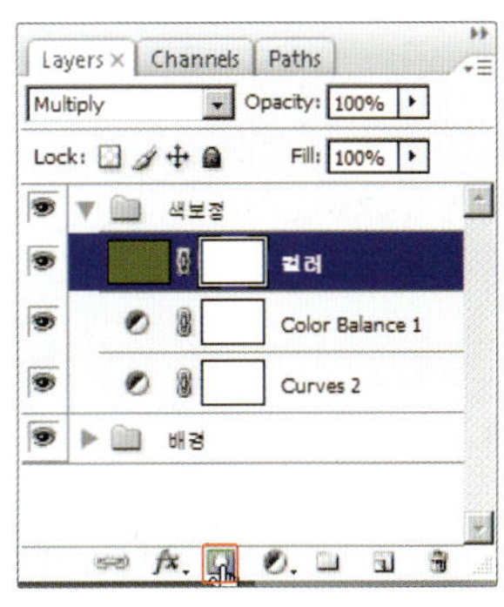

05 툴바에서 그레이디언트 툴(■)을 선택하고 옵션바에서 'Black, White' 타입을 선택합니다. **06** 원형 그레이디언트(■)를 선택하고 중앙에서부터 사선으로 외곽에 그레이디언트를 적용하면 가장자리 부분보다 중앙 부위가 밝아집니다.

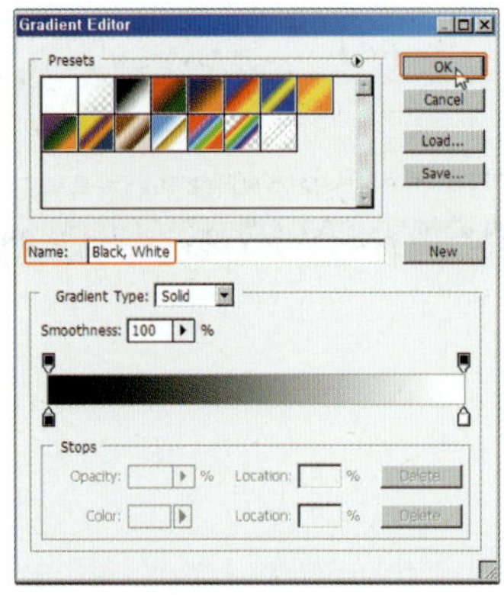

07 지금까지의 과정을 별도로 저장하려고 합니다(참고 : 기본이미지 합성.psd). 모든 레이어를 선택하고 지금까지의 과정을 단축키 Ctrl + E 를 눌러 하나의 레이어로 합칩니다. 하나의 파일에서 너무 많이 합성 작업을 하면 용량이 커지므로 이미지를 별도로 나눠서 작업해야 데이터 손실을 줄일 수 있습니다.

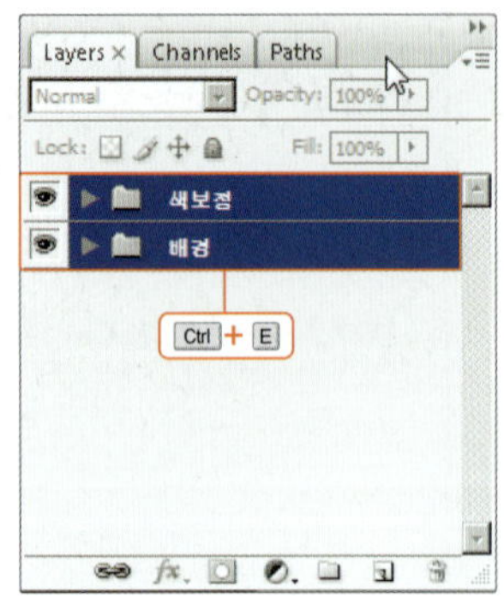

08 '노트.psd' 파일을 불러옵니다. 이 파일은 배경 컬러로 지정된 'Layer 10' 레이어와 낡은 노트 이미지인 'Layer 12' 레이어로 구성되어 있습니다.

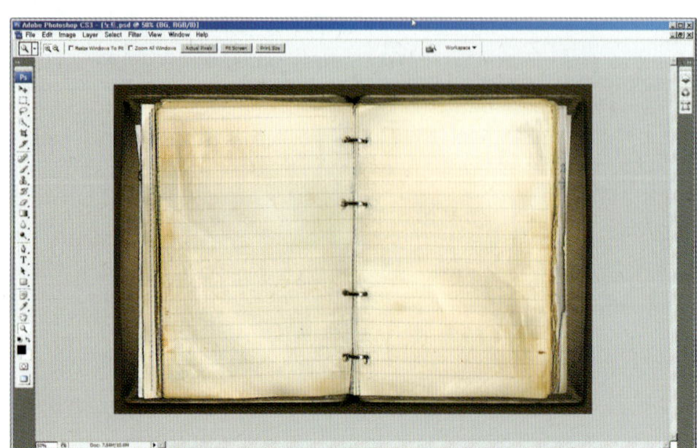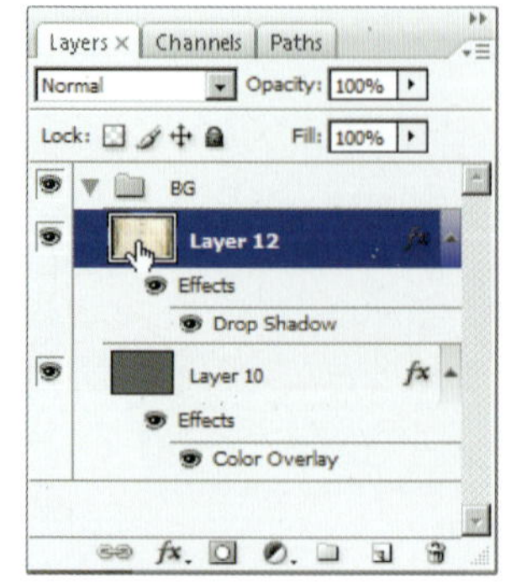

09 07번 도큐먼트에서 작업한 이미지를 이동 툴(┿)을 이용해 '노트.psd' 파일로 드래그해서 이미지의 가운데에 배치합니다.
10 'Layers' 팔레트에서 'Add Layer Mask' 아이콘(◉)을 클릭해서 마스크를 씌우세요.

11 툴바에서 브러시 툴(✎)을 선택하고 작업 창에서 마우스 오른쪽 버튼을 클릭한 후 바로 가기 메뉴에서 'Soft Round 300px' 브러시를 선택하고 전경색을 검은색(■)으로 지정합니다. **12** 노트의 가장자리 부분을 문지르면서 밑에 보이는 레이어와 경계면을 미리 구분하고 다시 전경색을 흰색으로 지정한 후 [,]로 브러시 크기를 확대 및 축소하면서 노트의 가장자리 부분을 문질러 원래 상태의 이미지로 복구하세요.

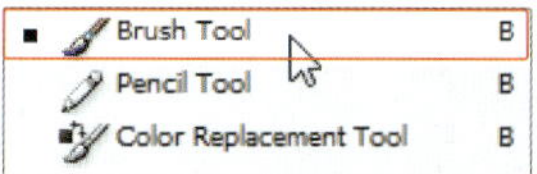
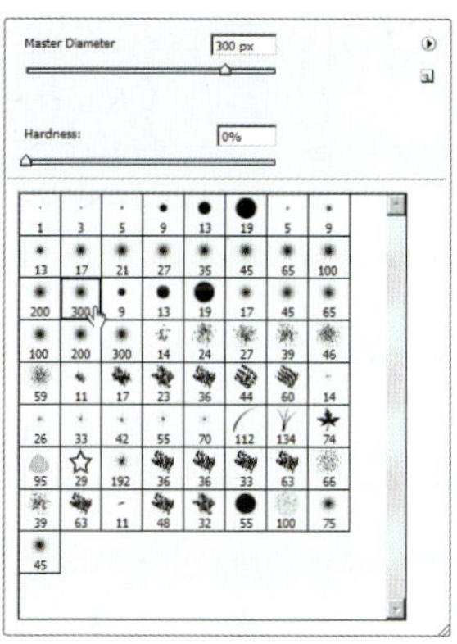

Q&A

이럴 땐 이렇게 하세요

Q 마스크 작업할 때 끝부분이 정확하게 떨어지지 않는데, 'Path'나 다른 툴로 작업하는 게 더 깔끔하지 않나요?

A 물론 그럴 수도 있지만 마스크의 최대 장점은 다른 이미지를 합성할 때 겹치는 경계면을 부드럽게 혼합할 수 있다는 것입니다. 'Path'로 이미지를 분리하면 끝부분이 칼로 잘린 것처럼 경계가 확실해서 오히려 부자연스러울 수 있습니다. 이미지를 부분 확대하여 합성하려는 이미시의 경계가 분명한 경우 옵션바의 'Opacity'를 20~30% 사이로 조절하면서 문지르면 자연스럽게 합성할 수 있습니다.

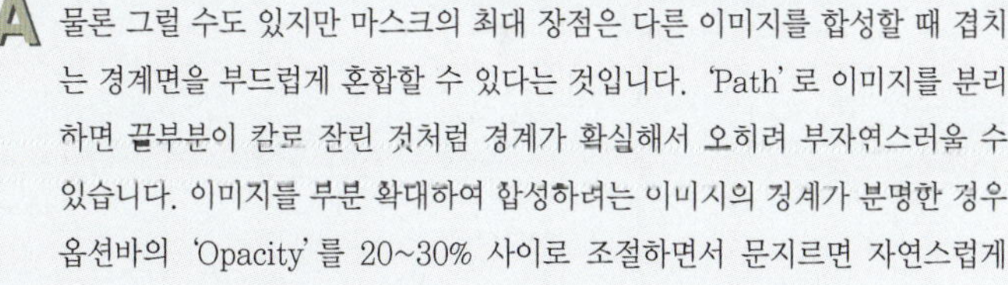
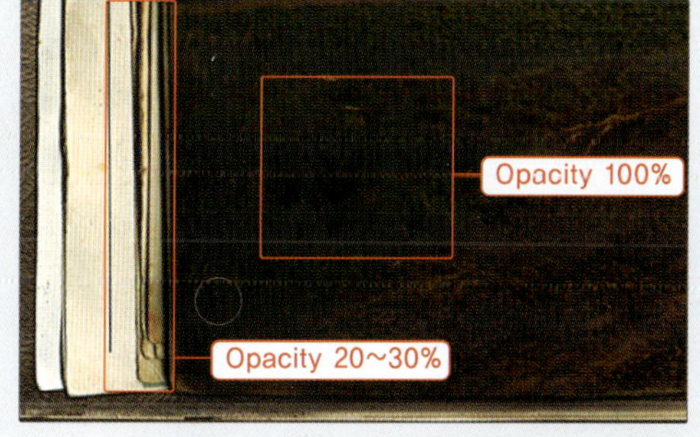

13 블렌딩 이미지를 'Multiply'로 변경하면 노트 배경의 라인이 나타납니다. 이미지를 확대해 경계면을 마스크 작업을 통해 세밀하게 다듬었습니다.

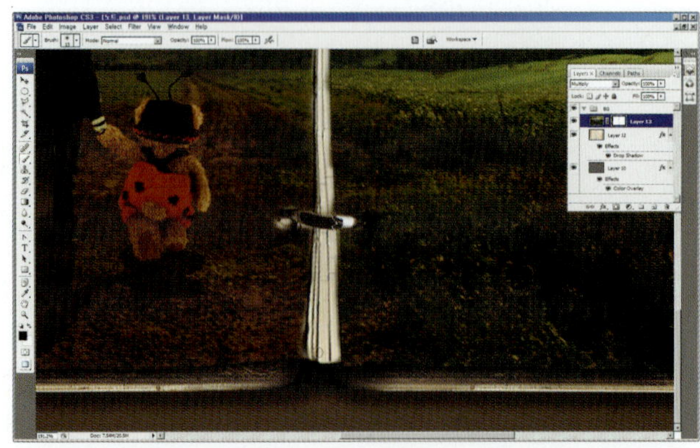

14 지금까지의 작업 과정만으로도 충분히 만족할 만한 결과물을 얻었습니다. 그런데 낡고 오래되었다면 손때가 묻은 자국이 있을 수도 있고, 종이가 얇아져서 부스러기 가루가 될 것 같은 페이지도 있을 것입니다. 그래서 이런 과정을 하나 더 추가하기 위해 '텍스처.jpg' 파일을 불러옵니다.

15 단축키 Ctrl + A , Ctrl + C , Ctrl + W 를 눌러 복사한 후 작업 창을 닫고 단축키 Ctrl + V 를 눌러 붙여넣기합니다.

16 Alt 를 누른 상태에서 'Layer 13' 레이어와 'Layer 14' 레이어 사이를 클릭해 클리핑 상태로 만듭니다. **17** 블렌딩 모드를 'Multiply'로 변경해서 이미지가 갖고 있는 거칠고 낡은 질감을 배경에 적용하세요.

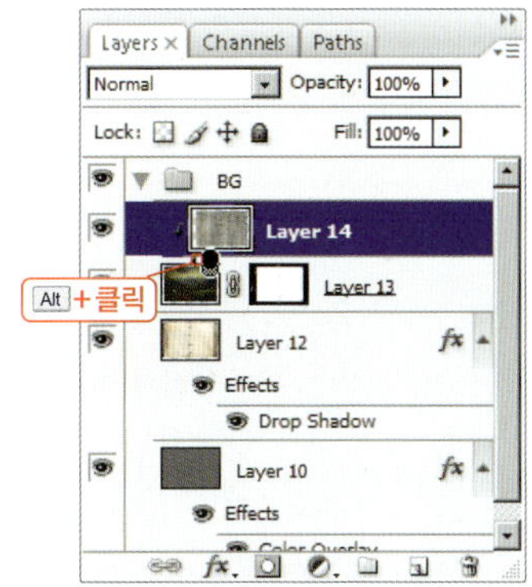

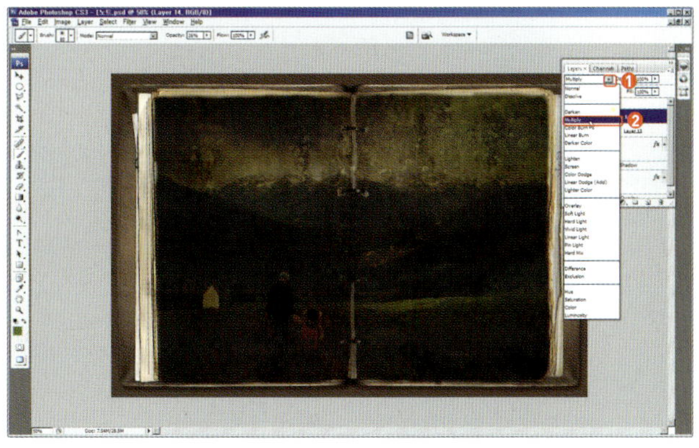

18 'Opacity'를 조절해서 질감을 약하게 지정하고 작업을 종료합니다. 마스크 작업으로 이미 하위 레이어 'Layer 13'의 테두리를 정리했으므로 질감을 그 위에 겹쳐 클리핑하면 마스크 영역의 안쪽으로만 보여집니다.

마스크에는 흰색 영역만 보입니다.

꿈 속에서 보았던 장면을 이미지로 구성한 작업입니다. 오른쪽에 보이는 주인공이 필자로, 그날 저녁에 어떤 영화를 봤던 것 같습니다. 바다에서 해전을 치르고 배가 난파당한 후 수평선 너머로 큰 배가 떠오르는 장면이었는데, 꿈에 나올 정도로 뇌리에 깊이 남았던 것 같습니다. 장면 속의 배경은 햇살이 비추는 잔잔한 바다였는데, 너무 평범한 풍경이어서 한가로이 풀을 뜯는 양떼를 대신 넣었습니다. 아침햇살만큼이나 평온한 분위기가 느껴집니다.

인물을 부각시키기 위해 전체적인 채도를 떨어트리고 인물과 라이팅 부분의 채도는 높여 색감을 이용해 인물을 강조해줍니다. 축구공에노 흔늘림을 수어 운동감을 표현하구요. 축구장은 사방좌우 모든 각도에서 조명이 쏟아지기 때문에 그림자는 네 가지 형태로 표현합니다. 하늘의 표현이 조금 아쉽지만 인물과 빛에서 역동감이 잘 표현된 것 같습니다.

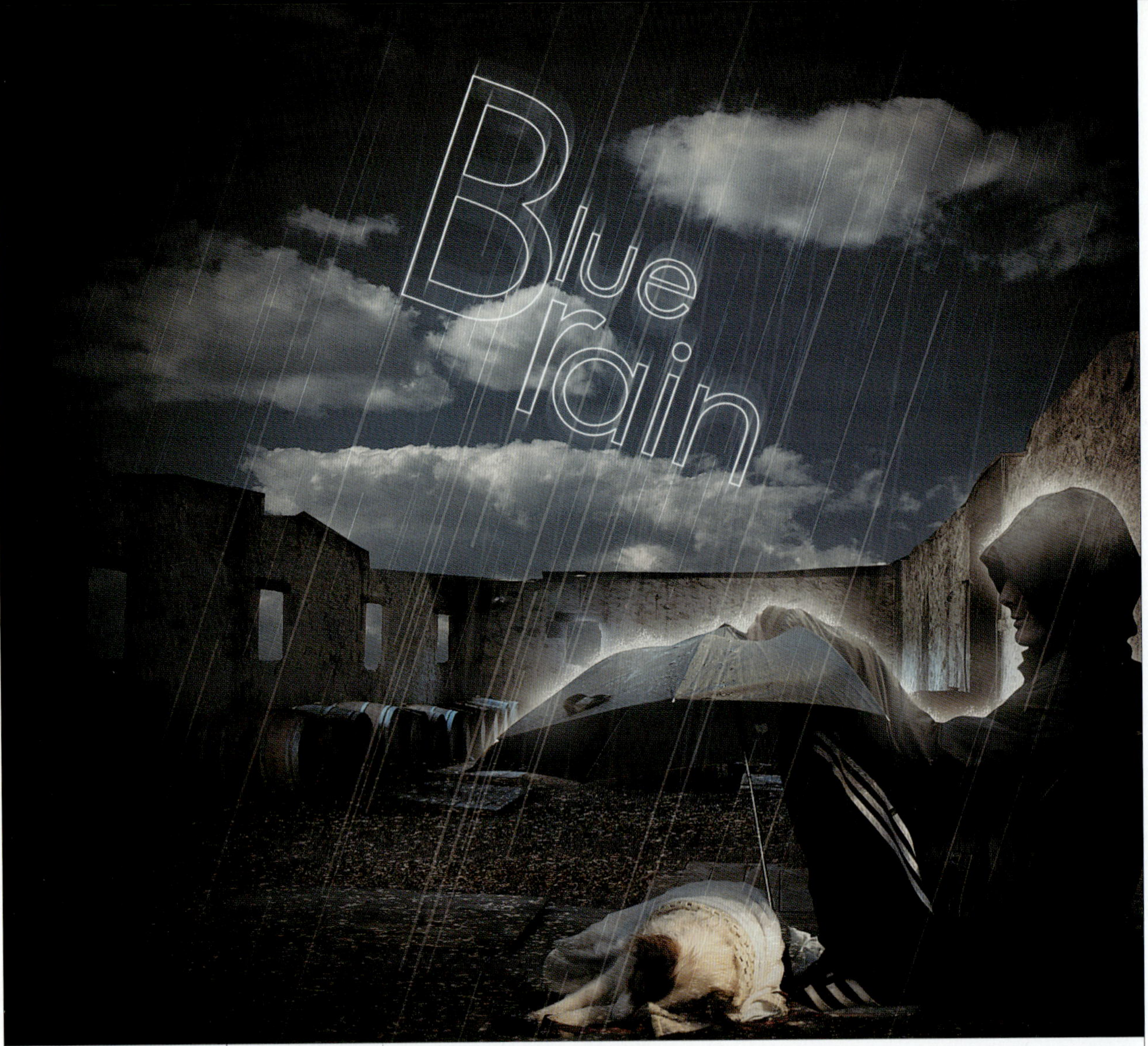

Lesson

결과 파일 부록 CD\Theme03\Lesson05\비.psd, 비효과.psd, 사픈_색보정.psd

05

Blue Rain

작업에 사용한 사진을 처음 보았을 때 '참 슬프다'는 느낌이 들었습니다. 남자 혼자만 앉아 있었다면 노숙인의 모습만 떠올랐을 것입니다. 우산 속에 누워 있는 개와 정적인 남자와는 달리 분주히 움직이는 사람들의 발걸음 속에서 슬픔이 전해져 'Blue Rain'이라는 주제로 비와 함께 구성해 본 작업입니다.

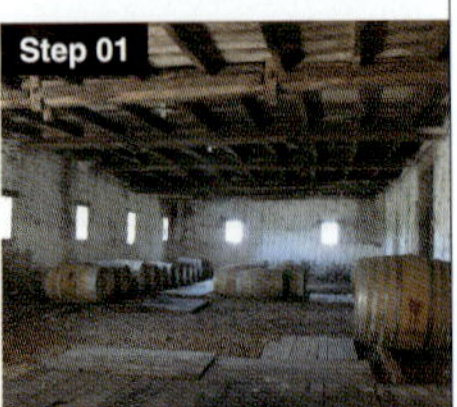

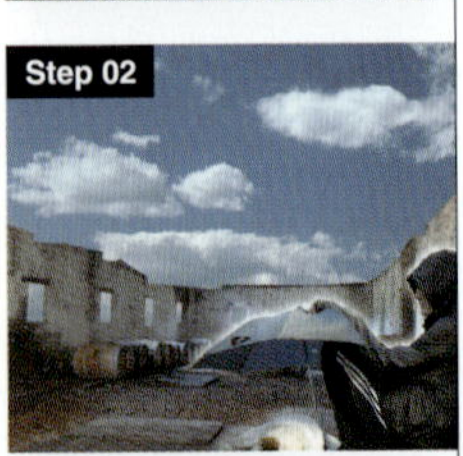

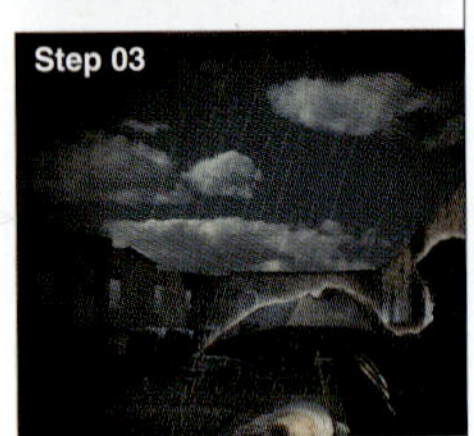

Step **01**

하늘 합성하기

라쏘 툴을 이용해 배경을 분리하고 하늘을 합성해 보겠습니다.

예제 파일 부록 CD\Theme03\Lesson05\실내.jpg, 하늘.jpg, 남자.jpg

01 부록 CD에서 '실내.jpg' 파일을 불러옵니다. 그런 다음 거칠게 뜯겨나간 듯한 이미지를 만들기 위해 툴바에서 라쏘 툴(￼)을 선택하고 나무 지붕을 중심으로 각지게 선택하세요.

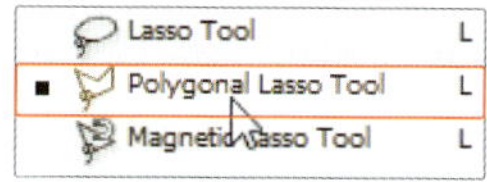

02 'Select' → 'Inverse' 메뉴(Shift + Ctrl + I)를 선택해서 선택 영역을 반전시킵니다. **03** 'Layers' 팔레트에서 'Add Layer Mask' 아이콘(￼)을 클릭해서 지붕쪽 이미지를 가리세요.

04 위쪽에 구름이 들어갈 부분의 캔버스 크기를 늘리기 위해 'Image' → 'Canvas Size' 메뉴(Alt + Ctrl + C)를 선택합니다.

05 중앙 아래쪽의 박스를 선택한 후 중심 축(anchor)의 세로 규격을 '15cm'로 지정하세요.

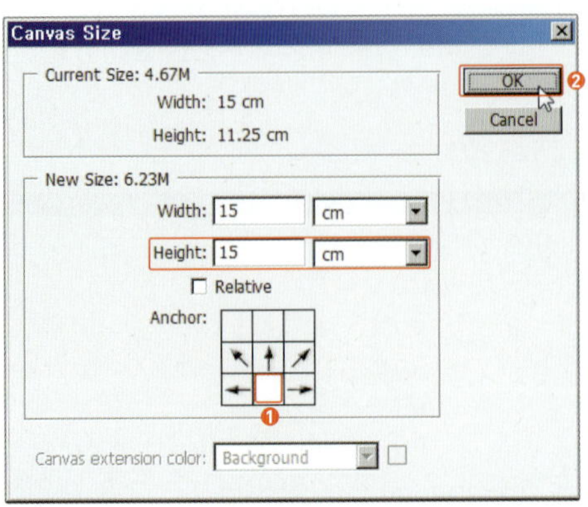

06 부록 CD에서 '하늘.jpg' 파일을 불러옵니다. **07** 단축키 Ctrl + A , Ctrl + C , Ctrl + W , Ctrl + V 를 차례대로 눌러 작업 창에 붙여넣기하고 'Layers' 팔레트에서 'Layer 0' 레이어의 아래쪽에 올려놓으세요.

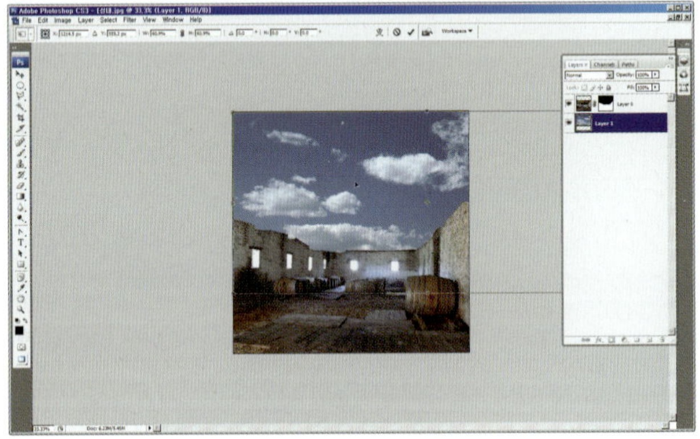

08 마술봉 툴( )을 선택하고 옵션바에서 'Tolerance'를 '45'로 지정한 후 이미지에서 보이는 벽 부분의 흰색 부분을 선택합니다. 그런 다음 전경색이 검은색( )인지 확인하고 단축키 Alt + Delete 를 눌러 창 부분을 뚫린 이미지로 만드세요.

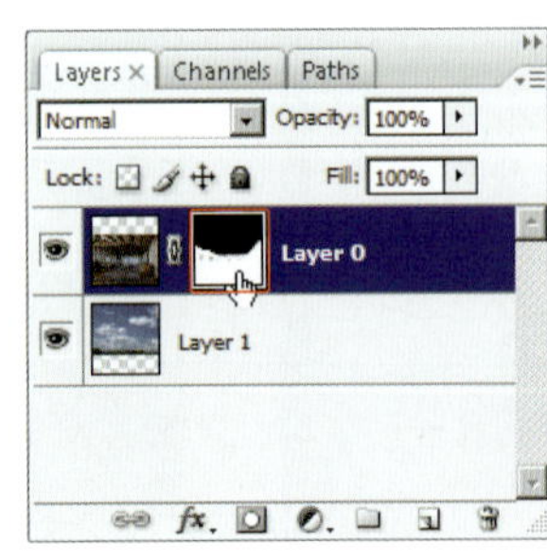
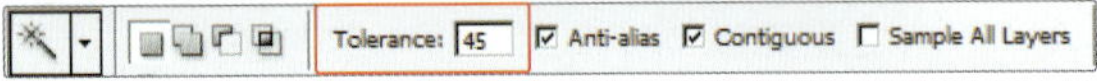

09 부록 CD에서 '남자.jpg' 파일을 불러오고 Ctrl 을 누른 상태에서 'Paths' 팔레트를 선택하여 선택 영역으로 활성화한 후 단축키 Ctrl + C , Ctrl + W 를 눌러 복사하고 창을 닫습니다.

10 단축키 Ctrl + V 를 눌러 붙여넣기하고 단축키 Ctrl + T 를 눌러 남자 이미지를 오른쪽 아래에 배치하세요.

비 표현하기 – 1단계(표면에 반사되어 튀는 비 표현)

블러 효과와 기본 브러시로 반사되어 튀는 비를 만들어 보겠습니다.

01 단축키 Shift + Ctrl + N 을 눌러 신규 레이어를 만들고 레이어 이름을 '비'로 입력한 후 'Layer 2' 레이어의 아래쪽에 올려놓습니다. 그런 다음 Ctrl 을 누른 상태에서 'Layer 2' 레이어를 선택하여 선택 영역으로 활성화하고 전경색이 흰색(□)인 상태에서 단축키 Alt + Delete 를 눌러 흰색으로 채우세요.

02 'Filter' → 'Blur' → 'Gaussian Blur' 메뉴를 선택하고 'Gaussian Blur' 대화상자에서 'Radius'를 '15.8pixels'로 지정해 인물 표면에 튀는 비의 반사 영역을 표현합니다. **03** 도큐먼트 창에서 마우스 오른쪽 버튼을 클릭한 후 바로 가기 메뉴에서 'spatter 46' 브러시를 선택합니다.

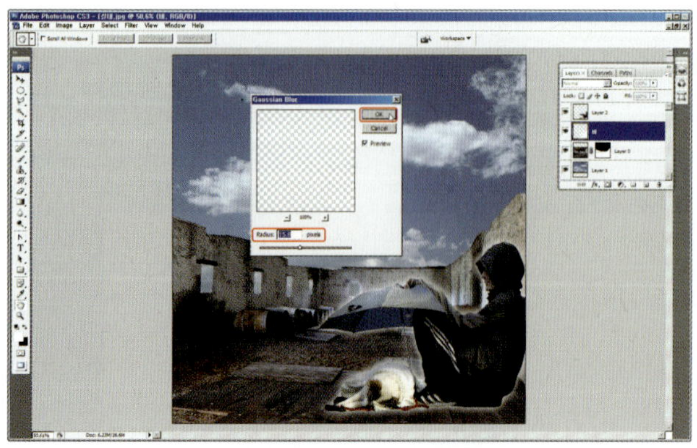

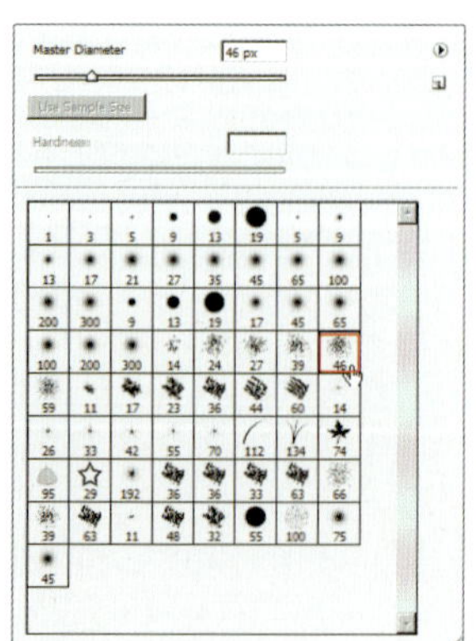

04 표면에 튀는 비를 표현하는 작업이므로 [I], [ ]]로 브러시 크기를 확대 및 축소하면서 강약을 조절합니다. **05** 'Layers' 팔레트에서 '비' 레이어를 선택하고 'Add Layer Mask' 아이콘(◉)을 클릭하세요.

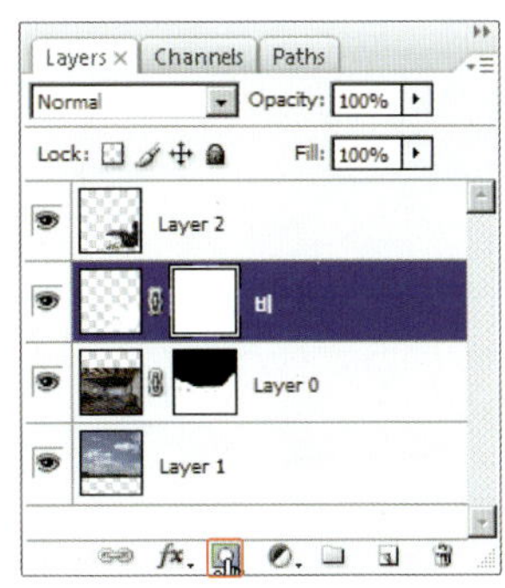

06 이미지의 외곽으로 튀는 비 이외에 가려야 할 부분에 마스크 작업을 하고 브러시 툴(✐)로 전경색을 검은색(■)으로 지정한 후 빨간색으로 표시한 부분을 문지릅니다.

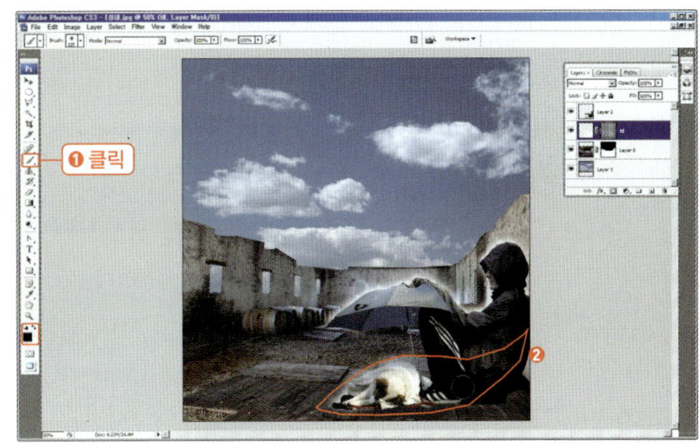

07 [Shift]를 누른 상태에서 전체 레이어를 선택하고 단축키 [Ctrl]+[G]를 눌러 그룹 레이어 상태로 만든 후 그룹 레이어의 이름을 '배경'으로 입력합니다. 마지막으로 단축키 [Shift]+[Ctrl]+[S]를 눌러 '1.배경합성.psd'로 저장하세요.

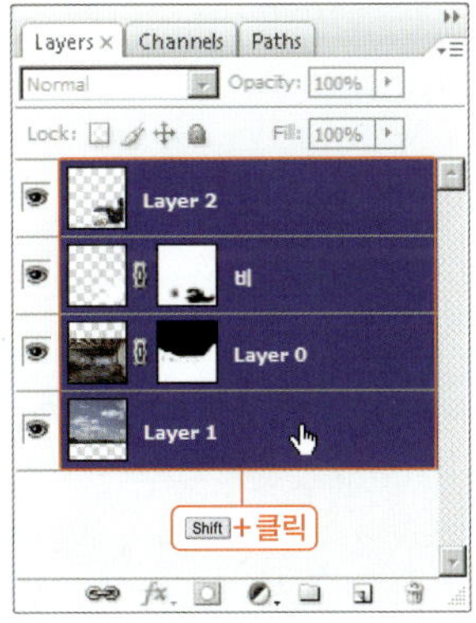

08 'Layers' 팔레트에서 보정 레이어 아이콘(⊘)을 클릭하고 슬프고 우울한 느낌을 만들기 위해 'Curves'를 선택합니다.

09 'Curves' 대화상자가 나타나면 다음의 그림과 같이 커브 곡선을 조절해 톤을 다운시키세요.

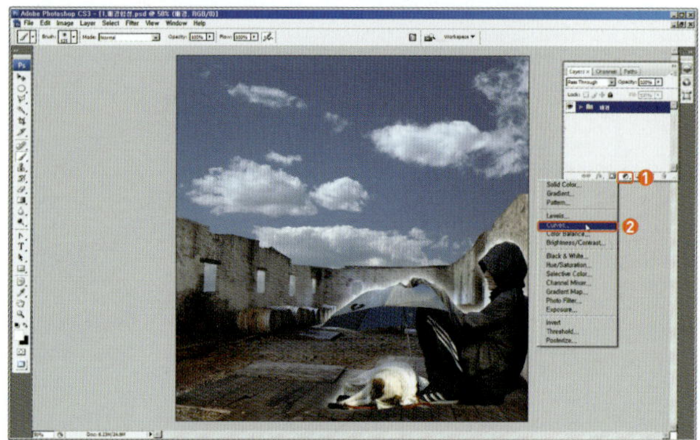
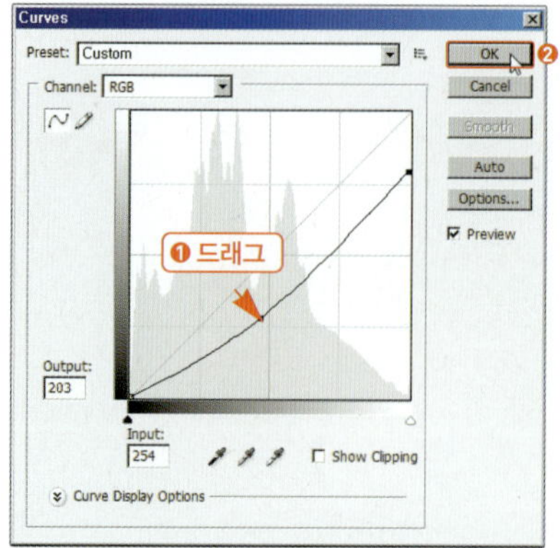

10 'Layers' 팔레트에서 보정 레이어 아이콘(⊘)을 클릭하고 'Hue/Saturation'을 선택합니다. **11** 'Hue/Saturation' 대화상자가 나타나면 'Saturation' 항목을 왼쪽으로 이동해 채도를 감소시킵니다.

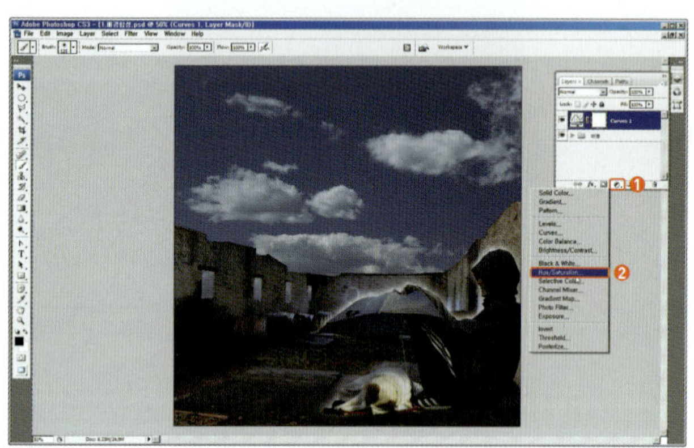
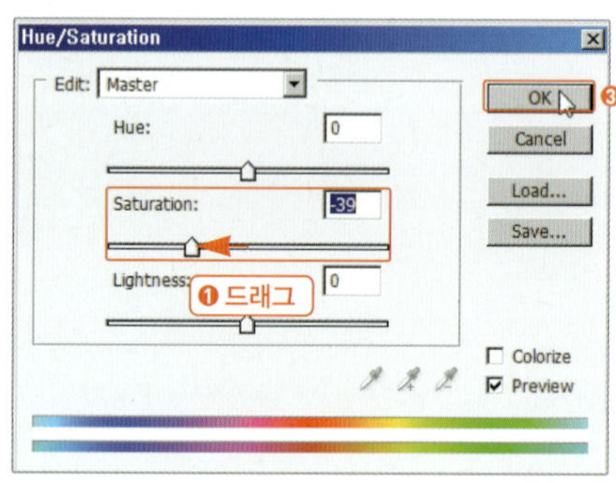

12 'Layers' 팔레트에서 보정 레이어 아이콘(⊘)을 클릭하고 'Brightness/Contrast'를 선택해서 이미지를 좀 더 어둡게 만듭니다. **13** 'Brightness/Contrast' 대화상자가 나타나면 'Brightness'과 'Contrast'를 다음의 그림과 같이 조절해 밝은 부분을 더 선명하게 만드세요.

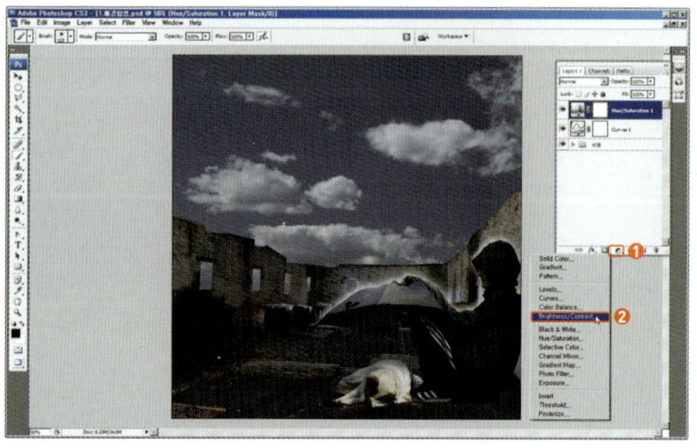
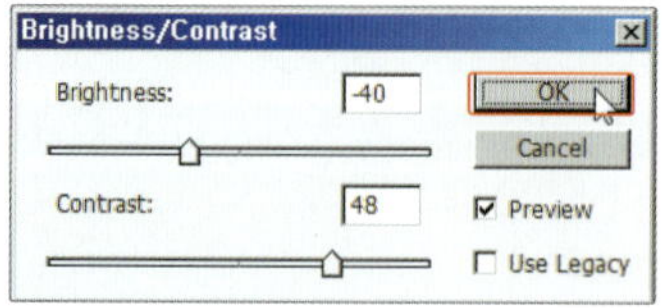

14 'Layers' 팔레트에서 보정 레이어 아이콘(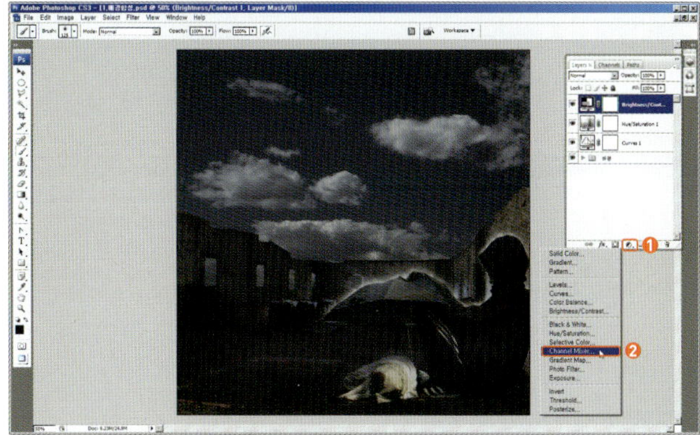)을 클릭하고 'Channel Mixer'를 선택합니다. **15** 'Channel Mixer' 대화상자가 나타나면 'Red' 채널에서 다음의 그림과 같이 색을 조절해서 보정합니다.

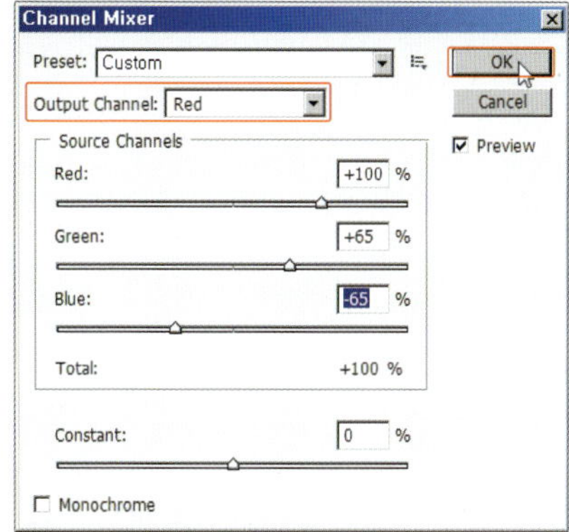

16 'Layers' 팔레트에서 Shift 를 누른 상태에서 보정 레이어 목록을 선택하고 단축키 Ctrl + G 를 눌러 그룹 레이어로 만듭니다. 그런 다음 레이어 이름을 '색보정레이어'로 입력하세요.

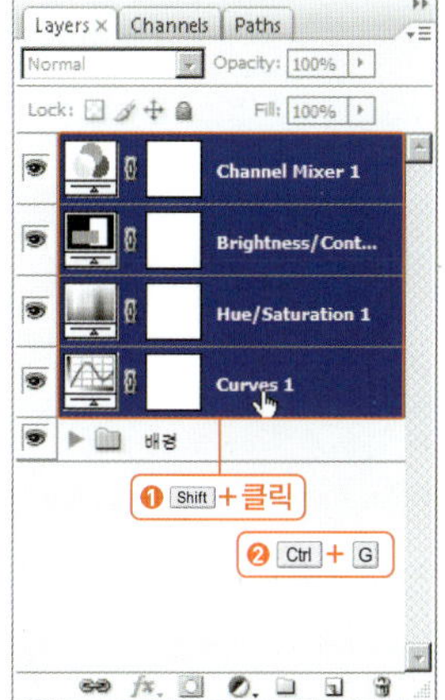

비 표현하기 – 2단계(내리는 비 표현)

신규 브러시를 만들어 비를 표현하는 방법에 대해 알아보겠습니다.

01 단축키 Shift + Ctrl + N 을 눌러 신규 레이어를 만들고 레이어 이름을 '비브러시'라고 입력합니다. 그런 다음 툴바에서 사각 선택 툴(▣)을 선택하세요.

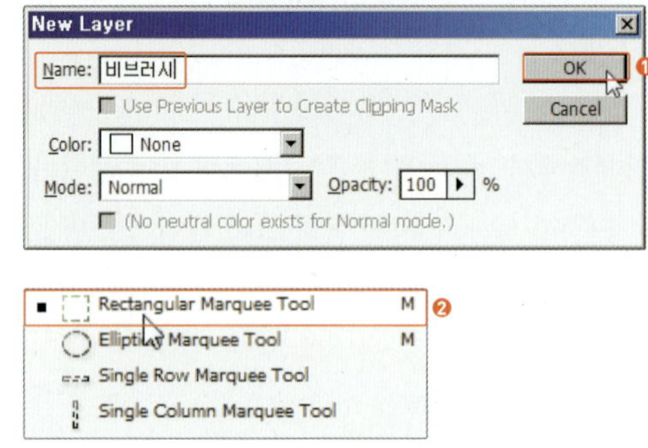

02 사각 선택 툴(▣)을 이용해 가는 빗줄기를 만들고 검은색(■)으로 채웁니다. 그런 다음 'Edit' → 'Define Brush Preset' 메뉴를 선택하고 'Brush Name' 대화상자에서 브러시 이름에 '비브러시'라고 입력하세요.

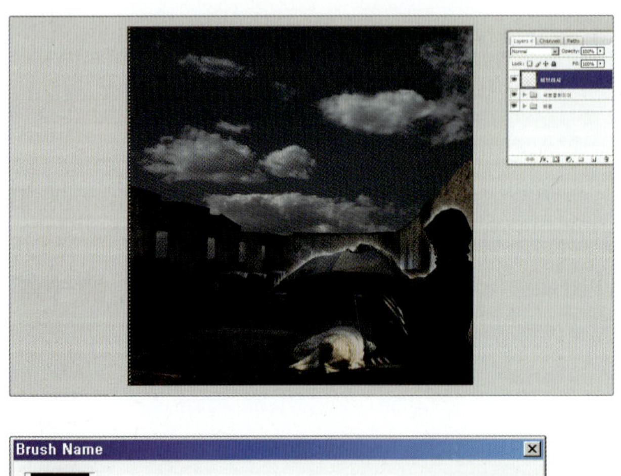

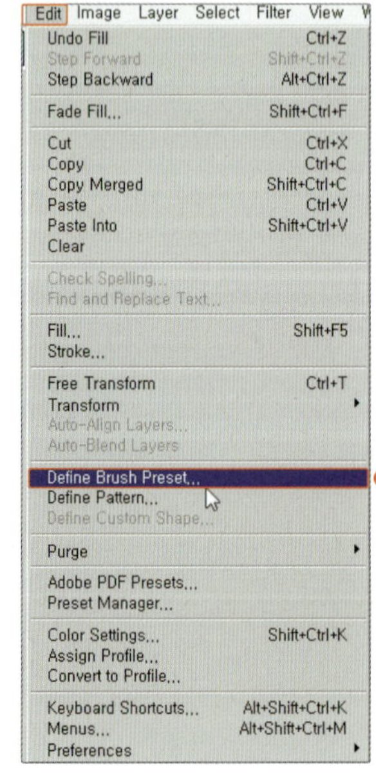

03 단축키 Ctrl + A 를 눌러 전체 이미지를 선택하고 'Edit' → 'Clear' 메뉴를 선택하여 깨끗히 지웁니다. **04** 도큐먼트 창에서 마우스 오른쪽 버튼을 클릭해서 브러시 대화상자를 열고 '비브러시 1476'을 선택하세요. 이때 '1476'은 픽셀 사이즈를 의미합니다.

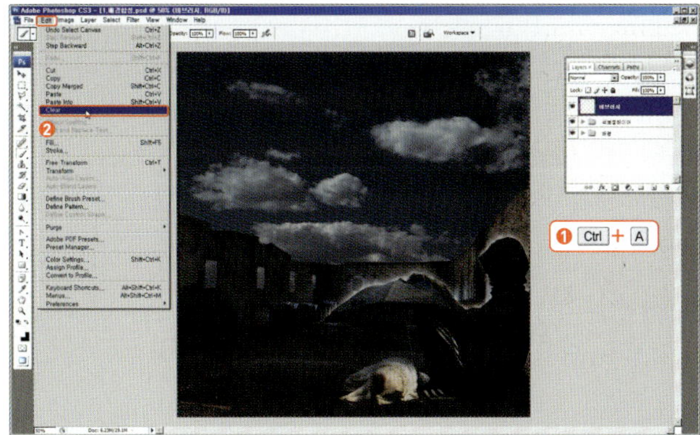
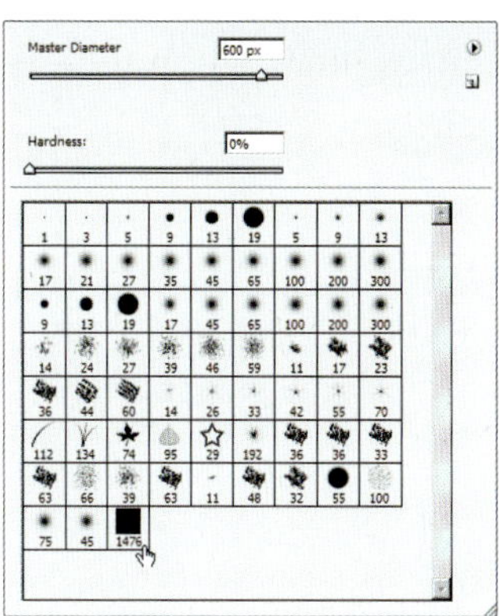

05 F5 를 눌러 'Brush Presets'를 실행하고 'Spacing'을 최대로 늘려 브러시가 적용되는 간격 사이를 늘린 후 'Shape Dynamics'에 체크 표시합니다. 나머지는 다음의 그림과 같이 지정해서 흩뿌려지는 간격과 크기 등을 조절하세요.

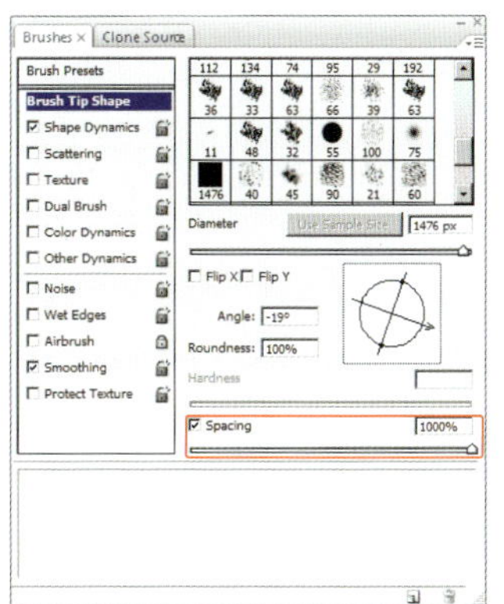

브러시 사이 간격 조절

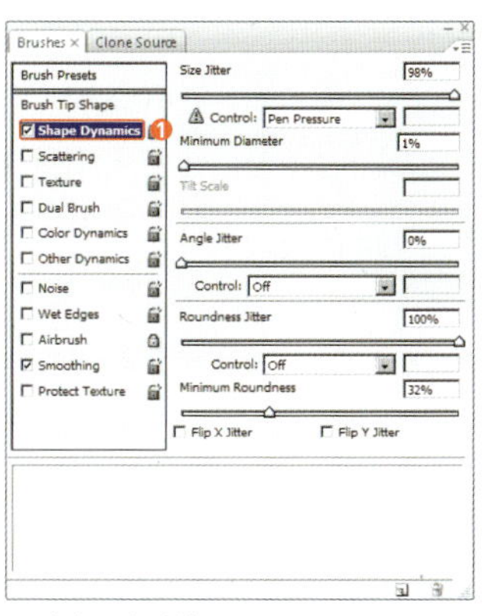

브러시 모양 변형

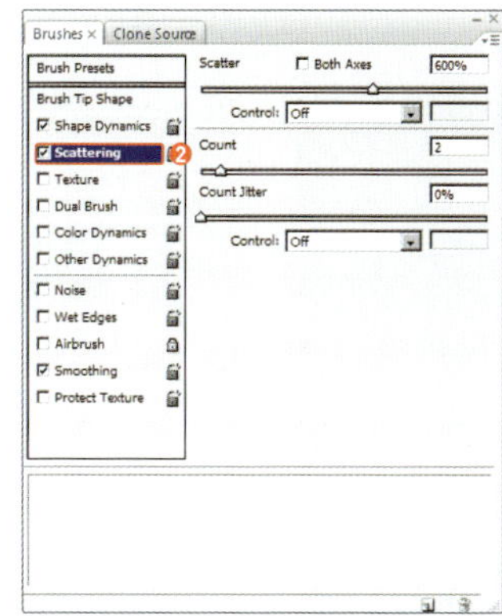

흩뿌려지는 간격 조절

06 전경색을 흰색(<>)으로 지정하고 왼쪽 위에서 오른쪽 아래쪽으로 드래그하면 불규칙적으로 흩뿌려집니다. **07** 'Layers' 팔레트에서 'Opacity'를 '20%'로 조절해 배경 컬러와 어울리게 하세요.

08 단축키 Shift + Ctrl + N 을 눌러 가는 빗줄기를 만들 신규 레이어를 만들고 레이어 이름을 '비'로 지정합니다. **09** F5 를 눌러 'Brush Presets'를 실행하고 'Use Sample Size'를 '300px'로 조절해 가는 빗줄기를 표현할 브러시 규격을 축소하세요.

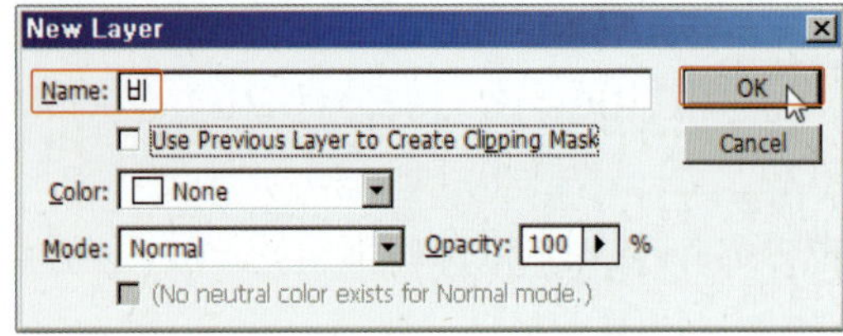

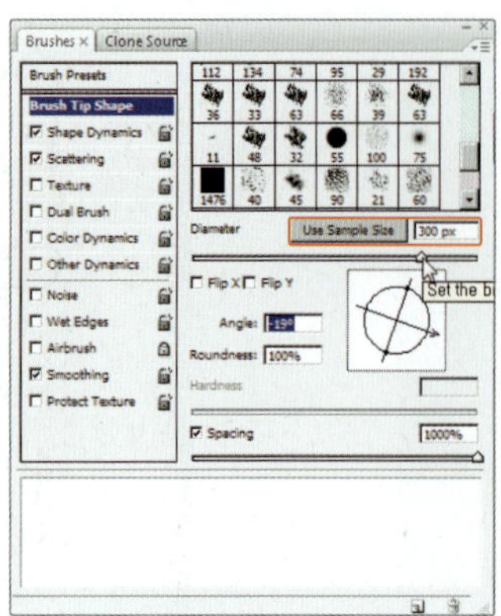

10 불규칙적으로 드래그하면서 빗줄기를 표현합니다. 한 번에 원하는 결과가 나오지 않으면 단축키 Ctrl + Z 를 눌러 되돌리기 한 후 다시 적용하여 원하는 결과를 만듭니다. **11** 'Layers' 팔레트에서 '비' 레이어를 선택하고 블렌딩 모드를 'Overlay'로 조절하세요.

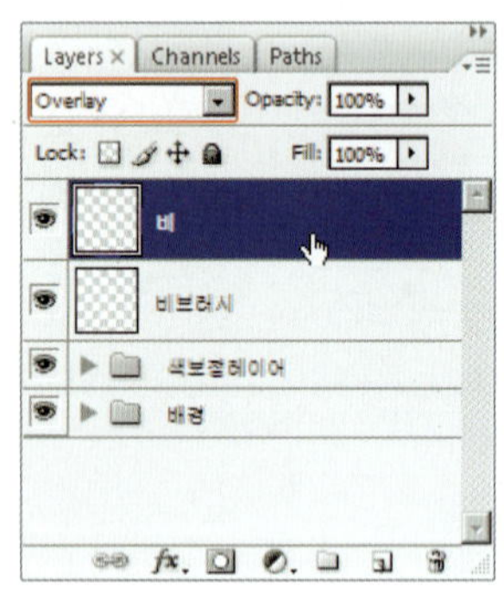

비 표현하기 – 3단계(바닥에 튀는 비 표현)

'Mezzotint Filter'를 이용해 바닥에 튀는 비를 표현해 보겠습니다.

01 'Cannels' 팔레트에서 'Create New Channel' 아이콘(🔳)을 클릭해 'Alpha 1' 채널을 생성합니다.

02 'Filter' → 'Pixelate' → 'Mezzotint' 메뉴를 선택하세요.

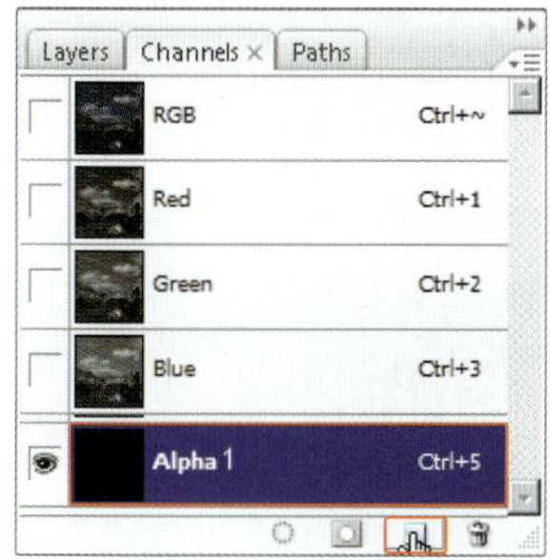

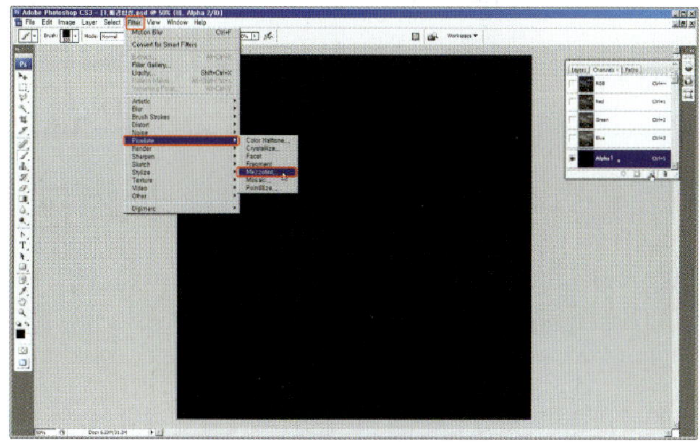

03 'Mezzotint' 대화상자가 나타나면 'Type'에서 'Coarse dots'를 선택하고 'OK' 버튼을 클릭하여 크고 작은 흰색 도트를 불규칙적으로 배열합니다. **04** 'Channels' 팔레트에서 'Alpha 1' 채널을 선택하고 단축키 Ctrl + Alt + ~ 를 눌러 하이라이트 영역만 선택하세요.

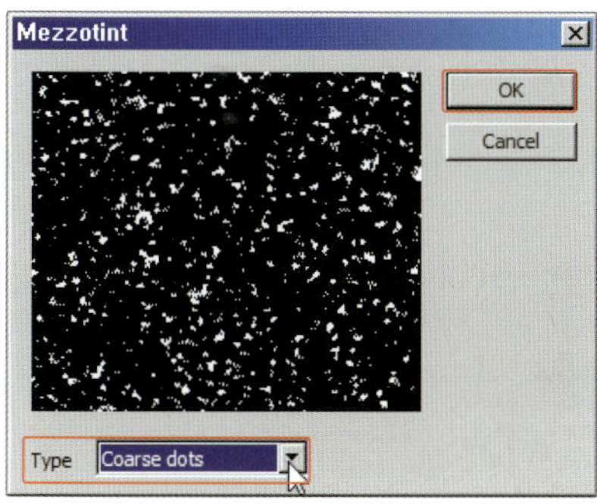

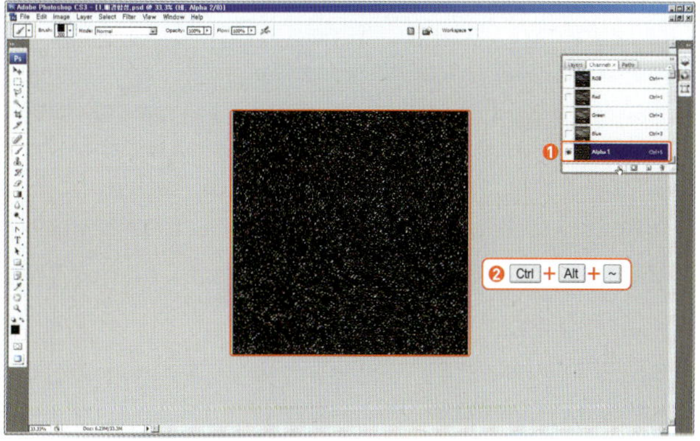

05 단축키 Shift + Ctrl + N 을 눌러 새로운 레이어를 만들고 레이어 이름을 '바닥에 튀는 비'로 지정한 후 전경색을 흰색(▣)으로 채웁니다. **06** 단축키 Ctrl + T 를 눌러 이미지를 세로로 축소하고 마우스 오른쪽 버튼을 클릭한 후 바로 가기 메뉴에서 'Disort'를 선택하세요.

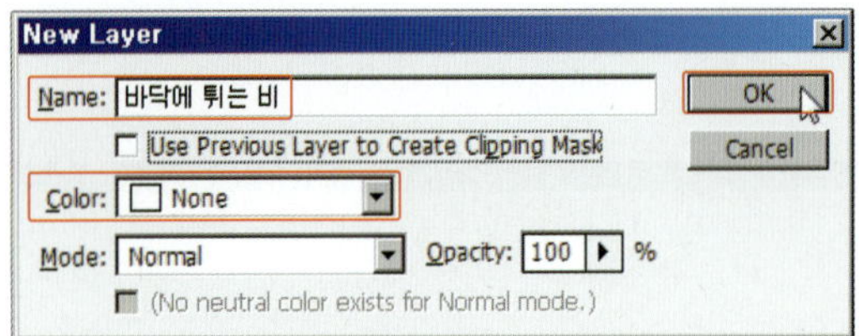

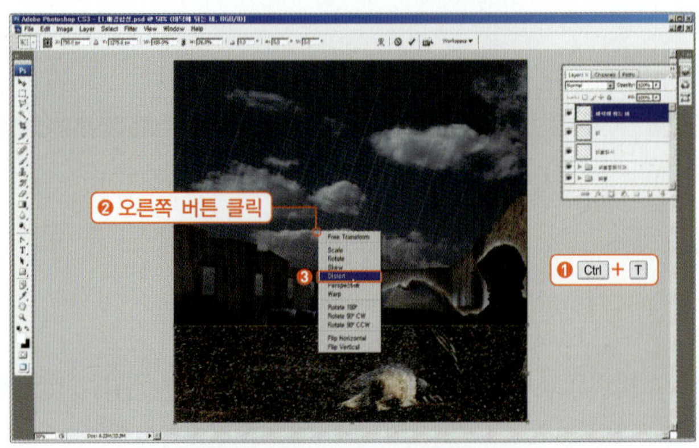

07 아랫부분을 왼쪽과 오른쪽으로 잡아당겨서 원근감을 표현하고 블렌딩 모드를 'Soft Light'로 변경해서 배경 색상과 섞습니다.

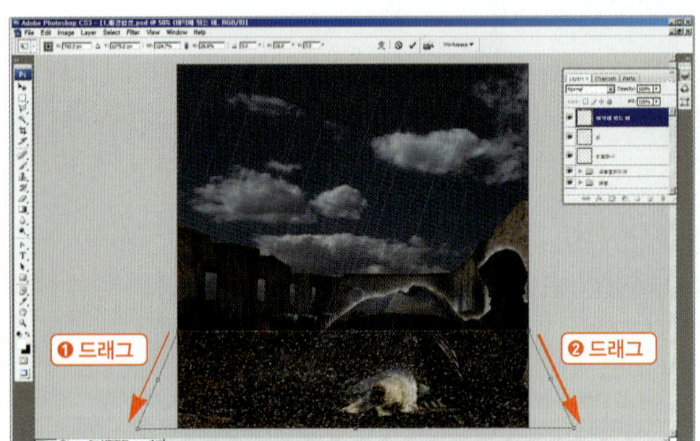

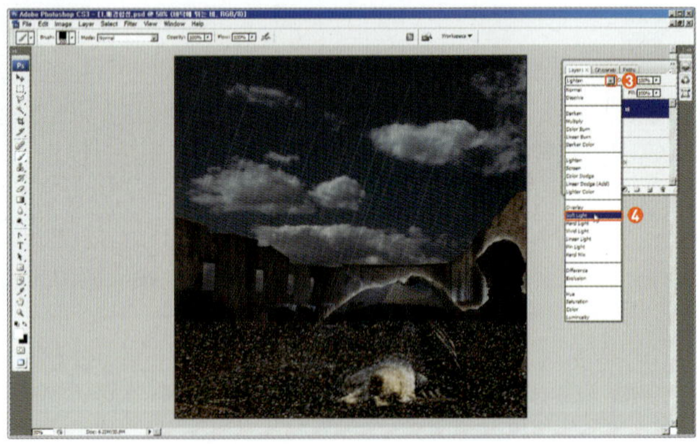

08 'Layers' 팔레트에서 'Add Layer Mask' 아이콘(◉)을 클릭해서 마스크를 씌웁니다. **09** 브러시 툴(✎)을 마우스 오른쪽 버튼으로 클릭한 후 'Soft Round'에서 '300px' 브러시를 선택하고 전경색을 검은색(■)으로 지정하세요.

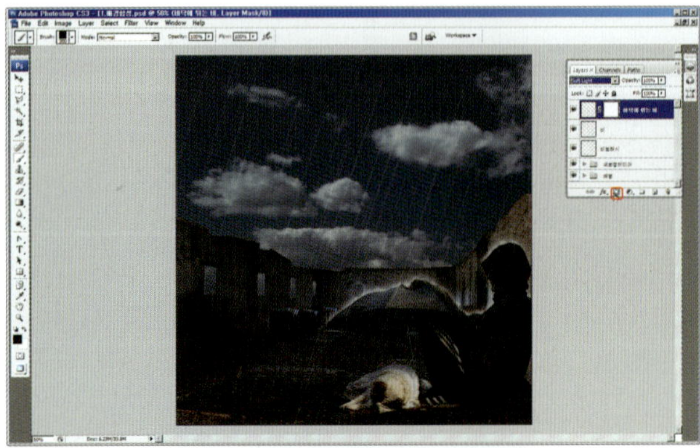

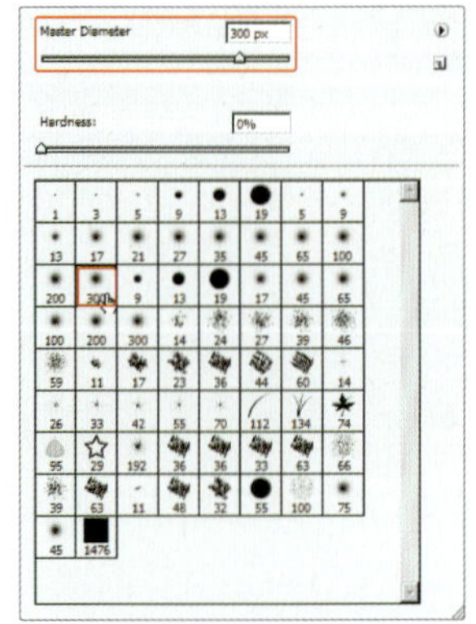

10 인물과 겹치는 면을 문질러서 가리고 [Shift]를 누른 상태에서 '바닥에 튀는 비' 레이어부터 '비 브러시' 레이어를 선택한 후 단축키 [Ctrl]+[G]를 눌러 그룹 레이어로 만듭니다. **11** 그룹 레이어 이름을 '비효과' 로 입력하세요.

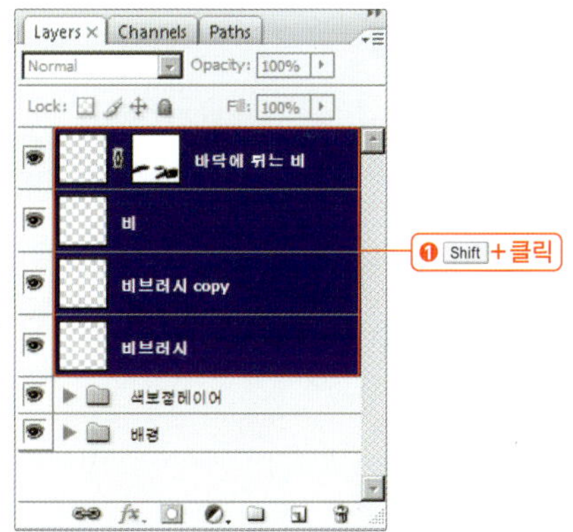

12 시선을 인물에 집중시키기 위해 비네팅 효과를 적용하고 단축키 [Shift]+[Ctrl]+[N]을 누른 후 '그라데이션' 을 입력합니다. **13** 그레이디언트 툴(▨)을 선택하고 'White, Black' 타입을 선택해 표시한 지점에서 외곽으로 원형 그러데이션(▨)을 적용한 후 블렌딩 모드를 'Multiply' 로 변경해 하위 레이어에 진하게 적용하세요.

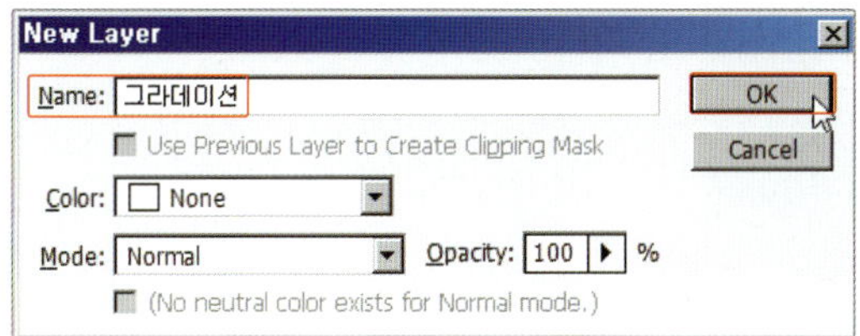

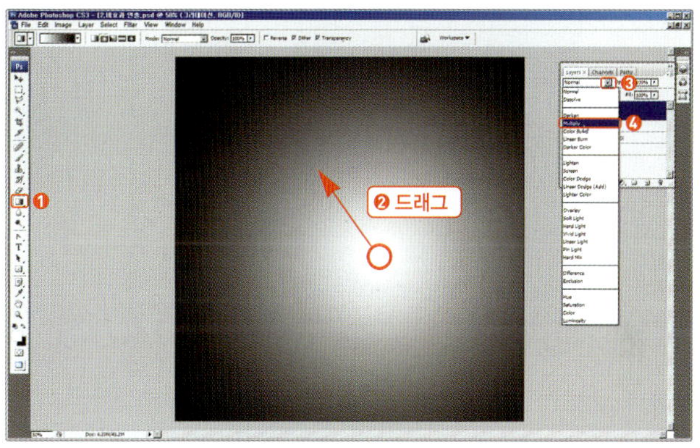

14 'Layers' 팔레트에서 'Add Layer Mask' 아이콘(▣)을 클릭해 마스크를 씌웁니다. 그런 다음 툴바에서 브러시 툴(✎) 을 선택하세요.

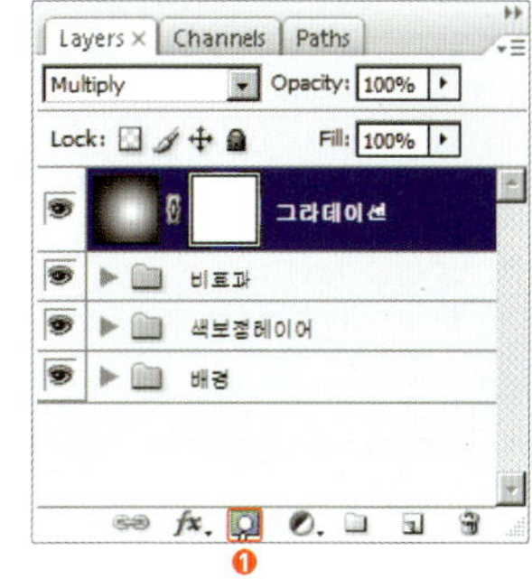

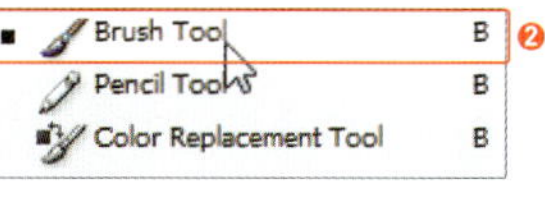

15 전경색을 검은색(■)으로 지정하고 옵션바에서 'Soft Round'는 '1000pixel', 'Opacity'는 '100%'로 지정해 인물을 중심에 놓고 클릭해 밝게 보정합니다. **16** 단축키 [Shift]+[Ctrl]+[Alt]+[E]를 눌러 지금까지의 작업 과정을 하나의 레이어로 만드세요.

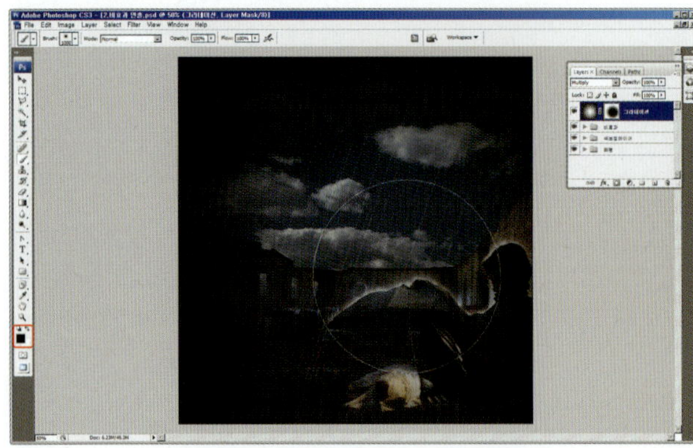

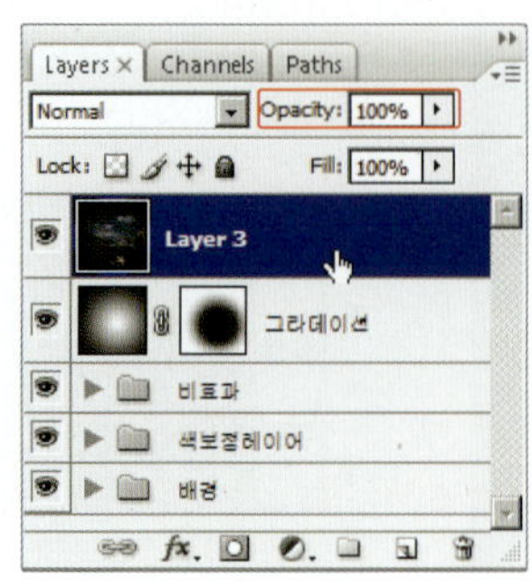

17 'Filter' → 'Sharpen' → 'Unsharp Mask' 메뉴를 선택하고 'Unsharp Mask' 대화상자에서 다음의 그림과 같이 지정해 선명하게 보정합니다.

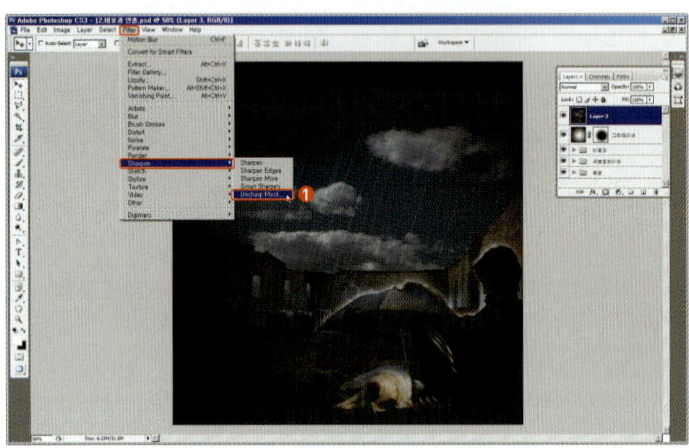

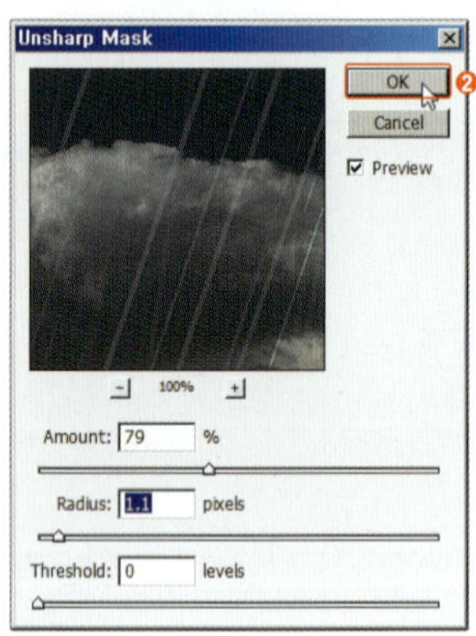

포토샵 CS4 이후 버전은 단축키의 사용법이 포토샵 CS3와 다릅니다. STEP 4 04번 과정에서 하이라이트 선택 단축키 [Ctrl]+[Alt]+[~]는 하이라이트 영역이 [Ctrl]+[Alt]+[2], 섀도 영역이 [Ctrl]+[Alt]+[3]으로 변경되었습니다(매킨토시 사용자 : 하이라이트 영역 [Command]+[Option]+[2], 섀도 영역 [Command]+[Option]+[3]).

자업 방식은 이번에 소개한 예제와 같지만, Grayscale 모드리는 점과 Lucis Art 필터를 사용해 시픈 디테일을 살렸습니다. 필사의 경험으로 흑백 사신의 밋밋함을 살리는 데 Lucis Art 필터는 매우 유용하다고 생각합니다. 일단 Shadow 영역을 강제로 밝게 만들어 전체적으로 고르게 밝고 선명한 이미지를 얻은 후 작업자 임의대로 콘트라스트를 강하게 적용하면 사진 같은 느낌이 많이 사라지면서 이미지 전체에 확산광을 뿌려놓은 듯한 느낌을 얻을 수 있습니다. Lucis Art 필터는 'Theme 05'에서 다루겠습니다.

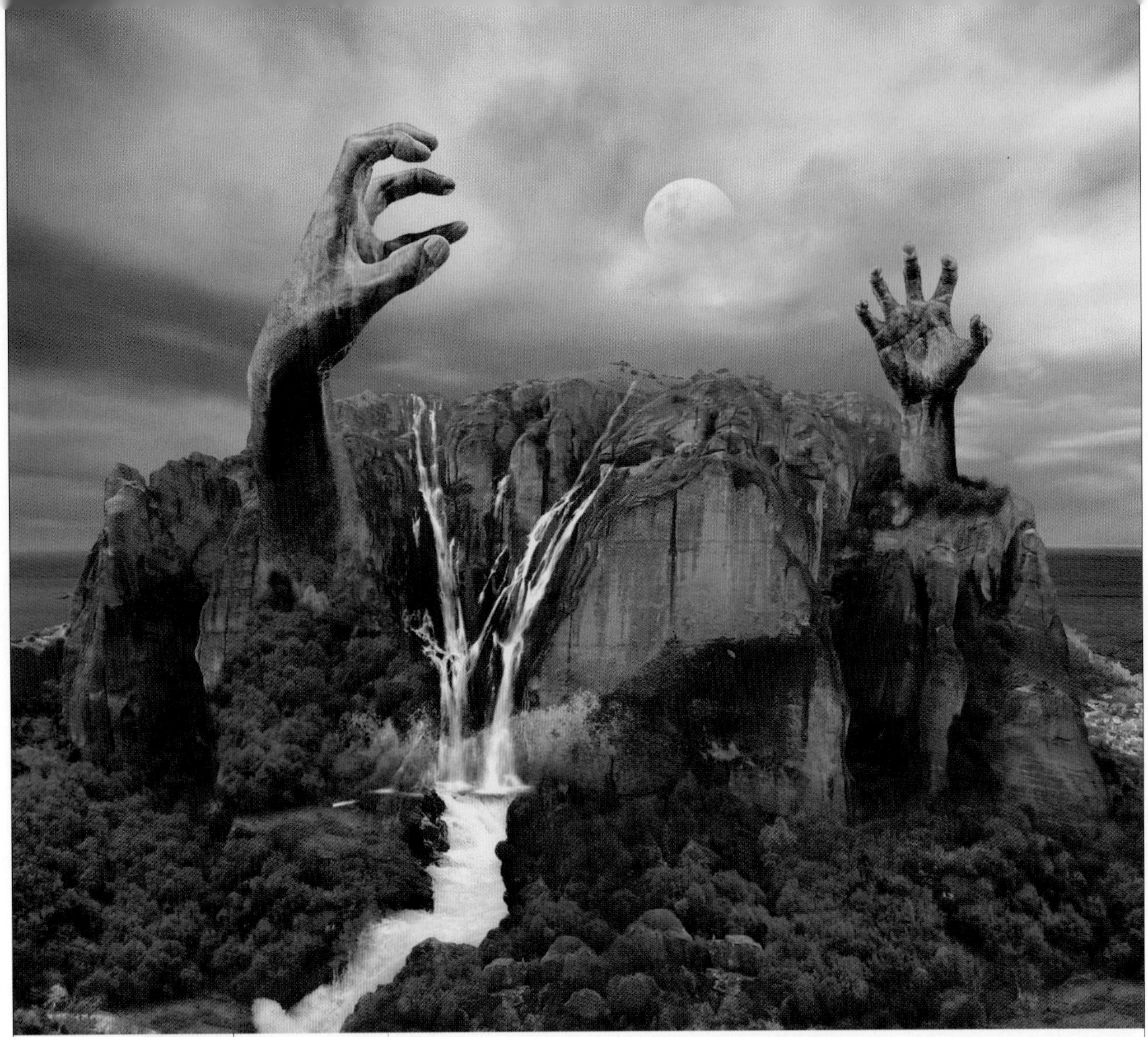

Lesson

결과 파일 부록 CD\Theme03\Lesson06\폭포.psd

06 Hands Mountain

외국 잡지에서 소년을 바위로 표현해 암벽 사이에 있게 한 광고 CG가 있었는데, 이것을 기억하고 만든 작품입니다. 이 과정을 따라하면서 사진 한 장을 이용해 자르고 붙여나가는 과정과 기본적으로 제공되는 사진을 이용해 손에 암벽의 질감을 입히고, 떨어지는 폭포를 분리하는 과정을 익혀보세요. 이번 실습을 통해 '합성이 생각보다 어렵지 않구나!' 라고 생각할 것입니다.

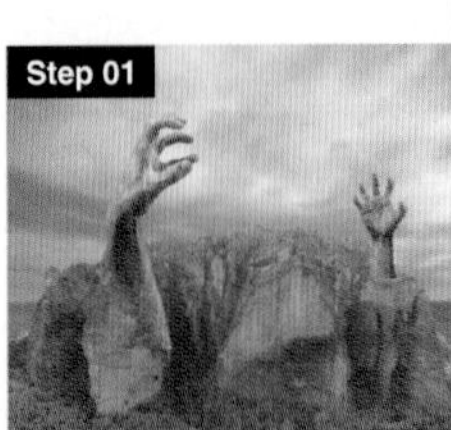

Step 01

Step 02

Step 03

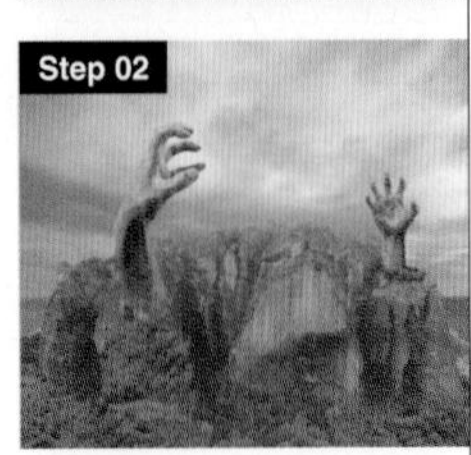

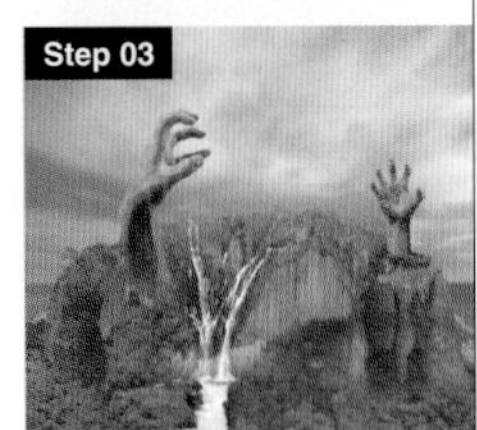

Step 01

채널을 이용해 배경 분리하기

채널을 이용해 배경을 분리하고 하늘을 합성해 보겠습니다.

예제 파일 부록 CD\Theme03\Lesson06\산.jpg, 하늘.jpg　**결과 파일** 부록 CD\Theme03\Lesson06\배경완성.psd

01 부록 CD에서 '산.jpg' 파일을 불러옵니다. **02** 'Channels' 팔레트에서 'Blue' 채널을 'Create New Channel' 아이콘(🔲)으로 드래그해 'Blue copy' 채널을 만듭니다.

03 'Image' → 'Adjustments' → 'Curves' 메뉴(Ctrl+M)를 선택해서 커브를 실행합니다. **04** 'Curves' 대화상자에서 다음의 그림과 같이 커브 곡선을 이동해 콘트라스트차를 증가시킵니다.

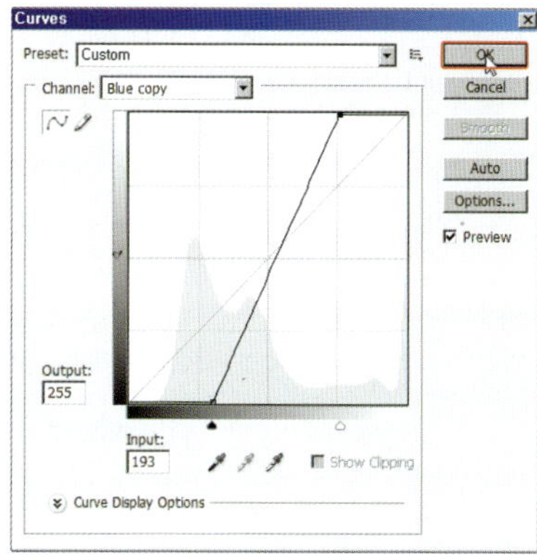

05 툴바에서 마술봉 툴(🪄)을 선택하고 하늘 부분의 흰색 배경을 클릭해 선택 영역으로 만듭니다. **06** 'Select' → 'Inverse' 메뉴(Shift + Ctrl + I)를 선택해서 선택 영역을 반전시킵니다.

07 'Layers' 팔레트에서 단축키 Ctrl + J 를 눌러 선택 영역만큼 복사합니다. 그런 다음 단축키 Ctrl + A , Ctrl + C , Ctrl + W 를 차례대로 눌러 작업 창에 이미지를 복사한 후 작업 창을 닫으세요. **08** '하늘.jpg' 파일을 불러옵니다. 그런 다음 단축키 Ctrl + V 를 눌러 **07** 과정에서 복사한 이미지를 붙여넣기하고 다음의 그림과 같이 위치시키세요.

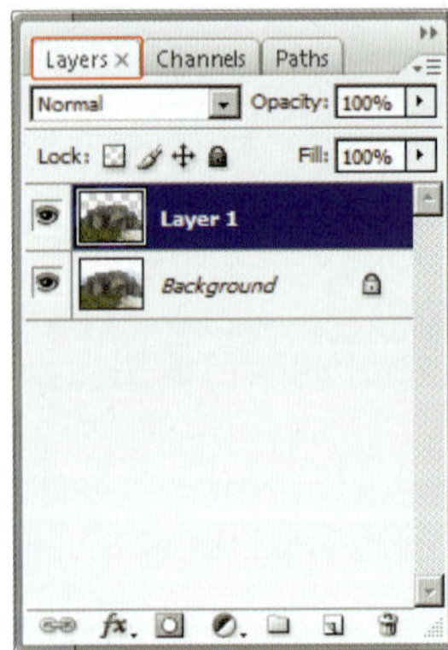 

09 오른쪽 아래쪽의 바위 때문에 시선이 답답하게 느껴지므로 삭제하거나 가리고 툴바에서 라쏘 툴(🪢)을 선택합니다. **10** 빨간색으로 표시한 부분을 선택하여 단축키 Ctrl + J 로 복사합니다. 그런 다음 단축키 Ctrl + T 를 눌러 크기를 조절하고 마우스 오른쪽 버튼을 클릭한 후 바로 가기 메뉴에서 'Flip Horizontal'을 선택해서 좌우를 반전시키세요.

11 'Layers' 팔레트에서 'Add Layer Mask' 아이콘(⊙)을 클릭해 마스크를 씌웁니다. **12** 툴바에서 브러시 툴(✎)을 선택하고 옵션바에서 'Soft Round' 은 '80pixel', 'Opacity' 는 '60%' 로 지정합니다.

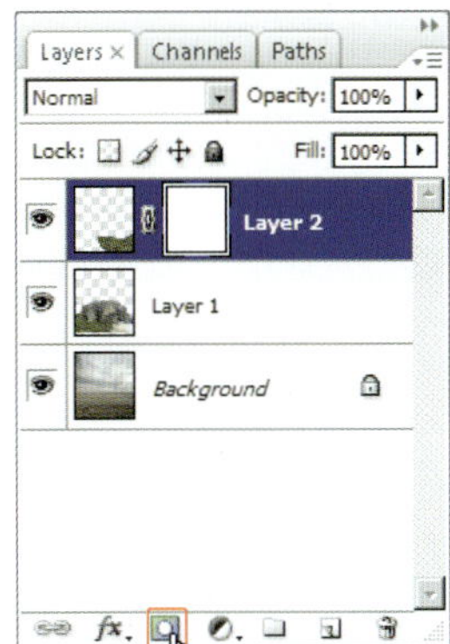

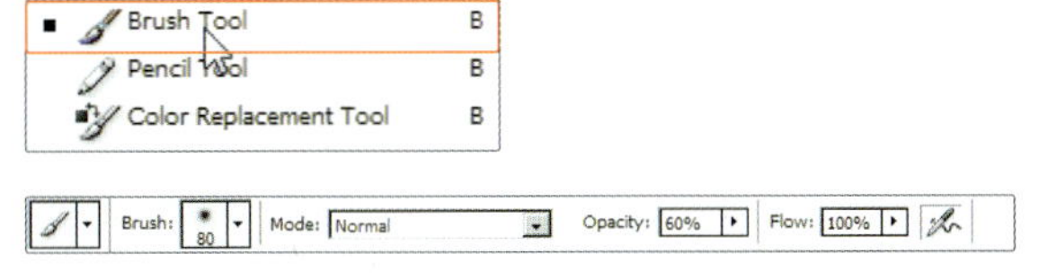

13 전경색을 검은색(■)으로 지정하고 테두리 부분을 문질러서 배경과 이질감이 없도록 자연스럽게 합성합니다.

손 모양 합성 후 바위 질감 표현하기

블렌딩 모드 'Overlay'를 이용해 바위 질감을 합성해 보겠습니다.

예제 파일 부록 CD\Theme03\Lesson06\h-1.png **결과 파일 부록** CD\Theme03\Lesson06\손합성.psd

01 부록 CD에서 'h-1.png' 파일을 불러옵니다. 그런 다음 단축키 `Ctrl`+`A`, `Ctrl`+`C`, `Ctrl`+`W`를 차례대로 눌러 작업 창에 이미지를 복사한 후 작업 창을 닫으세요. **02** 단축키 `Ctrl`+`V`를 눌러 붙여넣기하고 라쏘 툴(♪)을 이용해 두 가지의 손 이미지 중에서 하나를 선택합니다. 그런 다음 단축키 `Ctrl`+`T`를 눌러 크기와 위치를 다음의 그림과 같이 조절하세요.

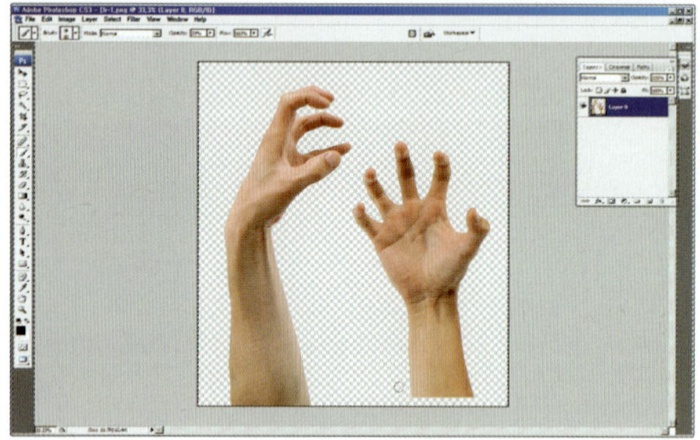

03 'Image' → 'Adjustments' → 'Desaturate' 메뉴(`Shift`+`Ctrl`+`U`)를 선택해서 손 이미지를 흑백으로 변환합니다.
04 손 주름의 디테일을 살리기 위해 'Filter' → 'Sharpen' → 'Unsharp Mask' 메뉴를 선택합니다.

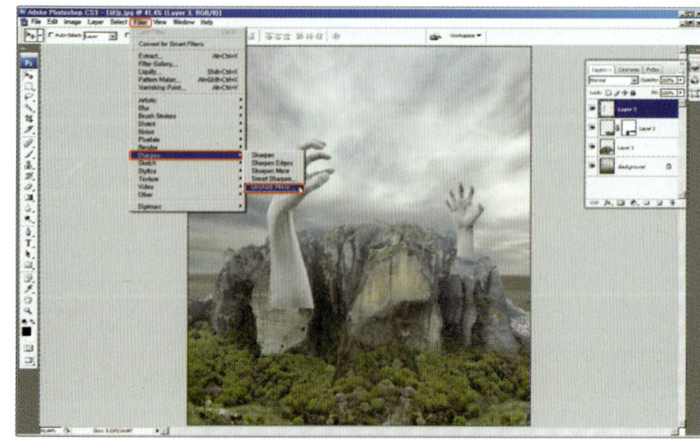

05 'Unsharp Mask' 대화상자가 나타나면 'Amount'는 '92%', 'Radius'는 '3.5pixel'로 지정하고 'OK' 버튼을 클릭합니다. **06** 'Layers' 팔레트에서 'Layer 1' 레이어를 단축키 Ctrl + J 로 복사해서 맨 위로 이동합니다.

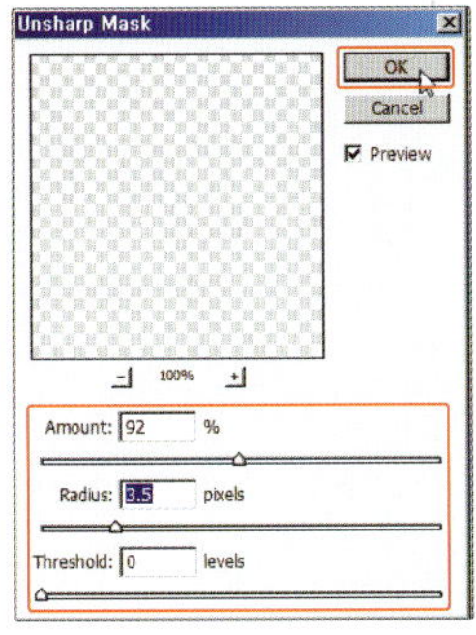

07 Alt 를 누른 상태에서 'Layer 1 copy' 레이어와 'Layer 3' 레이어 사이를 클릭해 크리에이트 클리핑 마스크 상태로 만듭니다. **08** 'Layer 1 copy' 레이어의 블렌딩 모드를 'Overlay'로 변경해 손 이미지에 바위의 질감을 적용합니다.

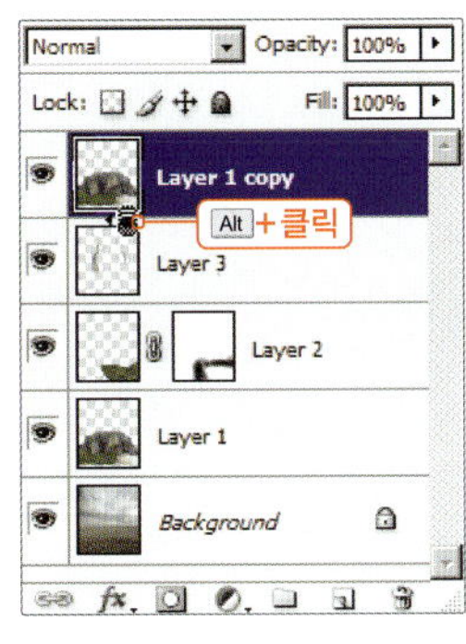

09 단축키 Ctrl + T 를 눌러 손의 위치만큼 이미지를 늘립니다. **10** Alt 를 누른 상태에서 'Layer 1 copy' 레이어를 이동 툴( )로 이동하면 이미지가 복사되면서 클리핑 상태를 유지합니다. 오른쪽에 있는 작은 손쪽으로 이동해서 부족한 바위 질감을 보충하세요.

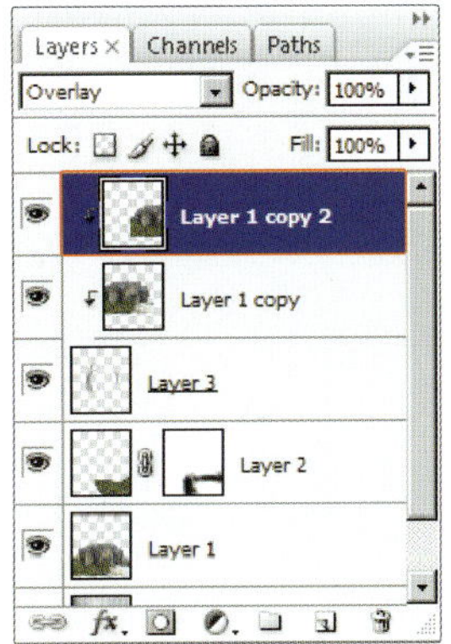

11 'Layers' 팔레트에서 'Layer 1' 레이어를 선택하고 라쏘 툴(ℙ)로 녹색지대의 일부분을 선택합니다. **12** 단축키 Ctrl + J 를 두 번 눌러서 두 개의 선택 영역 이미지를 복사하고 맨 위로 이동한 후 왼쪽 손과 오른쪽 손의 아래에 나란히 배치합니다.

13 'Layer 4' 레이어와 'Layer 4 copy' 레이어를 모두 선택하고 Alt 를 누른 상태에서 'Add Layer Mask' 아이콘(◉)을 클릭해서 'Hide All' 상태로 만듭니다. **14** 툴바에서 브러시 툴(✑)을 선택합니다.

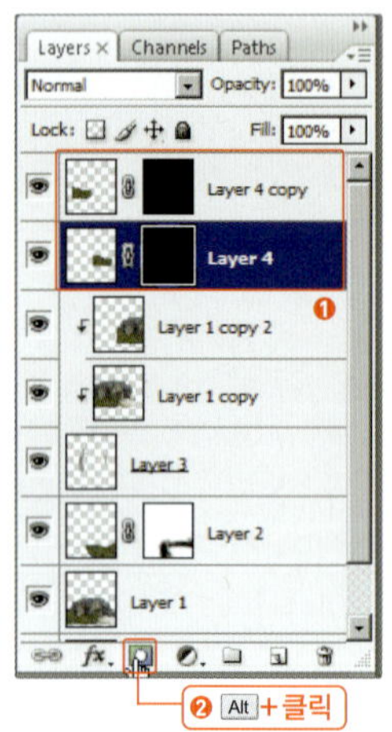

15 옵션바에서 브러시의 'Soft Round'는 '80pixel', 'Opacity'는 '60%'로 지정합니다. **16** 전경색을 흰색(◧)으로 지정하고 이미지를 확대해서 손 이미지의 주변을 문지릅니다. 녹색 숲의 이미지가 살아나면 밑부분의 끊어진 듯한 어색함을 없애세요.

17 'Layers' 팔레트에서 'Layer 3' 선택하고 팔레트에서 'Add Layer Mask' 아이콘(◯)을 클릭해 마스크를 씌웁니다.

18 옵션바의 브러시를 'Soft Round' 는 '50pixel', 'Opacity' 는 '30~50%' 로 지정합니다.

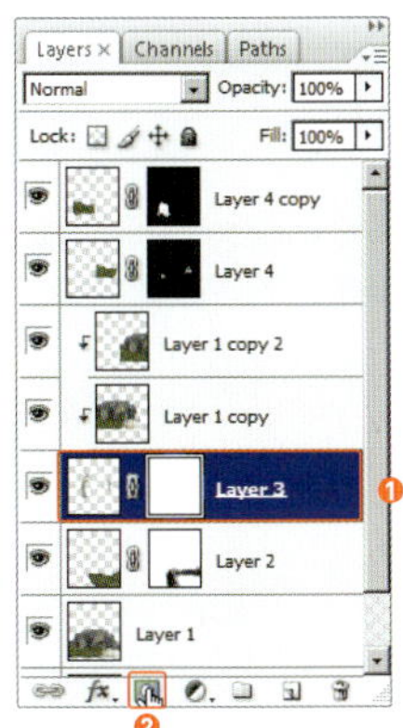

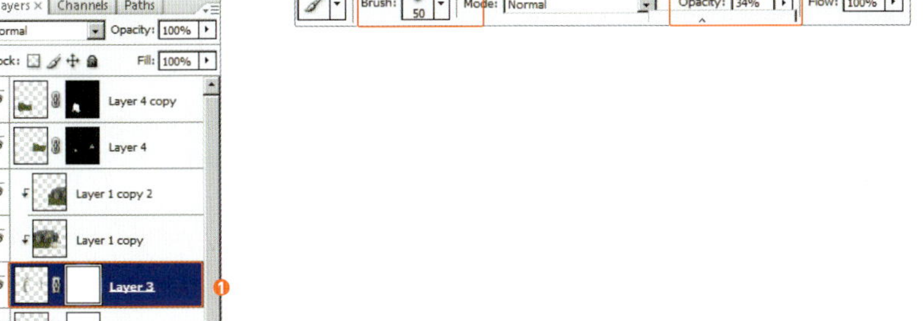

19 전경색을 검은색(■)으로 지정하고 표시한 부분을 문질러서 뒤에 보이는 바위와 자연스럽게 이어진 듯한 이미지를 만듭니다.

20 'Layers' 팔레트에서 'Background' 레이어를 더블클릭해서 레이어로 변환합니다.

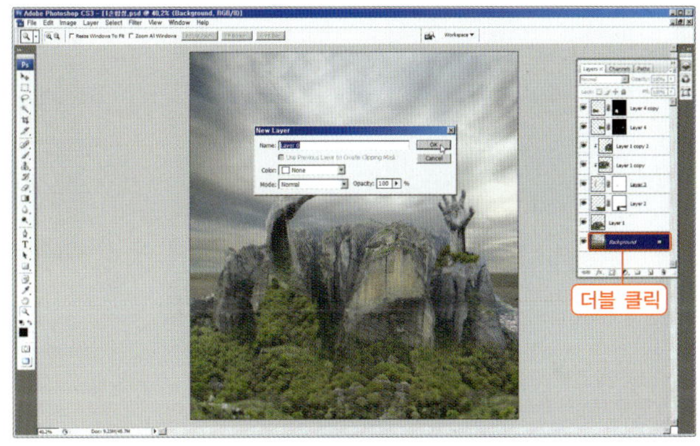

21 Shift 를 누른 상태에서 전체 레이어를 선택하고 단축키 Ctrl + G 를 눌러 그룹 레이어로 만듭니다. **22** 그룹 레이어의 이름을 '배경' 으로 지정합니다.

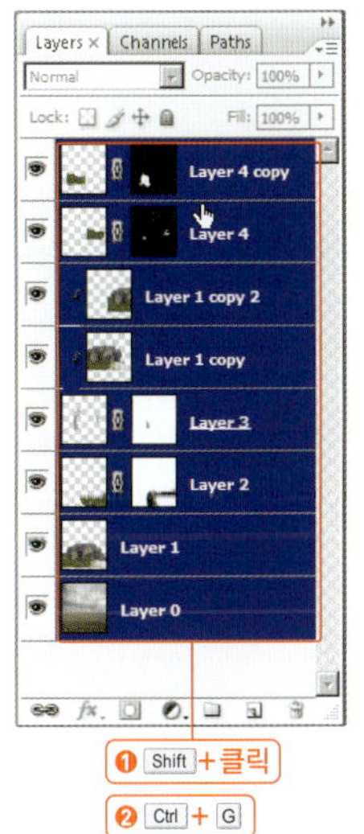

Step 03

폭포 합성하기 1

'Color Range'를 활용하여 폭포를 분리해 보겠습니다.

예제 파일 부록 CD\Theme03\Lesson06\계곡-1.jpg

01 부록 CD에서 '계곡-1.jpg' 파일을 불러온 후 'Select' → 'Color Range' 메뉴를 선택합니다. **02** 'Color Range' 대화상자가 나타나면 다음의 그림과 같이 지정한 후 'OK' 버튼을 클릭합니다.

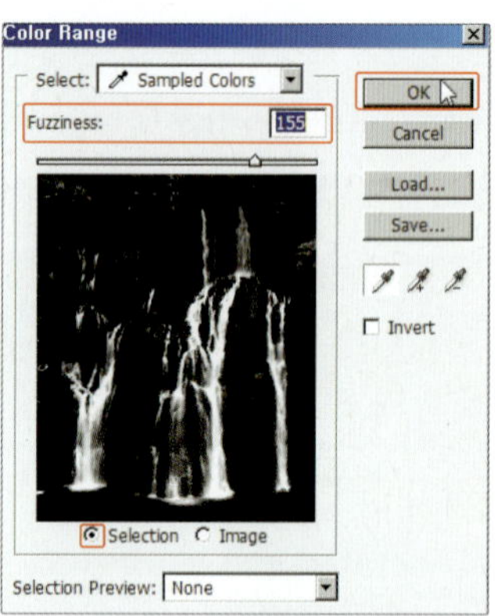

03 단축키 Ctrl + C , Ctrl + W 를 눌러 복사한 후 작업 창을 닫습니다. **04** 단축키 Ctrl + V 를 눌러 붙여넣기하고 필요 없는 부분을 지우기 위해 툴바에서 라쏘 툴(   )을 선택합니다.

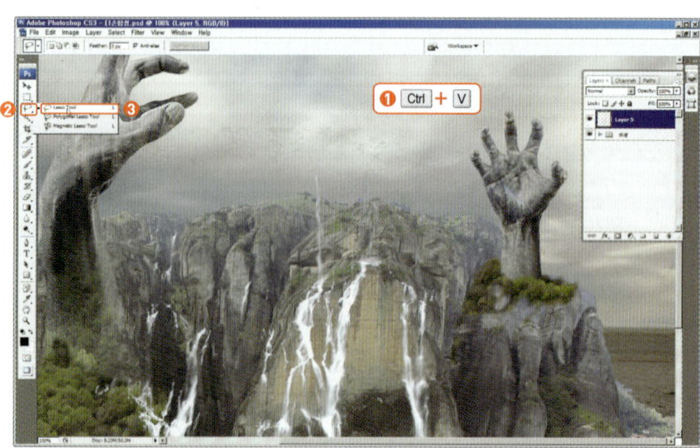

05 라쏘 툴(🔎)을 이용해 떨어지는 폭포 외에 필요 없는 부분을 선택하고 [Delete]를 눌러 지웁니다. **06** 라쏘 툴(🔎)을 이용해 이동하려는 부분을 선택하고 단축키 [Ctrl]+[T]를 눌러 크기와 위치를 조절합니다. 떨어지는 폭포는 가급적 바위 틈에 위치하세요.

07 마우스 오른쪽 버튼을 클릭한 후 바로 가기 메뉴에서 'Warp'을 선택합니다. **08** 바위 틈 사이에 흘러내리는 골을 감안하여 'Warp'을 이용해 골의 흐름과 비슷한 형태로 왜곡시킵니다.

09 단축키 [Ctrl]+[T]를 누르고 마우스 오른쪽 버튼을 클릭한 후 바로 가기 메뉴에서 'Warp'을 선택하여 바위 모양과 비슷하게 왼쪽으로 꺾이게 배치하세요. **10** 폭포가 다소 큰 것 같지만 1차 폭포 합성을 마무리합니다. 이와 비슷한 방법으로 다른 작업을 할 경우 폭포 이미지를 더 작게 축소하여 옮겨붙이면서 겹치는 부분을 지우거나 마스크로 가리는 방식으로 세밀하게 작업하세요.

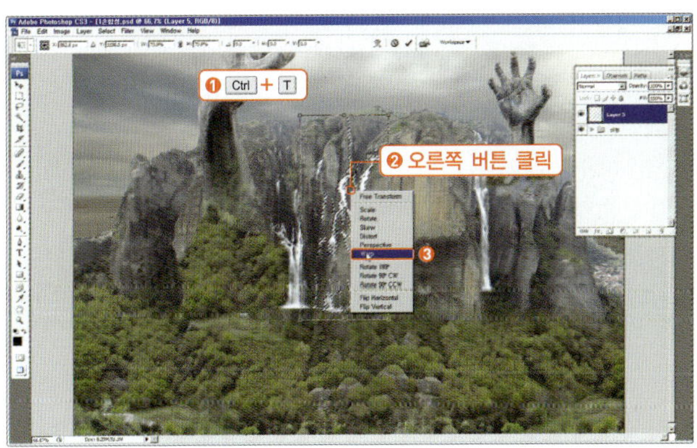

폭포 합성하기 2

'Color Range'를 활용하여 폭포만 마스킹해 보겠습니다.

예제 파일 부록 CD\Theme03\Lesson06\계곡-3.jpg, 구름,물브러시.abr   **결과 파일 부록** CD\Theme03\Lesson06\폭포합성.psd

01 부록 CD에서 '계곡-3.jpg' 파일을 불러옵니다. **02** 툴바에서 라쏘 툴(ￂ)을 선택하고 필요한 부분을 선택합니다. 그런 다음 단축키 Ctrl + C , Ctrl + W 를 차례대로 눌러 복사한 후 작업 창을 닫으세요.

03 단축키 Ctrl + V 를 눌러 붙여넣기합니다. 그런 다음 폭포줄기의 아래에서 연결되어 나오는 듯한 느낌을 만들기 위해 단축키 Ctrl + T 를 눌러 다음의 그림과 같이 크기와 위치를 조절하세요. **04** 'Layers' 팔레트에서 'Add Layer Mask' 아이콘(ￂ)을 클릭해 마스크를 씌웁니다.

05 전경색을 검은색(■)으로 지정하고 물줄기 이외의 부분을 칠하면서 마스크 상태에서 가립니다. **06** 브러시 목록을 불러오기 위해 'Load Brushes'를 선택합니다.

 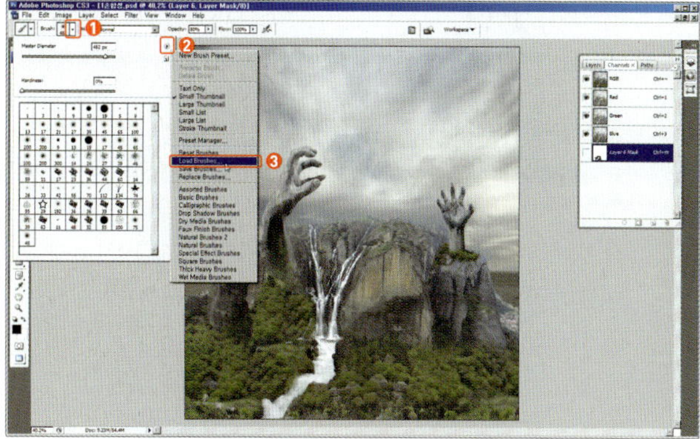

07 'Load' 대화상자가 나타나면 '구름,물브러시.abr' 파일을 불러옵니다. **08** 도큐먼트 창에서 마우스 오른쪽 버튼을 클릭한 후 바로 가기 메뉴에서 '1453' 브러시를 선택합니다.

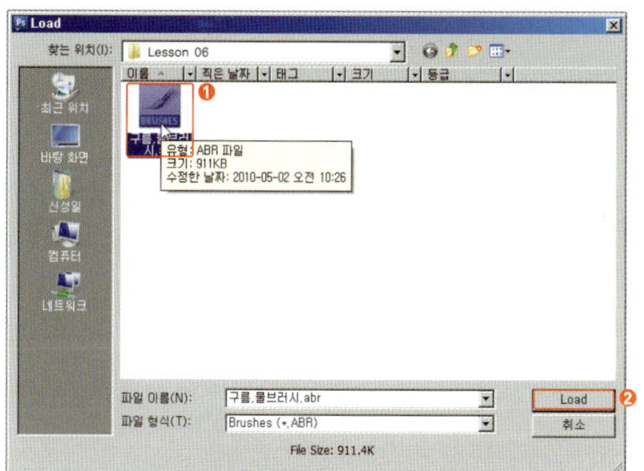 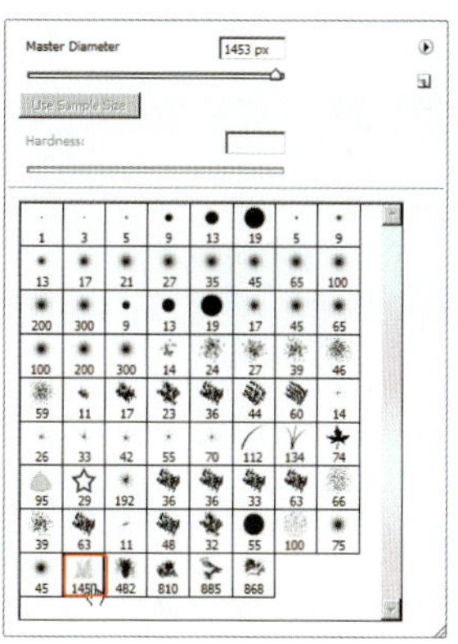

09 'Layers' 팔레트에서 'Create New Layer' 아이콘(🖹)을 클릭해서 신규 레이어 'Layer 7'을 만듭니다. **10** 전경색을 흰색(□)으로 지정하고 도큐먼트 창을 클릭하면 튀는 물의 느낌이 나타납니다.

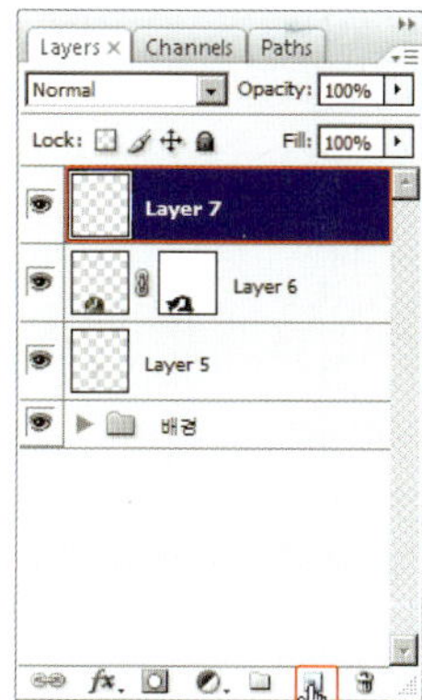 

11 단축키 Ctrl + T 를 눌러 떨어지는 폭포와 비율에 맞게 크기를 축소합니다. 그런 다음 'Layers' 팔레트에서 'Add Layer Mask' 아이콘(▣)을 클릭해 마스크를 씌우세요. **12** 전경색을 검은색(■)으로 지정하고 표시한 부분에 칠하면서 이미지를 가립니다.

13 'Layers' 팔레트에서 Shift 를 누른 상태에서 'Layer 7' 레이어부터 'Layer 5' 레이어를 선택하고 단축키 Ctrl + G 를 눌러 그룹 레이어로 관리합니다. 그런 다음 그룹 레이어 이름을 '폭포'로 지정하세요.

 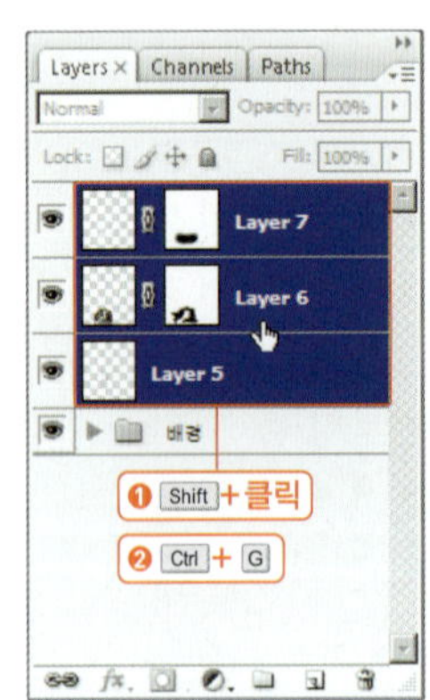

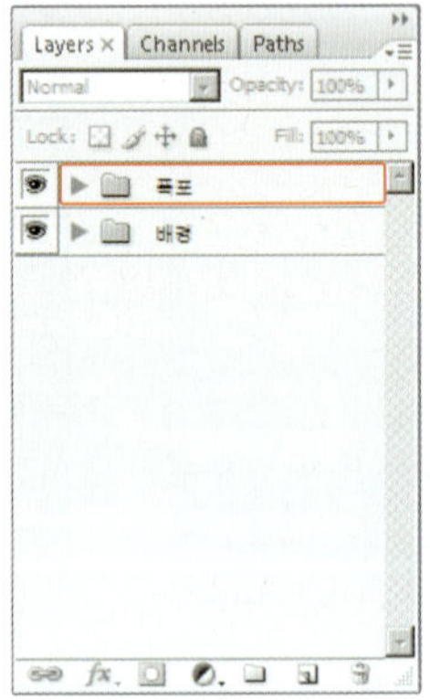

오브젝트 추가해 사실적인 느낌 완성하기

달을 합성하여 색 보정 이전의 합성 작업을 완성해 보겠습니다.

예제 파일 부록 CD\Theme03\Lesson06\노을.jpg

01 부록 CD에서 '노을.jpg' 파일을 불러옵니다. **02** 원형 선택 툴(◯)로 동그란 달을 선택하고 단축키 `Ctrl`+`C`, `Ctrl`+`W`를 눌러 복사한 후 창을 닫습니다.

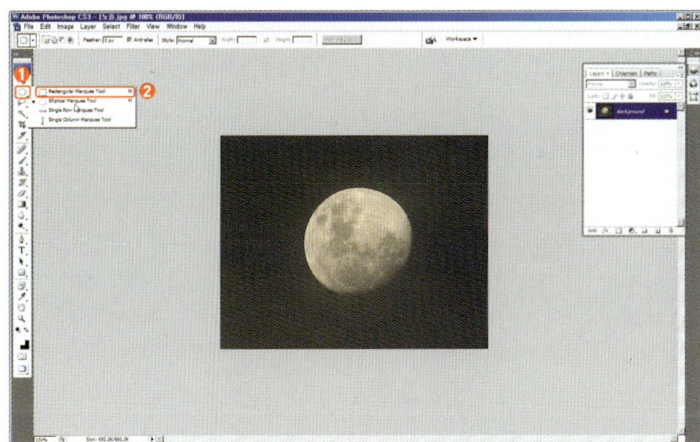

03 단축키 `Ctrl`+`V`를 눌러 붙여넣기하고 단축키 `Ctrl`+`T`를 눌러 크기를 조절합니다. **04** 채도를 감소시키기 위해 'Image' → 'Adjustments' → 'Hue/Saturation' 메뉴(`Ctrl`+`U`)를 선택합니다.

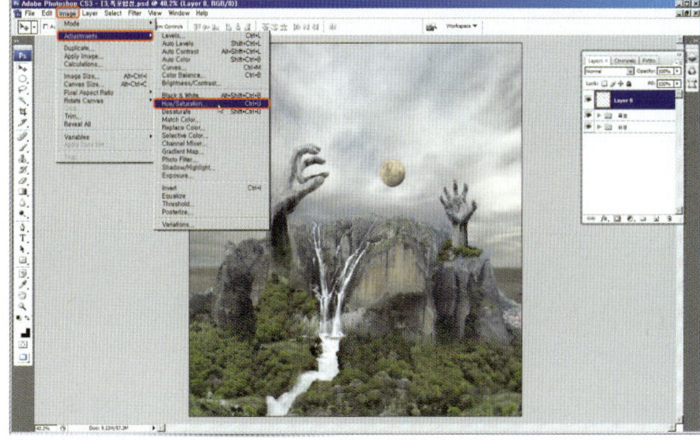

05 'Hue/Saturation' 대화상자가 나타나면 'Saturation'을 '-97'로 설정해 흑백에 가깝게 설정합니다.

06 'Image' → 'Adjustments' → 'Curves' 메뉴(Ctrl + M)를 선택해 커브를 실행합니다.

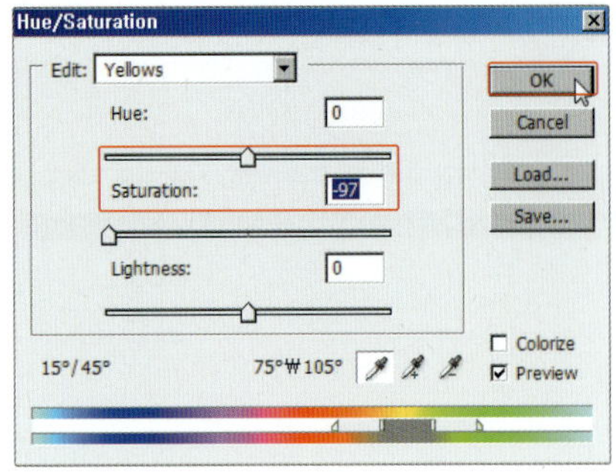

07 'Curves' 대화상자가 나타나면 다음의 그림과 같이 커브 곡선을 이동해 이미지를 밝게 보정합니다. **08** 'Layers' 팔레트에서 'Layer 8' 레이어를 선택하고 'Add Layer Mask' 아이콘(◉)을 클릭해 마스크를 씌웁니다.

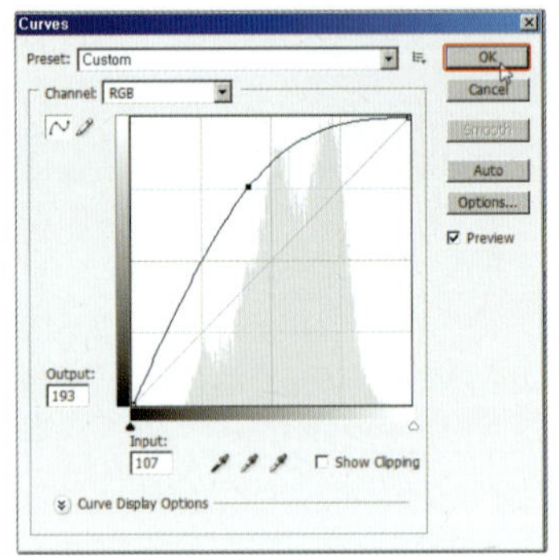
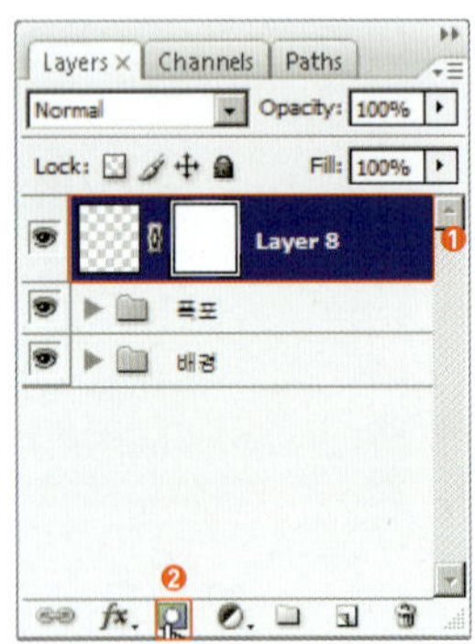

09 툴바에서 브러시 툴(✐)을 선택하고 전경색을 검은색(■)으로 선택합니다. 그런 다음 이미지의 오른쪽 아래를 문질러서 일부분이 구름에 잠긴 듯한 느낌으로 표현합니다.

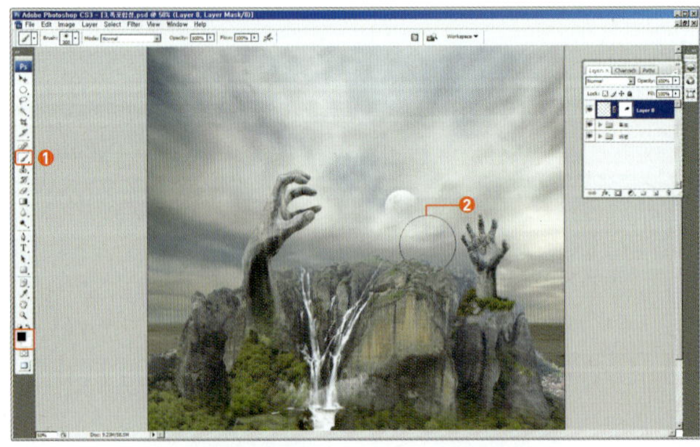

Step **06**

보정 레이어를 이용해 색 보정하기

보정 레이어를 활용해 색을 보정하고 작업을 완성해 보겠습니다.

01 'Layers' 팔레트에서 'Create New Group' 아이콘(□)을 클릭해 그룹 레이어를 만들고 레이어 이름을 '색보정레이어'로 변경합니다. **02** 'Layers' 팔레트에서 보정 레이어 아이콘(⬤)을 클릭한 후 'Brightness/Contrast'를 선택합니다.

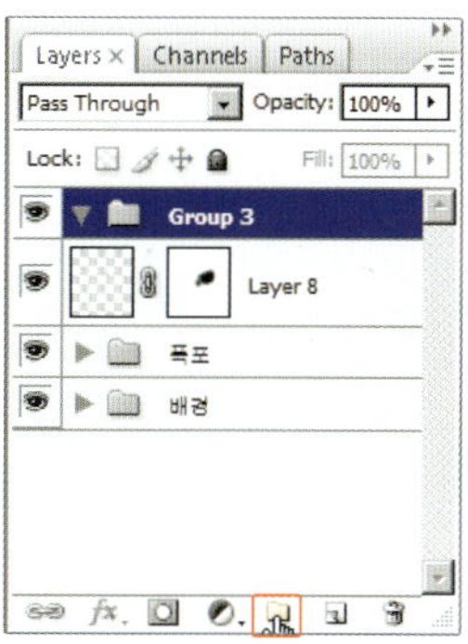 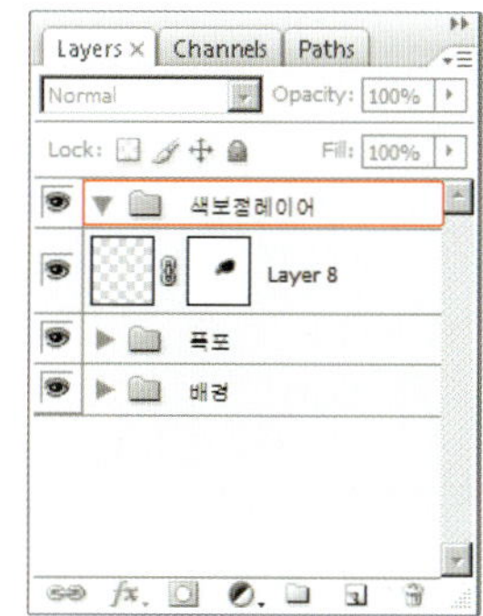 

03 'Brightness/Contrast' 대화상자가 나타나면 'Brightness'는 '−29', 'Contrast'는 '+38'로 지정하고 'OK' 버튼을 클릭합니다. **04** 'Layers' 팔레트에서 보정 레이어 아이콘(⬤)을 클릭한 후 'Curves'를 선택합니다.

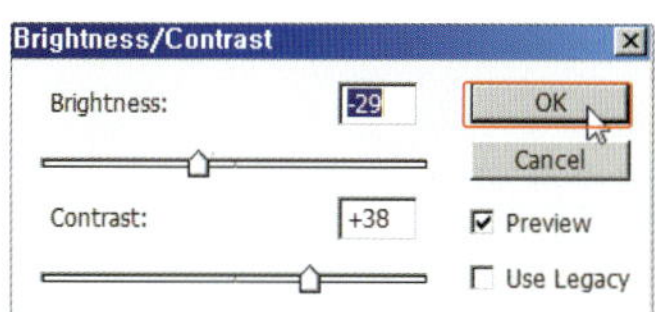 

05 'Curves' 대화상자가 나타나면 다음의 그림과 같이 채널별로 지정합니다.

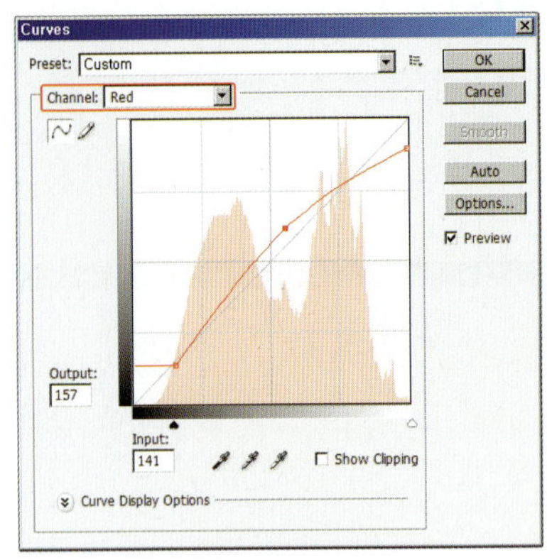 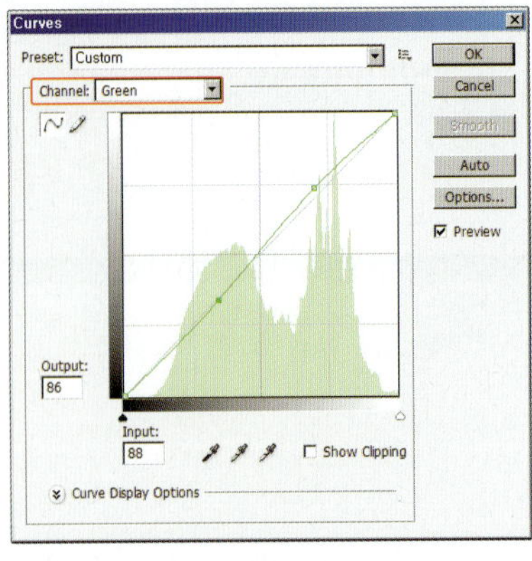 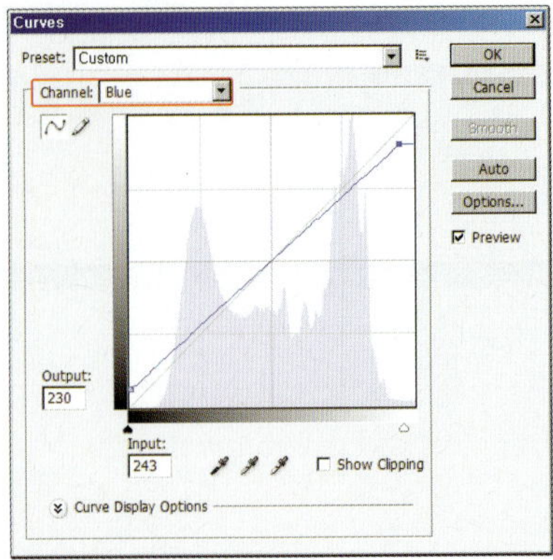

06 다음의 그림과 같이 커브 곡선을 이동하여 톤을 어둡게 조절하고 'OK' 버튼을 클릭합니다. **07** 'Layers' 팔레트에서 보정 레이어 아이콘(◉)을 클릭한 후 'Channel Mixer'를 선택합니다.

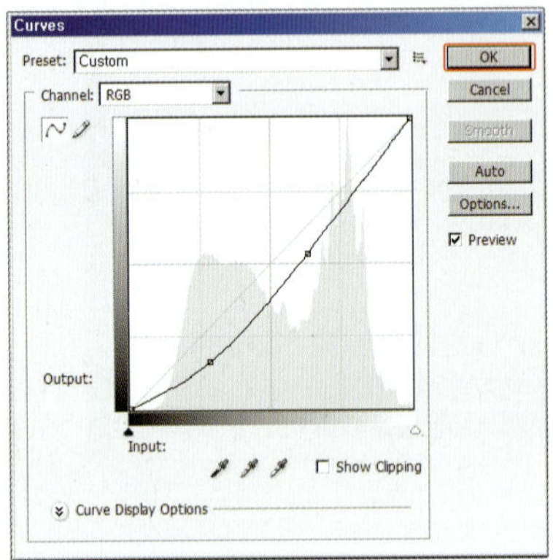 

08 'Channel Mixer' 대화상자가 나타나면 다음의 그림과 같이 지정하고 'OK' 버튼을 클릭합니다. **09** 'Layers' 팔레트에서 보정 레이어 아이콘(◉)을 클릭한 후 'Hue/Saturation'을 선택합니다.

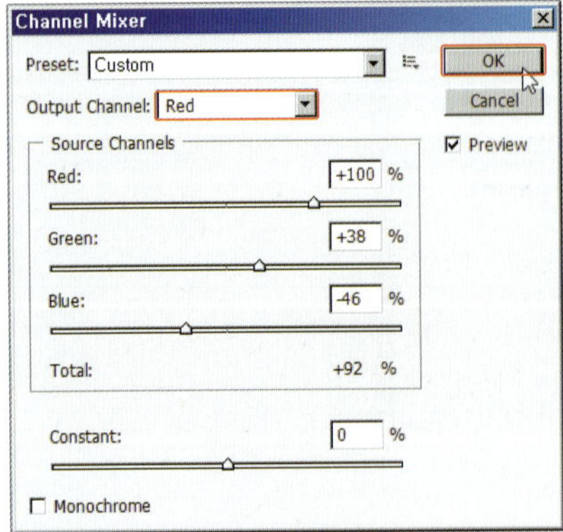 

10 'Hue/Saturation' 대화상자가 나타나면 'Saturation' 를 '−44' 로 지정하여 채도를 감소시킵니다. **11** 'Layers' 팔레트에서 보정 레이어 아이콘(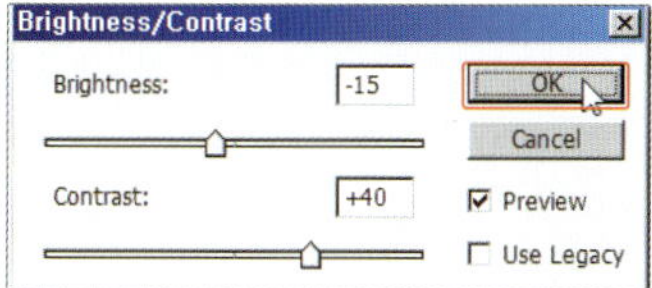)을 클릭한 후 'Brightness/Contrast' 를 선택합니다.

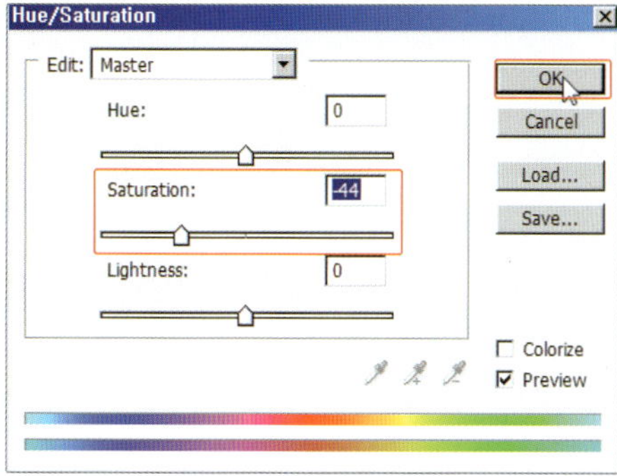

12 'Brightness/Contrast' 대화상자가 나타나면 'Brightness' 는 '−15', 'Contrast' 는 '+40' 으로 지정하고 'OK' 버튼을 클릭합니다. **13** 색 보정을 끝내고 작업을 완료합니다.

이럴 땐 이렇게 하세요

Q 'Color Range'를 사용할 때 흑백으로 보이는 상태에서 범위를 쉽게 지정하는 방법을 알려주세요.

A 'Color Range'를 실행하면 다음과 같은 대화상자가 나타납니다.

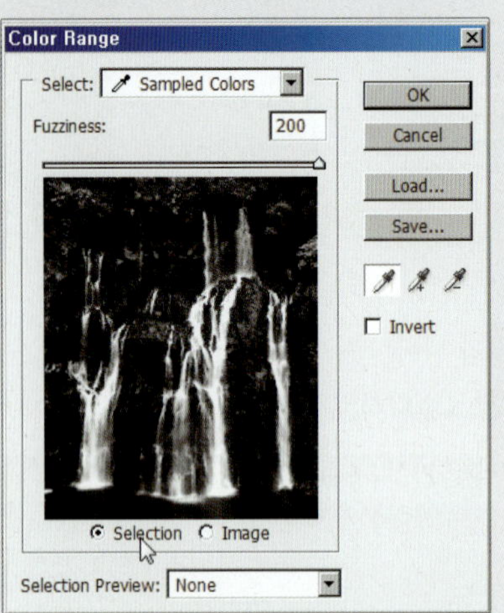

❶ 'Image'에 체크 표시하고 스포이드 툴로 선택하려는 영역을 클릭합니다.

❷ Fuzziness 값을 최대로 올리고 'Selection'에 체크 표시합니다.

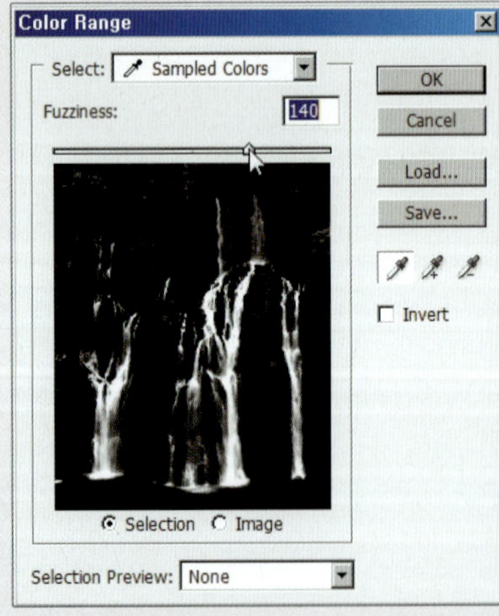

❸ Fuzziness 슬라이드바를 좌우로 드래그해서 흰색으로 보이는 선택 영역 범위를 확정하고 'OK' 버튼을 클릭합니다.

❹ 선택 영역이 활성화되고 선택 영역만큼 이미지를 복사할 수 있습니다.

2007년 조그마한 전시회를 했는데, 리플렛 표시에 사용했던 작업입니다. 전시회를 이틀 앞두고 급하게 밤새서 작업했던 기억이 납니다. 배경이 너무 어두워서 어떤 재질에 인쇄할까 무척 고민하다가 결국 컨셉*이라는 용지에 소량 인쇄를 맡겼는데, 생각보다 인쇄 상태가 곱게 나와 흐뭇했습니다. 지금 보니 부족한 부분이 많지만 부족한 것을 알았다는 것은 그만큼 더 니이졌디는 의미겠죠?

*컨셉 : 인쇄할 때 책 표지나 접지형 리플렛에 많이 사용하는 수입지의 종류. 표면에 펄이 연하게 들어있어서 인쇄했을 때 라미네이팅 처리를 하지 않아도 표면이 반짝거립니다.

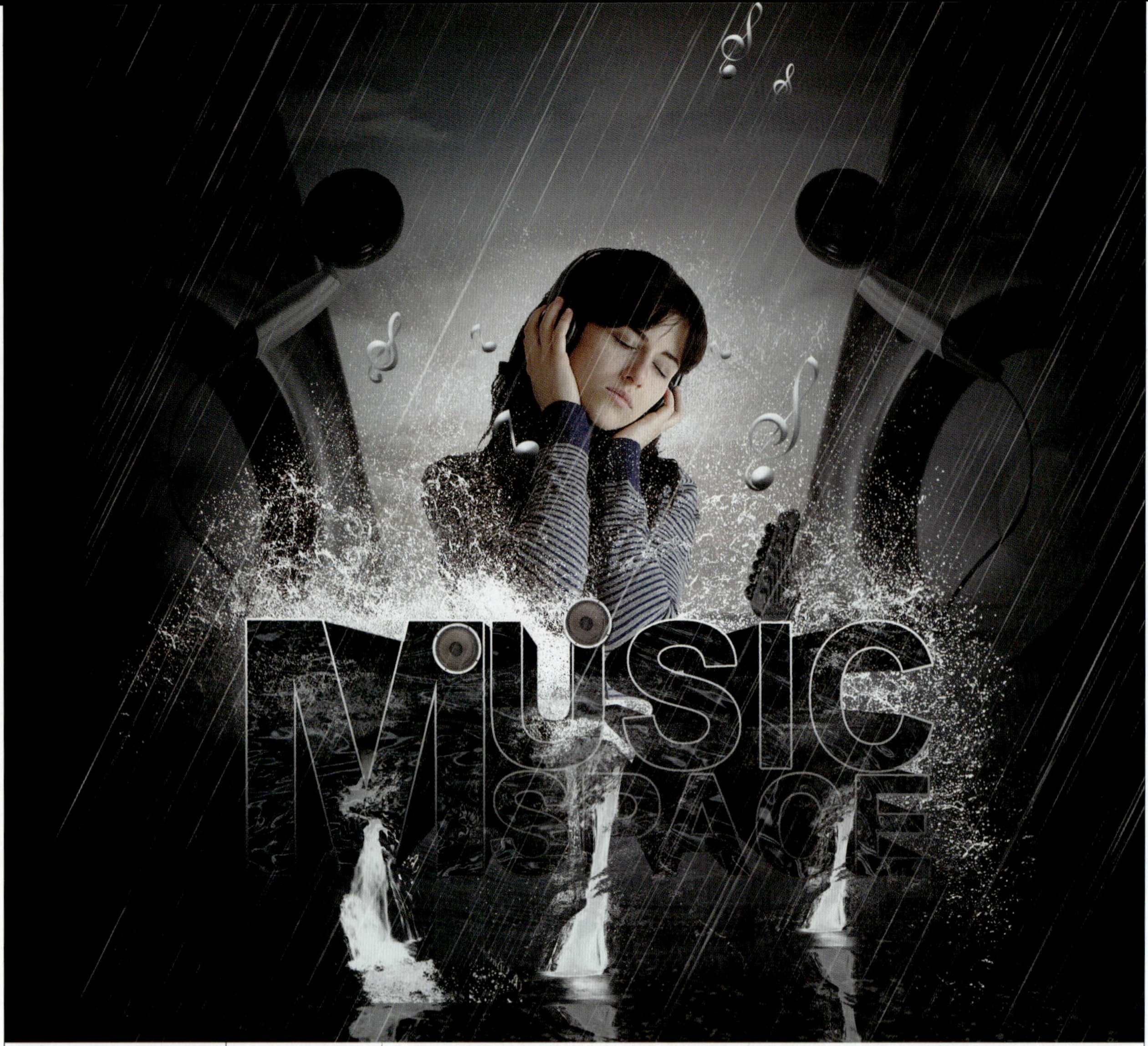

Lesson

07

결과 파일 부록 CD\Theme03\Lesson07\음악공간.psd

Music Space

여성 모델의 표정을 보고 어떤 장면이 연상되나요? 그리고 모델은 어떤 장르의 음악을 듣고 있을까요? 어떤 작업을 하기 전에 주제를 정하고 이미지를 완성해 나가는 반면, 때로는 사진을 보고 주제를 정하는 경우도 있습니다. 모델의 표정은 감미로운 음악을 듣고 있는 것 같군요. 하지만 필자는 정적인 사진보다 동적인 사진을 좋아하기 때문에 비와 Splash 효과를 추가해서 음악이 살아움직이는 듯한 느낌을 표현했습니다.

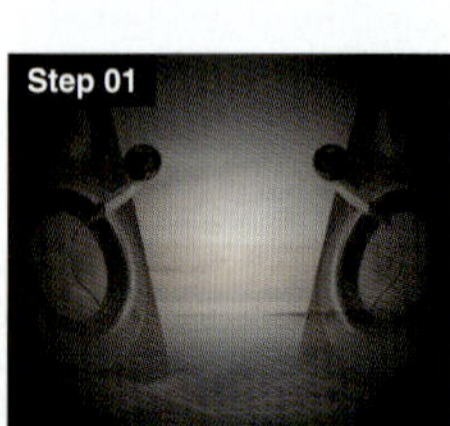

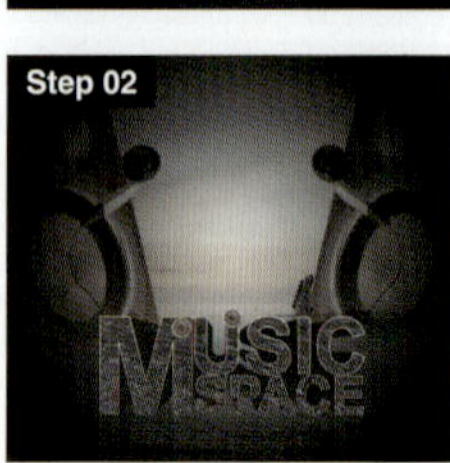

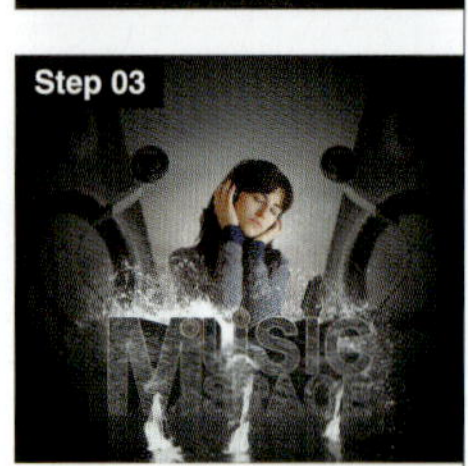

Step 01

기본 배경 합성하기

레이어 마스크를 이용해 간단하게 배경을 합성해 보겠습니다.

예제 파일 부록 CD\Theme03\Lesson07\하늘바다.jpg, 바다.jpg, 스피커.jpg **결과 파일** 부록 CD\Theme03\Lesson07\배경완성.psd

01 'File' → 'New' 메뉴를 선택하여 'New' 대화상자를 나타내고 다음의 그림과 같이 지정한 후 'OK' 버튼을 클릭합니다.

02 배경 합성에 사용할 '하늘바다.jpg' 파일을 불러옵니다. 그런 다음 단축키 Ctrl+A, Ctrl+C, Ctrl+W를 차례대로 눌러 작업 창에 이미지를 복사한 후 작업 창을 닫으세요.

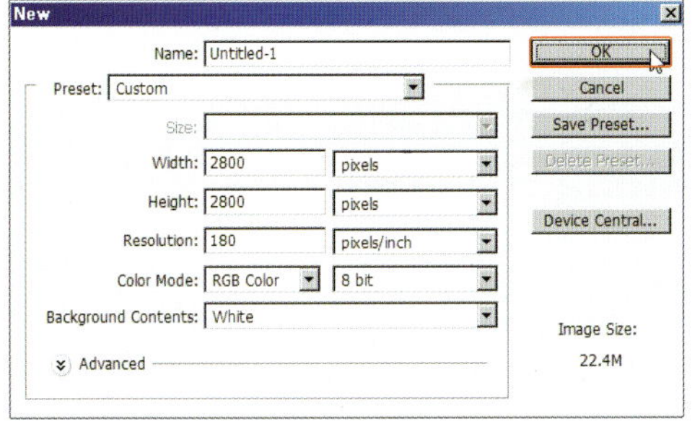 

03 'Untitled-1' 도큐먼트에 단축키 Ctrl+V를 눌러 붙여넣기하고 단축키 Ctrl+T를 눌러 다음의 그림과 같이 배치합니다.

04 부록 CD에서 '바다.jpg' 파일을 불러옵니다. 그런 다음 단축키 Ctrl+A, Ctrl+C, Ctrl+W를 차례대로 눌러 작업 창에 이미지를 복사한 후 작업 창을 닫으세요.

 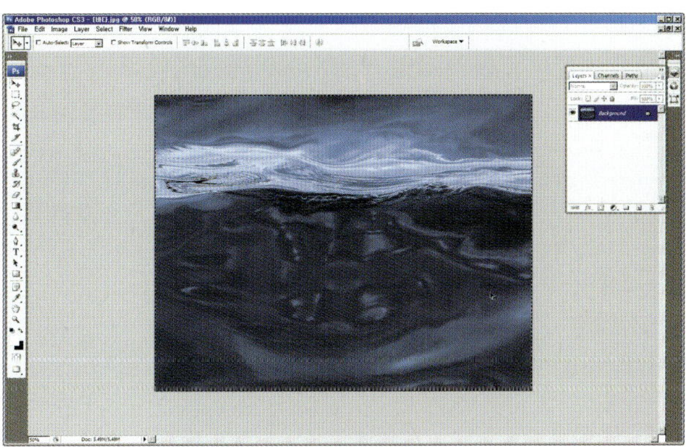

05 'Untitled-1' 도큐먼트에 단축키 [Ctrl]+[V]를 눌러 붙여넣기하고 단축키 [Ctrl]+[T]를 눌러 다음의 그림과 같이 배치합니다.

06 'Layers' 팔레트에서 'Layer 2' 레이어를 선택하고 'Add Layer Mask' 아이콘()을 클릭해 마스크를 씌웁니다.

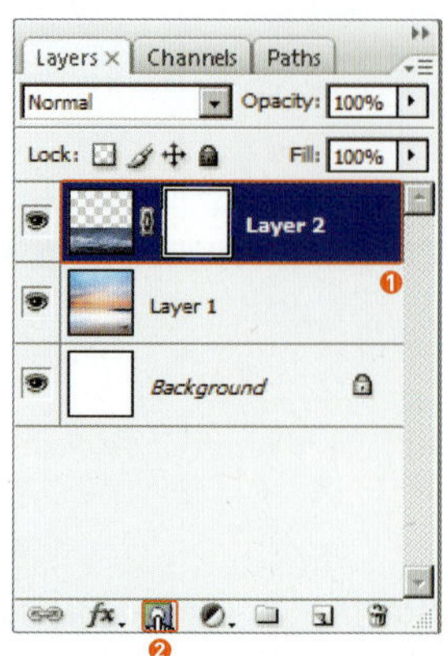

07 툴바에서 그레이디언트 툴()을 선택한 후 옵션바에서 그레이디언트를 클릭합니다. **08** 'Gradient Editor' 대화상자가 나타나면 'Black, White'를 선택하고 'OK' 버튼을 클릭합니다.

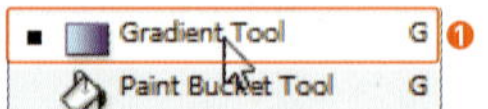

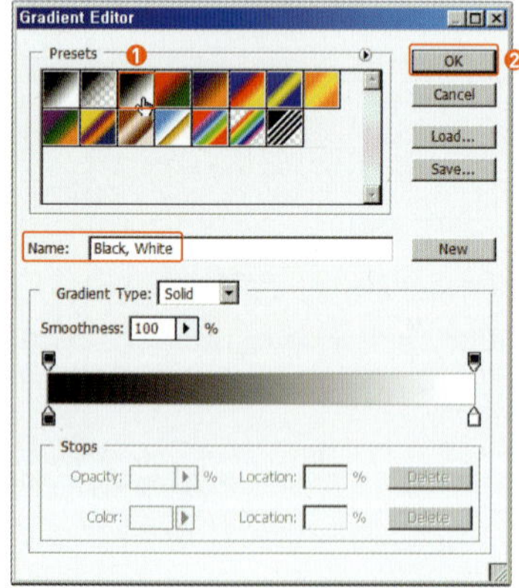

09 화살표 방향으로 그러데이션을 적용하여 물의 윗부분을 날립니다. **10** '스피커.jpg' 파일을 불러온 후 툴바에서 마술봉 툴()을 선택하고 흰색 배경을 선택해서 단축키 [Shift]+[Ctrl]+[I]를 눌러 선택 영역을 반전시킵니다. 그런 다음 단축키 [Ctrl]+[C], [Ctrl]+[W]를 차례대로 눌러 작업 창에 이미지를 복사한 후 작업 창을 닫으세요.

11 단축키 `Ctrl`+`T`를 눌러 다음의 그림과 같이 크기를 축소하고 왼쪽으로 회전합니다. 12 단축키 `Ctrl`+`J`를 눌러 스피커를 복사합니다. 그런 다음 단축키 `Ctrl`+`T`를 누르고 마우스 오른쪽 버튼을 클릭한 후 바로 가기 메뉴에서 'Flip Horizontal'을 선택해 이미지를 좌우 반전시키세요.

13 왼쪽 스피커와 비슷한 위치에 놓고 `Enter`를 누릅니다. 14 'Layers' 팔레트에서 `Ctrl`을 누른 상태에서 'Layer 3 copy' 레이어와 'Layer 3' 레이어를 선택하고 단축키 `Ctrl`+`E`를 눌러 레이어를 합칩니다. 그런 다음 'Layers' 팔레트에서 'Add Layer Mask' 아이콘()을 클릭해 마스크를 씌우세요.

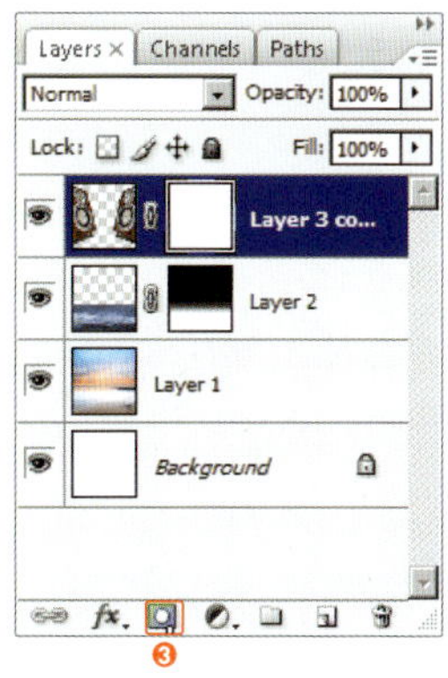

15 툴바에서 그레이디언트 툴()을 선택한 후 옵션바의 그레이디언트를 클릭합니다. 16 'Gradient Editor' 대화상자가 나타나면 'Foreground to Background'를 선택하고 'OK' 버튼을 클릭합니다. 그런 다음 화살표 방향으로 그러데이션을 적용합니다.

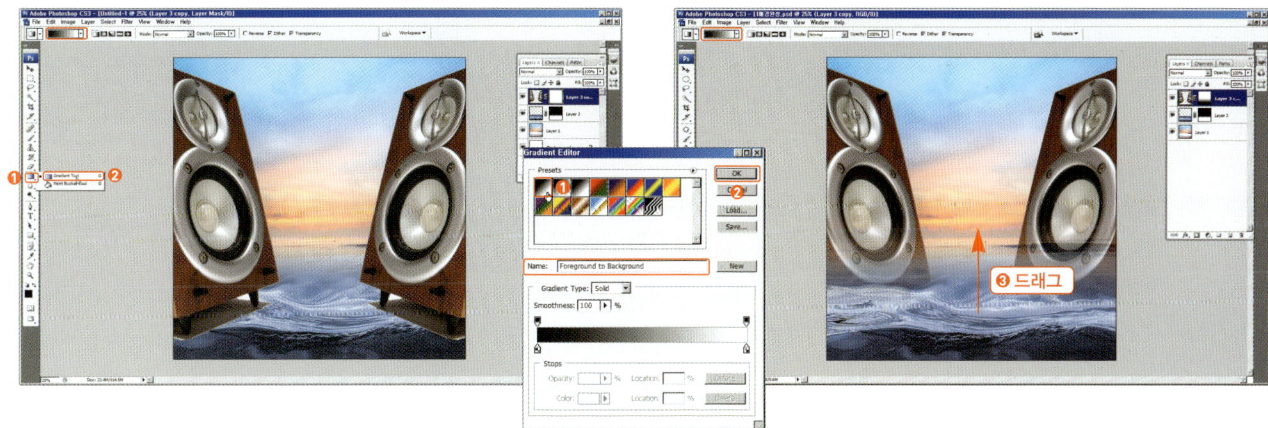

배경 톤 조절하기

'Gradient Fill' 을 이용해 배경 톤을 조절해 보겠습니다.

예제 파일 부록 CD\Theme03\Lesson07\이어폰.png

01 부록 CD에서 '이어폰.png' 파일을 불러옵니다. 그런 다음 단축키 `Ctrl`+`A`, `Ctrl`+`C`, `Ctrl`+`W`를 차례대로 눌러 작업 창에 이미지를 복사한 후 작업 창을 닫으세요.

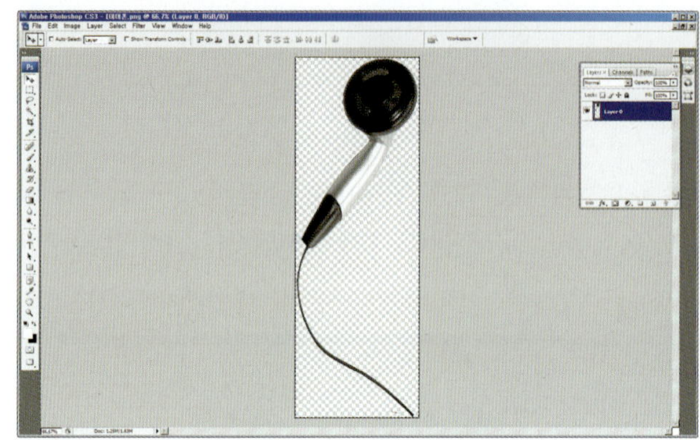

02 단축키 `Ctrl`+`V`를 눌러 붙여넣기하고 단축키 `Ctrl`+`T`를 눌러 크기와 위치를 조절합니다. **03** 단축키 `Ctrl`+`J`를 눌러 이어폰을 복사합니다. 그런 다음 단축키 `Ctrl`+`T`를 누르고 마우스 오른쪽 버튼을 클릭한 후 바로 가기 메뉴에서 'Flip Horizontal' 을 선택해 이미지를 좌우 반전시키세요.

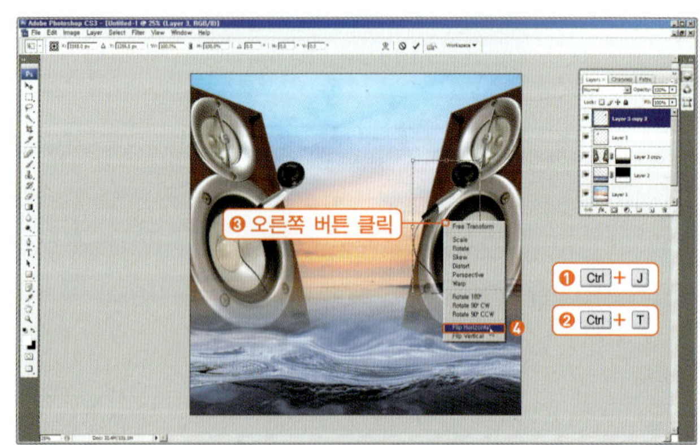

04 Ctrl 을 누른 상태에서 'Layer 3 copy 2' 레이어와 'Layer 3' 레이어를 선택하고 단축키 Ctrl + E 를 눌러 합칩니다.

05 'Layers' 팔레트에서 보정 레이어 아이콘(◑)을 클릭한 후 'Hue/Saturation'을 선택합니다.

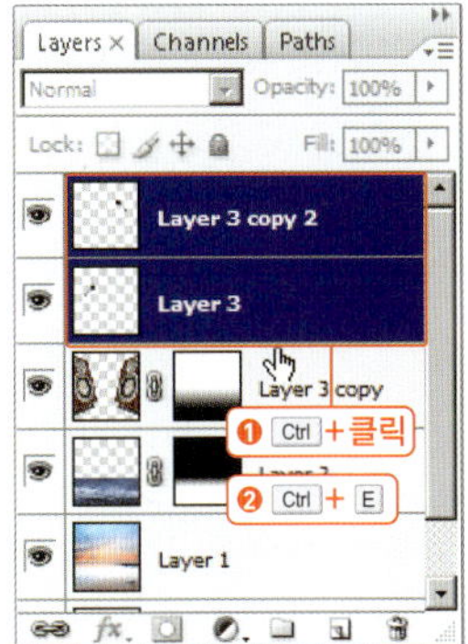

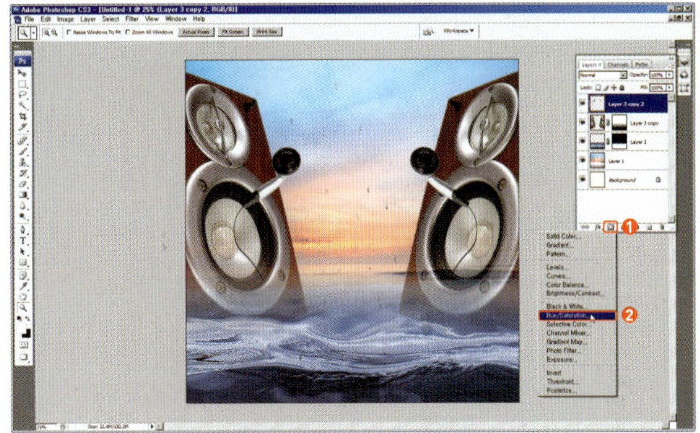

06 'Hue/Saturation' 대화상자가 나타나면 'Saturation'을 '–76'으로 조절해 채도를 감소시킵니다. **07** 'Layers' 팔레트에서 보정 레이어 아이콘(◑)을 클릭한 후 'Brightness/Contrast'를 선택합니다.

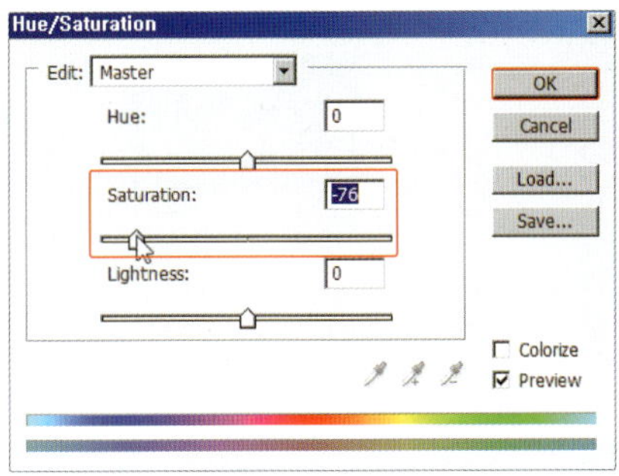

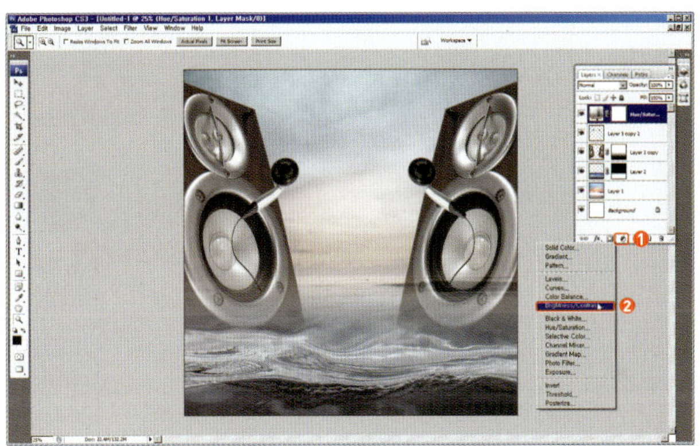

08 'Brightness/Contrast' 대화상자가 나타나면 'Brightness'는 '–85', 'Contrast'는 '+51'로 지정하고 'OK' 버튼을 클릭합니다. **09** 'Layers' 팔레트에서 보정 레이어 아이콘(◑)을 클릭한 후 'Gradient Fill'을 선택합니다.

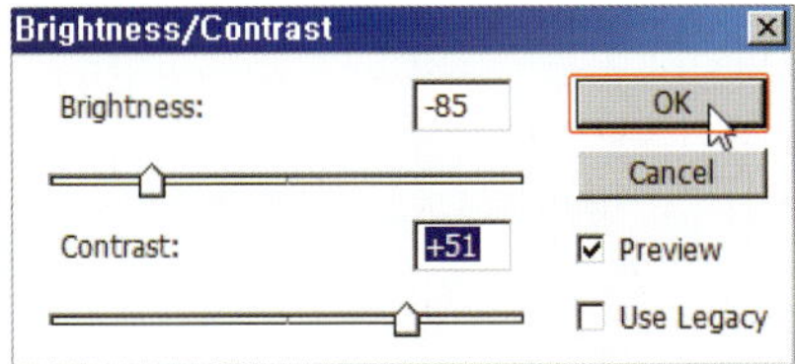

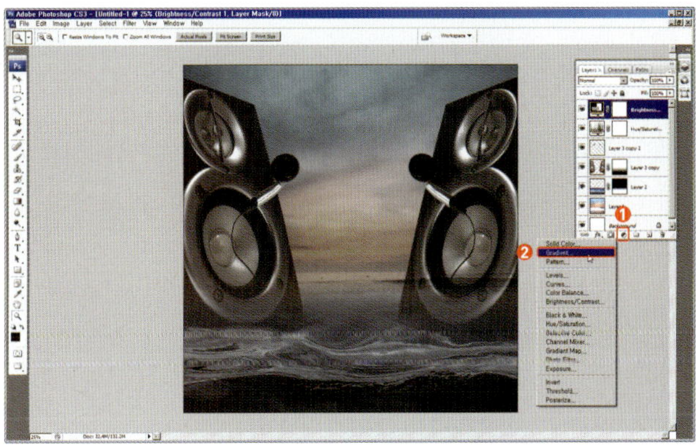

10 'Gradient Fill' 대화상자가 나타나면 다음의 그림과 같이 지정하고 'OK' 버튼을 클릭합니다. **11** 'Gradient Fill' 레이어의 블렌딩 모드를 'Multiply'로 변경해 배경을 어둡게 만듭니다.

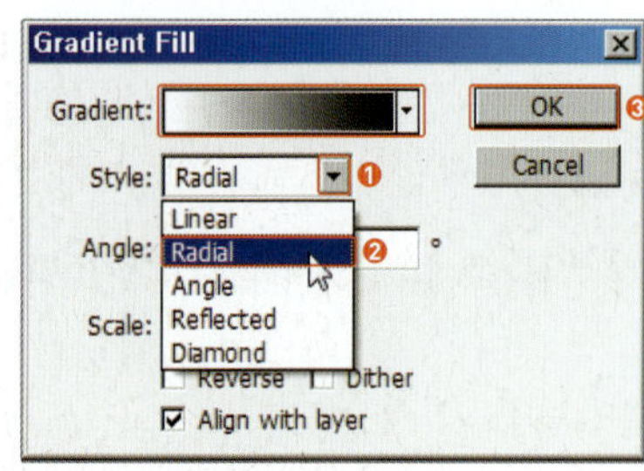

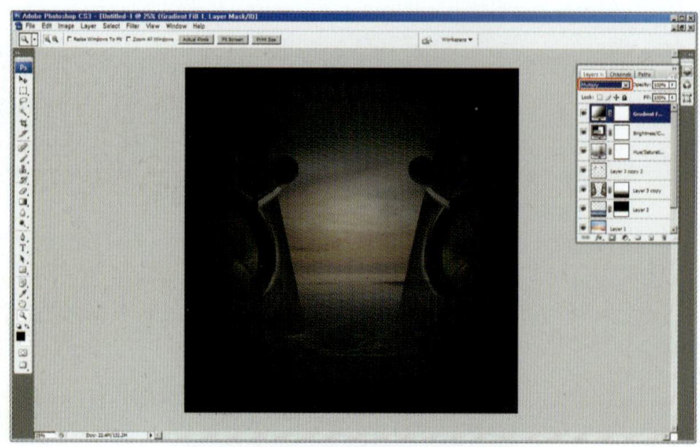

12 'Layers' 팔레트에서 Shift 를 누른 상태에서 'Background' 레이어를 제외한 나머지 레이어들을 선택하고 단축키 Ctrl + G 를 눌러 그룹 레이어로 만듭니다. 그런 다음 필요 없는 'Background' 레이어를 휴지통(🗑)으로 드래그해 삭제합니다.

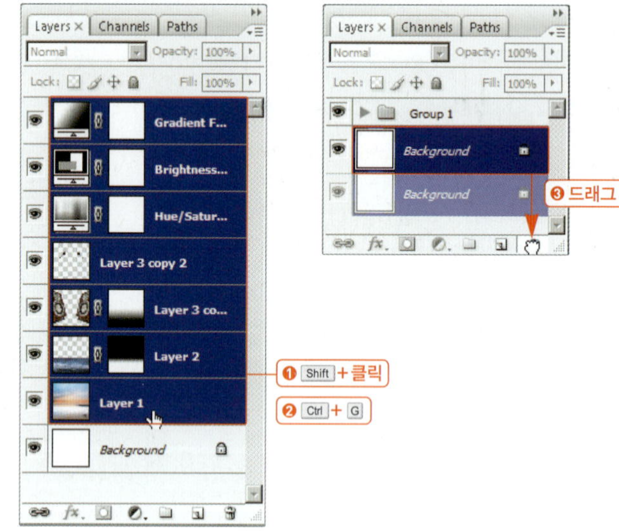

입체 글자 입력하기

일러스트레이터로 제작한 3D 타입의 글자에 Water 소스를 합성해 보겠습니다.

예제 파일 부록 CD\Theme03\Lesson07\글자.psd

01 부록 CD에서 '글자.psd' 파일을 불러옵니다. **02** 'Layers' 팔레트에서 '물' 레이어와 '글자' 레이어 사이를 Alt 를 누른 상태에서 클릭해 클리핑 상태로 만듭니다.

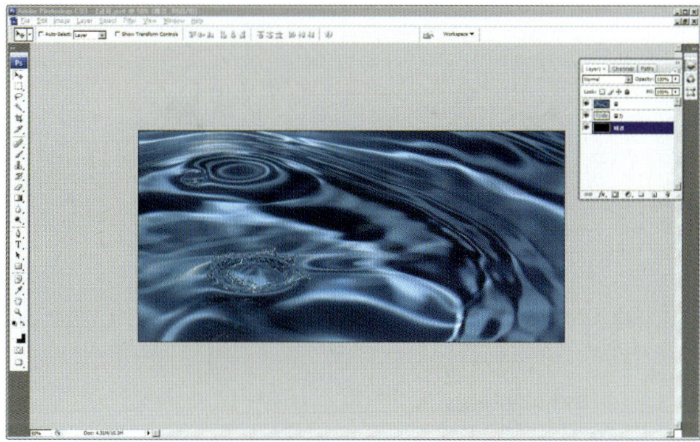

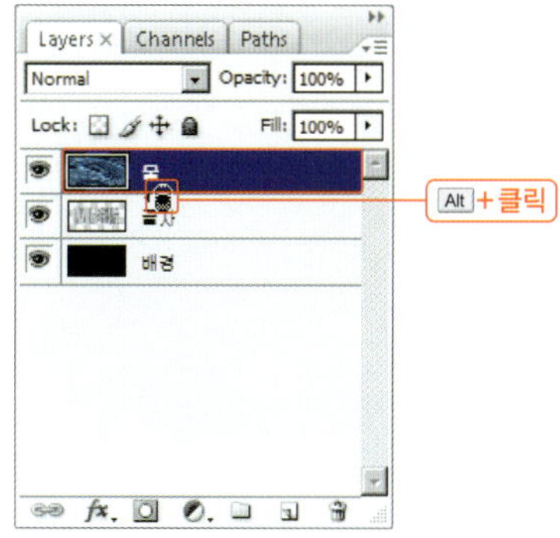

03 '물' 레이어의 블렌딩 모드를 'Multiply'로 변경합니다. **04** 'Filter' → 'Sketch' → 'Chrome' 메뉴를 선택합니다.

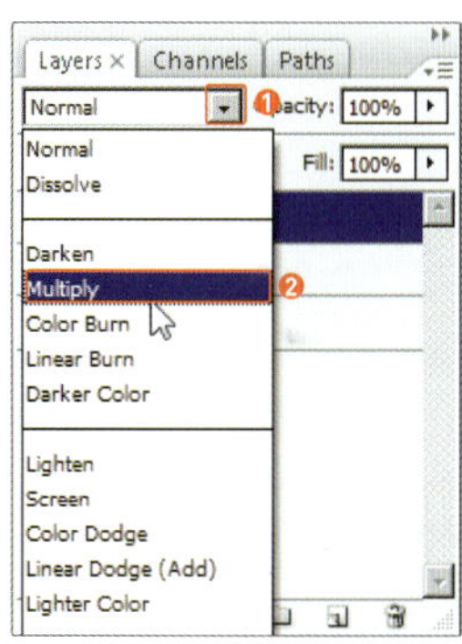

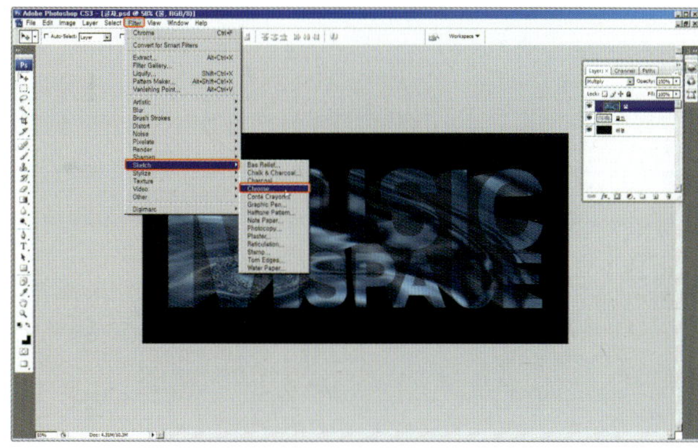

05 'Chrome' 대화상자가 나타나면 'Detail'은 '1', 'Smoothness'는 '5'로 지정하고 'OK' 버튼을 클릭합니다. **06** 'Layers' 팔레트에서 '물' 레이어의 눈 아이콘(👁)을 클릭하여 잠시 끕니다. 그런 다음 툴바에서 마술봉 툴(🪄)을 선택하고 글자의 앞부분을 클릭해서 선택 영역으로 활성화하세요.

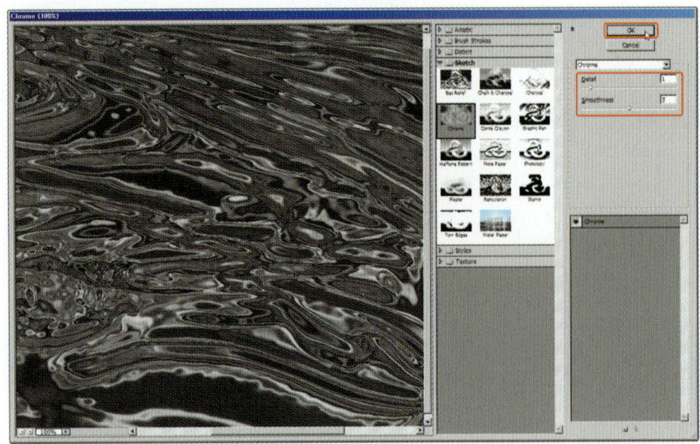

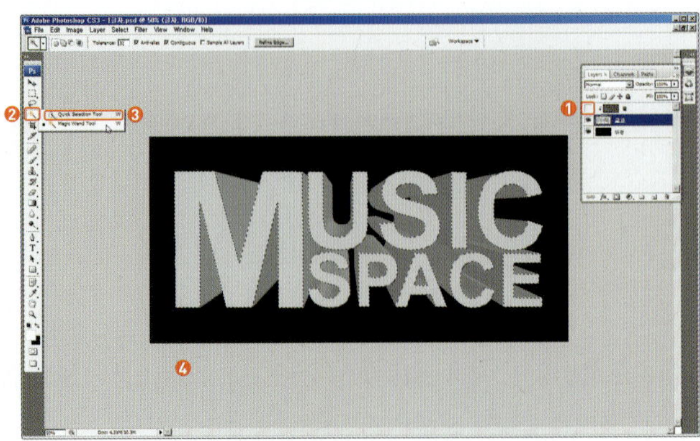

07 단축키 Ctrl + C, Ctrl + V 를 눌러 생성된 'Layer 1' 레이어를 맨 위로 옮긴 후 더블클릭합니다. **08** 'Layer Style' 대화상자가 나타나면 'Stroke'에 체크 표시하고 'File Type'을 'Gradient'로 선택하세요.

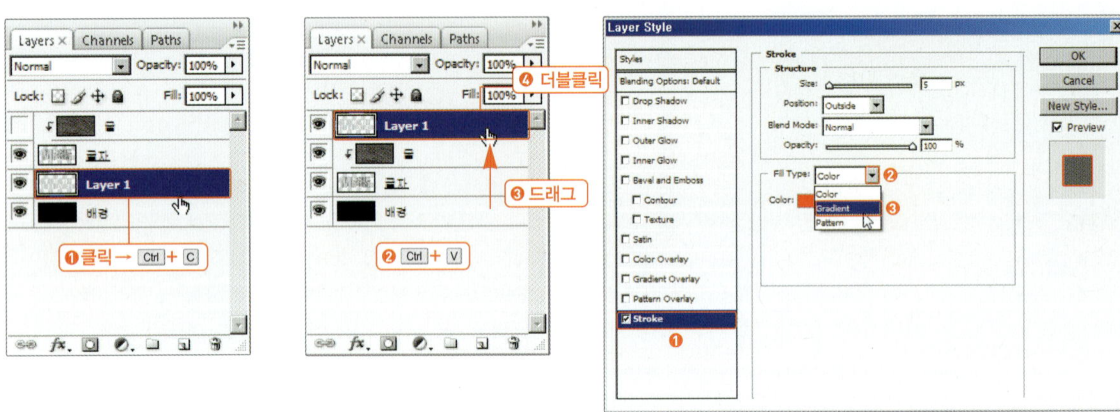

09 왼쪽 슬라이드바의 컬러를 '#4b4b4b'로 선택한 후 'OK' 버튼을 클릭합니다. **10** 'Gradient Editor' 대화상자에서 'OK' 버튼을 클릭해 'Stroke'에 적용할 그라데이션 컬러를 설정합니다.

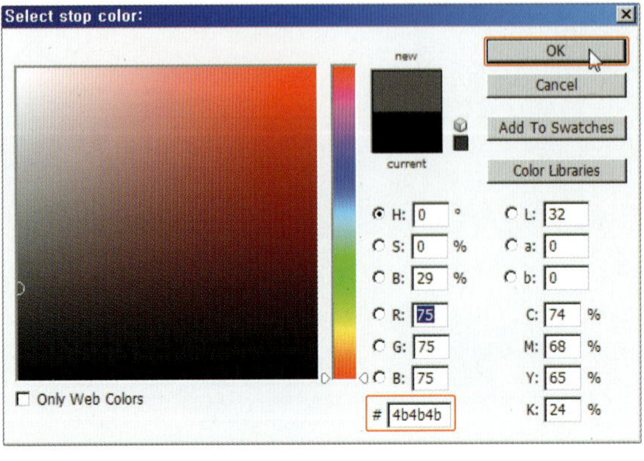

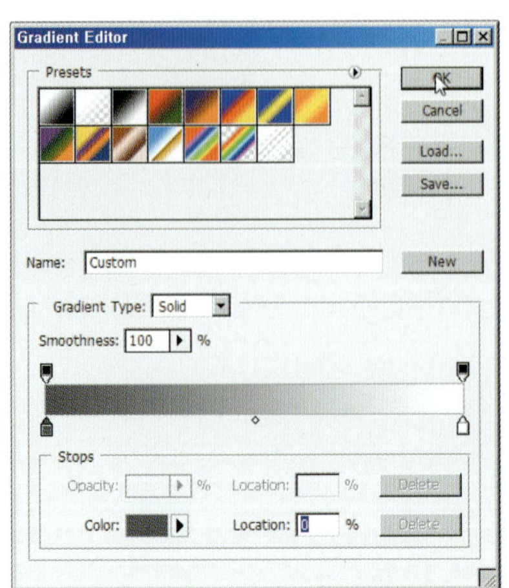

11 'Layer Style' 대화상자에서 'OK' 버튼을 클릭해 적용합니다. **12** 'Layers' 팔레트에서 블렌딩 모드를 'Overlay'로 변경합니다.

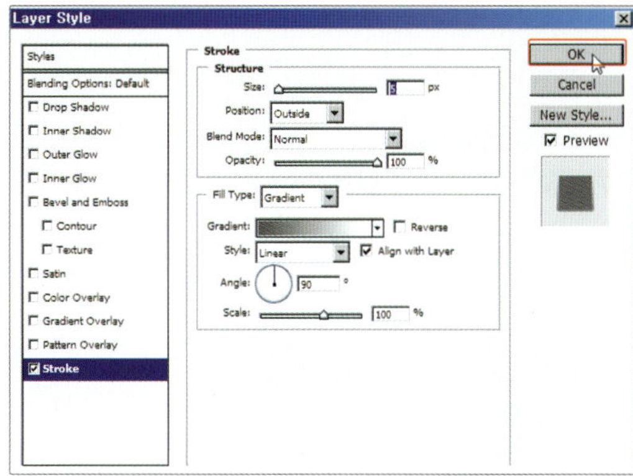 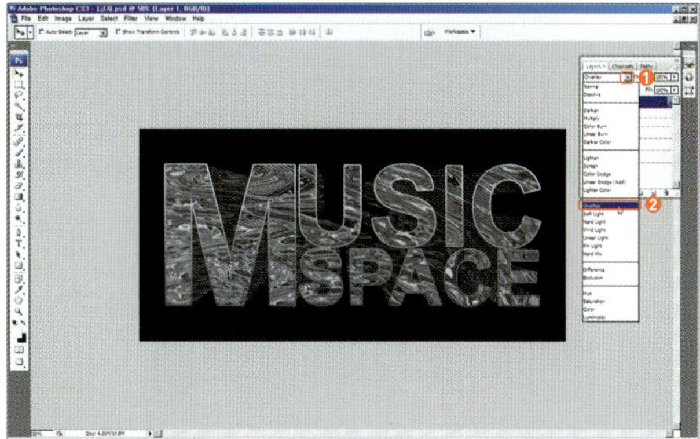

13 'Layers' 팔레트에서 글자 전체의 톤을 어둡게 하기 위해서 '글자' 레이어를 선택한 후 'Image' → 'Adjustments' → 'Curves' 메뉴(Ctrl + M)를 선택합니다. **14** 'Curves' 대화상자가 나타나면 다음의 그림과 같이 커브 곡선을 오른쪽 아래로 이동해서 어둡게 보정합니다.

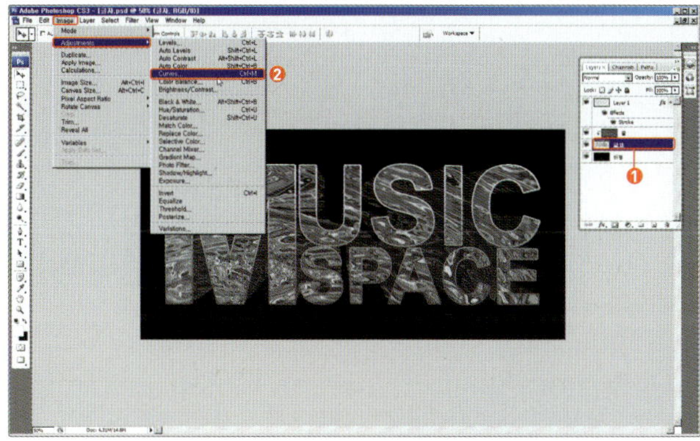 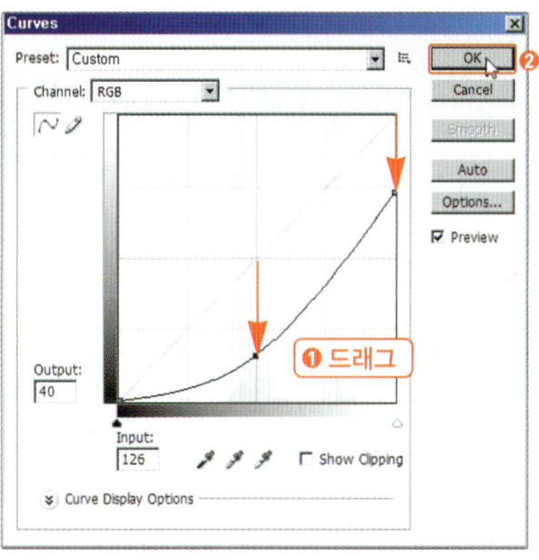

15 'Layers' 팔레트에서 Shift 를 누른 상태에서 'Layer 1' 레이어부터 '글자' 레이어까지 선택한 후 단축키 Ctrl + E 를 눌러 합칩니다. 그런 다음 단축키 Ctrl + A , Ctrl + C , Ctrl + W 를 차례대로 눌러 작업 창에 이미지를 복사한 후 작업 창을 닫으세요.

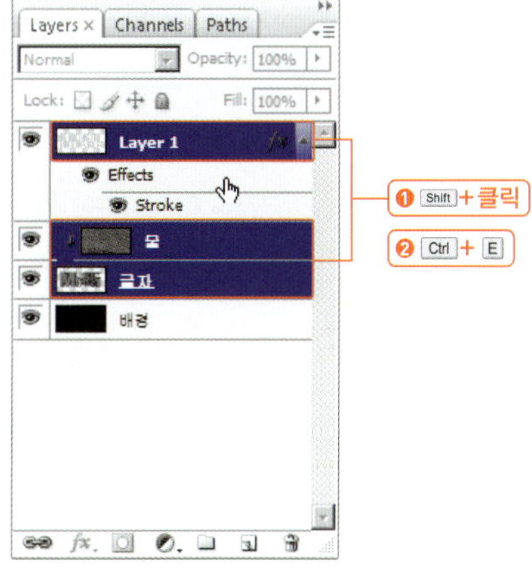

배경과 글자 합성하기

글자와 배경을 합성하고 반영을 추가해 자연스러운 이미지를 만들어 보겠습니다.

예제 파일 부록 CD\Theme03\Lesson07\스피커모양.jpg, 기타.jpg **결과 파일** 부록 CD\Theme03\Lesson07\글자완성.psd

01 단축키 Ctrl + V 를 눌러 글자 이미지를 붙여넣기하고 단축키 Ctrl + J 를 눌러 반영을 적용할 레이어를 복사합니다. 그런 다음 복사한 레이어를 선택하고 단축키 Ctrl + T 를 눌러 마우스 오른쪽 버튼을 클릭한 후 바로 가기 메뉴에서 'Flip Horizontal'을 선택하여 이미지를 상하 반전시키세요. **02** 'Layers' 팔레트에서 'Opacity'를 '21%'로 다운시켜서 반영 느낌을 표현합니다.

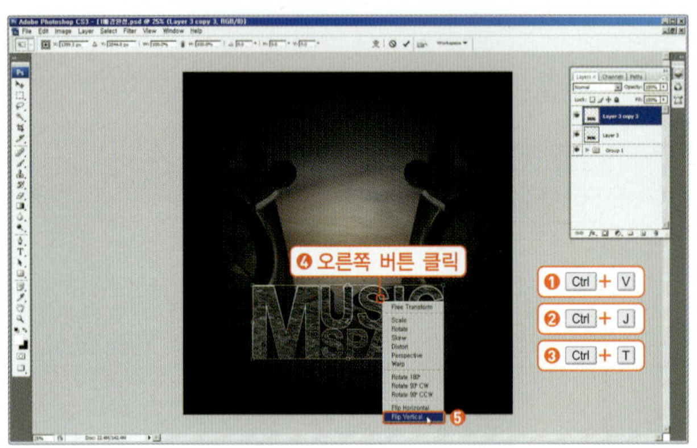

03 'Layers' 팔레트에서 'Layer 3 copy' 레이어를 선택하고 'Add Layer Mask' 아이콘(◉)을 클릭해 마스크를 씌웁니다.
04 그레이디언트 툴(■)을 선택한 후 옵션 바의 그레이디언트 항목을 클릭합니다. 'Gradient Editor' 창이 나타나면 'Black, White'를 선택하고 'OK' 버튼을 클릭합니다.

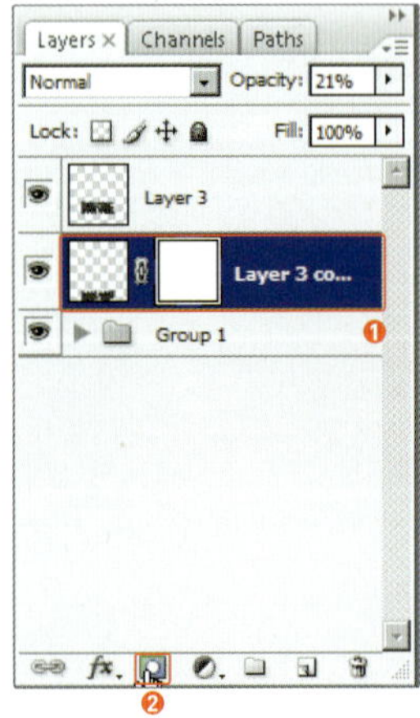

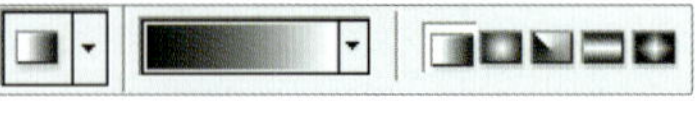

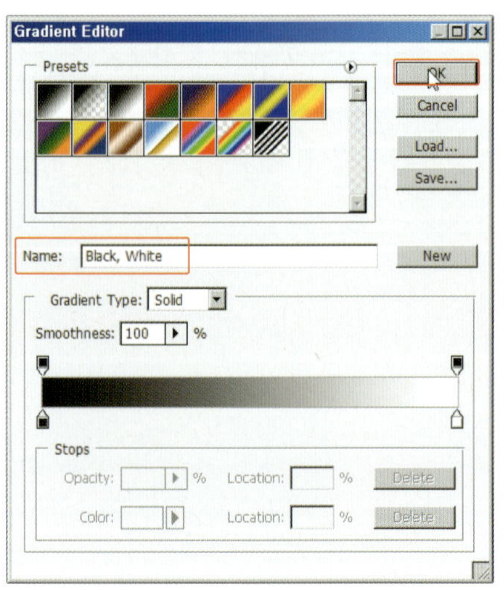

05 화살표 방향으로 그러데이션을 적용하여 글자의 밑부분을 날립니다. **06** '스피커모양.jpg' 파일을 불러옵니다. 그런 다음 툴바에서 원형 선택 툴(◯)을 선택하여 표시한 부분을 단축키 Ctrl + C , Ctrl + W 를 차례대로 눌러 복사한 후 작업 창을 닫으세요.

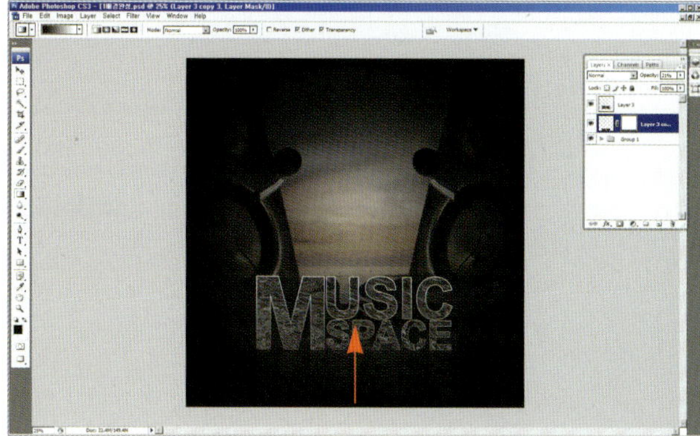

07 현재 작업 창에서 단축키 Ctrl + V 를 눌러 붙여넣기하고 단축키 Ctrl + T 를 실행해 다음의 그림과 같이 크기를 작게 조절합니다. 그런 다음 'Layers' 팔레트에서 'Layer 4' 레이어를 더블클릭합니다. **08** 'Layer Style' 대화상자가 나타나면 'Drop Shadow'에 체크 표시하고 다음의 그림과 같이 지정해 그림자를 넣습니다.

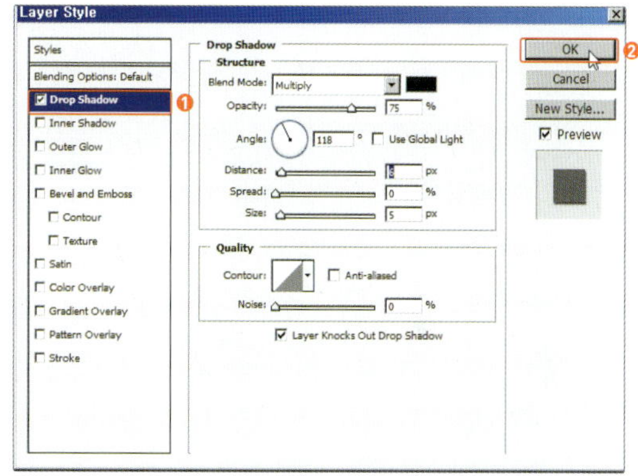

09 'Layers' 팔레트에서 'Layer 4' 레이어를 단축키 Ctrl + J 를 눌러 복사한 후 글자 'u'자 위에 올려놓습니다.

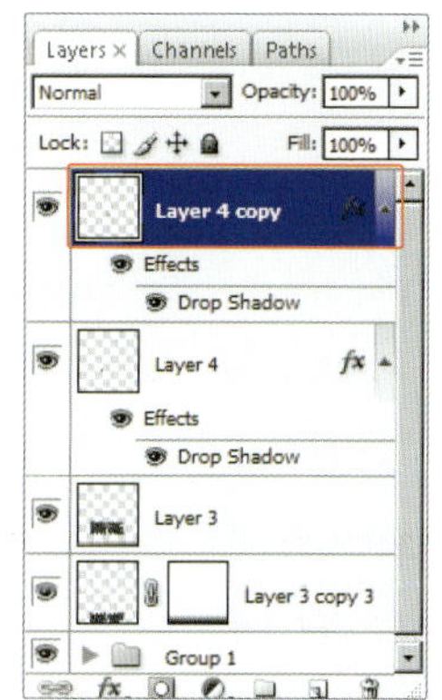

10 부록 CD에서 '기타.jpg' 파일을 불러옵니다. 툴바에서 마술봉 툴(🖌)을 선택하고 옵션바에서 'Tolearence' 수치값을 '30' 으로 입력한 후 흰색 배경을 클릭해 선택 영역으로 활성화하세요. **11** 기타를 선택하기 위해 'Select' → 'Inverse' 메뉴(Shift + Ctrl + I)를 선택해서 선택 영역을 반전시킵니다. 그런 다음 단축키 Ctrl + C , Ctrl + W 를 차례대로 눌러 복사한 후 작업 창을 닫으세요.

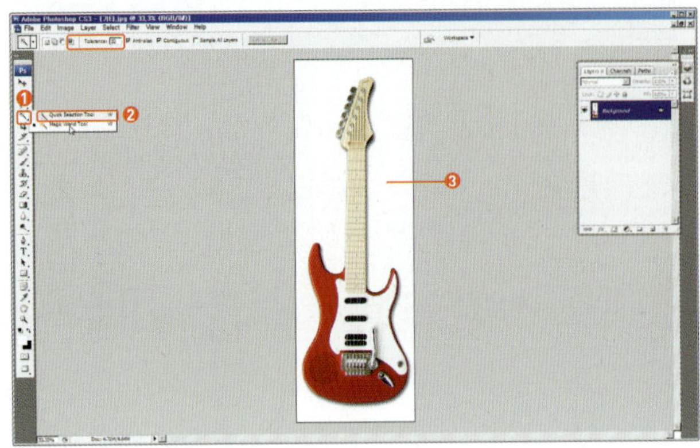
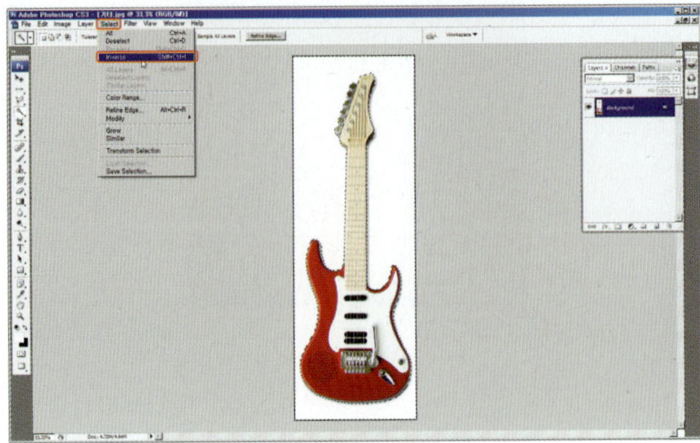

12 단축키 Ctrl + V 를 눌러 붙여넣기하고 단축키 Ctrl + T 를 눌러 영문 글자 'I'의 가로 폭과 기타 지판의 너비가 비슷하도록 축소합니다. **13** 툴바에서 라쏘 툴(🖕)을 선택하여 필요 없는 부분을 삭제합니다.

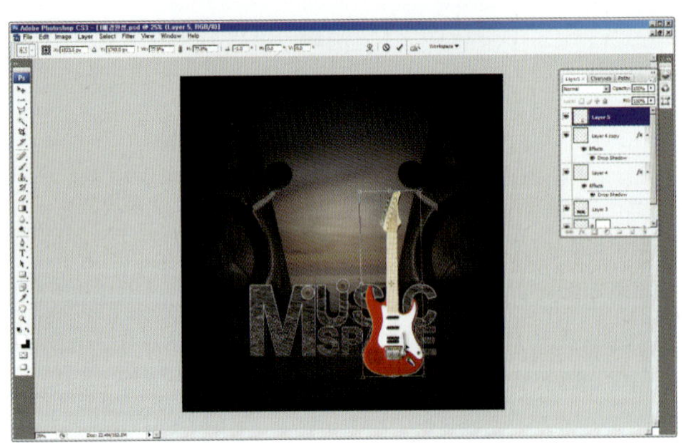

글자 아래쪽에 명암 넣기

글자 'Music Space'를 복사해 블렌딩 모드를 'Multiply'로 변경하고 마스크를 씌웁니다. 그리고 그러데이션을 위에서 아래로 적용해 글자의 아랫부분을 어둡게 하고 위의 밝은 부분을 살립니다.

14 단축키 Ctrl + M 을 눌러 'Curves' 대화상자를 나타내고 다음의 그림과 같이 커브 곡선을 이동해 톤을 다운시킵니다.

15 툴바에서 지우개 툴( )을 선택한 후 표시한 부분을 지웁니다.

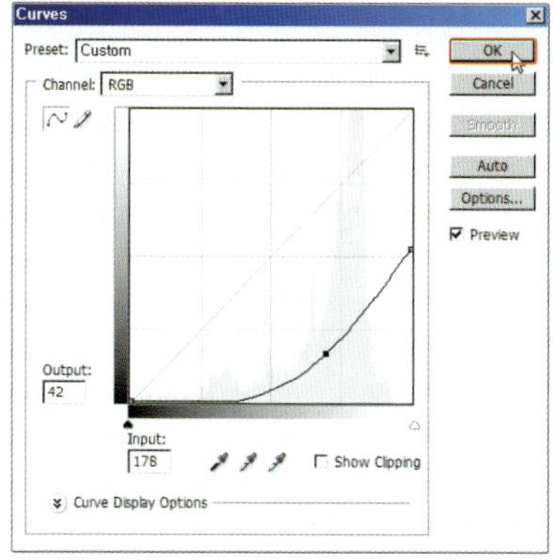

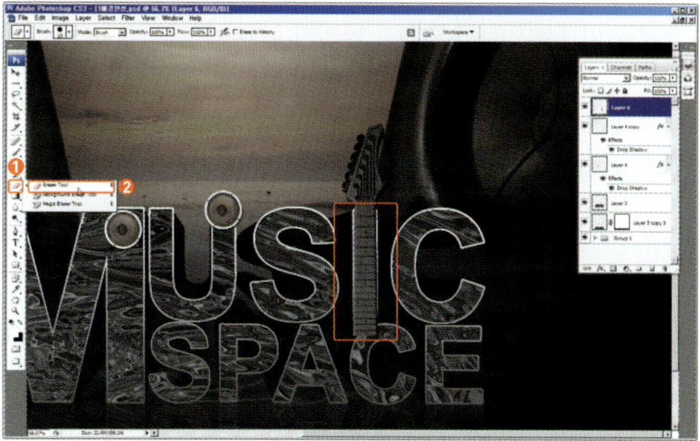

16 Shift 를 누르면서 'Layer 6' 레이어부터 'Layer 3 copy' 레이어를 선택합니다. 그런 다음 단축키 Ctrl + G 를 눌러 그룹 레이어로 만들고 레이어 이름을 '글자'로 입력하세요.

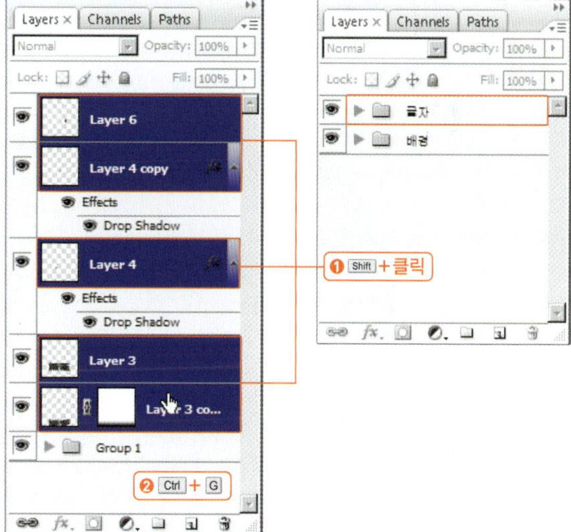

채널을 이용해 인물 마스킹하기

채널을 이용해 인물을 배경과 분리해 보겠습니다.

예제 파일 부록 CD\Theme03\Lesson07\음악.jpg

01 부록 CD에서 '음악.jpg' 파일을 불러오고 툴바에서 마술봉 툴(　)로 흰색 배경을 클릭해 선택 영역으로 만든 후 단축키 Shift + Ctrl + I 를 눌러 선택 영역을 반전시킵니다. **02** 단축키 Ctrl + J 를 눌러 이미지를 복사하고 생성된 'Layer 1' 레이어의 눈 아이콘(　)을 잠시 끄세요.

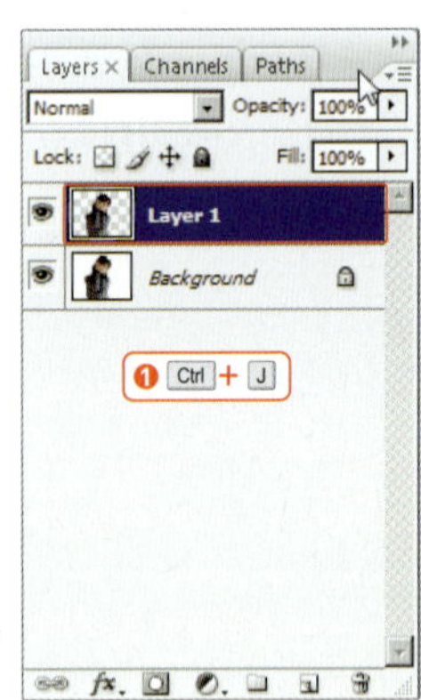
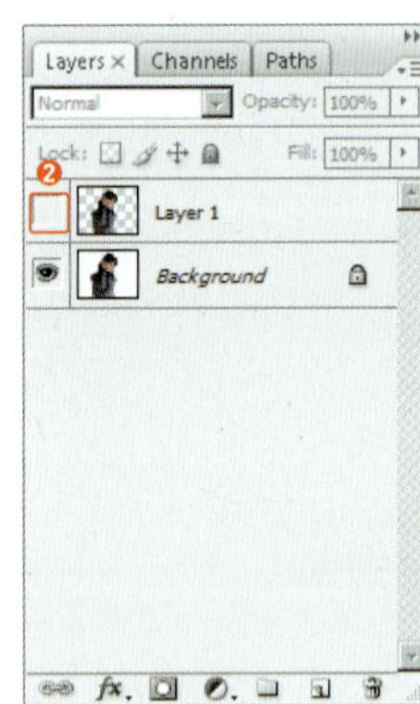

03 'Channels' 팔레트에서 'Blue' 채널을 'Create New Channel' 아이콘(　)으로 드래그해 복사하고 단축키 Ctrl + M 을 누릅니다. **04** 'Curves' 대화상자가 나타나면 다음의 그림과 같이 커브 곡선을 이동해 헤어 부분을 검은색처럼 만듭니다.

05 'Channels' 팔레트에서 'Load Channel as Selection' 아이콘(　)을 클릭하고 하이라이트 영역을 선택한 후 단축키 Shift + Ctrl + I 를 눌러 선택 영역을 반전시킵니다.

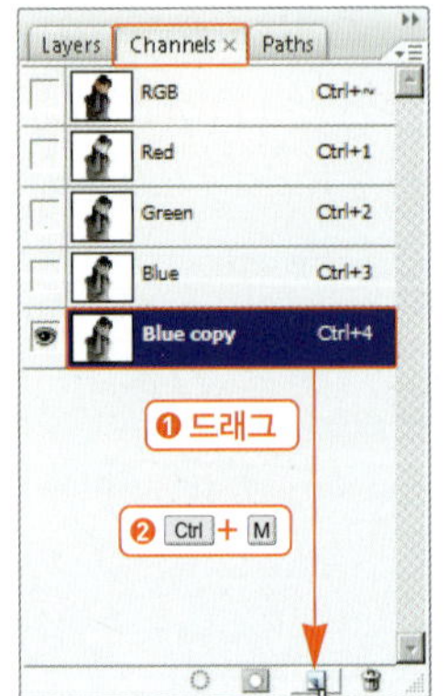
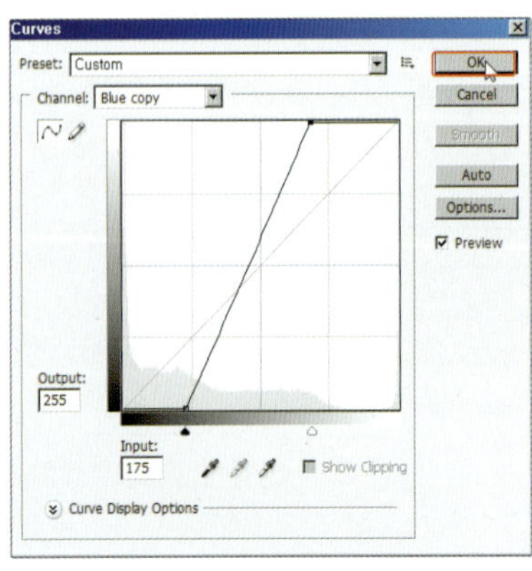

06 'Layers' 팔레트에서 단축키 `Ctrl`+`J`를 눌러 선택 영역을 복사합니다. **07** 인물 이미지의 마스킹 상태를 보기 위해 'Background'에 'K'를 '50%'로 채우고 'OK' 버튼을 클릭합니다.

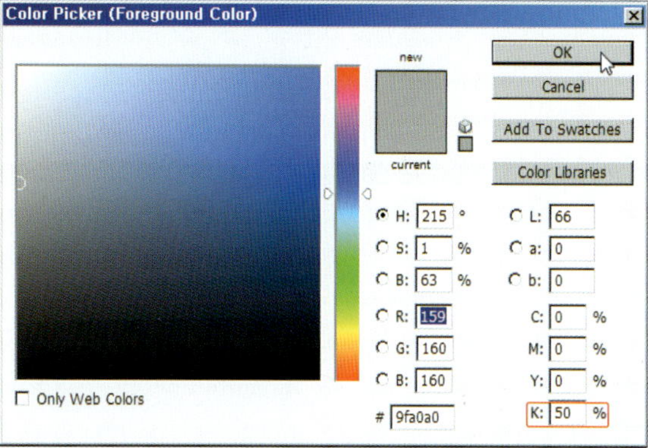

08 'Layer 1' 레이어의 눈 아이콘(👁)을 클릭합니다. 이때 'Layer 1' 레이어는 마술봉 툴(🪄)로 마스킹 작업한 이미지이고, 'Layer 2' 레이어는 채널로 헤어를 마스킹한 이미지입니다. 툴바에서 지우개 툴(🧽)을 선택하고 'Layers' 팔레트에서 'Layer 1' 레이어를 선택해서 헤어 주변에 남아있는 흰색을 지웁니다. **09** `Ctrl`을 누른 상태에서 두 개의 레이어를 선택하고 단축키 `Ctrl`+`E`를 눌러 합칩니다. 그런 다음 단축키 `Ctrl`+`A`, `Ctrl`+`C`, `Ctrl`+`W`를 차례대로 눌러 작업 창에 이미지를 복사한 후 작업 창을 닫으세요.

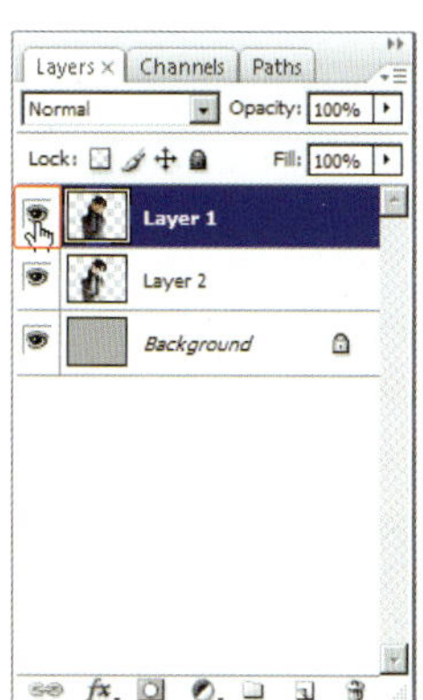

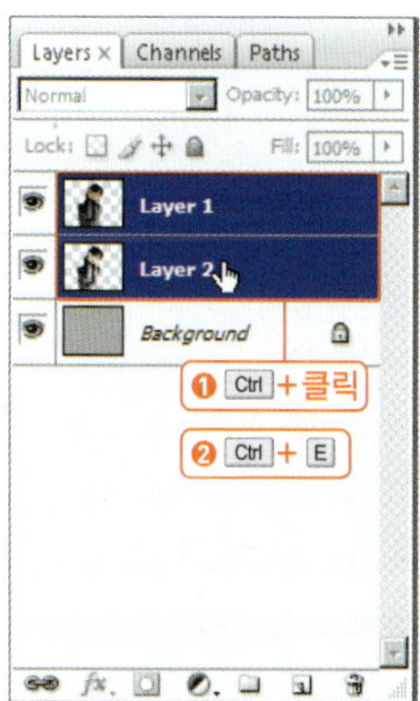

10 작업 창에 단축키 `Ctrl`+`V`를 눌러 붙여넣기하고 단축키 `Ctrl`+`T`를 눌러 다음의 그림과 같이 크기와 위치를 조절합니다. **11** 'Filter' → 'Sharpen' → 'Unsharp Mask' 메뉴를 선택해서 'Unsharp Mask' 대화상자를 나타내고 다음의 그림과 같이 지정합니다.

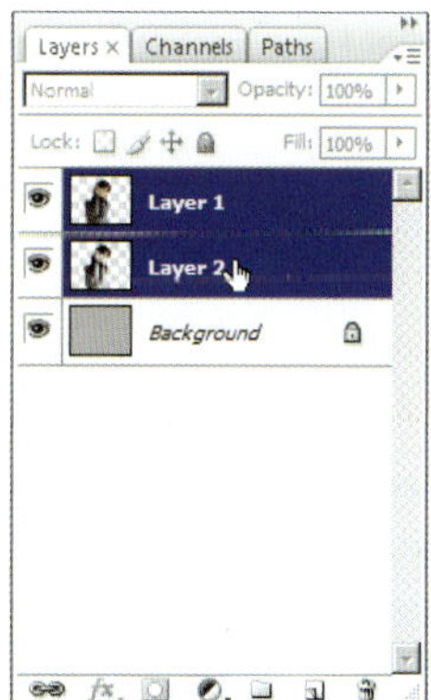
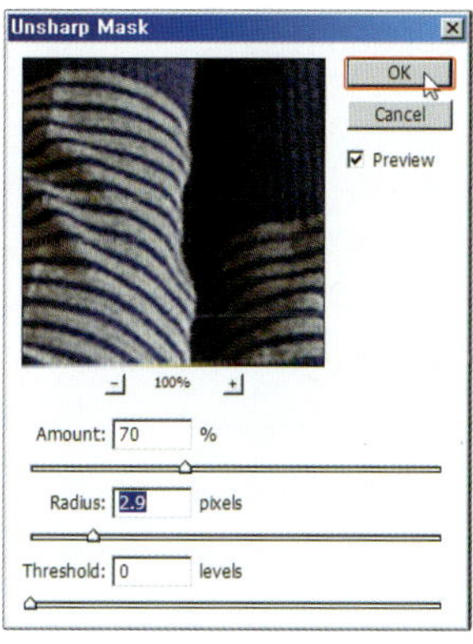

채널을 이용해 워터 스플래시 추출하기

채널을 이용해 워터 스플래시(Water Splash)를 추출해 보겠습니다.

예제 파일 부록 CD\Theme03\Lesson07\스플래시.jpg

01 부록 CD에서 '스플래시.jpg' 파일을 불러옵니다. **02** 'Channels' 팔레트에서 콘트라스트 차가 가장 큰 'Green' 채널을 'Create New Channel' 아이콘(☐)으로 드래그합니다.

 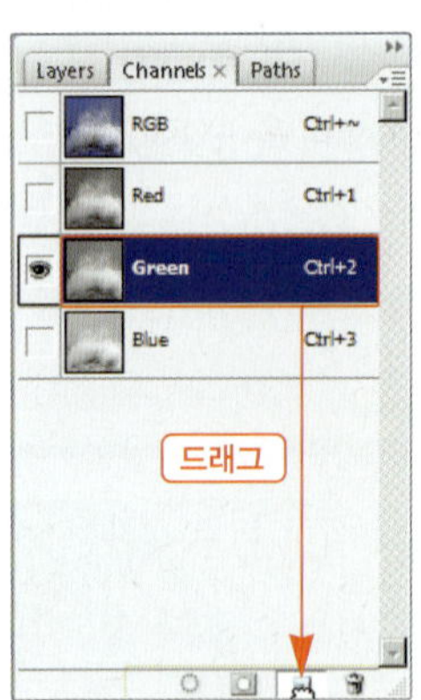

03 단축키 Ctrl + M 을 눌러 'Curves' 대화상자를 실행하고 다음의 그림과 같이 커브 곡선을 이동해 Black과 White 상태로 만듭니다. **04** 'Channels' 팔레트에서 'Load Channel as Selection' 아이콘(◯)을 클릭해 하이라이트 영역만 선택합니다.

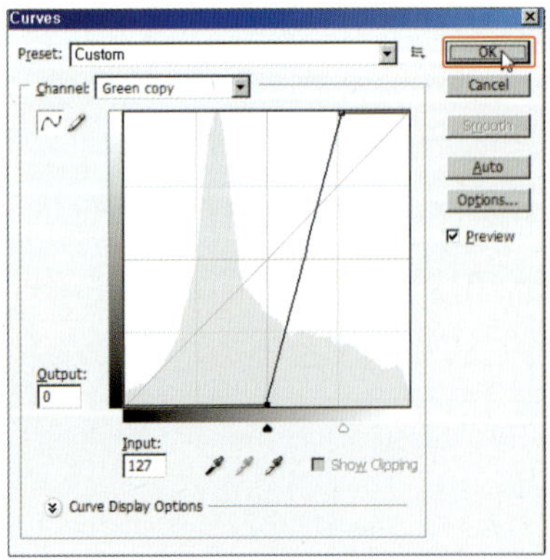 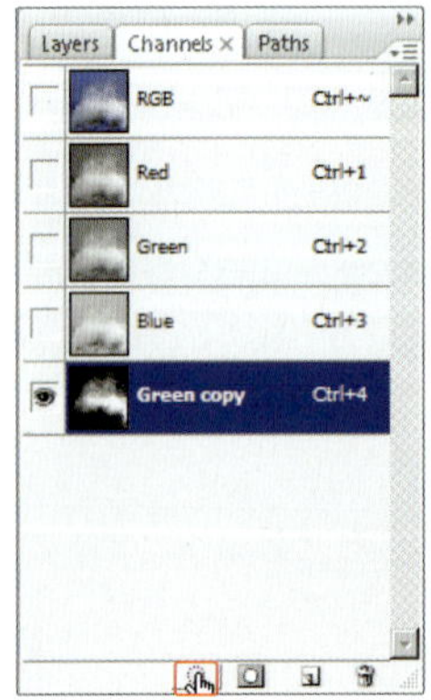

05 단축키 Ctrl + C, Ctrl + W 를 차례대로 눌러 선택 영역을 복사한 후 작업 창을 닫습니다. **06** 단축키 Ctrl + V 를 눌러 붙여 넣기하고 단축키 Ctrl + T 를 눌러 이미지의 크기와 위치를 조절합니다.

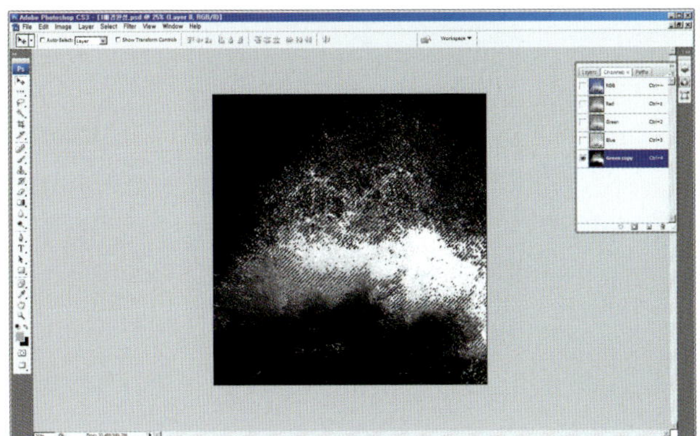

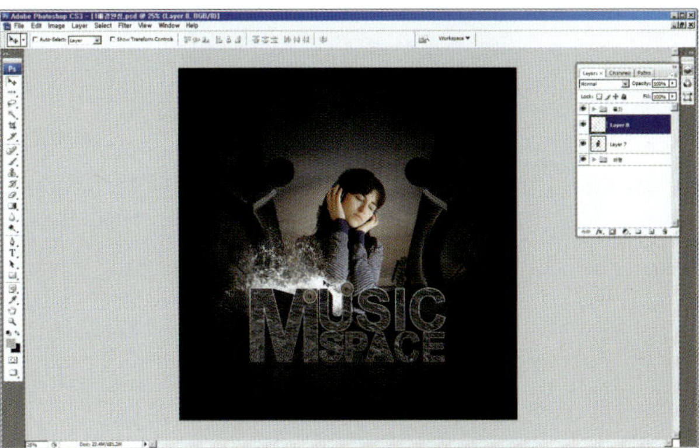

07 단축키 Ctrl + J 를 눌러 'Layer 8' 레이어를 복사합니다. 그런 다음 단축키 Ctrl + T 를 누르고 마우스 오른쪽 버튼을 클릭한 후 바로 가기 메뉴에서 'Flip Horizontal'을 선택해서 이미지를 좌우 반전시키세요. **08** 단축키 Ctrl + T 를 눌러 오른쪽으로 이미지를 회전시킵니다.

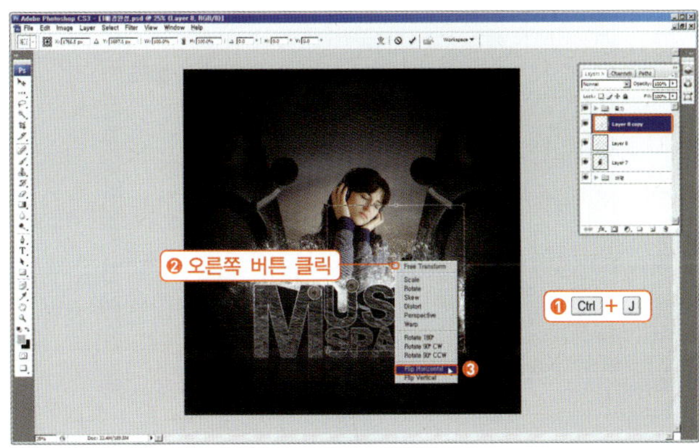

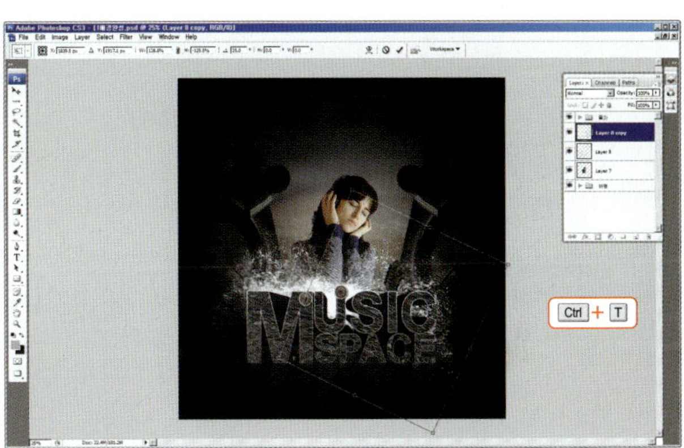

09 단축키 Ctrl + J 를 눌러 'Layer 8' 레이어를 복사하고 'Layer 7' 레이어의 아래쪽으로 이동합니다. **10** 단축키 Ctrl + T 를 눌러 이미지를 확대하고 오른쪽으로 회전시켜서 앞뒤로 튀는 물을 표현합니다.

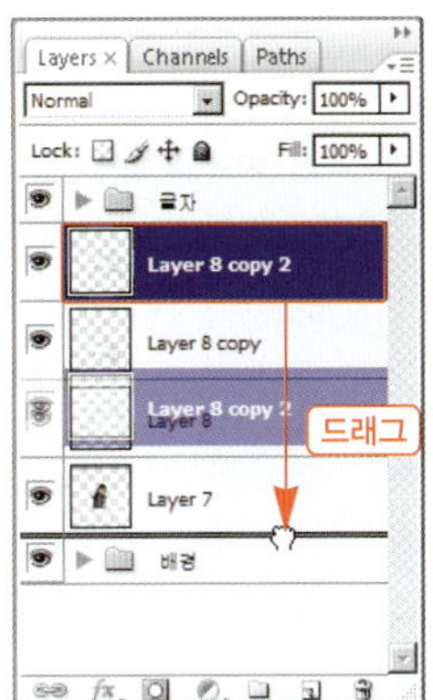

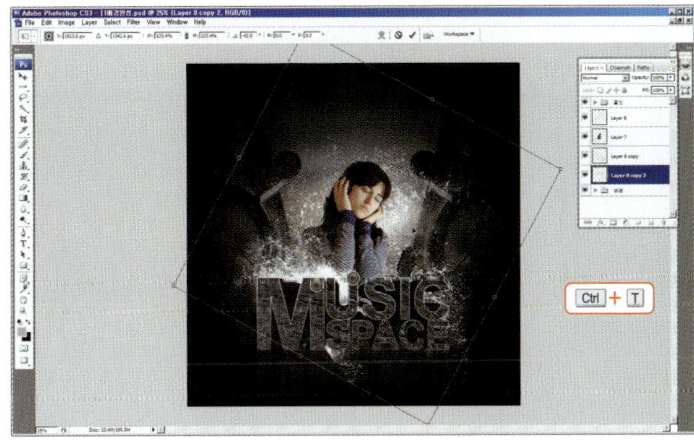

11 필요 없는 부분을 지우기 위해 툴바에서 지우개 툴(⌫)로 글자 밑으로 빠져나온 부분을 삭제합니다.

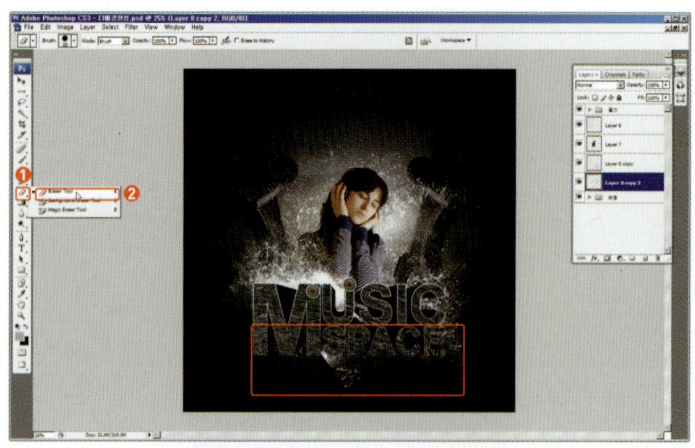 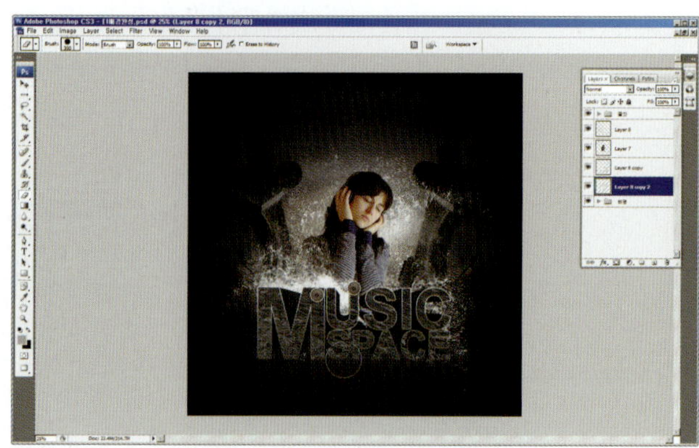

12 'Layer 8 copy 2' 레이어의 'Opacity'를 '50%'로 다운시켜서 선명함을 감소시킵니다. 그런 다음 단축키 Ctrl + J 를 눌러 'Layer 8' 레이어를 단축키 Ctrl + J 를 눌러 복사한 후 맨 위로 이동합니다. **13** 'Layers' 팔레트에서 'Add Layer Mask' 아이콘(◉)을 클릭해 마스크를 씌웁니다.

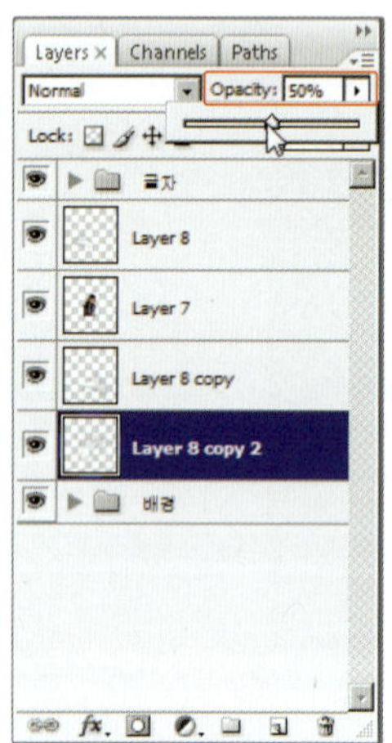 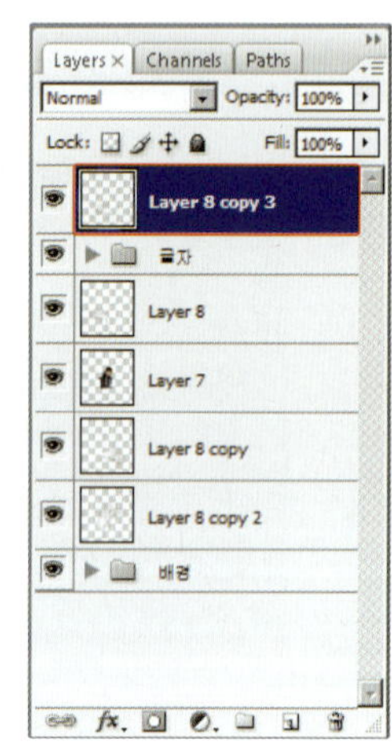 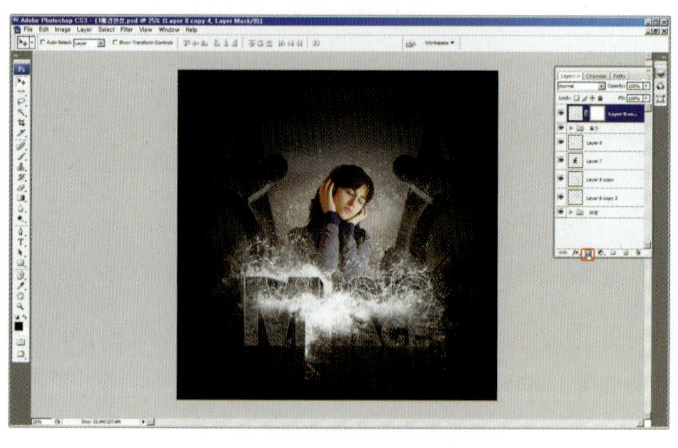

14 툴바에서 브러시 툴(🖌)을 선택하고 작업 창에서 마우스 오른쪽 버튼을 클릭한 후 바로 가기 메뉴에서 'Soft Round 300pixel' 브러시를 선택합니다. 그런 다음 옵션바에서 'Opacity'를 '40%'로 지정하세요. **15** 전경색을 검은색(■)으로 지정하고 뒤에 글자가 가리지 않게 마스크를 이용해 가립니다.

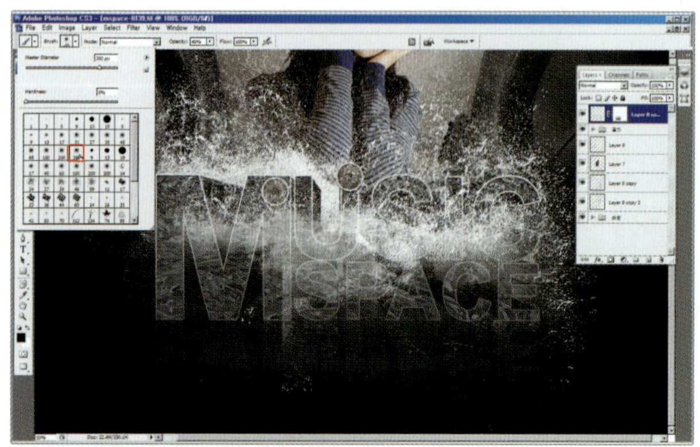 

Step 07 'Color Range'를 활용해 워터 스플래시 추출하기

'Color Range'를 활용해 물이 차지하는 영역을 추출하고 배경에 적용해 보겠습니다.

예제 파일 부록 CD\Theme03\Lesson07\폭포.jpg, 구름,물브러시.abr

01 부록 CD에서 '폭포.jpg' 파일을 불러오고 'Select' → 'Color Range' 메뉴를 선택합니다. **02** 'Color Range' 대화상자가 나타나면 'Selection'을 선택해서 흑백 이미지로 표시하고 'Fuzziness' 슬라이드바를 오른쪽으로 이동하면서 흰색으로 나타나는 선택 영역을 확인합니다. 그런 다음 다음의 그림과 같이 지정하고 'OK' 버튼을 클릭하세요.

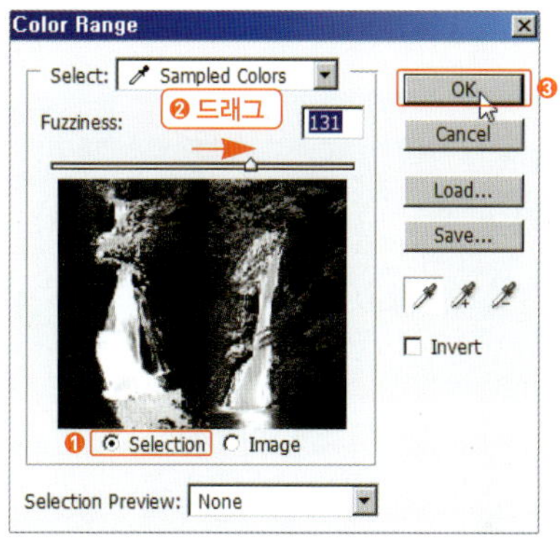

03 선택한 영역을 단축키 Ctrl+C, Ctrl+W를 차례대로 눌러 복사한 후 작업 창을 닫습니다. **04** 기존 작업 창에 단축키 Ctrl+V를 눌러 붙여넣기하고 'Layers' 팔레트에서 레이어 이름을 '폭포'로 입력합니다.

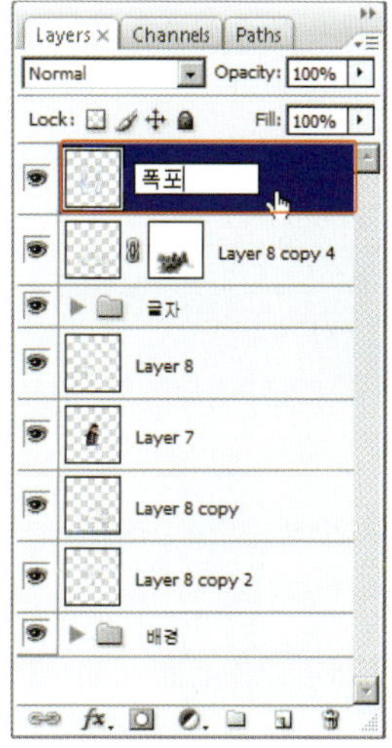

05 단축키 Ctrl + T 를 눌러 크기를 축소하고 글자의 홈이 파인 부분에 위치시킵니다. **06** 남아있는 파란색 느낌을 제거하기 위해 'Image' → 'Adjustments' → 'Desaturate' 메뉴(Shift + Ctrl + U)를 선택합니다.

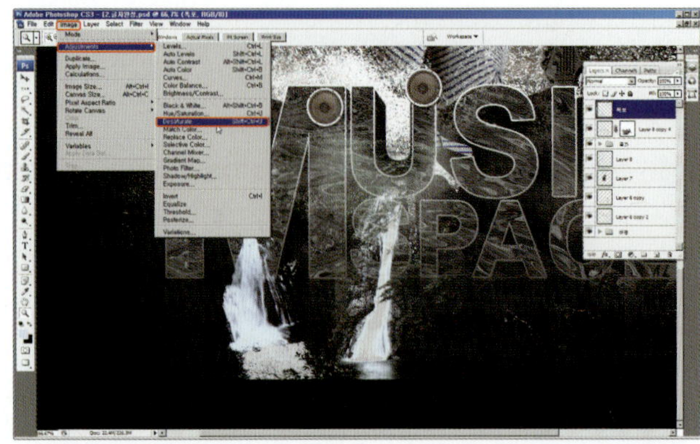

07 라쏘 툴( )을 이용해 오른쪽 폭포 이미지를 선택하고 이동 툴( )을 이용해 U와 S 사이로 이동합니다. **08** 단축키 Shift + Ctrl + I 를 눌러 선택 영역을 반전시키고 단축키 Ctrl + T 를 눌러 M자 홈 사이로 폭포를 이동합니다.

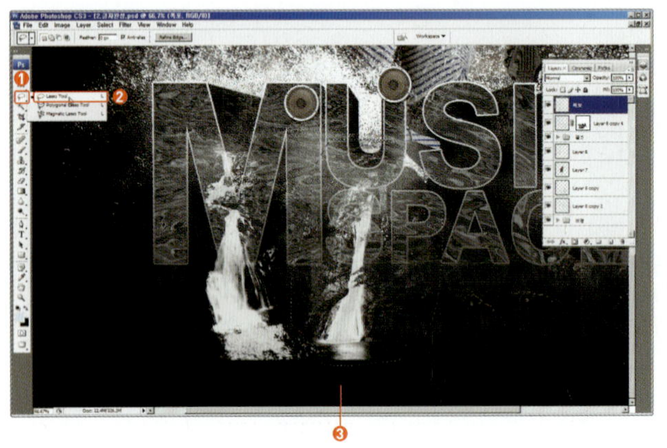

09 Alt 를 누른 상태에서 이동 툴( )로 다음의 그림과 같이 이동합니다. **10** 'Layers' 팔레트에서 '폭포' 레이어를 복사합니다. 그런 다음 단축키 Ctrl + T 를 누르고 마우스 오른쪽 버튼을 클릭한 후 바로 가기 메뉴에서 'Flip Vertical'을 선택해서 상하 반전시키세요.

11 라쏘 툴(◯)을 이용해 표시한 부분만 선택한 후 단축키 `Ctrl` + `T` 를 눌러 위에서 떨어지는 폭포와 맞닿게 만듭니다.

12 'Layers' 팔레트에서 '폭포 copy' 레이어의 'Opacity'를 '52%'로 조절합니다.

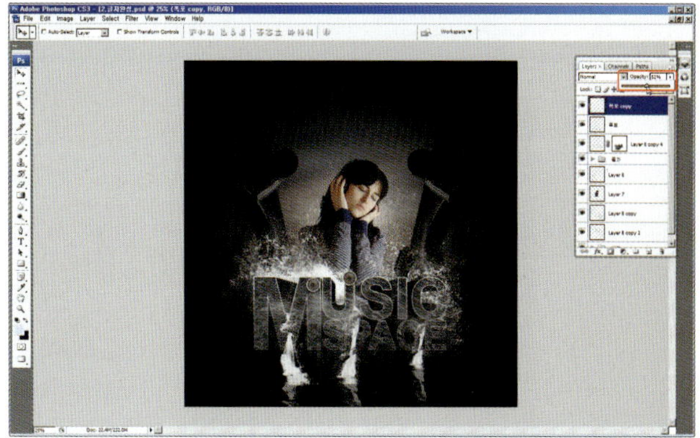

13 브러시를 추가하기 위해 'Load Brushes'를 선택합니다. **14** 'Load' 대화상자가 나타나면 '구름,물브러시.abr' 파일을 불러옵니다.

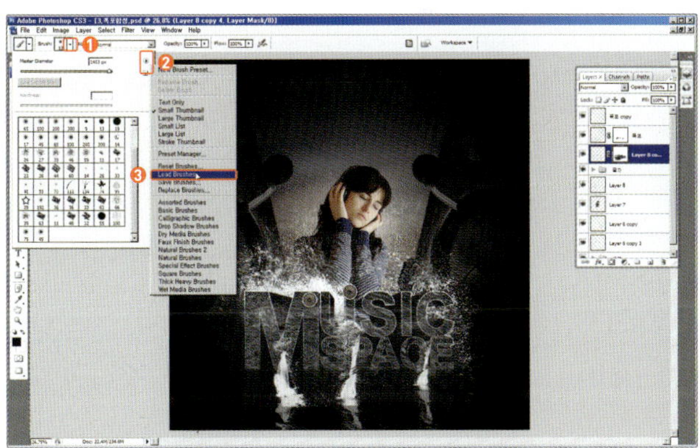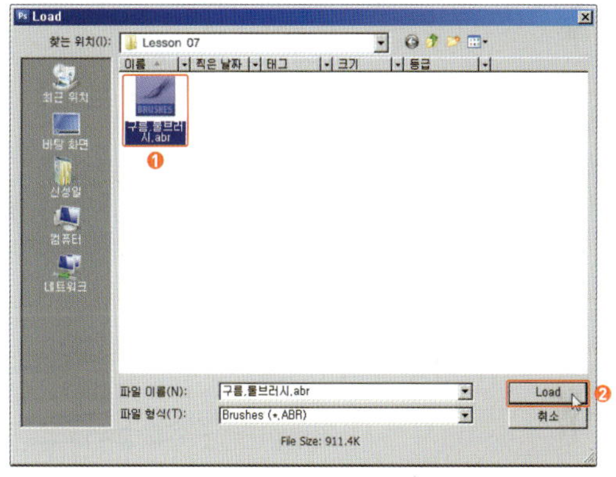

15 'Layers' 팔레트에서 'Create New Layer' 아이콘(▣)을 클릭해서 신규 레이어를 만들고 'Layer 1' 레이어의 위로 이동합니다. **16** 도큐먼트 창에서 마우스 오른쪽 버튼을 클릭해서 브러시 목록을 표시한 후 '868' 구름 브러시를 선택합니다.

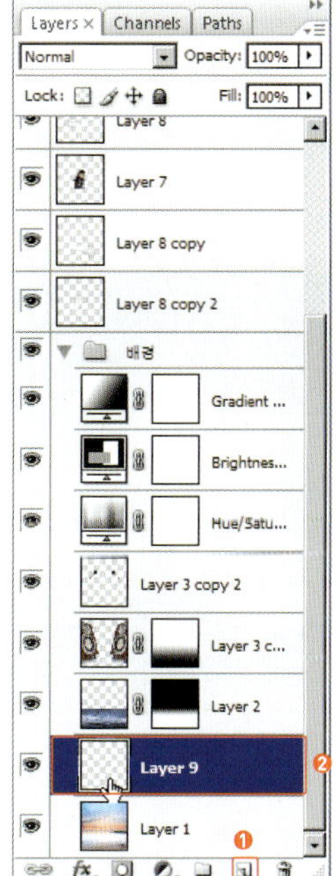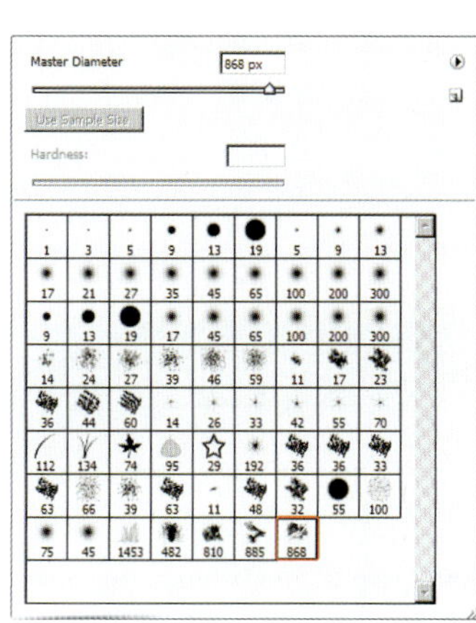

17 'Layer 9' 레이어를 선택하고 전경색을 흰색(▣)으로 지정한 후 클릭해서 구름에 배경을 넣습니다. **18** 주변과는 대조적으로 인물 이미지의 컬러가 다양하므로 'Image' → 'Adjustments' → 'Hue/Saturation' 메뉴(Ctrl+U)를 선택하고 'Hue/Saturation' 대화상자에서 'Saturation'을 '–30'으로 입력하여 채도를 감소시킵니다.

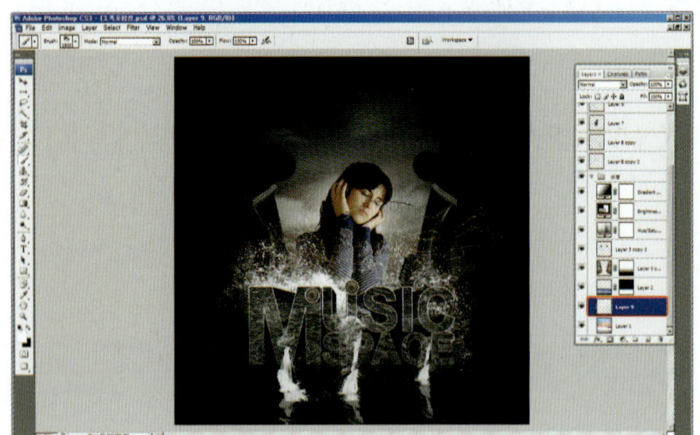

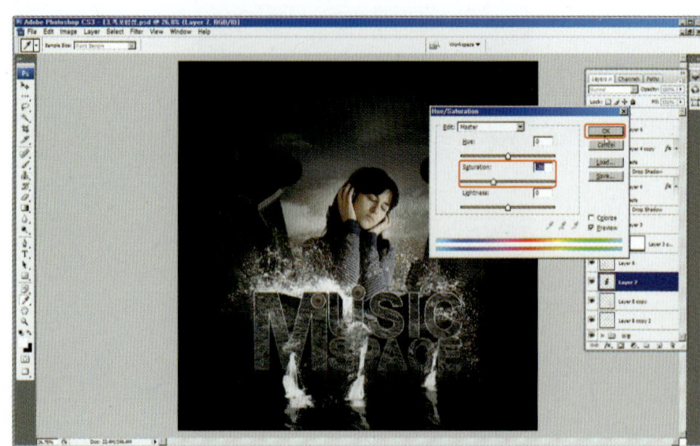

커브 곡선의 이해

책을 따라하다 보면 커브를 이용해 'Splash'를 추출하는 작업 과정이 눈에 띄는데, 커브를 실행하기 전에 항상 'Channels' 팔레트에서 콘트라스트가 강한 채널을 선택하라고 합니다. 간단히 말해서 흑백이 눈에 띄게 대비되는 채널을 이야기하는 것입니다. 사실 물의 특성상 배경의 영향을 배제할 수 없어도 바다의 파도 같은 경우 대부분 흰색입니다. 그래서 하이라이트 영역을 왼쪽으로 이동해서 밝은 부분을 더 밝게 처리하고, 어두운 부분은 더 어둡게 처리합니다. Midtone 영역은 거의 일직선이나 사선에 가깝게 되면서 채널에서 사라집니다. 하이라이트 영역을 왼쪽으로 이동하고 섀도 영역을 오른쪽으로 더 이동했으면 2번에서 표시한 부분은 보이지 않게 됩니다.

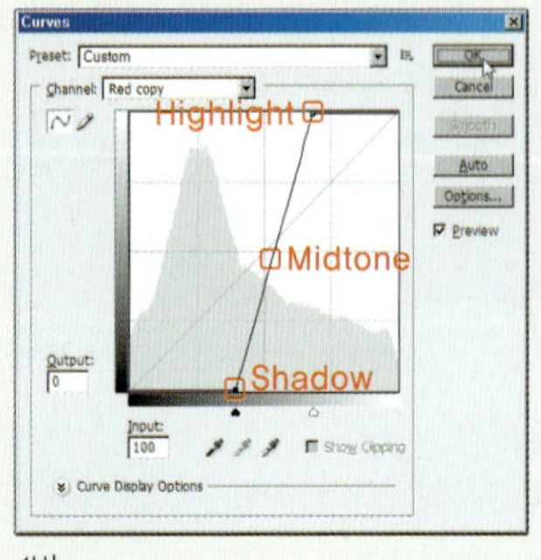

1번

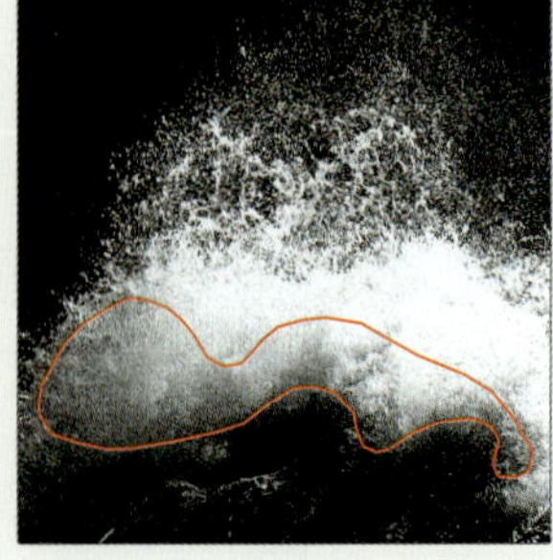

2번

Red   Green   Blue

Step 08

비 표현하기 1

Mezzotint 필터를 이용해 비를 표현해 보겠습니다.

예제 파일 부록 CD\Theme03\Lesson07\원형.ai

01 부록 CD에서 '원형.ai' 파일을 불러옵니다. 대화상자가 나타나면 'OK' 버튼을 클릭합니다.

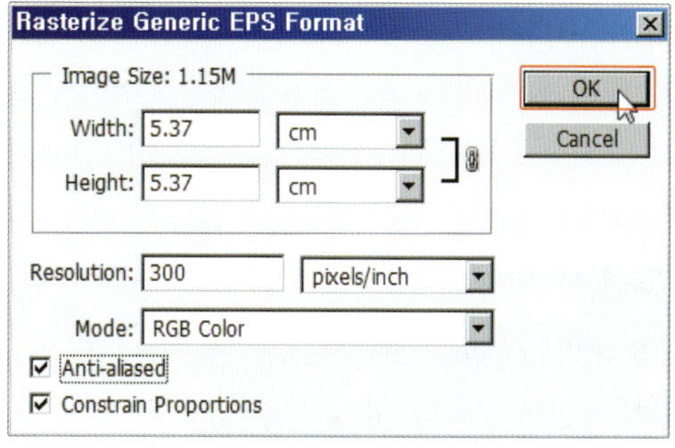

02 단축키 Ctrl+A, Ctrl+C, Ctrl+W를 차례대로 눌러 작업 창에 이미지를 복사한 후 작업 창을 닫습니다. **03** 단축키 Ctrl+V를 눌러 붙여넣기하고 단축키 Ctrl+T를 실행해 스피커를 중앙에 놓습니다.

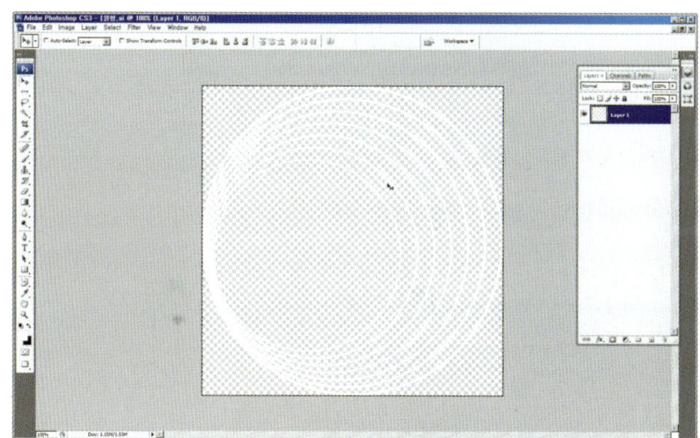

04 'Filter' → 'Blur' → 'Radial Blur' 메뉴를 선택하고 'Radial Blur' 대화상자에서 다음의 그림과 같이 지정한 후 'OK' 버튼을 클릭합니다.

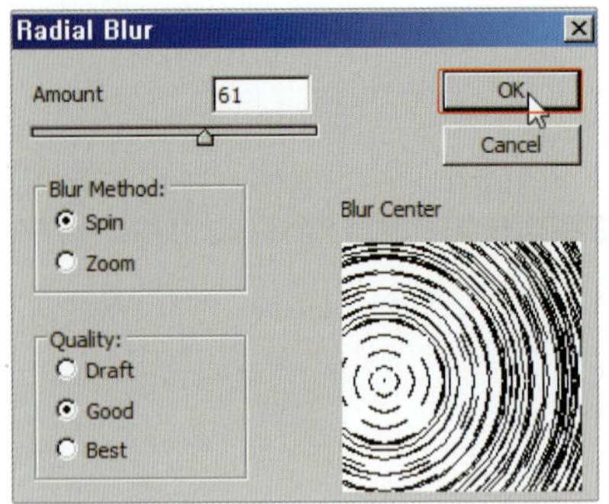 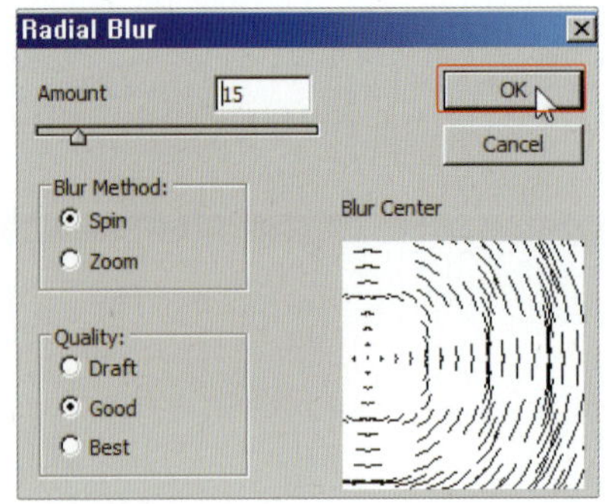 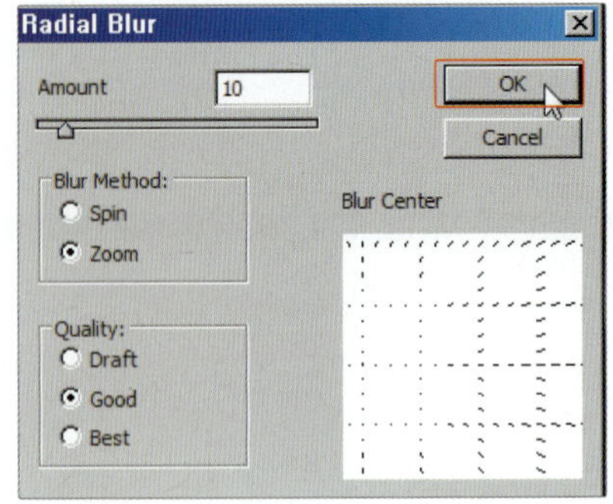

05 단축키 Ctrl+J를 눌러 'Layer 10' 레이어를 복사하고 오른쪽 스피커 부분에도 합성합니다. **06** 'Channels' 팔레트에서 'Create New Channel' 아이콘(⬛)을 클릭해 'Alpha 1' 채널을 만들고 'Filter' → 'Pixelate' → 'Mezzotint' 메뉴를 선택합니다.

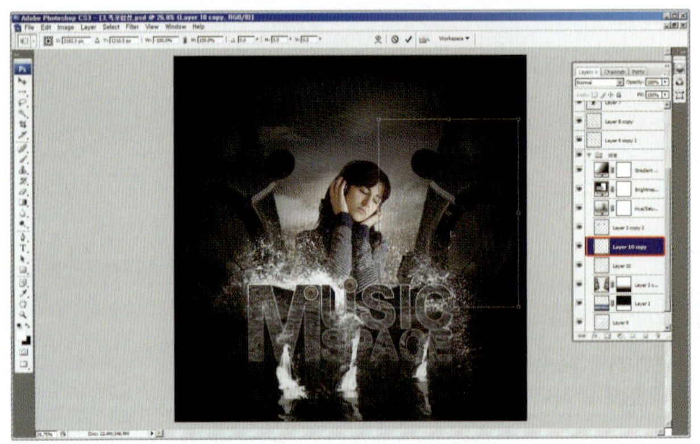 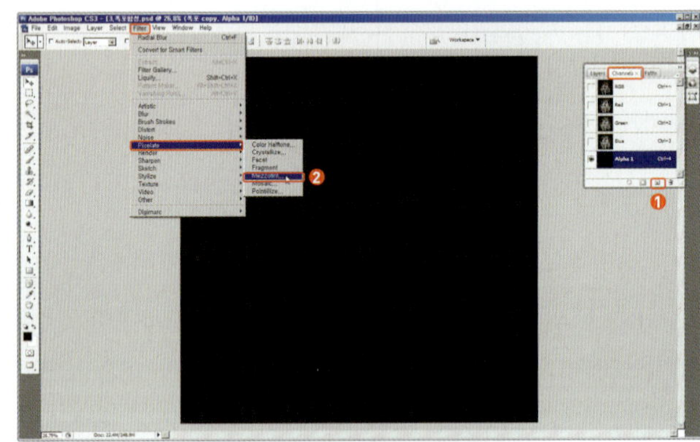

07 'Mezzotint' 대화상자가 나타나면 'Type' 에서 'Coarse dots' 를 선택하고 'OK' 버튼을 클릭합니다.

08 'Filter' → 'Blur' → 'Motion Blur' 메뉴를 선택합니다.

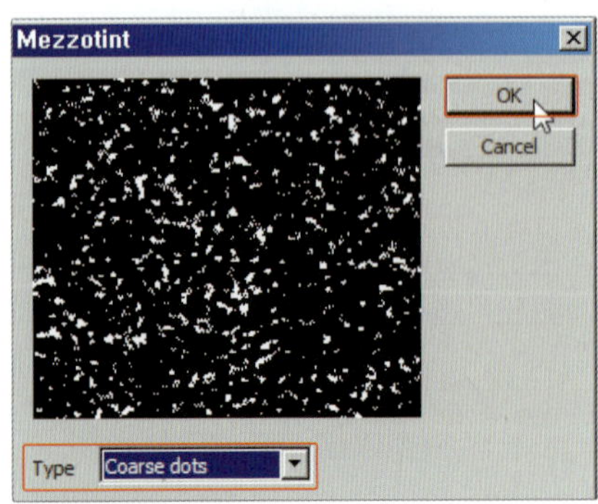 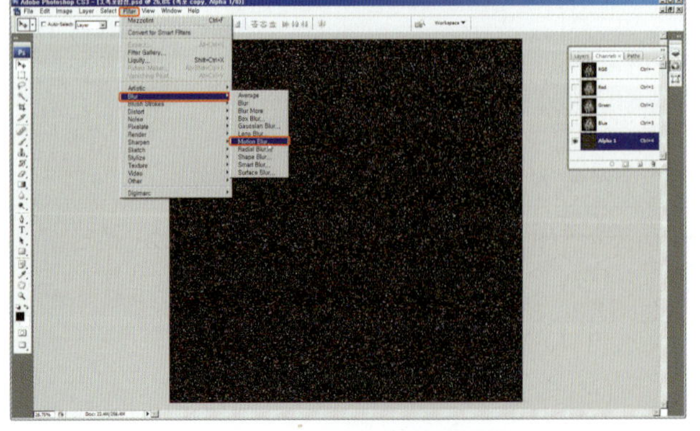

09 'Motion Blur' 대화상자가 나타나면 'Angle'은 '63°', 'Distance'는 '646pixel'로 지정하고 'OK' 버튼을 클릭합니다.
10 단축키 Ctrl + T 를 누르고 다음의 그림과 같이 'Alpha 1' 채널을 확대합니다.

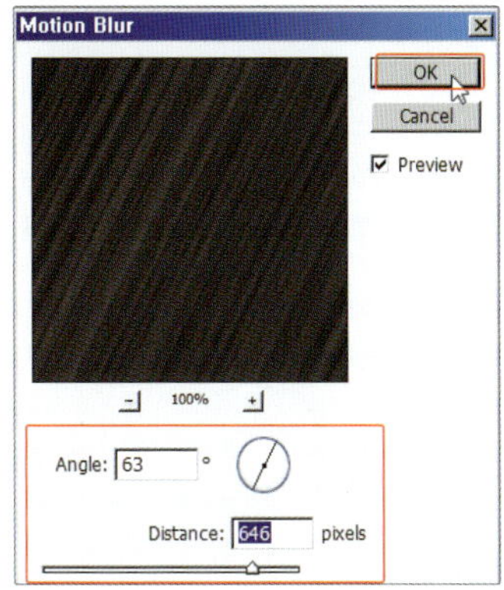

11 단축키 Ctrl + M 을 눌러 'Curves' 대화상자를 나타내고 커브 곡선을 이동해 비를 표현할 하이라이트 영역을 추출합니다.
12 'Channels' 팔레트에서 'Load Channel as Selection' 아이콘(◎)을 클릭해서 하이라이트 영역을 선택합니다.

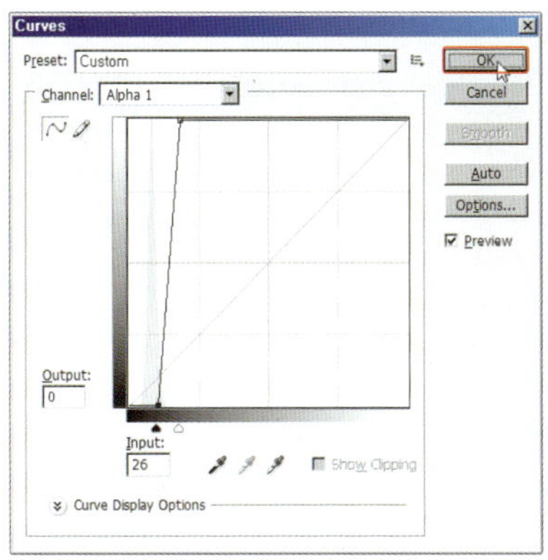
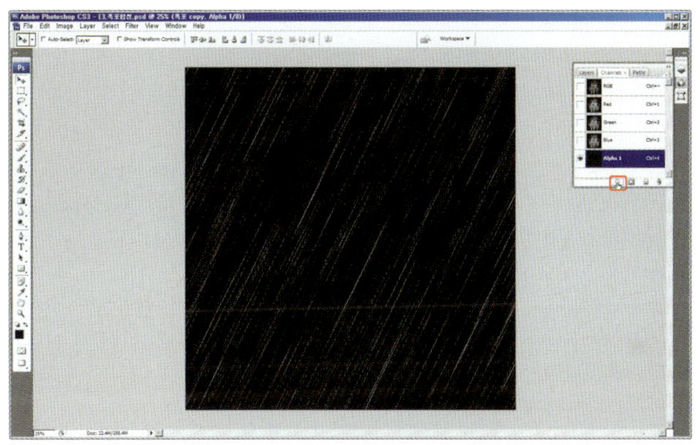

13 'Layers' 팔레트로 되돌아온 후 'Create New Layer' 아이콘(⬛)을 클릭해 신규 레이어를 만듭니다. **14** 전경색을 흰색(◨)
으로 지정하고 단축키 Alt + Delete 를 눌러 흰색으로 채웁니다.

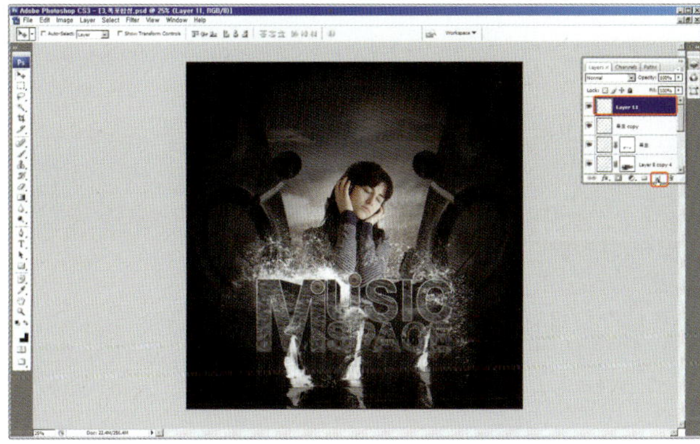
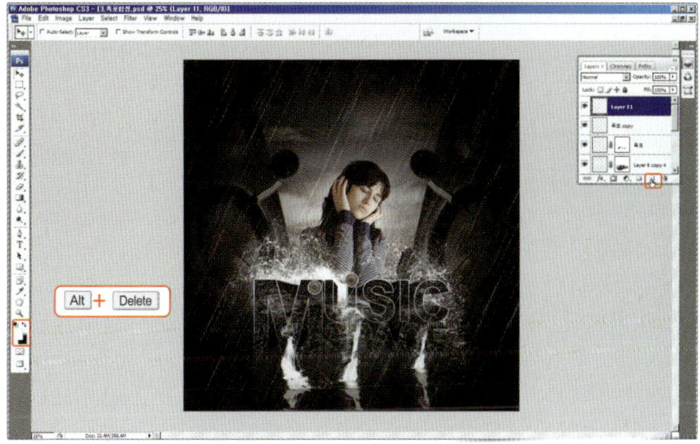

Step 09

비 표현하기 2

Mezzotint 필터를 이용해 표면에 튀는 비를 표현해 보겠습니다.

예제 파일 부록 CD\Theme03\Lesson07\음표.psd

01 부록 CD에서 '음표.psd' 파일을 불러옵니다. 그런 다음 단축키 `Ctrl`+`A`, `Ctrl`+`C`, `Ctrl`+`W`를 차례대로 눌러 작업 창에 이미지를 복사한 후 작업 창을 닫으세요. **02** 'Layers' 팔레트에서 'Layers 12' 레이어를 더블클릭해서 'Layer Style' 대화상자를 실행합니다.

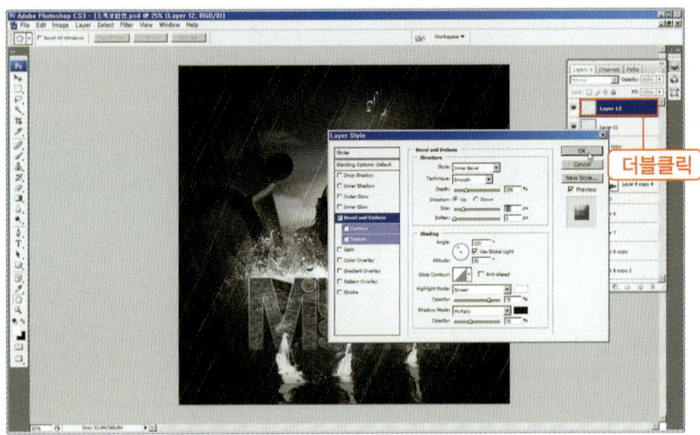

03 'Bevel and Emboss'에 체크 표시하고 다음의 그림과 같이 지정합니다. **04** 'Channels' 레이어를 더블클릭 합니다. 'Channels' 팔레트에서 'Create New Channel' 아이콘(□)을 클릭해 'Alpha 2' 채널을 생성합니다.

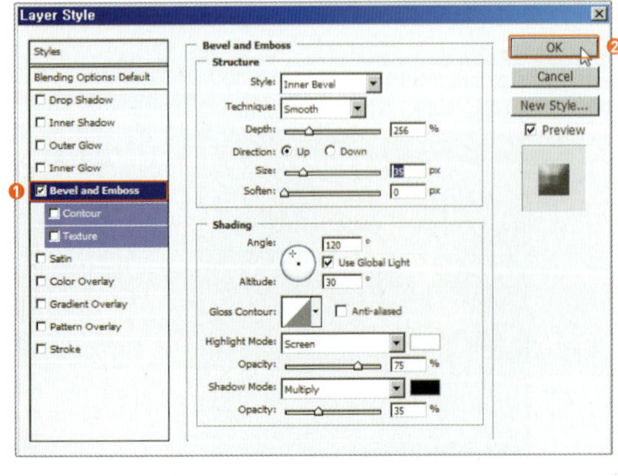
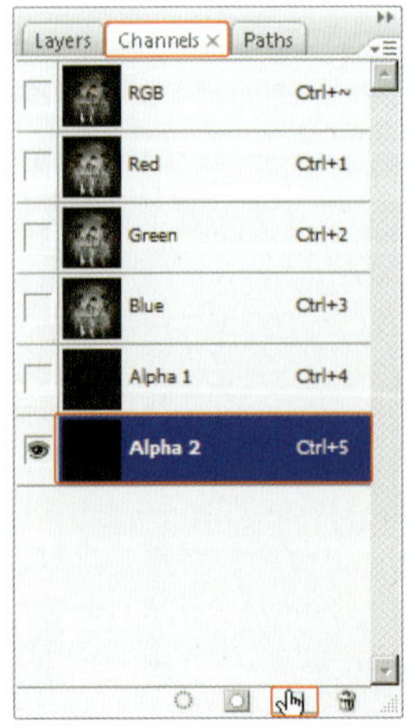

05 'Mezzotint' 필터로 바닥에 튀는 빗방울을 표현하기 위해 'Filter' → 'Pixelate' → 'Mezzotint' 메뉴를 선택합니다.

06 'Mezzotint' 대화상자가 나타나면 'Type' 에서 'Coarse dots' 를 선택하고 'OK' 버튼을 클릭합니다.

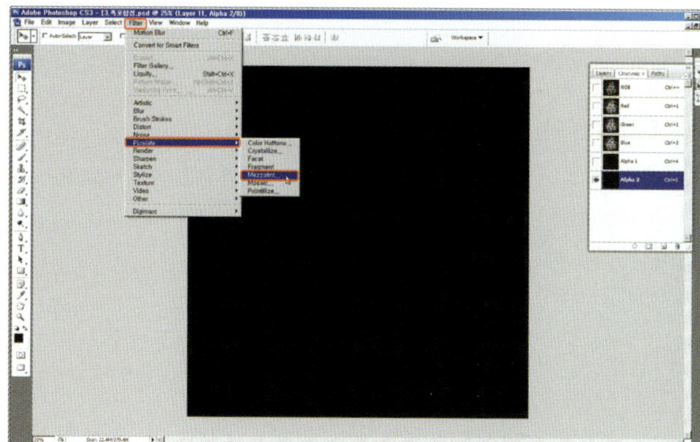
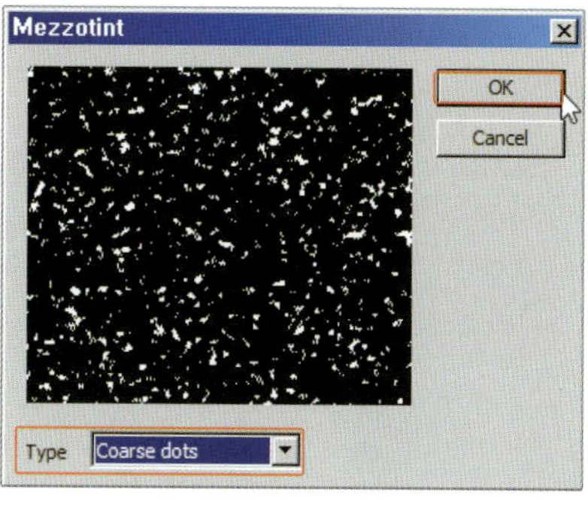

07 단축키 Ctrl + T 를 눌러 이미지를 1.5배 확대합니다. **08** 툴바에서 라쏘 툴( )을 선택한 후 빨간색으로 표시한 부분을 검은 색으로 채웁니다. 그런 다음 'Channels' 팔레트에서 'Load Channel as Selection' 아이콘( )을 클릭해 하이라이트 영역을 선택하세요.

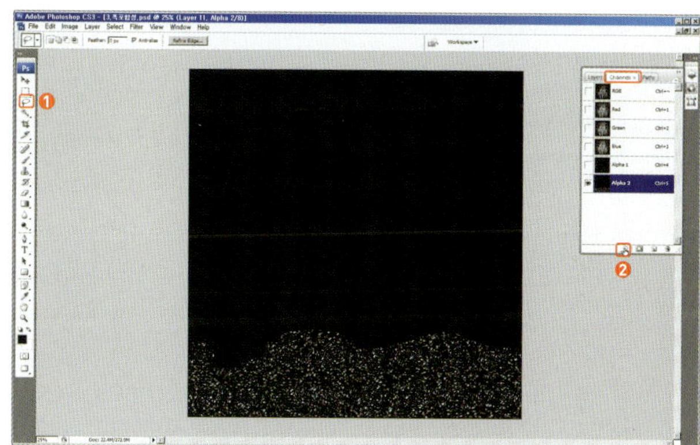

09 'Layers' 팔레트로 되돌아와서 'Create New Channel' 아이콘( )을 클릭해 신규 레이어를 만듭니다. 그런 다음 단축키 Alt + Delete 를 눌러 전경색을 흰색( )으로 채우세요. **10** 단축키 Ctrl + T 를 눌러 다음의 그림과 같이 이미지 크기를 조절하고 'Layers' 팔레트에서 'Add Layer Mask' 아이콘( )을 클릭해 마스크를 씌웁니다.

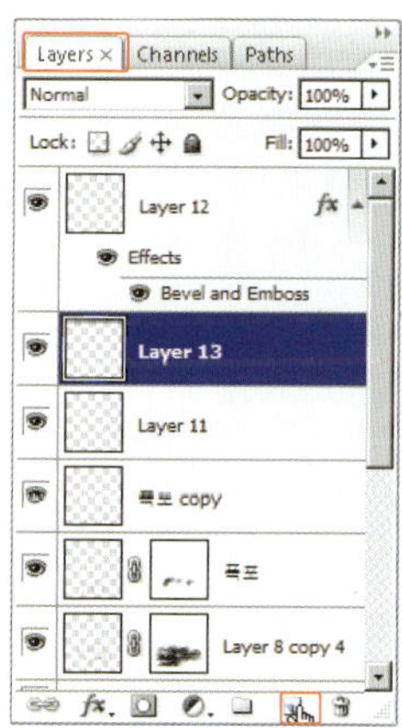

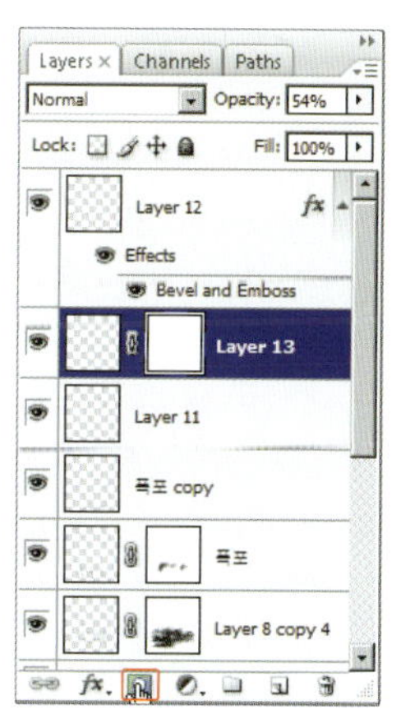

11 뒷면에 보이는 물방울을 점점 연하게 처리하기 위해 브러시 툴(✐)을 선택하고 'Soft Round'는 '200pixel', 'Opacity'는 '25%'로 지정합니다. 그런 다음 전경색을 검은색(■)으로 지정하고 칠하세요. **12** 전체 색을 보정하기 위해 'Layers' 팔레트에서 보정 레이어 아이콘(◑)을 클릭하고 'Color Balance'를 선택합니다.

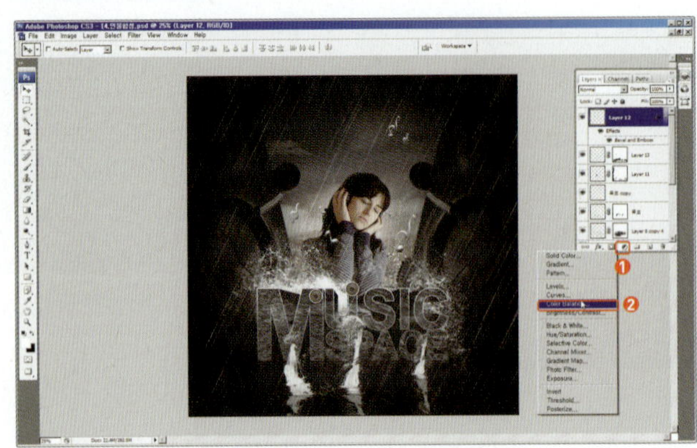

13 'Color Balance' 대화상자가 나타나면 다음의 그림과 같이 'Midtones' 톤과 'Shadows' 톤을 지정하고 'OK' 버튼을 클릭합니다.

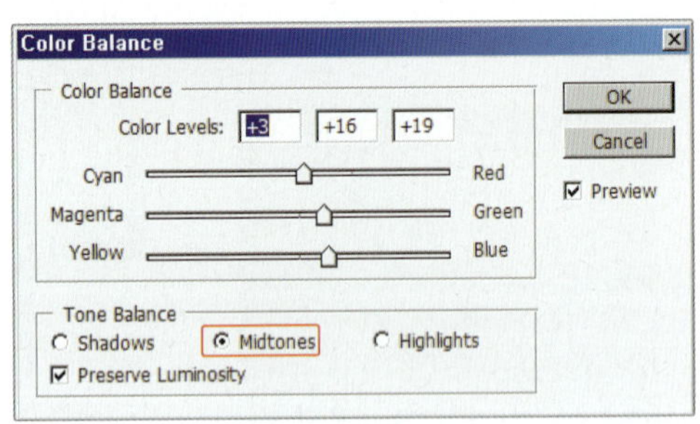
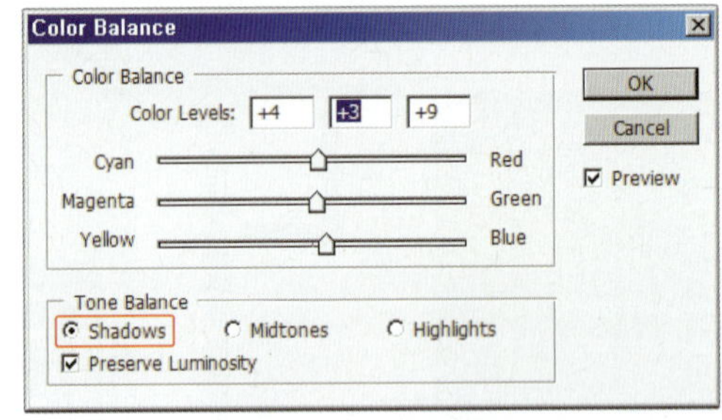

14 파란색 느낌을 살짝 추가해서 비오는 풍경을 좀 더 차가운 느낌으로 보정합니다.

예제에 추가하려고 했던 작업이었지만, 작업 과정이 다소 많아 목록에서 빠졌습니다. 사무실에서 밤샘근무중 졸지 않으려고 유쾌하고 신나는 '그린데이'의 노래를 듣다가 '그린데이' 하면 무엇이 떠오르는지 생각했습니다. 그러다가 편안함에 초점을 맞추고 작업했는데, 역시 배경은 어둡게 되었네요. 대부분의 개인 습작에 나타나는 어두운 배경은 특별한 의미가 있는 것이 아니라 단지 필자의 작업 성향입니다. 필자는 행사나 옥외쪽 작업을 많이 하다 보니 멀리서도 주목을 끌어야 하므로 색 대비를 많이 이용하고 주로 원색을 사용합니다.

Lesson

결과 파일 부록 CD\Theme03\Lesson08\이중인격.psd

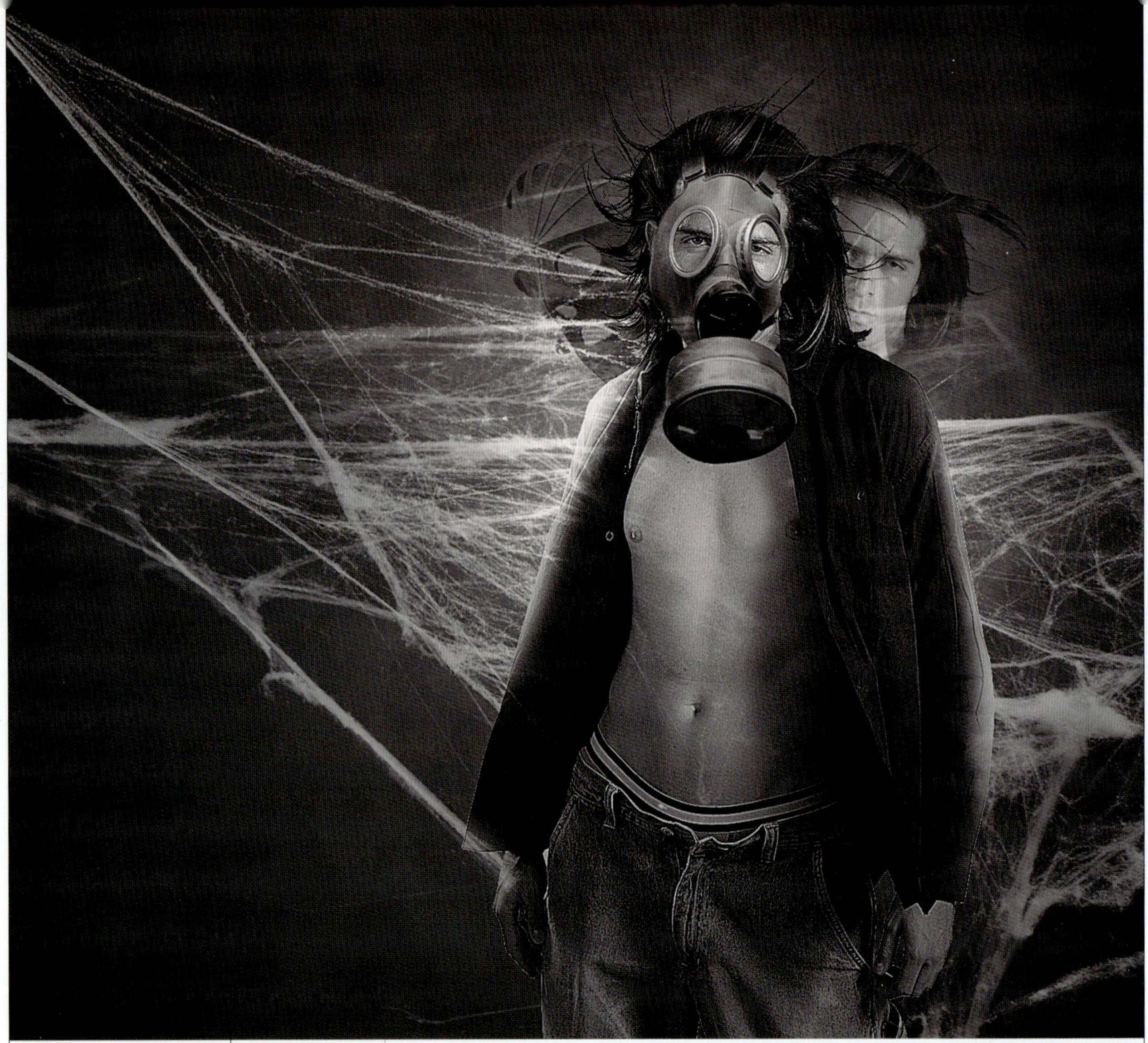

08 이중 인격

마스크와 복잡하게 엉킨 거미줄을 통해 인간 본연의 모습과 다중적인 성향을 가진 인물을 표현하려고 했습니다. 이번에는 헤어 부분 중 잔머리를 처리하는 방법에 대해 알아보겠습니다.

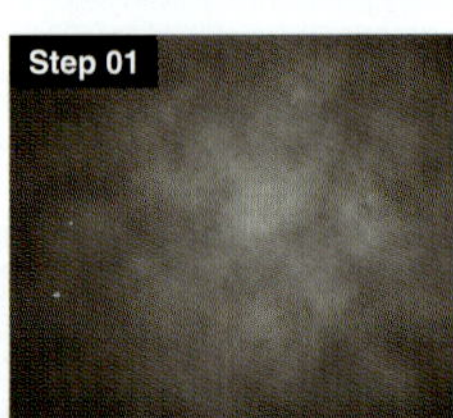

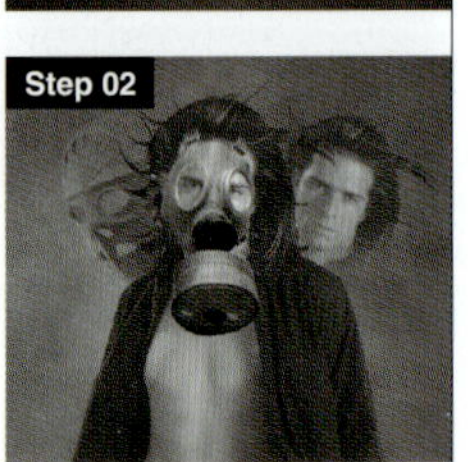

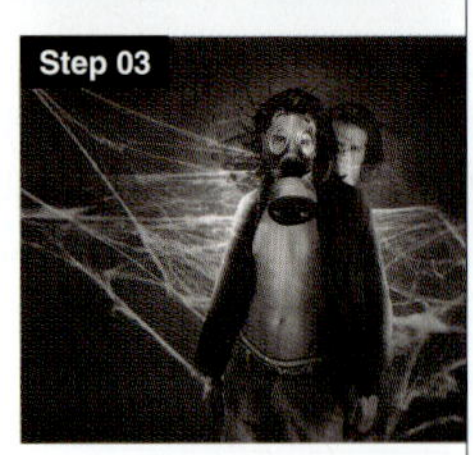

기본 배경 합성하기

그러데이션과 Render 필터를 이용해 기본 배경을 합성해 보겠습니다.

예제 파일 부록 CD\Theme03\Lesson08\거미줄.jpg

01 부록 CD에서 '거미줄.jpg' 파일을 불러오고 배경을 더블클릭해서 레이어로 만듭니다. 그런 다음 Shift + Ctrl + N 을 눌러 'New Layer' 대화상자를 나타내고 'Name'에 '그라디언트'를 입력한 후 'OK' 버튼을 클릭하세요. **02** 'Layers' 팔레트에서 'Layer 0' 레이어의 눈 아이콘(◉)을 끄고 툴바에서 그레이디언트 툴(▥)을 선택합니다. 'Gradient Editor'를 클릭해서 오른쪽 컬러는 검은색으로 두고 왼쪽 컬러를 클릭하세요.

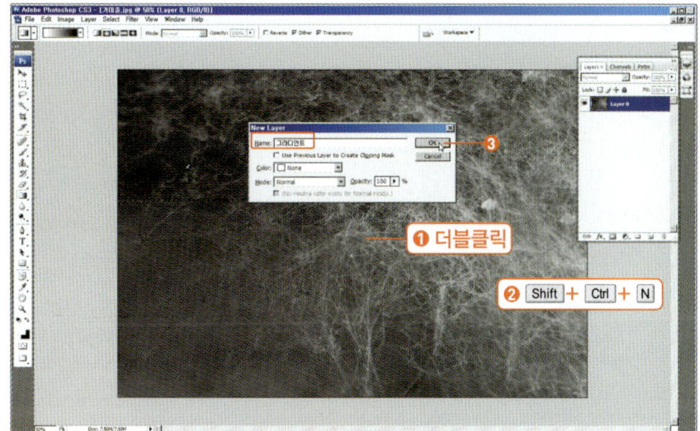
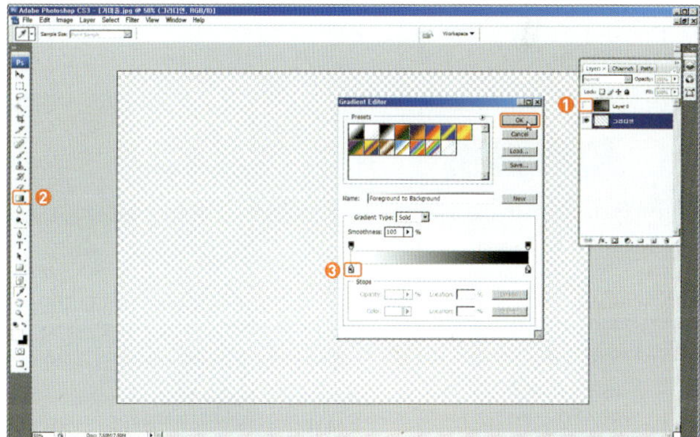

03 'Select stop color' 대화상자가 나타나면 '#a8a8a8'을 입력하고 'OK' 버튼을 클릭합니다. **04** 'Gradient Editor' 대화 상자에서 'OK' 버튼을 클릭해 Gradient Editor 컬러의 지정을 종료합니다.

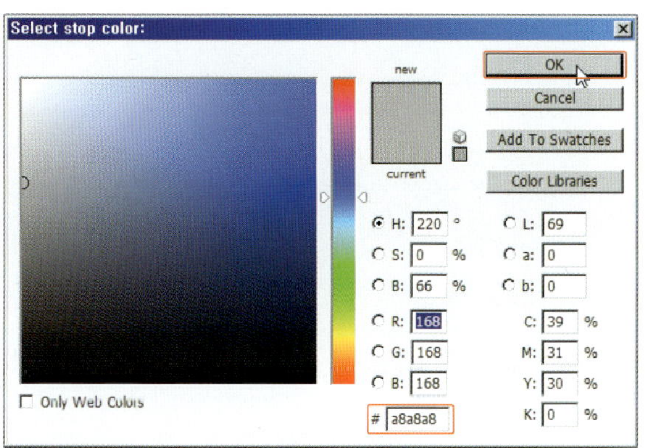
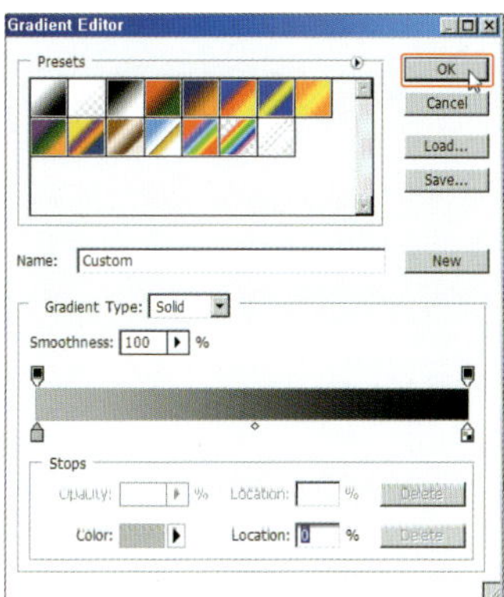

05 '그라디언트' 레이어를 'Layer 0' 레이어의 아래쪽으로 옮기고 중앙에서 대각선 측면 방향으로 원형 그러데이션(■)을 적용합니다. **06** 'Layers' 팔레트에서 'Layer 0' 레이어의 눈 아이콘(◉)을 켜고 'Opacity'를 '25%'로 지정합니다.

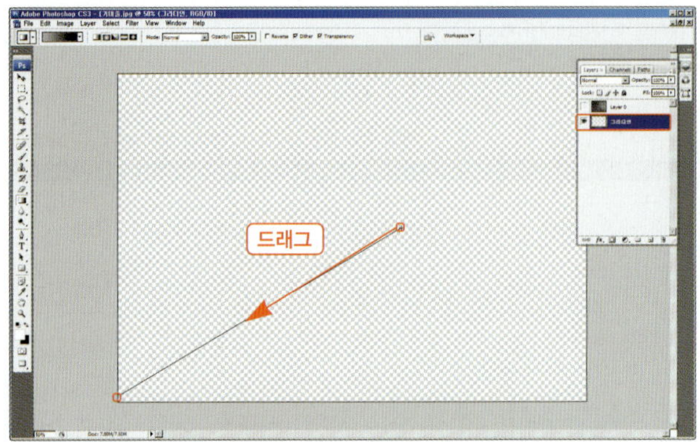

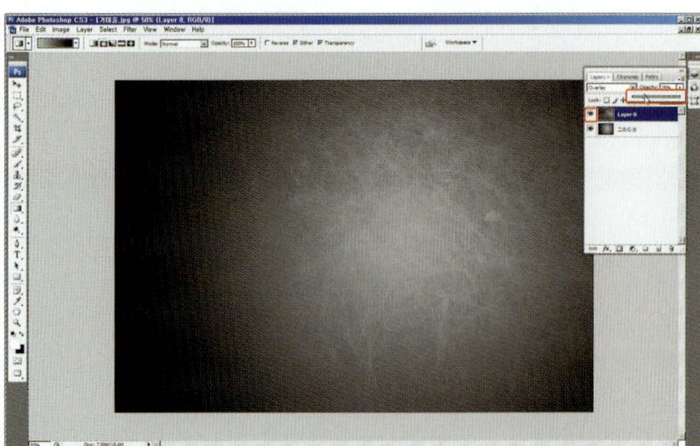

07 'Layers' 팔레트에서 'Create New Layer' 아이콘(◻)을 클릭해서 신규 레이어를 만듭니다. **08** 'Filter' → 'Lender' → 'Clouds' 메뉴를 선택합니다.

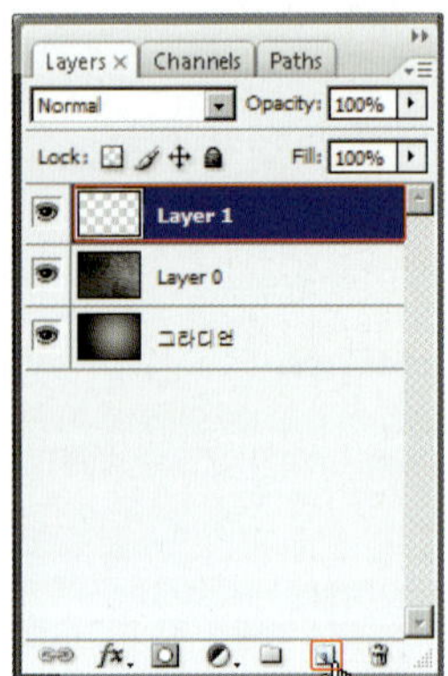

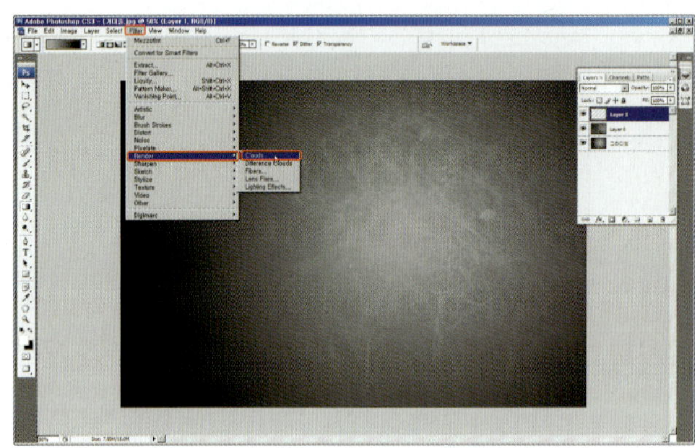

09 옵션바에서 블렌딩 모드를 'Multiply'로 변경하고 'Layers' 팔레트에서 'Opacity'를 '44%'로 조절합니다.

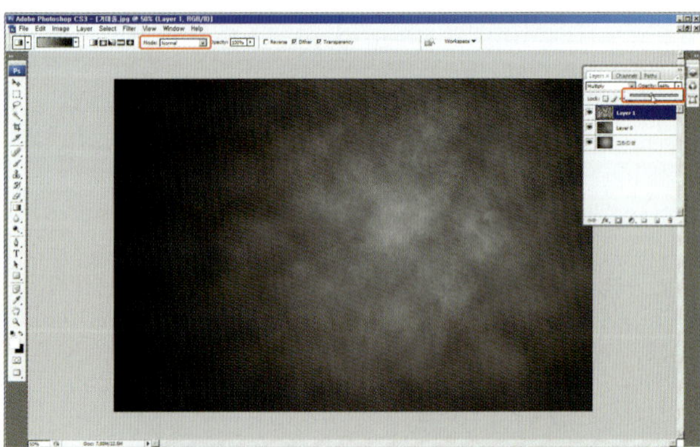

Step 02 인물 합성하기

잔머리와 배경을 자연스럽게 합성하는 방법을 살펴보겠습니다.

예제 파일 부록 CD\Theme03\Lesson08\남자.psd, 마스크.jpg 결과 파일 부록 CD\Theme03\Lesson08\인물합성.psd

01 부록 CD에서 '남자.psd' 파일을 불러옵니다. 그런 다음 단축키 Ctrl+A, Ctrl+C, Ctrl+W를 차례대로 눌러 작업 창에 이미지를 복사한 후 작업 창을 닫으세요. **02** 단축키 Ctrl+V를 눌러 붙여넣기하고 단축키 Ctrl+T를 눌러 크기를 조절합니다.

03 단축키 Shift+Ctrl+U를 눌러 흑백으로 변환하고 'Filter' → 'Sharpen' → 'Unsharp Mask' 메뉴를 선택합니다.
04 'Unsharp Mask' 대화상자가 나타나면 'Amount'는 '71%', 'Radius'는 '1.5pixel'로 지정해 선명하게 보정합니다.

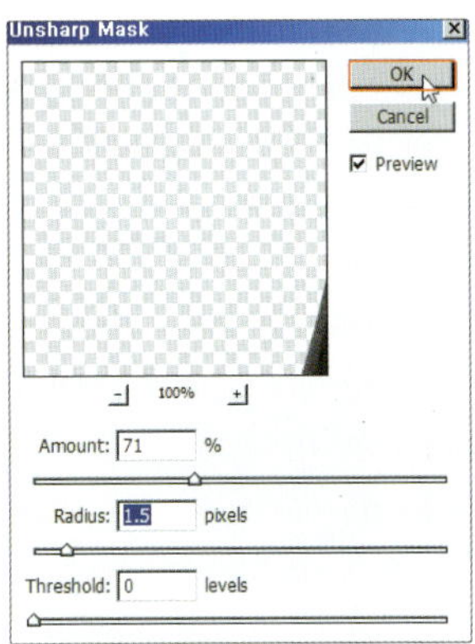

05 모델의 잔머리 부분에 배경톤이 남아있어서 이질감이 느껴집니다. 'Layers' 팔레트에서 Ctrl 을 누른 상태에서 'Layer 2' 레이어를 클릭해 선택 영역을 보정하세요. **06** 'Layers' 팔레트에서 보정 레이어 아이콘(◉)을 클릭한 후 'Solid Color'를 선택합니다.

07 'Pick a solid color' 대화상자가 나타나면 '#0e0e0e'를 입력하고 'OK' 버튼을 클릭합니다. 이때 보이는 이미지의 헤어 부분과 유사한 컬러를 입력하세요. **08** 툴바에서 브러시 툴(✏)을 선택합니다.

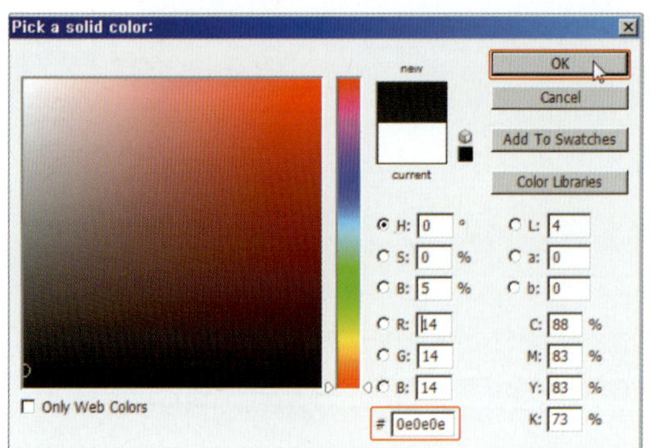
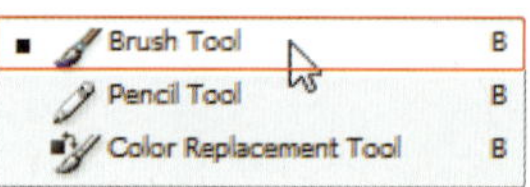

09 전경색을 검은색(■)으로 지정하고 머릿결 부분을 제외한 나머지 부위를 문질러서 인물 이미지를 복구합니다. **10** 'Layers' 팔레트에서 Ctrl 을 누른 상태에서 'Color Fill 1' 레이어와 'Layer 2' 레이어를 선택하고 단축키 Ctrl + E 를 눌러 합칩니다.

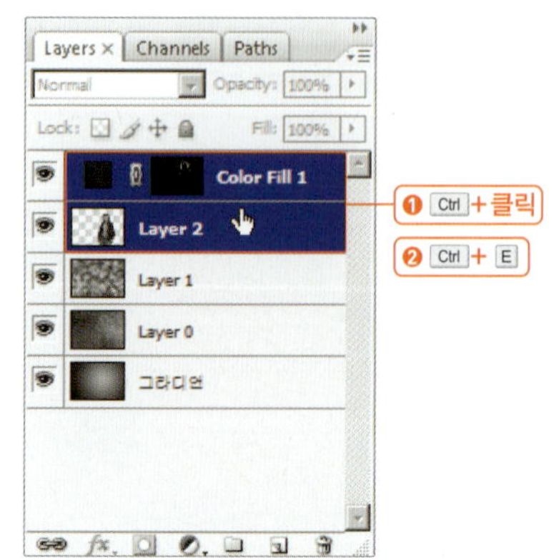

11 부록 CD에서 '마스크.jpg' 파일을 불러오고 Ctrl 을 누른 상태에서 'Paths' 팔레트에 있는 'Path 1'을 클릭해 선택 영역으로 활성화합니다. 그런 다음 단축키 Ctrl + C , Ctrl + W 를 차례대로 눌러 작업 창에 이미지를 복사한 후 작업 창을 닫으세요.

12 단축키 Ctrl + V 를 눌러 붙여넣기하고 단축키 Ctrl + T 를 눌러 안면부에 위치해서 얼굴을 가립니다.

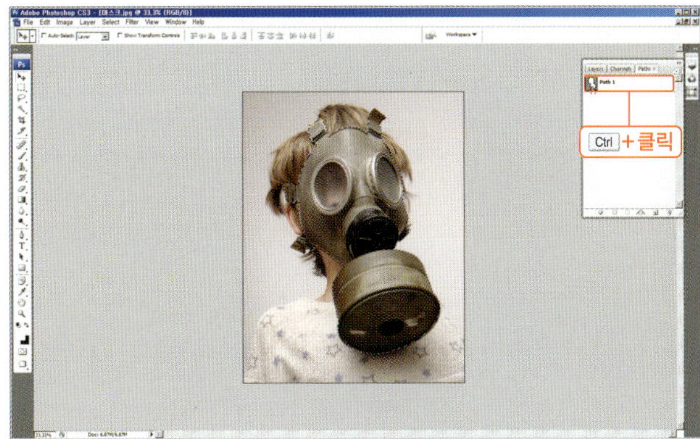
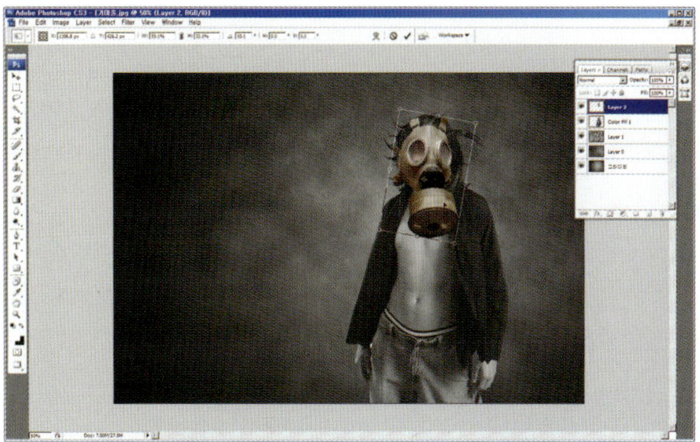

13 펜 툴(🖋)로 유리면을 선택하고 Ctrl 을 누른 상태에서 생성된 'Shape 1', 'Shape 2' 레이어를 클릭해 선택 영역으로 활성화합니다. **14** Delete 를 눌러 선택 영역을 지우고 'Shape 1', 'Shape 2' 레이어는 휴지통(🗑)으로 드래그해 삭제합니다.

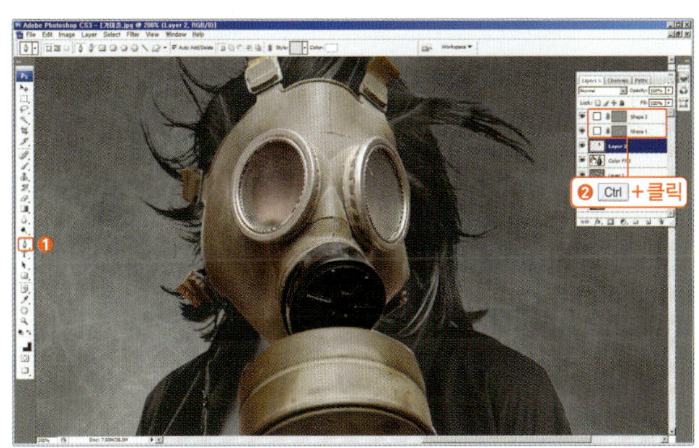
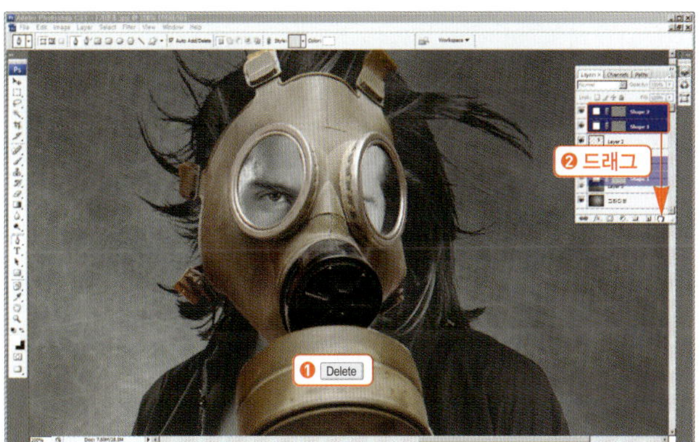

15 단축키 Shift + Ctrl + U 를 눌러 흑백으로 변환합니다. 그런 다음 단축키 Ctrl + T 를 누르고 마우스 오른쪽 버튼을 클릭한 후 바로 가기 메뉴에서 'Warp'을 선택합니다. **16** 'Warp'의 꼭지점을 당겨서 이미지를 왜곡하여 인물의 눈을 표시합니다.

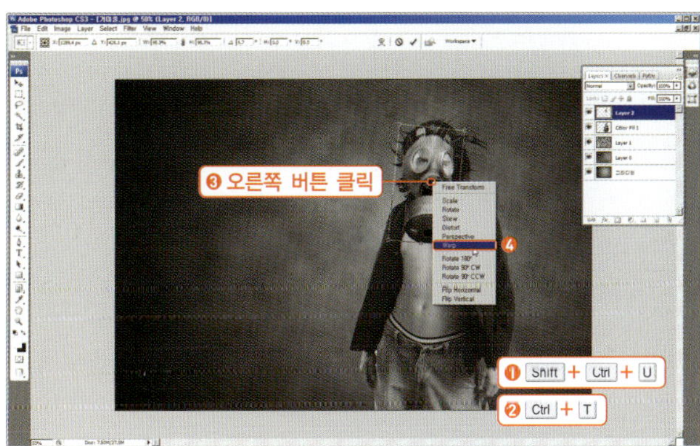

17 'Layers' 팔레트에서 'Add Layer Mask' 아이콘(◉)을 클릭합니다. 그런 다음 빨간색으로 표시한 부분을 마스크를 이용해 머릿결과 자연스럽게 연결하세요. **18** 툴바에서 브러시 툴(✎)을 선택하고 'Soft Round'는 '50pixel', 'Opacity'는 '47%'로 지정합니다.

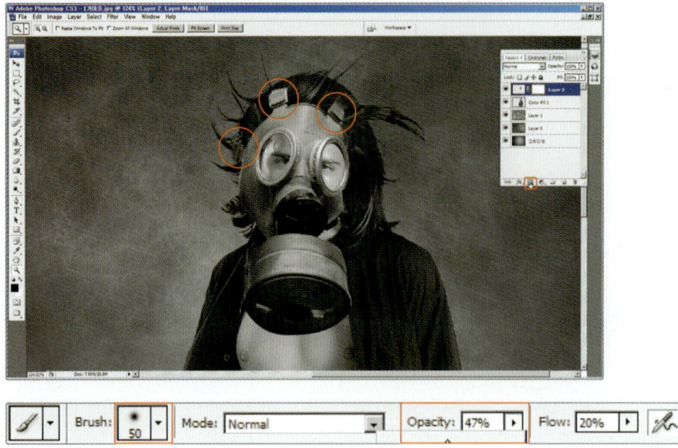

19 전경색을 검은색(■)으로 지정하고 빨간색으로 표시한 부분을 가볍게 두 번 정도 문지릅니다.

다중적인 성향 표현하기

마스크를 이용해 인간의 다중적인 성향을 표현해 보겠습니다.

예제 파일 부록 CD\Theme03\Lesson08\마스크-01.jpg

01 'Layers' 팔레트에서 단축키 Ctrl + J 로 'Color Fill 1' 레이어를 복사하고 복사한 레이어를 'Color Fill 1' 레이어의 아래쪽으로 이동합니다. 그런 다음 단축키 Ctrl + T 를 눌러 약간 작게 축소하고 오른쪽으로 회전하세요. **02** 'Layers' 팔레트에서 'Add Layer Mask' 아이콘(◻)을 클릭해 마스크를 씌웁니다.

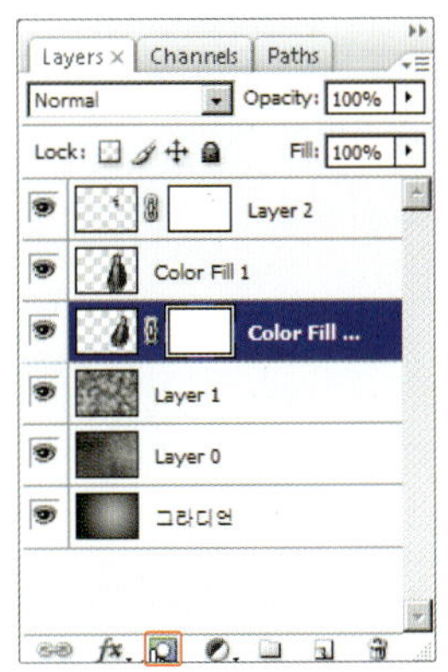

03 툴바에서 브러시 툴(✎)을 선택하고 전경색을 검은색(■)으로 지정합니다. 그런 다음 머리부터 목 부분을 제외한 나머지를 문질러서 배경 속에 묻힌 듯한 느낌을 표현하세요. **04** 부록 CD에서 '마스크-01.jpg' 파일을 불러오고 마술봉 툴(✦)로 마스크 이외의 배경을 선택한 후 단축키 Shift + Ctrl + I 를 눌러 선택 영역을 반전시킵니다. 그런 다음 단축키 Ctrl + C , Ctrl + W 를 차례대로 눌러 작업 창에 이미지를 복사한 후 작업 창을 닫으세요.

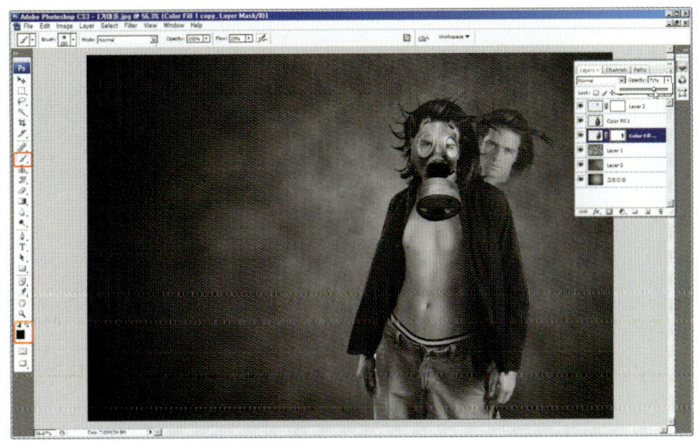
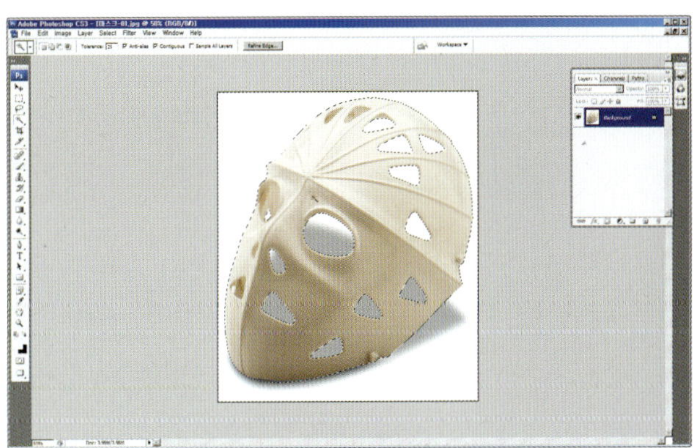

05 단축키 Ctrl + V 를 눌러 붙여넣기하고 단축키 Ctrl + T 를 눌러 얼굴의 왼쪽에 위치시킨 후 단축키 Shift + Ctrl + U 를 눌러 흑백으로 변환합니다. **06** 단축키 Ctrl + M 을 눌러 'Curves' 대화상자를 실행하고 다음의 그림과 같이 커브 곡선을 이동해 마스크 이미지를 어둡게 보정합니다.

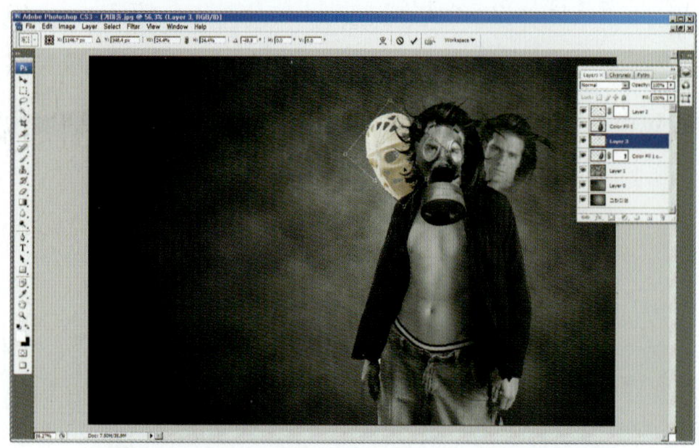

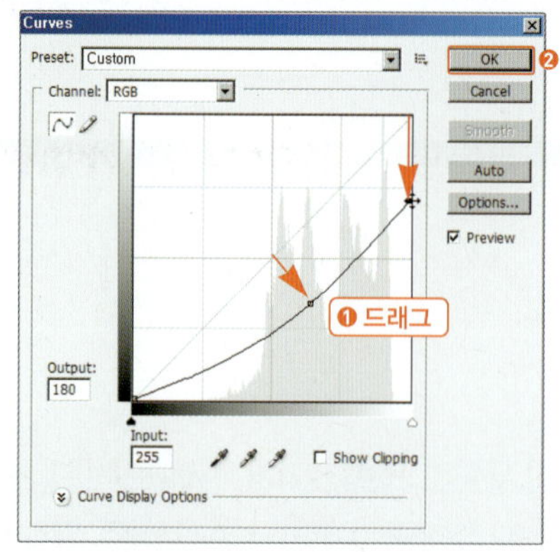

07 블렌딩 모드를 'Overlay'로 변경해 마스크가 너무 눈에 띄지 않게 합니다. 중심이 되는 인물은 전면에 내세우고 다중적인 성향을 의미하는 인물과 마스크를 뒤쪽에 은은하게 배치해 숨겨진 인간의 이중성을 표현하세요.

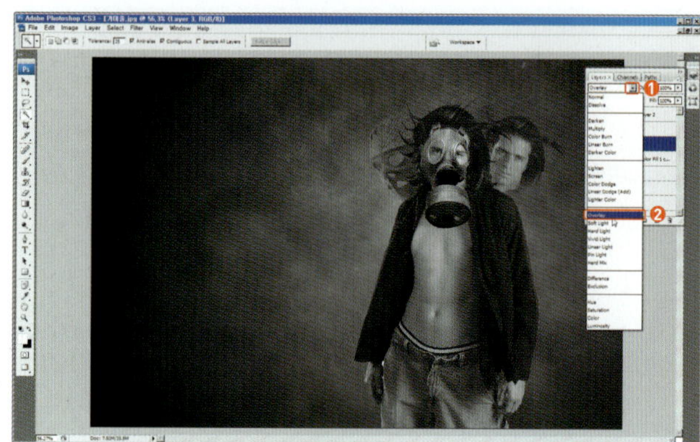

복잡한 심리 표현하기

거미줄을 이용해 인간의 복잡한 심리를 표현해 보겠습니다.

예제 파일 부록 CD\Theme03\Lesson08\거미줄-01.psd

01 부록 CD에서 '거미줄-01.psd' 파일을 불러옵니다. 그런 다음 F 를 눌러 화면을 전환하고 이동 툴(▶+)을 이용해 거미줄 이미지를 드래그하세요. **02** 옮겨온 레이어의 이름을 '거미줄-1', '거미줄' 이라고 변경합니다. 그런 다음 'Layers' 팔레트에서 '거미줄-1' 레이어를 선택하고 단축키 Ctrl + T 를 눌러 'Flip Horizontal' 로 좌우 반전시키세요.

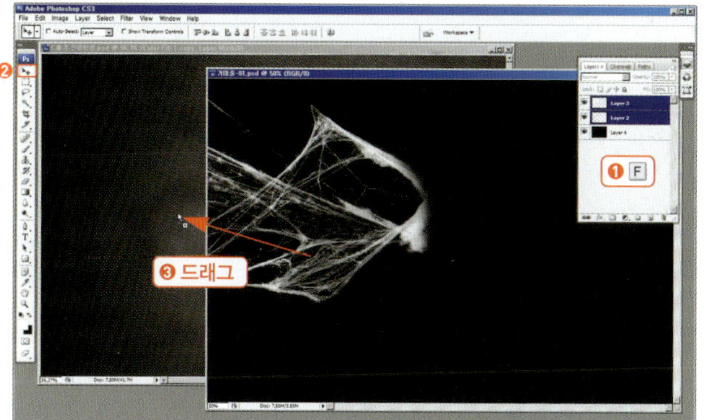

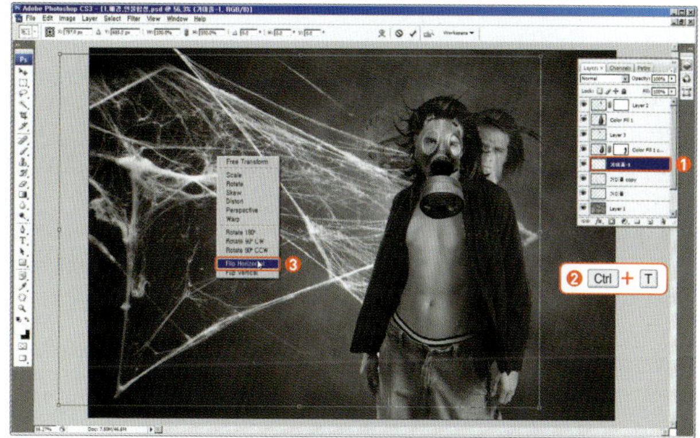

03 다음의 그림과 같이 '거미줄-1' 레이어를 위치시킵니다. **04** '거미줄-1' 레이어를 단축키 Ctrl + J 를 눌러 복사한 후 위로 옮깁니다.

05 'Layers' 팔레트에서 '거미줄-1 Copy' 레이어를 선택하고 'Add Layer Mask' 아이콘(◉)을 클릭해 마스크를 씌웁니다.
06 툴바에서 브러시 툴(✎)을 선택하고 문질러서 인물과 겹치는 부분을 최소화합니다. 그런 다음 블렌딩 모드를 'Overlay'로 변경하세요.

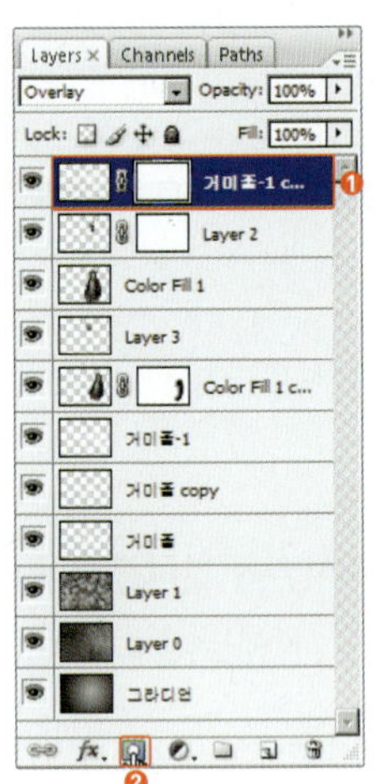

07 툴바에서 닷지 툴(🔍)을 선택하고 'Range'를 'Midtones'로 지정합니다. 그런 다음 'Layers' 팔레트에서 'Color Fill 1' 레이어를 선택하고 인물의 외곽선을 문질러서 거미줄이 닿는 부분에 하이라이트를 넣습니다. **08** Shift 를 누른 상태에서 모든 레이어를 선택하고 단축키 Ctrl + G 를 누르면 'Group 1' 그룹 레이어가 됩니다. 'Layers' 팔레트에서 'Create New Group' 아이콘(▢)을 클릭하세요.

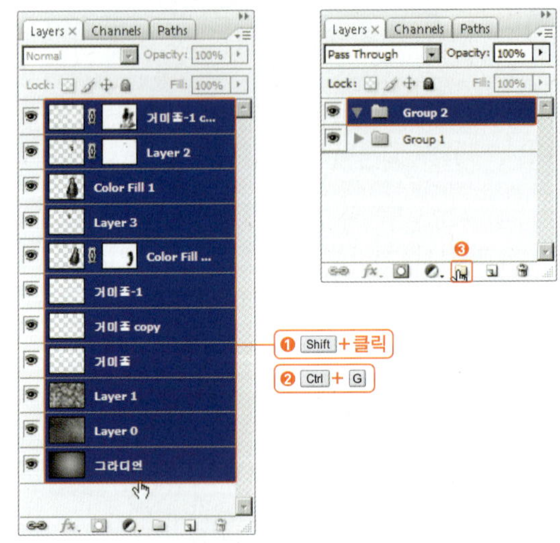

09 생성한 'Group 2' 레이어의 이름을 '톤보정'으로 변경합니다.

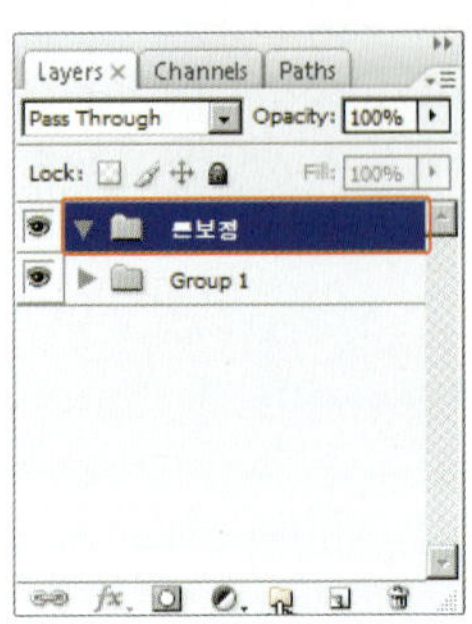

보정 레이어를 이용해 색 보정하기

흑백 사진에 보정 레이어를 이용해 Magenta 계열의 색을 추가해 보겠습니다.

01 'Layers' 팔레트에서 보정 레이어 아이콘(⦿)을 클릭한 후 'Curves'를 선택합니다. **02** 'Curves' 대화상자가 나타나면 다음의 그림과 같이 커브 곡선을 조절해 톤을 어둡게 보정합니다.

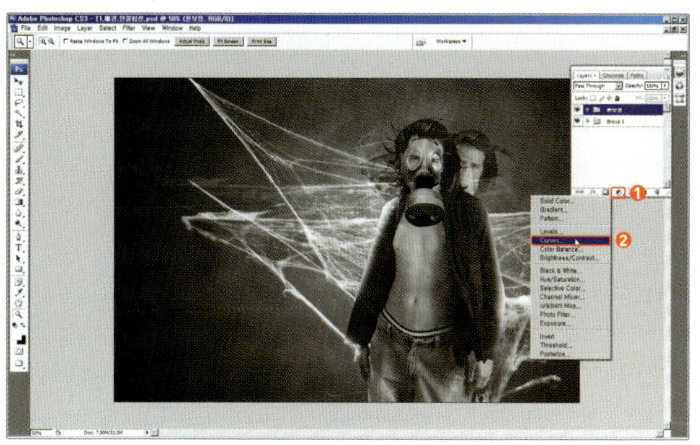

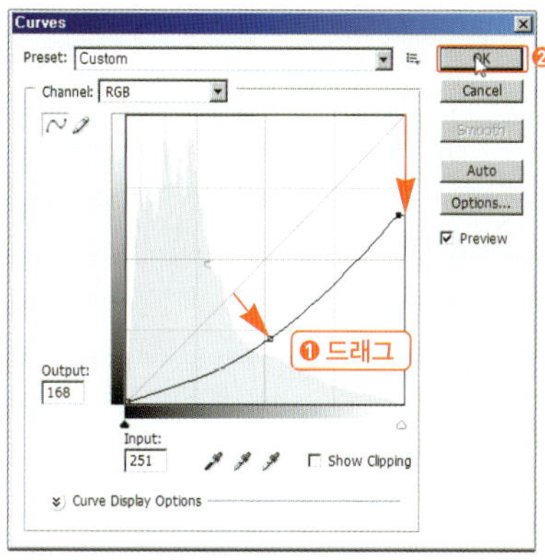

03 툴바에서 브러시 툴(✏)을 선택하고 전경색을 검은색(■)으로 지정합니다. 그런 다음 ①를 눌러 다음의 그림과 같이 브러시를 확대하고 인물의 얼굴 부위를 클릭해서 밝게 하세요. **04** 'Layers' 팔레트에서 보정 레이어 아이콘(⦿)을 클릭한 후 'Brightness/ Contrast'를 선택합니다.

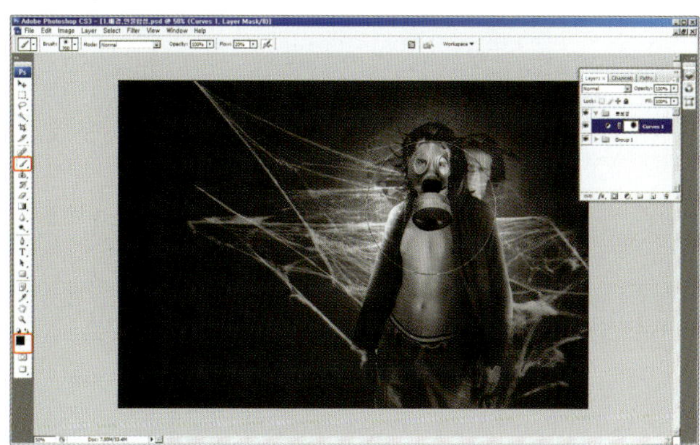

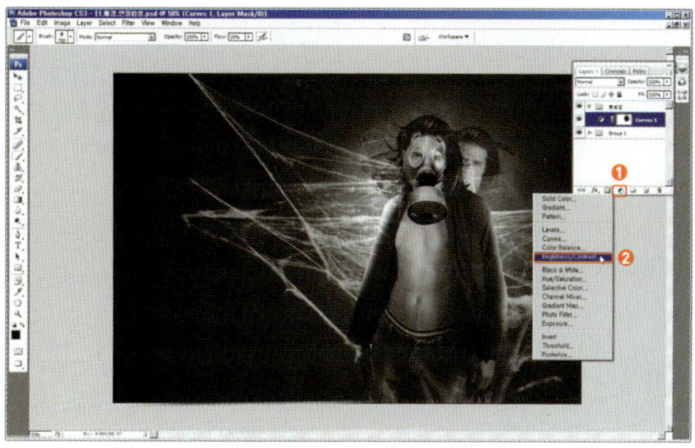

05 'Brightness/Contrast' 대화상자가 나타나면 다음의 그림과 같이 지정하고 'OK' 버튼을 클릭합니다. **06** 'Layers' 팔레트에서 보정 레이어 아이콘(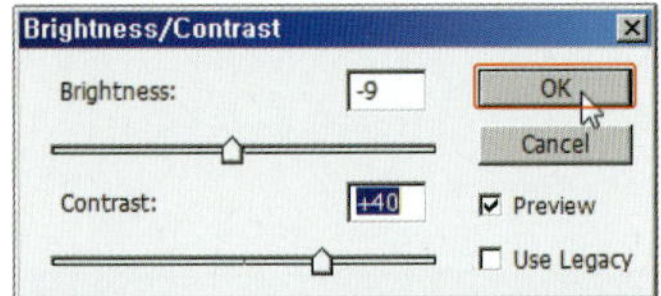)을 클릭한 후 'Color Balance'를 선택합니다.

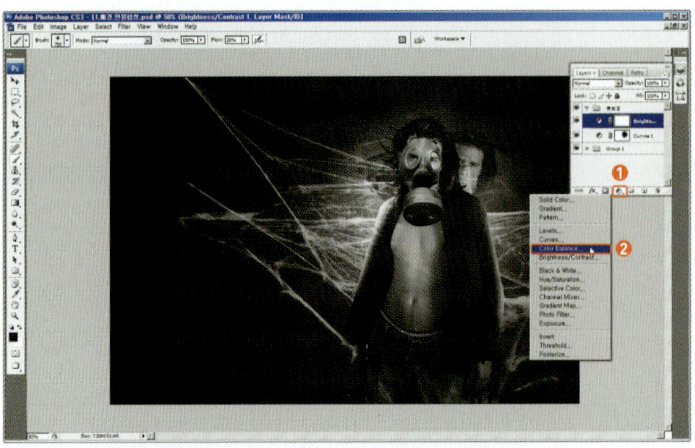

07 'Color Balance' 대화상자가 나타나면 흑백톤에 'Red' 계열의 색감을 연하게 추가하기 위해 다음의 그림과 같이 조절합니다.

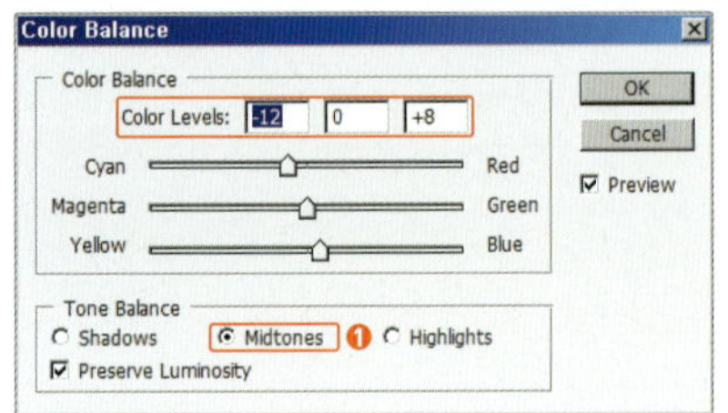
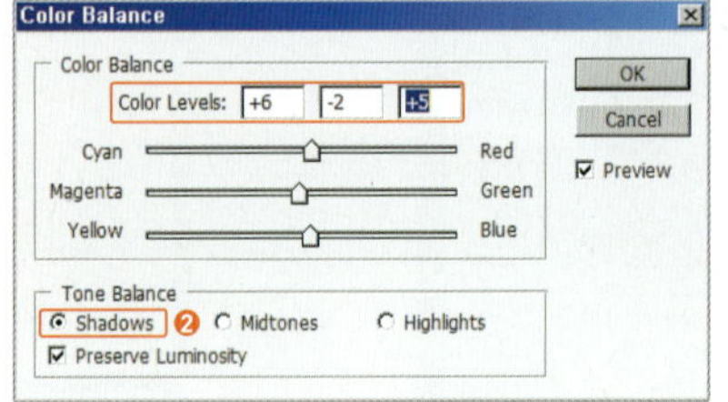
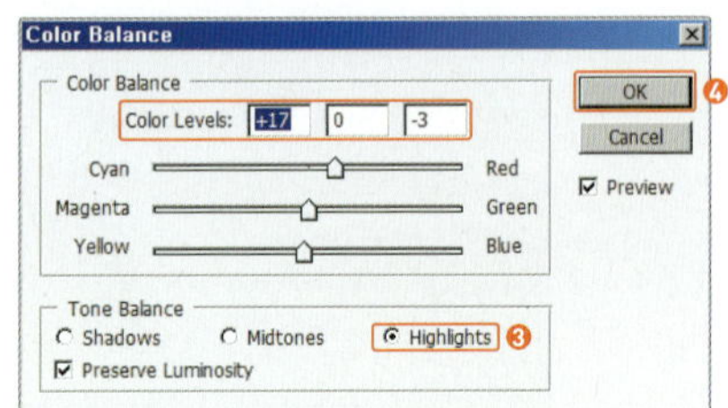

08 단축키 Shift + Ctrl + E 를 눌러 지금까지의 작업 과정을 하나의 레이어로 만듭니다. **09** 마지막으로 이미지에 'Sharpen' 효과를 주어 날카롭게 보정합니다. 그런 다음 'Filter' → 'Sharpen' → 'Unsharp Mask' 메뉴를 선택해서 'Unsharp Mask' 대화상자를 나타내고 다음의 그림과 같이 지정한 후 작업을 종료하세요.

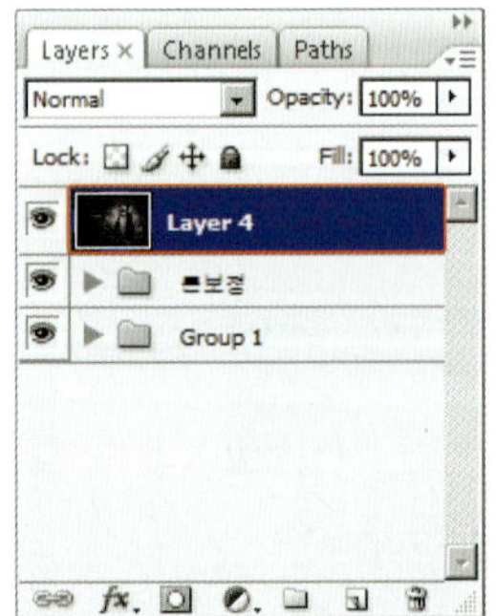
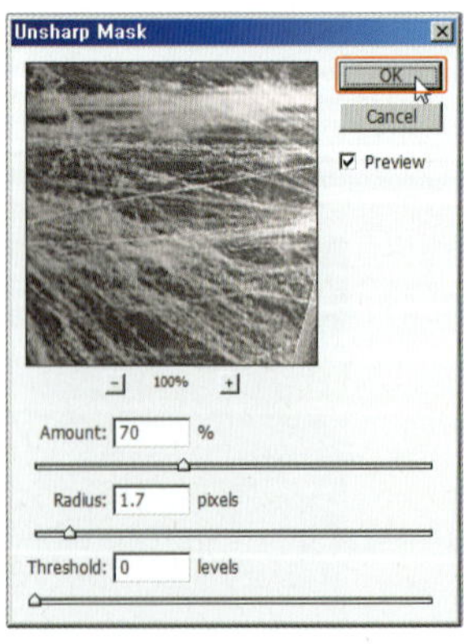

사랑은 마치 앙날의 섬 같아서 마냥 좋기만 하고 행복하다가 이별할 땐 숨이 멎을 듯 아픕니다. 헤어지는 시간은 준비할 새 없이 너무 순식간에 지나가는데, 만난 시간에 비해 그 짧은 시간을 버티는 것은 누구에게나 힘듭니다. 그렇다고 해서 상대방에게 평생 가슴에 남는 아픔을 주는 잘못은 남기지 않기를 바랍니다.

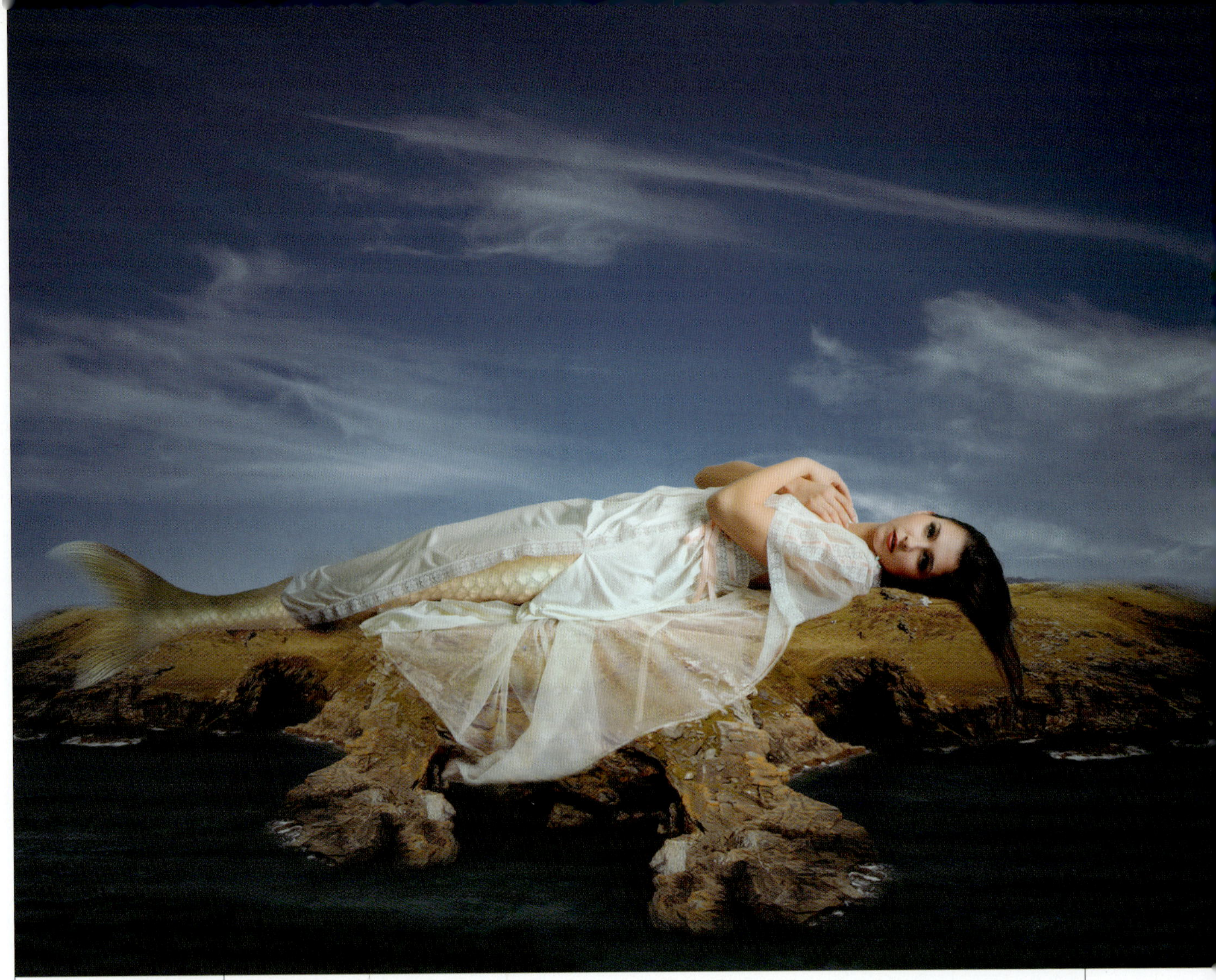

Lesson

09 인어공주

결과 파일 부록 CD\Theme03\Lesson09\인어공주.psd

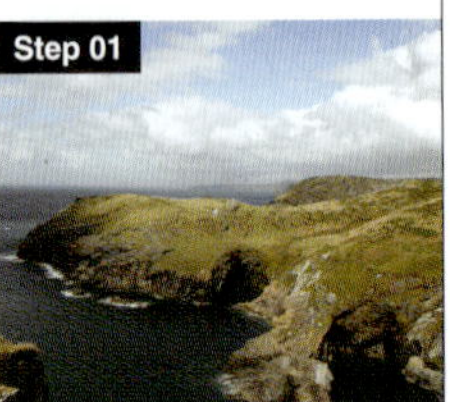

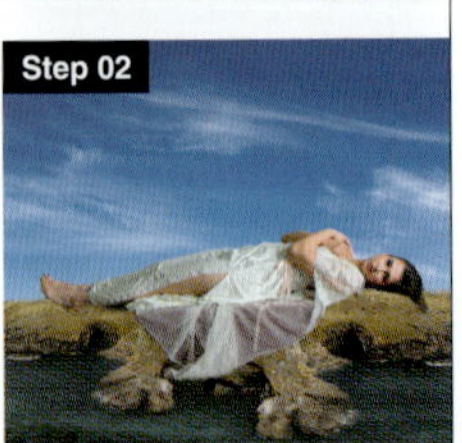

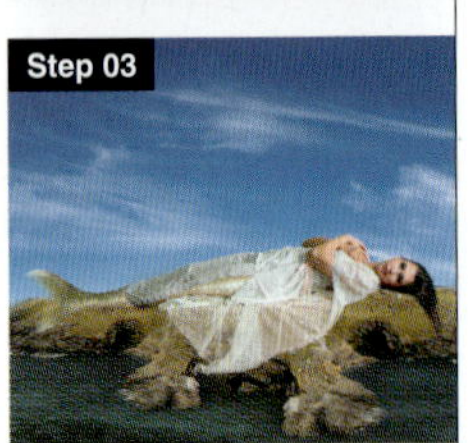

이번에는 주제의 전달이 아니라 '어떻게 배경 작업을 하느냐' 가 주요 포인트입니다. 한 장의 사진을 이용해 부분 복사와 마스크 작업으로 커다란 바위섬을 만들고 바다를 표현합니다. 그리고 색이 있는 옷을 배경과 합성할 때 블렌딩 모드를 어떻게 활용하는지에 초점을 맞추고 실습해 보겠습니다.

Step 01

Step 02

Step 03

Step 01

배경과 인물 합성하기

오른쪽이 잘린 바위섬 사진을 활용해 프레임에 가득찬 넓은 바위섬 배경을 만들고 인물을 합성해 보겠습니다.

예제 파일 부록 CD\Theme03\Lesson09\바위섬.jpg, 여자.psd

01 부록 CD에서 '바위섬.jpg' 파일을 불러옵니다. **02** 'Channels' 팔레트에서 'Blue' 채널을 'Create New Channel' 아이콘(□)으로 드래그해 'Blue copy' 채널을 만듭니다.

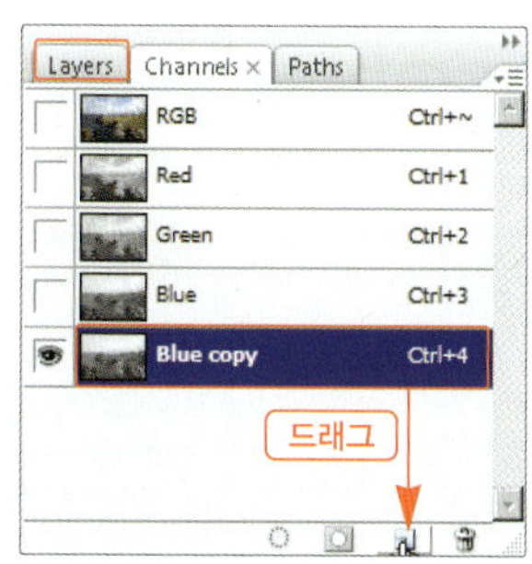

03 단축키 Ctrl + M 을 눌러 'Curves' 대화상자를 나타내고 다음의 그림과 같이 커브 곡선을 이동해 흑과 백의 콘트라스트를 높입니다. **04** 툴바에서 마술봉 툴(※)을 선택하고 위쪽의 흰 여백을 클릭해서 선택 영역으로 활성화합니다. 그런 다음 ''Select' → 'Inverse' 메뉴(Shift + Ctrl + I)를 선택하여 선택 영역을 반전시키세요.

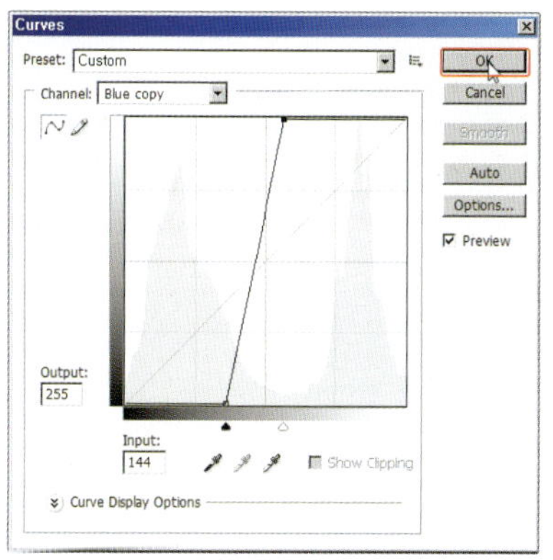

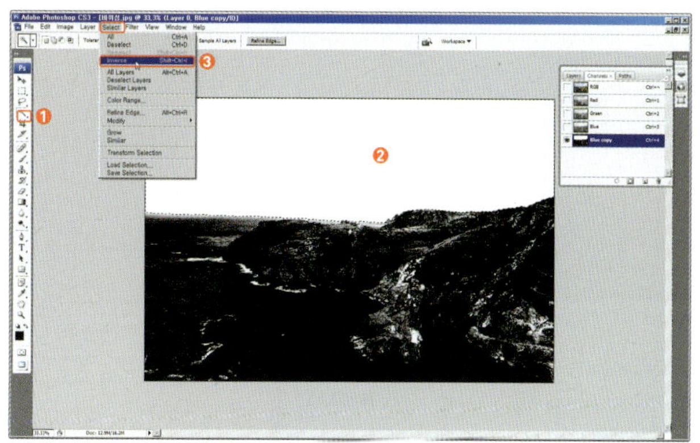

05 'Layers' 팔레트에서 단축키 Ctrl + J 를 눌러 선택 영역을 복사합니다. 그런 다음 'Layer 0' 레이어를 휴지통(🗑)으로 드래그해 삭제하세요. **06** '여자.psd' 파일을 불러옵니다. 그런 다음 단축키 Ctrl + A , Ctrl + C , Ctrl + W 를 차례대로 눌러 작업 창에 이미지를 복사한 후 작업 창을 닫으세요.

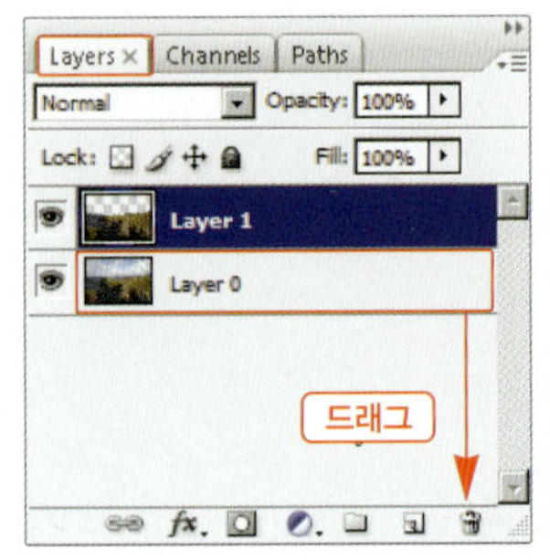

07 단축키 Ctrl + V 를 눌러 붙여넣기하고 단축키 Ctrl + T 를 눌러 크기를 축소한 후 화면의 중앙에 올려놓습니다.

08 'Layers' 팔레트에서 'Layer 2' 레이어의 눈 아이콘(👁)을 끄고 'Layer 1' 레이어를 선택한 후 단축키 Ctrl + T 를 눌러 다음의 그림과 같이 조절합니다. 그림에서 표시한 부분은 복사한 후 이미지를 반전시켜서 물 위에 떠 있는 바위섬을 만들 것입니다.

09 단축키 Ctrl + J 를 눌러 'Layer 1' 레이어를 복사하고 단축키 Ctrl + T 를 누릅니다. 그런 다음 'Flip Horizontal' 명령으로 이미지를 좌우 반전시키고 다음의 그림과 같이 배치한 후 'Layers' 팔레트에서 'Layer 2' 레이어의 눈 아이콘(👁)을 켜서 인물 이미지의 크기와 비교해 바위섬의 위치를 확인하세요. **10** 툴바에서 브러시 툴(🖌)을 선택하고 'Soft Round'는 '200pixel', 'Opacity'는 '50~60%'로 지정합니다.

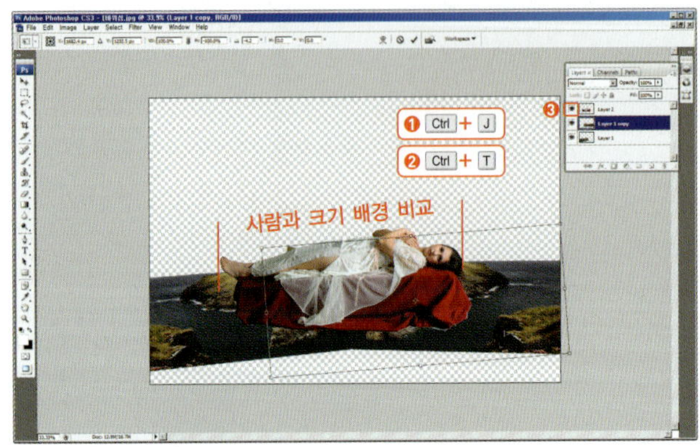

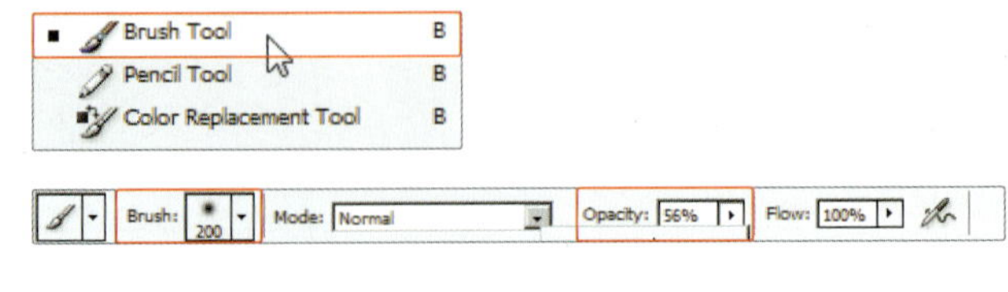

11 'Layers' 팔레트에서 전경색을 검은색(■)으로 지정하고 이미지가 교체되는 표시한 부분을 칠해서 좌우 이미지를 자연스럽게 연결합니다. **12** Ctrl 을 누른 상태에서 'Layer 1 copy' 레이어와 'Layer 1' 레이어를 선택하고 단축키 Ctrl + G 를 눌러 그룹화합니다. 그런 다음 그룹 레이어의 이름을 '배경'으로 변경하세요.

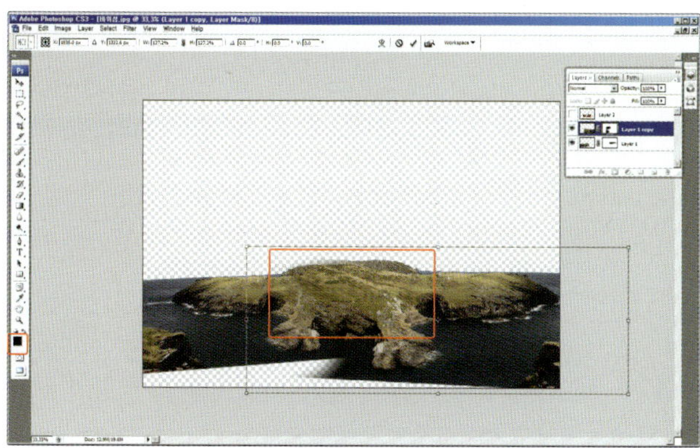
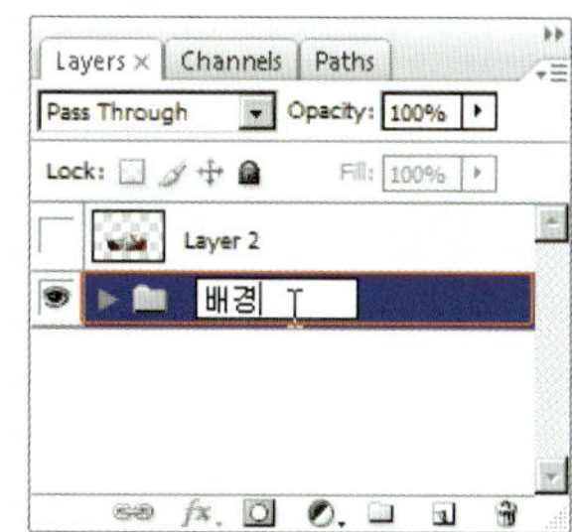

13 'Layers' 팔레트에서 'Add Layer Mask' 아이콘(◻)을 클릭해 마스크를 씌웁니다. **14** 전경색을 검은색(■)으로 지정하고 브러시 툴(✐)로 빨간색 부분을 문지릅니다.

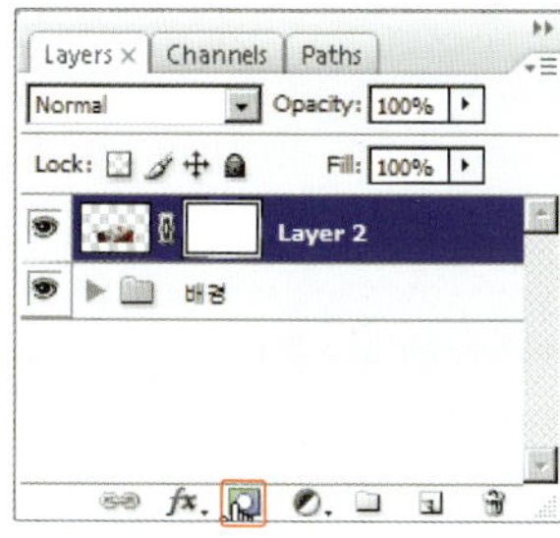

15 브러시 툴(✐)을 선택하고 'Soft Round'는 '200pixel', 'Opacity'는 '56%'로 지정합니다. **16** 전경색을 검은색(■)으로 선택하고 브러시 크기를 조절하면서 이미지에 보이는 탁자 부분을 문지릅니다.

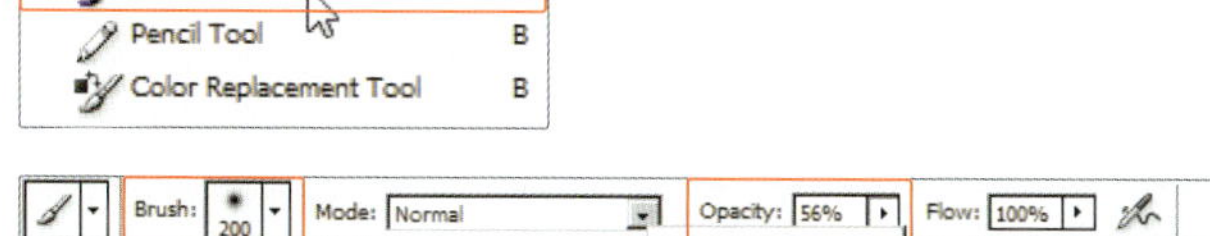

브러시 확대 · 축소 단축키

[ ]] : 브러시 확대 [[ ] : 브러시 축소
옵션바의 'Opacity'와 함께 합성 작업할 때 가장 많이 사용하는 단축키입니다.

배경에 바다 합성하기

레이어 마스크를 이용해 바위섬 위에 바다를 합성해 보겠습니다.

예제 파일 부록 CD\Theme03\Lesson09\바다.jpg, 하늘.jpg **결과 파일** 부록 CD\Theme03\Lesson09\배경완성.psd

01 부록 CD에서 '바다.jpg' 파일을 불러옵니다. 그런 다음 단축키 Ctrl+A, Ctrl+C, Ctrl+W를 차례대로 눌러 작업 창에 이미지를 복사한 후 작업 창을 닫으세요. **02** 단축키 Ctrl+V를 눌러 붙여넣기하고 'Layers' 팔레트에서 Alt를 누른 상태에서 'Add Layer Mask' 아이콘(◉)을 클릭해 'Hide All' 상태로 만듭니다. 이때 복사된 이미지는 보이지 않습니다.

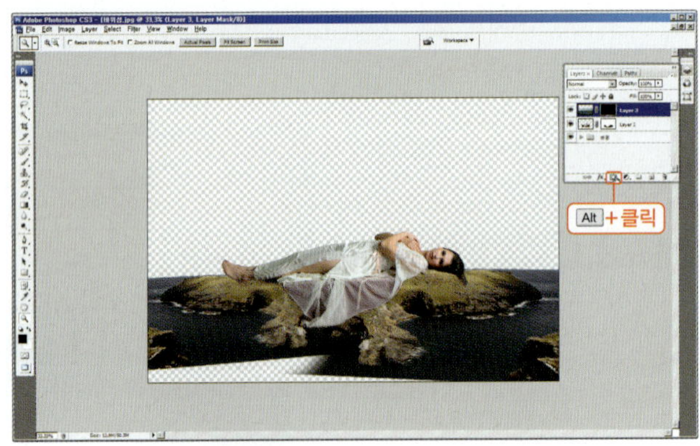

03 도큐먼트 창에서 마우스 오른쪽 버튼을 클릭하여 브러시 목록을 나타낸 후 'Soft Round' 가 '300pixel' 인 브러시를 선택합니다. 그런 다음 옵션바에서 'Opacity'를 '50%' 로 지정하세요. **04** 전경색을 흰색(◨)으로 지정하고 바위와 겹치지 않게 브러시를 확대 및 축소하면서 문지릅니다.

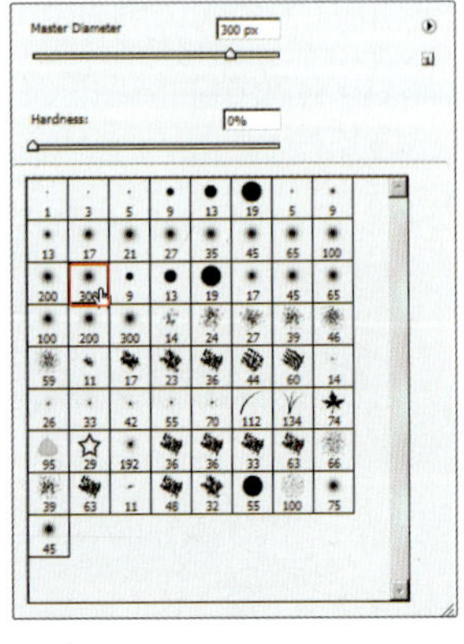

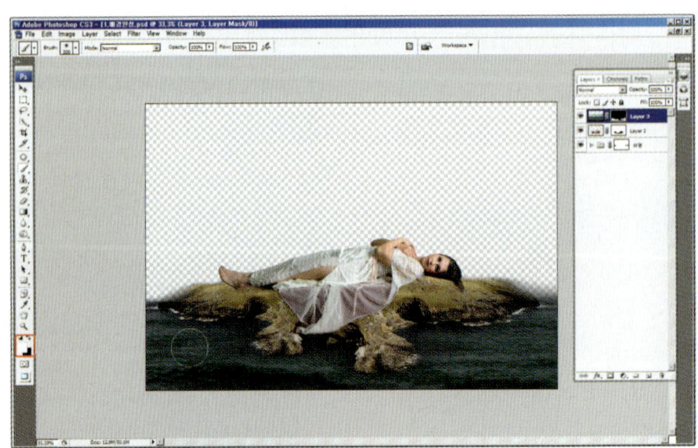

05 부록 CD에서 '하늘.jpg' 파일을 불러옵니다. 그런 다음 단축키 Ctrl + A, Ctrl + C, Ctrl + W 를 차례대로 눌러 작업 창에 이미지를 복사한 후 작업 창을 닫으세요. **06** 단축키 Ctrl + V 를 눌러 붙여넣기하고 레이어의 맨 아래쪽으로 이동합니다. 그런 다음 단축키 Ctrl + T 를 눌러 다음의 그림과 같이 크기를 조절하세요.

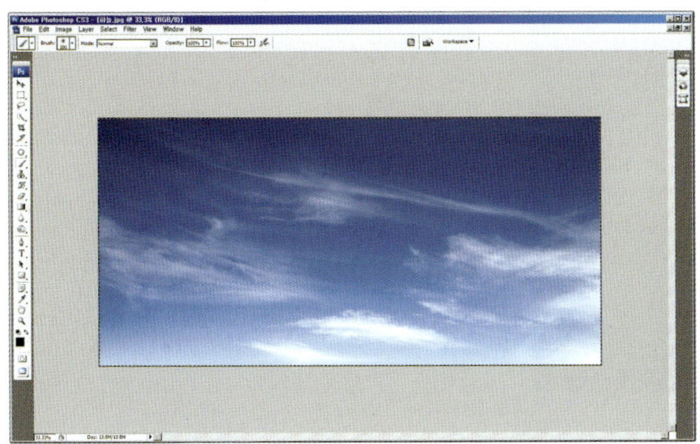

07 'Layers' 팔레트에서 '배경' 레이어를 선택하고 'Add Layer Mask' 아이콘(◉)을 클릭하여 마스크를 씌웁니다. **08** 툴바에서 브러시 툴(✎)을 선택하고 옵션바에서 'Soft Round'는 '80pixel', 'Opacity'는 '50%'로 지정합니다.

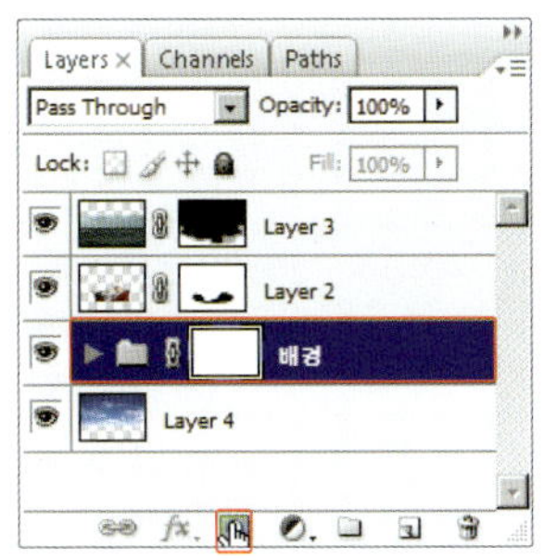
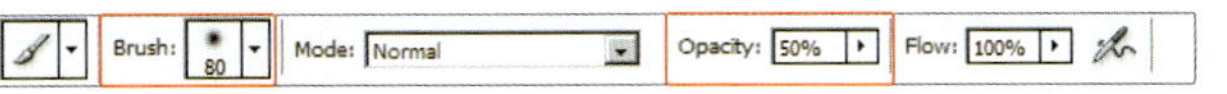

09 전경색을 검은색(■)으로 지정한 후 표시한 부분을 문질러서 가립니다. **10** 드레스의 아래쪽에 흐리게 비치는 테이블의 컬러가 전체적인 분위기를 방해하고 있습니다. 'Layers' 팔레트에서 'Layer 2 copy' 레이어의 눈 아이콘(◉)을 끄고 'Layer 2' 레이어의 블렌딩 모드를 'Screen'으로 변경해서 아래쪽 배경이 비치게 하세요.

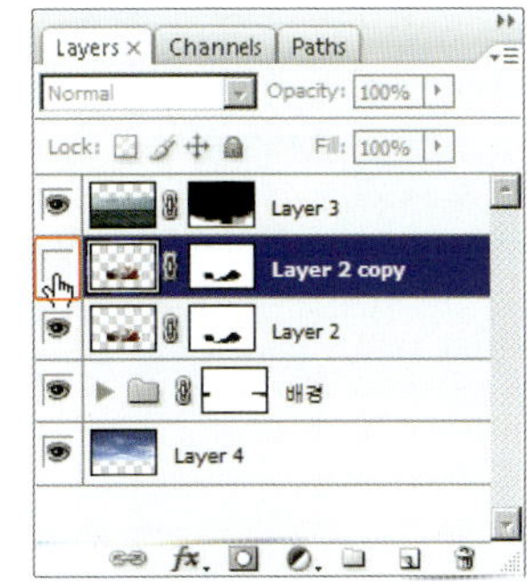
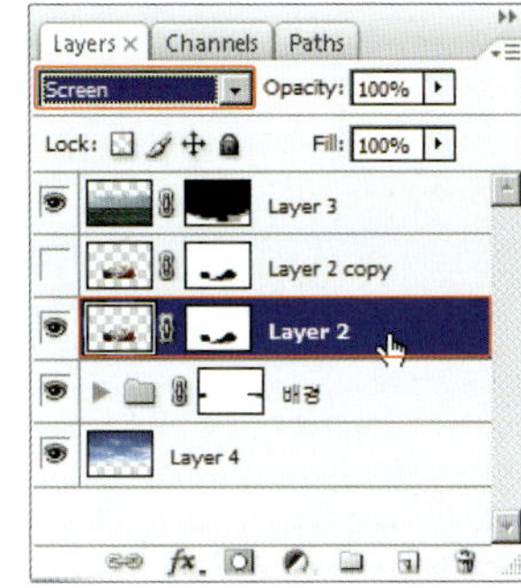

11 툴바에서 브러시 툴( )을 선택합니다. **12** 'Layers' 팔레트에서 'Layer 2 copy' 레이어의 눈 아이콘( )을 다시 켜서 이미지를 표시한 후 전경색을 검은색( )으로 지정하고 표시한 부분을 문지릅니다. 그러면 'Screen' 모드로 바뀐 하위 레이어가 살아나면서 치마자락의 뒤로 배경이 보입니다.

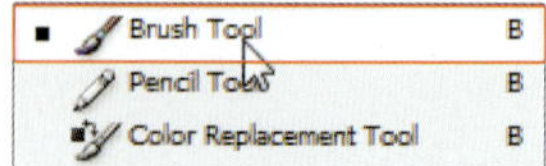

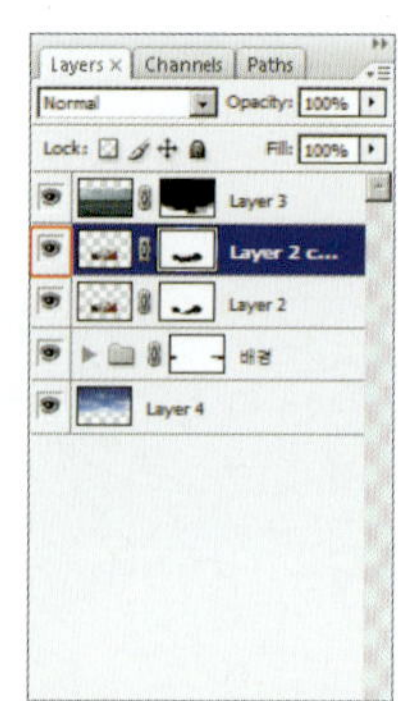

13 'Layers' 팔레트에서 'Layer 2 copy' 레이어를 선택하고 마우스 오른쪽 버튼을 클릭한 후 바로 가기 메뉴에서 'Apply Layer Mask'를 선택합니다. 그러면 마스크 지정이 이미지에 포함되면서 마스크가 사라집니다. **14** 길이가 짧고 잘린 듯한 모델의 머리카락을 합성으로 늘리기 위해 툴바에서 라쏘 툴( )을 선택하세요.

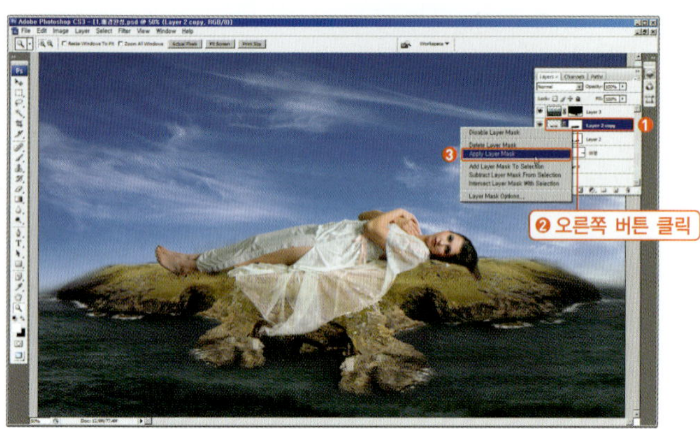

15 다음의 그림과 같이 머리카락의 일부분을 선택하고 단축키 Ctrl + J 를 눌러 부분 복사합니다. **16** 단축키 Ctrl + T 를 눌러 'Warp'으로 다음의 그림과 같이 머리카락을 늘립니다.

17 복사한 머리카락과 기존 모델의 머리카락 부분을 자연스럽게 연결하기 위해 보정 작업이 필요합니다. 'Layers' 팔레트에서 'Layer 5' 레이어를 선택하고 'Add Layer Mask' 아이콘(🔘)을 클릭하세요. **18** 전경색을 검은색(■)으로 지정하고 이미지를 확대해 머리카락 부위에 칠하면서 어색하지 않게 연결되도록 보정합니다. Shift 를 누른 상태에서 'Layer 5' 레이어부터 'Layer 2' 레이어를 선택하고 단축키 Ctrl + G 를 눌러 그룹 레이어를 만든 후 레이어 이름을 '인어공주'로 입력하세요.

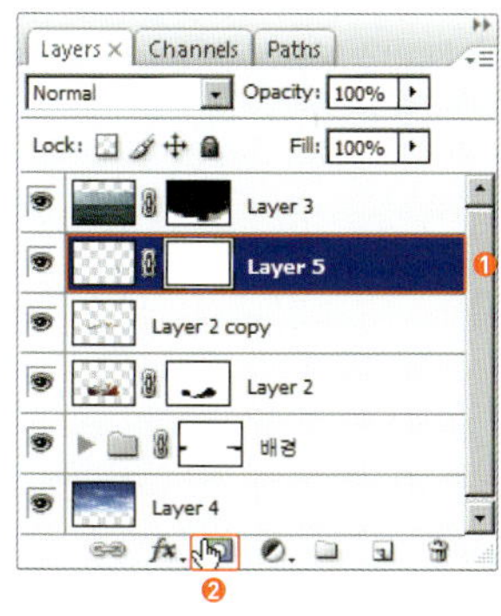

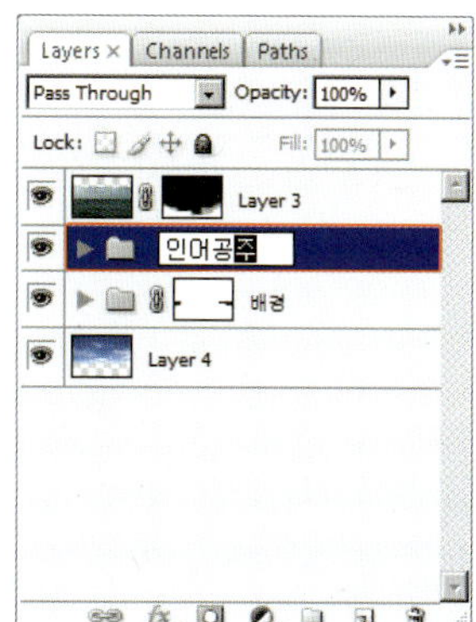

마스크 작업을 효율적으로 사용하기

합성하려는 이미지의 배경 면적이 넓은 때는 'Reveal All'(▱) 상태에서 지우는 것이 빠르고, 면적이 좁을 때는 'Hide All'(■) 상태에서 복구하는 것이 작업이 빠릅니다. 223쪽 10번 과정처럼 차지하는 면의 면적이 좁고 모양이 불규칙하면 'Hide All' 상태에서 복구하는 방식이 편리합니다.

인어공주의 다리 합성하기

레이어 마스크를 이용해 바위섬 위에 바다를 합성해 보겠습니다.

예제 파일 부록 CD\Theme03\Lesson09\인어.psd **결과 파일 부록** CD\Theme03\Lesson09\지느러미합성.psd

01 부록 CD에서 '인어.psd' 파일을 불러옵니다. 그런 다음 단축키 Ctrl + A, Ctrl + C, Ctrl + W를 차례대로 눌러 작업 창에 이미지를 복사한 후 작업 창을 닫으세요. **02** 단축키 Ctrl + V를 눌러 붙여넣기하고 단축키 Ctrl + T를 누릅니다. 그런 다음 지느러미의 방향이 위쪽으로 향하게 마우스 오른쪽 버튼을 클릭한 후 바로 가기 메뉴에서 'Flip Vertical'을 선택하여 상하 반전시키세요.

03 다리의 방향과 비슷하게 조절합니다. **04** 'Layers' 팔레트에서 'Layer 6' 레이어를 선택한 후 단축키 Ctrl + J를 눌러 복사하고 단축키 Ctrl + T를 눌러 허리의 아래쪽 방향과 일정하게 맞춥니다.

05 'Layers' 팔레트에서 '인어공주' 레이어를 선택하고 'Add Layer Mask' 아이콘( )을 클릭해 마스크를 씌웁니다. **06** 전경색을 검은색( )으로 지정하고 브러시 툴( )을 이용해 다리 부분을 문지릅니다.

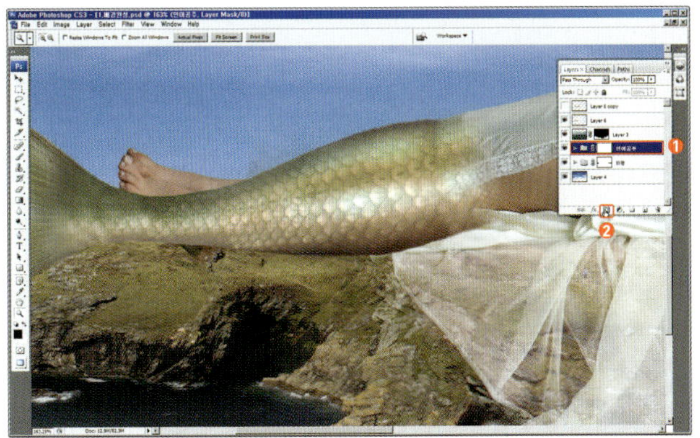 

07 'Layer 6 copy' 레이어의 눈 아이콘( )을 클릭하여 끄고 'Layer 6' 레이어에 마스크를 씌웁니다. **08** 브러시 툴( )로 표시한 부분을 문지릅니다.

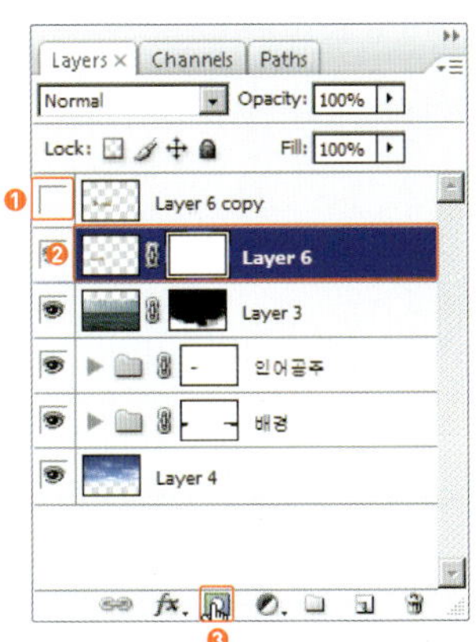 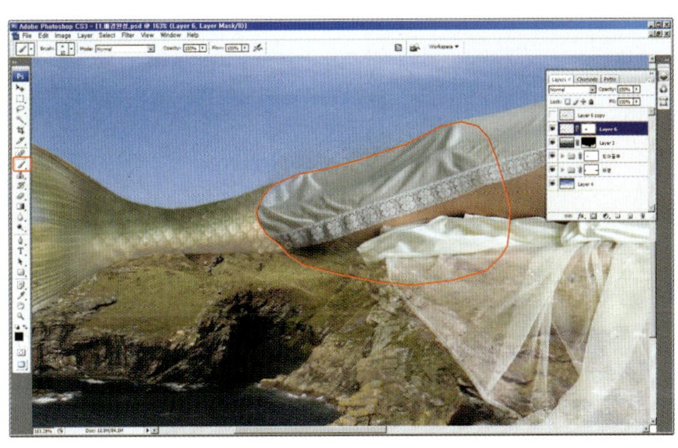

09 'Layer 6 copy' 레이어의 눈 아이콘( )을 켭니다. 그런 다음 Alt 를 누른 상태에서 'Add Layer Mask' 아이콘( )을 클릭해 'Hide All' 상태로 만드세요. **10** 전경색을 흰색( )으로 지정하고 치마 사이로 보이는 피부톤에 맞게 문질러서 비늘 이미지를 합성합니다.

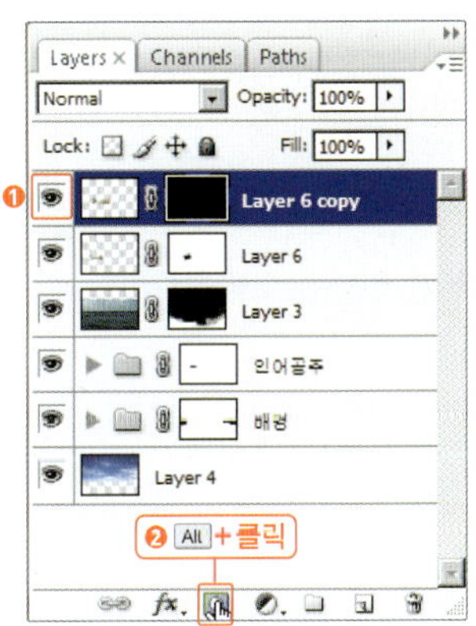 

보정 레이어를 이용해 색 보정하기

보정 레이어를 이용해 색감을 보정하고 비네팅 효과를 표현해 보겠습니다.

01 'Layers' 팔레트에서 보정 레이어 아이콘( )을 클릭한 후 'Hue/Saturation'을 선택합니다. **02** 'Hue/Saturation' 대화상자가 나타나면 다음의 그림과 같이 지정하여 채도를 감소시킵니다.

 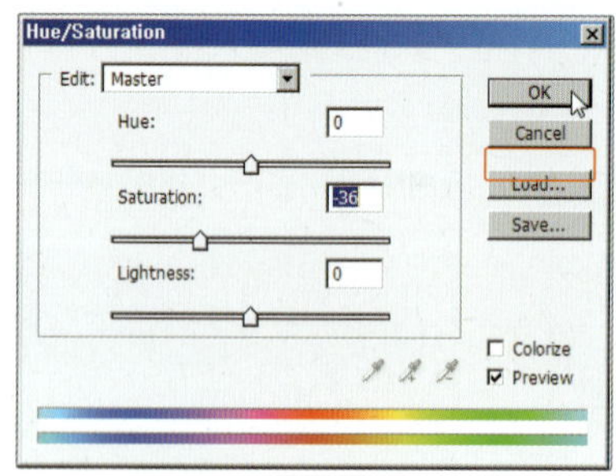

03 'Layers' 팔레트에서 보정 레이어 아이콘( )을 클릭한 후 'Color Balance'를 선택합니다. **04** 'Color Balance' 대화상자가 나타나면 다음의 그림과 같이 톤별로 색감을 지정합니다.

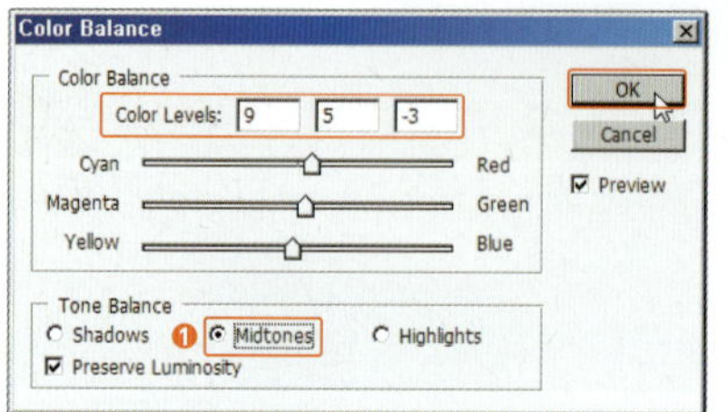 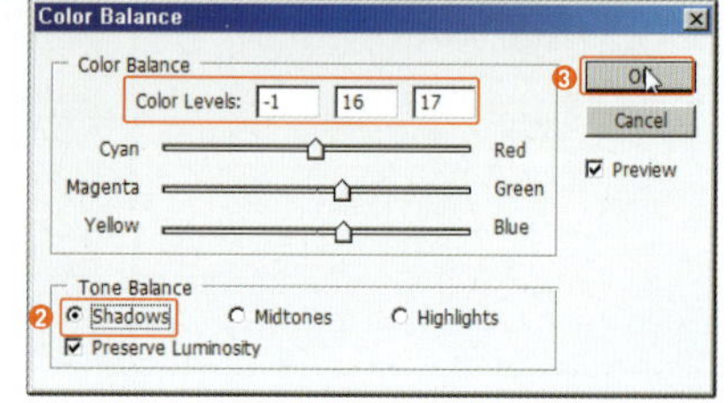

05 'Layers' 팔레트에서 보정 레이어 아이콘(🖿)을 클릭한 후 'Channel Mixer'를 선택합니다. **06** 'Channel Mixer' 대화상 자가 나타나면 다음의 그림과 같이 지정합니다.

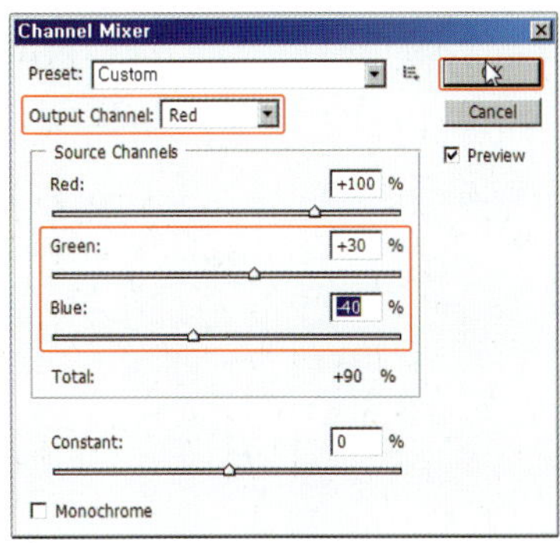

07 단축키 Shift + Ctrl + N 을 눌러 색감을 보정하고, 비네팅 효과를 적용할 신규 레이어를 생성한 후 레이어 이름을 '컬러 멀티' 로 입력합니다. **08** 화면 전체의 색감과 비슷한 컬러 '#61868e'를 입력합니다. 그런 다음 스포이드 툴(🖋)로 화면 컬러와 전경색 을 선택할 수 있습니다.

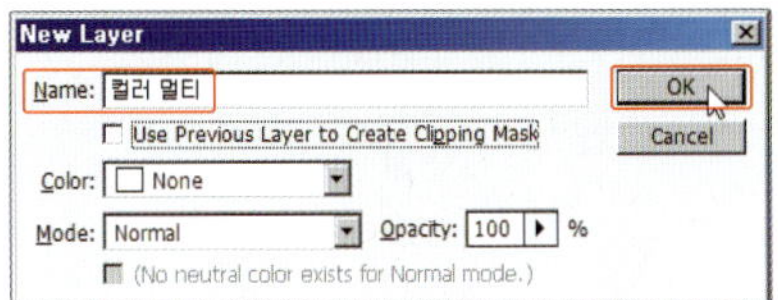
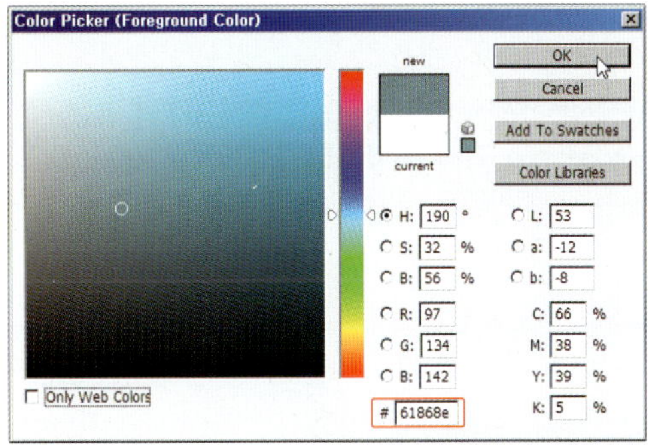

09 Alt + Delete 를 눌러 색을 채우고 블렌딩 모드를 'Multiply'로 변경합니다. **10** 'Layers' 팔레트에서 'Add Layer Mask' 아이콘(🖿)을 클릭해 마스크를 씌웁니다.

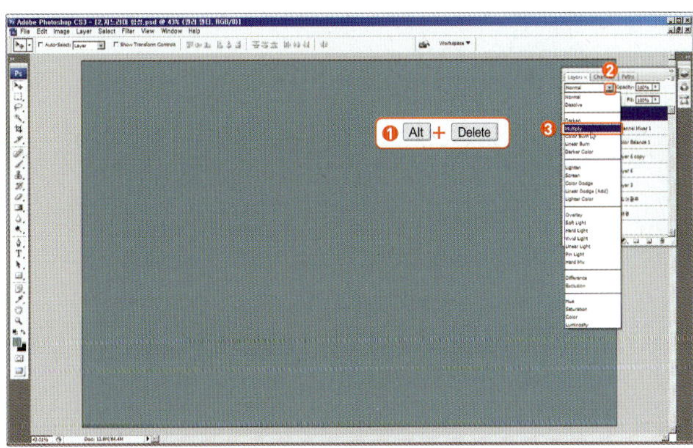
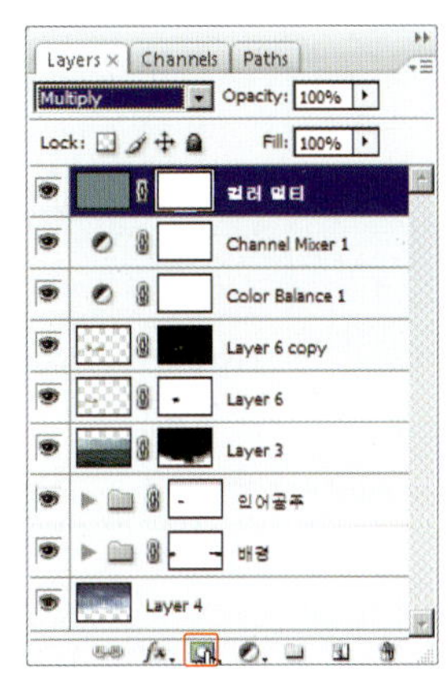

11 툴바에서 그레이디언트 툴을 선택하고 옵션바에서 'Black, White', 원형 그레이디언트로 지정합니다. **12** 화면의 중심에서 대각선 방향으로 그러데이션을 적용하면 중앙부가 밝아지고 테두리 부분은 비네팅 처리됩니다.

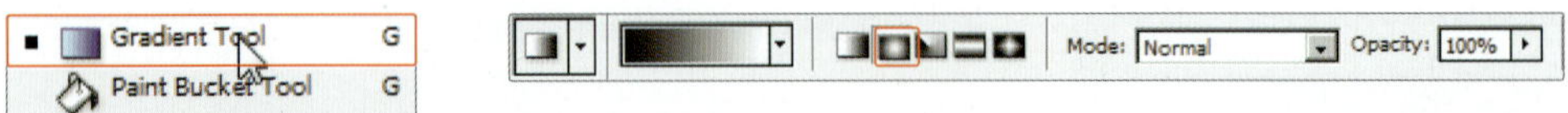

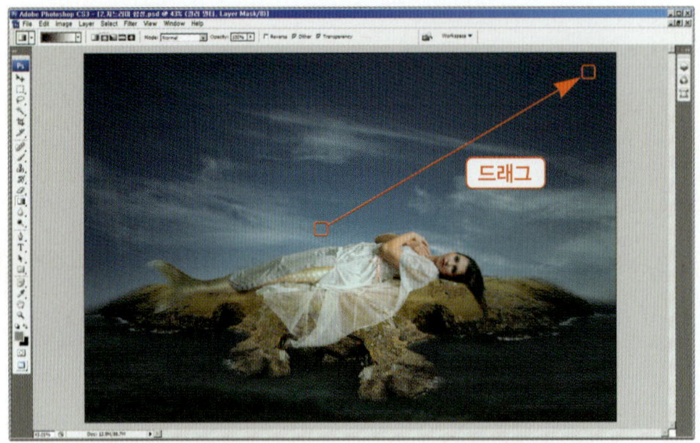

13 'Layers' 팔레트에서 보정 레이어 아이콘을 클릭한 후 'Color Balance'를 선택합니다. **14** 'Color Balance' 대화상자가 나타나면 다음의 그림과 같이 지정하고 'OK' 버튼을 클릭합니다.

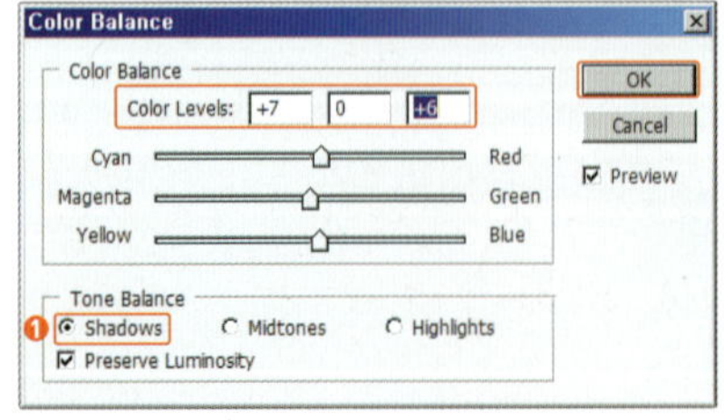

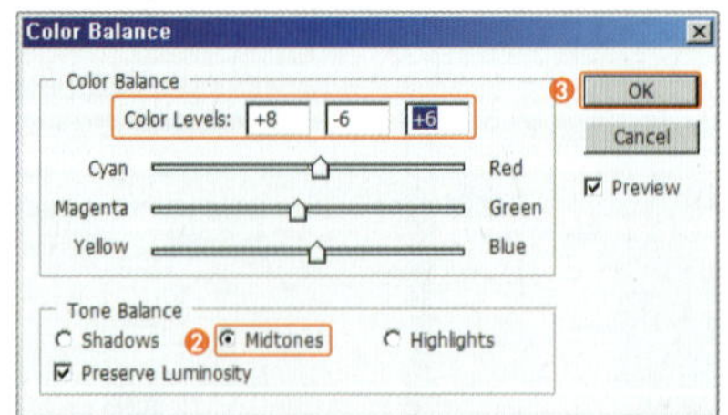

거북이 등의 위에 있는 섬을 보면 오른쪽 측면이 절단된 이미지였는데,
복사한 후 반전하여 섬의 형태를 만들어서 합성한 것입니다.

살기 위해 발버둥치는 거북이가 보이나요? 빨리 달아나고 싶지만 어쩔 수 없는 거북이의 모습입니다. 거북이는 용왕님의 명령으로 토끼의 간을 구하러 나왔는데, 거북이를 노리는 사람이 있을 것이라고 생각하지 못했나 봅니다. 빨리 바다로 달아나야 하는데, 모래 바닥에 미끄러져서 속도를 못 내어 날아오는 창을 피힐 방법이 없네요. 게다가 전갈이 녹을 품고 달려오는군요.

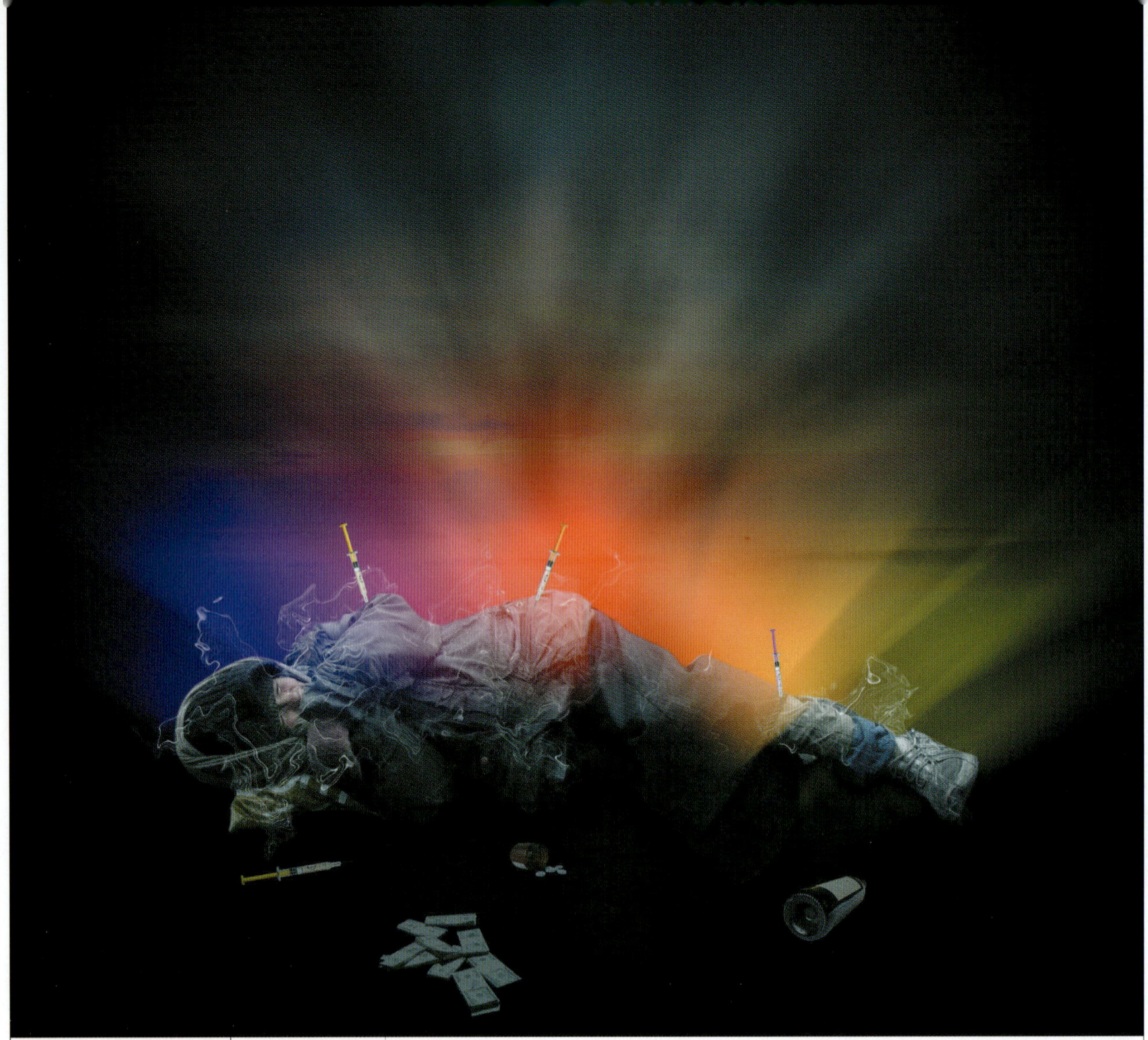

Lesson

결과 파일 부록 CD\Theme03\Lesson10\우울증.psd

10 우울증

요즘에는 우울증이 심각한 사회 문제로 대두되고 있습니다. 유명 연예인의 죽음에 따른 베르테르 효과로 죽음과 관련된 소식을 종종 접하고 있습니다. 물질 만능주의와 복잡한 사회 계층에서 소통하지 못하여 상처받은 내면은 쉽게 우울증으로 빠져들게 되는데, 우울한 마음을 벗어나는 방법이 극단적일 필요는 없지 않을까요?

Step 01

Step 02

Step 03

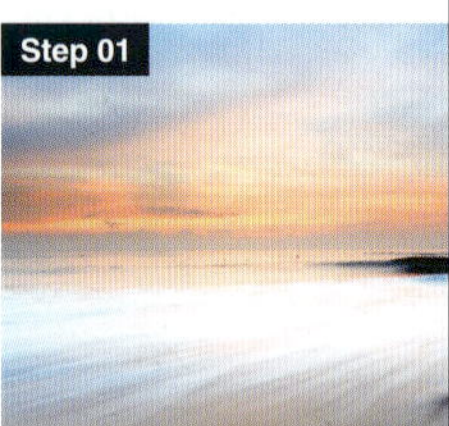

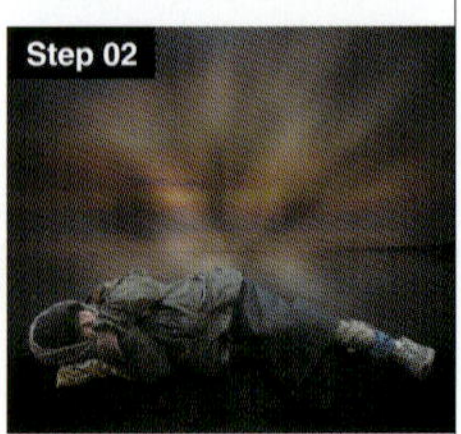

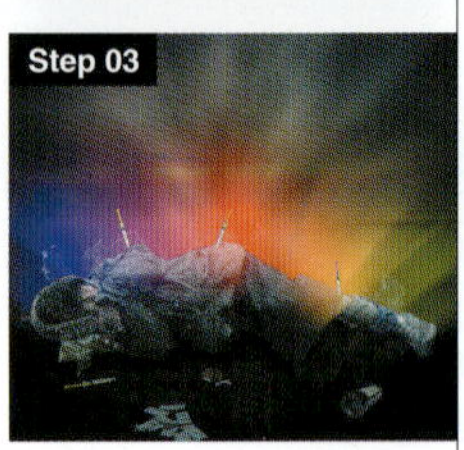

Lender 필터를 이용해 배경 작업하기

Lender 필터와 Radial Blur를 이용해 배경을 합성해 보겠습니다.

예제 파일 부록 CD\Theme03\Lesson10\크랙.jpg

01 'File' → 'New' 메뉴를 선택하여 'New' 대화상자를 나타내고 다음의 그림과 같이 지정합니다.

02 'Fliter' → 'Lender' → 'Cloud' 메뉴를 선택합니다.

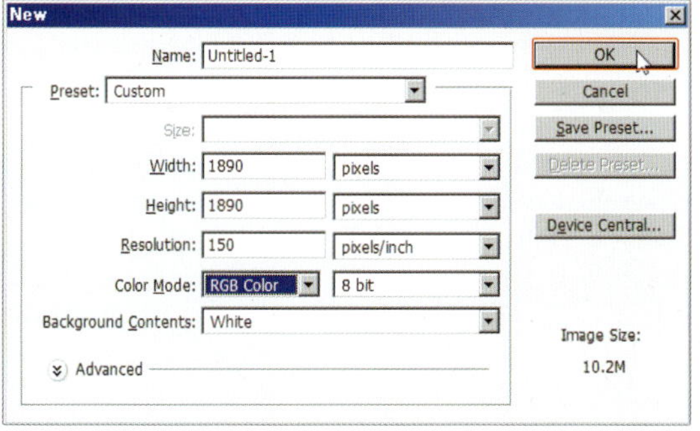
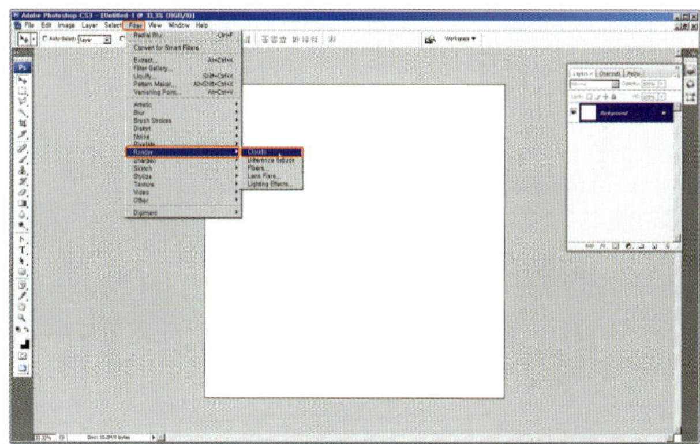

03 중앙 방사형으로 블러를 적용하기 위해 'Filter' → 'Blur' → 'Radial Blur' 메뉴를 선택합니다. **04** 'Radial Blur' 대화상자가 나타나면 다음의 그림과 같이 기준점을 가운데 아래로 이동합니다.

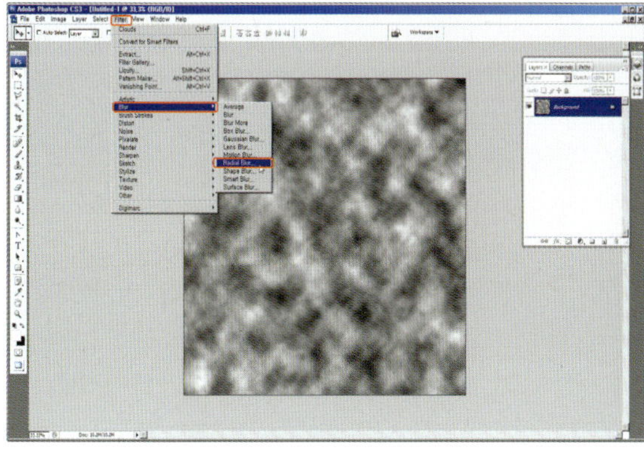
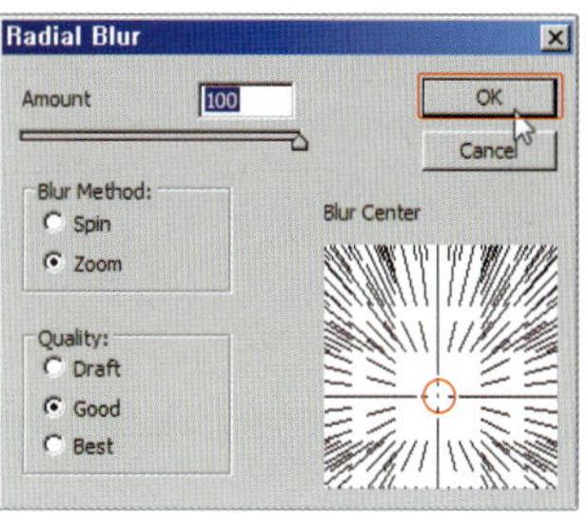

05 단축키 `Shift` + `Ctrl` + `N`을 눌러 'New Layer' 대화상자를 나타내고 신규 레이어 '그라데이션'을 만듭니다. **06** 툴바에서 그 레이디언트 툴을 선택하고 옵션바에서 'Black, White', 원형 그러데이션을 선택합니다.

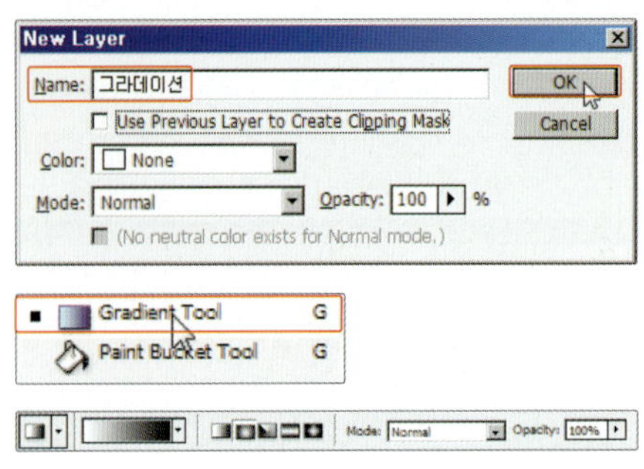

07 중앙에서 대각선 방향으로 그러데이션을 적용하고 'Layers' 팔레트에서 블렌딩 모드를 'Multiply'로 변경합니다.

08 '바다.jpg' 파일을 불러옵니다. 그런 다음 단축키 `Ctrl` + `A`, `Ctrl` + `C`, `Ctrl` + `W`를 차례대로 눌러 작업 창에 이미지를 복사한 후 작업 창을 닫으세요.

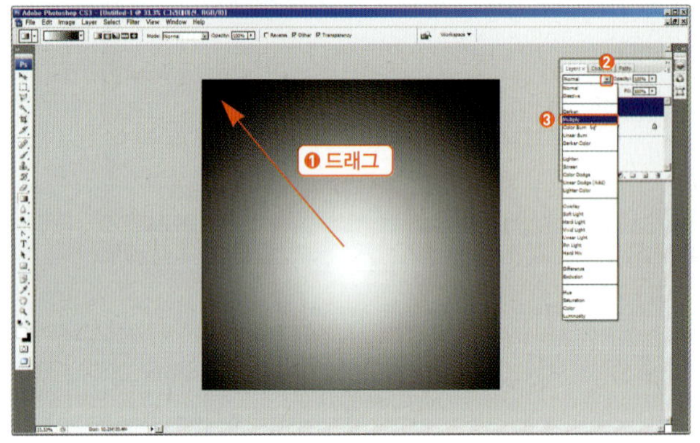

09 단축키 `Ctrl` + `V`를 눌러 붙여넣기하고 'Layers' 팔레트에서 블렌딩 모드를 'Multiply'로 변경한 후 '그라데이션' 레이어를 선택합니다. **10** 단축키 `Ctrl` + `M`을 눌러 'Curves' 대화상자를 나타내고 다음의 그림과 같이 커브 곡선을 이동해 콘트라스트를 높이세요.

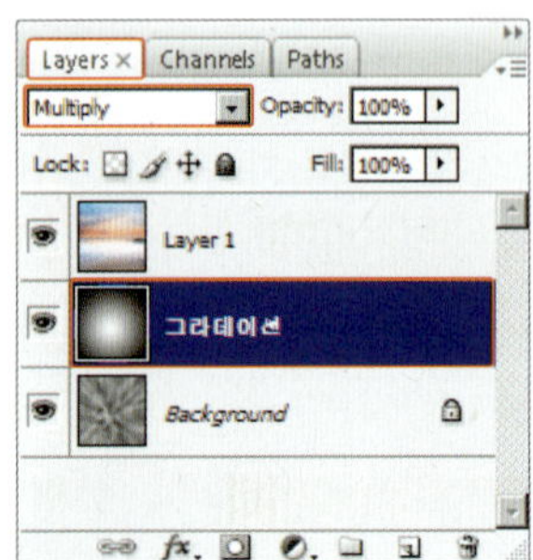

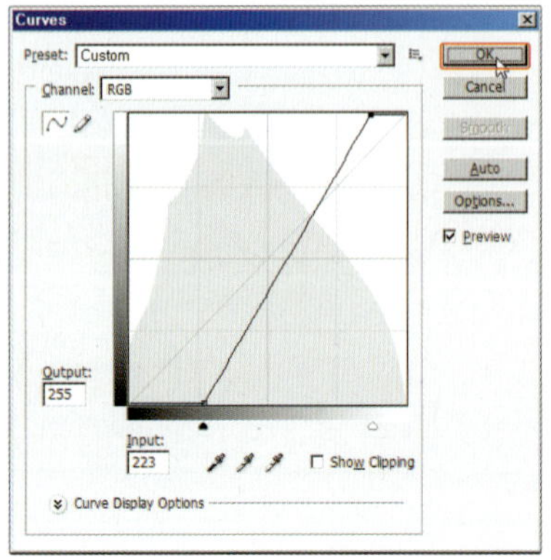

11 부록 CD에서 '크랙.jpg' 파일을 불러옵니다. 그런 다음 단축키 Ctrl + A , Ctrl + C , Ctrl + W 를 차례대로 눌러 작업 창에 이미지를 복사한 후 작업 창을 닫으세요. **12** 단축키 Ctrl + V 를 눌러 붙여넣기하고 단축키 Ctrl + T 를 눌러 이미지의 세로 길이를 축소합니다. 그런 다음 마우스 오른쪽 버튼을 클릭한 후 바로 가기 메뉴에서 'Disort'를 선택하세요.

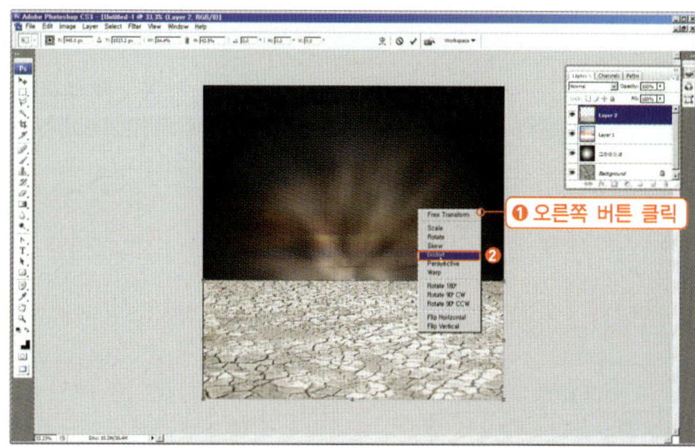

13 아래쪽에 있는 꼭지점의 좌우를 양쪽으로 늘립니다. **14** 'Layers' 팔레트에서 블렌딩 모드를 'Multiply'로 변경해 하위 레이어와 톤 및 색 분위기를 맞춥니다.

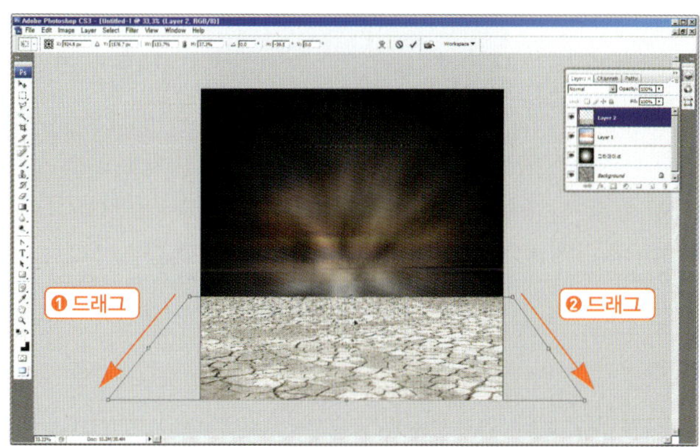

15 'Layers' 팔레트에서 'Add Layer Mask' 아이콘(◉)을 클릭해 마스크를 씌웁니다. **16** 툴바에서 브러시 툴(✐)을 선택합니다. 그런 다음 옵션바에서 'Soft Round'는 '70pixel', 'Opacity'는 '60%'로 지정하고 표시한 부분의 아래쪽을 문질러서 배경과 자연스럽게 연결합니다.

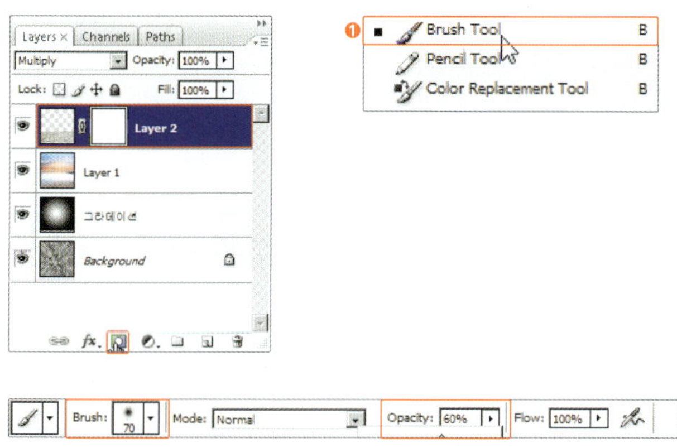

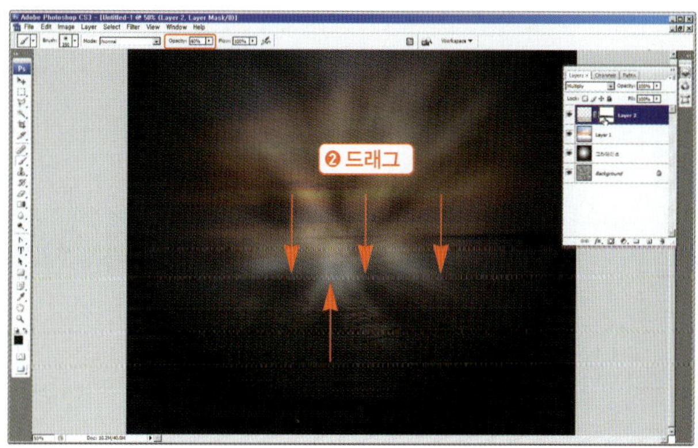

인물 합성하기

인물을 합성하고 단계를 나눠 그림자 효과를 적용해 보겠습니다.

예제 파일 부록 CD\Theme03\Lesson10\사람.jpg **결과 파일 부록** CD\Theme03\Lesson10\배경인물합성.psd

01 부록 CD에서 '사람.jpg' 파일을 불러오고 Ctrl 을 누른 상태에서 'Paths' 팔레트에서 'Path 1'을 선택해 선택 영역으로 활성화합니다. 그런 다음 단축키 Ctrl + C , Ctrl + W 를 차례대로 눌러 작업 창에 이미지를 복사한 후 작업 창을 닫으세요. **02** 단축키 Ctrl + V 를 눌러 붙여넣기하고 단축키 Ctrl + T 를 눌러 다음의 그림과 같이 바닥과 수평 위치를 맞춥니다.

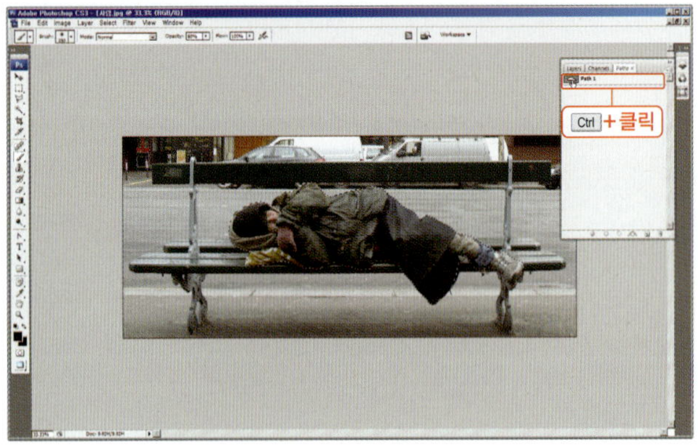
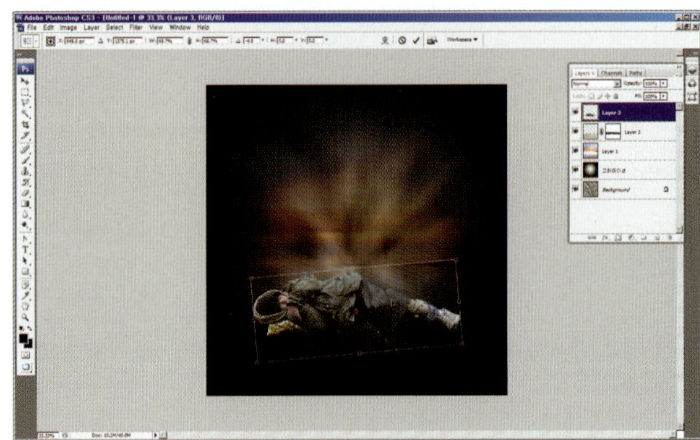

03 단축키 Shift + Ctrl + N 을 눌러 '그림자 큰컷', '그림자 작은컷' 레이어를 새로 만듭니다. **04** Ctrl 을 누른 상태에서 'Layer 3' 레이어를 선택합니다. 선택 영역이 활성화된 상태에서 '그림자 큰컷', '그림자 작은컷' 레이어를 모두 검은색으로 채우세요.

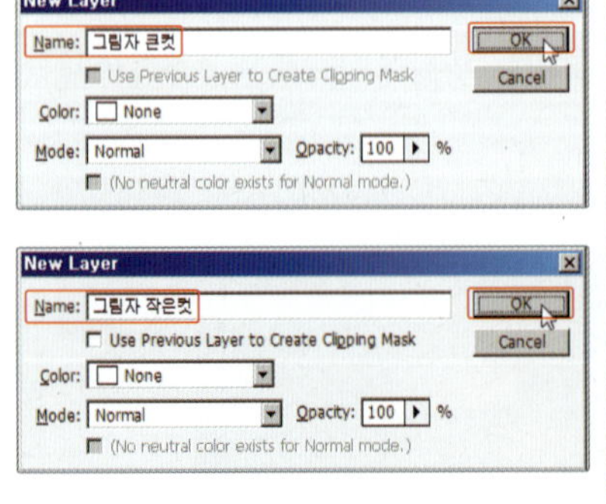
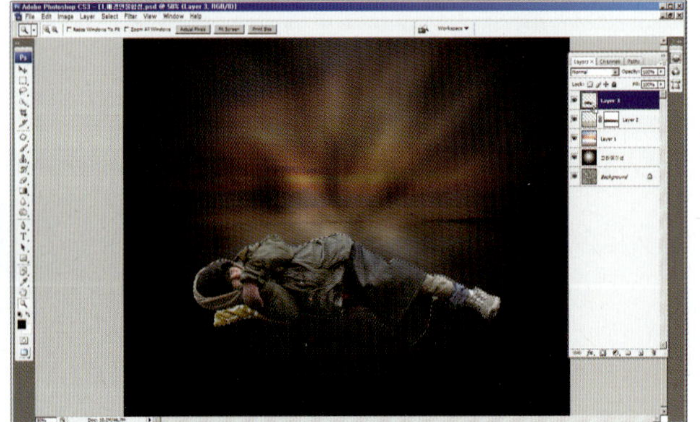
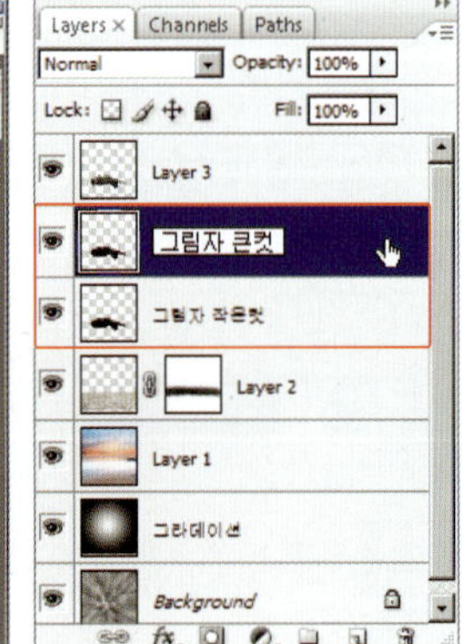

05 '그림자 작은컷' 레이어를 선택하고 'Filter' → 'Blur' → 'Gaussian Blur' 메뉴를 선택하여 'Gaussian Blur' 대화상자를 나타낸 후 다음의 그림과 같이 지정합니다. **06** '그림자 큰컷' 레이어를 선택하고 'Filter' → 'Blur' → 'Radial Blur' 메뉴를 선택하여 'Radial Blur' 대화상자를 나타낸 후 다음의 그림과 같이 지정합니다. 이때 'Radial Blur'는 화면의 중앙을 기준으로 블러가 적용되므로 미리 보기 창이 따로 없어 눈 짐작으로 'Blur Center'를 지정해야 합니다.

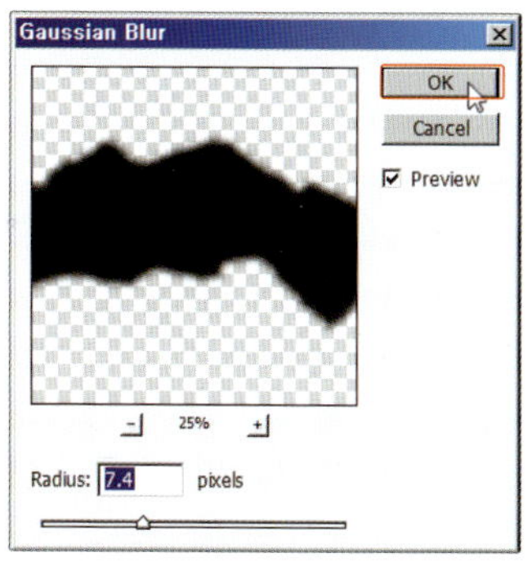
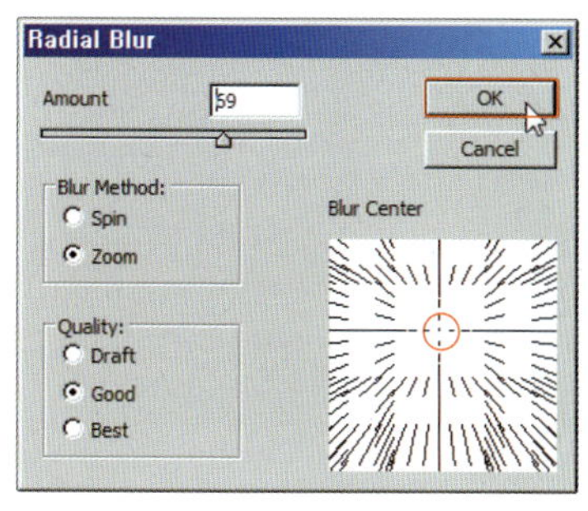

07 그림에 표시한 부분은 빛의 방향에 따라 어둡게 표현되는 면으로, 보통 '번닷지' 작업이라고 하는데, 커브를 이용하면 원본의 손상 없이 쉽게 작업할 수 있습니다. 'Layers' 팔레트에서 'Layer 3' 레이어를 단축키 Ctrl + J 를 눌러 복사하고 'Add Layer Mask' 아이콘(◻)을 클릭해 마스크를 씌우세요. **08** 'Layer 3 copy' 레이어 창을 클릭하고 단축키 Ctrl + M 을 눌러 'Curves' 대화상자를 나타낸 후 다음의 그림과 같이 커브 곡선을 조절해 톤을 어둡게 보정하세요.

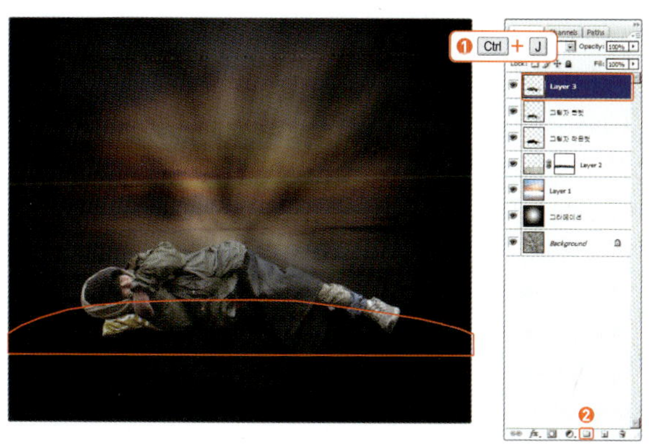
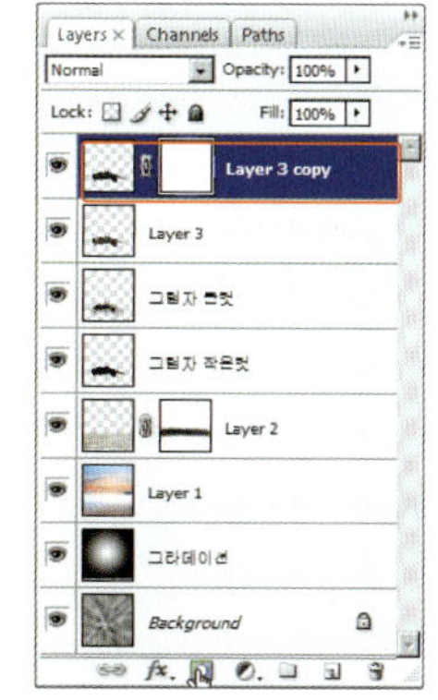
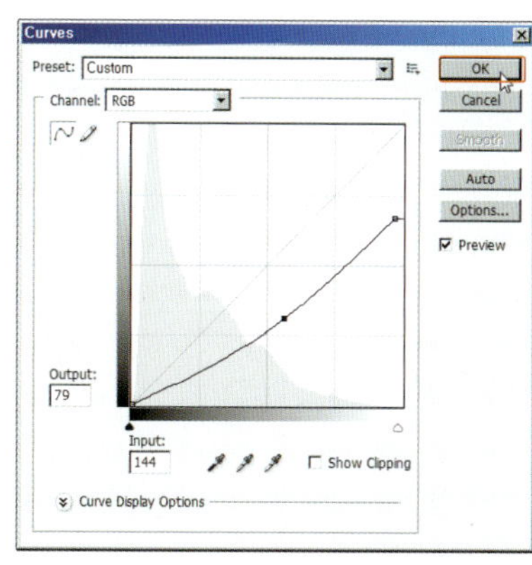

09 툴바에서 브러시 툴(✏)을 선택하고 'Soft Round'는 '200pixel', 'Opacity'는 '60%'로 지정합니다.

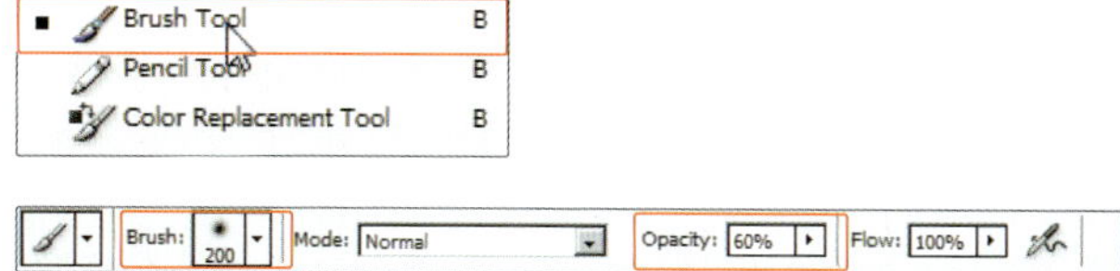

10 파란색으로 표시된 부분을 문질러 밝게 보정하고 빨간색으로 표시된 부분은 바닥 부분과 같은 어두운 톤으로 남겨둡니다.

11 'Layers' 팔레트에서 Shift 를 누른 상태에서 'Layer 3 copy' 레이어부터 '그림자 작은컷' 레이어까지 선택합니다.

12 단축키 Ctrl + G 를 눌러 그룹 레이어를 만들고 그룹 레이어 이름을 '사람'으로 변경합니다.

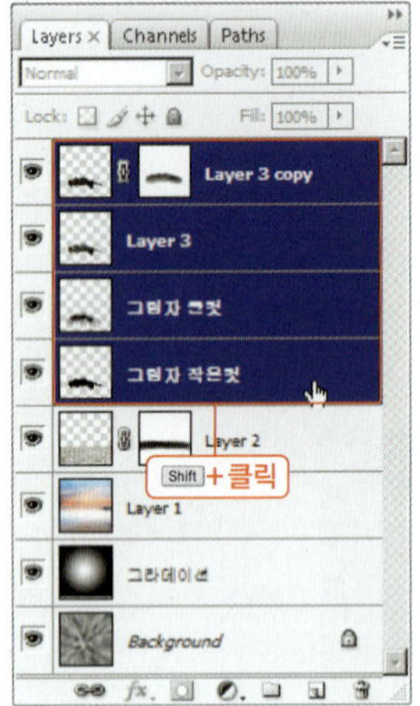 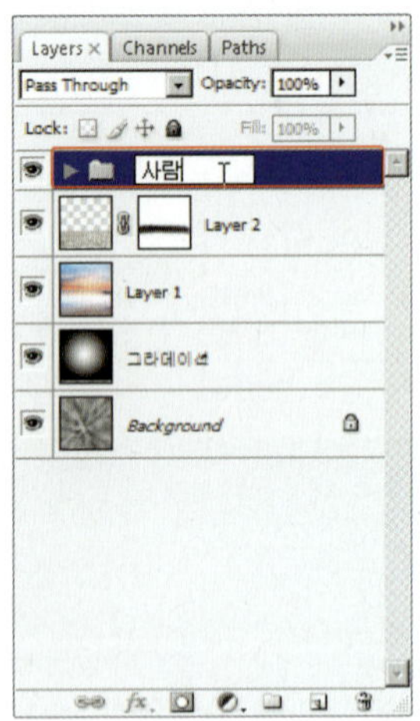

Step 03

레인보우 라이트 표현하기

그러데이션을 이용해 레인보우 라이트를 표현해 보겠습니다.

예제 파일 부록 CD\Theme03\Lesson10\약.jpg, 돈.jpg, 병.jpg, 주사.jpg

01 단축키 Shift + Ctrl + N 을 눌러 'New Layer' 대화상자를 나타내고 신규 레이어 '빛'을 만듭니다. **02** '빛' 레이어를 선택한 상태에서 Ctrl 을 누른 채 'Layer 3' 레이어를 선택해 선택 영역으로 활성화합니다.

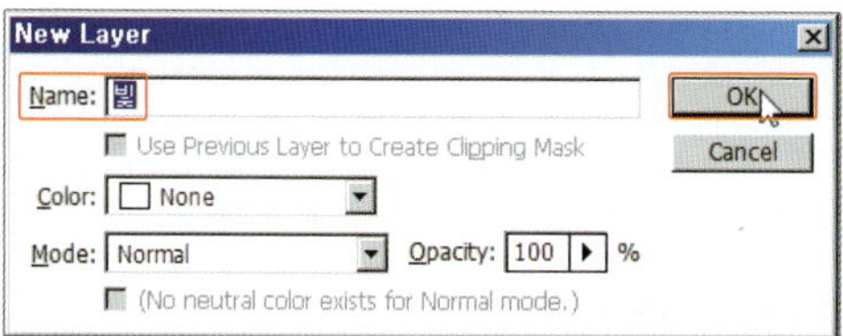

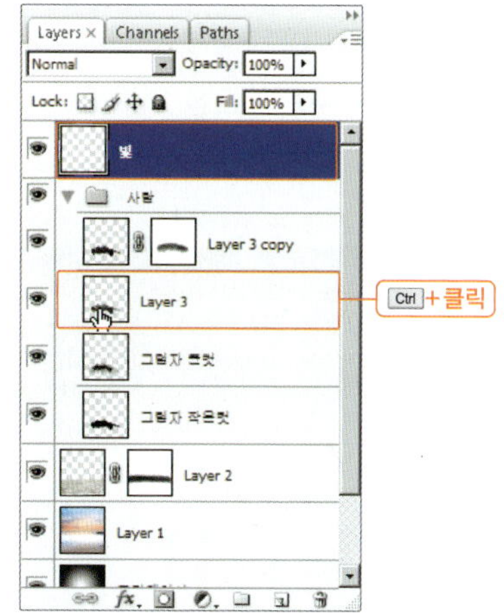

03 툴바에서 그레이디언트 툴( )을 선택하고 옵션바의 그레이디언트를 클릭합니다. 'Gradient Editor' 대화상자가 나타나면 'Blue, Red, Yellow' 타입을 선택하세요. **04** 선택 영역 길이만큼 가로 방향으로 드래그해 그러데이션을 적용합니다.

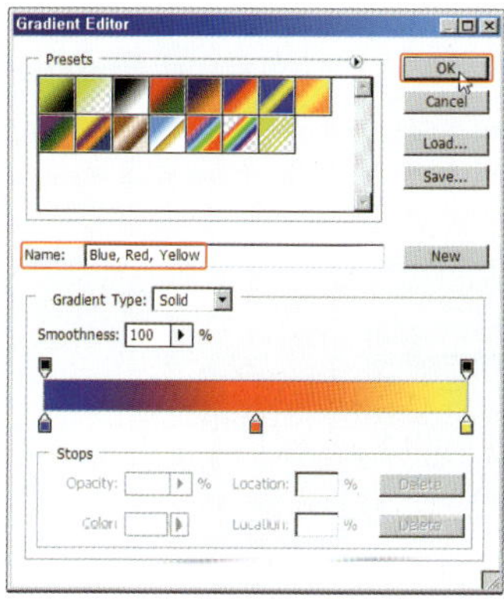

05 'Filter' → 'Blur' → 'Radial Blur' 메뉴를 선택합니다. **06** 'Radial Blur' 대화상자가 나타나면 다음의 그림과 같이 지정하고 'Blur Center'를 가운데 아래로 이동한 후 'OK' 버튼을 클릭해 효과를 적용합니다.

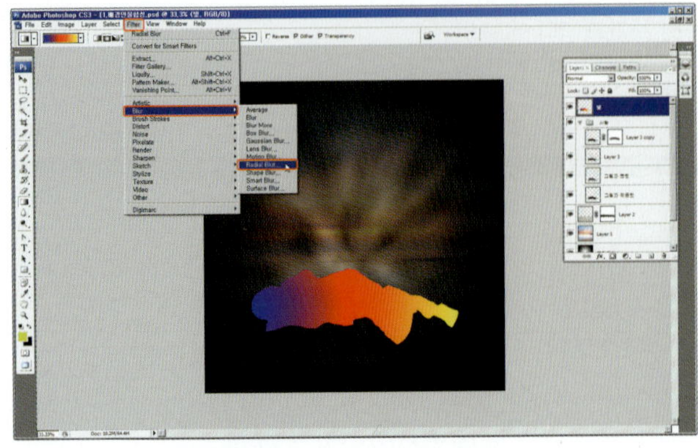 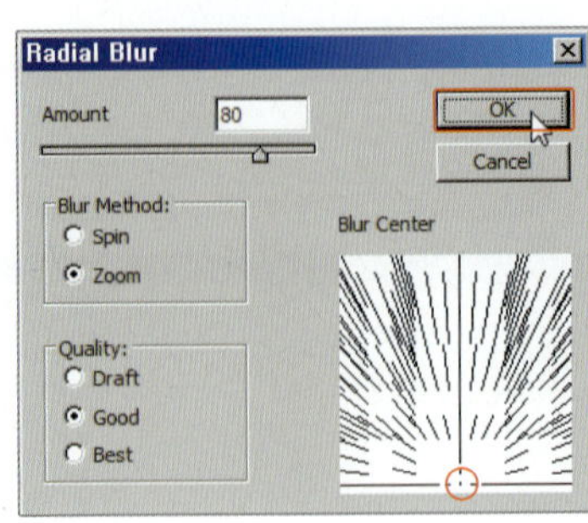

07 'Layers' 팔레트에서 '빛' 레이어를 '사람' 레이어의 아래쪽으로 이동하고 단축키 Ctrl + J 를 눌러 복사한 후 맨 위로 이동합니다. **08** 블렌딩 모드를 'Screen'으로 변경해 빛의 밝기와 색을 부드럽게 처리합니다.

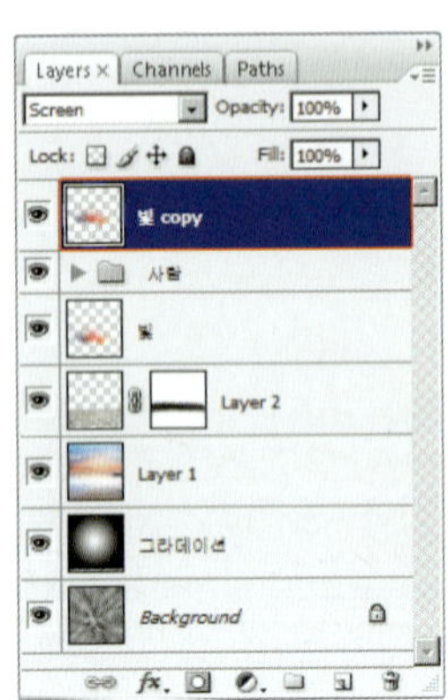 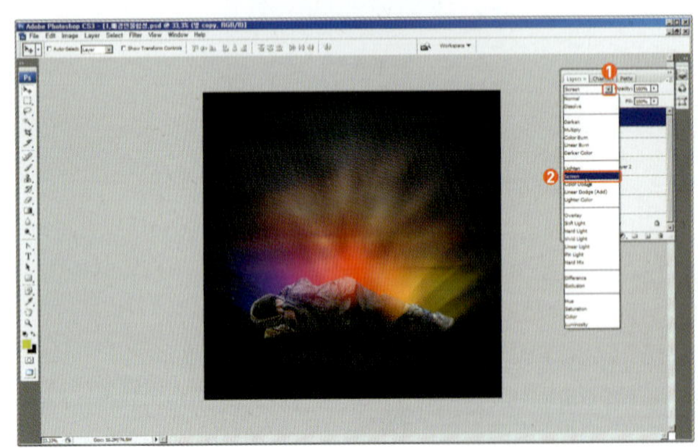

09 '약.jpg' 파일을 불러온 후 마술봉 툴(✻)로 흰색 배경을 선택하고 단축키 Shift + Ctrl + I 를 눌러 선택 영역을 반전시킵니다. 그런 다음 단축키 Ctrl + C , Ctrl + W 를 차례대로 눌러 복사한 후 작업 창을 닫고 현재 작업 창에 단축키 Ctrl + V 를 눌러 붙여넣기하세요. **10** '돈.jpg' 파일을 불러오고 'Paths' 팔레트에서 Ctrl 을 누른 채 'Path 1'을 선택해서 선택 영역으로 활성화합니다. 그런 다음 단축키 Ctrl + C , Ctrl + W 를 차례대로 눌러 복사한 후 작업 창을 닫고 현재 작업 창에 단축키 Ctrl + V 를 눌러 붙여넣기하세요.

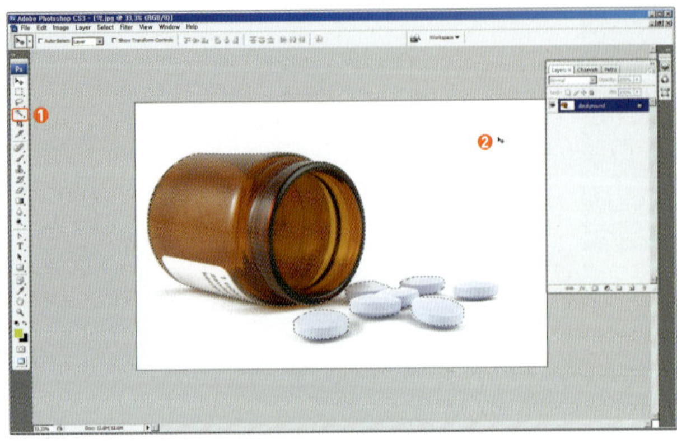 

11 '병.jpg' 파일을 불러오고 'Paths' 팔레트에서 Ctrl 을 누른 채 'Path 1'을 선택해서 선택 영역으로 활성화합니다. 그런 다음 단축키 Ctrl + C, Ctrl + W를 차례대로 눌러 복사한 후 작업 창을 닫고 현재 작업 창에 단축키 Ctrl + V를 눌러 붙여넣기하세요.
12 단축키 Ctrl + T를 눌러 복사한 오브젝트들의 크기를 조절합니다.

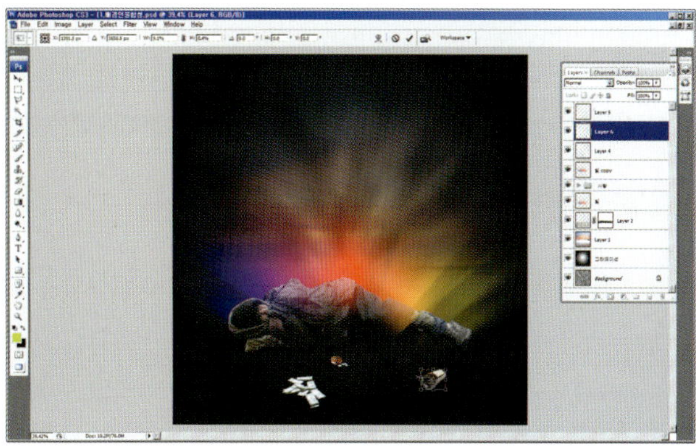

13 '주사.jpg' 파일을 불러오고 유리관 부분이 흰색 배경과 색상 차이가 거의 없으므로 마술봉 툴( )을 선택한 후 옵션바에서 'Tolearnce'를 '15'로 조절해 색이 선택할 수 있는 범위를 축소합니다. 그런 다음 흰색 배경을 선택해서 선택 영역으로 활성화하고 단축키 Shift + Ctrl + I를 눌러 반전해 주사 이미지를 선택하세요. **14** 단축키 Ctrl + C, Ctrl + W를 차례대로 눌러 복사한 후 창을 닫고 현재 작업 창에 단축키 Ctrl + V를 눌러 붙여넣기하세요.

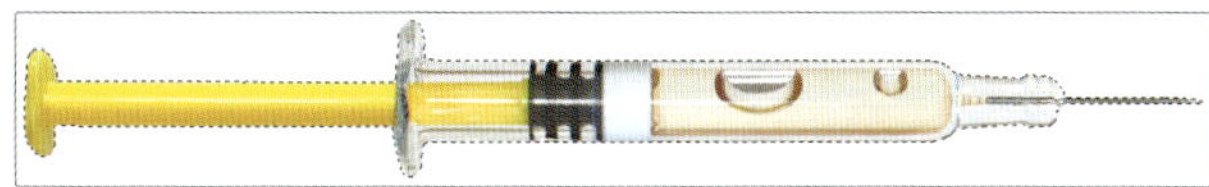

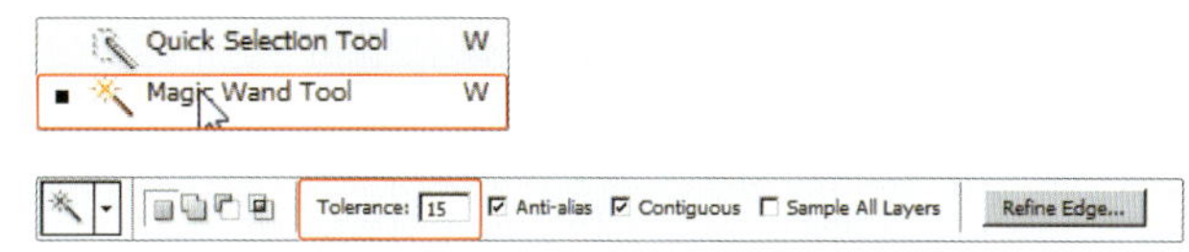

15 'Layers' 팔레트에서 Shift 를 누른 상태에서 'Layer 5' 레이어부터 'Layer 4' 레이어까지 선택합니다. **16** 단축키 Ctrl + G를 눌러 그룹 레이어로 만들고 그룹 레이어 이름을 '소스'로 변경합니다.

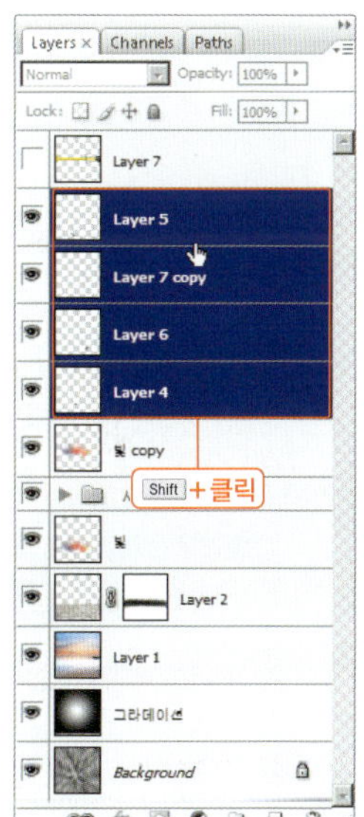

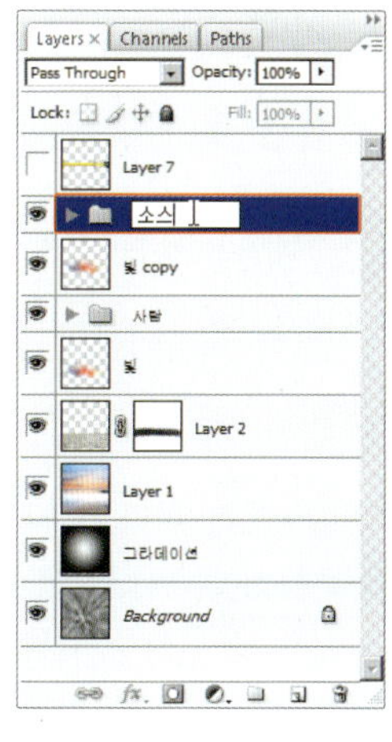

영혼의 움직임 표현하기

Wave 필터를 이용해 영혼의 움직임을 표현해 보겠습니다.

01 'Layers' 팔레트에서 'Layer 7' 레이어의 눈 아이콘(◉)을 켜고 단축키 Ctrl + T 를 눌러 이미지를 축소합니다. **02** 단축키 Ctrl + J 를 눌러 'Layer 7' 레이어를 2개 복사합니다.

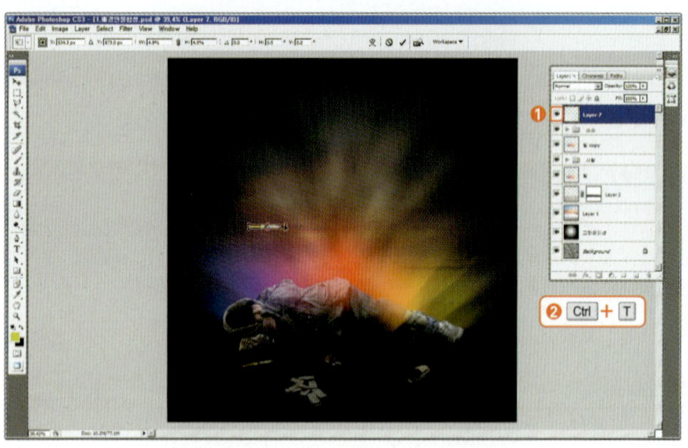
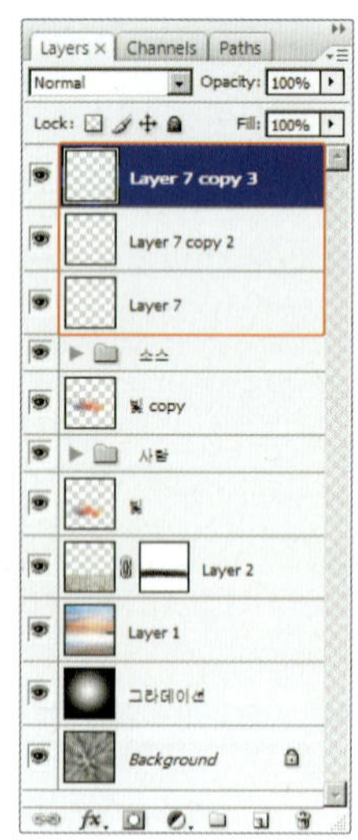

03 복사한 레이어를 선택하고 'Image' → 'Adjustments' → 'Hue/Saturation' 메뉴(Ctrl + U)를 선택합니다. 'Hue/Saturation' 대화상자가 나타나면 'Hue' 의 슬라이드바를 좌우로 드래그해서 색을 다르게 보정하세요. **04** 'Layers' 팔레트에서 Shift 를 누른 채 'Layer 7' 레이어부터 'Layer 7 copy 3' 레이어를 선택합니다. 그런 다음 단축키 그룹 레이어로 만들고 그룹 레이어 이름을 '주사' 로 변경하세요.

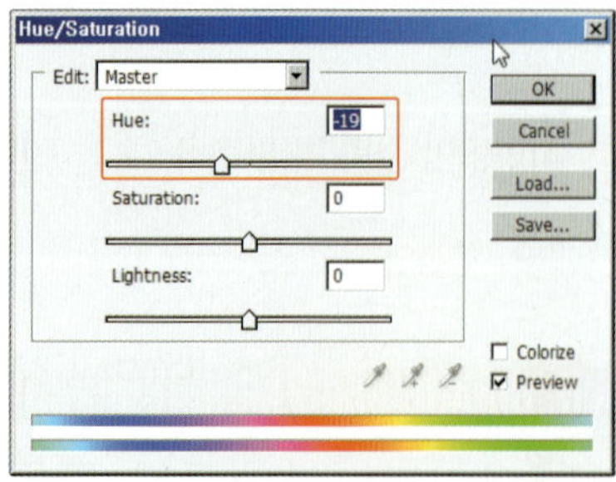
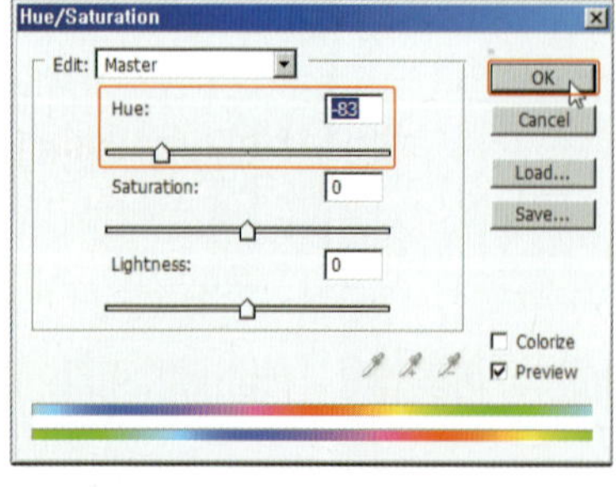
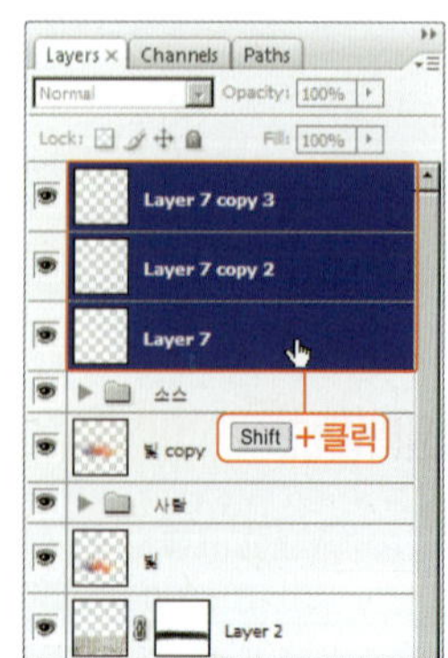

05 단축키 `Ctrl`+`J`를 눌러 'Layer 3' 레이어를 복사하고 이름을 '라인'으로 변경합니다. 그런 다음 '라인' 레이어를 '사람' 레이어의 위로 이동하세요. **06** 'Filter' → 'Stylize' → 'Glowing Edges' 메뉴를 선택합니다.

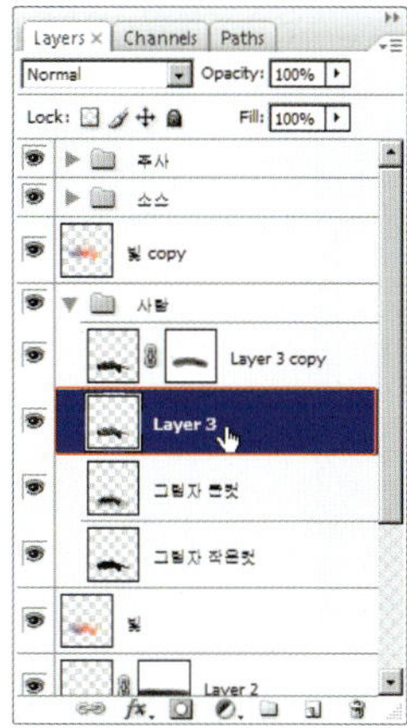
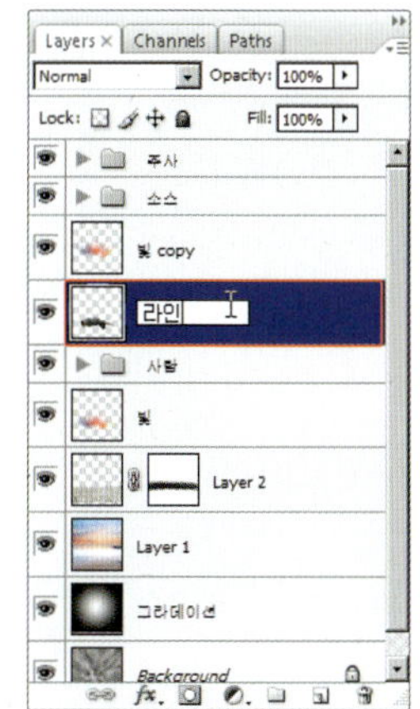
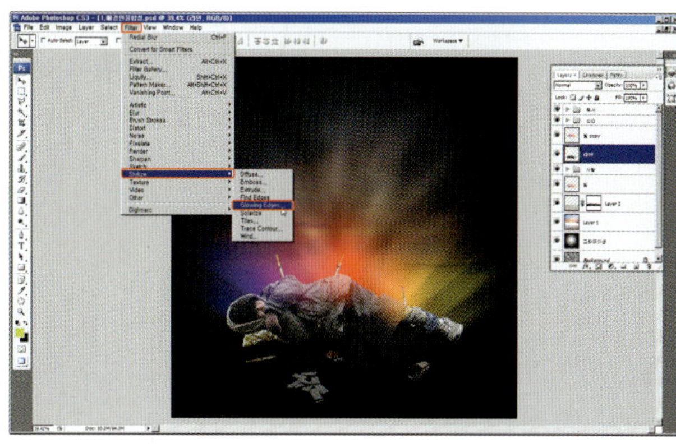

07 'Glowing Edges' 대화상자가 나타나면 'Edge Width'는 '1', 'Edge Brightness'는 '6', 'Smoothness'는 '5'로 지정하여 연한 라인을 추출합니다. **08** 'Image' → 'Adjustments' → 'Desaturate' 메뉴(`Shift`+`Ctrl`+`U`)를 선택하여 흑백으로 변환합니다.

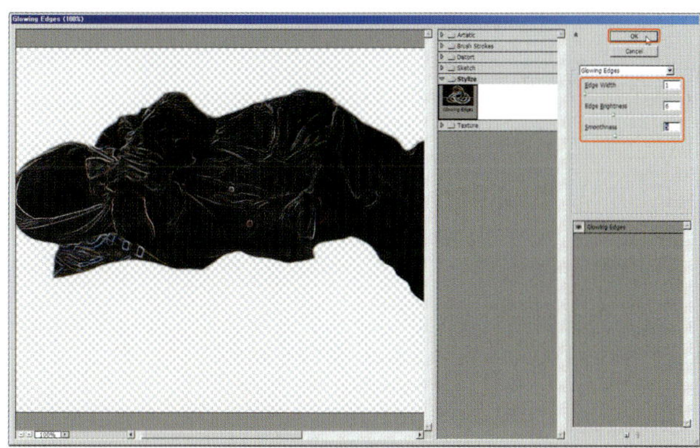
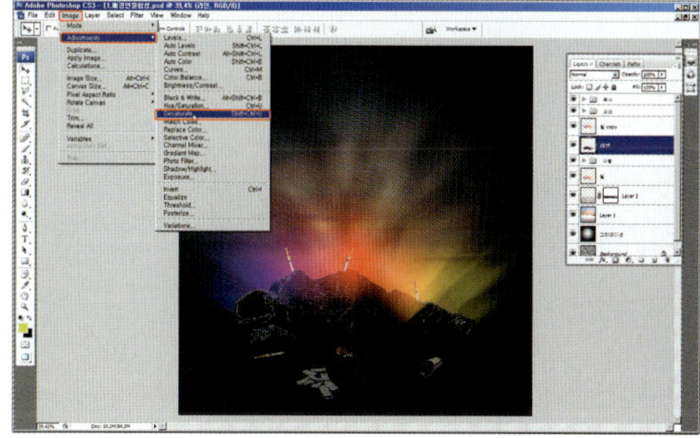

09 'Layers' 팔레트에서 블렌딩 모드를 'Screen'으로 변경하여 흰색 라인을 하위 레이어에 적용합니다.
10 'Filter' → 'Disort' → 'Wave' 메뉴를 선택합니다.

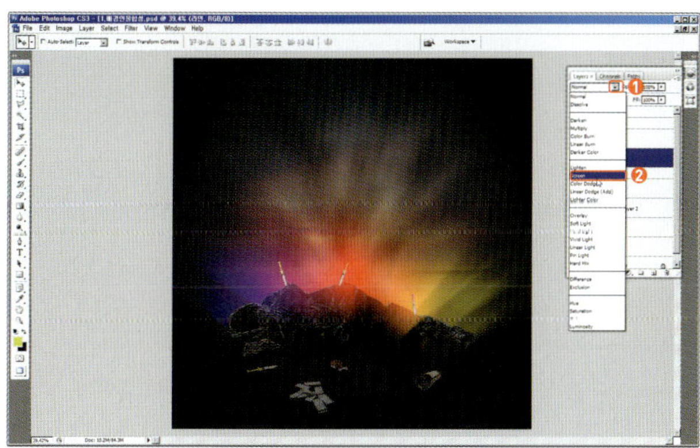
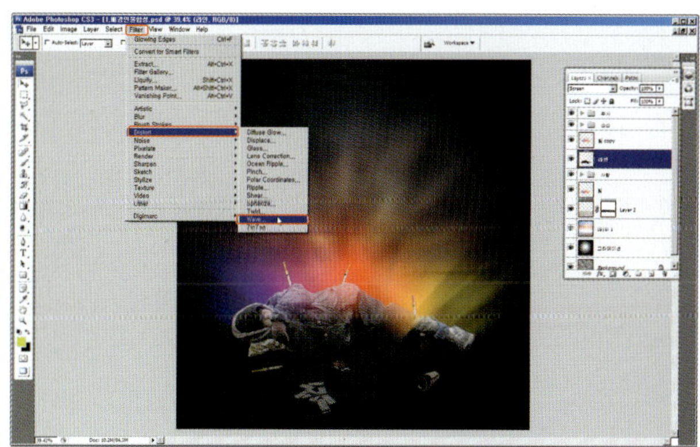

11 'Wave' 대화상자가 나타나면 라인에 살짝 웨이브 효과를 적용하기 위해 다음의 그림과 같이 지정합니다. **12** 'Layers' 팔레트에서 보정 레이어 아이콘(　)을 클릭한 후 'Color Balance'를 선택합니다.

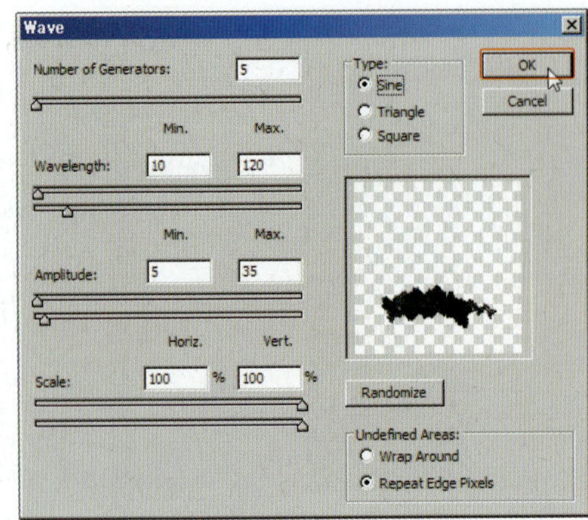

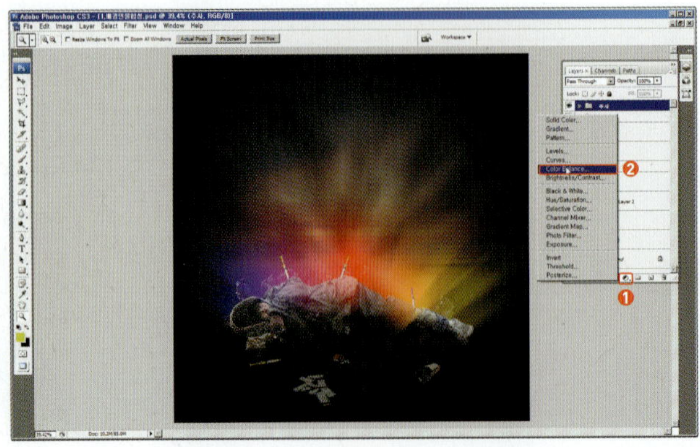

13 'Color Balance' 대화상자가 나타나면 다음의 그림과 같이 지정하여 'Cyan' 계열의 색을 증가시켜서 작업을 완료합니다.

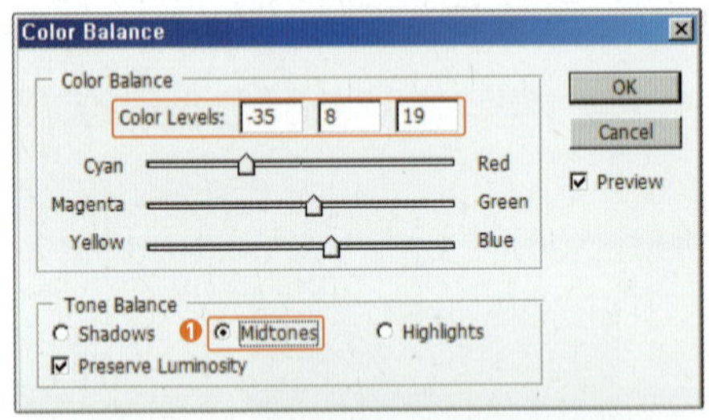

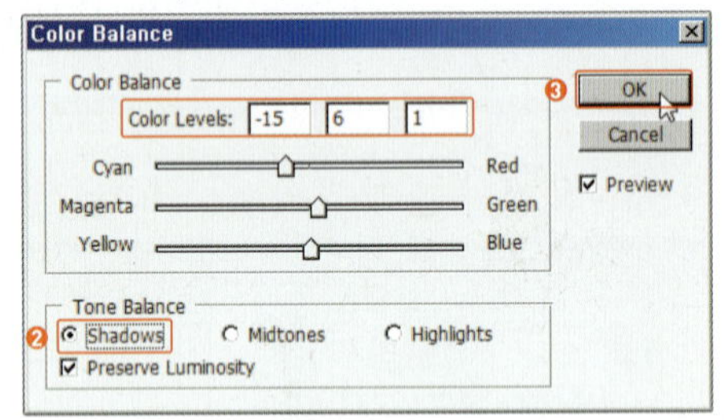

성인남자, 시간, 욕망을 표현했습니다.

나이만큼이나 시간이 지나면서 책임져야 할 일, 해야 할 일도 많으나 시간은 '쏜살' 이라는 말의 의미를 곱씹듯 빠르게 지나가는 것 같습니다. 그래도 아직은 지나온 1년을 돌이키는 나이보다 다가올 1년을 기대하며 사는 나이기에 시간도, 책임져야 할 일도 모두 즐기며 살아가야겠습니다.

시간을 가리키는 로마자는 일러스트레이터 3D 효과를 사용했고, 인물에 씌워있는 표피층은 세포 분열과 관련된 이미지를 사용했습니다. 그리고 최종적으로 흘러내리는 효과(Eye Candy 4000의 Drip 효과)를 사용해 완성했습니다. 특별한 팁이라면 인물과 세포 이미지를 합성할 때 블렌딩 모드에 대한 내용인데, 같은 이미지를 Exclusion, Overlay, Multiply 블렌딩의 3단계로 나누어 위의 그림과 같은 결과를 만들어냈습니다.

왼쪽 그림은 Exclusion을 적용한 예입니다. Normal 상태에서는 흰색에 가까운 연한 회색이었으나 Exclusion 모드를 통해 색이 반전되어 하위에 보이는 피부톤과 유사해지면서 피부 위에 떠 있는 것처럼 표현되었습니다. 이 책에서 작업 중간중간에 나오는 블렌딩 모드는 배경 이미지와 적용하는 이미지의 컬러, 명암의 차이가 있기 때문에 다른 사진에 적용했을 때 같은 효과를 만들어 내기는 어렵습니다. 다양한 작업을 통해 결과가 만들어내는 이미지를 보면서 명암과 컬러가 어색하지 않은지, 빛의 속성은 잘 표현되었는지를 판단하는 눈을 갖는 게 중요합니다. 그렇게 되면 툴의 사용법은 이전보다 훨씬 쉬워질 테니까요.

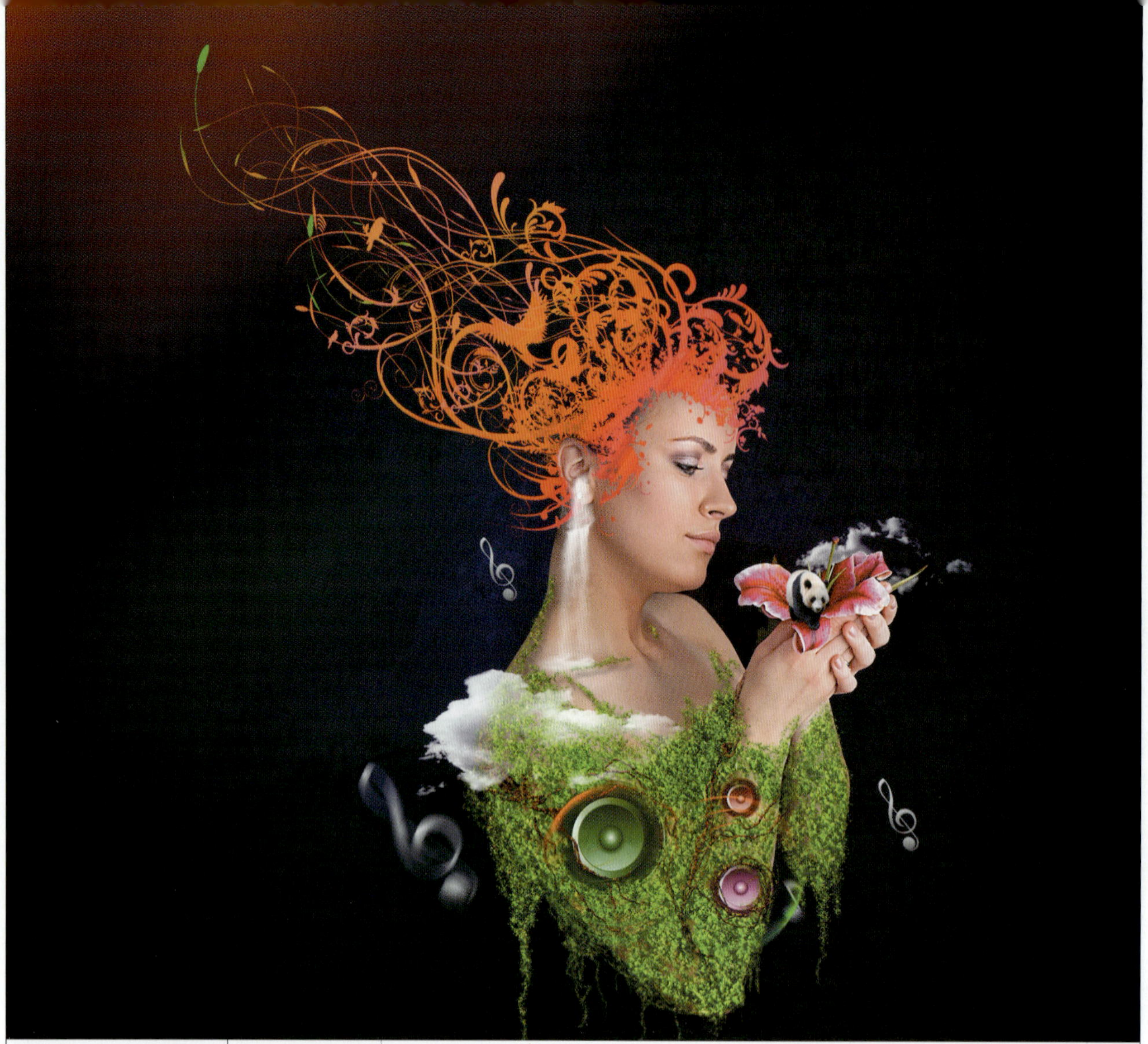

Lesson 11

결과 파일 부록 CD\Theme03\Lesson11\꿈.psd

Dream Girl

처음에는 봄의 판타지를 표현하려고 했습니다. 하지만 작업하다 보니 어두운 배경을 좋아하는 필자의 작업 스타일 때문에 점점 판타지에서 멀어지고 있더군요. 무엇보다 사진에서 부족한 부분은 헤어였습니다. 다른 머리카락을 합성해서 바람에 날리는 효과를 연출할 수도 있었지만, 그것만으로는 부족하다는 느낌이 들었습니다. 그래서 콘셉트를 전면 수정해서 '꿈꾸는 듯한 느낌'을 표현하다가 다음과 같은 작업을 완성했습니다.

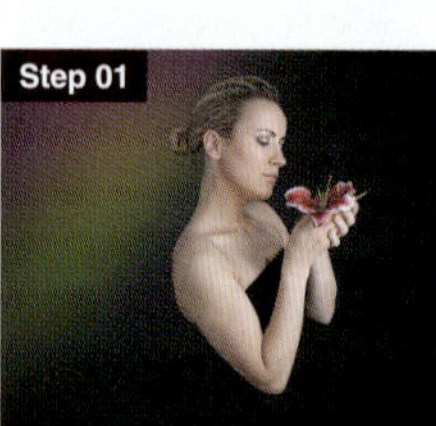

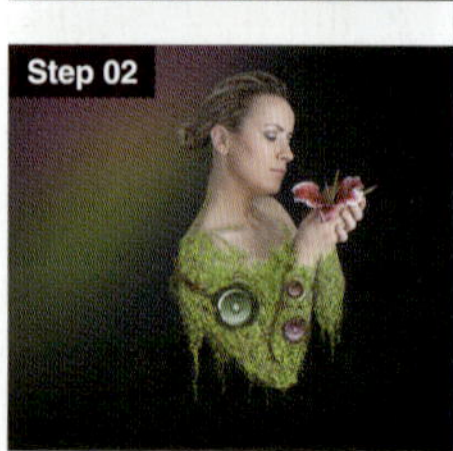

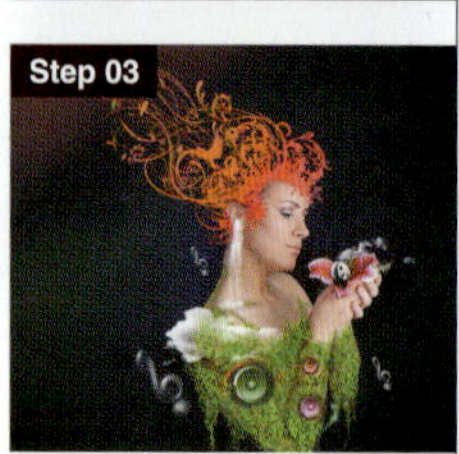

기본 배경 만들기

어두운 배경 속에서 색을 살리는 방법을 살펴보겠습니다.

예제 파일 부록 CD\Theme03\Lesson11\텍스처.psd　**결과 파일** 부록 CD\Theme03\Lesson11\배경만들기.psd

01 부록 CD에서 '텍스처.psd' 파일을 불러옵니다. 툴바에서 그레이디언트 툴(■)을 선택한 후 옵션바의 그러데이션 항목을 클릭합니다.

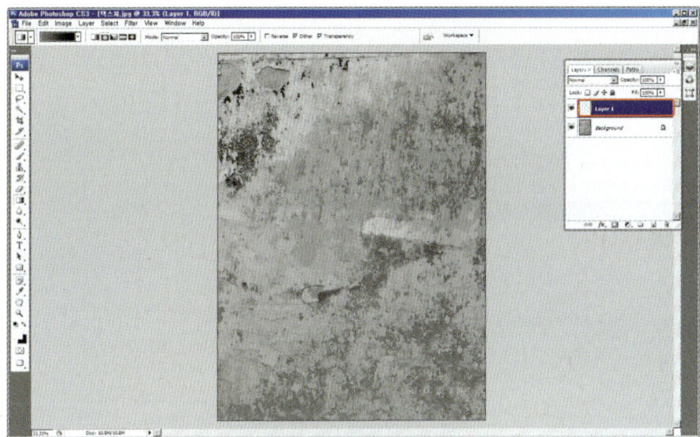

02 'Select Stop Color' 대화상자가 나타나면 왼쪽 컬러는 '#5c5c5c', 오른쪽 컬러는 '#000000' 으로 지정합니다.

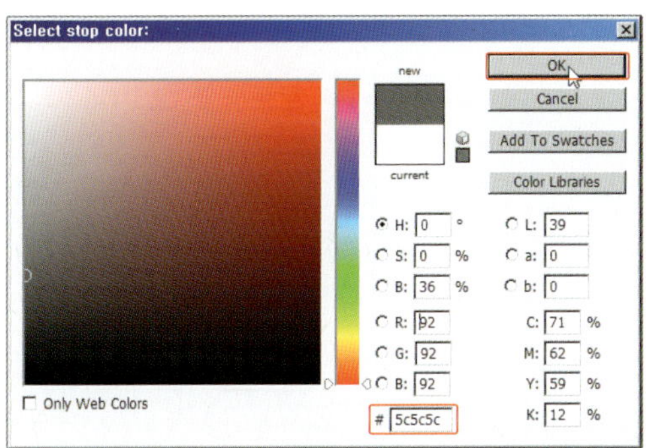

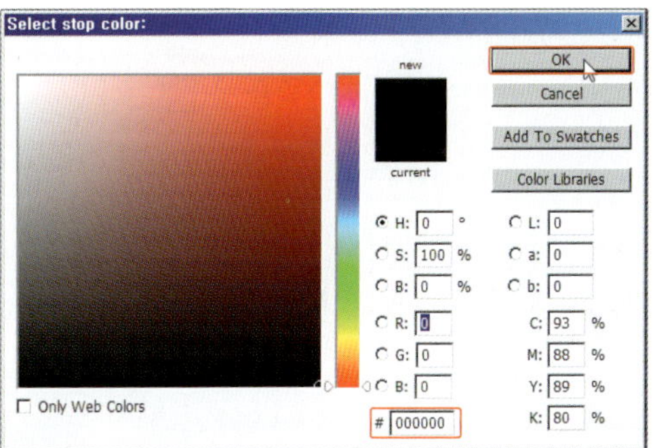

03 원형 그레이디언트 툴(■)을 선택합니다. **04** 중앙에 대각선 측면으로 그러데이션을 적용합니다.

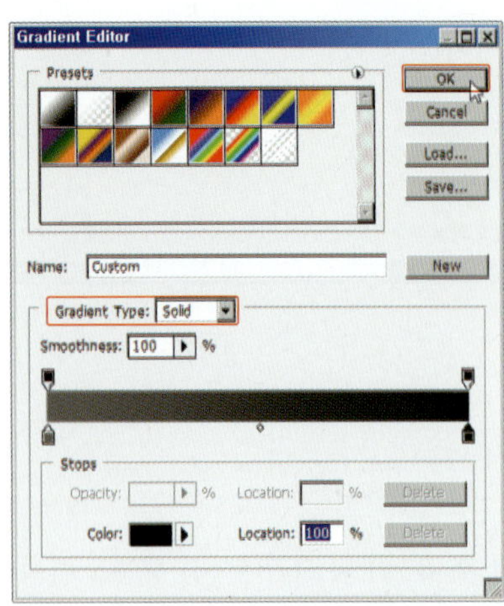

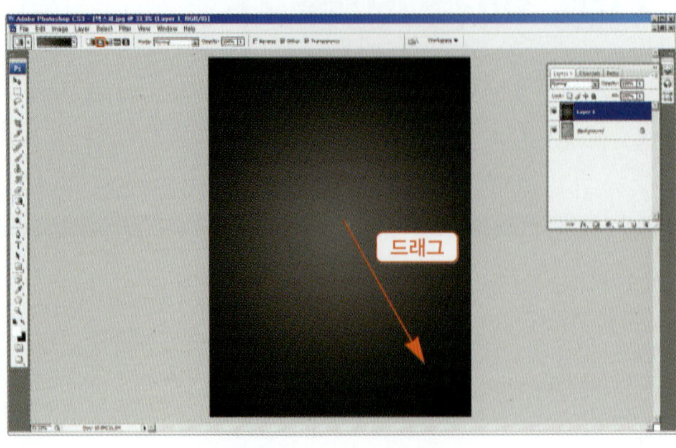

05 'Layers' 팔레트에서 'Layer 1' 레이어의 블렌딩 모드를 'Multiply'로 지정하고 단축키 Ctrl + J 를 눌러 레이어를 하나 더 복사한 후 바탕을 어둡게 만듭니다. 그런 다음 'Layers' 팔레트에서 보정 레이어 아이콘(●)을 클릭한 후 'Color Balance'를 선택하세요. **06** 'Color Balance' 대화상자가 나타나면 다음의 그림과 같이 지정해 'Blue' 톤을 증가시킵니다.

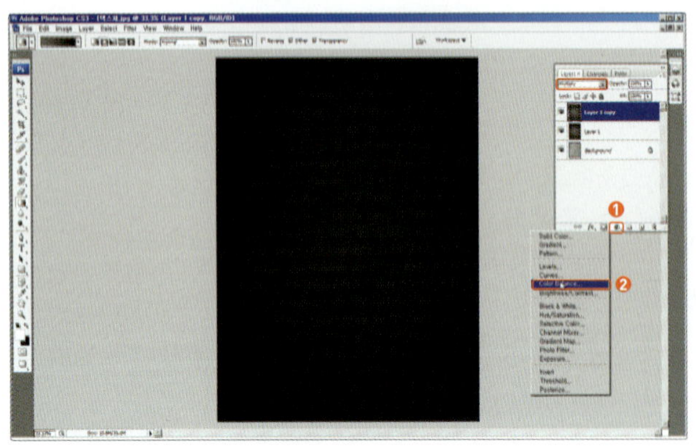

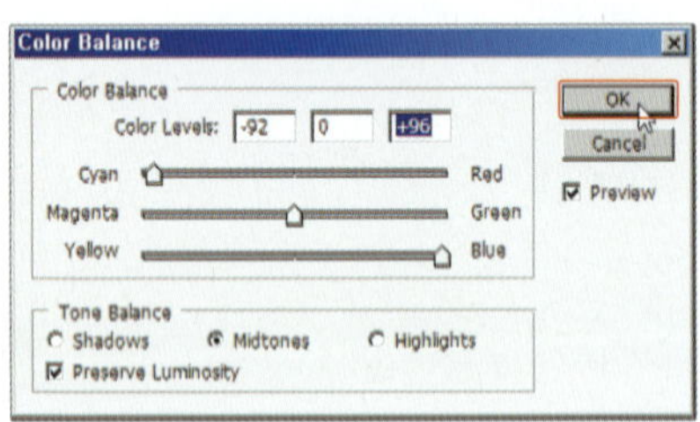

07 'Layers' 팔레트의 오른쪽에 있는 확장 아이콘(▶)을 클릭하고 'Flattern Image'를 선택하여 전체 레이어를 하나로 합칩니다. **08** 'New Layer' 대화상자가 나타나면 단축키 Shift + Ctrl + N 을 눌러 어두운 배경에 색을 입힐 신규 레이어 '컬러'를 만듭니다. 그런 다음 툴바에서 브러시 툴(✐)을 선택한 후 옵션바에서 'Soft Round'는 '700pixel', 'Opacity'는 '100%'로 지정합니다.

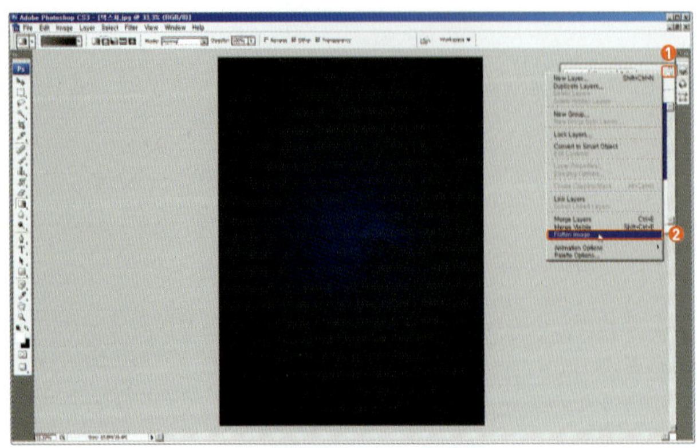

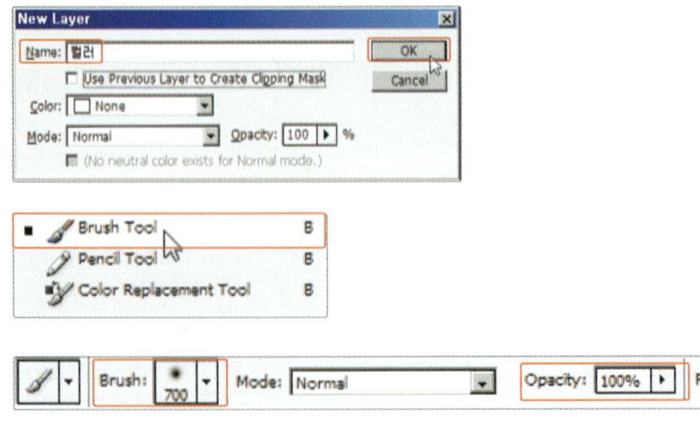

09 전경색을 더블클릭해 'Color Picker' 대화상자를 나타내고 '#53aa0c'를 입력한 후 도큐먼트 창에 불규칙적으로 칠합니다.

10 전경색을 더블클릭해 'Color Picker' 대화상자를 나타내고 '#e30597'을 입력한 후 도큐먼트 창에 불규칙적으로 칠합니다.

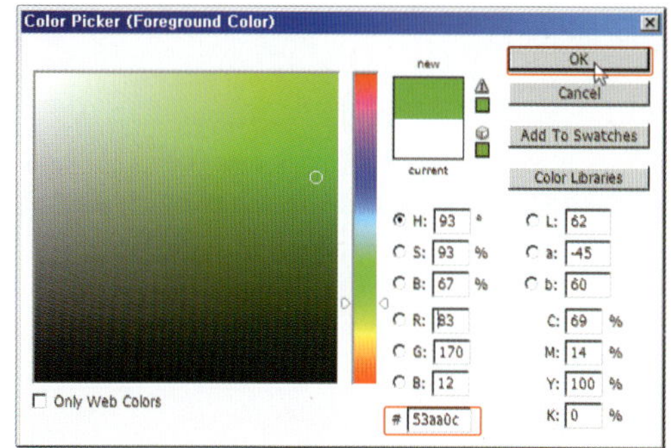 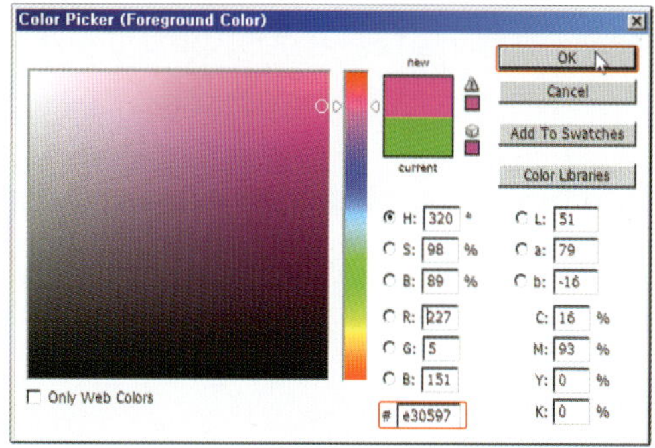

11 전경색을 더블클릭해 'Color Picker' 대화상자를 나타내고 '#ff0000'을 입력한 후 도큐먼트 창에 불규칙적으로 칠합니다.

12 색상을 섞기 위해 'Filter' → 'Blur' → 'Motion Blur' 메뉴를 선택합니다.

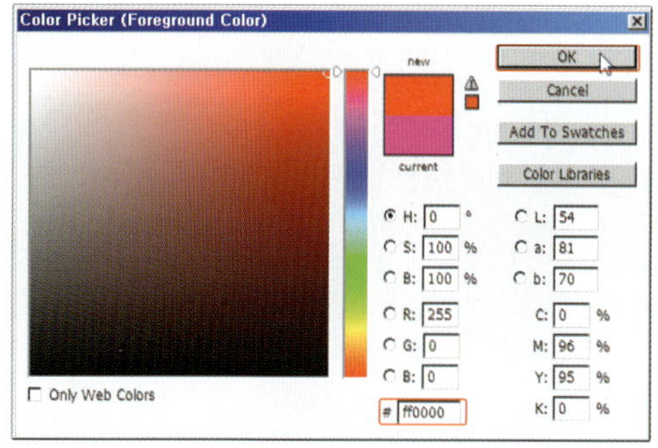 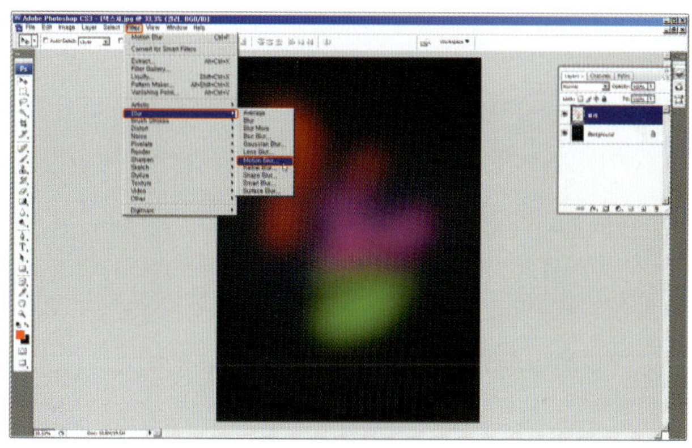

13 'Layers' 팔레트에서 블러가 적용된 '컬러' 레이어의 블렌딩 모드를 'Hue'로 변경해 하위 레이어에 색을 적용합니다.

14 '컬러' 레이어를 선택하고 단축키 Ctrl + J 를 눌러 복사한 후 블렌딩 모드를 'Pin Light'로 변경합니다. 어두운 배경에 색을 적용할 때는 하위 레이어의 톤과 상위 레이어의 색의 속성이 다르므로 '빛'과 관련된 블렌딩 모드를 여러 번 혼합해서 사용합니다.

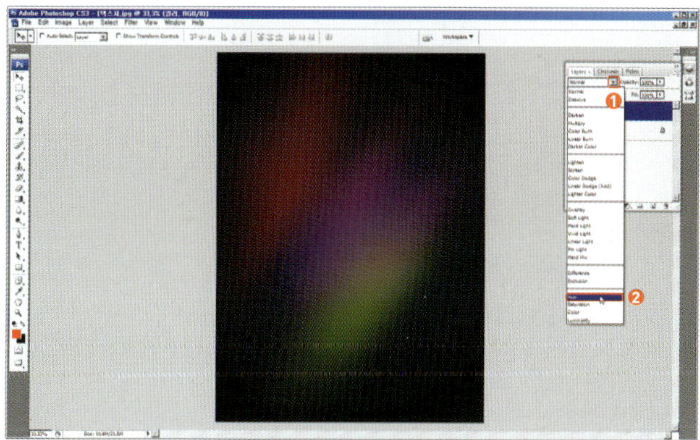 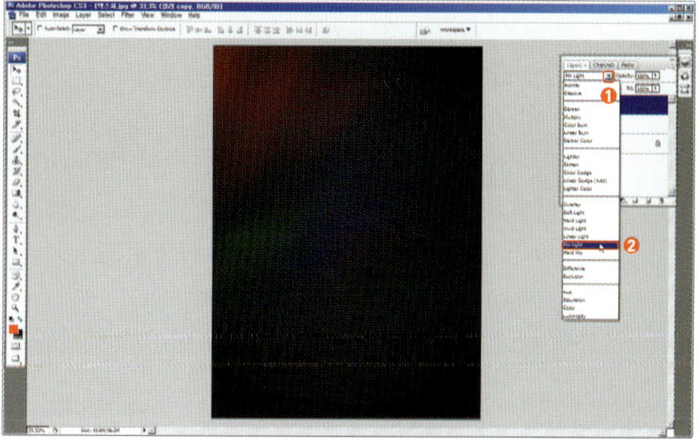

인물 합성하고 잔디 입히기

'Scatterde Maple Leaves' 브러시의 특별한 기능을 살펴보겠습니다.

예제 파일 부록 CD\Theme03\Lesson11\여자.psd, 잔디.jpg, 스피커-2.jpg　**결과 파일 부록** CD\Theme03\Lesson11\잔디합성.psd

01 부록 CD에서 '여자.psd' 파일을 불러옵니다. 그런 다음 단축키 Ctrl+A, Ctrl+C, Ctrl+W를 차례대로 눌러 작업 창에 이미지를 복사한 후 작업 창을 닫으세요. **02** 현재 작업 창에 단축키 Ctrl+V를 눌러 붙여넣기하고 단축키 Ctrl+T를 눌러 다음의 그림과 같이 크기를 조절합니다.

03 이미지를 선명하게 하기 위해 'Filter' → 'Sharpen' → 'Unsharpen Mask' 메뉴를 선택합니다. **04** 미리 보기 창을 인물로 이동하고 피부톤이 과하게 뭉개지지 않을 정도로 샤픈을 조절합니다. 화면에서 보이는 샤픈값은 너무 심하지만, 인화나 출력이 목적일 때는 분사된 잉크가 샤픈값을 완화시켜 줍니다.

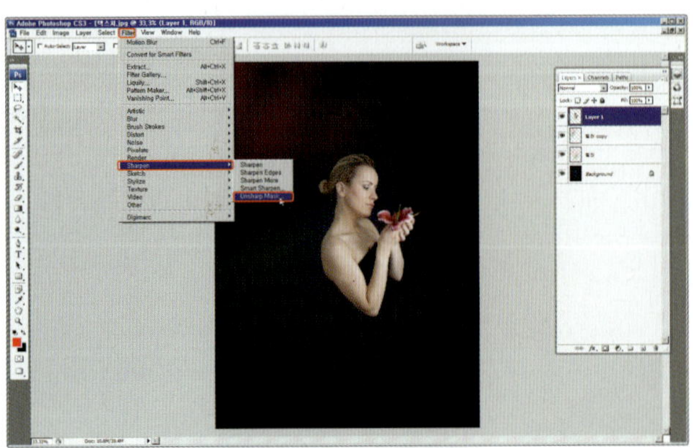
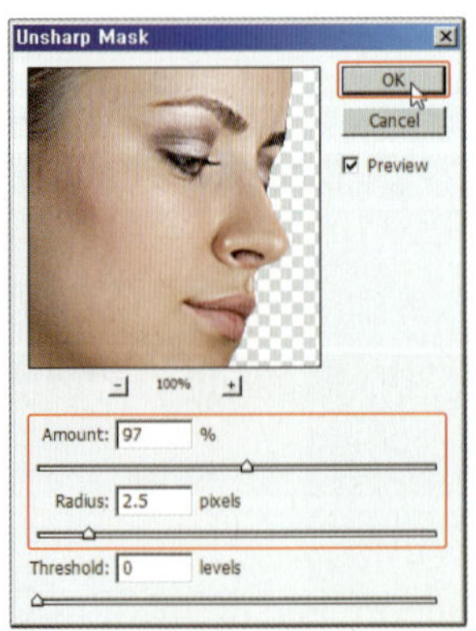

05 '잔디.jpg' 파일을 불러옵니다. 그런 다음 단축키 Ctrl + A, Ctrl + C, Ctrl + W를 차례대로 눌러 작업 창에 이미지를 복사한 후 작업 창을 닫으세요. **06** 현재 작업 창에 단축키 Ctrl + V를 눌러 붙여넣기합니다. 그런 다음 단축키 Ctrl + T를 눌러 목 아랫부분부터 팔꿈치의 아래를 가릴 수 있을 정도의 크기로 조절하세요.

07 'Layers' 팔레트에서 Alt 를 누른 채 'Add Layer Mask' 아이콘(◻)을 클릭해 'Hide All' 상태로 만듭니다. **08** 툴바에서 브러시 툴(✎)을 선택하고 도큐먼트 창에서 마우스 오른쪽 버튼을 클릭한 후 브러시 목록에서 단풍잎처럼 생긴 브러시를 선택합니다.

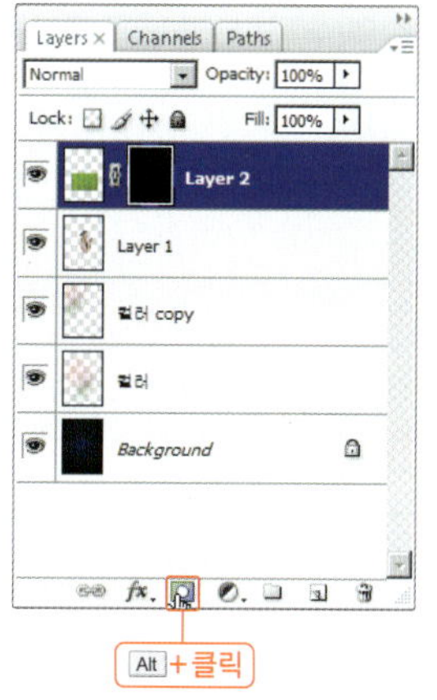

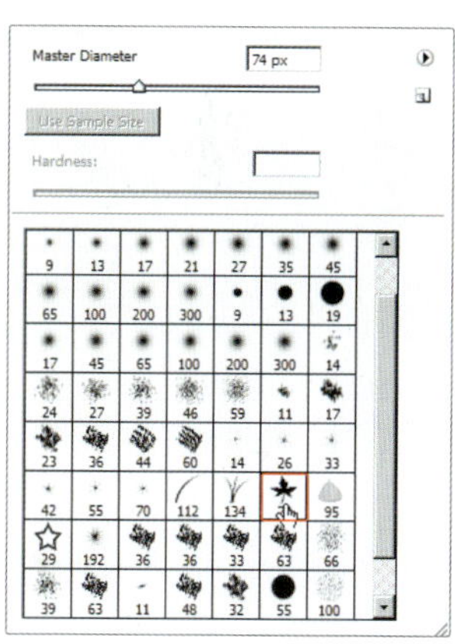

09 전경색을 흰색(◻)으로 지정하고 옵션바에서 'Opacity'는 '100%', 브러시 사이즈는 '7pixel'로 지정해 화면에 보이는 이미지 처럼 피부톤을 따라 칠합니다. 브러시의 정확한 명칭은 'Scatterde Maple Leaves'라고 하는데, 기본적으로 Shape나 Scattering 속성을 담고 있습니다. 좌우 방면으로 불규칙적으로 퍼져나가는 느낌은 사물에 잔디를 입힐 때 유용해 필자가 주로 사용하는 브러시 옵션입니다. 브러시 확대 및 축소 단축키 [,]를 이용해 넓은 면적부터 작업하고 아래로 떨어지는 잔가지 느낌은 나중에 작업하세요.

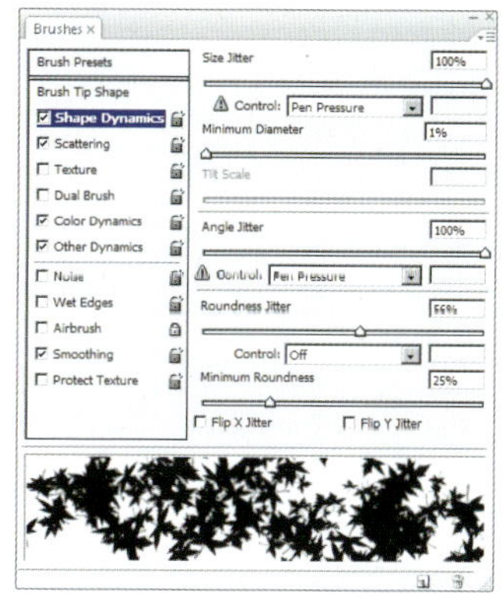

10 'Layer Style' 대화상자에서 잔디에 입체감을 연출하기 위해 연하게 'Drop Shadow'를 적용하고 다음의 그림과 같이 지정합니다. **11** 다음의 그림과 같이 'Bevel and Emboss'에 체크 표시하고 'OK' 버튼을 클릭합니다.

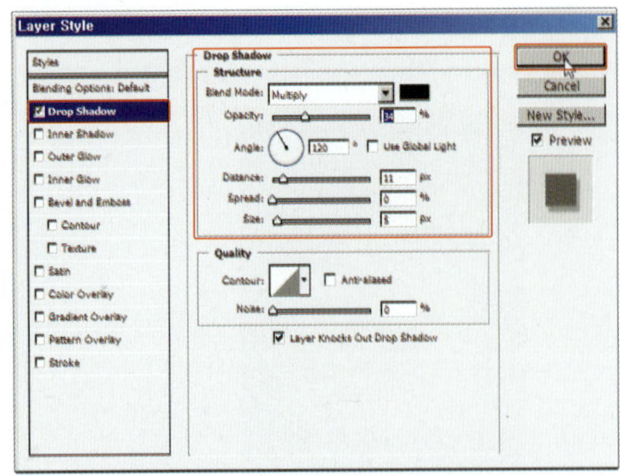
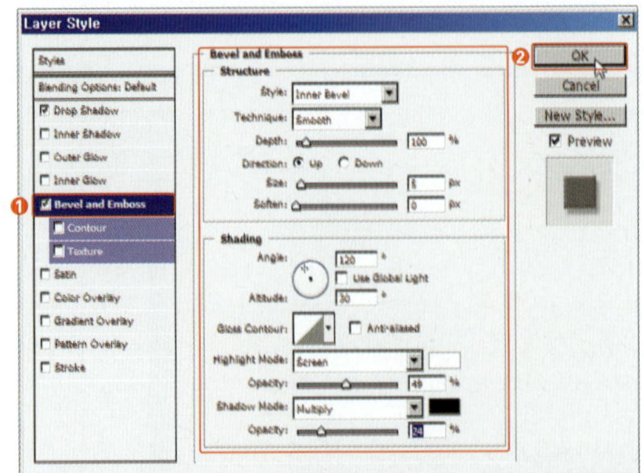

12 부록 CD에서 '스피커-2.jpg' 파일을 불러오고 원형 선택 툴(◯)로 스피커의 가운데를 선택합니다. 그런 다음 단축키 Ctrl + C, Ctrl + W를 차례대로 눌러 작업 창에 이미지를 복사한 후 작업 창을 닫으세요.

13 단축키 Ctrl + V를 눌러 붙여넣기하고 단축키 Ctrl + T를 눌러 크기를 오른쪽 그림과 같이 조절합니다. 그런 다음 단축키 Ctrl + J를 눌러 2개의 스피커를 복사하고 'Image' → 'Adjustments' → 'Color Balance' 메뉴(Ctrl + B)를 선택해서 서로 다른 컬러를 지정하세요.

14 ‘Color Balance’ 대화상자가 나타나면 스피커 레이어에 각각 ‘Color Balance’를 적용해 색을 변경합니다.

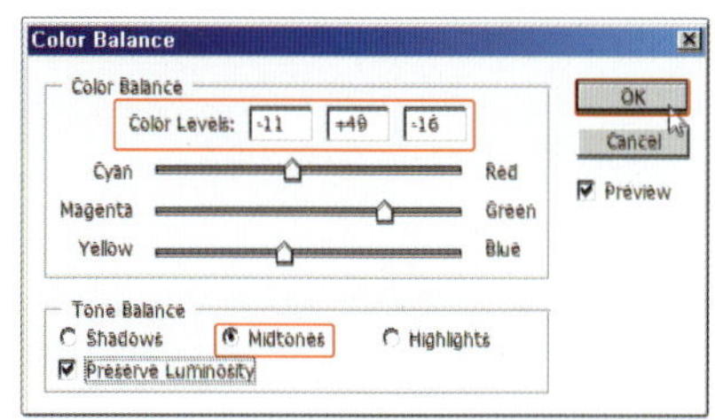 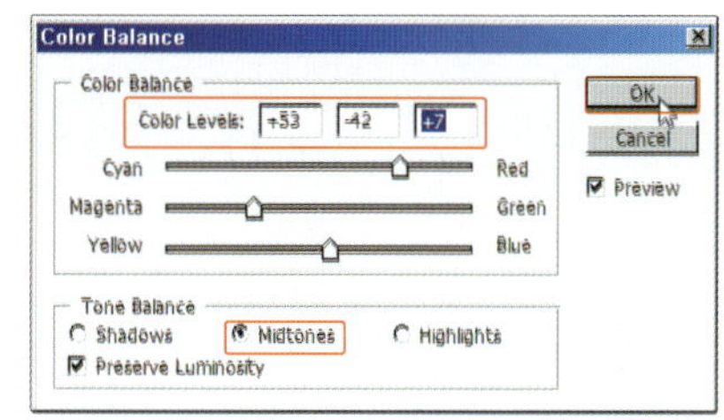 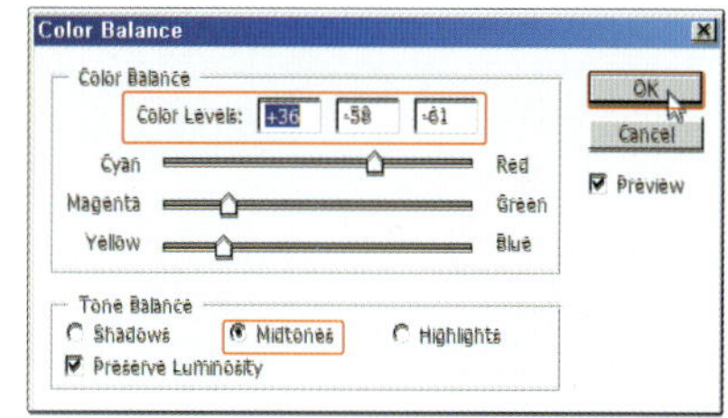

15 ‘Layers’ 팔레트에서 Shift 를 누른 상태에서 ‘Layer 3 copy 2’ 레이어부터 ‘Layer 3’ 레이어를 선택하고 단축키 Ctrl + E 를 눌러 하나의 레이어로 합칩니다. **16** 툴바에서 브러시 툴( )을 선택하고 도큐먼트 창에서 마우스 오른쪽 버튼을 클릭한 후 단풍잎 모양 브러시를 선택합니다.

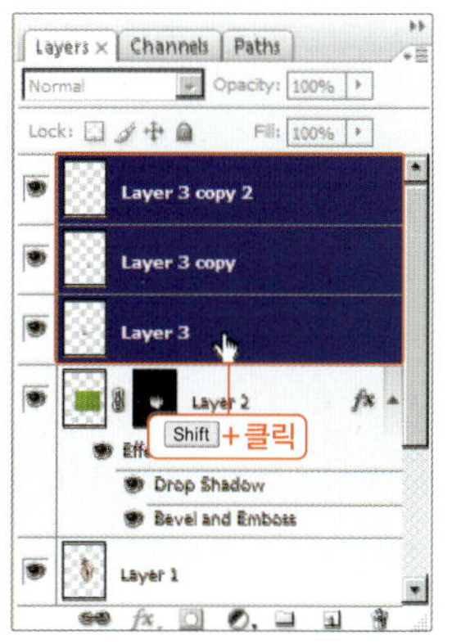  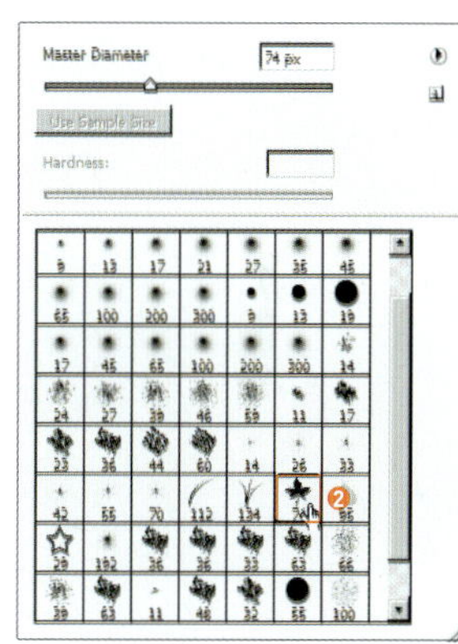

17 ‘Layer 3 copy 2’ 레이어를 ‘Layer 2’ 레이어의 아래로 이동합니다. 그런 다음 전경색을 검은색( )으로 지정하고 스피커 모양 테두리 부분을 칠하면서 스피커가 잔디 속에 묻힌 듯한 느낌을 표현하세요.

나무줄기 표현하기

레이어 스타일을 적용한 레이어에 'Hard Round Brush'를 이용해 나무줄기를 표현해 보겠습니다.

예제 파일 부록 CD\Theme03\Lesson11\펜더.jpg

01 'Layers' 팔레트에서 'Layer 2' 레이어를 단축키 Ctrl + J 를 눌러 복사합니다. 그런 다음 전경색을 흰색(￭)으로 지정하고 마스크 창을 클릭한 후 단축키 Alt + Delete 를 눌러 잔디를 원래 상태의 이미지로 표시하세요. 02 단축키 Ctrl + U 를 눌러 'Hue/Saturation' 대화상자를 나타내고 다음의 그림과 같이 조절하여 갈색 톤으로 변경합니다.

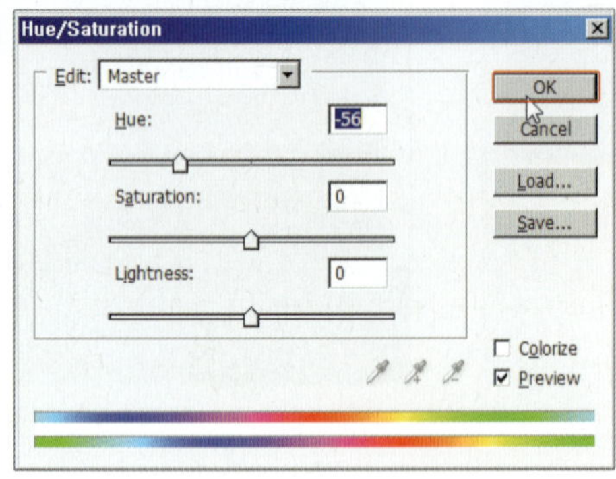

03 단축키 Ctrl + M 을 눌러 'Curves' 대화상자를 나타내고 다음의 그림과 같이 곡선을 이동해서 어둡게 만듭니다. 04 'Layers' 팔레트에서 마스크 창을 선택해 검은색으로 채우고 'Hide All' 상태로 만듭니다.

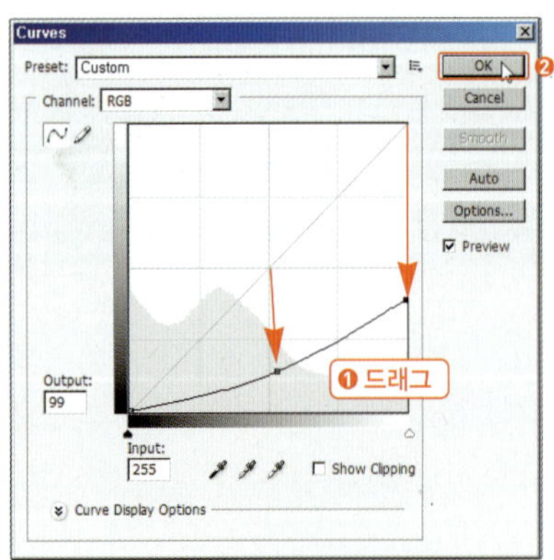

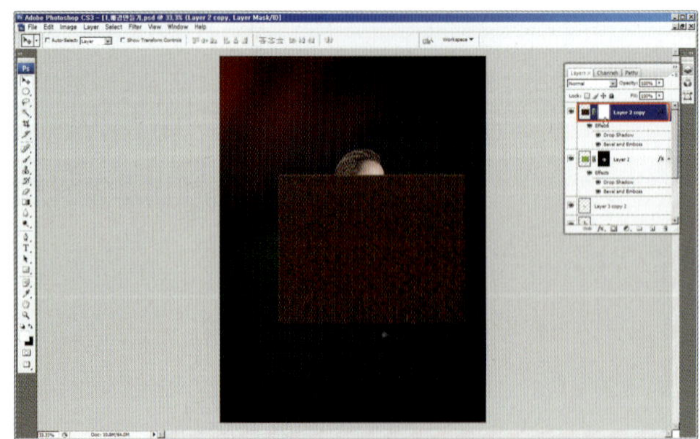

05 'Hide All' 상태이므로 **04**번에서 작업한 이미지는 보이지 않습니다. **06** 브러시 툴(✐)을 선택해 도큐먼트 창에서 마우스 오른쪽 버튼을 클릭한 후 바로 가기 메뉴에서 'Hard Round' 계열 브러시를 선택하고 'Master Diameter'를 '19px'로 설정합니다.

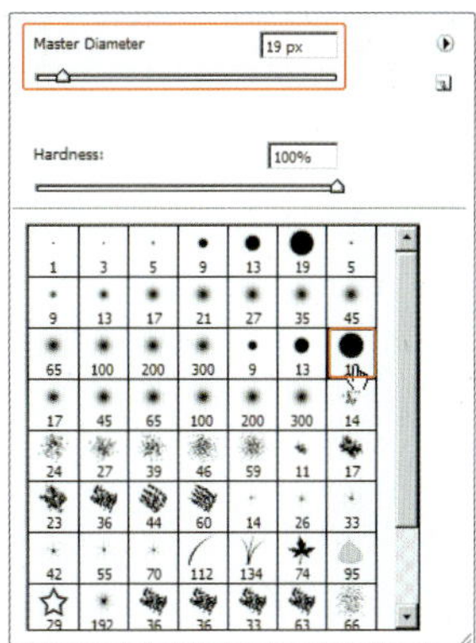

07 전경색을 흰색(▉)으로 지정하고 옵션바에서 'Opacity'를 '100%'로 지정해 줄기를 그립니다. **08** 이미지를 확대하고 교대로 브러시를 확대 및 축소([ ], [ ])하면서 디테일하게 그립니다. 'Layer 2 copy' 레이어에는 이미 'Layer Style' 속성이 있어서 입체감이 그대로 적용됩니다.

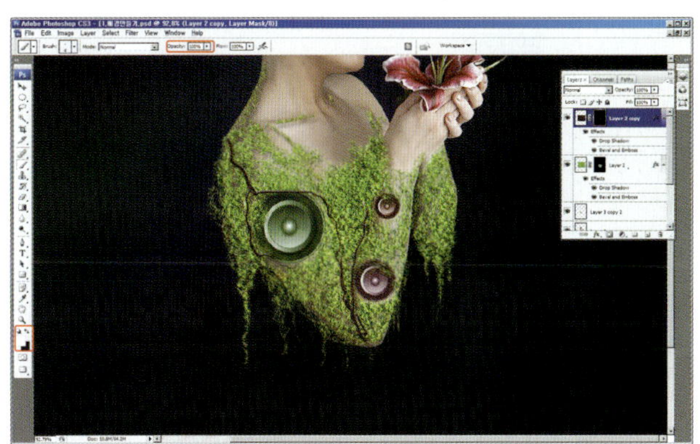

09 부록 CD에서 '펜더.jpg' 파일을 불러온 후 'Filter' → 'Excract' 메뉴를 선택합니다. **10** 왼쪽 위에 있는 ✐툴로 펜더 외곽을 선택하고 ◇툴로 채운 후 'OK' 버튼을 클릭해 이미지를 마스킹합니다. 그런 다음 단축키 Ctrl+A, Ctrl+C, Ctrl+W를 차례대로 눌러 작업 창에 이미지를 복사한 후 작업 창을 닫으세요.

11 단축키 `Ctrl`+`V`를 눌러 붙여넣기하고 단축키 `Ctrl`+`T`를 눌러 꽃이 있는 부분에 작게 올려놓습니다. **12** 단축키 `Shift`+ `Ctrl`+`N`을 눌러 'New Layer' 대화상자를 나타내고 'Name'에 '구름레이어'를 입력합니다.

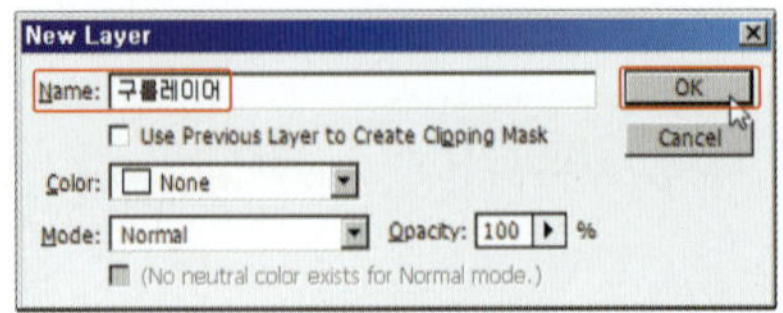

13 다음의 그림과 같이 순서대로 클릭한 후 'Load Brushes'를 선택합니다. **14** 'Load' 대화상자가 나타나면 'Sample Brushes.abr'을 선택한 후 'Load' 버튼을 클릭합니다.

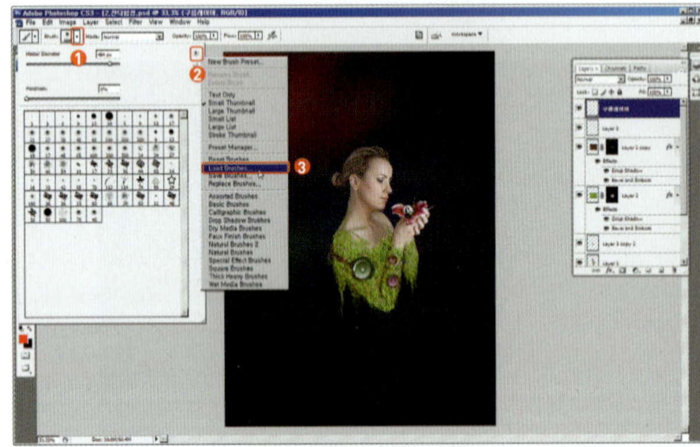
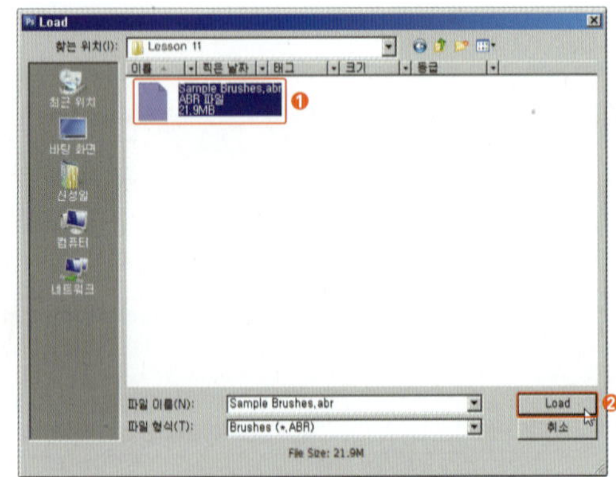

15 블러 툴인 브러시 목록 중에서 '1600pixel' 브러시를 선택합니다. **16** 전경색을 흰색(■)으로 지정하고 클릭하면 구름 모양 이 적용됩니다. 그런 다음 단축키 `Ctrl`+`T`를 눌러 왼쪽 어깨 위에 걸치듯이 크기와 위치를 조절하세요.

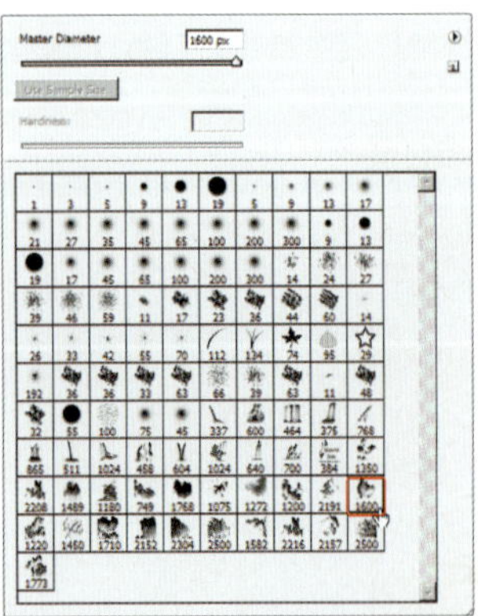

17 단축키 Shift + Ctrl + N 을 눌러 신규 레이어를 만들고 레이어 이름을 '구름' 으로 입력합니다. **18** >를 눌러 다른 구름 모양을 선택하고 화면을 클릭합니다. 그런 다음 단축키 Ctrl + T 를 눌러 크기를 조절하여 'Layer 1' 레이어의 아래쪽으로 이동하세요.

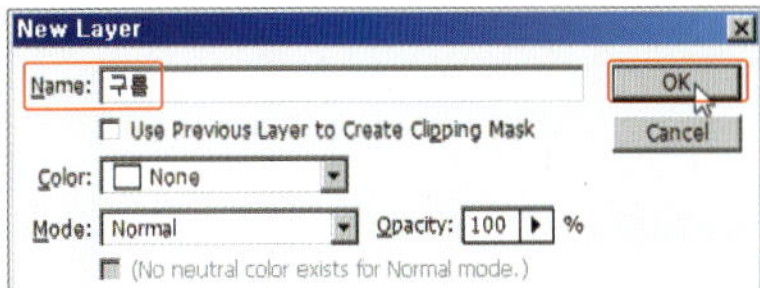

19 단축키 Shift + Ctrl + N 을 눌러 신규 레이어를 만들고 레이어 이름을 '폭포' 로 입력합니다. **20** '337pixel' 브러시를 선택하고 브러시 이동키 >를 누릅니다. 화면에 브러시 모양이 나타나면 마음에 드는 모양의 브러시를 선택하세요.

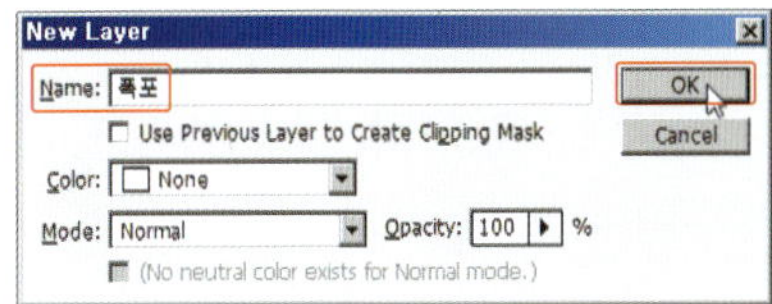
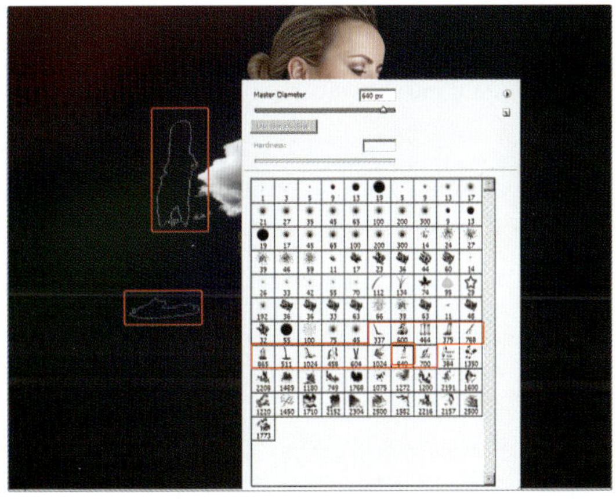

21 '640pixel' 브러시를 선택하여 귀에서 떨어지는 폭포를 표현했습니다.

일러스트 헤어 만들기

그러데이션 옵션 중 Noise를 활용하는 방법을 살펴보겠습니다.

예제 파일 부록 CD\Theme03\Lesson11\hair.ai **결과 파일 부록** CD\Theme03\Lesson11\인물합성.psd

01 'Open' 대화상자에서 부록 CD의 'hair.ai' 파일을 불러옵니다. **02** 'Import PDF' 대화상자가 나타나면 해상도를 '300'으로 지정하고 'OK' 버튼을 클릭합니다.

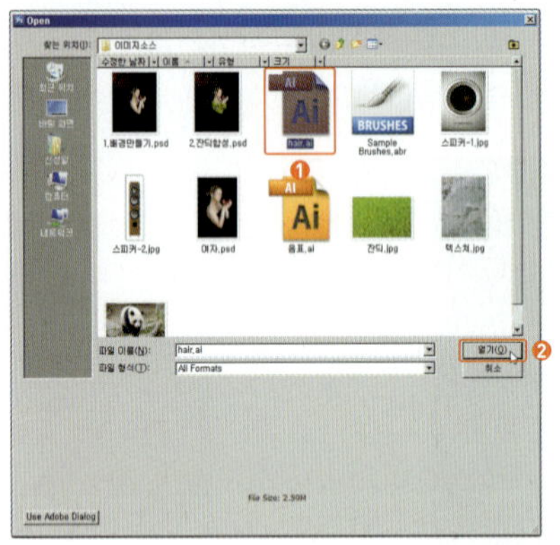
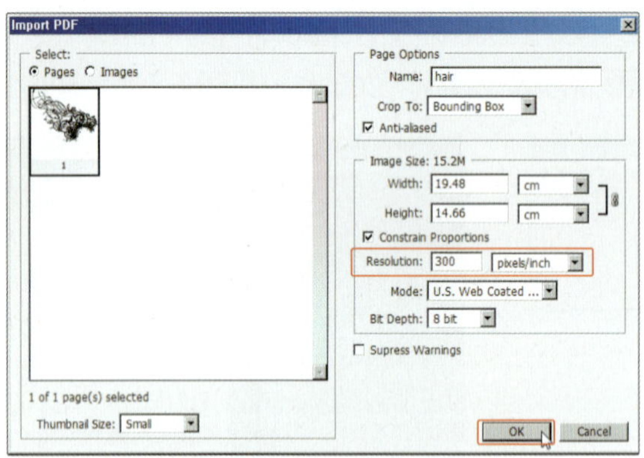

03 단축키 Ctrl+A, Ctrl+C, Ctrl+W를 차례대로 눌러 작업 창에 이미지를 복사한 후 작업 창을 닫습니다. **04** 단축키 Ctrl+V를 눌러 붙여넣기하고 단축키 Ctrl+T를 눌러 머리의 윗부분으로 이동한 후 'Layers' 팔레트에서 'Layer 4' 레이어를 더블클릭합니다.

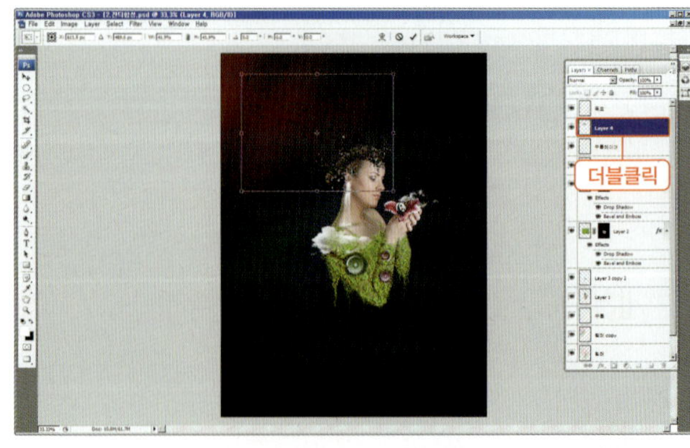

05 'Layer Style' 대화상자가 나타나면 'Gradient Overlay'에 체크 표시한 후 'Gradient'를 클릭합니다. **06** 'Gradient Editor' 대화상자가 열리면 'Gradient Type'을 'Noise'로 지정합니다.

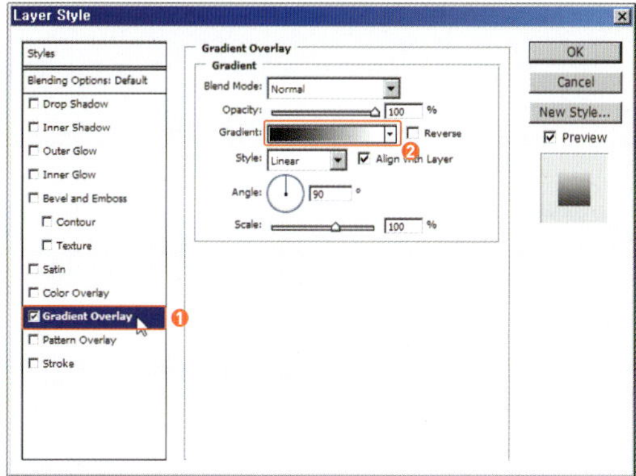
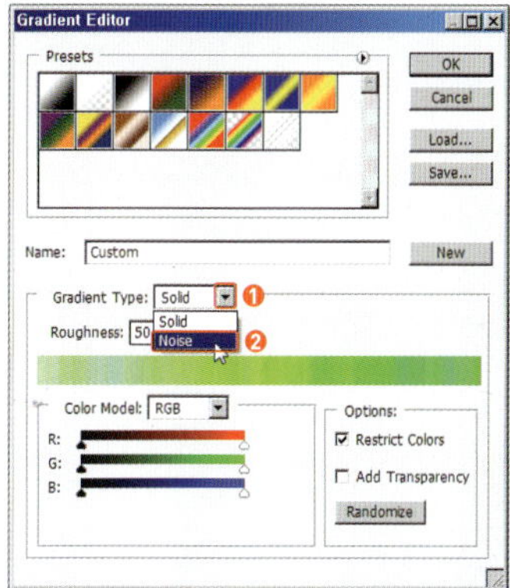

07 'Randomize' 버튼을 연속 클릭해 원하는 컬러를 선택하고 'OK' 버튼을 클릭합니다. **08** 'Angle'을 '−39°'로 지정해 머리카락 방향으로 그러데이션을 적용하고 'OK' 버튼을 클릭합니다.

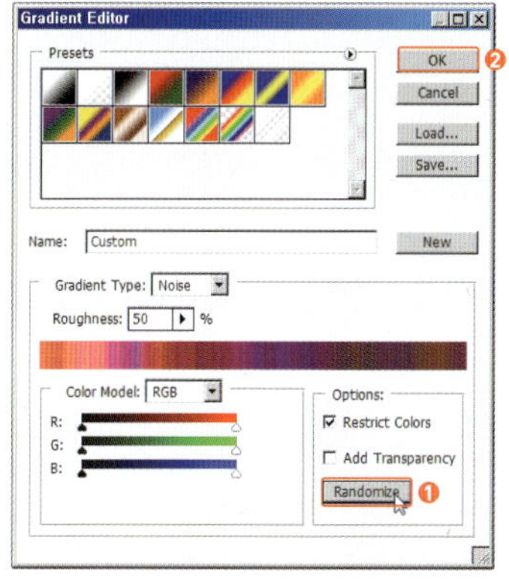
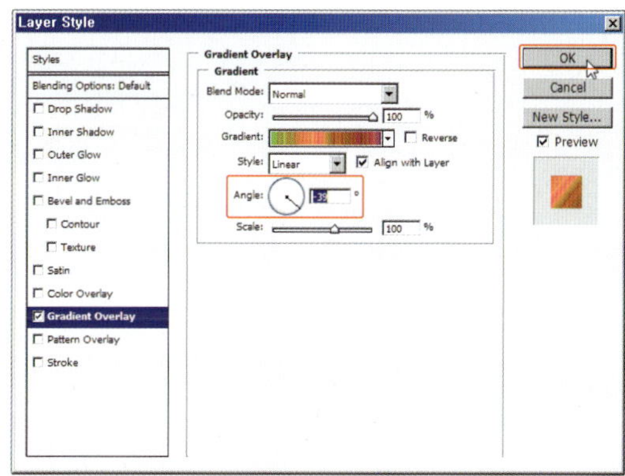

09 'Layers' 팔레트에서 'Layer 1' 레이어를 선택하고 'Layers' 팔레트에서 'Add Layer Mask' 아이콘(◻)으로 드래그해 마스크를 씌웁니다. **10** 전경색을 검은색(■)으로 지정하고 브러시 툴(✐)로 헤어 부분을 문질러서 인물의 머릿결을 가립니다.

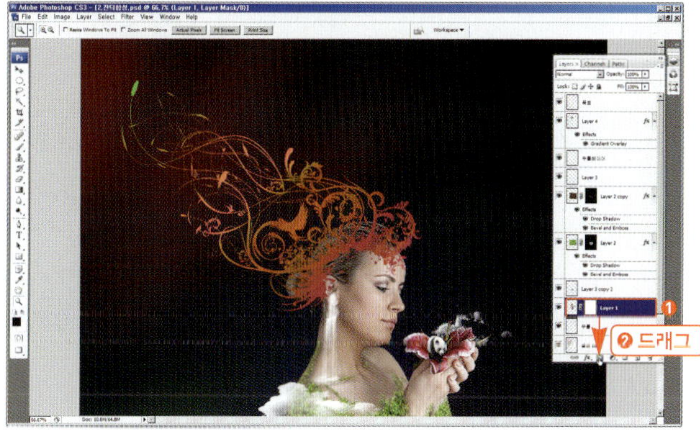

11 단축키 Ctrl + J 를 눌러 'Layer 4' 레이어를 복사합니다. 그런 다음 단축키 Ctrl + T 를 눌러 크기를 축소하여 겹치게 하고 머릿결을 풍성하게 만드세요. **12** Ctrl 을 누른 상태에서 'Layer 4' 레이어와 'Layer 4 copy' 레이어를 선택하고 단축키 Ctrl + E 를 눌러 합칩니다.

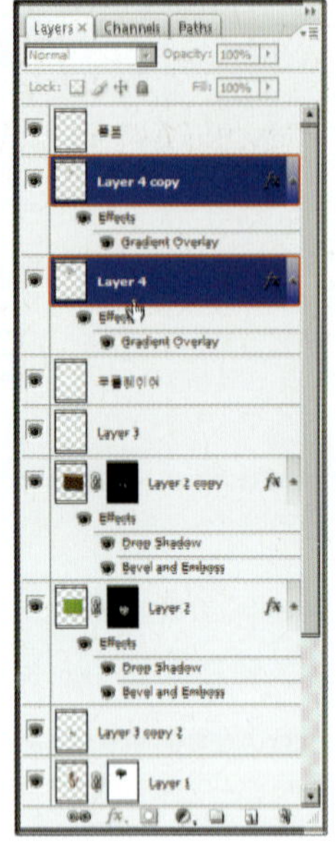

13 'Layer 4 copy' 레이어를 더블클릭해 'Layer style' 대화상자를 나타내고 'Drop Shadow'에 체크 표시합니다. 그런 다음 다음의 그림과 같이 지정해서 그림자를 흐리게 표현하세요. **14** 지우개 툴(🖉)이나 마스크 작업으로 귀를 덮고 있는 일러스트 부분을 지우거나 가립니다.

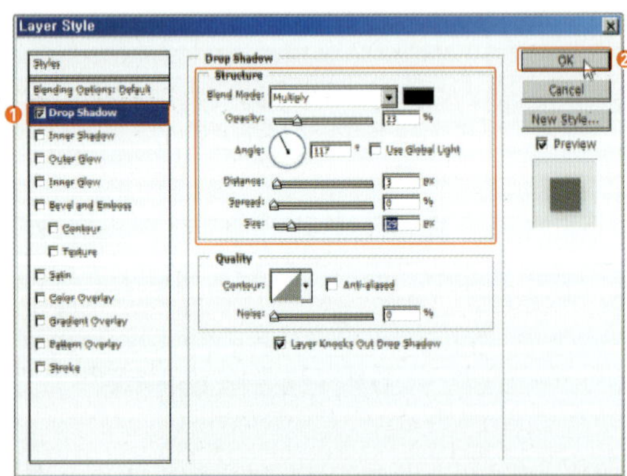

15 Shift 를 누른 상태에서 '폭포' 레이어부터 '구름' 레이어까지 선택하고 단축키 Ctrl + G 를 눌러 그룹 레이어 상태로 만듭니다.

그러데이션 목록 저장하기

'Gradient Editor' 대화상자를 실행해 'Gradient Type'을 'Noise'로 지정한 후 'Randomize' 버튼을 클릭해 마음에 드는 그러데이션 타입을 찾고 'New' 버튼을 클릭합니다. 그러면 'Presets' 목록에 선택한 타입이 저장되어 다른 작업에 사용할 수 있습니다.

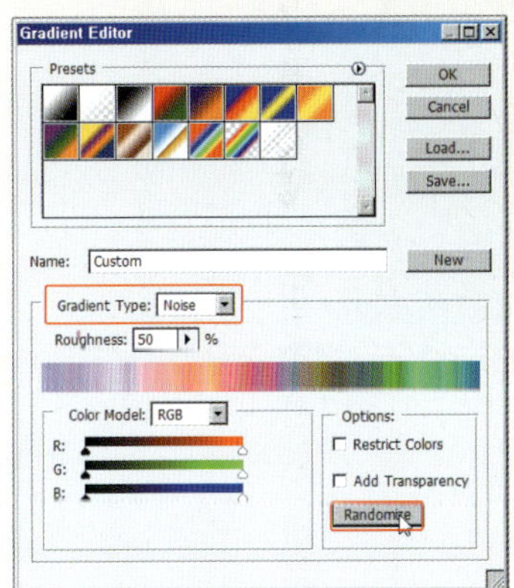

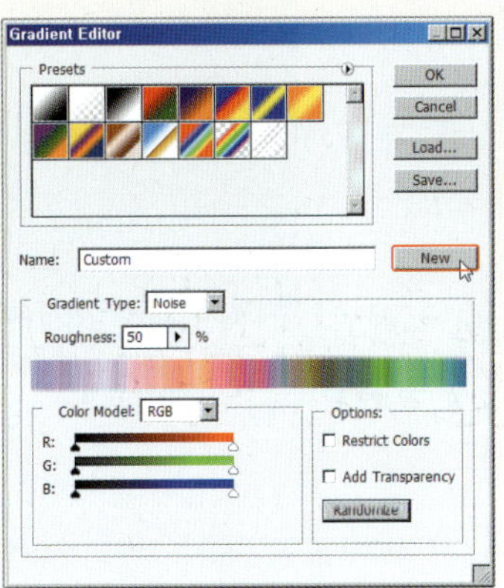

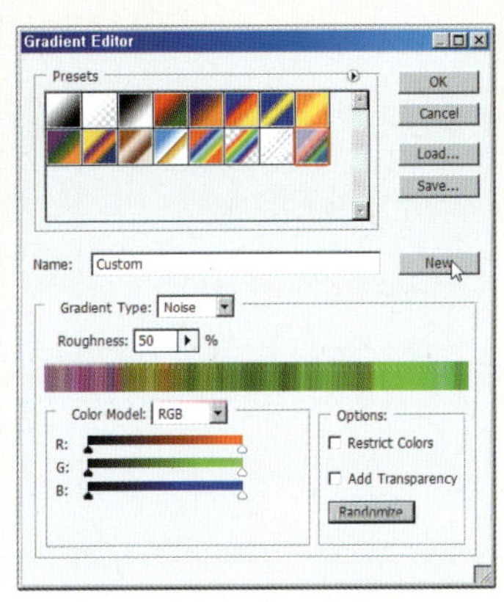

Step 05

음표 만들기

레이어 스타일을 이용해 음표에 엠보 효과를 적용해 보겠습니다.

예제 파일 부록 CD\Theme03\Lesson11\음표.psd, 타원.psd

01 부록 CD에서 '음표.psd' 파일을 불러온 후 'Layers' 팔레트에서 'Vector Smart Object' 레이어를 더블클릭합니다.

02 'Layer Style' 대화상자가 나타나면 'Color Overlay' 에 체크 표시하고 컬러를 흰색으로 변경합니다.

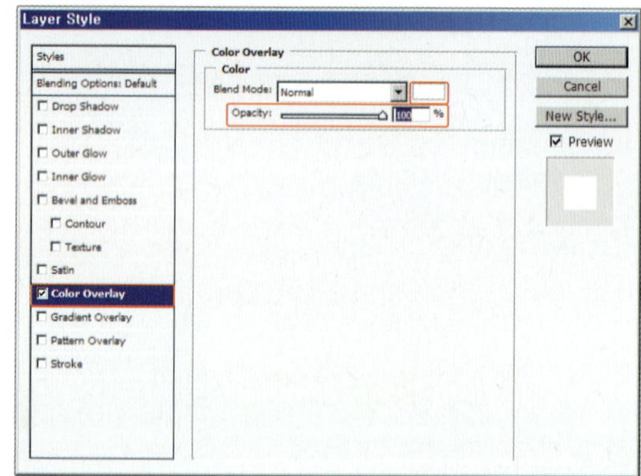

03 'Bevel and Emboss' 에 체크 표시하고 다음의 그림과 같이 지정합니다. **04** 'Layer Style' 을 적용한 레이어를 선택하고 마우스 오른쪽 버튼을 클릭한 후 'Copy Layer Style' 을 선택합니다.

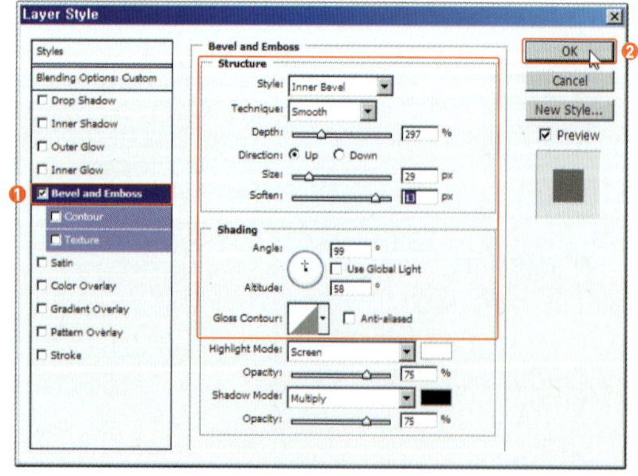

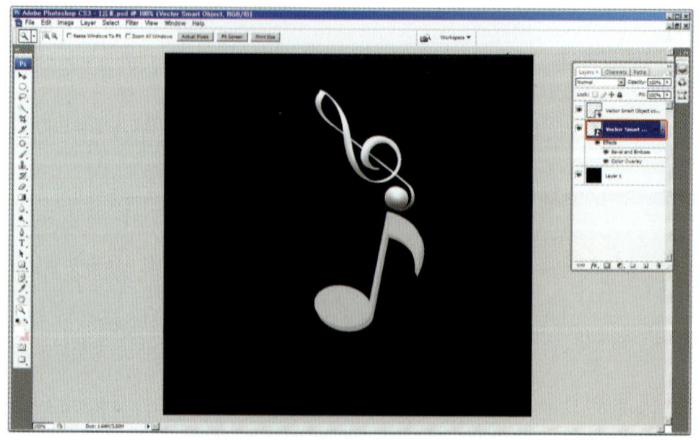

05 'Copy Layer Style'을 선택하고 레이어 스타일이 적용되지 않은 레이어를 선택한 후 'Paste Layer Style'를 선택합니다.

06 F를 눌러 화면을 전환하고 이동 툴(⊕)을 이용해 현재 작업 창에 드래그합니다.

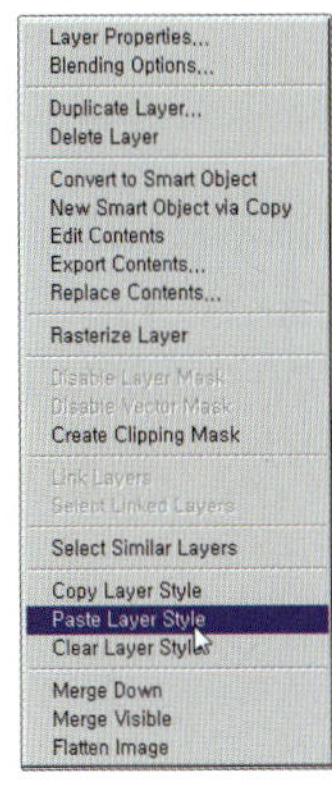
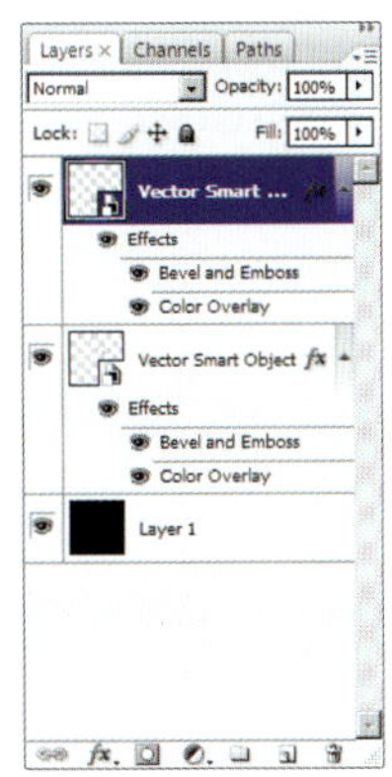
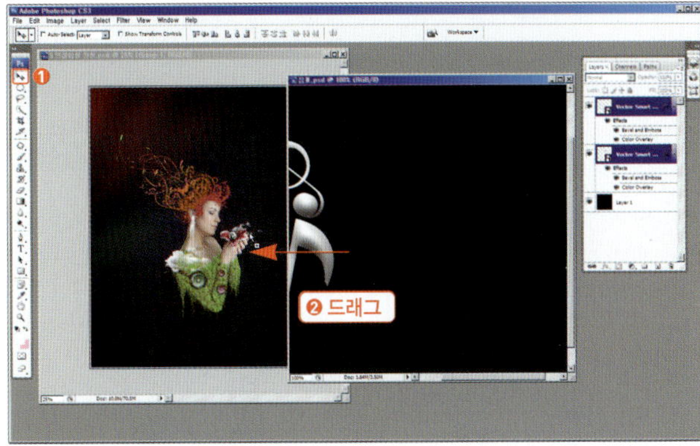

07 Ctrl을 누른 상태에서 이동 툴(⊕)로 변형하려는 음표 이미지를 클릭한 후 단축키 Ctrl+T를 눌러 크기와 위치를 조절합니다. **08** 크기를 조절하여 공간감을 줍니다. 흔들리는 듯한 느낌을 표현할 때는 해당 레이어를 클릭하고 'Filter' → 'Blur' → 'Motion Blur' 메뉴를 선택합니다.

09 'Motion Blur' 대화상자가 나타나면 다음의 그림과 같이 블러값을 지정하여 음표가 흔들리는 듯한 느낌을 표현합니다.

10 Shift를 누른 상태에서 음표 속성의 레이어를 선택합니다. 그런 다음 단축키 Ctrl+G를 눌러 그룹 레이어로 만들고 그룹 레이어의 이름을 '음표'로 변경하세요.

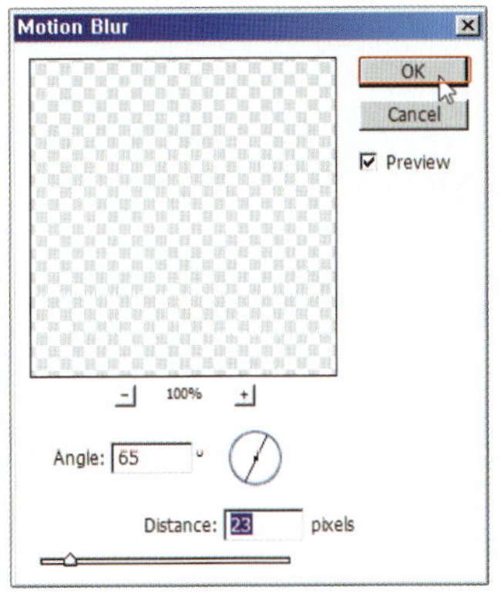

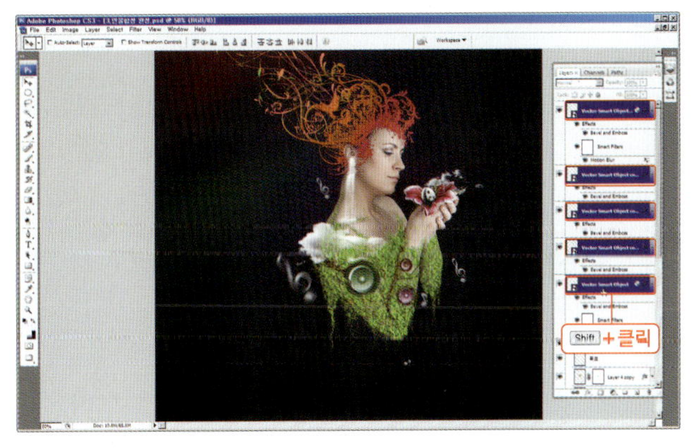

11 '타원.psd' 파일을 불러오고 단축키 Ctrl + A , Ctrl + C , Ctrl + W , Ctrl + V 를 차례대로 눌러 작업 창에 이미지를 복사합니다. 그런 다음 단축키 Ctrl + T 를 눌러 다음의 그림과 같이 크기 및 위치를 조절하고 'Flip Vertical'과 'Flip Horizontal'로 이미지의 상하 좌우를 반전시킵니다.

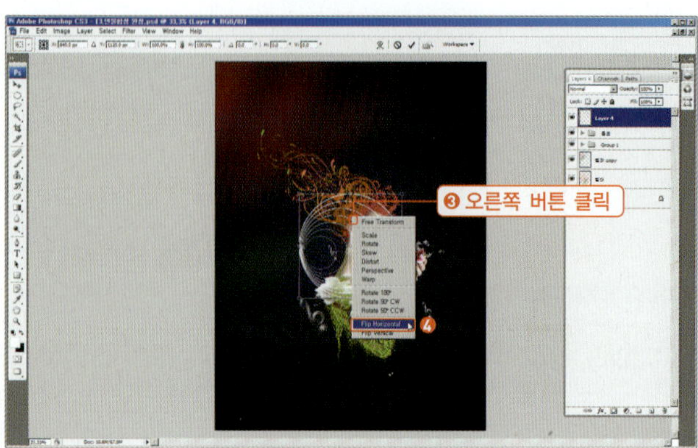

12 타원을 스피커 원형 크기와 비슷하게 맞추고 'Layers' 팔레트에서 'Layer 4' 레이어를 더블클릭합니다. **13** 'Layer Style' 대화상자가 나타나면 'Gradient Overlay'에 체크 표시하고 'Gradient'를 클릭합니다.

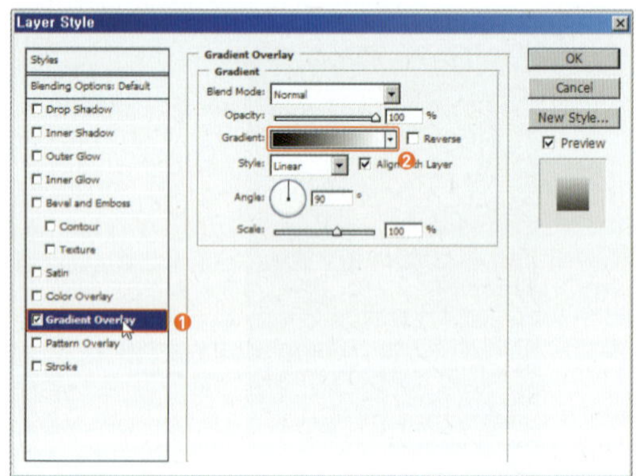

14 'Gradient Editor' 대화상자가 나타나면 'Gradient Type'을 'Noise'로 지정하고 'Randomize' 버튼을 클릭해 마음에 드는 컬러를 선택합니다. **15** 'Layer Style' 대화상자로 되돌아오면 'OK' 버튼을 클릭합니다.

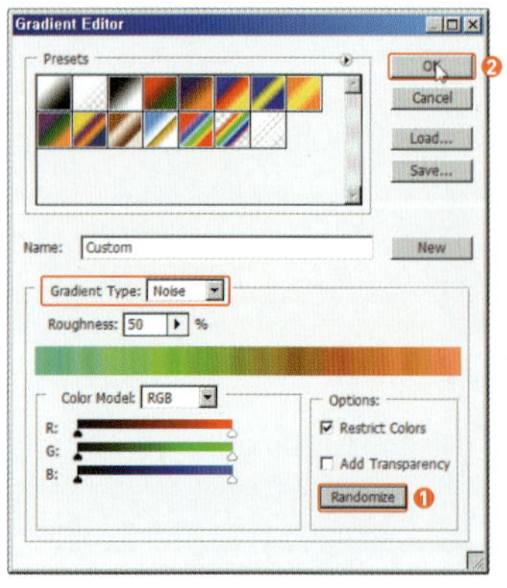

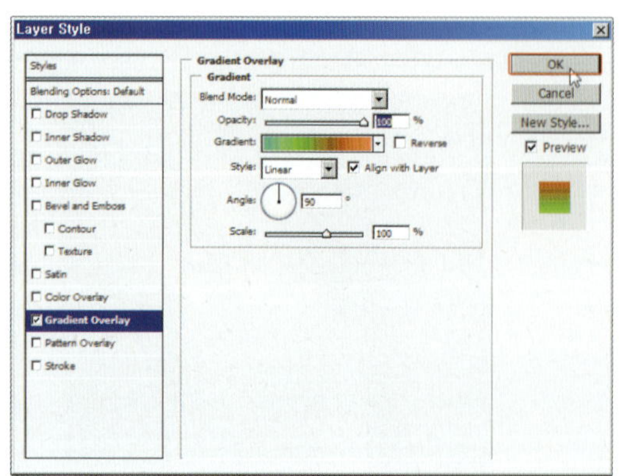

16 중앙에서 사방면으로 분산되는 이미지를 얻기 위해 'Filter' → 'Blur' → 'Radial Blur' 메뉴를 선택합니다. **17** 'Radial Blur' 대화상자가 나타나면 다음의 그림과 같이 지정하고 'OK' 버튼을 클릭합니다. 이때 'Radial Blur'는 작업하는 도큐먼트의 중앙부터 블러값이 적용되므로 미리 보기가 없으면 서너 차례 반복해서 적용해야 결과를 알 수 있습니다.

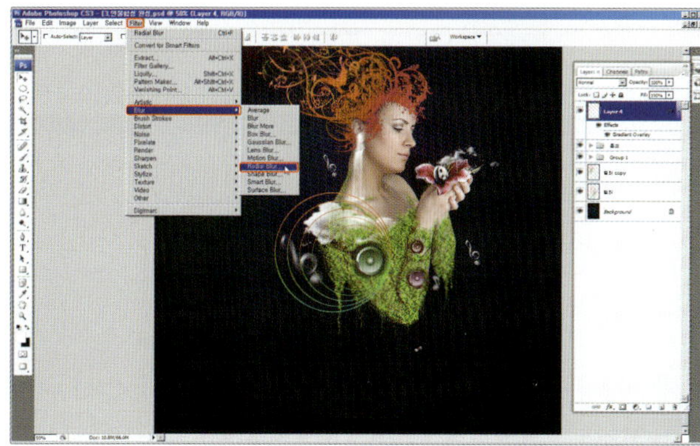
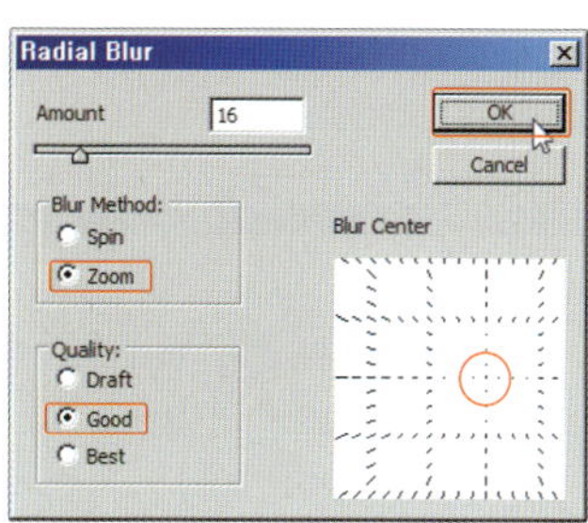

Lab 컬러로 화사하게 색 보정하기

Lab 컬러를 보정해서 화사한 색을 만들어 보겠습니다.

01 단축키 [Ctrl]+[J]를 눌러 'Layer 4 copy 2' 레이어를 복사하고 팔꿈치의 아래에 있는 스피커쪽으로 이동합니다. 그런 다음 지금까지의 작업 과정을 단축키 [Shift]+[Ctrl]+[Alt]+[E]를 눌러 하나의 레이어로 만듭니다. **02** 단축키 [Ctrl]+[A]와 [Ctrl]+[C]를 차례대로 눌러 'Layer 4' 레이어를 복사합니다.

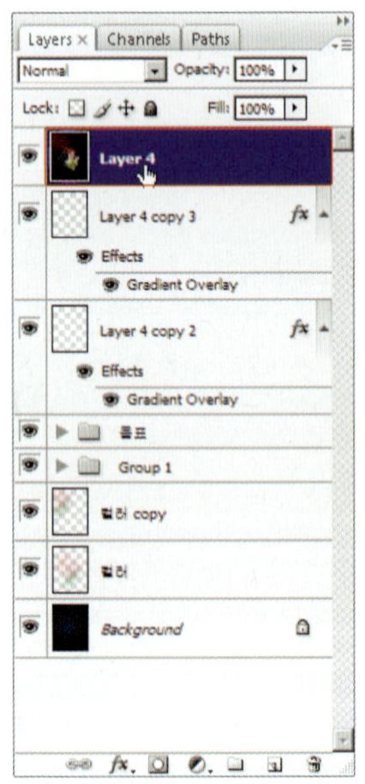

03 'File' → 'New' 메뉴를 선택하여 'New' 대화상자에서 신규 도큐먼트를 만들고 'Color Mode'를 'Lab Color'로 선택한 후 'OK' 버튼을 클릭합니다. 그런 다음 단축키 [Ctrl]+[V]를 눌러 복사했던 이미지를 붙여넣기하세요. **04** 단축키 [Ctrl]+[1]을 누르고 'Image' → 'Apply Image' 메뉴를 선택합니다.

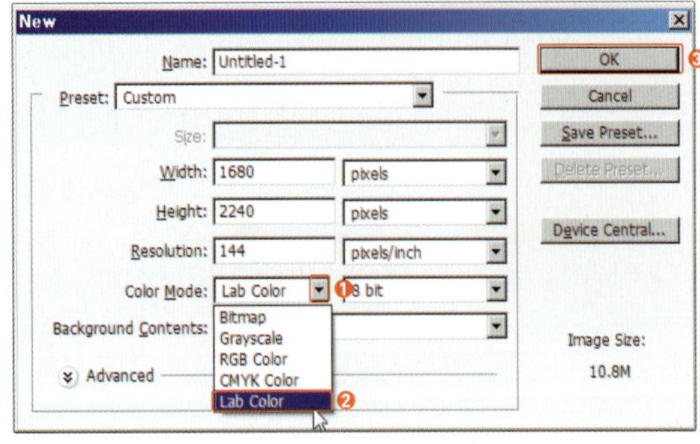
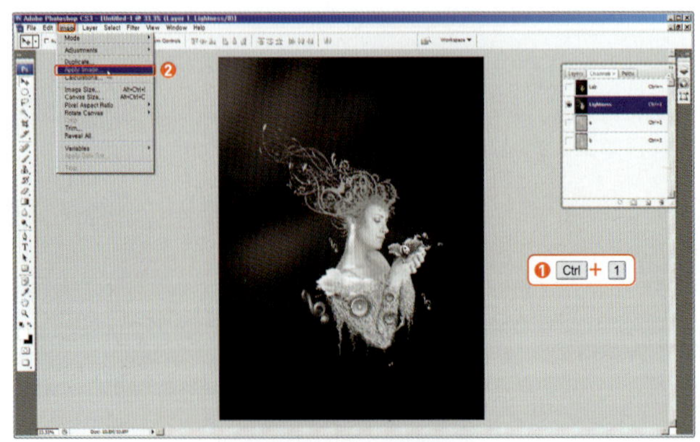

05 'Apply Image' 대화상자가 나타나면 'Channel'은 'a', 'Blending'은 'Overlay'로 지정하고 'OK' 버튼을 클릭합니다.

06 단축키 Ctrl + 2 를 누르고 'Image' → 'Apply Image' 메뉴를 선택합니다.

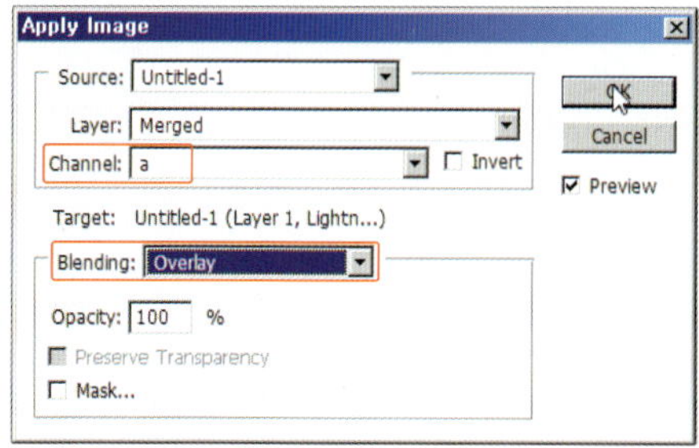

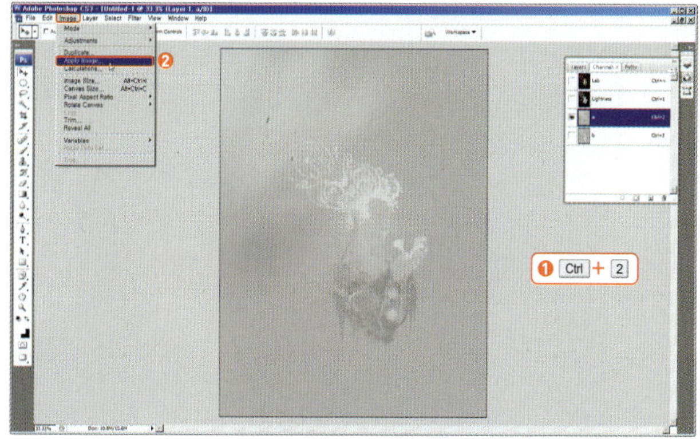

07 'Apply Image' 대화상자가 나타나면 'Channel'은 'a', 'Blending'은 'Overlay'로 지정하고 'OK' 버튼을 클릭합니다.

08 단축키 Ctrl + 3 을 누르고 'Image' → 'Apply Image' 메뉴를 선택합니다.

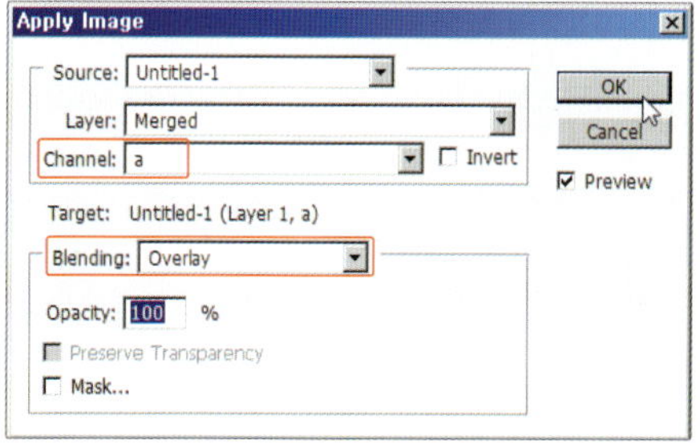

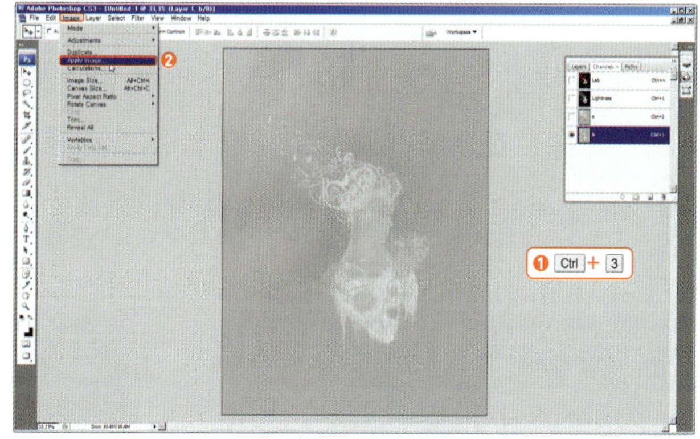

09 'Apply Image' 대화상자가 나타나면 'Channel'은 'b', 'Blending'은 'Overlay'로 지정하고 'OK' 버튼을 클릭합니다.

10 04부터 09까지 보정된 Lab 원본 이미지를 표시합니다. 그런 다음 단축키 Ctrl + A , Ctrl + C , Ctrl + W 를 차례대로 눌러 작업 창에 이미지를 복사한 후 작업 창을 닫으세요.

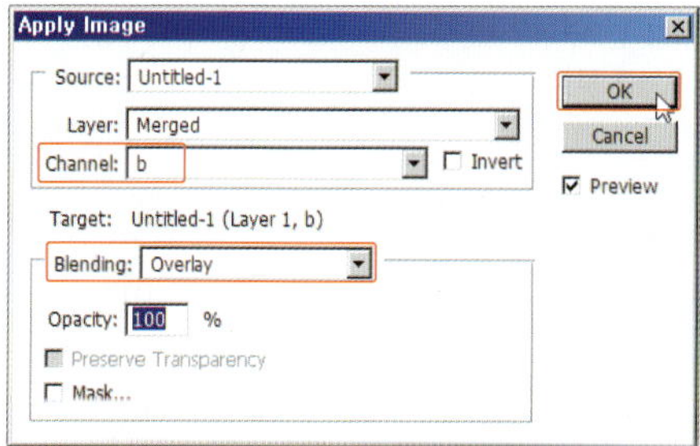

11 단축키 `Ctrl`+`V`를 눌러 붙여넣기하고 단축키 `Ctrl`+`J`를 눌러 레이어를 복사합니다. 그런 다음 복사한 'Layer 5 copy' 레이어의 눈 아이콘(◉)을 클릭하여 잠시 끄세요. **12** 보정된 피부톤 색이 너무 강해 채도를 떨어뜨려야 합니다. 'Layers' 팔레트에서 'Layer 5 레이어'를 선택하고 'Add Layer Mask' 아이콘(◉)을 클릭해 마스크를 씌우세요.

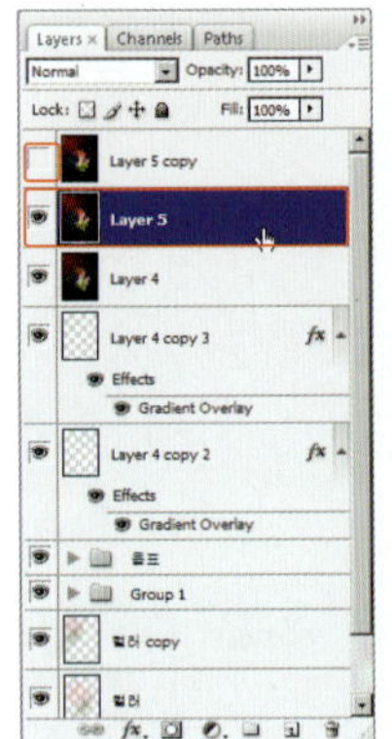

13 툴바에서 브러시 툴(✐)을 선택합니다. 그런 다음 'Soft Round'는 '100', 'Opacity'는 '56%', 전경색은 검은색(■)으로 지정하고 피부톤을 차지하고 있는 부분만 칠하세요.

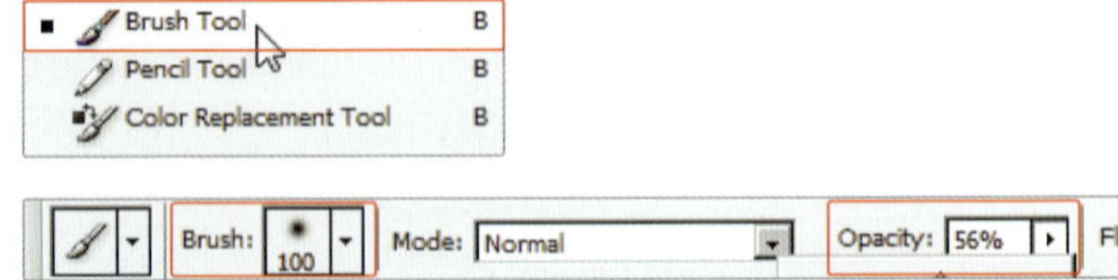

14 'Layers' 팔레트에서 레이어의 눈 아이콘(◉)을 켜고 'Opacity'를 '35%'로 조절해서 Lab 컬러로 보정된 컬러의 피부톤을 적용합니다.

Lab 컬러를 보정하는 방법 쉽게 기억하기

`Ctrl`+`1`, Apply Image, a 채널 / `Ctrl`+`2`, Apply Image, a 채널 / `Ctrl`+`3`, Apply Image, b 채널 / `Ctrl`+`~`를 정리하면 `Ctrl`+`1`(a 채널), `2`(a 채널), `3`(b 채널) Blending 옵션은 모두 'Overlay' 모드를 선택합니다. 포토샵 CS 4 이상 사용자는 `Ctrl`+`3`(a 채널), `4`(a 채널), `5`(a 채널) Lab 컬러 상태 보기는 `Ctrl`+`2`입니다. Blending 옵션은 모두 'Overlay' 모드를 사용합니다.

의도하지 않았지만 얼굴에 넣은 꽃 패턴이 영화 '이비타'의 나비족처럼 보이네요. 이번에는 피부에 잔디를 입혀주는 방법을 드레스에 그대로 적용했습니다. 처음에는 고목에 질감을 입히고 나무나 바위 등을 합성해서 석상처럼 표현하려고 했지만, 녹색 초원 위에 오래된 석상이 어색해 보여서 재수정한 작업입니다. 특별한 테크닉은 없습니다. 그러나 왼쪽 손에서 떨어지는 물은 폭포에서 떨어지는 물줄기를 합성하고, 인체에 적용할 하나하나의 꽃잎에 'Drop Shadow' 효과를 주어 Overlay 블렌딩 모드를 적용하고 클리핑 마스크(Theme 04의 'Lesson 06 Texture Painting' 참고)한 연구 결과입니다.

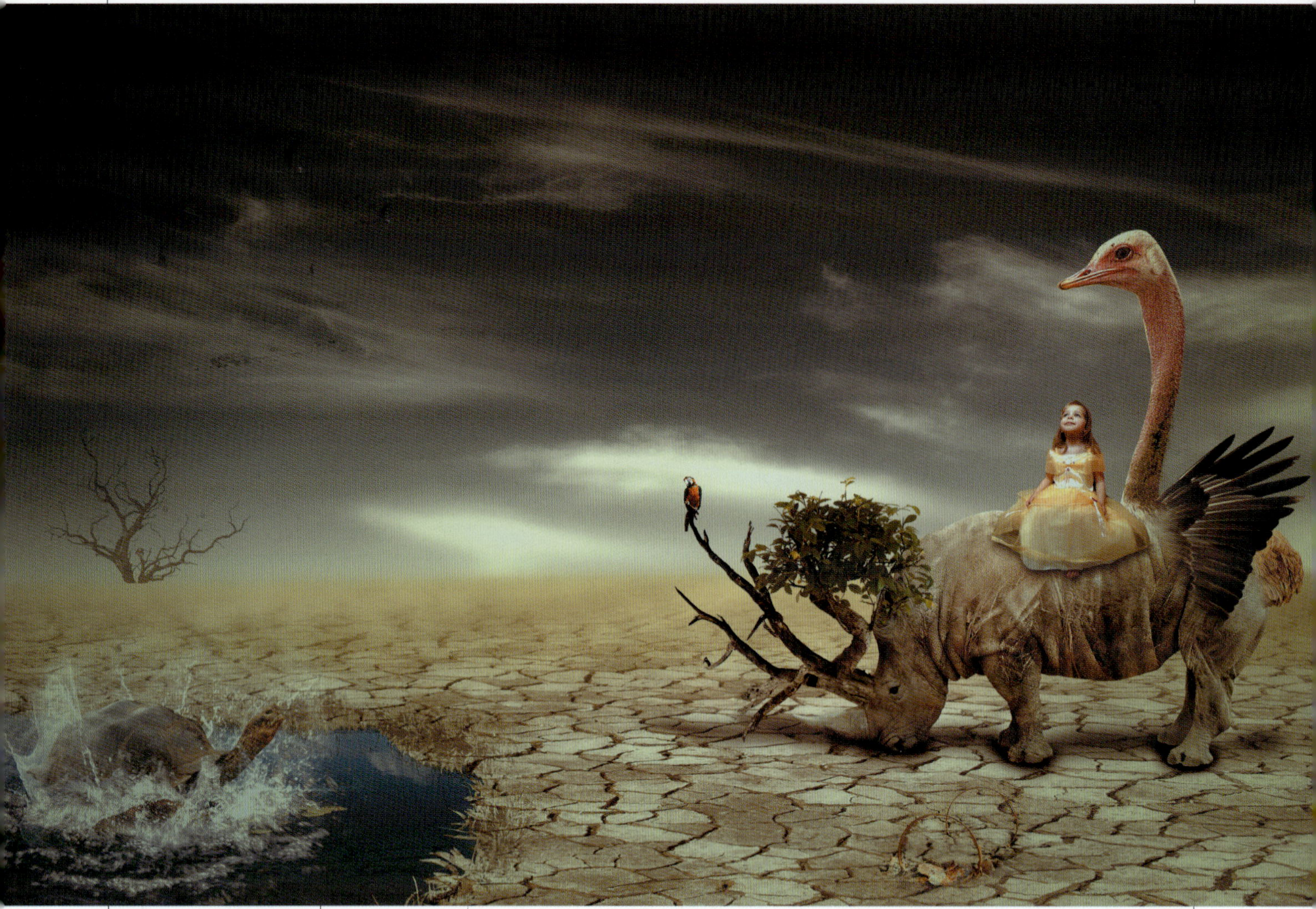

Lesson

결과 파일 부록 CD\Theme03\Lesson12\아프리카.psd

12 Amazing Africa

미지의 세계 아프리카 드넓은 초원에 누비는 다양한 동물들이 어렸을 적 동물의 왕국이란 프로그램을 통해 봐왔던 아프리카는 신비 그 자체였습니다.

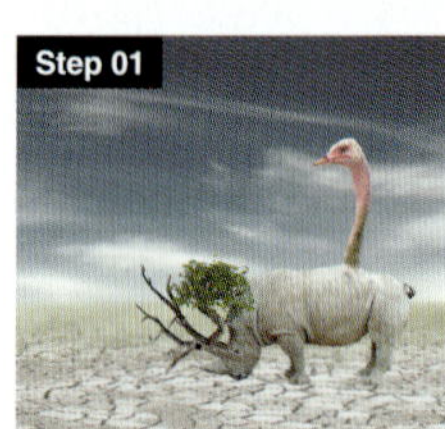

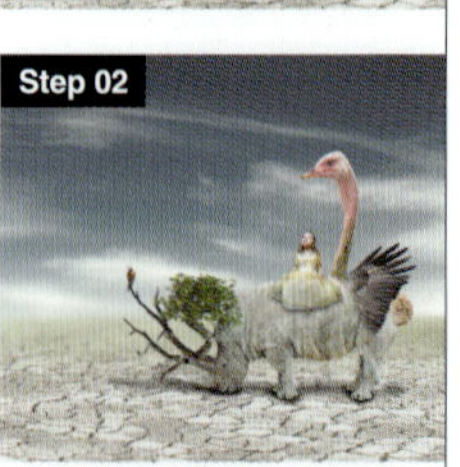

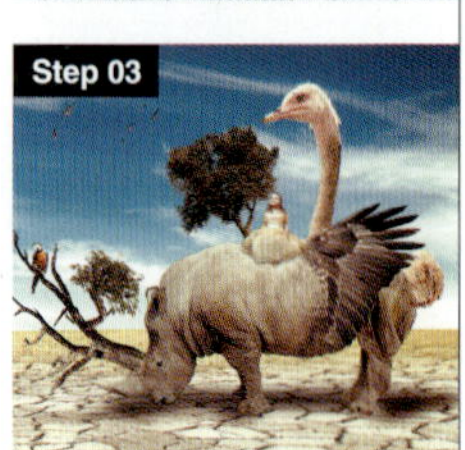

타조 합성하기

레이어 마스크를 이용해 배경을 합성하고 원근을 표현해 보겠습니다.

예제 파일 부록 CD\Theme03\Lesson12\T3L12.psd, 소스.psd, 이끼.jpg

---

01 부록 CD에서 기본 배경으로 사용할 파일 't3l12.psd' 파일을 불러옵니다. **02** 'Layers' 팔레트에서 'Layer 3' 레이어를 선택하고 툴바에서 그레이디언트 툴(■)을 선택합니다. 그런 다음 옵션바 항목에서 검은색에서 흰색으로 이어지는 선형 그라디언트를 선택합니다.

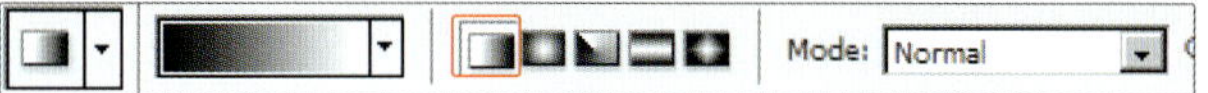

03 화면의 중심에서 아래쪽으로 그러데이션을 적용해 하늘과 맞닿은 부분의 바닥 윗부분을 자연스럽게 날려줍니다. 그런 다음 단축키 `Ctrl`+`E`를 눌러 그룹 레이어를 하나의 레이어로 합치고 합친 레이어를 단축키 `Ctrl`+`J`를 눌러 복제합니다. **04** 복제한 '백그라운드 copy' 레이어를 선택하고 'Filter' → 'Blur' → 'Gaussion Blur' 메뉴를 선택하여 'Gaussian Blur' 대화상자를 나타낸 후 다음의 그림과 같이 적용합니다. 그런 다음 '백그라운드 copy' 레이어를 선택하고 `Alt`를 누른 상태에서 'Layers' 팔레트의 'Add Layer Mask' 아이콘(◙)을 클릭해 'Hide All' 상태로 만듭니다.

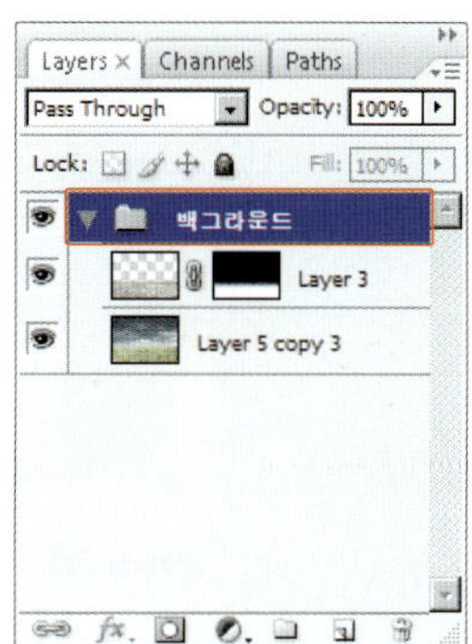

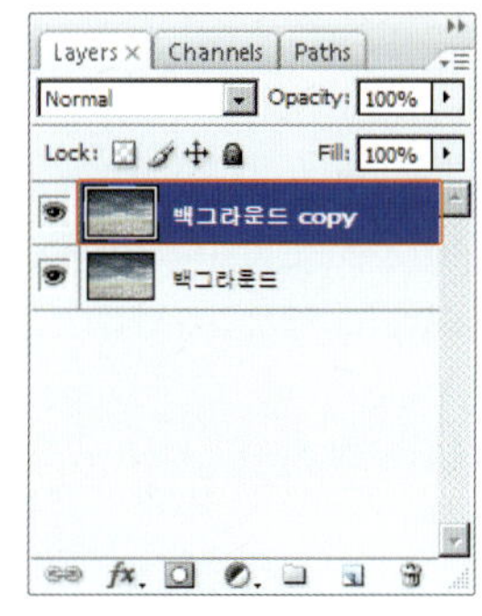

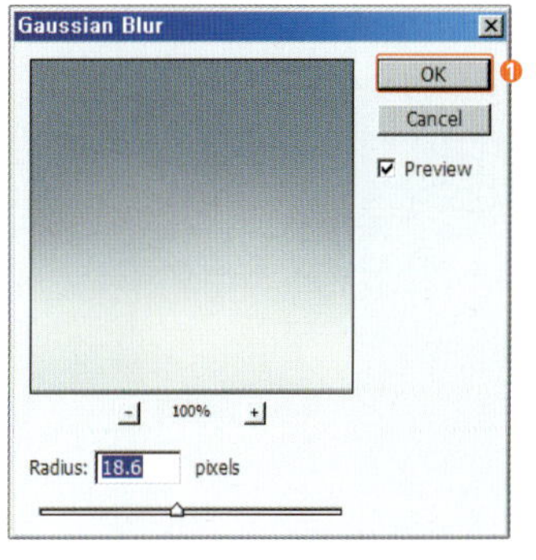

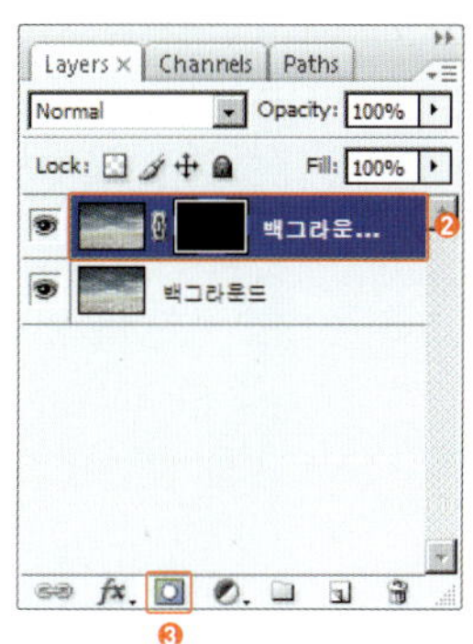

05 툴바에서 브러시 툴(✎)을 선택하고 작업 창에서 마우스 오른쪽 버튼을 클릭하여 브러시 창을 연 후 'Soft Round' 계열의 브러시를 선택합니다. **06** 전경색을 흰색으로 선택합니다. 그런 다음 옵션바의 'Opacity'를 '30~50%'로 조절하면서 화면 중앙의 하늘과 바닥면이 맞닿는 부분을 문질러서 멀리 희미하게 보이는 원근감을 표현합니다.

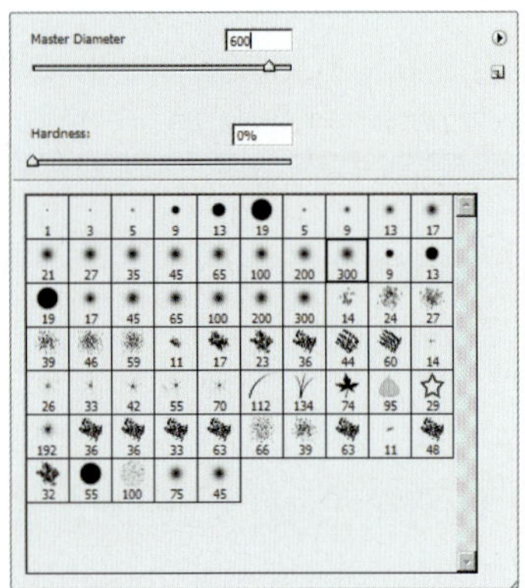

07 블러로 처리한 부분과 배경의 구분이 너무 확실하게 나뉘면 'Opacity' 값을 조절할 수 있습니다. **08** 화면을 구성할 '소스.psd' 파일을 불러옵니다.

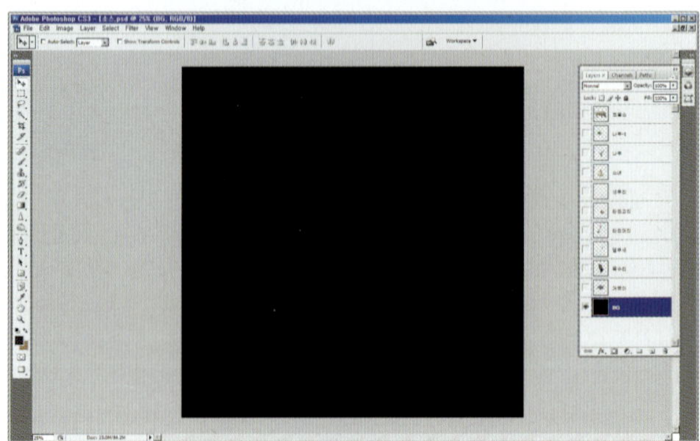

09 'Layers' 팔레트의 왼쪽에 있는 눈 아이콘(👁)을 켜면 각 레이어에 배치된 이미지가 나타납니다. Shift 를 누른 채 'BG' 레이어를 제외한 나머지 레이어들을 선택합니다. **10** F 를 눌러 화면을 전환하고 이동 툴(➤)을 이용해 드래그합니다.

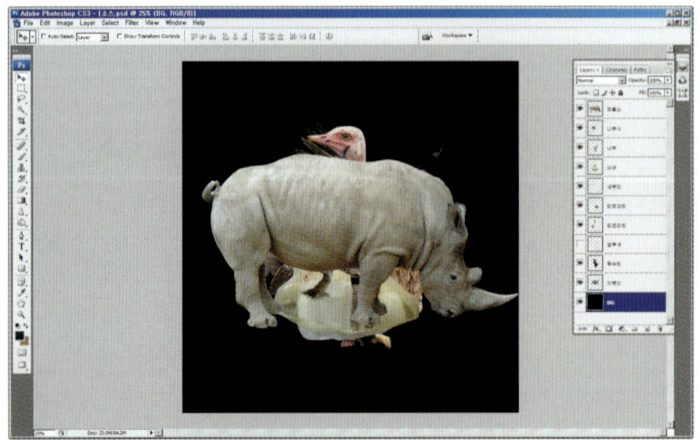

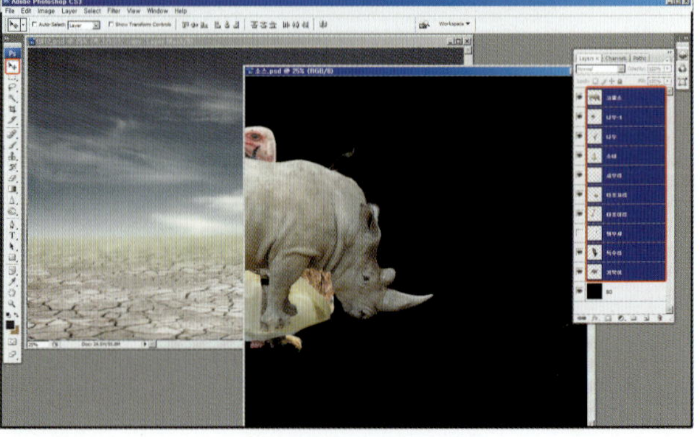

11 'Layers' 팔레트에서 '코뿔소' 레이어를 선택하고 단축키 Ctrl + T, 'Flip Horizontal'을 선택합니다. **12** 이미지의 크기를 전환하고 반전시킨 후 화면의 오른쪽 아래에 위치시킵니다.

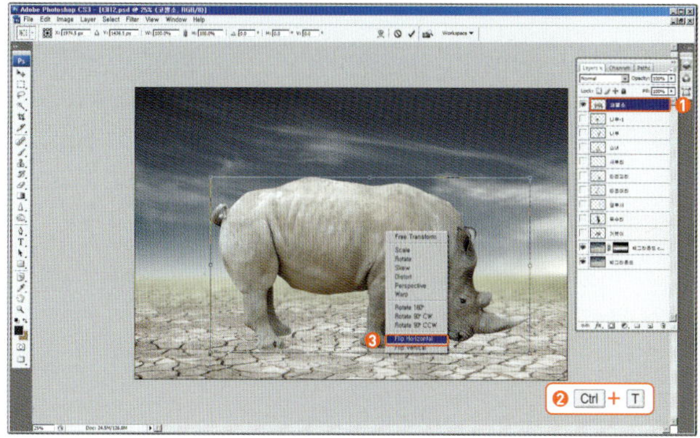

13 'Layers' 팔레트에서 '타조' 레이어를 선택하고 단축키 Ctrl + T를 눌러 크기 및 위치를 다음의 그림과 같이 조절한 후 'Add Layer Mask' 아이콘(◉)을 클릭해 마스크를 씌웁니다. **14** 작업 창에서 마우스 오른쪽 버튼을 클릭하여 브러시 대화 창을 나타내고 'Soft Round' 계열의 브러시를 선택합니다.

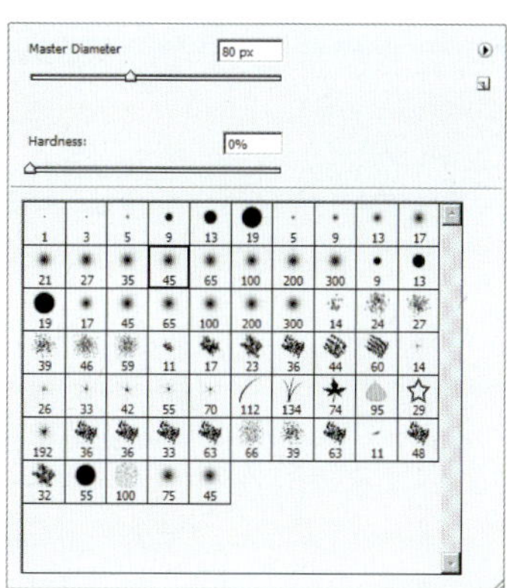

15 전경색을 검은색으로 선택하고 합성되는 부분을 확대한 후 다음의 그림과 같이 문질러서 자연스럽게 합성합니다.

16 'Layers' 팔레트에서 '나무' 레이어를 선택하고 단축키 Ctrl + T를 눌러 크기 및 위치를 다음의 그림과 같이 조절한 후 'Add Layer Mask' 아이콘(◉)을 클릭해 마스크를 씌웁니다.

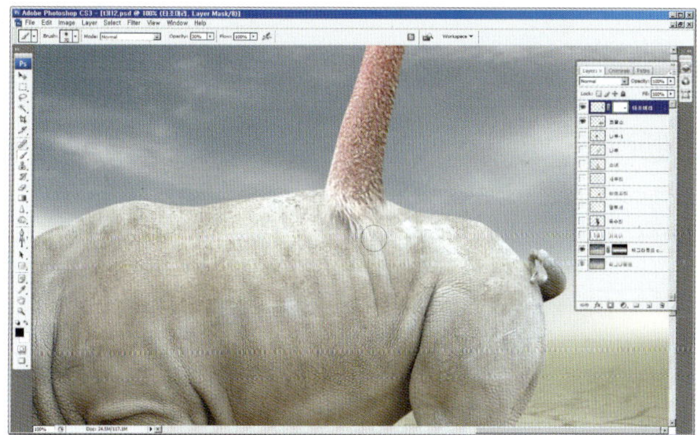

17 전경색을 검은색으로 선택하고 합성되는 부분을 확대한 후 다음의 그림과 같이 문질러서 코뿔소의 뿔부분에 나무를 합성합니다.
18 'Layers' 팔레트에서 '나무–1' 레이어를 선택하고 다음의 그림과 같이 크기 및 위치를 조절합니다.

19 'Layers' 팔레트에서 'Add Layer Mask' 아이콘(◉)을 클릭해 마스크를 씌웁니다. 그런 다음 전경색을 검은색으로 선택하고 나무와 나무 사이를 문질러서 자연스럽게 합성합니다. **20** '이끼.jpg' 파일을 열고 라쏘 툴(⌁)로 이미지의 일부분을 선택한 후 단축키 Ctrl + C, Ctrl + W 를 눌러 복사한 후 작업 창을 닫습니다.

21 크기를 조절해 타조의 목부분에 위치시킵니다. 타조의 목에 낡은 느낌을 주기 위해 이끼의 느낌을 합성하겠습니다. 전경색을 검은색으로 선택하고 'Layers' 팔레트에서 'Add Layer Mask' 아이콘(◉)을 클릭해 'Hide All' 상태로 만듭니다. **22** 작업 창에서 마우스 오른쪽 버튼을 클릭한 후 'Splatter 59 pixel' 브러시를 선택합니다.

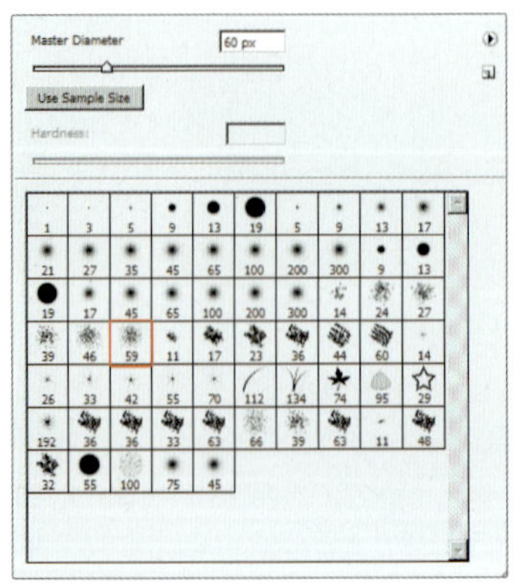

23 전경색을 흰색으로 선택하고 옵션바 항목의 'Opacity'를 '30~50%' 사이로 조절하면서 클릭합니다. **24** 지금까지의 작업과정을 PSD 파일로 저장합니다.

세부적으로 코뿔소 합성하기

코뿔소 질감에 오래된 느낌을 더하고 날개 및 부수적인 요소를 추가 합성해 보겠습니다.

예제 파일 부록 CD\Theme03\Lesson12\고목.jpg **결과 파일** 부록 CD\Theme03\Lesson12\코뿔소합성.psd

01 부록 CD의 '고목.jpg' 파일을 열고 단축키 Ctrl+C, Ctrl+A, Ctrl+W를 차례대로 눌러 작업 창에 이미지를 복사한 후 작업 창을 닫습니다. **02** 코뿔소의 위에 고목 이미지를 위치시키고 크기를 조절합니다.

03 'Layers' 팔레트에서 Alt 를 누른 채 '코뿔소' 레이어와 'Layer 1' 레이어 사이를 클릭해 'Create Clipping Mask' 상태로 만듭니다. **04** 'Layer 1' 레이어의 블렌딩 모드를 'Multiply'로 변경하고 단축키 Ctrl+T를 눌러 코뿔소 가죽의 질감의 방향과 나무결의 방향과 비슷하게 맞춥니다.

05 합성된 나무 질감의 색과 코뿔소 질감의 색상이 다르므로 'Image' → 'Adjustment' → 'Hue/Saturation' 메뉴를 선택하여 'Hue/Saturation' 대화상자를 나타낸 후 'Saturation' 값을 작게 지정합니다. **06** 나무 질감에서 불필요한 부분을 지우기 위해 마스크 작업을 실행합니다. 나무 질감이 포함된 레이어를 선택하고 'Layers' 팔레트에서 'Add Layer Mask' 아이콘(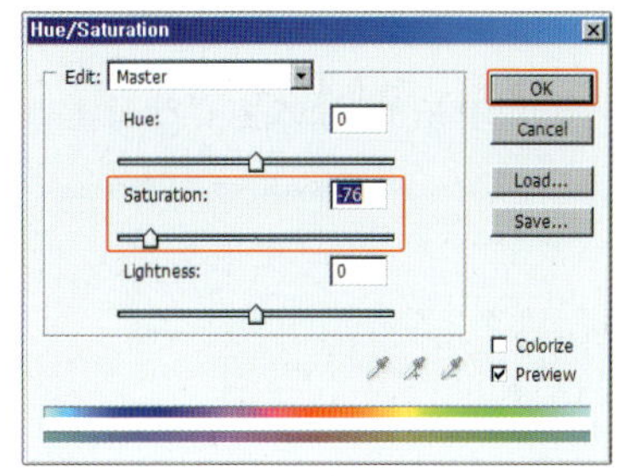)을 클릭해 마스크를 씌우세요.

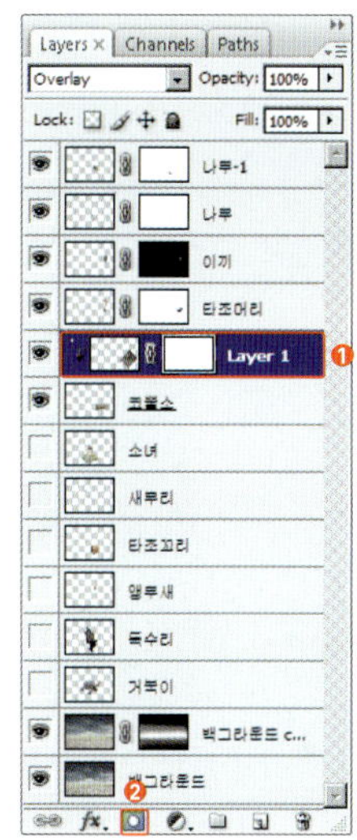

07 툴바에서 브러시 툴( )을 선택하고 'Soft Round' 계열의 브러시를 선택합니다. **08** 전경색을 검은색으로 선택하고 이미지를 확대해 코뿔소의 가죽 질감의 방향과 어긋나게 표현된 부분을 문질러서 가립니다.

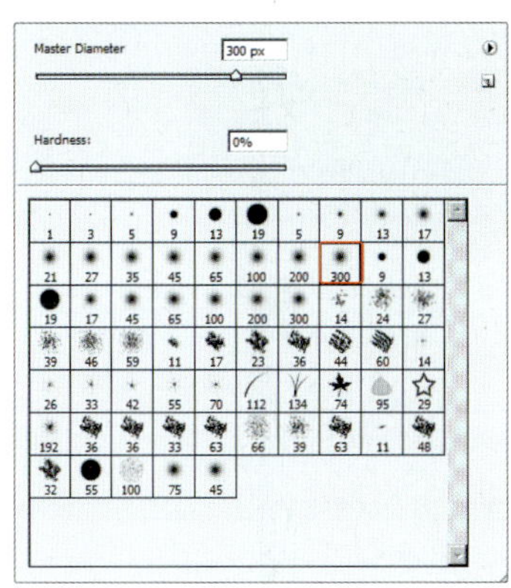

09 'Layers' 팔레트에서 '타조꼬리' 레이어를 선택하고 'Layer 1' 레이어의 위에 올려놓은 후 단축키 Ctrl + T 를 눌러 크기와 위치를 다음의 그림과 같이 조절합니다. **10** 'Layers' 팔레트에서 '타조꼬리' 레이어를 선택한 채 'Add Layer Mask' 아이콘( )을 클릭해 마스크를 씌우고 불필요한 부분을 전경색 검은색( )으로 설정하여 문지릅니다.

11 'Layers' 팔레트에서 '독수리' 레이어를 선택하고 라쏘 툴(🔲)을 이용해 날개 부분을 제외한 나머지 영역을 선택해 삭제합니다. **12** 단축키 `Ctrl` + `T` 를 눌러 'Flip Horizontal'을 실행해 이미지를 좌우 반전시킵니다.

13 '독수리' 레이어를 '타조머리'의 레이어 위에 올려놓고 단축키 `Ctrl` + `T` 를 눌러 크기와 위치를 조절합니다. **14** 단축키 `Ctrl` + `T` 를 눌러 'Warp'을 실행한 후 날개가 퍼져나가는 방향을 조절합니다.

15 'Layers' 팔레트에서 '독수리' 레이어를 선택하고 'Add Layer Mask' 아이콘(⬜)을 클릭해 마스크를 씌웁니다. **16** 전경색을 검은색(⬛)으로 지정하고 브러시 툴(🖌)을 이용해 날개 부분에서 불필요한 부분을 문지릅니다.

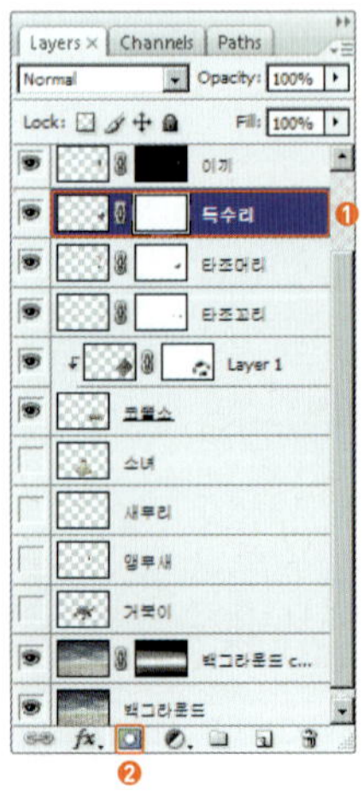

17 '앵무새' 레이어를 선택하고 단축키 `Ctrl`+`T`를 눌러 크기를 조절한 후 다음의 그림과 같이 나무가지의 끝에 위치시킵니다.
18 마스크 창에 흰색으로 칠하는 부분의 원본 이미지가 살아나면서 배경과 자연스럽게 어울리게 만듭니다.

19 `Ctrl`을 누른 채 '소녀' 레이어를 클릭하여 선택 영역으로 활성화합니다. **20** 단축키 `Shift`+`Ctrl`+`Alt`+`N`을 눌러 신규 레이어 '소녀그림자'를 만듭니다. 지금 만든 레이어는 소녀 이미지의 아랫부분에 그림자를 표현합니다.

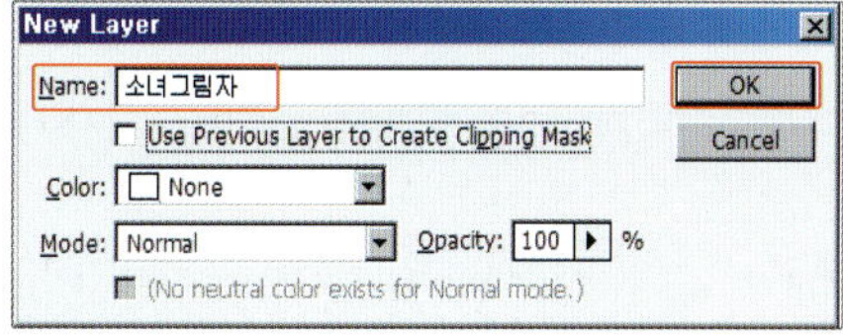

21 '소녀그림자' 레이어를 검은색으로 채우고 'Filter'→'Blur'→'Gaussion Blur' 메뉴를 선택합니다. 'Gaussion Blur' 대화상자가 나타나면 'Radius'에 '12pixel'를 입력하고 'OK' 버튼을 클릭합니다. **22** 'Layers' 팔레트에서 '소녀그림자' 레이어의 'Opacity'를 '70%'로 조절해 그림자를 흐리게 지정합니다.

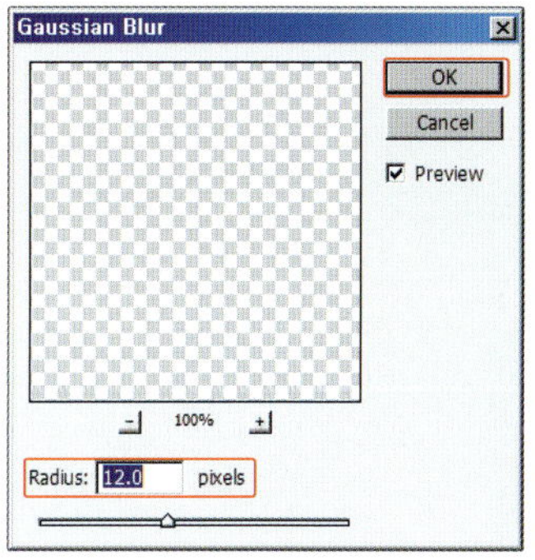 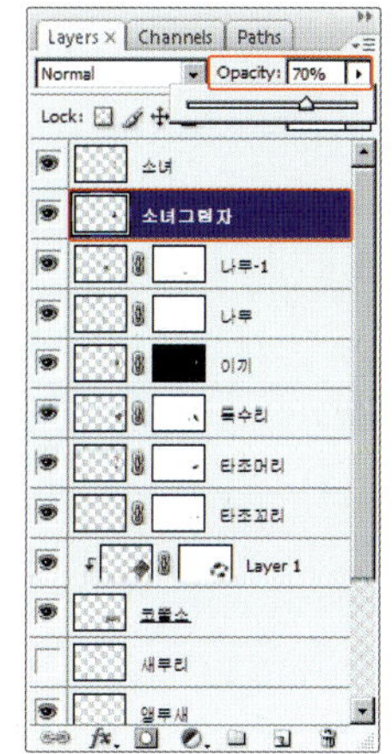

23 라쏘 툴(🔍)을 이용해 불필요한 윗부분을 선택하고 삭제합니다. **24** 합성된 코뿔소 이미지에 해당하는 그림자 영역을 만들기 위해 단축키 Shift + Ctrl + Alt + N 을 눌러 신규 레이어 '그림자' 를 만듭니다.

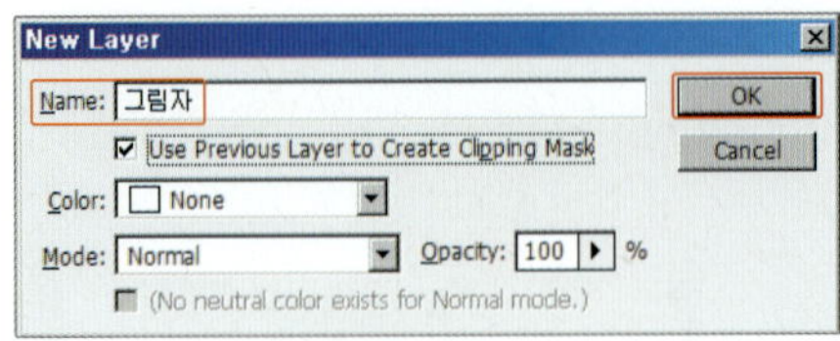

25 '그림자' 레이어를 코뿔소 레이어의 아래쪽으로 이동합니다. **26** 브러시 툴(🖌)을 선택하고 'Soft Round' 계열의 브러시를 선택한 후 합성된 코뿔소 이미지가 차지하는 크기를 고려해 그림자를 만듭니다. 이때 옵션바에서 'Opaciy' 를 '30~50%' 로 조절해 바닥면과 일치해서 진하게 떨어진 부분을 흐리게 표현합니다.

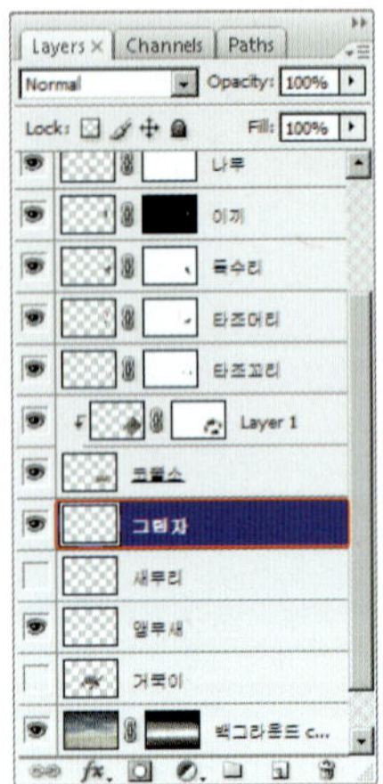

27 'Filter' → 'Blur' → 'Gaussion Blur' 메뉴를 선택하여 'Gaussion Blur' 대화상자를 나타낸 후 'Radius' 에 '13.9pixel' 를 입력해 그림자를 흐리게 표현합니다. **28** 브러시 툴(🖌)을 이용해 바닥면과 근접한 부분은 더 진하게 표현하고 'Opacity' 를 '20~30%' 로 조절하면서 작업합니다.

29 그림자를 포함해서 코뿔소 작업에 합성된 모든 레이어를 Shift 를 누른 채 선택하고 단축키 Ctrl + G 를 누릅니다.

30 'Group Properties' 대화상자가 나타나면 그룹 레이어의 이름을 '코뿔소' 라고 입력하고 지금까지의 작업 과정을 저장합니다.

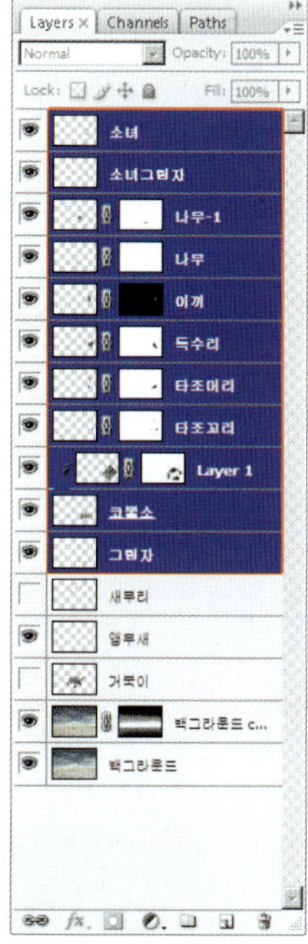

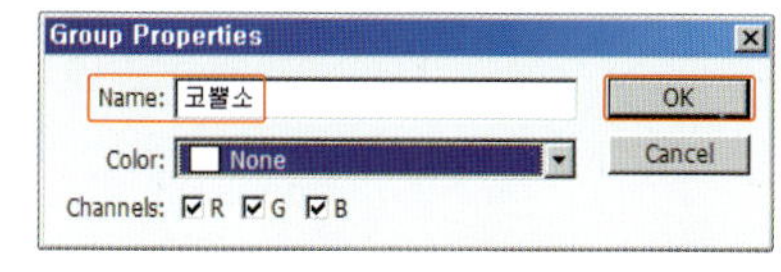

작은 연못과 거북이 합성하기

작은 연못에 거북이를 합성하고 스플래시 효과를 추가해 생동감 있는 화면을 연출해 보겠습니다.

예제 파일 부록 CD\Theme03\Lesson12\호수.jpg, 물.jpg, 물-2.jpg, 크랙-2.jpg

01 부록 CD 에서 '호수.jpg' 파일을 불러오고 'Select' → 'Color Range' 메뉴를 선택합니다. 'Color Range' 대화상자가 나타나면 스포이드 툴( )을 이용해 연못의 파란 부분을 클릭해서 선택 영역을 활성화합니다. **02** 활성화된 선택 영역을 단축키 Ctrl +C, Ctrl +W 를 차례대로 눌러 이미지를 복사한 후 작업 창을 닫습니다.

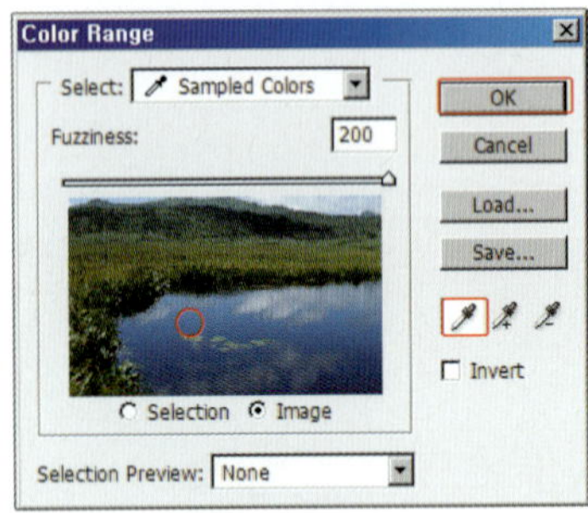

03 현재 작업 영역에 단축키 Ctrl +V 를 눌러 붙여넣고 단축키 Ctrl +T, 'Flip Horizontal' 하여 이미지를 좌우 반전시킵니다. **04** 다음의 그림과 같이 크기와 위치를 조절해 왼쪽 아래에 작게 배치합니다.

05 'Layers' 팔레트에서 연못을 포함하고 있는 레이어에 'Add Layer Mask' 아이콘(◉)을 클릭해 마스크를 씌웁니다.

06 툴바에서 브러시 툴(✐)을 선택하고 전경색 검은색으로 설정한 후 불필요한 부분을 문질러서 가립니다.

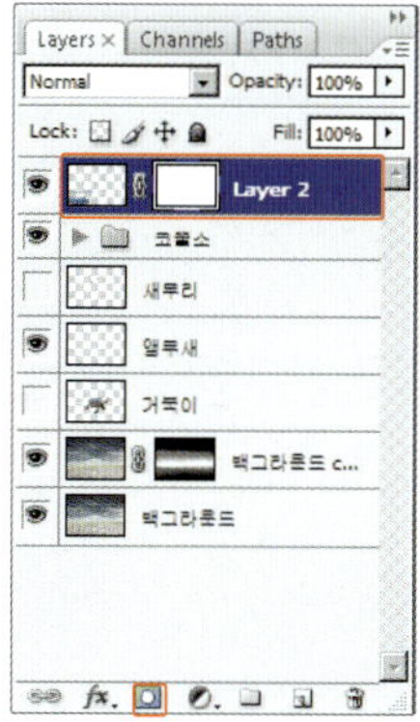

07 '거북이' 레이어를 선택하고 크기와 위치를 조절해 연못 위에 위치시킵니다. **08** '거북이' 레이어에 마스크를 씌우고 전경색을 검은색(■)으로 설정합니다. 그런 다음 브러시 툴(✐)을 이용해 거북이의 아랫부분을 문질러서 물 속에 잠겨있는 듯한 느낌을 표현합니다.

09 '물.jpg' 파일을 불러오고 단축키 Ctrl + A, Ctrl + C, Ctrl + W를 차례대로 눌러 작업 창에 이미지를 복사한 후 작업 창을 닫습니다. **10** 현재 작업창에 단축키 Ctrl + V를 눌러 붙여넣기하고 단축키 Ctrl + T를 눌러 거북이가 있는 부분에 배치합니다.

11 블렌딩 모드를 'Lighter Color'로 변경하여 스플래시 부분 외에 불필요한 부분을 보이지 않도록 설정합니다. 절단된듯 경계진 부분은 지우개 툴(🩹)이나 마스크 작업을 통해 지워서 가립니다. **12** '물-2.jpg' 파일을 불러오고 단축키 Ctrl + A, Ctrl + C, Ctrl + W 를 차례대로 눌러 작업 창에 이미지를 복사한 후 작업 창을 닫습니다.

13 현재 작업 창에 단축키 Ctrl + V 를 눌러 붙여넣기하고 단축키 Ctrl + T 를 눌러 거북이가 있는 부분에 배치한 후 블렌딩 모드를 'Hard Light'로 설정합니다. **14** 배치한 스플래시 효과의 테두리에 불필요한 부분이 보이면 경계진 부분을 지우기 위해 'Layers' 팔레트에서 'Add Layer Mask' 아이콘(◻)을 클릭해 마스크를 씌웁니다.

15 전경색을 검은색(■)으로 설정하고 브러시 툴(🖌)을 이용해 필요 없는 부분을 문지릅니다. **16** 현재 작업된 스플래시 레이어 'Layer 4'를 단축키 Ctrl + J 로 복사해 '거북이' 레이어의 밑으로 위치시킵니다.

17 거북이의 위에 위치한 'Layer 4' 레이어의 마스크 창을 선택하고 브러시 툴(🖊)을 이용해 거북이의 머리와 등부분이 나타나게 문지릅니다. **18** '크랙-2.jpg' 파일을 불러오고 단축키 Ctrl + A , Ctrl + C , Ctrl + W 를 차례대로 눌러 작업 창에 이미지를 복사한 후 작업 창을 닫습니다.

19 현재 작업 창에 단축키 Ctrl + V 를 눌러 붙여넣기하고 단축키 Ctrl + T 를 눌러 크기를 조절해 다음의 그림과 같이 배치합니다. **20** 'Add Layer Mask' 아이콘(⬜)를 클릭해 마스크를 씌웁니다. 그런 다음 브러시 툴(🖊)을 이용해 불필요한 부분을 가립니다.

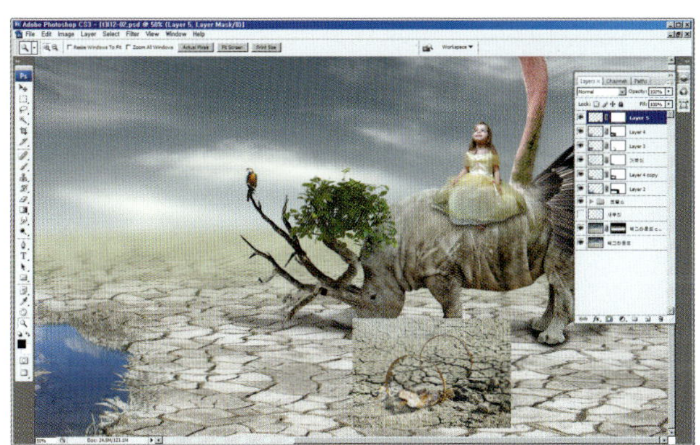

21 '새무리' 레이어를 선택하고 단축키 Ctrl + T 를 눌러 크기와 위치를 다음의 그림과 같이 조절해 왼쪽 위에 배치해서 시선에 허전한 공간을 채웁니다. **22** 멀리 보이는 새 이미지를 'Opacity' 값을 작게 지정해서 흐리게 적용합니다.

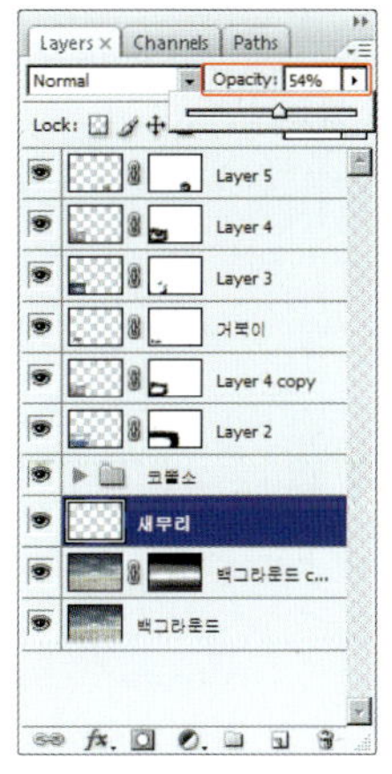

색 보정 레이어를 이용해 색 보정하기

합성 작업을 마무리하고 분위기에 맞는 색 표현으로 작업의 완성도를 높여보겠습니다.

예제 파일 부록 CD\Theme03\Lesson12\고목-2.jpg, 보정레이어.psd

01 부록 CD에서 '고목-2.jpg' 파일을 불러오고 크롭 툴(🔲)을 이용해 나무 이미지만 자릅니다. **02** 'Channels' 팔레트에서 나무의 줄기 부분과 배경이 가장 명확하게 구분되는 'Blue' 채널을 'Create New Channel' 아이콘(🔲)으로 드래그해 복제합니다.

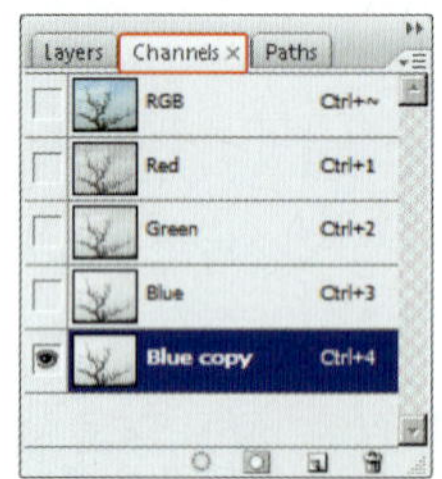

03 복제한 'Blue Channel Copy' 레이어를 선택하고 단축키 Ctrl + M 을 누릅니다. 'Curves' 대화상자가 나타나면 '섀도 하이라이트 영역을 좌우측으로 당겨 콘트라스트를 높입니다. **04** 'Image' → 'Apply Image' 메뉴를 선택합니다. 이 명령을 통해 채널의 연산 작용을 거쳐 나무의 섀도 영역을 더 어둡게 표현할 수 있습니다.

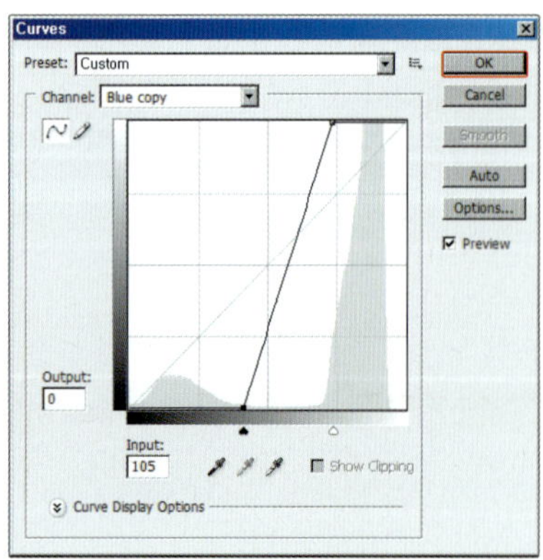

05 'Apply Image' 대화상자가 나타나면 다음의 그림과 같이 설정하고 'OK' 버튼을 클릭합니다. 'Blue Copy' 채널이 Multiply 블렌딩을 통해 더욱 어둡게 표현됩니다. **06** 'Channels' 팔레트에서 'Load Channel as Selection' 아이콘(◯)을 클릭해 하이라이트 영역을 선택합니다.

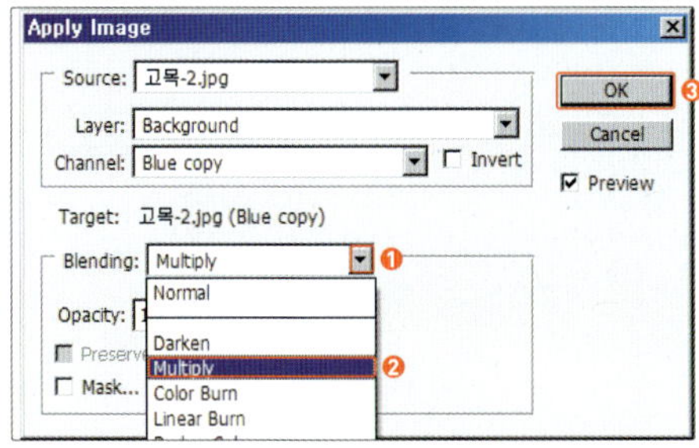

07 'Layers' 팔레트를 클릭하고 단축키 Ctrl + Shift + I 를 눌러 선택 영역을 반전시켜서 나뭇가지 부분만 선택합니다. 단축키 Ctrl + C , Ctrl + V 를 눌러 복사한 후 작업 창을 닫습니다. **08** 현재 작업 창에 단축키 Ctrl + V 를 눌러 붙여넣기하고 단축키 Ctrl + T 를 눌러 크기를 조절해 그림과 같이 배치합니다.

09 라쏘 툴(◯)을 이용해 불필요한 아랫부분을 선택해 삭제합니다. **10** 'Opacity'를 다운시켜서 멀리 희미하게 보이게 설정합니다.

11 '보정레이어.psd' 파일을 불러오고 F 를 눌러 화면을 전환한 후 이동 툴(▶)을 이용해 '보정레이어 1' 목록을 현재 작업 창으로 이동합니다. **12** '보정레이어 1'의 눈 아이콘(●)을 켜고 달라진 색을 살펴봅니다. 그런 다음 확장 아이콘(▶)을 클릭하고 그룹 레이어 안에 포함된 색 보정 레이어를 더블클릭해서 다른 컬러로 변경합니다.

13 3개의 'Color Balance' 항목과 1개의 'Channel Mixer' 이루어졌습니다. 지금 사용하는 보정 레이어 목록을 필자가 다른 작업에 사용한 색을 그대로 가져와 적용했기 때문에 현재 합성된 배경과 어울리지 않으므로 색을 약간 변형해야 합니다.
14 채도를 떨어뜨리기 위해 'Layers' 팔레트에서 보정 레이어 아이콘(◒)을 클릭하고 'Hue/Saturation'을 선택합니다.

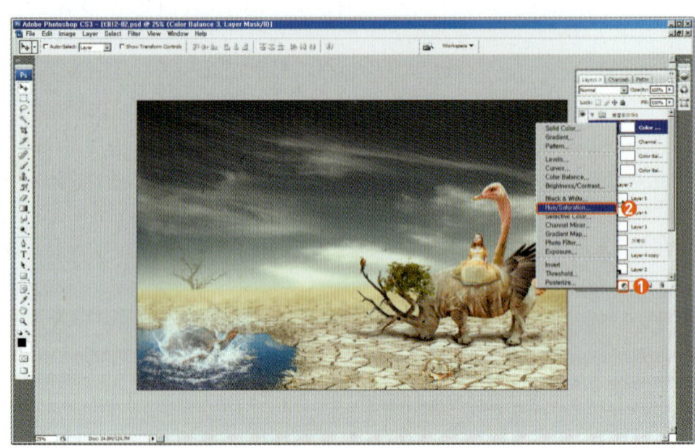

15 'Hue/Saturation' 대화상자가 나타나면 'Saturation'을 '-40'으로 입력하고 'OK' 버튼을 클릭하여 채도를 감소시킵니다.
16 'Layers' 팔레트에서 보정 레이어 아이콘(◒)을 클릭한 후 'Brightness/Contrast'를 선택합니다.

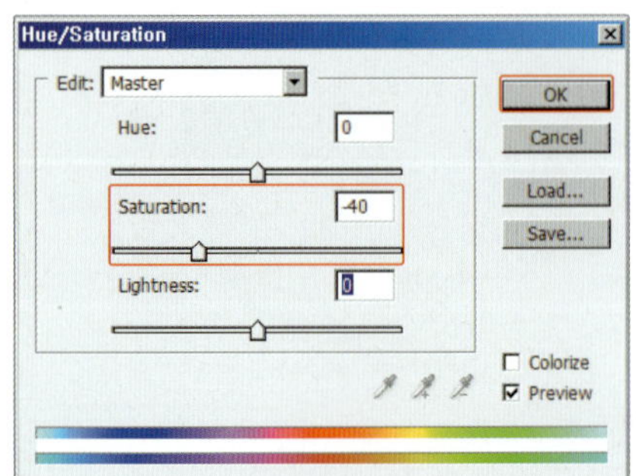

17 'Brightness/Contrast' 대화상자가 나타나면 다음의 그림과 같이 조절해 어둡게 표현하고 명암 대비를 높여줍니다.

18 'Hue/Saturation' 보정 레이어의 'Opacity'를 '40%'로 조절해 탁한 색을 좀 더 화사하게 조절합니다. 그런 다음 단축키 Shift + Ctrl + Alt + E 를 눌러 지금까지의 작업 과정을 하나의 통합 레이어로 합치고 레이어 이름을 '완성'이라고 변경합니다.

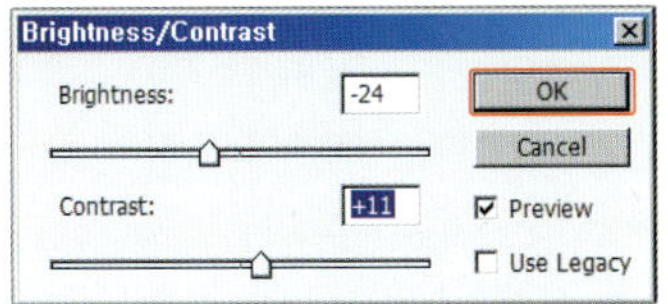
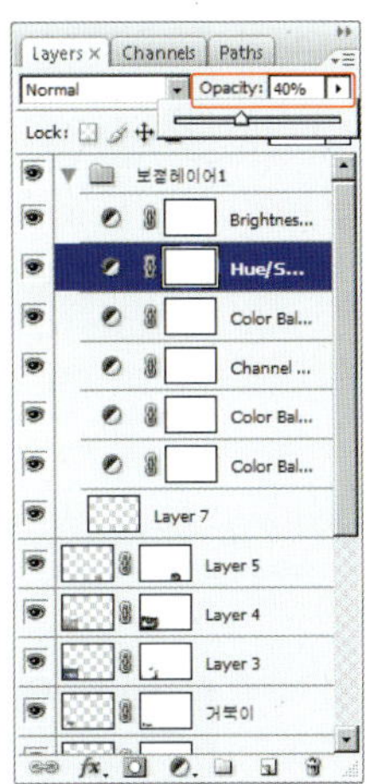
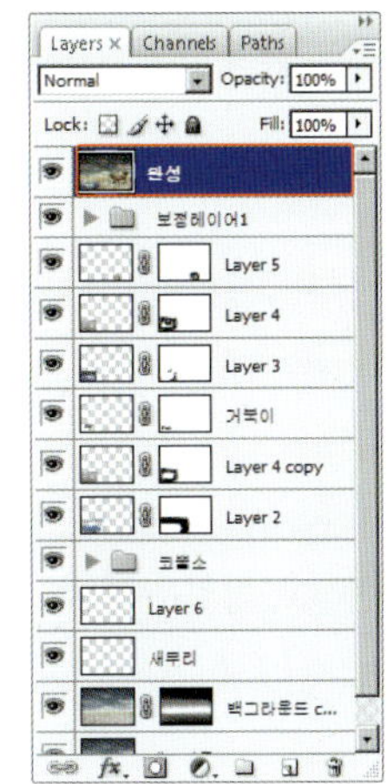

19 단축키 Shift + Ctrl + Alt + N 을 눌러 신규 레이어를 만들고 '비네팅'이라고 입력한 후 툴바의 전경색을 더블클릭합니다. **20** 'Color Picker' 대화상자가 나타나면 '#a1aa9a'를 입력하여 전경색을 바꾸고 Alt + Delete 를 눌러 '비네팅' 레이어에 채웁니다.

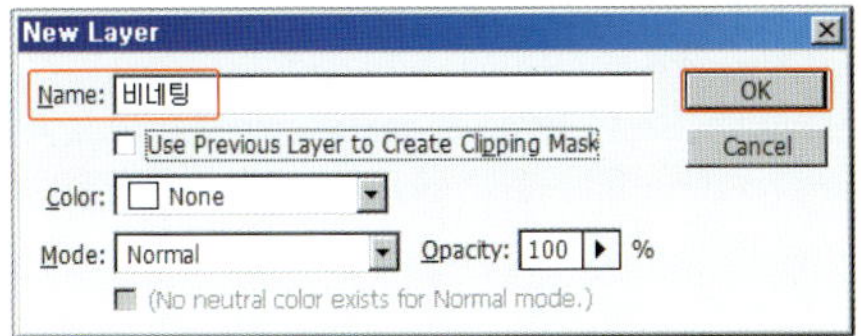
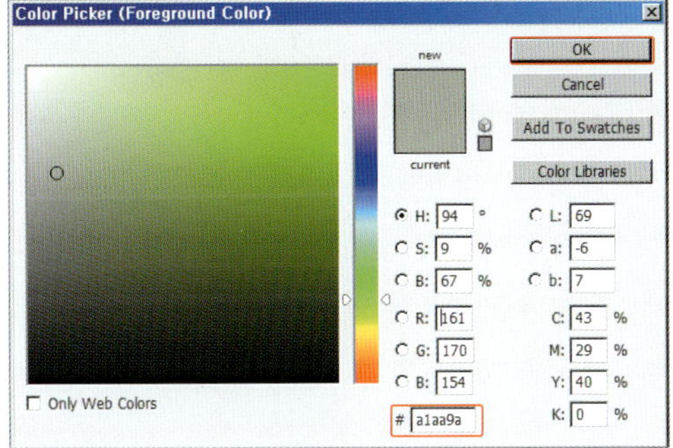

21 '비네팅' 레이어의 블렌딩 모드를 'Multiply'로 변경합니다. **22** '비네팅' 레이어에 마스크를 씌우고 검은색에서 흰색으로 이어지는 원형 그레이디언트를 선택합니다. 그런 다음 중앙에서 대각선 모서리 방향으로 적용하여 비네팅 효과를 연출해서 시선을 중앙으로 집중시킵니다.

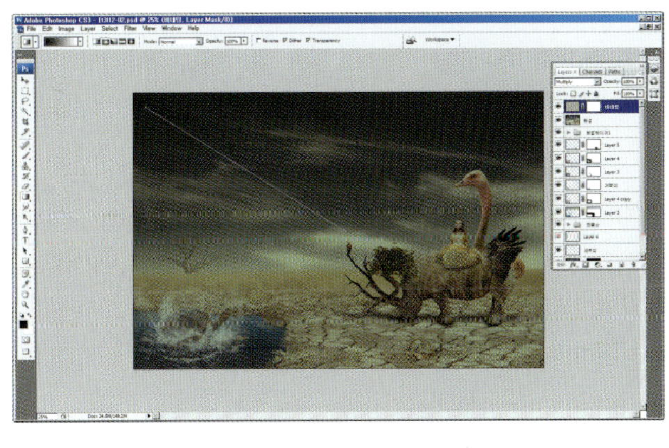

23 전경색을 검은색으로 설정한 상태에서 브러시 툴(🖌)을 이용해 중앙 부위를 중심으로 어둡게 표현한 코뿔소 형태의 이미지 부위를 클릭하여 밝게 처리합니다. 그런 다음 옵션바에서 'Opacity' 항목을 '30~50%'로 지정합니다.

24 추가로 번 닷지 작업을 통해 명함을 표현하고 작업을 종료합니다.

Amazing Africa 시리즈의 두번째 작업입니다. 하나의 작업이 완성되면 이전에 작업했던 구성에서 이야기만 약간 다르게 표현하면 되므로 비슷한 유형의 다른 작업은 쉽게 완성됩니다. 아이디어를 만들어 내는 방법이야 매우 다양하지만 필자는 카피라이터들이 즐겨 사용하는 단어 열거법을 아이디어에 적용했습니다.

이 작업의 경우 아프리카-코끼리-옹박(영화)에서 코끼리를 몰거나 조련하는 장면-킹코브라-황색의 마른 풀들-기린-원주민-대머리독수리-악어-약육강식(대결) 등 굉장히 많은 단어를 생각할 수 있는데, 그 중에서 하나하나 이야기를 만들어가는 방식으로 작업하고 있습니다. 물론 이야기 속에는 이전에 보았던 이미지나 영화 책 등에서 힌트를 얻기도 합니다. 그리고 가장 쉽게 아이디어에 접근할 수 있는 방법은 단어열거법입니다.

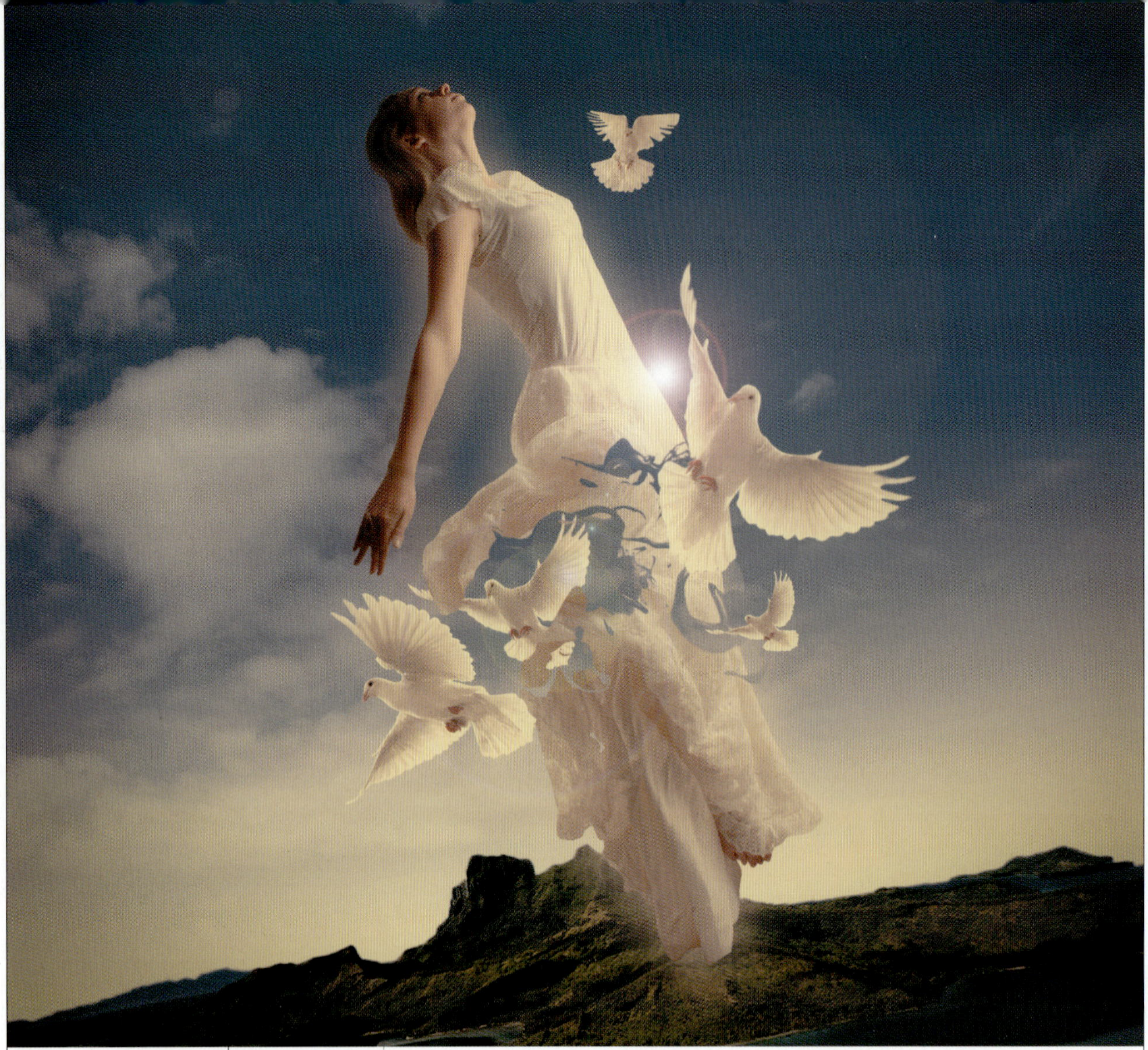

13

Fly

'자유' 라는 주제로 포스터 작업에 사용했던 이미지를 재구성했는데, 다음의 그림과 같은 구성은 타이포가 들어갈 공간 때문에 쉽게 할 수 없습니다. 주제가 되는 이미지가 중앙에 너무 집중되어 있으면 글자 때문에 주제가 묻혀서 구성이 답답해지므로 글자 배치가 어렵지만 Art Work의 재미는 바로 여기에 있습니다. 편집적인 구성의 제약을 받지 않는다는 자유로움 때문이죠. 따라하는 사용자들도 너무 작업에 얽매이지 않고 자유로운 주제를 가지고 색과 구성을 마음대로 표현해 보세요.

기본 배경과 인물 합성하기

반듯한 정적인 구성을 피하고 사선형으로 이미지를 배치해 보겠습니다.

예제 파일 부록 CD\Theme03\Lesson13\섬.jpg, Fly.psd, 하늘.jpg **결과 파일** 부록 CD\Theme03\Lesson13\배경인물합성.psd

01 부록 CD에서 '섬.jpg' 파일을 불러옵니다. 그런 다음 툴바에서 마술봉 툴(🪄)을 선택해 하늘 부분을 클릭하고 선택 영역을 만드세요. **02** 'Select' → 'Inverse' 메뉴(Shift + Ctrl + I)를 선택해 선택 영역을 반전시킵니다.

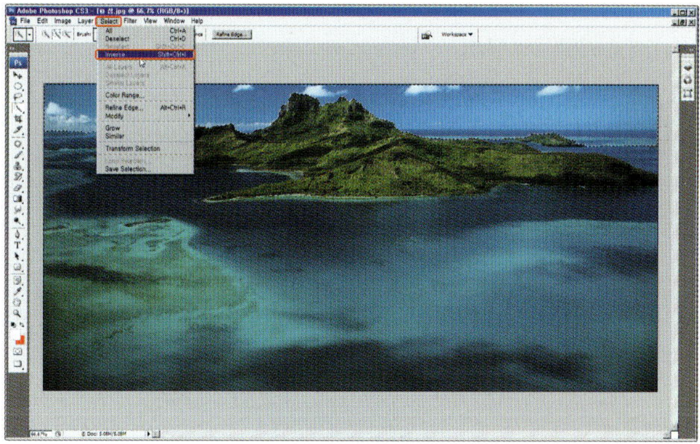

03 'Select' → 'Refine Edge' 메뉴(Shift + Ctrl + R)를 선택하고 'Refine Edge' 대화상자가 나타나면 다음의 그림과 같이 지정한 후 'OK' 버튼을 클릭합니다. 그런 다음 단축키 Ctrl + C , Ctrl + W 를 차례대로 눌러 작업 창에 이미지를 복사한 후 작업 창을 닫으세요. **04** 'Fly.psd' 파일을 불러온 후 단축키 Ctrl + V 를 눌러 붙여넣기합니다.

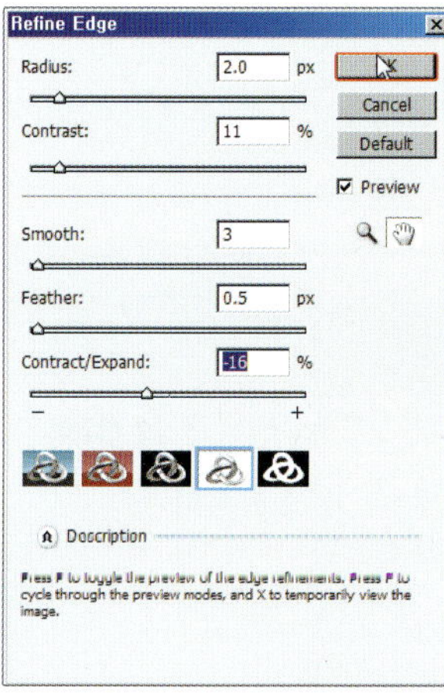

05 'Layers' 팔레트에서 'Layer 1' 레이어의 눈 아이콘(◉)을 클릭하여 끕니다. 그런 다음 'Layer 2' 레이어를 선택하고 단축키 Ctrl + T 를 눌러 왼쪽으로 회전시키세요. **06** 부록 CD에서 '하늘.jpg' 파일을 불러옵니다. 그런 다음 단축키 Ctrl + A, Ctrl + C, Ctrl + W 를 차례대로 눌러 작업 창에 이미지를 복사한 후 작업 창을 닫으세요.

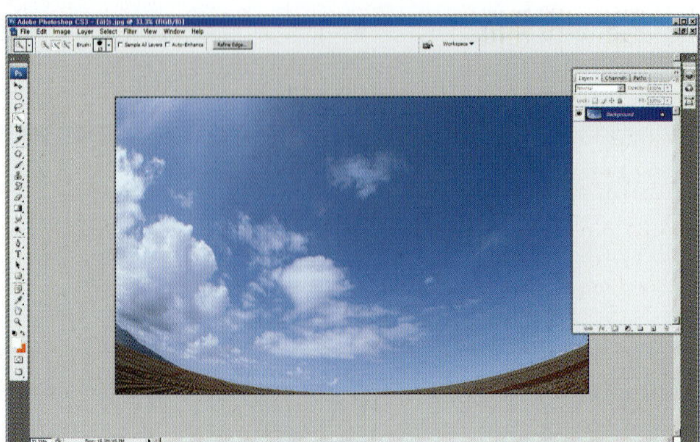

07 단축키 Ctrl + V 를 눌러 붙여넣기하고 단축키 Ctrl + T 를 눌러 크기와 방향을 다음의 그림과 같이 조절합니다.
08 'Layers' 팔레트에서 생성한 'Layer 3' 레이어를 맨 아래로 옮기고 방향에 맞게 위치를 조절합니다.

09 'Layers' 팔레트에서 'Add Layer Mask' 아이콘(◉)을 클릭해 마스크를 씌웁니다. **10** 툴바에서 그레이디언트 툴(▬)을 선택합니다. 합성 작업할 때 구름의 크기에 따라 느껴지는 원근감이 다르기 때문에 구름을 많이 사용합니다. 이 경우 덩어리가 너무 커서 수평선 지점이 멀어 보이지 않으므로 구름의 밑부분을 지우고 원근감을 표현하세요.

11 'Gradient Editor' 대화상자가 나타나면 'Foreground to Background'를 선택합니다. **12** 그림의 아래쪽에서 비스듬한 대각선 방향으로 위쪽으로 그러데이션을 적용해 하늘 부분을 가립니다.

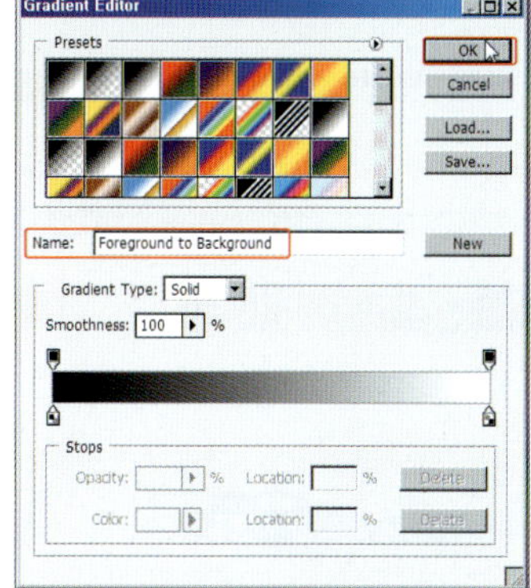

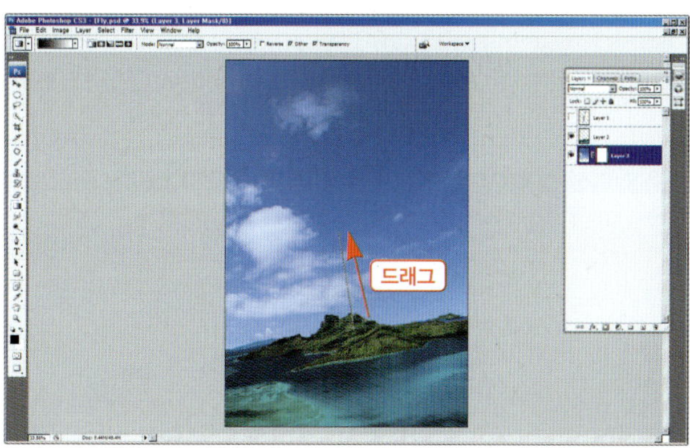

인물에 동적인 느낌 부여하기

모션 블러를 이용해 인물에 동적인 느낌을 부여해 보겠습니다.

01 단축키 `Shift`+`Ctrl`+`N`을 눌러 신규 레이어를 만들고 레이어 이름을 '흰색바탕'으로 입력합니다. **02** 흰색으로 채우고 'Layers' 팔레트에서 '흰색바탕' 레이어를 맨 아래로 이동합니다.

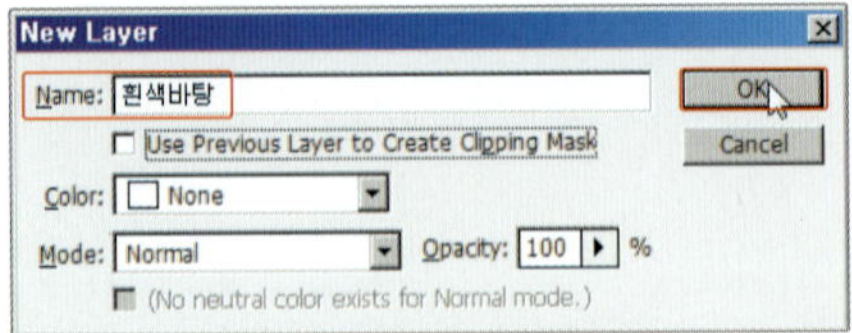

03 'Layers' 팔레트에서 'Layer 1' 레이어의 눈 아이콘(👁)을 켜서 이미지를 표시합니다. 그런 다음 단축키 `Ctrl`+`T`를 눌러 크기를 축소하고 왼쪽으로 회전해서 배경과 방향을 맞추세요. **04** 'Layers' 팔레트에서 'Layer 1' 레이어를 'Create New Layer' 아이콘(▫)으로 드래그해 복사하고 맨 위로 이동합니다. 그런 다음 레이어 이름을 '하이라이트'로 변경하세요.

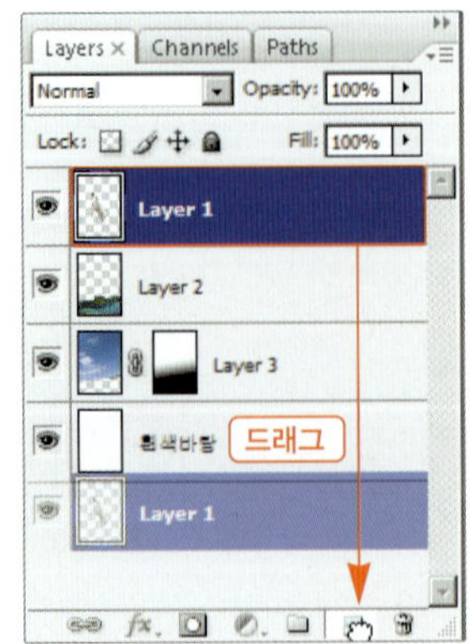

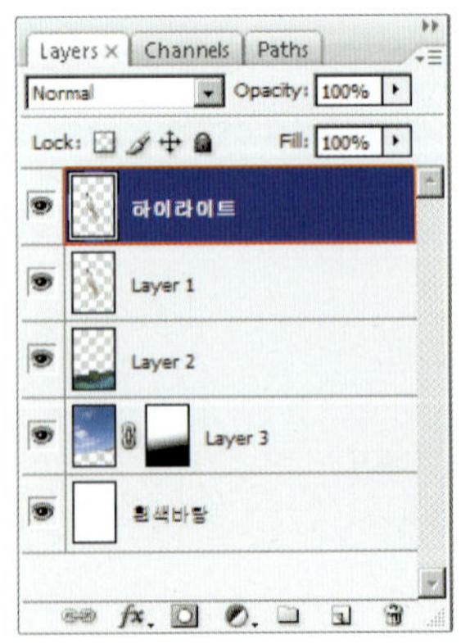

05 단축키 Ctrl + M 을 눌러 'Curves' 대화상자를 나타내고 커브 곡선을 다음의 그림과 같이 움직여서 전체적으로 밝게 만듭니다. **06** 'Layers' 팔레트에서 Alt 를 누른 채 'Add Layer Mask' 아이콘(◯)을 클릭해 'Hide All' 상태로 만듭니다.

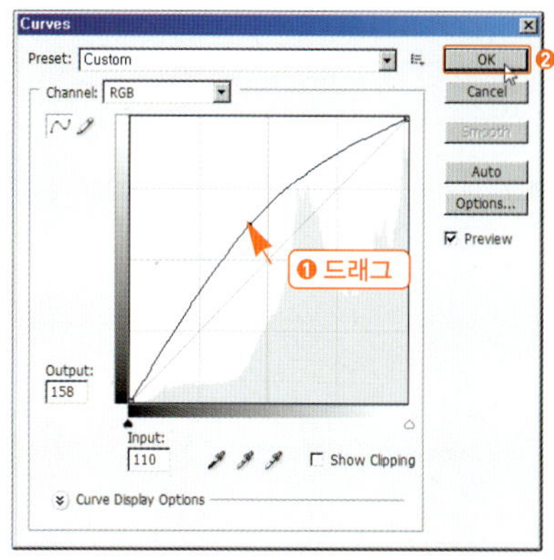

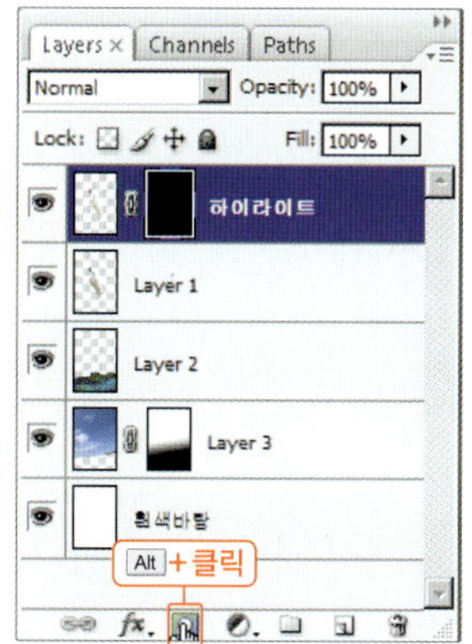

07 툴바에서 브러시 툴(✎)을 선택하고 'Soft Round' 를 '175pixel' 로 지정한 후 옵션바에서 'Opacity' 를 '50%' 로 조절합니다. **08** 전경색을 흰색(▣)으로 지정하고 옷의 주름 부분을 문질러서 밝게 만듭니다.

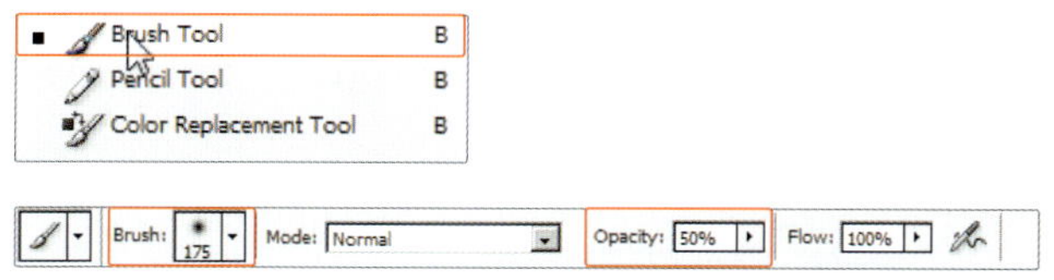

09 'Layers' 팔레트에서 'Layer 1' 레이어를 선택하고 단축키 Ctrl + J 를 눌러 복사합니다. 그런 다음 'Layer 1' 레이어의 아래쪽으로 이동하고 이름을 '글로우' 로 변경하세요. **10** 'Filter' → 'Blur' → 'Motion Blur' 메뉴를 선택합니다.

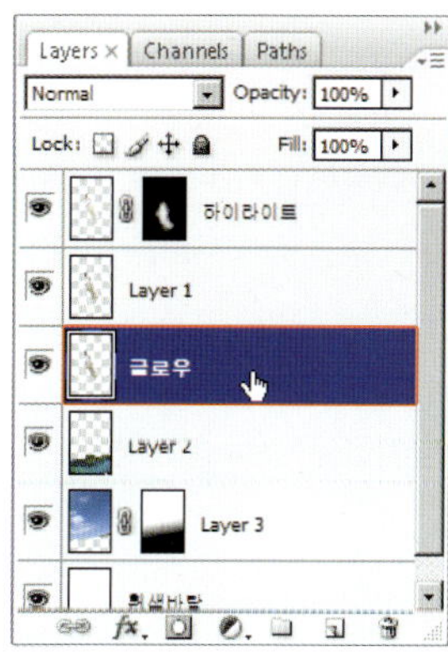

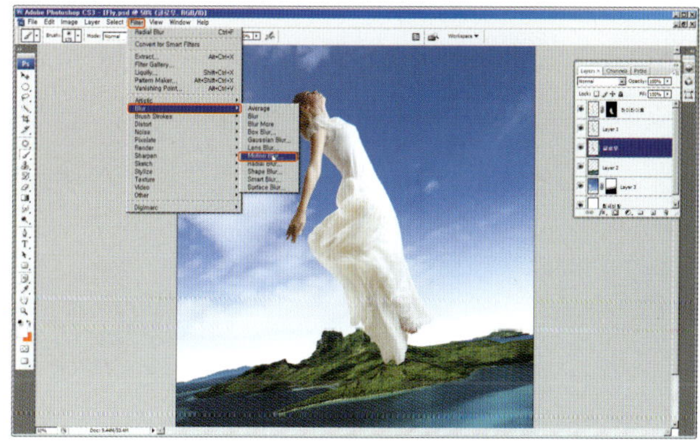

11 'Motion Blur' 대화상자가 나타나면 'Angle'은 '90°', 'Distance'는 '118pixels'로 지정하고 'OK' 버튼을 클릭합니다.

12 'Layers' 팔레트에서 블렌딩 모드를 'Lighten'으로 변경해 인물의 외곽으로 흐르는 광원을 표현합니다.

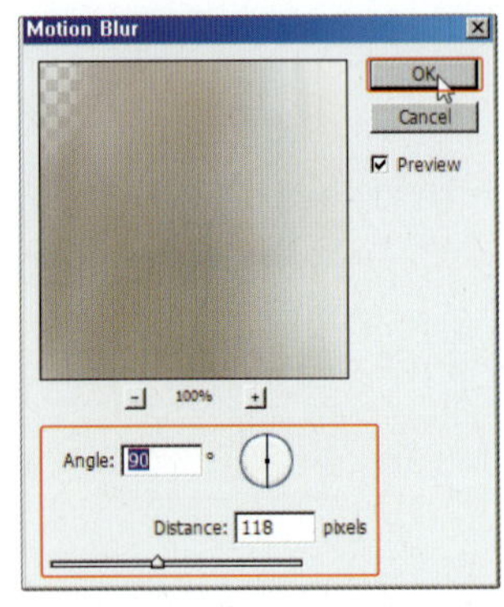

13 단축키 Ctrl + M 을 눌러 'Curves' 대화상자를 나타내고 다음의 그림과 같이 커브 곡선을 움직여서 밝게 보정합니다. 그런 다음 Shift 를 누른 상태에서 '하이라이트' 레이어부터 '글로우' 레이어를 선택하고 단축키 Ctrl + G 를 누릅니다. **14** 그룹 레이어의 이름을 'Fly'로 변경합니다. 그런 다음 'Layers' 팔레트에서 'Add Layer Mask' 아이콘(◉)을 클릭해 그룹 레이어에 마스크를 씌우세요.

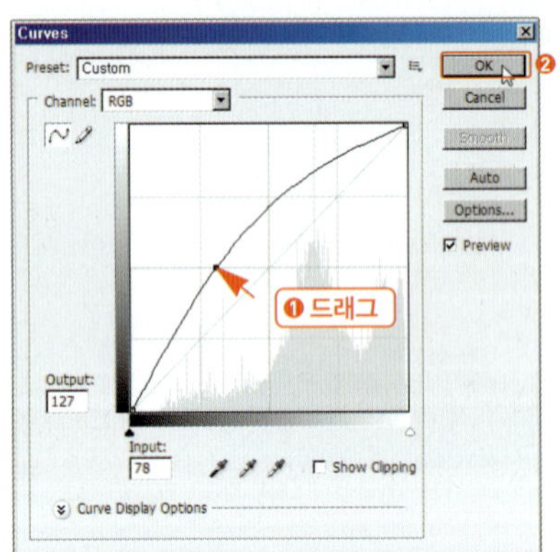
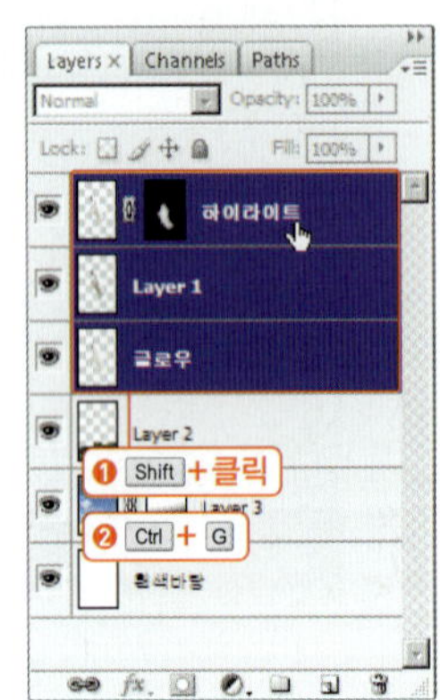
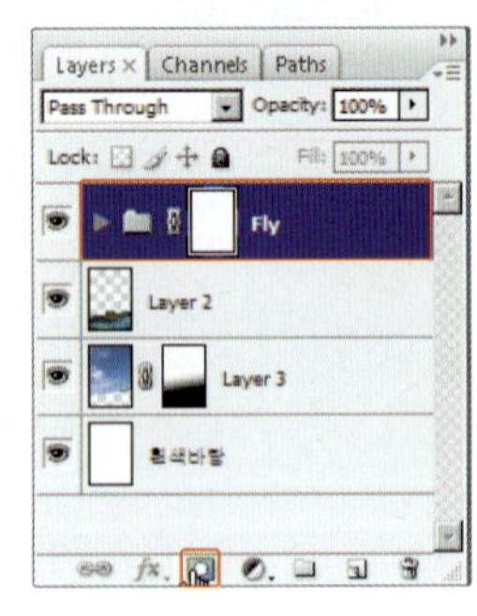

그룹 레이어에 마스크 적용하기

그룹 레이어에 마스크를 씌워 브러시로 일부분을 가려보겠습니다.

예제 파일 부록 CD\Theme03\Lesson13\비둘기.psd

01 브러시 툴(🖉)을 선택하고 다음의 그림과 같이 차례대로 클릭해서 'Load Brushes'를 선택합니다. **02** 'Load' 대화상자가 나타나면 저장한 브러시 'Splatter.abr'을 선택하고 'Load' 버튼을 클릭합니다.

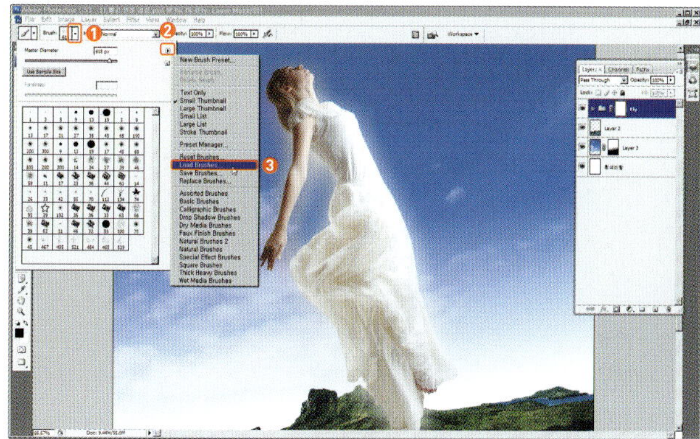

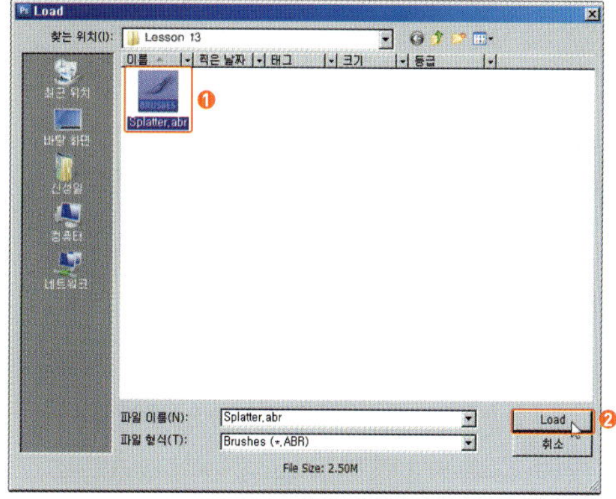

03 도큐먼트 창에서 마우스 오른쪽 버튼을 클릭해 브러시 목록을 열고 '675' 브러시를 선택합니다. **04** 전경색을 검은색(■)으로 지정하고 'Layers' 팔레트에서 'Fly' 그룹 레이어의 마스크 창을 선택합니다. 그런 다음 허리의 밑부분을 클릭해 뜯겨지는 느낌을 표현하세요.

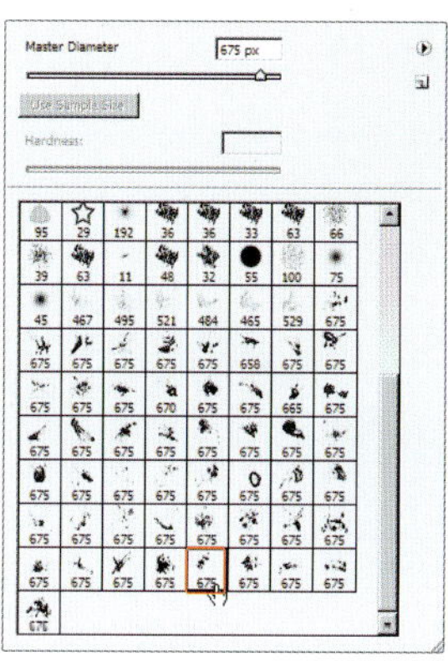

05 브러시 툴(■)을 선택한 상태에서 < , > 를 누르면 다른 브러시로 바뀌는데, > 를 눌러 다른 모양의 브러시를 적용합니다.

06 '비둘기.psd' 파일을 불러온 후 F 를 눌러 화면을 전환합니다. 그런 다음 이동 툴(↔)로 현재 작업 창에서 드래그하세요.

07 뜯긴 옷과 비교하면서 비슷한 크기로 조절합니다. **08** Ctrl 을 누른 상태에서 변형하려는 비둘기 이미지를 클릭하고 단축키 Ctrl + T 를 눌러 크기와 위치를 조절합니다.

09 비둘기 이미지 중 두 개의 이미지를 복사하고 'Fly' 그룹 레이어의 아래쪽으로 이동한 후 뜯긴 옷의 뒤로 배치합니다.

10 'Layers' 팔레트에서 Shift 를 누른 상태에서 'Layer 6' 레이어부터 'Layer 4' 레이어를 선택하고 단축키 Ctrl + G 를 누릅니다. **11** Shift 를 누른 상태에서 'Layer 7' 레이어와 'Layer 7 copy' 레이어를 선택하고 단축키 Ctrl + G 를 눌러 각각 '비둘기 상단', '비둘기 하단' 그룹 레이어로 관리하세요.

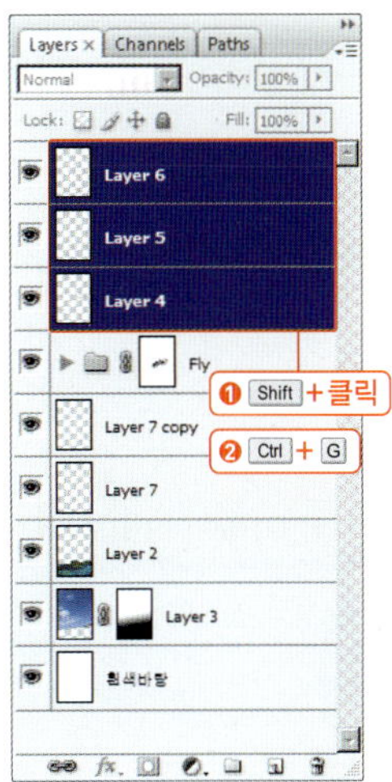
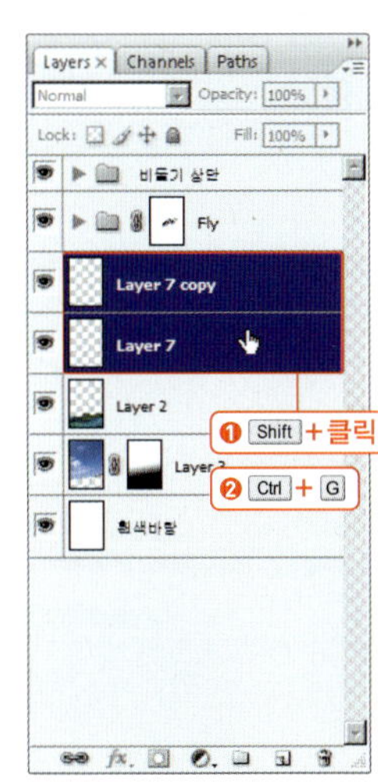
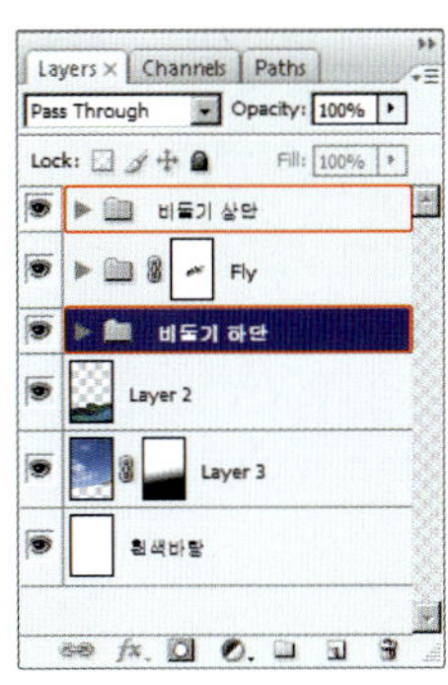

분위기에 맞는 색 보정 레이어 만들기

색 보정은 이미지를 완성하는 단계에 있어 가장 중요한 작업입니다. 필자의 경우 합성 작업 후 색 보정에 짧게는 30~40분, 길게는 몇 시간을 소요하기도 합니다.

01 'Layers' 팔레트에서 보정 레이어 아이콘(◉)을 클릭한 후 'Hue/Saturation' 을 선택합니다.

02 'Hue/Saturation' 대화상자가 나타나면 'Saturation' 을 '-30' 으로 지정해 채도를 감소시킵니다. 03 'Layers' 팔레트에서 보정 레이어 아이콘(◉)을 클릭한 후 'Curves' 를 선택합니다. 'Curves' 대화상자가 나타나면 팔레트의 오른쪽에 있는 확장 아이콘(▤)을 클릭한 후 'Load Preset' 을 선택합니다.

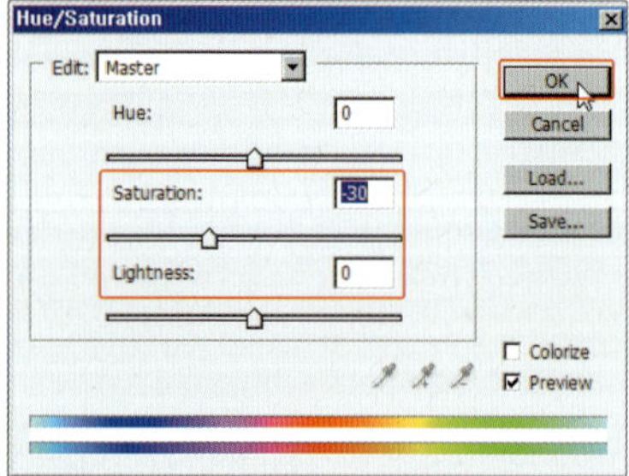

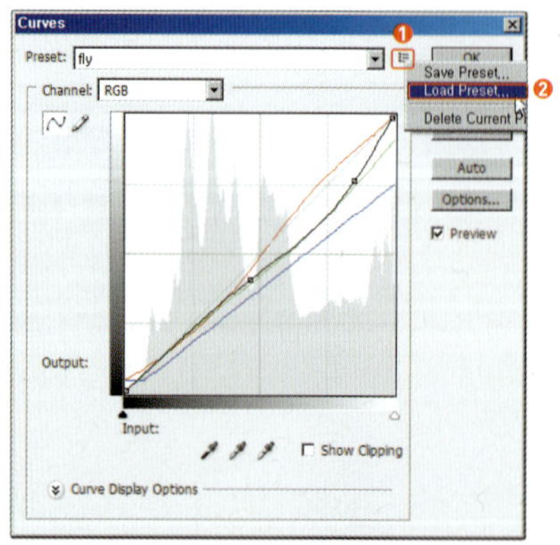

04 'Load' 대화상자가 나타나면 저장된 커브값 'fly.acv'를 선택하고 'Load' 버튼을 클릭합니다. **05** 'Layers' 팔레트에서 보정 레이어 아이콘(　)을 클릭한 후 'Channel Mixer'를 선택합니다.

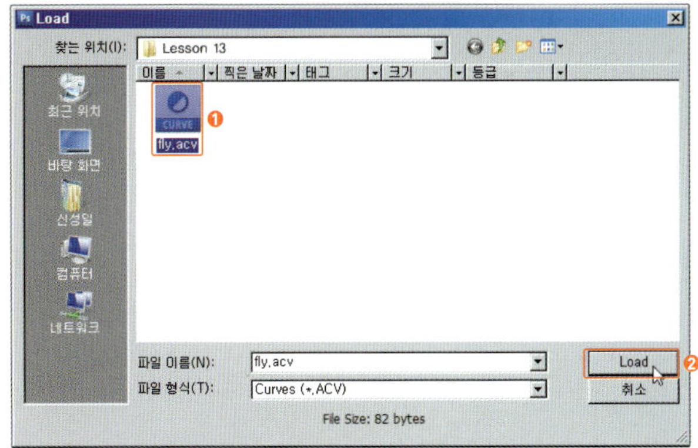

06 'Channel Mixer' 대화상자가 나타나면 'Red' 채널을 선택하고 'Green' 톤과 'Blue' 톤을 다음의 그림과 같이 지정한 후 'OK' 버튼을 클릭합니다. **07** 단축키 Shift + Ctrl + N 을 눌러 신규 레이어를 만들고 레이어 이름을 '비네팅'으로 입력합니다.

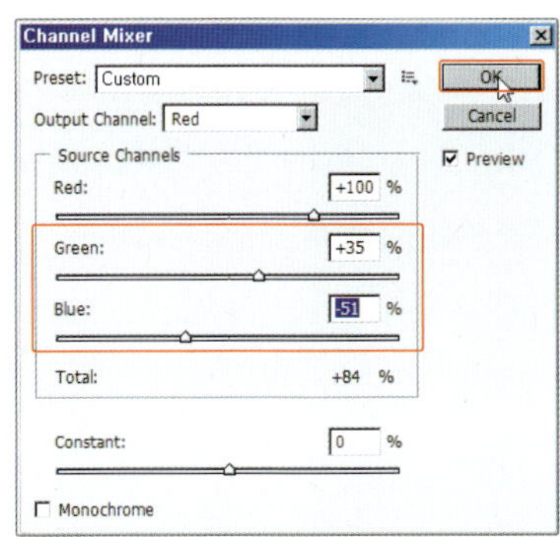

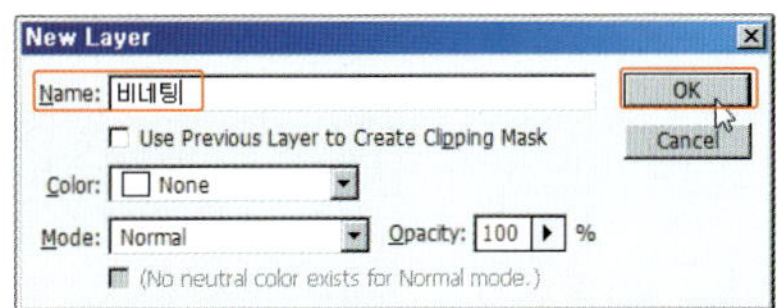

08 툴바에서 스포이드 툴(　)을 선택합니다. **09** 화면에서 보이는 색 중 많은 비중을 차지하는 테두리의 색을 클릭해서 전경색을 해당 색상으로 바꿉니다.

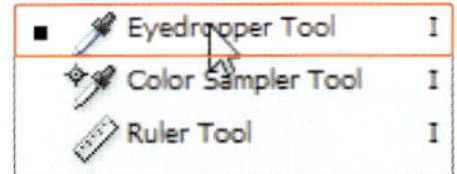

10 '비네팅' 레이어에서 단축키 Alt + Delete 를 눌러 채우고 블렌딩 모드를 'Multiply' 로 변경합니다. **11** 'Layers' 팔레트에서 'Add Layer Mask' 아이콘(⬤)을 클릭해 '비네팅' 레이어에 마스크를 씌웁니다.

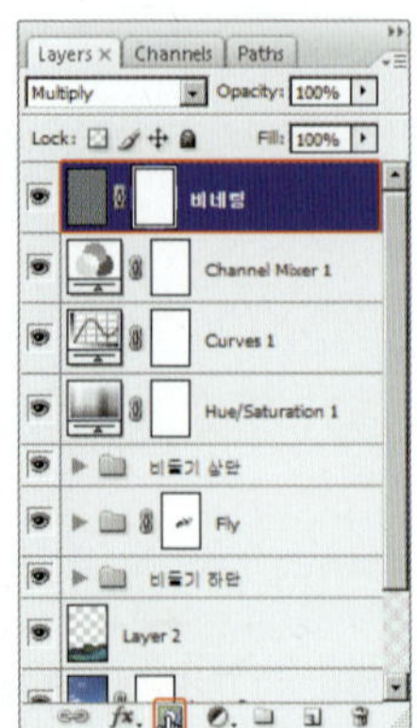

12 툴바에서 브러시 툴(✎)을 선택하고 'Soft Round' 는 '494pixel', 'Opacity' 는 '63%' 로 지정합니다. **13** 전경색을 검은색 (■)으로 지정하고 브러시를 중앙에 위치한 후 두 번 클릭해 중앙부 이미지를 밝게 만듭니다.

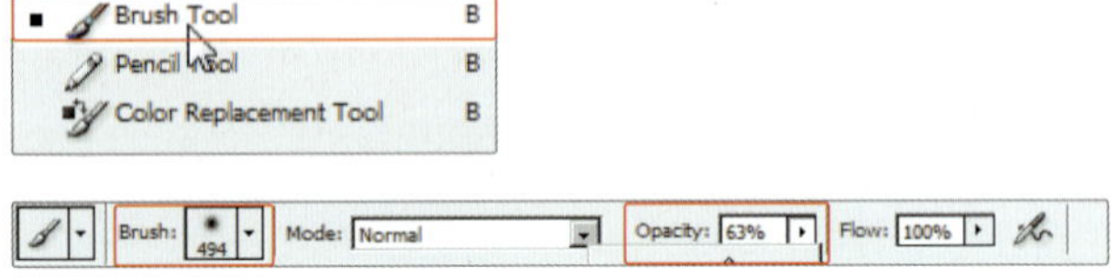

14 단축키 Shift + Ctrl + N 을 눌러 생성된 신규 레이어를 '플레어' 라고 입력한 후 '플레어' 레이어를 검은색으로 채웁니다.

15 'Filter' → 'Lender' → 'Lens Flare' 메뉴를 선택합니다.

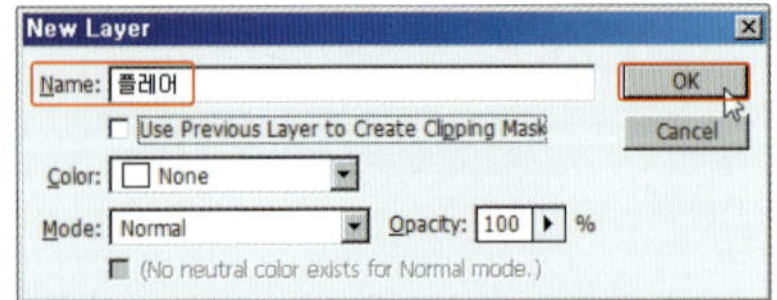

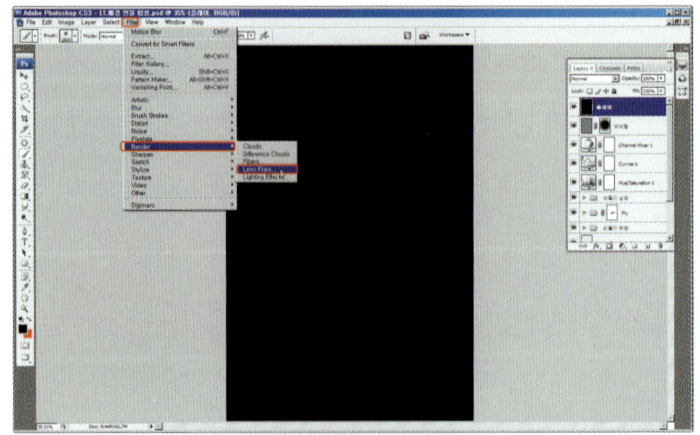

16 'Lens Flare' 대화상자가 나타나면 다음의 그림과 같이 지정하고 'OK' 버튼을 클릭합니다. **17** '플레어' 레이어의 블렌딩 모드를 'Screen'으로 변경해 밝은 부분만 표시합니다.

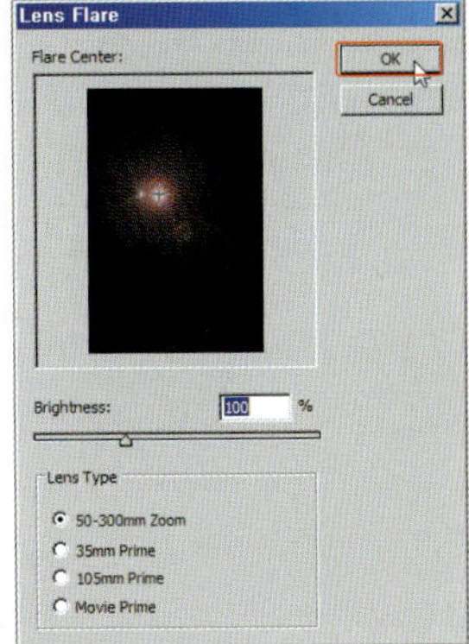

18 단축키 Ctrl + T 를 눌러 크기와 위치를 다음의 그림과 같이 조절합니다. **19** 플레어 효과를 추가하여 작업을 완료합니다.

'Lighting Effect' 필터를 이용해 분위기 있는 색 표현하기

❶ 합성된 최종본을 하나의 레이어로 합치고 합친 레이어를 복사한 후 'Filter' → 'Lender' → 'Lighting Effect' 메뉴를 선택합니다.
'Lighting Effect' 대화상자가 나타나면 'Light type'을 'Omni'로 지정하고 'Intensity' 컬러 박스를 클릭합니다.

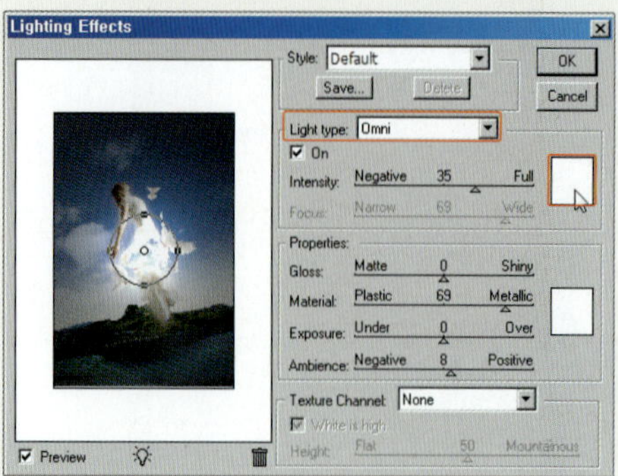

❷ 'Select the light's color' 대화상자가 나타나면 하이라이트 영역을 차지할 컬러를 지정하고 'Lighting Effects' 대화상자에서 'Properties'의 컬러
박스를 클릭합니다. 여기서 선택하는 컬러는 외곽 부분에 진하게 적용할 색상이므로 어두운 계열의 컬러를 선택합니다.

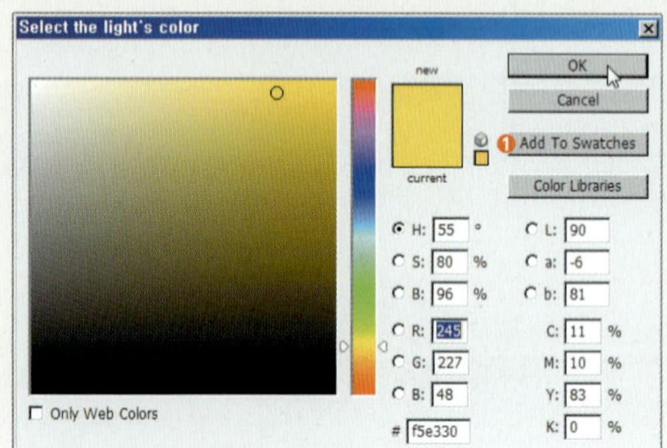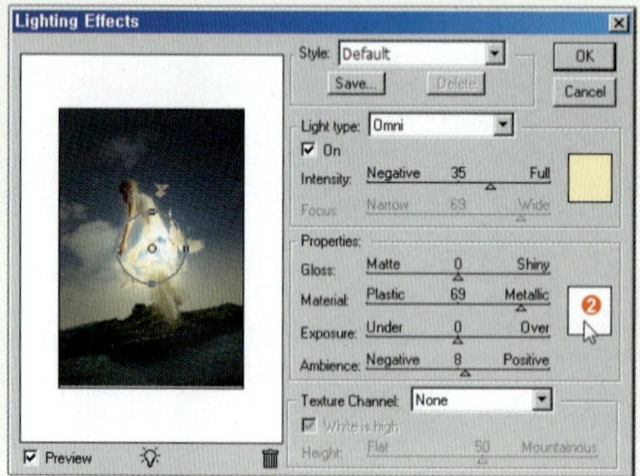

❸ 'Select the ambient color' 대화상자가 나타나면 원하는 컬러를 지정하고 'OK' 버튼을 클릭합니다. 'Lighting Effects' 대화상자에서 미리 보기 화
면의 중앙에 보이는 원형의 꼭지점을 잡아당겨서 하이라이트 영역을 확장 및 축소하고 'OK' 버튼을 클릭합니다.

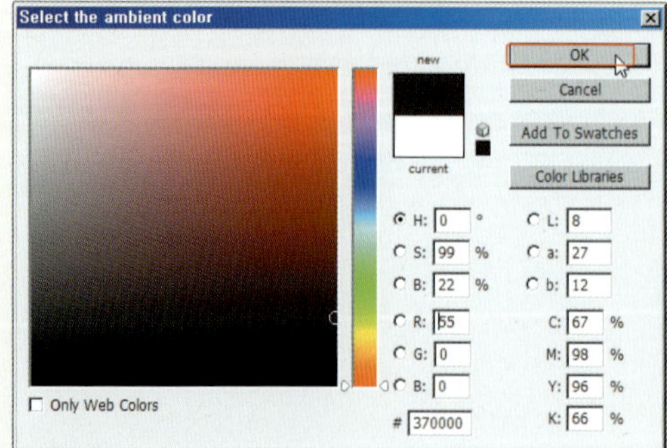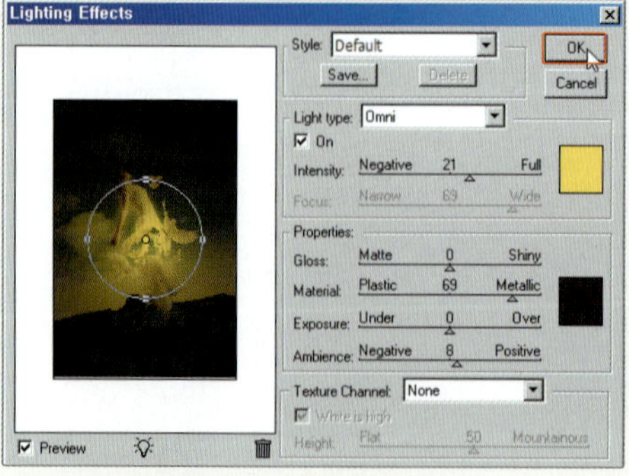

❹ 색을 너무 진하게 적용했으면 'Layers' 팔레트에서 'Opacity'를 조절해 하위 레이어의 색을 흐리게 지정할 수 있습니다.

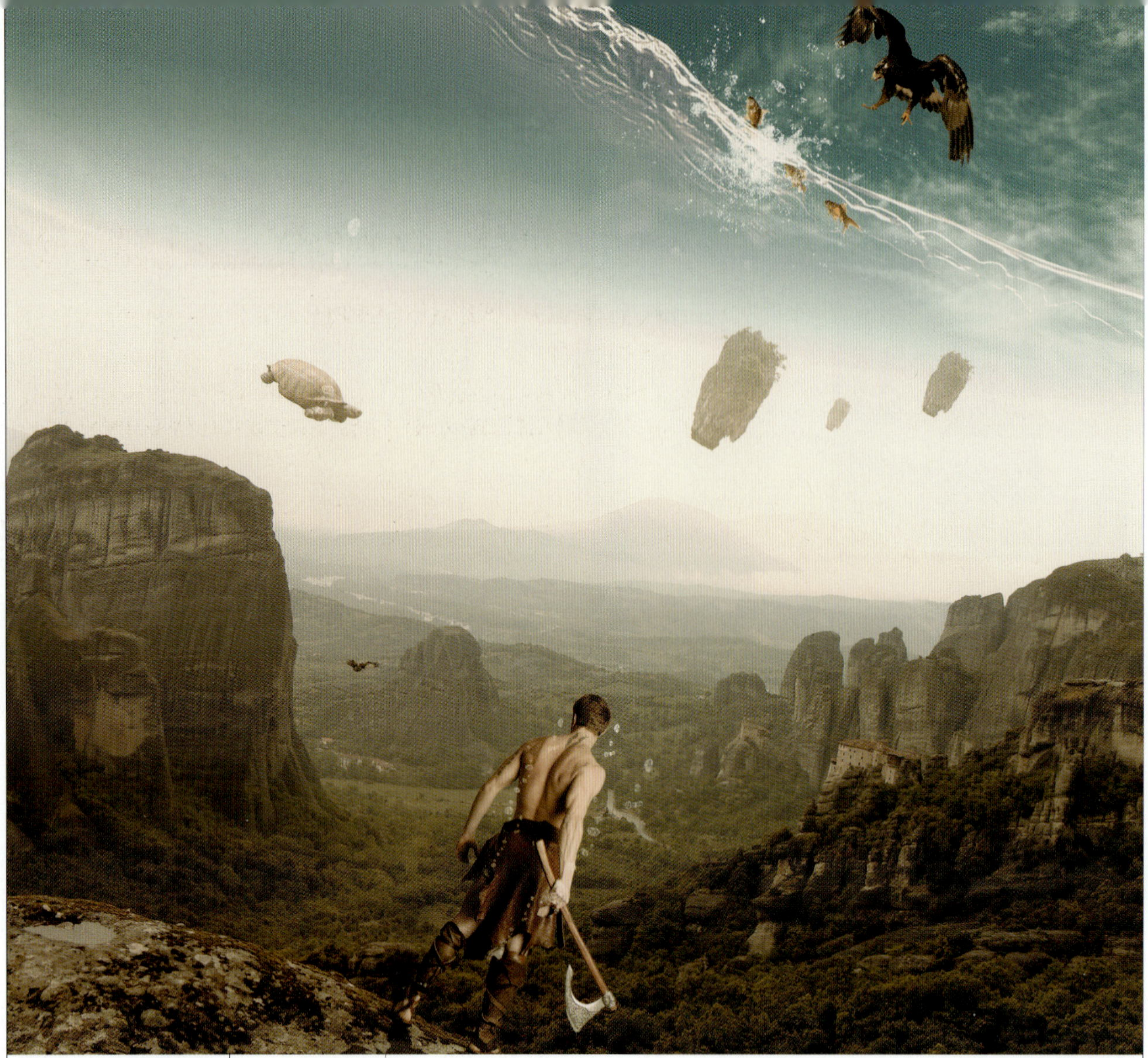

결과 파일 부록 CD\Theme03\Lesson14\New_World.psd

14

New World

이 작업의 주제는 '마음대로 상상하기' 입니다. 비 갠 뒤 옥상에 올라가 내려다보이는 빼곡한 건물들을 보면서 '여기에 물을 채우면 어떻게 될까?' 라고 생각해 본 적이 있습니다. 물론 말도 안 되는 상상이죠. 화면의 구성도 필자의 마음 가는 대로였습니다. 아바타를 보고 두둥 떠다니는 바위섬을 만든 후 물을 넣었으니 물고기도 넣어 보고 싶었습니다. 존재하지 않는 세계이니 'New World' 가 아닐까요?

Step 01

Step 02

Step 03

Step **01**

배경과 하늘, 인물 합성하기

작업에 기본이 되는 배경을 만들고 인물 요소를 합성해 보겠습니다.

예제 파일 부록 CD\Theme03\Lesson14\사막.jpg, 하늘.jpg, 남자.psd

01 부록 CD에서 '사막.jpg' 파일을 불러온 후 'Layers' 팔레트에서 'Background' 레이어를 더블클릭합니다.

02 'New Layer' 대화상자가 나타나면 'Layer 0' 레이어를 만듭니다.

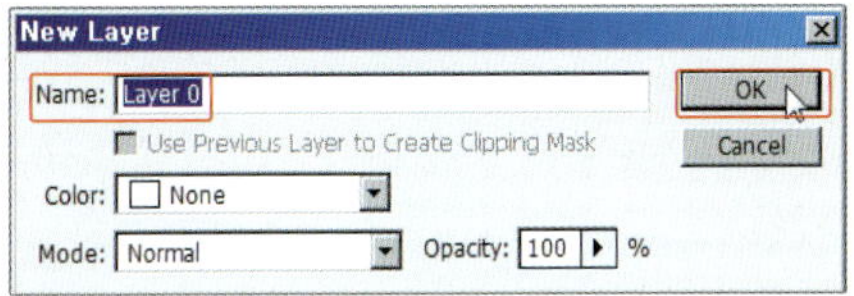

03 하늘 부분이 차지하는 비율이 적어 답답해 보이므로 위쪽으로 늘리기 위해 'Image' → 'Canvas Size' 메뉴를 선택합니다.

04 'Canvas Size' 대화상자가 나타나면 'Anchor' 박스의 밑부분을 선택하고 'Height'를 '91.44cm'로 지정하여 가로 길이와 비율을 같게 지정한 후 'OK' 버튼을 클릭합니다.

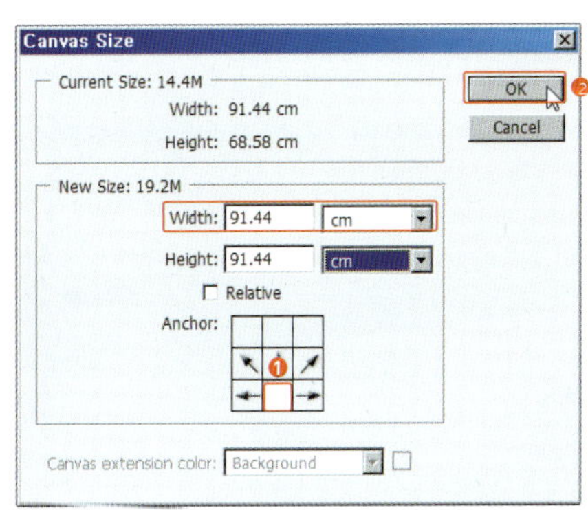

05 단축키 [Ctrl]+[T]를 눌러 이미지를 오른쪽으로 회전해서 단조로운 구조를 탈피합니다. **06** 부록 CD에서 '하늘.jpg' 파일을 불러오고 단축키 [Ctrl]+[A], [Ctrl]+[C], [Ctrl]+[W]를 차례대로 눌러 작업 창에 이미지를 복사한 후 작업 창을 닫으세요.

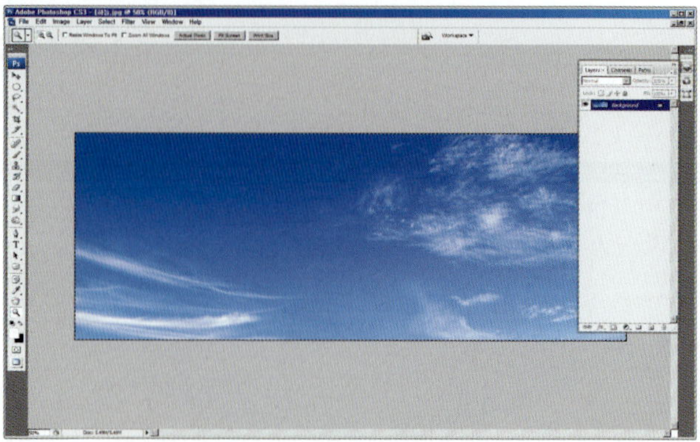

07 단축키 [Ctrl]+[V]를 눌러 현재 작업 창에 붙여넣기하고 단축키 [Ctrl]+[T]를 눌러 앞의 이미지처럼 오른쪽으로 회전합니다.
08 단축키 [Shift]+[Ctrl]+[N]을 눌러 신규 레이어를 만들고 레이어 이름을 '흰색바탕'으로 입력합니다.

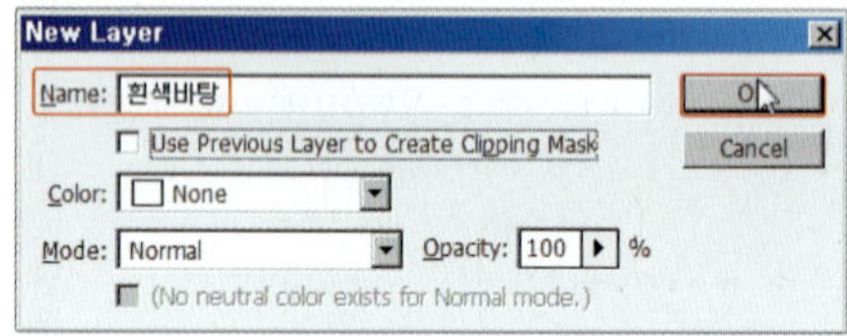

09 'Layers' 팔레트에서 '흰색바탕' 레이어를 맨 아래로 이동하고 흰색으로 채웁니다. **10** 'Layers' 팔레트에서 'Layer 1' 레이어를 선택하고 'Add Layer Mask' 아이콘(圖)을 클릭해 마스크를 씌웁니다.

11 툴바에서 그레이디언트 툴(▨)을 선택합니다. **12** 옵션바에서 'Gradient Editor' 대화상자를 나타낸 후 'Foreground to Background'를 선택하고 'OK' 버튼을 클릭합니다.

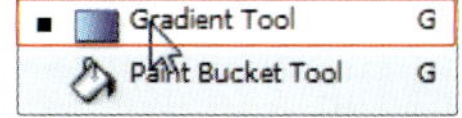

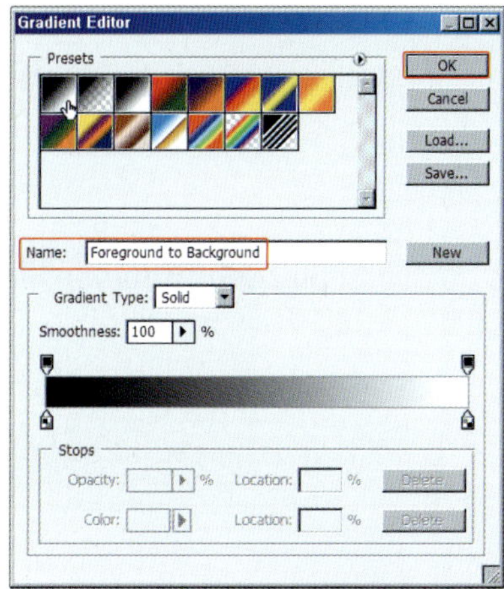

13 대각선 방향으로 그러데이션을 적용하여 하늘과 배경을 자연스럽게 연결합니다. **14** 'Layers' 팔레트에서 'Layer 0' 레이어에 마스크를 씌우고 다음의 그림에 나타난 화살표 방향으로 그러데이션을 적용합니다.

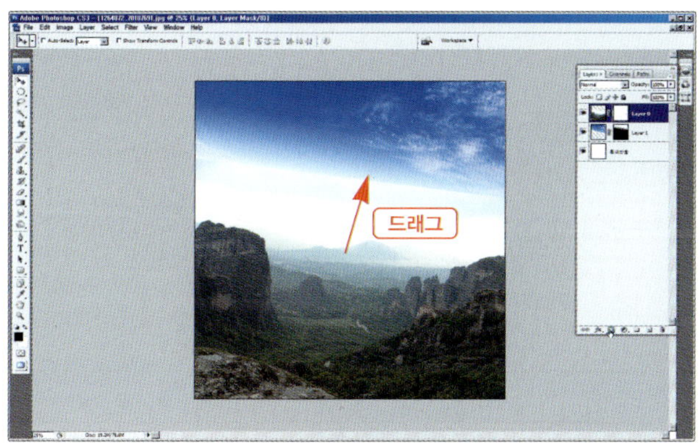

15 '남자.psd' 파일을 불러오고 단축키 Ctrl + A , Ctrl + C , Ctrl + W 를 차례대로 눌러 작업 창에 이미지를 복사한 후 작업 창을 닫습니다.

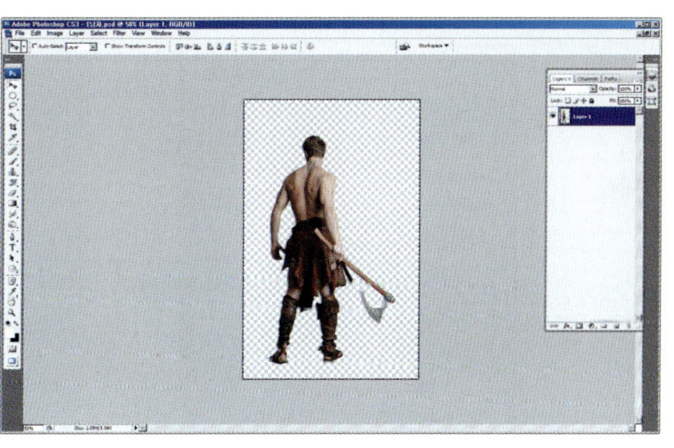

16 단축키 `Ctrl`+`V`를 눌러 붙여넣기하고 단축키 `Ctrl`+`T`를 눌러 크기와 방향을 전체적인 구도와 맞게 조절합니다.

17 'Layers' 팔레트에서 `Ctrl`을 누른 상태에서 'Layer 2' 레이어를 선택해 선택 영역으로 활성화합니다.

18 단축키 `Shift`+`Ctrl`+`N`을 눌러 신규 레이어를 만들고 레이어 이름을 '그림자'로 입력합니다. **19** 검은색으로 채우고 단축키 `Ctrl`+`T`를 눌러 세로로 반듯하게 회전시킨 후 `Enter`를 눌러 트랜스폼 박스를 없앱니다.

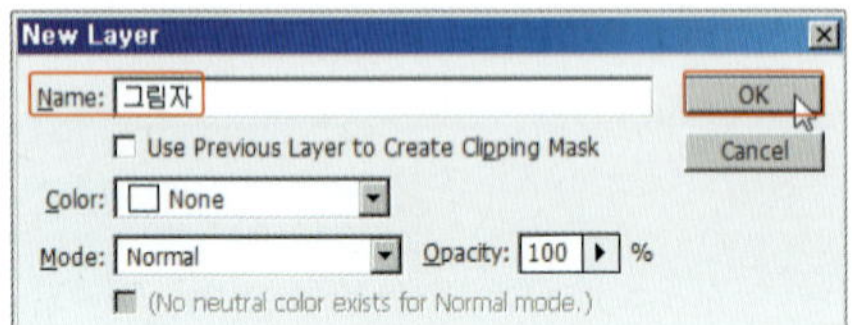

20 다시 단축키 `Ctrl`+`T`를 선택하고 'Flip Vertical' 하여 세로로 반전시킵니다. **21** 마우스 오른쪽 버튼을 클릭한 후 바로 가기 메뉴에서 'Disort'를 실행합니다.

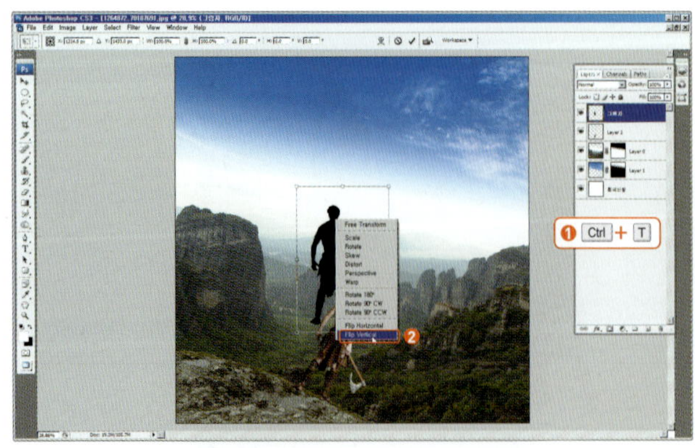

22 다음의 그림과 같이 사다리 형태로 만듭니다. **23** 사다리 형태로 만든 이미지를 사람의 발 밑에 위치시킨 후 Enter 를 누릅니다.

그룹 레이어와 블렌딩 모드로 수면 표현하기

레이어 팔레트에서 배경이 되는 레이어와 다른 오브젝트들의 레이어 그룹을 만들어 관리하고 블렌딩 모드를
활용해 수면에 잠긴 듯한 풍경을 표현합니다.

예제 파일 부록 CD\Theme03\Lesson14\바다.jpg

01 'Layers' 팔레트에서 '그림자' 레이어의 'Opacity'를 '60%'로 조절합니다. **02** [Ctrl] 을 누른 상태에서 '그림자' 레이어와
'Layer 2' 레이어를 선택하고 단축키 [Ctrl] + [G] 를 눌러 그룹 레이어로 만듭니다.

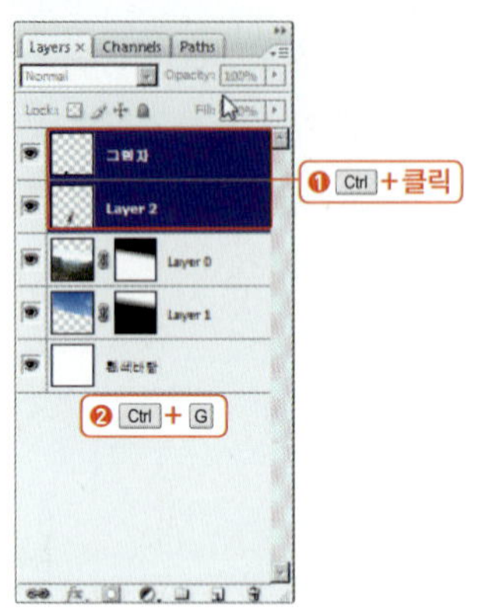

03 [Shift] 를 누른 상태에서 'Layer 0' 레이어부터 '흰색바탕' 레이어를 선택합니다. 그런 다음 단축키 [Ctrl] + [G] 를 눌러 그룹 레이
어로 만들고 그룹 레이어 이름을 '남자', '배경'으로 변경하세요. **04** '배경' 그룹 레이어의 확장 아이콘(펼침)을 켜고 'Layer 0' 레
이어를 선택합니다. 이 경우 사진에 'Green' 톤이 많아서 하늘색 색과 어울리지 않습니다.

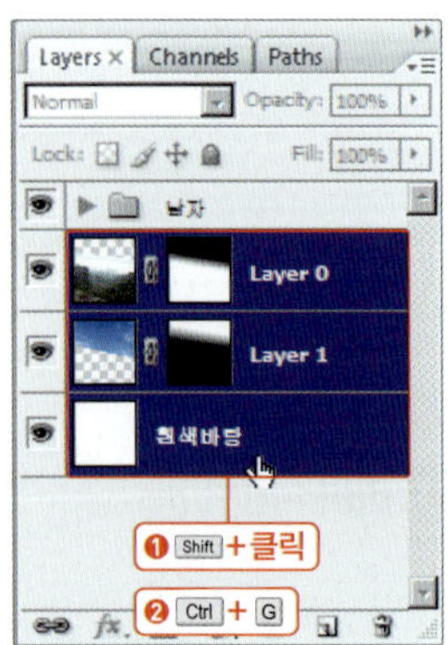

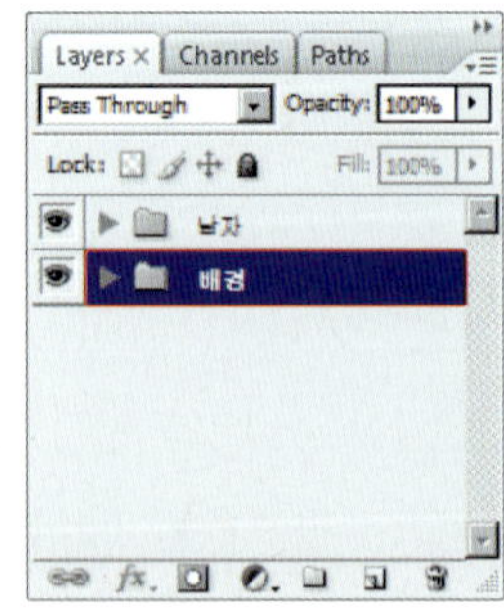

05 'Image' → 'Adjustment' → 'Auto Color' 메뉴를 선택합니다. **06** 바위 부분을 살펴보면 'Green' 톤이 감소되고 'Blue' 톤과 'Magenta' 톤으로 색이 바뀌었습니다. 'Layers' 팔레트에서 'Layer 1' 레이어를 선택하고 보정 레이어 아이콘(◑)을 클릭한 후 'Curves'를 선택하세요.

07 'Curves' 대화상자가 나타나면 다음의 그림과 같이 커브 곡선을 이동해 색을 보정합니다.

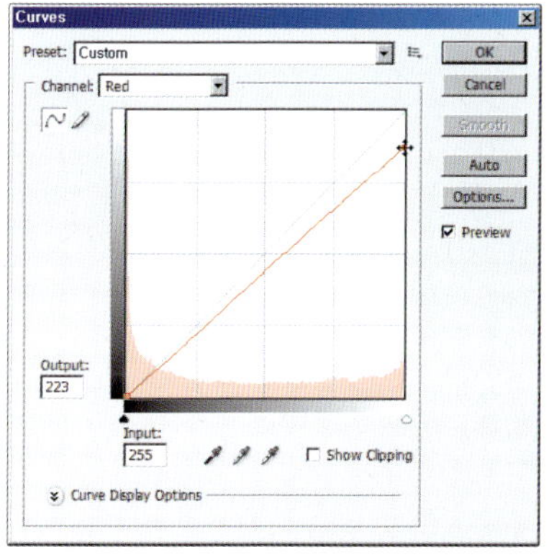
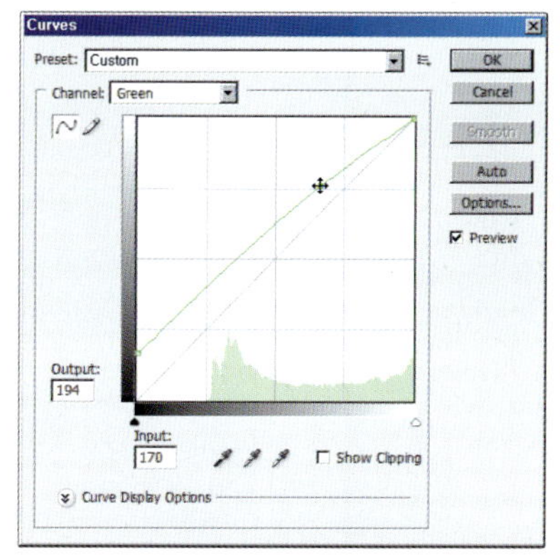
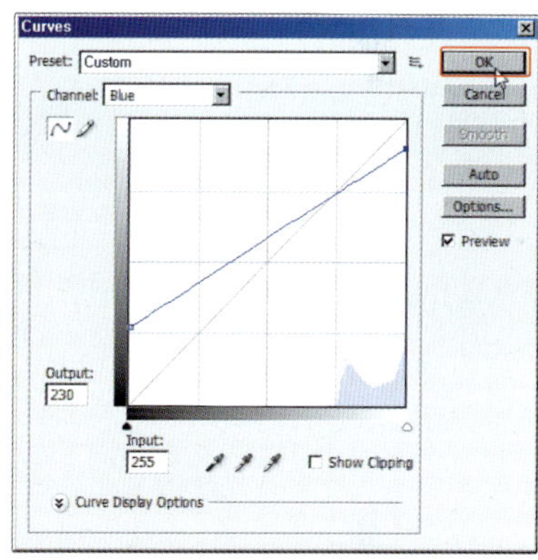

08 단축키 Alt + Ctrl + G 를 눌러 'Layer 1' 레이어에 클리핑합니다. 보정된 커브값은 하늘색 색에만 적용됩니다. **09** '바다. jpg' 파일을 불러오고 단축키 Ctrl + A , Ctrl + C , Ctrl + W 를 차례대로 눌러 작업 창에 이미지를 복사한 후 작업 창을 닫으세요.

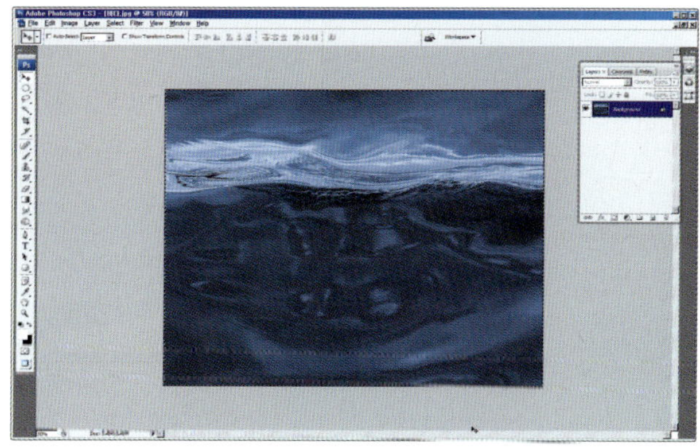

10 단축키 `Ctrl`+`V`를 눌러 붙여넣기하고 단축키 `Shift`+`Ctrl`+`U`를 눌러 흑백 변환한 후 블렌딩 모드를 'Lighten' 으로 변경합니다. **11** 단축키 `Ctrl`+`T`를 눌러 물결이 일렁이는 부분을 오른쪽 위에 배치합니다.

12 'Layers' 팔레트의 'Add Layer Mask' 아이콘(◯)을 클릭해서 마스크를 씌웁니다. **13** 툴바에서 브러시 툴(✏)을 선택하고 도큐먼트 창에서 마우스 오른쪽 버튼을 클릭한 후 'Soft Round' 를 '300pixel' 로 선택합니다.

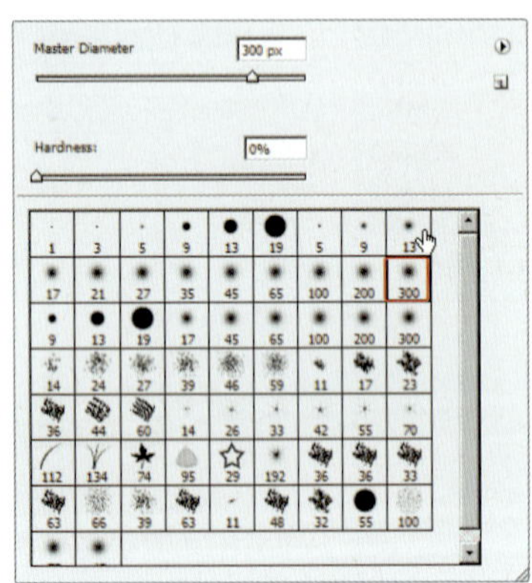

14 전경색을 검은색으로 지정하고 물결 이외에 나머지 부분을 문질러서 가립니다. **15** 단축키 `Shift`+`Ctrl`+`N`을 눌러 신규 레이어를 만듭니다. 그런 다음 레이어 이름을 '흰색' 으로 입력하고 전경색을 흰색으로 채우세요.

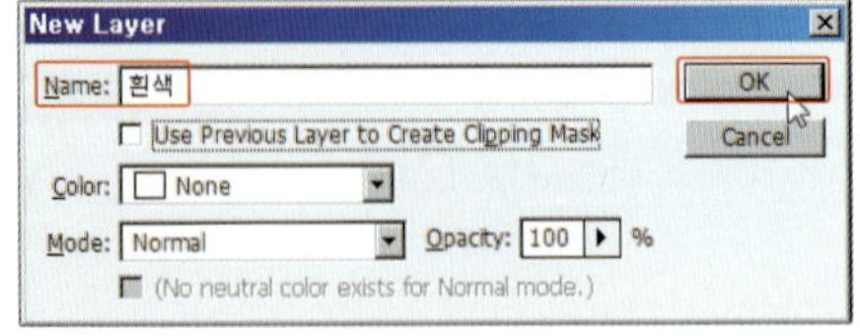

16 'Opacity'를 '15%'로 다운시키고 블레딩 모드를 'Screen'으로 변경하여 수중 세계의 뿌연 분위기를 연출합니다.

17 'Layers' 팔레트에서 'Add Layer Mask' 아이콘(　)을 클릭해 마스크를 씌웁니다.

18 전경색을 검은색으로 선택하고 옵션바의 'Opacity'를 '35%'로 지정합니다. **19** 빨간색으로 표시한 부분은 검은색으로 문질러서 뿌연 이미지를 없애고 근거리와 원거리(파란색 라인)에 따라 'Opacity'의 강약을 조절하여 오른쪽 그림에 보여지는 인물 주변부를 밝게 만듭니다.

20 전체 색을 보정하기 위해서 'Layers' 팔레트의 'Add Layer Mask' 아이콘(　)을 클릭한 후 'Curves'를 선택합니다.

21 'Curves' 대화상자가 나타나면 다음의 그림과 같이 커브 곡선을 지정합니다. 'Red' 톤과 'Green' 톤을 증가시키고 'Blue' 톤을 감소시켰습니다.

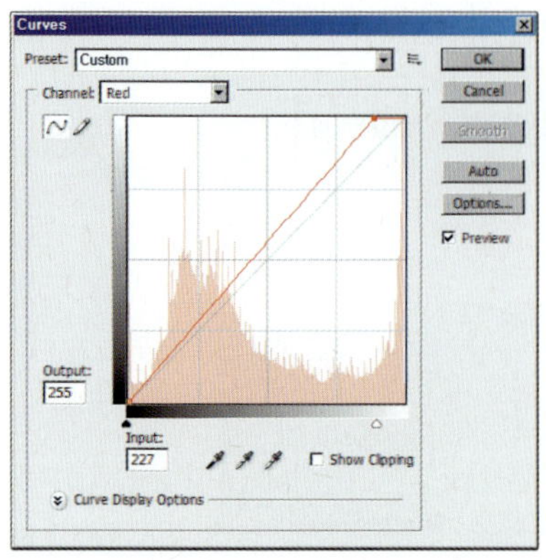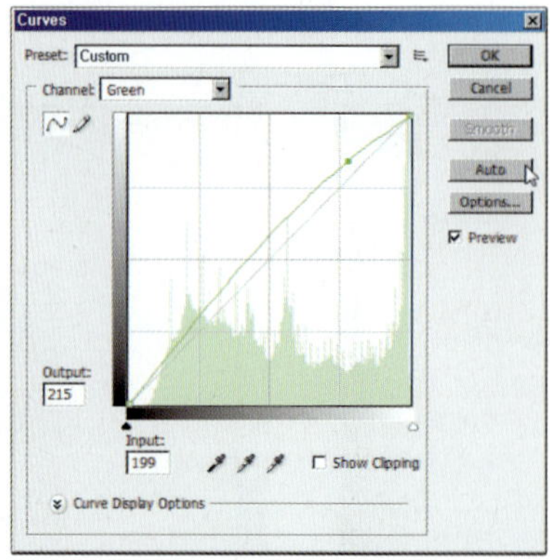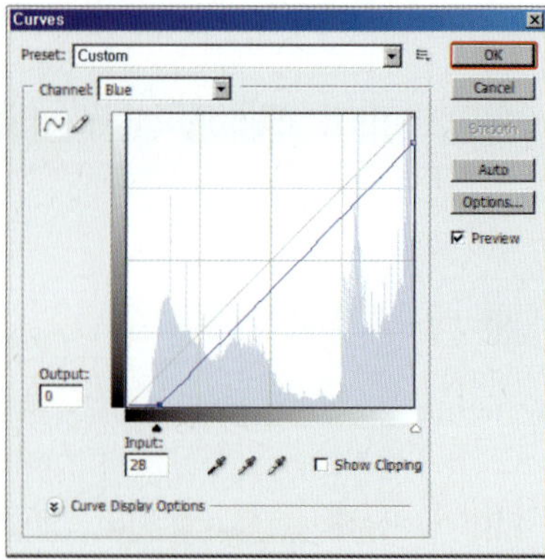

22 'Layers' 팔레트에서 보정 레이어 아이콘(●)을 클릭한 후 'Hue/Saturation'을 선택합니다. **23** 'Hue/Saturation' 대화 상자가 나타나면 다음의 그림과 같이 지정하여 채도 및 밝기를 감소시킵니다.

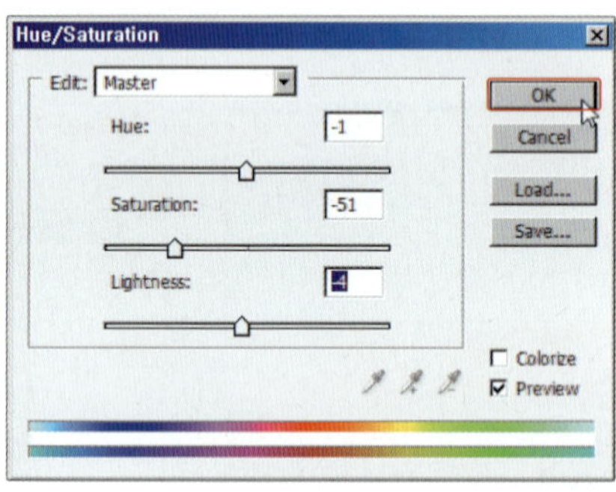

24 'Layers' 팔레트에서 보정 레이어 아이콘(●)을 클릭한 후 'Color Balance'를 선택합니다. **25** 'Color Balance' 대화상자가 나타나면 다음의 그림과 같이 조절합니다.

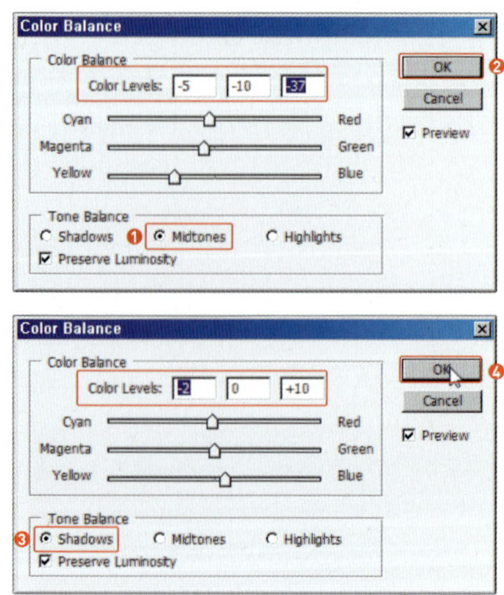

26 'Layers' 팔레트에서 보정 레이어 아이콘()을 클릭한 후 'Channel Mixer'를 선택합니다.

27 'Channel Mixer' 대화상자가 나타나면 다음의 그림과 같이 지정하고 'OK' 버튼을 클릭합니다.

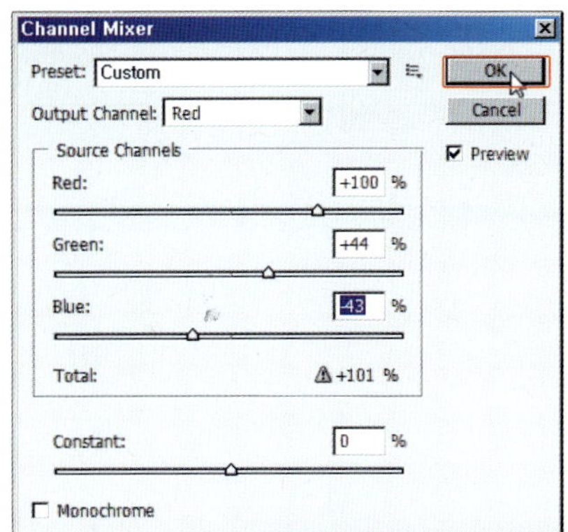

28 Shift 를 누른 상태에서 보정 레이어 목록을 선택합니다. **29** 단축키 Ctrl + G 를 눌러 그룹 레이어로 만들고 그룹 레이어 이름을 '단축키레이어'로 변경하세요.

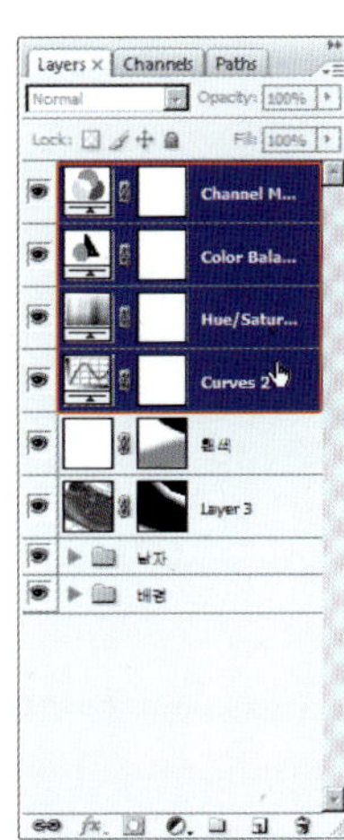

둥둥 떠다니는 바위섬 만들기

영화 '아바타'에서 할렐루야를 구성하는 바위섬을 볼 수 있는데, 비슷한 느낌을 표현해 보겠습니다.

예제 파일 부록 CD\Theme03\Lesson14\바위성.jpg

01 부록 CD에서 '바위성.jpg' 파일을 불러온 후 크롭 툴(□)로 필요한 부분만 잘라냅니다.

02 'Channels' 팔레트에서 'Blue' 채널을 'Create New Channel' 아이콘(□)으로 드래그해 복사합니다.

03 단축키 Ctrl + M 을 눌러 'Curves' 대화상자를 나타내고 다음의 그림과 같이 커브 곡선을 이동해 콘트라스트차를 높입니다.

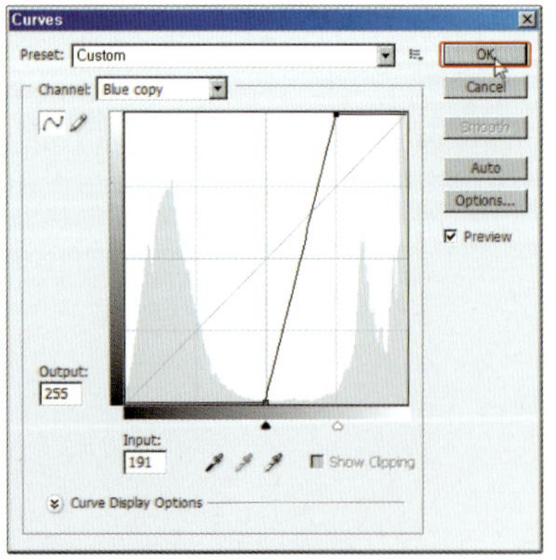

04 툴바에서 라쏘 툴(□)을 선택하고 이미지의 안쪽으로 흰색이 남아있는 부분을 선택하여 검은색으로 채웁니다.

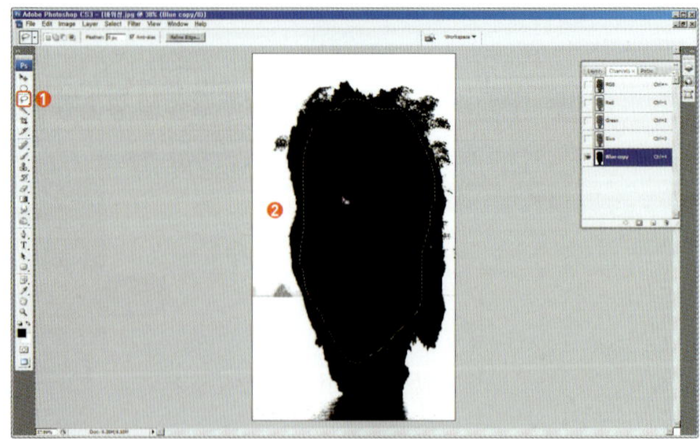

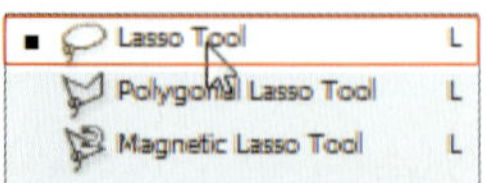

05 'Layers' 팔레트에서 'Load Channel as Selection' 아이콘(◯)을 클릭해 하이라이트 영역을 선택합니다. **06** 'Layers' 팔레트로 되돌아온 후 'Select' → 'Inverse' 메뉴(Shift + Ctrl + I)를 선택하여 선택 영역을 반전시킵니다.

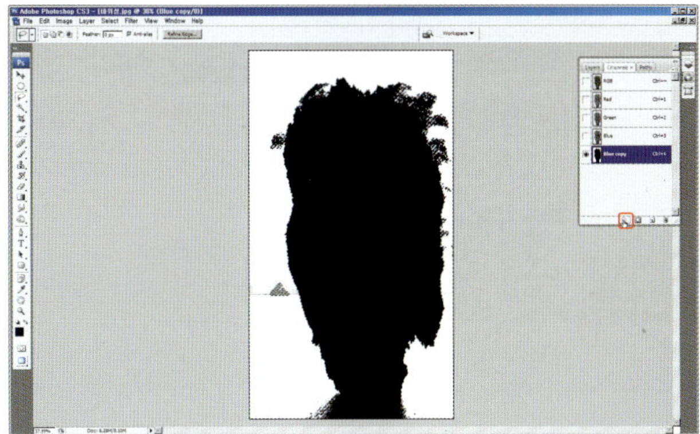

07 단축키 Ctrl + J를 눌러 선택 영역을 복사합니다. 그런 다음 단축키 Ctrl + A, Ctrl + C, Ctrl + W를 차례대로 눌러 작업 창에 이미지를 복사한 후 작업 창을 닫으세요. **08** 단축키 Ctrl + V를 눌러 붙여넣기하고 라쏘 툴(◯)을 이용해 불필요한 부분을 지웁니다.

09 'Image' → 'Adjustment' → 'Auto Color' 메뉴를 선택합니다. **10** 'Layers' 팔레트에서 'Layer 4' 레이어를 '색보정레이어' 레이어의 아래쪽으로 위치시킵니다.

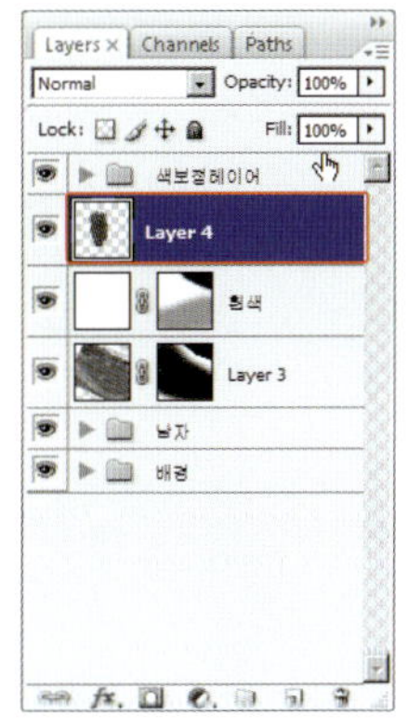

11 단축키 `Ctrl`+`T`를 눌러 크기 및 위치를 조절하고 다음의 그림과 같이 회전합니다. **12** 단축키 `Ctrl`+`L`을 눌러 'Levels' 대화상자를 나타내고 'Output Levels'에서 'Shadow' 영역의 슬라이드바를 오른쪽으로 드래그해 톤을 흐리게 조절합니다.

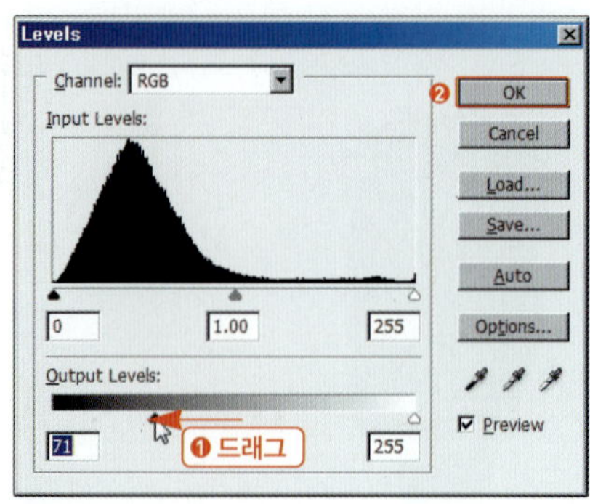

13 'Layers' 팔레트에서 'Layer 4' 레이어를 선택하고 단축키 `Ctrl`+`J`를 두 번 눌러 두 개의 레이어를 복사합니다. 그런 다음 단축키 `Ctrl`+`T`를 눌러 크기를 조절하고 원근감을 표현하세요. **14** `Shift`를 누른 상태에서 'Layer 4' 레이어부터 'Layer 4 copy 2' 레이어를 선택하고 단축키 `Ctrl`+`G`를 눌러 그룹 레이어 '돌'이라고 입력합니다.

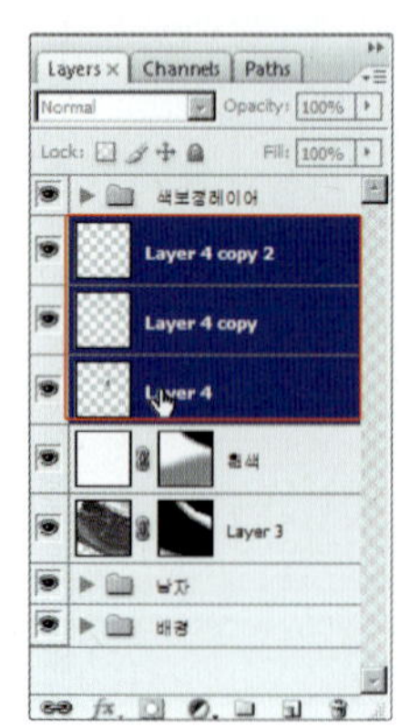
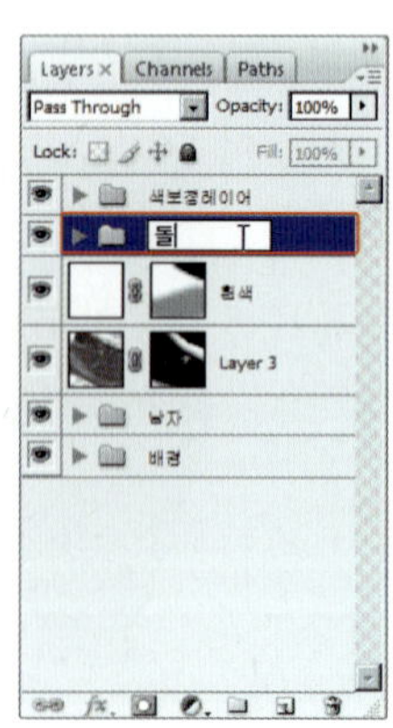

구성 요소 추가하고 작업 완성하기

수면에 금붕어를 합성하고 거북이를 합성해 넣어 수중세계를 표현해 보겠습니다.

예제 파일 부록 CD\Theme03\Lesson14\물고기.jpg, 독수리.psd, 물방울.psd, 거북.psd

01 'Layers' 팔레트에서 '돌' 그룹 레이어의 'Opacity'를 '72%'로 다운시키고 멀리 희미하게 보이는 느낌의 원근감을 표현합니다. **02** 부록 CD에서 '물고기.jpg' 파일을 불러오고 툴바에서 마술봉 툴(🪄)을 선택한 후 흰색 배경을 클릭합니다. 그런 다음 'Select' → 'Inverse' 메뉴(Shift + Ctrl + I)를 선택해서 선택 영역을 반전시키세요.

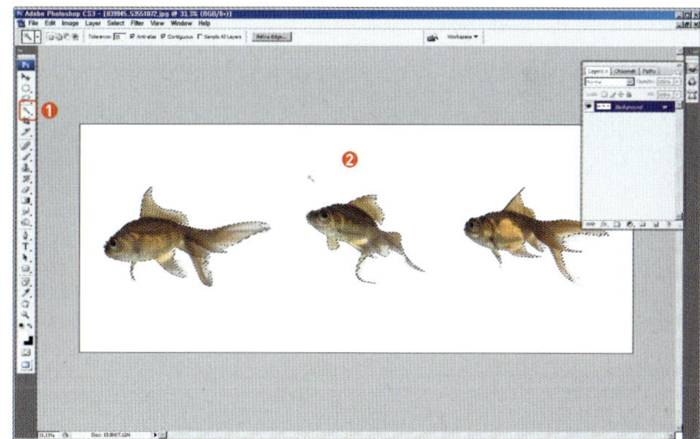

03 'Select' → 'Refine Edge' 메뉴(Alt + Ctrl + R)를 선택하여 'Refine Edge' 대화상자를 나타내고 다음의 그림과 같이 지정한 후 'OK' 버튼을 클릭합니다. **04** 단축키 Ctrl + C, Ctrl + W를 차례대로 눌러 복사한 후 작업 창을 닫습니다. 그런 다음 단축키 Ctrl + V를 눌러 붙여넣기하고 단축키 Ctrl + T를 눌러 오른쪽 위에 있는 물결 부분의 아래쪽으로 이동하세요.

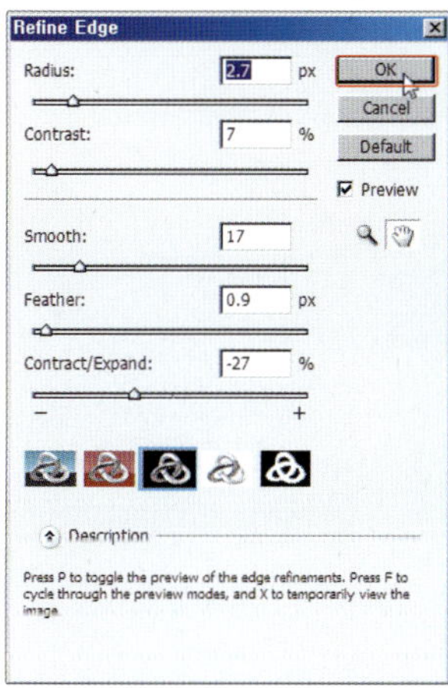

05 툴바에서 라쏘 툴(🅿)을 선택합니다. **06** 라쏘 툴(🅿)로 맨 앞에 있는 금붕어를 선택하고 단축키 Ctrl + T 를 눌러 수면 위로 튀어오르는 느낌을 표현합니다.

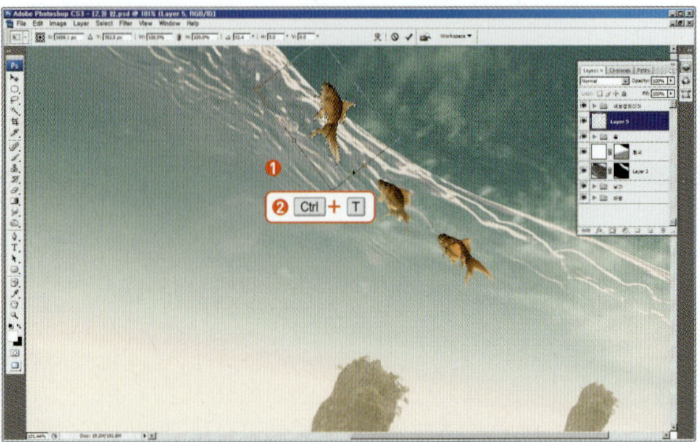

07 부록 CD에서 '독수리.psd' 파일을 불러옵니다. **08** F 를 눌러 화면을 전환하고 이동 툴(🔾)을 이용해 현재 작업 창으로 드래그합니다.

09 단축키 Ctrl + T 를 선택해 다음의 그림과 같이 크기를 조절합니다.

10 부록 CD에서 '거북.psd' 파일을 불러오고 단축키 Ctrl + A , Ctrl + C , Ctrl + W 를 차례대로 눌러 작업 창에 이미지를 복사한 후 작업 창을 닫으세요. **11** 단축키 Ctrl + V 를 눌러 붙여넣기하고 단축키 Ctrl + T 를 눌러 다음의 그림과 같이 위치를 조절합니다. 그런 다음 단축키 Ctrl + L 을 눌러 톤을 조절하거나 'Opacity'를 다운시켜서 원근감을 표현할 수 있습니다.

12 부록 CD에서 '물방울.psd' 파일을 불러온 후 F 를 눌러 화면을 전환하고 이동 툴( )을 이용해 현재 작업 창으로 드래그합니다. **13** 앞의 과정에서 작업했던 금붕어가 튀어오르는 장면을 만들었기 때문에 수중에 튀는 물방울을 표현해야 합니다. 'Layers' 팔레트에서 'Layer 10' 레이어를 선택하고 단축키 Ctrl + T 를 눌러 크기와 위치를 조절하세요.

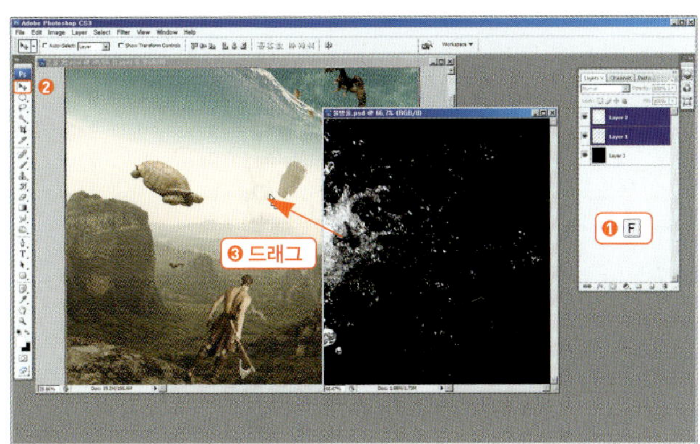

14 'Layers' 팔레트에서 'Layer 9' 레이어를 선택하고 단축키 Ctrl + T 를 눌러 크기와 위치를 조절하여 수중에서 움직일 때 생기는 기포를 표현합니다.

15 단축키 Ctrl + J 를 눌러 'Layer 9' 레이어를 복사한 후 인물 이미지의 주변에 배치합니다. **16** 독특한 수중 세계의 느낌을 표현했습니다.

판타지 영화에 자주 등장하는 거대한 석상이나 나무 색 등을 작업에 응용해 보았습니다. 눈으로 본 것을 이미지화하는 쉽지 않지만, 작업자가 화면 속에 이야기를 하나 둘 넣다 보면 쉽게 완성할 수 있습니다. 다만 컬러 밸런스와 빛, 구도와 같은 기술적인 부분은 일반 생활에서 촬영한 사진들을 많이 보고 자주 따라하는 과정을 거치다 보면 자연스럽게 익혀지는데, 이러한 과정은 시간이 좀 필요합니다. 모두 포토샵에서 다양한 기능을 알고 있지만 서로 다른 명암과 컬러의 속성을 가진 사진들을 합성할 경우에는 어려움에 부딪힙니다. 합성했는데 빛의 방향이 안 맞거나 구도나 원근이 이상하게 표현되어 이리저리 돌려봐도 구성이 안 되는 경우가 있는데, 이때는 가장 먼저 좋은 소스를 갖고 있어야 합니다.

우선 합성하면서 사진을 고를 때 좋은 사진을 선택하려면 해상도가 비슷한 사진을 사용해야 합니다. 웹에 올라오는 작업물 중에는 배경과 인물의 픽셀 차이가 너무 심해서 직업이 이색한 경우가 많습니다.

두 번째는 빛의 방향이 일관성 있는 사진을 고르면 빛의 빙향을 반대로 바꾸는 과정이 필요 없어서 작업이 쉬워집니다. 그리고 밝게 하이라이트가 날아간 사진보다 차라리 어두운 사신이 보정하기기 쉽습니다. 하이라이트가 날아간 사진은 아무리 톤 다운을 해도 실사의 느낌을 찾기 어렵지만, 이둡게 찍힌 사진은 'Curves' 나 'Shadow/Highlight' 명령으로 밝게 보정할 수 있습니다 마지막으로 주제를 표현할 수 있는 목적을 기진 사진을 골라야 합니다. 합성 작업을 할 때 불필요한 이미지를 여기저기 분산시킨다고 해서 좋은 작업이 될 수 없습니다. 그러므로 두 개의 사진만 합성해도 수세를 표현할 수 있는 이미지를 사용하세요.

beat 舞
sansa

Photoshop Artworks Secret

프린트 디자인을 위한
합성 및 보정

디자인에서 가장 중요시 해야 하는 부분은 전달하고자 하는 의미를 간결하고 명확하게 표현하여 전달하는 것인데요. 배경이 되는 요소와 인물과 컬러의 조화, 배치, 색상의 포인트, 글자 편집만을 고려한 공간의 구성 등 중요한 요소들이 많습니다. 이번 테마를 통해 포스터 형태의 디자인 작업에서의 공간 구성과 색감의 표현 등에 내해 배워봅니다.

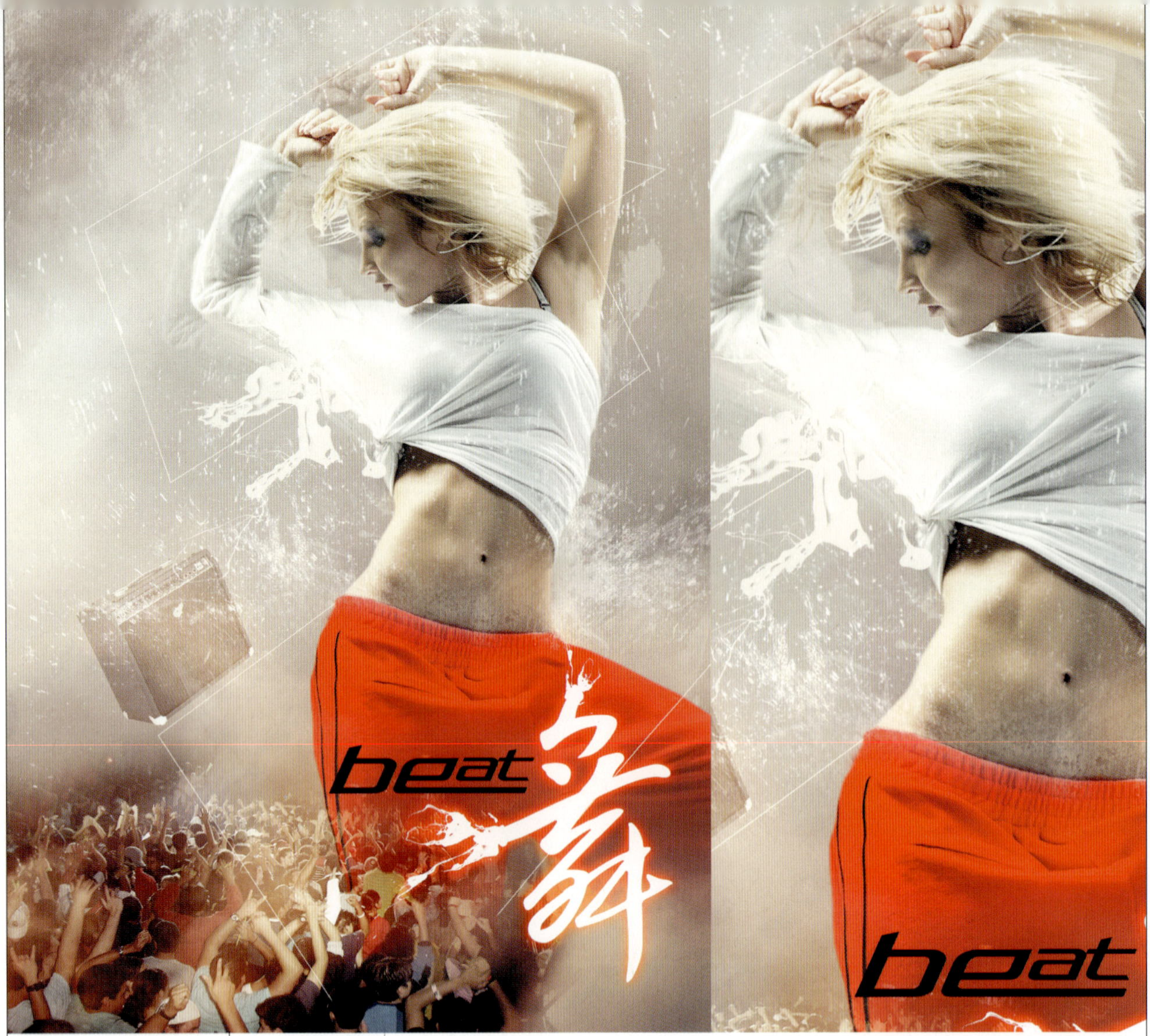

Lesson

01

결과 파일 부록 CD\Theme04\Lesson01\Beat포스터.psd

Beat

필자는 주로 공연이나 행사 등에 관련된 일을 많이 하는데, 처음 기획안을 받고 가장 먼저 시작하는 일이 세 종류의 컨셉시안 포스터였습니다. 이 경우 클라이언트가 요구한 내용에 충실한 작업 A컷과 정보 수집을 통한 디자이너 개인의 생각이 담긴 B컷, A와 B를 믹스시킨 C컷을 제출해야 했습니다. 필자의 경험상 비트감이 강한 음악이나 댄싱 페스티벌의 경우 역동감이 느껴지는 시안이 많이 채택되고 있습니다. 이번에는 컬러의 배색과 Splash 효과를 이용해 단조로운 움직임을 변화시키는 과정에 대해 소개할 것입니다. 보정과 합성이 병행되므로 실무에서 작업하는 사용자에게 좋은 예가 될 것입니다.

Step 01

Step 02

Step 03

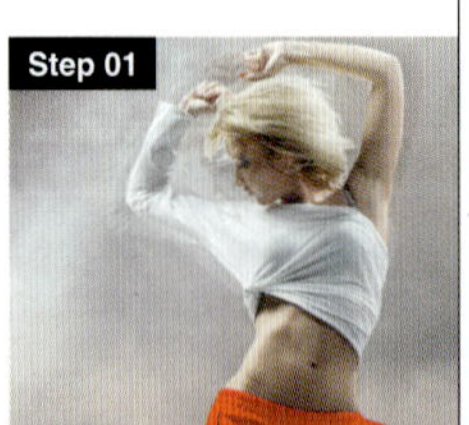

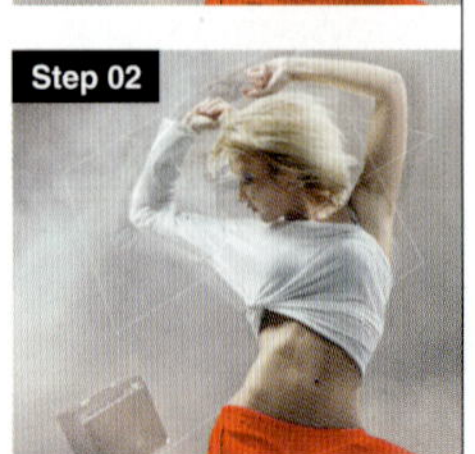

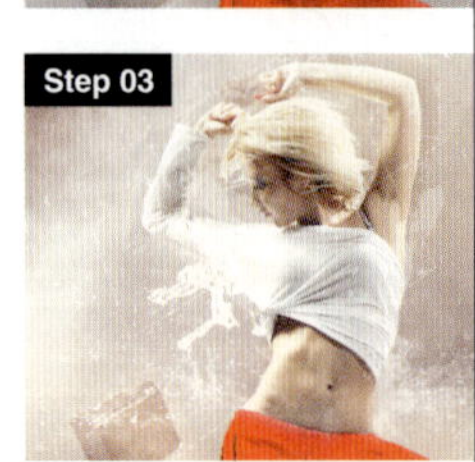

배경에 맞는 인물 톤 조절하고 부분 컬러 교체하기

인물과 배경의 컬러 밸런스를 맞추고 특징 없는 옷의 색상을 변경해 보겠습니다.

예제 파일 부록 CD\Theme04\Lesson01\BG.psd

01 부록 CD에서 'BG.psd' 파일을 불러옵니다. 그런 다음 단축키 `Ctrl`+`J`를 눌러 'Layers' 팔레트에서 'Layer 1' 레이어를 복사하고 인물 이미지를 밝게 하기 위해 단축키 `Ctrl`+`M`을 누릅니다. **02** 'Curves' 대화상자가 열리면 다음의 그림과 같이 커브 곡선을 이동해 인물 이미지를 밝게 보정하세요.

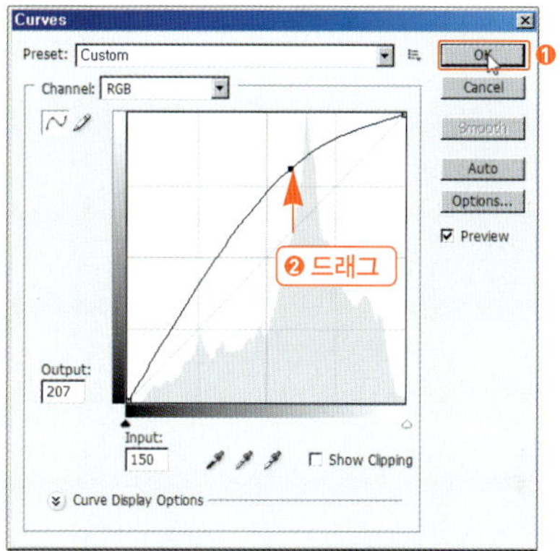

03 `Alt`를 누른 상태에서 'Add Layer Mask' 아이콘(◉)을 클릭한 후 'Hide All' 상태로 만듭니다. **04** 단축키 `Ctrl`+`J`를 눌러 'Layers' 팔레트에서 'Layer 0' 레이어를 복사하고 'Layer 0 copy' 레이어를 'Layer 1' 레이어의 위로 이동합니다.

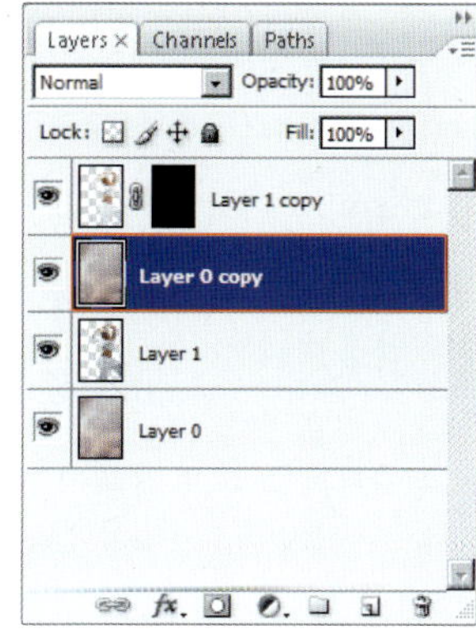

05 Alt 를 누른 상태에서 'Layers' 팔레트에서 'Layer 1' 레이어와 'Layer 0 copy' 레이어를 선택하여 'Create Clipping Mask' 상태로 만듭니다. **06** 'Layers' 팔레트에서 블렌딩 모드를 'Overlay'로 변경해 인물에 배경색을 입힙니다.

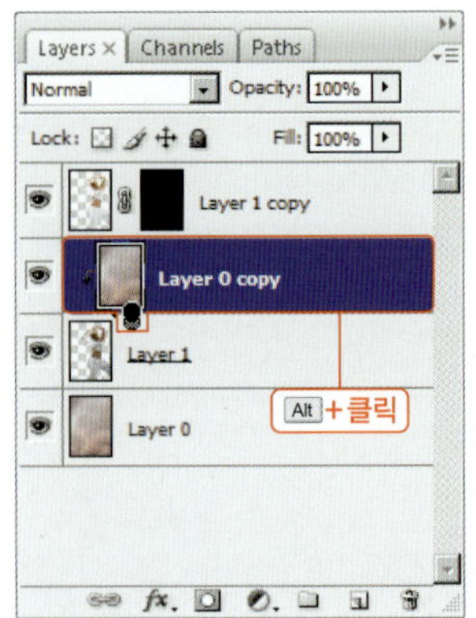

07 'Layer 0 copy' 레이어를 선택하고 Alt 를 누른 상태에서 'Add Layer Mask' 아이콘( )을 클릭해 'Hide All' 상태로 만듭니다. 그런 다음 툴바에서 브러시 툴( )을 선택합니다. **08** 전경색을 흰색으로 지정하고 옵션바에서 브러시의 'Soft Round'는 '200pixel', 'Opacity'는 '75%'로 지정합니다. 그런 다음 인물의 중앙 부위를 제외한 테두리 부분을 문질러서 사진을 촬영했을 때 사물의 테두리에 보이는 옅은 배경색을 입히세요.

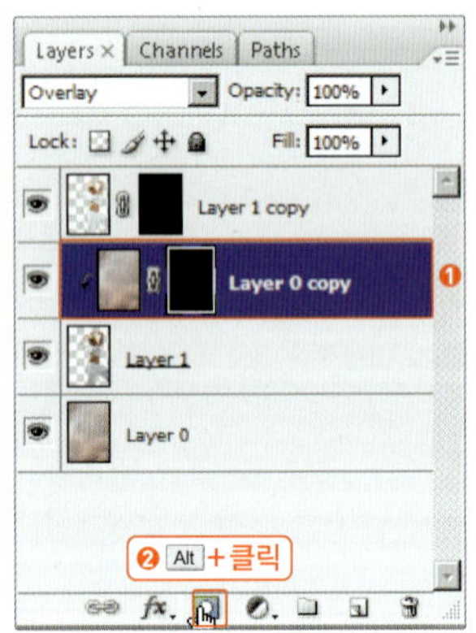

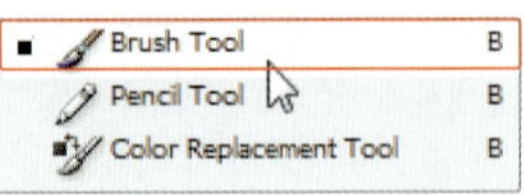

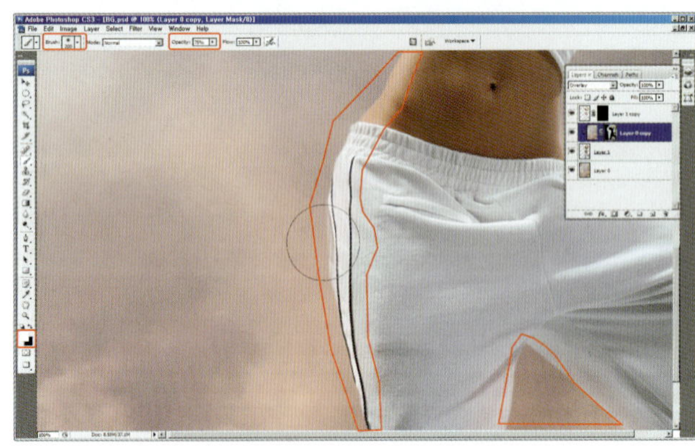

09 Ctrl 을 누른 상태에서 'Layer 1 copy' 레이어를 선택해 선택 영역으로 활성화하고 'Layer 1 copy' 레이어의 마스크 창을 클릭합니다. 그런 다음 전경색을 흰색으로 지정하고 인물의 피부톤을 문지르면 문지르는 부분이 점점 밝아집니다.

10 Ctrl 을 누른 상태에서 'Layer 1' 레이어를 선택해 선택 영역으로 활성화합니다. 그런 다음 단축키 Shift + Ctrl + N 을 눌러 신규 레이어를 만들고 레이어 이름을 '레드컬러'로 지정하세요. **11** '레드컬러' 레이어의 블렌딩 모드를 'Multiply'로 변경합니다.

12 전경색을 '#ff0000'으로 지정하고 활성화된 선택 영역에서 단축키 Alt + Delete 를 눌러 채웁니다. **13** 툴바에서 지우개 툴(🖌)을 선택하여 바지 부분을 제외한 나머지 부분을 지웁니다. 바지가 흰색이므로 전체적인 배색에서 크게 눈에 띄는 부분이 없어 컬러를 변경한 것입니다.

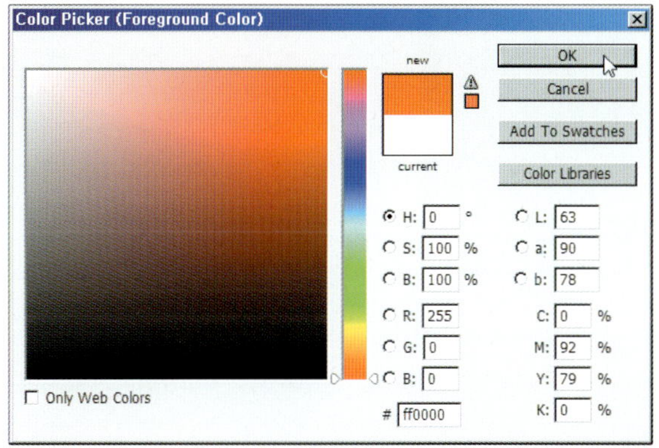

인물이 움직이는 느낌 연출하기

인물 이미지를 복사하고 'Opacity'를 활용해 움직이는 듯한 느낌을 표현해 보겠습니다.

예제 파일 부록 CD\Theme04\Lesson01\fe.jpg

01 'Layers' 팔레트에서 'Layer 1' 레이어를 선택하고 단축키 Ctrl + J 를 눌러 복사한 후 'Layer 1 copy 2' 레이어를 만듭니다. **02** 단축키 Ctrl + T 를 눌러 'Layer 1' 레이어를 왼쪽으로 회전시키세요.

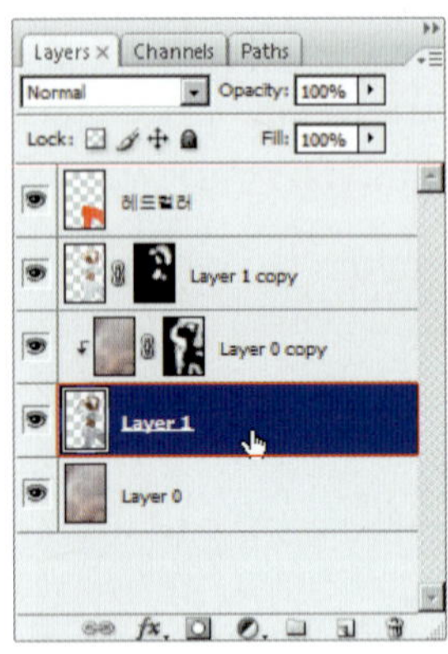

03 'Layers' 팔레트에서 'Opacity'를 '22%'로 조절하여 흔들리는 듯한 느낌을 표현합니다. **04** 'Layer 1' 레이어를 단축키 Ctrl + J 를 눌러 복사하고 단축키 Ctrl + T 를 눌러 오른쪽으로 회전시킵니다.

05 툴바에서 지우개 툴(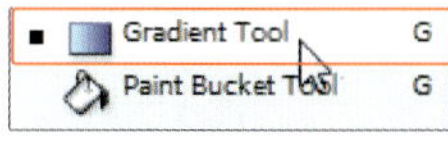)을 선택하고 'Layer 1' 레이어와 'Layer 1 copy 3' 레이어의 팔 부분을 제외한 바지쪽 부분을 지웁니다. **06** Shift 를 누른 상태에서 'Layer 0' 레이어부터 '레드컬러' 레이어를 선택합니다. 그런 다음 단축키 Ctrl + G 를 눌러 그룹 레이어 상태로 만들고 그룹 레이어 이름을 '인물' 로 지정하세요.

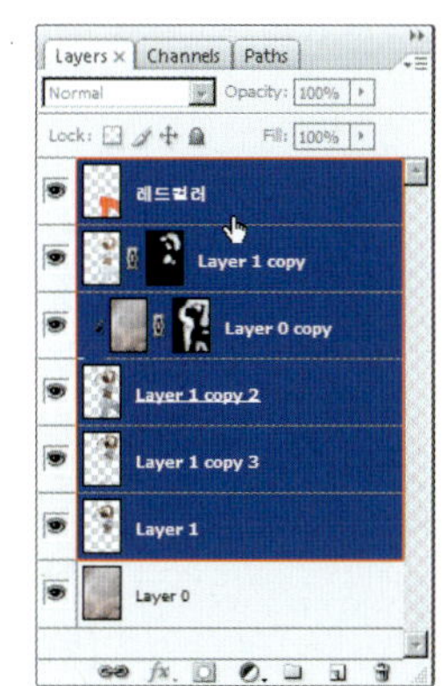
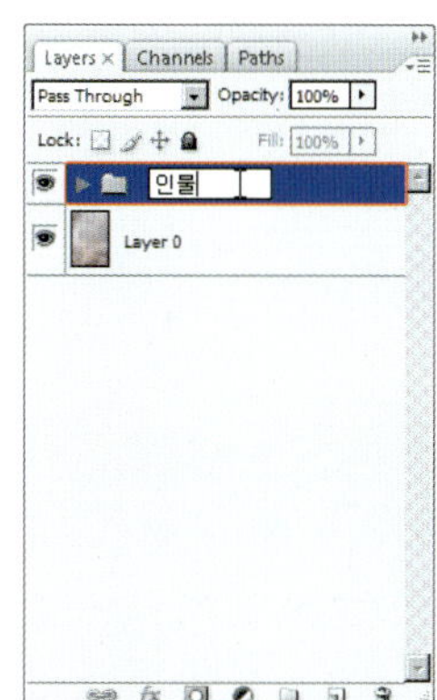

07 'Layers' 팔레트에서 '인물' 레이어를 선택하고 'Add Layer Mask' 아이콘(◻)을 클릭한 후 'Reveal All' 상태로 만듭니다.
08 툴바에서 그레이디언트 툴을 선택하고 옵션바에서 'Gradient Editor' 대화상자를 연 후 'Black, White' 타입을 선택합니다.

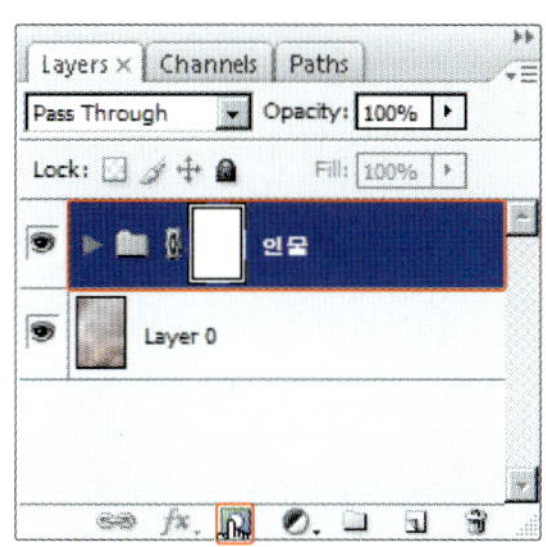
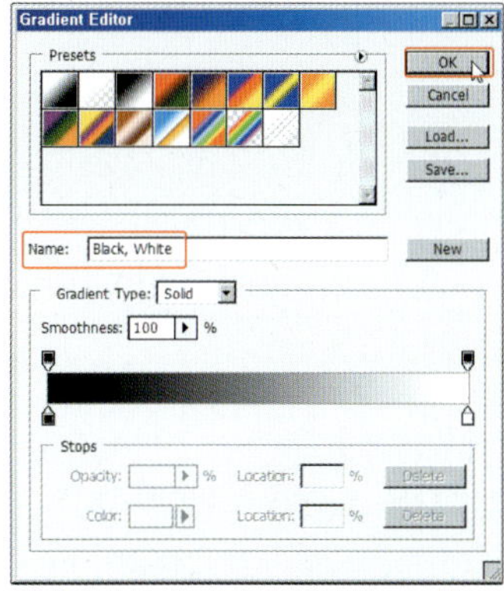

09 다음의 그림과 같이 아래쪽에서 위쪽으로 드래그해 바지의 아랫부분을 자연스럽게 날립니다. **10** 부록 CD에서 'fe.jpg' 파일을 불러옵니다. 그런 다음 단축키 Ctrl + A , Ctrl + C , Ctrl + W , Ctrl + V 를 차례대로 눌러 작업 창에 이미지를 붙여놓고 단축키 Ctrl + T 를 누르세요.

11 작업 창에서 마우스 오른쪽 버튼을 클릭한 후 브러시 목록에서 'Soft Round'를 '100pixel'로 선택합니다. **12** 전경색을 검은색으로 지정합니다. 그런 다음 옵션바의 'Opacity'를 '40~70%' 사이로 조절하면서 빨간색으로 표시된 부분을 문질러 배경과 자연스럽게 섞이게 만드세요.

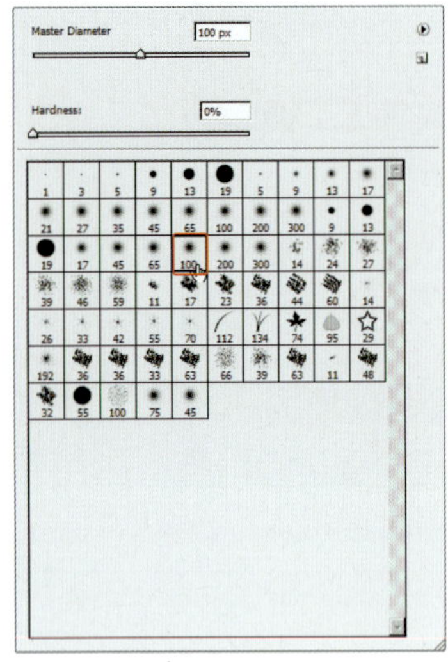

라인을 추가해 동적인 느낌 연출하기

인물에 감싸는 라인을 추가해 역동적인 화면을 구성해 보겠습니다.

예제 파일 부록 CD\Theme04\Lesson01\스피커.psd

01 단축키 Shift + Ctrl + N 을 눌러 신규 레이어를 만들고 레이어 이름을 '라인' 으로 지정한 후 툴바에서 연필 툴( )을 선택합니다.

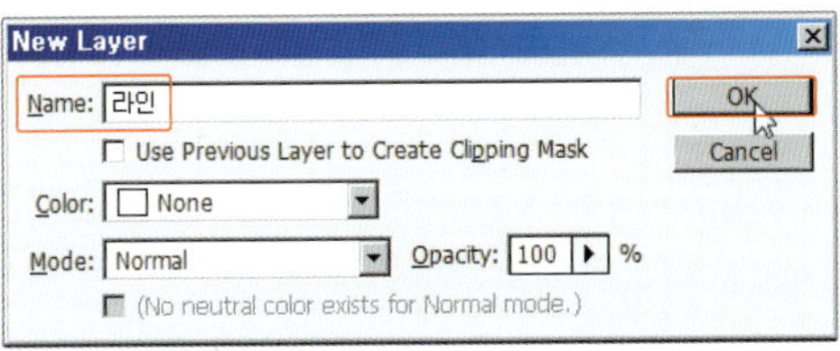

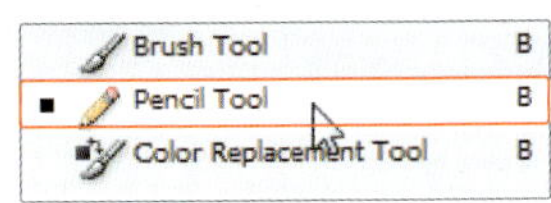

02 'Color Picker' 대화상자가 나타나면 전경색을 흰색으로 지정합니다. **03** 작업 창에서 마우스 오른쪽 버튼을 클릭한 후 '3pixel' 을 선택합니다.

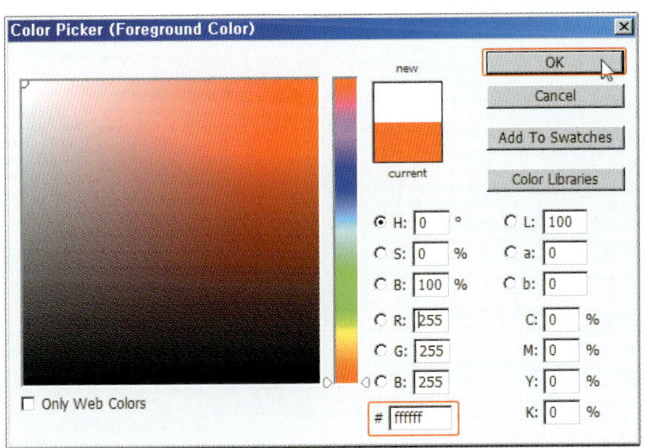

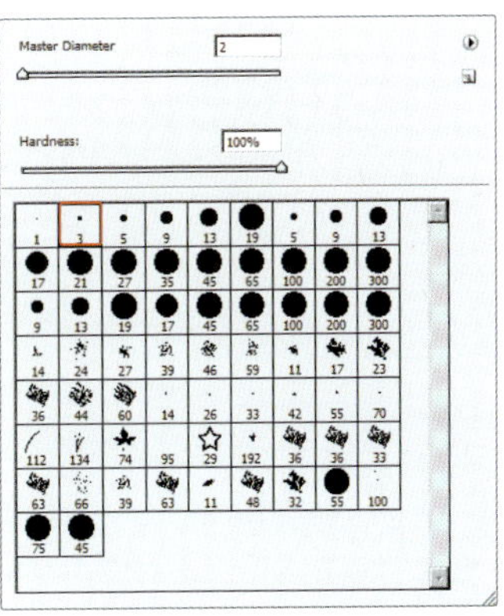

04 Shift 를 누른 상태에서 한 점을 찍고 클릭하면서 오른쪽 그림과 같이 인물을 감싸는 듯한 느낌으로 만듭니다.

05 'Layers' 팔레트에서 'Add Layer Mask' 아이콘(◉)을 클릭해서 '라인' 레이어에 마스크를 씌웁니다. **06** Ctrl 을 누른 상태에서 'Layer 1 copy' 레이어를 선택해 선택 영역으로 활성화합니다. 그런 다음 툴바에서 브러시 툴(✎)을 선택합니다.

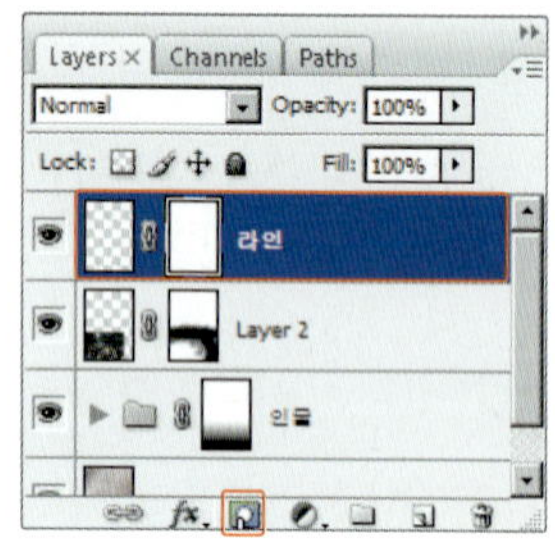

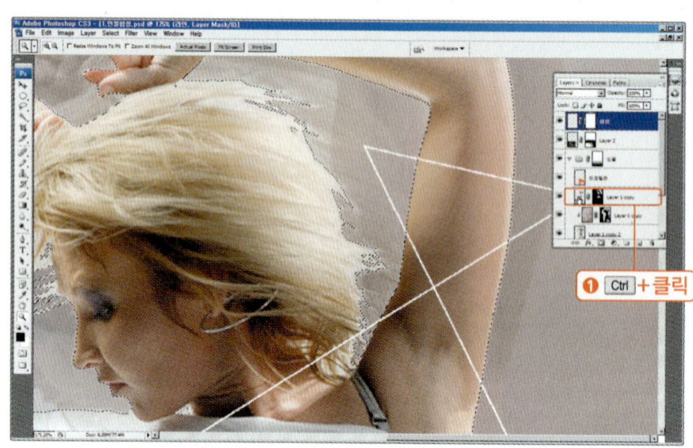

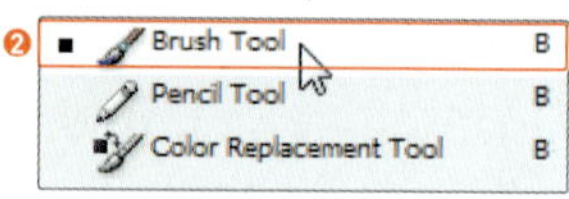

07 전경색을 검은색으로 선택하고 '라인' 레이어의 마스크 창을 선택해서 다음의 그림과 같이 라인이 인물에 겹치는 부분을 문지릅니다. **08** 라인이 인체를 감싸고 도는 듯한 느낌이 됩니다.

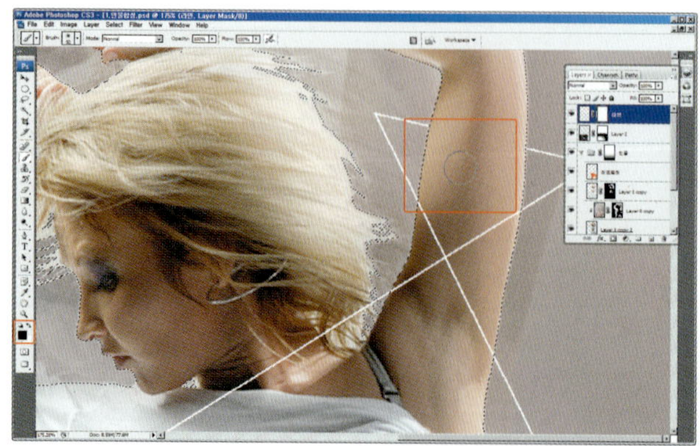

09 'Layers' 팔레트에서 'Opacity'를 '50%'로 조절해서 라인의 색상이 인물보다 튀지 않게 조절하거나 블렌딩 옵션을 'Overlay'나 'Screen'으로 사용합니다. **10** 부록 CD에서 '스피커.psd' 파일을 불러옵니다. 그런 다음 단축키 Ctrl + A , Ctrl + C , Ctrl + W 를 차례대로 눌러 작업 창에 이미지를 복사한 후 작업 창을 닫으세요.

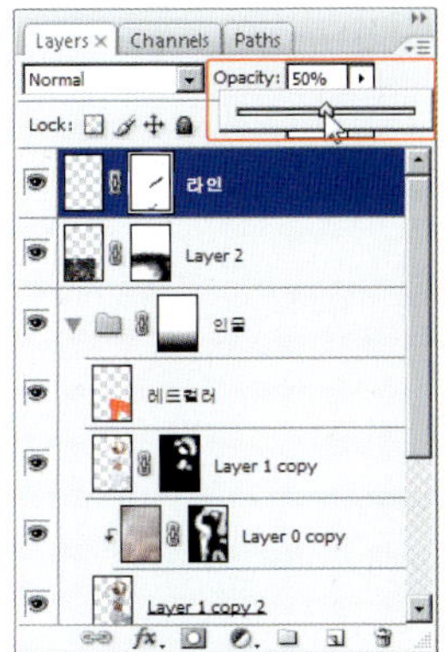

11 단축키 Ctrl + V 를 눌러 작업 창에 이미지를 붙여넣기합니다. 그런 다음 단축키 Ctrl + T 를 눌러 라인과 비슷한 각도로 회전하세요. **12** 'Layers' 팔레트에서 블렌딩 모드를 'Overlay'로 변경해 배경 속에 묻힌 것처럼 표현하여 이미지보다 눈에 띄지 않게 합니다. 이때 스피커는 느낌을 표현하기 위한 부수적인 소스일 뿐 중심인 이미지를 가리면 안 됩니다.

스플래시 효과 연출하기

브러시를 이용해 Splatter 느낌을 표현하고 Splash 이미지를 추가하여 역동적인 화면을 구성해 보겠습니다.

예제 파일 부록 CD\Theme04\Lesson01\스플래시.psd **결과 파일** 부록 CD\Theme04\Lesson01\스플래시합성.psd

01 단축키 Shift + Ctrl + N 을 눌러 신규 레이어 '스플래쉬' 를 만듭니다. **02** 브러시를 추가하기 위해 브러시 툴( )을 클릭하고 옵션바에서 브러시 항목을 클릭한 후 'Load Brushes' 를 선택합니다.

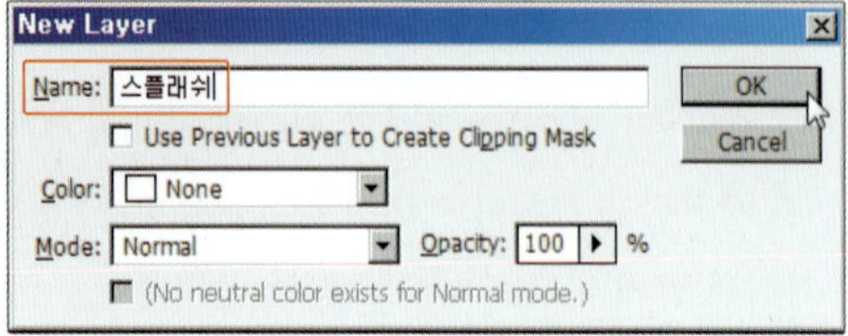

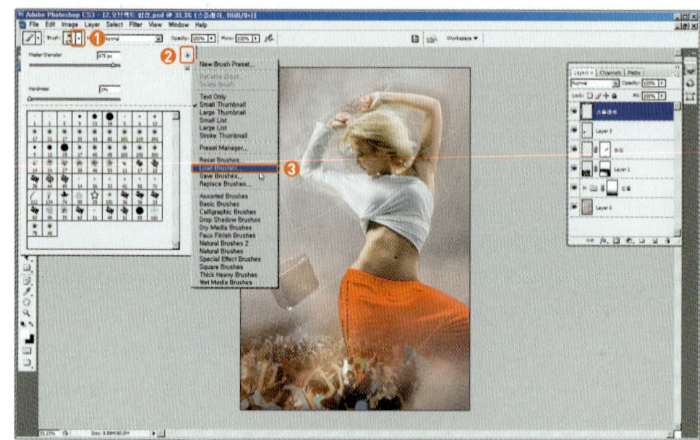

03 'Load' 대화상자가 나타나면 저장된 브러시 목록에서 'Blood Splatter.abr' 을 선택하고 'Load' 버튼을 클릭합니다.

04 도큐먼트 창에서 마우스 오른쪽 버튼을 클릭한 후 브러시 목록에서 '675pixel' 을 선택합니다.

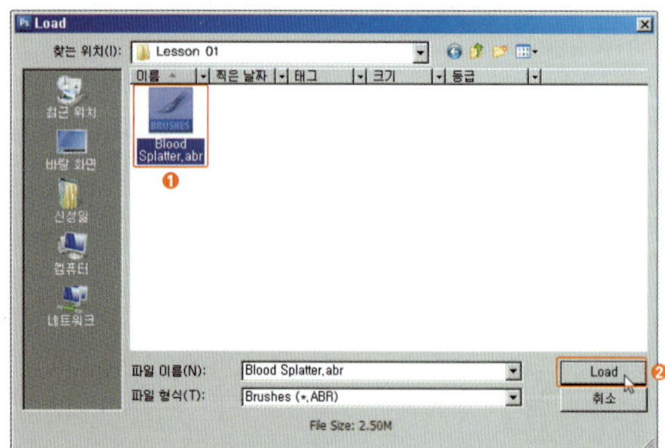

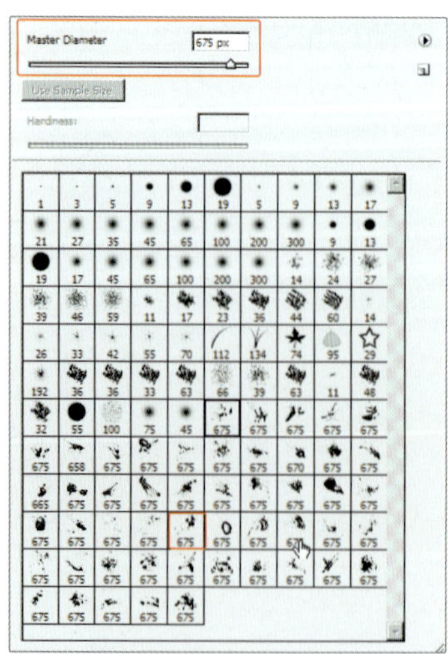

05 돋보기 툴(🔍)로 이미지를 확대하고 스포이드 툴(✐)로 옷의 가장자리 컬러를 선택합니다. **06** '675pixel' 브러시를 이용해 도큐먼트 창을 클릭합니다. 만든 스플래터 느낌의 이미지에서 단축키 Ctrl + T 를 눌러 옷의 가장자리 부분에 붙여 뜯겨져 나간 듯한 분위기를 연출하세요.

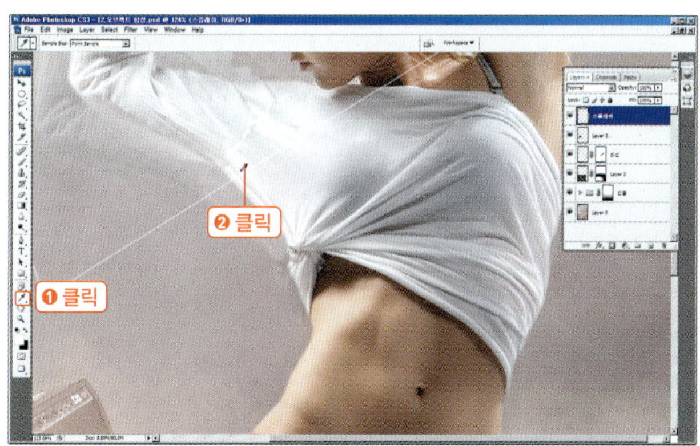

07 < , > 를 눌러 비슷한 느낌의 브러시로 변경하고 신규 레이어를 만들어 적용한 후 인물의 뒤에 배치합니다. **08** 부록 CD에서 '스플래시.psd' 파일을 불러옵니다. 그런 다음 단축키 Ctrl + A , Ctrl + C , Ctrl + W 를 차례대로 눌러 작업 창에 이미지를 복사한 후 작업 창을 닫으세요.

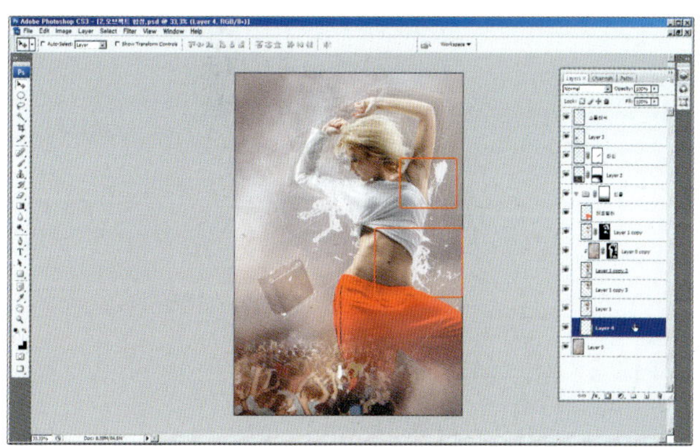

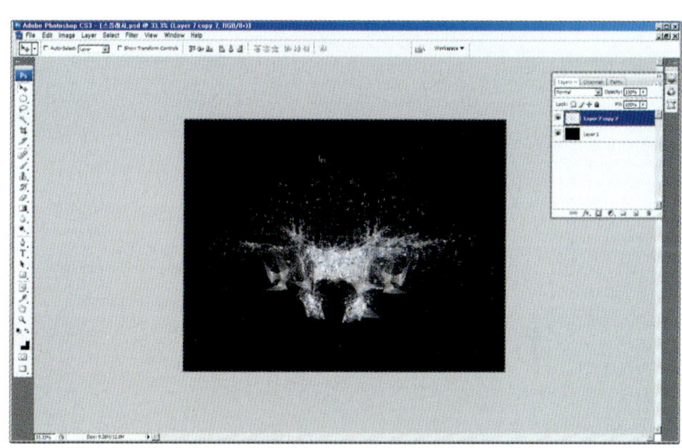

09 단축키 Ctrl + V 를 눌러 작업 창에 이미지를 붙여넣기하고 단축키 Ctrl + T 를 눌러 크기를 조절합니다. **10** 'Layers' 팔레트에서 'Layer 5' 레이어를 단축키 Ctrl + J 를 눌러 복사하고 왼쪽 위로 이동해 크기와 위치를 조절합니다.

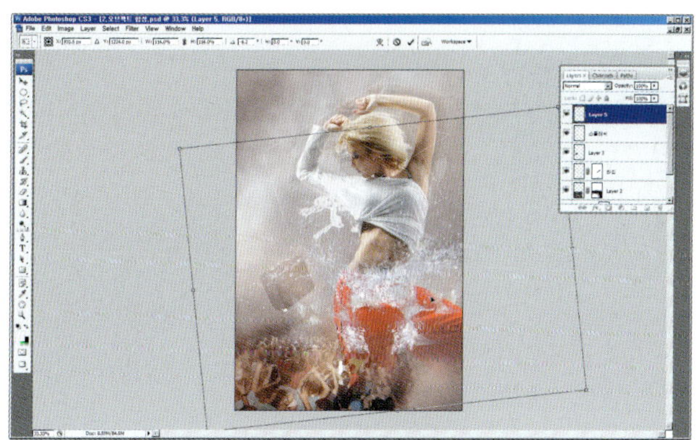

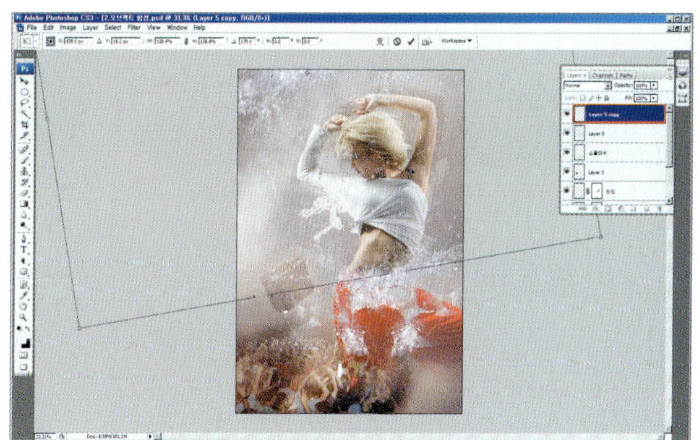

11 Ctrl 을 누른 상태에서 'Layer 5' 레이어와 'Layer 5 copy' 레이어를 선택하고 단축키 Ctrl + E 를 눌러 합칩니다. 그런 다음 블렌딩 모드를 'Hard Light' 로 변경해 물방울의 색을 배경색과 어울리게 만드세요. **12** 'Layer 5 copy' 레이어에 'Add Layer Mask' 아이콘(◻)을 클릭하여 마스크를 씌웁니다.

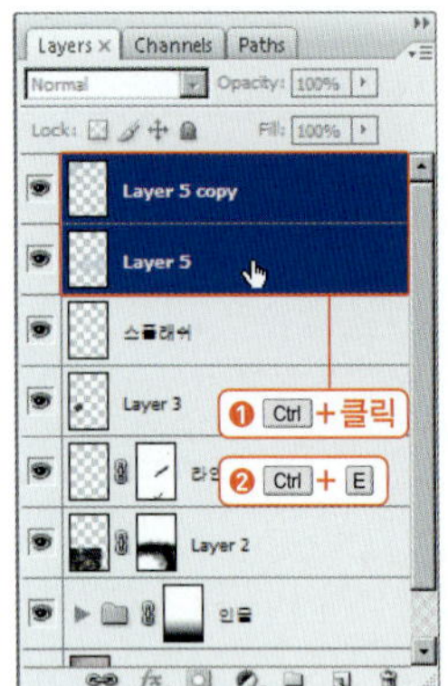
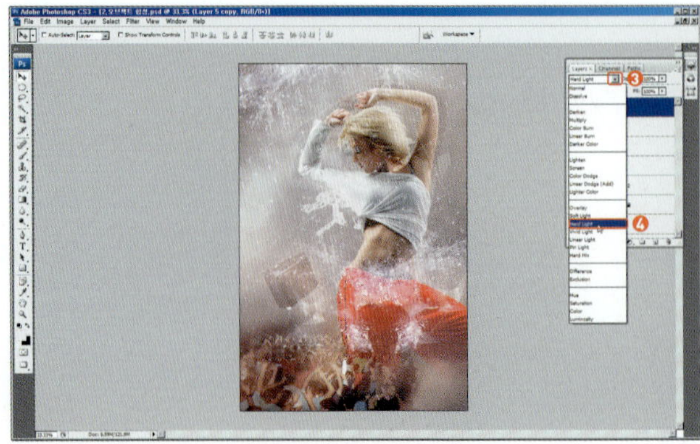
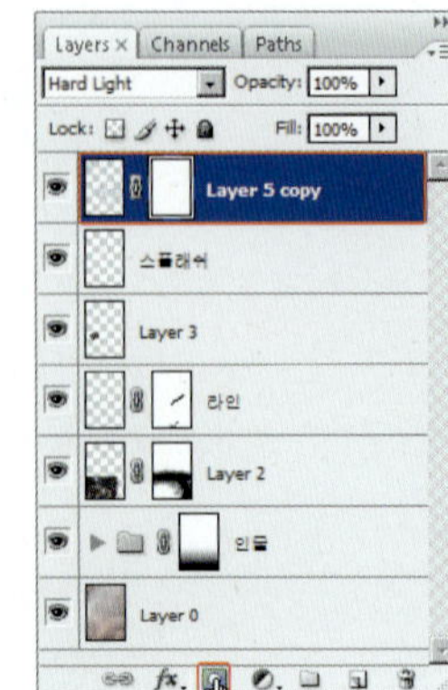

13 툴바에서 브러시 툴(✎)을 선택하고 옵션바에서 'Brush Soft Round' 를 '528pixel' 로 지정합니다. **14** 전경색을 검은색으로 지정하고 옵션바에서 'Opacity' 를 '40~70%' 사이로 조절하면서 물방울 느낌이 심하게 들어가거나 어색한 부위를 문질러서 가립니다.

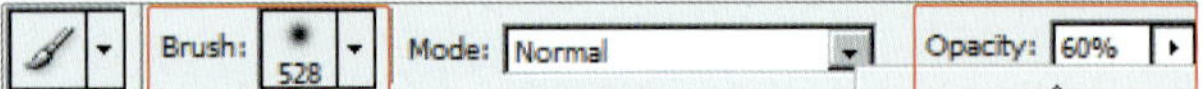
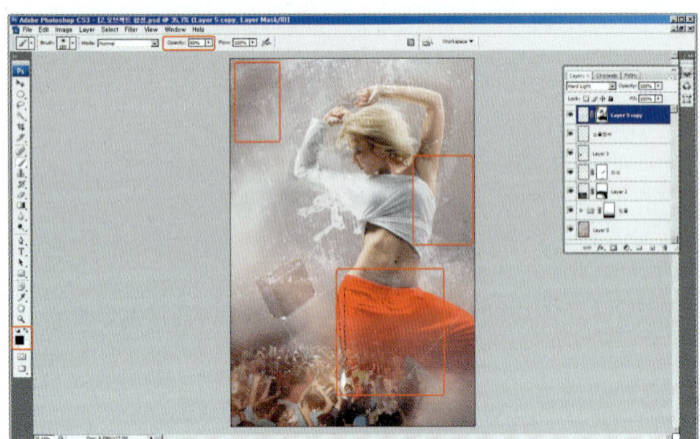

15 단축키 Shift + Ctrl + Alt + E 를 눌러 지금까지의 과정을 하나의 레이어로 만듭니다. **16** Shift 를 누른 상태에서 'Layer 5' 레이어를 제외한 나머지 레이어를 모두 선택하고 단축키 Ctrl + G 를 눌러 그룹 레이어로 만듭니다.

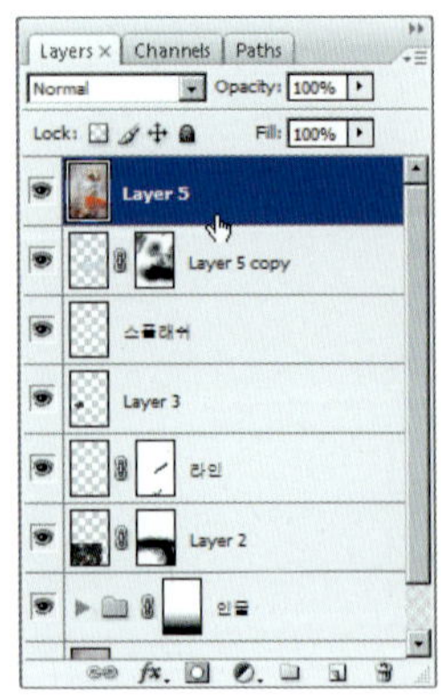
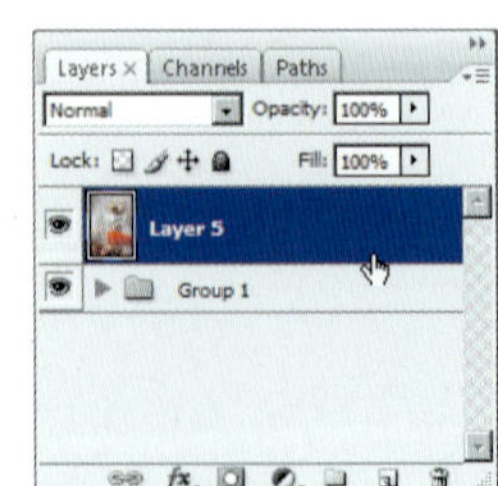

보정 레이어로 색 보정하기

레이어 마스크를 이용해 간단하게 배경을 합성해 보겠습니다.

01 'Layers' 팔레트에서 'Add Layer Mask' 아이콘(◙)을 클릭한 후 'Curves'를 선택합니다. 02 'Curves' 대화상자가 나타나면 다음의 그림과 같이 조절합니다.

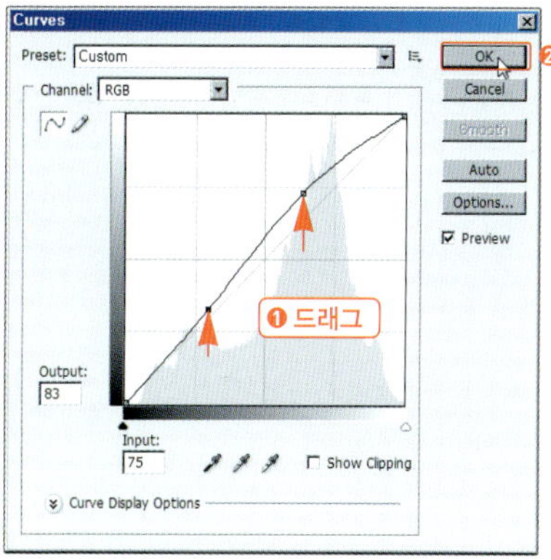

03 'Layers' 팔레트에서 'Add Layer Mask' 아이콘(◙)을 클릭한 후 'Color Balance'를 선택합니다. 04 'Color Balance' 대화상자가 나타나면 다음의 그림과 같이 톤별로 조절합니다.

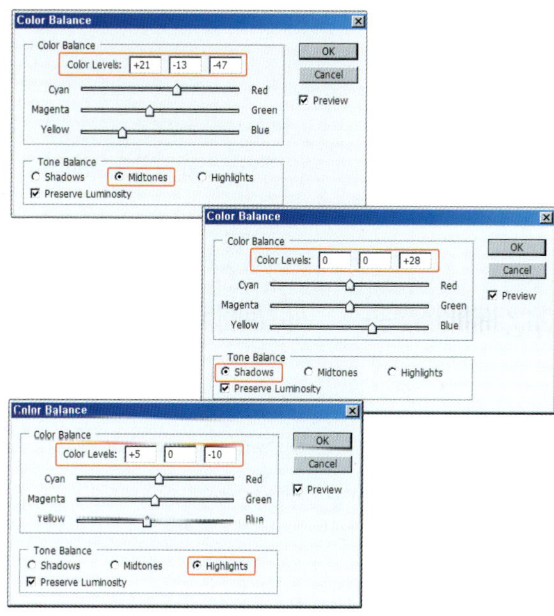

05 보정 레이어를 통해 전체 'Yellow' 톤과 'Red' 톤의 색깔이 추가된 것을 알 수 있습니다. 특히 인물의 경우 색이 너무 과해 채도를 조절해야 합니다. 아무것도 적용하지 않은 '인물' 레이어의 원본 'Layer 1 copy 2' 레이어를 선택합니다. 그런 다음 단축키 Ctrl + A , Ctrl + C 를 차례대로 누르고 맨 위의 레이어를 선택한 후 단축키 Ctrl + V 를 누르세요.

06 'Image' → 'Adjustments' → 'Curves' 메뉴(Ctrl + M)를 선택하여 'Curves' 대화상자를 나타내고 오른쪽 그림과 같이 커브 곡선을 조절합니다.

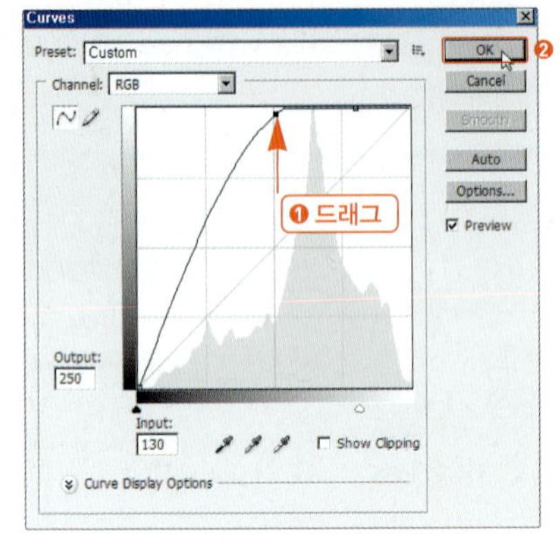

07 'Layers' 팔레트에서 Alt 를 누른 상태에서 'Add Layer Mask' 아이콘(◯)을 클릭하여 'Layer 6' 레이어를 'Hide All' 상태로 만듭니다.

08 툴바에서 브러시 툴(✎)을 선택하고 전경색을 흰색으로 지정합니다.

09 인물의 피부톤 부위를 문질러서 색의 변화를 살펴봅니다. 그런 다음 'Opacity'를 '69%'로 다운시켜서 배경색과 비슷한 분위기로 맞추세요.

10 'Image' → 'Adjustments' → 'Hue/Saturation' 메뉴(Ctrl + U)를 선택하여 'Hue/Saturation' 대화상자를 나타내고 'Saturation'을 '−45'로 조절해 채도를 감소시킵니다.

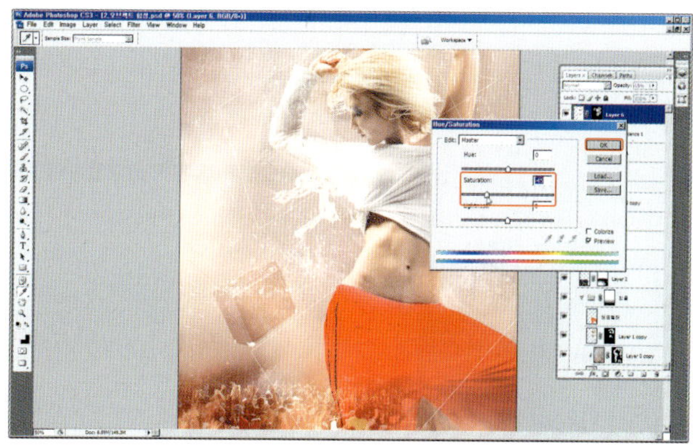

타이포를 추가해 편집 완성하기

분위기와 맞는 타이포를 추가해 편집적인 요소를 완성해 보겠습니다.

예제 파일 부록 CD\Theme04\Lesson01\춤출무.ai

01 Shift 를 누른 채 'Layer 5' 레이어부터 'Layer 6' 레이어를 선택하고 단축키 Ctrl + E 를 눌러 합칩니다. **02** 부록 CD에서 '춤출무.ai' 파일을 불러옵니다. 그런 다음 'Import PDF' 대화상자에서 'Resolution'을 '300'으로 입력하여 해상도를 크게 지정하세요.

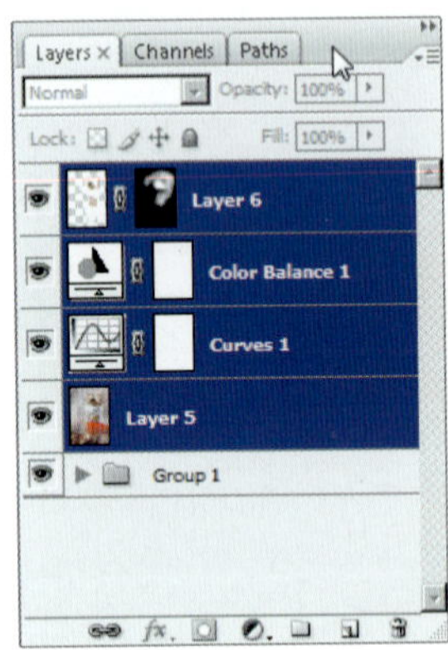

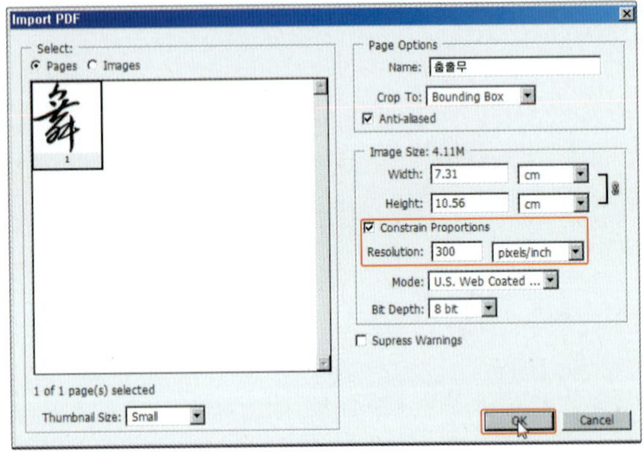

03 단축키 Ctrl + A , Ctrl + C , Ctrl + W 를 차례대로 눌러 작업 창에 이미지를 복사한 후 작업 창을 닫습니다. **04** 단축키 Ctrl + V 를 눌러 작업 창에 이미지를 붙여넣기하고 단축키 Ctrl + T 를 눌러 크기 및 위치를 조절합니다.

05 단축키 Shift + Ctrl + N 을 눌러 신규 레이어 '브러시'를 만듭니다. **06** 도큐먼트 창에서 마우스 오른쪽 버튼을 클릭하고 '675pixel' 브러시를 선택합니다.

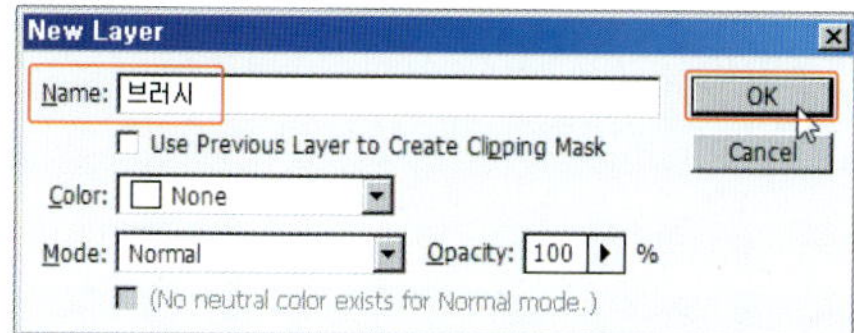
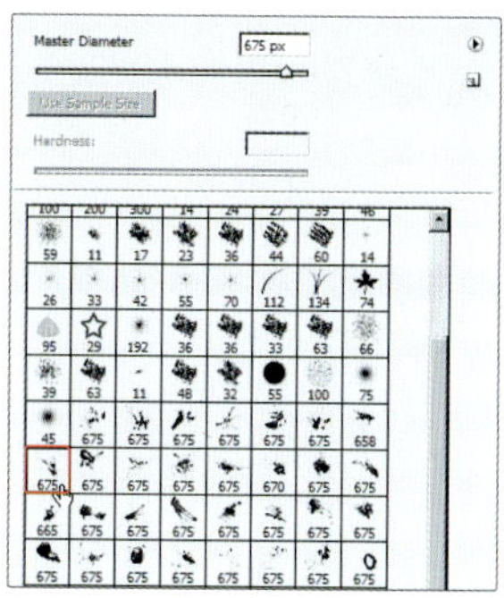

07 전경색을 검은색으로 지정하고 Splatter 형태의 브러시를 칠합니다. 그런 다음 단축키 Ctrl + T 를 눌러 크기 및 위치를 조절해 글자에 동적인 느낌을 연출하세요. **08** 글자의 위쪽으로 브러시 소스를 배치합니다. 단순히 글자만 보이는 것보다 춤추는 모델과 함께 생동감이 느껴집니다.

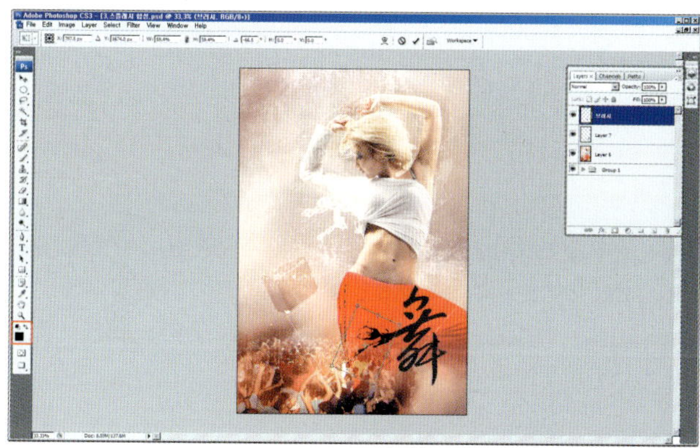
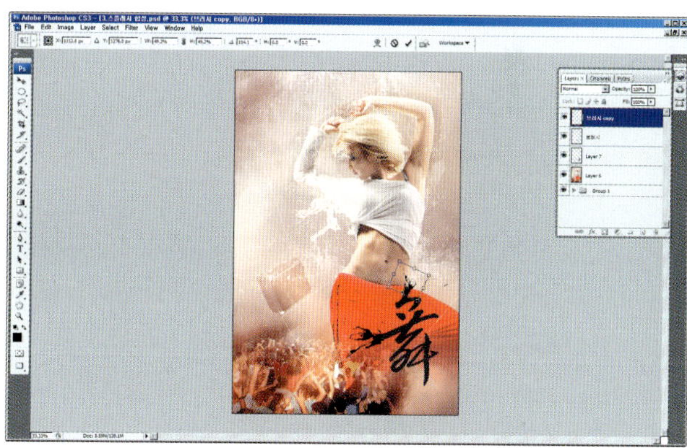

09 Shift 를 누른 상태에서 'Layer 7' 레이어부터 '브러시 copy' 레이어를 선택하고 단축키 Ctrl + E 를 눌러 하나의 레이어 상태로 만듭니다. **10** 레이어를 더블클릭해 'Color Overlay'에 체크 표시하고 컬러 박스를 클릭해 흰색으로 지정합니다. 그런 다음 'Outer Glow'에 체크 표시하고 다음의 그림과 같이 지정한 후 'OK' 버튼을 클릭합니다.

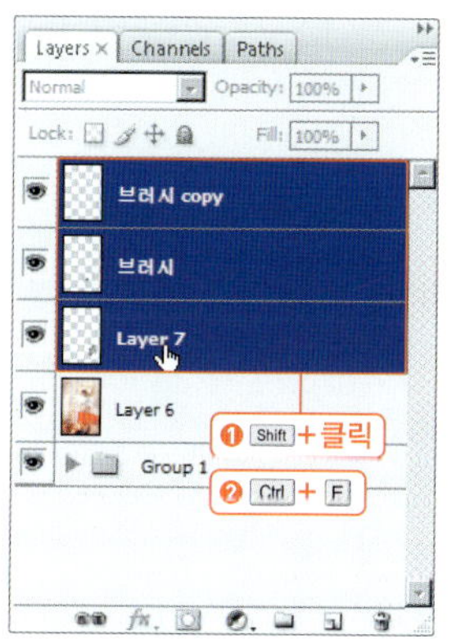
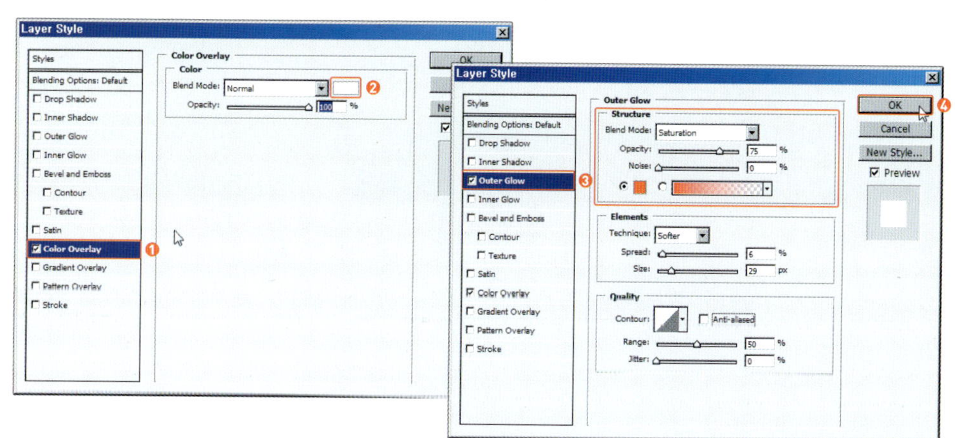

일러스트레이터를 이용해 글자 편집하기

레이어 마스크를 이용해 간단하게 배경을 합성해 보겠습니다.

01 일러스트레이터 프로그램을 실행하고 텍스트 'beat'를 입력합니다. **02** 텍스트 'beat'에 '문자' 팔레트에서 'photonica' 영문 폰트를 지정합니다.

03 '문자' → '윤곽선 만들기' 메뉴를 선택하여 글자를 그림 형태로 개체화합니다(Shift + Ctrl + O). **04** '오브젝트' → '그룹 풀기' 메뉴를 선택해서 오브젝트들을 낱개로 분리합니다.

05 단축키 `Ctrl`+`R`을 눌러 다음의 그림과 같이 가이드라인을 끌어옵니다. **06** 선택 툴(￼)를 이용해 'b'와 'e'를 선택하고 다음의 그림과 같이 크기를 조절합니다.

07 직접 선택 툴(￼)을 선택합니다. **08** 'b' 글자의 아래쪽에 빨간색으로 표시한 지점을 클릭하고 `Shift`를 누른 상태에서 오른쪽으로 당겨 이동합니다.

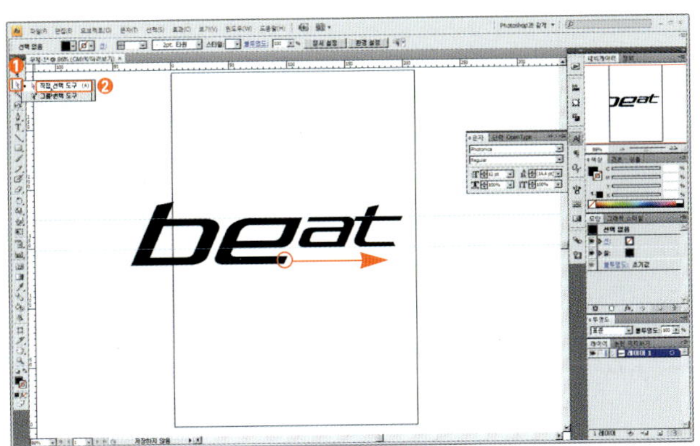

09 선택 툴(￼)로 전체를 선택하고 단축키 `Ctrl`+`A`, `Ctrl`+`C`를 차례대로 눌러 복사합니다. **10** `Alt`+`Tab`을 눌러 포토샵으로 화면을 전환하고 단축키 `Ctrl`+`V`를 누릅니다. 'Paste' 대화상자가 나타나면 'Shape Layer'를 선택하고 'OK' 버튼을 클릭하세요.

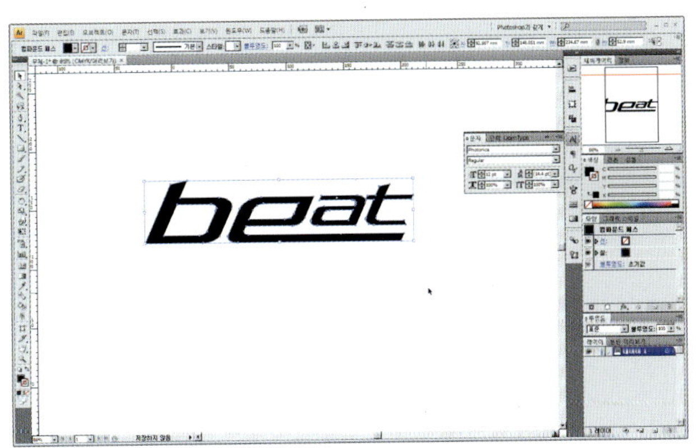

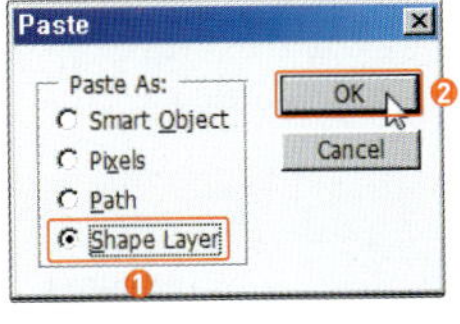

11 'Shape Layer' 레이어의 표기된 부분을 클릭하여 색상을 변경할 수 있습니다. 여기에서는 검은색으로 지정하여 흰색 글자(춤출 무)를 더 강조했습니다. **12** 원본 이미지보다 더 강렬한 색과 동적인 느낌이 더해진 포스터를 완성했습니다.

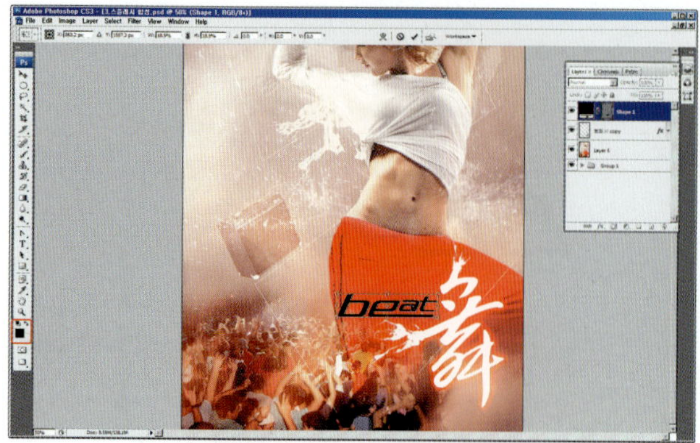

이럴 땐 이렇게 하세요

Q 일러스트레이터를 사용할 줄 모르는데 포토샵에서 글자를 변형하는 방법이 있나요?

A 물론입니다. 포토샵에 'Shape' 기능이 있는데, 이 기능을 이용하면 일러스트레이터에서 사용하는 'Vector Type'의 속성을 나타내면서 글자의 자율 변형이 가능합니다.

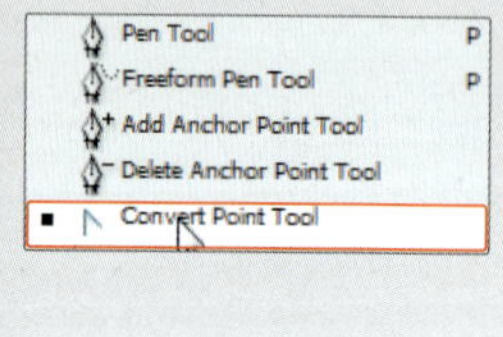

❶ 글자를 입력하고 'Layers' 팔레트에서 마우스 오른쪽 버튼을 클릭한 후 바로 가기 메뉴에서 'Convert to Shape'를 선택합니다.

❷ 툴바에서 'Covert Point Tool'을 선택합니다.

❸ 표시한 부분을 드래그하면 점의 형태가 바뀌는데, 방향키를 눌러 왼쪽으로 점을 이동합니다.

❹ 표시한 부분만 선택해 드래그해서 점을 이동했습니다.

❺ 꼭지점을 클릭해 이동하면 곡선 형태로 바뀝니다.

❻ 'Shape' 레이어 창을 더블클릭하면 컬러를 변경할 수 있습니다.

처음에는 비트라는 글자의 형태를 완성하고 글자에 스피커를 합성할려고 했습니다. 하지만 뭔가 허전한 느낌이라서 '스피커를 다른 형태로 만들어 볼까' 하다가 우연히 태극 문양을 본 후에 스피커의 형태를 만들었습니다 스피커에도 글자와 같이 문양을 입혀주어 단조로움을 없애구요. 음표와 스피커의 떨림, 기타의 소리 또한 텍스트 형태로 완성했습니다. 텍스트 또한 다양한 형태로 분산되게 배치해 스피커에서 소리가 들리는 듯한 느낌을 표현합니다.

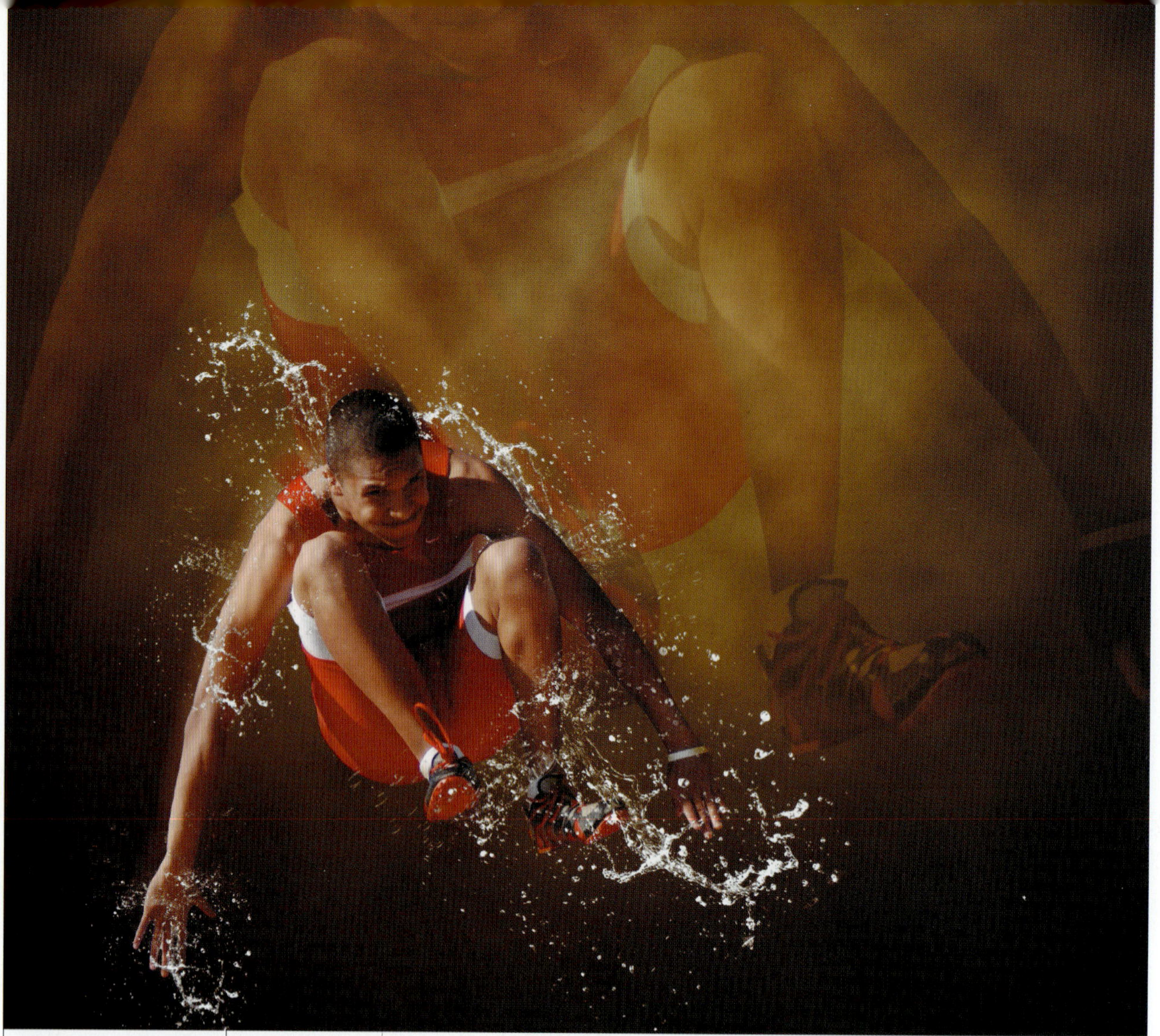

Lesson

결과 파일 부록 CD\Theme04\Lesson02\Jump.psd

02 Jump

물이 튀는 이미지에서 Water Splash 소스를 추출해 점프하는 인물 이미지에 합성하고 역동적인 화면을 구성해 보겠습니다.

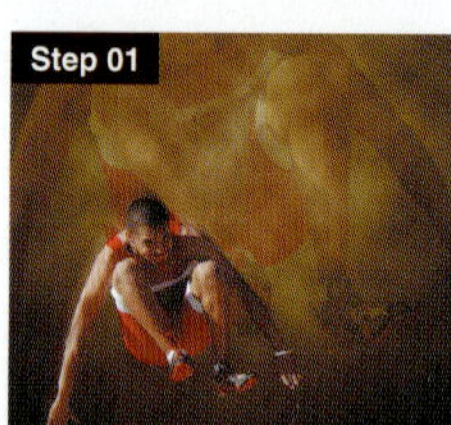

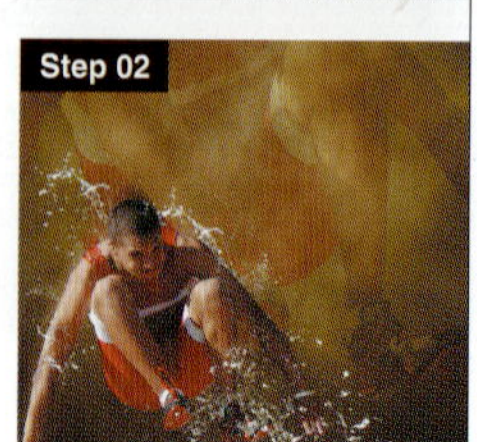

배경과 인물 합성하기

'Cloud' 와 'Gradient' 필터를 활용해 배경을 만들어 보겠습니다.

예제 파일 부록 CD\Theme04\Lesson02\highjump.jpg **결과 파일 부록** CD\Theme04\Lesson02\배경합성.psd

01 부록 CD에서 'highjump.jpg' 파일을 불러옵니다. 그런 다음 마술봉 툴(🔧)을 이용해 인물을 제외한 하늘색 부분을 클릭해 선택 영역으로 만들고 단축키 `Shift`+`Ctrl`+`I`를 눌러 선택 영역을 반전시킵니다. **02** 'Select' → 'Refine Edge' 메뉴(`Alt`+`Ctrl`+`R`)를 선택합니다.

03 미리 보기 타입을 'On Black'으로 지정하고 'Refine Edge' 대화상자에서 다음의 그림과 같이 수치값을 조절합니다. 그런 다음 단축키 `Ctrl`+`A`, `Ctrl`+`C`, `Ctrl`+`W`를 차례대로 눌러 작업 창에 마스킹된 이미지를 복사한 후 작업 창을 닫으세요.

04 포토샵을 실행하고 'File' → 'New' 메뉴를 선택한 후 신규 도큐먼트를 다음의 그림과 같이 지정해서 A4 규격의 작업 화면을 지정합니다. 그런 다음 생성한 레이어에 점프하는 인물 이미지를 단축키 `Ctrl`+`V`를 눌러 붙여넣기하세요.

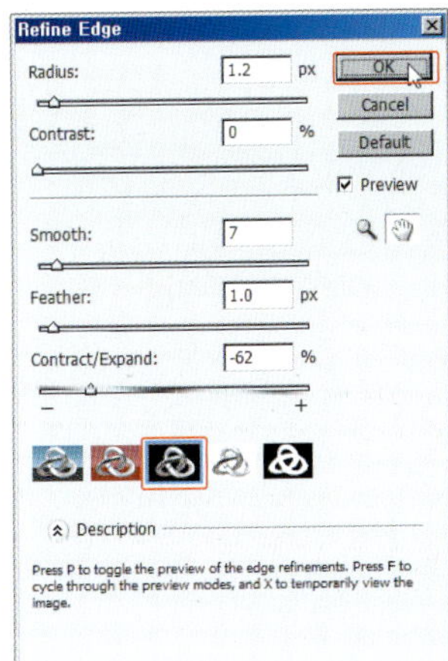

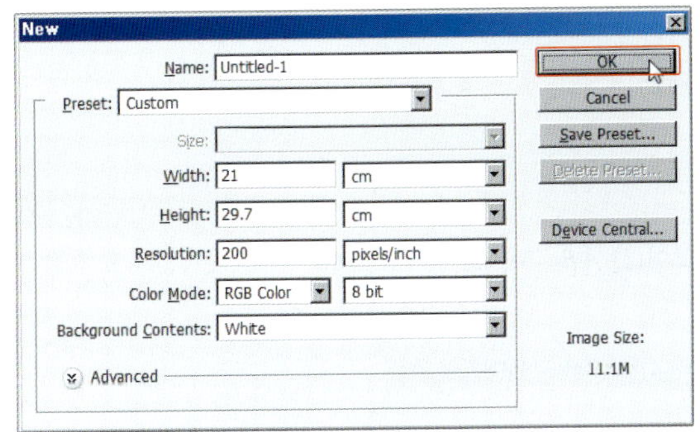

05 붙여넣기한 인물 이미지를 단축키 `Ctrl` + `J` 를 눌러 복사합니다. **06** 'Select Stop Color' 대화상자에서 전경색은 '#e0e0e0', 배경색은 '#9f9f9f' 로 지정합니다.

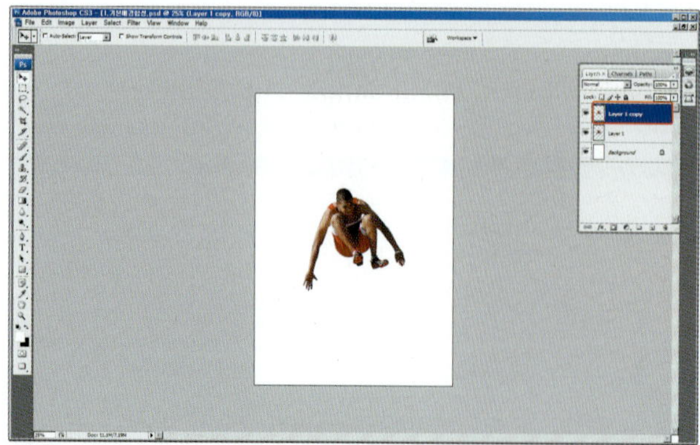
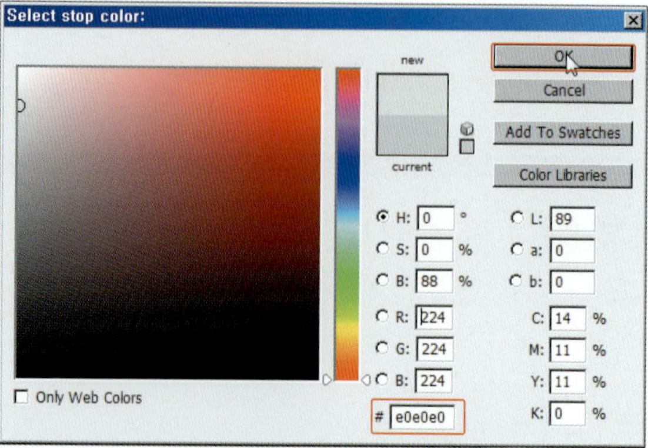

07 'Filter' → 'Lender' → 'Cloud' 메뉴를 선택하여 배경에 적용하고 'Layers' 팔레트에서 인물 이미지의 눈 아이콘(👁)을 끕니다. **08** 단축키 `Shift` + `Ctrl` + `N` 을 눌러 신규 레이어를 만들고 레이어 이름을 '그라데이션' 으로 입력합니다.

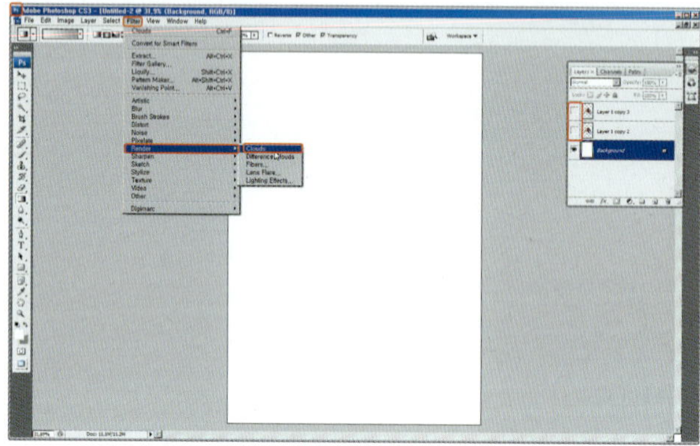
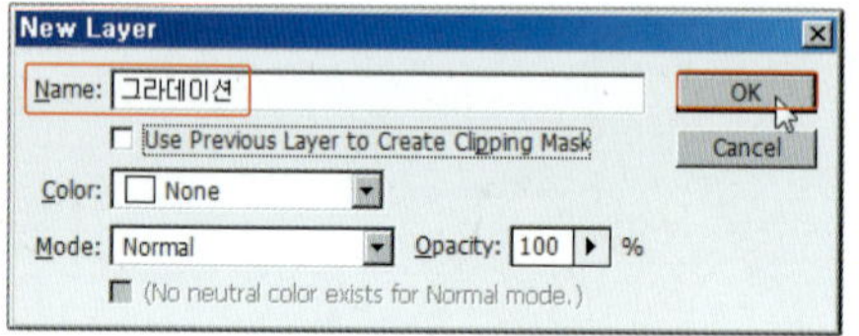

09 툴바에서 그레이디언트 툴(▢)을 선택하고 옵션바에서 'Gradient Editor' 를 클릭합니다. **10** 'Gradient Editor' 대화상자가 나타나면 왼쪽과 오른쪽 컬러를 변경합니다.

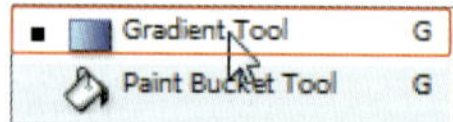
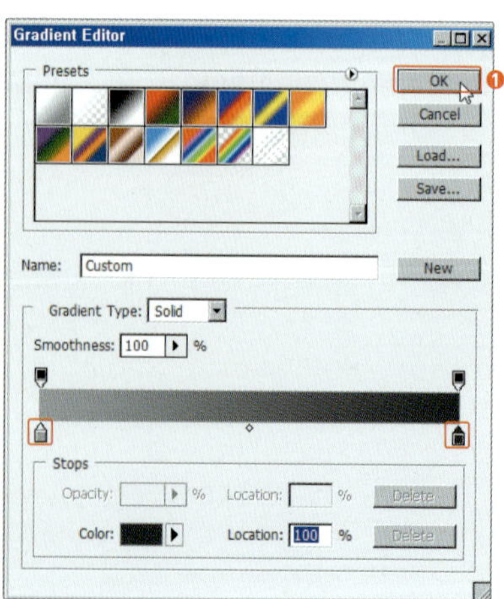

11 'Select Stop Color' 대화상자에서 왼쪽 컬러는 '#9c9c9c'로, 오른쪽 컬러를 '#292929'로 지정합니다.

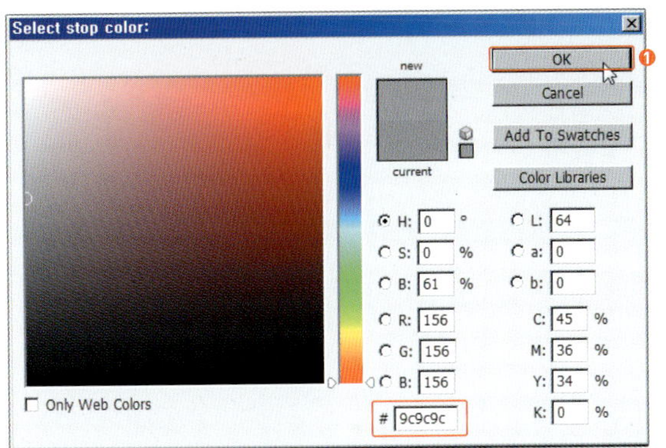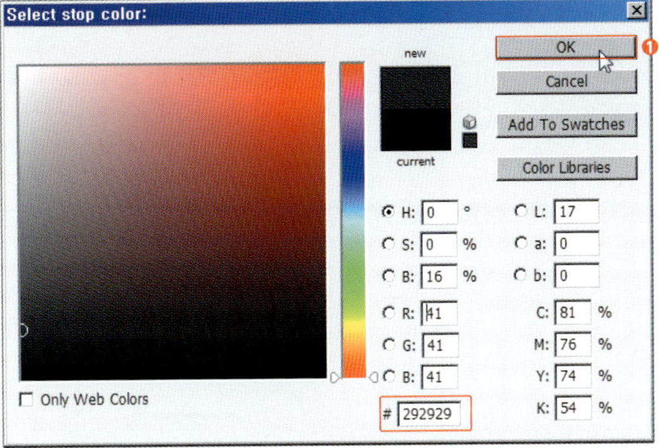

12 원형 그레이디언트(■)를 선택하고 중앙에서 대각선 측면으로 그러데이션을 적용합니다. **13** '그라데이션' 레이어의 블렌딩 모드를 'Multiply'로 변경하고, 'Layers' 팔레트에서 색을 보정하기 위해 'Color Balance'를 선택합니다.

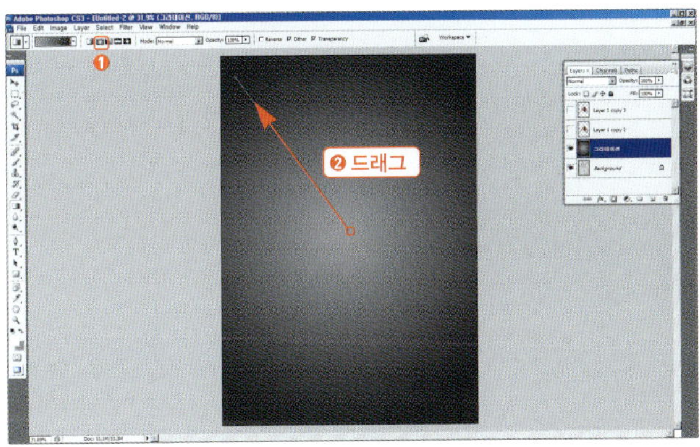

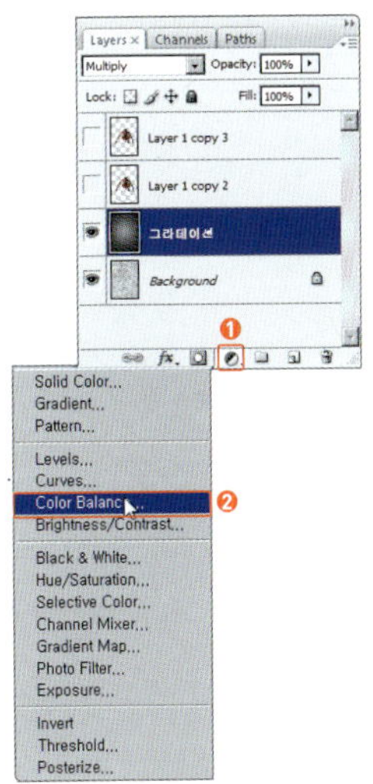

14 'Color Balance' 대화상자에서 'Red' 톤과 'Yellow' 톤을 많이 증가시킵니다.

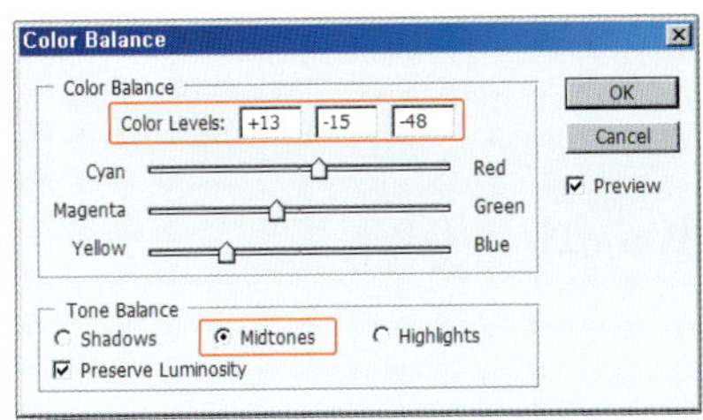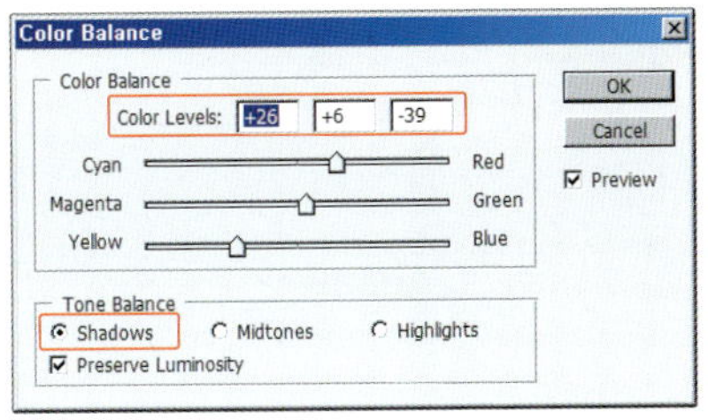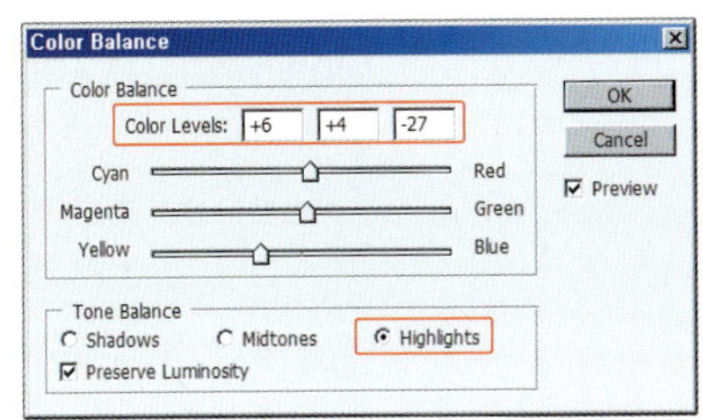

인물 요소 구성하고 바깥쪽 픽셀 정리하기

마스킹된 인물의 테두리 부분의 배경에서 묻어나온 픽셀을 정리해 보겠습니다.

01 콘트라스트의 느낌이 약하므로 'Layers' 팔레트에서 '그라데이션' 레이어를 선택하고 단축키 Ctrl + M 을 눌러 커브를 실행합니다. **02** 'Curves' 대화상자가 나타나면 다음의 그림과 같이 커브 곡선을 조절해 콘트라스트차를 높여서 배경의 테두리 부분을 좀 더 어둡게 합니다.

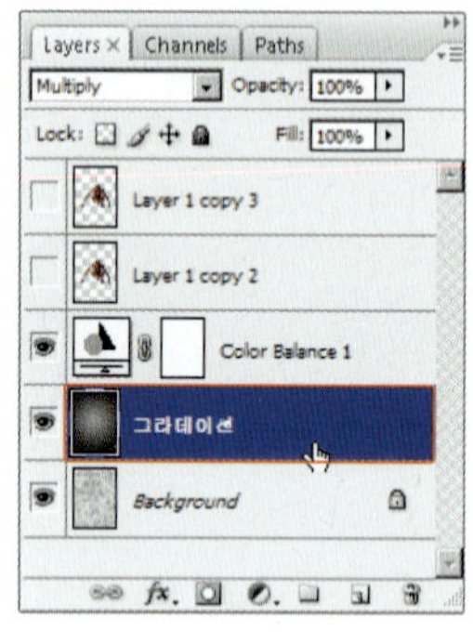
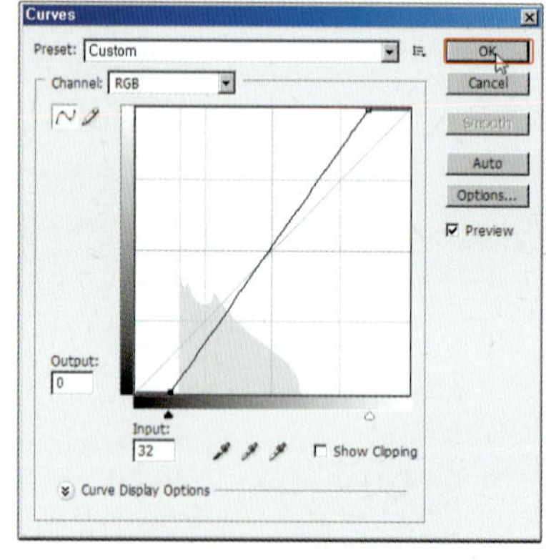

03 점프하는 '인물' 레이어 중 하나를 선택하고 눈 아이콘(👁)을 켭니다. 그런 다음 단축키 Ctrl + T 를 눌러 크기와 위치를 조절하고 왼쪽으로 회전시키세요. **04** '인물' 레이어 중에서 다른 레이어를 선택합니다. 그런 다음 단축키 Ctrl + T 를 눌러 크기와 위치를 크게 확대한 후 작은 인물의 뒤에 배치하세요.

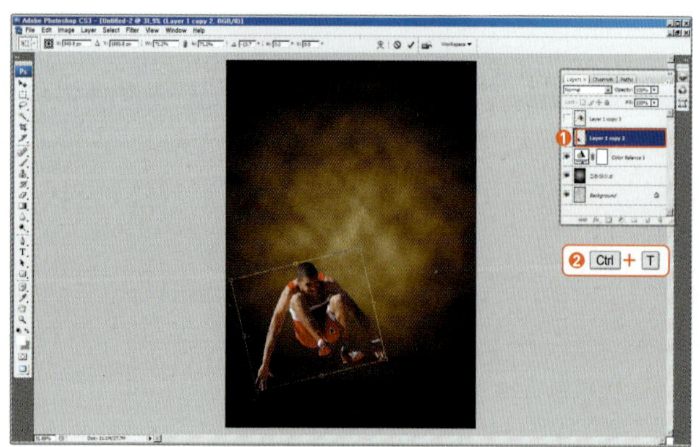
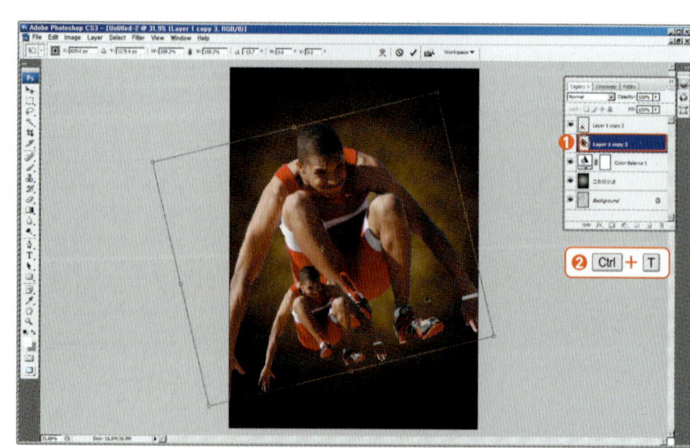

05 큰 인물이 속해 있는 레이어를 선택하고 블렌딩 모드를 'Soft Light'로 변경해서 배경 속에 묻힌 듯한 느낌으로 표현합니다.

06 'Opacity'를 '50%'로 다운시켜서 작은 인물 이미지보다 튀어보이지 않게 조절합니다.

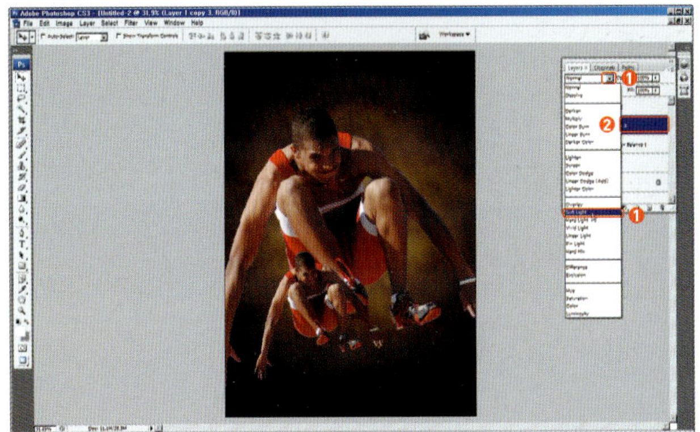 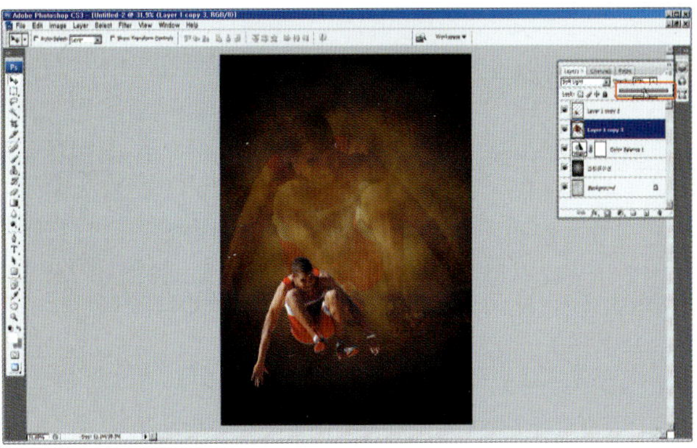

07 작은 '인물' 레이어를 복사하고 'Fliter' → 'Blur' → 'Motion Blur' 메뉴를 선택합니다. 'Motion Blur' 대화상자가 나타나면 다음의 그림과 같이 지정합니다. **08** 'Layers' 팔레트에서 'Add Layer Mask' 아이콘(◉)을 클릭해 마스크를 씌웁니다.

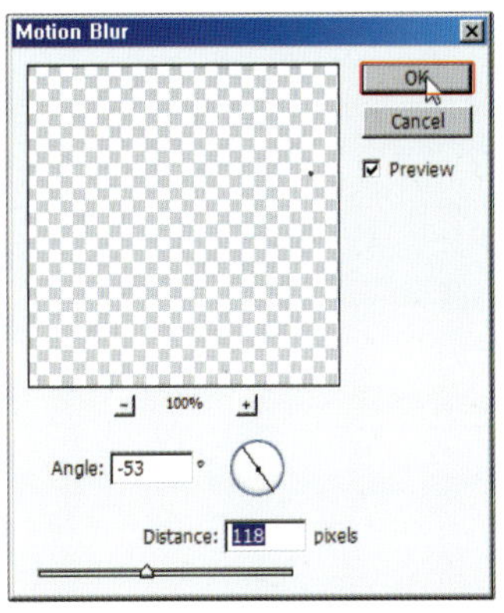 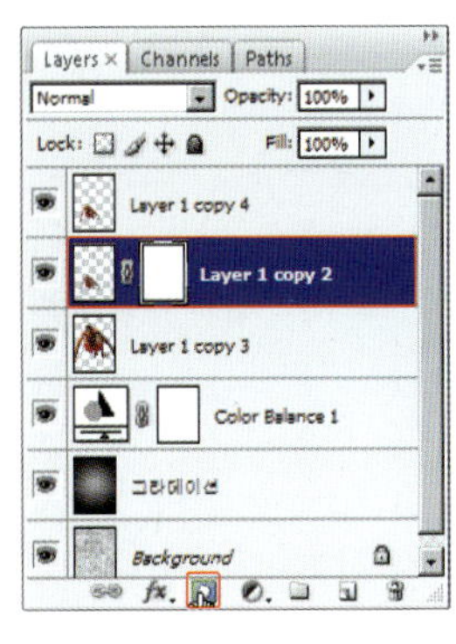

09 툴바에서 브러시 툴(✎)을 선택합니다. 그런 다음 전경색을 검은색으로 지정하고 브러시를 확대 및 축소(［, ］)하면서 인물의 아래에 나타나는 블러 처리를 가리세요. **10** 스포이드 툴(✐)로 인물 주위의 근접한 배경색을 선택해 전경색으로 선택합니다.

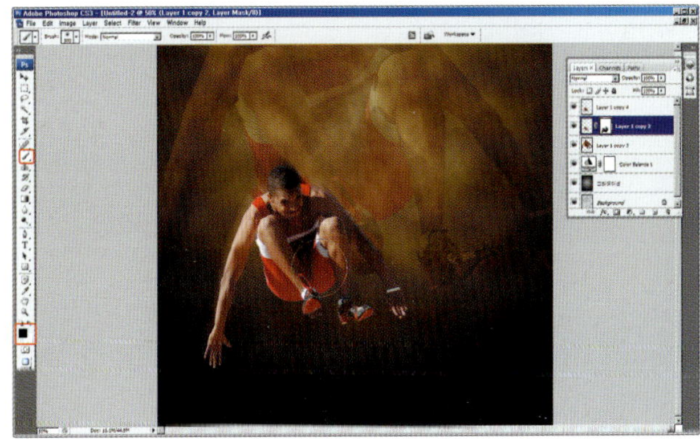 

11 단축키 [Shift]+[Ctrl]+[N]을 눌러 신규 레이어를 만들고 레이어 이름을 '컬러'로 입력합니다. **12** 단축키 [Alt]+[Delete]를 눌러 전경색으로 채웁니다. 그런 다음 'Layers' 팔레트에서 'Layer 1 copy 4' 레이어와 '컬러' 레이어 사이를 [Alt]를 누른 상태에서 클릭한 후 'Create Clipping Mask' 합니다.

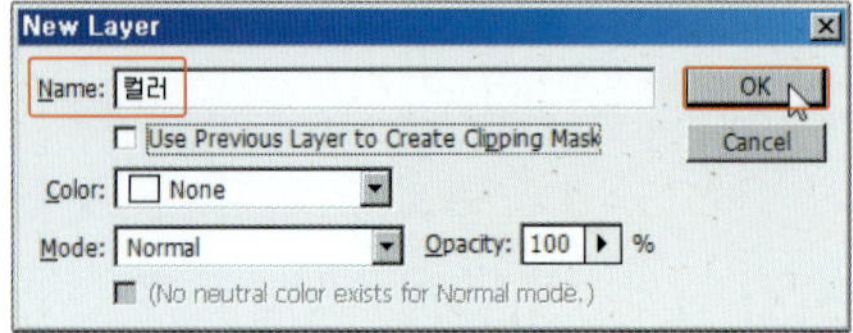
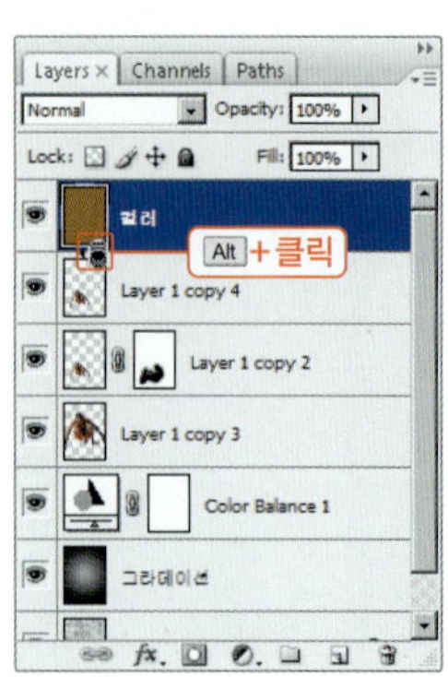

13 '컬러' 레이어의 블렌딩 모드를 'Multiply'로 변경합니다. **14** 'Layers' 팔레트에서 '컬러' 레이어를 선택하고 'Add Layer Mask' 아이콘(◉)을 클릭해 마스크를 씌웁니다.

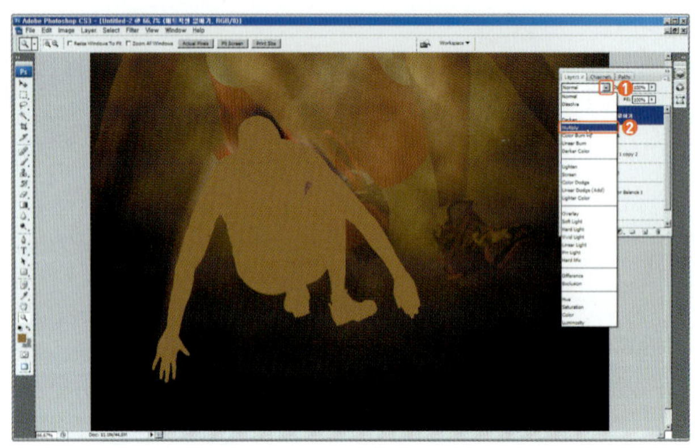
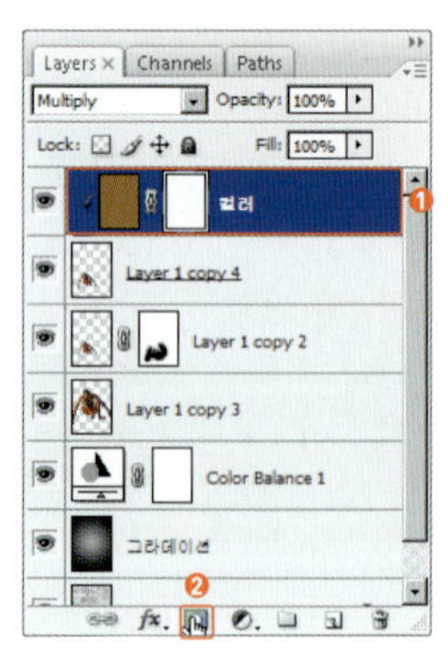

15 인물의 테두리를 제외한 안쪽 부분에서 전경색을 검은색으로 선택하고 문지르면 사진을 촬영했을 때 배경색에 따라 사물의 테두리에 연한 배경색이 묻어납니다. 지금 작업은 배경색을 인물 테두리에 입혀서 이전 배경에서 묻어난 색을 변경하는 방법입니다. **16** [Ctrl]을 누른 상태에서 '컬러' 레이어와 'Layer 1 copy 4' 레이어를 선택하고 단축키 [Ctrl]+[G]를 눌러 하나의 레이어로 합칩니다.

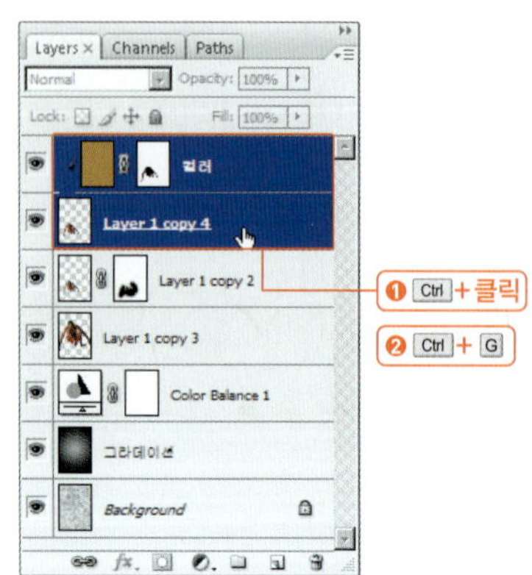

'Water Splash' 추가하기

채널을 활용해 튀는 물을 분리하고 인물 주변에 배치해 보겠습니다.

예제 파일 부록 CD\Theme04\Lesson02\splash.jpg

01 부록 CD에서 'splash.jpg' 파일을 불러옵니다. **02** 'Channels' 팔레트에서 'Blue' 채널을 'Create New Channel' 아이콘
(🔳)으로 드래그해 복사합니다.

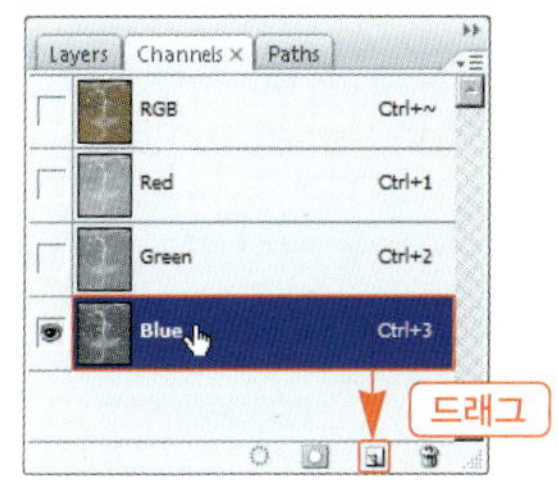

03 'Image' → 'Adjustments' → 'Curves' 메뉴(Ctrl + M)를 선택하여 'Curves' 대화상자를 나타내고 다음의 그림과 같이 커
브 곡선을 조절합니다. **04** 이미지의 명암 대비를 높였습니다.

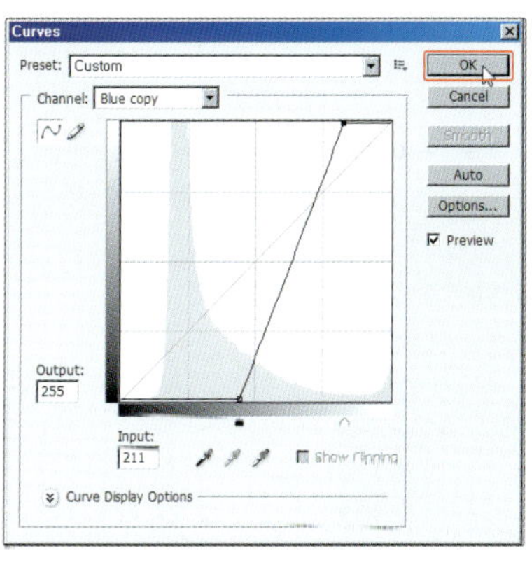

05 툴바에서 라쏘 툴( )을 선택하고 이미지의 윗부분에 남아있는 지저분한 부분을 선택한 후 검은색으로 채웁니다.

06 'Layers' 팔레트에서 'Load Channel as Selection' 아이콘( )을 클릭해 하이라이트 영역을 선택 영역으로 활성화합니다.

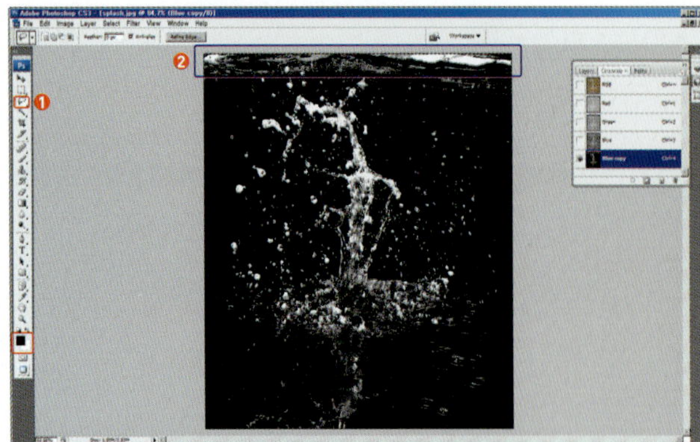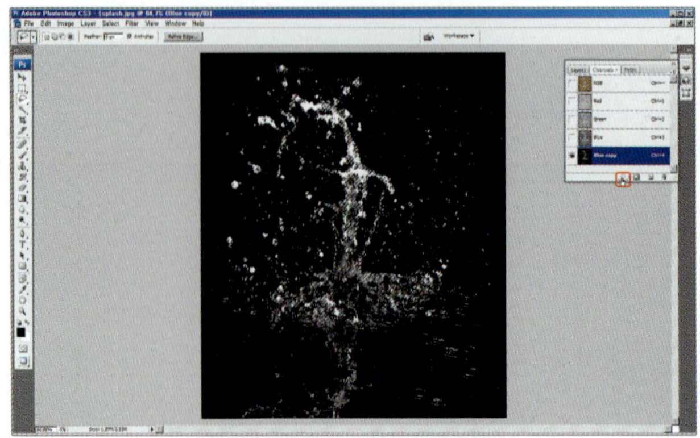

07 'Layers' 팔레트로 되돌아온 후 단축키 Ctrl + C , Ctrl + W 를 차례대로 눌러 작업 창에 선택 영역을 복사한 후 작업 창을 닫습니다. **08** 작업 창에 붙여넣기하고 레이어 이름을 '물'로 변경합니다.

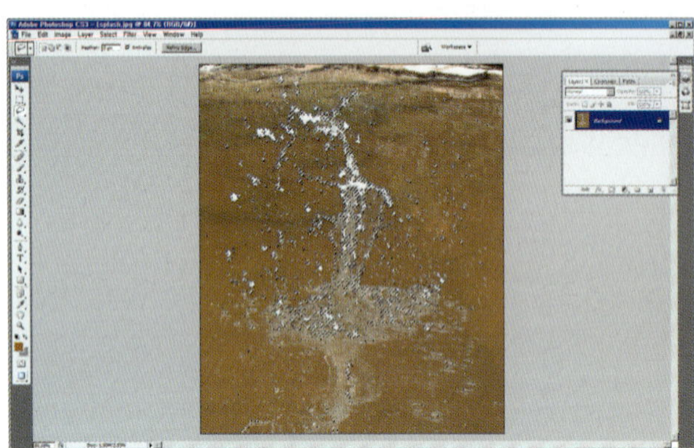

09 '물' 레이어를 선택하고 단축키 Ctrl + J 를 눌러 여러 개의 '물' 레이어를 복사합니다. 이미지에 알맞게 배치하다 보면 크기를 많이 조절하기 때문에 조절한 복사본 대신 가급적 크기 조절 이전의 원본으로 작업하세요. **10** 단축키 Ctrl + T 를 눌러 복제할 레이어를 다음의 그림과 같이 머리, 팔, 손, 다리 부분으로 크기를 조절하면서 배치하여 인물 주위로 물이 튀는 장면을 연출합니다.

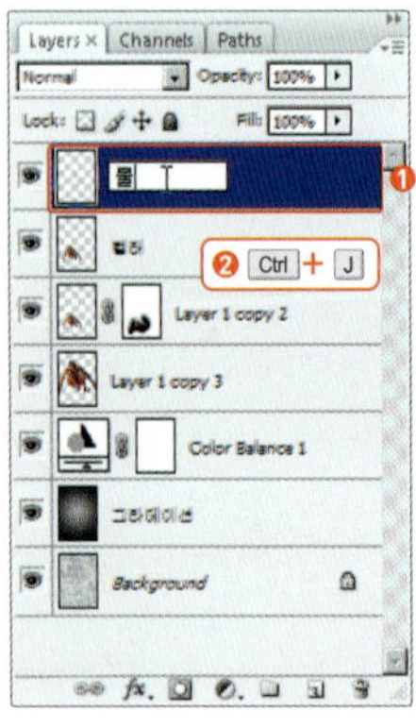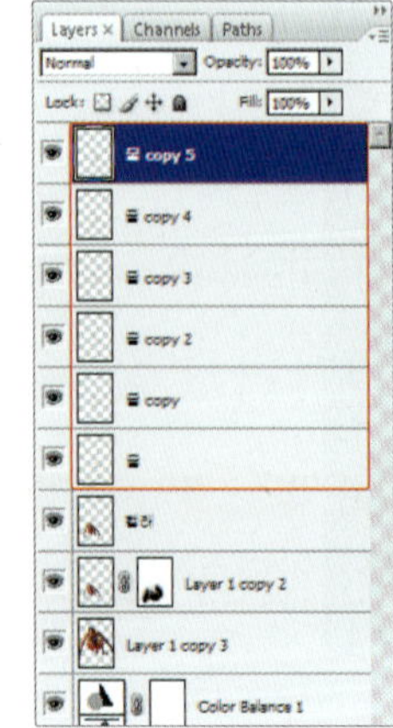

11 필요 없는 레이어를 삭제하고 물의 속성을 갖고 있는 레이어에 마스크(🔲)를 씌웁니다. **12** 툴바에서 브러시 툴(🖌)을 선택하고 도큐먼트 창에서 마우스 오른쪽 버튼을 클릭한 후 브러시 목록에서 'Soft Round'를 '100pixel'로 선택합니다.

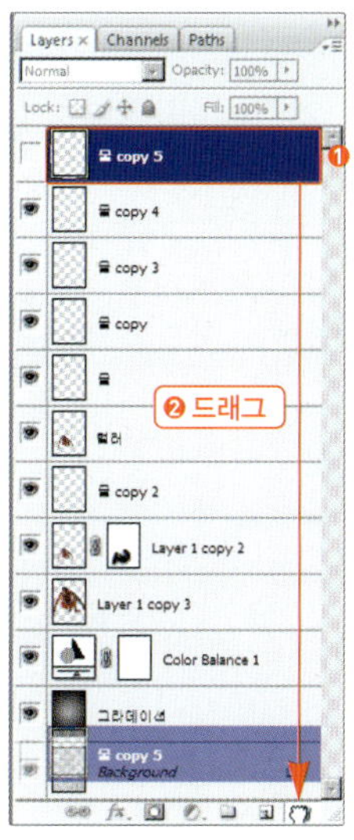
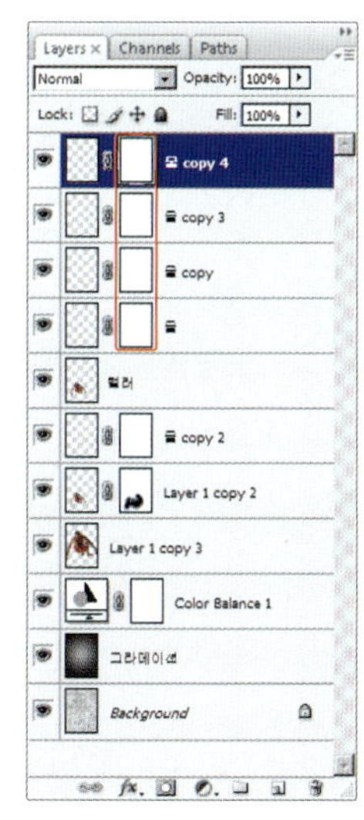
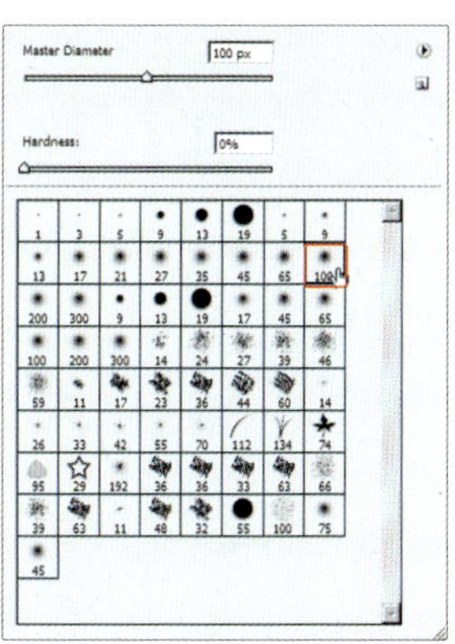

13 전경색을 검은색으로 지정하고 인물과 물 이미지가 심하게 겹치는 부분을 문지르면서 인물의 얼굴 부분이 많이 가리지 않게 합니다. 이러한 작업을 할 때 대부분 모델의 얼굴 부위가 가려지지 않도록 합니다. **14** 단순히 점프하는 장면보다 'Splash' 효과를 추가하면서 장면이 더 생생해졌습니다.

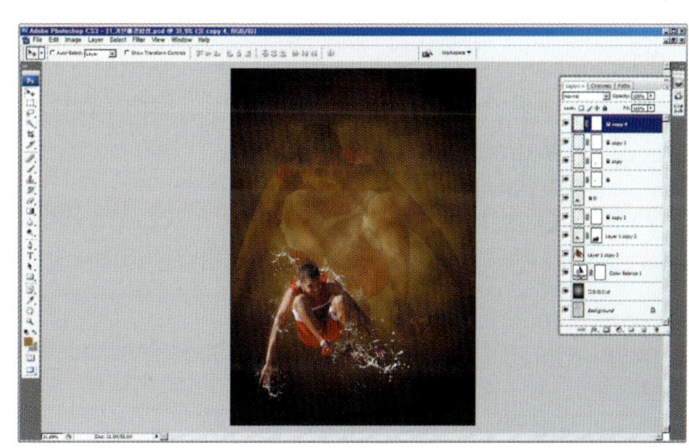

물 소스(Water Source) 보관하기

작업한 물 소스는 검은색 배경 위에 별도로 보관합니다. 물 소스는 음료나 주류 광고 등에 자주 사용하므로 미리 저장해 놓으면 필요할 때 유용하게 사용할 수 있습니다. 필자는 1년 동안 백업해 놓은 Splash 자료를 1GB 이상 보유하고 있습니다.

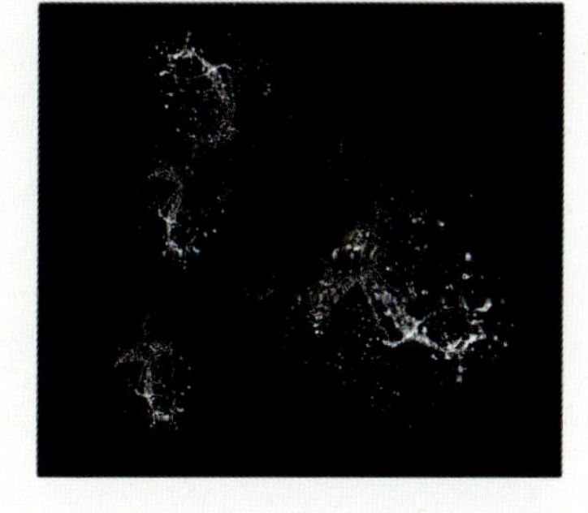

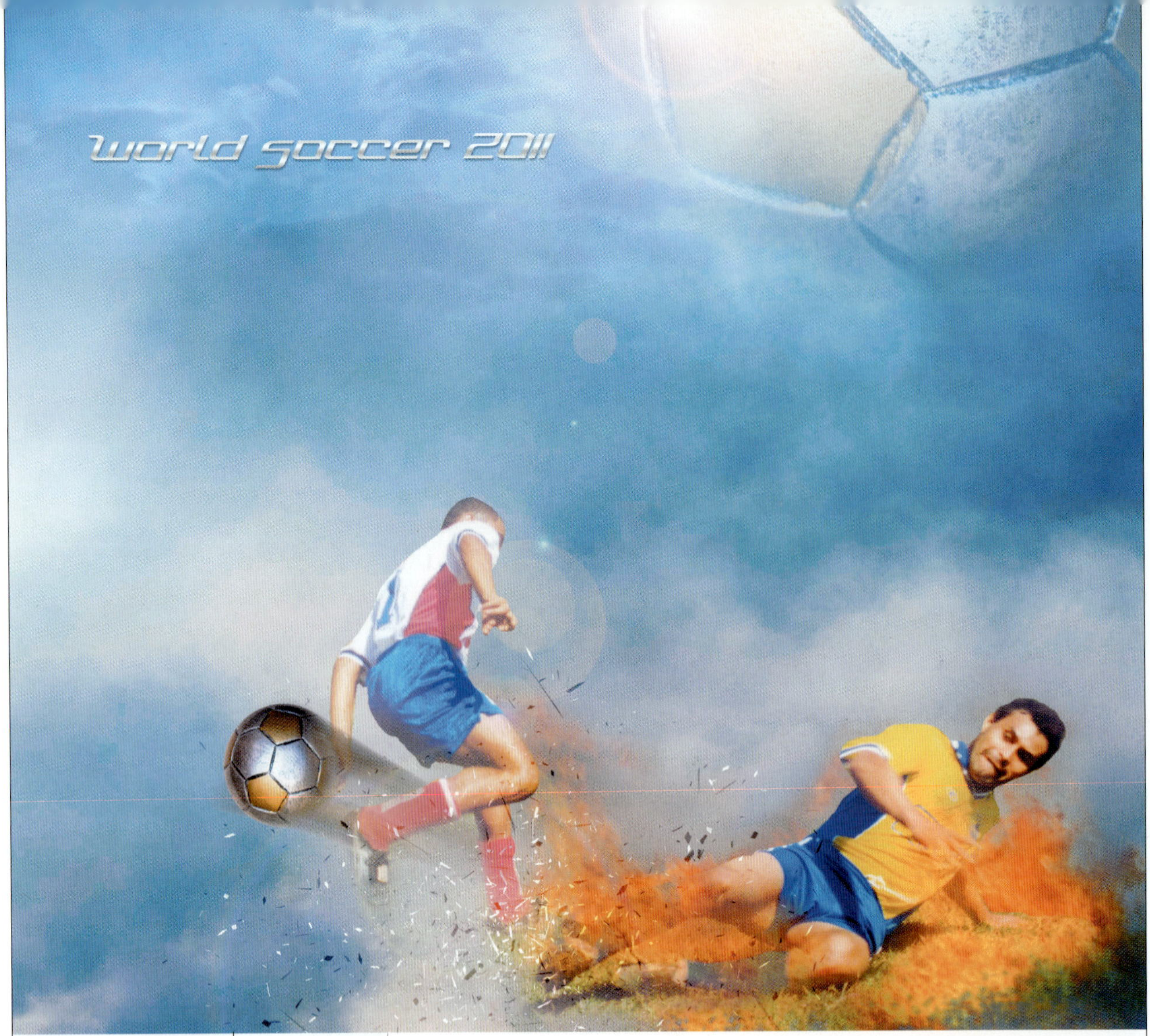

Lesson 03

결과 파일 부록 CD\Theme04\Lesson03\축구.psd

World Soccer 2011

스포츠와 관련된 Print Design에 사용할 표지용 시안을 만들어 보겠습니다. 힘이 느껴져야 하므로 불을 넣어 열정을 표현했고, 오른쪽 위에 축구공을 넣어 균형을 잡았습니다. 공과 모델만으로도 주제를 쉽게 전달할 수 있으므로 타이포를 작게 배치했습니다.

Step 01

Step 02

Step 03

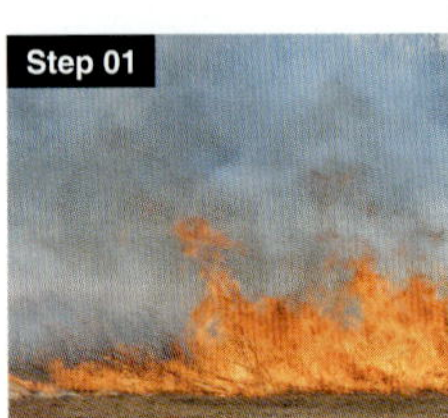

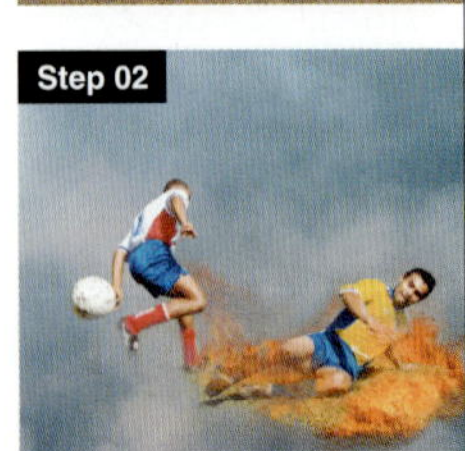

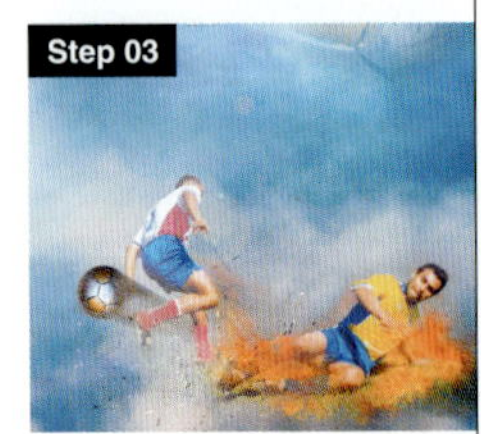

배경과 인물 합성하기

레이어 마스크를 이용해 배경과 인물을 합성해 보겠습니다.

예제 파일 부록 CD\Theme04\Lesson03\불배경.jpg, soc.jpg, cl.jpg　**결과 파일 부록** CD\Theme04\Lesson03\배경합성.psd

01 부록 CD에서 '불배경.jpg' 파일을 불러옵니다. **02** 부록 CD에서 'soc.jpg' 파일을 불러옵니다. 그런 다음 [Ctrl]을 누른 상태에서 'Paths' 팔레트를 클릭하여 선택 영역으로 활성화하고 단축키 [Ctrl]+[C], [Ctrl]+[W]를 차례대로 눌러 작업 창에 이미지를 복사한 후 작업 창을 닫으세요.

03 'Layers' 팔레트에서 단축키 [Ctrl]+[V]를 눌러 작업 창에 이미지를 붙여넣기하고 단축키 [Ctrl]+[T]를 눌러 이미지의 크기를 축소합니다. **04** 'Background' 레이어를 단축키 [Ctrl]+[J]를 눌러 복사하고 맨 위로 이동합니다.

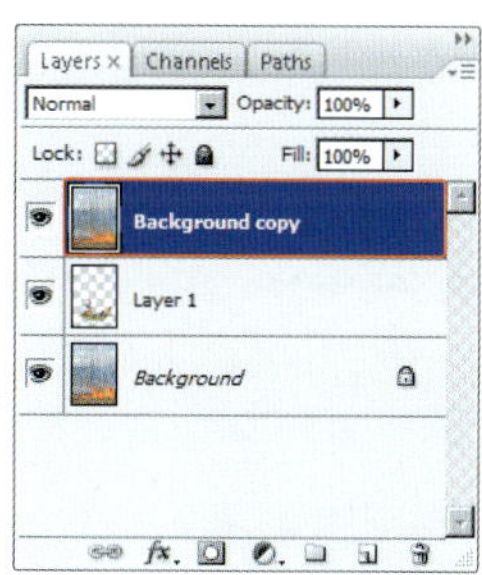

05 'Layers' 팔레트에서 Alt 를 누른 상태에서 'Add Layer Mask' 아이콘(◯)을 클릭해 'Hide All' 상태로 만듭니다.

06 툴바에서 브러시 툴(✎)을 선택합니다.

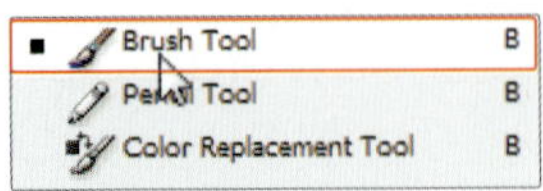

07 전경색을 흰색으로 선택하고 'Layers' 팔레트에서 'Background copy' 레이어에서 보이는 불타는 부분을 중심으로 슬라이딩하는 선수와 불이 잘 섞이도록 문지릅니다. 옵션바에서 'Opacity'를 '40~80%' 사이로 조절하면서 작업하세요. **08** 부록 CD에서 'cl.jpg' 파일을 불러옵니다. 그런 다음 단축키 Ctrl + A , Ctrl + C , Ctrl + W 를 차례대로 눌러 작업 창에 이미지를 복사한 후 작업 창을 닫으세요.

09 현재 작업 창에 붙여넣기하고 'Layers' 팔레트에서 'Add Layer Mask' 아이콘(◯)을 클릭해 마스크를 씌웁니다.

10 Ctrl 을 누른 상태에서 'Layer 1' 레이어를 클릭해 선택 영역으로 활성화하세요.

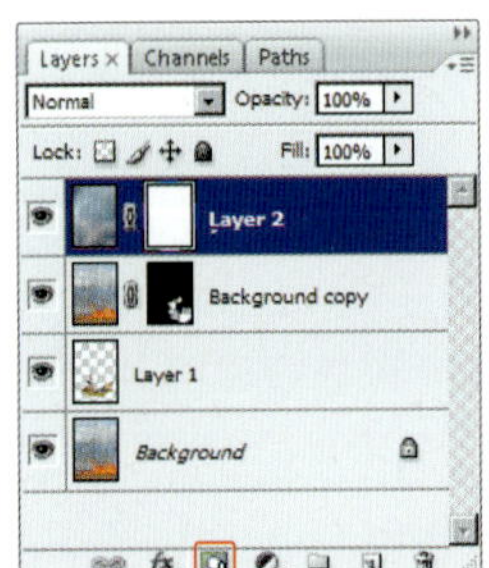

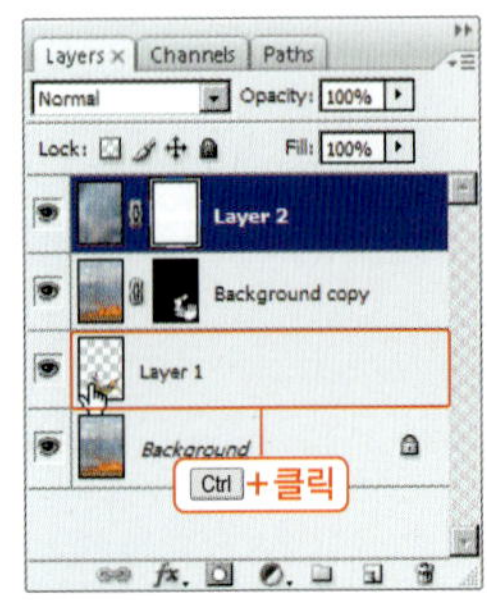

11 활성화된 영역에 검은색을 채우고 다음의 그림과 같이 인물 이미지를 표시합니다.

12 툴바에서 브러시 툴()을 선택하여 전경색을 흰색으로 지정하고 빨간색으로 표시된 부분을 문질러서 배경과 부드럽게 연결합니다.

블렌딩 모드를 활용해 축구공 합성하기

Overlay 블렌딩 모드를 활용해 축구공을 배경에 자연스럽게 합성해 보겠습니다.

예제 파일 부록 CD\Theme04\Lesson03\ball.jpg

01 단축키 Ctrl + J 를 눌러 'Layer 2' 레이어를 복사하고 전경색을 흰색으로 지정한 후 마스크 창에 채워 'Reveal All' 상태로 만듭니다. 그런 다음 블렌딩 모드를 'Hard Light'로 변경하여 구름속에 묻힌 듯한 분위기를 연출하세요. **02** 빨간색으로 표기한 부분처럼 마스크 창을 선택하고 전경색을 검은색으로 선택하여 브러시(✐)로 문지릅니다. 단순한 작업이지만 뒤에 보이는 인물과 앞에 보이는 인물에 약간의 거리감이 느껴집니다.

03 부록 CD에서 'ball.jpg' 파일을 불러오고 마술봉 툴(✐)을 이용해 흰색 배경을 선택하세요. **04** 'Select' → 'Inverse' 메뉴 (Shift + Ctrl + I)를 선택하여 선택 영역을 반전시켜서 축구공을 선택합니다. 그런 다음 단축키 Ctrl + C , Ctrl + W 를 차례대로 눌러 작업 창에 축구공을 복사한 후 작업 창을 닫으세요.

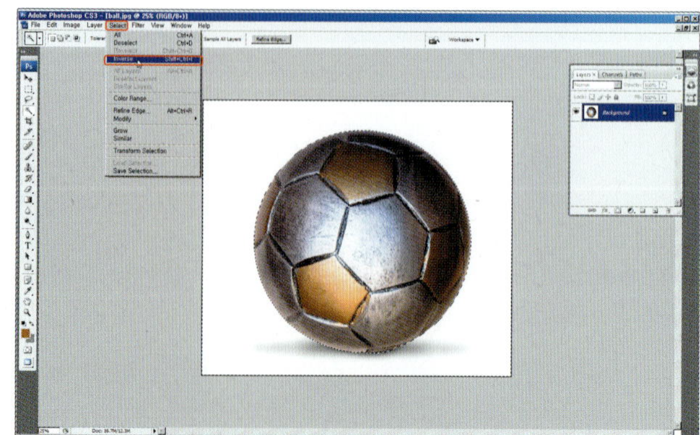

05 단축키 Ctrl + V 를 눌러 작업 창에 이미지를 붙여넣기합니다. 그런 다음 단축키 Ctrl + T 를 눌러 크기 및 위치를 다음의 그림과 같이 조절합니다. **06** 'Layers' 팔레트에서 블렌딩 모드를 'Overlay'로 변경해 하위 레이어의 배경색과 자연스럽게 어울리게 합니다.

07 'Layers' 팔레트에서 'Add Layer Mask' 아이콘(▣)을 클릭해 'Layer 3' 레이어를 'Reveal All' 상태로 만듭니다.
08 툴바에서 브러시 툴(✎)을 선택하고 전경색을 검은색으로 지정합니다.

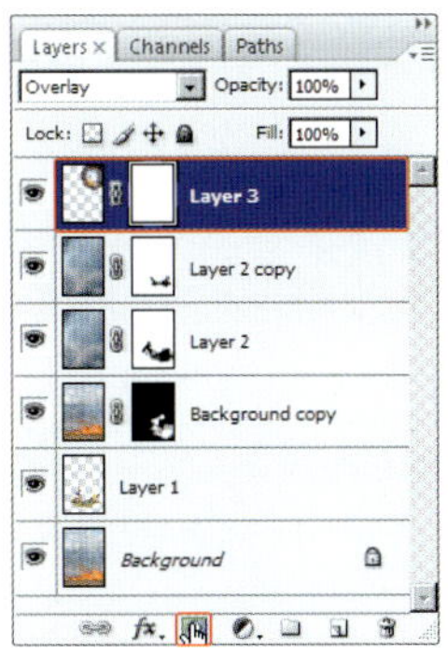

09 옵션바나 도큐먼트 창에서 마우스 오른쪽 버튼을 클릭한 후 'Soft Round'를 '400pixel' 브러시로 선택합니다. **10** 전경색을 검은색으로 선택하고 빨간색으로 표기한 부분을 문지르면서 공의 테두리 부분이 배경 속에 은은하게 묻힌 것처럼 표현합니다.

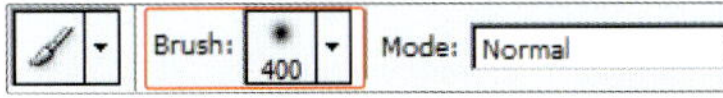
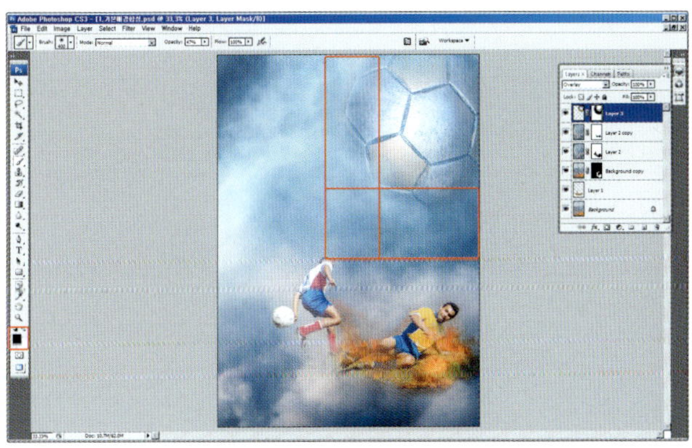

11 'Layer 3' 레이어를 선택하고 단축키 Ctrl + J 를 눌러 복사합니다. 그런 다음 복사한 'Layer 3 copy' 레이어의 마스크만 휴지통(🗑)으로 드래그하여 삭제하세요. **12** 오른쪽 그림과 같은 메시지가 나타나면 'Delete' 버튼을 클릭해서 마스크를 삭제합니다.

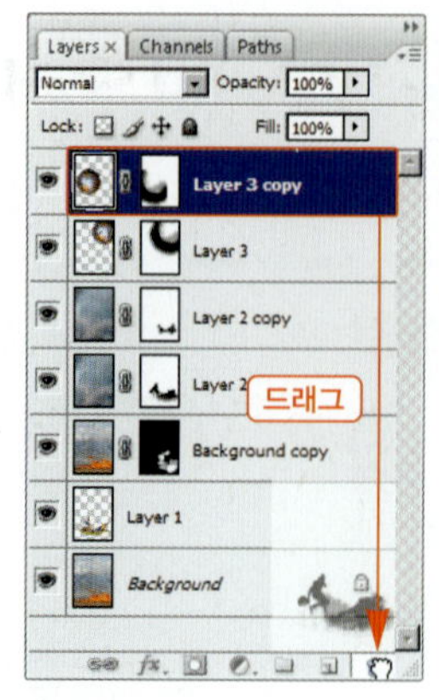

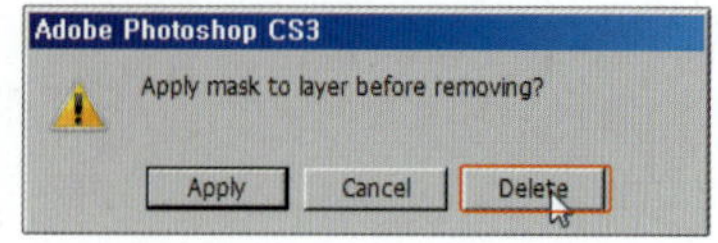

'**Warp**' 을 이용해 축구공에 운동감 주기

'Warp' 툴을 활용해 축구공을 자율 변형하여 축구공에 운동감을 부여해 보겠습니다.

예제 파일 부록 CD\Theme04\Lesson03\spl.png

01 단축키 Ctrl + T 를 눌러 공 이미지의 크기 및 위치를 다음의 그림과 같이 조절합니다. **02** 'Layers' 팔레트에서 'Layer 3 copy' 레이어를 단축키 Ctrl + J 를 눌러 복사해서 'Layer 3 copy 2' 레이어를 만들고 'Layer 3 copy' 레이어를 선택합니다.

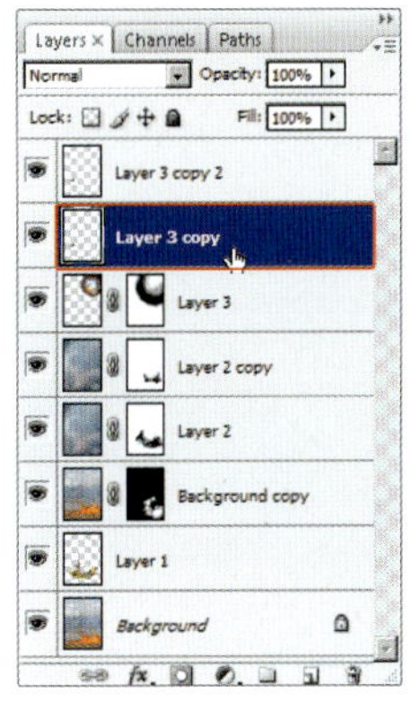

03 'Filter' → 'Blur' → 'Motion Blur' 메뉴를 선택합니다. **04** 'Motion Blur' 대화상자가 나타나면 'Angle'은 '27°', 'Distance'는 '161pixels'로 지정하고 'OK' 버튼을 클릭합니다.

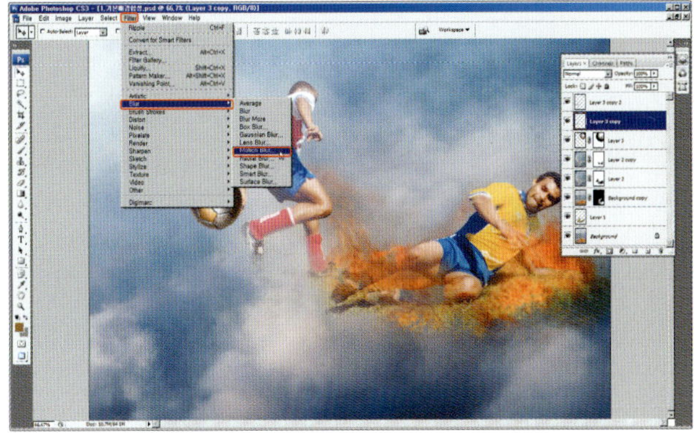
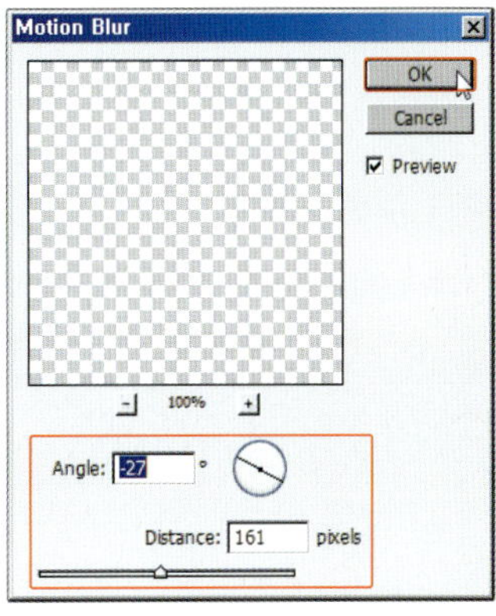

05 단축키 `Ctrl`+`T`를 누르고 마우스 오른쪽 버튼을 클릭한 후 바로 가기 메뉴에서 'Warp'을 선택합니다. **06** 'Warp'을 이용해 다음의 그림과 같이 모션 블러된 이미지를 왜곡한 후 공의 운동감을 표현합니다. 그런 다음 처음 공이 튀어오르는 면을 작게 표현하세요.

07 'Layers' 팔레트에서 'Layer 3 copy 2' 레이어를 선택하고 마스크를 씌웁니다. **08** 전경색을 검은색으로 지정하고 'Opacity'를 '40~50%'로 지정합니다. 그런 다음 표시한 부분을 문질러서 블러와 맞닿는 부분을 희미하게 처리하세요.

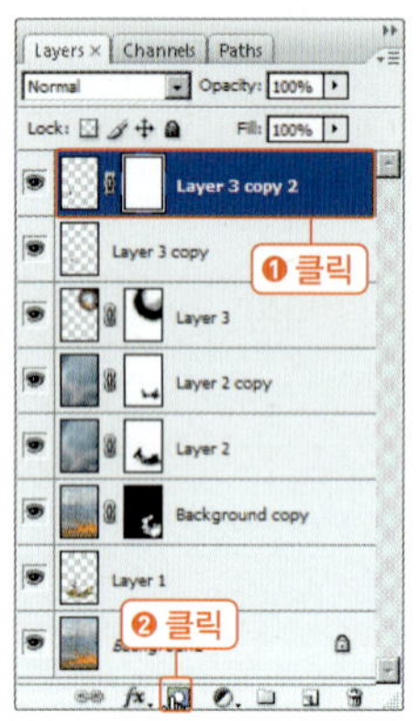
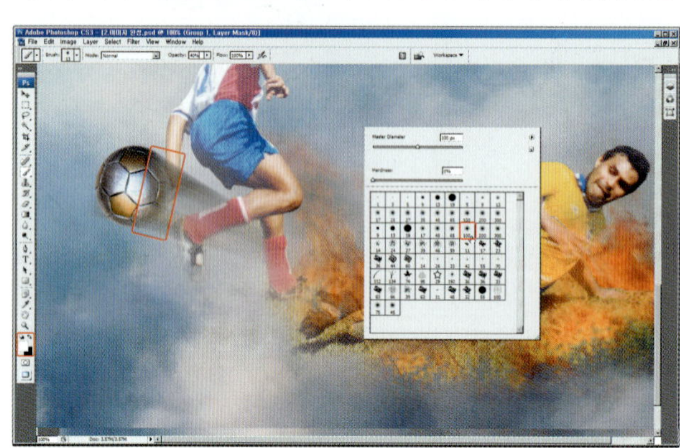

09 'Layer 3 copy' 레이어의 'Opacity'를 '75%'로 조절합니다. **10** 부록 CD에서 'spl.png' 파일을 불러옵니다. 그런 다음 단축키 `Ctrl`+`A`, `Ctrl`+`C`, `Ctrl`+`W`를 차례대로 눌러 작업 창에 이미지를 복사한 후 작업 창을 닫으세요.

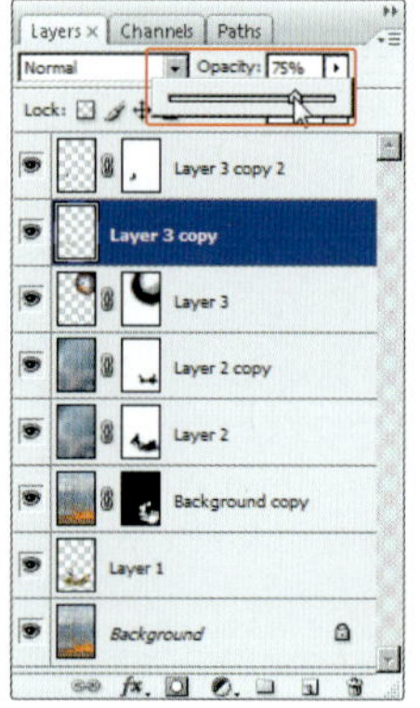
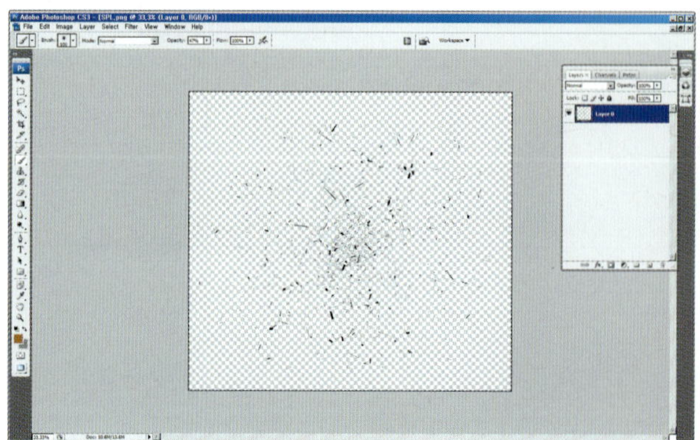

11 단축키 `Ctrl`+`V`를 눌러 작업 창에 이미지를 붙여넣기합니다. 그런 다음 단축키 `Ctrl`+`T`를 눌러 다음의 그림과 같이 크기 및 위치를 조절하세요. **12** 'Layers' 팔레트에서 블렌딩 모드를 'Overlay'로 변경해 배경색을 입힙니다.

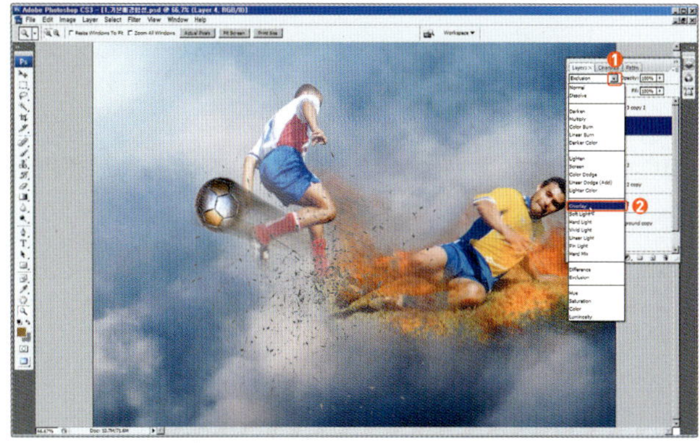

13 튀는 표현이 너무 많아 지저분해 보이므로 라쏘 툴( )을 이용해 빨간색으로 표기한 부분을 선택해서 지웁니다.

14 레이어를 그룹으로 정리해서 관리해야 합니다. `Shift`를 누른 상태에서 그룹으로 관리하려는 레이어를 선택하고 단축키 `Ctrl`+`G`를 눌러 작업을 완료하세요.

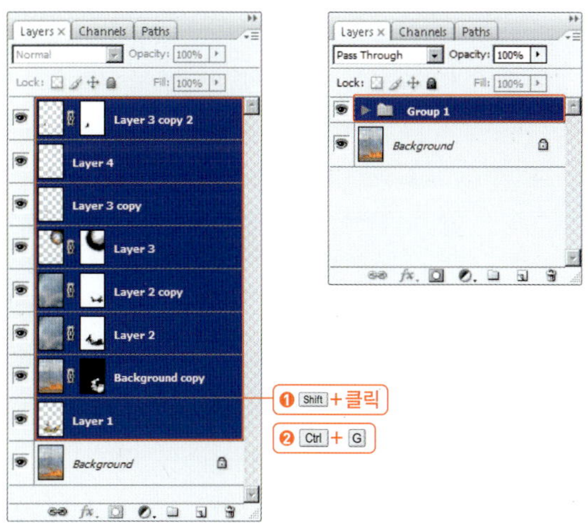

하늘을 추가해 자연스러운 느낌 더하기

레이어 마스크와 블렌딩 모드를 활용해 하늘색과 분위기를 배경에 합성해 보겠습니다.

예제 파일 부록 CD\Theme04\Lesson03\cl-1.jpg

01 부록 CD에서 'cl-1.jpg' 파일을 불러옵니다. 그런 다음 단축키 `Ctrl`+`A`, `Ctrl`+`C`, `Ctrl`+`W`를 차례대로 눌러 작업 창에 이미지를 복사한 후 작업 창을 닫으세요. **02** 단축키 `Ctrl`+`V`를 눌러 작업 창에 이미지를 붙여놓고 단축키 `Ctrl`+`T`를 눌러 다음의 그림과 같이 크기 및 위치를 조절합니다. 그런 다음 'Flip Horizontal'을 이용해 이미지를 좌우 반전시키세요.

 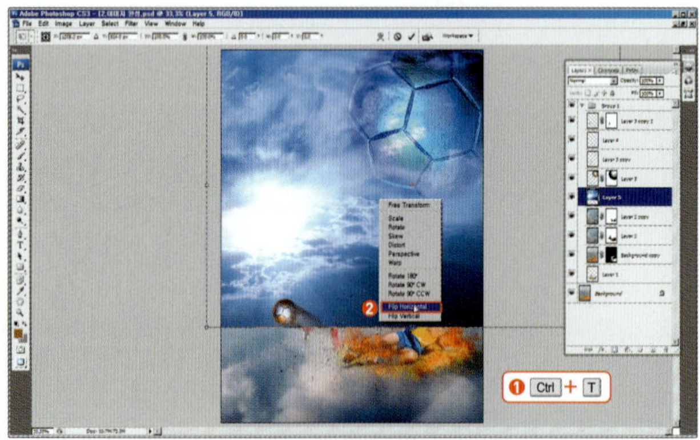

03 축구공의 하이라이트 부분과 구름의 빛나는 부분이 겹치게 배치합니다. **04** 'Layers' 팔레트에서 블렌딩 모드를 'Multiply'로 변경하고 지우개 툴(✐)로 지우거나 마스크 작업을 지우거나 가려서 배경과 자연스럽게 연결합니다.

 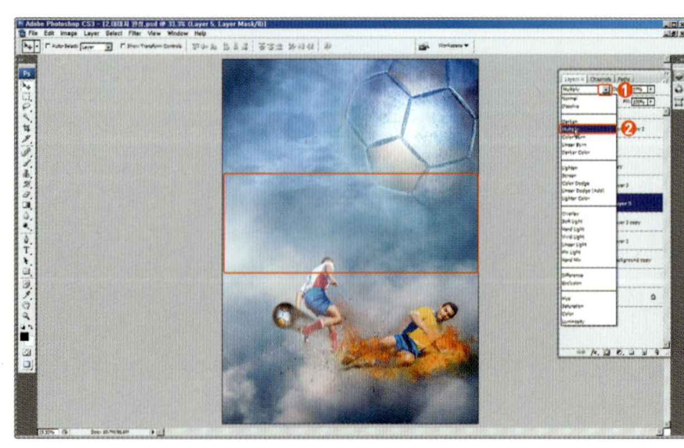

05 단축키 `Shift`+`Ctrl`+`Alt`+`E`를 눌러 현재까지 작업한 과정을 하나의 레이어로 만듭니다. **06** 'Filter' → 'Lender' → 'Lens Flare' 메뉴를 선택합니다.

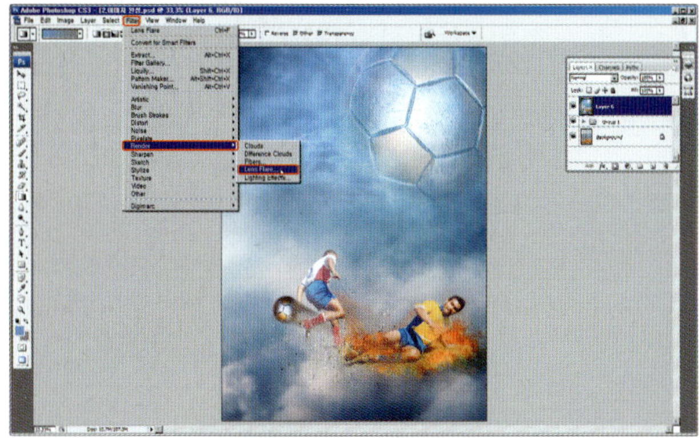

07 'Lens Flare' 대화상자가 나타나면 축구공의 하이라이트 부분에 Flare를 위치시키고 다음의 그림과 같이 지정합니다.

08 편집을 위한 배경 작업을 완성했습니다.

이럴 땐 이렇게 하세요

Q Warp 툴은 어떻게 사용하나요? 예제를 보면 곡선 형태로 꺾어지는데, 어느 부분을 잡고 당겨야 하나요?

A Warp 툴은 'Free Transform'과 비슷하지만 곡선형 왜곡이 가능한 변형 툴입니다. 이번에는 Warp 툴로 부드러운 곡선 형태의 라인을 만들고 Rainbow Light를 적용해 보겠습니다.

❶ 신규 도큐먼트를 만들고 검은색으로 채운 후 브러시를 이용해 흰색 라인을 임의대로 그립니다. 그런 다음 흰색 라인에 'Filter' → 'Blur' → 'Motion Blur' 메뉴를 선택합니다.

❷ 해상도에 따라 설정값이 다르므로 다음의 그림을 참고합니다.

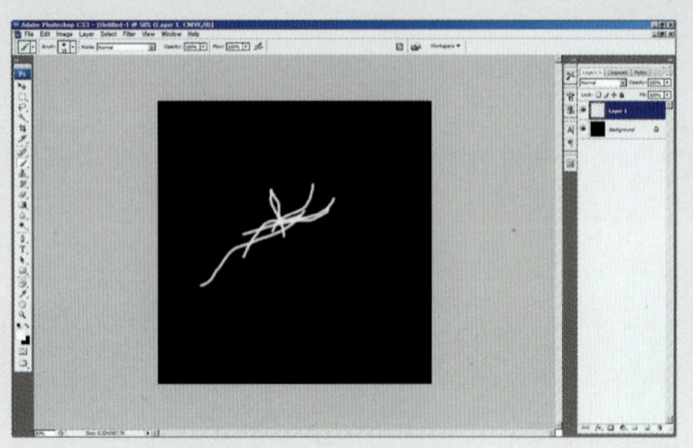
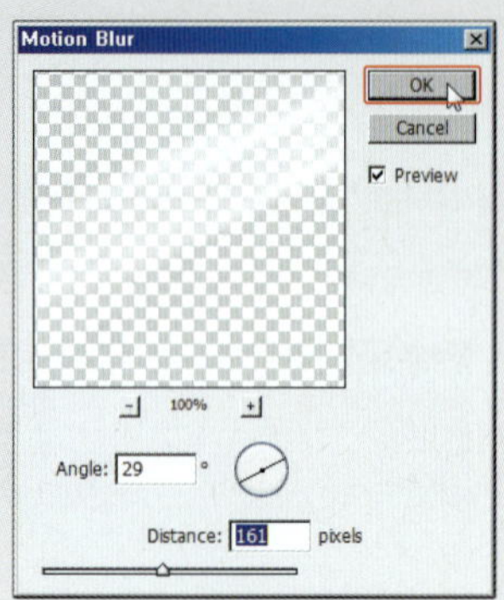

❸ 단축키 Ctrl + T 를 누르고 마우스 오른쪽 버튼을 클릭한 후 바로 가기 메뉴에서 'Warp'을 선택합니다.

❹ 9개의 격자와 12개의 꼭짓점이 나타나면 왼쪽 위에 있는 꼭짓점을 위쪽으로 당깁니다. 그러면 반듯했던 가로 변이 곡선으로 바뀌면서 방향키(파란색 표시)가 아래쪽으로 향합니다. 'Warp'은 'Free Transform'과 달리 곡선으로 자율 변형이 가능하고 움직일 수 있는 점의 개수가 많아 곡선형이나 불규칙한 형태의 합성 작업에 유용하게 사용할 수 있습니다.

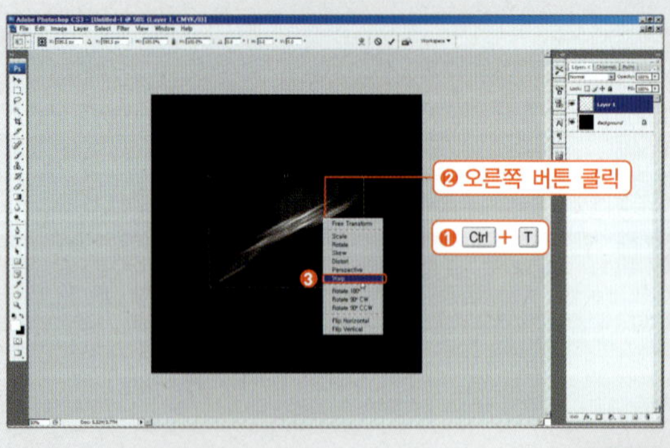

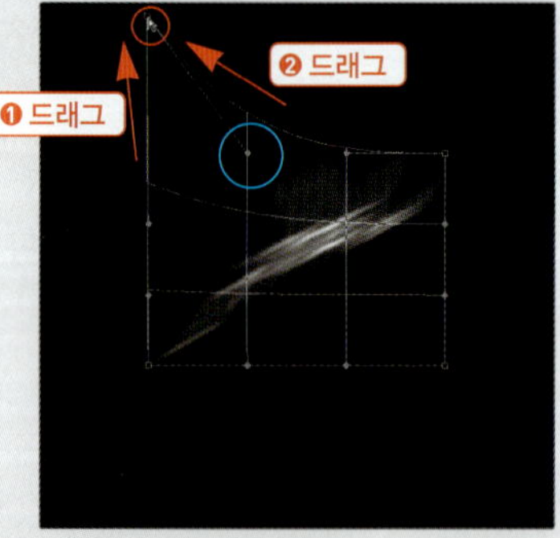

❺ 오른쪽 위의 꼭짓점을 위쪽으로 당깁니다.

❻ 왼쪽 아래의 방향키를 중앙 대각선 방향으로 이동하여 역 S자 형태의 곡선을 만듭니다.

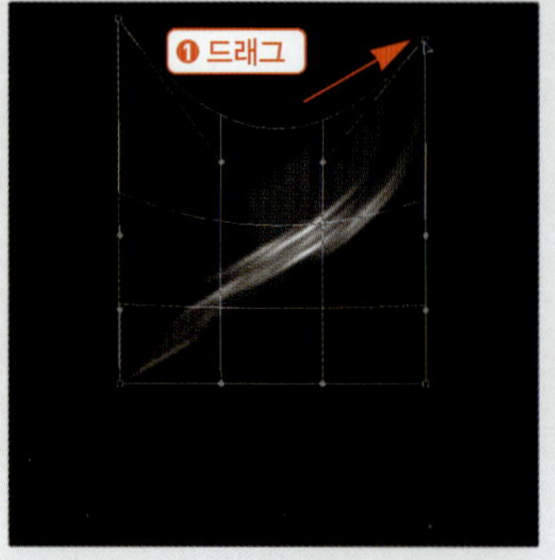

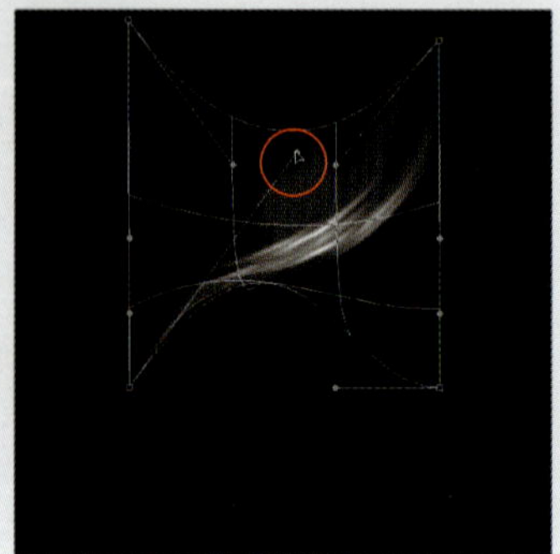

❼ 단축키 `Ctrl`+`T`를 눌러 세로 크기를 축소한 후 'Layers' 팔레트에서 'Layers 1' 레이어를 더블클릭합니다.

❽ 'Layer Style' 대화상자가 나타나면 'Gradient Overlay' 에 체크 표시하고 'Gradient' 를 클릭합니다.

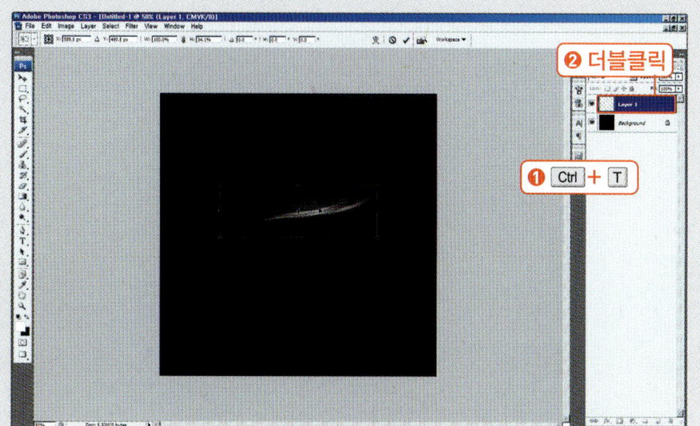
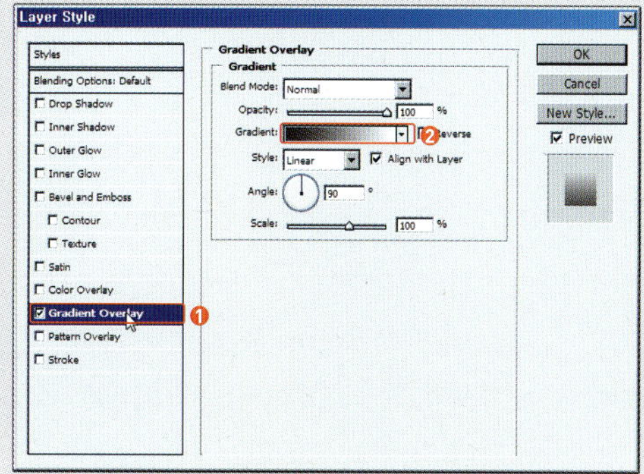

❾ 'Gradient Editor' 대화상자가 나타나면 기본 그레이디언트 타입 중에서 'Transparent Rainbow' 를 선택하고 'OK' 버튼을 클릭합니다.

❿ 'Warp' 을 사용할 때 꼭짓점이나 방향키는 쉽게 선택 및 이동할 수 있지만, 변에 해당하는 부분은 잘 선택되지 않습니다. 이때 커서의 화살표 색깔을 확인합니다. 즉 왜곡하려는 변에 커서를 올려놓고 커서가 검은색으로 변하면 이동할 수 있고, 흰색일 때는 선택되지 않았다는 표시입니다.

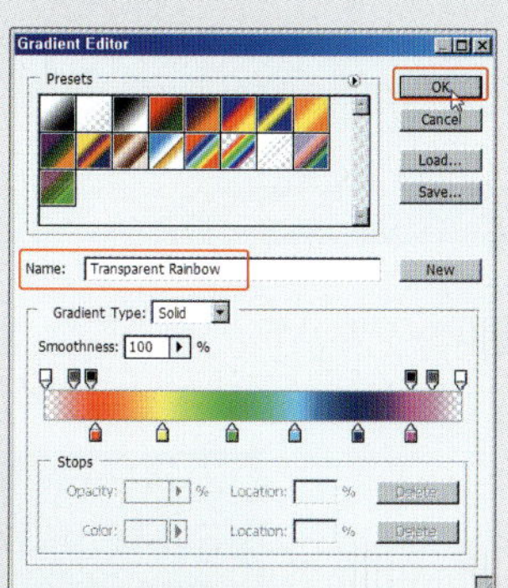
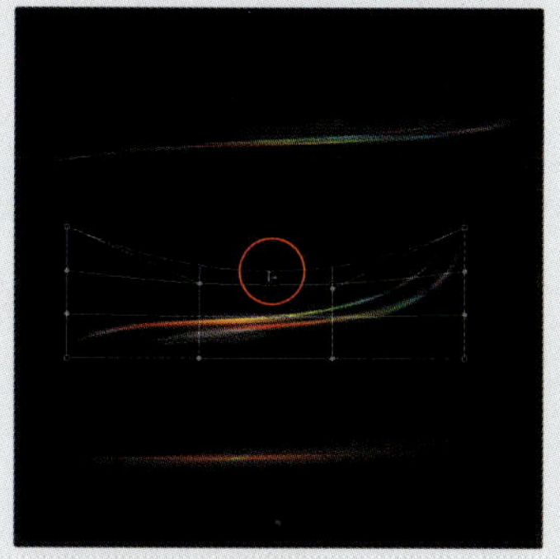

마우스 커서가 검은색인 경우 선택됨

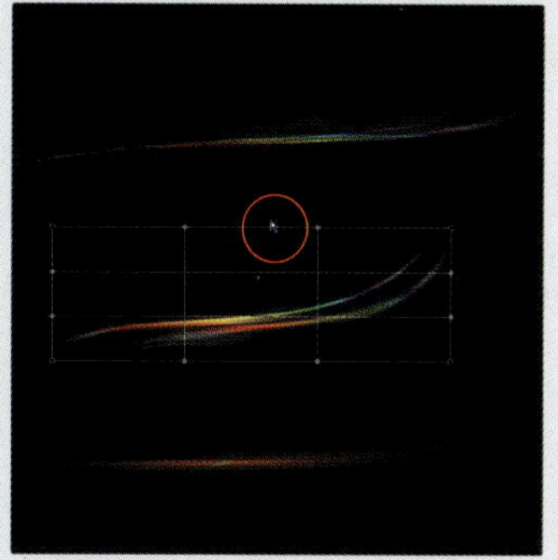

마우스 커서가 흰색인 경우 선택되지 않음

⓫ 부록 CD에서 'Theme 04\Lesson 03' 폴더의 'warp.psd' 파일을 참고합니다.

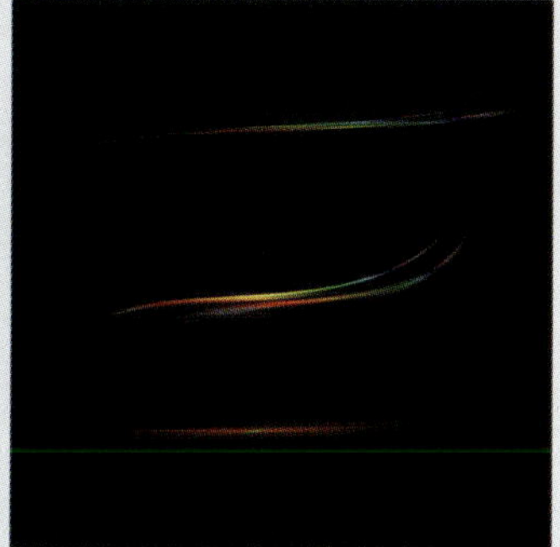

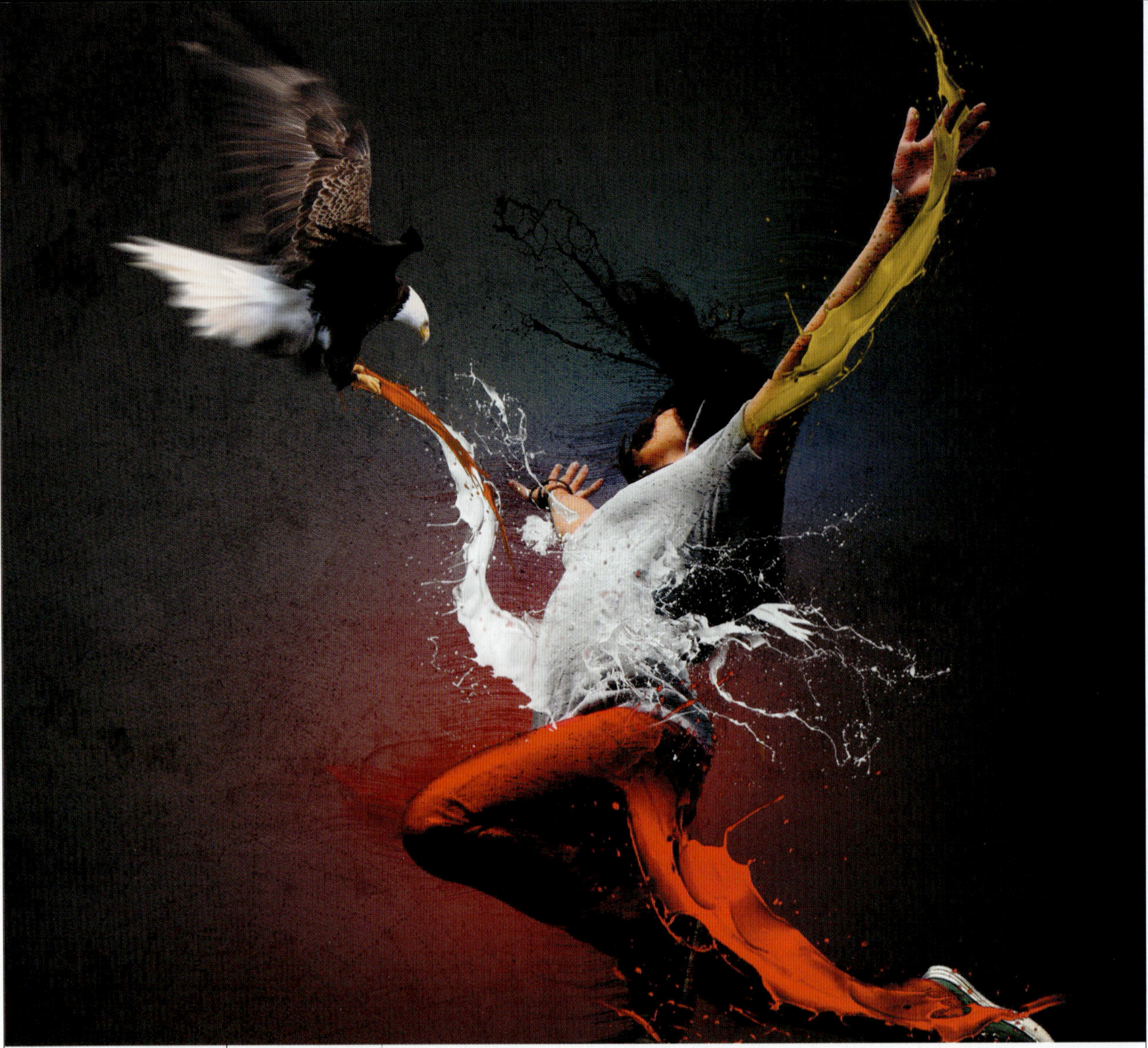

Lesson

결과 파일 부록 CD\Theme04\Lesson04\자유.psd

04 젊음… 자유를 향한 날개짓

Step 01

Step 02

Step 03

청소년축제 관련 포스터용 시안이었으나 채택되지 않은 B컷입니다. 아무래도 '젊음', '순수'와 같은 용어가 떠오르는 청소년들에게 이와 같은 배경은 맞지 않은 것 같습니다. '구속이나 틀에 박힌 사고에서 벗어나 자유를 꿈꾸는…'이라는 콘셉트의 포스터였는데, 개성을 강조하려는 디자이너의 생각과는 다소 차이가 있었습니다.

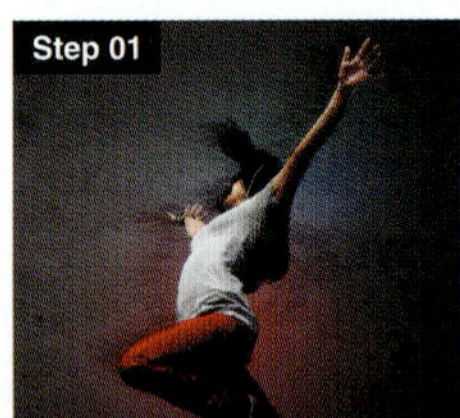

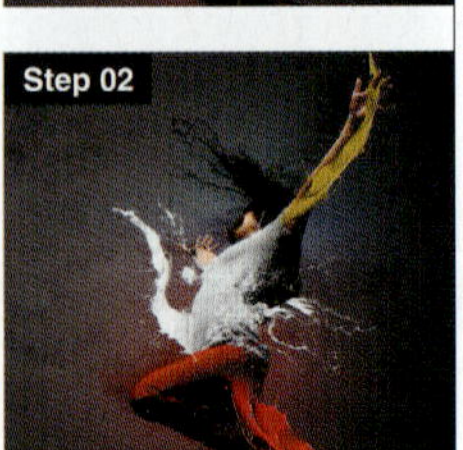

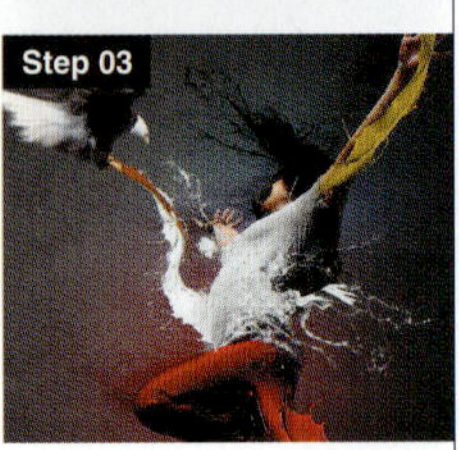

배경 작업하기

텍스처 소스와 그러데이션을 활용해 기본 배경을 완성해 보겠습니다.

예제 파일 부록 CD\Theme04\Lesson04\스플래시.psd, 텍스처.jpg

01 부록 CD에서 '스플래시.psd' 파일을 불러옵니다. **02** 배경 합성에 사용하기 위해 부록 CD에서 '텍스처.jpg' 파일을 불러옵니다. 그런 다음 단축키 Ctrl + A , Ctrl + C , Ctrl + W 를 차례대로 눌러 작업 창에 이미지를 복사한 후 작업 창을 닫으세요.

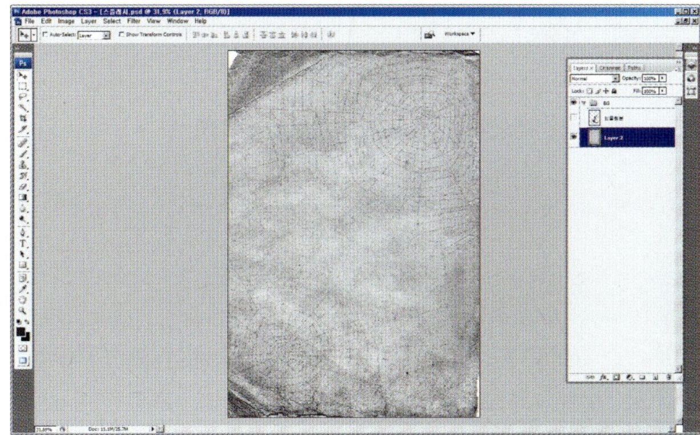

03 '스플래시.psd' 도큐먼트 창에 단축키 Ctrl + V 를 눌러 이미지를 붙여넣기합니다. 그런 다음 'Image' → 'Adjustments' → 'Desaturate' 메뉴(Shift + Ctrl + U)를 선택하여 흑백으로 변환하세요. **04** 'Layers' 팔레트에서 블렌딩 모드를 'Multiply'로 변경하여 하위 레이어의 톤과 함께 어둡게 표현합니다.

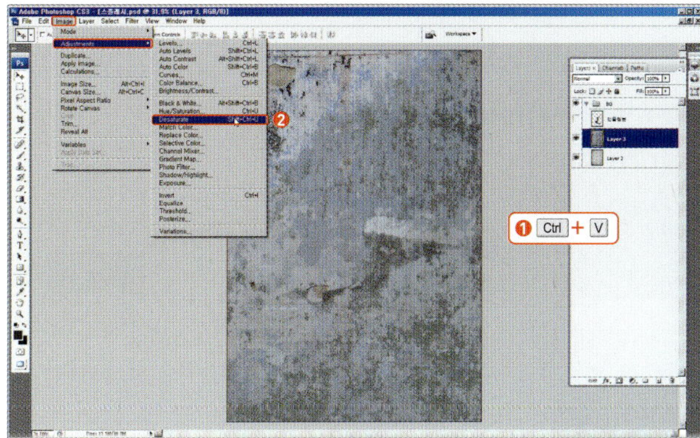
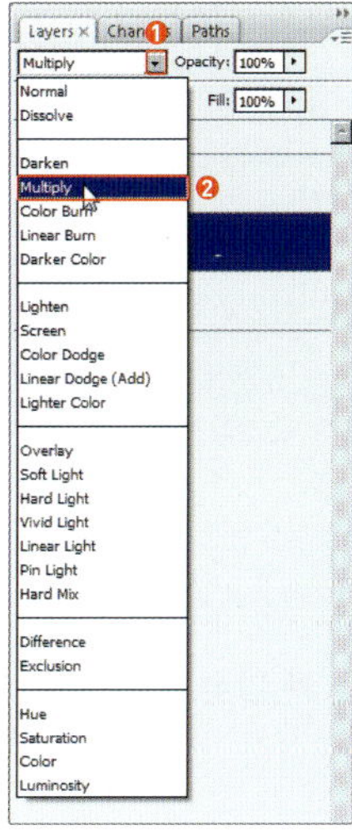

05 'Image' → 'Adjustments' → 'Levels' 메뉴(Ctrl+L)를 선택하여 'Levels' 대화상자를 나타내고 다음의 그림과 같이 슬라이드바를 드래그해서 톤을 밝게 조절합니다. **06** 단축키 Shift+Ctrl+N을 눌러 신규 레이어를 만들고 레이어 이름을 '그라데이션' 으로 지정합니다.

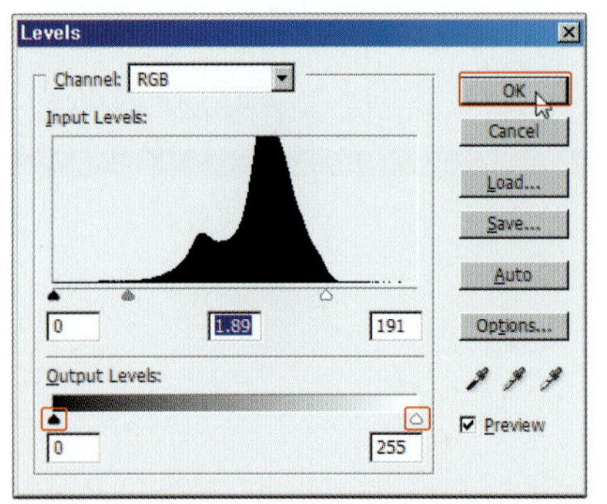

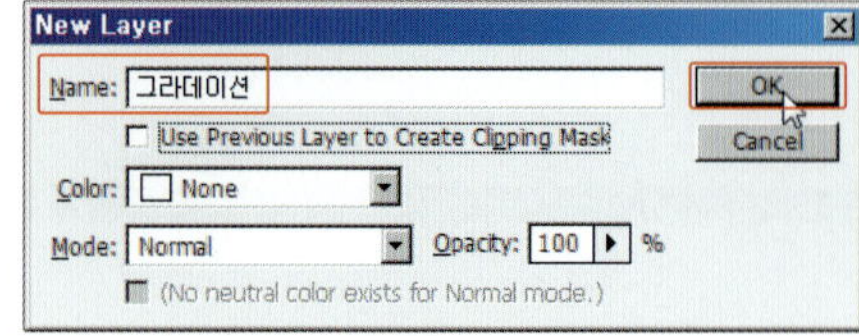

07 툴바에서 그레이디언트 툴(■)을 선택하고 옵션바에서 'Gradient Editor' 를 클릭합니다. 'Select stop color' 대화상자가 나타나면 왼쪽 슬라이드 컬러는 '#525252', 오른쪽 슬라이드 컬러는 '#000000' 으로 지정합니다.

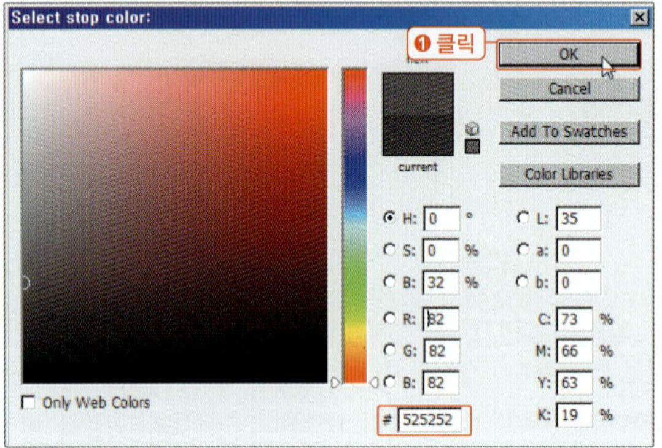

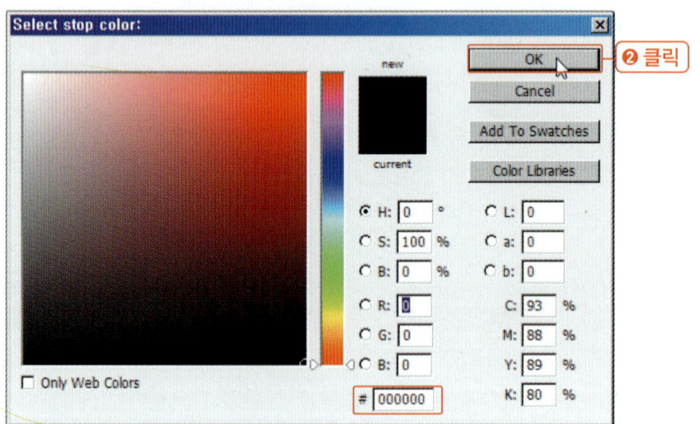

08 'Gradient Editor' 대화상자에서 컬러를 지정하고 'OK' 버튼을 클릭합니다. **09** 옵션바에서 원형 그레이디언트(■)를 선택하고 다음의 그림과 같이 드래그합니다. **10** 적용한 그러데이션을 하위 레이어에 적용하기 위해 'Layers' 팔레트에서 블렌딩 모드를 'Multiply' 로 변경합니다.

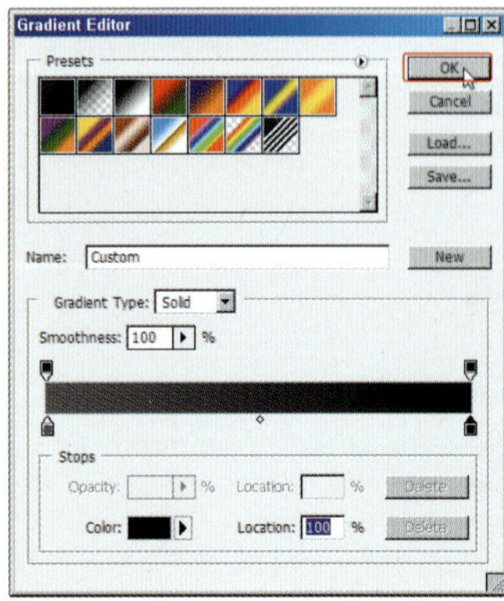

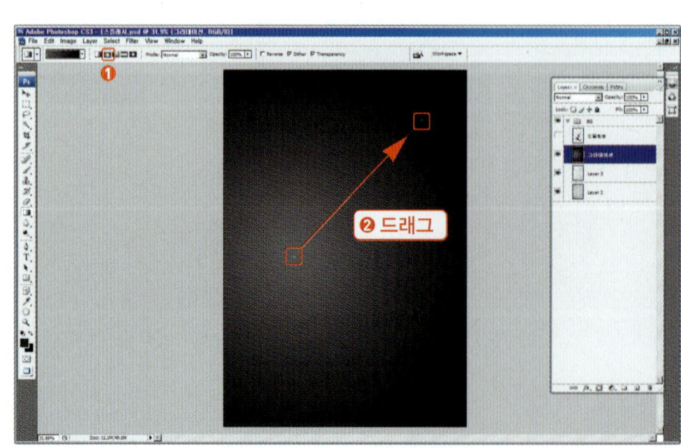

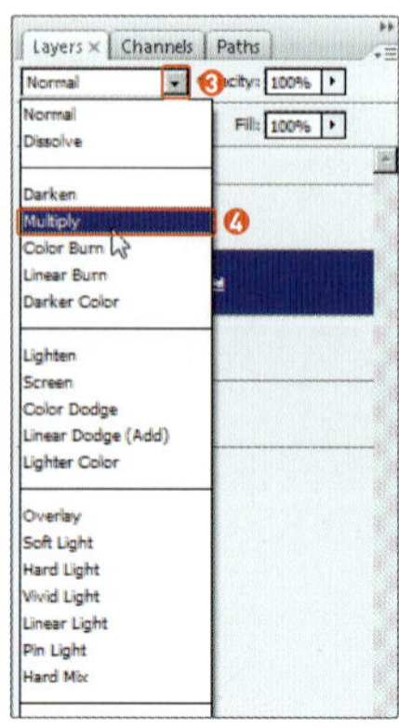

어두운 배경에 색상 표현하기

'Color Donge' 를 이용해 어두운 배경에 색을 적용해 보겠습니다.

결과 파일 부록 CD\Theme04\Lesson04\배경합성.psd

01 단축키 Shift + Ctrl + N 을 눌러 신규 레이어를 만들고 레이어 이름을 '컬러닷지' 로 지정합니다. **02** 'Layers' 팔레트에서 인물의 아래쪽으로 위치시키고 원하는 컬러를 지정한 후 'Soft Round' 계열 브러시를 선택하고 다음의 그림과 같이 칠합니다.

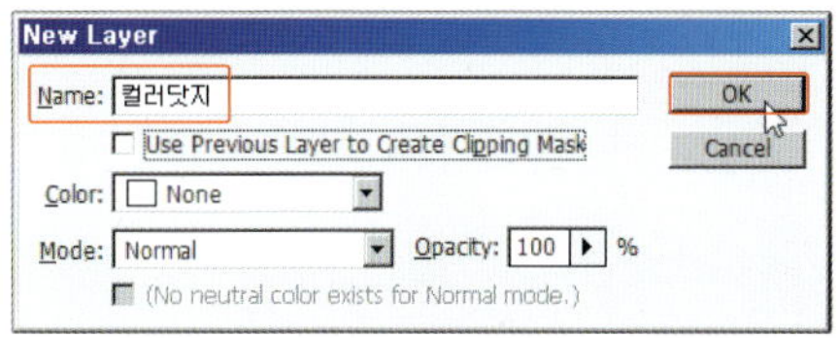

03 'Filter' → 'Blur' → 'Gaussian Blur' 메뉴를 선택하여 'Gaussian Blur' 대화상자를 나타내고 다음의 그림과 같이 블러값을 크게 적용합니다. **04** 은은하면서도 색이 살아있고 컬러의 계조가 흐트러지지 않게 블렌딩 모드를 변경합니다. 이제 배경과 가장 잘 어울리는 'Color Dodge' 로 변경했습니다.

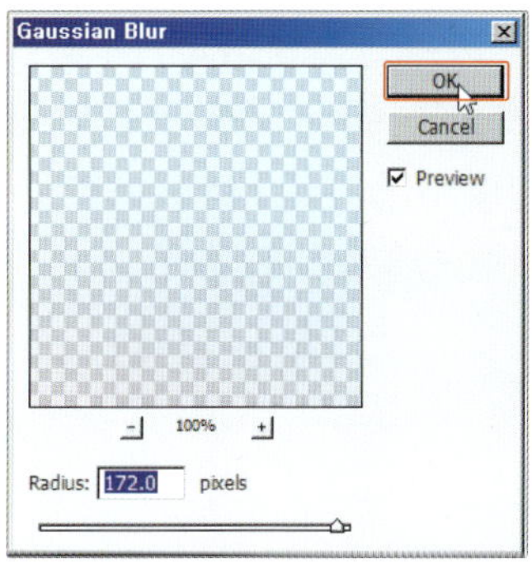

05 'Layers' 팔레트에서 '인물원본 copy 2' 레이어를 선택합니다. 그런 다음 단축키 Ctrl + J 를 눌러 점핑하는 인물 이미지에 운동감을 주기 위해 효과를 적용할 레이어를 복제하세요. **06** 픽셀을 잘게 쪼개기 위해 복제한 레이어에서 'Filter' → 'Noise' → 'Add Noise' 메뉴를 선택합니다.

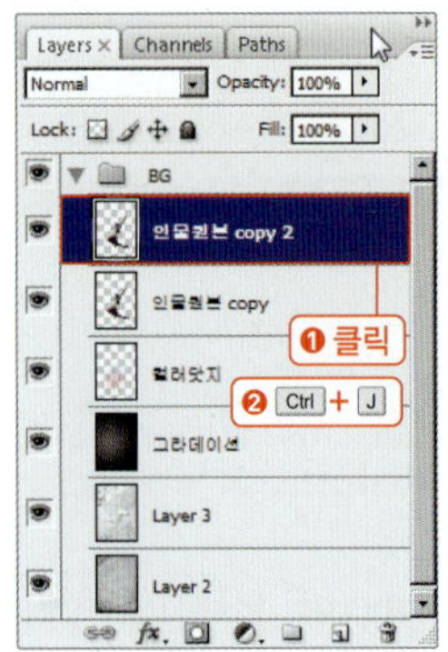
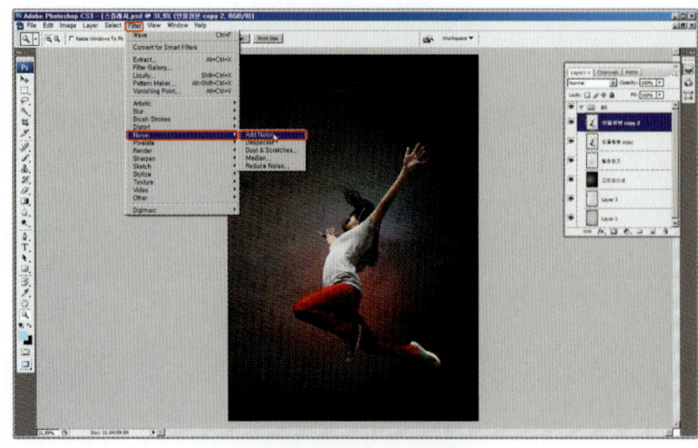

07 'Add Noise' 대화상자가 나타나면 다음의 그림과 같이 지정합니다. 노이즈가 너무 많으면 나중에 적용할 'Wind' 필터 결과물이 잘 표현되지 않으므로 'Amount'를 '70%' 정도로 적용하세요.

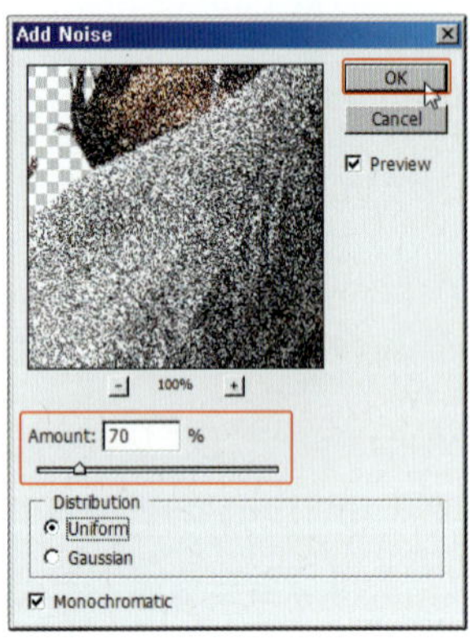

08 'Filter' → 'Stylize' → 'Wind' 메뉴를 선택합니다. **09** 'Wind' 대화상자가 나타나면 다음의 그림과 같이 지정하고 'OK' 버튼을 클릭합니다. 'Wind' 효과는 수치를 조절하는 기능이 따로 없으므로 단축키 Ctrl + F 를 두세 번 정도 더 눌러서 몇 번 더 효과를 지정하세요.

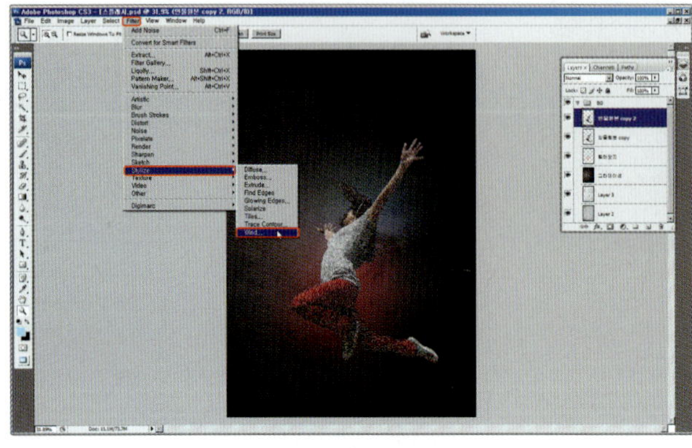

10 단축키 Ctrl + F 를 5번, 즉 'Wind' 효과를 5번 적용한 결과입니다. **11** 불규칙적인 곡선 형태로 만들기 위해 'Filter' → 'Disort' → 'Wave' 메뉴를 선택합니다.

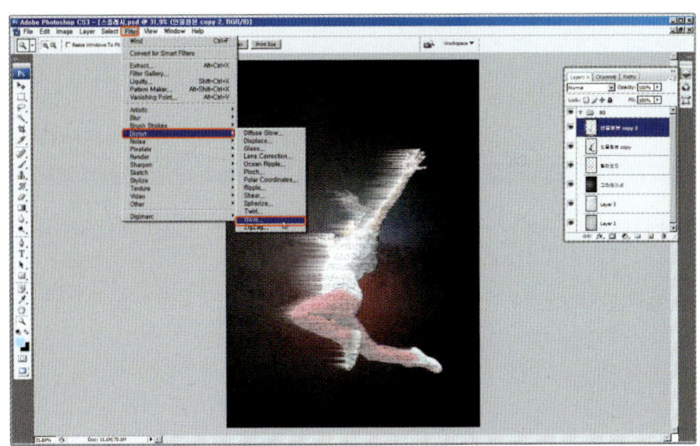

12 'Wave' 대화상자가 나타나면 다음의 그림과 같이 지정하고 'OK' 버튼을 클릭합니다. 'Wave' 기능은 미리 보기 화면이 작아 불편하므로 필자도 두세 번에 거쳐 결과물을 확인한 후 적용합니다. **13** 'Wave' 효과를 적용한 화면입니다. 단축키 Ctrl + F 를 눌러 효과를 반복 적용할 수 있습니다.

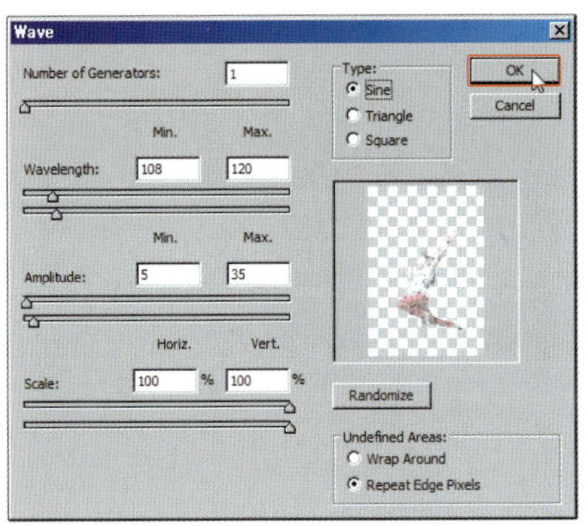

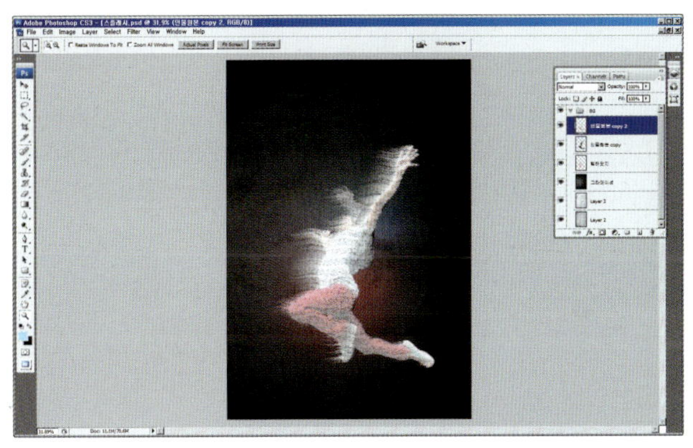

14 블렌딩 모드를 'Color Burn'으로 변경하여 인물의 외곽 부분이 바람에 흔들려서 날라가는 듯한 느낌을 만듭니다.

Step 03

소스를 추가해 살아 숨쉬는 느낌 더하기

'Splash' 소스를 활용해 동적인 느낌을 부여해 보겠습니다.

예제 파일 부록 CD\Theme04\Lesson04\흰색스플래시.psd

01 부록 CD에서 '흰색스플래시.psd' 파일을 불러온 후 F를 눌러 화면 보기 창을 변환합니다. 그런 다음 이동 툴(▶+)로 'Layer 0' 레이어를 제외한 나머지 레이어들을 모두 기본 배경 합성 도큐먼트로 드래그해 이동하세요. **02** 'Layers' 팔레트에서 '1번' 레이어를 제외한 나머지 레이어의 눈 아이콘(◉)을 잠시 끕니다.

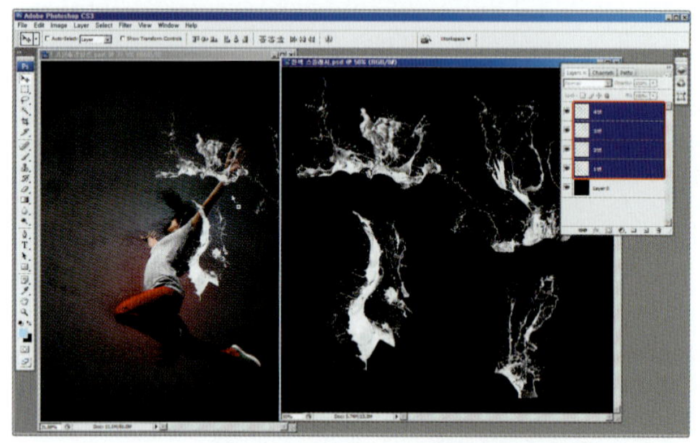

03 단축키 Ctrl + J를 눌러 '1번' 레이어를 복사해서 '1번 copy' 레이어를 만듭니다. **04** 단축키 Ctrl + T를 눌러 다리와 비슷한 방향으로 크기와 위치를 지정하고 '1번 copy' 레이어를 더블클릭합니다.

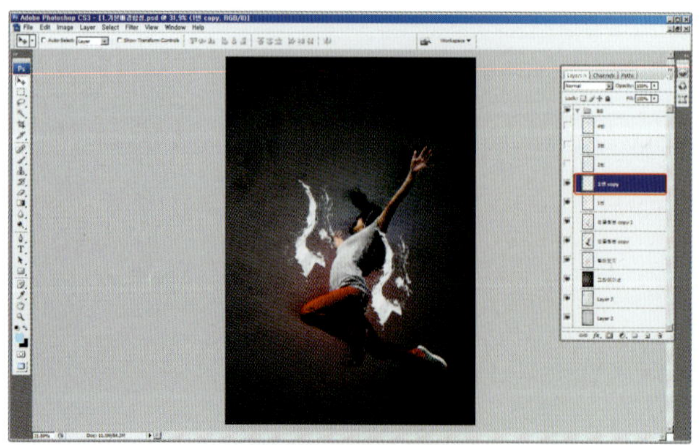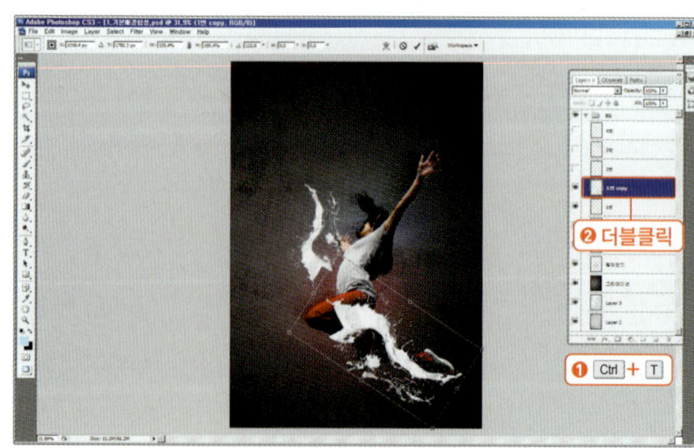

05 'Layer Style' 대화상자가 나타나면 'Color Overlay'에 체크 표시한 후 컬러 박스를 클릭합니다. **06** 'Select overlay color' 대화상자가 나타나면 '#cd0000' 컬러를 지정합니다.

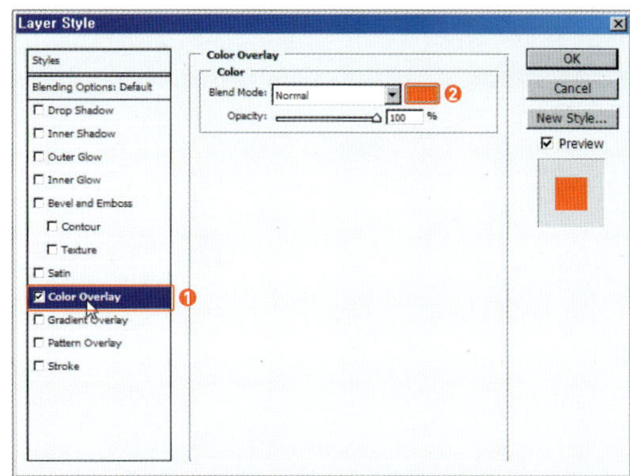 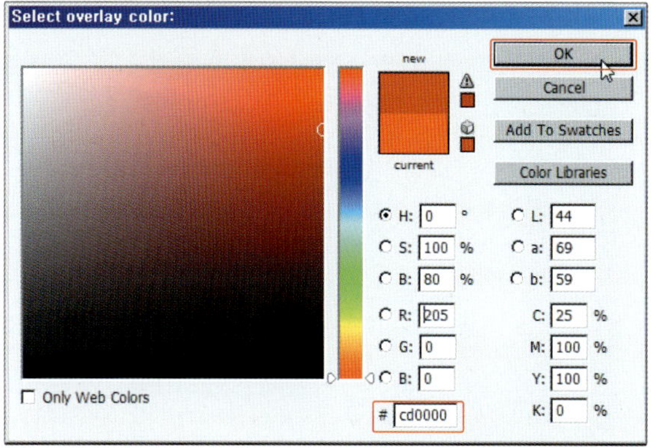

07 'Layer Style' 대화상자로 되돌아오면 컬러가 적용되면서 음영의 깊이감이 살아있도록 'Blend Mode'를 'Linear Burn'으로 변경하고 'OK' 버튼을 클릭합니다. **08** 단축키 Shift + Ctrl + N 을 눌러 신규 레이어를 만듭니다.

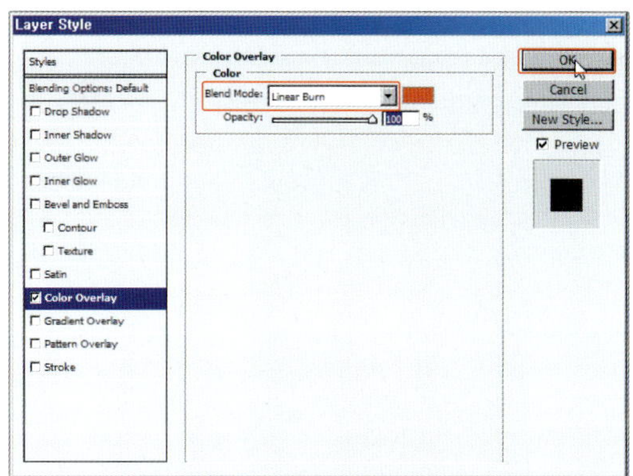 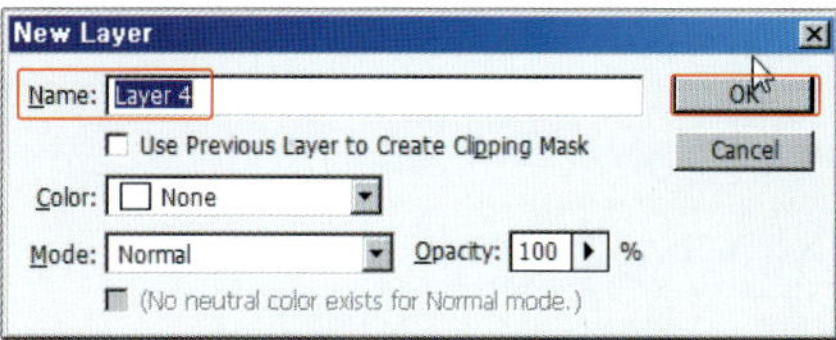

09 Ctrl 을 누른 상태에서 생성된 신규 레이어와 '1번 copy' 레이어를 선택하고 단축키 Ctrl + E 를 눌러 합칩니다. **10** '1번' 레이어를 선택하고 단축키 Ctrl + T 를 눌러 옷 부분에서 이어져 나온다는 느낌을 생각하면서 다음의 그림과 같이 위치와 크기를 조절합니다.

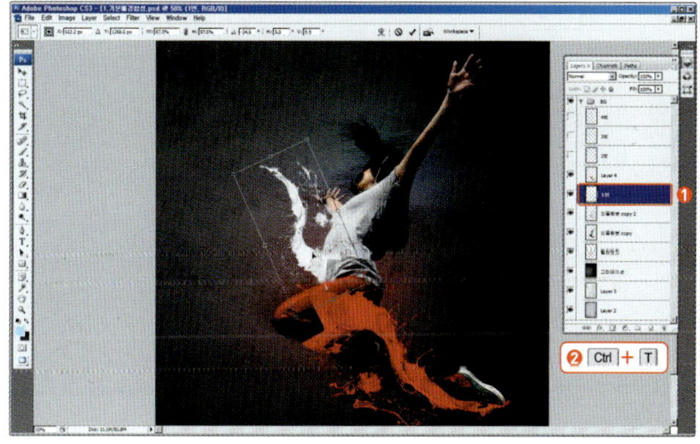

11 '2번' 레이어의 눈 아이콘(⊙)을 클릭하고 단축키 Ctrl + T 를 눌러 머리 부분에 위치시킵니다. 그런 다음 '2번' 레이어를 더블클릭합니다. **12** 'Layer Style' 대화상자가 나타나면 'Color Overlay'에 체크 표시하고 컬러 박스의 컬러를 검은색으로 지정한 후 'OK' 버튼을 클릭합니다.

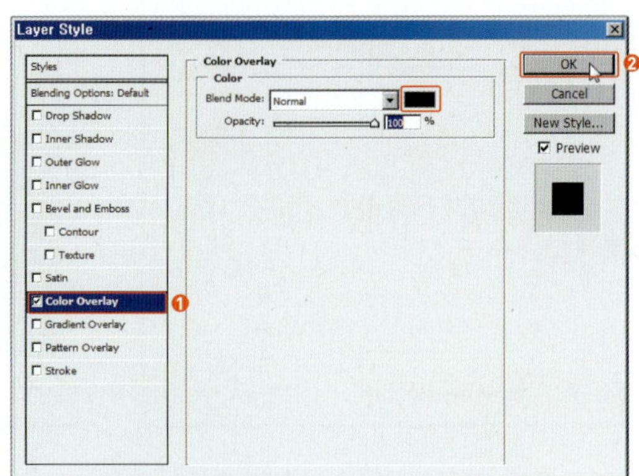

13 '3번' 레이어의 눈 아이콘(⊙)을 클릭하고 다음의 그림과 같이 단축키 Ctrl + T 를 눌러 크기와 위치를 조절합니다.
14 '4번' 레이어의 눈 아이콘(⊙)을 클릭하고 다음의 그림과 같이 단축키 Ctrl + T 를 눌러 크기와 위치를 조절합니다.

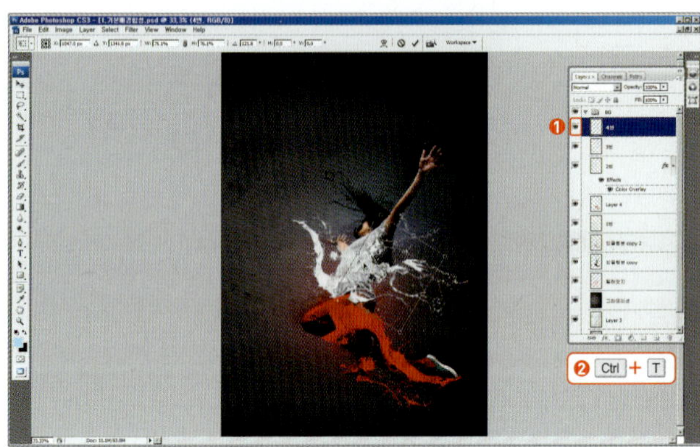

15 Ctrl 을 누른 상태에서 '3번' 레이어와 '4번' 레이어를 선택하고 단축키 Ctrl + E 를 눌러 합칩니다. **16** 'Layer 4' 레이어를 단축키 Ctrl + J 를 눌러 복제해 왼손의 위치와 비슷하게 배치합니다.

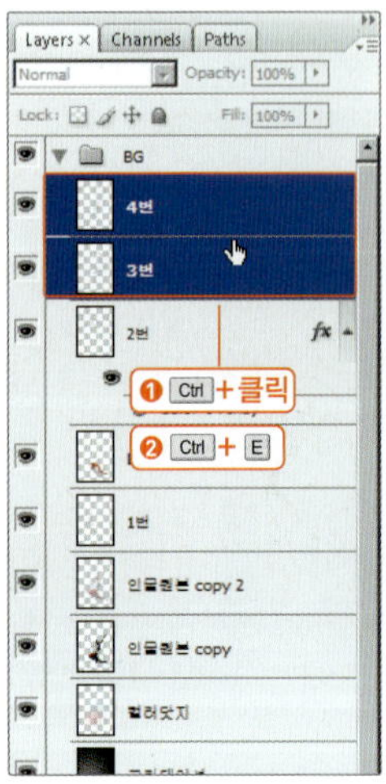
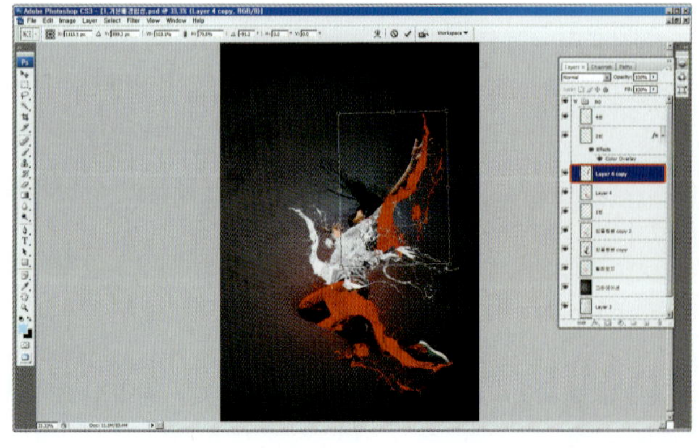

17 'Image' → 'Adjustments' → 'Hue/Saturation' 메뉴([Ctrl]+[U])를 선택합니다. **18** 'Hue/Saturation' 대화상자가 나타나면 'Hue'를 '+44'로 조절해서 Yellow 계열의 색을 만듭니다.

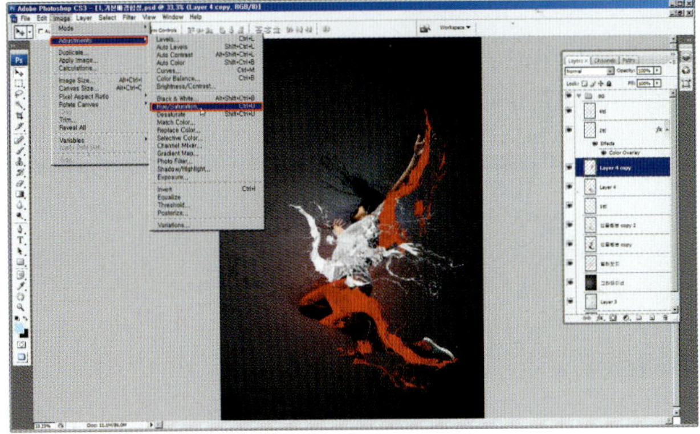

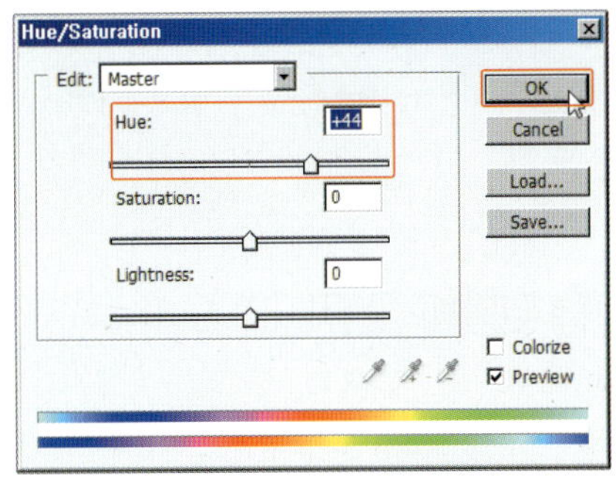

19 툴바에서 브러시 툴(✐)을 선택하고 전경색을 검은색으로 지정합니다. **20** 작업 창에서 마우스 오른쪽 버튼을 클릭한 후 'Soft Round'에서 '200pixel' 브러시를 선택합니다.

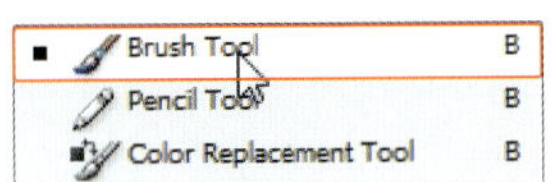

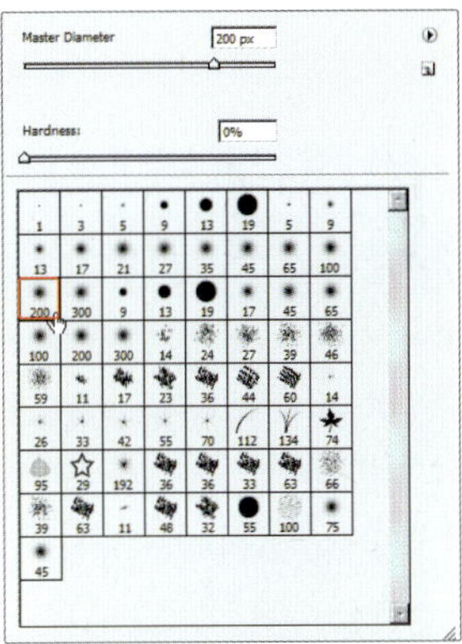

21 '4번', '2번', 'Layer 4 copy', 'Layer 4', '1번' 레이어에 모두 마스크를 씌워 'Reaveal All' 상태로 만듭니다. 그런 다음 옵션바에서 'Opacity'를 '40~50%' 사이로 지정합니다. **22** 브러시를 확대 및 축소([[], []])하면서 인물 이미지와 스플래시 효과가 겹치는 부분을 문질러서 자연스럽게 연결합니다.

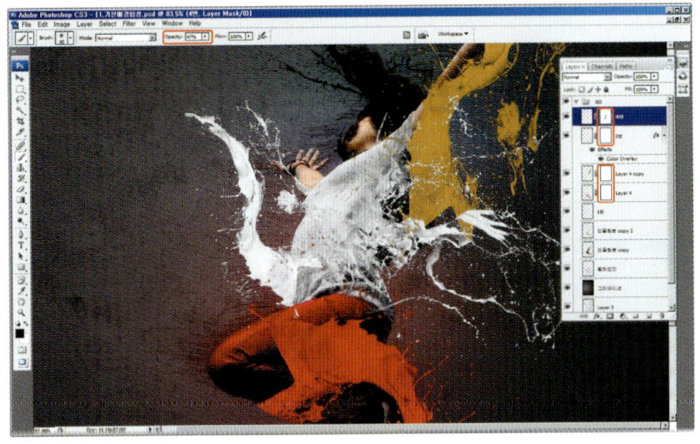

23 완성한 이미지를 확인합니다.

쉽고 간편한 색상 변환 Hue/Saturation 사용 방법과 주의할 점

Hue/Saturation은 색상을 쉽고 빠르게 변환할 때 매우 유용한 보정물인데, 사용할 때 Saturation에서 채도를 높게 지정하는 작업은 화면 색상에서는 문제 없지만 출력할 때 문제가 됩니다. 이미지가 갖고 있는 기본 색상에서 Hue를 이용해 색상을 변환하는 데까지는 큰 문제가 없지만, 그 상태에서 Saturation을 이용해서 채도를 높이면 색조가 파괴되어 출력할 때 색상이 뭉치거나 변질됩니다. 그러므로 출력을 목적으로 작업하는 경우 Saturation을 사용할 때 주의하세요. 다음은 Hue를 이용해 'Yellow' 톤의 색상을 변환한 그림입니다.

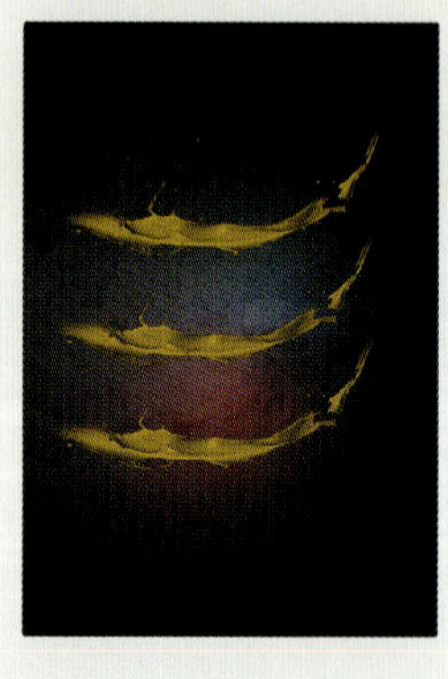

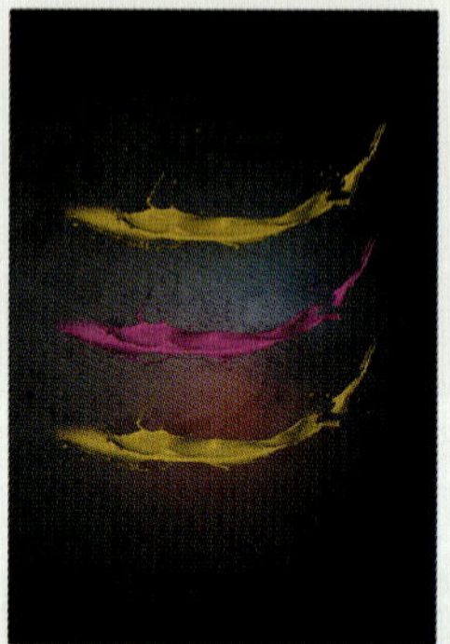

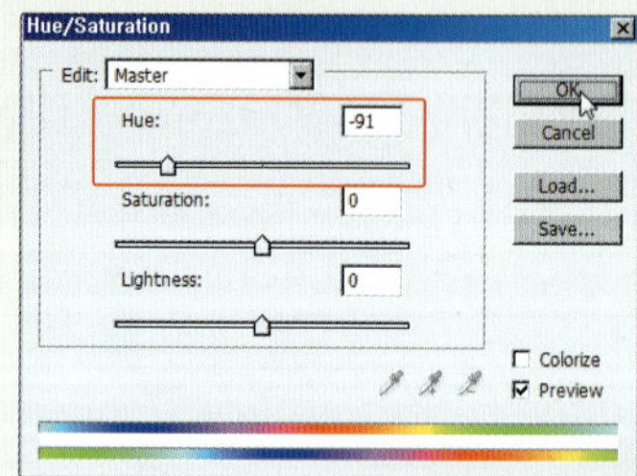

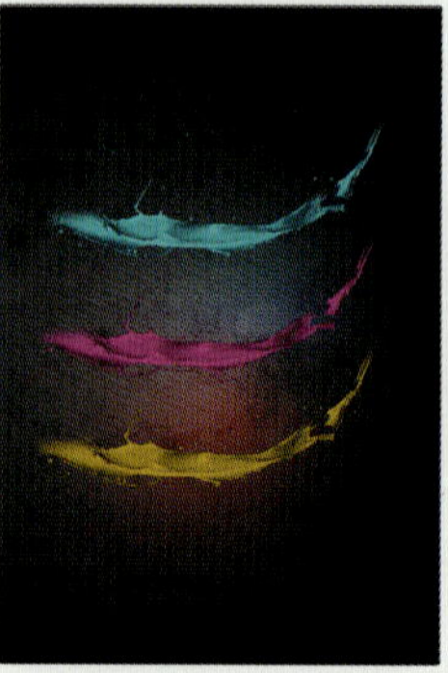

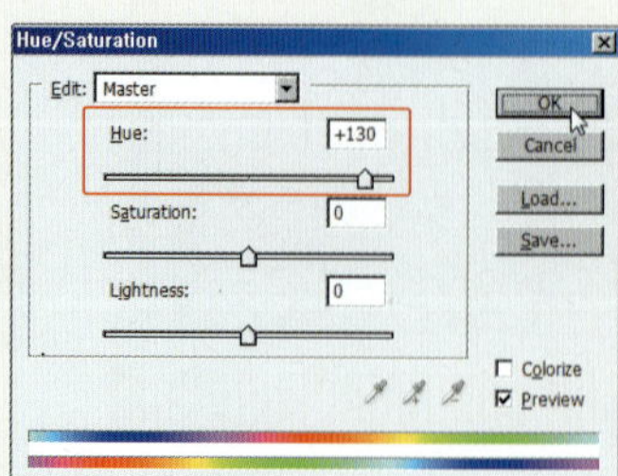

연상되는 이미지를 추가해 자유 느낌 표현하기

날개짓 하는 독수리를 추가해 좌우 균형을 맞추고 '자유' 라는 느낌을 표현해 보겠습니다.

예제 파일 부록 CD\Theme04\Lesson04\독수리.jpg

01 부록 CD에서 폴더의 '독수리.jpg' 파일을 불러옵니다. 그런 다음 마술봉 툴(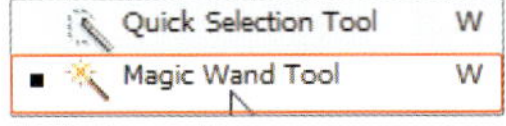)과 라쏘 툴(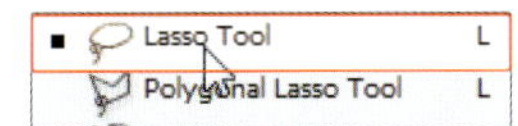)을 이용해 이미지를 선택하세요. **02** 마술봉 툴을 이용해 배경 부분을 클릭합니다. 그런 다음 Shift 를 누른 상태에서 라쏘 툴로 선택하지 않은 부분을 선택해 독수리를 제외한 나머지 부분을 선택하세요.

03 독수리 이미지를 사용할 것이므로 'Select' → 'Inverse' 메뉴(Shift + Ctrl + I)를 선택하여 선택 영역을 반전시킵니다.

04 'Select' → 'Refine Edge' 메뉴(Alt + Ctrl + R)를 선택합니다. 'Refine Edge' 대화상자가 나타나면 수치값을 다음의 그림과 같이 지정하고 'On Black' 미리 보기 모드에 체크 표시해서 독수리 이미지 외곽에 필요 없는 픽셀을 선택 영역에서 제거합니다.

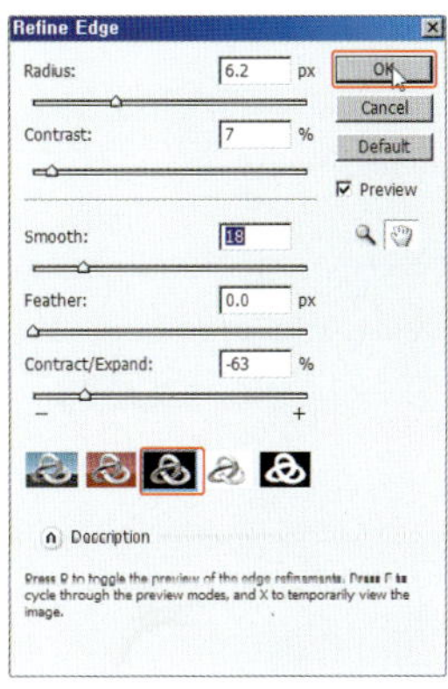

05 단축키 Ctrl+C, Ctrl+W를 차례대로 눌러 독수리 이미지를 복사한 후 작업 창을 닫고 현재 작업 창에 단축키 Ctrl+V를 눌러 붙여넣기합니다. 그런 다음 단축키 Ctrl+T를 눌러 다음의 그림과 같이 크기를 축소해 배치하세요.

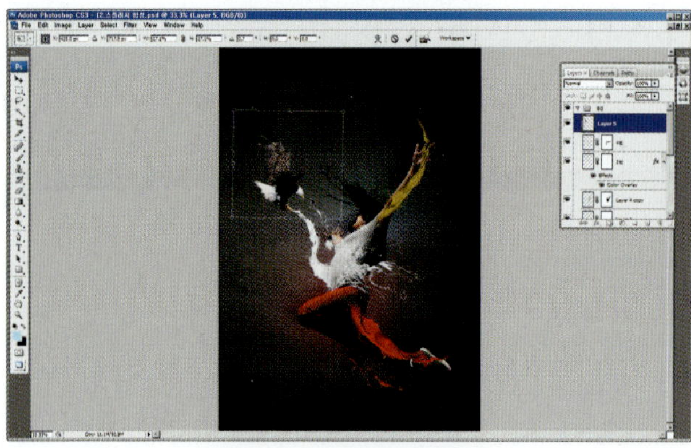

06 왼쪽에 위치한 'Layer 4 copy' 레이어를 단축키 Ctrl+J를 눌러 복제합니다. **07** 단축키 Ctrl+T를 눌러 크기를 조절하고 'Flip Horizontal'로 좌우 반전시킵니다.

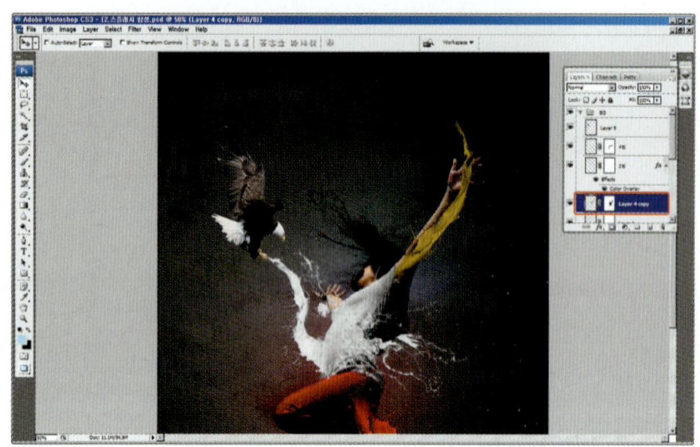
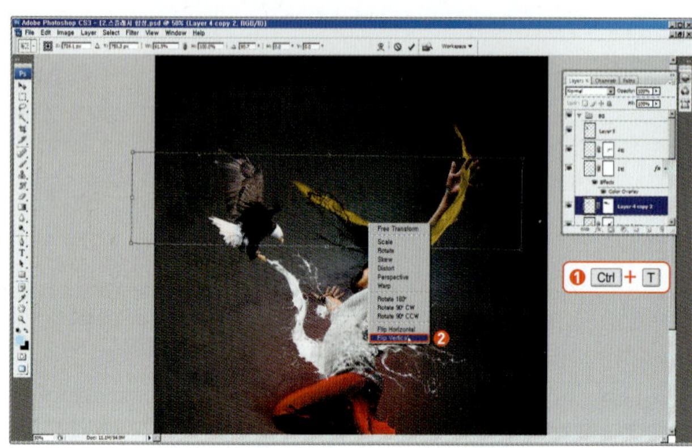

08 다음의 그림과 같이 배치하여 독수리의 발 부분에서 뻗어나오는 스플래시 효과를 표현합니다. **09** 'Image' → 'Adjustments' → 'Hue/Saturation' 메뉴(Ctrl+U)를 선택합니다. 'Hue/Saturation' 대화상자가 나타나면 다음의 그림과 같이 조절하여 독수리 발 색깔과 비슷하게 색을 변경합니다.

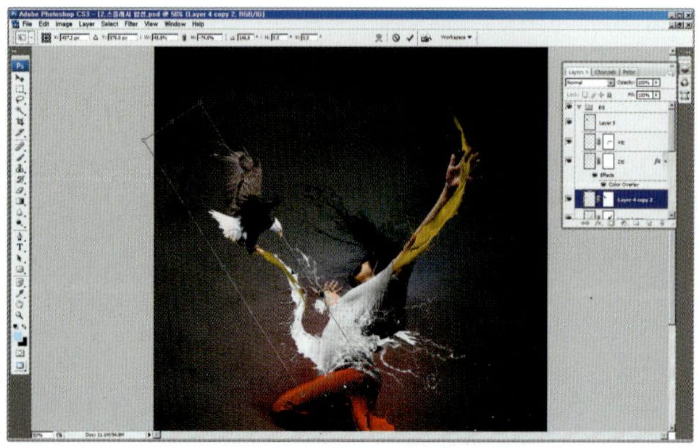
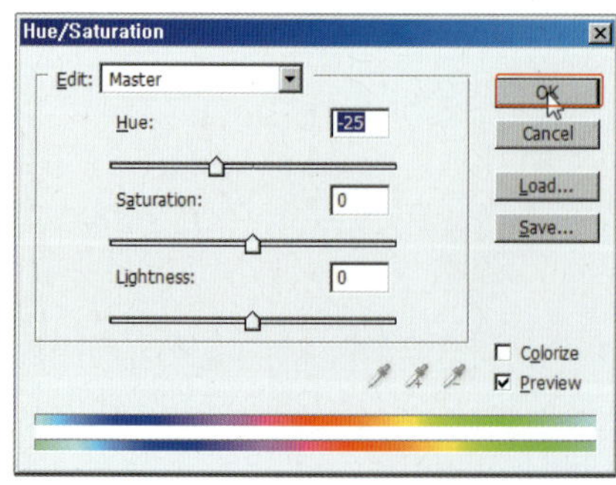

10 툴바에서 라쏘 툴(　)을 선택합니다. **11** 다음의 그림과 같이 독수리 날개 부분을 선택합니다.

12 선택 영역을 부드럽게 만들기 위해 'Select' → 'Modify' → 'Feather' 메뉴를 선택합니다.

13 'Feather Selection' 대화상자가 나타나면 '25pixels'를 입력하고 'OK' 버튼을 클릭합니다.

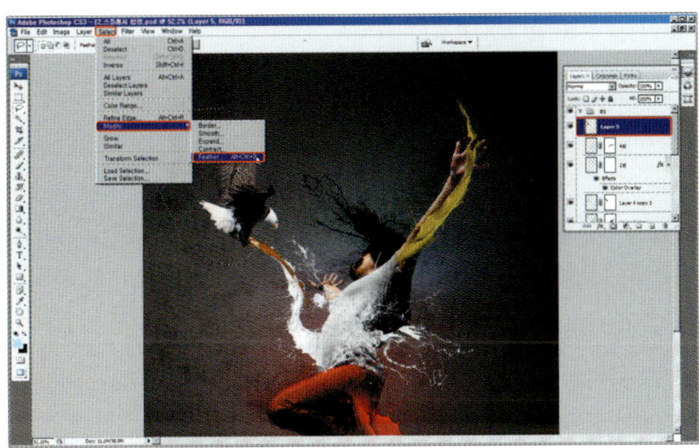

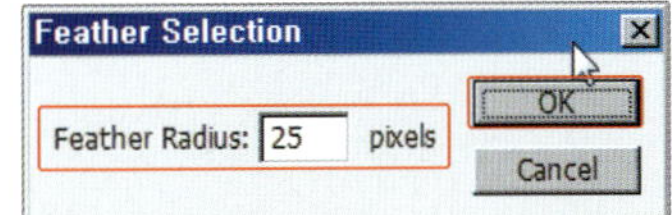

14 단축키 Ctrl + J 를 눌러 선택 영역만큼 이미지를 복사하고 단축키 Ctrl + T 를 눌러 크기를 확대합니다. **15** 이미지에서 마우스 오른쪽 버튼을 클릭한 후 바로 가기 메뉴에서 'Distort'를 선택합니다.

16 다음의 그림과 같이 날개를 확대하여 날개 이미지를 왜곡시킵니다. **17** 'Filter' → 'Blur' → 'Motion Blur' 메뉴를 선택하여 'Motion Blur' 대화상자를 나타내고 'Distance'를 '31pixels'로 지정합니다.

 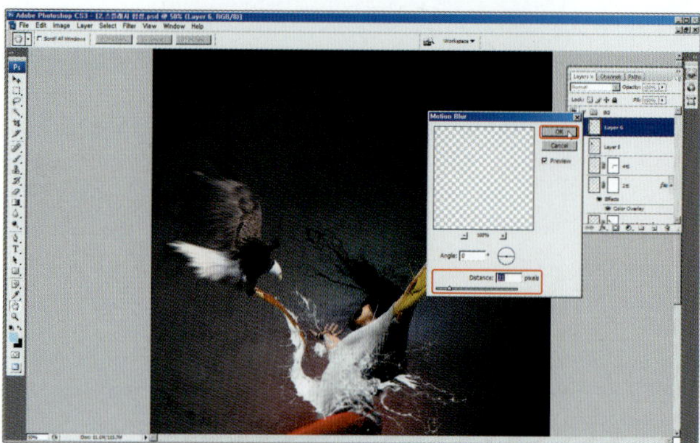

18 확장 아이콘(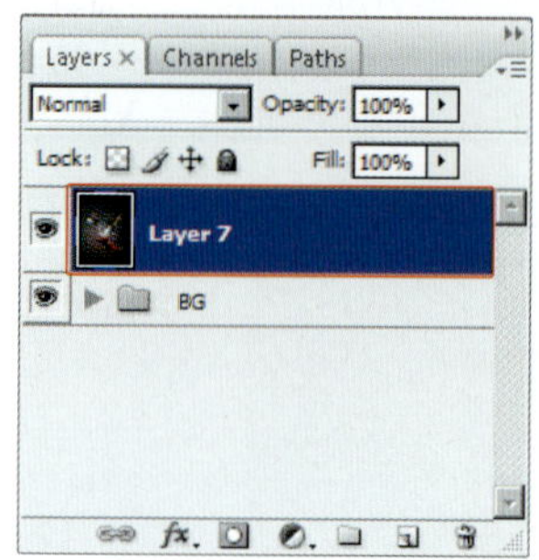)을 클릭해서 보정 레이어 그룹 작업 창을 닫습니다. 그런 다음 지금까지의 작업 과정을 단축키 Shift + Ctrl + Alt + E 를 눌러 하나의 레이어 상태로 만드세요.

LAB 컬러를 이용해 화사하게 색상 표현하기

레이어 마스크를 이용해 간단하게 배경을 합성해 보겠습니다.

01 〈Step 4〉의 **18**에서 완성한 'Layer 7' 레이어를 단축키 Ctrl + A , Ctrl + C 를 차례대로 눌러 복사합니다. 그런 다음 새로운 도큐먼트를 생성하여 다음의 그림과 같이 지정하고 단축키 Ctrl + V 를 눌러 작업 창에 이미지를 붙여넣기하세요. **02** 'Image' → 'Apply Image' 메뉴를 선택하고 'Apply Image' 대화상자에서 다음의 그림과 같이 지정한 후 'OK' 버튼을 클릭합니다.

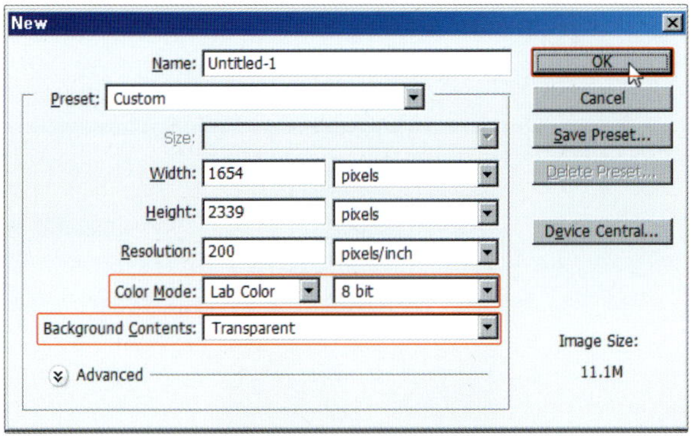 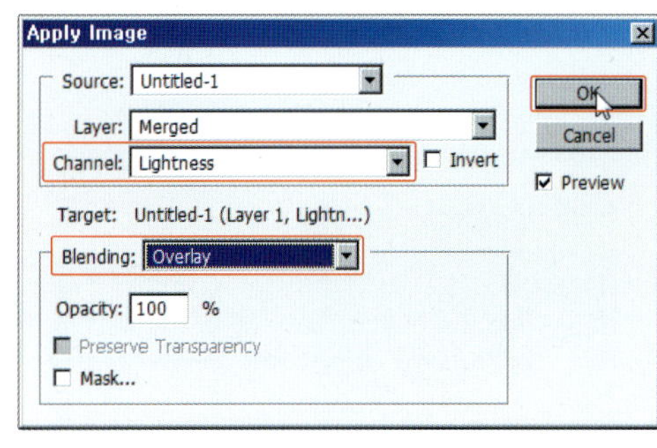

03 'Image' → 'Apply Image' 메뉴를 선택하고 'Apply Image' 대화상자에서 다음의 그림과 같이 지정한 후 'OK' 버튼을 클릭합니다. **04** 'Image' → 'Apply Image' 메뉴를 선택하고 'Apply Image' 대화상자에서 다음의 그림과 같이 지정한 후 'OK' 버튼을 클릭합니다.

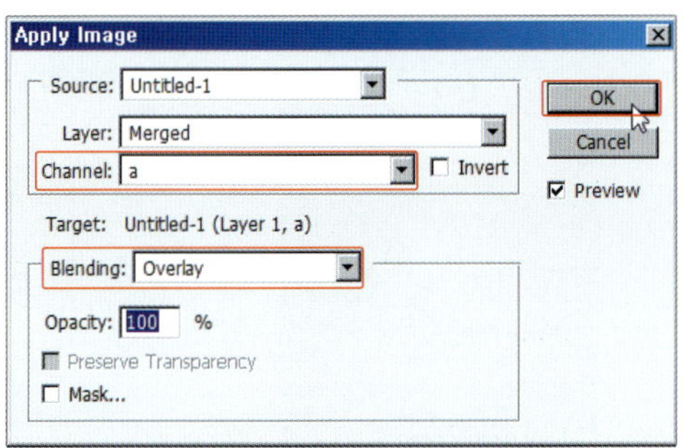 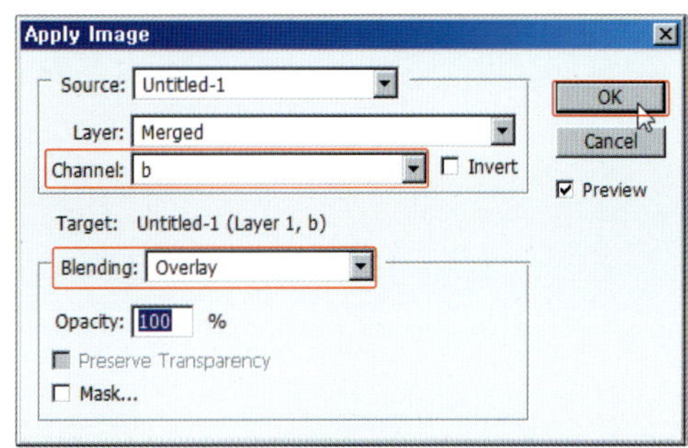

05 단축키 Ctrl + ~ 를 누르면 Lab 원본 상태의 색이 바뀐 이미지가 나타납니다. **06** 단축키 Ctrl + A , Ctrl + C , Ctrl + W 를 차례대로 눌러 작업 창에 이미지를 복사한 후 작업 창을 닫습니다.

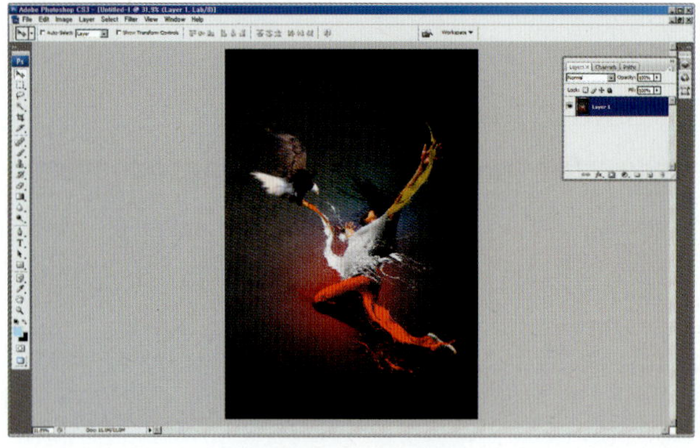
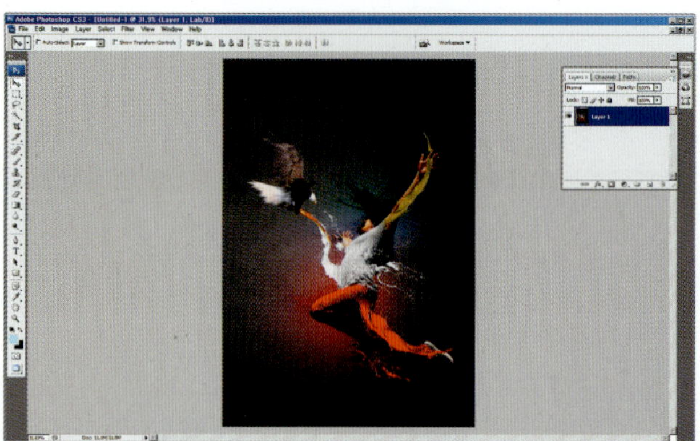

07 현재 작업 창에 붙여넣기하면 'Layer 7' 레이어와 비교해서 눈이 시릴 것 같은 화사한 색으로 변경됩니다. **08** 'Layers' 팔레트에서 'Opacity'를 조절합니다. 작업한 데이터의 색에 따라 다르지만 필자는 보통 'Opacity'를 '40~60%'로 조절해 채도값을 조절합니다.

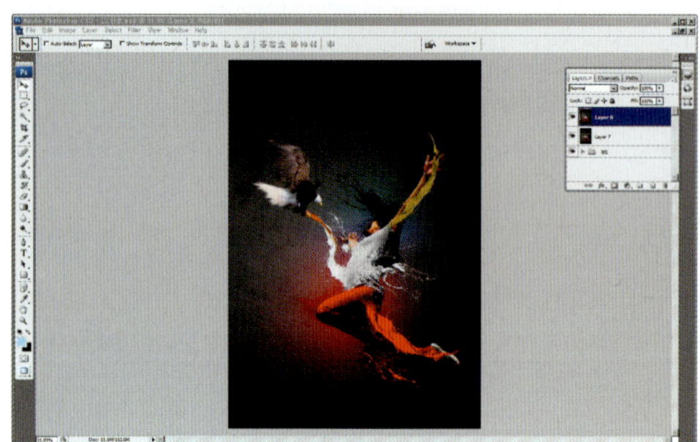
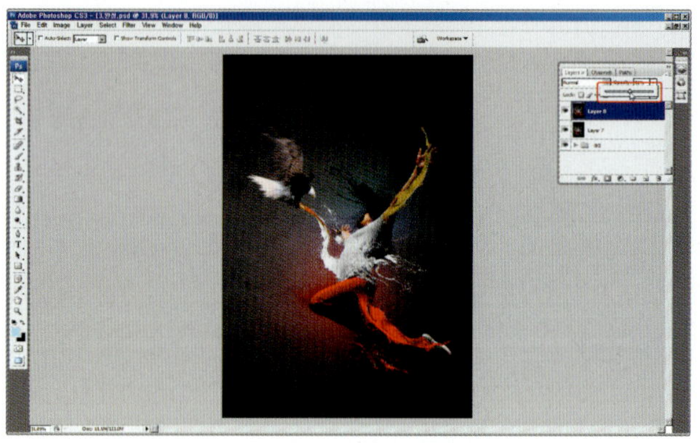

09 배경은 어둡지만 색은 살아있고 일부 요소는 화려하면서 무게감 있는 느낌으로 완성했습니다.

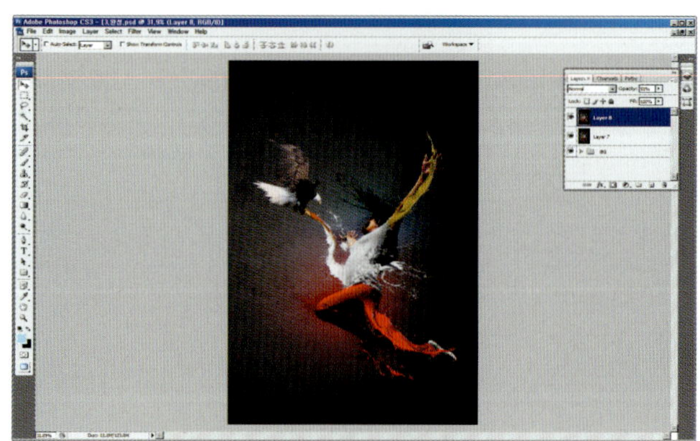

화면 중앙에서 퍼지는 파도를 만들기 위해 시작했던 작업이었는데요. 파도를 보니 스피커가 생각났습니다. 쿵쾅쿵쾅 떨림이 파도를 출렁이게 만들었을까요. 스피커를 보니 노래하는 가수가 생각나구요. 기타를 들고 펄쩍펄쩍 뛰는 인물이 이 작업에 더 적합했을꺼란 생각은 들지만 이 작업 이전에 힘들게 보정해 놓은 흑인 랩퍼를 여기에 끼워넣고 싶다는 생각이었습니다. 특별한 의미를 두고 한 작업은 아니구요. 눈여겨 볼 긴 그레이돈의 뒷 배경에서 지언스럽게 분리되는 피도의 외곽 형태입니다. 이 부분은 파도 상층부의 튀는 형태만을 따로 분리해 브러시 소스로 저장해 놓고 마스크 작업을 통해 지워내면 위의 그림과 같은 파도의 표현이 가능합니다.

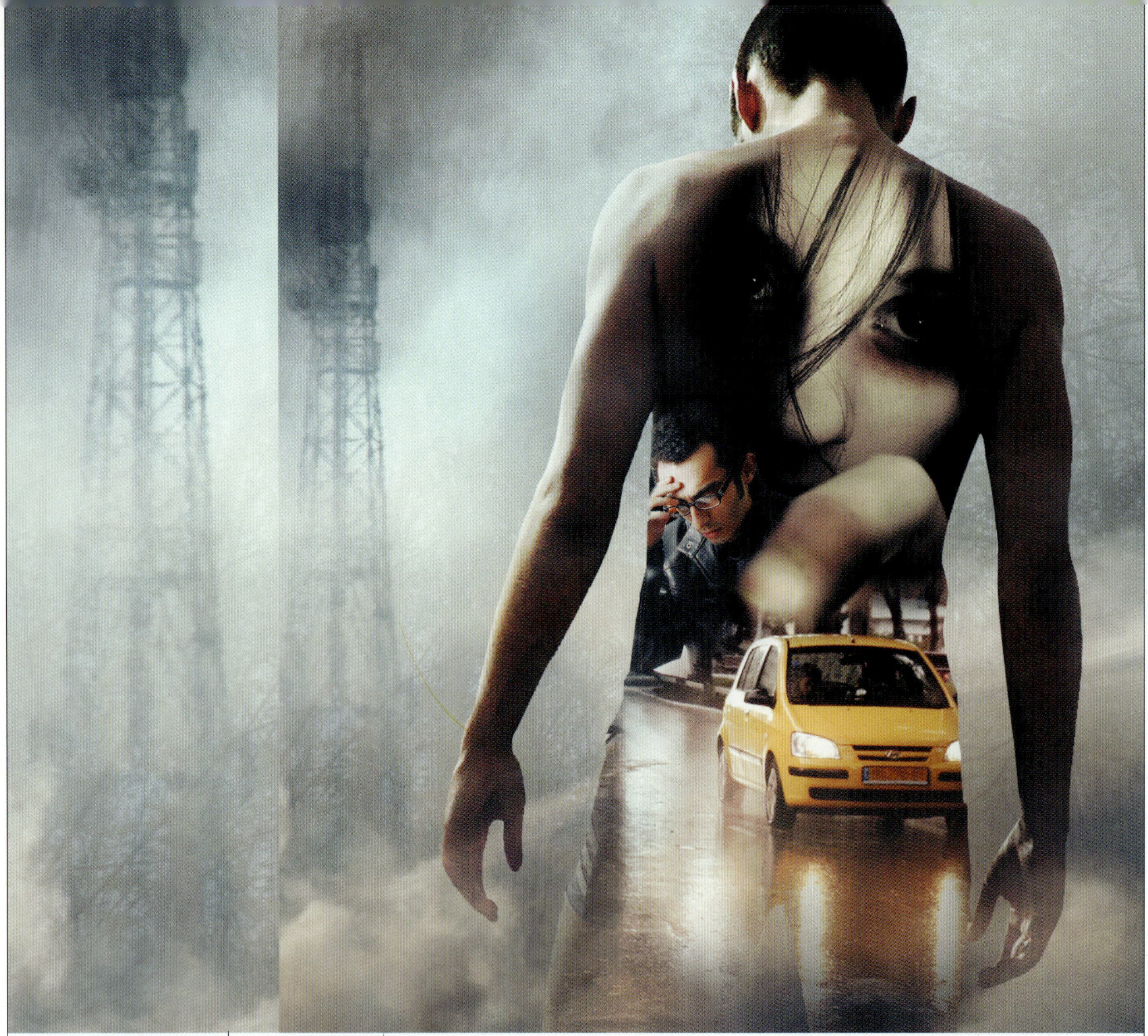

결과 파일 부록 CD\Theme04\Lesson05\기억.psd

05

Lost Memories…

인체의 실루엣에 이미지를 가두는 형태의 포스터는 흔히 접했겠지만, 이런 종류의 영화의 내용은 스릴러나 공포 등에 많이 사용합니다. 그러므로 해피엔딩으로 끝나는 경우는 거의 없고, 대부분의 영화들이 저채도의 음산한 분위기가 많이 느껴집니다. 다른 용도의 포스터 작업중 뒷모습이 눈에 들어와서 '그래! 이건 기억을 잃은 남자의 이야기' 라는 주제를 정하고 이미지를 완성했습니다. 기억 상실(모티브 : 영화 '메멘토', '교통사고', '의문의 여자' 등의 단어)을 떠올리면서 주제에 부합되는 이미지를 찾아 이야기를 구성했습니다.

Step **01**

기본 배경 작업하기

베일에 쌓여있는 듯한 느낌의 숲 배경을 만들어 보겠습니다.

예제 파일 부록 CD\Theme04\Lesson05\연기소스.jpg, 숲.jpg, 뒷모습.jpg, 차.jpg, 얼굴.jpg, 고민.jpg

01 'File' → 'New' 메뉴를 선택하고 'New' 대화상자에서 다음의 그림과 같이 지정한 후 'OK' 버튼을 클릭합니다.

02 부록 CD에서 '연기소스.jpg' 파일을 불러옵니다. 그런 다음 단축키 Ctrl+A, Ctrl+C, Ctrl+W를 차례대로 눌러 작업 창에 이미지를 복사한 후 작업 창을 닫으세요.

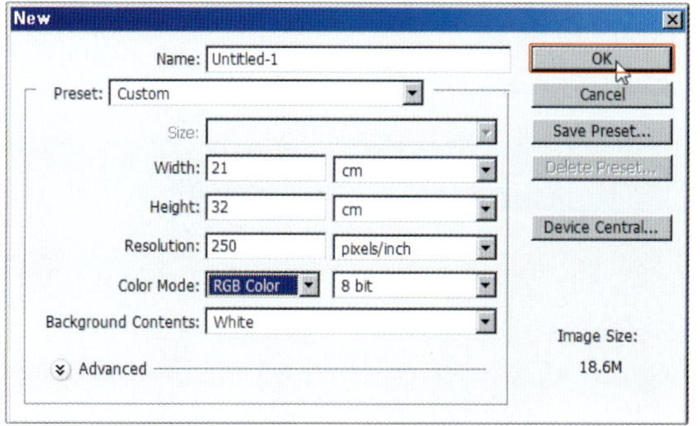

03 단축키 Ctrl+V를 눌러 'Untitled-1' 도큐먼트에 붙여넣기합니다. 그런 다음 단축키 Ctrl+T를 눌러 다음의 그림과 같이 크기 및 위치를 조절하세요. **04** 부록 CD에서 '숲.jpg' 파일을 불러옵니다. 그런 다음 단축키 Ctrl+A, Ctrl+C, Ctrl+W를 차례대로 눌러 작업 창에 이미지를 복사한 후 작업 창을 닫으세요.

05 단축키 Ctrl + V 를 눌러 'Untitled-1' 도큐먼트에 붙여넣기합니다. **06** 'Layers' 팔레트에서 'Opacity'를 '25%'로 조절합니다.

 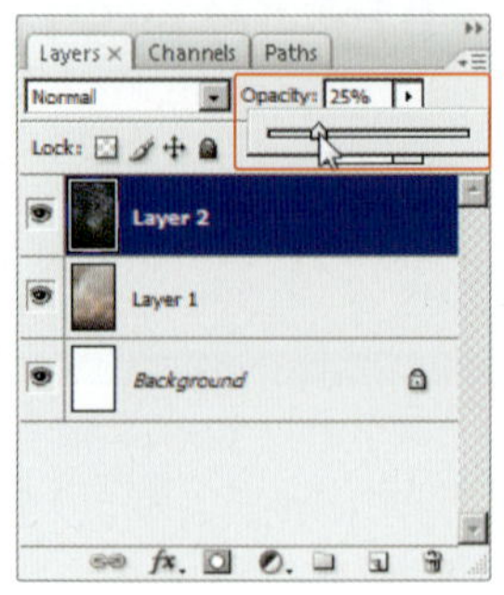

07 부록 CD에서 '뒷모습.jpg' 인물 이미지 파일을 불러옵니다. 그런 다음 'Paths' 팔레트를 선택하고 Ctrl 을 누른 상태에서 'Path 1'을 선택해 선택 영역으로 활성화하세요. **08** 단축키 Ctrl + C , Ctrl + W 를 차례대로 눌러 작업 창에 이미지를 복사한 후 작업 창을 닫고 현재 작업 창에 단축키 Ctrl + V 를 눌러 이미지를 붙여넣기합니다.

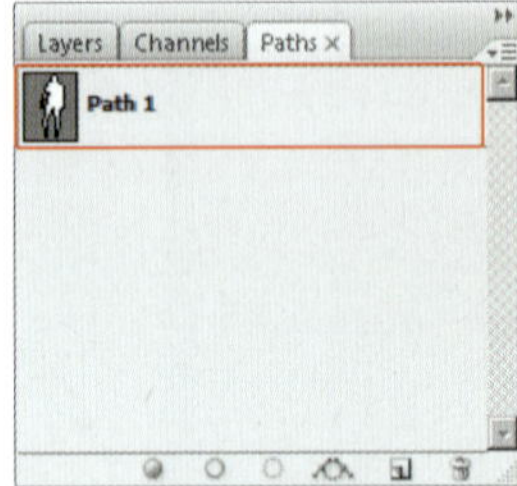 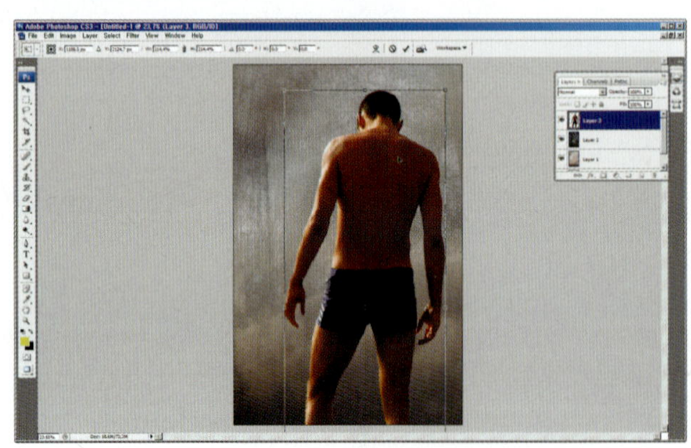

09 인물이 포함된 레이어 'Layer 3' 레이어를 선택하고 'Image' → 'Adjustments' → 'Hue/Saturation' 메뉴(Ctrl + U)를 선택합니다. 'Saturation'을 '-41'로 조절해 채도를 감소시켜서 배경과의 색을 비슷하게 맞추세요. **10** 부록 CD에서 '차.jpg' 파일을 불러오고 단축키 Ctrl + A , Ctrl + C , Ctrl + W 를 차례대로 눌러 작업 창에 이미지를 복사한 후 작업 창을 닫습니다. 그런 다음 현재 작업 창에 단축키 Ctrl + V 를 눌러 이미지를 붙여넣기하세요.

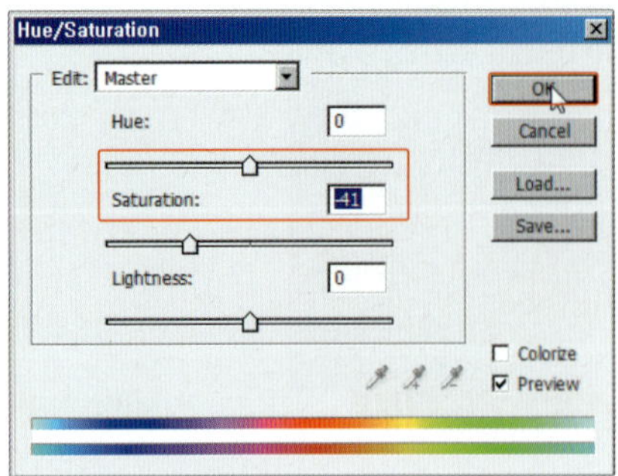 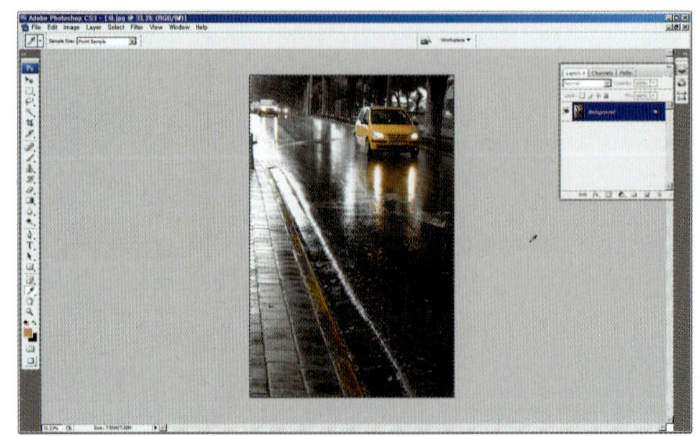

11 자동차가 포함된 'Layer 4' 레이어와 'Layer 3' 레이어 사이를 Alt 를 누른 상태에서 클릭하여 'Create Clipping Mask' 상태로 만듭니다. **12** 단축키 Ctrl + T 를 눌러 다음의 그림과 같이 크기와 위치를 조절합니다.

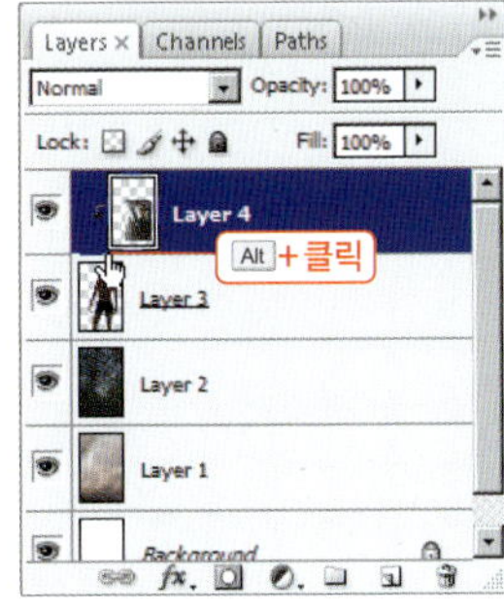

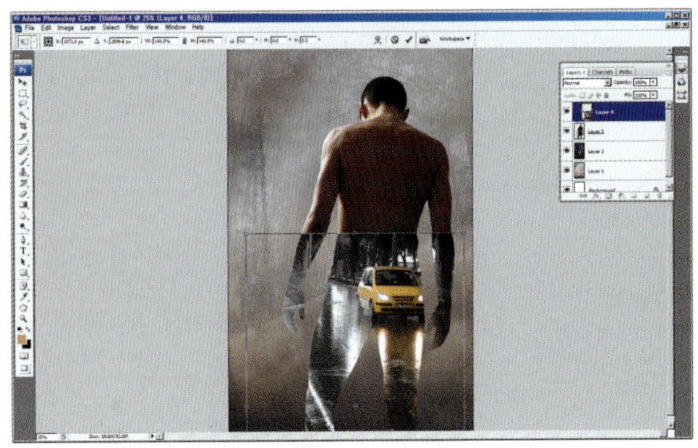

13 'Color Balance' 대화상자가 나타나면 'Layer 4' 레이어를 선택하고 'Image' → 'Adjustments' → 'Color Balance' 메뉴(Ctrl + B)를 선택합니다. 다음의 그림과 같이 'Midtones'를 조절해 배경과 비슷한 색을 만드세요. **14** 부록 CD에서 '얼굴.jpg' 파일을 불러오고 단축키 Ctrl + A , Ctrl + C , Ctrl + W 를 차례대로 눌러 작업 창에 이미지를 복사한 후 작업 창을 닫습니다. 그런 다음 현재 작업 창에 단축키 Ctrl + V 를 눌러 이미지를 붙여넣기하세요.

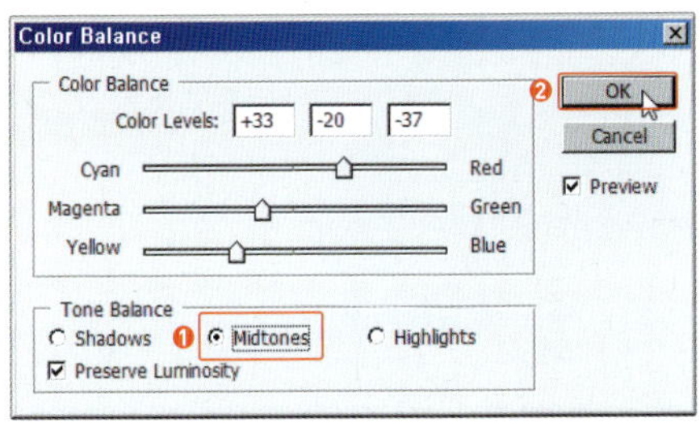

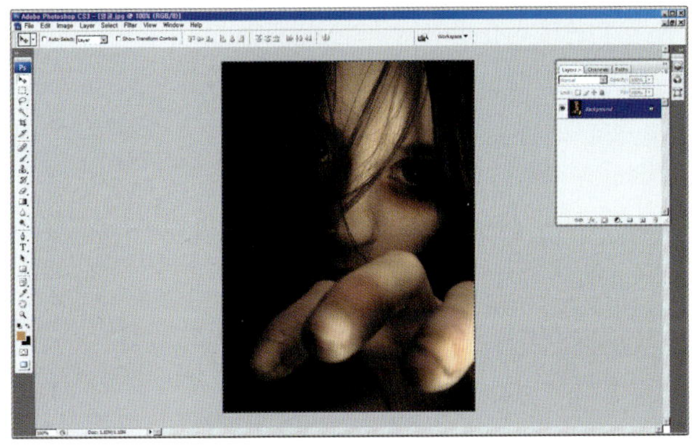

15 'Layers' 팔레트에서 'Layer 4' 레이어의 아래쪽에 위치하고 단축키 Ctrl + T 를 눌러 다음의 그림과 같이 크기 및 위치를 조절합니다. **16** 부록 CD에서 '고민.jpg' 파일을 불러오고 툴바에서 마술봉 툴( )을 선택하여 흰색 배경을 클릭합니다.

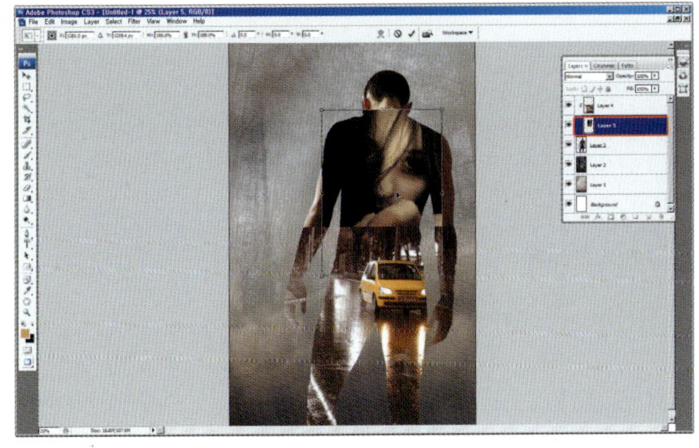

17 마술봉 툴(🔧)을 선택한 경우 사진에 따라 다르지만 흰색 배경을 클릭했을 때 인물 이미지에 미치는 범위가 커서 'Tolerance' 값을 '25'로 조정했습니다. **18** 선택 영역을 반전시키고(Shift + Ctrl + I) 'Select' → 'Refine Edge' 메뉴(Alt + Ctrl + R)를 선택합니다. 'Refine Edge' 대화상자가 나타나면 다음의 그림과 같이 지정하여 선택 범위를 부드럽게 축소하세요.

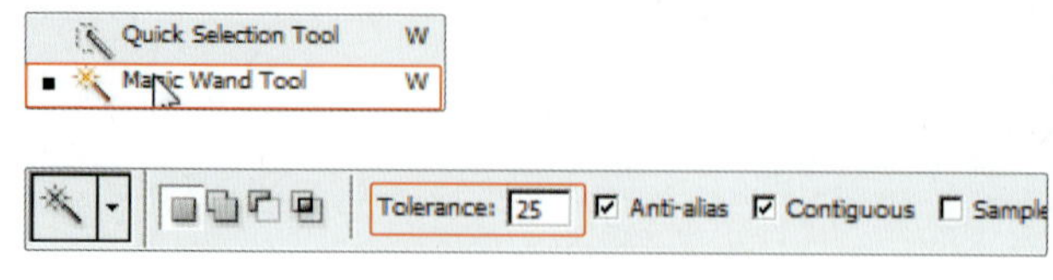

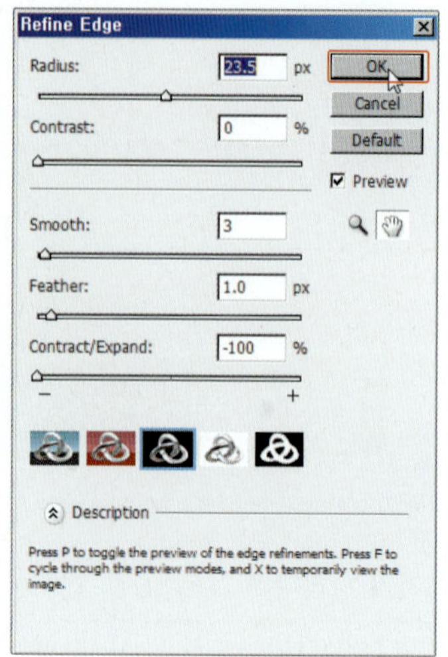

19 단축키 Ctrl + C, Ctrl + W를 눌러 작업 창에 이미지를 복사한 후 작업 창을 닫고 현재 작업 창에 단축키 Ctrl + V를 눌러 이미지를 붙여넣기합니다. 그런 다음 단축키 Ctrl + T를 눌러 크기와 위치를 조절하세요.

클리핑 상태에서 마스크 작업하기

레이어 마스크를 이용해 겹치는 사진 부위를 부드럽게 정리하고 색을 보정해 보겠습니다.

01 'Layers' 팔레트에서 'Add Layer Mask' 아이콘(◉)을 클릭하고 'Layer 4', 'Layer 5', 'Layer 6' 레이어에 마스크를 씌웁니다. **02** 툴바에서 브러시 툴(✎)을 선택하고 전경색을 검은색으로 지정합니다. 그런 다음 브러시를 'Soft Round'는 '20pixel', 'Opacity'는 '67%'로 지정하세요.

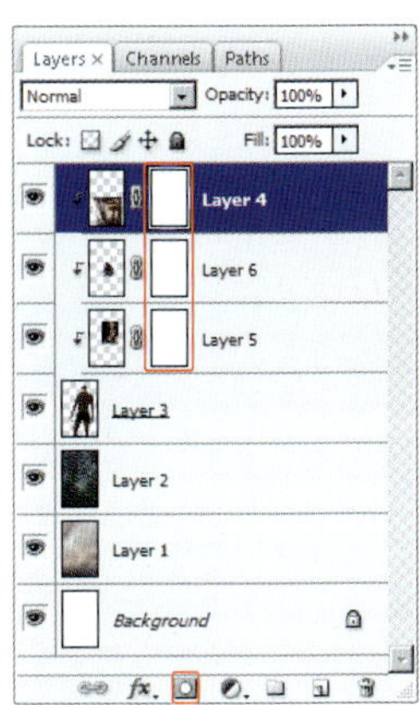

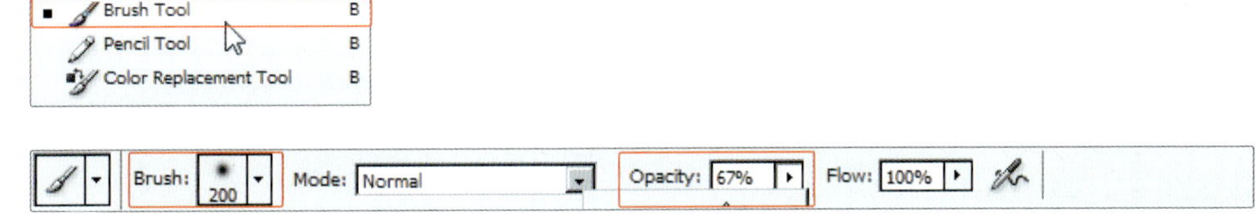

03 각 레이어의 마스크 창을 선택하고 빨간색으로 표시된 부분을 문질러서 연결되는 이미지의 테두리를 부드럽게 정리합니다.

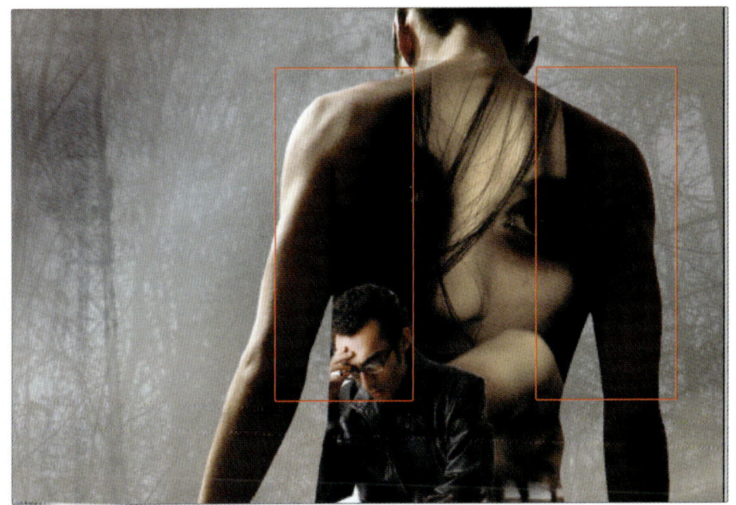

04 마스크 작업을 통해 끊김 없이 부드럽게 연결된 것처럼 합성했습니다. **05** 'Layers' 팔레트에서 Shift 를 누른 채 'Layer 3' 레이어부터 'Layer 4' 레이어까지 선택하고 단축키 Ctrl + G 를 눌러 그룹 레이어 상태로 만듭니다.

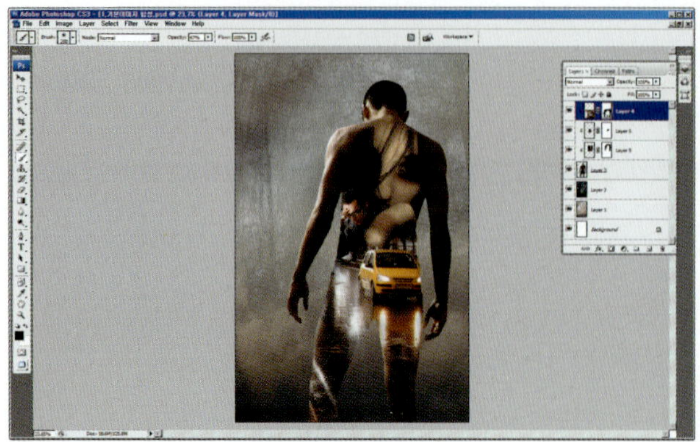
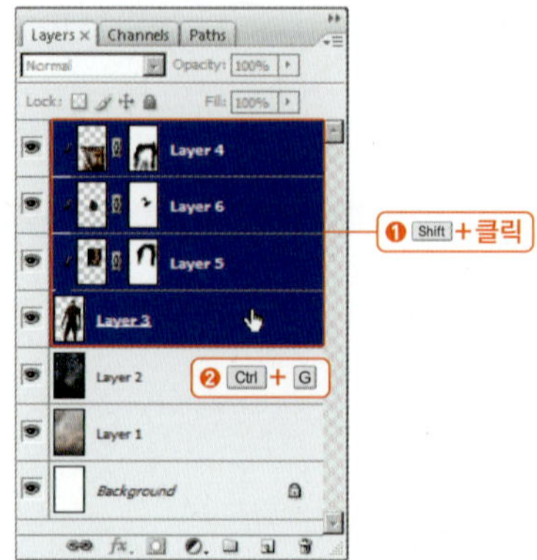

06 그룹 레이어의 이름을 '인물'로 변경합니다. **07** 'Layer 1' 레이어를 복사해서 맨 위로 이동하고 블렌딩 모드를 'Overlay'로 변경합니다.

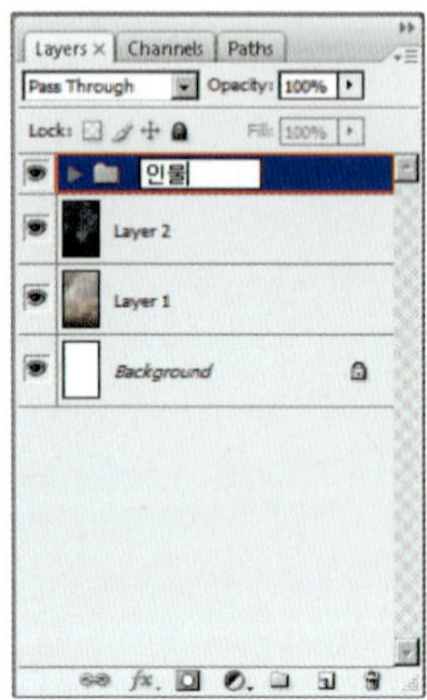
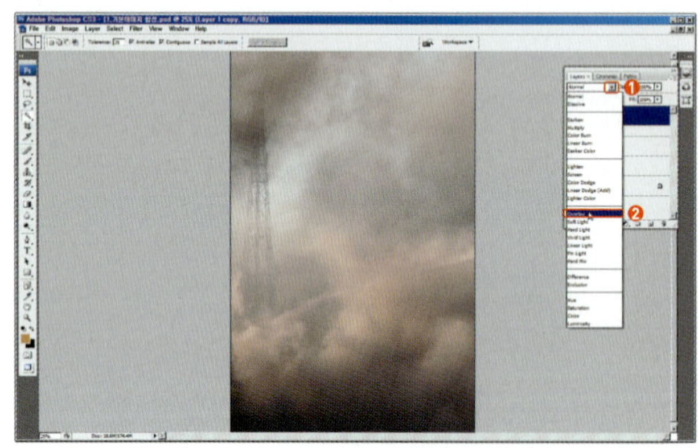

08 전체적인 색이 통일되고 콘트라스트가 살아나면서 이미지가 더욱 선명해졌습니다. 블렌딩 모드는 적용하는 배경과 소스 파일에 따라 다르게 사용됩니다. 'Layer 1 copy' 레이어를 선택하고 단축키 Ctrl + J 를 눌러 복사한 레이어의 블렌딩 모드를 'Normal'로 변경합니다. **09** 'Layers' 팔레트에서 'Add Layer Mask' 아이콘(◉)을 클릭하여 마스크를 씌웁니다.

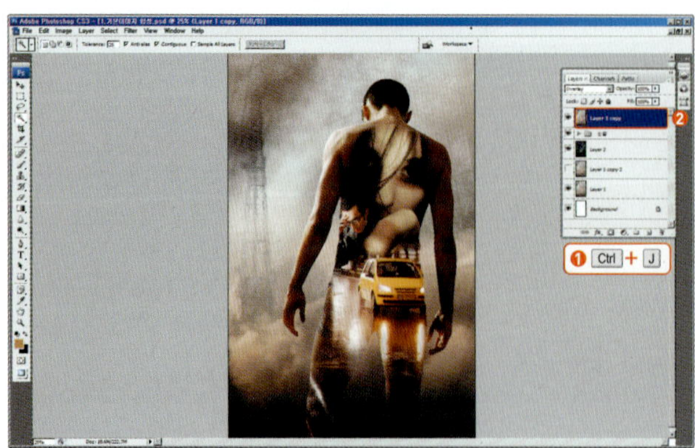
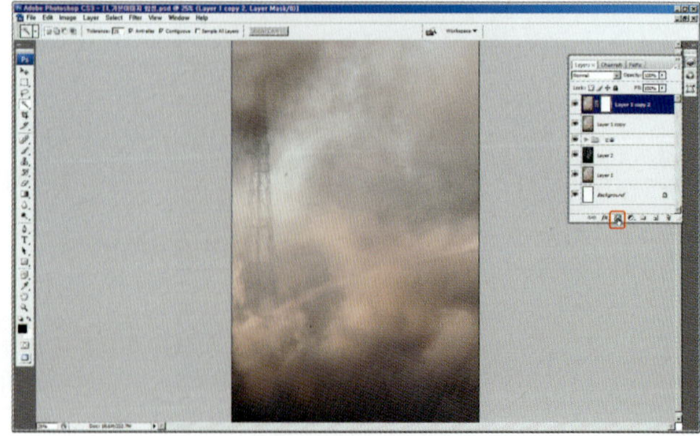

10 마스크에서 'Filter' → 'Lender' → 'Cloud' 메뉴를 선택합니다. 이와 같이 'Cloud' 효과를 적용해서 안개 낀 듯한 이미지를 표현할 수 있습니다. 'Layer 1 copy 2' 레이어의 마스크를 선택하고 'Filter' → 'Blur' → 'Gaussian Blur' 메뉴를 선택합니다. **11** 'Gaussian Blur' 대화상자가 나타나면 다음의 그림과 같이 지정하고 'OK' 버튼을 클릭합니다.

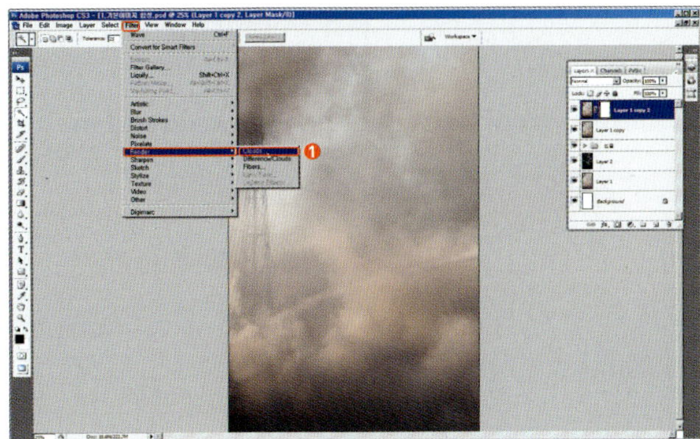
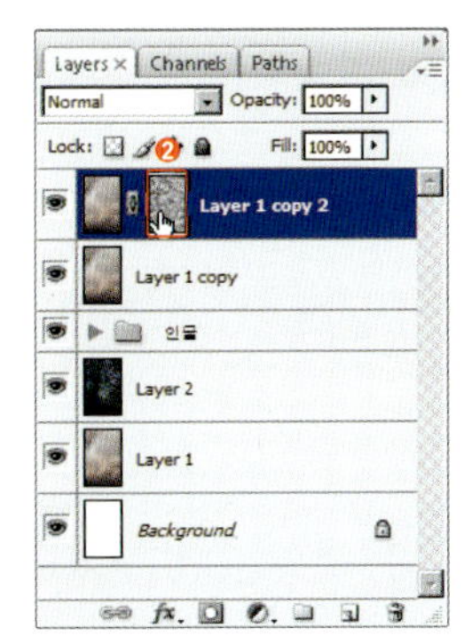
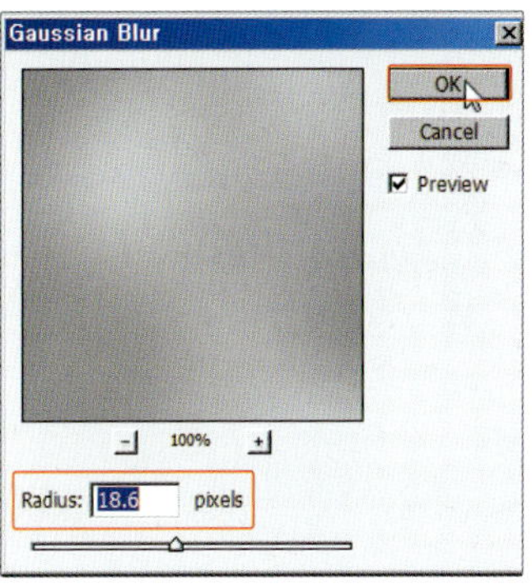

12 마스크 창에 적용한 흑과 백의 'Render' 효과에 블러가 적용되면서 경계가 부드럽게 변합니다. **13** 툴바에서 브러시 툴( )을 선택합니다.

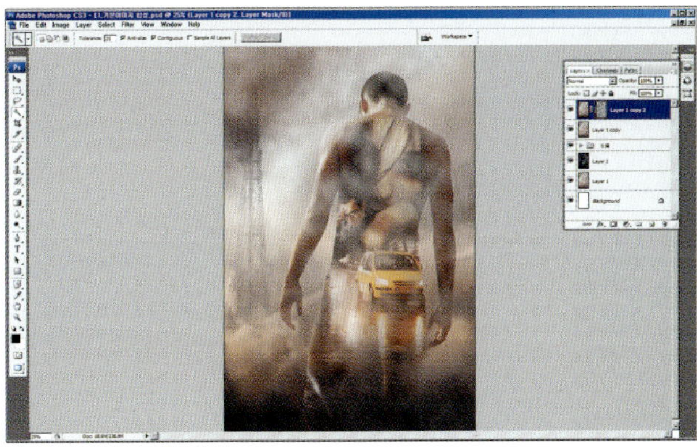
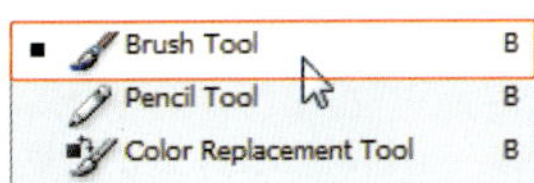

14 작업 창에서 마우스 오른쪽 버튼을 클릭한 후 'Soft Round'에서 '300pixel'을 선택합니다. **15** 전경색을 검은색으로 지정합니다. 그런 다음 옵션바의 'Opacity'를 '50~80%' 사이로 조절하면서 인물 중심으로 문질러서 안개 효과 속에서 인물만 강조하세요.

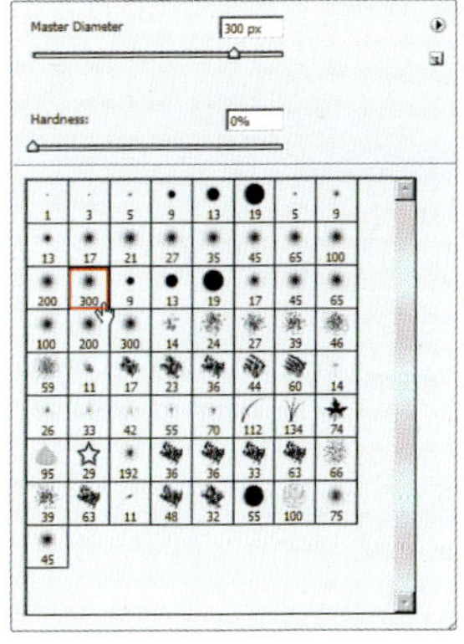
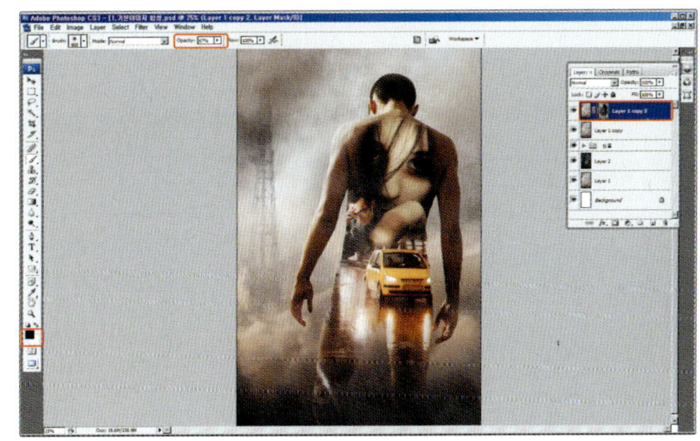

16 '인물' 그룹 레이어를 선택하고 'Layers' 팔레트에서 'Add Layer Mask' 아이콘(◻)을 클릭해 'Reveal All' 상태로 만듭니다. **17** 툴바에서 그레이디언트 툴(◼)을 선택하고 검은색에서 흰색으로 이어지는 직선형 그레이디언트를 선택합니다.

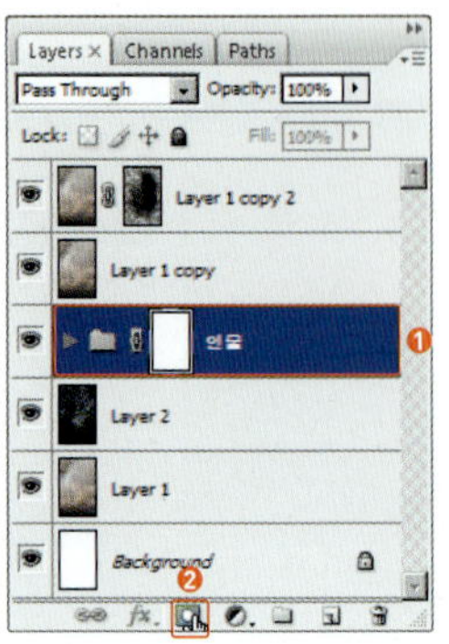

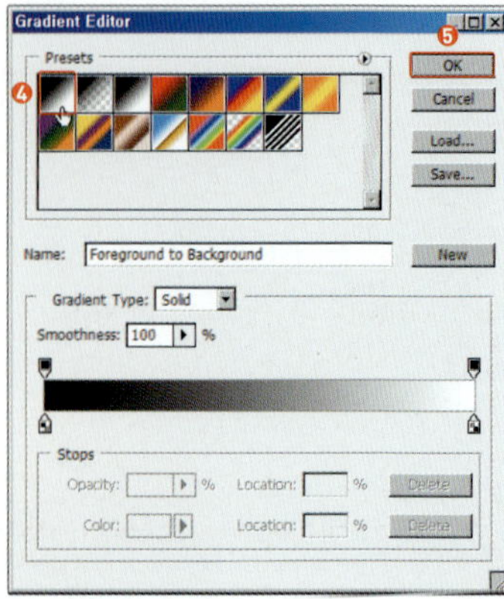

18 이미지의 밑에서부터 위쪽으로 그러데이션을 적용합니다. **19** 배경에 인물의 다리 부분이 자연스럽게 묻힌 것처럼 표현했습니다.

20 'Layers' 팔레트에서 맨 위 레이어를 선택하고 'Add Layer Mask' 아이콘(◻)을 클릭한 후 'Color Balance'를 선택합니다.
21 'Color Balance' 대화상자가 나타나면 'Midtone'에 푸른색을 추가합니다.

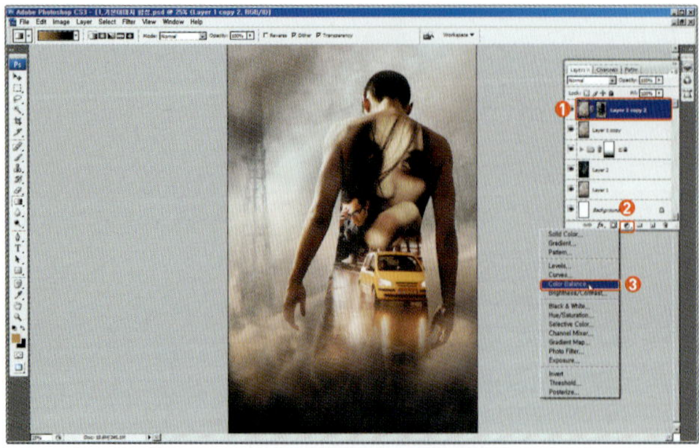
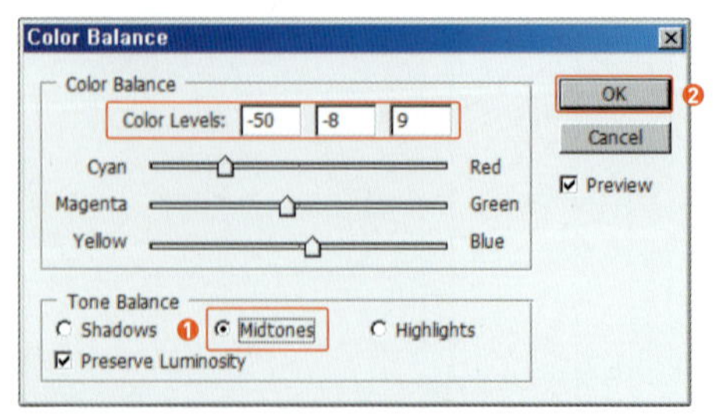

22 'Shadows'는 'Blue' 톤과 'Red' 톤을 추가합니다. **23** 'Highlights' 영역을 다음의 그림과 같이 지정하고 'OK' 버튼을 클릭합니다.

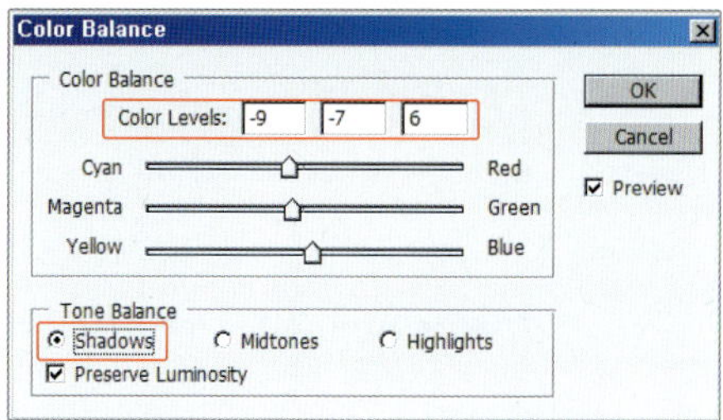
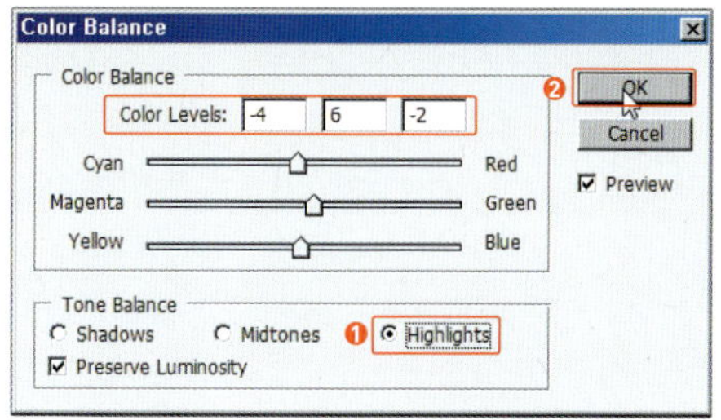

24 이전 과정에서 작업했던 따뜻한 느낌의 색에 Cyan과 Blue 계열의 컬러를 추가 보정해서 좀 더 차가운 색으로 분위기를 바꿨습니다. 색에 따라 느낌은 달라지므로 이 포스터 분위기에서는 차가운 느낌이 더욱 효과적으로 전달된다고 생각했습니다.

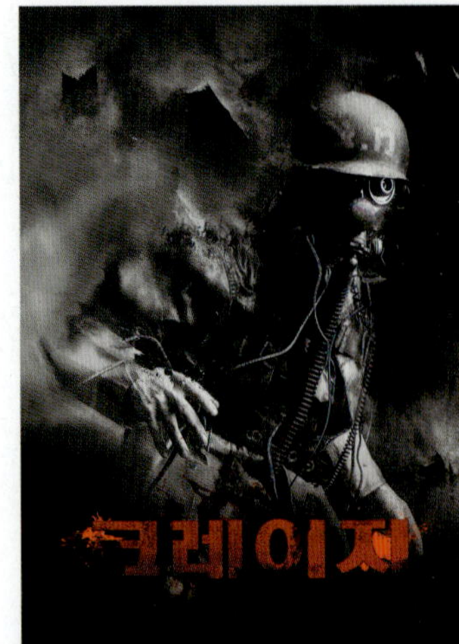

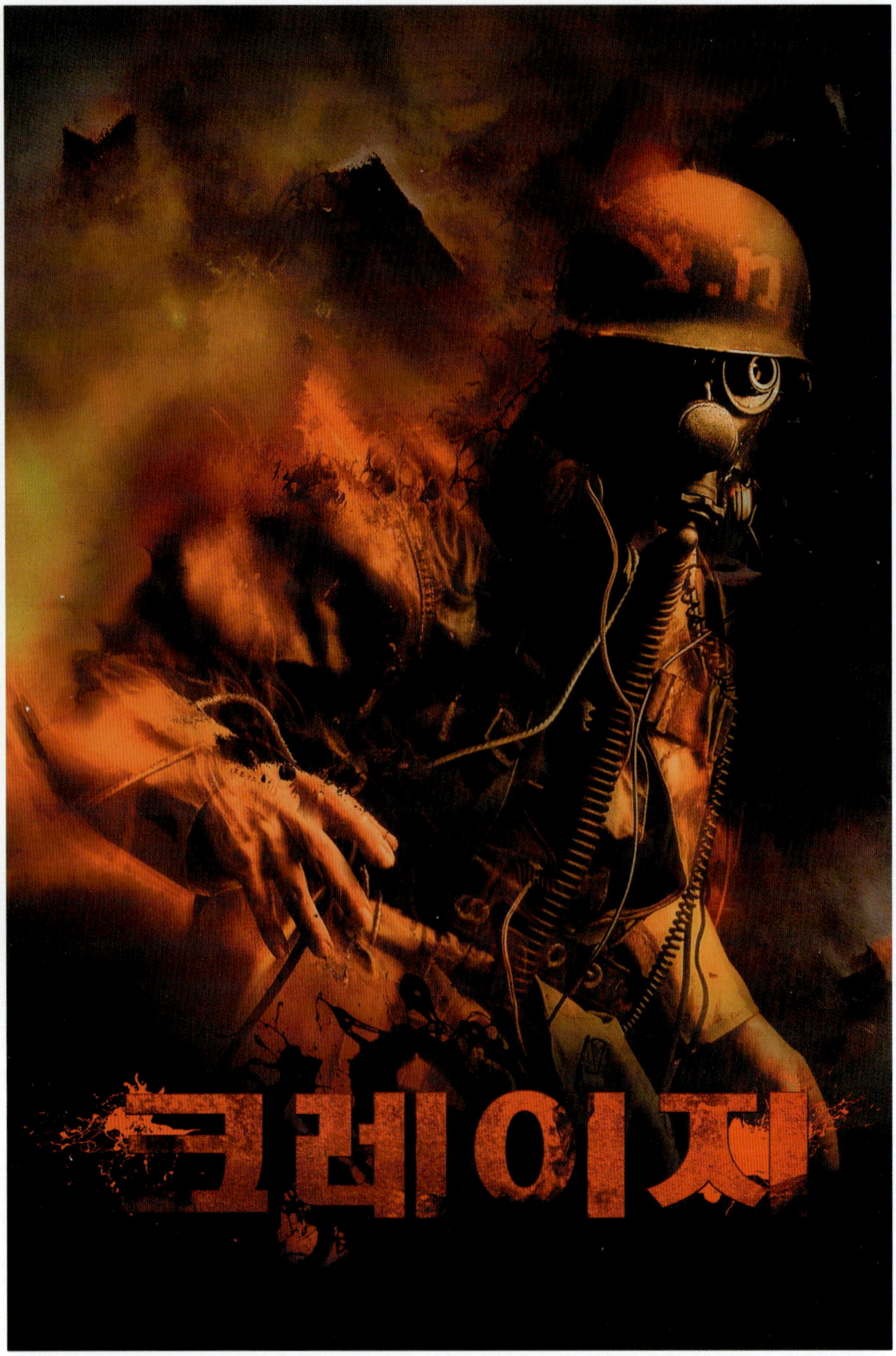

제공한 이미지 원본에서 영화 '블러티발렌타인' 포스터가 떠올라 'Red' 톤을 많이 사용한 작업입니다. 이 작업은 배경과 인물의 배경에서 볼 수 있는 색과 인물에 미치는 반사광 측면광 후광 등을 넣어서 작업의 완성도를 높이는 것이 포인트입니다. 흑백톤의 포스터는 샤픈과 콘트라스트를 강하게 살렸기 때문에 흑백톤의 밋밋함과 '단순함' 이 사라진 것 같습니다.

참고로 옥외광고용 디자인 작업이나 사진들은 샤픈과 콘트라스트를 강하게 적용하면 멀리서도 주목성이 높아집니다. 이것은 영화 개봉 초기나 드라마 방영 초기에 극장이나 방송국 벽면에 붙어있는 대형 현수막들을 보면 쉽게 이해할 수 있습니다. 이러한 대형 광고물들은 바로 눈 앞에서 보이는 작업이 아니므로 세세한 망점이나 픽셀 하나하나까지 신경 쓸 필요는 없습니다. 보이는 작업도 원본에 비해 'Bright and Contrast' 와 'Sharpen' 값을 좀 더 적용한 결과물입니다.

宿主(숙주)

*숙주의 사전적 의미 : 붙어사는 동식물을 제 몸에 붙여서 그에게 양분을 주는 동식물, 즉, 기생생물이 기생하는 동물 또는 식물

Lesson

결과 파일 부록 CD\Theme04\Lesson06\페인팅.psd

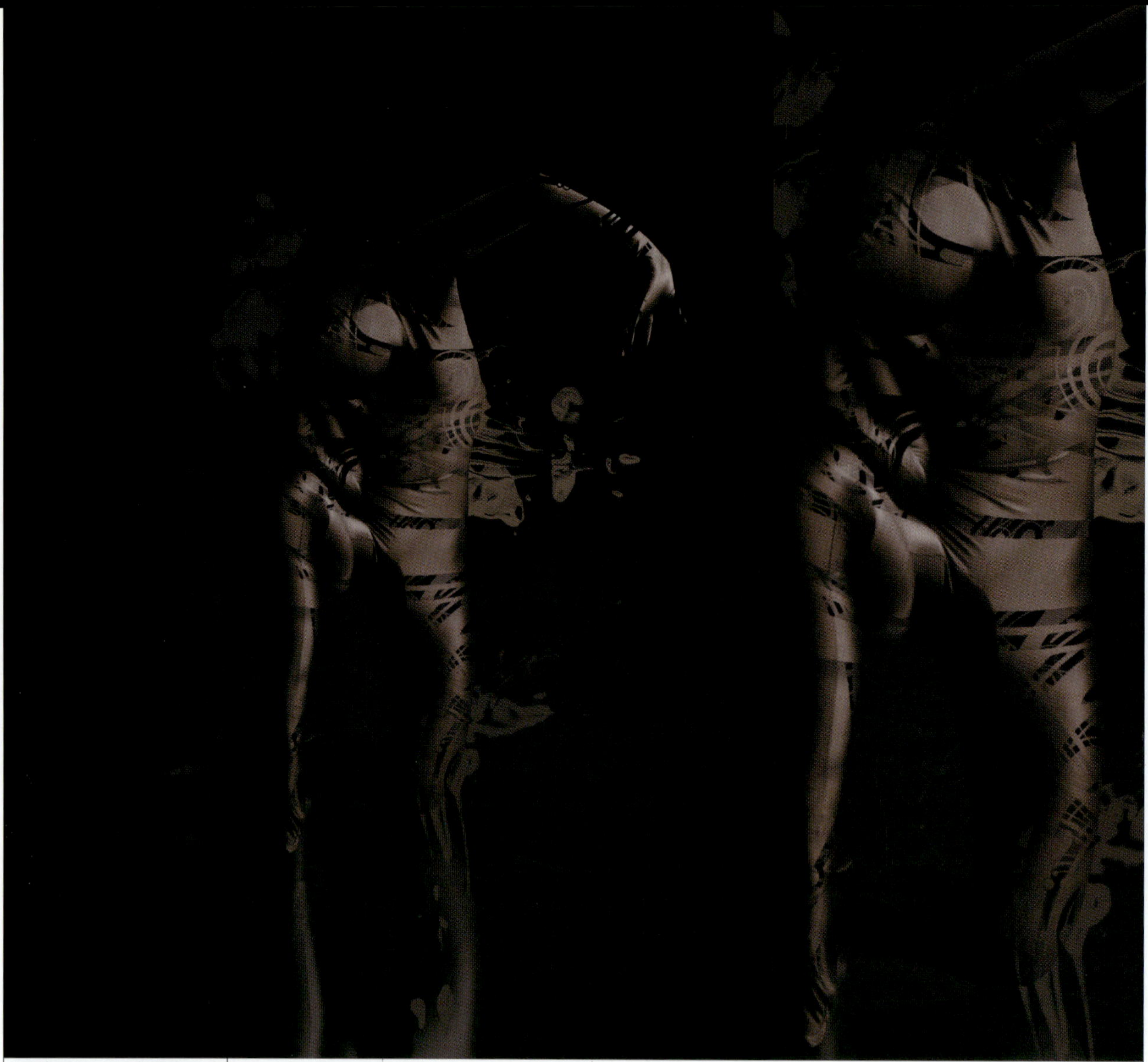

06 Texture Painting

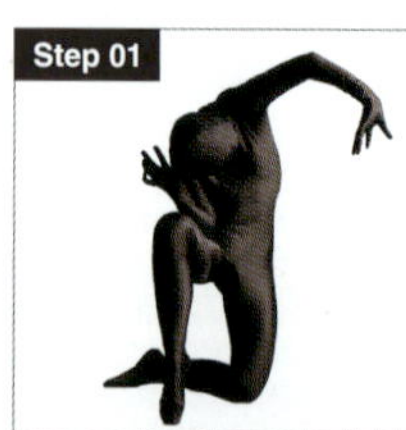

Step 01

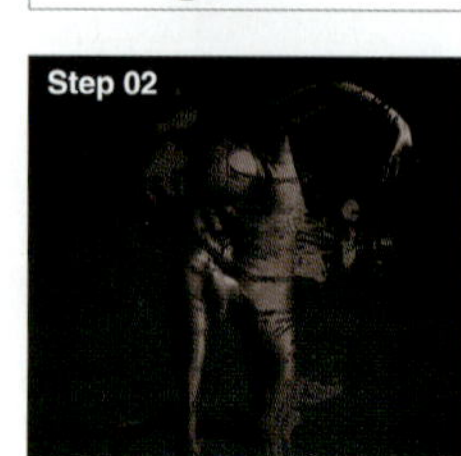

Step 02

이 작업은 텍스처에 쉐도우 효과를 주어 같은 패턴을 겹쳐 적용해 입체감을 주어 면을 채워나가는 작업 방식입니다. 소스 파일로 사용될 텍스처에 따라 다양한 효과를 만들어 낼 수 있으며, 단순 패턴의 반복 사용이여서 레이어의 많은 사용으로 인해 용량 문제가 있지만 작업 방식은 매우 단순합니다. 제공되는 'Shape' 이외에 일반적인 도형이나 고목, 여러 가지 오브젝트들을 이용해 작업해보시기 바랍니다. 우연성에 의해 좋은 작업이 나올 수도 있습니다.

Step 01

배경 합성하기

텍스처와 그러데이션 효과를 이용해 배경을 완성해 보겠습니다.

예제 파일 부록 CD\Theme04\Lesson06\텍스처.jpg

01 부록 CD에서 '텍스처.jpg' 파일을 불러온 후 크롭 툴(Ξ)을 선택합니다. 02 옵션바에서 다음의 그림과 같이 A4 규격으로 지정한 후 'Resolution'을 '200dpi'로 지정합니다.

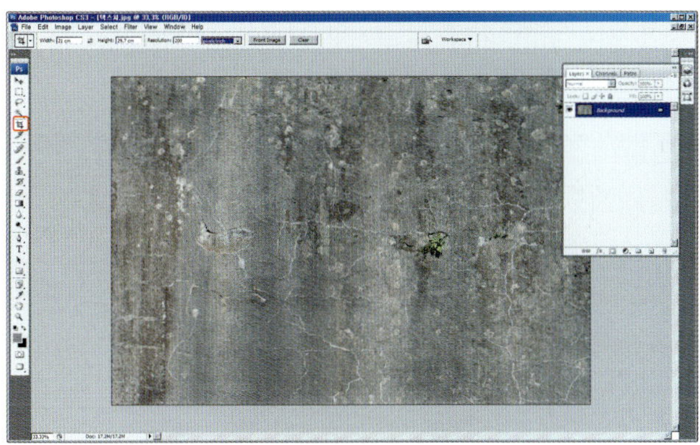

03 이미지의 일부분을 크롭하여 가로 21cm, 세로 29.7cm의 A4 규격 200DPI 도큐먼트를 만듭니다. 04 단축키 Shift + Ctrl + N 을 눌러 신규 레이어를 만들고 레이어 이름을 '그라데이션'으로 입력한 후 'OK' 버튼을 클릭합니다.

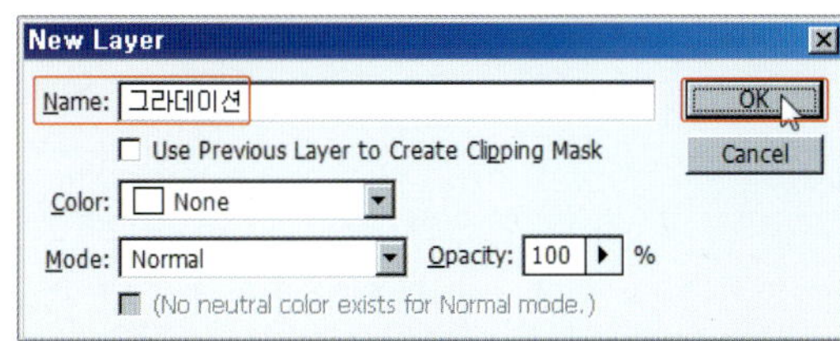

05 툴바에서 그러데이션 툴(■)을 선택하고 옵션바에서 왼쪽 슬라이더를 클릭합니다. **06** 'Gradient Eiditor' 대화상자가 나타나면 '#1b1b1b' 컬러를 지정하고 오른쪽 슬라이드에는 '#000000' 컬러를 지정합니다.

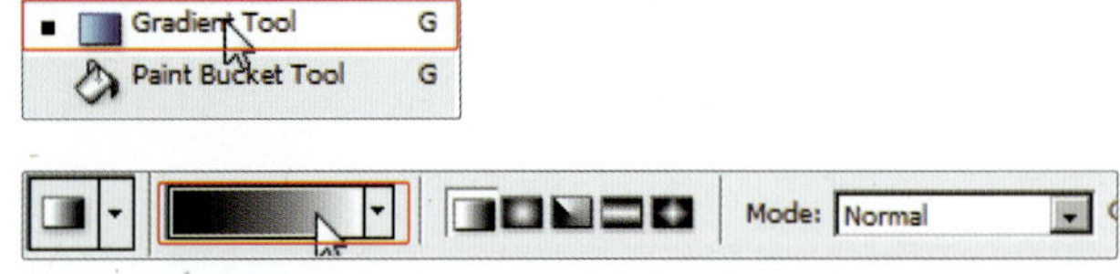

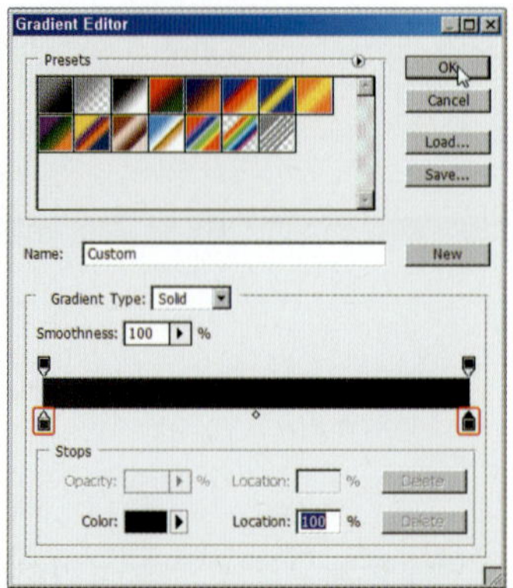

07 원형 그레이디언트(■)를 선택하고 화살표 방향으로 그라데이션을 적용합니다. **08** 'Layers' 팔레트에서 블렌딩 모드를 'Multiply'로 변경해서 배경의 질감을 살립니다.

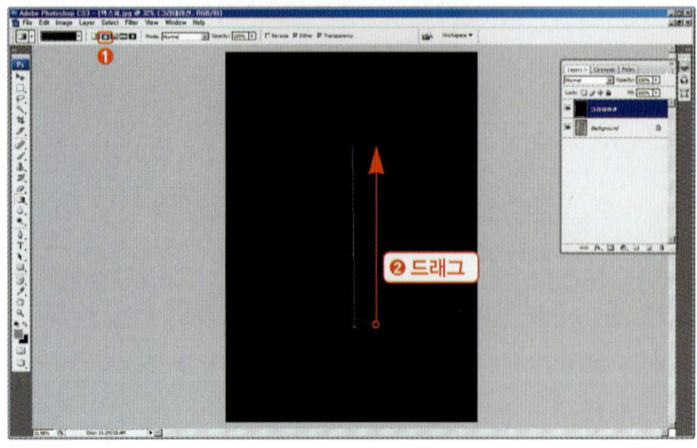

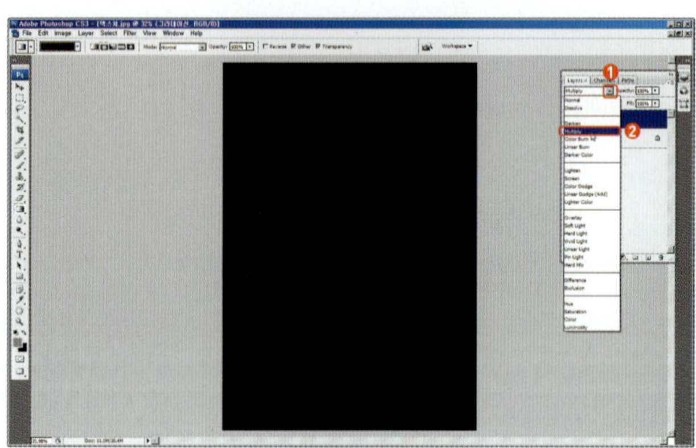

‘Contract’ 활용해 마스킹하기

‘Contract’를 활용해 마스킹한 이미지의 테두리에 필요 없는 픽셀을 정리해 보겠습니다.

예제 파일 부록 CD\Theme04\Lesson06\인물.jpg

01 부록 CD에서 ‘인물.jpg’ 파일을 불러오고 툴바에서 마술봉 툴( ) 을 선택하여 Shift 를 누른 상태에서 흰색 배경만 클릭합니다. **02** ‘Select’ → ‘Inverse’ 메뉴(Shift + Ctrl + I)를 선택해서 선택 영역을 반전시킵니다. 그런 다음 단축키 Ctrl + C , Ctrl + W 를 차례대로 눌러 작업 창에 이미지를 복사한 후 작업 창을 닫으세요.

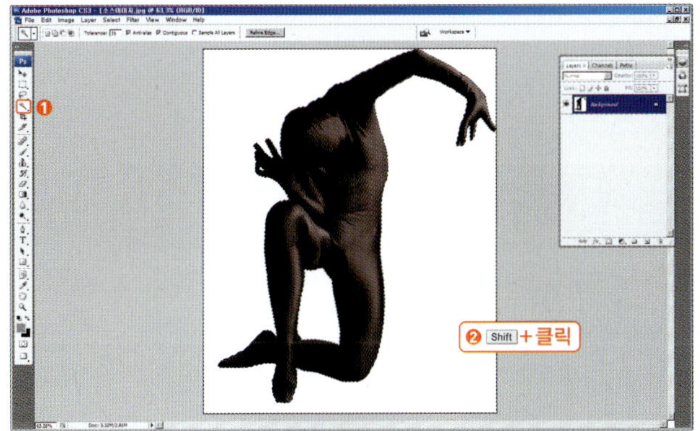

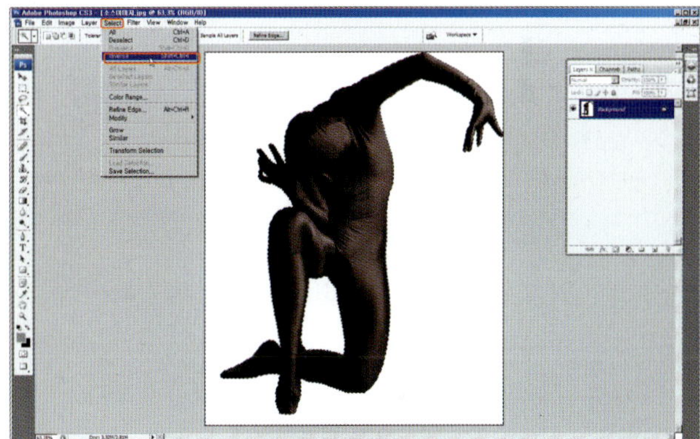

03 단축키 Ctrl + V 를 눌러 현재 작업 창에 이미지를 붙여넣기합니다. 그런 다음 단축키 Ctrl + T 를 눌러 크기를 조절하고 다음의 그림과 같이 배치하세요. **04** 마스킹한 인물 이미지의 외곽에 흰색 픽셀이 지저분하게 보입니다. 먼저 Ctrl 을 누른 상태에서 ‘Layer 1’ 레이어를 클릭해 선택 영역으로 만드세요.

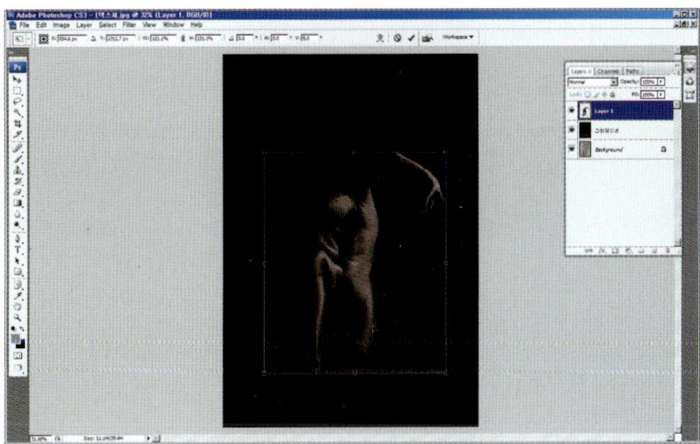

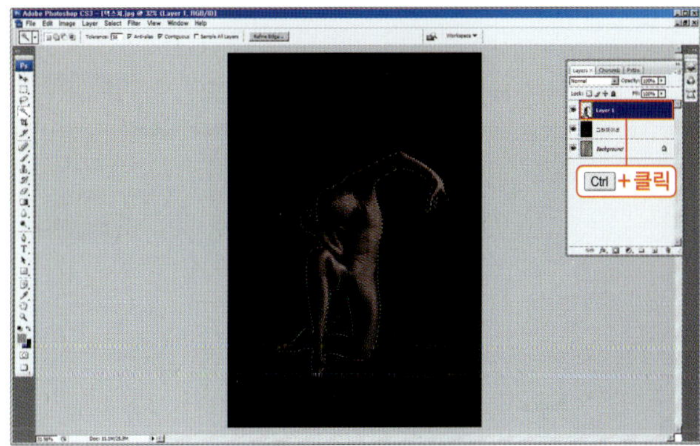

05 'Select' → 'Modify' → 'Contract' 메뉴를 선택합니다. 'Modify' 의 하위 메뉴에는 'Refine Edge' 기능을 개별적으로 분리한 선택 옵션이 나타납니다. **06** 'Contract Selection' 대화상자가 나타나면 'Contract By' 에 '2pixels' 를 지정하고 'OK' 버튼을 클릭합니다. 그러면 선택 영역의 안쪽으로 2Pixel이 축소됩니다.

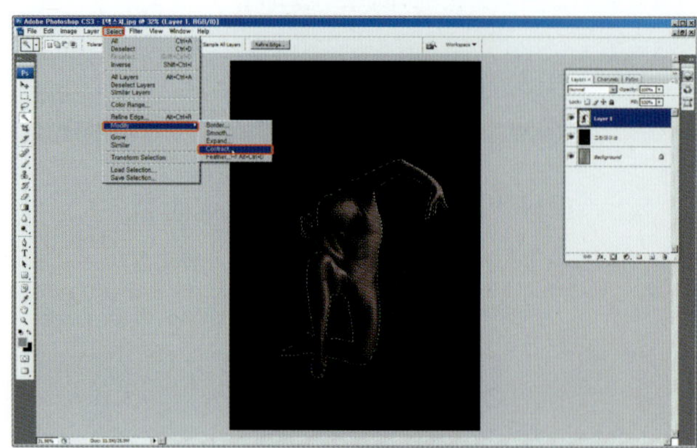
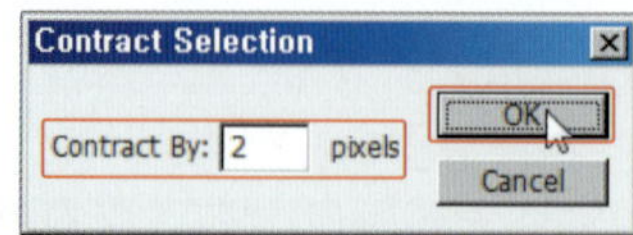

07 'Select' → 'Inverse' 메뉴(Shift + Ctrl + I)를 선택해서 선택 영역을 반전시킵니다. 그런 다음 Delete 를 눌러 지저분해 보이는 흰색 픽셀을 삭제하세요. **08** 단축키 Ctrl + M 을 눌러 'Curves' 대화상자를 실행하고 다음의 그림과 같이 커브 곡선을 이동해 이미지를 밝게 보정합니다.

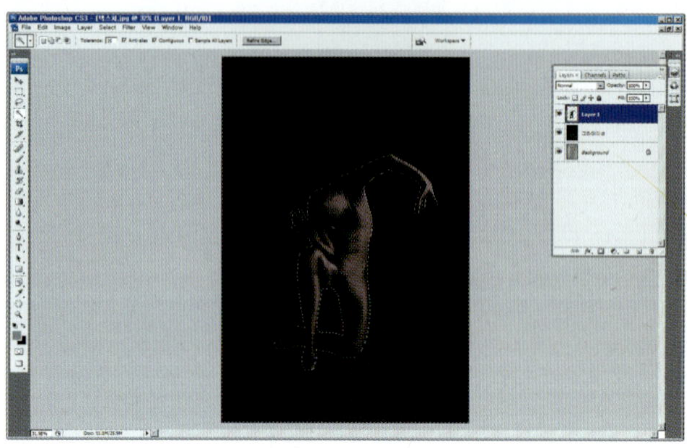

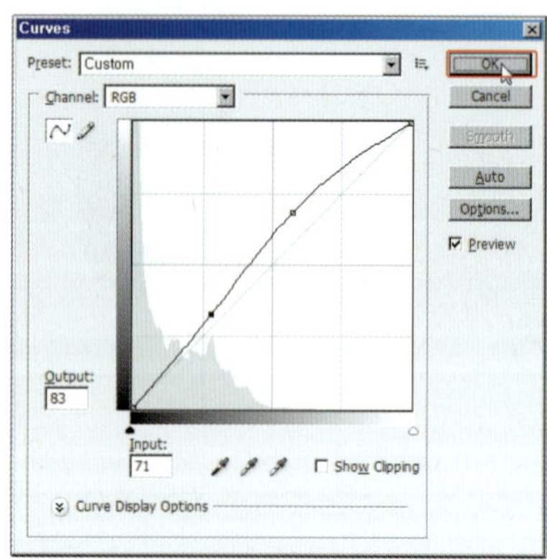

09 단축키 Ctrl + J 를 눌러 'Layer 1' 레이어를 복사합니다. 그런 다음 단축키 Ctrl + T 를 눌러 'Flip Vertical' 명령을 이용해 이미지를 상하 반전시키세요. **10** 이미지에서 마우스 오른쪽 버튼을 클릭한 후 바로 가기 메뉴에서 'Disort' 를 선택합니다.

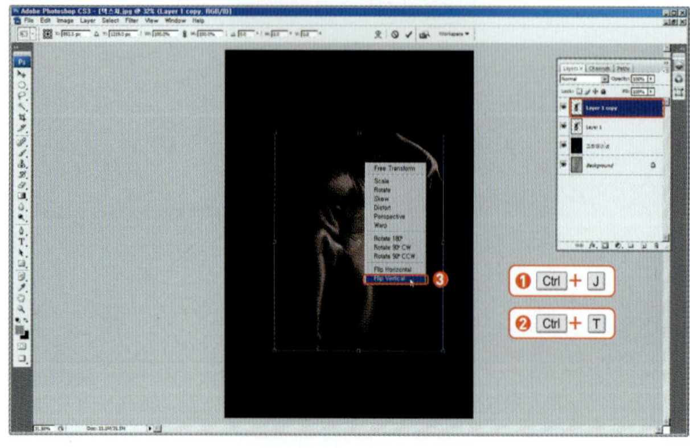

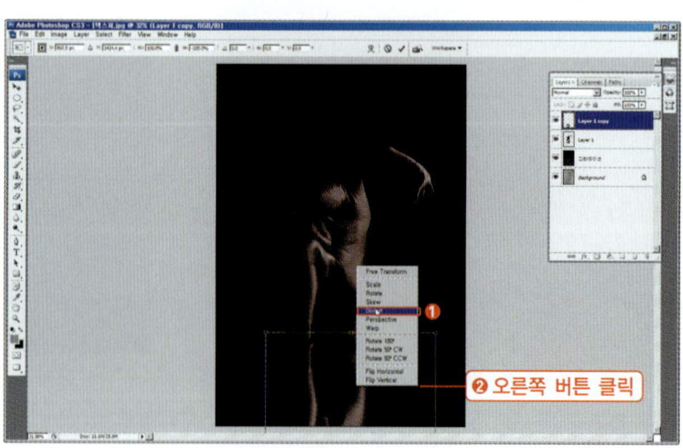

11 다음의 그림과 같이 점을 이동해 바닥에 반사된 면을 표현합니다. **12** 'Layers' 팔레트에서 'Layer 1 copy' 레이어의 'Opacity'를 '51%'로 다운시키고 'Layer 1' 레이어의 아래쪽으로 이동합니다.

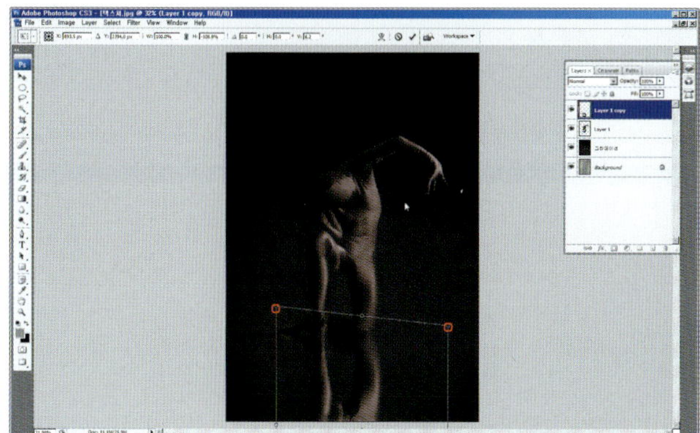 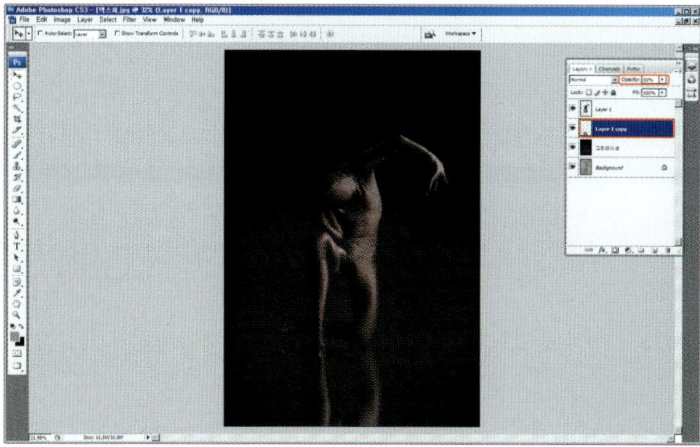

13 'Layer 1' 레이어를 더블클릭하여 'Layer Style'을 실행합니다. 그런 다음 반사된 이미지로 표현된 'Layer 1 copy' 레이어의 눈 아이콘(◉)을 잠시 끄세요. **14** 'Layer Style' 대화상자가 나타나면 'Drop Shadow'에 체크 표시하고 다음의 그림과 같이 지정한 후 'OK' 버튼을 클릭합니다.

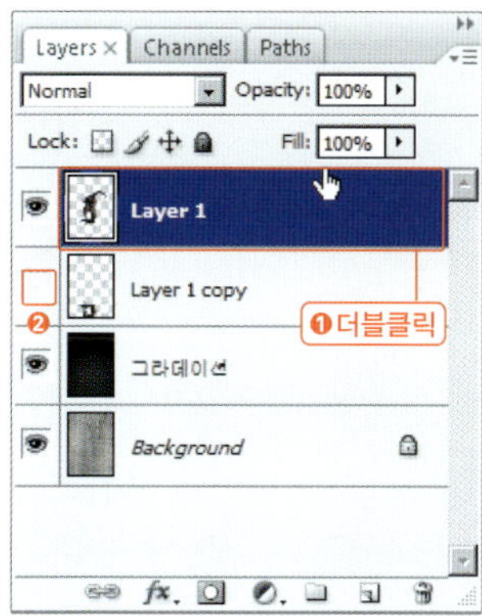 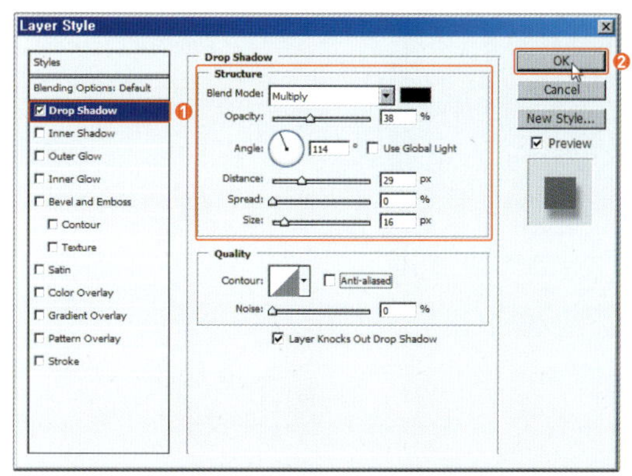

15 'Layers' 팔레트에서 'Add Layer Mask' 아이콘(◻)을 클릭해 'Hide All' 상태로 만듭니다.

셰이프를 브러시로 변환하기

편리하게 작업하기 위해 셰이프를 브러시로 변환하여 사용해 보겠습니다.

예제 파일 부록 CD\Theme04\Lesson06\문양Shape.csh

01 단축키 Ctrl + J 를 눌러 'Layer 1' 레이어를 여러 개 복제합니다. 지금 상태에서는 백그라운드 외에는 아무것도 안 보입니다.
02 툴바에서 'Custom Shape Tool' 을 선택합니다.

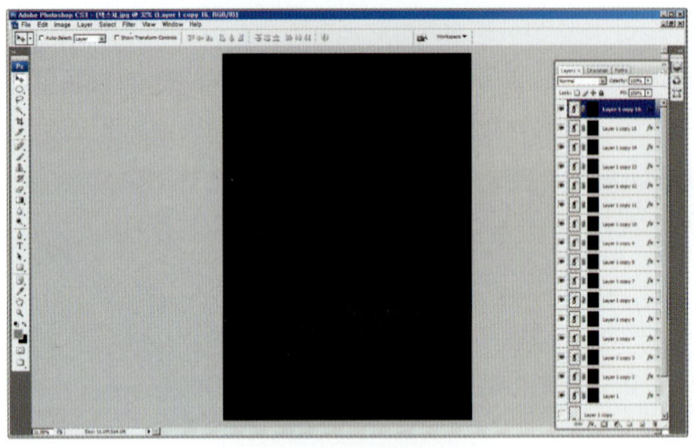
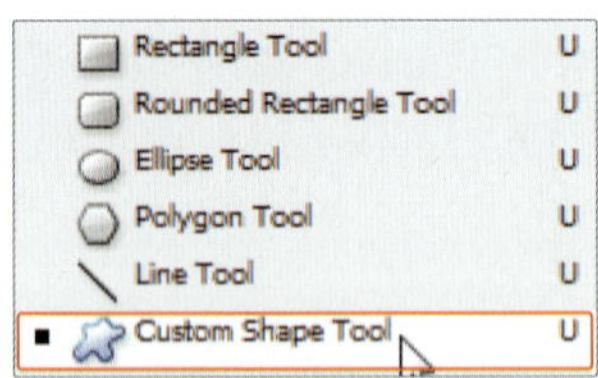

03 옵션바에 표시한 부분을 차례대로 클릭해 'Load Shapes' 를 선택합니다. **04** 'Load' 대화상자가 나타나면 '문양Shapes.csh' 를 선택하고 'Load' 버튼을 클릭합니다.

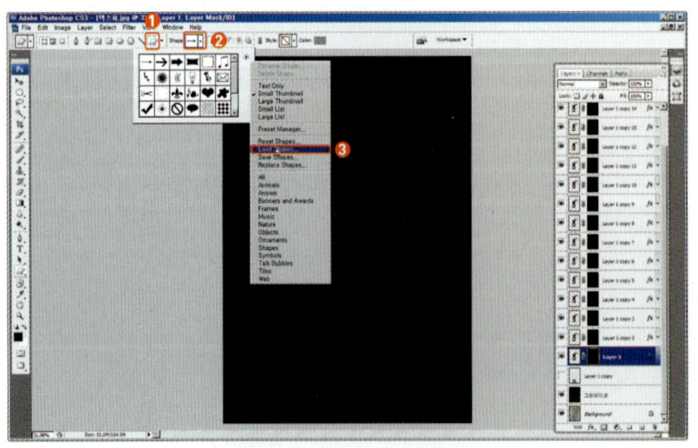
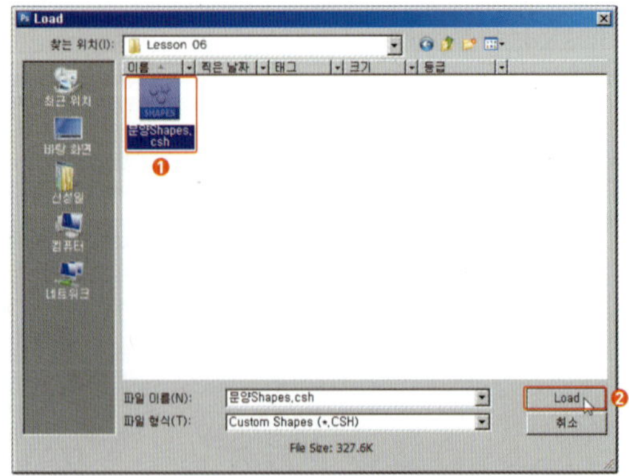

05 추가한 셰이프 목록 중 그림에서 보이는 오른쪽 맨 아래에 있는 셰이프를 선택합니다. **06** 단축키 `Ctrl`+`N` 을 눌러 새로운 도큐먼트를 만들고 다음의 그림과 같이 지정한 후 'OK' 버튼을 클릭합니다. 참고로 브러시는 2500Pixel이 최대값이므로 필자는 처음부터 해상도를 크게 지정한 후 브러시를 만들어서 사용합니다.

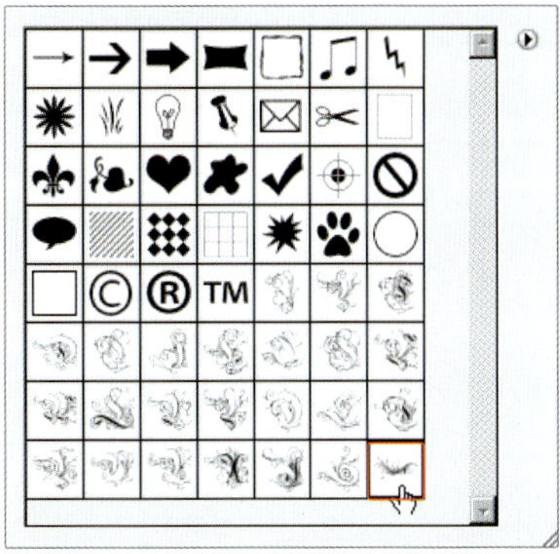 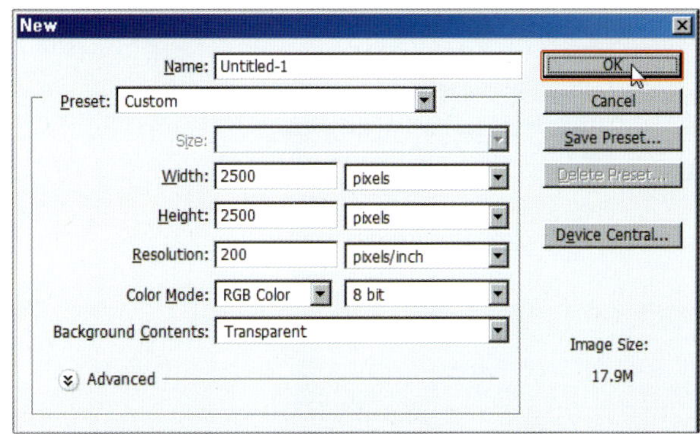

07 선택한 셰이프를 도큐먼트에서 드래그하여 선택합니다. **08** 'Layers' 팔레트에서 `Ctrl` 을 누른 상태에서 'Shape 1' 레이어를 선택해 선택 영역으로 활성화시킵니다.

09 단축키 `Shift`+`Ctrl`+`N` 을 눌러 신규 레이어를 만들고 레이어 이름을 '브러시'로 입력합니다. **10** 선택 영역을 검은색으로 채웁니다.

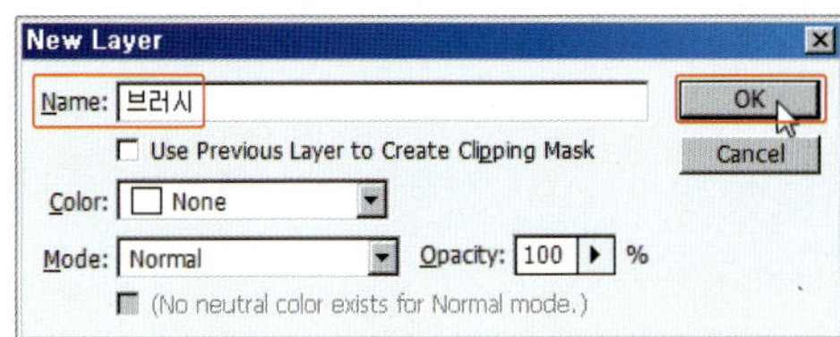 

11 'Edit' → 'Define Brush Preset' 메뉴를 선택합니다. **12** 'Brush Name' 대화상자가 나타나면 'Name' 에 '문양브러시' 라고 지정하고 'OK' 버튼을 클릭해 신규 브러시로 저장합니다.

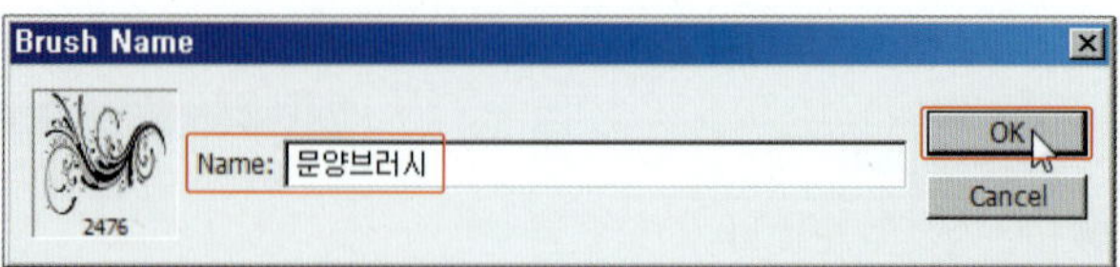

13 단축키 Ctrl + W 를 눌러 'Untitled-1' 을 저장하지 않습니다. **14** 툴바에서 브러시 툴(⌇)을 선택하고 도큐먼트 창에서 마우스 오른쪽 버튼을 클릭한 후 추가된 브러시 목록을 확인합니다.

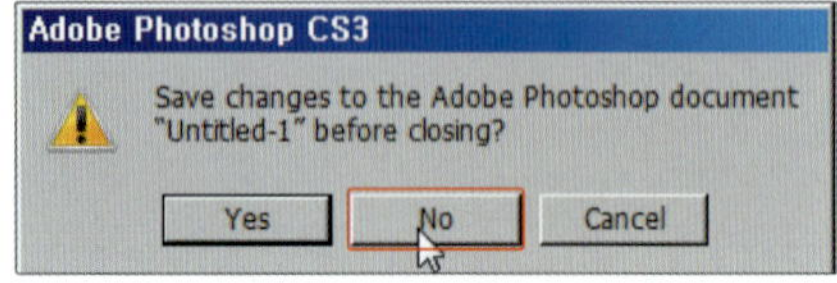

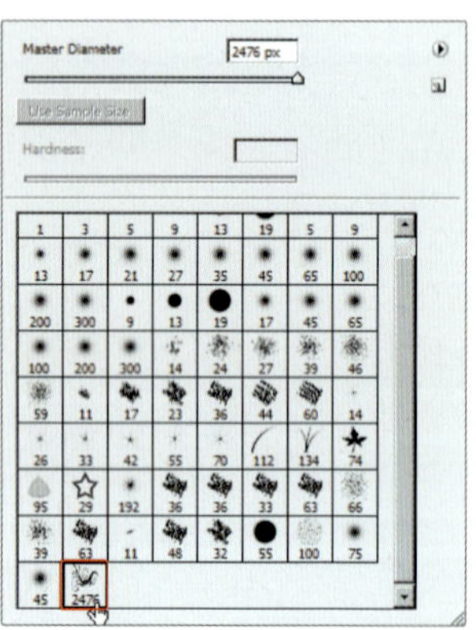

문양 패턴을 이용해 입체감 있는 이미지 만들기

이전 과정에서 만들어진 문양 브러시를 활용해 'Hide All'을 적용한 이미지를 적용해 보겠습니다.

01 전경색을 흰색으로 지정하고 옵션바에서 'Opacity'를 '100%'로 지정합니다. 그런 다음 인물이 포함된 레이어 'Layer 1' 레이어의 마스크 창을 선택하세요. **02** 브러시 툴()로 클릭한 부분과 인물이 겹치는 부분의 이미지가 표시됩니다.

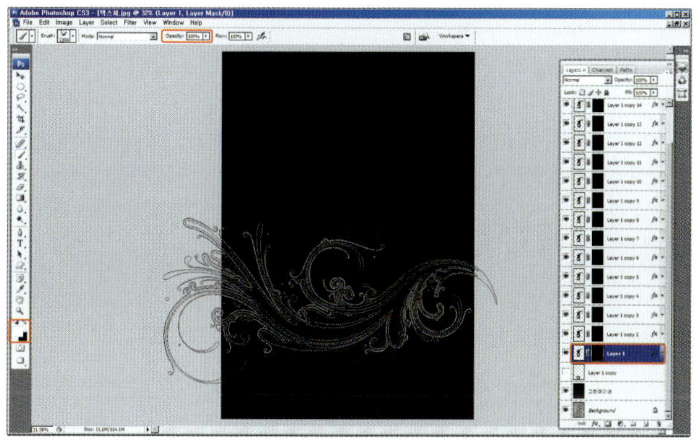
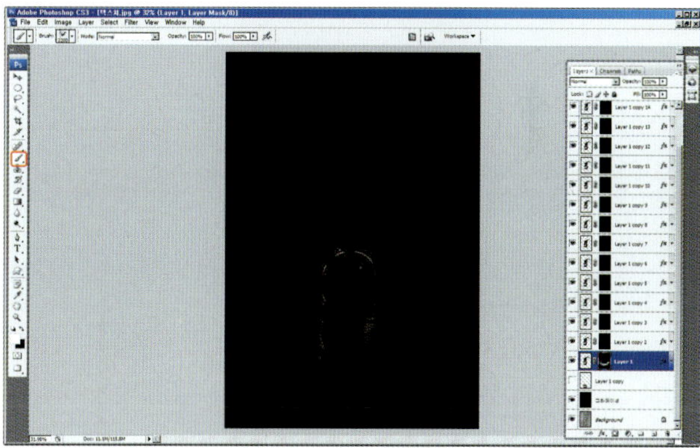

03 각 레이어의 마스크 창을 차례대로 클릭하면서 브러시 툴()로 클릭합니다. **04** 브러시를 사용하다 보면 한 가지 방향으로 지정되어 결과물의 패턴이 단조로워집니다. 이때 Brush Presets(F5)를 선택해 'Angle' 값에 변화를 주어 방향을 회전시키세요.

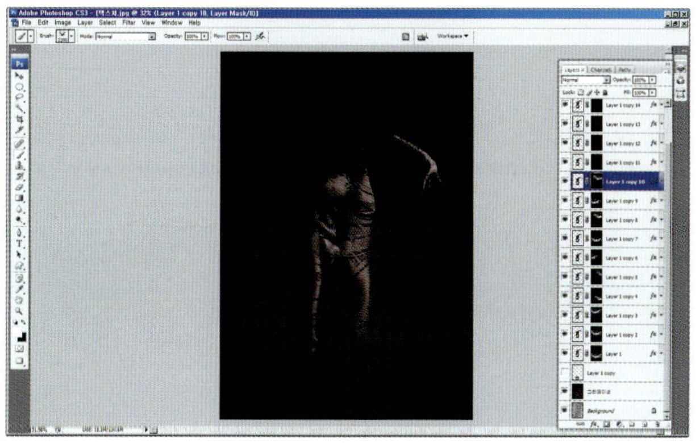
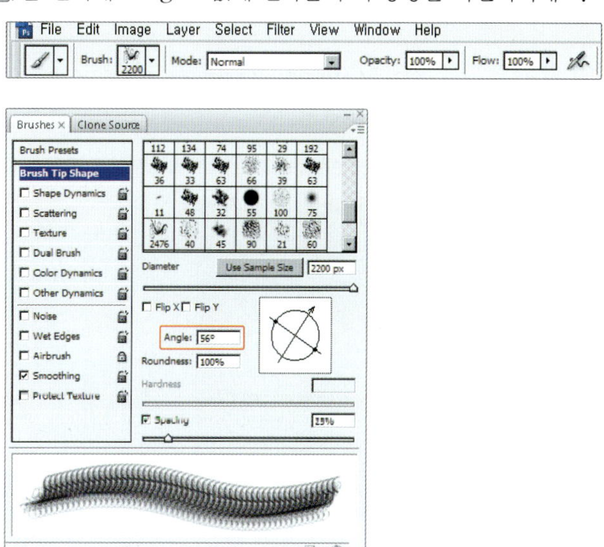

05 앞에서 지정했던 'Drop Shadow'를 통해 쌓여있는 브러시 사이에 그림자가 생기면서 입체감이 생겼습니다. **06** 브러시를 너무 많이 사용해서 문양이 주는 느낌이 지저분해 보일 수 있습니다. 이때 Soft Round 계열의 브러시를 선택하고 공간 사이에 틈이 많이 벌어진 부분을 문질러서 면을 채우세요.

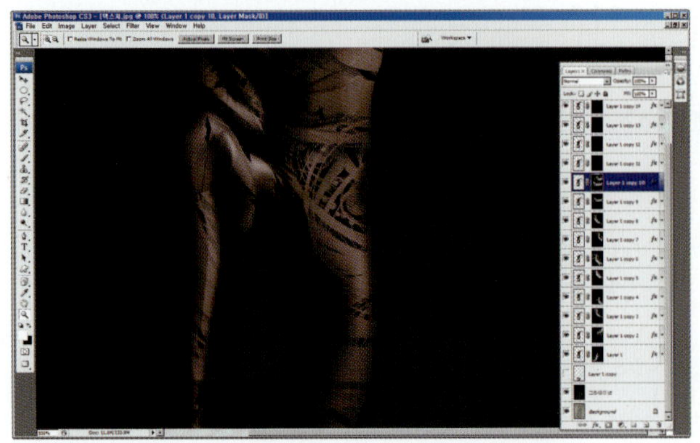
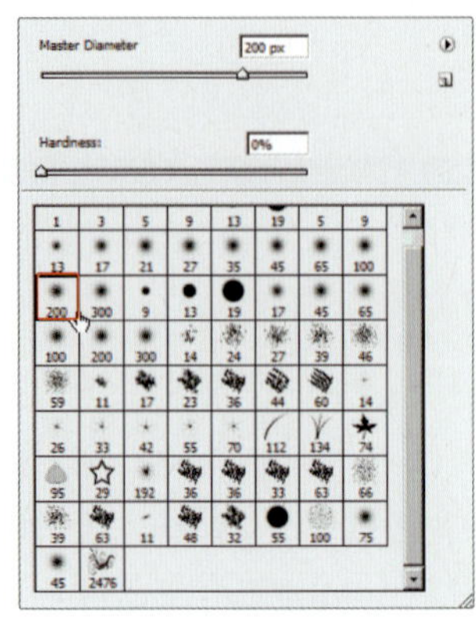
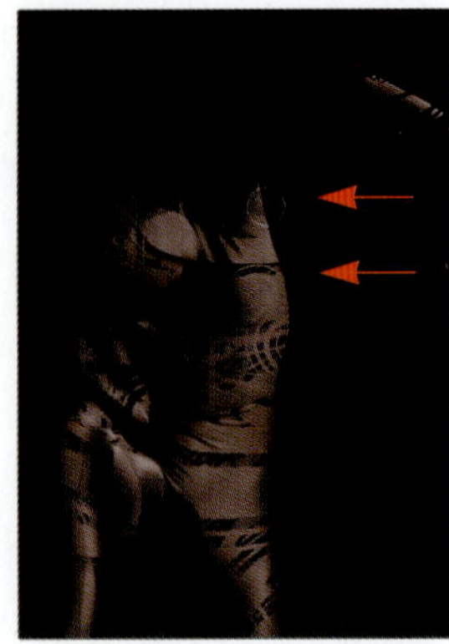

07 브러시 작업을 종료한 후 필요 없는 레이어를 삭제합니다. **08** 이미지를 자세히 살펴보면 인물 테두리의 경계 밖으로 섀도 효과가 보이는데, 잘못된 부분이므로 바로잡아 주어야 합니다.

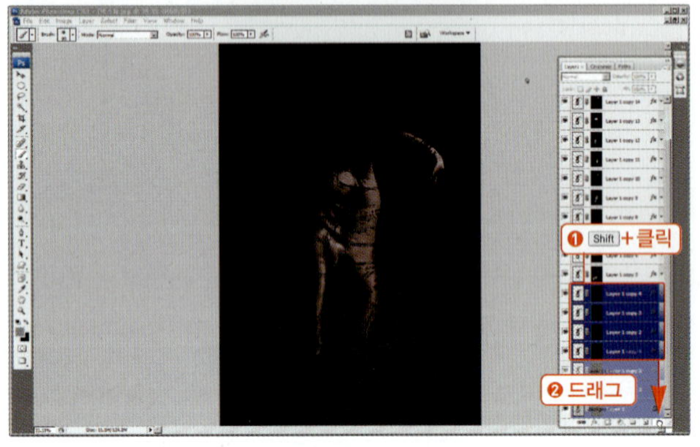

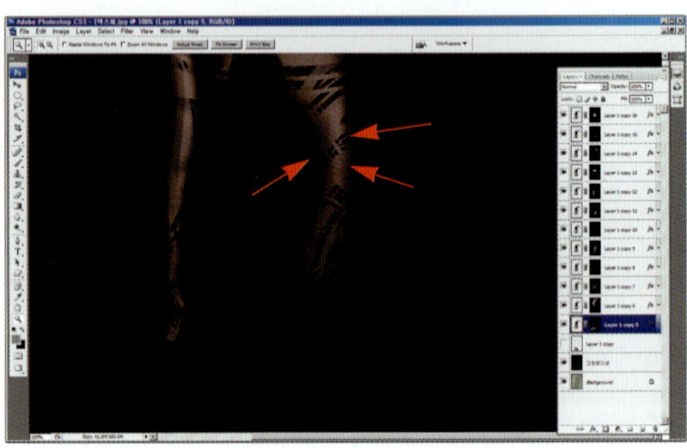

09 Ctrl 을 누른 상태에서 인물이 포함된 하나의 레이어를 선택해 선택 영역으로 활성화합니다. **10** Shift 를 누른 상태에서 인물이 포함된 모든 레이어를 선택합니다.

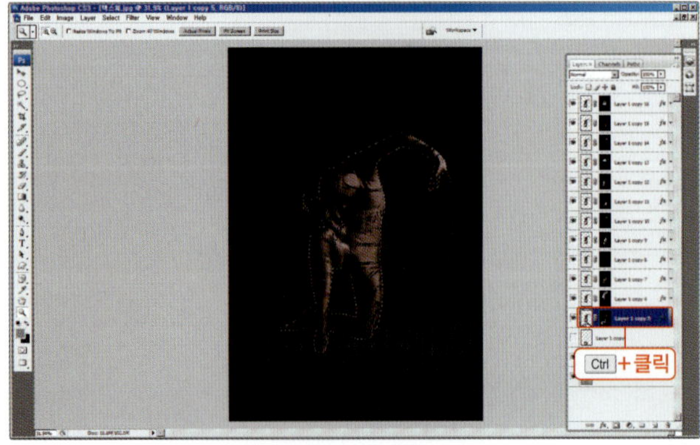

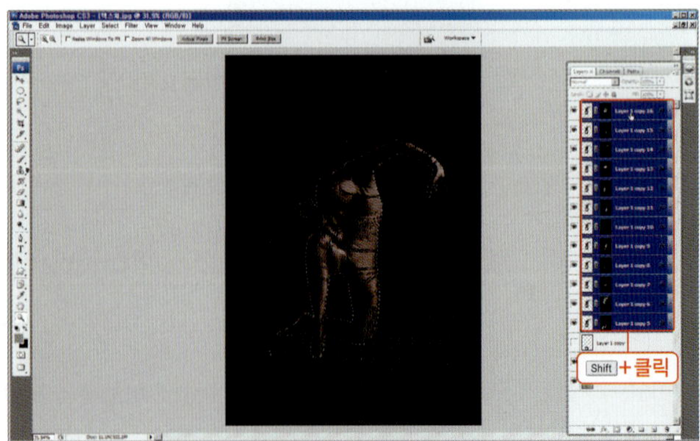

11 단축키 Ctrl + G 를 눌러 그룹 레이어 상태로 만들고 'Layers' 팔레트에서 'Add Layer Mask' 아이콘(◉)을 클릭합니다. 그러면 선택 영역, 즉 인물의 실루엣을 제외한 영역의 섀도 효과는 보이지 않습니다.

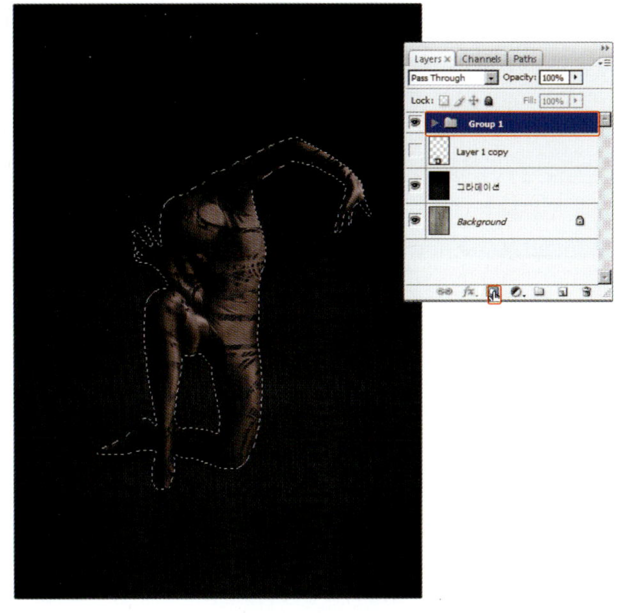

12 'Layer 1 copy' 레이어의 눈 아이콘(◉)을 클릭해서 나타냅니다.

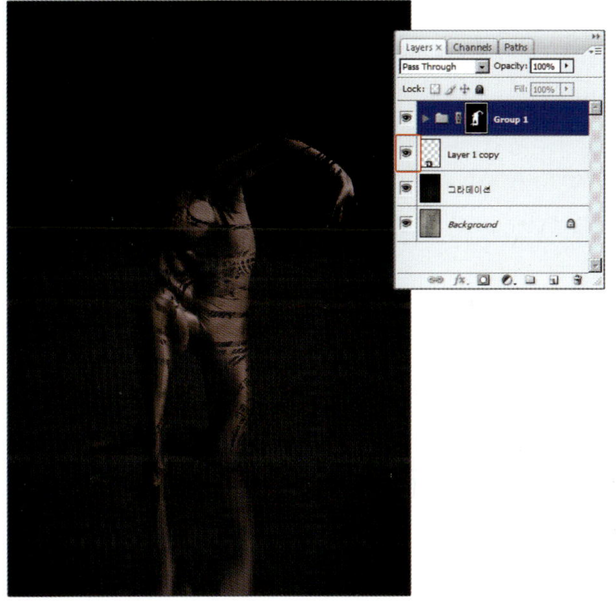

브러시를 활용해 'Splatter' 표현하기

브러시를 활용해 인물 틈 사이를 통해 퍼져나가는 'Splatter'를 표현해 보겠습니다.

예제 파일 부록 CD\Theme04\Lesson06\Blood Splatter.abr

01 브러시 툴(✎)을 선택하고 옵션바에서 표시된 부분을 차례대로 클릭해서 'Load Brushes'를 선택합니다. **02** 'Load' 대화상자가 나타나면 저장한 브러시 목록에서 'Blood Splatter.abr'을 선택하고 'Load' 버튼을 클릭합니다.

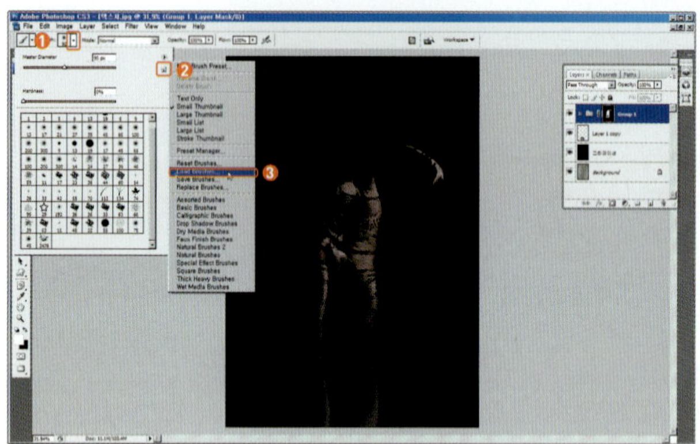

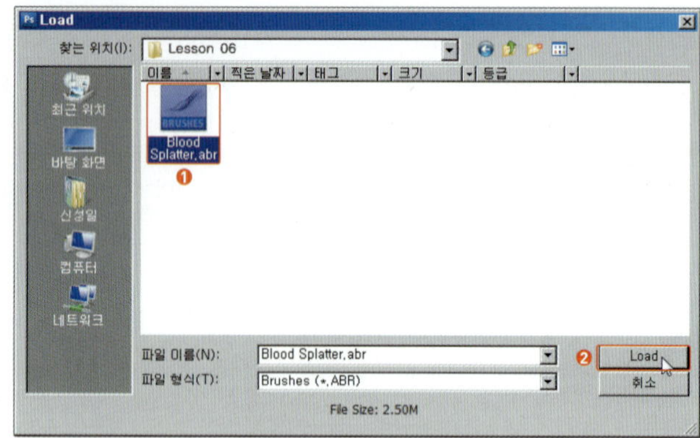

03 단축키 Shift + Ctrl + N 을 눌러 Splatter를 표현할 신규 레이어 '브러시'를 만듭니다. **04** 스포이드 툴(✎)을 이용해 브러시를 적용할 부분에서 가장 가까운 컬러를 클릭하여 전경색으로 지정합니다.

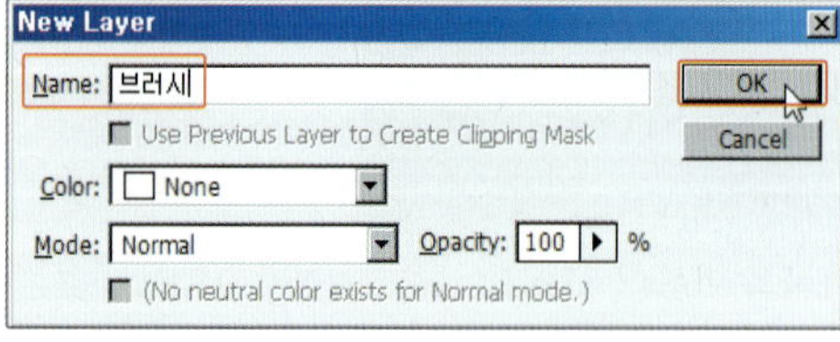

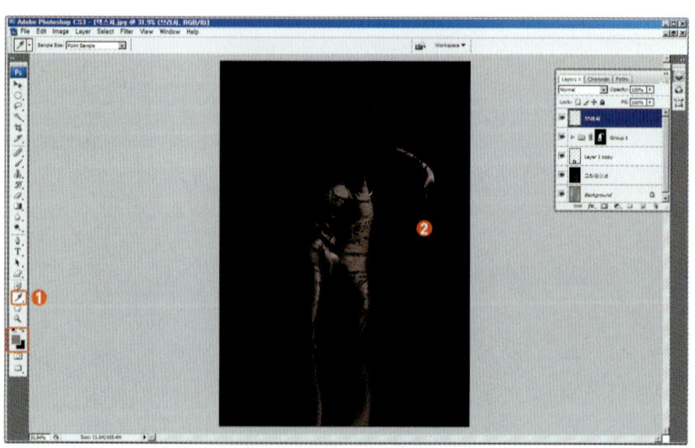

05 '브러시' 레이어를 '그룹' 레이어의 아래쪽으로 이동합니다. **06** 작업 창에서 마우스 오른쪽 버튼을 클릭한 후 추가한 브러시 중 하나를 선택하고 도큐먼트 창을 클릭합니다.

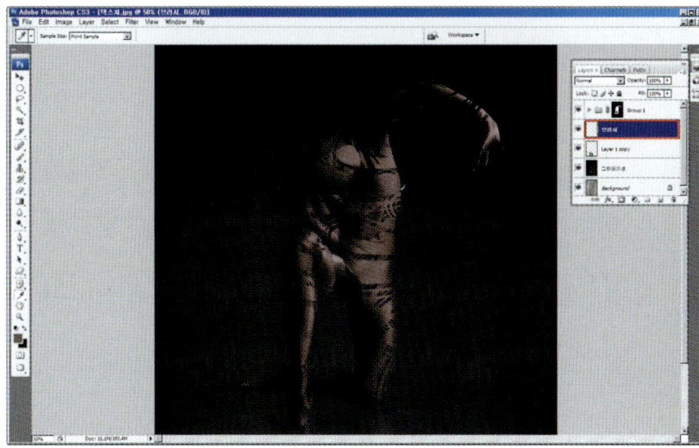 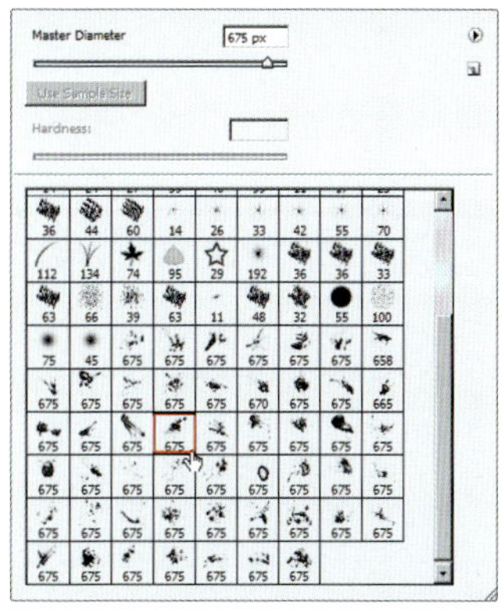

07 단축키 Shift + Ctrl + N 을 이용해 새로운 레이어를 추가한 후 브러시를 클릭합니다. 그런 다음 단축키 Ctrl + T 를 눌러 인물 이미지와 어울리게 배치하세요. **08** 브러시를 적용하는 인물의 외곽 부분과 회전의 차이가 있으면 단축키 Ctrl + M 을 누릅니다. 'Curves' 대화상자가 나타나면 회전할 정보를 맞춰서 이질감이 느껴지지 않도록 보정합니다.

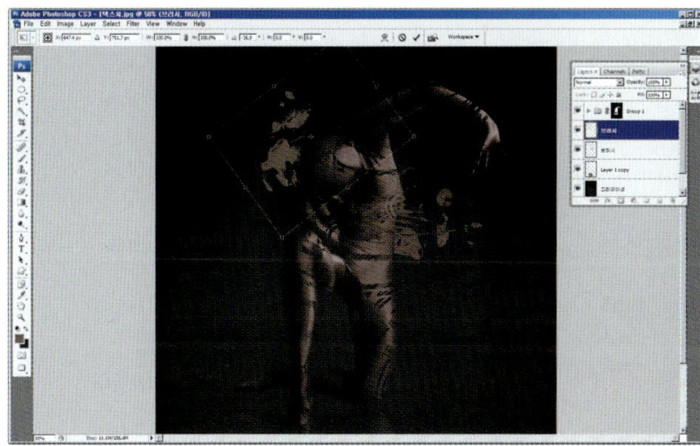 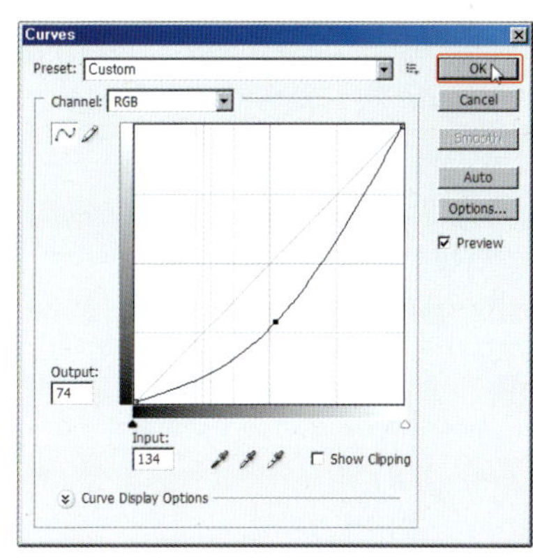

09 이 과정은 이렇게 배치하는 특별한 이유가 없기 때문에 자기의 느낌대로 자율적으로 배치하면서 자신만의 느낌을 살립니다. 이번 예제는 원리가 간단하여 쉽게 따라할 수 있고 사용하는 소스에 따라 다양한 결과물이 나올 수 있습니다. 추가한 브러시 목록 중에서 비슷한 유형의 다른 브러시들도 많으므로 다른 사진을 이용해 좀 더 나은 결과물을 만들어 보세요.

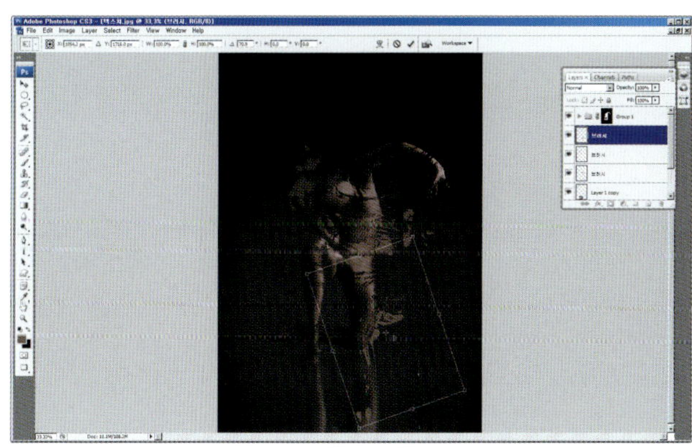 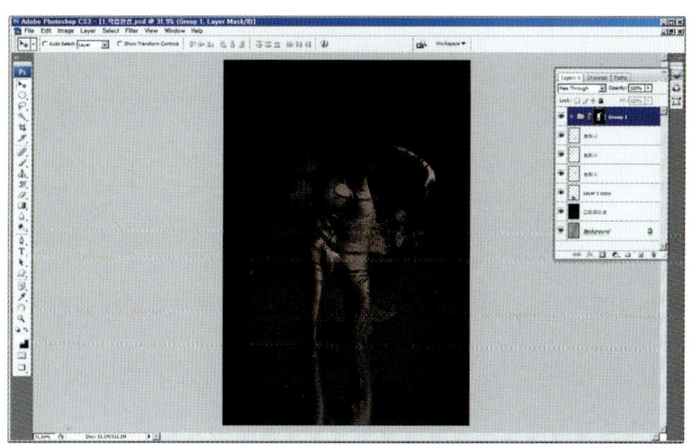

이번 예제와 같은 방법으로 작업한 결과물입니다. 같은 패턴을 이용해 방향과 크기 등을 다르게 지정하여 단조로운 패턴을 단조롭지 않게 사용했습니다. 다만 맨 위에 있는 패턴의 크기는 가급적 크게 만들고 아래쪽으로 갈수록 작은 패턴을 사용했는데, 사람의 피부를 연상해 보세요. 즉 피부 조직의 아래쪽에 있는 작은 혈관과 근육 조직들이 모여 인체를 이루듯이 내부로 들어갈수록 작은 패턴을 사용합니다. 무작위로 패턴을 남발하기보다 한 가지 통일된 목표를 두고 작업해야 원하는 결과물을 얻을 수 있습니다. 몇몇 주변 사람들에게 작업 방법에 대한 튜토리얼을 제공했는데, 목적 없이 과정만 배우려면 단지 기술 습득에 지나지 않습니다. 패턴은 의미 그대로 일정한 형식과 모형에 불과하지만 어떻게 사용하느냐에 따라 전혀 다른 결과물이 나올 수 있습니다. 그러므로 참고할 만한 작업, 이탈리아 작가 알베르토 세베소(http://www.burdu976.com)의 작품을 보면서 인체 조직을 나누고 일러스트레이션으로 채우는 방법에 대해 많은 도움을 얻으세요.

항상 아이디어가 떠오르면 좋겠지만 그렇지 않을 때는 생각을 반전해 보는 것도 좋은 방법입니다. 많은 아이디어를 일본 애니메이션에서 얻는 편인데요. 천공의 성 라퓨타나 바람계곡의 나우시카 등에서 많은 힌트를 얻은 작업입니다. 어떤 특정한 장면에서 아이디어를 얻었다기 보다는 등장하는 수많은 동물 캐릭터나 존재하지 않는 풍경 등에서 '일반적인 것과는 디르디'라는 것을 느낄 수 있었고 존재하지 않을 것 같은 풍경을 만들어보자는 생각이 이런 결과물을 만들어 냈습니다.

Lesson

07

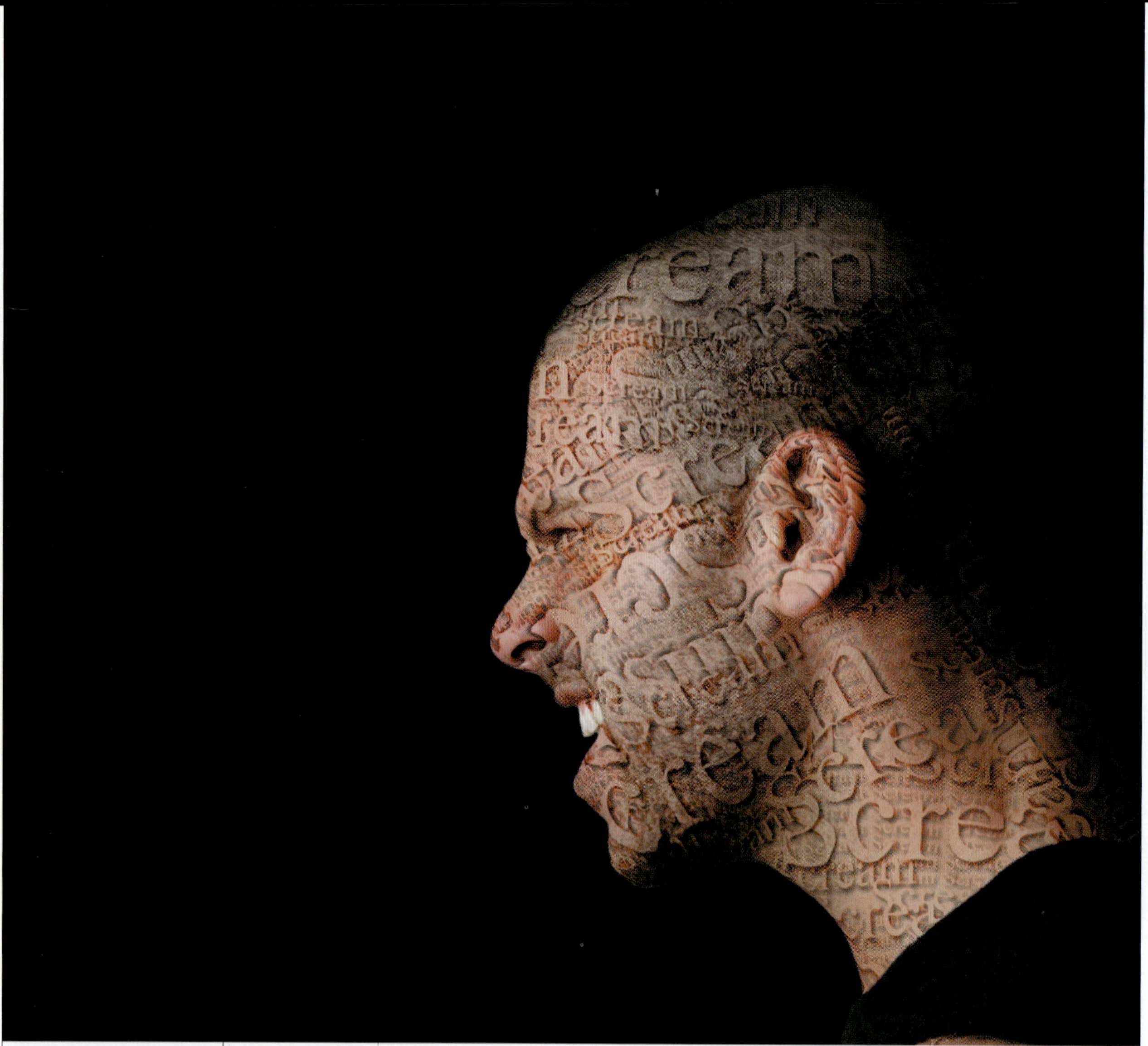

결과 파일 부록 CD\Theme04\Lesson07\표정.psd

텍스트로 만든 텍스처 효과

텍스트와 'Displacement' 필터를 활용해 인물의 굴곡에 따라 흘러가는 듯한 글자 효과를 적용 및 응용하는 방법에 대해 알아보겠습니다.

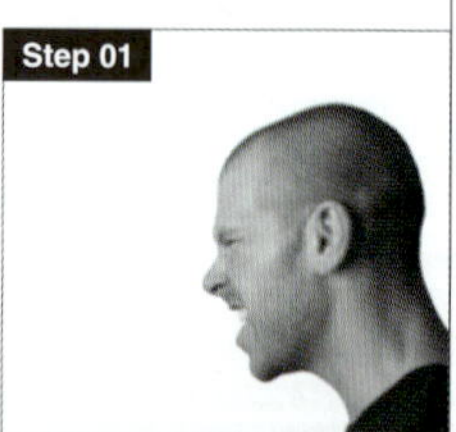

Step 01

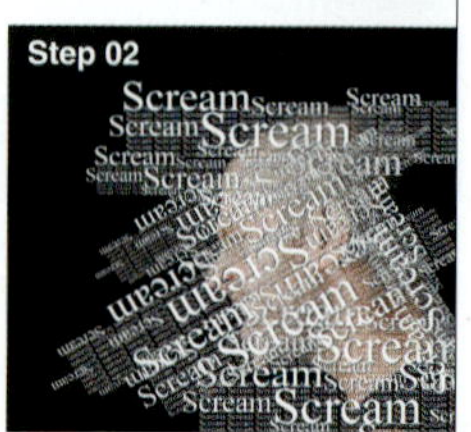

Step 02

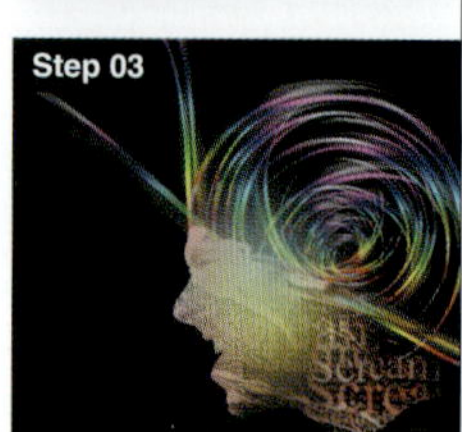

Step 03

응용 예

'Displacement' 에 적용할 소스 파일 만들기

인물 이미지에 블러 효과를 주어 'Displacement' 필터를 활용할 소스를 미리 제작해 보겠습니다.

예제 파일 부록 CD\Theme04\Lesson07\Man.psd

01 부록 CD에서 'Man.psd' 파일을 불러옵니다. **02** 'Layer 4' 레이어를 선택하고 D와 X를 눌러 배경색을 흰색으로 지정합니다. 그런 다음 단축키 Ctrl + Delete 를 눌러 흰색으로 채우세요.

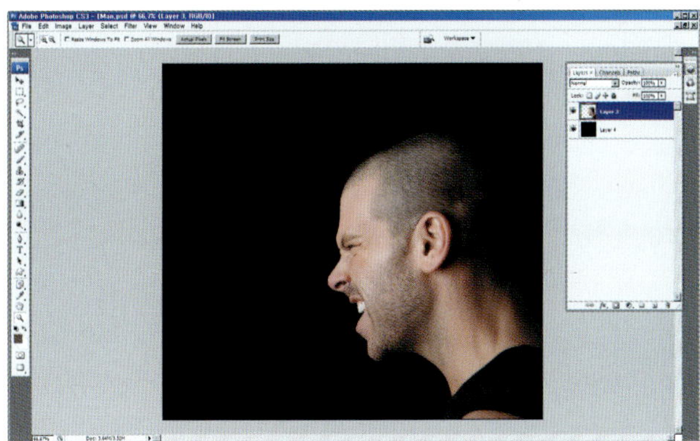
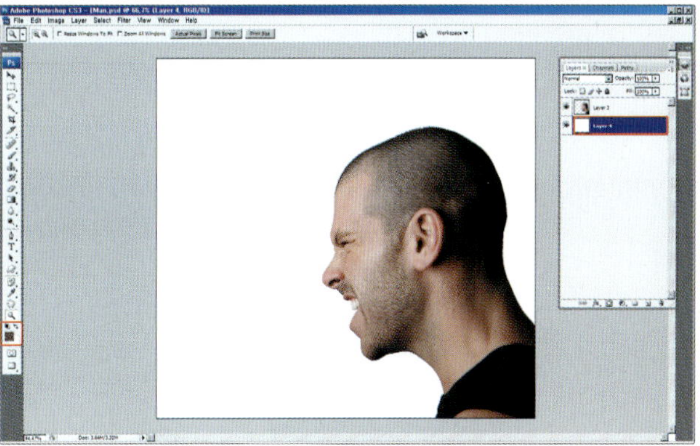

03 이미지를 흑백으로 변환하기 위해 'Image' → 'Mode' → 'Grayscale' 메뉴를 선택합니다. **04** 경고 메시지 창이 나타나면 'Merge' 버튼을 클릭해서 레이어를 합칩니다. 경고문이 나타나면 'Discard' 버튼을 클릭합니다.

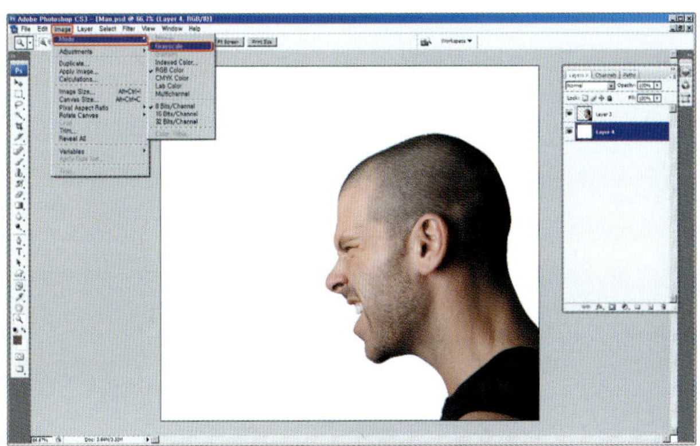
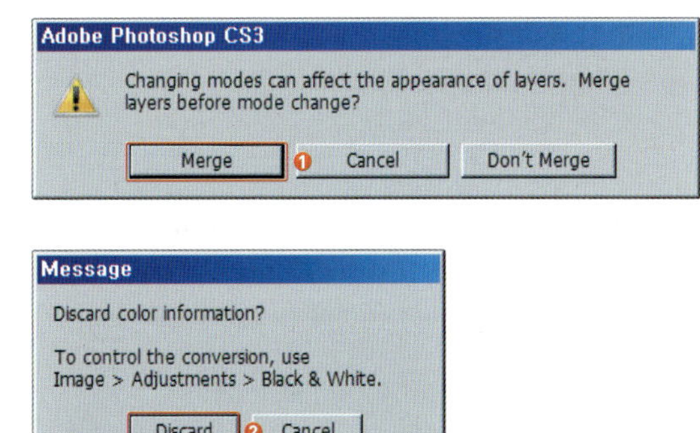

05 흑백으로 변환한 이미지에서 'Filter' → 'Blur' → 'Gaussian Blur' 메뉴를 선택합니다. 지금 작업하는 이미지는 텍스트에 질감을 적용할 소스 파일로 사용하세요. **06** 'Gaussian Blur' 대화상자가 나타나면 소스 파일로 사용할 이미지의 명암 톤에 따른 질감이 확실하게 보이지도 않으면서 너무 흐려지지 않을 정도의 값을 지정합니다. 여기서는 'Radius'를 '2.9pixels'로 지정하고 'OK' 버튼을 클릭하세요.

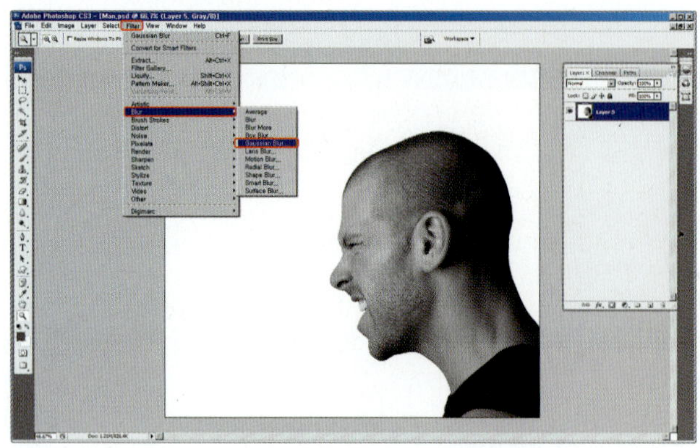
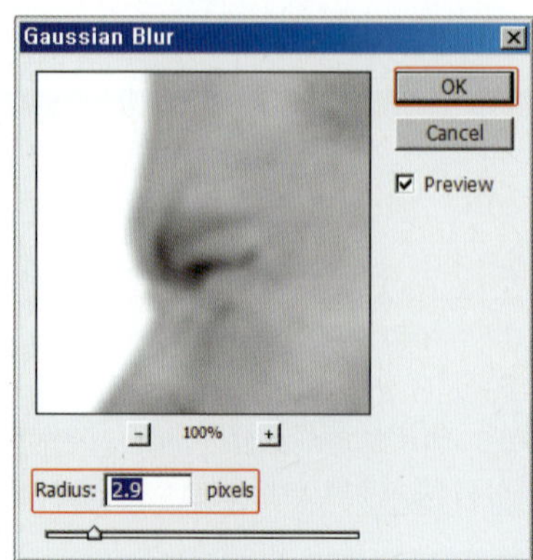

07 블러를 적용한 화면입니다. **08** 'File' → 'Save As' 메뉴를 선택하고 'Save As' 대화상자에서 파일명 'Man-소스.psd'로 저장합니다.

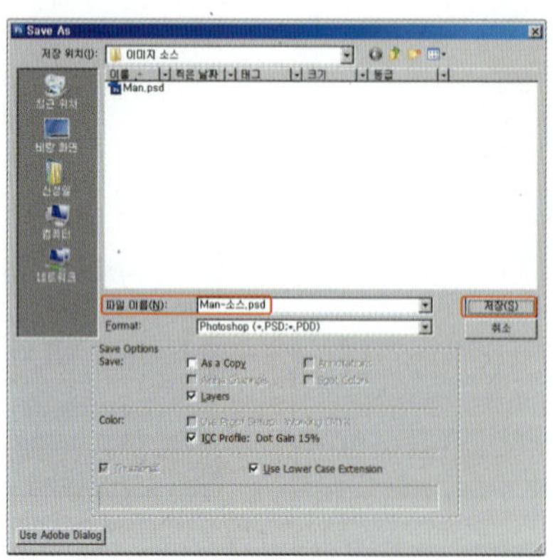

09 부록 CD에서 'Man.psd' 파일을 불러오고 텍스트를 입력하기 위해 툴바에서 타입 툴(T)을 선택합니다. **10** 분위기에 어울릴 만한 영문 단어와 서체를 선택합니다. 여기서는 영문 서체 중 가장 많이 사용하는 세리프 계열 서체인 'Times New Roman'을 사용하겠습니다.

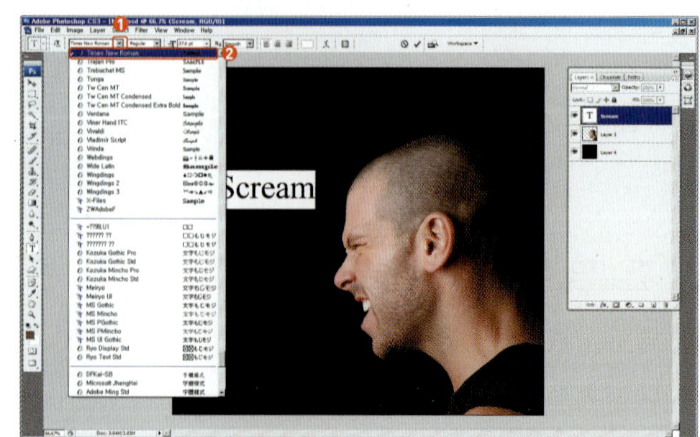

11 단어 'Scream'을 입력하고 레이어를 더블클릭한 후 단축키 `Ctrl`+`C`를 눌러 글자를 복사합니다. **12** `Space bar`를 눌러 한 칸씩 띄어쓰기하고 단축키 `Ctrl`+`V`를 눌러 글자를 붙여넣기합니다.

13 단축키 `Ctrl`+`T`를 눌러 글자 크기를 축소합니다. 그런 다음 단축키 `Ctrl`+`C`, `Enter`, `Ctrl`+`V`를 반복해서 눌러 글자를 아래쪽으로 나열하세요. **14** 타입 툴(`T`)로 글자를 입력하고 다음의 그림과 같이 크기 및 방향을 불규칙적으로 배열합니다.

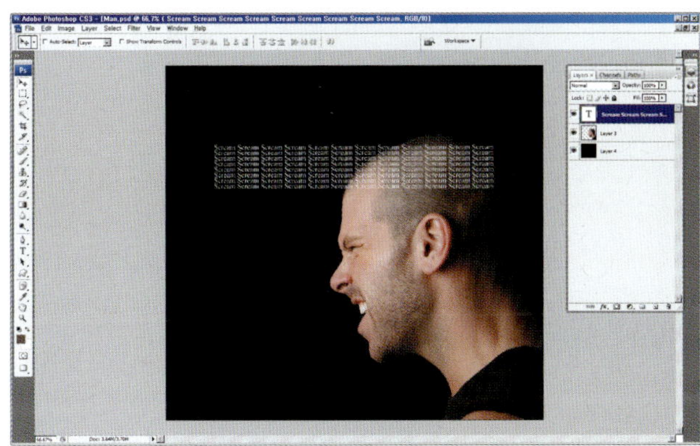
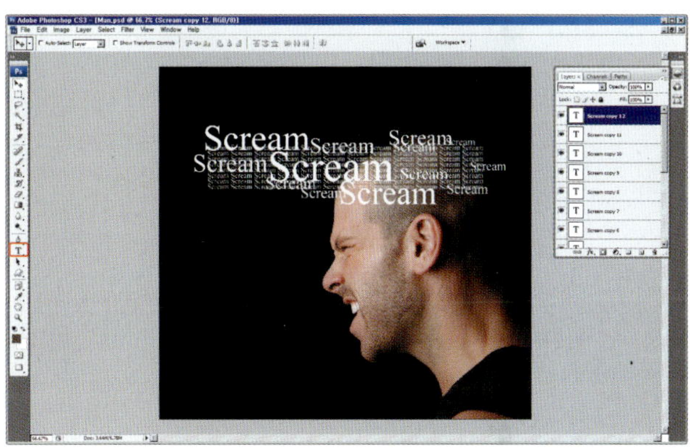

15 'Layers' 팔레트에서 텍스트로 이루어진 모든 레이어를 `Shift`를 누른 상태에서 선택하고 단축키 `Ctrl`+`G`를 눌러 그룹 레이어 상태로 만듭니다. **16** 'Layers' 팔레트에서 'Group 1' 레이어를 'Create New Group' 아이콘(▢)으로 드래그해서 복사합니다.

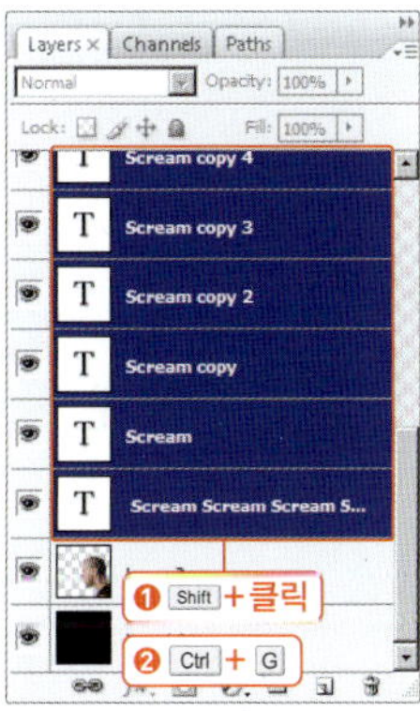
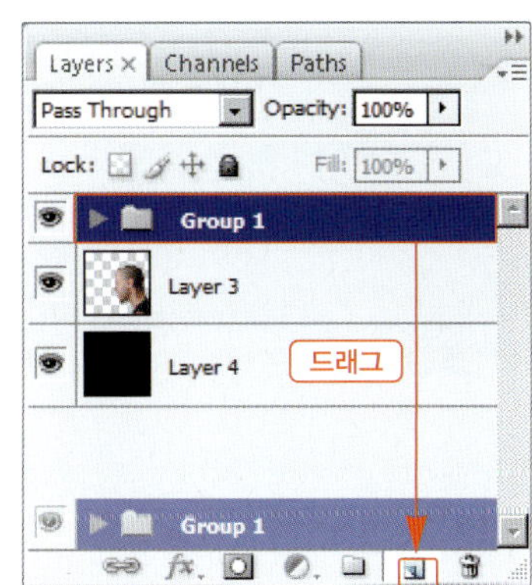

Step 02 텍스트에 레이어 스타일 지정하기

텍스트를 분산되게 배치하여 인물이 차지하는 면적을 채워보겠습니다.

예제 파일 부록 CD\Theme04\Lesson07\Man-소스.psd, marble.psd　**결과 파일 부록** CD\Theme04\Lesson07\마블링.psd, 글자합성.psd

01 복제한 그룹 레이어 중 하나의 레이어를 선택하고 더블클릭합니다. 'Layer Style' 대화상자가 나타나면 'Drop Shadow'에 체크 표시하고 다음의 그림과 같이 지정한 후 'OK' 버튼을 클릭합니다. **02** 'Drop Shadow'를 적용한 레이어를 선택하고 마우스 오른쪽 버튼을 클릭한 후 바로 가기 메뉴에서 'Copy Layer Style'을 선택해서 레이어 스타일 속성을 복사합니다.

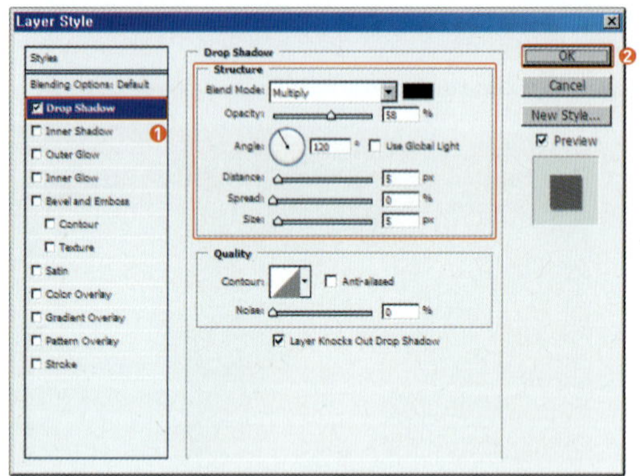

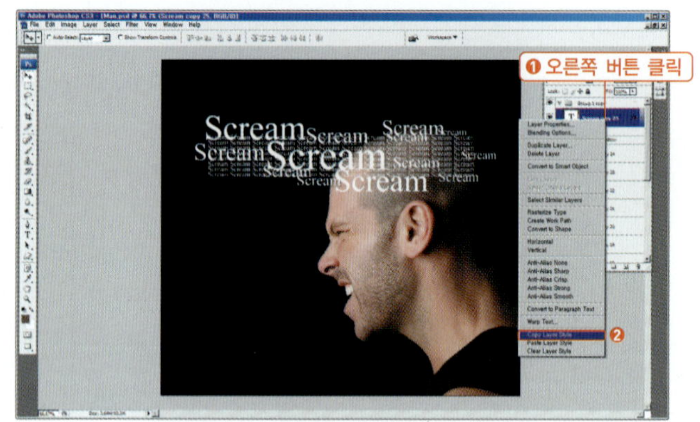

03 Shift 를 누른 상태에서 복제한 그룹 레이어의 나머지 텍스트 레이어들을 선택합니다. 그런 다음 마우스 오른쪽 버튼을 클릭하고 바로 가기 메뉴에서 'Paste Layer Style'을 선택해서 전체 레이어에 섀도 효과를 지정하세요. **04** 복제한 그룹 레이어 'Group 1 copy'를 선택하고 단축키 Ctrl + E 를 눌러 하나의 레이어 상태로 만듭니다.

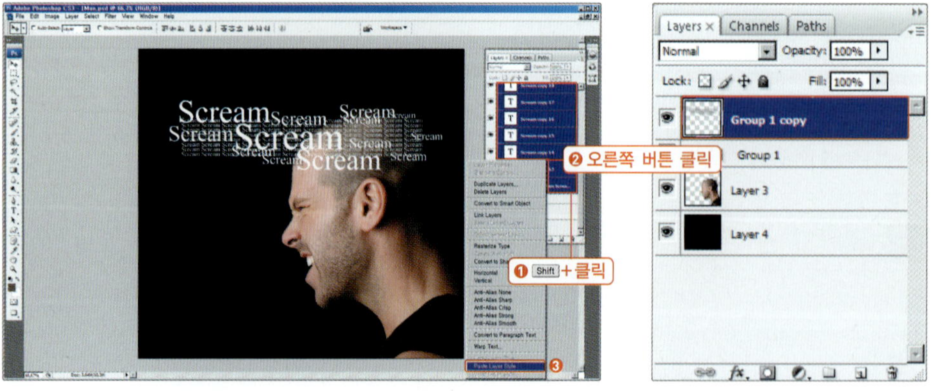

05 단축키 Ctrl+J 를 눌러 'Group 1 copy' 레이어를 복제합니다. **06** 인물 이미지를 전체에 자율적으로 배치해서 텍스트로 가득 채웁니다.

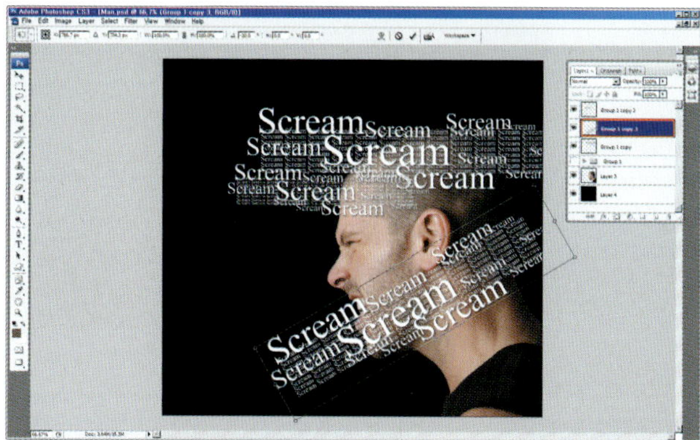 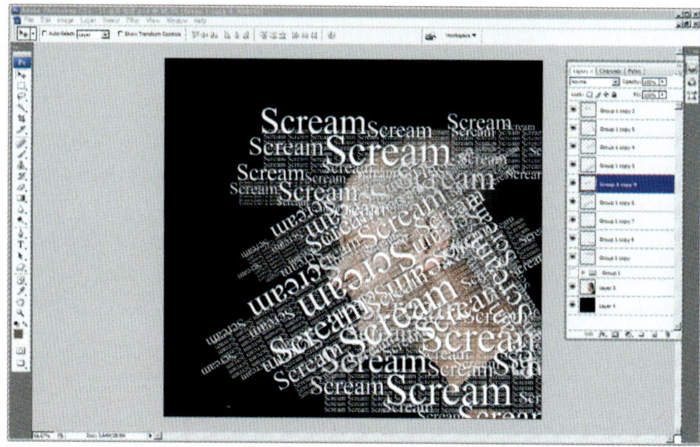

07 'Layers' 팔레트에서 Shift 를 누른 채 인물의 전면에 나타나는 텍스트 속성을 포함한 레이어들을 선택합니다. 그런 다음 단축키 Ctrl+E 를 눌러 하나의 레이어로 만듭니다. **08** 'Filter' → 'Disort' → 'Displace' 메뉴를 선택합니다.

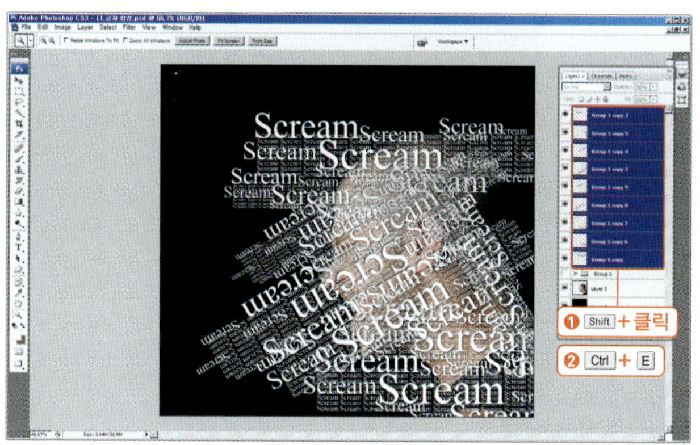

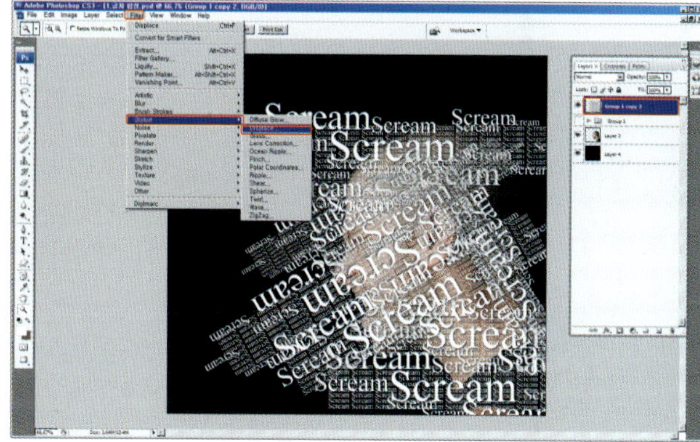

09 'Displace' 대화상자가 나타나면 다음의 그림과 같이 지정하고 'OK' 버튼을 클릭합니다. **10** 'Choose a displacement map' 대화상자가 나타나면 이전에 작업했던 소스 파일 'Man-소스.psd' 파일을 선택하고 '열기' 버튼을 클릭합니다.

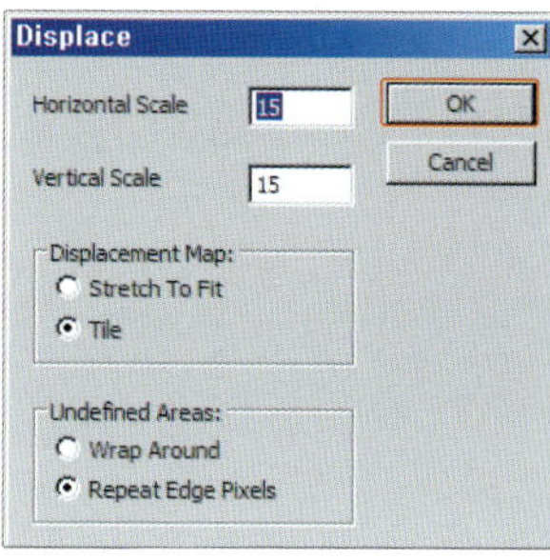
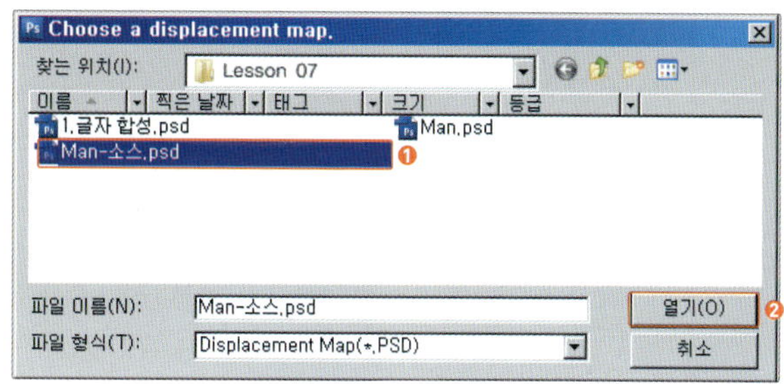

11 불러온 소스 파일을 갖고 있는 명암과 질감의 속성에 따라 텍스트 파일이 왜곡된 것을 알 수 있습니다. `Alt` 를 누른 상태에서 'Group 1 copy 2' 레이어와 'Layer 3' 레이어 사이를 클릭하여 'Create Clipping Mask' 상태로 만듭니다.

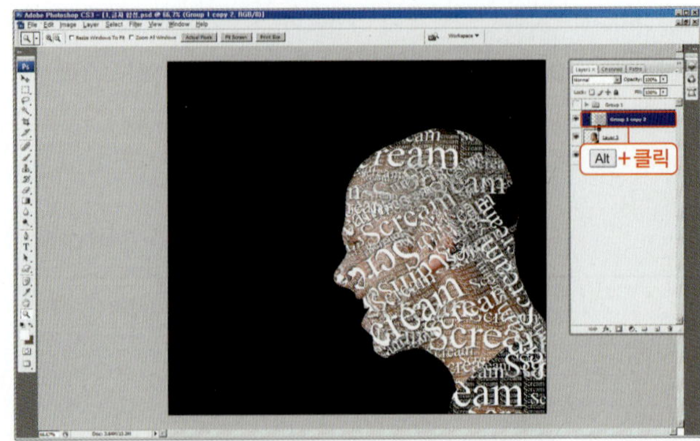

12 글자의 형태와 질감이 잘 보이게 'Color Burn'으로 블렌딩 모드를 변경했습니다. 블렌딩 속성을 적용하는 상위 레이어와 배경 레이어의 컬러, 돈 정보에 따라 다르므로 여기서 설명하는 블렌딩 모드만 고집할 필요는 없습니다.

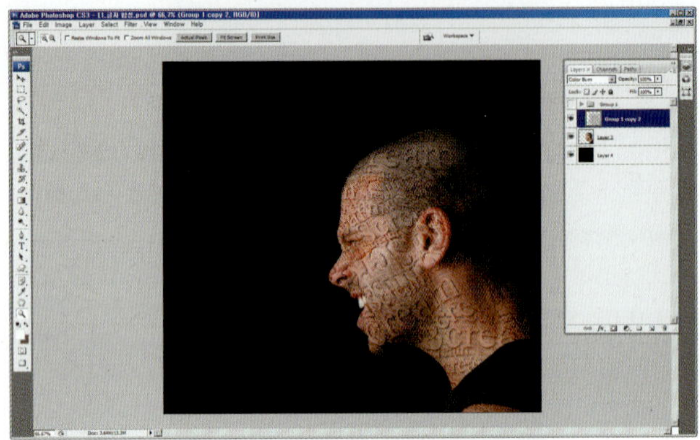

Tip & Tech

Liquify 마블링 효과

실제 마블링 효과처럼 이 작업은 우연히 완성한 결과물로, 'Liquify' 필터로 쉽게 할 수 있는 작업인데, 단지 기름과 물감 대신 포토샵을 이용한다는 점만 다릅니다. 뒤에 보이는 라인은 일러스트레이터 CS4에서 제작하여 사용했습니다.

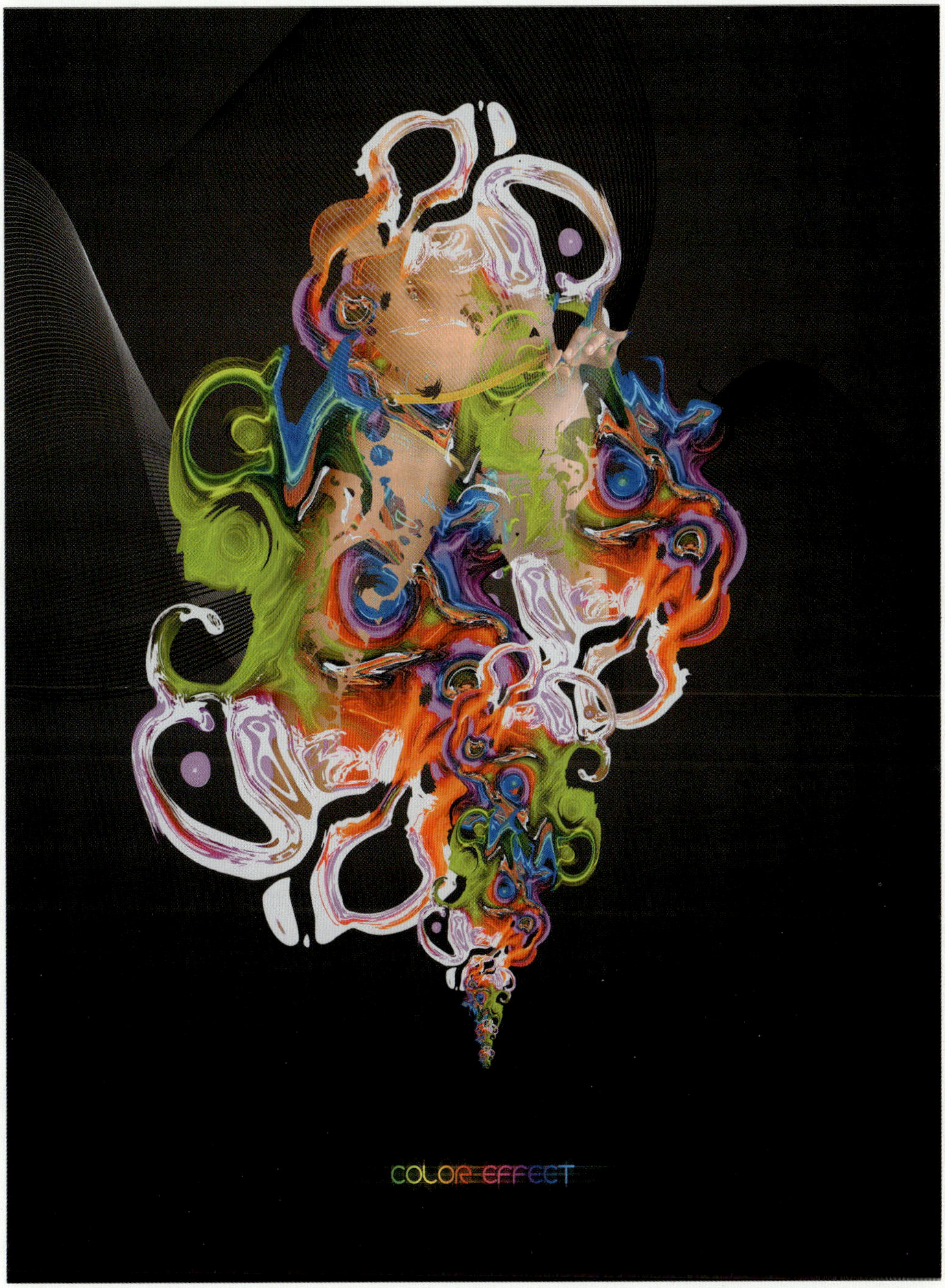

❶ 흰색 백그라운드 위에 신규 레이어를 만들고 브러시로 색깔별로 칠하거나 다음의 그림과 같이 다양한 색이 공존하는 파일을 불러오는데, 색이 화려한 앵무새도 잘 어울릴 것 같습니다. 'Filter' → 'Liquify' 메뉴를 선택하고 왼쪽 위에 있는 손가락 모양의 툴(   )을 선택한 후 임의로 문지릅니다. 그러면 다음의 그림과 같이 형태가 지그재그로 왜곡됩니다.

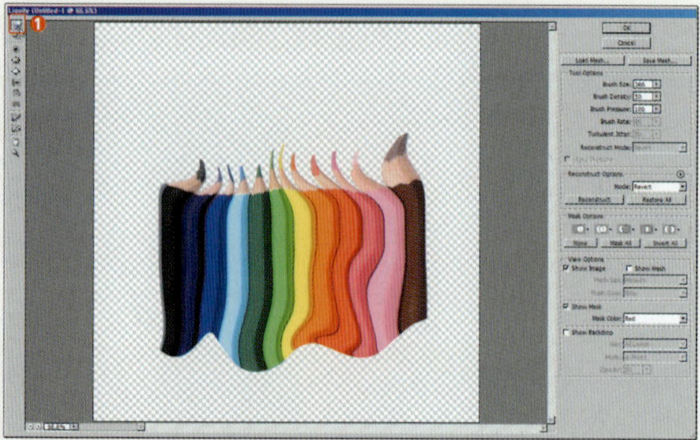

❷ 왼쪽 위에서 세 번째에 있는 'Twirl Clockwisw Tool'(   )을 이용해 브러시를 올려놓고 클릭 상태를 유지하면 주변 색상과 혼합되면서 회전됩니다. 브러시를 이리저리 움직여서 마블 형태를 완성하고 'OK' 버튼을 클릭합니다.

❸ 여러 개의 파일들을 복사하여 크기를 축소하면서 아래쪽으로 내려갈수록 역삼각형을 유지합니다. 배경 사진에 따라 형태를 다르게 적용하겠지만 이와 같은 방식으로 작업했습니다. 단순하지만 실무에 어떻게 적용하느냐는 여러분의 판단에 맡기겠습니다(완성 파일 : 부록 CD에서 'marble.psd' 파일).

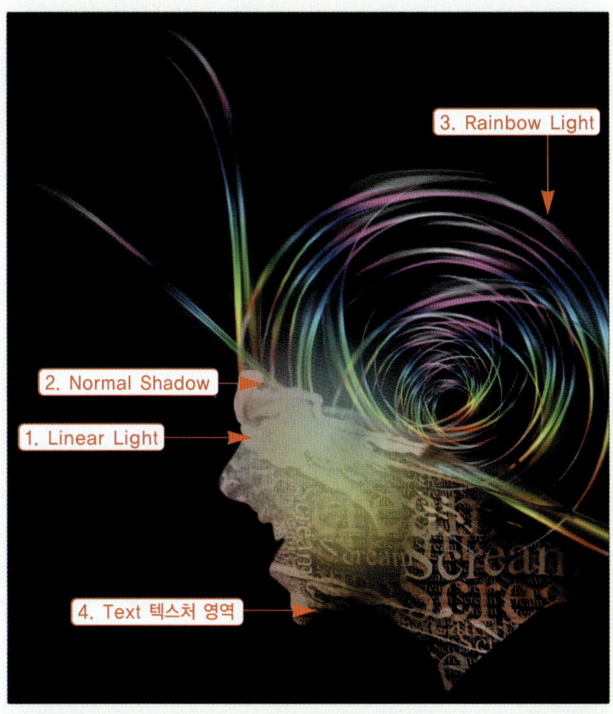

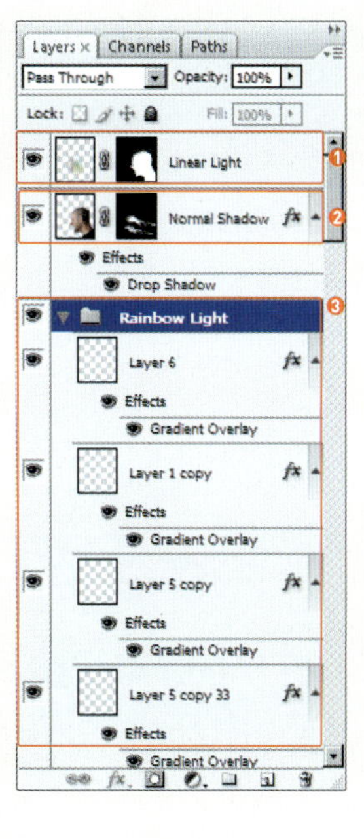

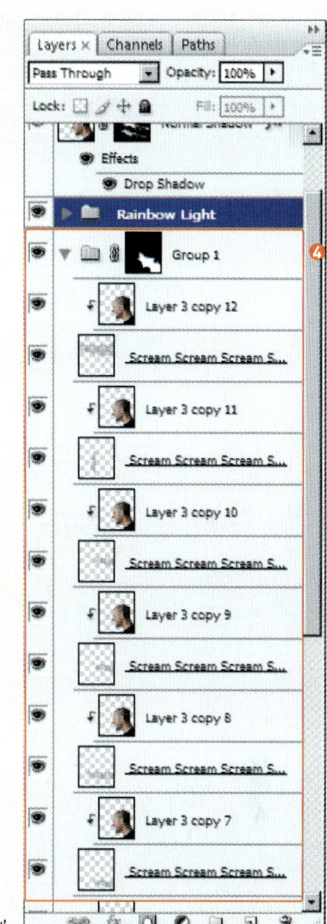

참고 부록 CD에서 '응용.psd'

❶ **Linear Light** : 몇 가지 컬러를 칠하고 블러를 적용해 Linear Light 모드로 변경한 후 인물의 실루엣 영역만큼 마스크를 씌웁니다.

❷ **Normal Shadow** : 'Splatter' 브러시를 이용해 마스크 'Hide All' 상태에서 브러시 모양대로 클릭하고 그림자 효과를 지정합니다.

❸ **Rainbow Light** : 370쪽에서 만든 소스를 이용해서 'Warp' 툴로 원형 모형으로 왜곡한 후 여러 개를 복사해서 면을 채웁니다.

❹ **Text 텍스처 영역** : 글자에 섀도 효과를 미리 지정하고 인물 이미지를 클리핑 마스크한 후 글자에서 각 레이어의 글자 영역이 갖고 있는 면만큼 채웁니다. 글자를 좌우로 여러 개 배치하고 인물의 실루엣 영역만큼 채우면 보이는 이미지와 같은 느낌을 만들 수 있습니다.

Lesson 06 과정에서는 인물 소스에 'Hide All' 마스크를 씌워 브러시로 칠하는 영역만큼 면을 채우는 방식이었습니다. 하지만 지금은 반대로 인물이 채워지면(텍스트 영역)을 먼저 만들고 좌우로 배치하여 그 위에 인물을 씌우는 방식으로 작업한 결과입니다. 즉 Lesson 06 과정의 개념을 반대로 적용한 것입니다.

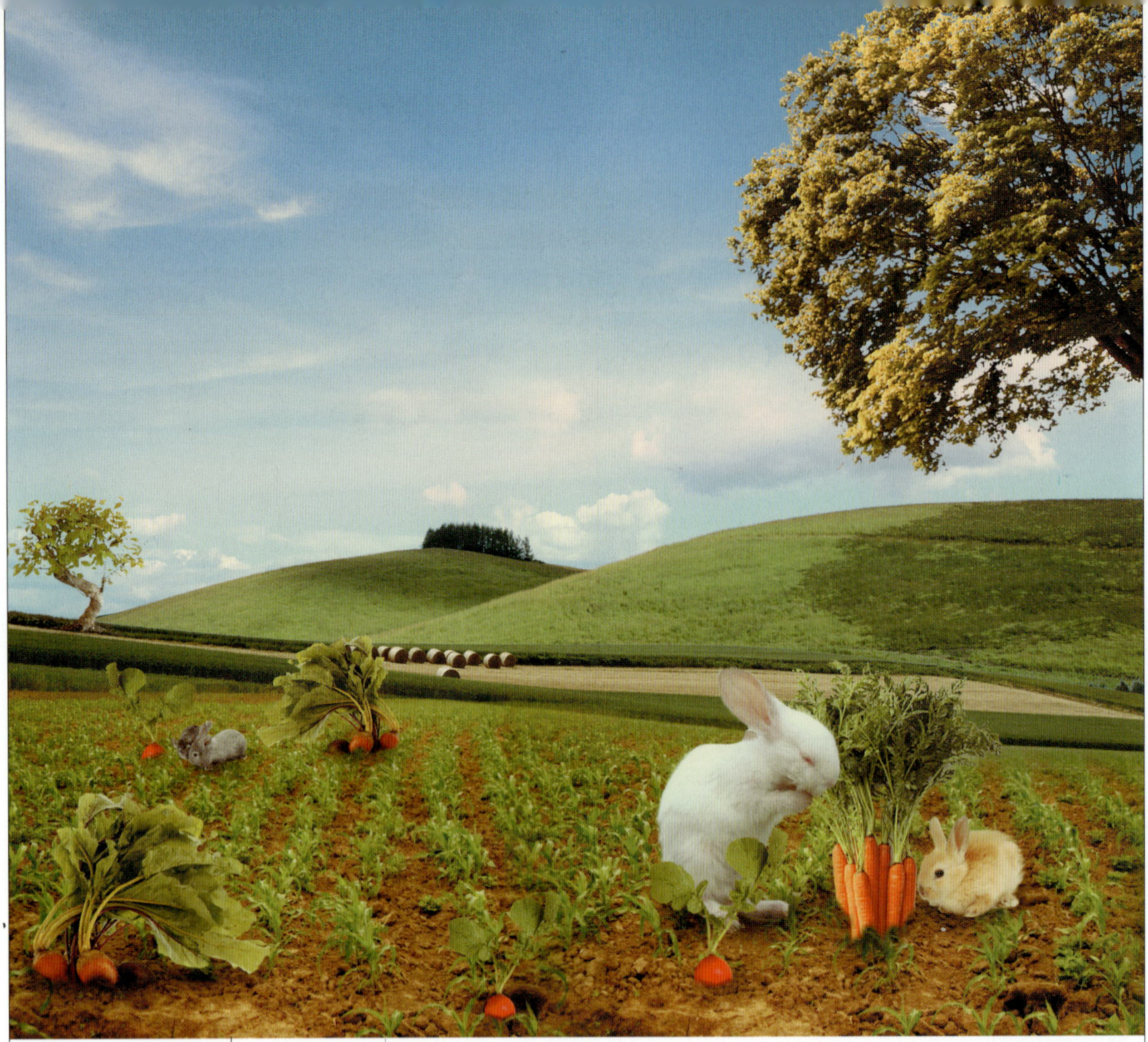

Lesson 08

결과 파일 부록 CD\Theme04\Lesson08\토끼점심.psd

토끼의 점심식사

요식업과 관련된 책자 표지용으로 만들었던 시안으로, 실제 제작했던 이미지와 조금 다르게 구성했습니다. 편집 요소를 고려하면 텍스트가 들어갈 여백을 생각하고 작업해야 하므로 지금 보는 이미지에서 위쪽 여백을 늘리고 하늘의 색을 더 밝게 보정했습니다.

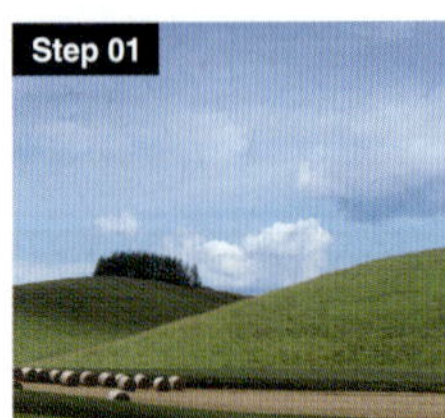

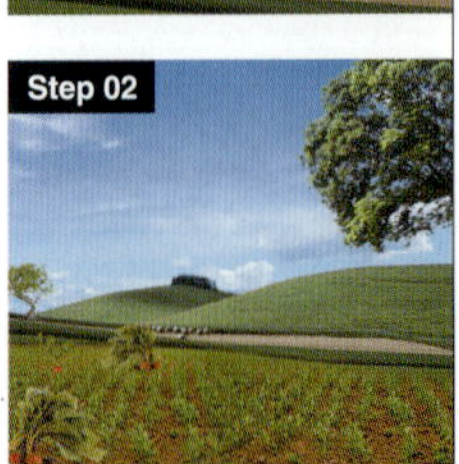

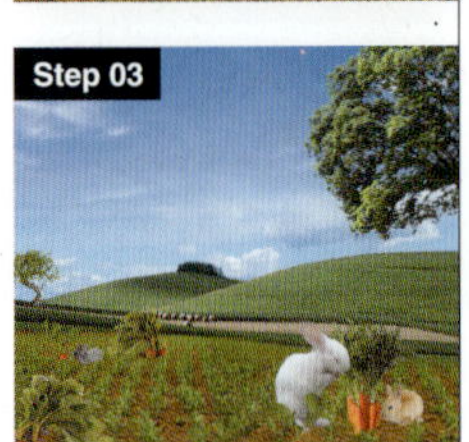

초원에 밭 합성하기

밋밋한 배경에 채소밭을 합성해 보겠습니다.

예제 파일 부록 CD\Theme04\Lesson08\초원-1.jpg, 채소.jpg, 나무.psd

01 부록 CD에서 '초원-1.jpg' 파일을 불러옵니다. **02** 부록 CD에서 '채소.jpg' 파일을 불러오고 단축키 Ctrl + A , Ctrl + C , Ctrl + W 를 차례대로 눌러 작업 창에 이미지를 복사한 후 작업 창을 닫습니다. 그런 다음 '초원-1.jpg' 이미지 창에 단축키 Ctrl + V 를 눌러 이미지를 붙여넣기한 후 단축키 Ctrl + T 를 눌러 'Flip Horizontal'을 선택합니다.

03 이미지가 좌우 반전되면 다음의 그림과 같이 배치합니다. **04** 'Layers' 팔레트에서 'Add Layer Mask' 아이콘(◻)을 클릭해 마스크를 씌웁니다.

05 툴바에서 브러시 툴(✎)을 선택합니다. 그런 다음 작업 창에서 마우스 오른쪽 버튼을 클릭한 후 바로 가기 메뉴에서 'Soft Round'를 '300Pixel' 브러시로 선택하세요. **06** 전경색을 검은색으로 지정하여 빨간색으로 표시된 부분을 문지르면서 테두리 부분이 끊어지지 않게 부드럽게 표현합니다.

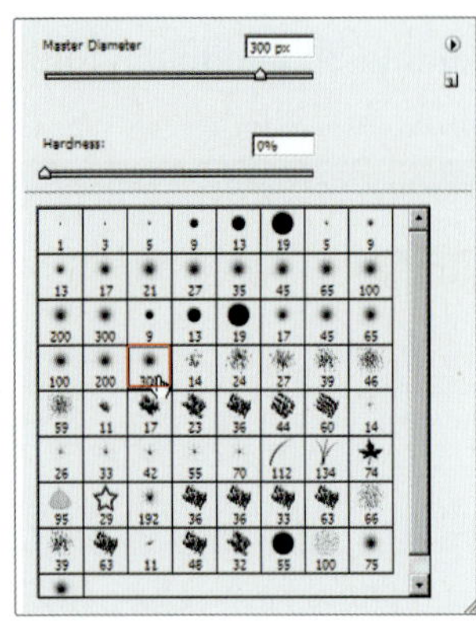

07 'Layer 1' 레이어를 단축키 Ctrl + J 를 눌러 복사하고 오른쪽으로 이동한 후 마스크 창을 선택하고 표시한 부분을 문지릅니다. **08** 부록 CD에서 '나무.psd' 파일을 불러오고 F 를 눌러 화면을 전환합니다. 그런 다음 이동 툴(➤)로 'Layer 1' 레이어와 'Layer 2' 레이어를 '초원-1. jpg' 도큐먼트로 드래그하세요.

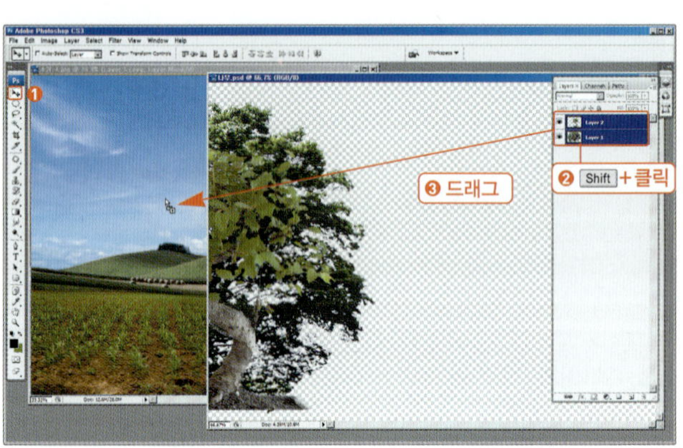

09 큰 나무 이미지를 선택하고 단축키 Ctrl + T 를 눌러 다음의 그림과 같이 회전 및 위치, 크기를 지정합니다. **10** 작은 나무 이미지를 선택하고 단축키 Ctrl + T 를 눌러 다음의 그림에서 보이는 위치에 크기를 축소해서 올려놓습니다.

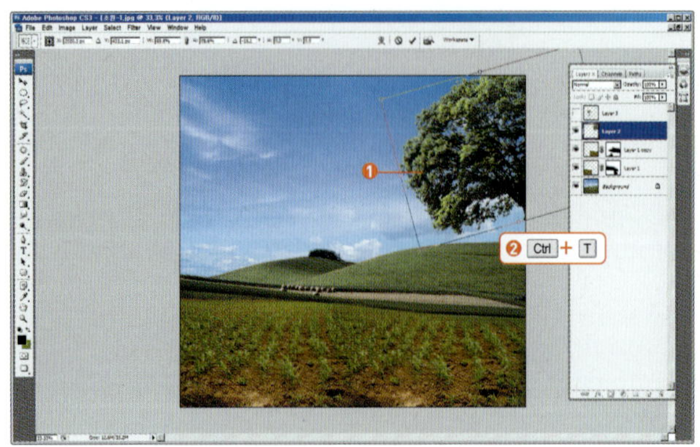

11 돋보기 툴(🔍)로 이미지를 확대하고 지우개 툴(⬚)을 이용해 필요 없는 부분을 지웁니다.

Step 02

채소와 동물 합성하기

평범하게 보이는 밭에 채소와 동물을 합성해 동화적인 풍경을 만들어 보겠습니다.

예제 파일 부록 CD\Theme04\Lesson08\야채모음.psd

01 '부록 CD에서 '폴더의 '야채모음.psd' 파일을 불러온 후 F를 눌러 도큐먼트를 겹쳐볼 수 있는 화면 상태로 변환하고 이동 툴(▶+)을 이용해 '야채모음' 그룹 레이어를 '초원-1.jpg' 도큐먼트로 드래그합니다.

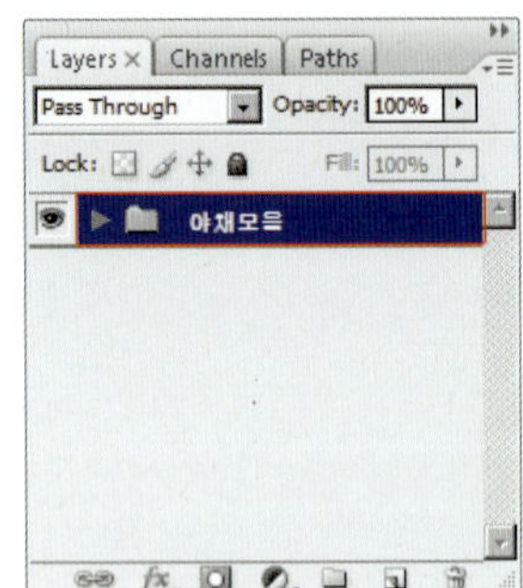

02 '야채모음' 레이어의 확장 아이콘(▤)을 클릭해 'Layer 7' 레이어의 눈 아이콘(◉)을 켜고 단축키 Ctrl + T 를 눌러 크기와 위치를 조절합니다. 그런 다음 'Layers' 팔레트에서 'Add Layer Mask' 아이콘(◻)을 클릭해 마스크를 씌웁니다.

03 이미지를 확대하고 전경색을 검은색으로 지정합니다. 그런 다음 'Soft Round'는 '30Pixel' 브러시로 빨간색으로 표시된 부분을 문지르면서 땅 속에 묻힌 듯한 느낌을 표현하세요. **04** 단축키 Ctrl + J 를 눌러 'Layer 7' 레이어를 복사합니다. 그런 다음 단축키 Ctrl + T 를 눌러 'Flip Horizontal'로 좌우 반전시킨 후 왼쪽 아래에 위치시키세요.

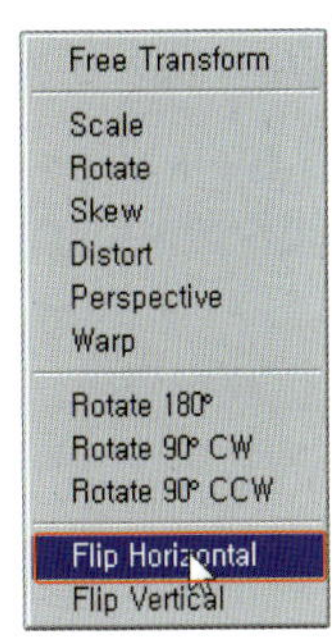
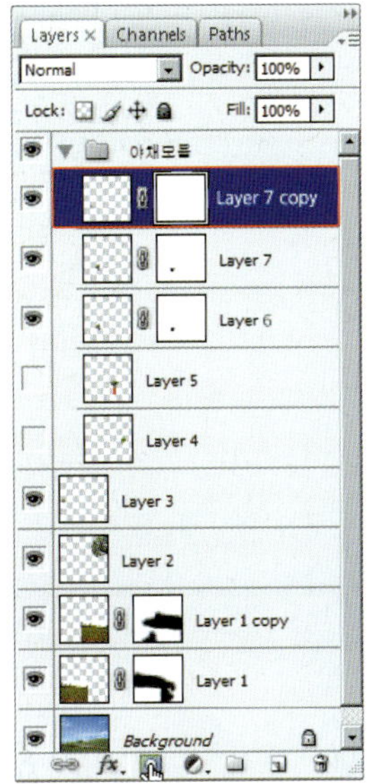

05 'Layer 6' 레이어의 눈 아이콘(👁)을 클릭하고 다음의 그림과 같이 위치시킵니다. 그런 다음 마스크를 씌워 아랫부분을 문질러서 땅 속에 묻힌 듯한 느낌을 표현하세요. **06** 단축키 Ctrl + J 를 눌러 'Layer 6' 레이어를 복사하고 분산되게 배치합니다.

토끼 마스킹하고 배경에 합성하기

'Extract' 필터를 이용해 토끼를 마스킹하고 배경에 합성해 보겠습니다.

예제 파일 부록 CD\Theme04\Lesson08\토끼.jpg, 토끼-1.jpg, 토끼.psd

01 부록 CD에서 '토끼.jpg' 파일을 불러오고 'Filter' → 'Extract' 메뉴를 선택합니다. **02** 'Extract' 대화상자가 나타나면 브러시를 확대 및 축소하는 [[ ], [ ]]를 눌러 브러시 크기를 조절하여 테두리 부분을 따라 칠합니다.

03 그린 컬러로 선택한 부분의 안쪽을 'Fill Tool'( )로 클릭해 'Blue' 톤으로 채우고 'OK' 버튼을 클릭합니다. **04** 토끼 이미지를 마스킹했으면 단축키 Ctrl + A , Ctrl + C , Ctrl + W 를 차례대로 눌러 작업 창에 이미지를 복사한 후 작업 창을 닫습니다. 그런 다음 단축키 Ctrl + V 를 눌러 현재 작업중인 도큐먼트에 이미지를 붙여넣기하세요.

05 부록 CD에서 '토끼-1.jpg' 파일을 불러오고 'Filter' → 'Extract' 메뉴를 선택하여 'Extract' 대화상자를 나타낸 후 앞의 과정처럼 이미지를 마스킹합니다. 그런 다음 단축키 Ctrl+A, Ctrl+C, Ctrl+W를 차례대로 눌러 작업 창에 이미지를 복사한 후 작업 창을 닫으세요. 마지막으로 단축키 Ctrl+V를 눌러 현재 작업중인 도큐먼트에 이미지를 붙여넣기합니다. **06** 부록 CD에서 '토끼.psd' 파일을 불러오고 단축키 Ctrl+A, Ctrl+C, Ctrl+W를 차례대로 눌러 작업 창에 이미지를 복사한 후 작업 창을 닫습니다. 그런 다음 단축키 Ctrl+V를 눌러 현재 작업중인 도큐먼트에 이미지를 붙여넣기하세요.

07 불러오거나 마스킹된 토끼 이미지를 나누어 배치하겠습니다. 토끼 이미지를 각각 단축키 Ctrl+T를 눌러 크기와 위치를 지정합니다.

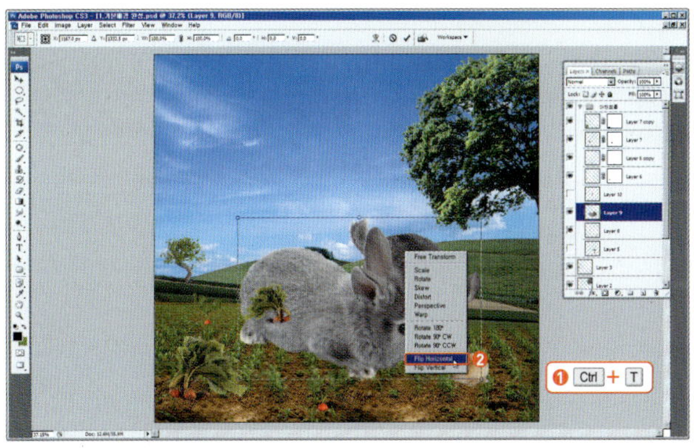

08 'Layer 5' 레이어의 눈 아이콘(👁)을 클릭해서 나타나는 당근 이미지를 흰 토끼와 또 다른 작은 토끼 사이에 위치하고 단축키 Ctrl + T 를 눌러 크기를 조절합니다. 그런 다음 'Layers' 팔레트에서 'Add Layer Mask' 아이콘(🔘)을 클릭해 마스크를 씌우세요. **09** 툴바에서 브러시 툴(🖌)을 선택하고 전경색을 검은색으로 선택합니다. 그런 다음 당근 이미지의 아랫부분을 문질러서 밭에 묻혀있는 것처럼 표현하세요.

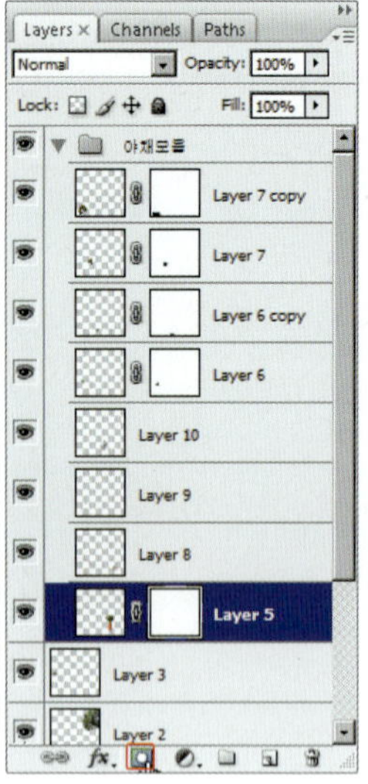

그림자 만들기

배경과 맞닿은 부분에 그림자를 넣고 번 툴을 활용해 분리된 이미지에 명암을 넣어보겠습니다.

결과 파일 부록 CD\Theme04\Lesson08\배경합성.psd, 토끼합성.psd

01 단축키 Shift + Ctrl + N 을 눌러 그림자를 만들 신규 레이어 '그림자'를 만듭니다. **02** 툴바에서 브러시 툴(🖌)을 선택하고 옵션바에서 'Soft Round'는 '70Pixel', 'Opacity'는 '50%'로 지정합니다.

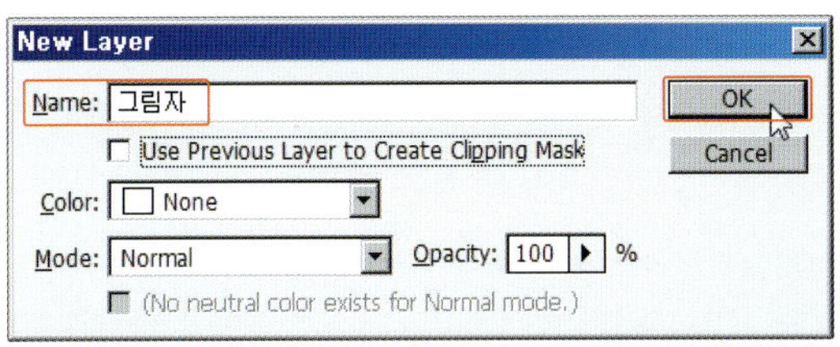

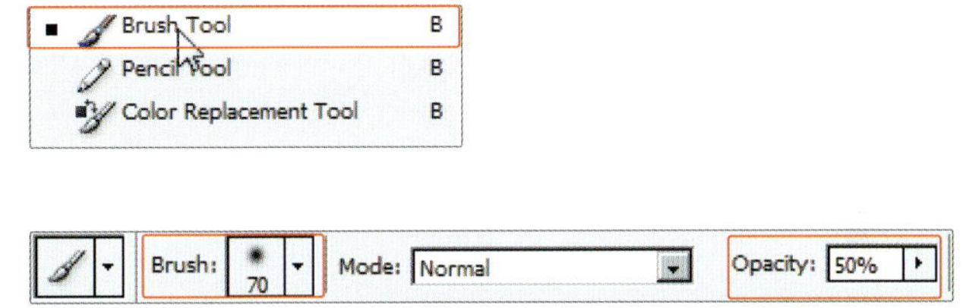

03 전경색을 검은색으로 지정하고 채소나 토끼 이미지가 있는 부분에 칠합니다. **04** 지정한 값이 그대로 쉽게 적용되지 않으므로 브러시를 확대 및 축소하는 [,] 를 눌러 두세 번에 나눠 칠하세요.

05 단축키 Shift + Ctrl + N 을 눌러 신규 레이어 '나무 그림자' 를 만듭니다. **06** Ctrl 을 누른 상태에서 'Layer 2' 레이어(큰 나무 이미지)를 클릭해 선택 영역으로 활성화하고 검은색으로 채웁니다. 그런 다음 단축키 Ctrl + T 를 눌러 다음의 그림과 같이 세로로 축소하세요.

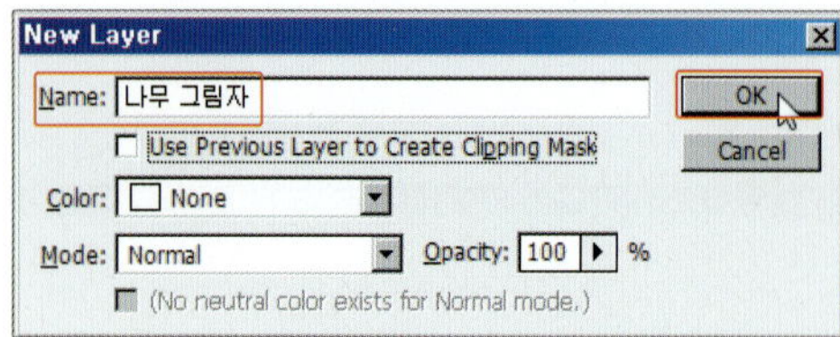

07 '나무 그림자' 레이어의 'Opacity' 를 '30%' 로 다운시킵니다. **08** 빨간색으로 표시한 부분 중 밀접해 있는 부분은 그림자가 더 진하므로 '그림자' 레이어를 선택하고 번 툴()을 사용해 어둡게 보정하세요.

09 툴바에서 스머지 툴()을 선택하고 옵션바에서 'Strength' 를 '80%' 로 지정하여 문지르는 압력을 강하게 지정합니다.
10 도큐먼트 창에서 마우스 오른쪽 버튼을 클릭한 후 'Splatter' 를 '14Pixel' 브러시로 선택합니다.

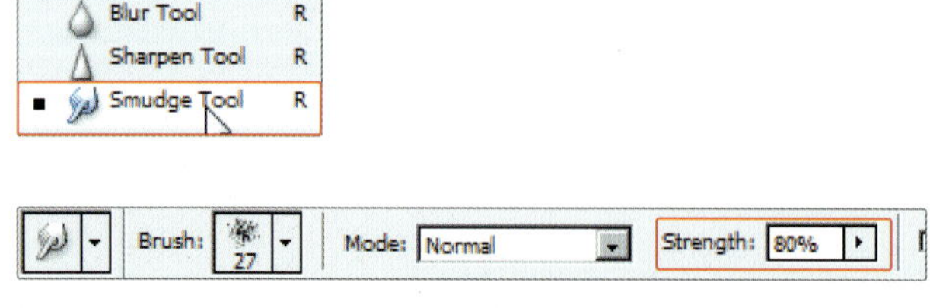

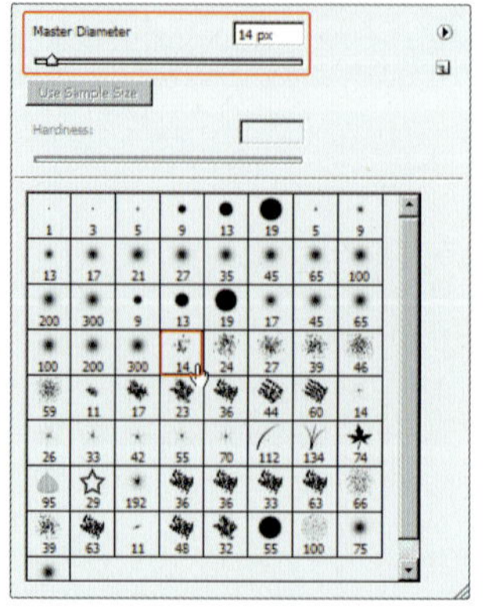

11 'Layer 8' 토끼 이미지를 선택합니다. 그런 다음 스머지 툴(🖐)을 이용해 테두리 잔털 부분을 결 방향으로 문질러서 토끼 이미지의 외곽에 있는 잔털 부위를 정리하세요. **12** 'Layers' 팔레트에서 맨 위에 있는 레이어를 선택하고 단축키 Shift + Ctrl + Alt + E 를 눌러 지금까지의 작업 과정을 하나의 레이어로 만듭니다.

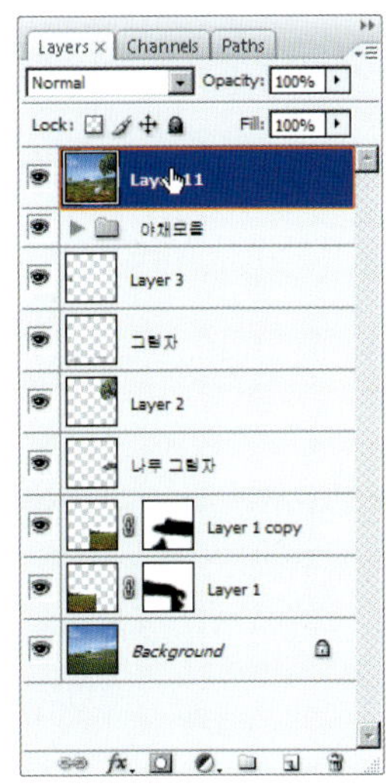

Step 05

보정 레이어를 이용해 색상 보정하기

보정 레이어를 이용해 원본을 손상시키지 않고 배경에 색상을 적용해 보겠습니다.

예제 파일 부록 CD\Theme04\Lesson08\Rabbit.acv

01 'Layers' 팔레트에서 보정 레이어 아이콘( )을 클릭한 후 'Curves'를 실행합니다.

02 'Curves' 대화상자가 나타나면 다음의 그림과 같이 지정합니다. 이때 저장된 커브값 'Rabbit.acv'를 로드해서 사용하세요.

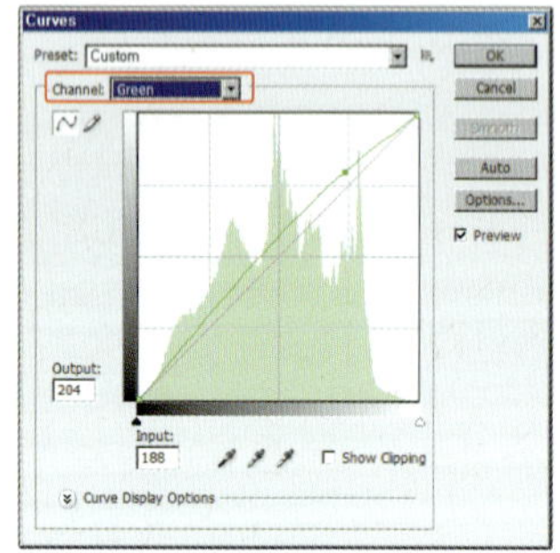
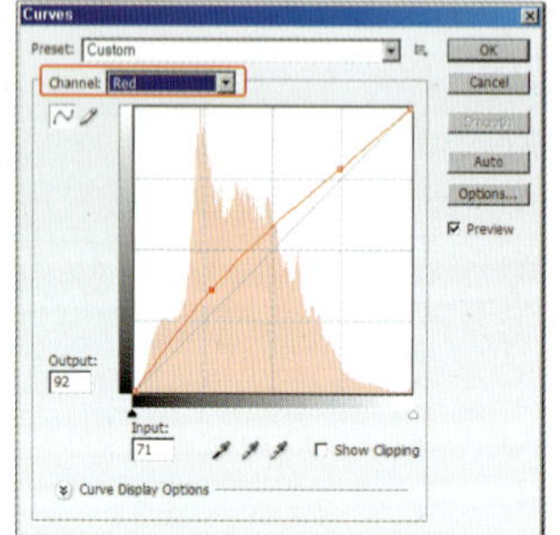
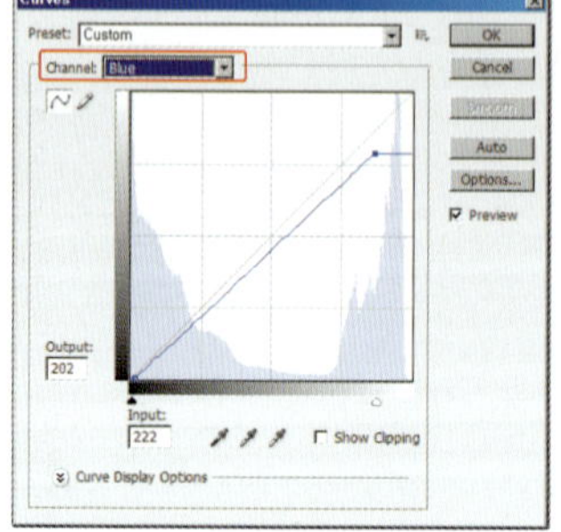
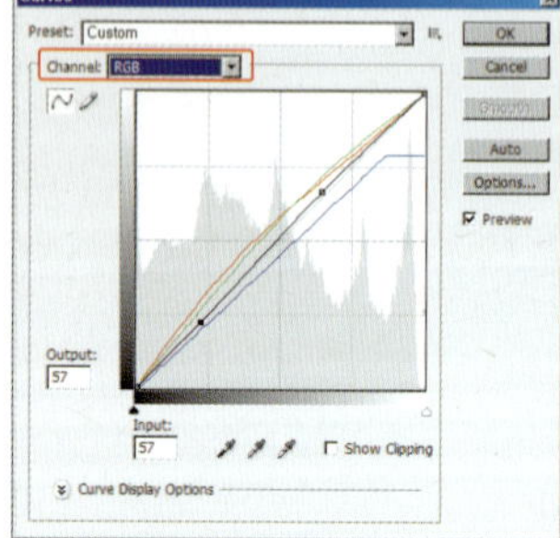

03 'Layers' 팔레트에서 보정 레이어 아이콘( )을 클릭한 후 'Color Balance'를 선택합니다.

04 'Channel Mixer' 대화상자가 나타나면 'Red' 채널을 선택하고 다음의 그림과 같이 지정해 가을빛 느낌이 나는 색 분위기를 만듭니다. **05** 녹색 부분의 컬러가 'Red' 톤과 'Yellow' 톤이 많아져서 너무 심하게 색이 변형되었습니다.

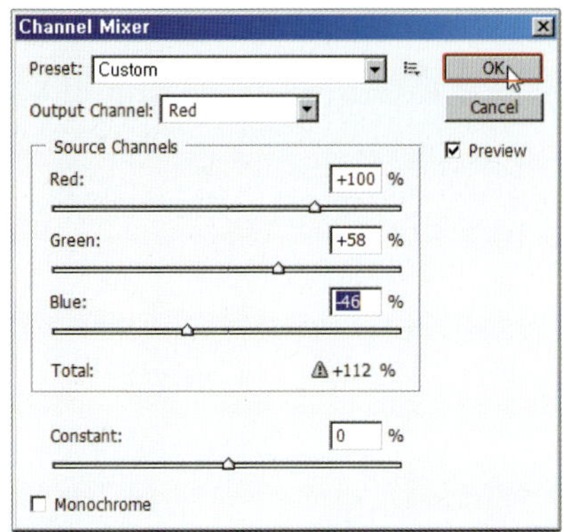

06 툴바에서 브러시 툴(　)을 선택하고 'Soft Round'는 '250Pixel', 'Opacity'는 '100%'로 지정합니다. **07** 채널 믹서 마스크 창을 선택하고 하늘과 나무를 제외한 나머지 부분에서 전경색을 검은색으로 지정한 후 문지르면서 원래 이미지의 색을 살립니다.

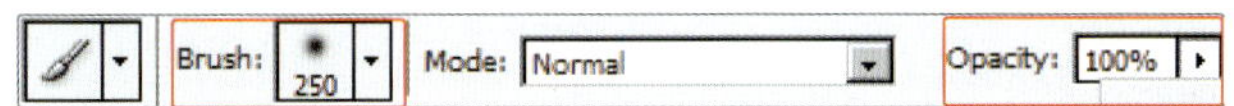

08 'Layers' 팔레트에서 보정 레이어 아이콘(　)을 클릭한 후 'Selective Color'를 선택합니다.

09 'Selective Color Option' 대화상자가 나타나면 다음의 그림과 같이 지정해서 붉은색을 추가하고 'OK' 버튼을 클릭합니다.

10 Shift 를 누른 상태에서 'Layer 11' 레이어부터 'Selective Color' 레이어를 선택하고 단축키 Ctrl + E 를 눌러 하나로 합친 후 작업을 종료하세요.

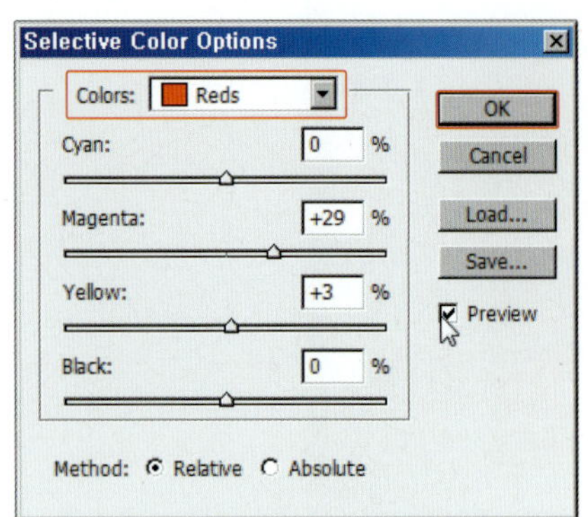

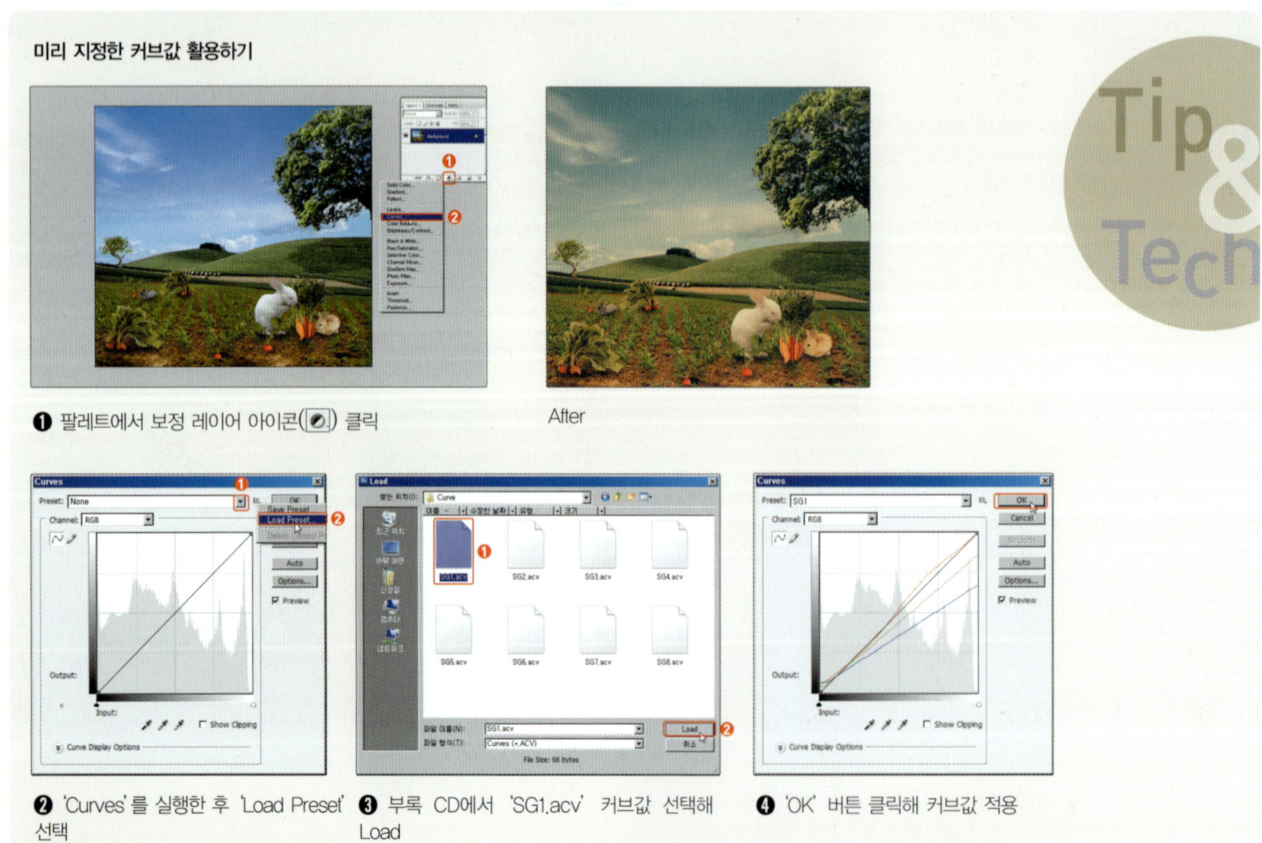

미리 지정한 커브값 활용하기

❶ 팔레트에서 보정 레이어 아이콘( ) 클릭   After

❷ 'Curves'를 실행한 후 'Load Preset'   ❸ 부록 CD에서 'SG1.acv' 커브값 선택해   ❹ 'OK' 버튼 클릭해 커브값 적용
선택   Load

봄의 판타지

눈을 감고 봄을 상상해 보세요. 겨울내내 움츠리게 만들던 차가운 기운을 걷어내는 따스한 햇살과 바람, 새순이 돋고 거울 동안 얼이있던 물도 '졸졸졸' 맑은 소리를 내며 흐릅니다. 마음속에 자리하던 차가운 마음도 녹아내리는 것 같네요. 희망이 시작되는 계절인 봄날에 함께할 요정을 만나보세요.

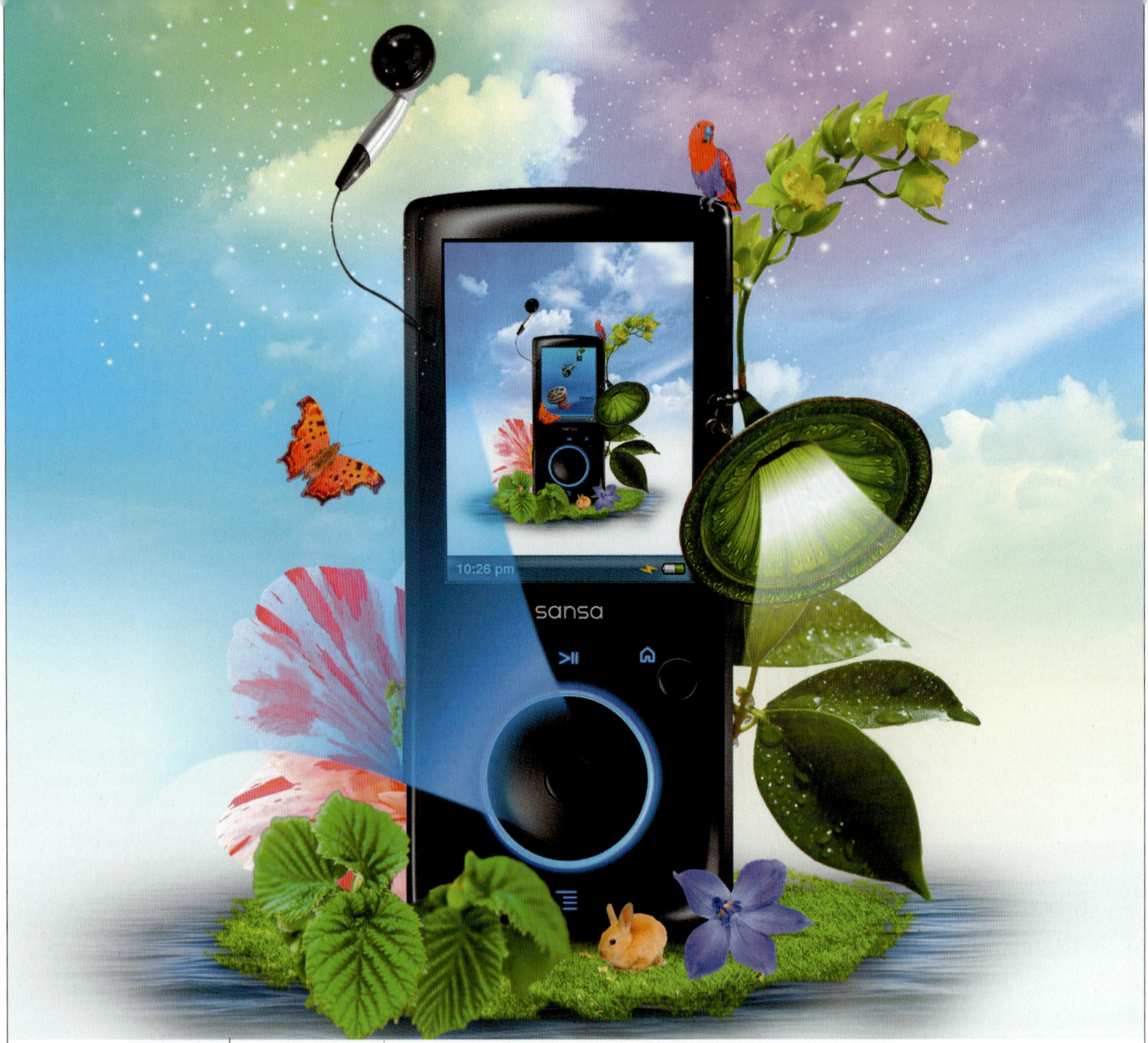

Lesson 09

결과 파일 부록 CD\Theme04\Lesson09\MP4제품.psd

MP4

이번 예제는 MP4 제품을 음악과 자연을 주제로 담은 포스터형 시안을 만들어 보려고 합니다. 제품 이미지에 자연을 상징하는 다양한 소스를 합성하고 스피커에서 뻗어나오는 음악의 진동을 표현해 제품이 갖고 있는 소리의 장점을 극대화해 보겠습니다.

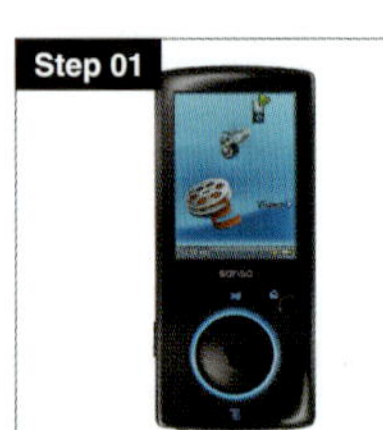

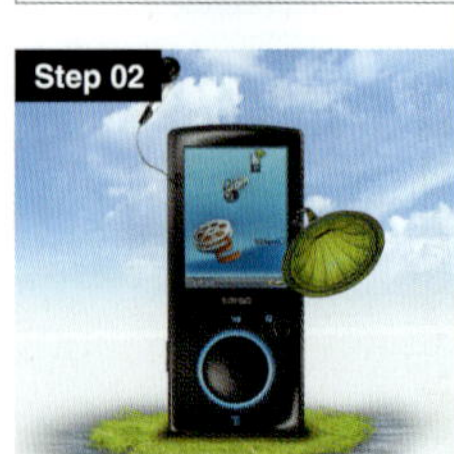

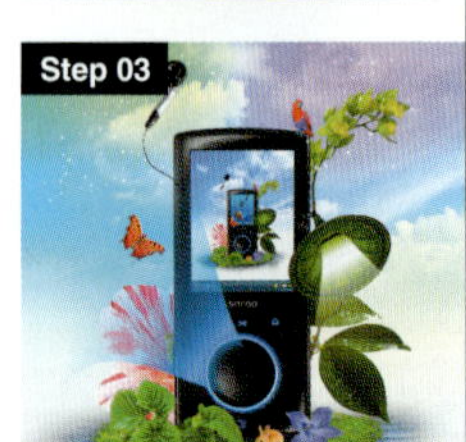

Step 01

기본 배경 합성하기

하늘을 합성하고 제품의 아래쪽에 물과 잔디를 합성해 보겠습니다.

예제 파일 부록 CD\Theme04\Lesson09\MP4.psd, 하늘.jpg, 물.jpg, 잔디.jpg   **결과 파일** 부록 CD\Theme04\Lesson09\배경합성.psd

01 부록 CD에서 'MP4.psd' 파일을 불러오고 'Layers' 팔레트에서 'BG' 레이어를 선택합니다. **02** 툴바의 전경색을 더블클릭해 'Color Picker' 대화상자가 나타나면 전경색을 '#f0f0f0' 으로 지정해서 채웁니다.

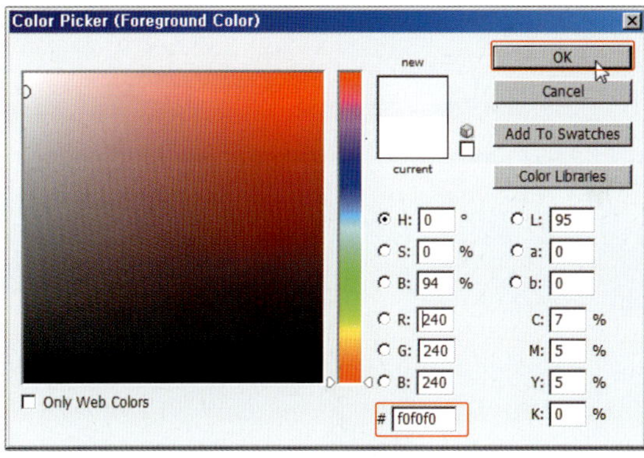

03 부록 CD에서 '하늘.jpg' 파일을 불러옵니다. 그런 다음 단축키 Ctrl + A, Ctrl + C, Ctrl + W를 차례대로 눌러 작업 창에 이미지를 복사한 후 작업 창을 닫으세요. **04** 단축키 Ctrl + V를 눌러 작업 창에 이미지를 붙여넣기합니다. 그런 다음 단축키 Ctrl + T를 눌러 크기 및 위치를 다음의 그림과 같이 조절하세요.

05 'Layers' 팔레트에서 'Layer 2' 레이어를 선택하고 'Add Layer Mask' 아이콘(◙)을 클릭해 마스크를 씌웁니다. **06** 툴바에서 그러데이션 툴(▣)을 선택하고 'Gradient Editor' 대화상자에서 검은색에서 흰색으로 이어지는 그러데이션을 선택합니다.

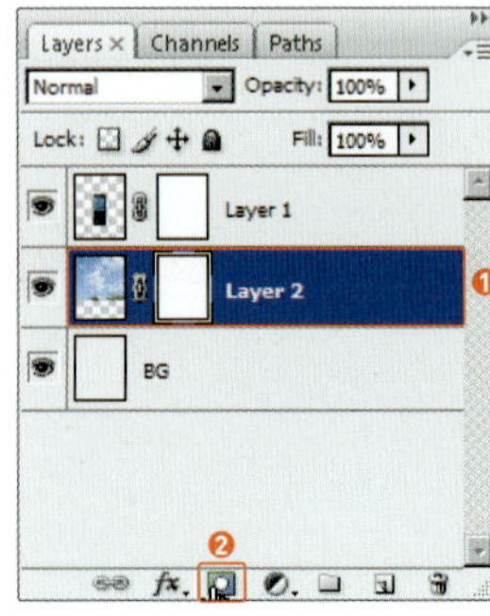

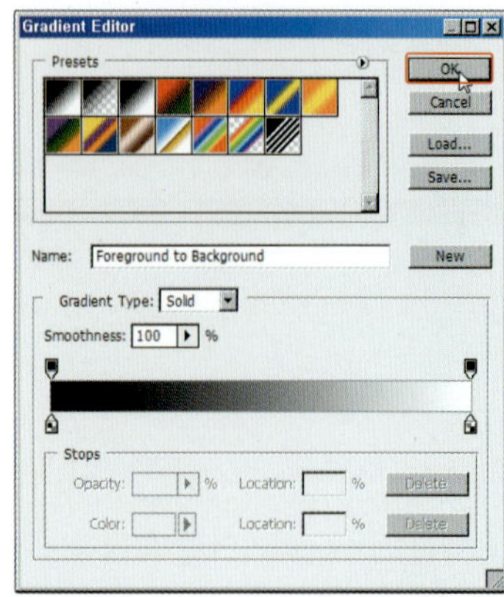

07 아래쪽에서 위쪽으로 드래그해 다음의 그림과 같이 하늘과 배경을 자연스럽게 합성합니다. **08** 부록 CD에서 '물.jpg' 파일을 불러옵니다. 그런 다음 단축키 Ctrl + A , Ctrl + C , Ctrl + W 를 차례대로 눌러 작업 창에 이미지를 복사한 후 작업 창을 닫으세요.

09 단축키 Ctrl + V 를 눌러 작업 창에 이미지를 붙여넣기하고 단축키 Ctrl + T 를 눌러 크기를 조절합니다. **10** 'Layers' 팔레트에서 'Add Layer Mask' 아이콘(◙)을 클릭해 마스크를 씌웁니다.

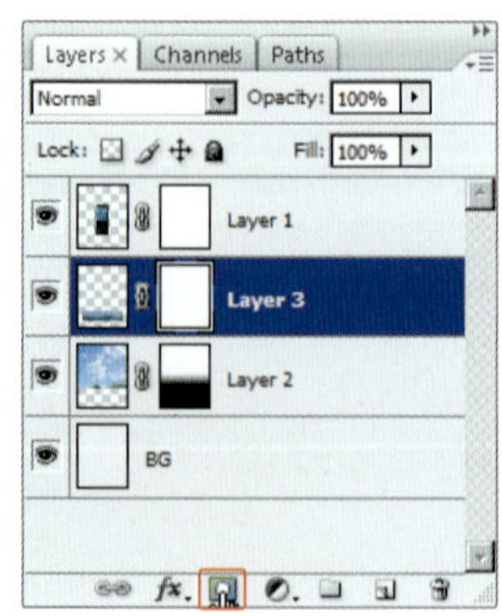

11 툴바에서 브러시 툴(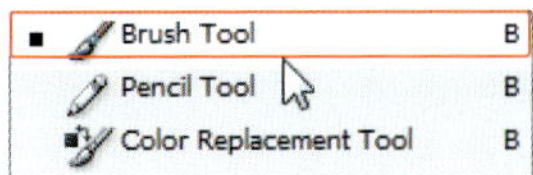)을 선택하고 옵션바의 'Opacity'를 '60%'로 조절합니다. **12** 도큐먼트 창에서 마우스 오른쪽 버튼을 클릭한 후 'Soft Round'를 '300pixel' 브러시로 선택합니다.

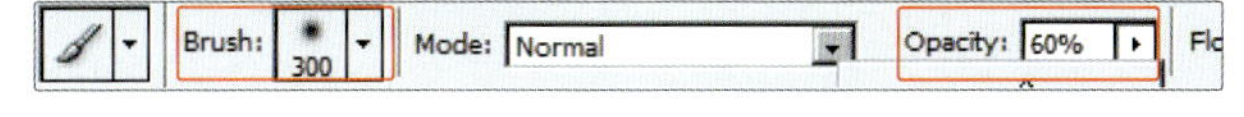

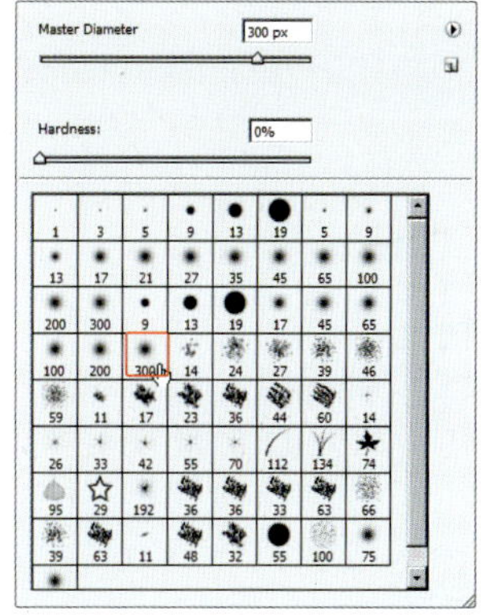

13 전경색을 검은색으로 선택하고 테두리 부분을 문질러서 다음의 그림과 같이 잔잔한 물결을 표현합니다. **14** 부록 CD에서 '잔디.jpg' 파일을 불러오고 단축키 Ctrl+A, Ctrl+C, Ctrl+W를 차례대로 눌러 작업 창에 이미지를 복사한 후 작업 창을 닫습니다. 그런 다음 단축키 Ctrl+V를 눌러 작업 창에 이미지를 붙여넣기하고 단축키 Ctrl+T를 눌러 크기를 조절하세요.

15 'Layers' 팔레트에서 Alt를 누른 상태에서 'Add Layer Mask' 아이콘()을 클릭해 'Hide All' 상태로 만듭니다.
16 툴바에서 브러시 툴()을 선택하고 옵션바의 'Opacity'를 '70%'로 조절합니다.

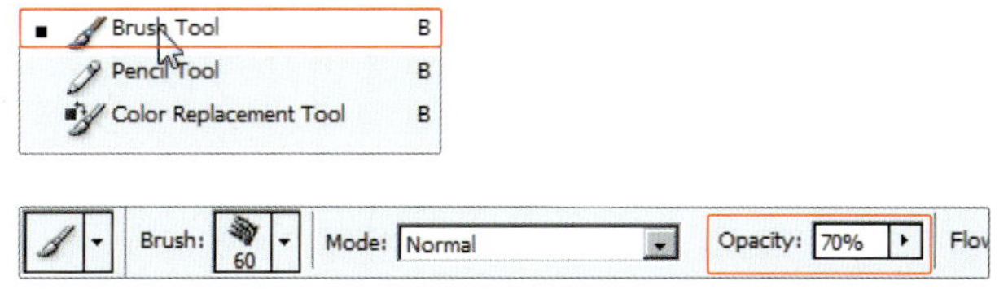

17 도큐먼트 창에서 마우스 오른쪽 버튼을 클릭한 후 'Splatter Brush'를 '60pixel' 브러시로 선택합니다. **18** 전경색을 흰색으로 지정하고 중앙부터 외곽으로 클릭하면서 테두리를 거칠게 표현합니다. 그런 다음 'Layer 4' 레이어를 더블클릭합니다.

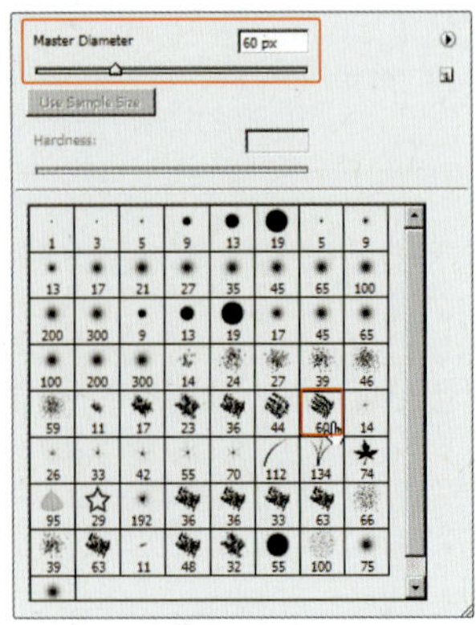

19 'Layer Style' 대화상자가 나타나면 'Drop Shadow'에 체크 표시하고 다음의 그림과 같이 지정해서 그림자를 만듭니다.
20 Ctrl 을 누른 상태에서 'Layer 1' 레이어를 선택해서 선택 영역으로 활성화합니다.

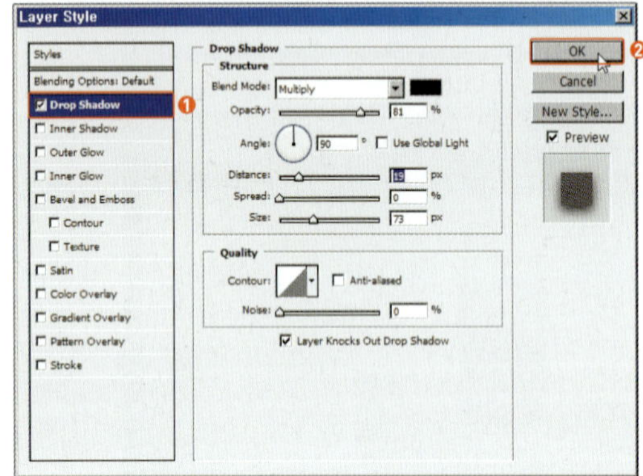

21 단축키 Shift + Ctrl + N 을 눌러 신규 레이어를 만들고 레이어 이름을 '그림자'로 입력합니다. **22** 전경색을 검은색으로 채우고 단축키 Ctrl + T 를 실행하여 세로 크기를 다음의 그림과 같이 조절한 후 'Disort'를 실행합니다.

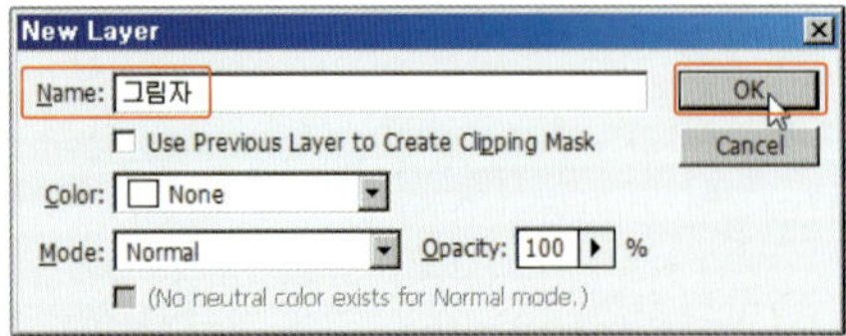

23 아래쪽의 좌우 꼭지점을 다음의 그림과 같이 좌우로 당겨서 그림자를 퍼지게 표현합니다. **24** 'Filter' → 'Blur' → 'Gaussian Blur' 메뉴를 선택하여 'Gaussian Blur' 대화상자를 나타내고 'Radius'에 '20.5pixels'을 입력한 후 'OK' 버튼을 클릭해서 그림자를 완성합니다.

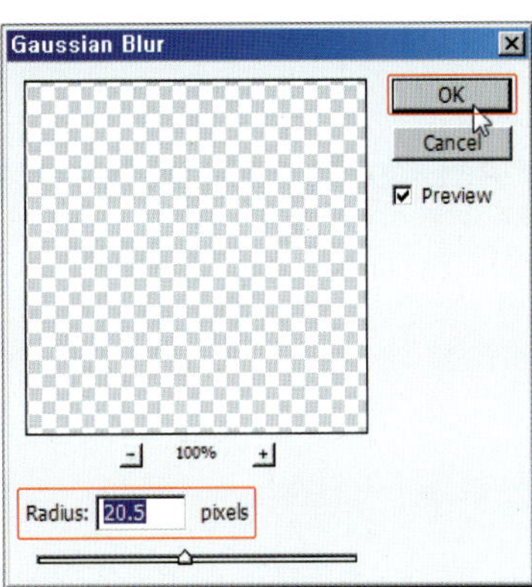

스피커 이미지 합성하기

소리와 음악을 연상시키는 스피커 이미지를 합성해 보겠습니다.

예제 파일 부록 CD\Theme04\Lesson09\축음기.jpg

01 'Step 1'에서는 가장 기본적인 배경을 합성했습니다. 이제 음악을 연상시키는 추가적인 이미지를 합성해서 풍부한 느낌을 살려보겠습니다. **02** 부록 CD에서 '축음기.jpg' 파일을 불러오고 'Paths' 팔레트에서 Ctrl 을 누른 상태에서 'Path 1'을 선택해 선택 영역으로 활성화시킵니다. 그런 다음 단축키 Ctrl + C , Ctrl + W 를 차례대로 눌러 작업 창에 이미지를 복사한 후 작업 창을 닫으세요.

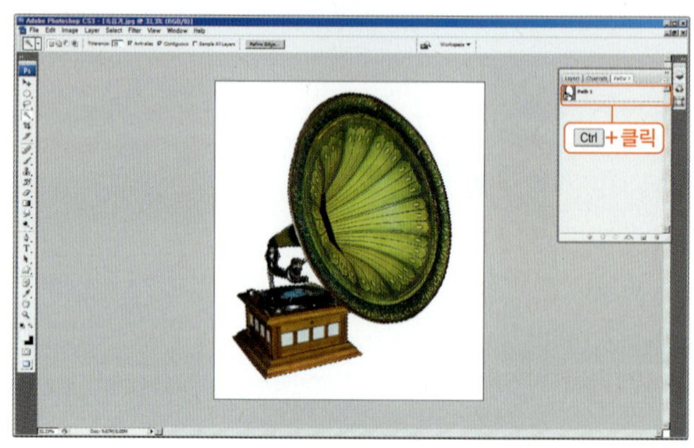

03 툴바에서 펜 툴을 선택하고 스피커 모양 이외에 필요 없는 부분을 선택합니다. **04** 펜 툴로 생성한 'Shape 1'을 Ctrl 을 누른 상태에서 클릭해 선택 영역으로 만들고 'Layer 5' 레이어를 선택한 후 Delete 를 눌러 지웁니다. 그런 다음 'Shape 1' 레이어를 휴지통으로 드래그해서 삭제하세요.

05 'Layer 5' 레이어를 선택하고 단축키 Ctrl + T 를 눌러 다음의 그림과 같이 크기와 위치를 조절합니다. **06** 이미지를 부분 확대해 보면 단순히 서로 다른 이미지를 겹쳐놓은 것일 뿐 합성이라고 하기에는 부족하네요.

07 스피커와 위치한 부분에 홈을 만들기 위해 툴바에서의 모서리가 둥근 사각형 툴(◻)을 선택합니다. **08** 'Layer 1' 레이어의 위쪽으로 스피커 부분과 겹치는 부분에서 드래그해 홈이 파일 공간을 만듭니다.

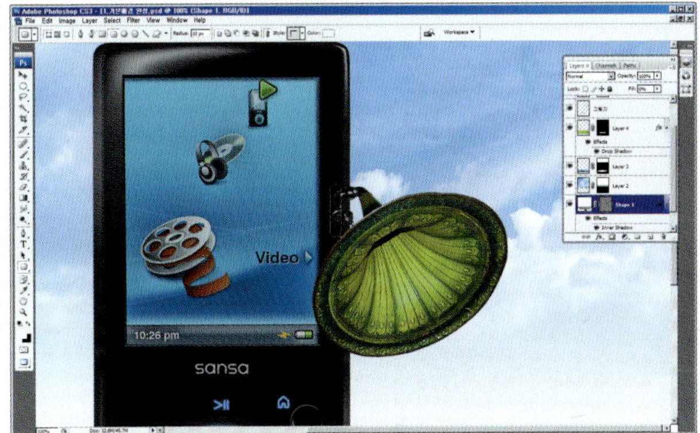

09 'Layers' 팔레트에서 'Shape 1' 레이어의 'Fill'을 '0%'로 지정하고 'Shape 1' 레이어를 더블클릭합니다. **10** 'Layer Style' 대화상자가 나타나면 'Inner Shadow'에 체크 표시하고 다음의 그림과 같이 지정합니다.

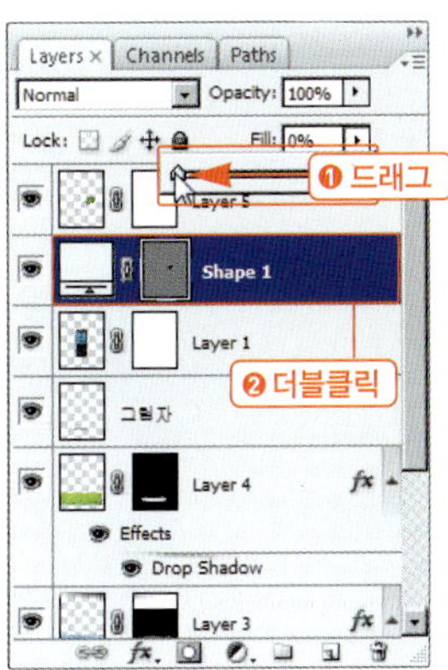
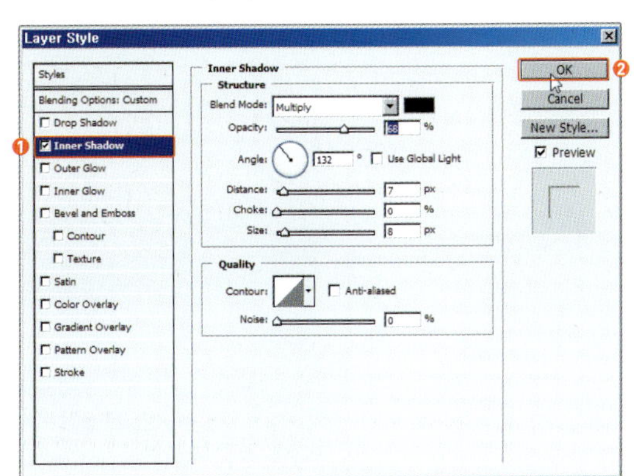

11 'Stroke'에 체크 표시하고 'Size'를 '3px'로 지정한 후 'Color'의 컬러 박스를 클릭합니다. **12** 'Select stroke color( )' 대화상자가 나타나면 '#202020'을 입력하고 'OK' 버튼을 클릭합니다.

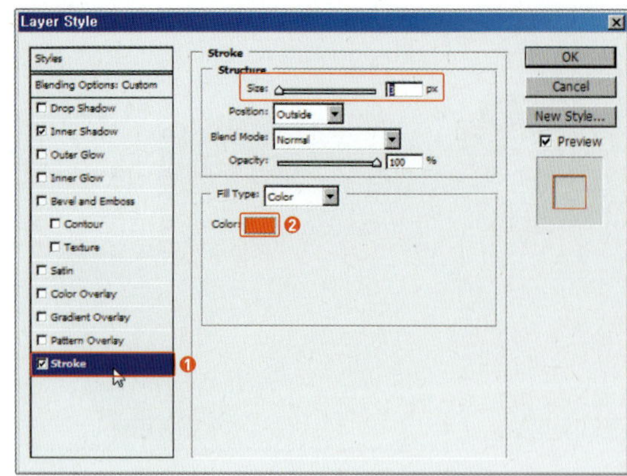
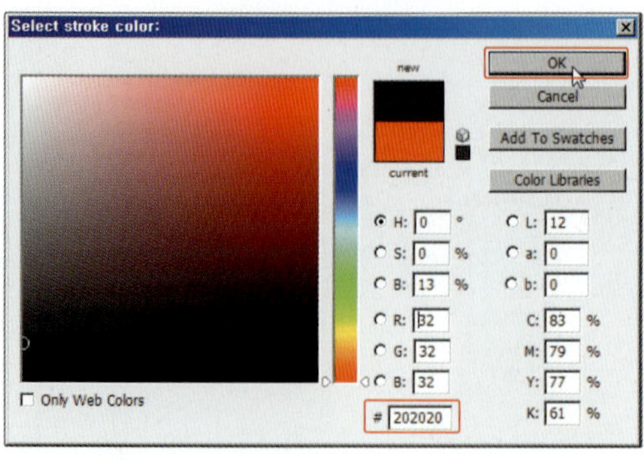

13 'Layer Style' 대화상자로 되돌아오면 'OK' 버튼을 클릭하고 툴바에서 'Convert Point Tool( )'을 선택합니다.

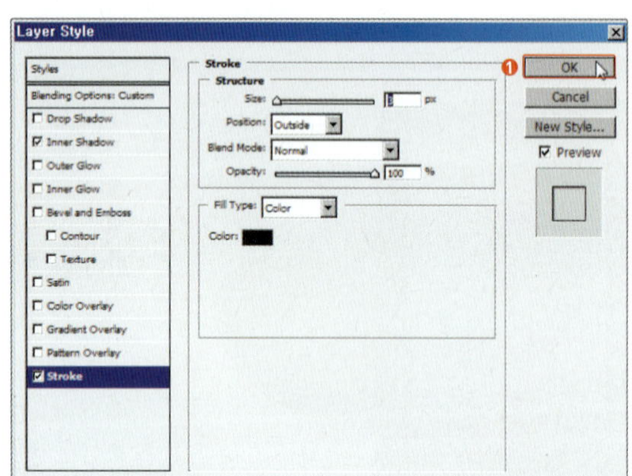
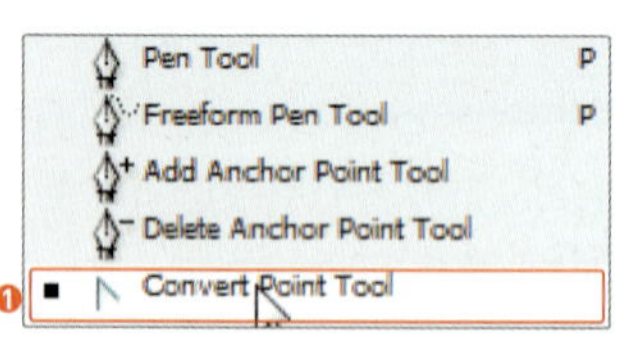

14 홈의 높이를 줄이기 위해 빨간색으로 표시한 부분만 드래 그해 선택합니다. 그런 다음 방향키를 이용해 아래쪽으로 줄여 서 합성되는 스피커의 크기와 비슷하게 조절하세요.

Step 03

이어폰 합성하기

이어폰 이미지를 합성하고 그림자를 추가해서 사실적인 이미지를 만들어 보겠습니다.

예제 파일 부록 CD\Theme04\Lesson09\이어폰.png, 앵무.psd 결과 파일 부록 CD\Theme04\Lesson09\스피커_이어폰합성.psd

01 'Layers' 팔레트에서 단축키 Ctrl+J를 눌러 'Shape 1' 레이어를 복사하고 다음의 그림과 같은 위치로 이동합니다. 그런 다음 단축키 Ctrl+T를 눌러 크기를 작게 축소하세요. **02** 부록 CD에서 폴더의 '이어폰.png' 파일을 불러오고 단축키 Ctrl+A, Ctrl+C, Ctrl+W를 차례대로 눌러 복사한 후 작업 창을 닫고 단축키 Ctrl+V로 이미지를 붙여넣기합니다. 그런 다음 단축키 Ctrl+T를 눌러 다음의 그림과 같이 크기를 조절하여 복사된 홈의 위치에 배치하세요.

03 단축키 Shift+Ctrl+N을 눌러 신규 레이어 '이어폰 그림자'를 만듭니다. **04** 'Layers' 팔레트에서 '이어폰 그림자' 레이어를 이어폰이 포함되어 있는 'Layer 6' 레이어의 아래쪽으로 위치시킵니다. 그런 다음 Ctrl을 누른 상태에서 'Layer 6' 레이어를 선택해 선택 영역으로 만드세요.

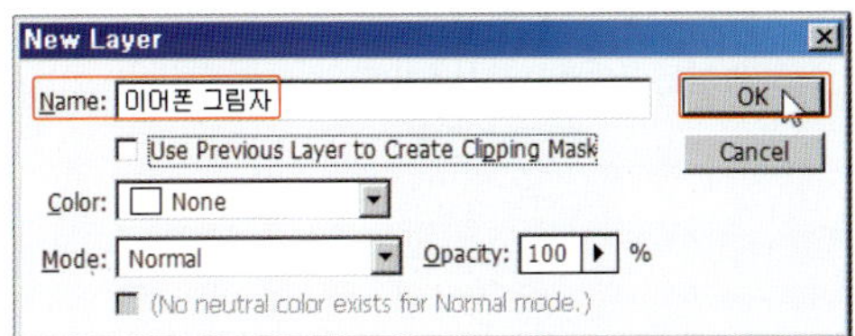

05 D와 X를 교대로 누르면서 전경색과 배경색을 흰색과 검은색으로 지정합니다. 그런 다음 단축키 Ctrl + Delete 를 눌러 검은색으로 채우고 툴바에서 라쏘 툴(🔍)을 선택합니다. **06** 라쏘 툴(🔍)로 불필요한 부분을 선택하여 삭제하고 '이어폰 그림자' 레이어를 선택한 후 'Filter' → 'Blur' → 'Gaussian Blur' 메뉴를 선택하세요.

07 'Gaussian Blur' 대화상자가 나타나면 다음의 그림과 같이 지정 합니다. **08** 'Layers' 팔레트에서 Shift 를 누른 채 'Layer 6' 레이어부터 'Shape 1 copy' 레이어를 선택합니다.

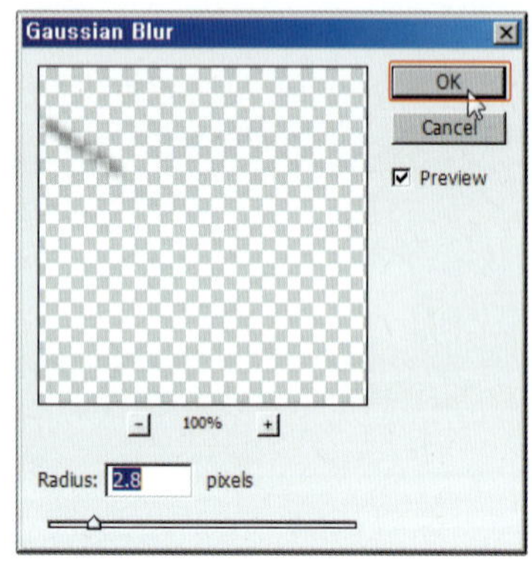

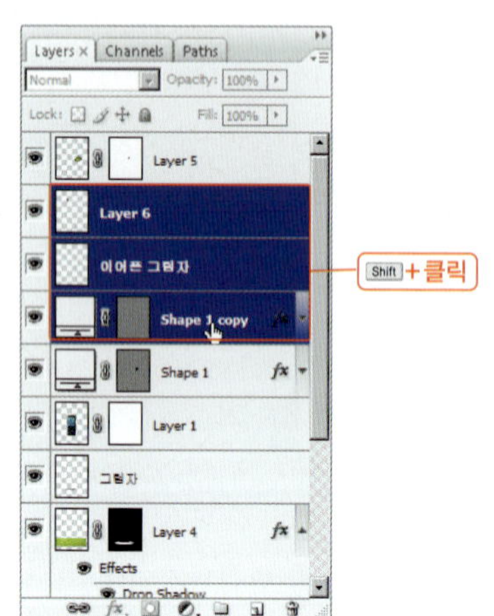

09 단축키 Ctrl + G 를 눌러 그룹 레이어로 만들고 그룹 레이어 이름을 '이어폰'으로 변경합니다. **10** 툴바에서 펜 툴(✒)을 선택하고 단축키 Ctrl + + 를 눌러 이미지를 확대합니다.

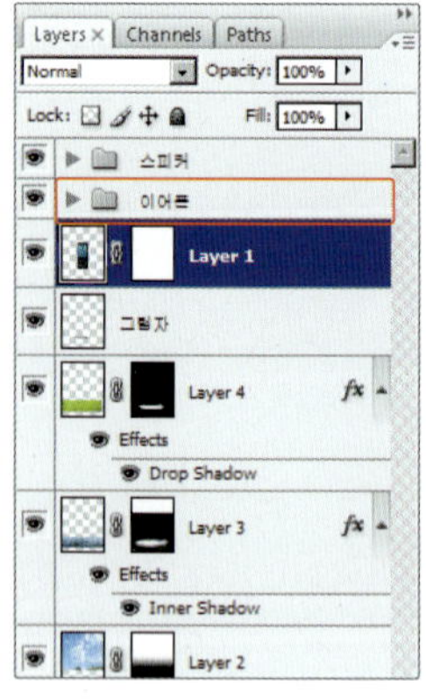

11 펜 툴(圖)로 'Layer 1' 레이어의 화면을 선택하여 'Shape 2' 레이어를 만듭니다. 이 부분은 작업 종료 시점에 화면 창을 스크린샷으로 흰색 부분에 클리핑 마스크하기 위한 기초 작업입니다. **12** 부록 CD에서 '앵무.psd' 파일을 불러오고 단축키 Ctrl + A , Ctrl + C , Ctrl + W 를 차례대로 눌러 작업 창에 이미지를 복사한 후 작업 창을 닫습니다. 그런 다음 단축키 Ctrl + V 로 붙여넣기 하고 단축키 Ctrl + T 를 눌러 크기를 조절한 후 다음의 그림과 같이 배치하세요.

동물과 꽃으로 화사한 분위기 연출하기

자연의 느낌을 살릴 수 있는 소스를 추가해 합성 작업을 완성해 보겠습니다.

예제 파일 부록 CD\Theme04\Lesson09\토끼.jpg, 꽃잎.psd

01 부록 CD에서 '토끼.jpg' 파일을 불러오고 마술봉 툴(．)을 이용해 흰색 배경을 선택한 후 단축키 Shift + Ctrl + I 를 눌러 선택 영역을 반전시킵니다. 그런 다음 단축키 Ctrl + C , Ctrl + W 를 차례대로 눌러 작업 창에 이미지를 복사한 후 작업 창을 닫고 현재 작업 창에 단축키 Ctrl + V 를 눌러 붙여넣기하세요. 마지막으로 단축키 Ctrl + T 를 눌러 오른쪽 그림과 같이 크기를 조절합니다. **02** 부록 CD에서 '꽃잎.psd' 파일을 불러옵니다. 그런 다음 F 를 눌러 화면을 전환하고 이동 툴(．)로 마음에 드는 요소들을 드래그하세요.

03 '꽃잎.PSD'에서 배경과 어울리는 요소들을 가져와서 다음의 그림과 같이 배치합니다. 자율적으로 배치할 수 있으므로 임의대로 배치하세요. **04** 스크린샷을 찍기 위해 'Shape 2' 레이어의 눈 아이콘(．)을 잠시 끄고 Print Screen 을 누릅니다.

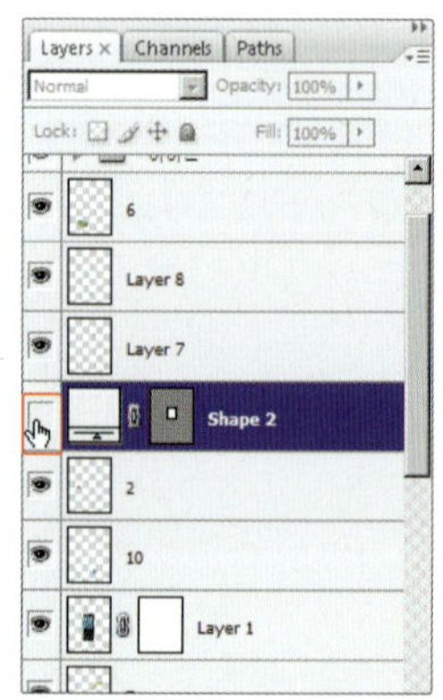

05 단축키 Ctrl + V 를 눌러 스크린샷을 붙여넣기합니다. **06** 툴바의 사각 선택 툴(□)을 이용해 필요한 부분을 제외한 나머지 부분을 선택하고 단축키 Shift + Ctrl + I 를 눌러 선택 영역을 반전시킨 후 Delete 를 눌러 지웁니다.

07 'Layers' 팔레트에서 스크린샷 'Layer 9' 레이어를 'Shape 2' 레이어의 위쪽으로 이동합니다. 그런 다음 Alt 를 누른 상태에서 'Layer 9' 레이어와 'Shape 2' 레이어 사이를 클릭하여 'Create Cilpping Mask'을 지정하세요. **08** 단축키 Ctrl + T 를 눌러 크기를 흰색 여백보다 조금 크게 지정하여 화면 창을 채웁니다.

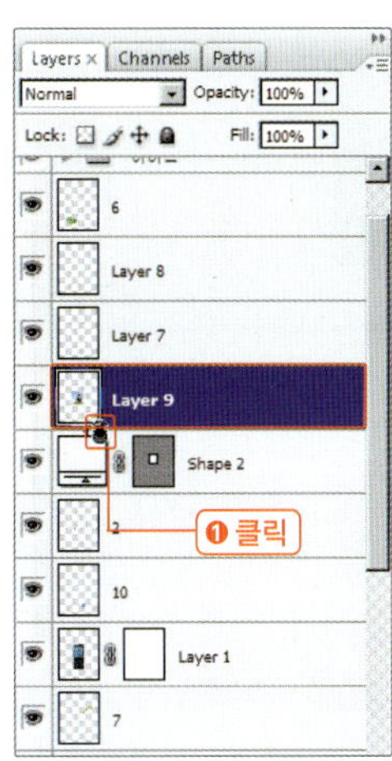

09 Shift 를 누른 상태에서 'Layer 8' 레이어부터 'Layer 2' 레이어를 선택합니다. **10** 단축키 Ctrl + G 를 눌러 그룹 레이어 상태로 만듭니다.

11 단축키 Shift + Ctrl + N 을 눌러 배경에 컬러를 적용한 '컬러' 레이어를 만듭니다. **12** 'Color Picker' 대화상자를 나타내고 원하는 컬러를 선택한 후 '컬러' 레이어에 브러시를 이용해 칠합니다.

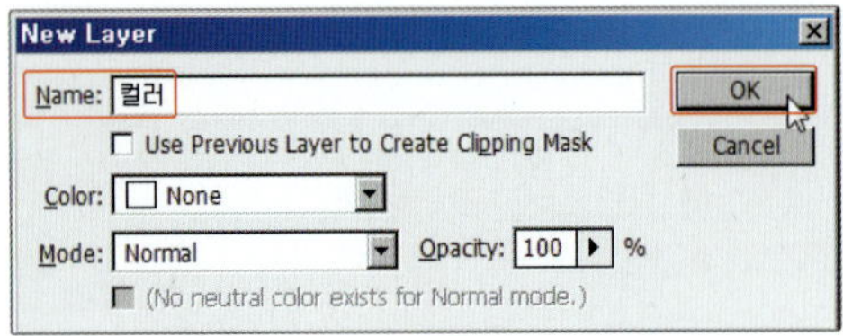
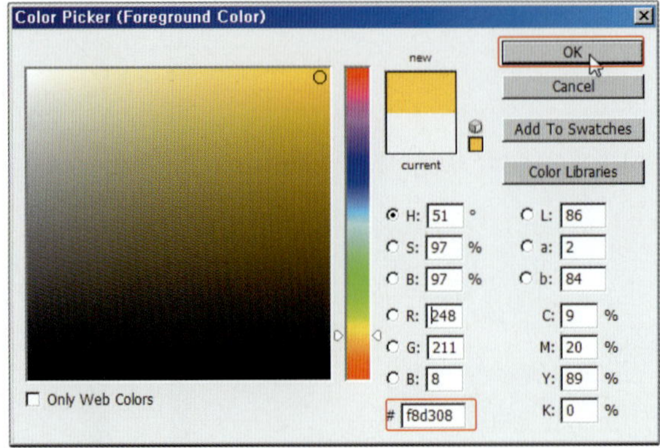

13 필자가 선택한 컬러 목록입니다. 왼쪽부터 '#f809e4', '#08eaf9', '#a6fa5c'를 지정해 '컬러' 레이어에 칠하세요.

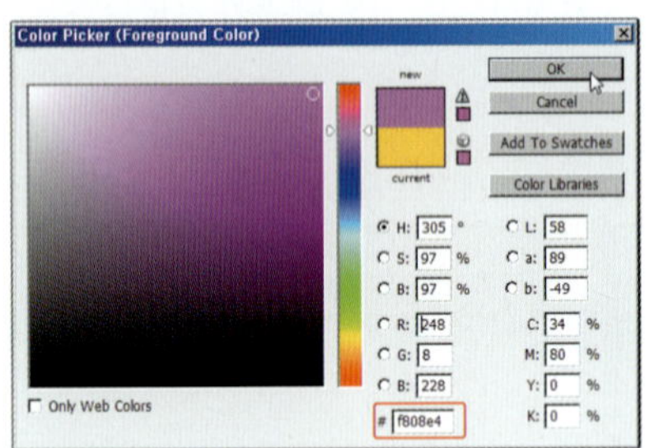
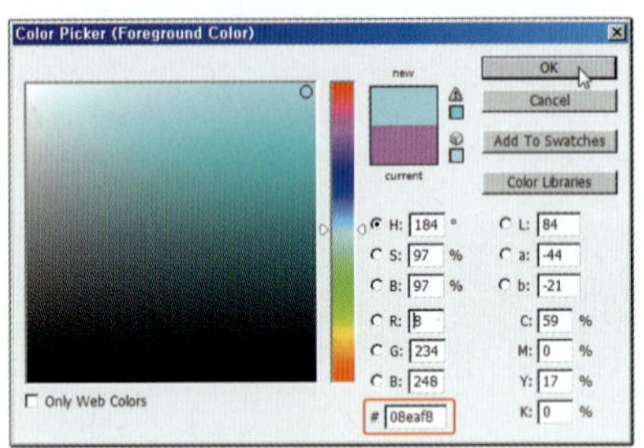
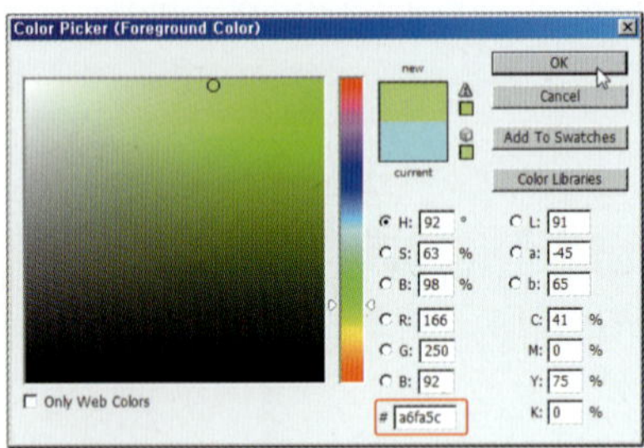

14 'Filter' → 'Blur' → 'Gaussian Blur' 메뉴를 선택해 'Gaussian Blur' 대화상자를 나타낸 후 'Radius' 값을 최대치로 지정하고 'OK' 버튼을 클릭합니다. 그런 다음 단축키 Ctrl + F 를 두 번 눌러 'Gaussian Blur'를 두 번 더 적용하세요.

15 'Layers' 팔레트에서 블렌딩 모드를 'Linear Light'로 변경해 은은한 색 분위기를 하위 레이어에 적용합니다.

브러시를 이용해 파티클 효과 연출하기

'Brush Presets'를 활용해 파티클 효과를 만들어 보겠습니다.

01 단축키 `Shift`+`Ctrl`+`N`을 눌러 신규 레이어 '브러시파티클'을 만듭니다. **02** 툴바에서 브러시 툴(🖌)을 선택하고 `F5`를 누릅니다. 'Brushes' 팔레트가 나타나면 'Brush Presets'에서 'Soft Round' 계열 브러시를 선택하고 다음의 그림과 같이 지정하세요.

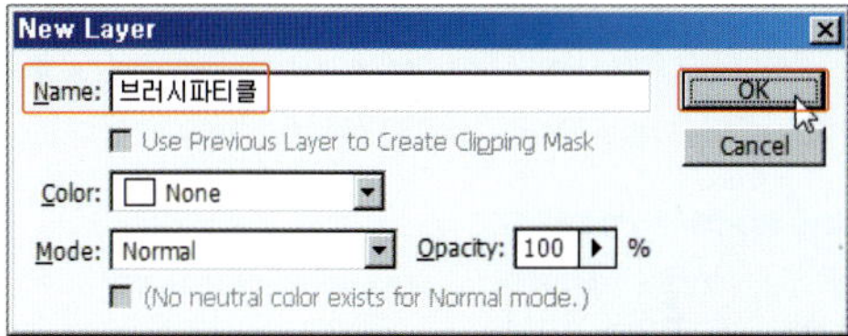

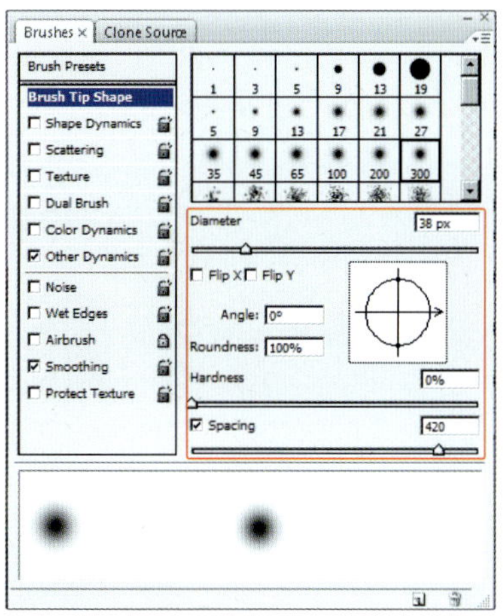

03 'Shape Dynamics'에 체크 표시하고 다음의 그림과 같이 지정합니다. **04** 'Scattering'에 체크 표시하고 다음의 그림과 같이 지정해서 가느다란 점들이 불규칙적으로 흩어지는 느낌으로 지정합니다.

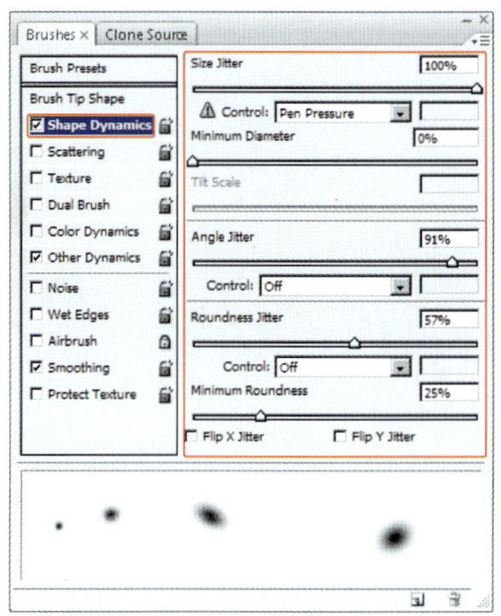

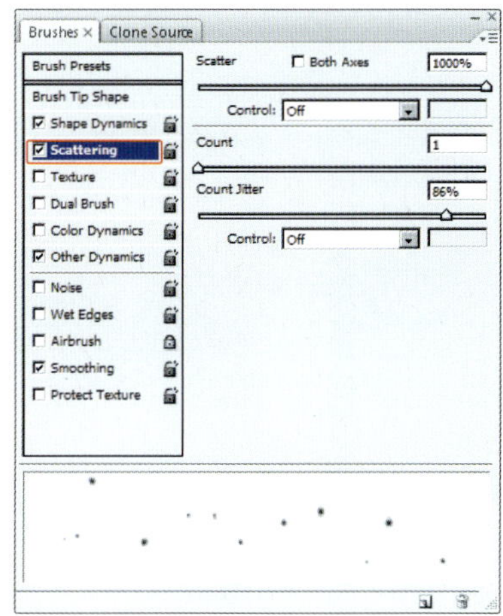

05 'Layers' 팔레트에서 '브러시파티클' 레이어를 맨 위에 위치시키고 전경색을 흰색으로 지정하여 화면에 드래그합니다. 파티클이 크면 ⎡이나 ⎤를 눌러 화면을 축소 및 확대하면서 적용하세요. **06** 현재 작업 과정만으로도 만족할 만한 결과물을 얻었지만 스피커 부분에 음악의 진동을 표현하여 완성도 높은 결과물을 만들어 보겠습니다. 단축키 Shift + Ctrl + N 을 누르고 신규 레이어 '진동'을 만드세요.

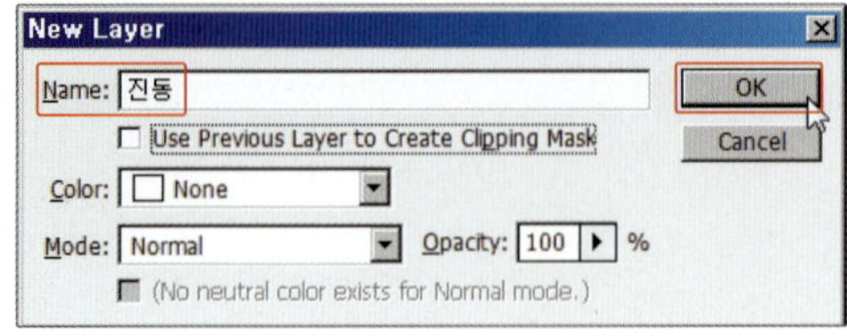

07 툴바에서 사각 선택 툴(⬚)을 선택한 후 다음의 그림과 같이 드래그하고 흰색으로 채웁니다.

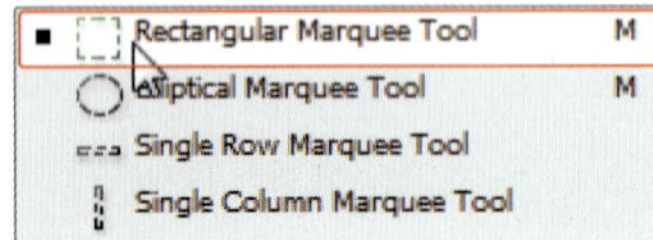

08 'Filter' → 'Noise' → 'Add Noise' 메뉴를 선택합니다. **09** 'Add Noise' 대화상자가 나타나면 다음의 그림과 같이 지정하고 'OK' 버튼을 클릭하세요.

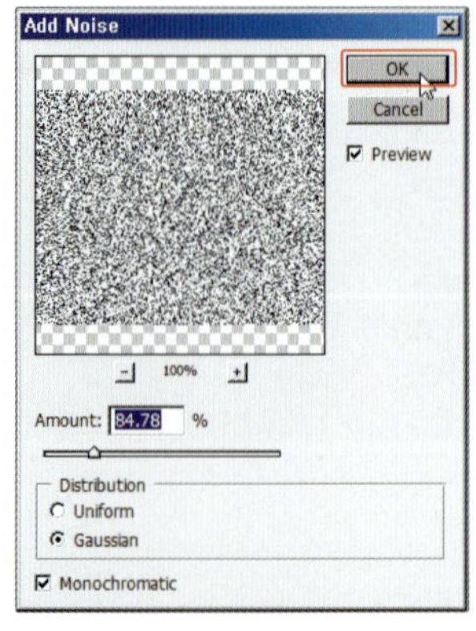

10 'Filter' → 'Blur' → 'Motion Blur' 메뉴를 선택합니다. **11** 'Motion Blur' 대화상자가 나타나면 다음의 그림과 같이 지정해 세로로 블러값을 적용합니다.

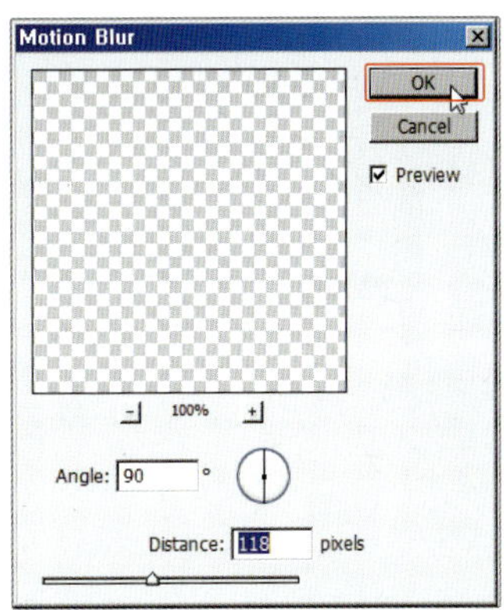

12 단축키 Ctrl + T 를 누르고 마우스 오른쪽 버튼을 클릭한 후 바로 가기 메뉴에서 'Disort'를 선택합니다. **13** 윗부분은 작게, 아랫부분은 좌우로 벌려서 다음의 그림과 같은 형태로 만드세요.

14 스피커쪽으로 이동해서 크기와 위치를 재조정하고 단축키 Ctrl + M 을 누릅니다. **15** 'Curves' 대화상자가 나타나면 다음의 그림과 같이 커브 곡선을 이동하여 좀 더 밝게 보정합니다.

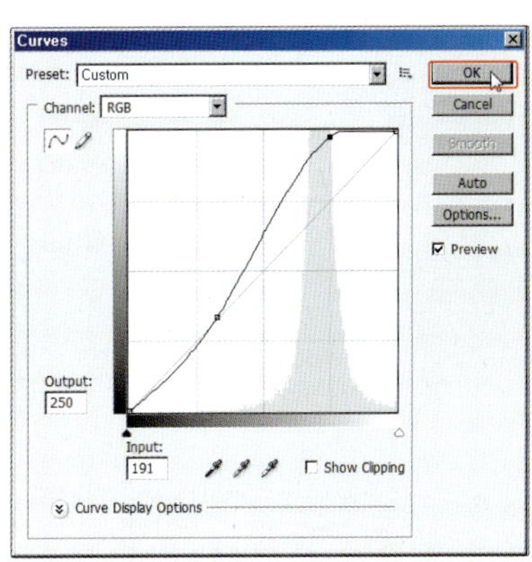

16 단축키 `Ctrl`+`T`를 누르고 마우스 오른쪽 버튼을 클릭한 후 바로 가기 메뉴에서 'Warp'을 선택합니다. **17** 스피커의 중앙에서 음이 더 퍼지는 느낌으로 'Warp'을 이용해 왜곡시킵니다.

18 '진동' 레이어를 단축키 `Ctrl`+`J`로 복사해 아래쪽의 원형 부분에 위치시킵니다. **19** '진동 copy' 레이어를 더블클릭합니다.

20 'Layer Style' 대화상자가 나타나면 'Color Overlay'에 체크 표시하고 컬러 박스를 클릭합니다. **21** 'Select overlay color' 대화상자가 나타나면 컬러 '#2fa8da'를 입력하고 'OK' 버튼을 클릭해 변경된 색을 레이어에 적용합니다.

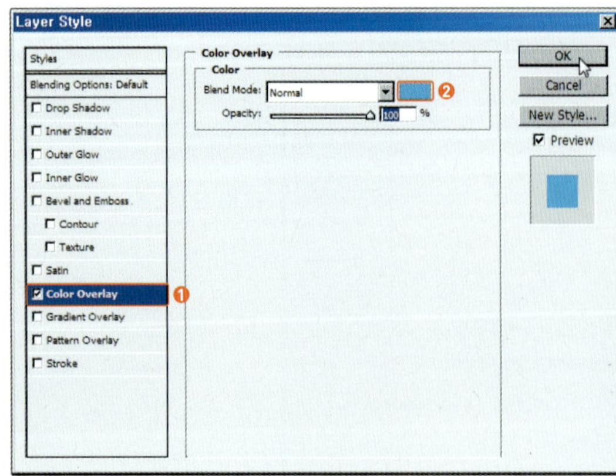

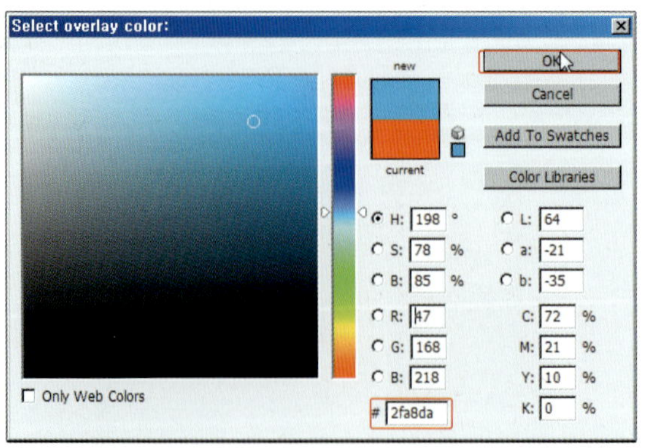

22 툴바에서 원형 선택 툴(◯)을 클릭해 스피커 영역의 안쪽 부분을 선택하고 단축키 `Ctrl`+`Alt`+`D`를 누릅니다. **23** 'Feather Selection' 대화상자가 나타나면 'Feather Radius'에 수치값 '25pixels'를 적용해서 선택 영역을 부드럽가 만든 후 'OK' 버튼을 클릭하고 `Delete`를 누릅니다.

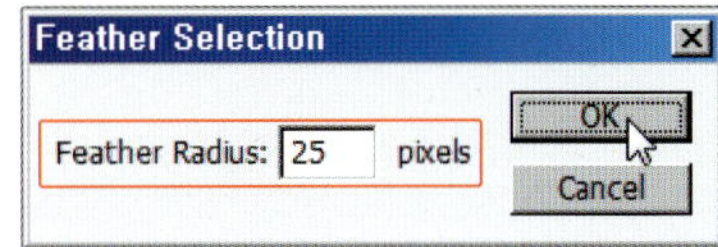

24 원의 안쪽에 보이는 이미지가 부드럽게 삭제되면서 테두리에 보이는 파란색 광원과 잘 연결되었습니다. **25** 단축키 `Shift`+`Ctrl`+`Alt`+`E`를 눌러 지금까지의 작업 과정을 하나의 레이어로 만듭니다. 그런 다음 단축키 `Ctrl`+`A`, `Ctrl`+`C`를 눌러 이미지를 복사하세요.

Lab 컬러로 화사하게 이미지 보정하기

Lab 컬러 보정을 이용해 이미지를 화사하게 보정해 보겠습니다.

결과 파일 부록 CD\Theme04\Lesson09\MP4제품.psd

01 'File' → 'New' 메뉴를 선택해 다음의 그림과 같이 지정하고 'OK' 버튼을 클릭합니다. 그런 다음 단축키 Ctrl + V 를 눌러 앞의 과정에서 복사했던 이미지를 붙여넣기하세요. **02** 단축키 Ctrl + 1 을 누르고 'Image' → 'Apply Image' 메뉴를 선택합니다. 'Apply Image' 대화상자가 나타나면 다음의 그림과 같이 지정하고 'OK' 버튼을 클릭하세요.

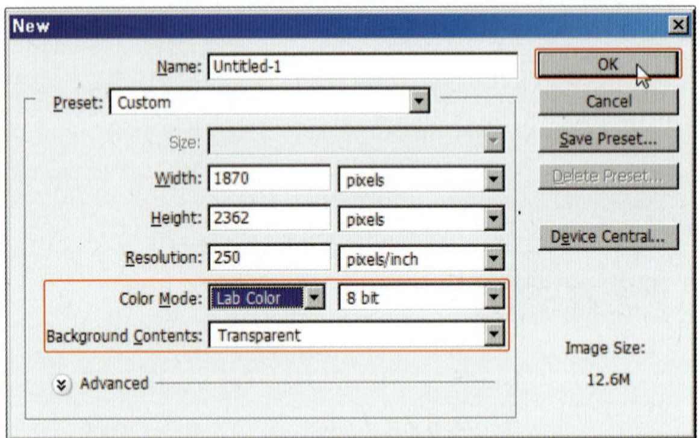

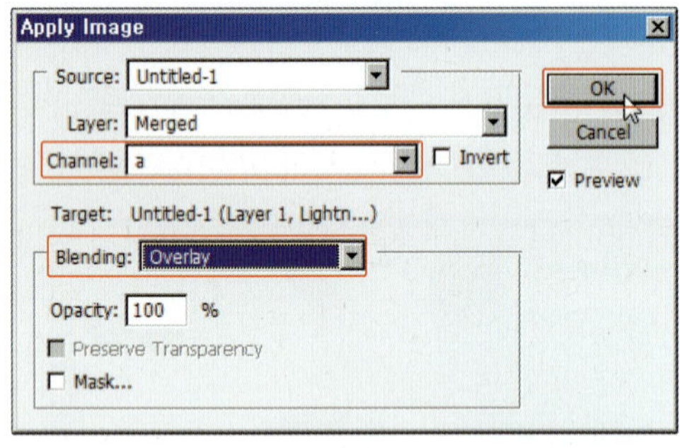

03 단축키 Ctrl + 2 를 누르고 'Image' → 'Apply Image' 메뉴를 선택합니다. 'Apply Image' 대화상자가 나타나면 다음의 그림과 같이 지정하고 'OK' 버튼을 클릭하세요. **04** 단축키 Ctrl + 3 을 누르고 'Image' → 'Apply Image' 메뉴를 선택합니다. 'Apply Image' 대화상자가 나타나면 다음의 그림과 같이 지정하고 'OK' 버튼을 클릭하세요.

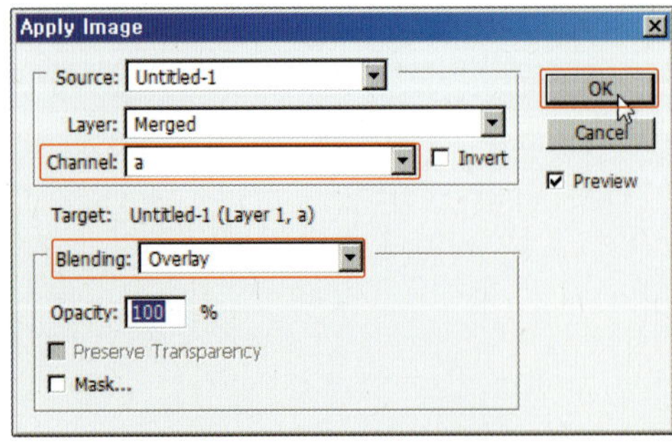

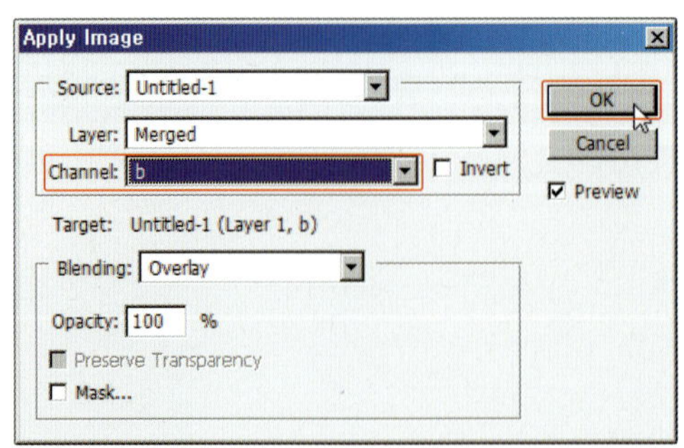

05 단축키 `Ctrl`+`~`를 눌러 Lab 컬러 상태로 표시합니다. 그런 다음 단축키 `Ctrl`+`A`, `Ctrl`+`C`, `Ctrl`+`W`를 차례대로 눌러 작업 창에 이미지를 복사한 후 작업 창을 닫으세요. **06** 기존에 작업하던 도큐먼트 창에 단축키 `Ctrl`+`V`를 눌러 붙여넣기하고 'Opacity'를 '70%'로 감소시킨 후 작업을 완료합니다.

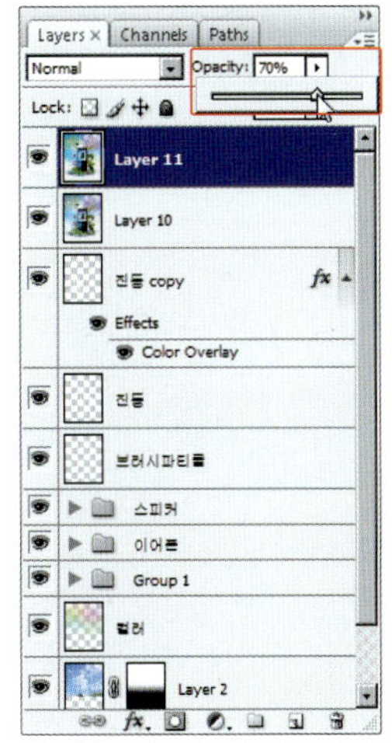

07 Lab 컬러를 이용하면 색이 화사하게 보정되어 좋아 보이지만 출력할 때 색이 뭉치므로 채도를 다운시켜야 하는데, 이때 'Opacity'를 조절해야 합니다.

TEXT EFFECT
Summer
Cool하고
Hot뜨거운 여름이야기
RETOUCHING COMMUNITY
R.E.M
Design & Retouching Community
cafe.naver.com/remart

Photoshop Artworks Secret

텍스트 이펙트와 리터칭

이번 테마는 글자를 이용한 텍스트 효과와 이미지의 색감이나 분위기를 변화시키는 리터칭에 대해 설명합니다. 텍스트는 화면에서 배경과의 색의 조화, 크기, 글자 형태의 외곽 등에 의해 전달되는 느낌이 크게 다른데요. 이번 테마에서는 입체적인 텍스트의 공간감을 살리는 작업과 활용에 대해 알아보겠습니다.

리터칭 과정에서는 포토샵에서 제공되는 기본 필터 이외에 회화풍 느낌을 만들어 주는 Impressionist라는 필터와 요즘 유행하는 HDR 느낌을 표현할 수 있는 LucisArt라는 필터의 사용법과 활용에 대해 알아보도록 하겠습니다.

Lesson

결과 파일 부록 CD\Theme05\Lesson01\이펙트.psd

01

텍스트 이펙트

이번에는 평면적인 글자에 레이어 스타일과 문양을 추가해서 입체적인 글자를 만들어 보겠습니다. 글자를 3단계로 나누어 레이어 스타일을 반복해서 적용하고 그러데이션 타입을 다르게 적용해 명암을 표현합니다. 실무에서 작업하다 보면 간혹 이미지를 사용하지 않고 글자만으로 포스터를 구성하는 경우가 있는데, 글자는 단순히 읽혀지기 위해서만 존재하지 않는다는 것을 알 수 있습니다. 'http://www.typographyserved.com' 에서는 타이포그래피의 다양한 쓰임새와 작업 방식에 대한 노하우를 얻을 수 있습니다.

Level을 이용해 배경 만들기

낡은 텍스처의 레벨을 조정해서 핸디코트 느낌의 배경을 제작해 보겠습니다.

예제 파일 부록 CD\Theme05\Lesson01\Typo.psd

01 기본 배경으로 사용하기 위해 부록 CD에서 'Typo.psd' 파일을 불러옵니다. **02** 흑백으로 이미지를 변환하기 위해 'Image' → 'Adjustments' → 'Desaturate' 메뉴(Shift + Ctrl + U)를 선택합니다.

 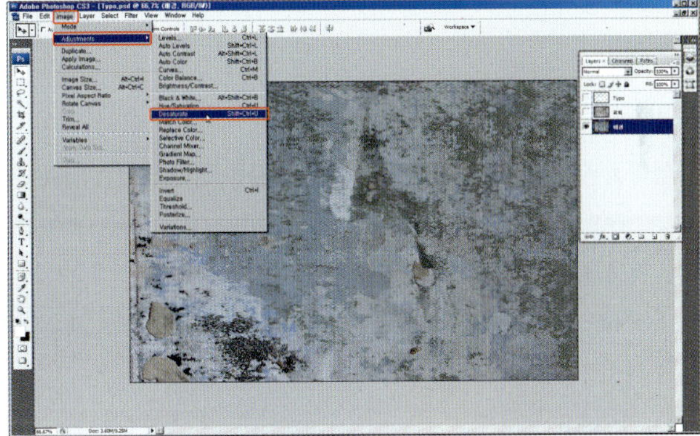

03 'Image' → 'Adjustments' → 'Levels' 메뉴(Ctrl + L)를 선택합니다. 'Levels' 대화상자가 나타나면 다음의 그림과 같이 슬라이드바를 드래그해서 인테리어에서 사용하는 핸디코트 느낌의 마감재처럼 만드세요. **04** 단축키 Shift + Ctrl + N 을 눌러 신규 레이어 'BG'를 만들고 흰색으로 채운 후 'Layers' 팔레트의 맨 아래쪽으로 이동합니다.

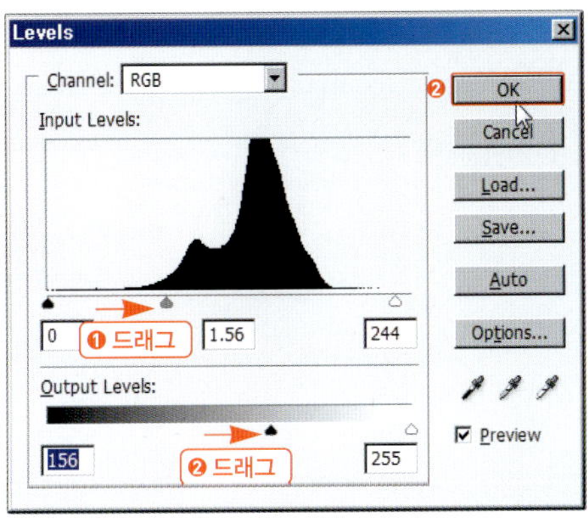 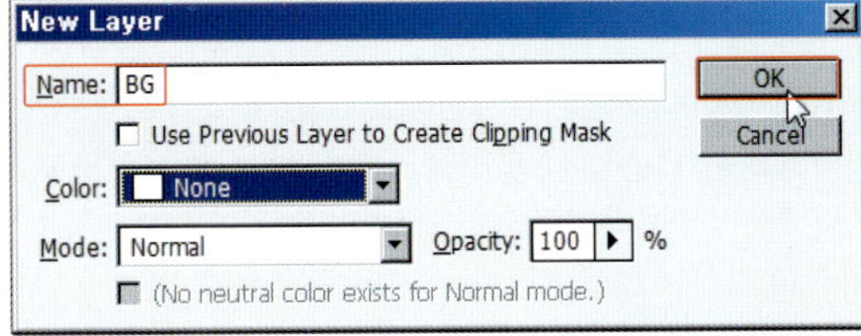

05 '배경' 레이어의 'Opcaity'를 '50%'로 조절해 톤을 밝게 조절합니다. **06** 바닥에 갈라진 듯한 느낌을 만들어 보겠습니다. 'Layers' 팔레트에서 '크랙' 레이어의 눈 아이콘(👁)을 클릭하고 단축키 Ctrl + T 를 눌러 세로 크기를 축소한 후 'Disort'로 좌우를 당기세요.

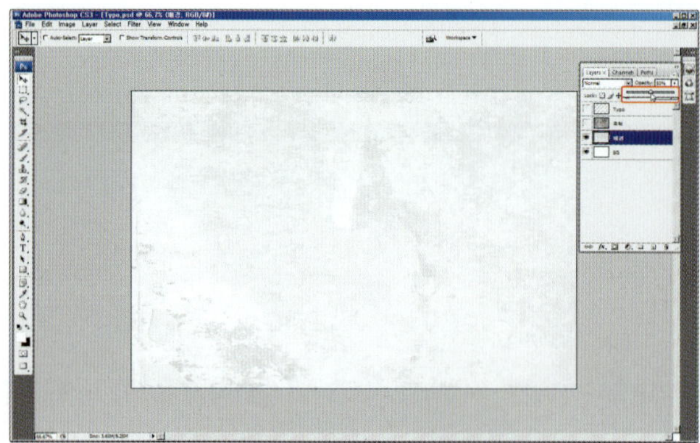
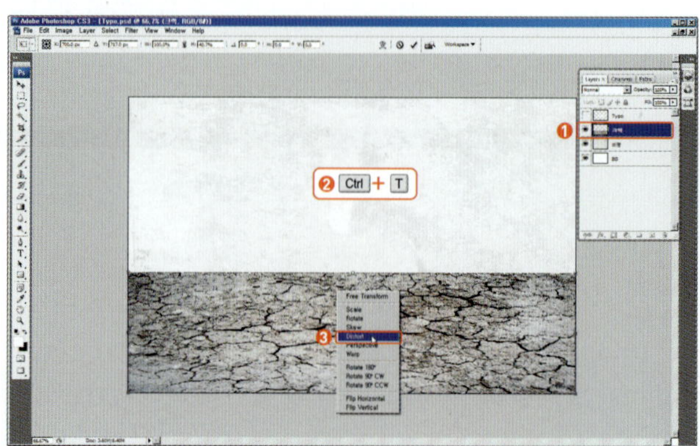

07 세로 크기를 축소하면서 아랫부분을 좌우로 당겨 바닥의 형태를 공간감 있게 표현합니다. 그런 다음 'Image' → 'Adjustments' → 'Desaturate' 메뉴(Ctrl + U)를 선택해 흑백 변환합니다. **08** 단축키 Ctrl + L 을 눌러 'Levels' 대화상자를 실행하고 다음의 그림과 같이 슬라이드바를 드래그해 명암 톤을 조절하세요.

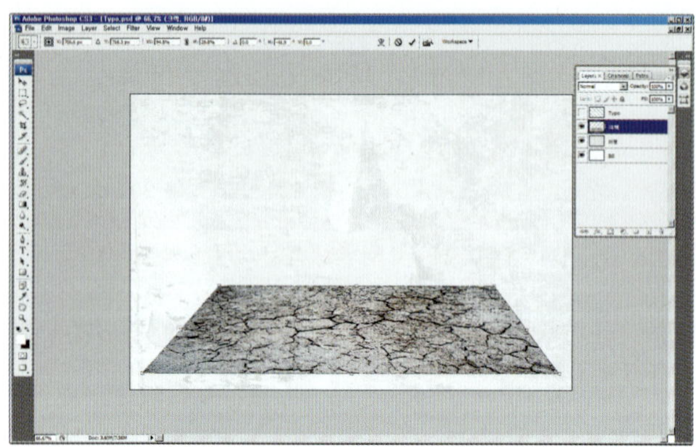
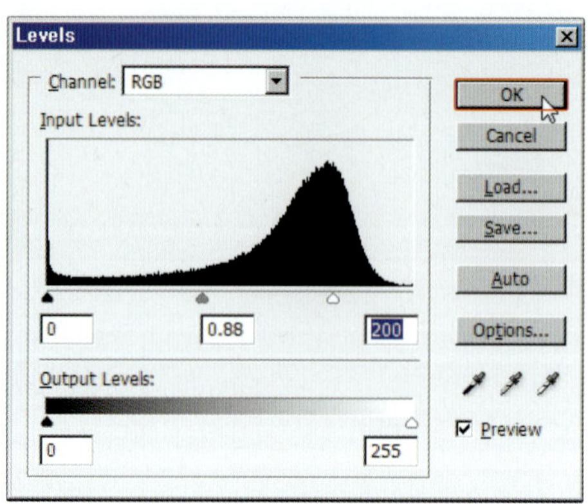

09 'Layers' 팔레트에서 'Add Layer Mask' 아이콘(🔲)을 클릭해서 'Reveal All' 상태로 만듭니다. **10** 'Soft Round' 계열의 브러시를 선택하고 전경색이 검은색인 상태에서 이미지의 가장자리를 문질러서 부드럽게 처리하세요.

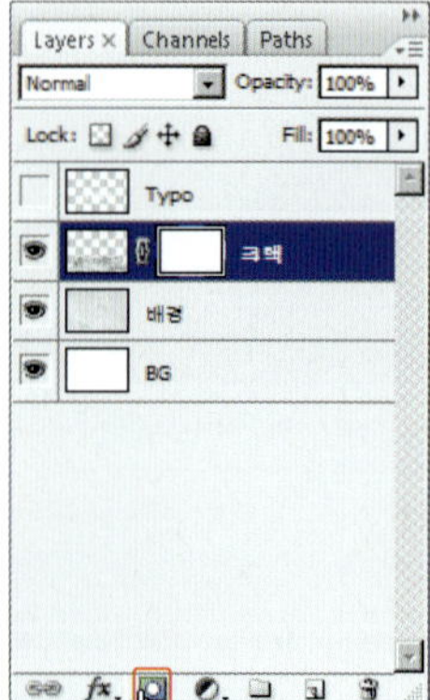
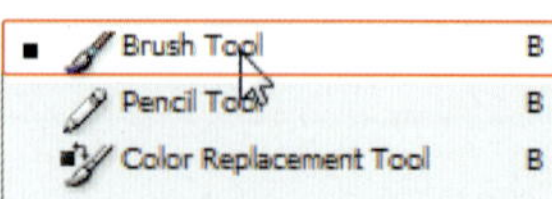
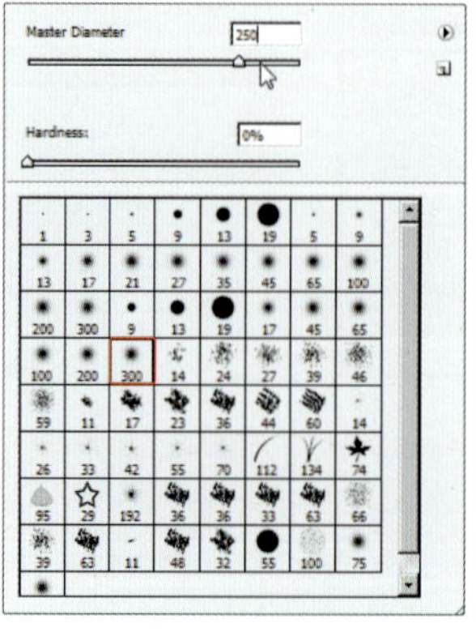

11 옵션바에서 'Opacity'를 조절하면서 가장자리를 부드럽게 처리하고 중앙에 갈라진 틈이 잘 보이게 처리합니다. **12** 배경보다 크랙 부분이 너무 눈에 띄기 때문에 'Layers' 팔레트에서 'Opacity'를 '15%'로 지정해 배경과 비슷한 톤으로 조절합니다.

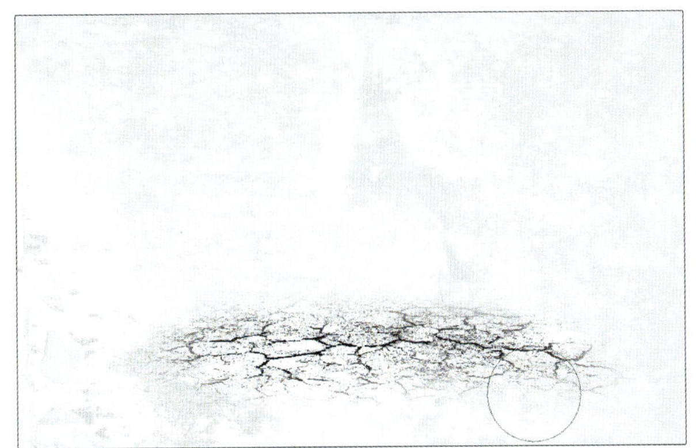
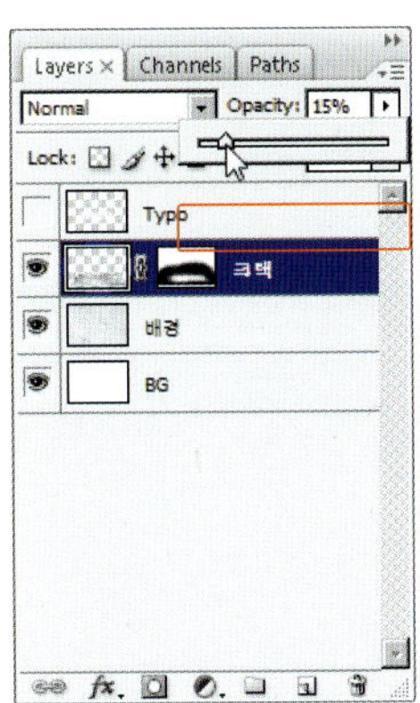

글자에 레이어 스타일 지정하기

글자에 레이어 스타일을 적용하고 볼륨감을 추가해서 입체적인 느낌을 표현해 보겠습니다.

예제 파일 부록 CD\Theme05\Lesson01\Gradients.grd **결과 파일 부록** CD\Theme05\Lesson01\배경글자.psd

01 'Layers' 팔레트에서 'Typo' 레이어의 눈 아이콘(👁)을 켜고 단축키 Ctrl + T 를 눌러 크기를 조절한 후 'Typo' 레이어를 더블클릭합니다. **02** 'Layer Style' 대화상자가 나타나면 'Bevel and Emboss'에 체크 표시하고 다음의 그림과 같이 지정한 후 'Shadow Mode'의 컬러 박스를 클릭하세요.

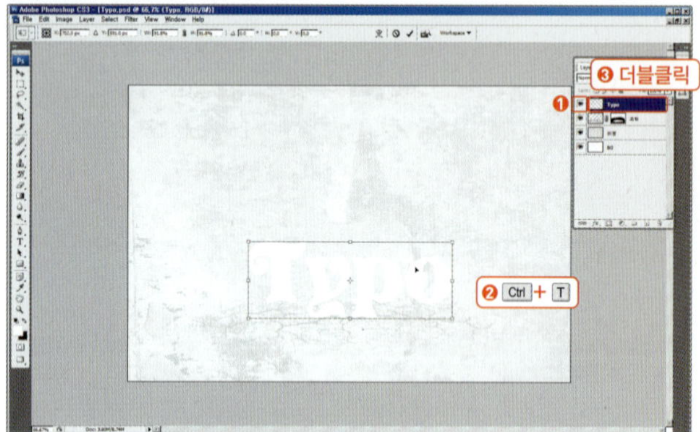
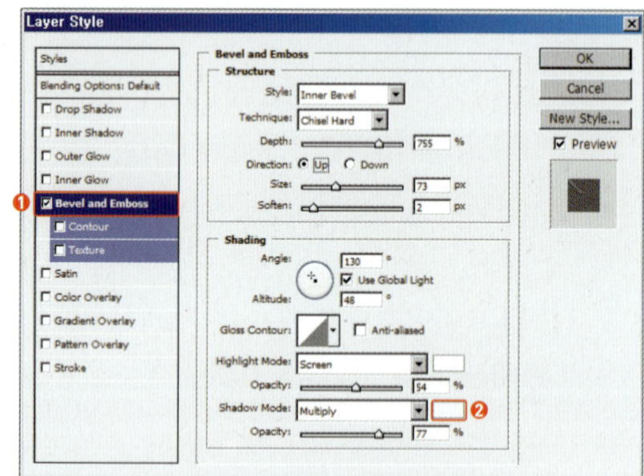

03 'Select shadow color' 대화상자가 나타나면 '#f7f7f7'을 입력해 연한 그레이톤으로 변경하고 'OK' 버튼을 클릭합니다.
04 'Layer Style' 대화상자로 되돌아오면 'Stroke'에 체크 표시하고 다음의 그림과 같이 지정한 후 'Gradient'를 클릭합니다.

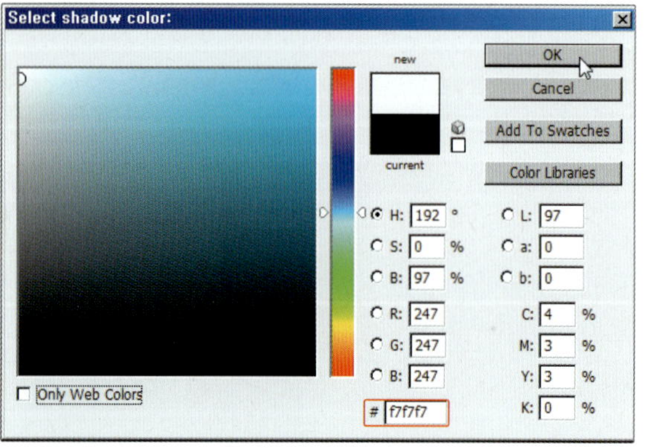
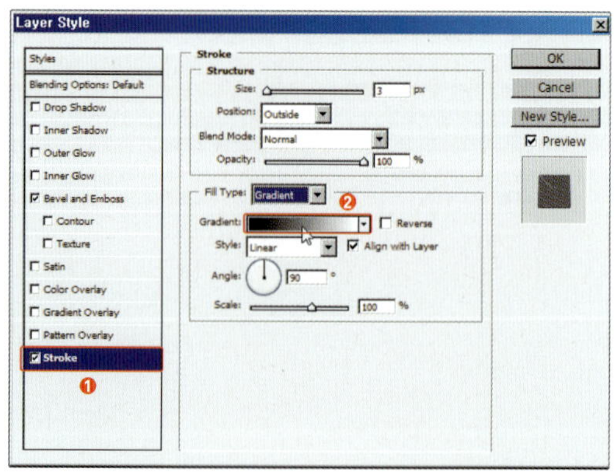

05 'Gradient Editor' 대화상자가 나타나면 오른쪽 확장 아이콘(▶)을 클릭한 후 'Replace Gradients'를 선택합니다. **06** 'Load' 대화상자가 나타나면 부록 CD에서 'Gradients.grd'를 선택하고 'Load' 버튼을 클릭합니다. 저장한 그레이디언트 목록은 포토샵 CS3에서 제공하는 몇 가지 그레이디언트 목록을 별도로 저장한 것입니다.

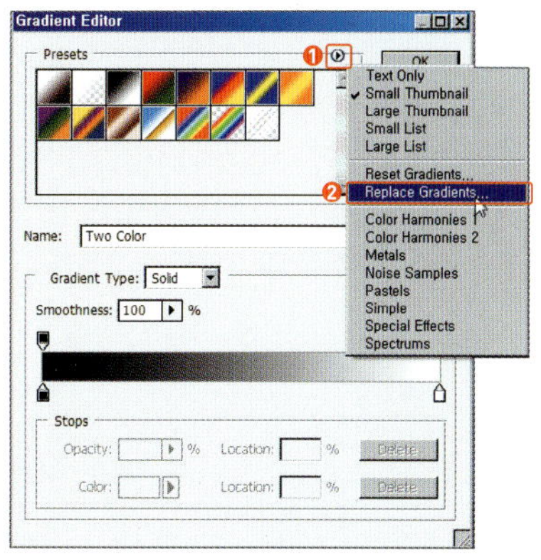
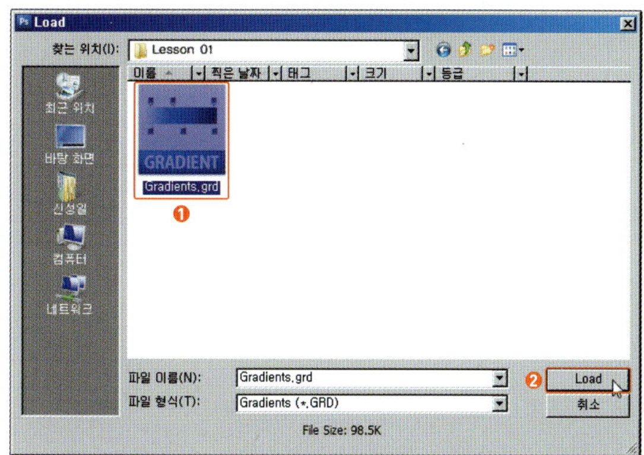

07 'Gradient Editor' 대화상자로 되돌아오면 'Medium Spectrum'을 선택하고 'OK' 버튼을 클릭합니다. **08** 'Layer Style' 대화상자에서 'Drop Shadow'에 체크 표시하고 다음의 그림과 같이 지정한 후 'OK' 버튼을 클릭합니다.

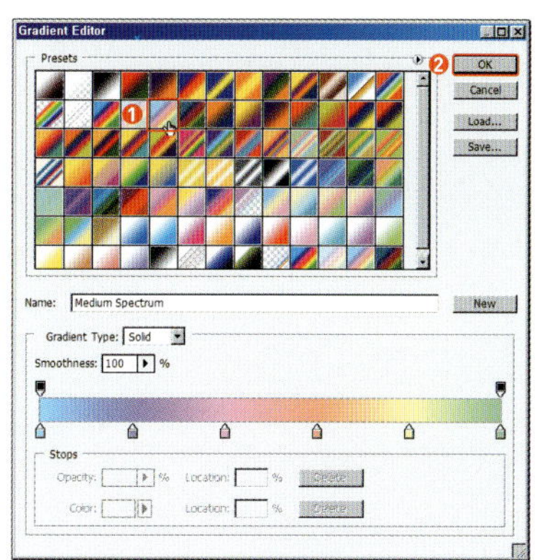
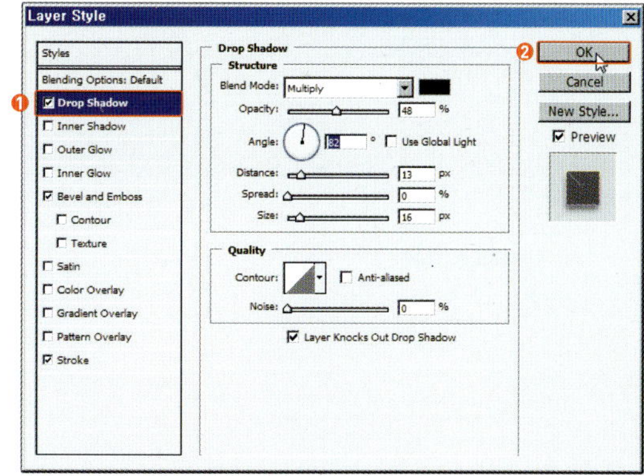

09 'Layers' 팔레트에서 단축키 Ctrl + J 를 눌러 'Typo' 레이어를 복사하고 더블클릭합니다. **10** 'Layer Style' 대화상자가 나타나면 'Drop Shadow'에 체크 표시하고 'Angle' 값을 다르게 적용해 그림자의 방향을 지정한 후 'Opacity'를 '12%'로 연하게 조절합니다. 그러면 'Typo'와 'Typo copy' 레이어 사이에 공간감이 생깁니다.

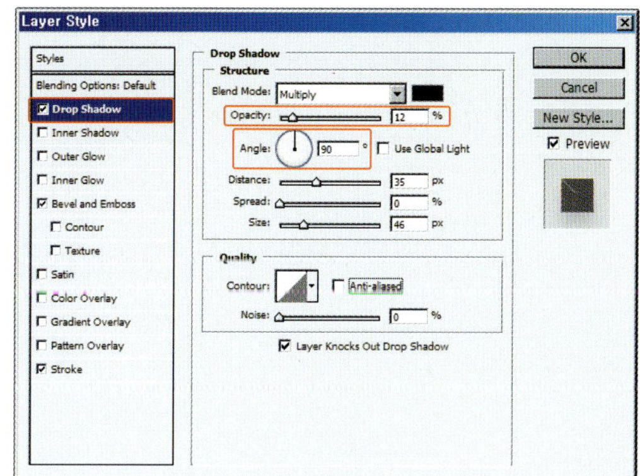

11 'Bevel and Emboss'에 체크 표시하고 다음의 그림과 같이 지정해 입체감을 높입니다. **12** 'Gradient Overlay'에 체크 표시하고 'Gradient' 박스를 클릭합니다.

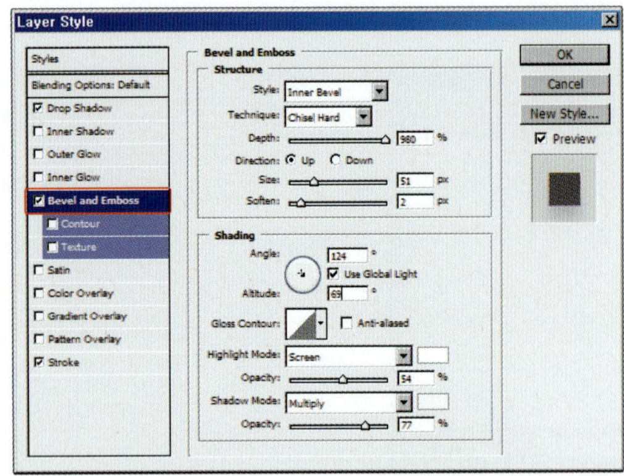 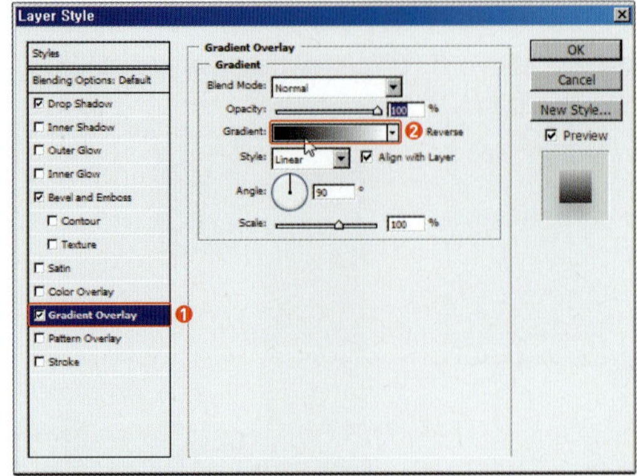

13 'Gradient Editor' 대화상자가 나타나면 'Red, Blue, White'를 선택하고 'OK' 버튼을 클릭합니다. 이와 같은 방법으로 색상톤이나 밝기 등에 변화를 주어 입체감을 줄 수 있습니다. **14** 'Layer Style' 대화상자로 되돌아오면 'OK' 버튼을 클릭합니다.

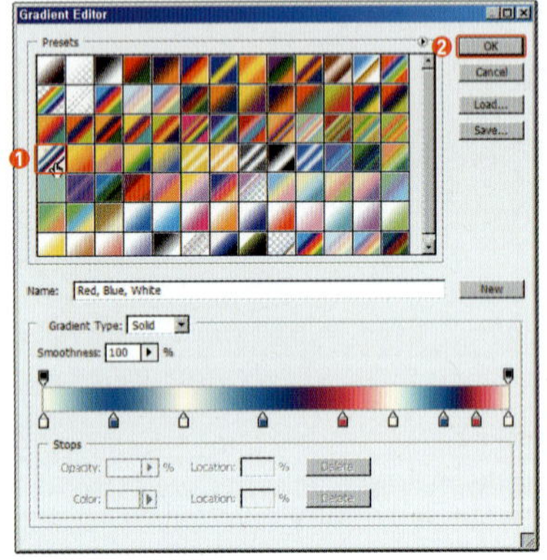 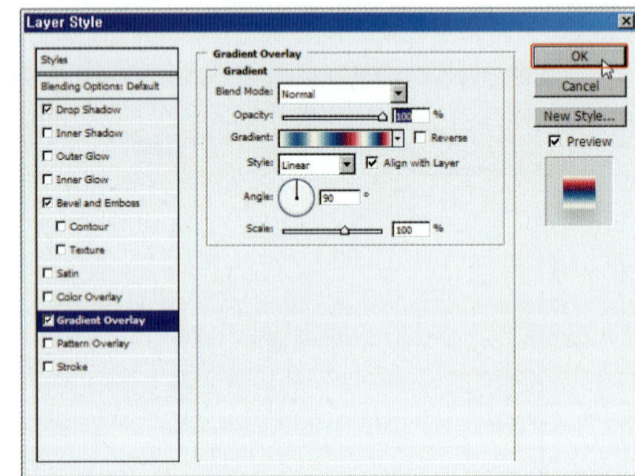

15 'Layers' 팔레트에서 'Typo copy' 레이어를 'Typo' 레이어의 아래쪽에 올려놓고 단축키 Ctrl + J 를 눌러 'Typo copy 2' 레이어를 만듭니다. **16** 'Typo copy 2' 레이어를 더블클릭합니다.

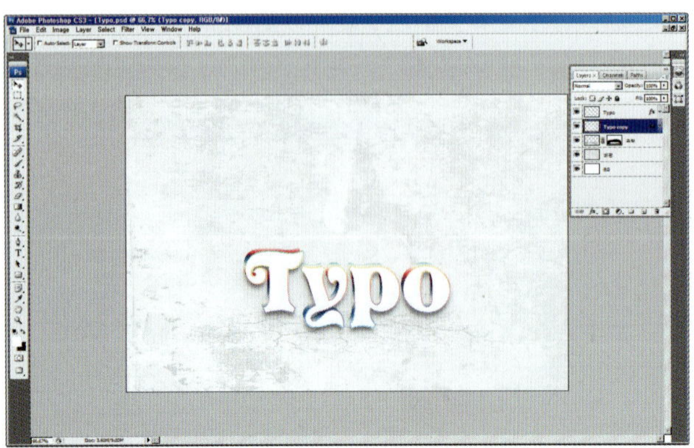 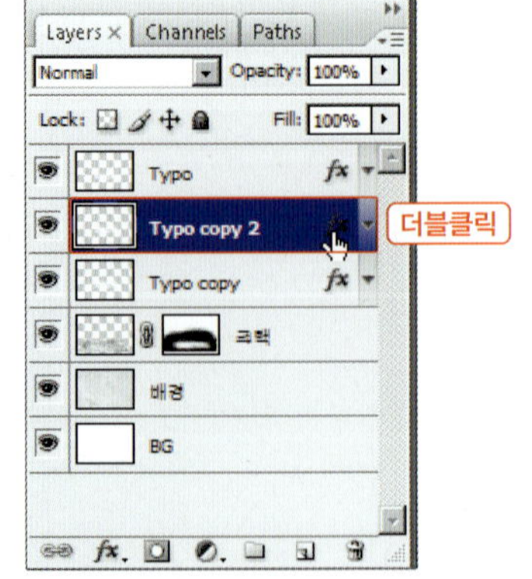

17 'Layer Style' 대화상자가 나타나면 'Gradient Overlay'에 체크 표시하고 'Gradient' 박스를 클릭합니다. **18** 'Gradient Editor' 대화상자가 나타나면 'Light Spectrum'을 선택하고 'OK' 버튼을 클릭합니다.

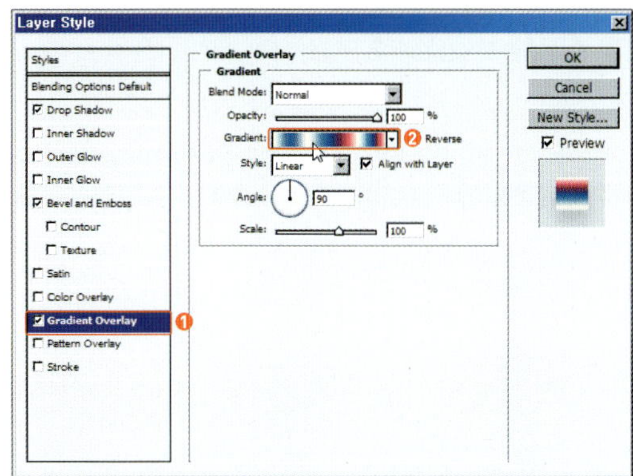

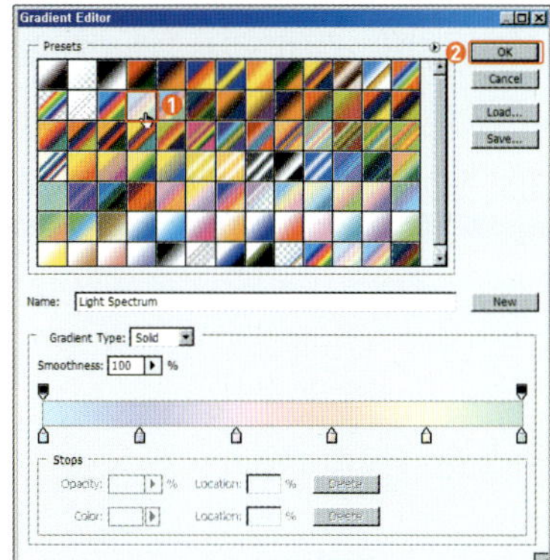

19 'Layer Style' 대화상자로 되돌아오면 'OK' 버튼을 클릭합니다. **20** 'Layers' 팔레트에서 레이어의 이름을 '밝은', '어두운'으로 지정하고 좌우로 조금씩 이동합니다. 이와 같이 특별한 효과 없이 색감과 톤 차이로만 입체적인 글자 형태로 만들 수 있습니다.

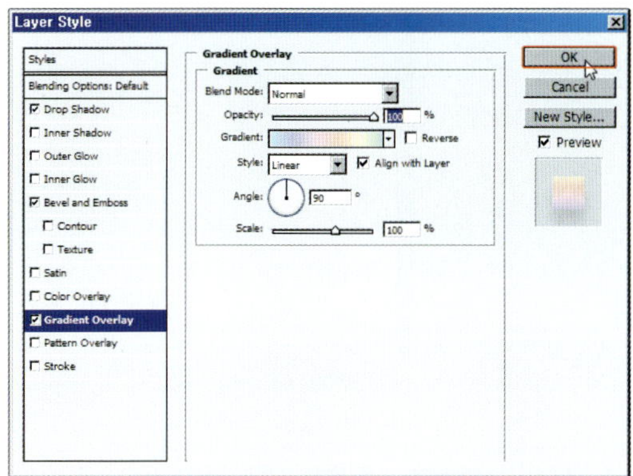

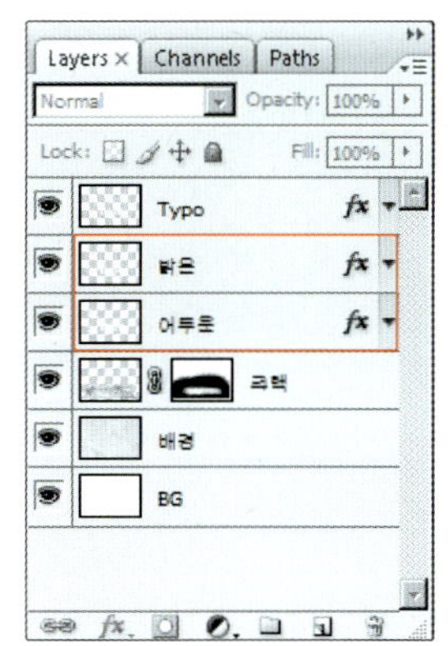

'Shape Tool' 활용하기

포토샵에서 벡터 속성을 가지고 있는 'Path'와 'Shape'를 활용해 보겠습니다.

예제 파일 부록 CD\Theme05\Lesson01\문양Shapes.csh   **결과 파일 부록** CD\Theme05\Lesson01\셰이프합성.psd

01 툴바에서 'Custom Shape Tool' (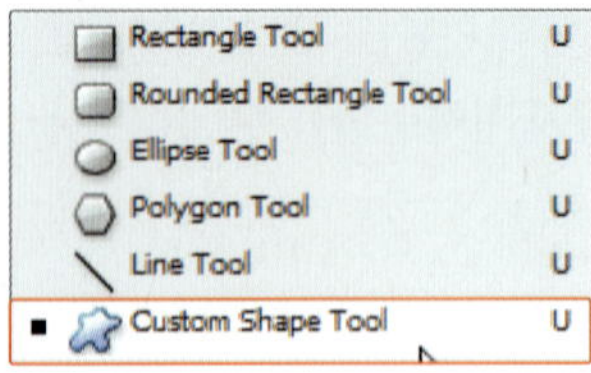)을 선택합니다. 'Custom Shape Tool'을 선택하면 별도로 'Shape' 항목을 추가해서 사용할 수 있습니다. **02** 다음의 그림과 같이 차례대로 클릭해서 'Load Shapes'를 선택합니다.

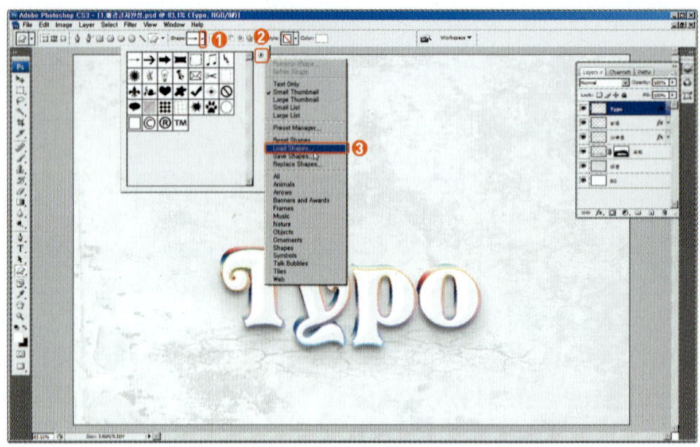

03 'Load' 대화상자가 나타나면 저장되어 있는 '문양Shapes.csh'를 선택하고 'Load' 버튼을 클릭합니다. **04** 다양한 형태의 'Shape' 항목이 나타납니다. 필자는 문양이 단순하면서 날개 형태를 띠는 오른쪽 맨 아래에 있는 'Shape'를 선택했습니다.

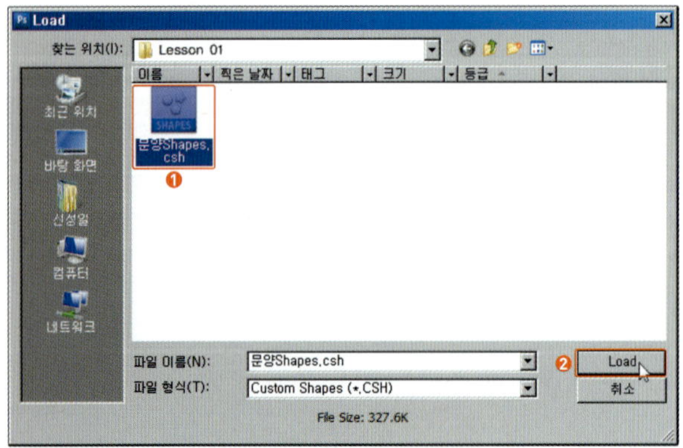

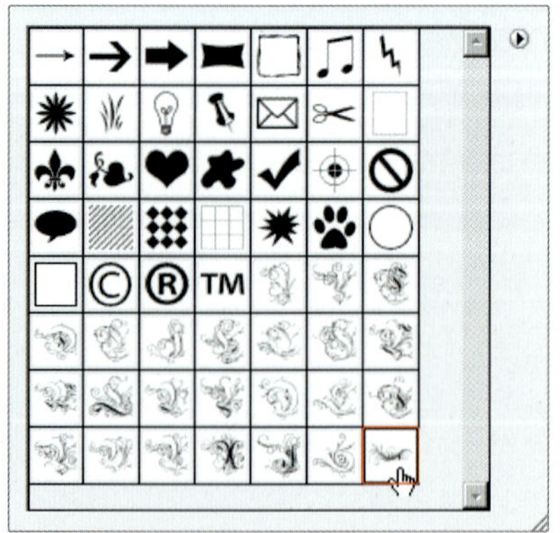

05 작업 창에서 드래그해 셰이프를 그리고 ‘Shape 1’ 레이어를 만듭니다. **06** ‘Layers’ 팔레트에서 ‘어두운’ 레이어를 선택하고 마우스 오른쪽 버튼을 클릭한 후 바로 가기 메뉴에서 ‘Copy Layer Style’ 을 선택하여 레이어 스타일 속성을 복사합니다.

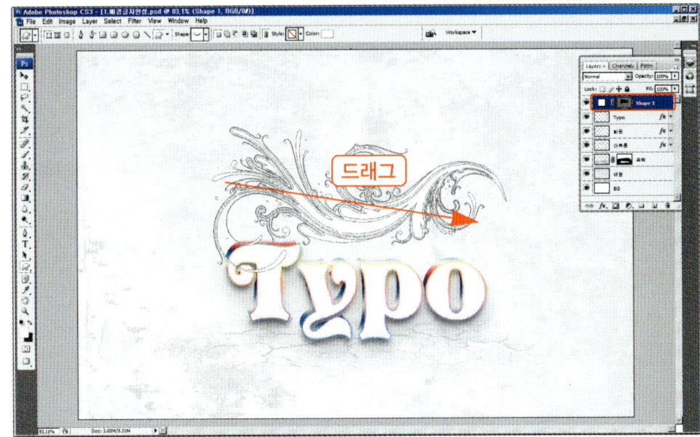

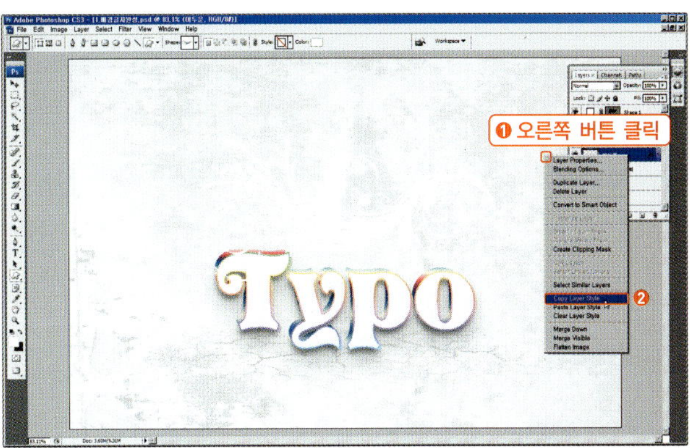

07 ‘Shape 1’ 레이어를 선택하고 마우스 오른쪽 버튼을 클릭한 후 바로 가기 메뉴에서 ‘Paste Layer Style’ 을 선택합니다. 그러면 ‘어두운’ 레이어에 적용된 레이어 스타일이 그대로 적용됩니다. **08** 단축키 Ctrl + T 를 눌러 크기 및 방향 등을 조절합니다. 이 경우 글자에 날개를 달아준다는 느낌으로 작업해야 합니다.

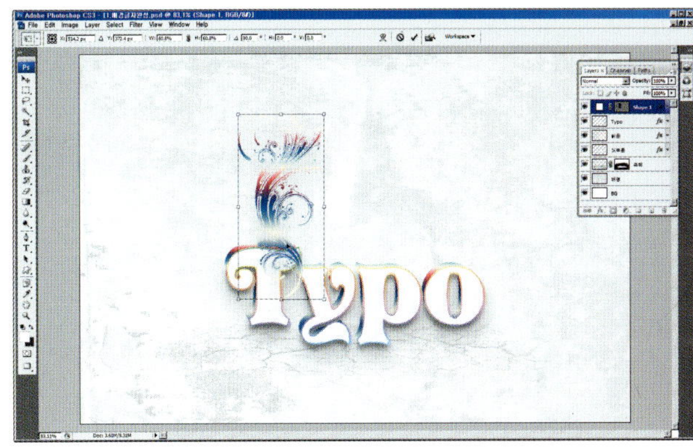

09 마우스 오른쪽 버튼을 클릭한 후 바로 가기 메뉴에서 ‘Flip Horizontal’ 을 선택해 좌우를 반전시키고 오른쪽으로 회전합니다. 여기서부터는 따라하기에 너무 얽매이지 말고 글자에 날개를 달아준다는 느낌으로 작업하세요.

10 'Shape 1' 레이어에 적용한 레이어 스타일 중에서 그레이디언트 방향이 일정해 색이 중간에 끊어진 듯한 느낌입니다. 'Shape 1' 레이어를 더블클릭해 'Layer Style' 대화상자를 나타내고 'Gradient Overlay'에 체크 표시한 후 'Angle'을 '–167°'로 조절하세요. **11** 'Layers' 팔레트에서 'Shape 1' 레이어를 'Typo' 레이어의 아래쪽에 위치시킵니다.

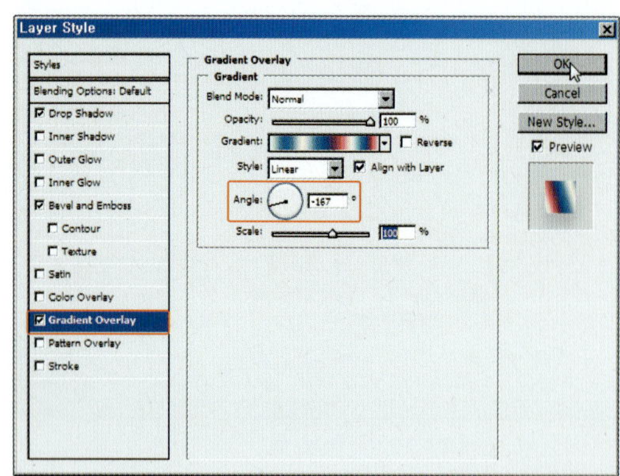

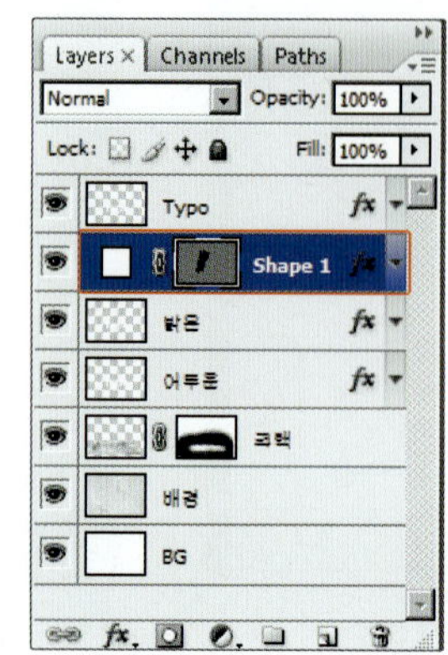

12 'Shape 1' 레이어를 선택하고 Alt 를 누른 상태에서 이동 툴(➤⊹)로 드래그해 속성이 같은 새로운 레이어를 만듭니다. 그런 다음 단축키 Ctrl + T 를 눌러 크기 및 위치 등을 조절하세요. **13** Alt 를 누른 상태에서 이동 툴(➤⊹)로 드래그해 속성이 같은 또 다른 레이어를 만듭니다. 그런 다음 단축키 Ctrl + T 를 눌러 크기 및 위치 등을 조절하세요.

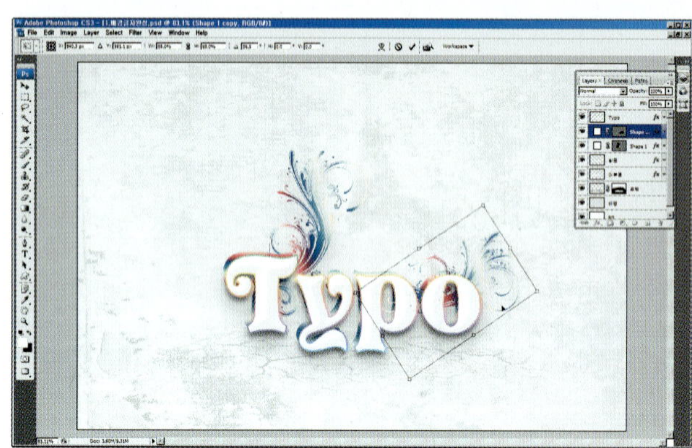

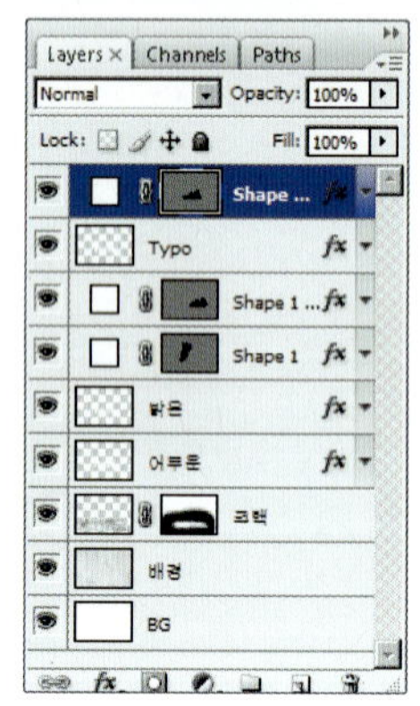

14 특별한 형식이 없으므로 원하는 형태로 작업하는데, 전체적인 균형과 안정감을 항상 고려해야 합니다. 좌우 위쪽의 도큐먼트가 갖고 있는 면적에서 글자 형태의 아래쪽으로 안정감을 주어야 하고, 문양을 너무 많이 사용해서 보는 사람들이 글자의 형태를 쉽게 알아볼 수 없게 만들면 안 됩니다. 이미지로 글자의 형태를 표현하지만 가독성이 언제나 중요하기 때문입니다.

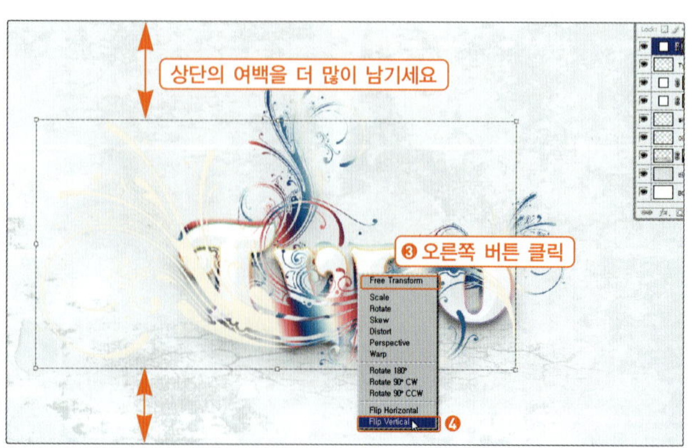

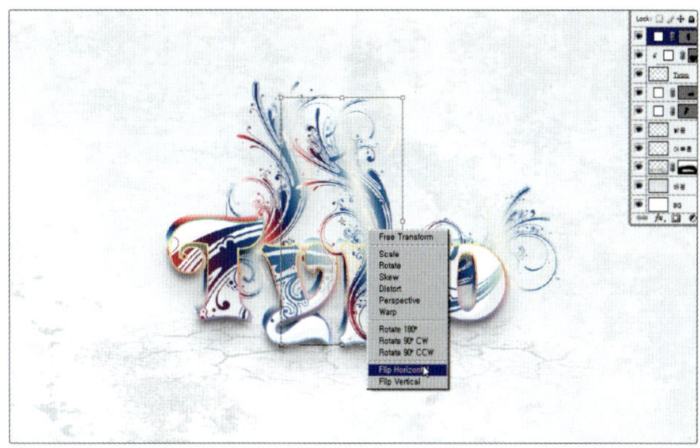

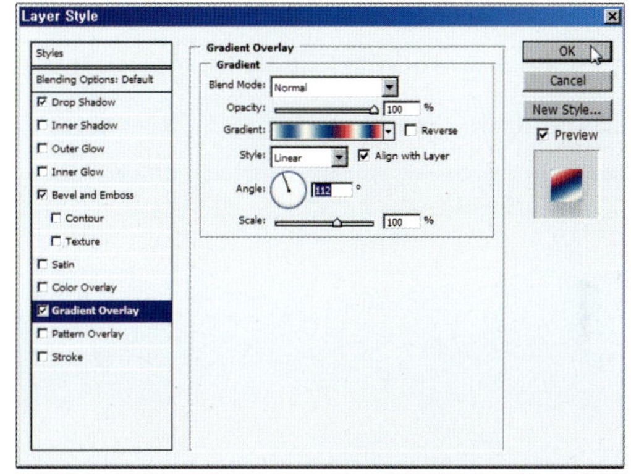

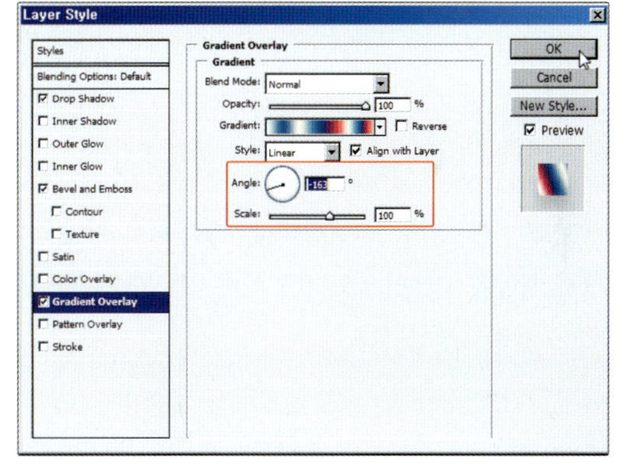

15 다양한 형태로 'Shape'를 배치하고 'Gradient' 방향을 '밝은' 레이어나 '어두운' 레이어의 측면에 보이는 색과 비슷한 방향으로 'Angle' 값을 지정합니다. 따라하기 어려우면 부록 CD에서 '셰이프합성.psd'를 참고하세요.

Step 04

마스크 작업 및 그림자 지정하기

Shape 타입을 글자와 어울리게 배치하고 그림자를 넣어 완성도를 높여보겠습니다.

01 글자를 덮어버리는 문양이 어색한 부분이 보입니다. 글자 외에 돌출되어 있는 문양이 있는 레이어를 선택하고 'Layers' 팔레트에서 'Add Layer Mask' 아이콘(◻)을 클릭해 'Reveal All' 상태로 만드세요.

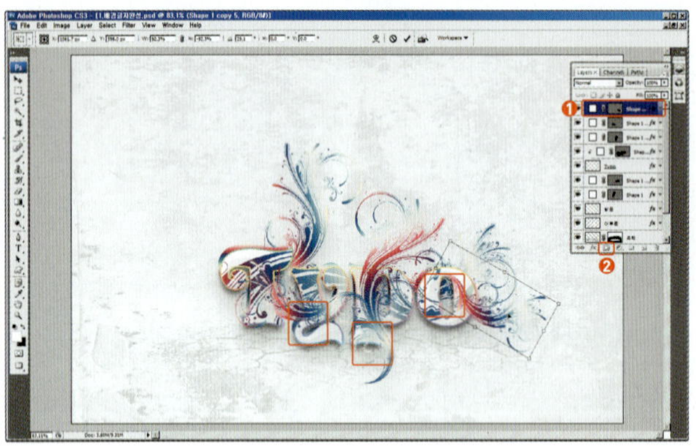

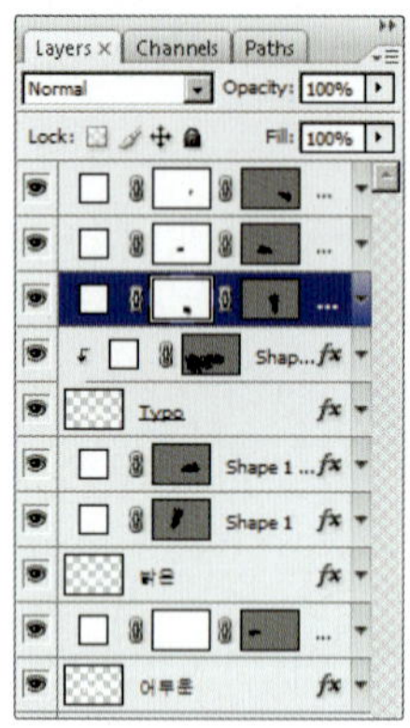

02 툴바에서 브러시 툴(✎)을 선택합니다. 그런 다음 전경색이 검은색인 도큐먼트 창에서 마우스 오른쪽 버튼을 클릭한 후 'Soft Round' 브러시 계열을 선택하세요. **03** 이미지를 확대해 글자와 문양이 겹치는 부분을 문질러서 글자의 외곽 부분에서 문양이 뻗어나오는 듯한 느낌을 표현합니다.

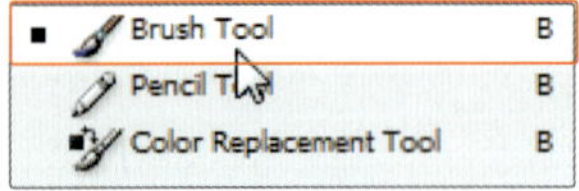

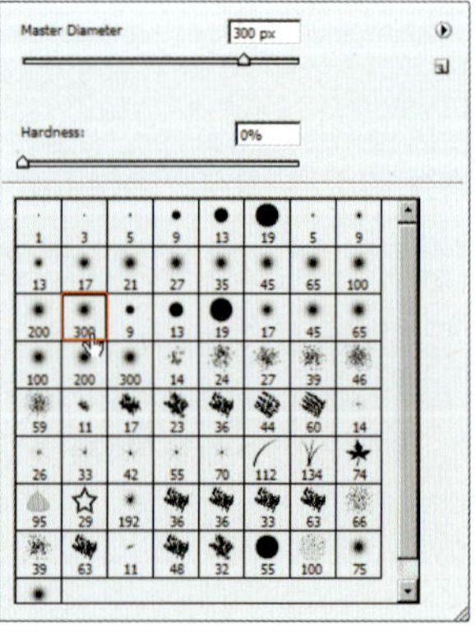

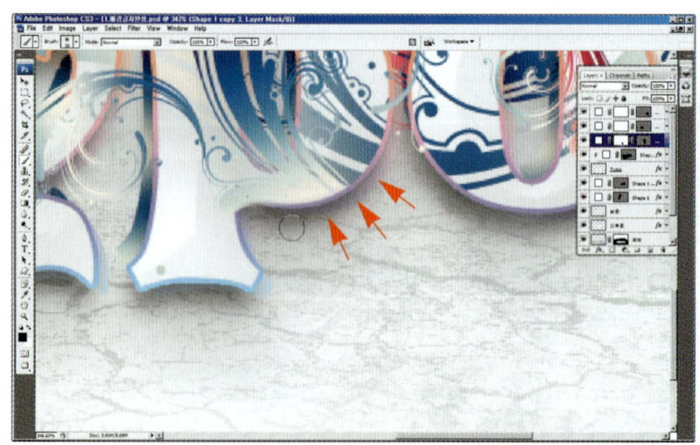

04 레이어가 많이 쌓여있어서 그룹으로 관리해야 하므로 `Shift`를 누른 상태에서 글자와 문양들을 선택하고 단축키 `Ctrl`+`G`를 눌러 그룹 레이어로 만듭니다. **05** 그룹 레이어 이름을 '글자'로 지정하세요.

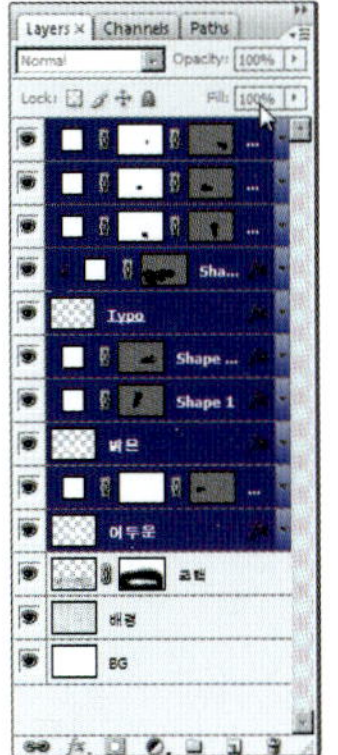
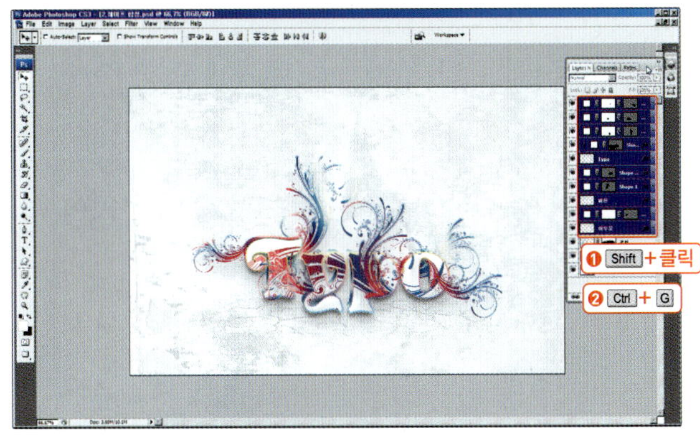

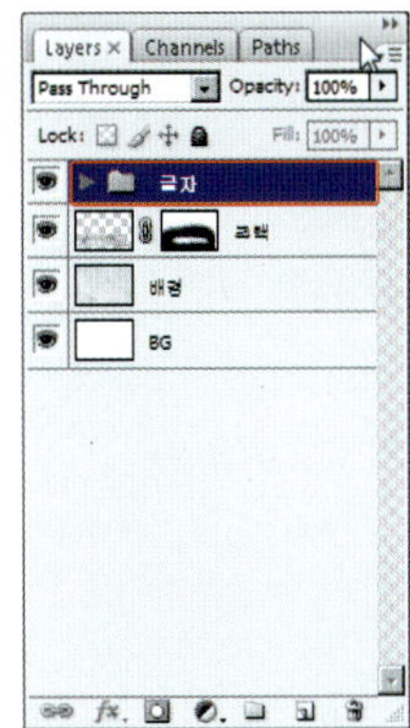

06 `Ctrl`을 누른 상태에서 'Typo' 레이어를 선택하여 선택 영역을 활성화합니다. **07** 단축키 `Shift`+`Ctrl`+`N`을 눌러 그림자를 생성하기 위한 신규 레이어 '그림자'를 만듭니다.

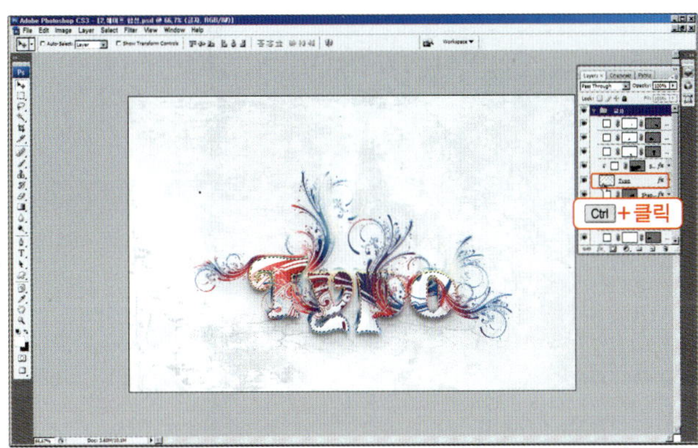

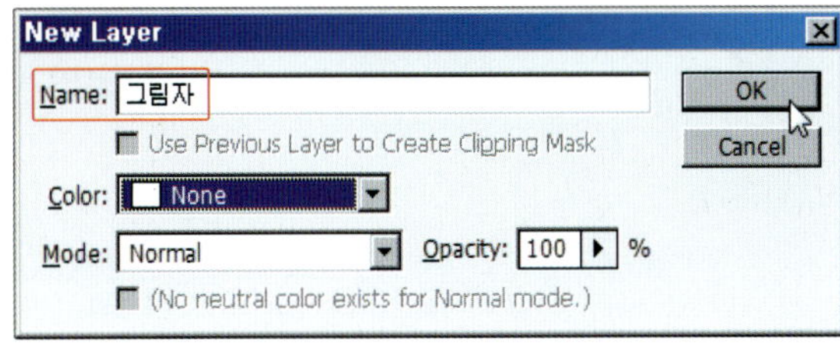

08 전경색을 검은색으로 선택하여 채우고 그룹 레이어와 '크랙' 레이어 사이에 위치시킵니다. **09** 단축키 `Ctrl`+`T`를 눌러 세로 크기를 다음의 그림과 같이 축소하여 그림자의 형태를 만듭니다.

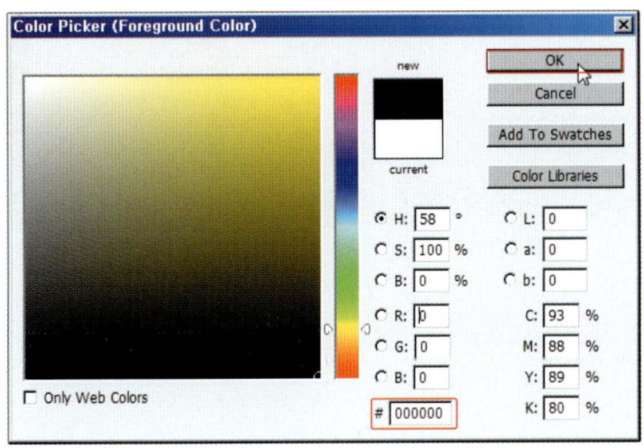

10 'Filter' → 'Blur' → 'Gaussian Blur' 메뉴를 선택합니다. **11** 'Gaussian Blur' 대화상자가 나타나면 'Radius'를 '36.4pixels'로 조절해 흐리게 만듭니다.

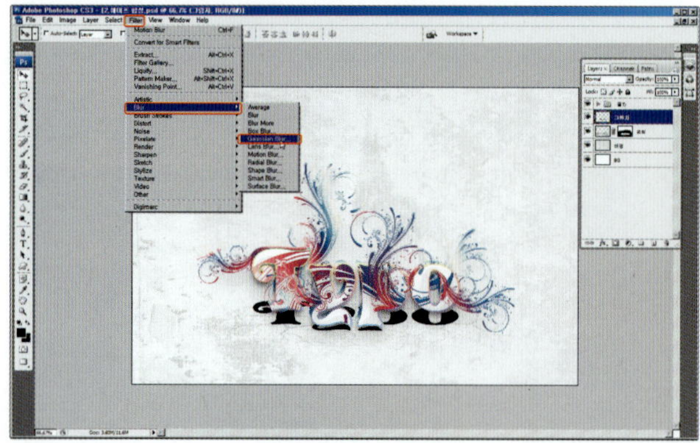
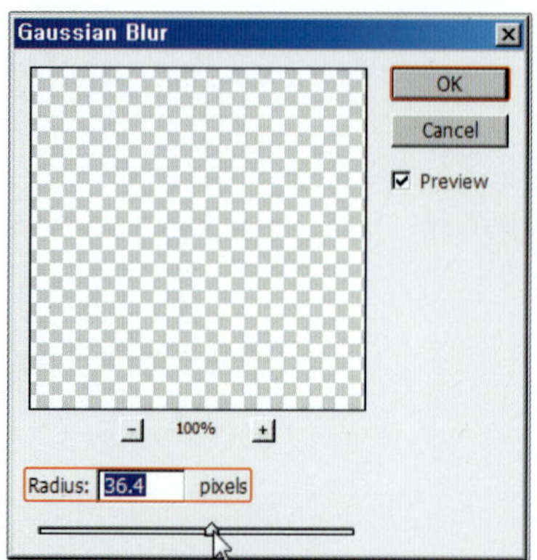

12 그림자의 크기나 위치를 적절하게 조절하고 'Opacity' 항목을 '60%'로 다운시킵니다.

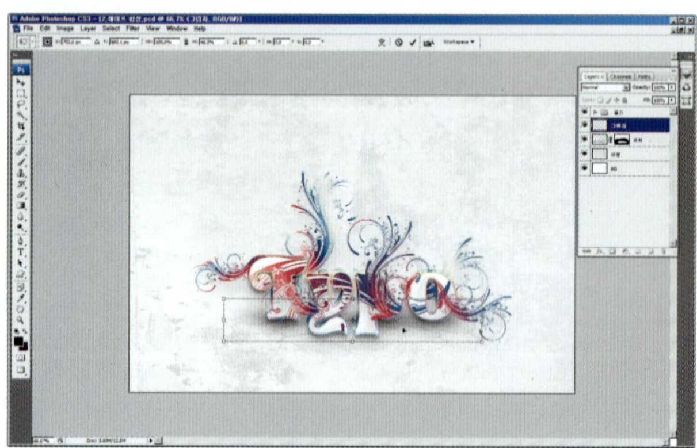

오브젝트를 추가해 이미지 완성하기

작업의 느낌과 어울리는 오브젝트를 추가해서 작업자가 원하는 느낌을 완성해 보겠습니다.

예제 파일 부록 CD\Theme05\Lesson01\잎.png

01 부록 CD에서 '잎.png' 파일을 불러오고 단축키 Ctrl + A, Ctrl + C, Ctrl + W를 차례대로 눌러 작업 창에 이미지를 복사한 후 작업 창을 닫습니다. 그런 다음 Ctrl + V를 눌러 붙여넣기하고 단축키 Ctrl + T를 눌러 크기를 조절하세요. **02** Alt 를 누른 상태에서 이동 툴(🖑)로 이미지를 드래그해서 복사합니다. 그런 다음 단축키 Ctrl + T를 눌러 크기 및 위치를 조절해 문양 끝에 잎이 맺혀 있는 형태를 만드세요.

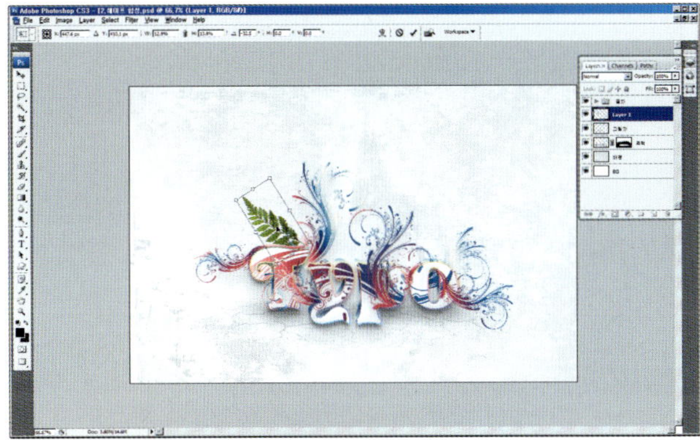
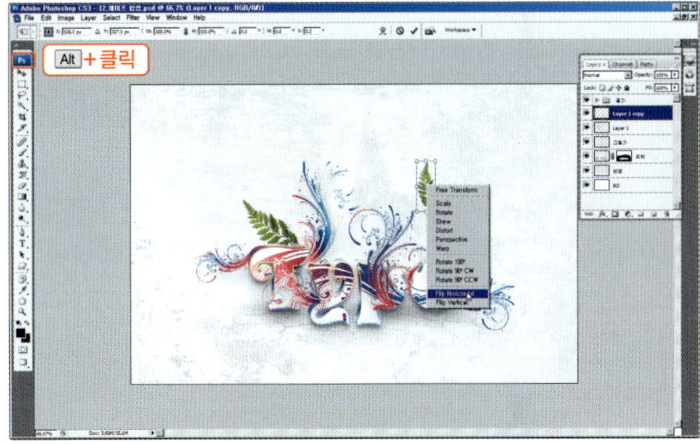

03 이미지의 전체적인 색감을 'Magenta' 컬러가 지배하므로 'Green' 톤을 사용해서 색의 대비를 높여 좀 더 화려한 색감을 얻을 수 있습니다. **04** 여러 가지 형태로 배치된 '잎' 모양의 레이어를 선택하고 단축키 Ctrl + G를 눌러 그룹 레이어 상태로 만듭니다.

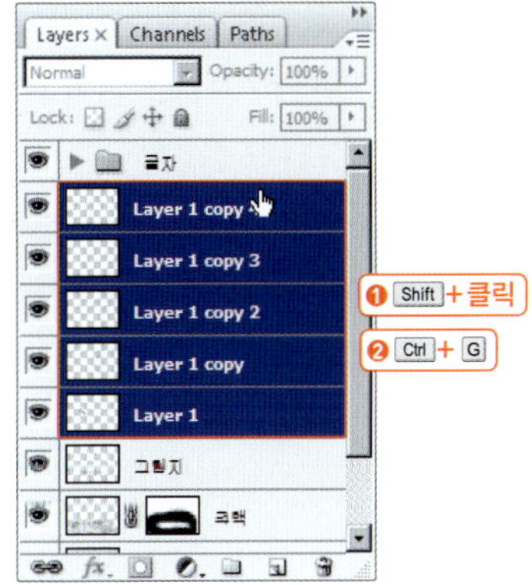

05 ‘Layers’ 팔레트에서 그룹 레이어의 이름을 ‘잎’ 으로 지정합니다. **06** ‘Layers’ 팔레트에서 맨 위 레이어를 선택하고 보정 레이어 아이콘(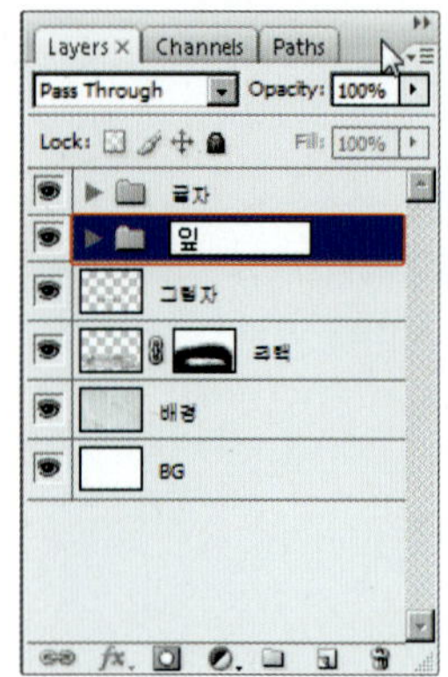)을 클릭한 후 ‘Hue/Saturation’ 을 선택합니다.

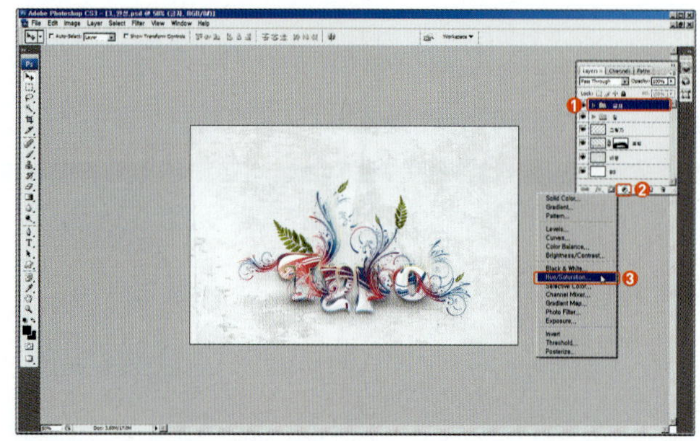

07 ‘Hue/Saturation’ 대화상자가 나타나면 ‘Saturation’ 을 ‘19’ 로 조절해 채도를 높여 색상을 화려하게 만듭니다. **08** 텍스트를 추가해 편집적인 요소를 추가했습니다.

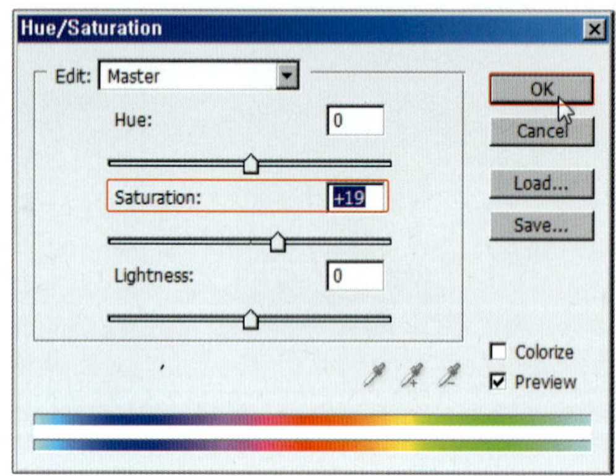

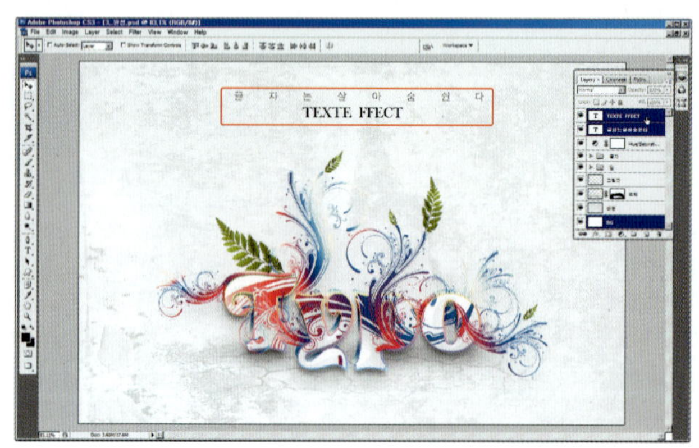

작업 자체에 레이어가 많아서 다소 어렵게 느껴질 수 있지만 단순 레이어를 반복 적용하는 것이므로 원리는 아주 간단합니다. 일반적인 디자인 작업에서 포토샵 활용은 기능을 많이 알아야만 가능한 게 아니라 어떻게 사용하느냐가 중요합니다. 이 작업에서는 크게 엠보스 효과와 그러데이션의 활용만 사용했습니다. 다양한 필터를 여러 번 사용해서 의도하지 않은 결과물을 만들려고 하지 말고 하나의 필터를 사용해도 어떻게 활용할 것인지에 대해 고민하면 의외로 쉽게 작업할 수 있습니다.

같은 작업 방식에 그러데이션 타입을 다르게 적용한 결과입니다. Fireworks, Water Splash 브러시를 사용하고 화려한 컬러를 신덕해시 봄의 화려힘욜 표현했습니다. 앞에서도 언급했지만 다양한 필터를 적용했을 때의 우연성의 효과보다 색과 이미지를 콘셉트에 맞게 구성하는 게 더 중요합니다.

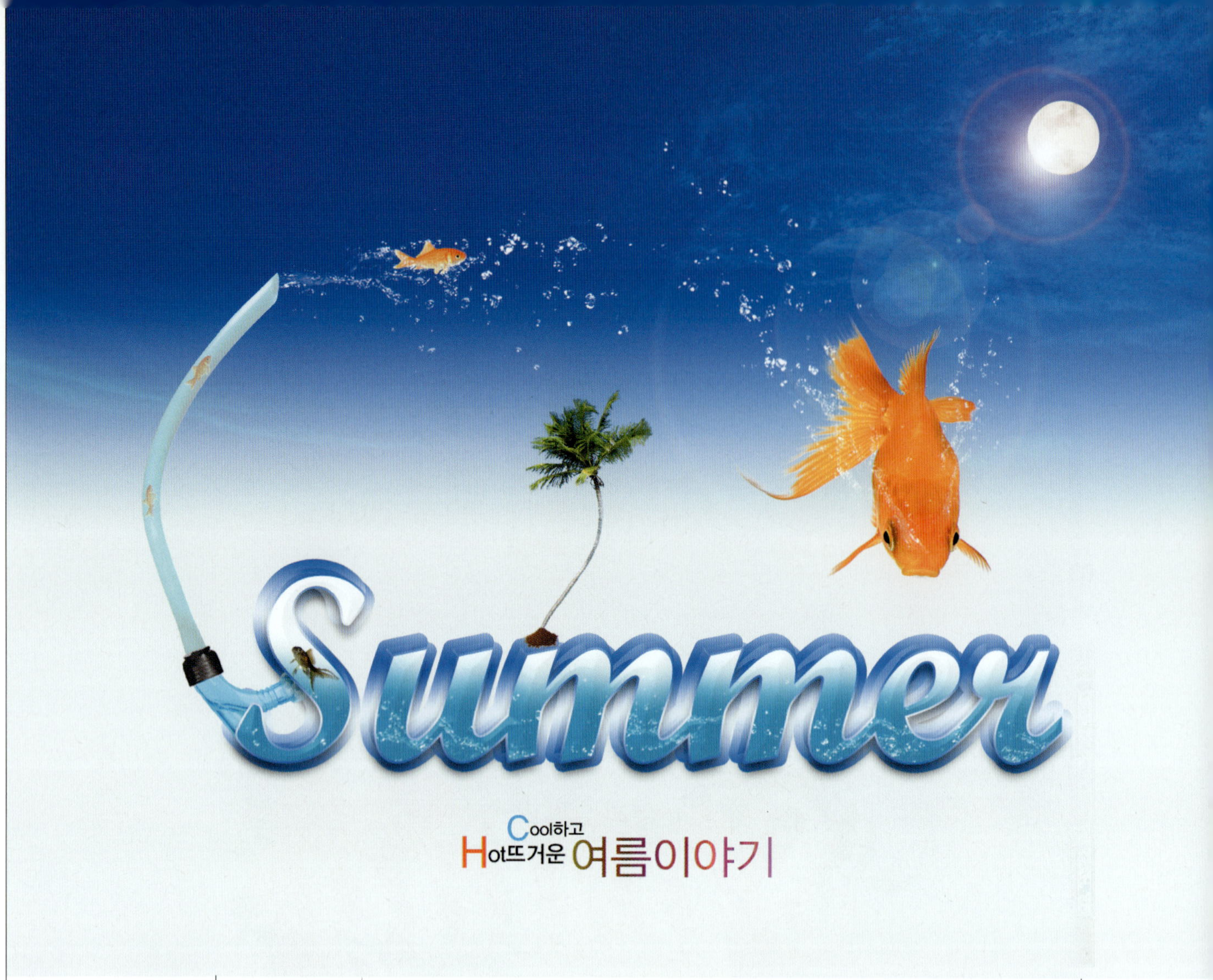

Summer

02

Summer

뜨거운 태양과 시원한 물놀이, 잠수호스 등을 이용해 여름의 특징을 간단하게 보여주고 블렌딩 모드를 활용해서 글자 속에 갇힌 금붕어를 표현해 보겠습니다.

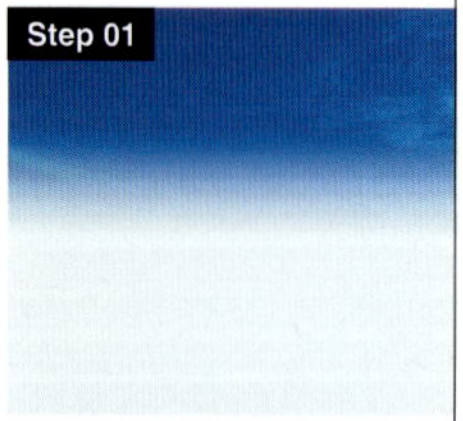

Step 03

그레이디언트 툴을 이용해 배경 만들기

캔버스 크기를 조정하고 하늘색을 변경해 배경을 완성해 보겠습니다.

예제 파일 부록 CD\Theme05\Lesson02\하늘.jpg   **결과 파일 부록** CD\Theme05\Lesson02\배경합성.psd

01 부록 CD에서 '하늘.jpg' 파일을 불러오고 레이어를 더블클릭합니다. **02** 'New Layer' 대화상자가 나타나면 '하늘'로 입력하고 레이어 상태로 만듭니다.

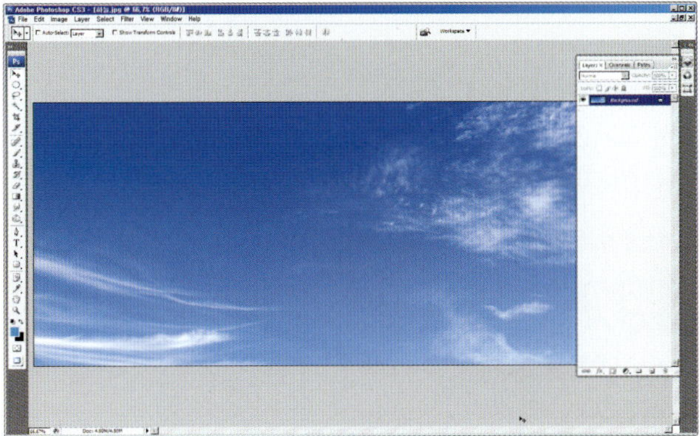

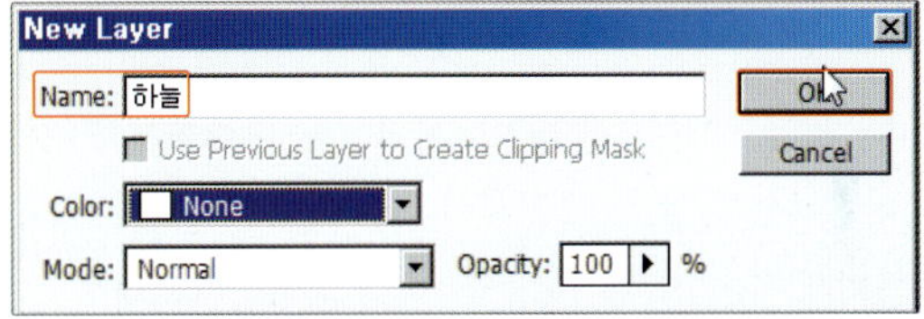

03 이미지의 아래쪽 규격을 늘리기 위해서 'Image' → 'Canvas Size' 메뉴(Alt + Ctrl + C)를 선택합니다. **04** 'Canvas Size' 대화상자가 나타나면 'Height'에 '17cm'를 입력하고 이미지의 위쪽에서 아래쪽으로 캔버스 크기를 늘립니다.

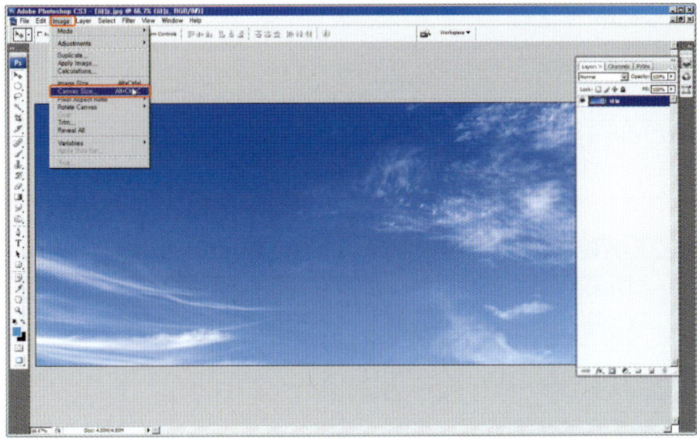

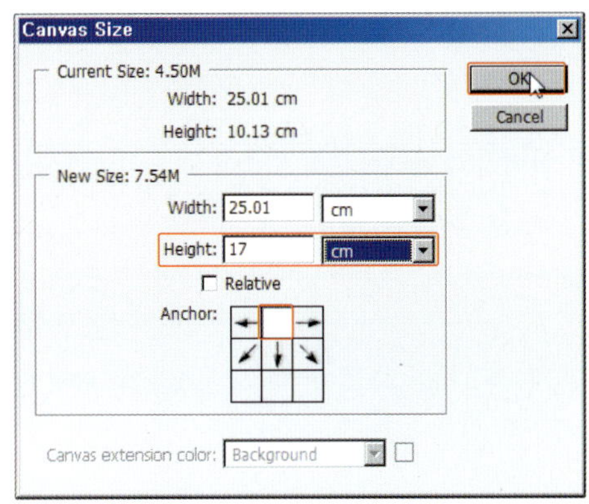

05 단축키 Shift + Ctrl + N 을 눌러 신규 레이어를 만들고 레이어 이름을 '그레이' 로 입력한 후 'OK' 버튼을 클릭합니다.

06 'Color Picker' 대화상자에서 전경색을 '#eeeeee' 로 지정하고 배경에 연한 그레이톤을 채웁니다. 흰색이 어울릴 수도 있지만, 연한 그레이톤으로 약간의 무게감을 주어 아랫부분을 안정적으로 표현하세요.

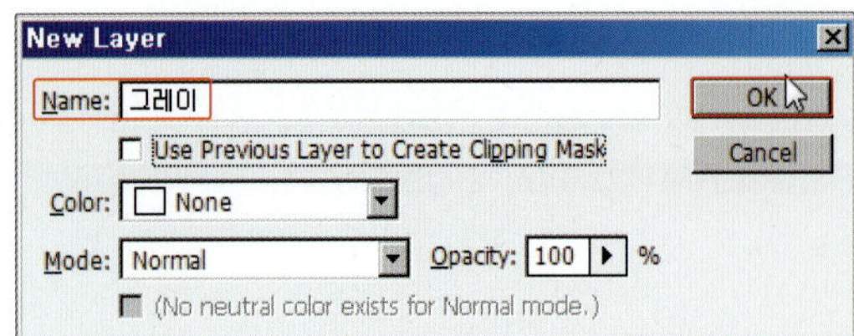
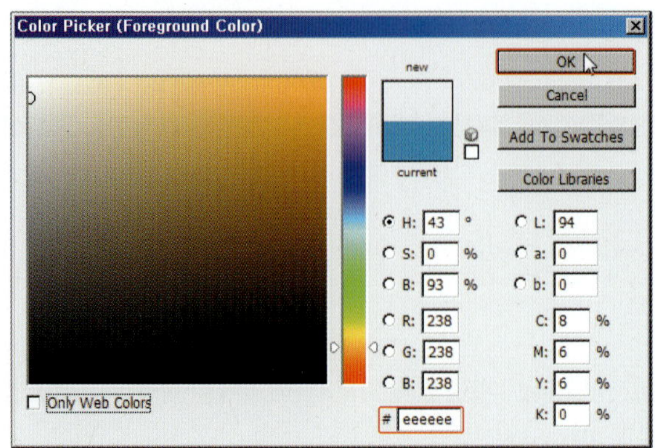

07 'Layers' 팔레트에서 '그레이' 레이어를 아래쪽으로 이동하고 '하늘' 레이어를 선택합니다. 그런 다음 팔레트에서 'Add Layer Mask' 아이콘(◎)을 클릭해서 마스크를 씌우세요. **08** 툴바에서 그레이디언트 툴(■)을 선택하고 옵션바에서 'Gradient Editor' 를 클릭해 'Gradient Editor' 대화상자를 나타낸 후 검은색에서 흰색으로 이어지는 그러데이션 타입을 선택합니다.

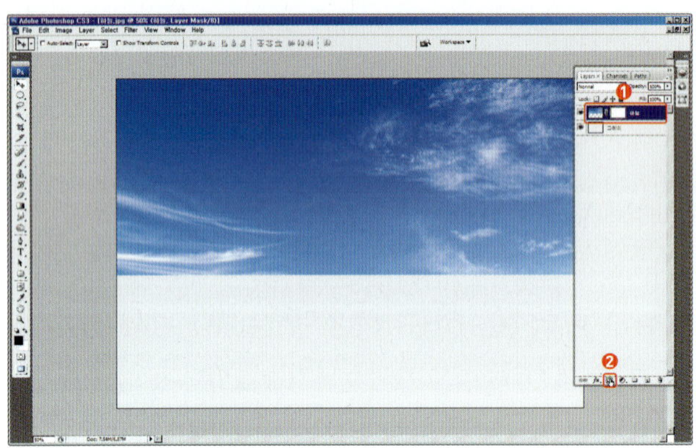
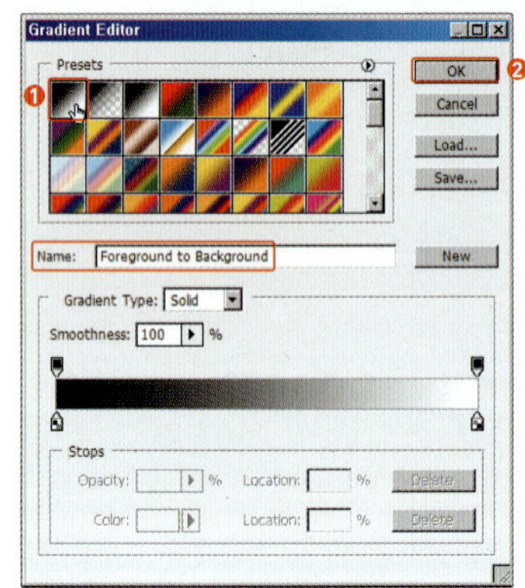

09 '하늘' 레이어 이미지의 아래쪽부터 위쪽으로 그러데이션을 적용합니다. **10** 하늘색 보정용으로 색을 채우기 위해 신규 레이어를 만들고 레이어 이름을 '하늘색 보정' 으로 입력합니다.

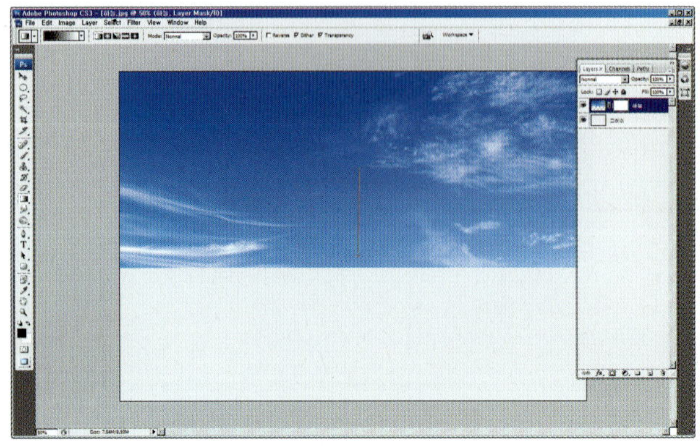
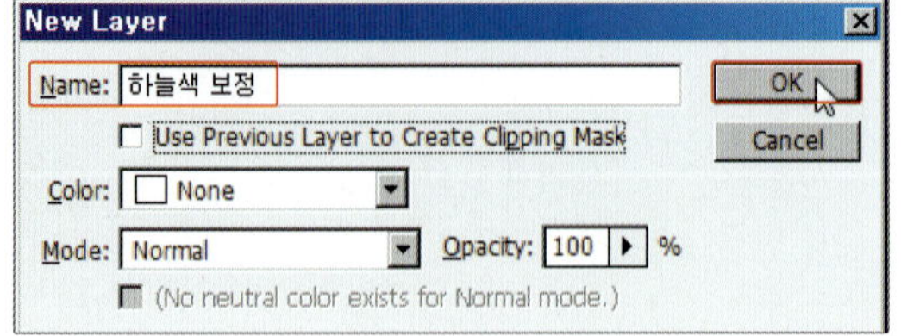

11 'Color Picker' 대화상자에서 '#008bbd'를 입력해 컬러를 선택하고 채웁니다. **12** 'Layers' 팔레트에서 Alt 를 누른 채 '하늘'과 '하늘색 보정' 레이어 사이를 클릭하여 'Create Cilpping Mask' 상태로 만듭니다.

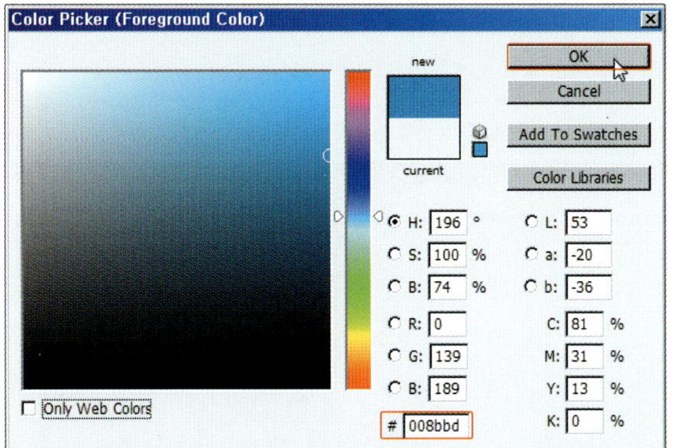

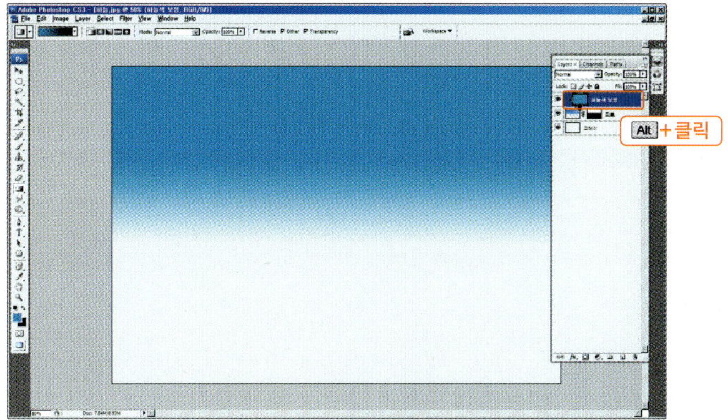

13 'Layers' 팔레트에서 블렌딩 모드를 'Multiply'로 조절해서 하위 레이어에 진한 색을 적용합니다.

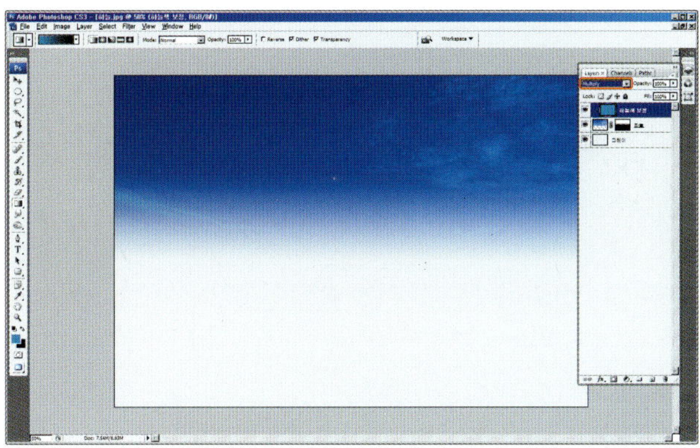

글자에 스타일 지정하기

미리 저장된 레이어 스타일을 불러와서 글자에 적용해 보겠습니다.

예제 파일 부록 CD\Theme05\Lesson02\Summer Styles.asl

01 툴바에서 타입 툴(T)을 선택하고 텍스트 'Summer'를 입력합니다. 이때 사용한 폰트는 'Script MT Bold' 체입니다.

02 'Summer'로 입력한 레이어를 단축키 Ctrl + J 를 두 번 눌러 복사해서 세 개의 레이어로 만듭니다.

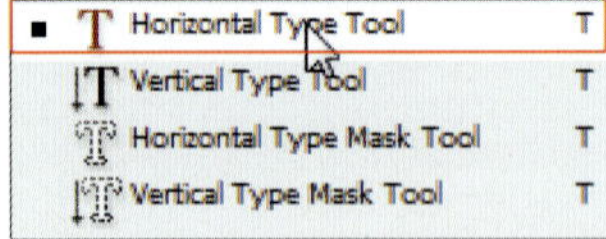

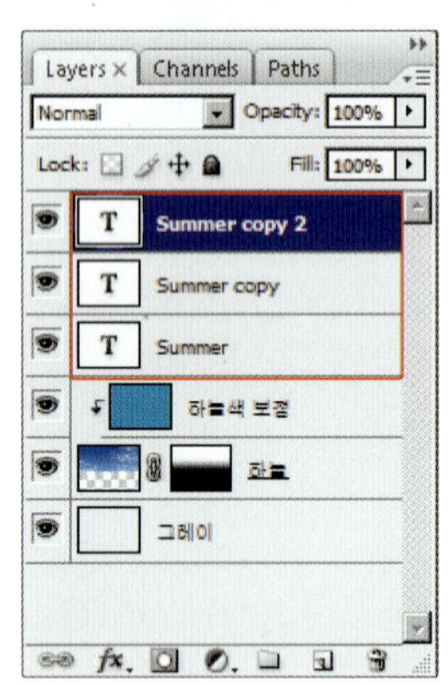

03 'Window' → 'Styles' 메뉴를 선택합니다. **04** 'Stryle' 팔레트가 나타나면 오른쪽에 있는 확장 아이콘(▶)을 클릭한 후 'Load Styles'를 선택합니다.

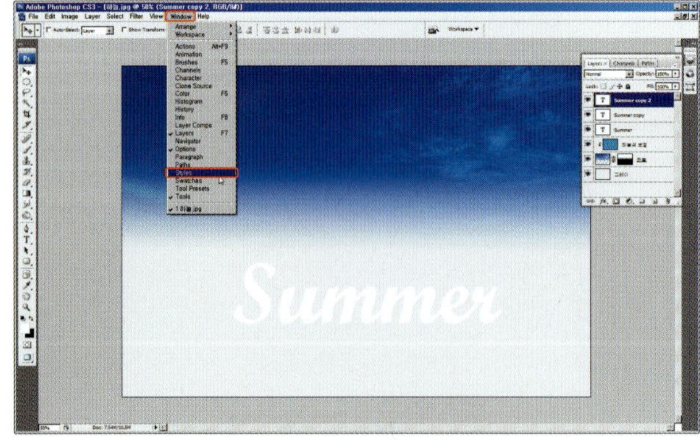

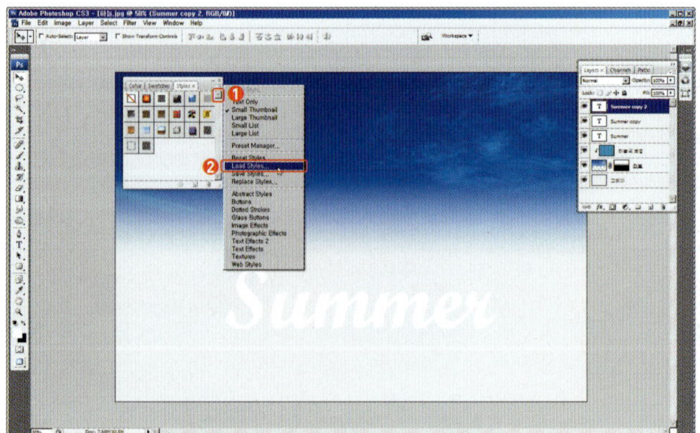

05 부록 CD에서 'Summer Styles.asl'을 선택하고 'Load' 버튼을 클릭합니다. **06** 'Stryles' 팔레트에서 저장된 스타일 아이콘 (▨)을 클릭해 'Layers' 팔레트에서 'Summer copy 2' 레이어에 적용합니다.

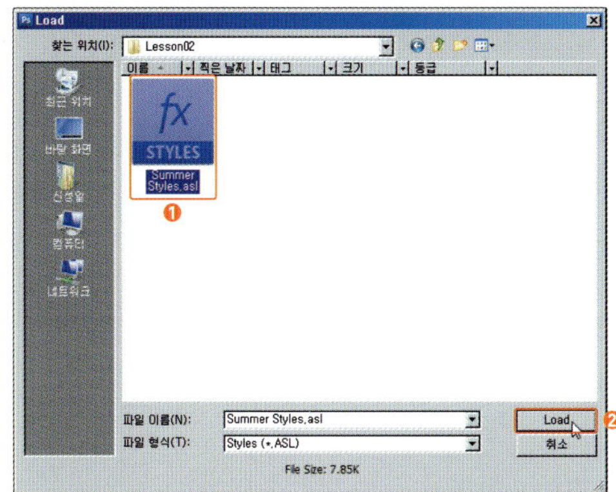
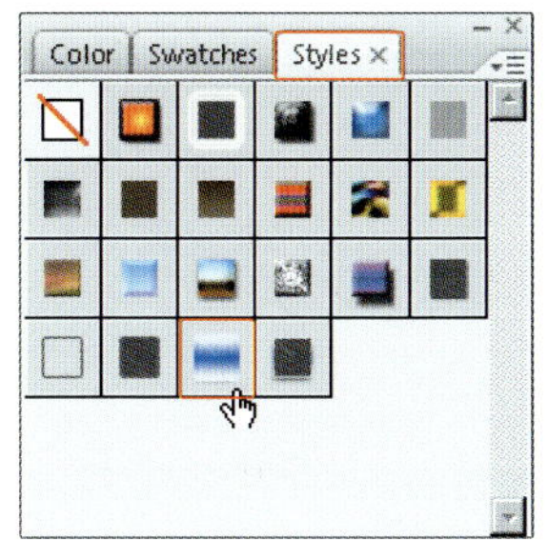
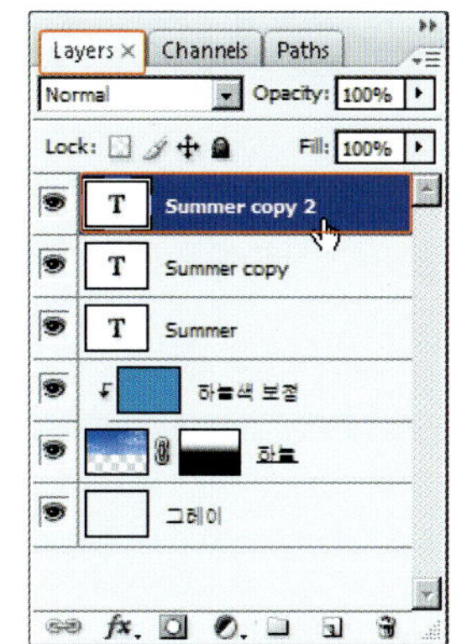

07 'Styles' 팔레트에서 저장된 스타일 아이콘(▨)을 클릭해 'Summer copy' 레이어에 적용합니다. **08** 이와 같은 방법으로 저장된 스타일 아이콘(▨)을 클릭해 'Summer' 레이어에 적용합니다.

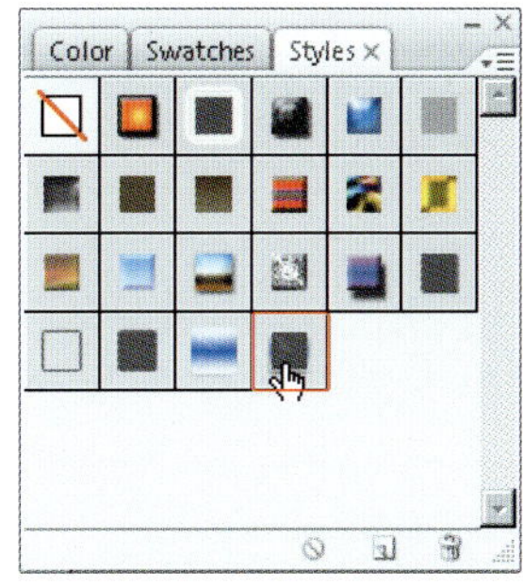
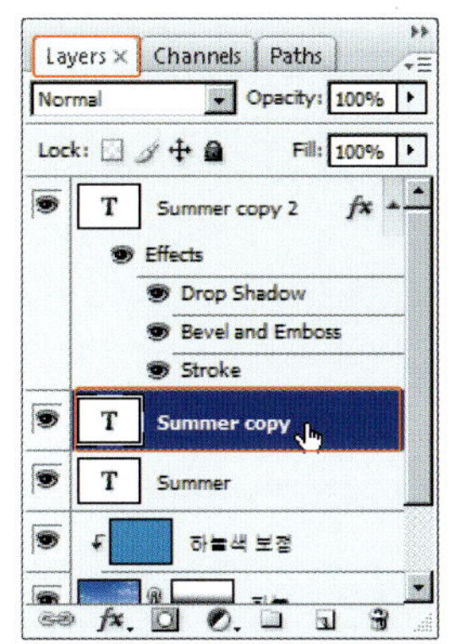
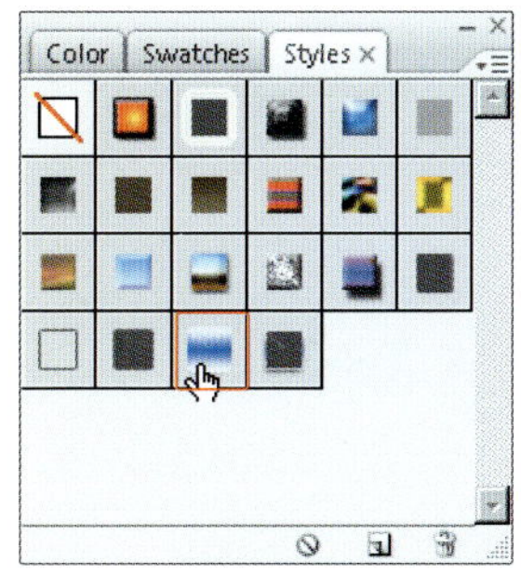
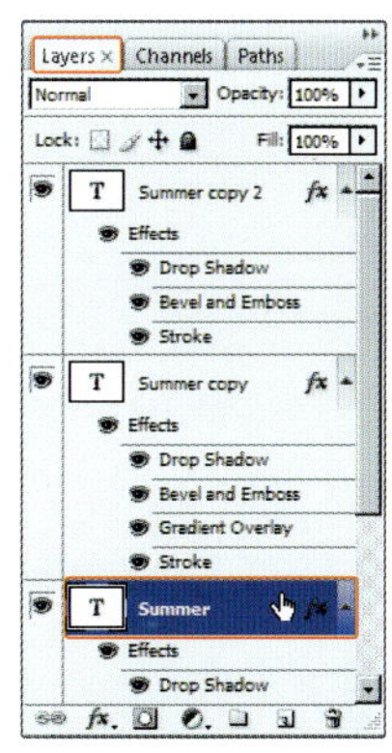

09 다음의 그림과 같은 형태의 'Layer Style'을 적용했습니다. **10** 이동 툴(▸⊕)로 'Summer copy 2' 레이어를 왼쪽 위로 조금씩 이동합니다. 그런 다음 'Summer copy' 레이어를 오른쪽 아래로 이동해서 입체감 있게 만드세요.

Step 03

'Create Clipping Mask'로
글자에 담긴 물 표현하기

'Create Cilpping Mask'는 합성 작업에서 매우 많이 사용하는 작업 중 하나입니다. 이 경우 정해진 이미지 범위를 벗어나지 않으므로 어떤 효과를 사용해도 항상 해당 범위 안에서만 적용됩니다.

예제 파일 부록 CD\Theme05\Lesson02\잠수.psd

01 단축키 Shift + Ctrl + N 을 눌러 물을 표현한 신규 레이어 '물'을 만들고 'Layers' 팔레트의 맨 위에 올려놓습니다.

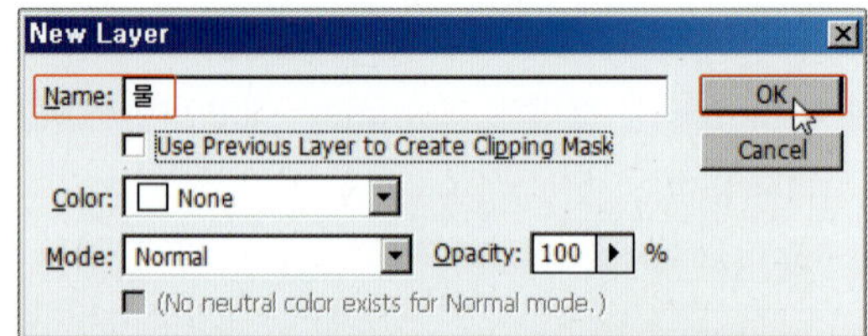

02 툴바에서 'Set Foreground Color'를 클릭합니다. 'Color Picker' 대화상자가 나타나면 '#008bbd'를 입력해서 비취색 느낌의 컬러를 선택하세요. **03** 툴바에서 라쏘 툴( )을 선택합니다.

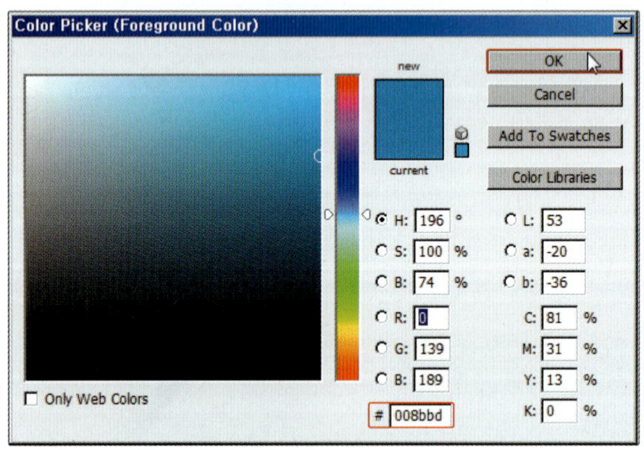

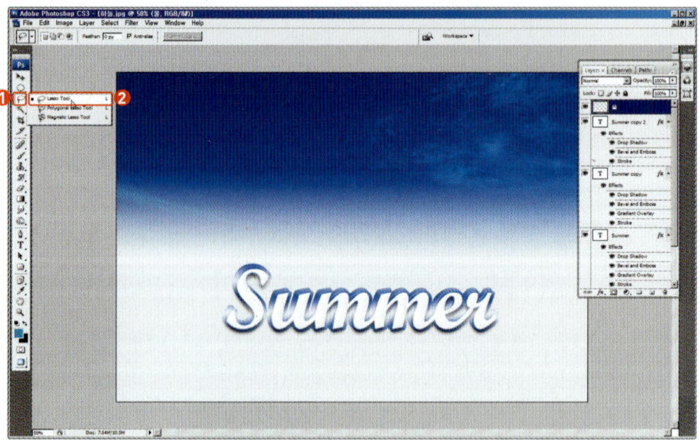

04 글자를 중심으로 중간 이하 부분을 불규칙적으로 선택합니다. 물론 글자보다 더 큰 형태로 만들면서 윗부분은 물결치는 느낌을 만드는 것처럼 선택해서 활성화하세요. **05** Alt + Delete 를 눌러 선택했던 전경색으로 채웁니다. 그런 다음 Alt 를 누른 상태에서 '물' 레이어와 'Summer copy 2' 레이어 사이를 클릭해서 'Create Cilpping Mask' 상태로 만듭니다.

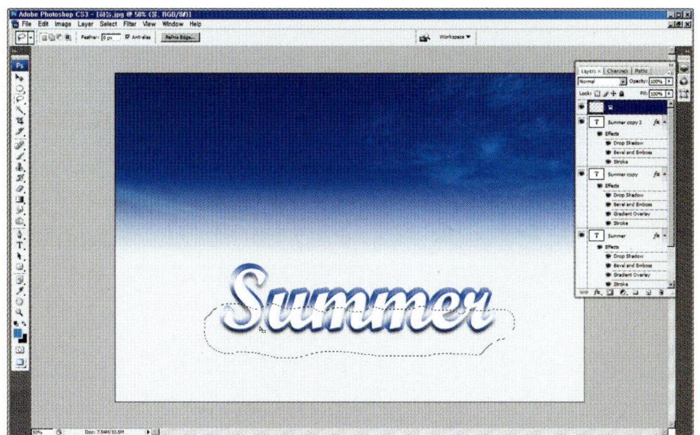
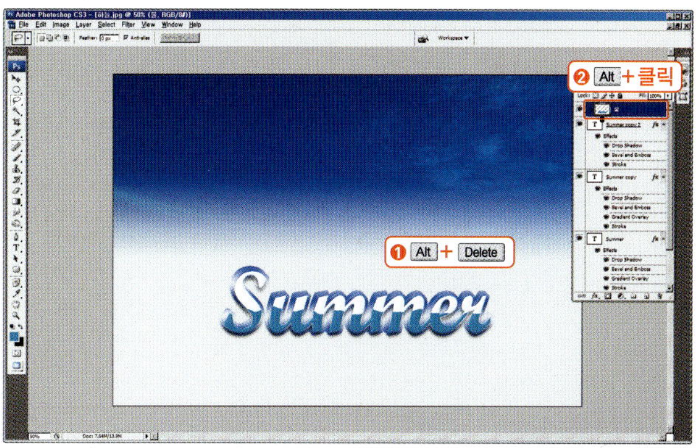

06 'Filter' → 'Blur' → 'Gaussian Blur' 메뉴를 선택합니다. **07** 'Gaussian Blur' 대화상자가 나타나면 'Radius'를 '19.5pixels'로 조절하여 컬러의 윗부분을 부드럽게 만듭니다.

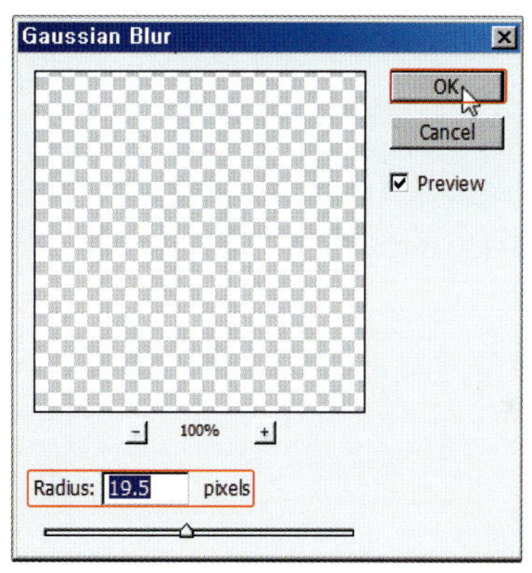

08 부록 CD에서 '잠수.psd' 파일을 불러옵니다. 그런 다음 단축키 Ctrl + A, Ctrl + C, Ctrl + W를 차례대로 눌러 작업 창에 이미지를 복사한 후 작업 창을 닫으세요. **09** 단축키 Ctrl + V를 눌러 붙여넣기하고 단축키 Ctrl + T를 눌러 크기를 조절한 후 왼쪽의 S자 끝부분에 배치합니다.

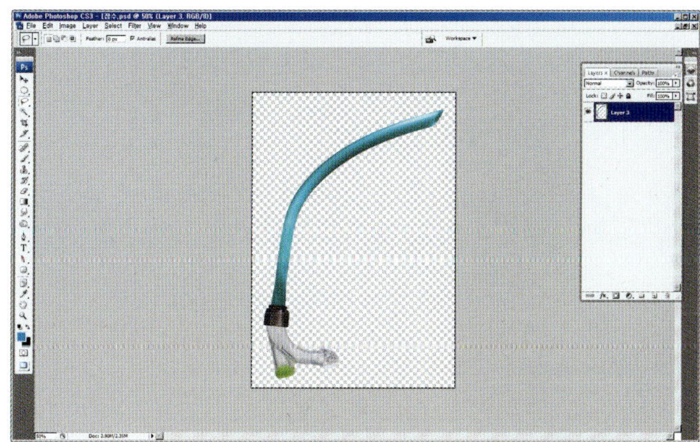
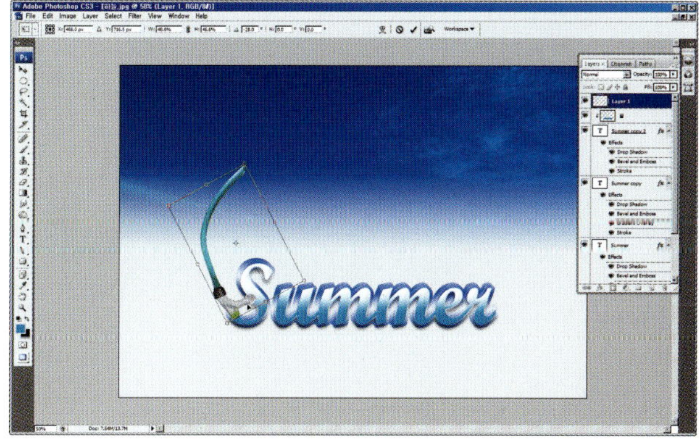

10 툴바에서 라쏘 툴(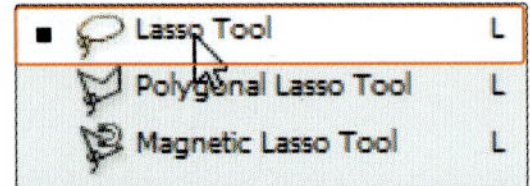)을 선택해 투명한 부분만 선택하고 단축키 `Ctrl` + `J`를 눌러 복사된 레이어를 만듭니다.

11 단축키 `Shift` + `Ctrl` + `N`을 눌러 신규 레이어를 만들고 레이어 이름을 '컬러'로 입력합니다. 이 레이어는 **09**에서 만든 투명 부분에 비춰 컬러를 지정해서 물을 채우기 위한 밑작업입니다. **12** 앞의 과정에서 선택했던 전경색 '#008bbd' 인지 확인하고 `Alt` + `Delete` 를 눌러 채웁니다. 그런 다음 `Alt` 를 누른 상태에서 '컬러' 레이어와 'Layer 1' 레이어 사이를 선택하여 'Create Cilpping Mask' 상태로 만드세요.

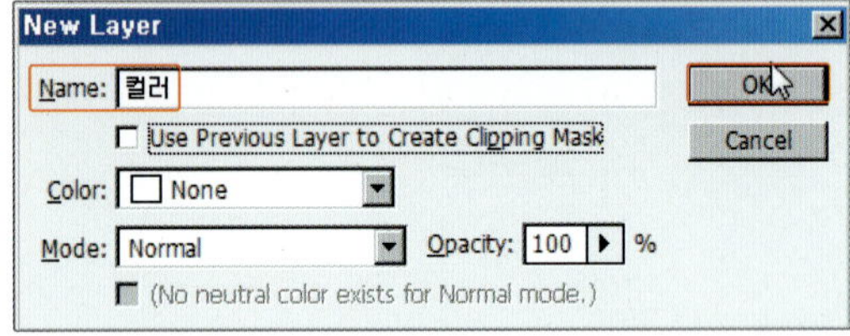

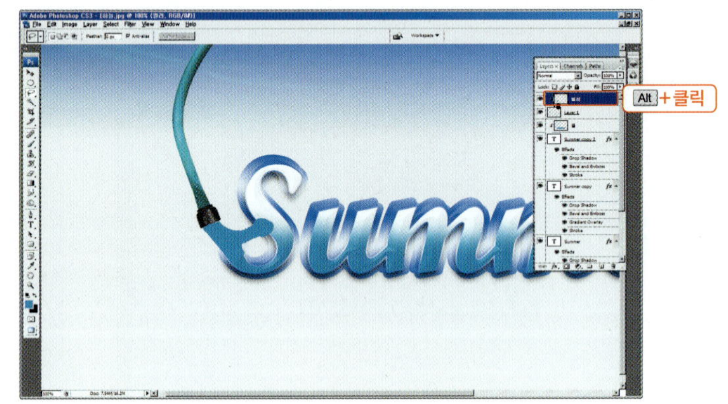

13 '컬러' 레이어의 블렌딩 모드를 'Overlay'로 변경해 하위 레이어에 색을 지정합니다. 그런 다음 'Layer 1' 레이어를 선택하고 'Image' → 'Adjustments' → 'Hue/Saturation' 메뉴(`Ctrl` + `U`)를 선택합니다. **14** 'Hue/Saturation' 대화상자가 나타나면 'Lightness'를 '+63'으로 입력하여 투명한 느낌을 표현하세요.

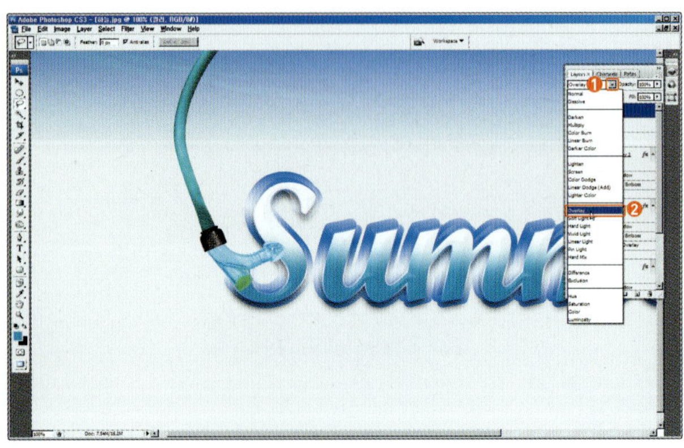

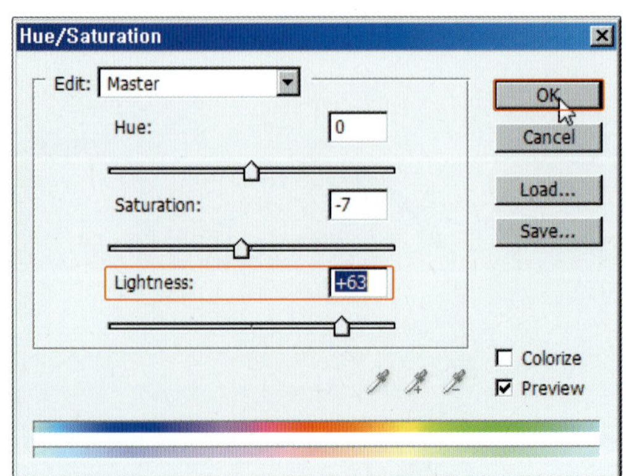

15 [Shift]를 누른 상태에서 '컬러' 레이어와 'Layer 1' 레이어를 선택하고 단축키 [Ctrl]+[G]를 눌러 그룹 레이어로 만든 후 그룹 레이어 이름을 '잠수'로 지정합니다. **16** 'Summer copy 2' 레이어의 아래쪽에 올려놓고 글자가 잠수 호스를 통해 숨 쉬는 듯한 느낌을 표현하세요.

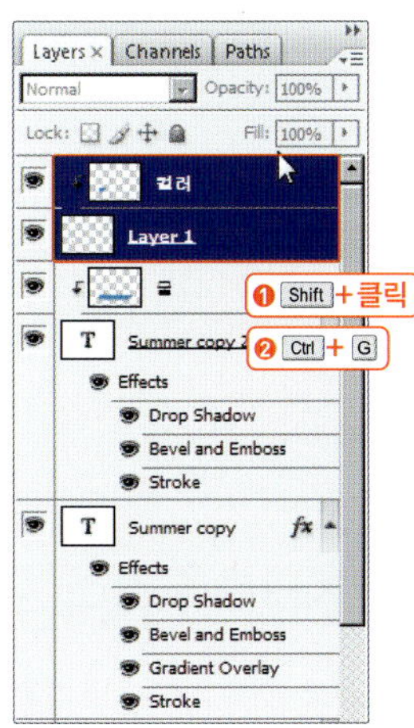
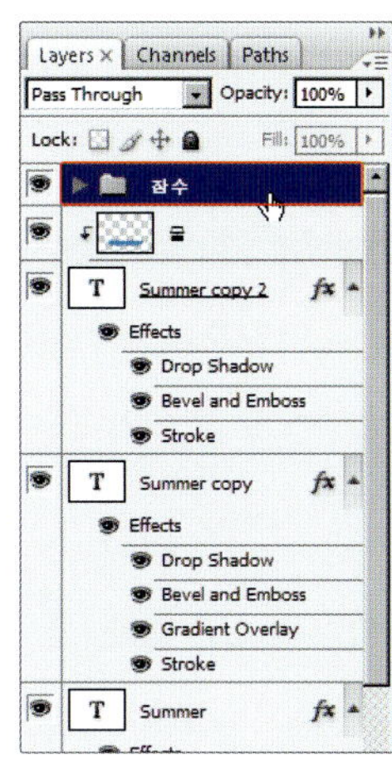
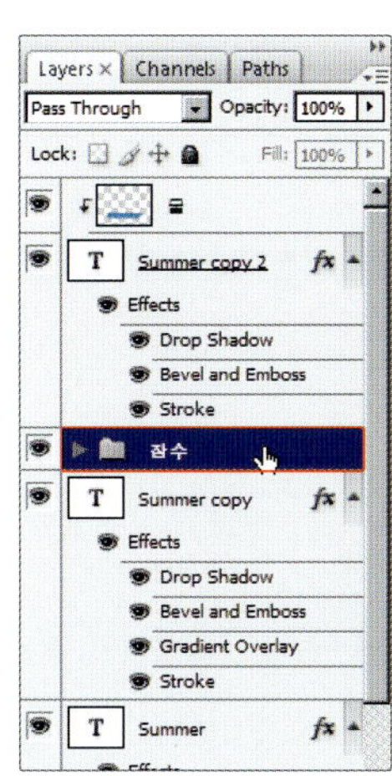

마술봉 툴과 'Refine Edge'로 마스킹하기

포토샵 CS3 버전 이후 추가된 'Refine Edge' 기능을 이용해 이미지를 좀 더 깔끔하고 부드럽게 마스킹해 보겠습니다.

예제 파일 부록 CD\Theme05\Lesson02\탈출.jpg, 붕어-1.png

01 부록 CD에서 '탈출.jpg' 파일을 불러오고 툴바에서 마술봉 툴(🔧)을 선택합니다. **02** Shift 를 누른 상태에서 흰색 부분을 선택하고 단축키 Shift + Ctrl + I 를 눌러 선택 영역을 반전시킵니다.

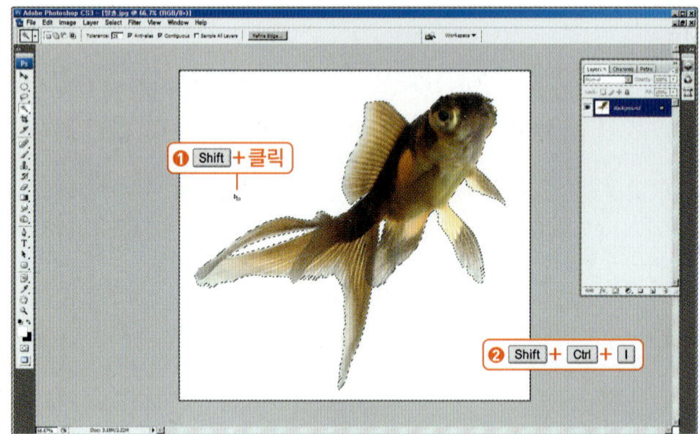

03 단축키 Alt + Ctrl + R 을 누릅니다. 'Refine Edge' 대화상자가 나타나면 다음의 그림과 같이 입력해서 선택 영역 테두리 부분을 축소 및 부드럽게 만드세요. **04** 단축키 Ctrl + A , Ctrl + C , Ctrl + W , Ctrl + V 를 차례대로 눌러 작업 창에 이미지를 붙여놓고 단축키 Ctrl + T 를 눌러 다음의 그림과 같이 크기 및 위치를 조절합니다. 그런 다음 이미지를 축소하고 'Flip Horizontal'을 이용해 좌우 반전시키세요.

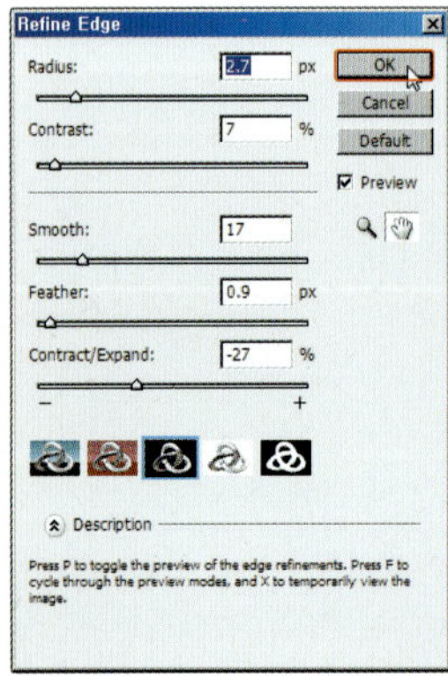

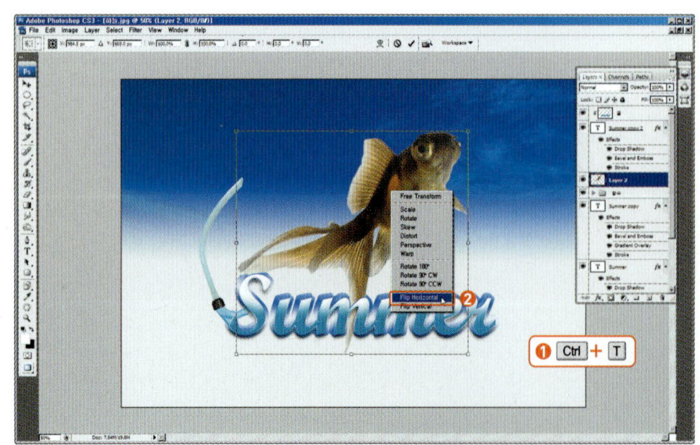

05 글자 'S' 안에 물고기가 갇혀있는 듯한 느낌을 만들기 위해 글자보다 작게 축소합니다. **06** 하위 레이어의 색과 섞기 위해 'Layers' 팔레트에서 블렌딩 모드를 'Multiply'로 변경해서 물 속에 잠긴 것처럼 표현했습니다.

07 부록 CD에서 '붕어-1.png' 파일을 불러오고 단축키 Ctrl + A, Ctrl + C, Ctrl + W, Ctrl + V를 차례대로 눌러 작업 창에 이미지를 붙여놓습니다. 그런 다음 단축키 Ctrl + T를 눌러 다음의 그림과 같이 크기 및 위치를 조절하세요. **08** 잠수 호스를 따라 올라가는 듯한 느낌을 만들기 위해 Alt +이동 툴(   )로 드래그그해 복사 및 이동해서 호스관보다 작게 조절합니다. 그런 다음 다음 의 그림과 같이 이미지를 두세 개 더 배치하세요.

 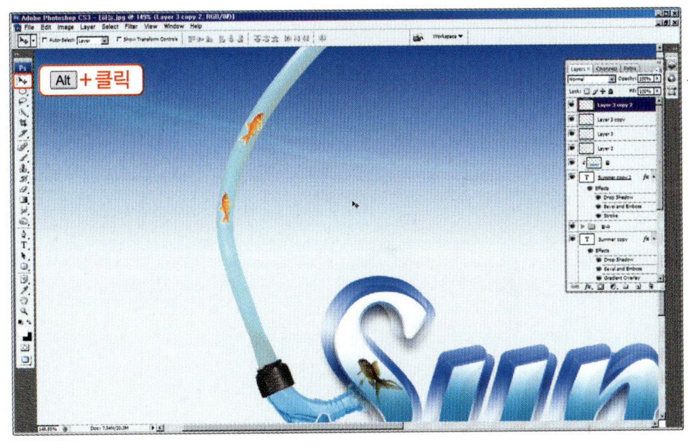

09 'Layers' 팔레트에서 Shift 를 누른 상태에서 금붕어 이미지가 있는 'Layer 3' 레이어부터 'Layer copy 2' 레이어를 선택 하고 단축키 Ctrl + G를 눌러 그룹 레이어 상태로 만듭니다. **10** 그룹 레이어 이름을 '금붕어'로 지정하세요.

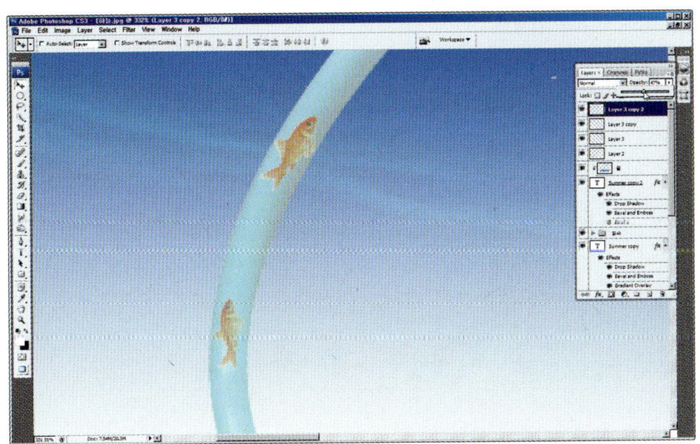 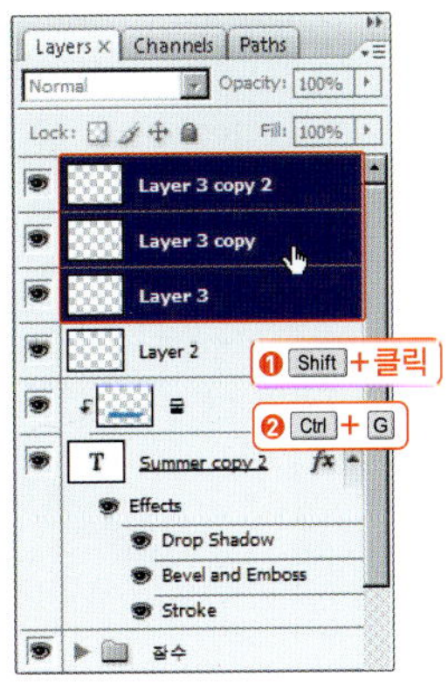 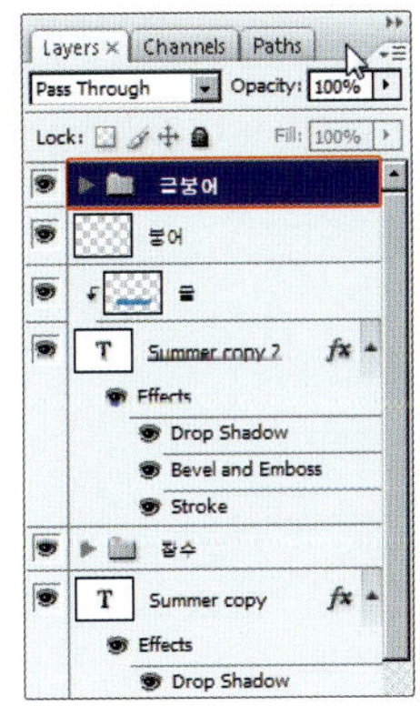

채널과 브러시 툴로 이미지 마스킹하기

이미지를 마스킹하는 방법 중 채널을 가장 많이 활용합니다. 하지만 완벽하게 한 번만의 작업으로 마스킹은
어려우므로 브러시 툴과 같이 응용하는 방법을 살펴보겠습니다.

예제 파일 부록 CD\Theme05\Lesson02\붕어.jpg

01 부록 CD에서 '붕어.jpg' 파일을 불러옵니다. 배경색과 쉽게 구분되지만 꼬리 지느러미를 쉽게 마스킹하기는 어려울 것 같습
니다. **02** 'Channels' 팔레트에서 명암차가 가장 큰 채널을 찾고 'Blue' 채널을 'Create New Channel' 아이콘(■)으로 드래
그해 복사하세요.

03 단축키 Ctrl+M을 눌러 'Curves' 대화상자를 실행하고 좌우 끝점을 안쪽으로 당겨 콘트라스트차를 높입니다. 이때 이미지
를 보면서 꼬리 지느러미 부분의 하이라이트가 날아가지 않게 하세요. **04** 툴바에서 브러시 툴(✎)을 선택하고 옵션바에서
'Mode'를 'Overlay'로 조절합니다. 'Overlay' 모드는 '50%' 그레이톤을 기준으로 밝은 부분은 더 밝게, 어두운 부분은 더 어
둡게 표현하세요.

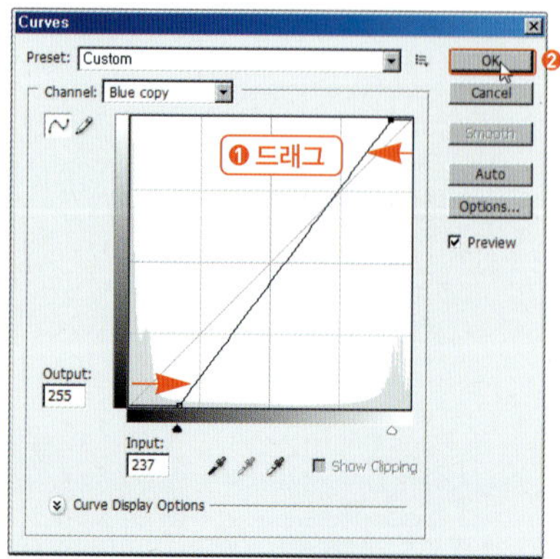
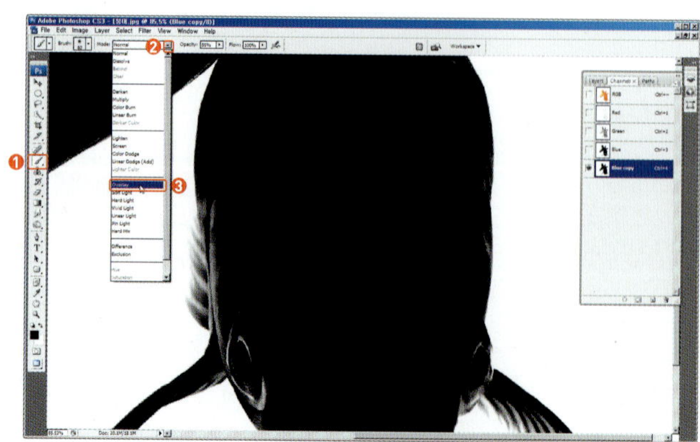

05 브러시는 'Soft Round 90pixels', 전경색은 검은색으로 지정하고 금붕어 모양의 형태 안으로 흰색이 남겨진 부분을 칠합니다. 만약 흰색 부분에 브러시를 잘못 칠해도 검은색으로 채워지지 않으므로 'Overlay' 모드를 사용하세요. **06** 꼬리 지느러미 부분도 검은색으로 칠합니다. 지느러미 부분은 색이 연하므로 옵션바에서 'Opacity'를 '40~50%'로 조절하여 칠하세요.

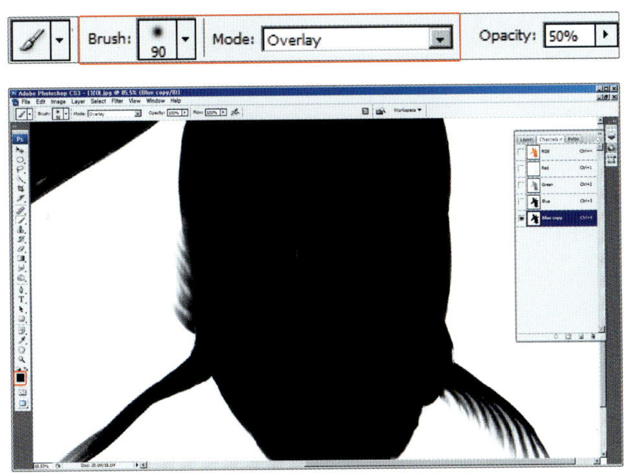

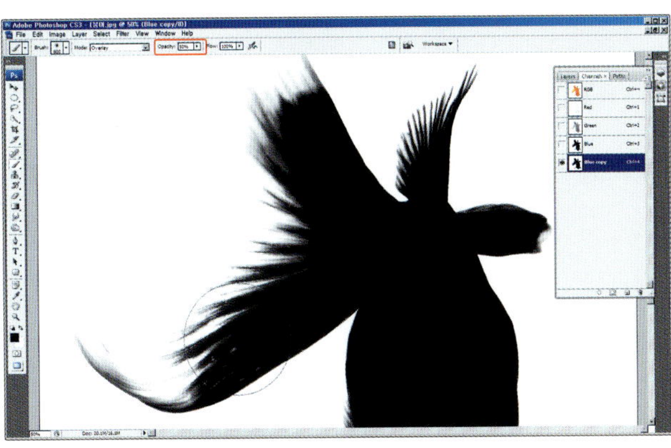

07 'Channels' 팔레트에서 'Load Channel as Selection' 아이콘(◎)을 클릭해서 하이라이트 영역을 선택합니다. 그런 다음 단축키 `Shift`+`Ctrl`+`I`를 눌러 선택 영역을 반전시키세요. **08** 'Layers' 팔레트에서 단축키 `Ctrl`+`J`를 눌러 활성화된 선택 영역만큼 이미지를 복사합니다.

09 아래쪽에 검은색을 채우면 마스킹된 이미지 상태를 알 수 있습니다. 그런 다음 단축키 `Ctrl`+`A`, `Ctrl`+`C`, `Ctrl`+`V`를 차례대로 눌러 현재 작업 창에 이미지를 붙여넣기하세요. **10** 단축키 `Ctrl`+`T`를 눌러 오른쪽의 그림과 같이 크기와 위치를 조절합니다. 잠수안경 속에서 튀어나온 금붕어가 정면을 향해 튀어나오는 장면을 연출하기 위해 지금과 같이 배치하세요.

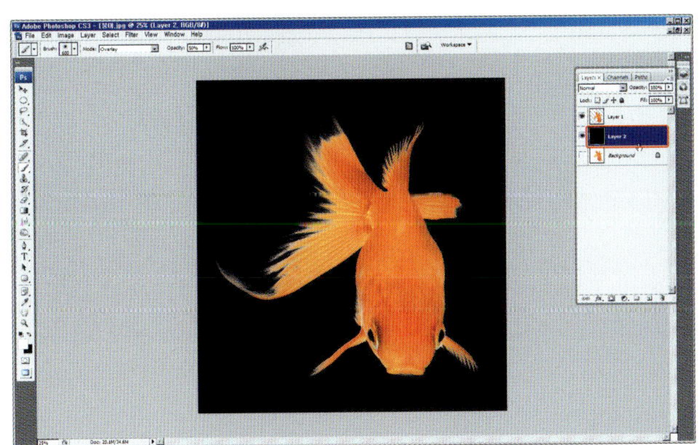

채널과 마술봉 툴로 이미지 마스킹하기

합성 작업을 하다 보면 다양한 형태의 이미지를 다루는데, 그만큼 마스킹 작업할 때 응용하는 범위가 넓습니다. 이번에는 채널과 마술봉 툴을 이용해 이미지를 쉽게 마스킹하는 방법을 알아보겠습니다.

예제 파일 부록 CD\Theme05\Lesson02\야자수.jpg

01 부록 CD에서 '야자수.jpg' 파일을 불러오고 'Channels' 팔레트에서 'Blue' 채널을 'Create New Channel' 아이콘(□)으로 드래그해 복사합니다. 그런 다음 단축키 Ctrl + M 을 누르세요. **02** 'Curvers' 대화상자가 나타나면 다음의 그림과 같이 커브 곡선을 이동하고 'OK' 버튼을 클릭하세요.

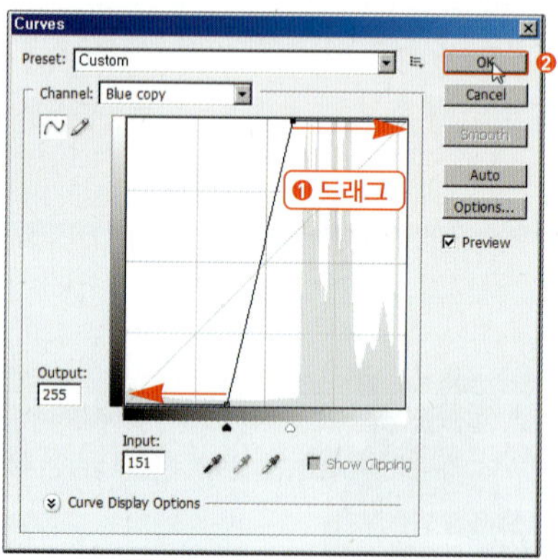

03 'Channels' 팔레트에서 'Load Channel as Selection' 아이콘(○)을 클릭해 하이라이트 영역만 선택합니다. **04** 'Select' → 'Inverse' 메뉴(Shift + Ctrl + I)를 선택해 선택 영역을 반전시킵니다.

05 ‘Layers’ 팔레트를 클릭하고 단축키 [Ctrl]+[J]를 눌러 선택 영역만큼 이미지를 복제합니다. 이미지를 확대하면 줄기 부분이 제대로 선택되지 않은 것을 알 수 있습니다. **06** ‘Layer 1’ 레이어의 눈 아이콘(◉)을 잠시 가리고 나무줄기 부분을 선택하기 위해 툴바에서 마술봉 툴(✦)을 선택합니다. 그런 다음 줄기를 제외한 나머지 영역을 클릭해 선택 영역으로 활성화하세요.

07 ‘Select’ → ‘Inverse’ 메뉴([Shift]+[Ctrl]+[I])를 선택해 선택 영역을 반전시킵니다. 그런 다음 단축키 [Ctrl]+[J]를 눌러 선택 부분만큼만 이미지를 복제하세요. **08** 툴바에서 라쏘 툴(◯)을 선택하고 나무줄기 부분을 제외한 나머지 부분을 선택한 후 [Delete]를 눌러 지웁니다.

09 ‘Layer 1’ 레이어의 눈 아이콘(◉)을 클릭합니다. 그런 다음 [Ctrl]을 누른 상태에서 ‘Layer 1’ 레이어와 ‘Layer 2’ 레이어를 선택하고 단축키 [Ctrl]+[E]를 눌러 합치세요. **10** 단축키 [Ctrl]+[A], [Ctrl]+[C], [Ctrl]+[W]를 차례대로 눌러 작업 창에 이미지를 복사한 후 작업 창을 닫습니다.

11 단축키 `Ctrl` + `V` 를 눌러 붙여넣기하고 단축키 `Ctrl` + `T` 를 눌러 크기와 방향을 전체적인 구도와 맞게 조절합니다. 이때 첫 번째 'm' 의 왼쪽 꺾어지는 획 부분에 배치하세요. **12** 나무의 밑부분을 보면 미처 지우지 못한 픽셀들이 남아있으므로 툴바에서 지우개 툴()을 선택합니다.

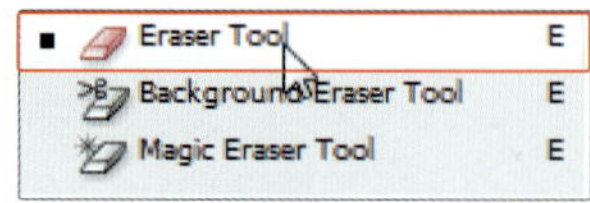

13 이미지를 확대한 후 지우개 툴()을 활용해서 필요 없는 부분을 지웁니다. **14** 'Layers' 팔레트에서 'Add Layer Mask' 아이콘()을 클릭해 마스크를 씌웁니다. 그런 다음 툴바에서 브러시 툴()을 선택하고 앞의 채널 마스킹 과정에서 지정한 옵션바의 브러시 'Mode' 를 'Noraml' 로 변경합니다.

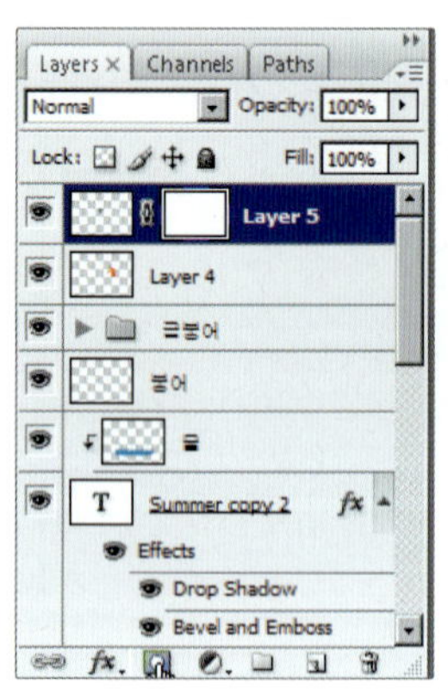

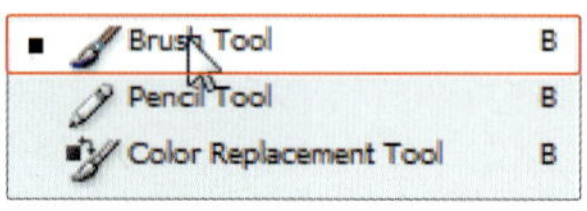

15 나무줄기의 아래쪽과 글자가 겹치는 부분을 검은색으로 지정하고 문질러서 가립니다.

이미지를 추가해 섬세하게 표현하기

느낌을 표현할 때 모든 업무가 실무와 연관이 있기 때문에 사소한 이미지라도 쉽게 넘어가지 않는 게 좋습니다. 주제와 관련된 이미지 소스를 추가하여 작업의 완성도를 높일 수 있습니다.

예제 파일 부록 CD\Theme05\Lesson02\흙.jpg, water.psd

01 부록 CD에서 '흙.jpg' 파일을 불러오고 'Channels' 팔레트에서 'Blue' 채널을 'Create New Channel' 아이콘으로 드래그해 복사한 후 단축키 Ctrl + M 을 누릅니다. **02** 'Curves' 대화상자가 나타나면 커브 곡선을 좌우로 이동해 대비를 높입니다.

 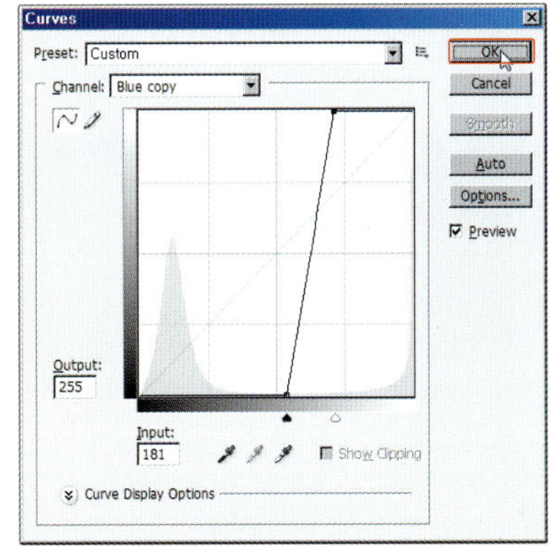

03 'Layers' 팔레트에서 'Load Channel as Selection' 아이콘(◎)을 클릭해 하이라이트 영역을 선택합니다. 그런 다음 'Select' → 'Inverse' 메뉴(Shift + Ctrl + I)를 선택해서 선택 영역을 반전시키세요. **04** 'Layers' 팔레트에서 활성화된 영역을 단축키 Ctrl + C , Ctrl + W 를 차례대로 눌러 복사한 후 작업 창을 닫습니다.

05 단축키 Ctrl + V 를 눌러 붙여넣기합니다. **06** 단축키 Ctrl + T 를 눌러 나무줄기의 밑부분에 배치합니다.

07 부록 CD에서 'water.psd' 파일을 불러옵니다. **08** 단축키 Ctrl + A , Ctrl + C , Ctrl + W , Ctrl + V 를 차례대로 눌러 작업 창에 이미지를 붙여넣기하고 레이어 이름을 '스플래시'로 변경합니다.

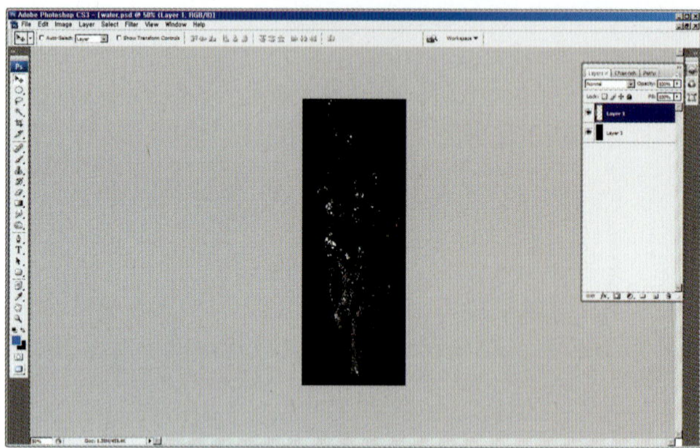
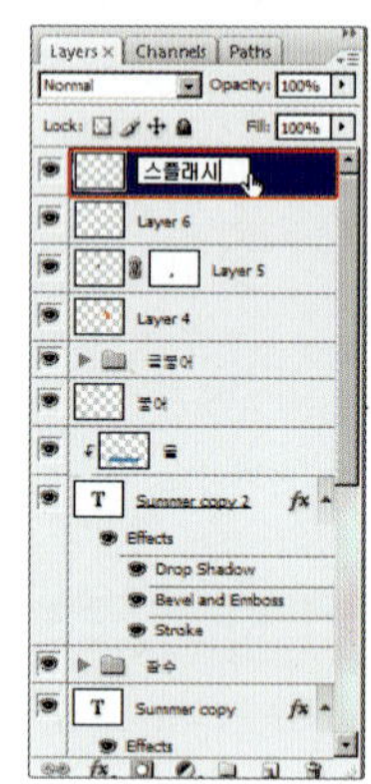

09 '스플래시' 레이어를 선택하고 단축키 Ctrl + T 를 눌러 크기 및 위치를 지정한 후 Ctrl 을 누른 상태에서 금붕어 이미지를 클릭해 'Layer 3'을 선택합니다. **10** 단축키 Ctrl + T 를 눌러 크기를 축소하고 왼쪽으로 회전해 물과 함께 튀어나오는 장면을 연출합니다.

11 '스플래시' 레이어를 선택하고 Alt +이동 툴( )로 드래그하여 이미지를 복사한 후 큰 금붕어 이미지나 물과 함께 튀어나오는 장면을 연출합니다. **12** '스플래시'를 좌우로 하나는 작게, 하나는 크게 배치합니다.

13 '스플래시' 레이어를 선택하고 단축키 Ctrl + J 를 눌러 복사한 후 맨 위로 이동해서 '글자안' 레이어를 만듭니다. 이 레이어는 텍스트 'Summer' 안으로 삽입하여 물을 사실적으로 표현할 것입니다. **14** 글자 위로 위치시키고 가로 형태로 튀는 물방울을 표현합니다.

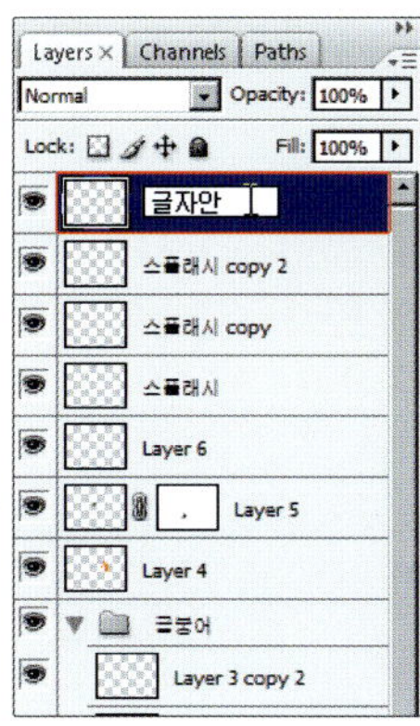

15 '글자안' 레이어를 'Summer copy 2' 레이어의 위로 이동합니다. **16** 단축키 Alt + Ctrl + G 를 눌러 클리핑합니다.

17 Alt 를 누른 상태에서 이동 툴(▶+)을 이용해 '글자안' 레이어를 오른쪽으로 이동해서 영문 'r' 까지 채웁니다. **18** 클리핑 상태여서 글자 이외의 부분에는 스플래시가 나타나지 않습니다.

Step **08**

강렬한 태양 이미지 표현하기

주제 'Summer'에는 강렬한 태양이 꼭 필요합니다. 이번에는 태양 이미지를 넣고 플레어를 추가해 작업을 완성해 보겠습니다.

예제 파일 부록 CD\Theme05\Lesson02\지구.jpg

01 부록 CD에서 '지구.jpg' 파일을 불러오고 원형 선택 툴(◯)을 사용해 다음의 그림과 같이 선택합니다. **02** 단축키 Ctrl + A, Ctrl + C, Ctrl + W, Ctrl + V를 차례대로 눌러 작업 창에 이미지를 붙여넣기합니다. 그런 다음 단축키 Ctrl + T를 눌러 다음의 그림과 같이 크기 및 위치를 조절하세요.

03 'Image' → 'Adjustments' → 'Curves' 메뉴(Ctrl + N)를 선택해 'Curves' 대화상자를 실행하고 해 이미지를 좀 더 밝게 보정합니다. **04** 단축키 Shift + Ctrl + N을 눌러 플레어 효과를 만들 신규 레이어를 만들고 레이어 이름을 '렌즈플레어'로 입력합니다.

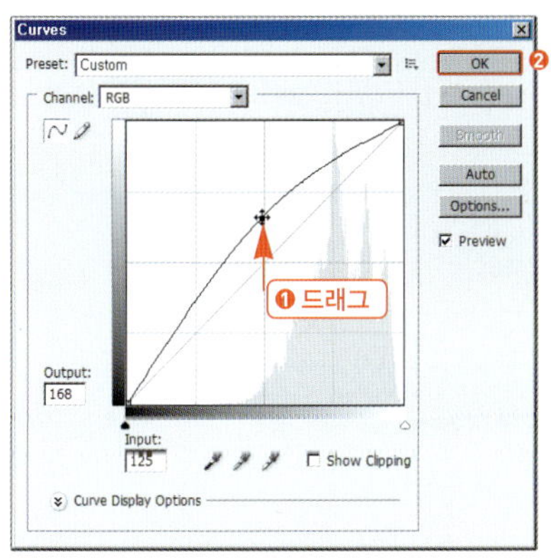

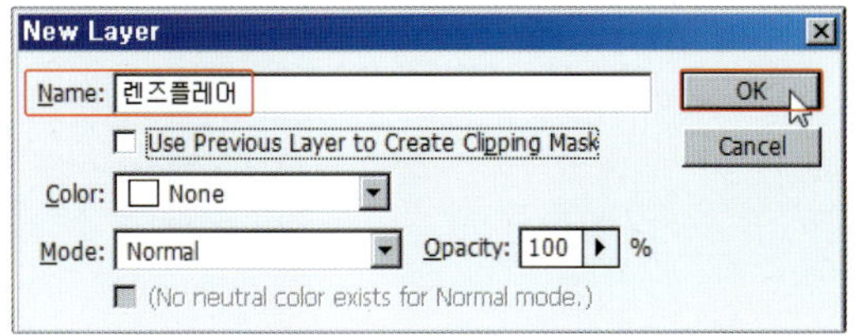

05 생성한 '렌즈플레어' 레이어를 검은색으로 채우고 'File' → 'Lender' → 'Lens Flare' 메뉴를 선택합니다. **06** 'Lens Flare' 대화상자가 나타나면 'Brightness'는 '76%', 'Lens Type'은 '50–300mm Zoom'을 선택하고 'OK' 버튼을 클릭하세요.

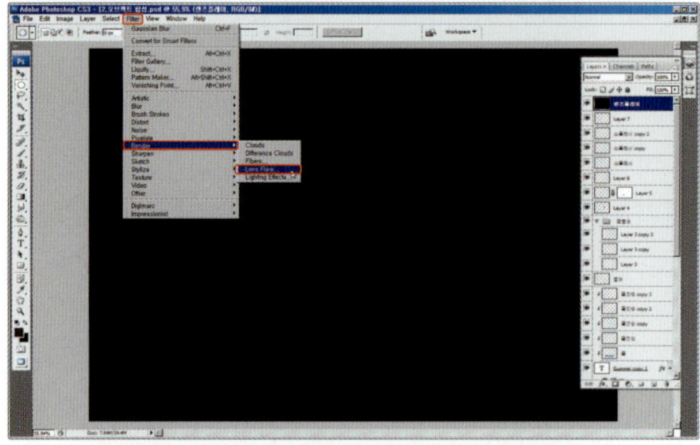
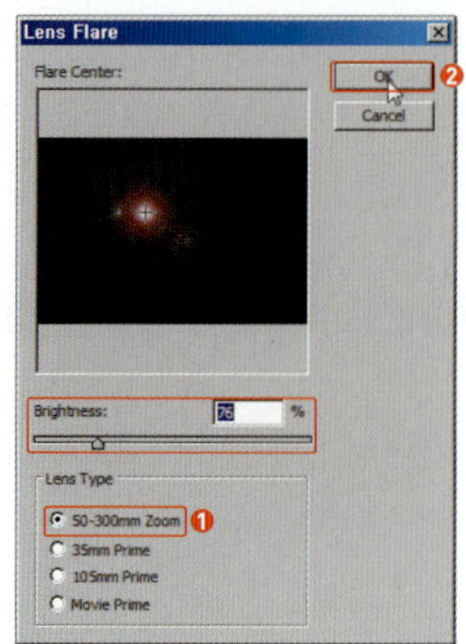

07 다음의 그림과 같이 검은색 컬러에 플레어 효과만 있습니다. **08** 블렌딩 모드를 'Screen'으로 변경하면 검은색 부분은 하위 레이어에 적용되지 않고 플레어 효과만 남아있습니다.

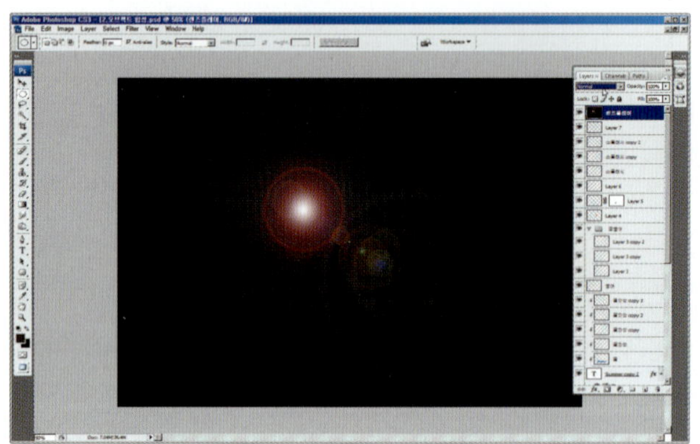

09 단축키 Ctrl + T 를 눌러 크기 및 위치를 조절하여 태양쪽을 중심으로 빛이 퍼져나가는 느낌을 만듭니다. **10** 이미지와 어울리는 간단한 문장으로 편집적인 요소를 추가하여 작업을 완성했습니다.

국내 어느 가수의 노래 중에 Love is Blue라는 곡이 있습니다. 사랑은 차가운 블루일까요? 대부분의 디자이너들이 그렇겠지만 작업 중에 음악을 많이 듣는 편인데요. 마침 이 노래가 흘러나와 혼잣말로 Love is Red...Red...Red 하던 걸 작업에 옮겨봤습니다. 음악을 듣다보면 그 음악에서 느끼는 감성이 작업에 상당한 영향을 끼친다는 걸 대부분 알고 있었을텐데요. 밝고 경쾌한 곡을 들을 때면 채도가 높아지구요. 우울한 느낌의 음악을 들었을 땐 점점 채도가 다운됩니다. 그런데 아마 이럴 땐 Red라고 했던 이유는 너무 우울해질까봐서였나 봅니다.

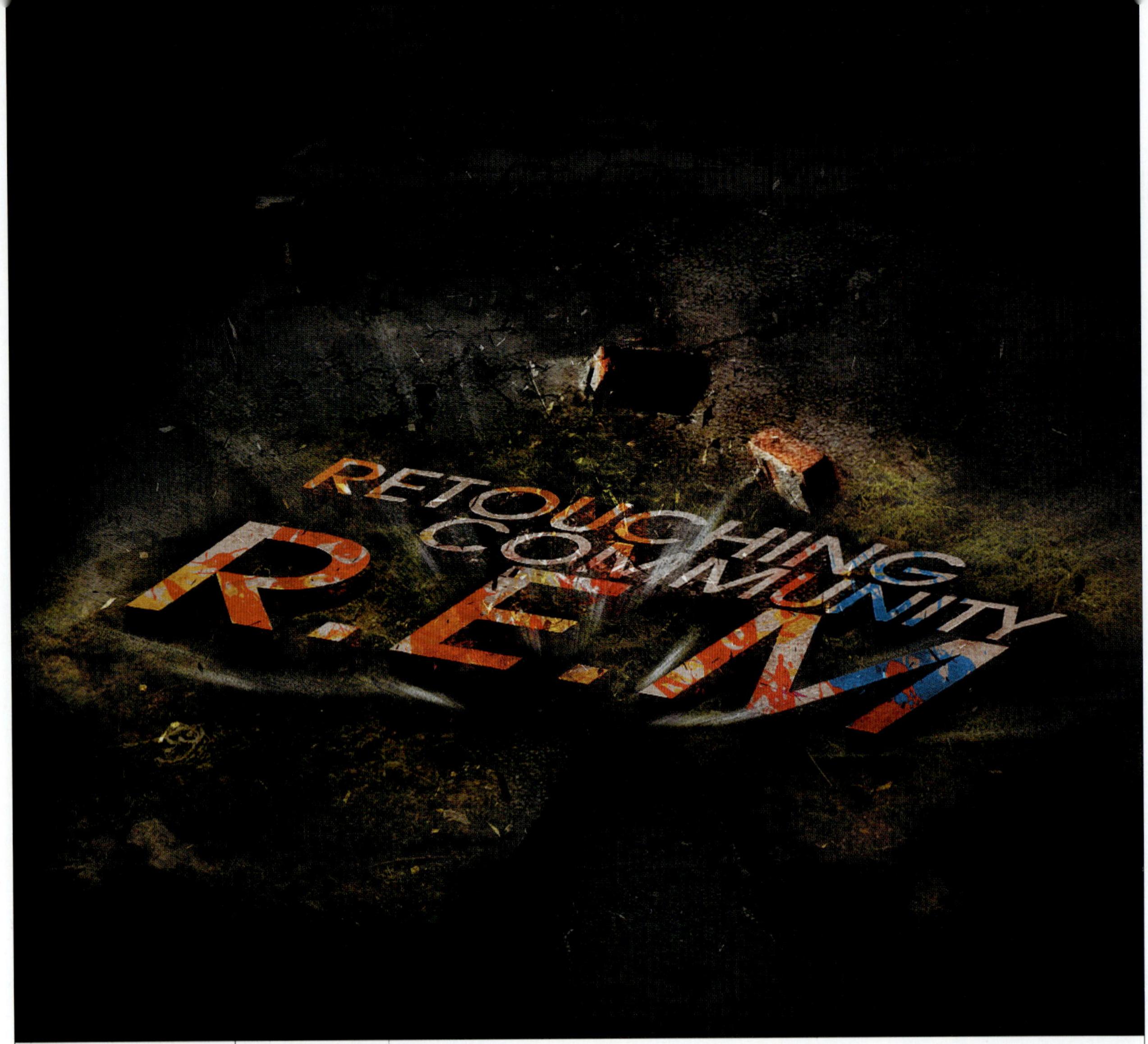

결과 파일 부록 CD\Theme05\Lesson03\REM.psd

03

R.E.M

필자는 네이버 리터칭 커뮤니티 'R.E.M(cafe.naver.com/remart)' 카페에서
활동하고 있습니다. 이 카페는 리터칭에 관련된 양질의 정보가 풍부하고 카
페 운영자들도 배타적이지 않아 배우고자 하는 마음만 있으면 리터칭에 대한
좋은 정보를 쉽게 접할 수 있습니다. 카페 회원이 운영하는 독립적인 커뮤니
티 http://retouchphoto.kr 사이트에서도 리터칭에 관련된 좋은 정보를 접
할 수 있습니다.

Step 01

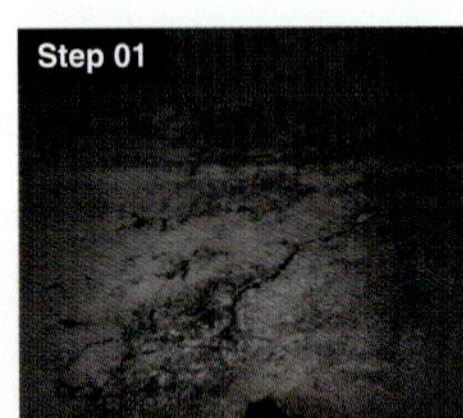

Step 02

Step 03

Step 01

기본 배경 만들기

크랙 질감의 배경을 만들어 보겠습니다.

예제 파일 부록 CD\Theme05\Lesson03\Texture.jpg, Crack.jpg **결과 파일** 부록 CD\Theme05\Lesson03\배경합성.psd

01 'File' → 'New' 메뉴를 선택하고 다음의 그림과 같이 지정한 후 'OK' 버튼을 클릭합니다. **02** 툴바에서 그레이디언트 툴 (■)을 선택하고 옵션바에서 그레이디언트를 클릭합니다.

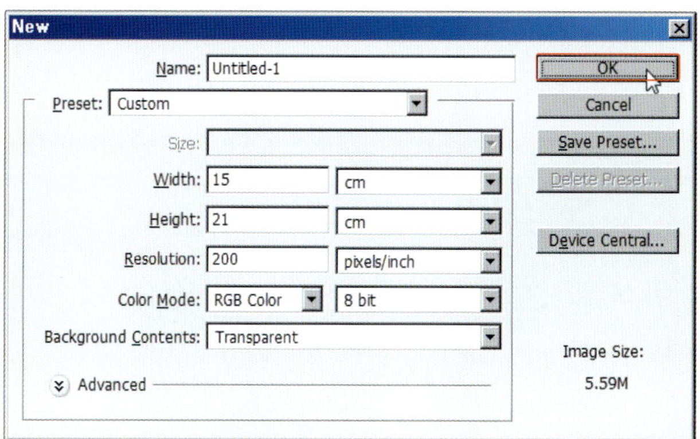

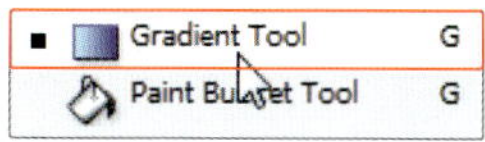

03 'Gradient Editor' 대화상자가 나타나면 왼쪽 슬라이드 컬러에는 '#b5b4b1', 오른쪽 슬라이드 컬러에는 '#414141'을 입력합니다. **04** 원형 그레이디언트를 선택하고 중앙에서 대각선 측면으로 그러데이션을 적용합니다.

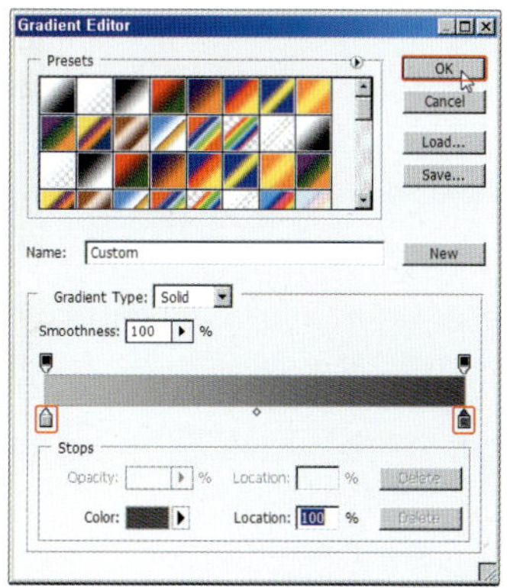

05 단축키 Shift + Ctrl + N 을 눌러 'Render' 필터를 적용할 '구름' 신규 레이어를 만듭니다. **06** D 와 X 를 교대로 눌러 전경색은 흰색, 배경색은 검은색으로 지정하고 'Filter' → 'Lender' → 'Cloud' 메뉴를 선택합니다.

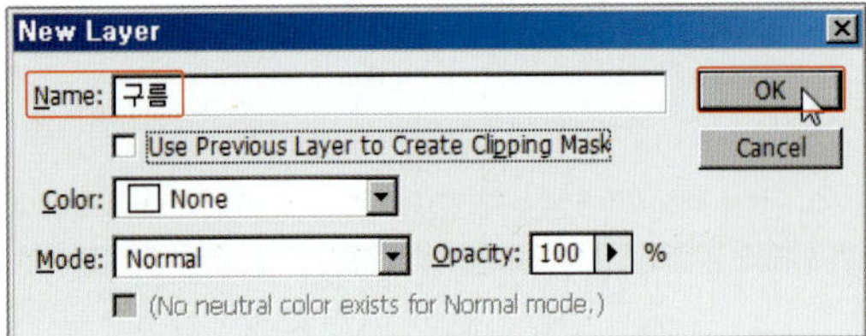
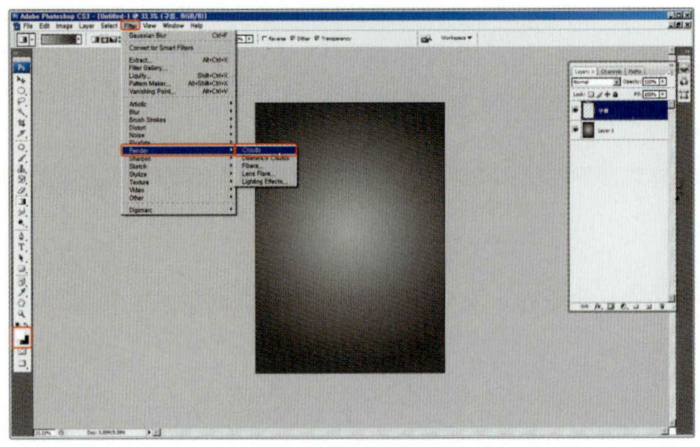

07 '구름' 레이어의 블렌딩 모드를 'Multiply'로 적용합니다. **08** 부록 CD에서 'Texture.jpg' 파일을 불러옵니다. 그런 다음 단축키 Ctrl + A , Ctrl + C , Ctrl + W 를 차례대로 눌러 작업 창에 이미지를 복사한 후 작업 창을 닫으세요.

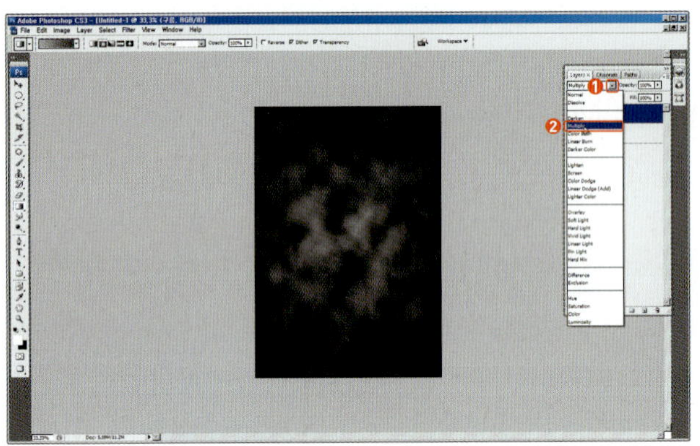

09 단축키 Ctrl + V 를 눌러 붙여넣기하고 단축키 Ctrl + T 를 눌러 도큐먼트 크기와 같게 늘려서 크기를 조절합니다. **10** 마우스 오른쪽 버튼을 클릭한 후 바로 가기 메뉴에서 'Disort'를 선택합니다.

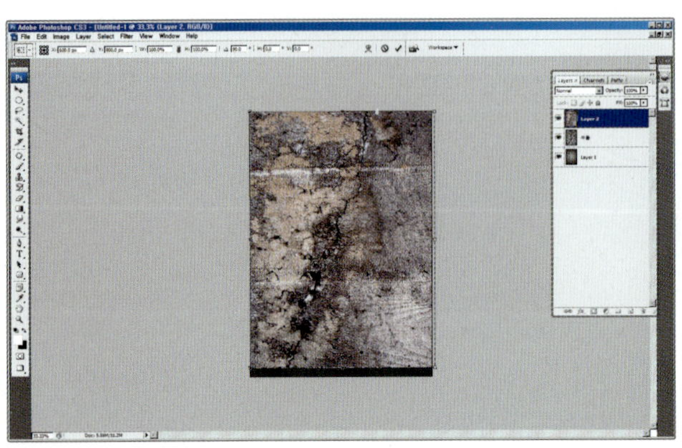
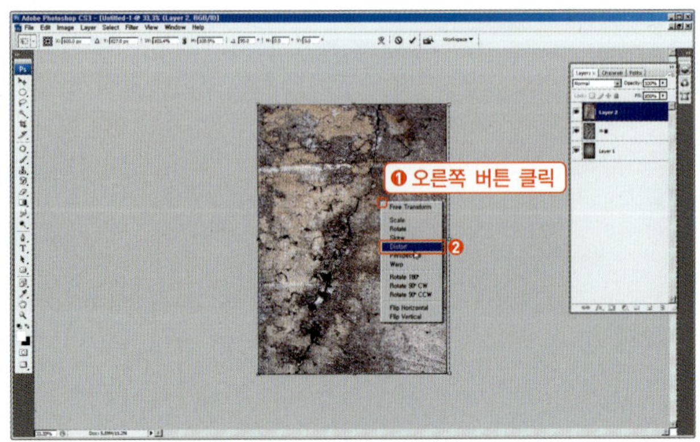

11 왼쪽 아래의 꼭지점과 오른쪽 위의 꼭지점을 좌우로 당겨 그림에서 보이는 갈라진 틈을 대각선 방향으로 비스듬하게 표현합니다. **12** 'Image' → 'Adjustments' → 'Desaturate' 메뉴(Shift + Ctrl + U)를 선택해 흑백으로 변환합니다.

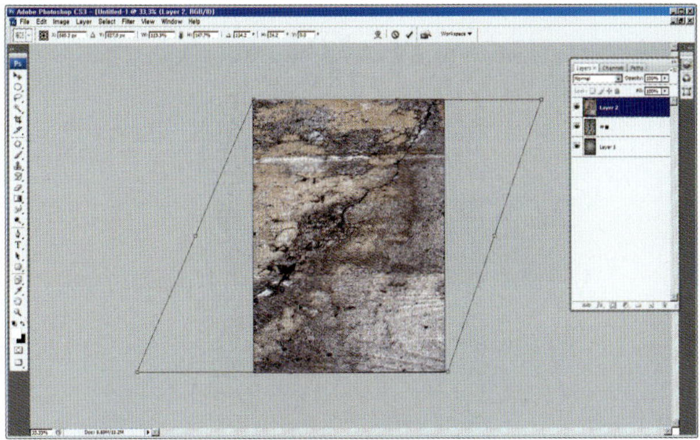
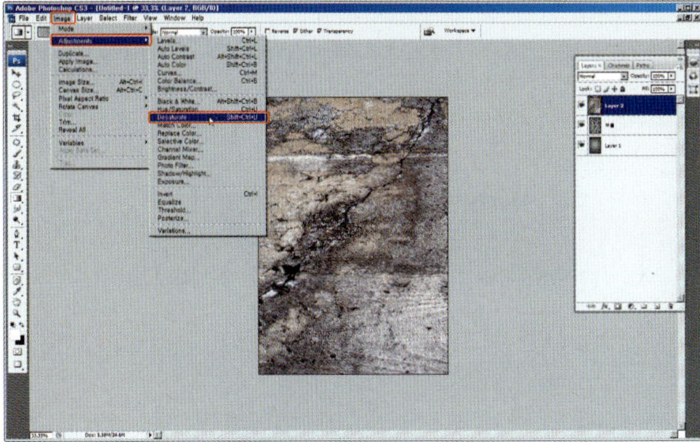

13 'Layer 2' 레이어의 블렌딩 모드를 'Multiply'로 변경합니다. **14** 단축키 Ctrl + J 를 눌러 'Layer 1' 레이어를 복사하고 맨 위에 올려놓습니다. 그런 다음 블렌딩 모드를 'Multiply'로 변경하여 배경을 좀 더 어둡게 만드세요.

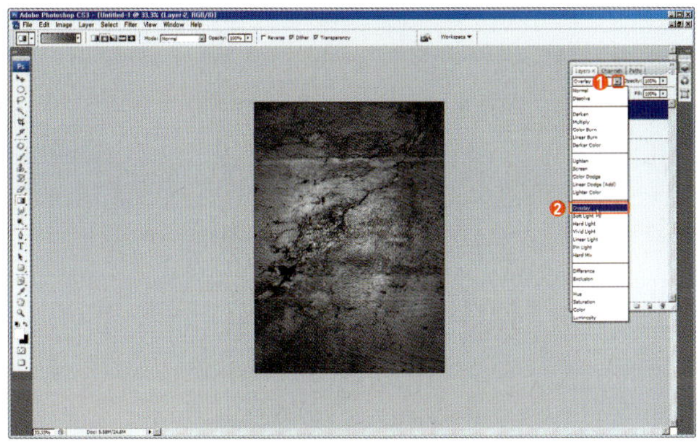
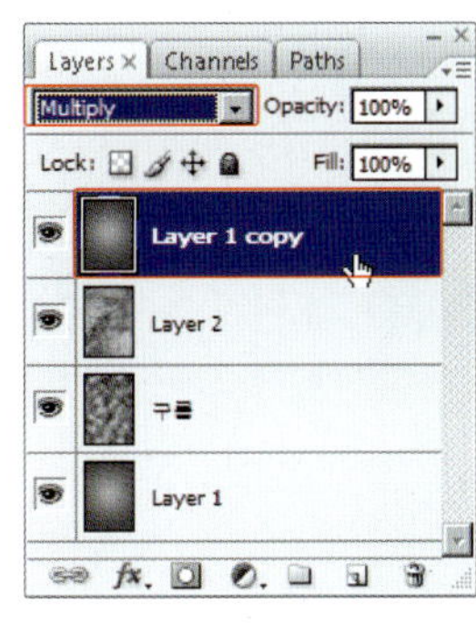

15 'Layers' 팔레트에서 보정 레이어 아이콘(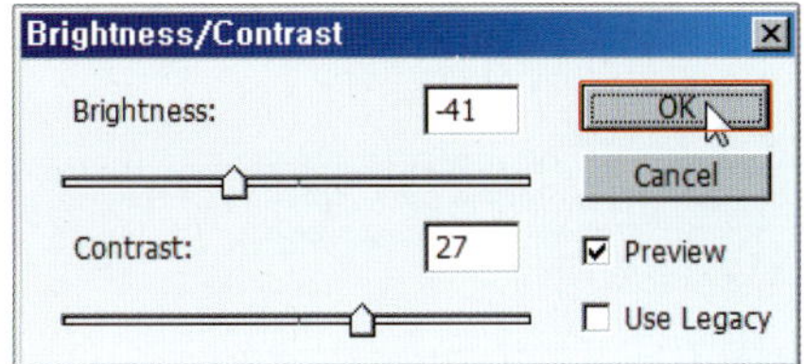)을 클릭하여 'Brightness/Contrast'를 선택합니다. **16** 'Brightness/Contrast' 대화상자가 나타나면 다음의 그림과 같이 입력하여 콘트라스트를 높이고 전체적으로 어두운 가운데 부분만 밝게 만드세요.

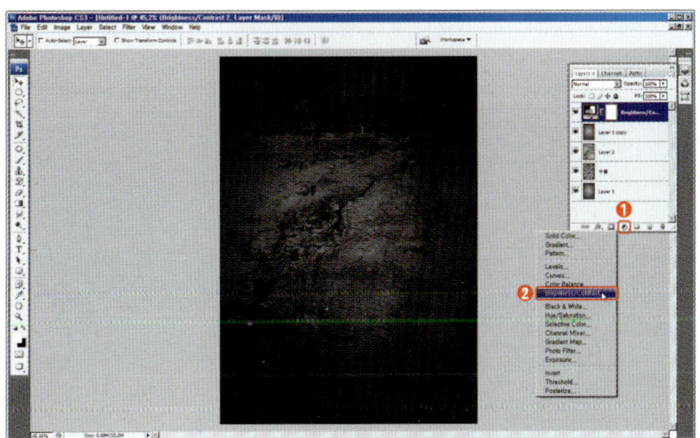

17 부록 CD에서 'Crack.jpg' 파일을 불러옵니다. 그런 다음 단축키 Ctrl + A , Ctrl + C , Ctrl + W 를 차례대로 눌러 작업 창에 이미지를 복사한 후 작업 창을 닫으세요. **18** 단축키 Ctrl + V 를 눌러 붙여넣기하고 단축키 Ctrl + T 를 눌러 크기를 조절하여 다음의 그림과 같이 배치하세요.

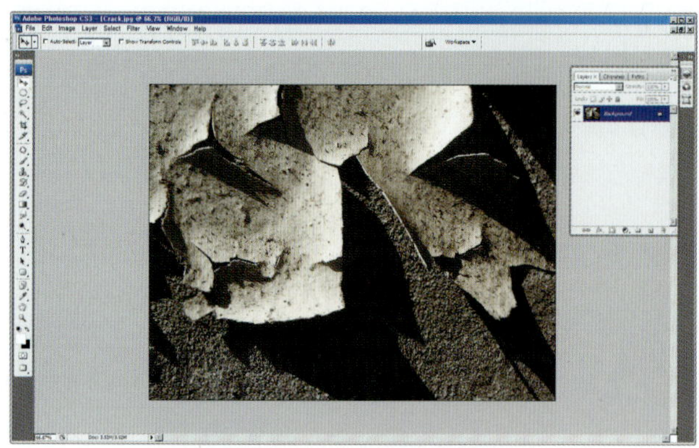
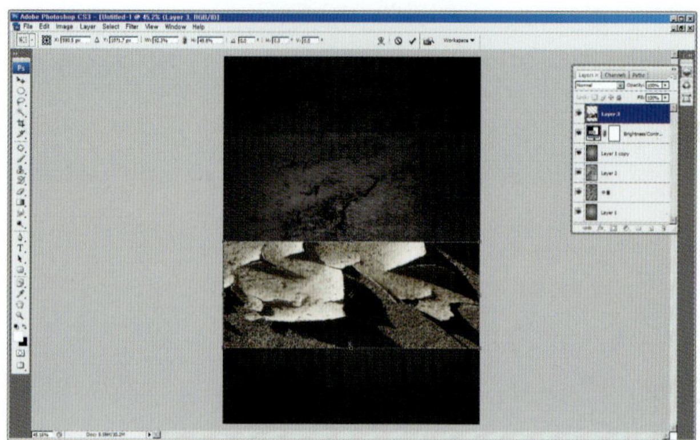

19 단축키 Ctrl + T 를 누르고 마우스 오른쪽 버튼을 클릭한 후 바로 가기 메뉴에서 'Disort'를 선택합니다. **20** 배경에 보이는 갈라진 틈과 비슷한 방향으로 구도를 맞춥니다.

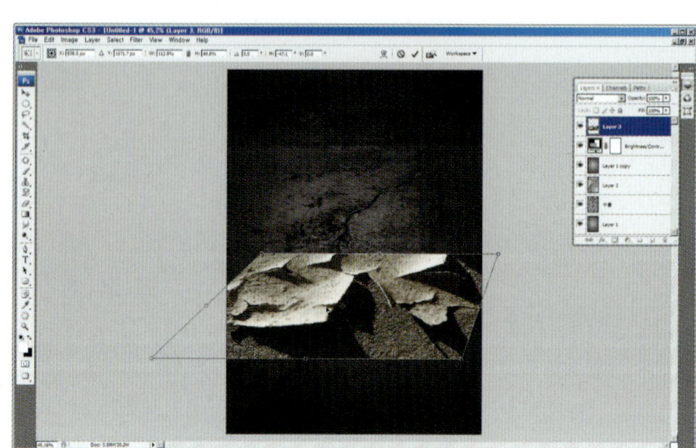

21 'Layers' 팔레트에서 'Layer 3' 레이어의 블렌딩 모드를 'Multiply'로 변경하고 'Add Layer Mask' 아이콘(🔲)을 클릭해서 마스크를 씌웁니다. 도큐먼트 창에서 마우스 오른쪽 버튼을 클릭한 후 'Soft Round 300pixels' 브러시를 선택합니다. 그런 다음 옵션바에서 'Opacity'를 '100%'로 지정하세요. **22** 전경색을 검은색으로 지정하고 그림에서 표시한 부분을 제외한 나머지 부분을 문질러서 다음의 그림과 같이 합성합니다.

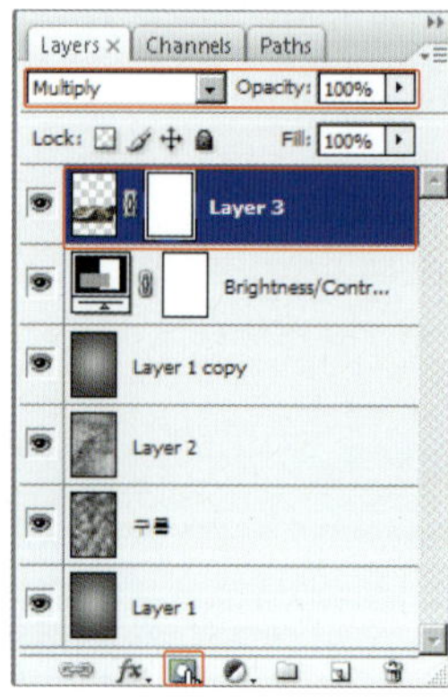
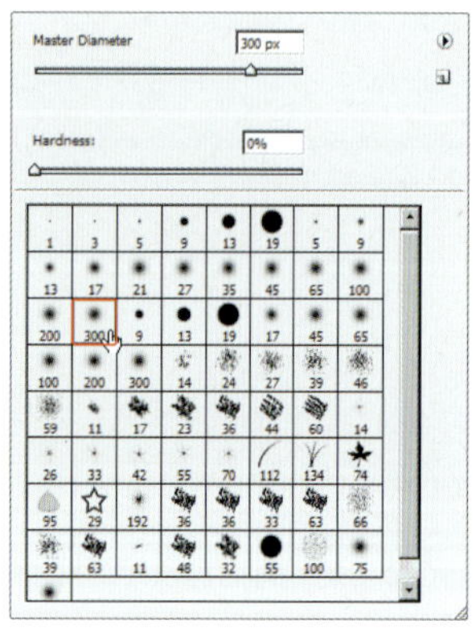
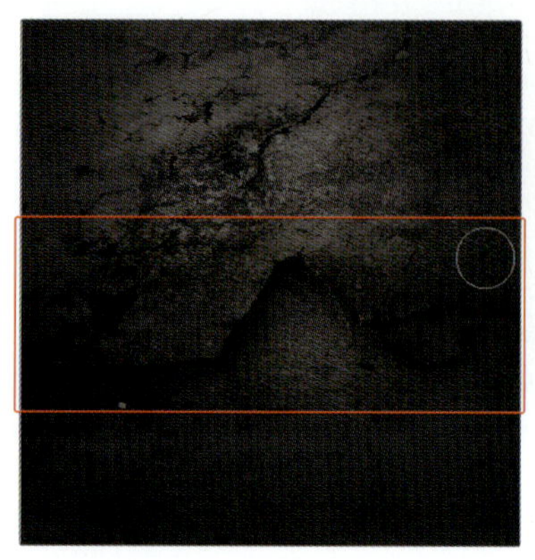

Step 02

3D 타입의 글자 합성하기

일러스트레이터 CS4에서 제작한 3D 타입의 글자를 불러와서 배경 질감을 합성해 보겠습니다.

예제 파일 부록 CD\Theme05\Lesson03\rem.ai   **결과 파일 부록** CD\Theme05\Lesson03\글자합성.psd

01 부록 CD에서 'rem.ai' 파일을 불러옵니다. 'Import PDF' 대화상자가 나타나면 'Resolution'을 '300'으로 지정하고 'OK' 버튼을 클릭하세요. **02** 단축키 Ctrl+A, Ctrl+C, Ctrl+W를 차례대로 눌러 작업 창에 이미지를 복사한 후 작업 창을 닫습니다.

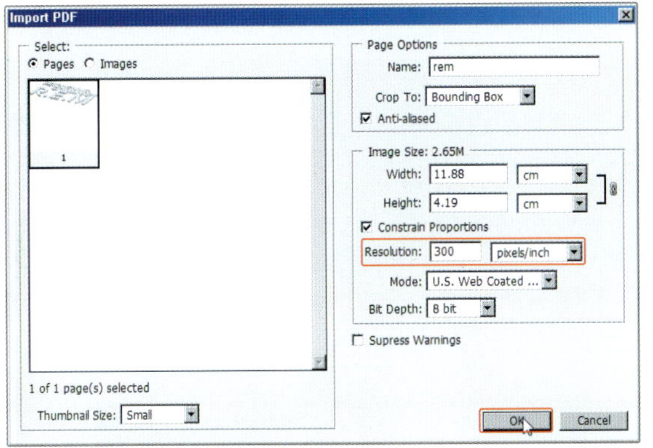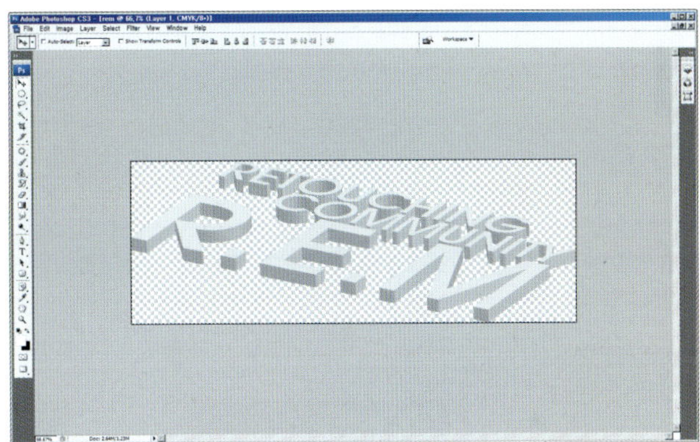

03 단축키 Ctrl+V를 눌러 붙여넣기하고 단축키 Ctrl+T를 눌러 크기와 방향을 조절한 후 다음의 그림과 같은 위치에 배치합니다. 그런 다음 'Image' → 'Adjustments' → 'Color Balance' 메뉴(Ctrl+B)를 선택하세요. **04** 'Color Balance' 대화상자가 나타나면 다음의 그림과 같이 조절해서 'Red' 톤을 추가합니다.

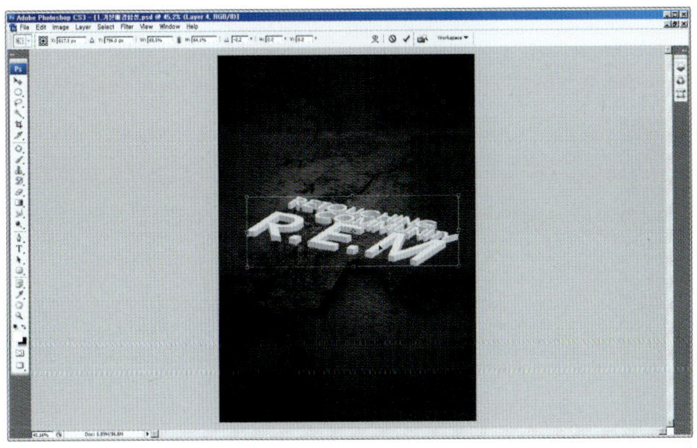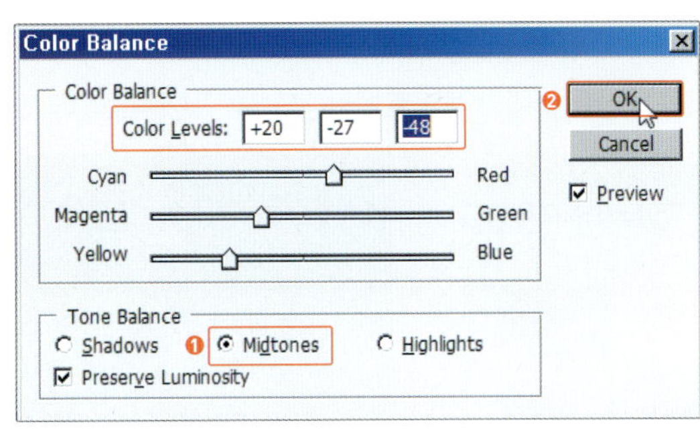

05 단축키 `Ctrl`+`J`를 눌러 R.E.M을 포함하는 'Layer 4' 레이어를 복사합니다. 그런 다음 복사한 레이어의 블렌딩 모드는 'Multiply', 'Opacity'는 '59%'로 조절하여 어둡게 조절하세요. **06** `Ctrl`을 누른 상태에서 'Layer 4' 레이어와 'Layer 4 copy' 레이어를 선택합니다. 그런 다음 단축키 `Ctrl`+`E`를 눌러 합치고 이름을 'R.E.M'으로 변경하세요.

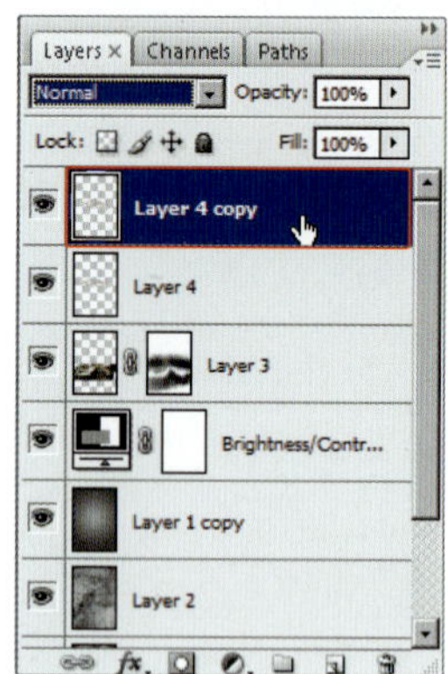 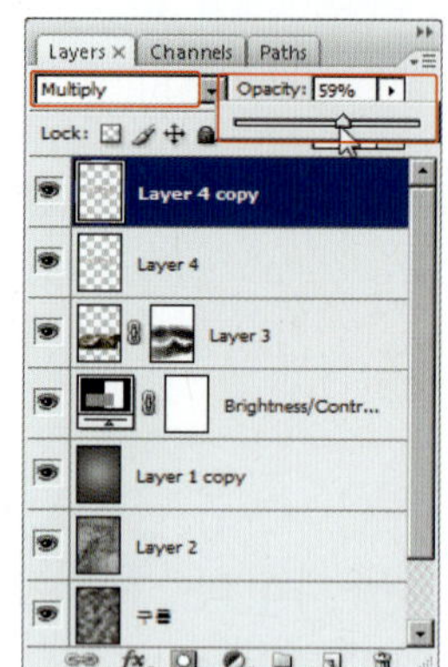 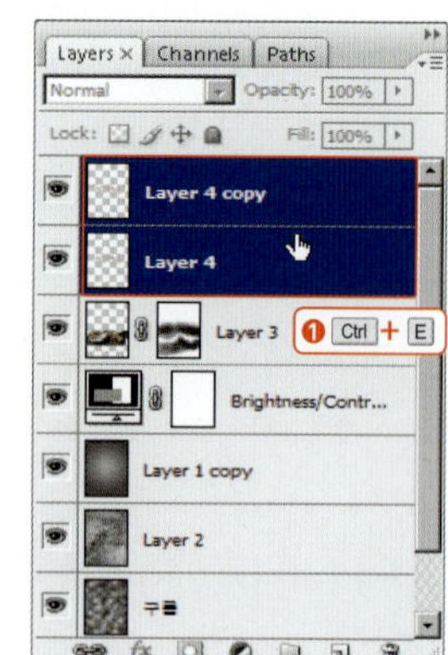 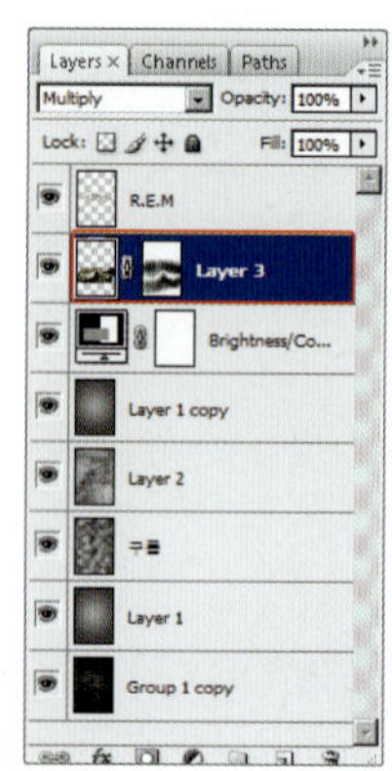

07 `Shift`를 누른 상태에서 'Layer 3' 레이어부터 'Layer 1' 레이어를 선택하고 단축키 `Ctrl`+`G`를 눌러 그룹 레이어로 만듭니다. 그런 다음 만든 'Group 1' 레이어를 팔레트에서 'Create New Layer' 아이콘(🗅)으로 드래그해 복사하세요. **08** 복사한 'Group 1 copy' 레이어를 단축키 `Ctrl`+`E`를 눌러 합치고 맨 위에 올려놓습니다. 그런 다음 `Alt`를 누른 상태에서 'R.E.M' 레이어와 'Group 1 copy' 레이어 사이를 클릭하여 'Create Cilpping Mask' 상태로 만드세요.

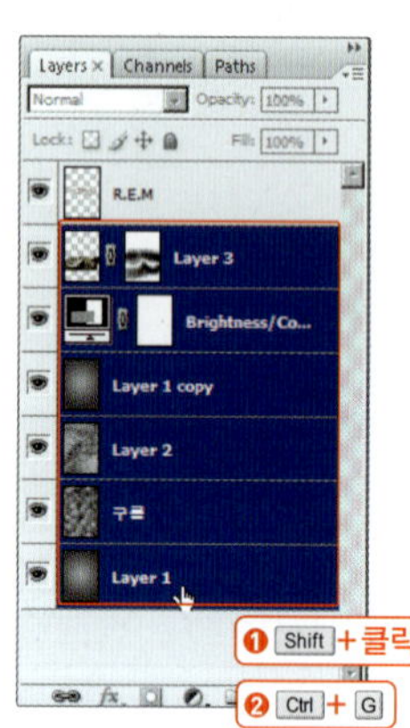 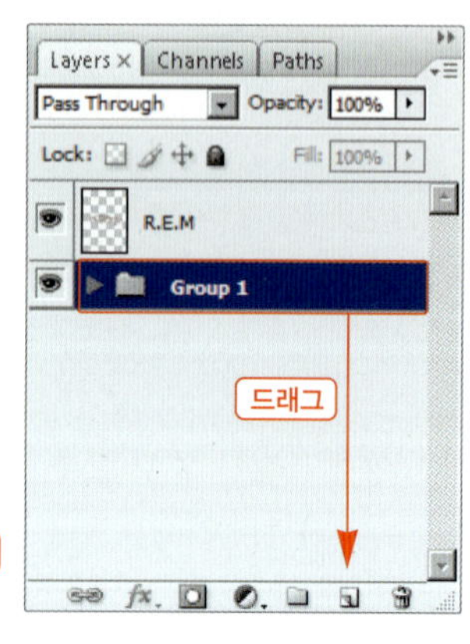 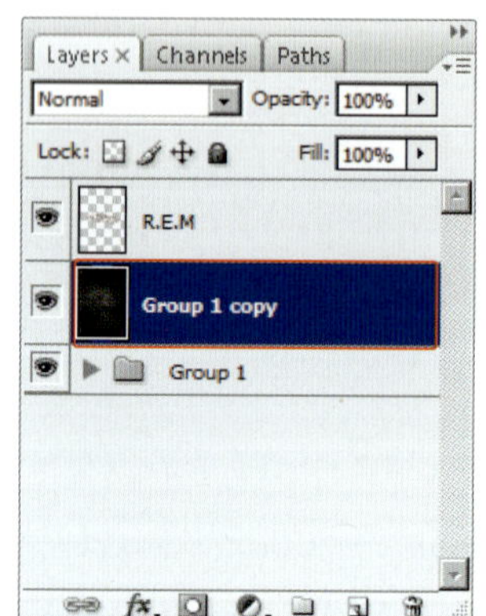 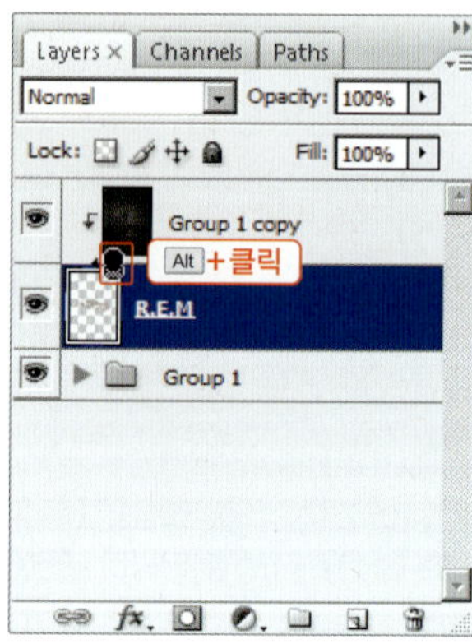

09 'Group1 copy' 레이어의 블렌딩 모드를 'Overlay'로 변경하여 질감과 색감을 'R.E.M' 레이어에 적용합니다.

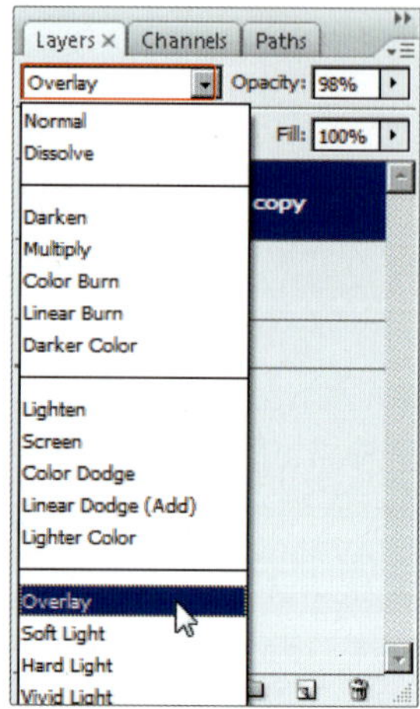 

10 단축키 Shift + Ctrl + N 을 눌러 신규 레이어를 만들고 레이어 이름을 '그림자'로 입력합니다. **11** Ctrl 을 누른 상태에서 'R.E.M' 레이어를 클릭하여 선택 영역으로 만들고 검은색으로 채웁니다. 그런 다음 검은색으로 채운 '그림자' 레이어를 'Create New Layer' 아이콘()으로 드래그해 복사하세요.

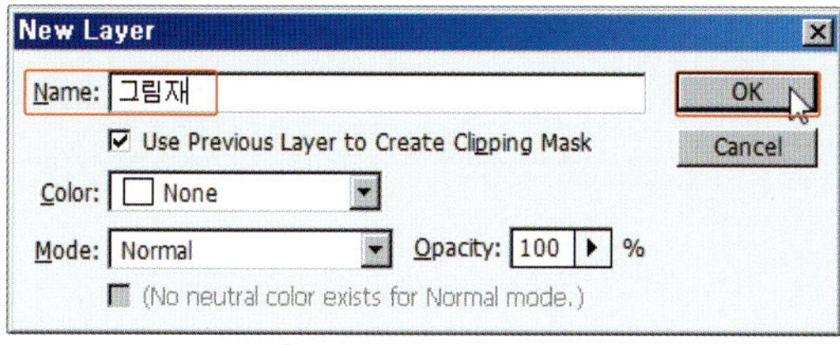

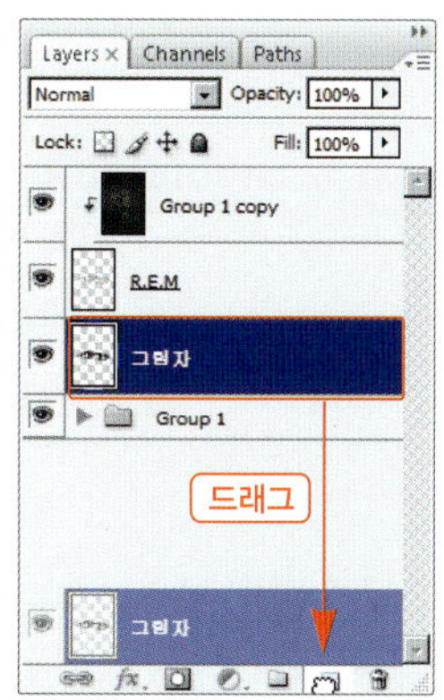

12 '그림자' 레이어의 눈 아이콘()을 잠시 끄고 '그림자 copy' 레이어를 선택한 후 'Filter' → 'Blur' → 'Gaussian Blur' 메뉴를 선택합니다. **13** 'Gaussian Blur' 대화상자가 나타나면 'Preview'에 체크 표시하고 그림과 비교하면서 그림자의 퍼짐 상태를 확인한 후 'Radius'를 '7pixels'로 지정합니다.

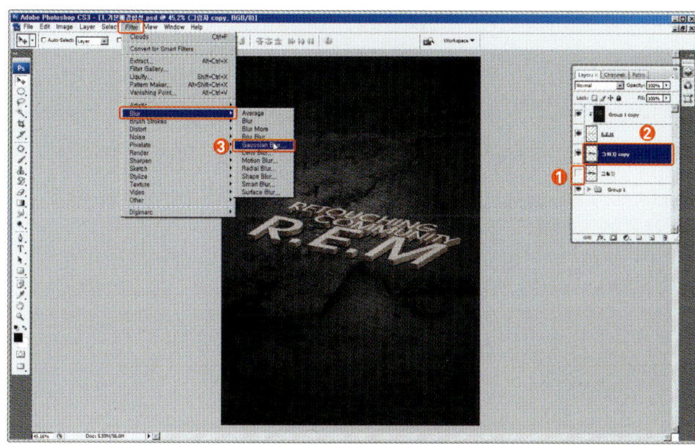

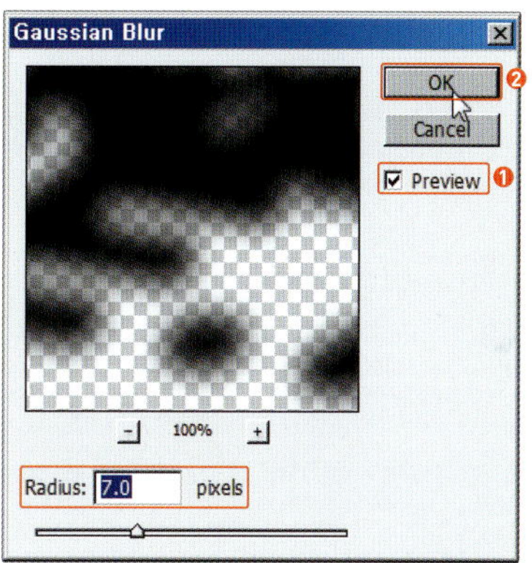

14 '그림자' 레이어의 눈 아이콘()을 켜고 오른쪽 위로 살짝 이동합니다. 그런 다음 'Filter' → 'Blur' → 'Gaussian Blur' 메뉴를 선택하거나 단축키 Ctrl + F 를 눌러 이전에 적용했던 블러값을 그대로 적용하세요.

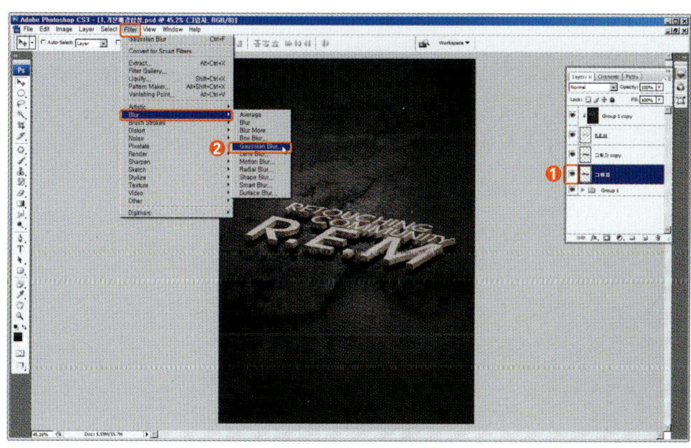

배경에 이미지 추가하기

벽돌 소스와 이끼 소스를 추가해 배경 느낌을 사실적으로 합성해 보겠습니다.

예제 파일 부록 CD\Theme05\Lesson03\벽돌.jpg, 이끼.jpg

01 부록 CD에서 '벽돌.jpg' 파일을 불러옵니다. 그런 다음 단축키 `Ctrl`+`A`, `Ctrl`+`C`, `Ctrl`+`W`를 차례대로 눌러 작업 창에 이미지를 복사한 후 작업 창을 닫으세요. **02** 단축키 `Ctrl`+`V`를 눌러 붙여넣기하고 단축키 `Ctrl`+`T`를 눌러 글자 크기보다 크게 조절합니다.

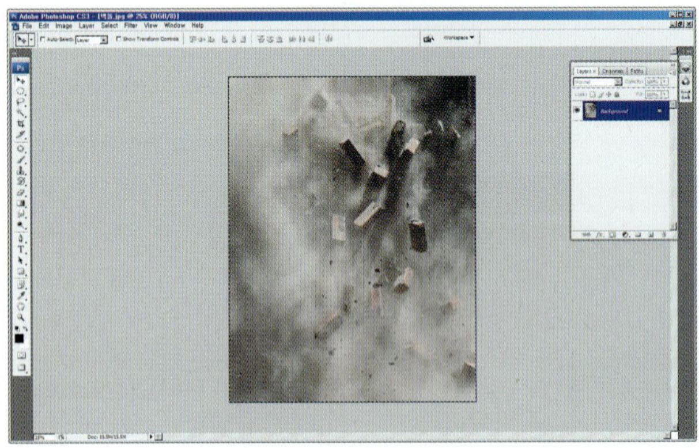
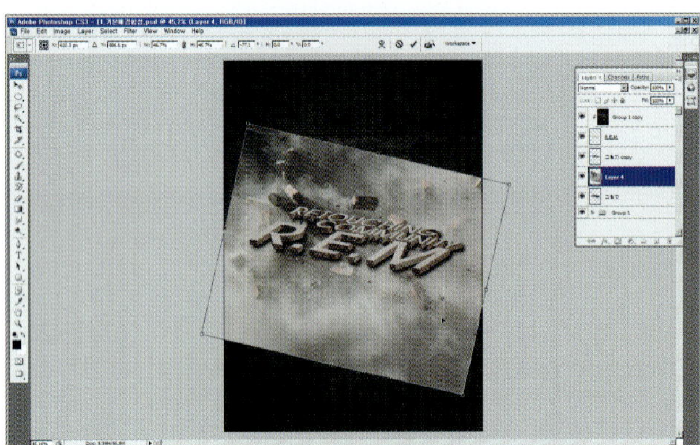

03 'Layers' 팔레트에서 '그림자 4' 레이어의 아래쪽으로 위치시키고 'Add Layer Mask' 아이콘(◉)을 클릭해서 마스크를 씌웁니다. **04** 툴바에서 브러시 툴(✎)을 선택하고 옵션바에서 'Opacity'를 '52%'로 지정합니다.

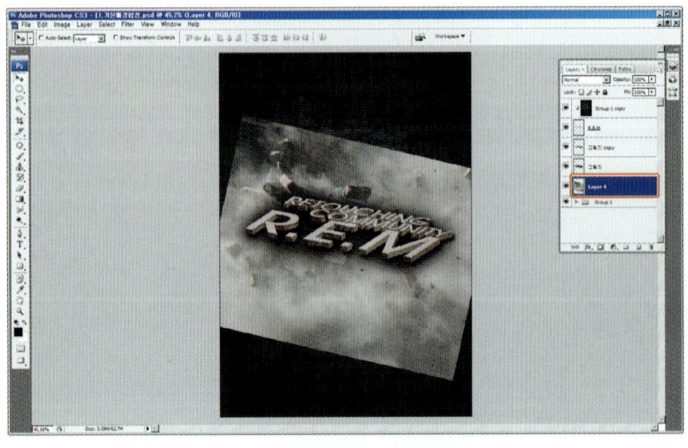
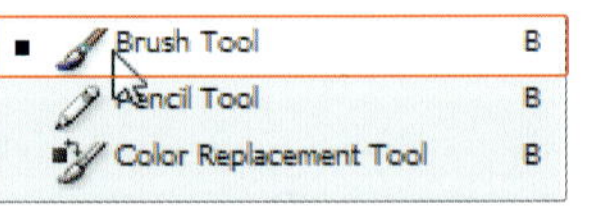

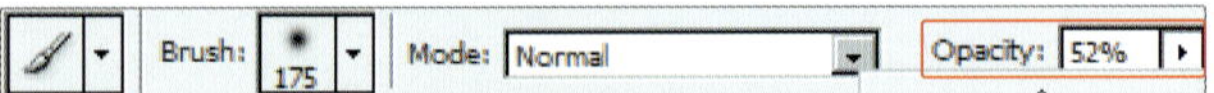

05 전경색을 검은색(■)으로 지정합니다. 그런 다음 갈라진 틈에서 튕겨져 나오는 벽돌과 배경에 있는 글자 요소와의 배치를 생각하면서 브러시로 문지르세요. **06** 블렌딩 모드를 'Linear Light'로 변경하여 배경과 자연스럽게 합성합니다.

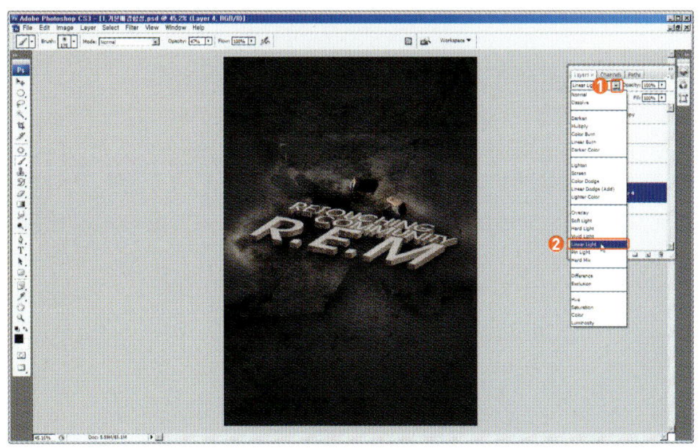

07 부록 CD에서 '이끼.jpg' 파일을 불러오고 단축키 Ctrl + A , Ctrl + C , Ctrl + W 를 차례대로 눌러 작업 창에 이미지를 복사한 후 작업 창을 닫습니다. 그런 다음 단축키 Ctrl + V 를 눌러 작업 창에 이미지를 붙여넣기하고 단축키 Ctrl + T 를 눌러 다음의 그림과 같이 크기 및 위치를 조절하세요. **08** 'R.E.M' 레이어의 아래쪽에 올려놓고 Alt 를 누른 상태에서 'Layer 5' 레이어를 선택하여 'Hide All' 상태로 만듭니다.

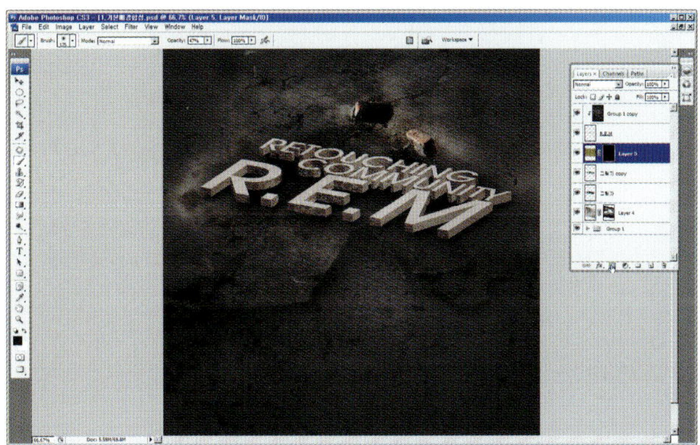

09 툴바에서 브러시 툴(✐)을 선택합니다. 그런 다음 화면에서 마우스 오른쪽 버튼을 클릭한 후 바로 가기 메뉴에서 'Soft Round 150pixels'를 선택하고 'Opacity'를 '47%'로 지정하세요. **10** 전경색을 흰색으로 지정하고 브러시로 문질러서 배경의 부분부분에 이끼가 끼어있는 듯한 느낌을 표현합니다.

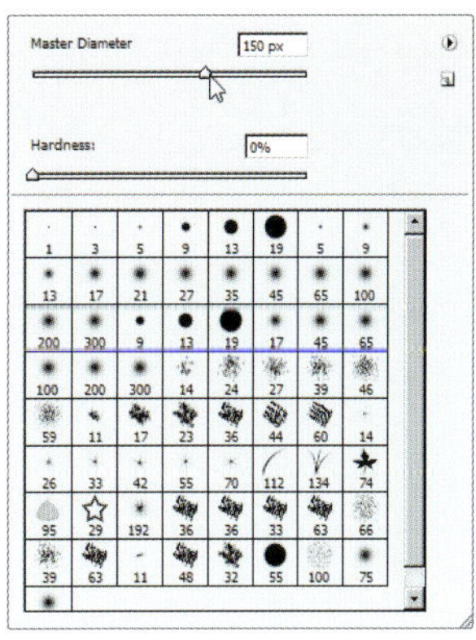

11 글자에 컬러를 입힐 레이어를 만듭니다. 그런 다음 단축키 Shift + Ctrl + N 을 눌러 신규 레이어를 만들고 레이어 이름을 '컬러' 로 입력하세요. **12** Ctrl 을 누른 상태에서 'R.E.M' 레이어를 클릭해 선택 영역을 활성화합니다. 그런 다음 'Layers' 팔레트에서 'Add Layer Mask' 아이콘(◙)을 클릭해서 글자 영역 부분에만 마스크를 씌우세요.

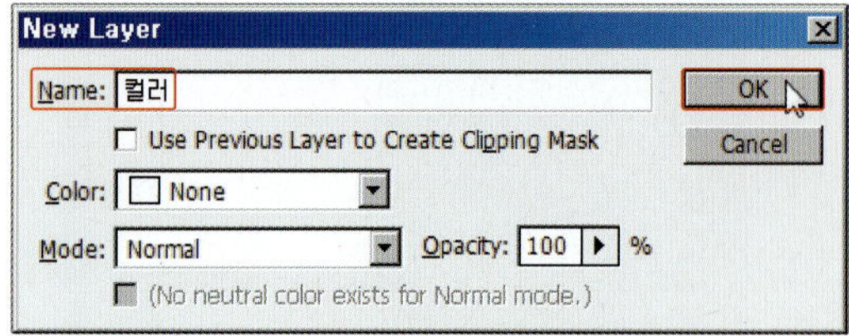

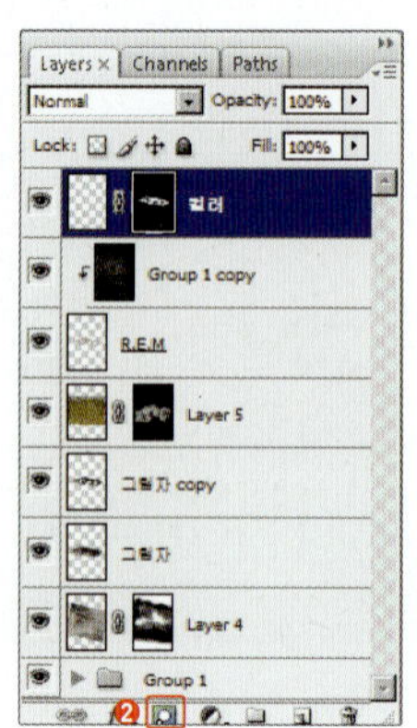

13 브러시 목록을 불러오기 위해 다음의 그림과 같이 연속해서 선택하여 'Load Brushes' 를 선택합니다. **14** 'Load' 대화상자가 나타나면 부록 CD에서 'Blood Splatter.abr' 파일을 선택하고 'Load' 버튼을 클릭합니다.

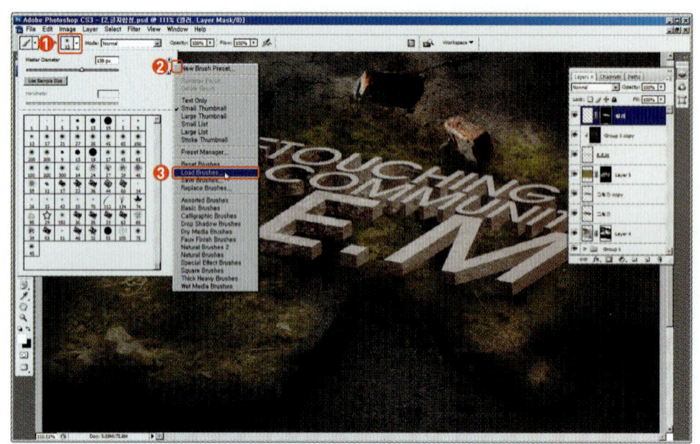
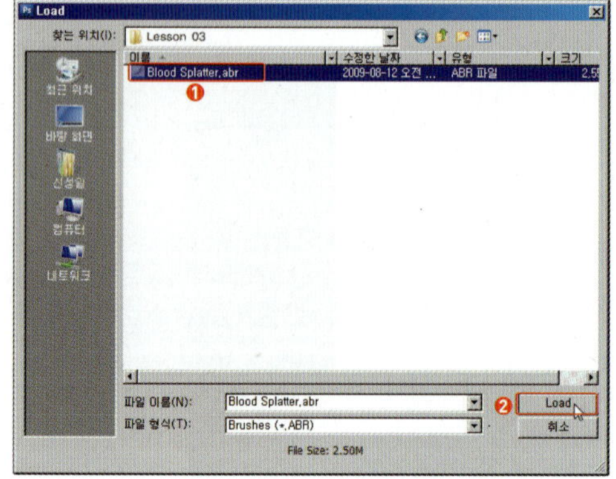

15 'Color Picker' 대화상자가 나타나면 원하는 컬러를 선택하는데, 여기서는 'Red' 컬러를 선택했습니다. **16** 추가한 브러시 'Splatter' 목록에서 임의로 브러시를 선택합니다.

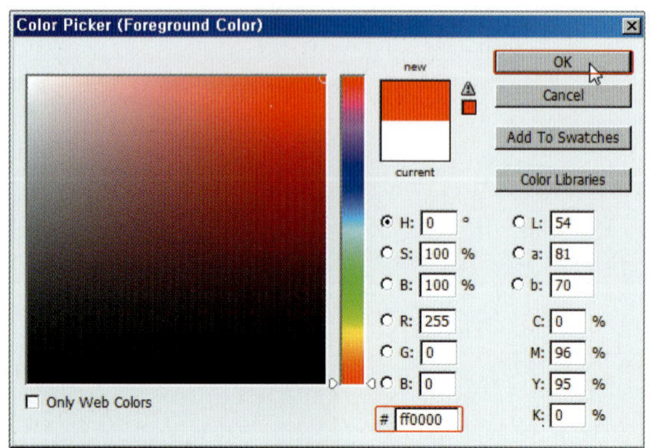
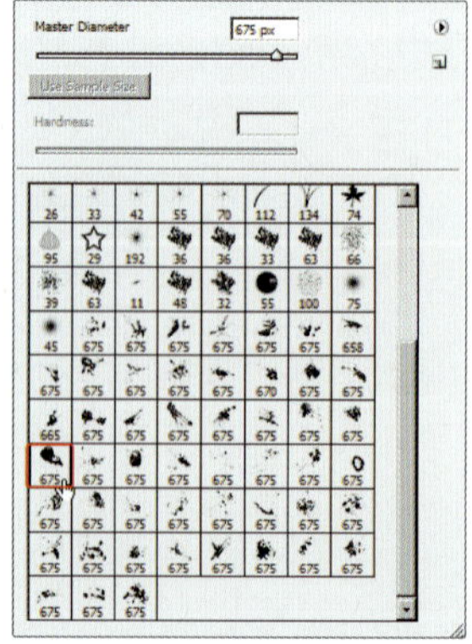

17 컬러 레이어의 블렌딩 모드를 'Multiply'로 변경하고 컬러를 바꾸면서 화면을 클릭하여 칠합니다. **18** 를 눌러 다른 브러시를 사용하기도 하고 다양한 컬러나 브러시를 조합해서 글자에 컬러를 칠합니다. 앞에서 마스크를 통해 선택 영역을 미리 지정했으므로 글자 부분 이외에는 컬러가 칠해지지 않습니다.

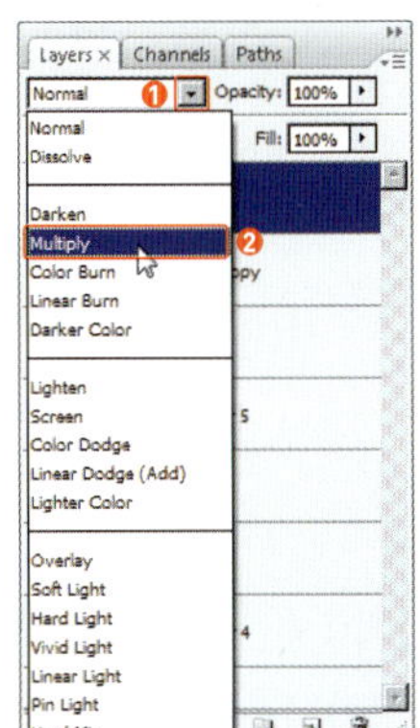
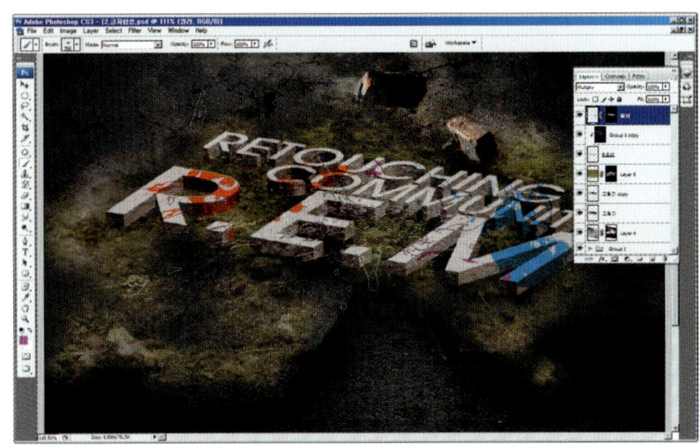

19 브러시와 컬러의 조합으로 단순한 글자에 컬러를 입힌 결과 이미지입니다.

Pieces 추가하기

조각조각 분리되어 튀는 이미지를 추가해 바닥에서 솟구쳐오르는 느낌을 표현해 보겠습니다.

예제 파일 부록 CD\Theme05\Lesson03\pieces.png

01 부록 CD에서 'pieces.png' 파일을 불러옵니다. 그런 다음 단축키 Ctrl + A , Ctrl + C , Ctrl + W 를 차례대로 눌러 작업 창에 이미지를 복사한 후 작업 창을 닫으세요. **02** 단축키 Ctrl + V 를 눌러 붙여넣기합니다. 그런 다음 단축키 Ctrl + T 를 눌러 글자와 튀는 벽돌과의 크기와 위치를 감안하여 배치하세요.

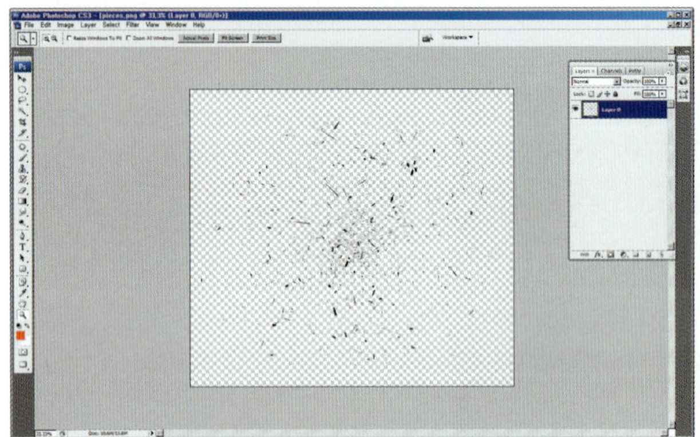
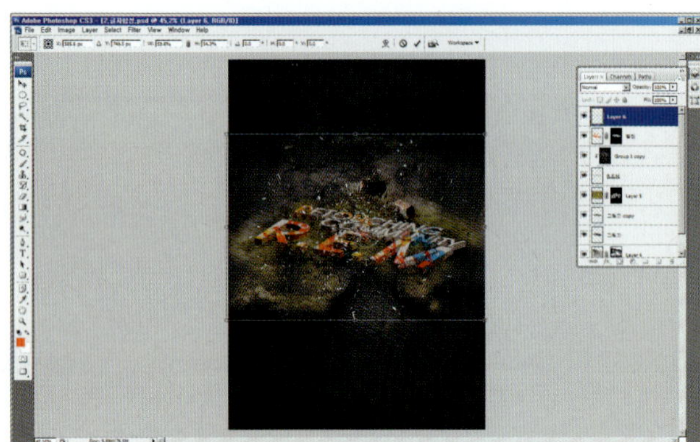

03 'Layer 6' 레이어의 블렌딩 모드를 'Overlay' 로 변경합니다. **04** 갈라진 배경의 틈 사이로 새어나오는 빛을 적용할 레이어를 만듭니다. 그런 다음 단축키 Shift + Ctrl + N 을 눌러 신규 레이어를 만들고 레이어 이름을 '크랙 하이라이트' 로 입력하세요.

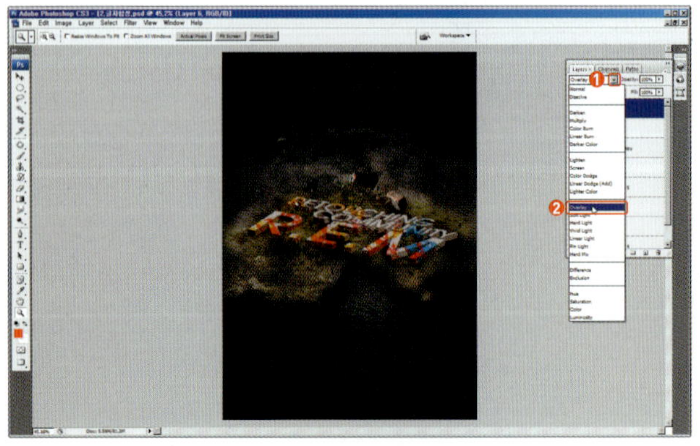
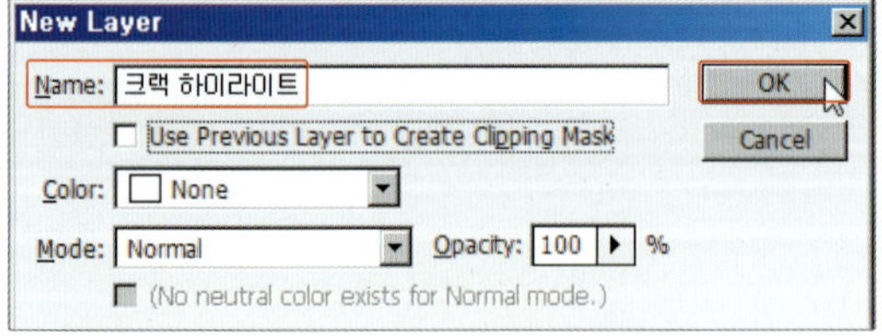

05 전경색을 흰색으로 지정하고 다음의 그림과 같이 글자 테두리에 칠합니다. 그런 다음 'Filter' → 'Noise' → 'Add Noise' 메뉴를 선택합니다. **06** 'Add Noise' 대화상자가 나타나면 다음의 그림과 같이 지정합니다.

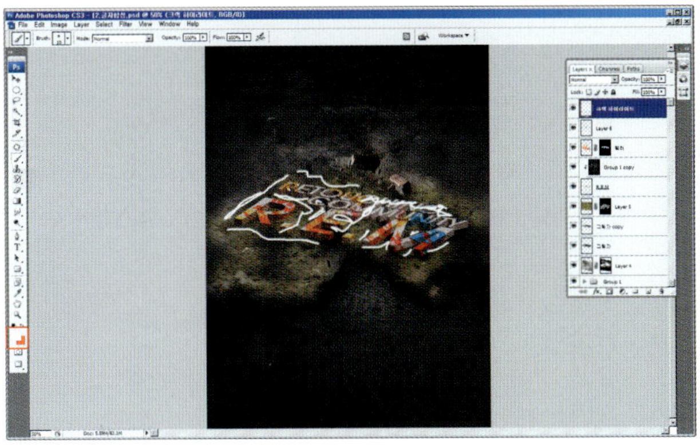

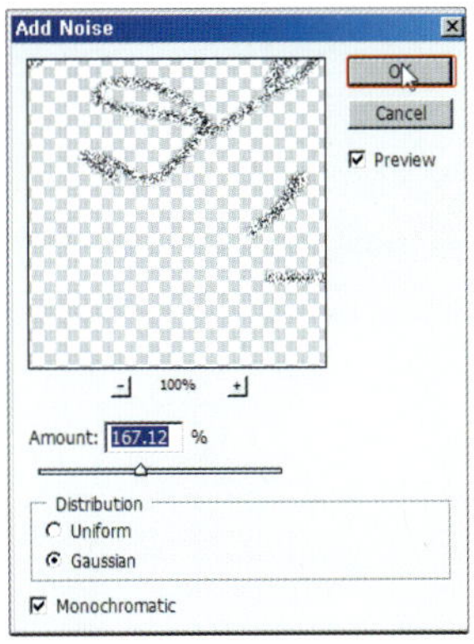

07 확산되는 빛을 표현하기 위해 'Filter' → 'Blur' → 'Radial Blur' 메뉴를 선택합니다. **08** 'Radial Blur' 대화상자가 나타나면 다음의 그림과 같이 지정하고 'Blur Center'의 위치를 살짝 아래로 이동한 후 'OK' 버튼을 클릭합니다.

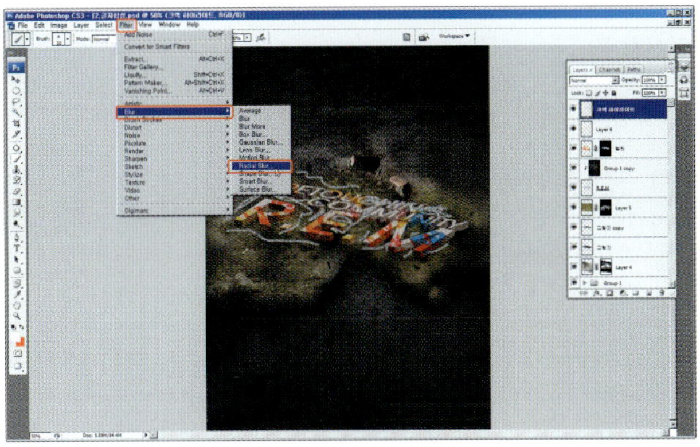

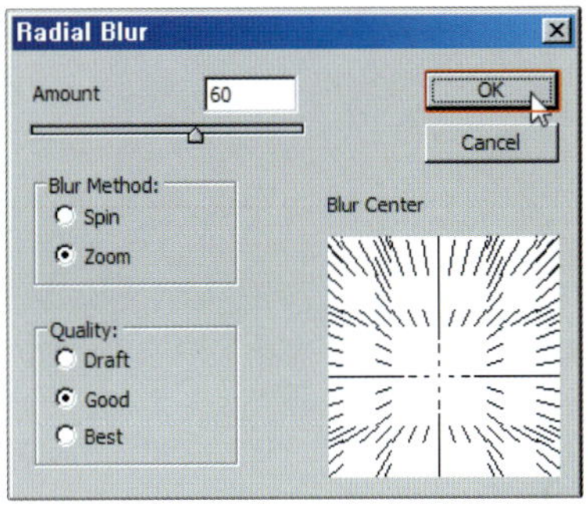

09 단축키 Ctrl + T를 눌러 크기를 크게 하고 하이라이트 영역을 확장합니다. **10** 'Layers' 팔레트에서 보정 레이어 아이콘( )을 클릭한 후 'Hue/Saturation'을 선택합니다.

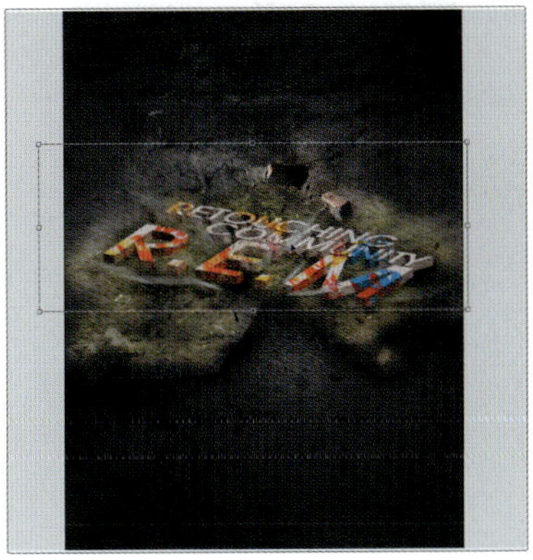

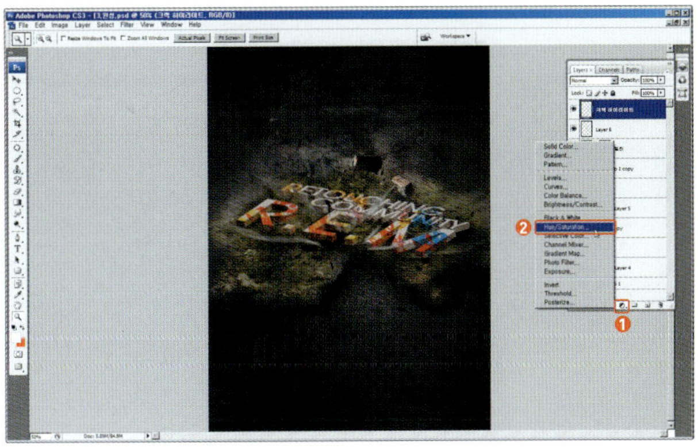

11 'Hue/Saturation' 대화상자가 나타나면 'Saturation'을 '+19'로 입력하여 전체적인 채도를 올려서 컬러 부분의 색감을 높입니다. **12** 'Layers' 팔레트에서 보정 레이어 아이콘()을 클릭한 후 'Brightness/Contrast'를 선택합니다.

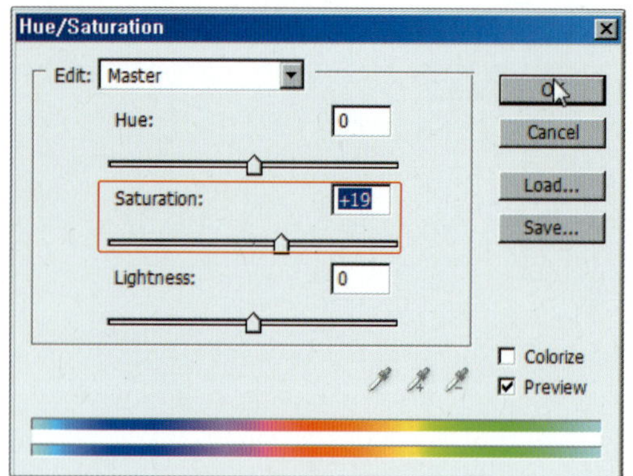

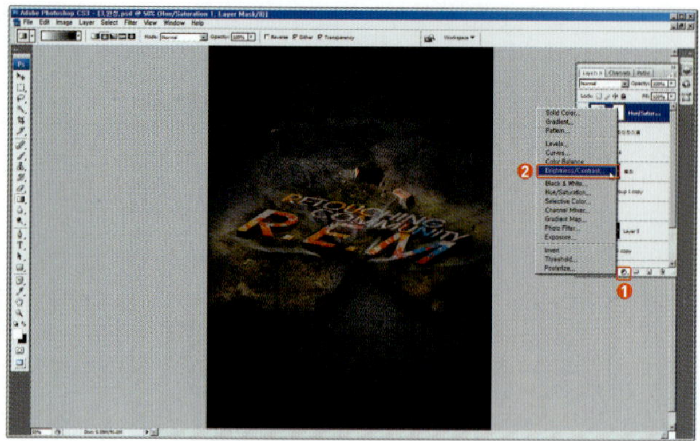

13 'Brightness/Contrast' 대화상자가 나타나면 다음의 그림과 같이 지정해 콘트라스트를 높입니다. 그러면 배경과 글자 부분의 대비가 높아져서 더욱 주목하게 됩니다.

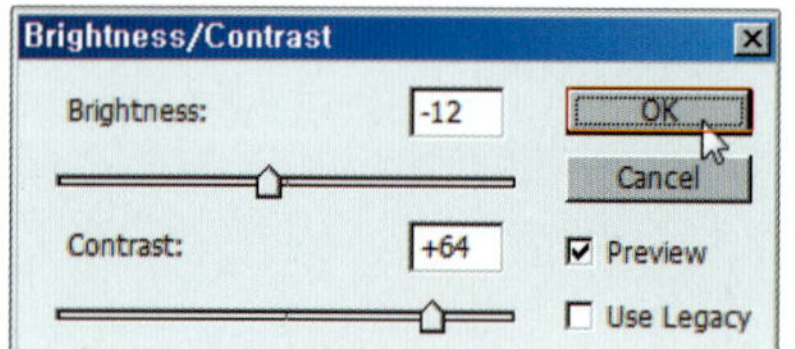

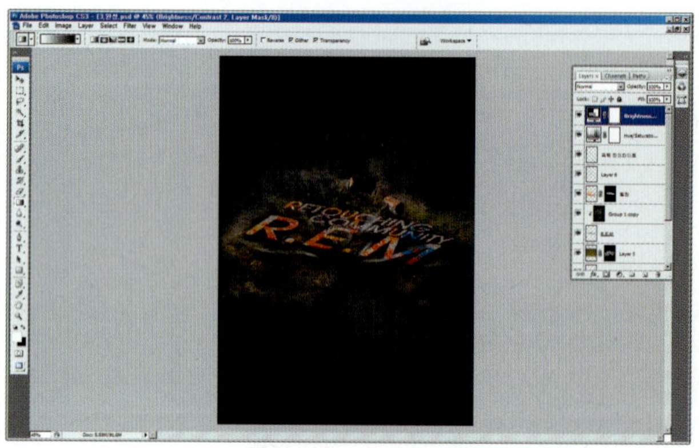

음영을 두 단계로 나눠 적용하기

그림자를 적용할 때 빛이 닿는 부분과 배경과 맞닿는 부분과의 음영 차이를 두 단계로 나눠 적용합니다. 빨간색으로 표시된 부분은 빛이 가장 먼저 닿는 부위이므로 원본 상태에서 커브를 이용해 밝게 보정합니다.

❶ 'Layers' 팔레트를 보면 '그림자 1'과 '그림자 2'가 있는데, 그림자 음영을 약하게 적용할 '그림자 2'를 선택하고 오른쪽 아래로 살짝 이동해 블러를 적용합니다.

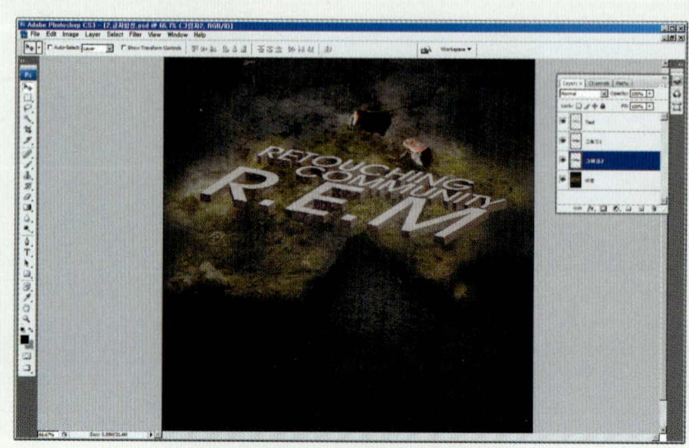

❷ '그림자 2' 레이어에 블러를 강하게 적용하고 '그림자 1' 레이어는 약하게 적용해 배경과 글자 영역이 맞닿는 부분을 더 어둡게 처리합니다.

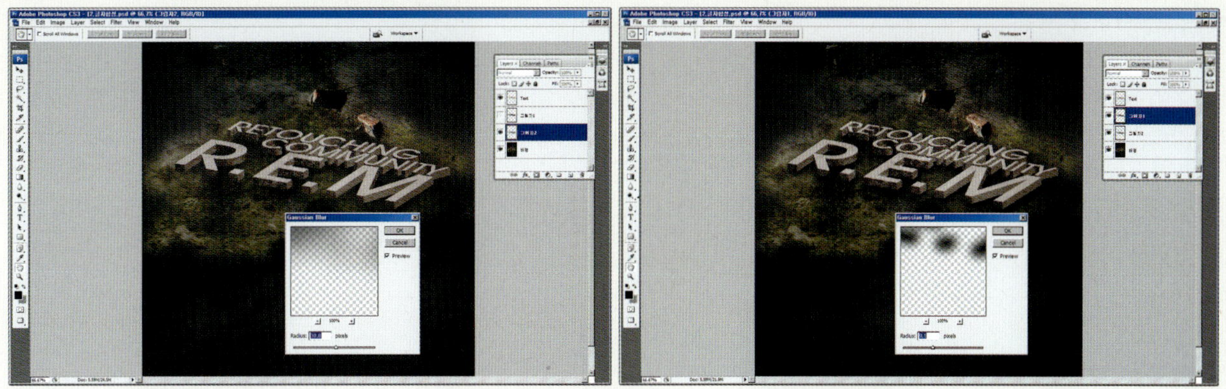

❸ 툴바에서 번 툴(🖐)을 선택하고 옵션바에서 'Range'는 'Midtone', 'Exposure'는 '50~80%'로 지정하여 글자와 배경이 맞닿는 부분을 문질러서 어둡게 표현합니다. 번 툴(🖐)로 이미지를 어둡게 처리할 수 있다는 것은 대부분의 사용자가 알고 있지만, 작업이 쉽지 않아 필자는 좀 더 편리한 방법을 사용하겠습니다. 먼저 'Text' 레이어를 복사하고 복사한 레이어에 'Brightness/Contrast'를 적용합니다. 'Curve' 곡선을 S자 형태로 꺾어서 사용하는 것도 같은 방식입니다.

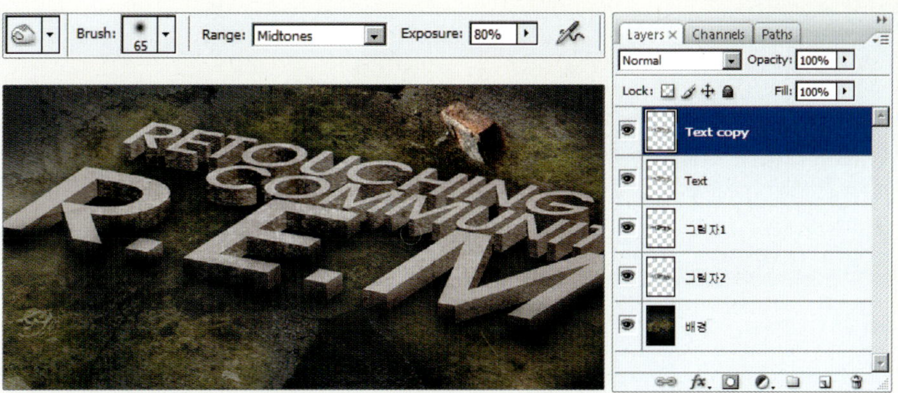

❹ 'Contrast'를 강하게 적용하면 밝은 영역과 어두운 영역이 확실하게 구분되면서 쉽게 보정할 수 있습니다.

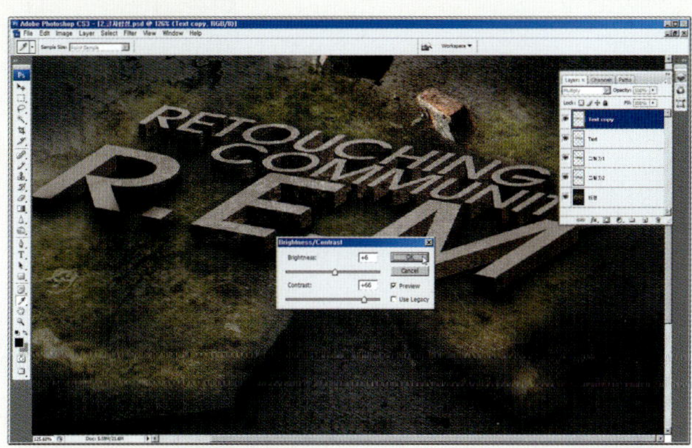

Lesson

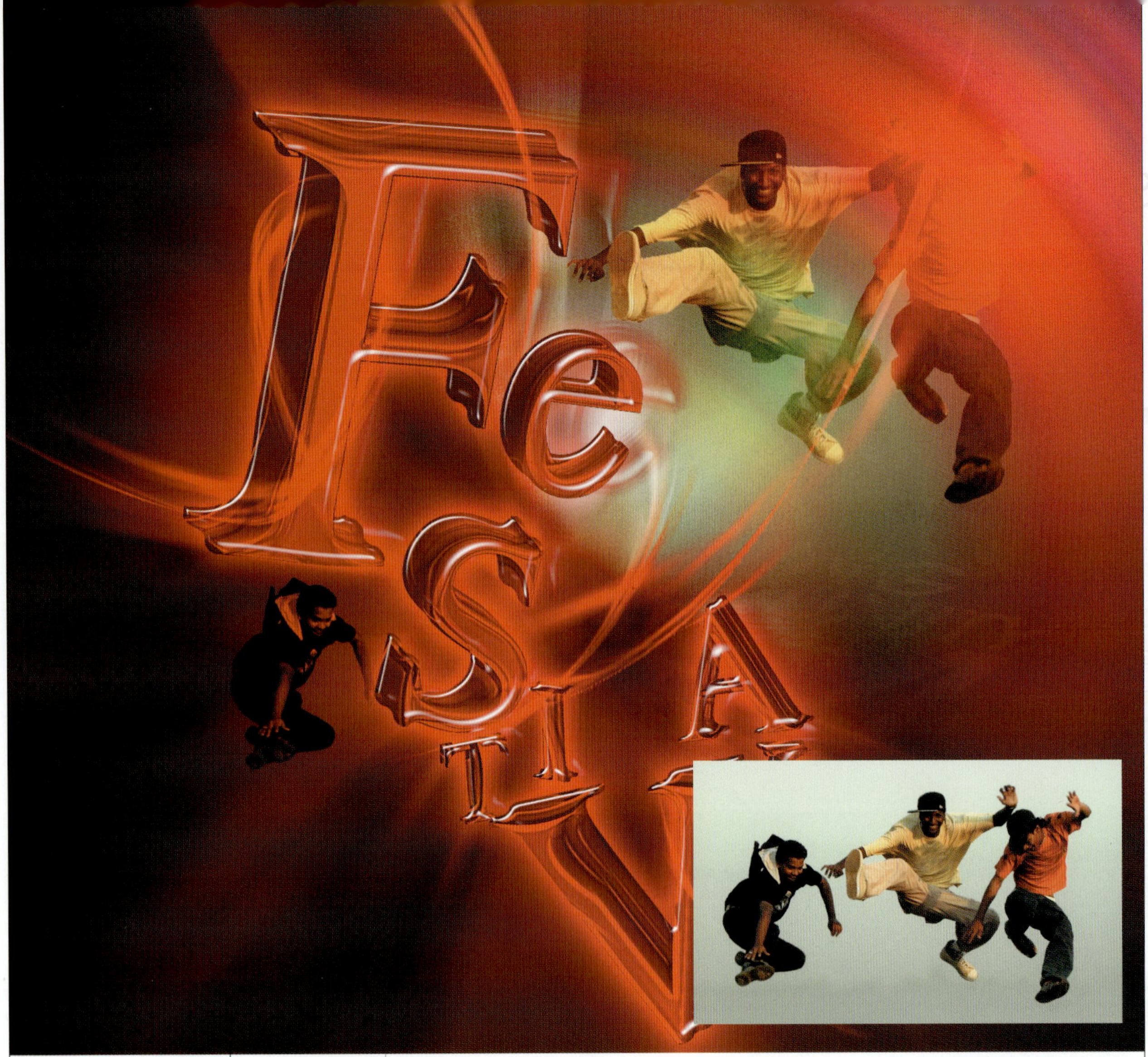

결과 파일 부록 CD\Theme05\Lesson04\페스티발.psd

04 Festival

일러스트레이터로 제작한 3D 타입의 글자에 'Bevel and Emboss' 효과를 적용하여 입체감 있는 글씨를 만든 후 포스터의 메인 이미지로 사용해 보겠습니다.

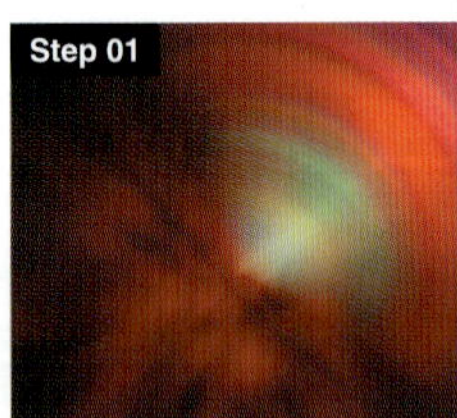

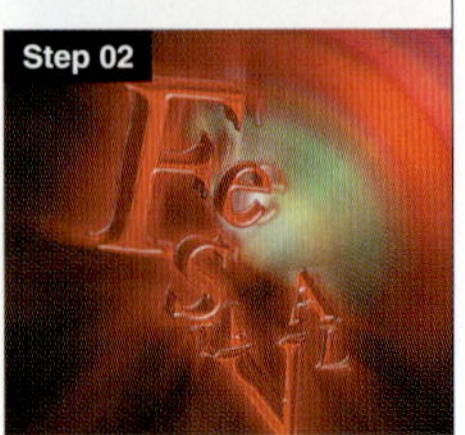

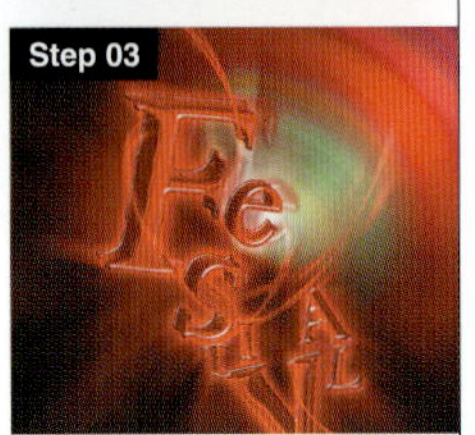

일러스트레이터로 3D 텍스트 효과 연출하기

'돌출과 경사' 필터를 활용해 3D 타입의 글자를 제작해 보겠습니다.

예제 파일 부록 CD\Theme05\Lesson04\festival.ai

01 일러스트레이터에서 툴바의 문자 툴(T)을 선택하고 'F'를 입력합니다. **02** 단축키 Ctrl + T 를 눌러 '문자' 팔레트를 나타내고 'Times New Roman Bold'를 선택합니다.

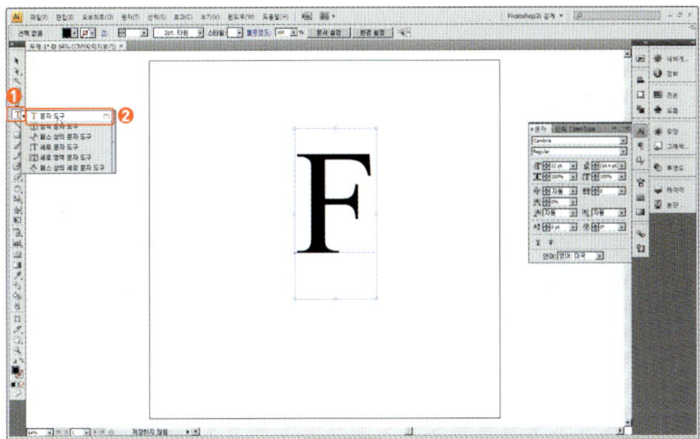

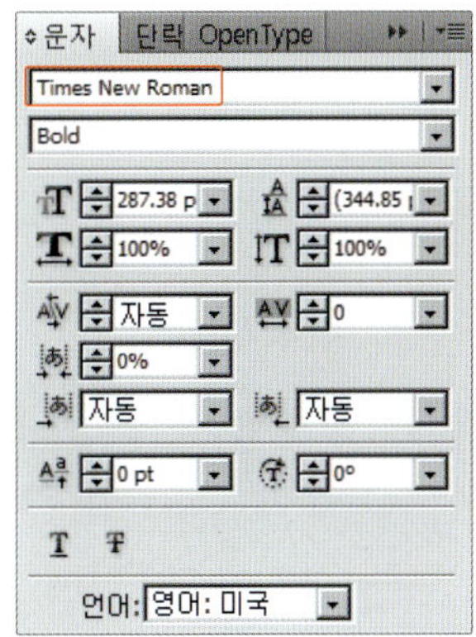

03 '색상 피커' 대화상자에서 글자색을 흰색으로 지정합니다. 돌출과 경사 효과를 사용하면 음영이 자동으로 적용되므로 효과를 적용하기 전에 흰색으로 지정하세요. **04** '효과' → '3D' → '돌출과 경사' 메뉴를 선택합니다.

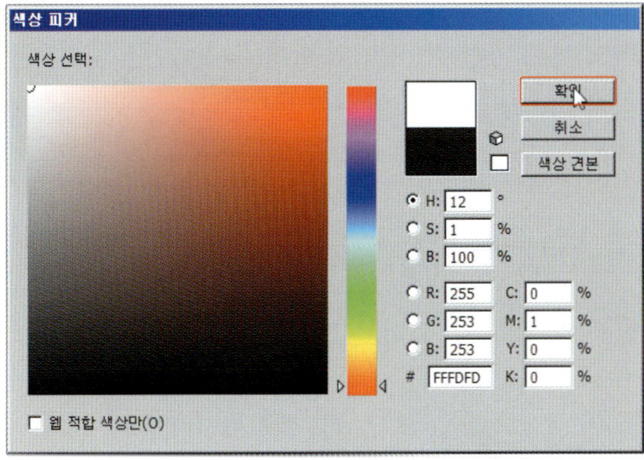

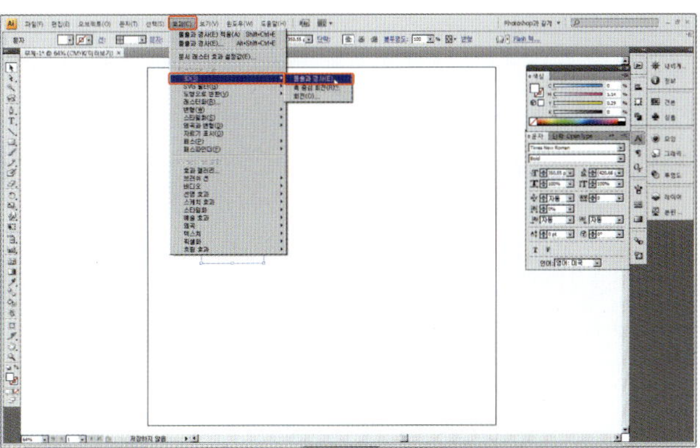

05 '3D 돌출과 경사 옵션' 대화상자가 나타나면 다음의 그림과 같이 지정하여 3D 느낌의 글자를 만듭니다. **06** Alt 를 누른 상태에서 선택 툴(▶)로 글자를 선택하고 이동하여 글자를 복사합니다.

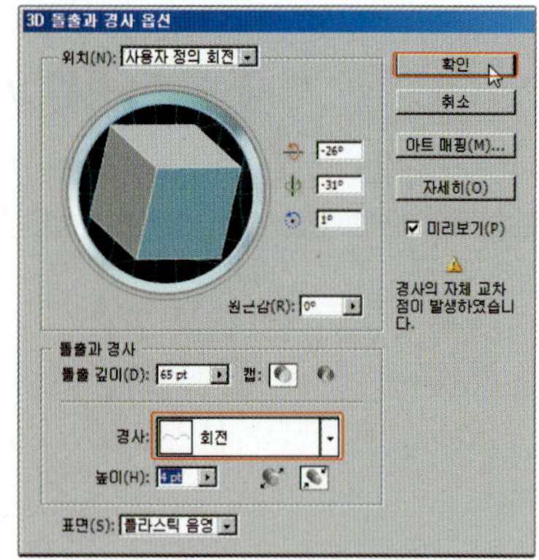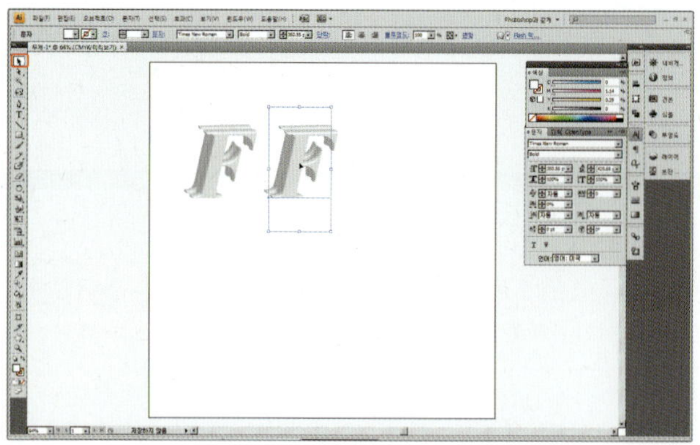

07 '윈도우' → '모양' 메뉴를 선택하여 이미 만들어진 글자의 지정 옵션을 변경할 수 있습니다. **08** '모양' 팔레트에서 '3D 돌출과 경사'를 더블클릭합니다.

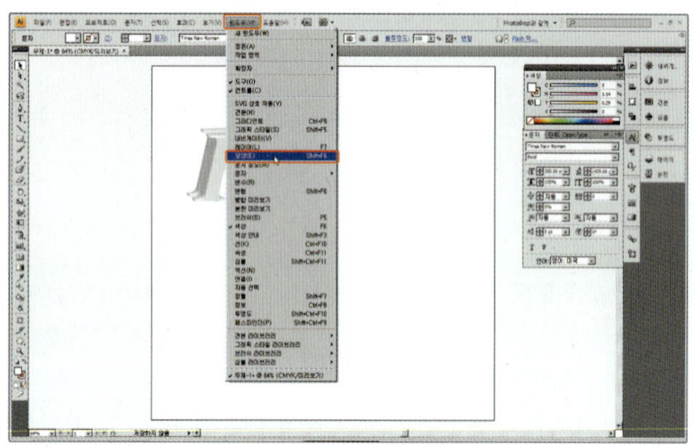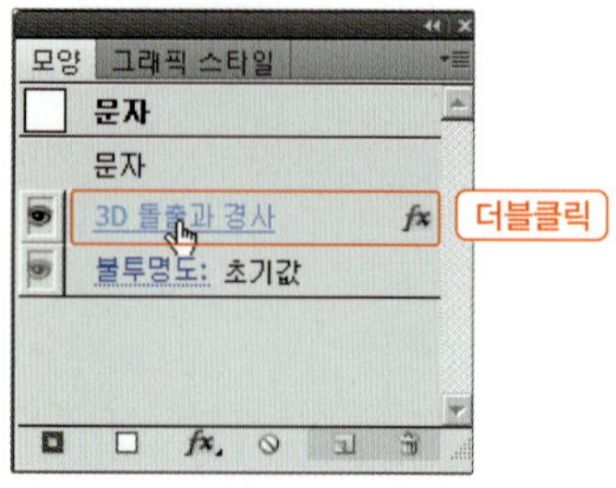

09 '3D 돌출과 경사 옵션' 대화상자가 나타나면 글자에 적용된 필터 속성을 변경할 수 있는데, 각도와 방향을 변형하여 '확인' 버튼을 클릭합니다. **10** 선택 툴(▶)로 'F'와 'E'를 선택하고 Alt 를 누른 상태에서 아래쪽으로 이동하여 복사합니다.

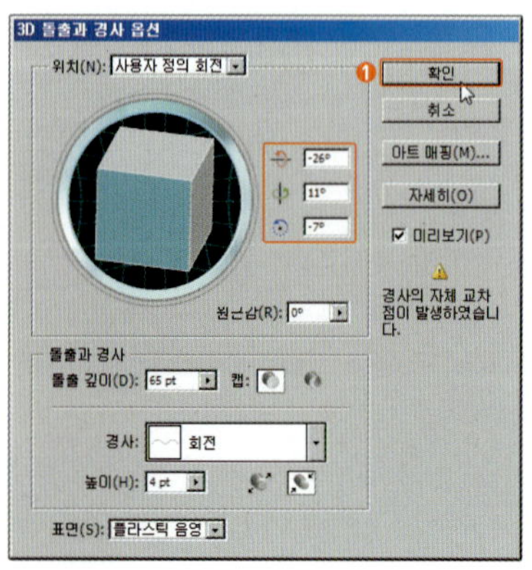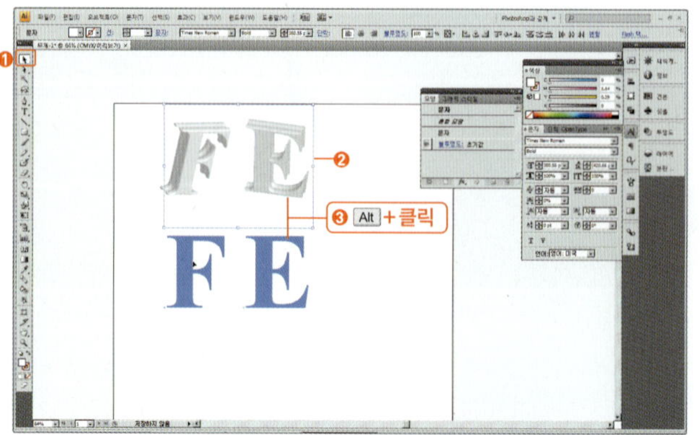

11 문자 툴(T)로 복사한 글자들을 'S, T, I, V, A, L'로 입력합니다. **12** 직접 선택 툴(↖)로 각 글자의 크기를 조절하여 불규칙적으로 배치합니다.

 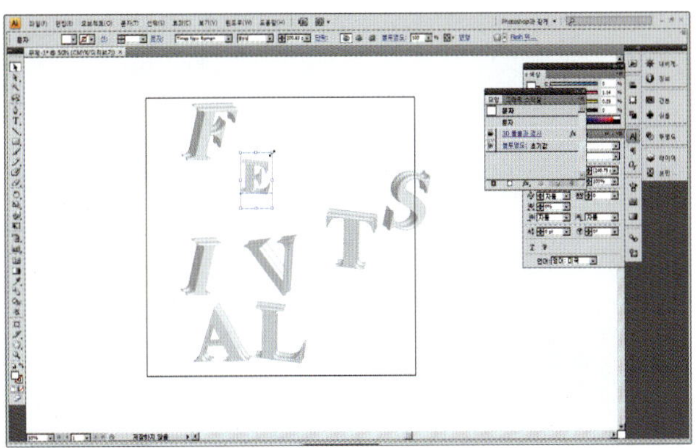

13 다음의 그림과 같이 글자를 배치하여 글자 자체에서 운동감이 느껴지도록 표현합니다. **14** '파일' → '저장' 메뉴를 선택하여 '다른 이름으로 저장' 대화상자를 나타낸 후 'Festival.ai'로 저장합니다.

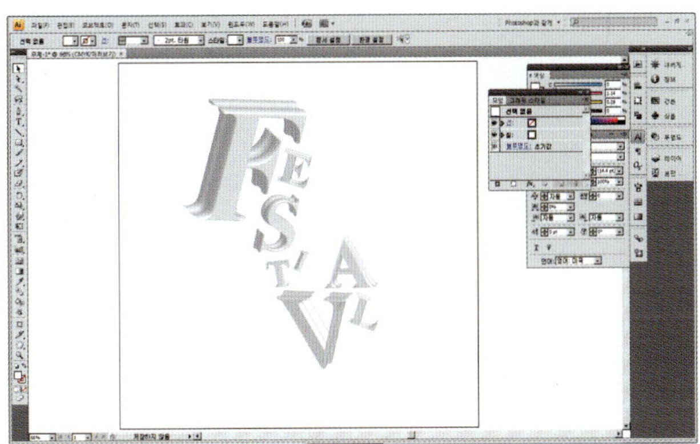 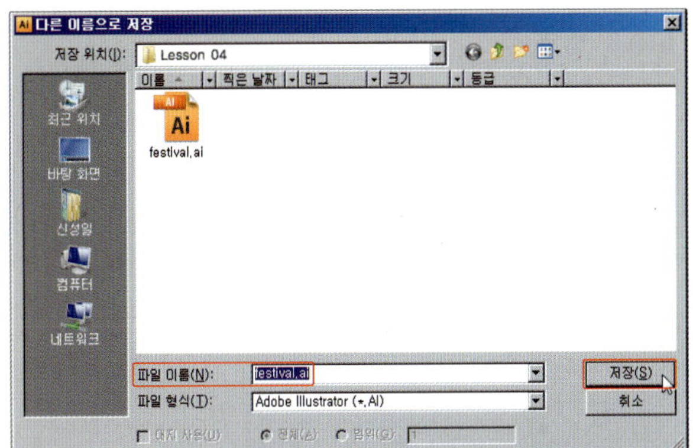

배경 작업하기

그러데이션과 'Cloud' 필터를 활용해 배경을 완성해 보겠습니다.

01 'File' → 'New' 메뉴를 선택하고 다음의 그림과 같이 지정한 후 'OK' 버튼을 클릭합니다.

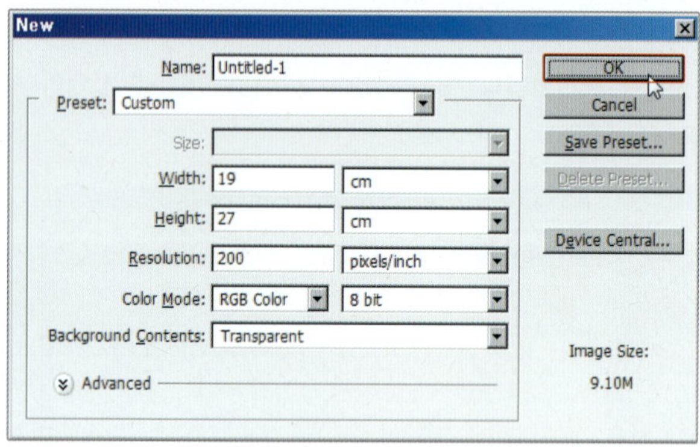

02 'Coloer Picker' 대화상자가 나타나면 전경색에는 '#e90000', 배경색에는 '#3a0000'을 입력합니다. **03** 툴바에서 그레이디언트 툴(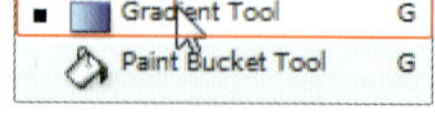)을 선택합니다.

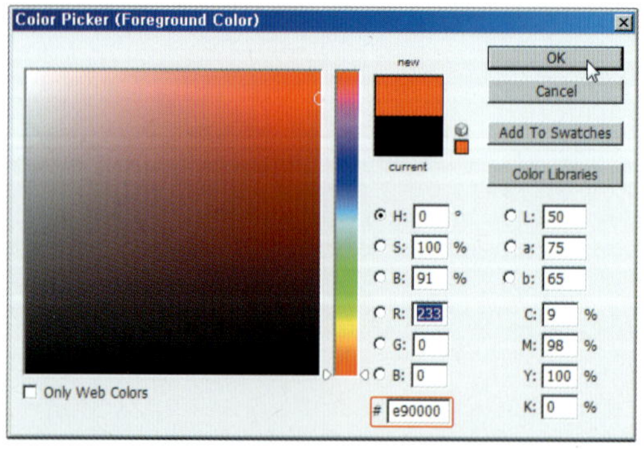

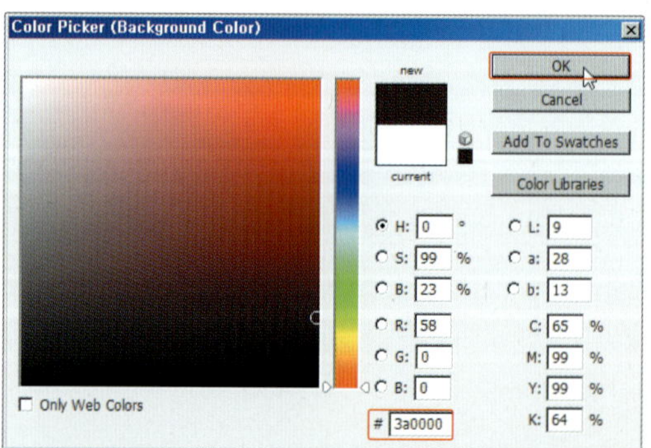

04 'Gradient Editor' 대화상자가 나타나면 'Foreground to Background'를 선택하고 원형 그레이디언트를 지정합니다.

05 중앙에서 대각선 측면으로 그러데이션을 적용합니다.

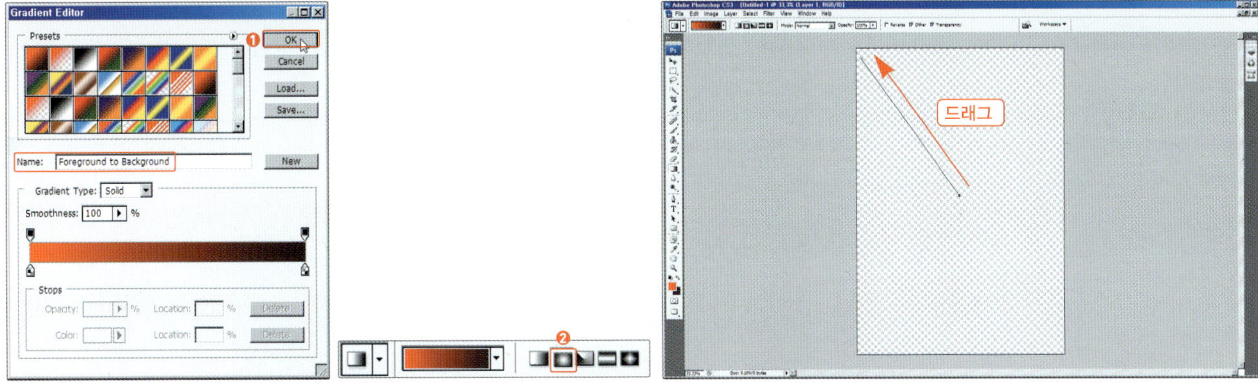

06 단축키 Shift + Ctrl + N 을 눌러 신규 레이어를 만들고 레이어 이름을 '렌더'로 입력합니다. **07** 'Filter' → 'Lender' → 'Cloud' 메뉴를 선택합니다.

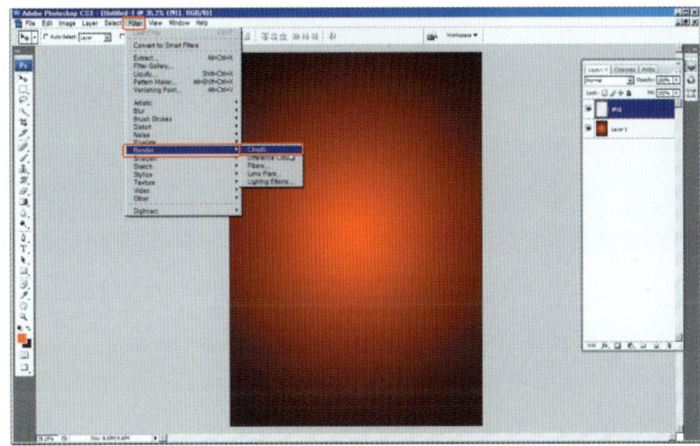

08 블렌딩 모드를 'Multiply'로 지정해 하위 레이어에 진하게 적용합니다. **09** 방사형으로 블러를 적용하기 위해 'Filter' → 'Blur' → 'Radial Blur' 메뉴를 선택합니다.

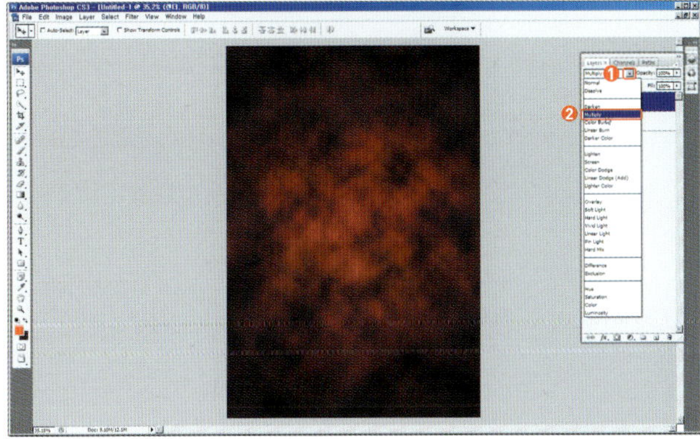

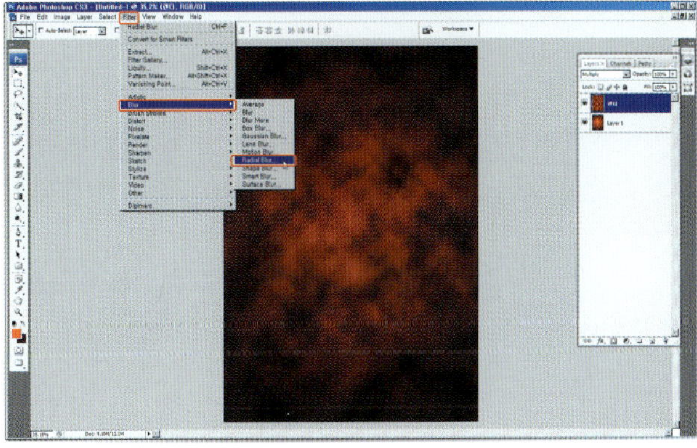

10 'Radial Blur' 대화상자가 나타나면 다음의 그림과 같이 지정하고 'OK' 버튼을 클릭합니다.

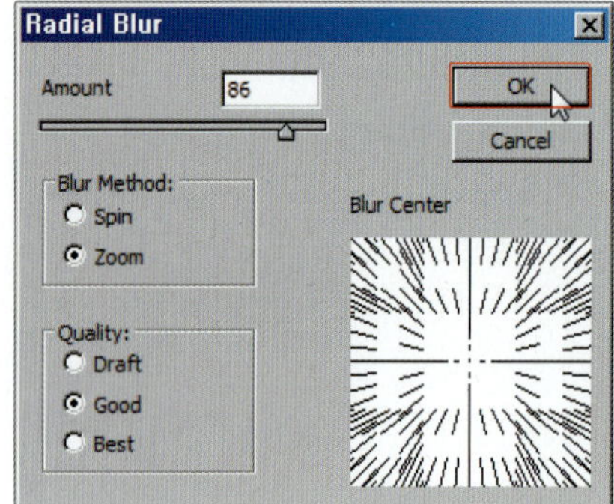

배경에 색상 지정하기

Noise 타입의 그러데이션을 적용하고 Radial Blur를 실행해 보겠습니다.

결과 파일 부록 CD\Theme05\Lesson04\배경완성.psd

01 단축키 Shift + Ctrl + N 을 눌러 신규 레이어를 만들고 레이어 이름을 '그라디언트'로 입력합니다. **02** 툴바에서 사각 선택 툴(□)을 선택합니다.

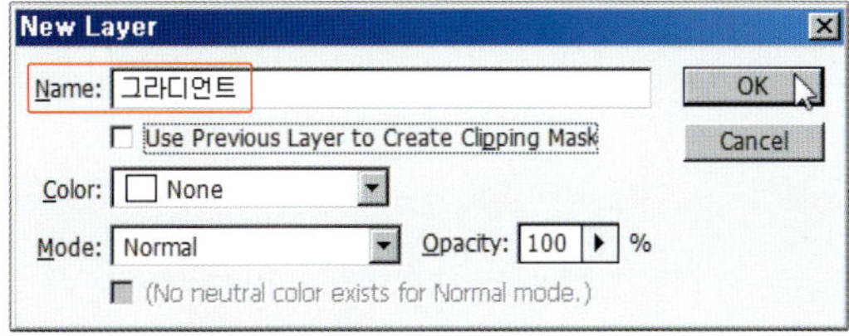

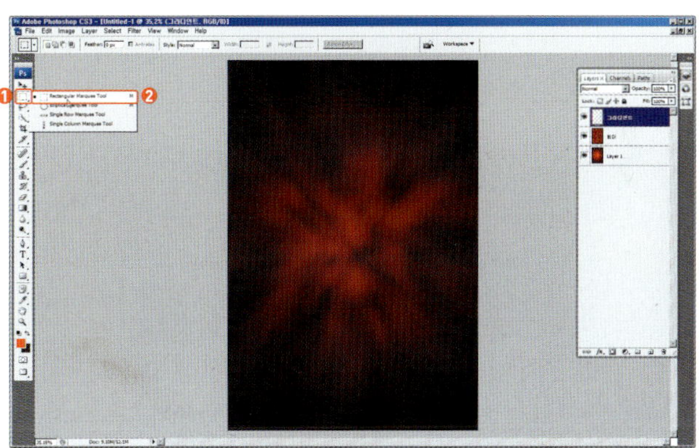

03 다음의 그림과 같이 드래그해서 선택 영역을 지정합니다. **04** 툴바에서 그레이디언트 툴(■)을 선택합니다.

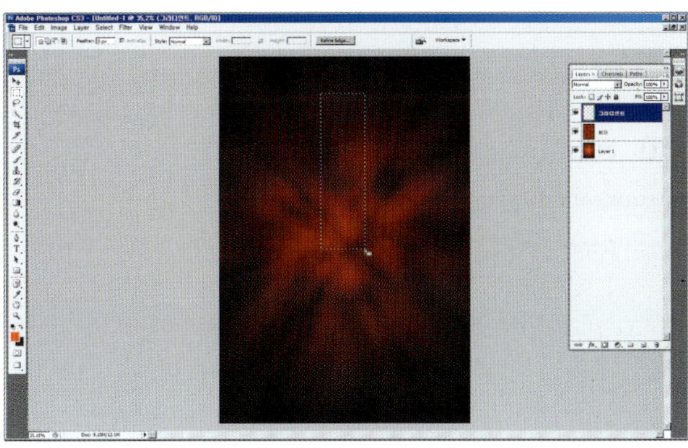

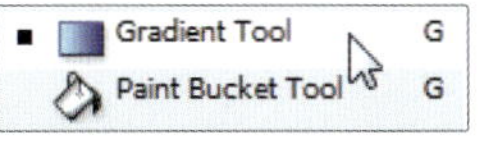

05 옵션바에서 'Gradient Editor'를 클릭해 'Gradient Editor' 대화상자를 나타내고 'Gradient Type'을 'Noise'로 지정합니다. **06** 'Randomize' 버튼을 연속 클릭하여 다음의 그림과 같은 그레이디언트 타입을 선택하고 'OK' 버튼을 클릭합니다.

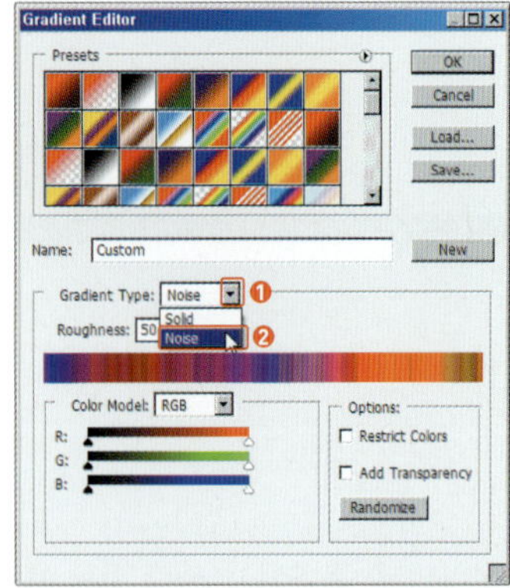 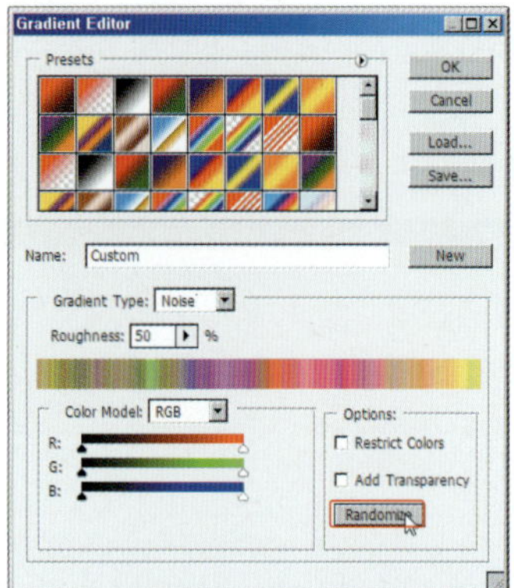

07 세로 방향으로 그러데이션을 적용하고 단축키 Ctrl + D 를 눌러 선택 영역을 해제합니다. **08** 단축키 Ctrl + T 를 누르고 마우스 오른쪽 버튼을 클릭한 후 바로 가기 메뉴에서 'Disort'를 선택합니다.

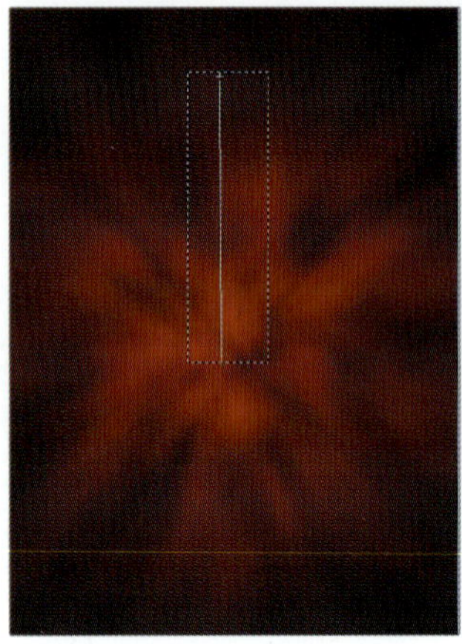 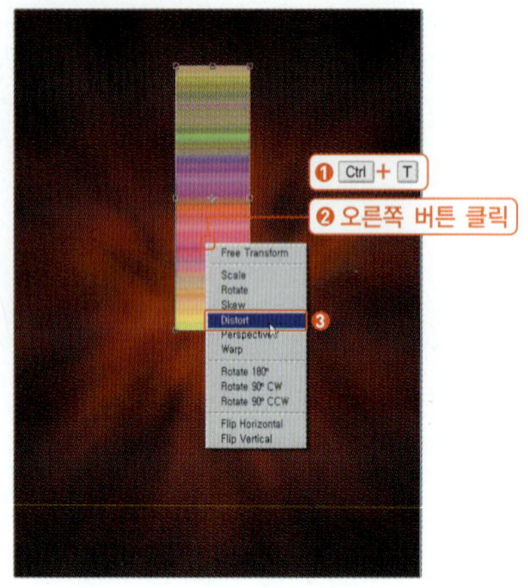

09 위쪽 꼭지점을 좌우로 늘리고 아래쪽을 중앙으로 좁게 조절합니다. **10** 'Filter' → 'Blur' → 'Radial Blur' 메뉴를 선택합니다.

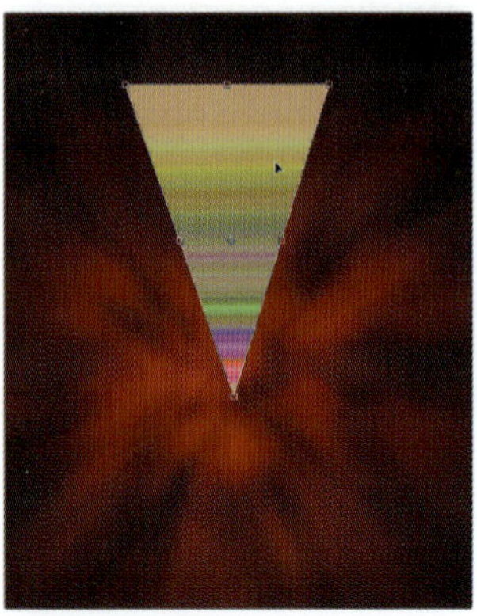 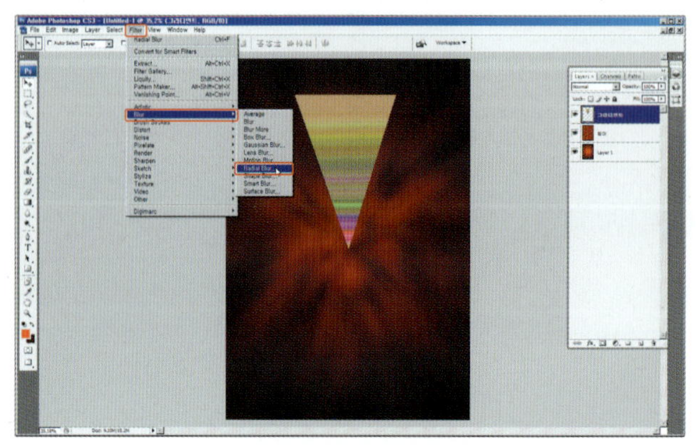

11 'Radial Blur' 대화상자가 나타나면 다음의 그림과 같이 지정하고 'OK' 버튼을 클릭합니다. **12** 단축키 `Ctrl` + `T` 를 누르고 오른쪽으로 회전합니다.

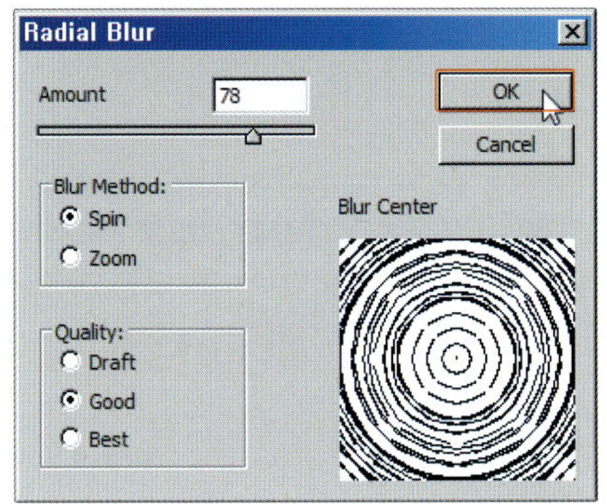

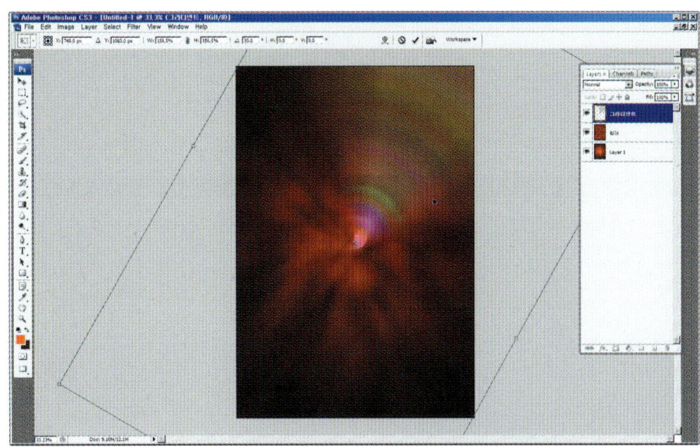

13 'Image' → 'Adjustments' → 'Color Balance' 메뉴 (`Ctrl` + `B`)를 선택합니다. 'Color Balance' 대화상자가 나타 나면 오른쪽 다음의 그림과 같이 지정하여 'Red' 색감을 높입 니다.

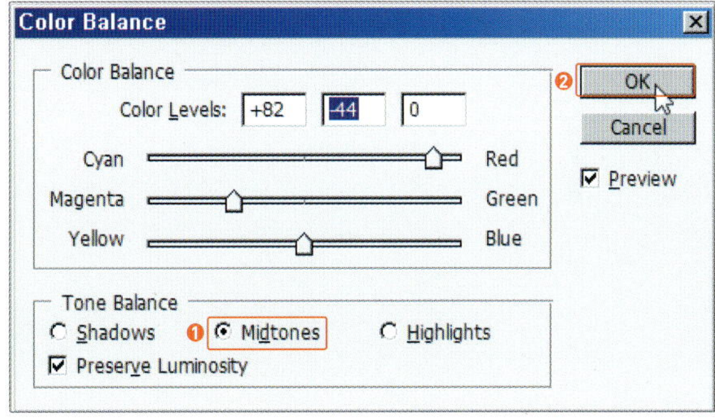

글자 합성하기

완성한 배경에 3D 타입의 글자를 삽입하고 'Bevel and Emboss' 효과를 적용해 보겠습니다.

예제 파일 부록 CD\Theme05\Lesson04\festival.ai

01 부록 CD에서 'festival.ai' 파일을 불러옵니다. **02** 단축키 Ctrl + A, Ctrl + C, Ctrl + W를 차례대로 눌러 작업 창에 이미지를 복사한 후 작업 창을 닫습니다.

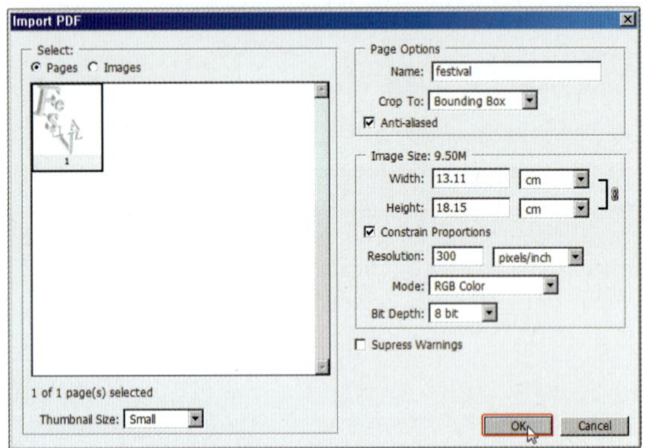
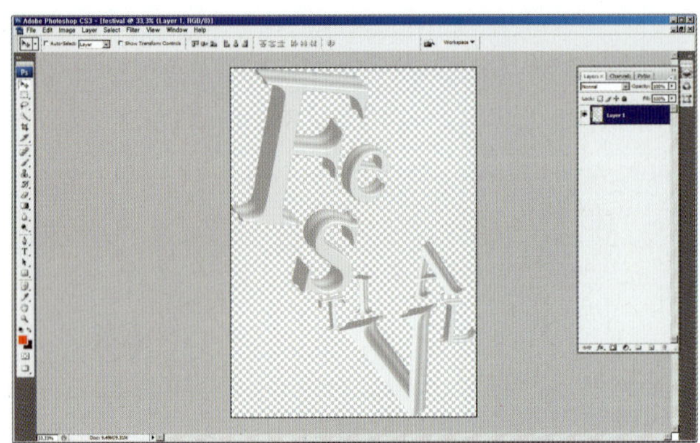

03 단축키 Ctrl + V를 눌러 이미지를 붙여넣기합니다. **04** 단축키 Ctrl + T를 눌러 다음의 그림과 같이 배치하고 'Layers' 팔레트의 맨 위에 올려놓고 더블클릭합니다.

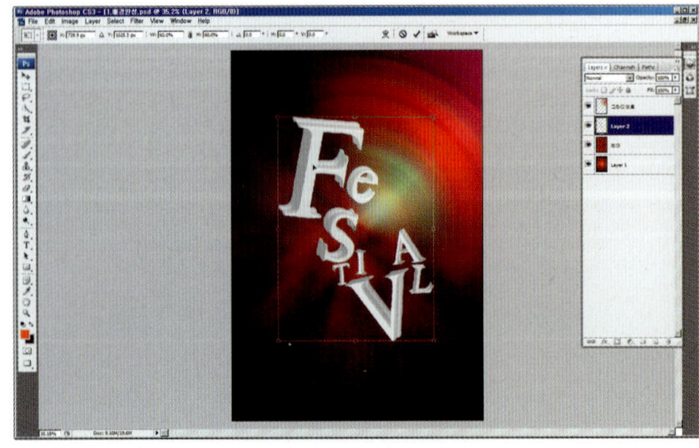
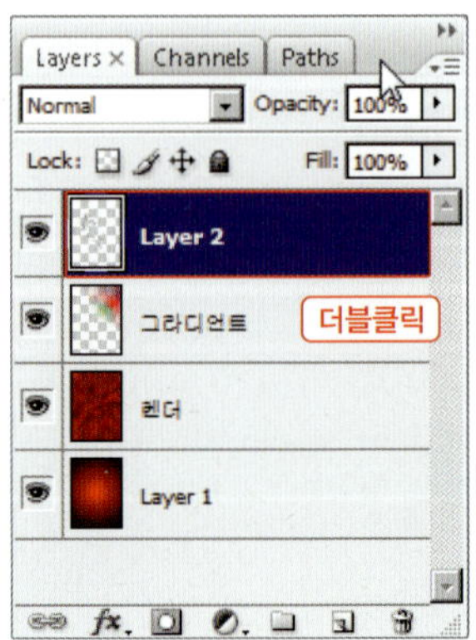

05 'Layer Style' 대화상자가 나타나면 'Color Overlay' 에 체크 표시하고 'Blend Mode' 를 'Multiply' 로 선택합니다. **06** 'Bevel and Emboss' 에 체크 표시하고 다음의 그림과 같이 지정한 후 'OK' 버튼을 클릭합니다.

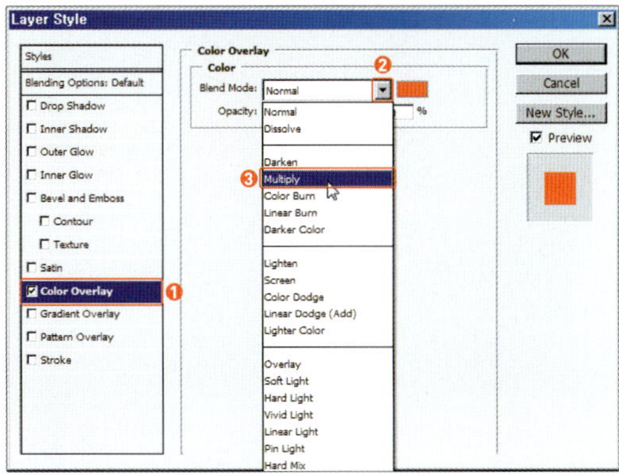
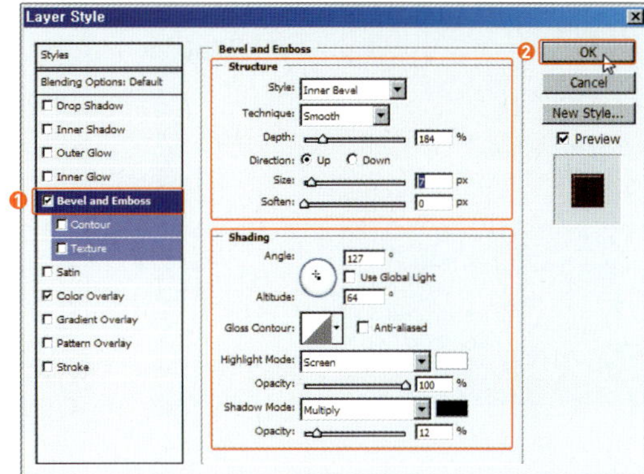

07 'Image' → 'Adjustments' → 'Curves' 메뉴(Ctrl + M)를 선택합니다. **08** 'Curves' 대화상자가 나타나면 다음의 그림과 같이 조절해 'Shadow' 영역을 어둡게 표현합니다.

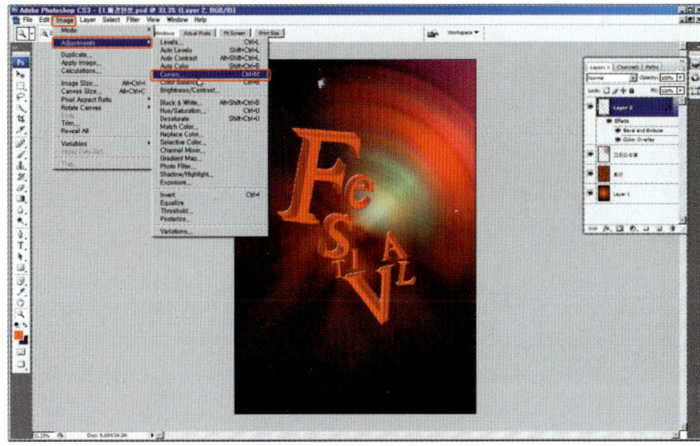
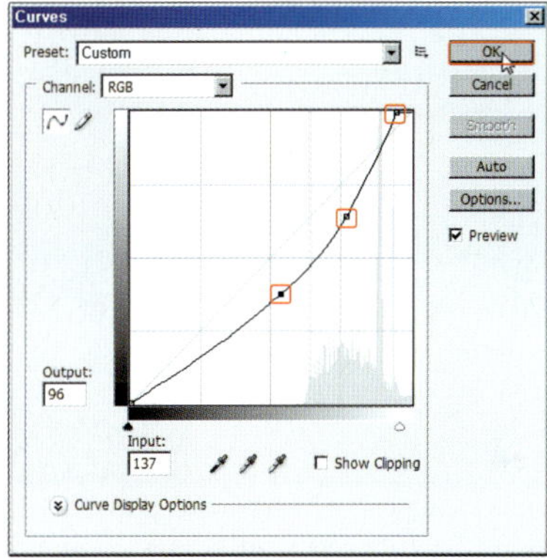

09 'Filter' → 'Artistic' → 'Plastic Wrap' 메뉴를 선택합니다. **10** 'Plastic Wrap' 대화상자가 나타나면 'Highlight Strength' 는 '17', 'Detail' 은 '8', 'Smoothness' 는 '6' 을 입력하여 플라스틱 재질 표현과 질감 및 반사광을 표현합니다.

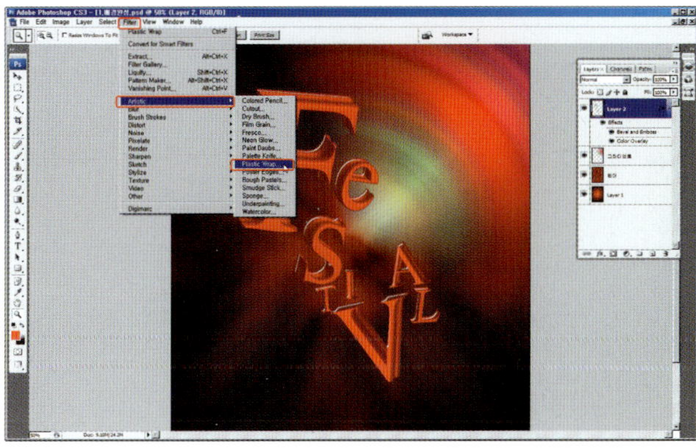
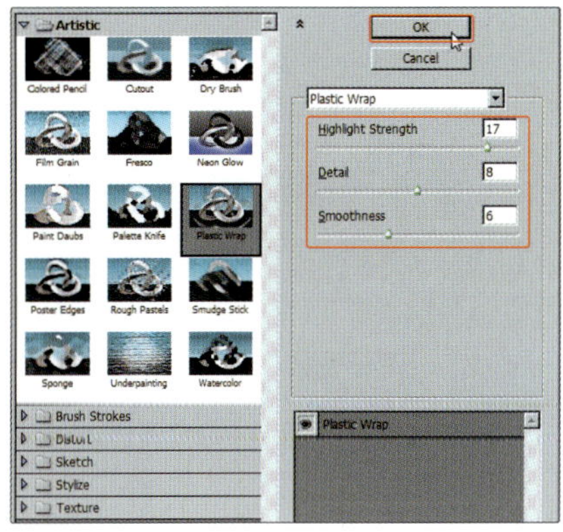

11 단축키 Ctrl + J 를 눌러 'Layer 2' 레이어를 복사합니다. **12** 'Filter' → 'Disort' → 'Wave' 메뉴를 선택합니다.

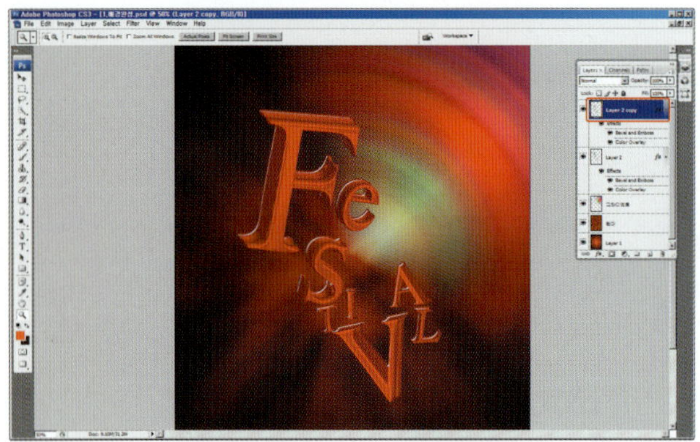 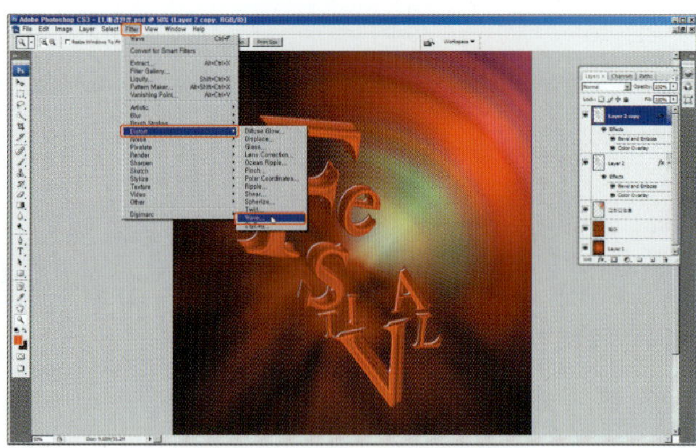

13 'Wave' 대화상자가 나타나면 다음의 그림과 같이 지정하고 'OK' 버튼을 클릭합니다. **14** 마치 열기에 녹는 듯한 느낌을 표현했습니다.

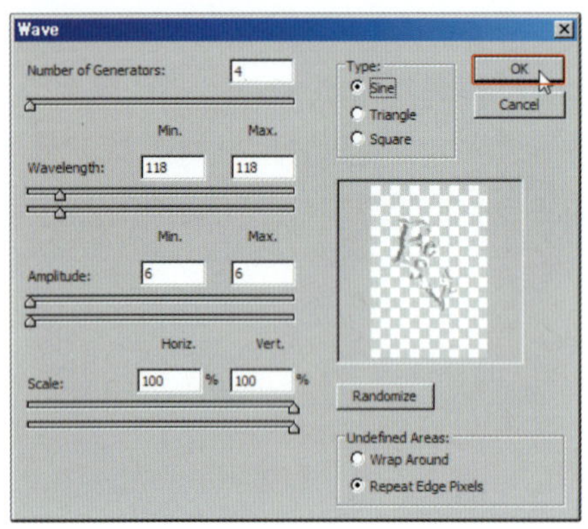 

15 'Layer 2' 레이어와 'Layer 2 copy' 레이어 사이를 Alt 를 누른 상태에서 클릭하여 클리핑 상태로 만듭니다. 그런 다음 'Layer 2 copy' 레이어를 선택하고 'Add Layer Mask' 아이콘(◻)을 클릭해서 마스크를 씌우세요. **16** 툴바에서 브러시 툴(✎)을 선택하고 전경색을 검은색으로 지정합니다. 그런 다음 글자의 안쪽 면을 문질러서 'Wave' 효과를 테두리 부분에만 적용해 열기 때문에 살짝 흘러내린 듯한 느낌을 표현하세요.

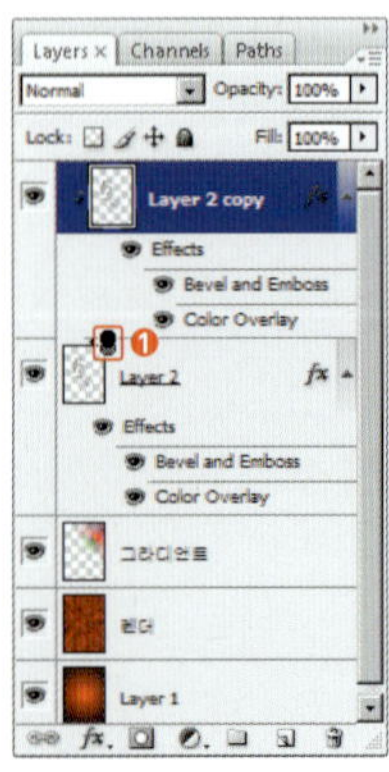 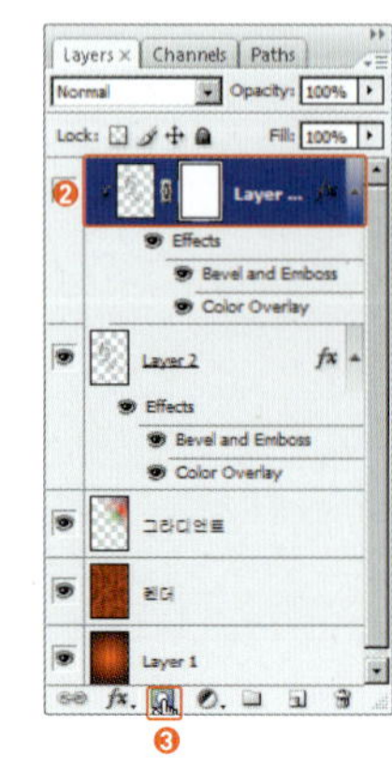 

17 `Ctrl` 을 누른 상태에서 'Layer 2' 레이어와 'Layer 2 copy' 레이어를 선택하고 단축키 `Ctrl` + `G` 를 눌러 그룹화합니다.

18 'Group 1' 레이어를 'Create New Group' 아이콘(□)으로 드래그해 복사합니다.

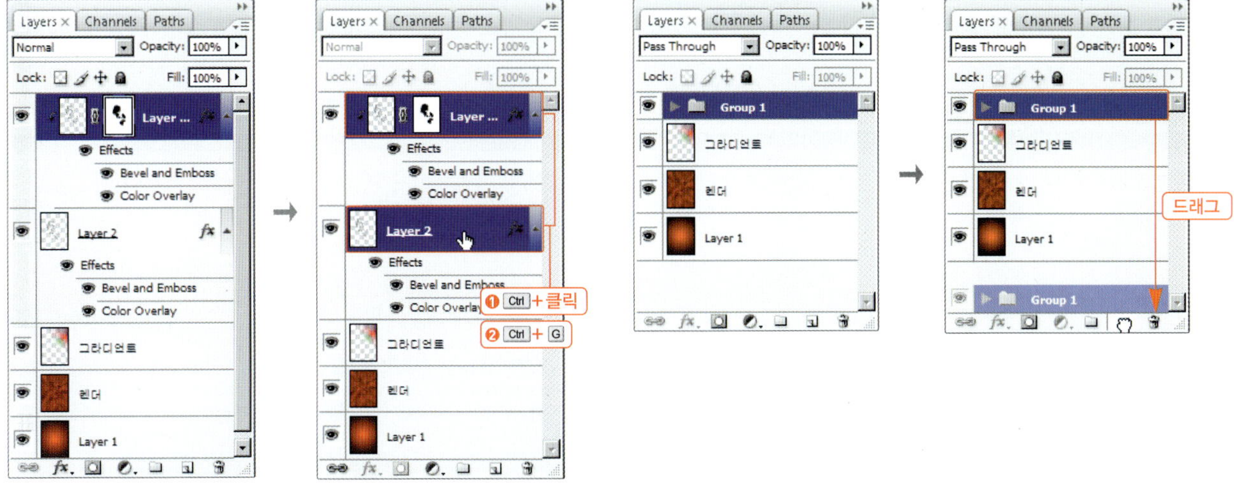

19 단축키 `Ctrl` + `E` 를 눌러 복사한 레이어를 합치고 'Group 1' 레이어를 'Layers' 팔레트의 맨 아래로 이동합니다. 그런 다음 레이어 이름을 '글자원본' 으로 변경하세요.

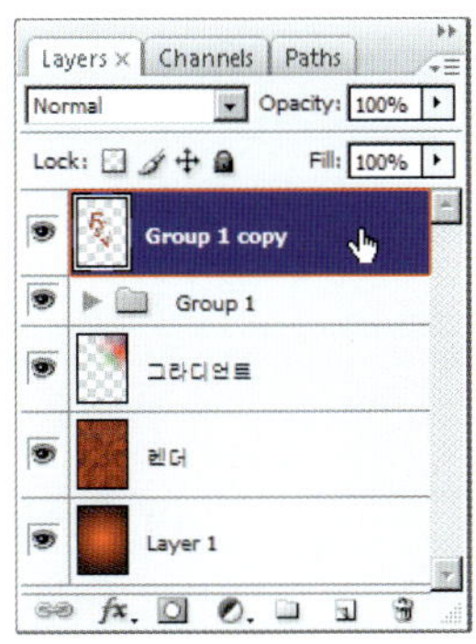
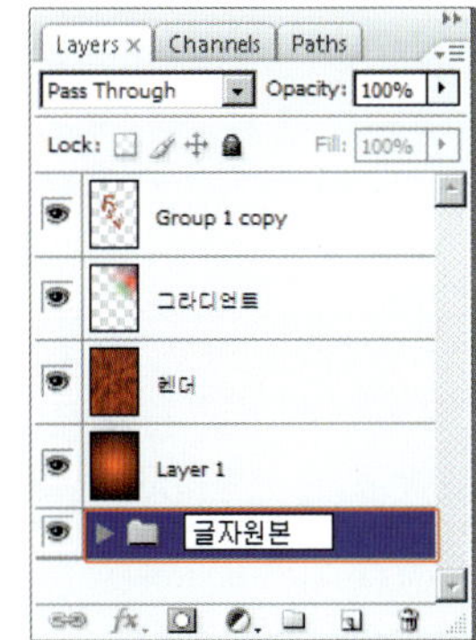

Step 05

글자에 운동감 지정하기

글자를 복사하여 아래쪽으로 배치하고 흔들린 듯한 느낌을 추가해서 운동감을 부여해 보겠습니다.

결과 파일 부록 CD\Theme05\Lesson04\글자완성.psd

01 'Layers' 팔레트에서 'Group 1 copy' 레이어를 더블클릭합니다. **02** 'Layer Style' 대화상자가 나타나면 'Bevel and Emboss' 에 체크 표시하고 다음의 그림과 같이 지정하여 재질감을 높입니다.

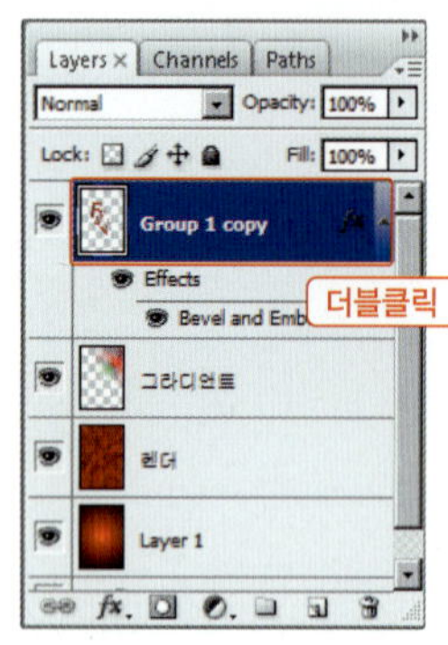
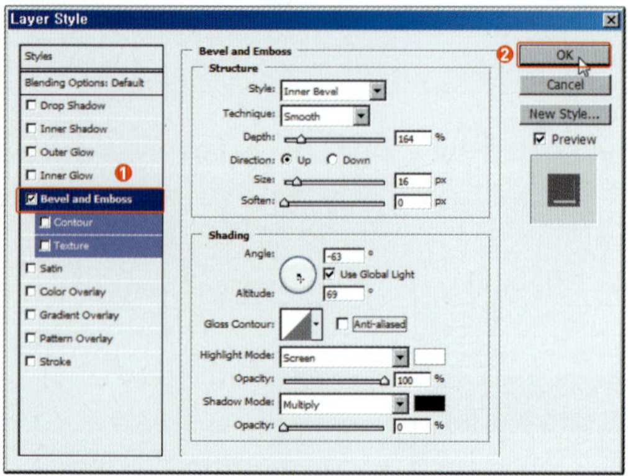

03 'Group 1 copy' 레이어를 단축키 Ctrl + J 를 눌러 복사한 후 복사한 'Group 1 copy 2' 레이어를 'Group 1 copy' 레이어의 아래쪽에 올려놓습니다. **04** 'Filter' → 'Pixelate' → 'Fragment' 메뉴를 선택합니다.

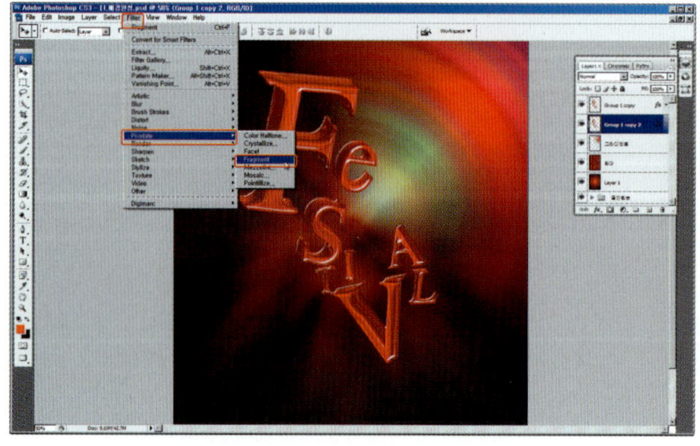

05 'Fragment' 필터는 마치 이미지를 빠른 속도로 연속해서 흔드는 느낌을 줍니다.

06 단축키 Ctrl+T 를 눌러 오른쪽으로 살짝 회전하고 'Opacity'를 '50%'로 조절합니다. **07** 단축키 Ctrl+J 를 눌러 'Group 1 copy 2' 레이어를 복사합니다. 그런 다음 단축키 Ctrl+T 를 눌러 왼쪽으로 다음의 그림과 같이 회전하여 흔들리는 느낌을 표현하고 'Opacity'를 '10%'로 조절하세요.

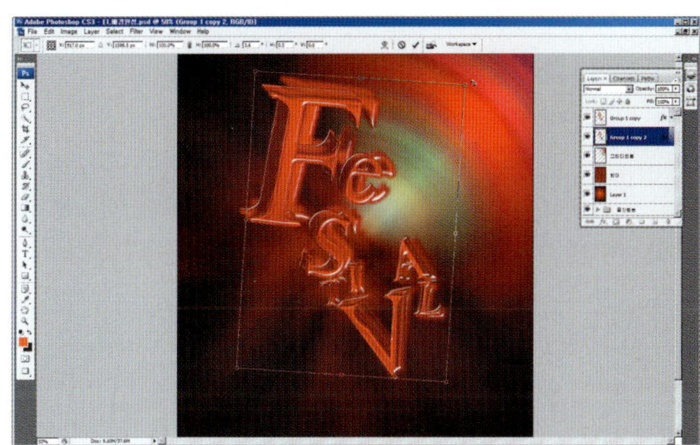 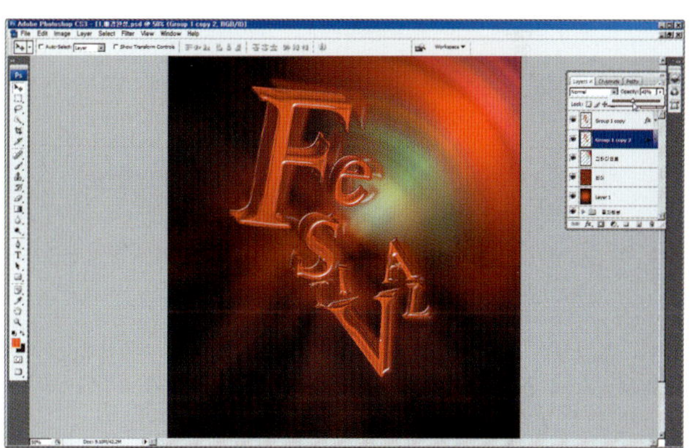

08 Ctrl 을 누른 상태에서 'Group 1 copy' 레이어를 선택하여 선택 영역으로 활성화합니다. **09** 단축키 Shift+Ctrl+N 을 눌러 신규 레이어를 만들고 레이어 이름을 '하이라이트'로 입력합니다.

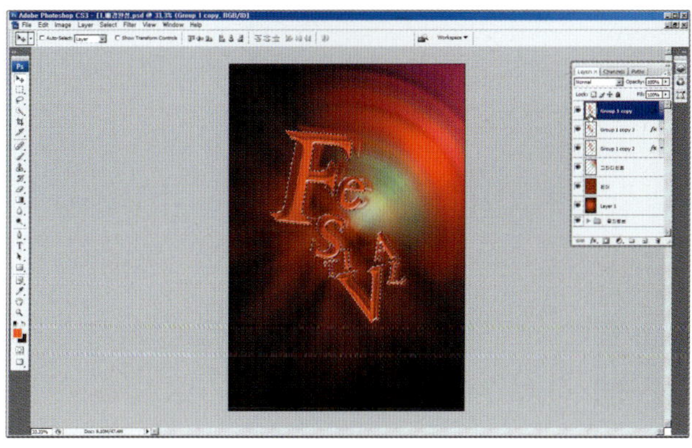 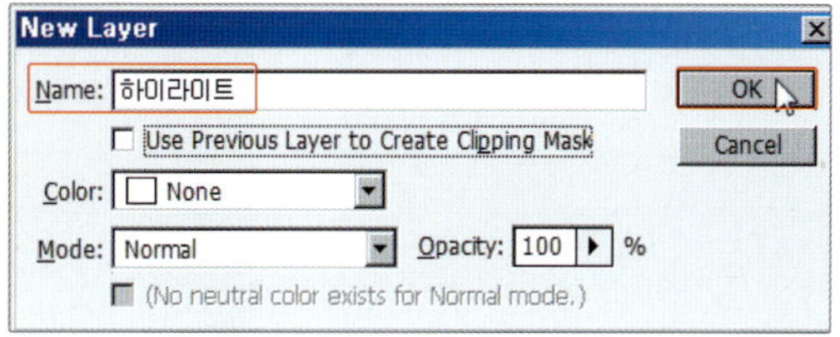

10 '하이라이트' 레이어를 '그라디언트' 레이어의 위쪽으로 이동하고 전경색을 흰색으로 채웁니다. 'Transparent' 상태에서는 노이즈 필터가 적용되지 않습니다. **11** '하이라이트' 레이어를 선택한 상태에서 'Filter' → 'Noise' → 'Add Noise' 메뉴를 선택합니다.

 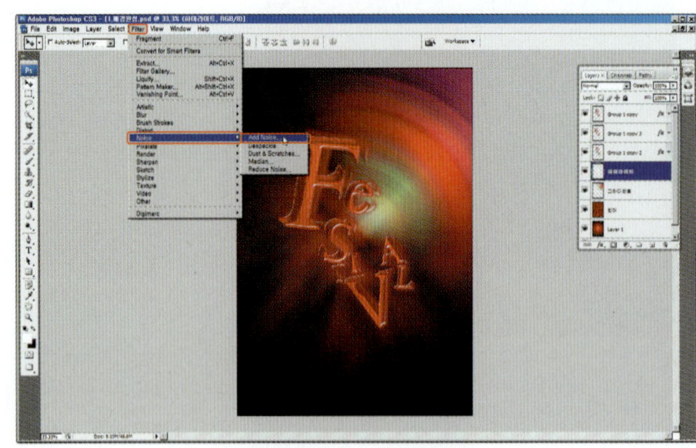

12 'Add Noise' 대화상자가 나타나면 다음의 그림과 같이 지정하고 'OK' 버튼을 클릭합니다. **13** 방사형 블러를 적용하기 위해 'Filter' → 'Blur' → 'Radial Blur' 메뉴를 선택합니다.

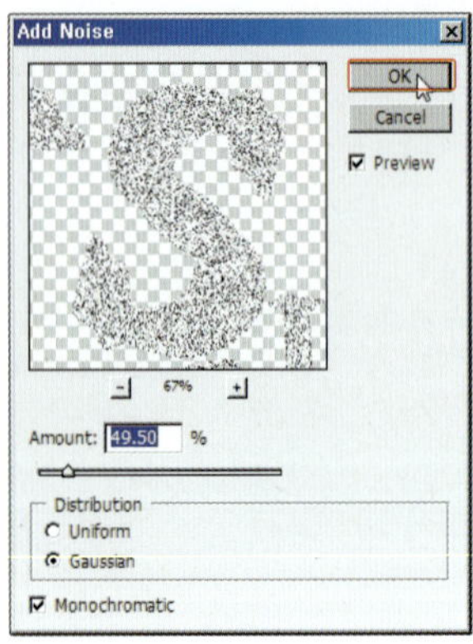 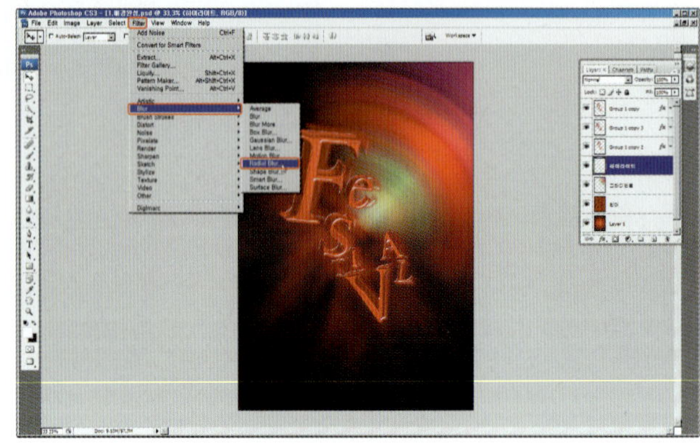

14 'Radial Blur' 대화상자가 나타나면 다음의 그림과 같이 지정하고 'OK' 버튼을 클릭합니다.

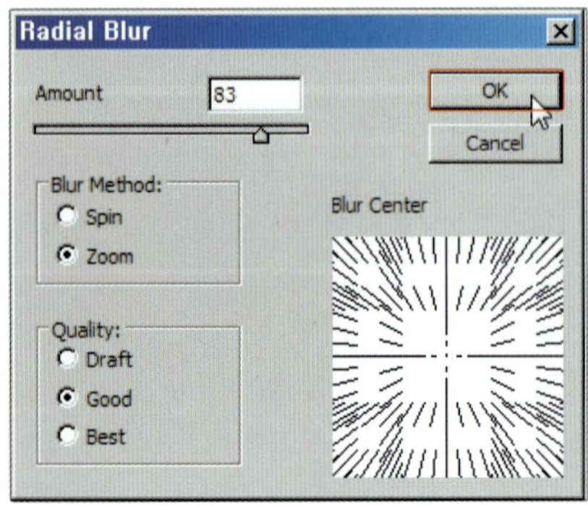 

15 블렌딩 모드를 'Color Dodge'로 변경하여 글자를 중심으로 퍼지는 붉은빛 하이라이트를 표현하고 'Group 1 copy' 레이어를 더블클릭합니다. **16** 'Layer Style' 대화상자가 나타나면 'Outer Glow'에 체크 표시하고 다음의 그림과 같이 지정한 후 'OK' 버튼을 클릭하여 글자 주변에 퍼지는 글로(glow) 효과를 지정하세요.

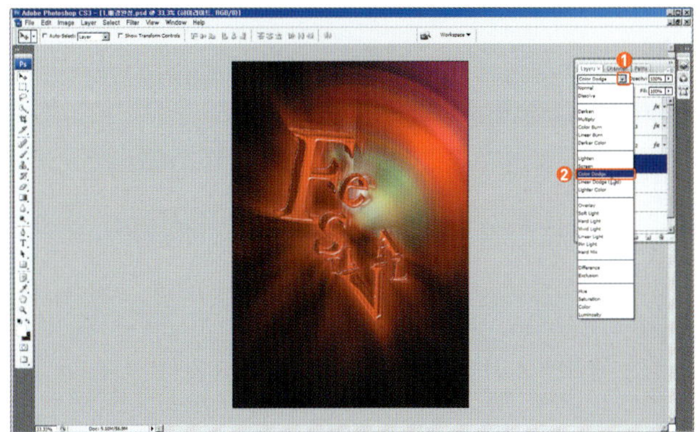
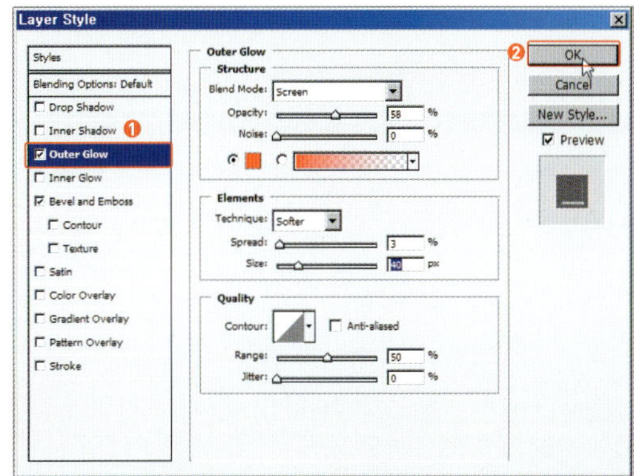

17 Shift 를 누른 상태에서 'Group1 copy' 레이어부터 '하이라이트' 레이어를 선택합니다. **18** 단축키 Ctrl + G 를 눌러 그룹 레이어로 만들고 그룹 레이어 이름을 '글자 작업본'으로 변경합니다.

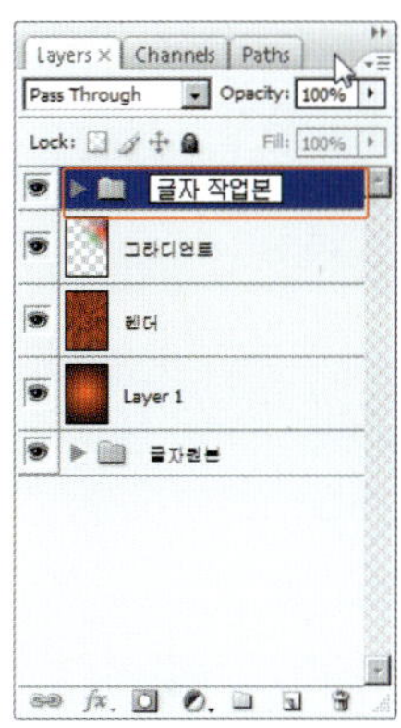

Step 06

라인으로 느낌 추가하기

글자를 감싸고 도는 라인을 만들어 보겠습니다.

결과 파일 부록 CD\Theme05\Lesson04\라인완성.psd

01 단축키 Shift + Ctrl + N 을 눌러 신규 레이어 '라인'을 만듭니다. **02** 툴바에서 브러시 툴( )을 선택하고 가는 흰색 라인을 불규칙적으로 그립니다.

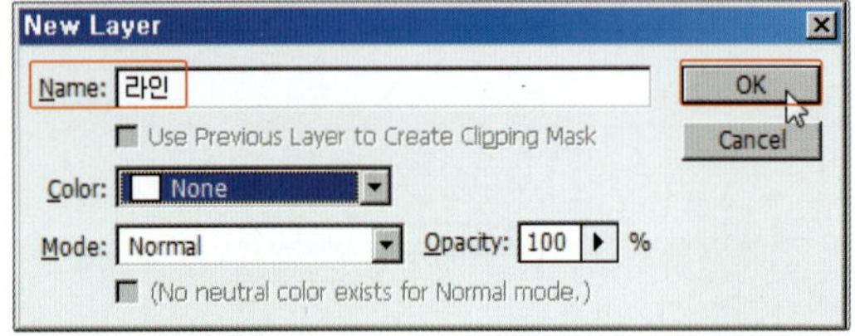

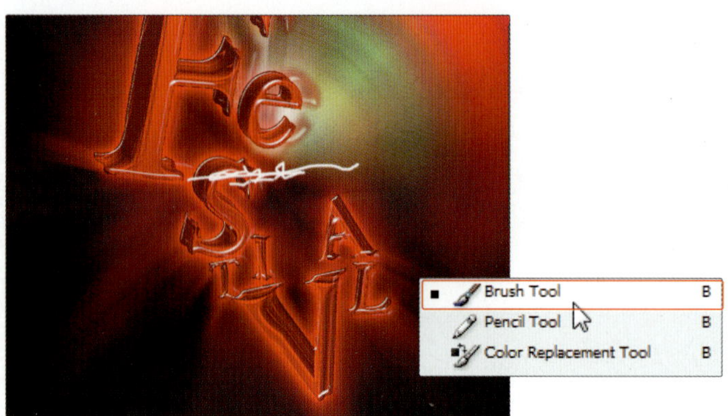

03 'Filter' → 'Blur' → 'Motion Blur' 메뉴를 선택합니다. **04** 'Motion Blur' 대화상자가 나타나면 화면을 보면서 'Angle' 값과 'Distance' 값을 다음의 그림과 같이 지정하고 'OK' 버튼을 클릭합니다.

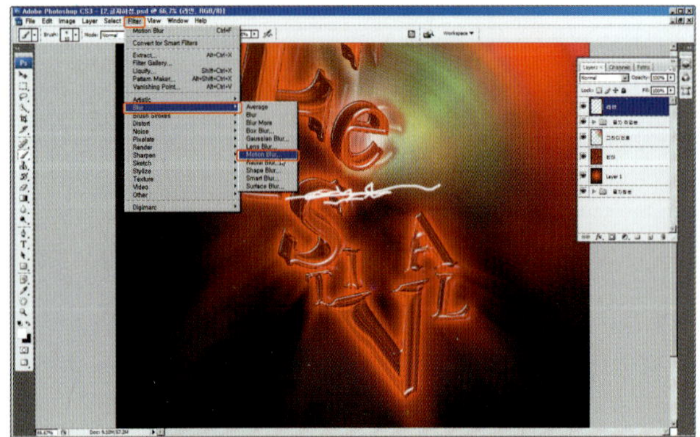

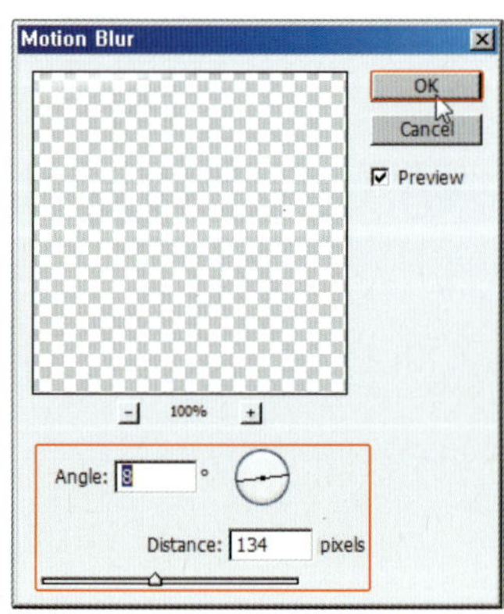

05 단축키 Ctrl + T 를 눌러 세로 폭을 축소하고 가로 폭을 늘린 후 '라인' 레이어를 더블클릭합니다. **06** 'Layer Style' 대화상자가 나타나면 'Gradient Overlay'에 체크 표시한 후 'Gradient'를 클릭합니다.

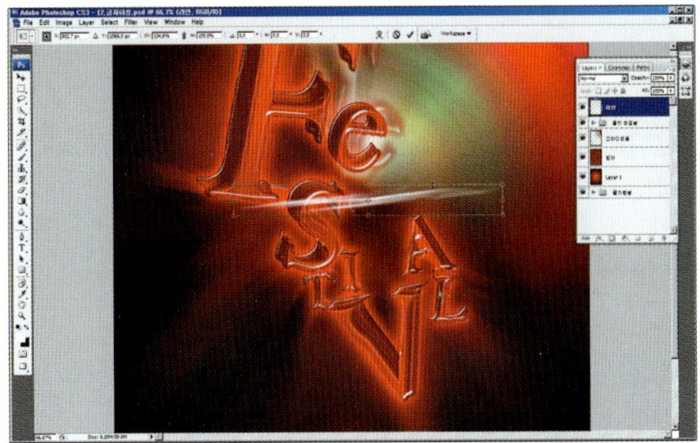

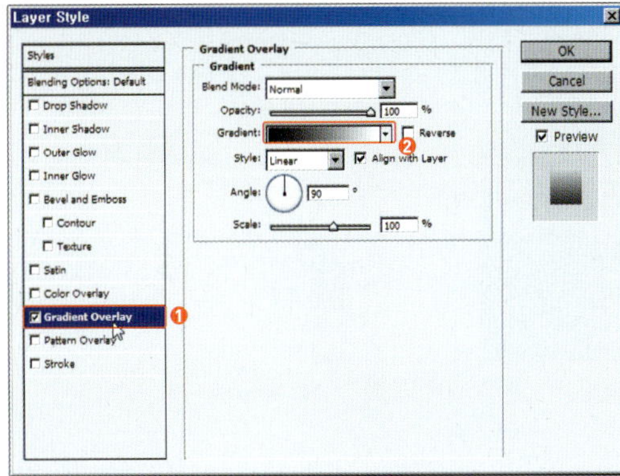

07 'Gradient Editor' 대화상자가 나타나면 다음의 그림과 같이 'Color'를 '#e8000'로 지정하고 'OK' 버튼을 클릭합니다. 'Layer Style' 대화상자로 되돌아오면 'OK' 버튼을 클릭합니다. **08** 단축키 Ctrl + J 를 눌러 '라인' 레이어를 복사하고 다음의 그림과 같이 지그재그로 배치합니다. 그런 다음 Shift 를 누른 상태에서 '라인' 레이어부터 '라인 copy 2' 레이어를 선택하고 단축키 Ctrl + G 를 눌러 합치세요.

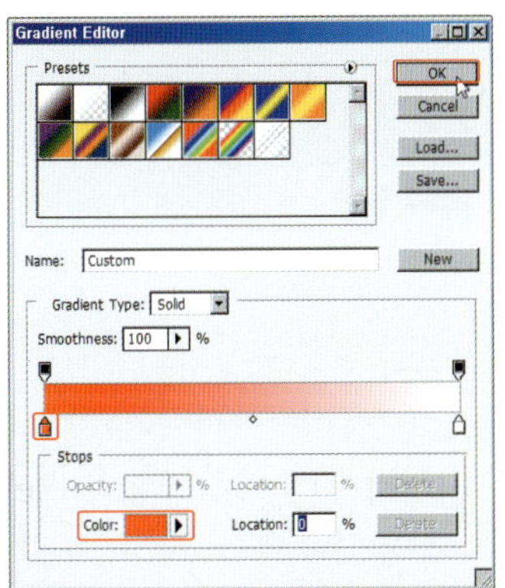

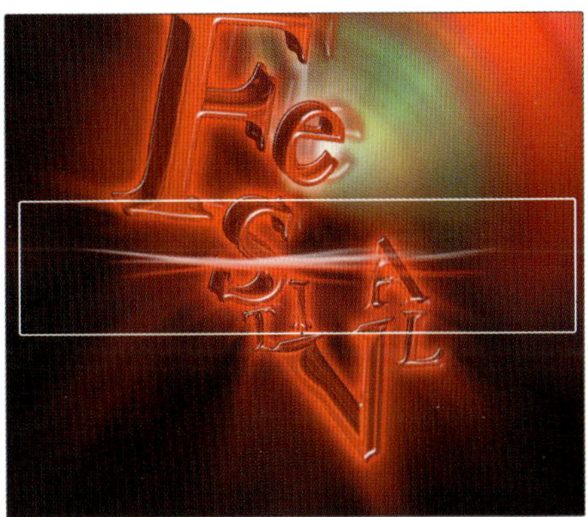

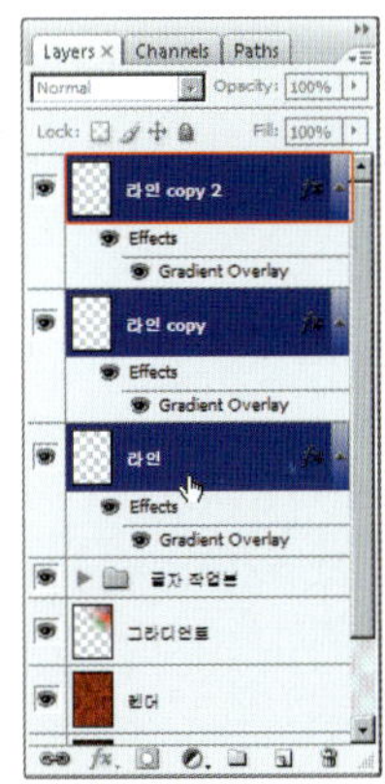

09 '라인 copy 2' 레이어를 선택하고 단축키 Ctrl + T 를 누른 후 마우스 오른쪽 버튼을 클릭하고 바로 가기 메뉴에서 'Warp'을 선택합니다. **10** 글자를 따라서 감싼다는 느낌으로 곡선 형태로 꺾어 적용합니다.

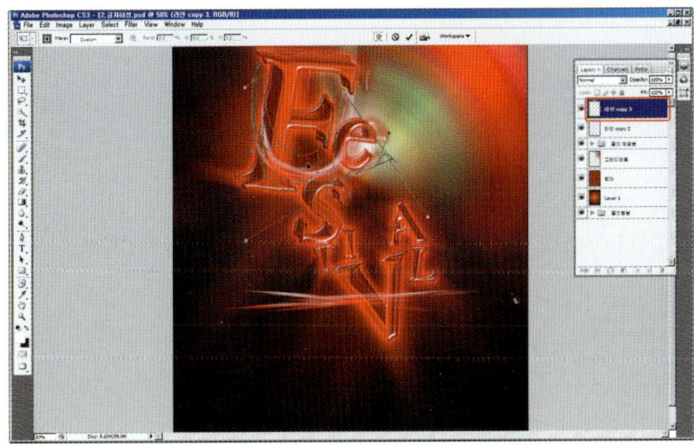

11 `Shift` 를 누른 상태에서 '라인' 의 속성을 포함한 레이어를 선택합니다. 그런 다음 단축키 `Ctrl` + `G` 를 눌러 그룹 레이어로 만들고 레이어 이름을 '라인' 으로 입력하세요. **12** '라인' 그룹 레이어의 블렌딩 모드를 'Overlay' 로 변경합니다.

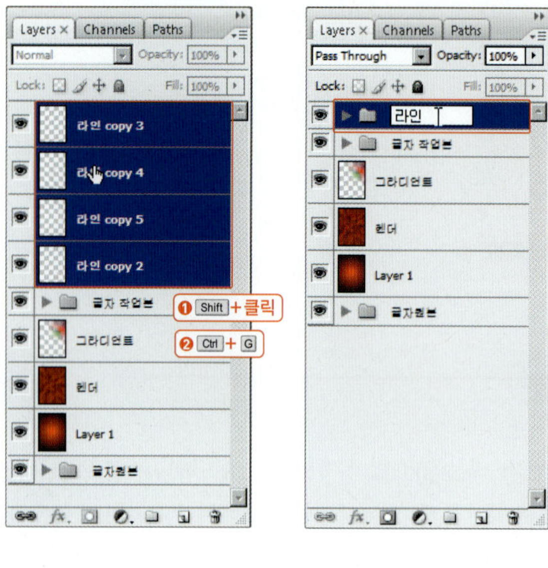

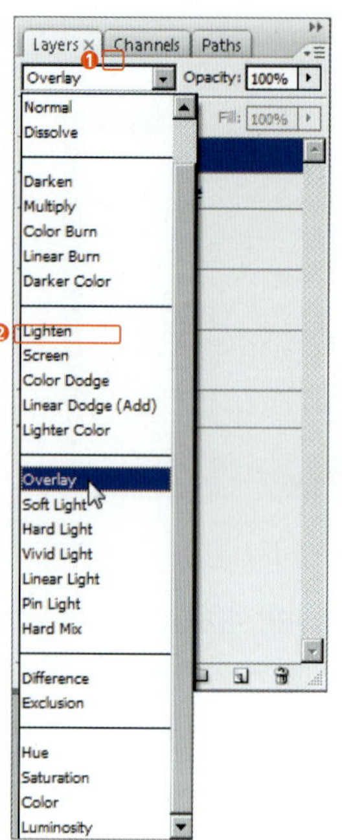

글자 요소에 인물 합성하기

인물 이미지를 추가하여 포스터를 완성해 보겠습니다.

예제 파일 부록 CD\Theme05\Lesson04\Jump.jpg

01 부록 CD에서 'Jump.jpg' 파일을 불러오고 툴바에서 마술봉 툴( )을 선택합니다. **02** 인물을 제외한 배경에 클릭하여 선택 영역으로 활성화합니다. 원하는 만큼 범위가 선택되지 않았으면 'Tolerance' 수치값을 조절하여 사용하세요.

03 단축키 Shift + Ctrl + I 를 눌러 선택 영역을 반전시키고 단축키 Ctrl + C , Ctrl + W 를 차례대로 눌러 작업 창에 이미지를 복사한 후 창을 닫습니다. 그런 다음 단축키 Ctrl + V 를 눌러 현재 작업 창에 이미지를 붙여넣기하세요. **04** 라쏘 툴( )을 이용해 오른쪽에 있는 두 명의 남자를 선택하고 단축키 Ctrl + C , Delete , Ctrl + V 를 차례대로 눌러 새로운 레이어에 붙여넣기합니다. 그런 다음 단축키 Ctrl + T 를 눌러 다음의 그림과 같이 축소하여 배치하세요.

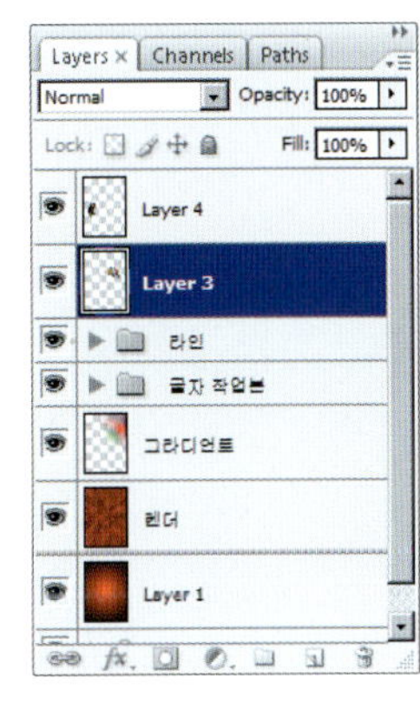

05 블렌딩 모드를 'Overlay'로 변경합니다. **06** 왼쪽 남자를 선택하고 단축키 Ctrl + T 를 눌러 크기와 위치를 조절합니다.

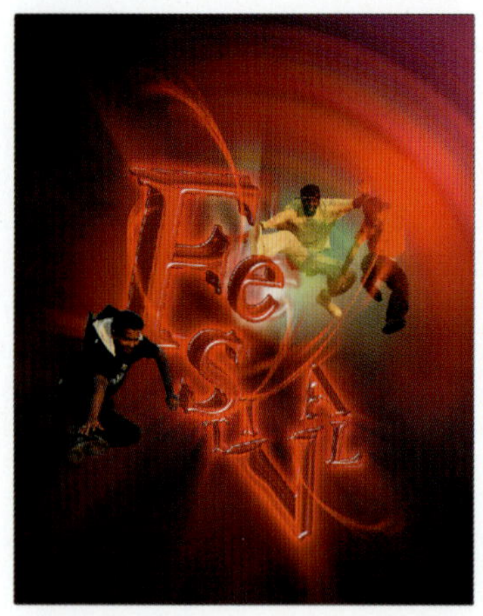
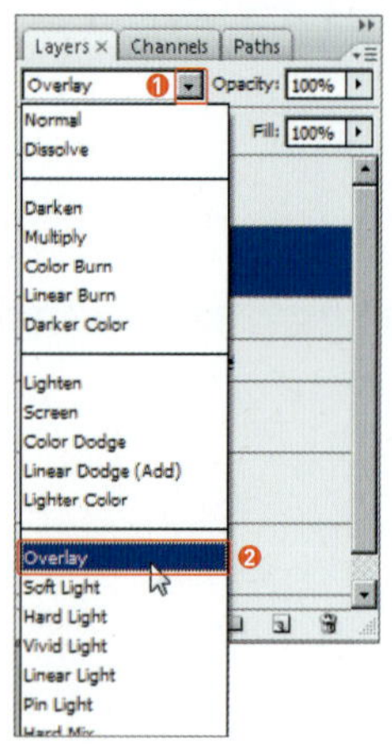
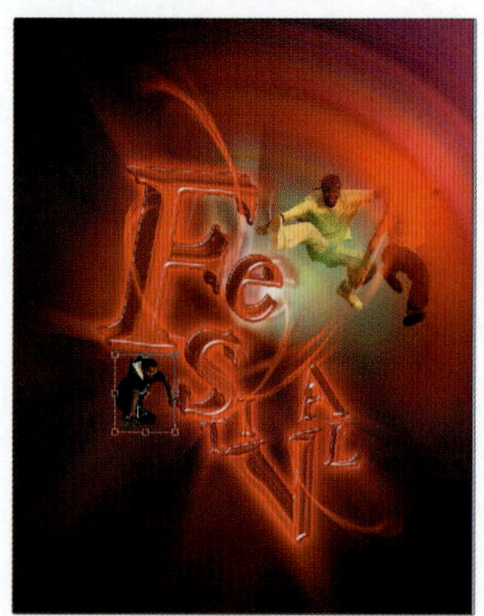
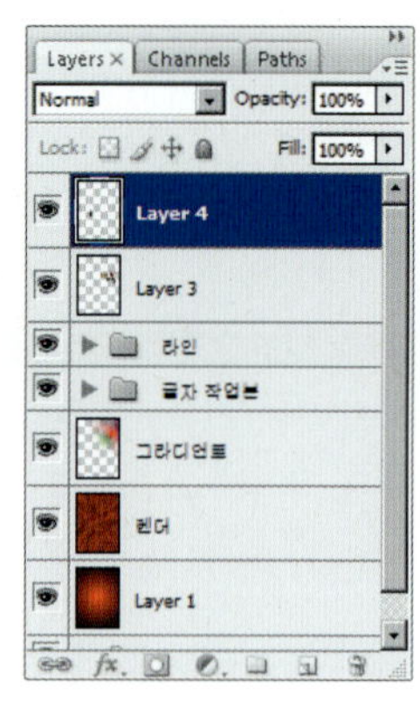

07 블렌딩 모드를 'Overlay'로 변경합니다. **08** 분위기에 맞는 적절한 타이포를 추가해 포스터를 완성합니다.

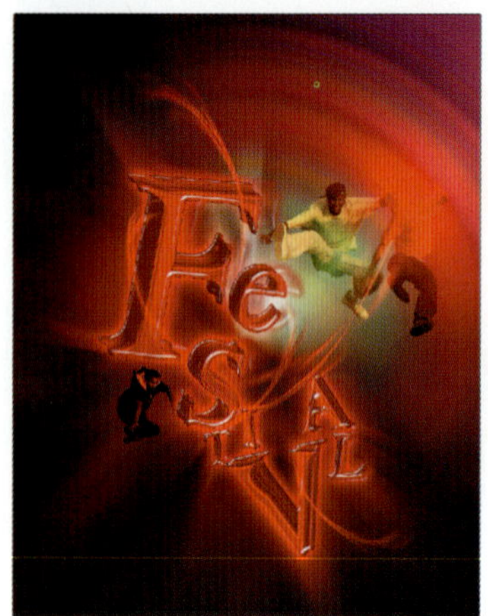
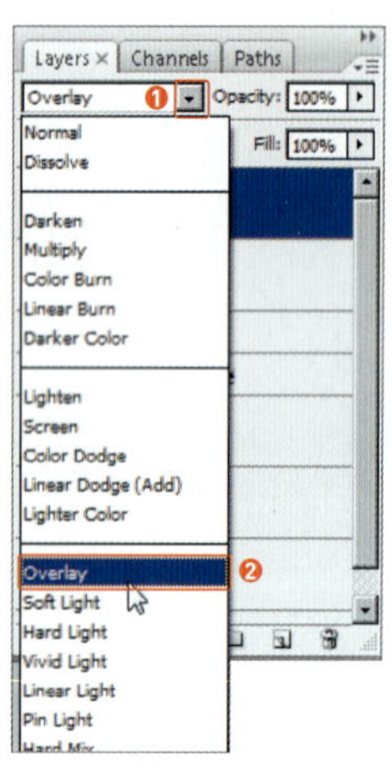
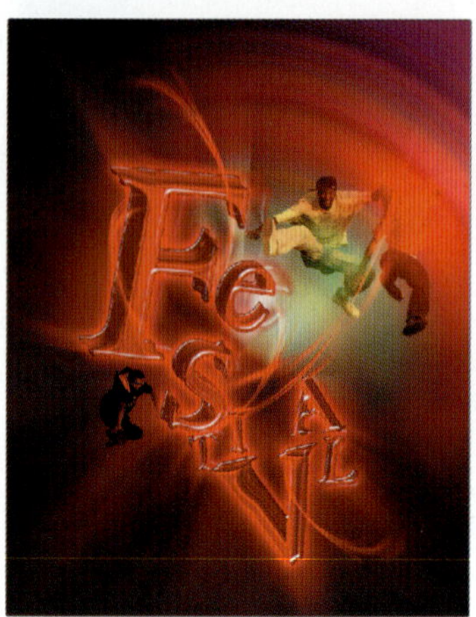
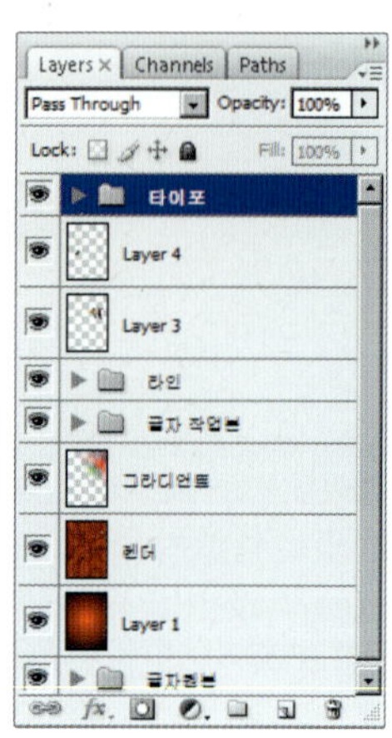

흘러내리는 효과를 처리하는 방법

오른쪽 그림은 예제와 같은 내용으로 작업한 결과물로, 1번에 보이는 녹는 듯한 효과와 2번, 3번에 보이는 흘러내리는 효과만 다릅니다. 1번 과정은 'Filter' → 'Disort' → 'Wave' 필터를 여러 번 적용해서 다른값을 적용한 결과입니다. 원본의 해상도에 따라 적용하는 수치값이 달라지므로 이 부분은 사용자가 직접 작업하면서 풀어야 합니다. 그리고 2번과 3번 과정에서 보이는 흘러내리는 효과는 대표적인 플러그인 필터인 'Eye Candy' 필터의 'Drip' 효과인데, 간단하게 작업 과정을 설명하겠습니다.

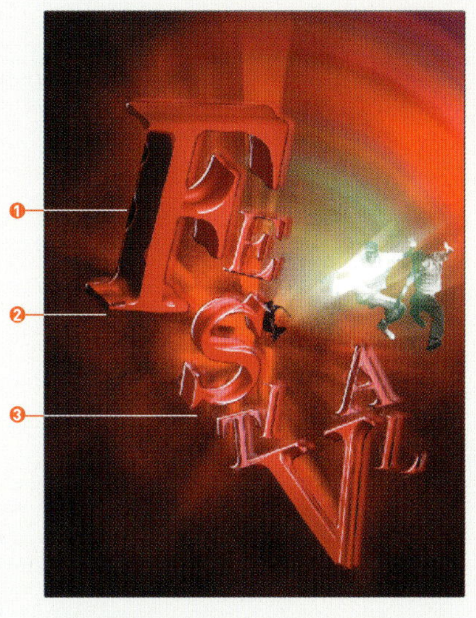

❶ 적용하려는 해당 이미지를 하나 더 복사하고 'Filter' → 'Eyecandy 4000' → 'Drip' 메뉴를 선택한 후 슬라이드바를 좌우로 움직여서 수치값을 적용합니다. 해상도에 따라 설정값이 다르므로 지금 적용한 수치값은 보여지는 이미지(1496×2126pixel)에 대한 기준값입니다.

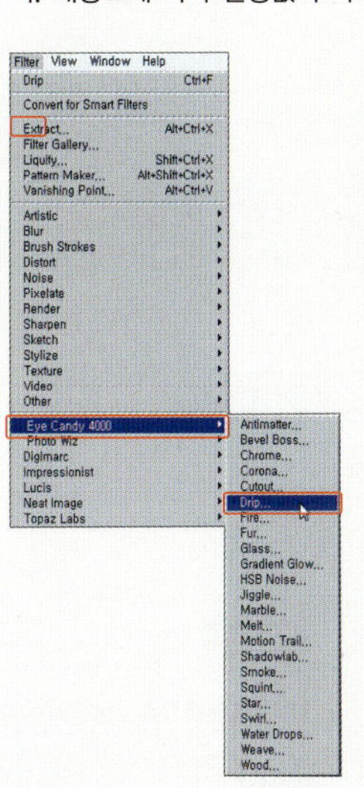
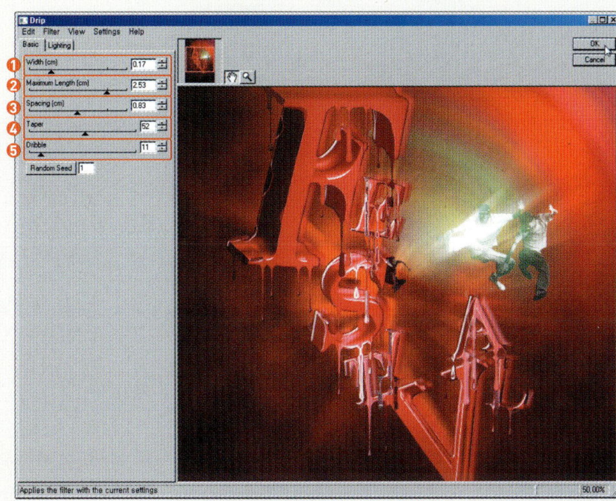

❶ 떨어지는 부분의 넓이
❷ 떨어지는 최대 길이
❸ 드립 간의 거리나 간격
❹ 드립이 위에 맺히는 두께(수치값이 작을수록 뾰쪽한 모양으로 표시)
❺ 세로로 떨어지는 드립 사이의 간격

❷ 드립 효과를 적용한 레이어에 마스크를 씌우고 전경색을 검은색으로 지정하여 지저분한 부분을 마스크로 가립니다. 그러므로 수치값을 너무 크게 적용해서 혼란스럽거나 지저분하게 보이지 않고 글자의 형태를 크게 무너뜨리지 않게 적정한 수치값을 사용하세요.

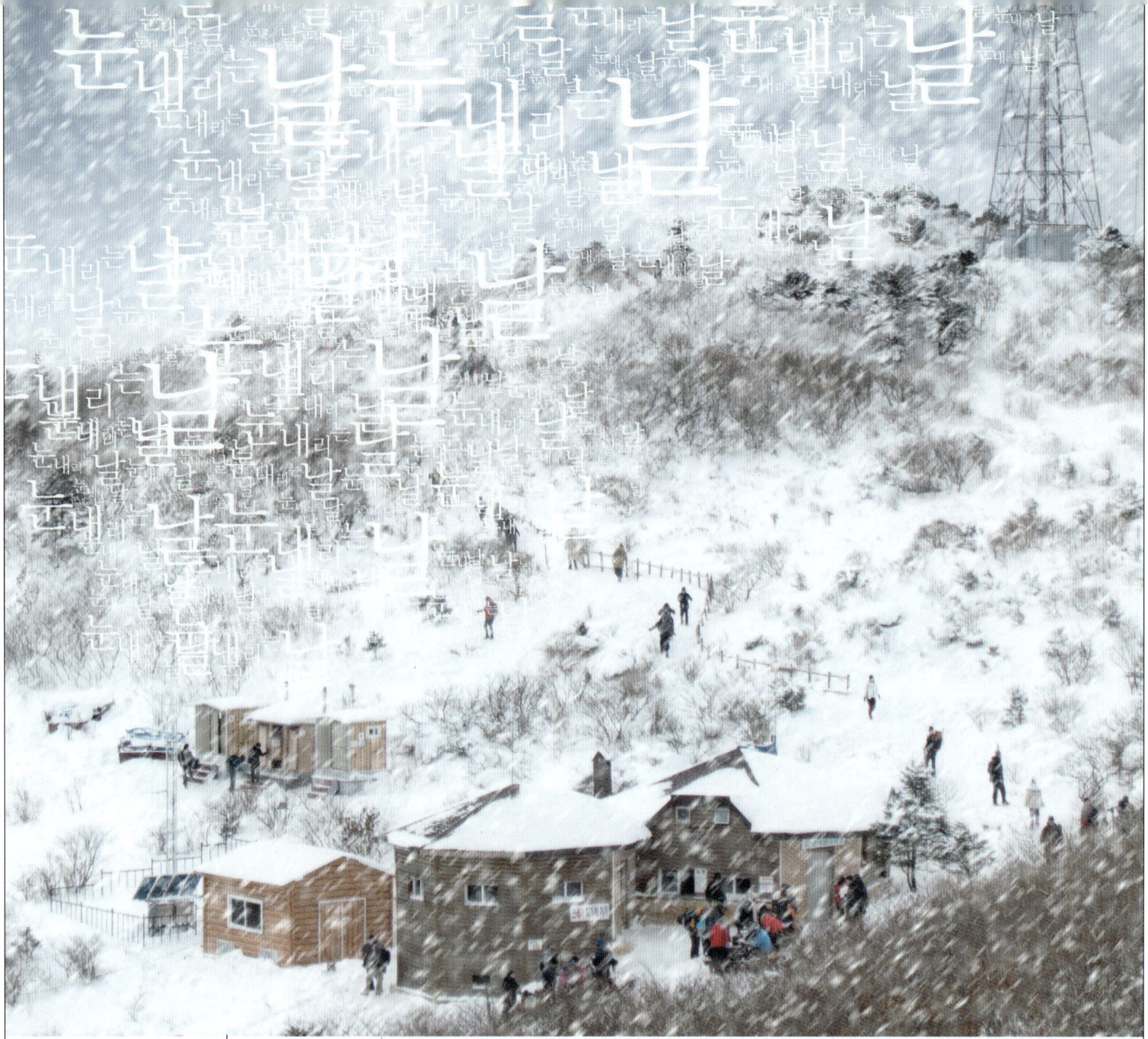

Lesson

결과 파일 부록 CD\Theme05\Lesson05\겨울산행.psd

05 눈 내리는 날

겨울산행에서 찍은 사진에 눈 덮인 산장만 보일뿐 정작 보고 싶은 눈이 없어 눈을 합성해서 넣었습니다. '눈 내리는 날' 이라는 글자를 분산되게 배치하는 것도 눈의 느낌을 살리기 위해서입니다. 이번 예제에서 사용하는 'Mezzotint' 필터는 비나 눈을 표현할 때 많이 사용하므로 사용 방법을 잘 익혀보세요.

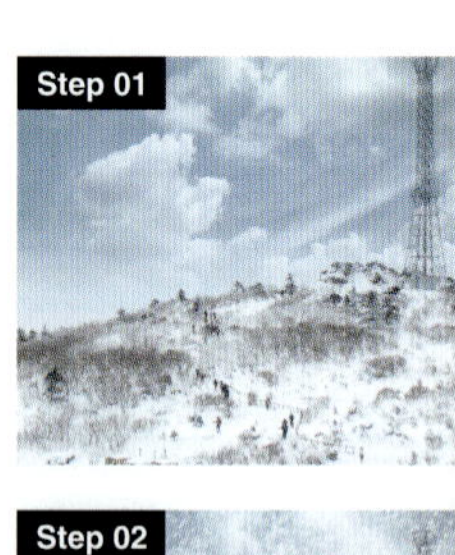

Step 01

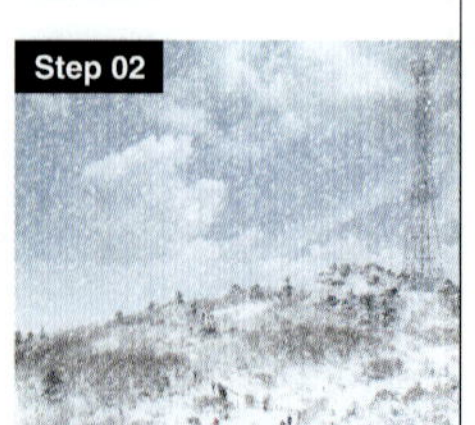

Step 02

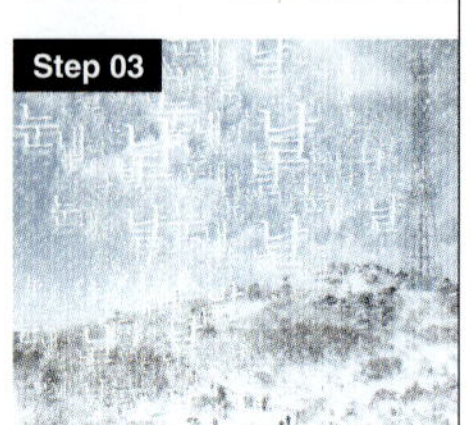

Step 03

밋밋한 하늘에 구름 합성하기

아무것도 없는 하늘 배경에 구름을 합성해 보겠습니다.

예제 파일 부록 CD\Theme05\Lesson05\등산.jpg, 하늘.jpg

01 기본 배경으로 사용하기 위해 부록 CD에서 '등산.jpg' 파일과 '하늘.jpg' 파일을 불러옵니다.

02 '하늘.jpg' 파일을 선택하고 단축키 Ctrl+A, Ctrl+C, Ctrl+W, Ctrl+V를 차례대로 눌러 '등산.jpg' 도큐먼트로 붙여 넣기합니다. 그런 다음 단축키 Ctrl+T를 눌러 다음의 그림과 같이 크기를 조절하고 'Background' 레이어를 더블클릭하여 레이어 상태로 만드세요. **03** 'Layers' 팔레트에서 'Add Layer Mask' 아이콘(◙)을 클릭해 마스크를 씌웁니다.

04 툴바에서 그러데이션 툴(▨)을 선택하고 옵션바에서 'Geadient Editor'를 클릭해 검은색에서 흰색으로 이어지는 그레이디언트 타입을 선택합니다. **05** 다음의 그림과 같이 하늘 이미지의 아래쪽에서 위쪽으로 그러데이션을 적용해 녹색 언덕 부분을 부드럽게 날려줍니다.

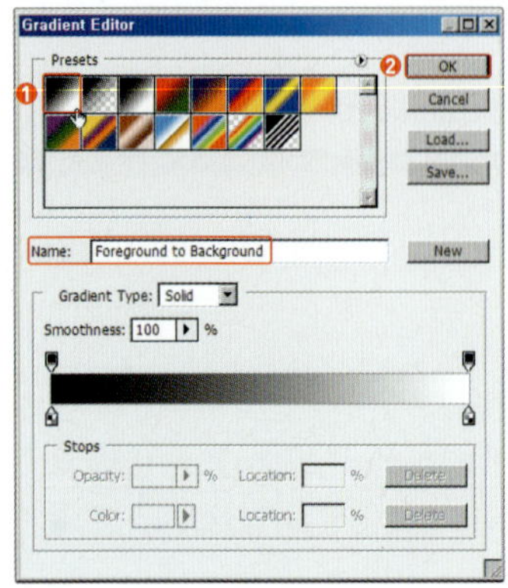

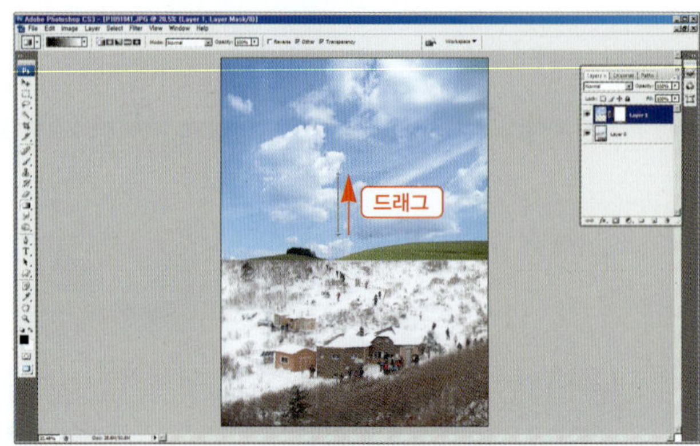

06 'Multiply' 블렌딩 모드를 이용해 하위 레이어에 하늘 구름을 자연스럽게 합성합니다. **07** 눈 내리는 풍경과 하늘색 풍경의 색감을 비슷하게 만들기 위해 'Image' → 'Adjustments' → 'Hue/Saturation' 메뉴(Ctrl + U)를 선택합니다.

08 'Hue/Saturation' 대화상자가 나타나면 'Saturation' 항목의 슬라이드바를 왼쪽으로 이동해 채도를 감소시킵니다.

09 'Layers' 팔레트에서 'Layer 0' 레이어를 선택하고 단축키 Ctrl + T 를 눌러 왼쪽으로 회전시켜서 철탑 부분을 반듯하게 세웁니다.

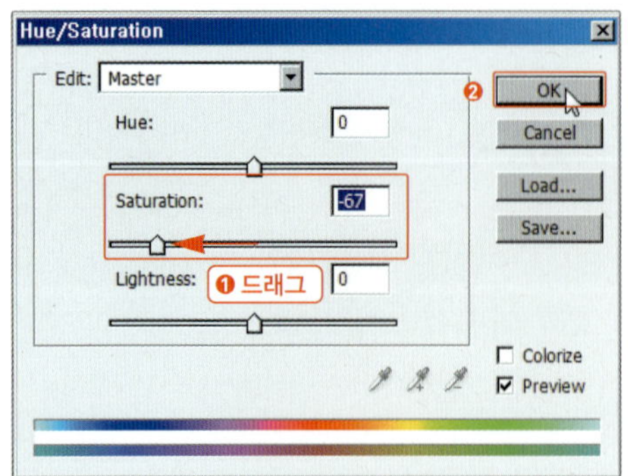

10 단축키 Shift + Ctrl + Alt + E 를 눌러 지금까지의 작업 과정을 하나의 레이어 상태로 만들어 기본 배경을 합성합니다.

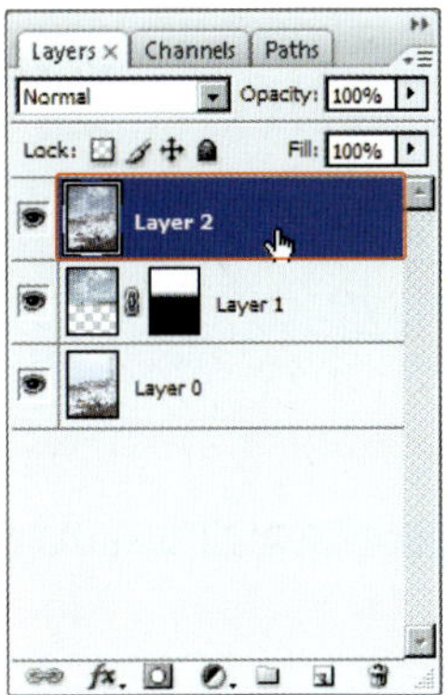

'**Mezzotint**' 필터로 스노잉 효과 연출하기

눈을 만들 때 별도의 플러그인 필터를 활용하는 방법도 있지만, 필자는 불규칙한 도트를 만드는 'Mezotint' 필터를 즐겨 사용합니다.

결과 파일 부록 CD\Theme05\Lesson05\배경합성.psd

01 'Channels' 팔레트에서 'Create New Channel' 아이콘(□)을 클릭해 'Alpha 1' 채널을 만듭니다. **02** 불규칙한 도트를 만들기 위해 'Filter' → 'Pixelate' → 'Mezzotint' 메뉴를 선택합니다.

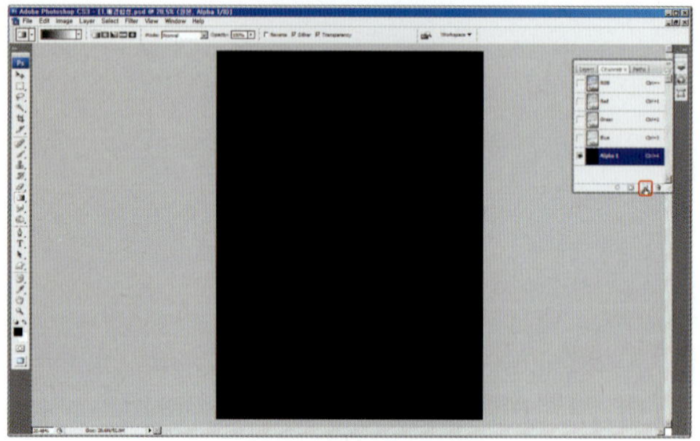 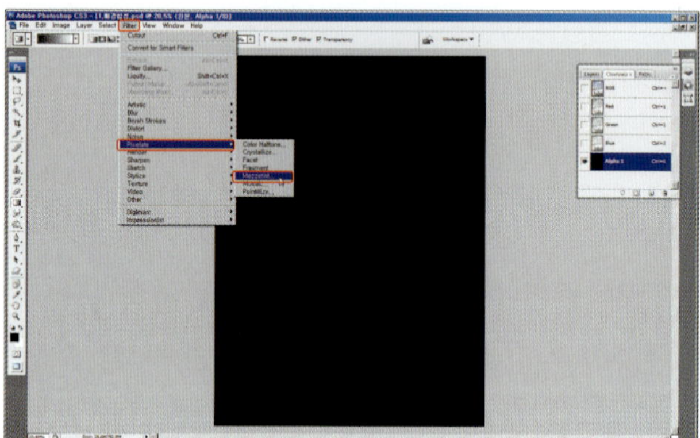

03 'Mezzotint' 대화상자가 나타나면 'Type'을 'Coarse dots'로 선택하고 'OK' 버튼을 클릭합니다. **04** 'Alpha 1' 채널을 선택하고 단축키 Ctrl + T 를 눌러 크기를 확대합니다. 'Mezzotint' 필터를 적용하면 큰 해상도에서 도트 크기가 작게 나타나므로 배경 이미지에 어울릴 만한 눈 크기로 크게 할 수 있습니다. 필자는 옵션바에서 '250%'로 크기를 조절했습니다.

 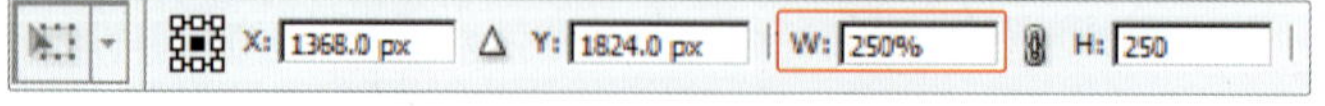

05 'Alpha 1' 채널을 'Create New Channel' 아이콘(▣)으로 드래그해 복제하고 단축키 `Ctrl`+`T`를 눌러 'W'와 'H'를 '150%'로 지정하여 도트를 확대합니다. 그런 다음 'Load Channel as Selection' 아이콘(◉)을 클릭해 하이라이트 영역을 활성화하세요.

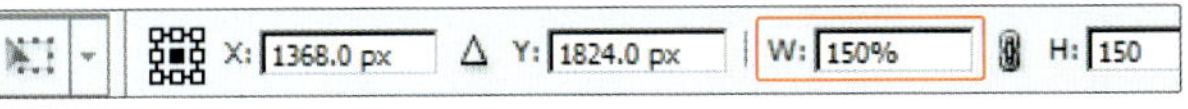

06 'Layers' 팔레트로 되돌아온 후 단축키 `Shift`+`Ctrl`+`N`을 눌러 알갱이가 굵은 눈을 표현하기 위한 '눈(큰)' 레이어를 만듭니다. **07** `D`와 `X`를 교대로 눌러 전경색을 흰색으로 바꾸고 활성화된 선택 영역에 채웁니다.

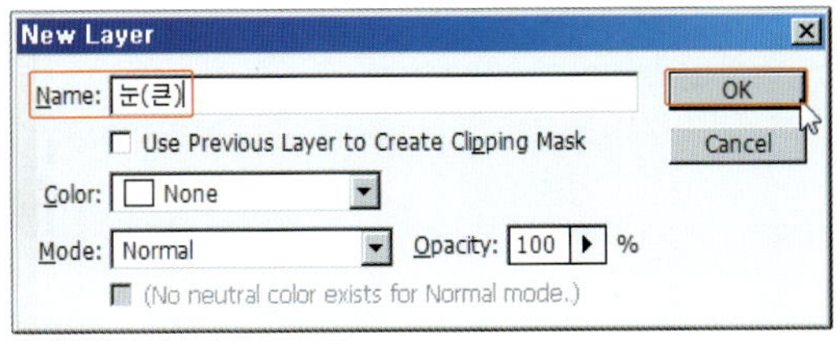

08 날리는 눈발을 표현하기 위해 'Filter' → 'Blur' → 'Motion Blur' 메뉴를 선택합니다. **09** 'Motion Blur' 대화상자가 나타나면 'Angle'은 '45°', 'Distance'는 '23pixels'로 입력하고 'OK' 버튼을 클릭합니다.

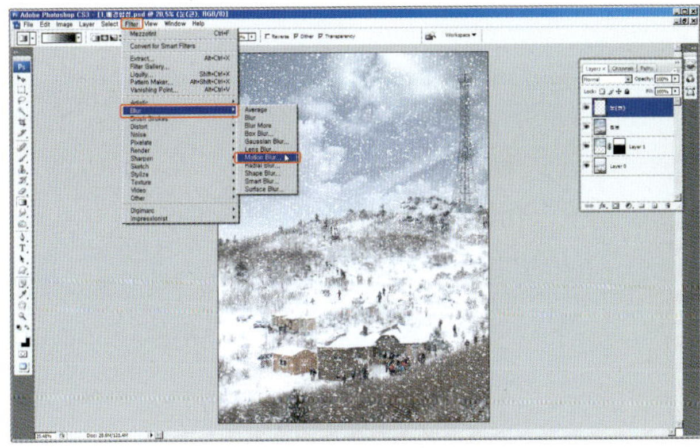

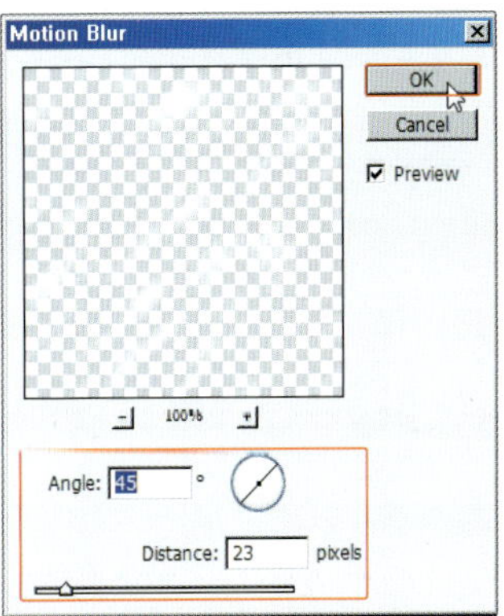

10 'Channels' 팔레트에서 'Alpha 1' 채널을 선택한 후 'Load Channel as Selection' 아이콘(◉)을 클릭해서 하이라이트 영역을 활성화합니다. **11** 'Layers' 팔레트로 되돌아온 후 단축키 `Shift` + `Ctrl` + `N`을 눌러 '눈(작은)' 레이어를 만들고 `Alt` + `Delete` 를 눌러 흰색으로 채웁니다.

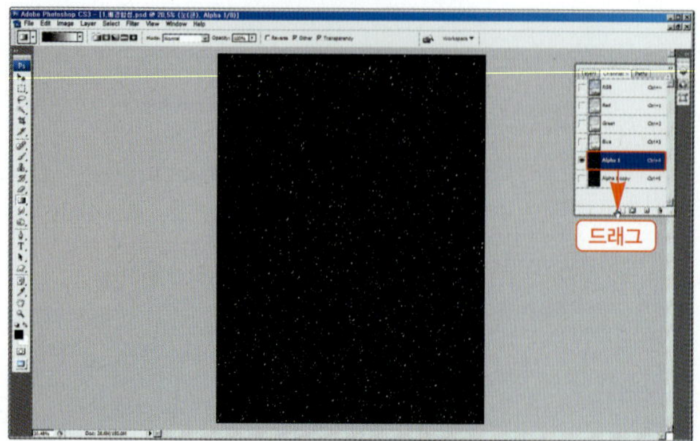
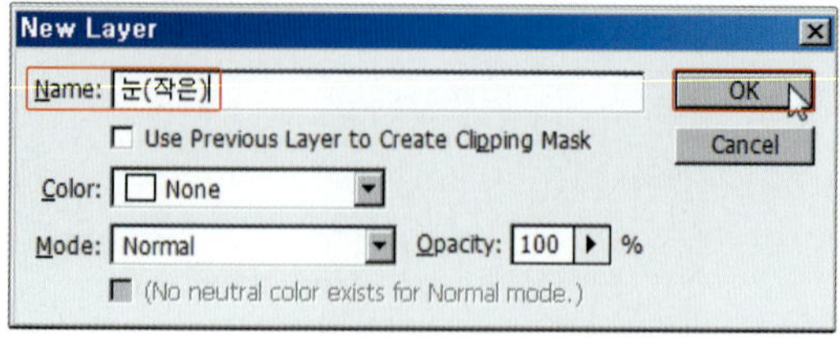

12 'Filter' → 'Blur' → 'Gaussian Blur' 메뉴를 선택합니다. 'Gaussian Blur' 대화상자가 나타나면 'Radius' 에 '8.3pixels'를 입력해 작게 흔들리는 느낌을 더합니다. **13** '눈(작은)' 레이어를 선택하고 단축키 `Ctrl` + `J`를 눌러 복사합니다. 그런 다음 생성한 '눈(작은) copy' 레이어를 다른 방향으로 살짝 이동해서 흩날리는 눈의 느낌을 더 풍성하게 만드세요.

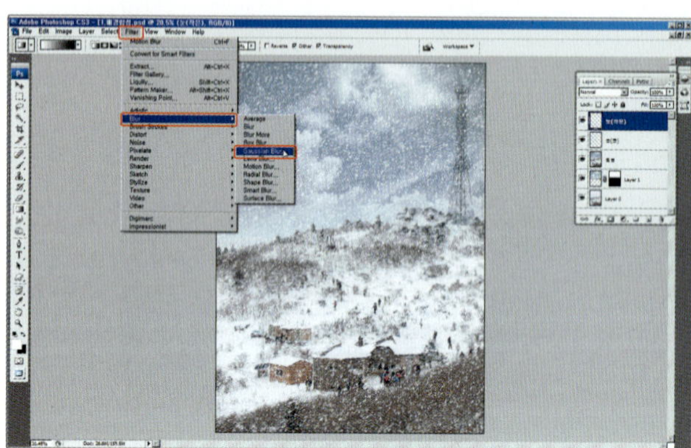
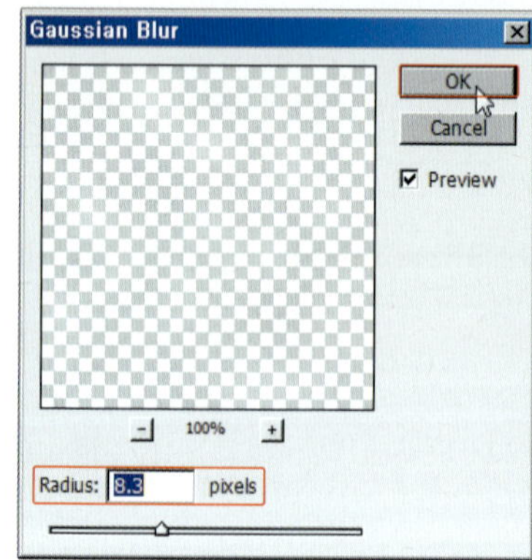
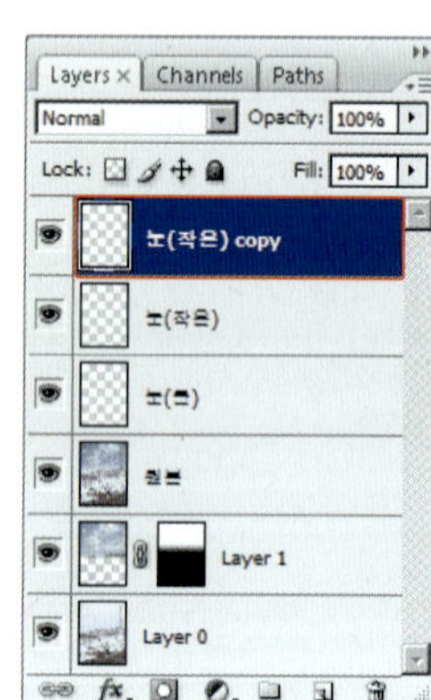

14 툴바에서 브러시 툴(✎)을 선택합니다. 그런 다음 도큐먼트 창에서 마우스 오른쪽 버튼을 클릭한 후 'Soft Round 300pixels' 브러시를 선택합니다. **15** '눈(작은) copy' 레이어에 마스크를 씌우고 전경색을 검은색으로 지정한 후 부분부분 문질러서 흩날리는 눈의 느낌이 과하다 생각되는 부분을 가립니다.

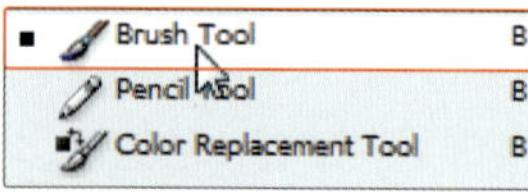
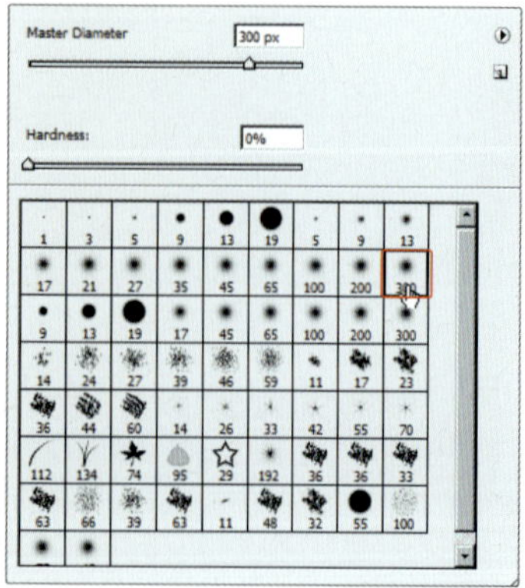

일러스트레이터를 이용해 글자 만들기

포토샵에서도 글자를 만들 수 있지만, 편집 용도로 활용하기에는 일러스트레이터가 훨씬 쉽고 편하므로 글자를 분산시켜서 배치해 보겠습니다.

01 일러스트레이터 프로그램을 실행한 후 '파일' → '새로 만들기' 메뉴를 선택하여 신규 도큐먼트를 만듭니다. **02** 툴바에서 글자를 입력하기 위해 문자 툴(**T**)을 선택합니다.

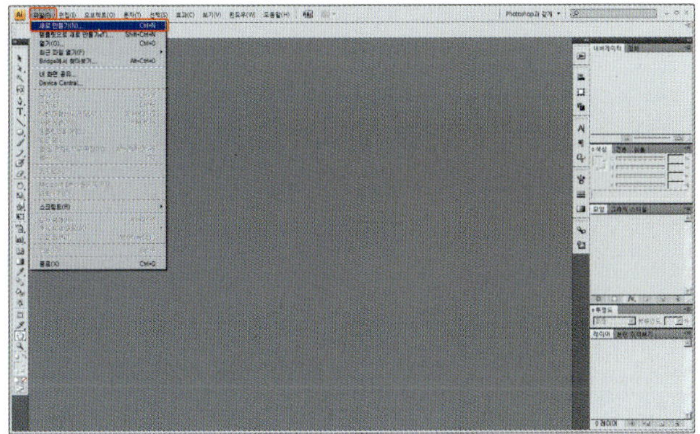
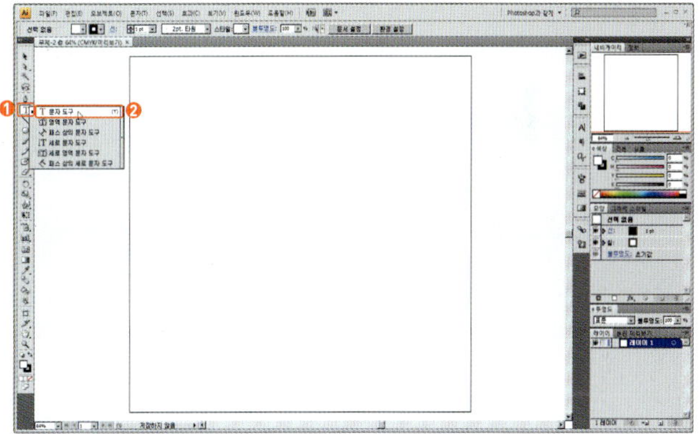

03 텍스트 '눈내리는 날' 을 입력합니다. 사용한 글자는 편집에 가장 많이 사용하는 윤디자인 계열의 '윤명조 320' 폰트입니다.

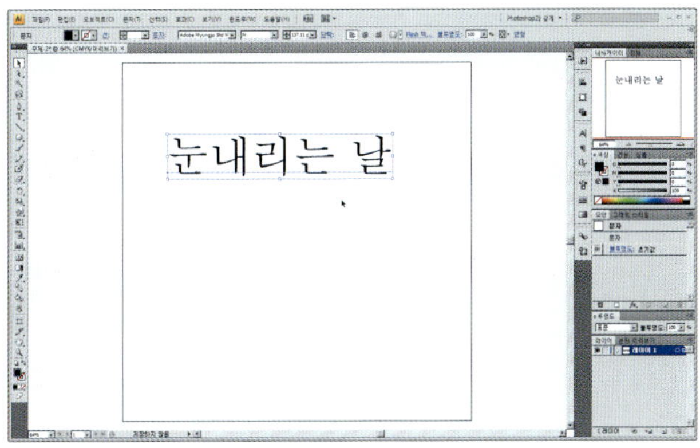
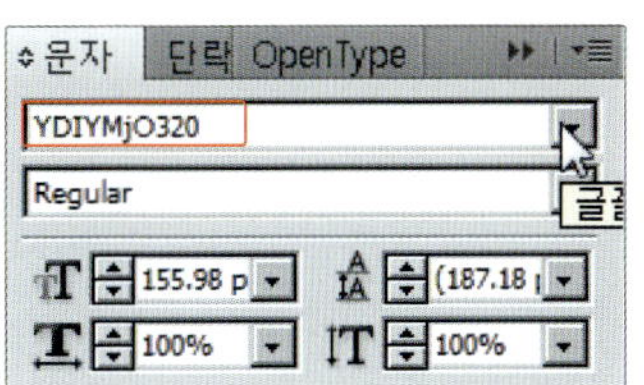

04 편리하게 작업하기 위해 '문자' → '윤곽선 만들기' 메뉴(Shift + Ctrl + O)를 선택해서 글자를 곡선으로 만듭니다. **05** '오브젝트' → '그룹 풀기' 메뉴(Shift + Ctrl + G)를 선택해서 글자를 하나씩 개체화합니다.

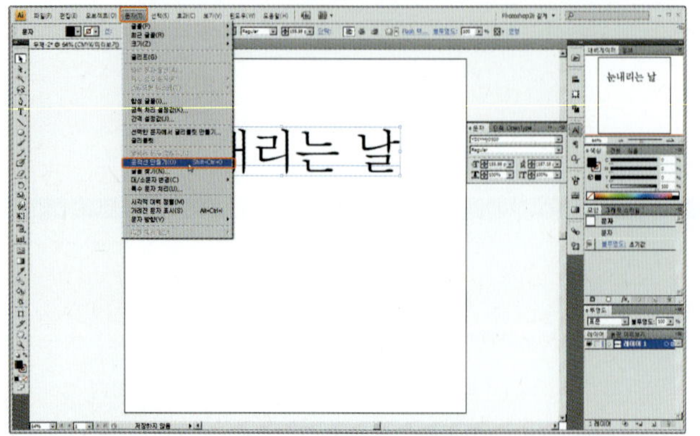
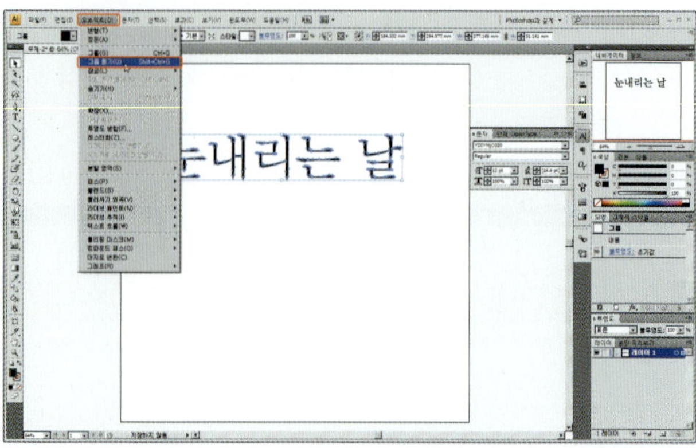

06 툴바에서 선택 툴( )을 활용해 글자를 하나씩 선택한 후 크기를 늘리거나 줄이면서 글자에 율동감을 불어넣습니다. **07** 다음의 그림과 같이 글자의 형태를 만들고 글자 전체를 선택한 후 '오브젝트' → '그룹' 메뉴를 선택해서 그룹화합니다.

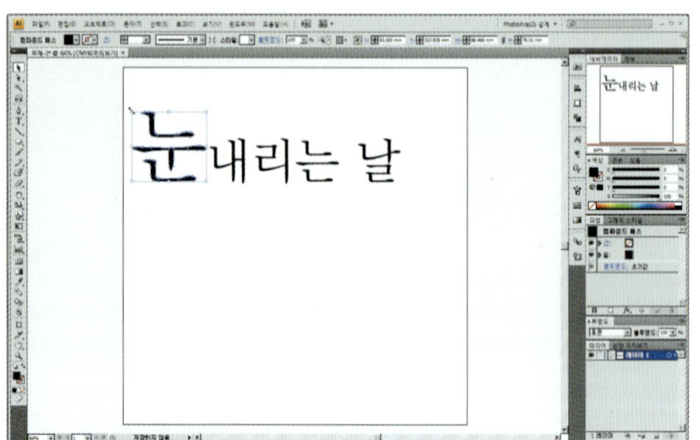
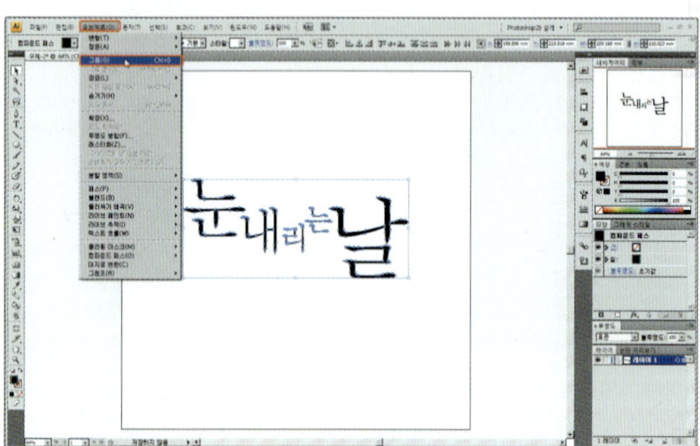

08 Alt 를 누른 상태에서 선택 툴( )로 글자를 좌우로 이동해서 불규칙적으로 배치합니다. **09** '파일' → '저장하기' 메뉴를 선택해 작업한 파일을 저장합니다.

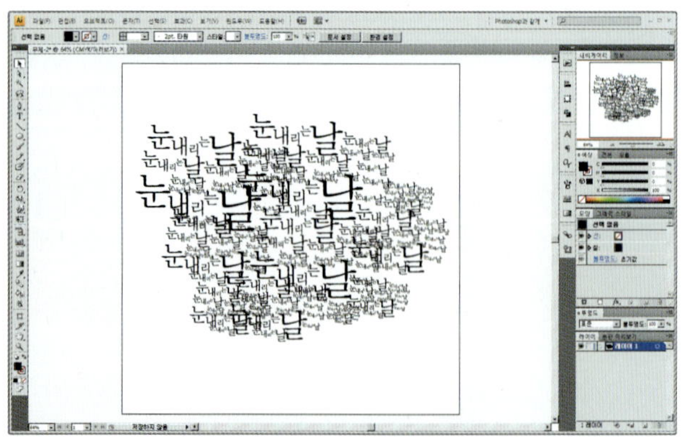
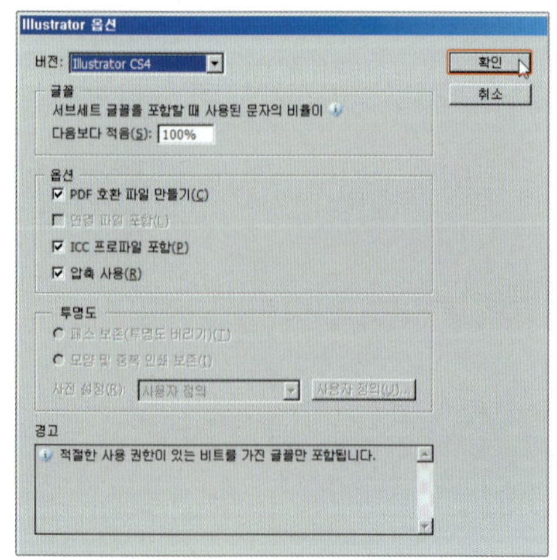

포토샵에서 일러스트레이터로 제작한
글자 활용하기

568쪽에서 만든 '눈 내리는 날'이라는 소스를 기존에 작업된 이미지에 배치해 글자와 함께 눈이 흩날리는 느낌을 표현해 보겠습니다.

결과 파일 부록 CD\Theme05\Lesson05\눈합성.psd

01 'File' → 'Open' 메뉴를 선택해 저장한 파일 '눈내리는 날.ai'을 불러옵니다. 파일을 불러올 때 'Resoultion' 값은 가급적 높게(250pixels 이상) 지정하세요. **02** 단축키 Ctrl + A , Ctrl + C , Ctrl + W 를 차례대로 눌러 작업 창에 이미지를 복사한 후 작업 창을 닫습니다.

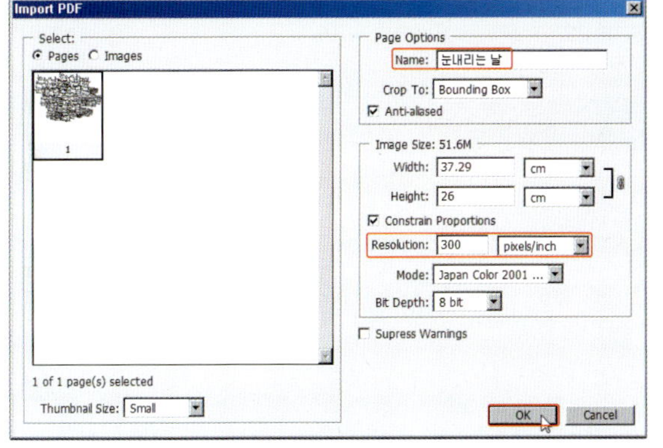

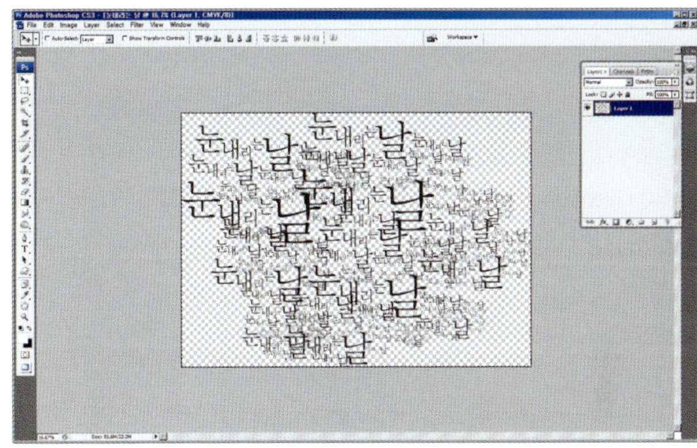

03 단축키 Ctrl + V 를 눌러 작업 창에 붙여넣기하고 단축키 Ctrl + T 를 눌러 크기 및 위치를 조절한 후 'Layer 2' 레이어를 더블클릭합니다. **04** 'Layer Style' 대화상자가 나타나면 'Color Overlay'에 체크 표시하고 컬러 박스를 클릭합니다.

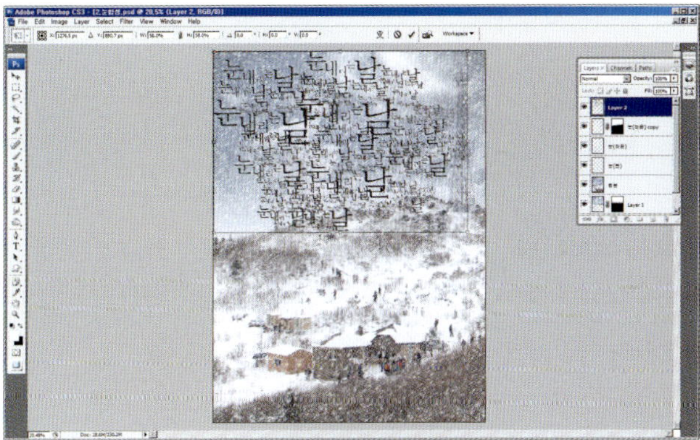

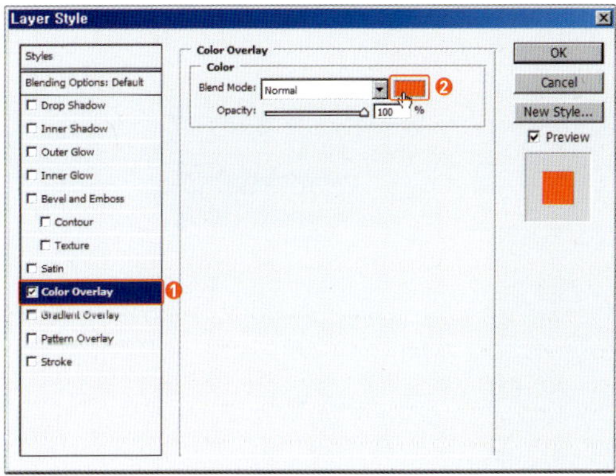

05 'Select overlay color' 대화상자가 나타나면 흰색으로 지정하고 'OK' 버튼을 클릭합니다. **06** 'Layer Style' 대화상자로 되돌아오면 'OK' 버튼을 클릭합니다.

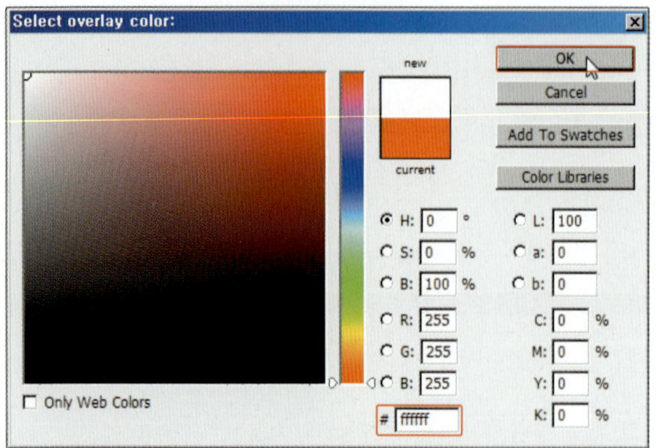
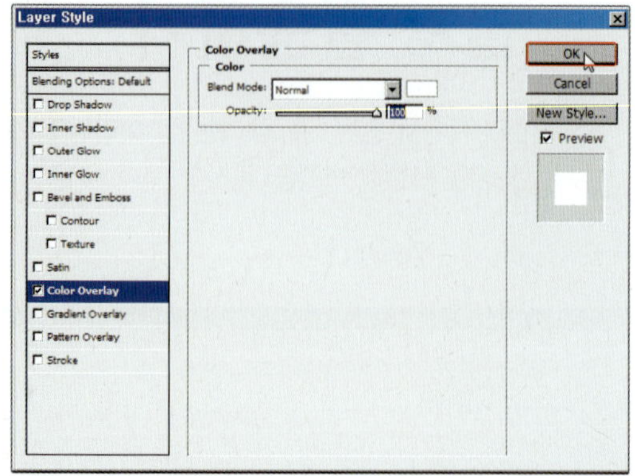

07 'Layers' 팔레트에서 'Layer 2' 레이어를 선택하고 단축키 Ctrl + J 를 눌러 복사합니다. 그런 다음 단축키 Ctrl + T 를 눌러 이미지 크기를 축소하면서 다음의 그림과 같이 왼쪽 아래에 배치하세요. **08** Shift 를 누른 상태에서 'Layer 2' 레이어와 'Layer 2 copy' 레이어를 선택하고 단축키 Ctrl + E 를 눌러 하나의 레이어로 합칩니다.

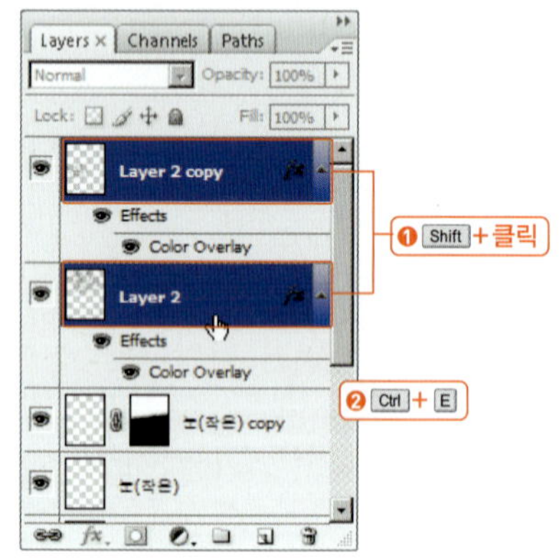

09 Shift 를 누른 상태에서 '눈(작은)' 레이어부터 'Layer 0' 레이어를 선택하고 단축키 Ctrl + G 를 눌러 '사진배경' 그룹 상태의 레이어로 만듭니다. 그런 다음 'Layer 2 copy'의 이름을 '눈내리는 날'로 변경하세요. **10** '눈내리는 날' 레이어를 단축키 Ctrl + J 를 눌러 복사해서 '눈내리는 날 copy' 레이어를 만들고 아래쪽에 위치시킵니다.

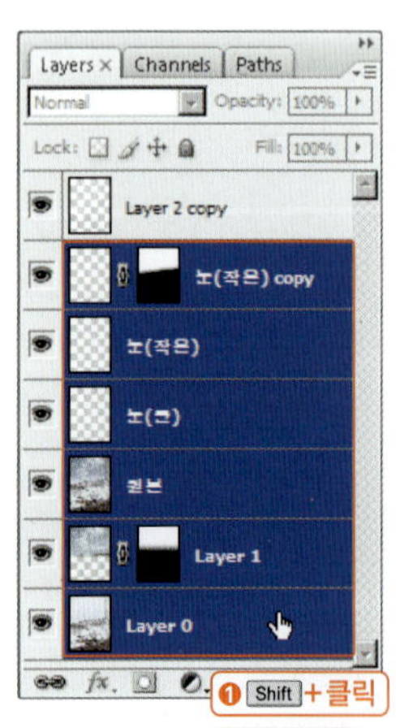

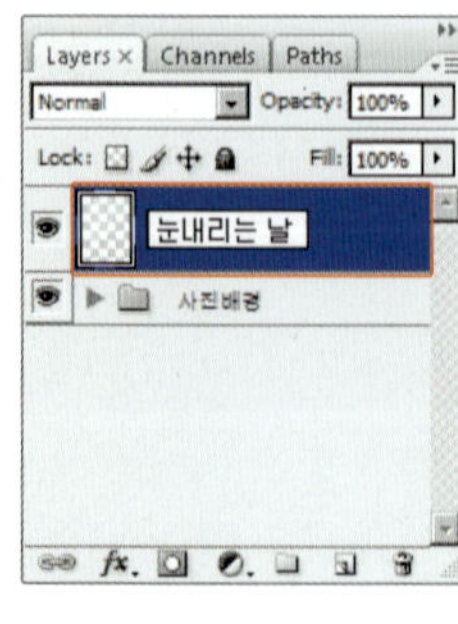

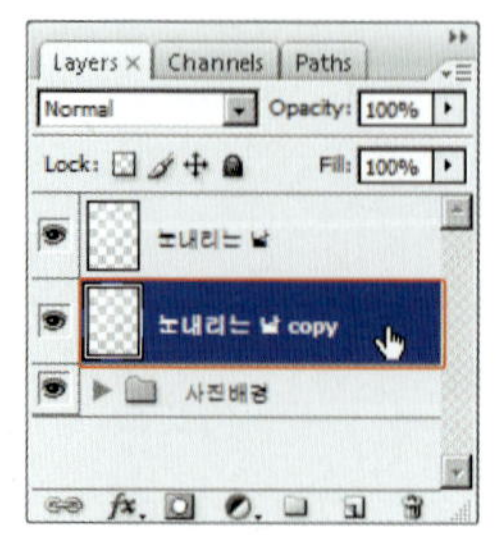

11 ‘Filter’ → ‘Blur’ → ‘Motion Blur’ 메뉴를 선택합니다. **12** ‘Motion Blur’ 대화상자가 나타나면 다음의 그림과 같이 지정합니다. 모션 블러를 적용하는 이유는 글자에 눈처럼 흩날리는 듯한 느낌을 만들기 위해서입니다.

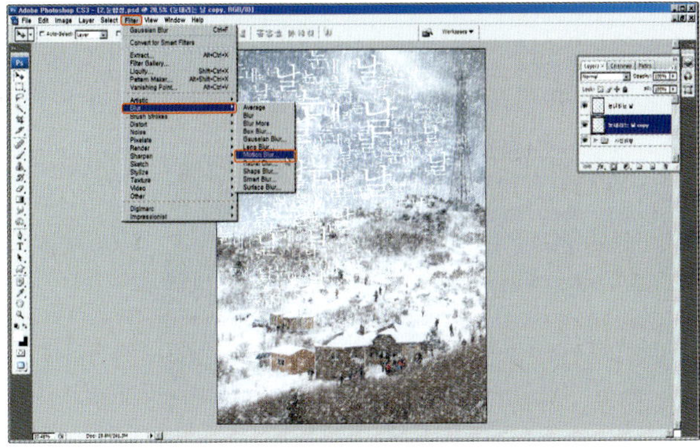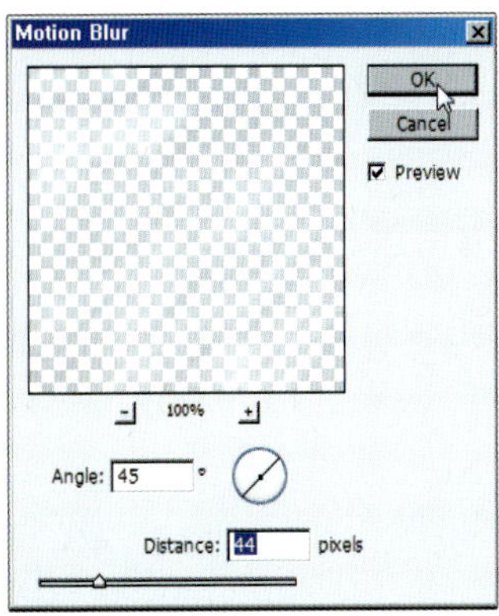

13 눈과 글자가 흩날리는 느낌이 공존하면서 눈 내리는 겨울 산장의 느낌을 표현했습니다.

2007년 초겨울에 창덕궁을 찾았는데, 그때 찍었던 사진에 이번 예제와 같은 방법으로 눈을 합성해서 보정한 사진입니다. 그때 당시에는 합성보다 보정에 더 심취했는데, 중화권이나 동남아권에 있는 사진 작가가 포토넷(www.Photo.net)에 올린 작품들을 보니 고궁과 낡은 사원 등을 멋지게 보정한 사진들의 느낌이 너무 좋아 작가의 작품을 다운로드해서 계속 연습했던 기억이 있습니다. 지금 생각해 보니 그때 이후로 필자의 작업 스타일도 많이 달라진 것 같습니다. 보정이나 합성 기술을 늘릴 수 있는 계기로 타인의 작품을 따라하는 것도 좋은 공부라고 생각합니다. 그래서 반복해서 따라하다 보면 같은 방식이 아닌 다른 작업 방식에 대해서도 더 많이 알게 되고 공부하게 되면서 자연스럽게 연습과 연결되는 것 같습니다. 여러분도 모토가 될 수 있을 만한 목표를 정해서 꾸준히 연습해 보세요. 시간이 지나면 여러분의 손이 아마 그 느낌을 기억하게 될 것입니다.

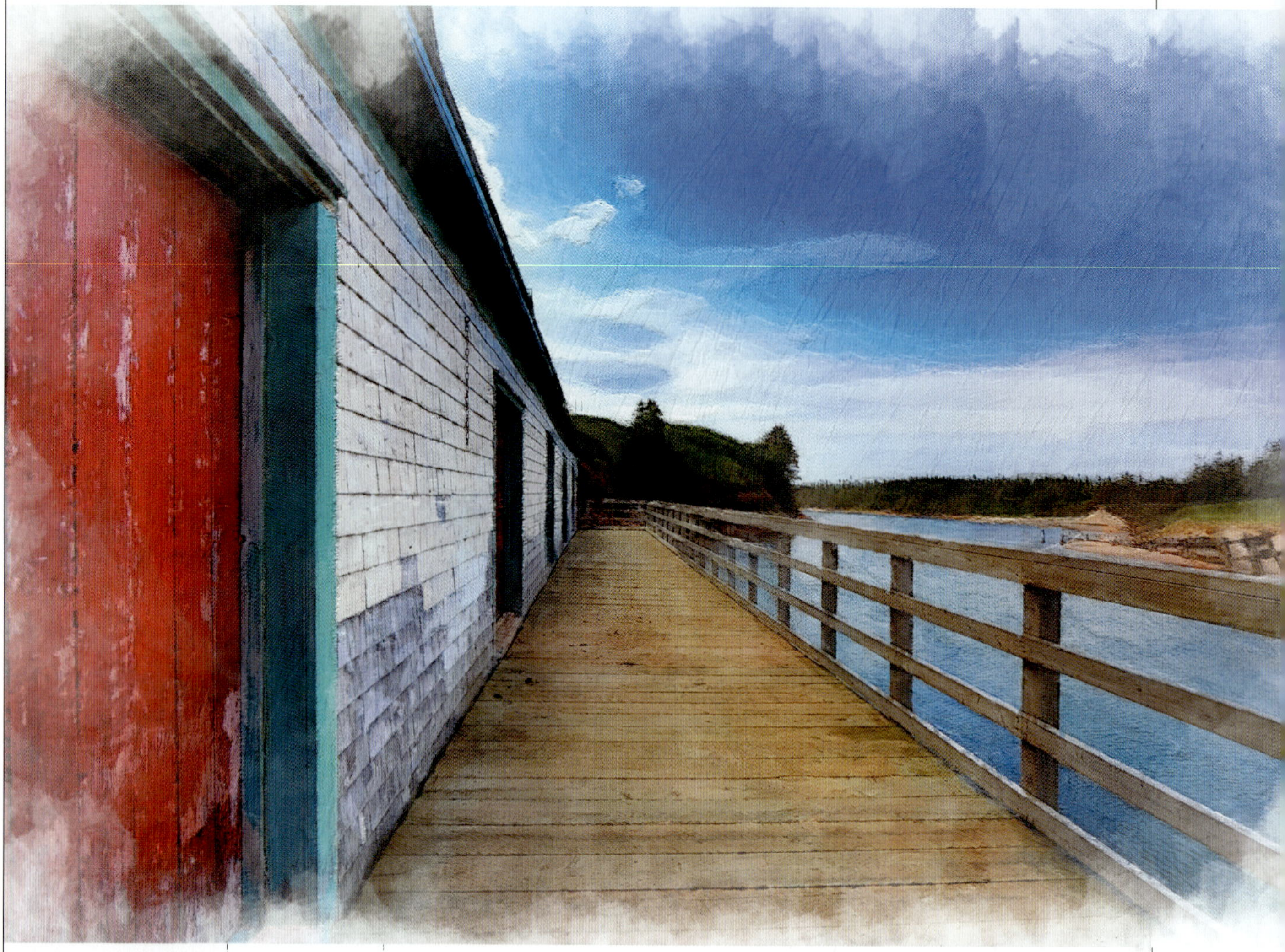

Lesson

결과 파일 부록 CD\Theme05\Lesson06\회화.psd

06

회화풍

(외부 필터 소개 : Impressionist)

외부 필터를 추가하여 회화풍 이미지를 만들어 보겠습니다. 포토샵 내부 필터를 응용하면 간단한 회화풍의 이미지를 만들어 낼 수 있지만 브러시의 터치감이 부족한 면이 있어 그런 단점을 보완하기 위한 다양한 외부 필터들이 존재합니다. 여기서 소개하는 임프레셔니스트란 필터를 응용하여 사진을 회화풍으로 변형시키는 방법에 대해 알아보겠습니다.

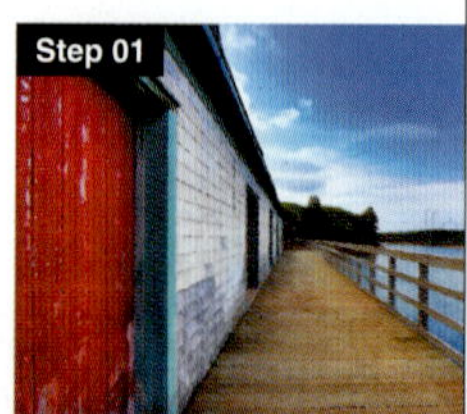

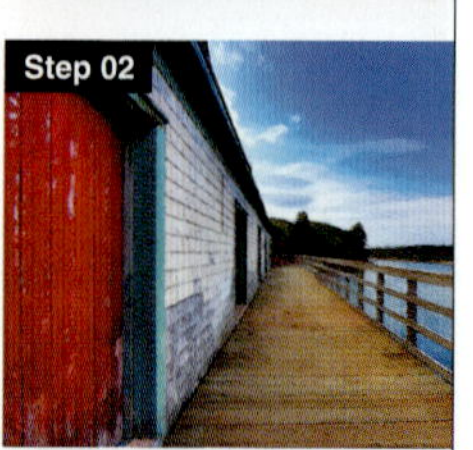

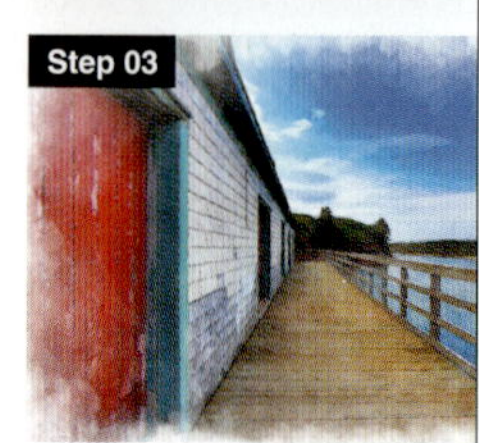

플러그인 필터(Impressionist)로 회화풍 사진 보정하기

원색의 느낌이 살아있는 평범한 사진을 'Impressionist' 필터를 활용해 회화풍의 이미지로 리터칭해 보겠습니다.

예제 파일 부록 CD\Theme05\Lesson06\풍경.jpg

01 부록 CD에서 '풍경.jpg' 파일을 불러옵니다. **02** 단축키 Ctrl + J 를 눌러 세 개의 이미지를 복제합니다. 그런 다음 'Layer 1 copy 2' 레이어를 선택하고 'Filter' → 'Impressionist' → 'Impressionist' 메뉴를 선택하세요.

03 'Impressionist' 대화상자가 나타나면 'Style' 버튼을 클릭하고 'Charcoal' → 'Default' 메뉴를 선택합니다. **04** 'Background' 에서 'Image' 를 선택하고 'Brush Size' 를 최소 사이즈인 '25%' 로 지정한 후 'Apply' 버튼을 클릭합니다.

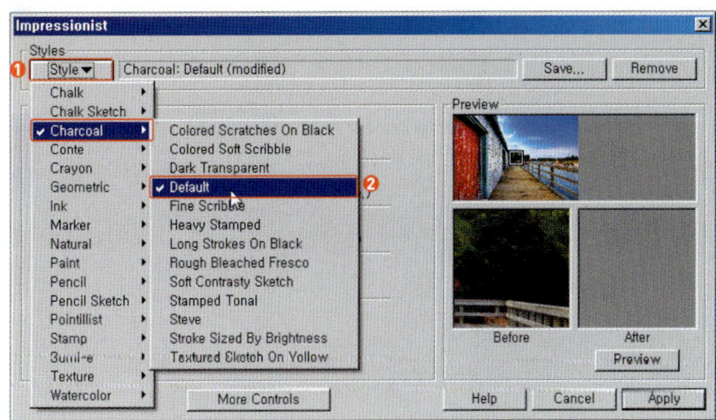
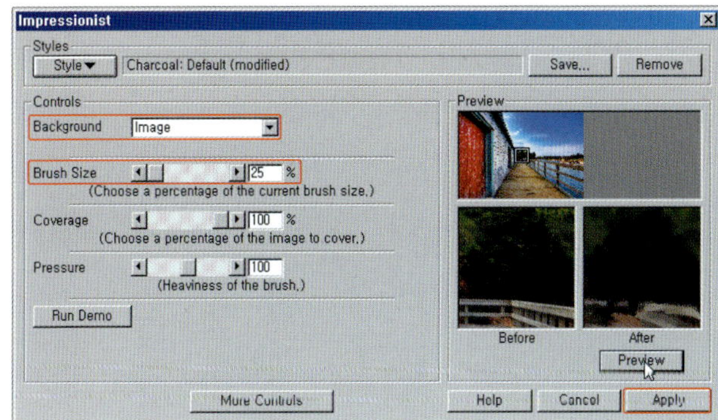

05 'Layer 1 copy' 레이어를 선택하고 'Filter' → 'Impressionist' → 'Impressionist' 메뉴를 선택합니다. **06** 'Impressionist' 대화상자가 나타나면 'Brush Size'를 '50%'로 지정하여 중간 크기의 브러시 터치감을 표현합니다.

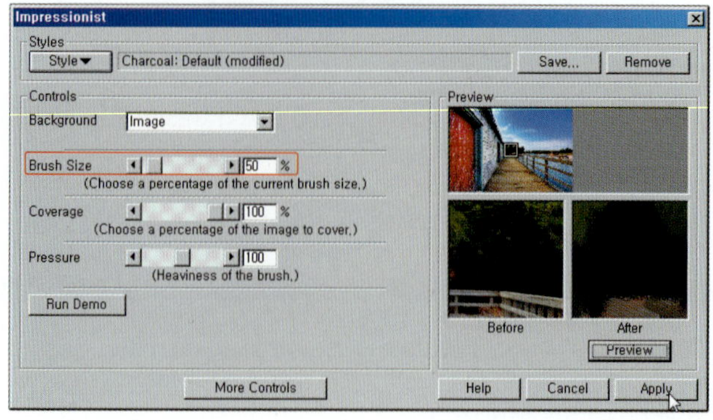

07 'Layer 1' 레이어를 선택하고 'Filter' → 'Impressionist' → 'Impressionist' 메뉴를 선택합니다. 'Impressionist' 대화상자가 나타나면 'Brush Size'를 '100%'로 지정해서 큰 브러시로 터치한 느낌을 연출하세요. **08** 'Layers' 팔레트에서 'Layer 1 copy 2' 레이어와 'Layer 1 copy' 레이어에 각각 'Add Layer Mask' 아이콘(◻)을 클릭해서 마스크를 씌웁니다.

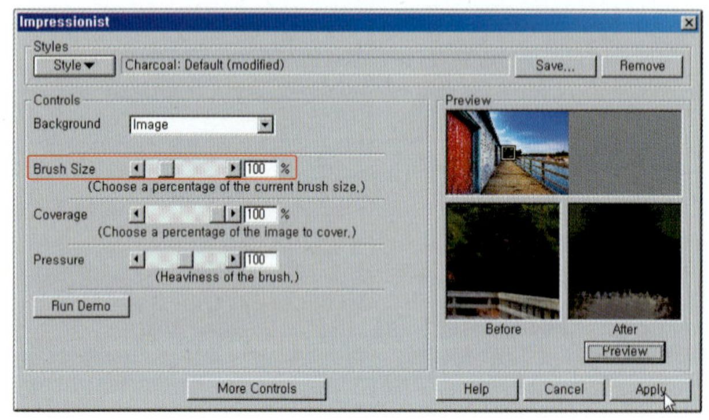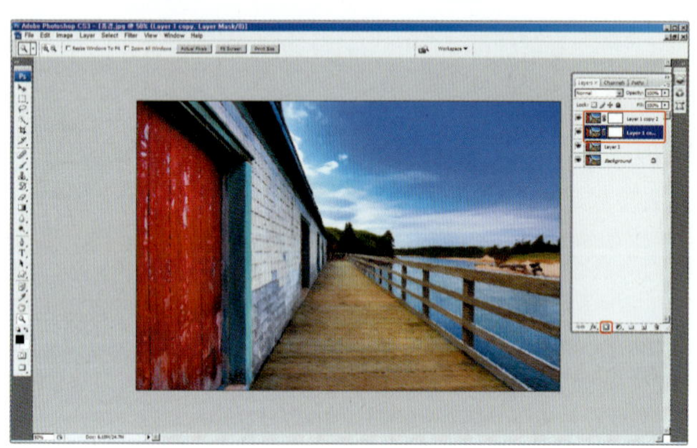

09 툴바에서 브러시 툴(✏)을 선택하고 옵션바에서 'Soft Round'는 '300pixels', 'Opacity'는 '50%'로 지정합니다.
10 'Layer 1 copy 2' 레이어의 눈 아이콘(👁)을 잠시 끄고 'Layer 1 copy' 레이어를 선택해서 전경색을 검은색으로 지정한 후 부분부분 문지릅니다.

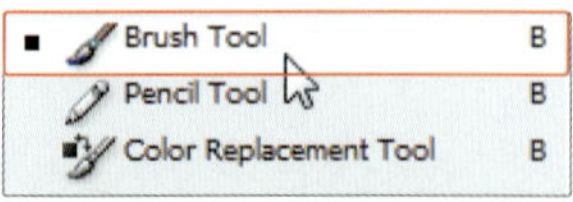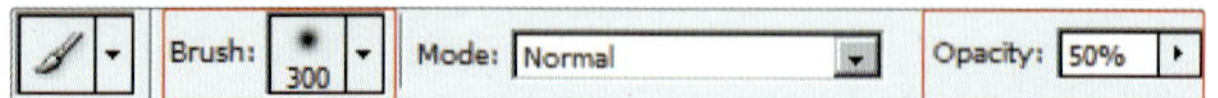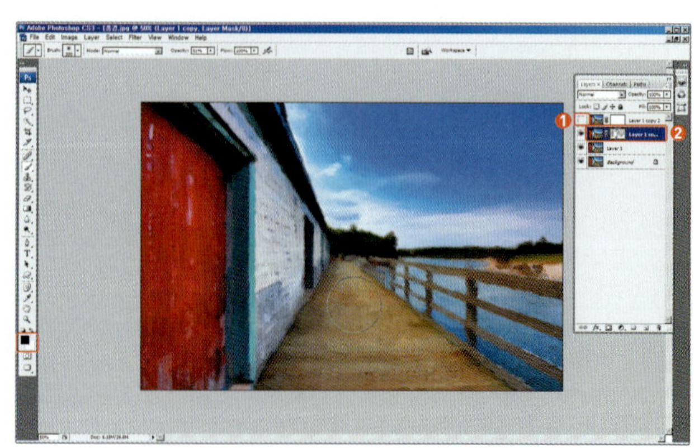

11 'Layer 1 copy 2' 레이어를 선택하고 부분부분 칠합니다. 이러한 작업은 사람이 그림을 그리는 것처럼 덩어리진 부분과 세부적으로 표현할 부분을 나눠 작업하는 것과 비슷합니다.

 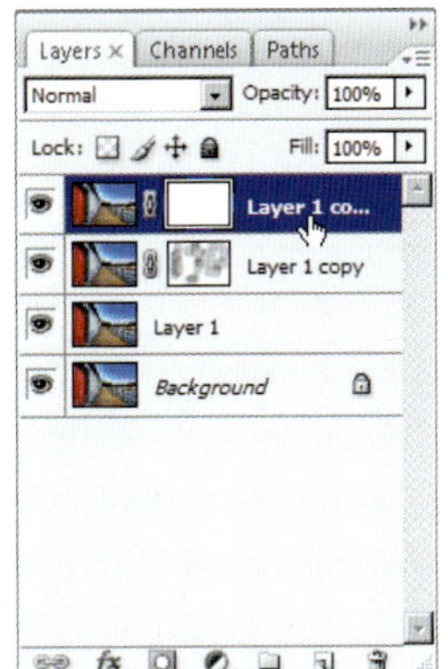

Step 02

스케치라인 만들기

스케치라인을 만들어 배경에 적용해 보겠습니다.

결과 파일 부록 CD\Theme05\Lesson06\풍경.psd

01 'Layers' 팔레트에서 'Background' 레이어를 단축키 `Ctrl` + `J` 를 눌러 복사합니다. **02** 'Background' 레이어를 맨 위로 위치시킨 후 블렌딩 모드를 'Overlay' 로 변경합니다.

03 'Filter' → 'Other' → 'High Pass' 메뉴를 선택합니다. **04** 'High Pass' 대화상자가 나타나면 'Radius' 에 '1.5pixels' 를 입력하고 'OK' 버튼을 클릭합니다.

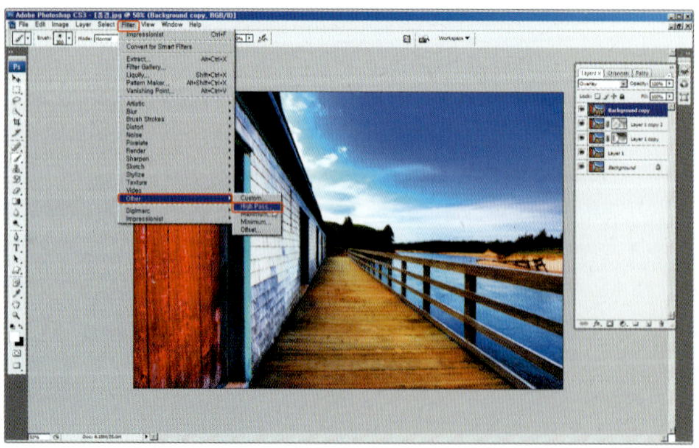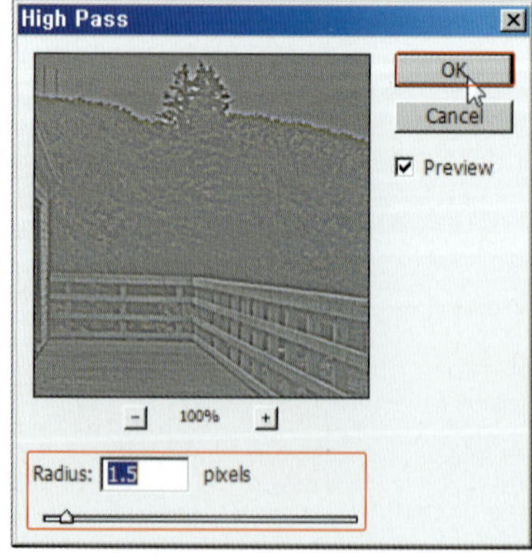

05 ‘High Pass’를 적용하면 ‘Impressionist’ 필터 때문에 회화적인 터치감보다 사진에 가까운 사실적인 느낌이 되면서 경계면이 더욱 선명해집니다. 마스크 작업을 통해 일부는 선명함을 감소시키는데, ‘Layers’ 팔레트에서 ‘Add Layer Mask’ 아이콘(🔲)을 클릭합니다. **06** 옵션바에서 브러시 ‘Soft Round’는 ‘300pixels’, ‘Opacity’는 ‘50%’로 지정합니다.

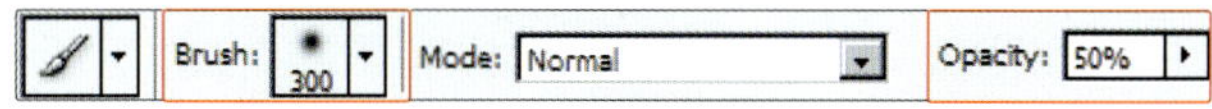

07 색과 색이 분리되는 경계가 ‘High Pass’ 때문에 많이 선명해졌습니다. 경계의 안쪽에 면이 차지하는 부분을 전경색 검은색으로 지정하고 문질러서 선명함을 감소시키세요. **08** ‘Layers’ 팔레트에서 단축키 Ctrl + J 를 눌러 ‘Background’ 레이어를 복사하고 맨 위로 위치시킵니다.

09 ‘Image’ → ‘Adjustments’ → ‘Desaturate’ 메뉴(Shift + Ctrl + U)를 선택해 이미지를 흑백으로 변환합니다. **10** 단축키 Ctrl + J 를 눌러 흑백으로 변환된 레이어를 복사합니다.

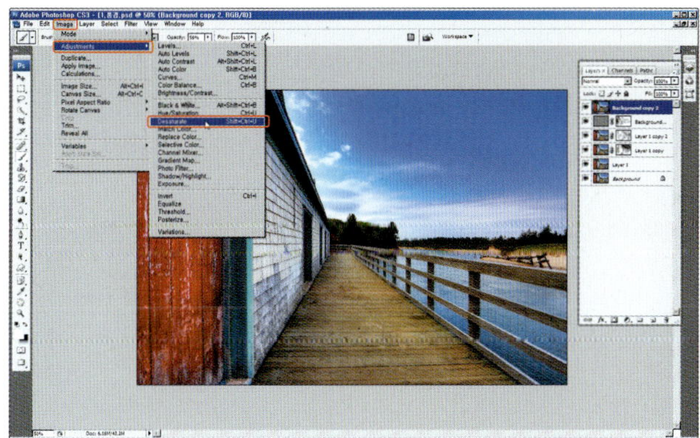

11 단축키 Ctrl + I 을 눌러 이미지를 반전시킵니다. **12** 블렌딩 모드를 'Linear Dodge' 로 변경합니다.

 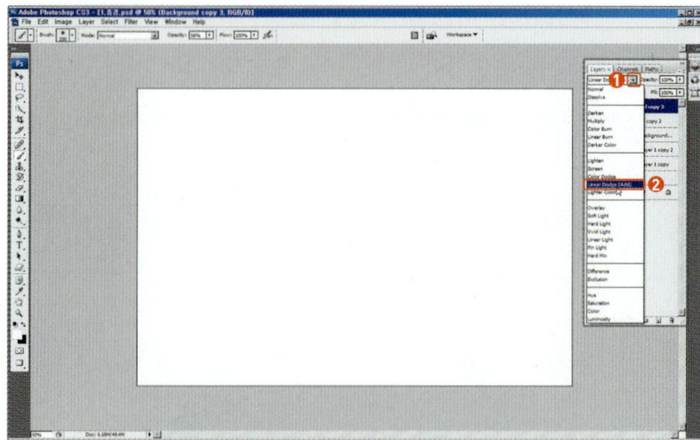

13 'Filter' → 'Blur' → 'Gaussian Blur' 메뉴를 선택합니다. **14** 'Gaussian Blur' 대화상자가 나타나면 'Radius' 에 '2.8pixels' 를 입력하고 'OK' 버튼을 클릭합니다.

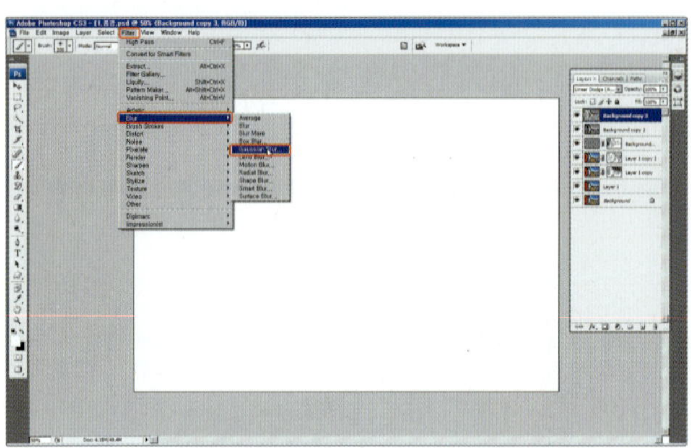 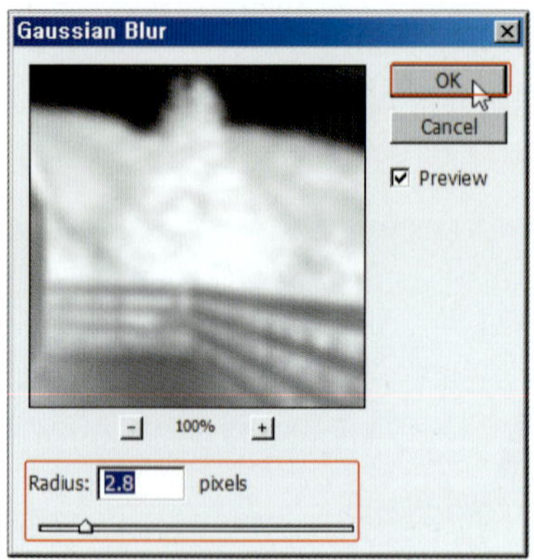

15 옅은 스케치 라인을 만들었습니다. **16** 'Layers' 팔레트에서 Ctrl 을 누른 상태에서 'Background copy 2' 레이어와 'Background copy 3' 레이어를 선택하고 단축키 Ctrl + E 를 눌러 하나로 합칩니다.

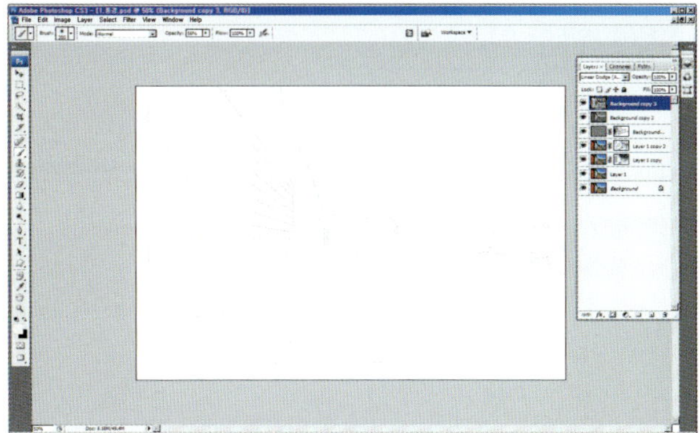

17 블렌딩 모드를 'Linear Burn' 으로 변경해 하위 레이어에 검은색 라인만 적용합니다.

텍스처 지정하기

'Texturelizer' 필터를 활용해 배경에 질감을 적용해 보겠습니다.

예제 파일 부록 CD\Theme05\Lesson06\질감.psd

01 단축키 Shift + Ctrl + Alt + E 를 눌러 지금까지의 작업 과정을 하나의 레이어로 만듭니다. **02** 터치감을 가장 크게 적용했던 'Layer 1 copy' 레이어의 상위에 있는 레이어의 눈 아이콘(👁)을 끄고 'Layer 1 copy' 레이어를 단축키 Ctrl + A , Ctrl + C 를 눌러 복사합니다. 그런 다음 'File' → 'New' 메뉴를 선택하면 이전에 복사했던 이미지와 같은 규격의 신규 도큐먼트 창이 나타납니다.

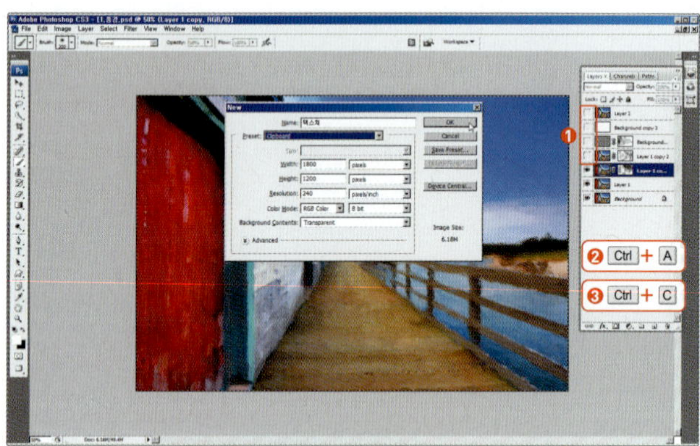

03 'File' → 'Save As' 메뉴를 선택합니다. **04** 'Save As' 대화상자가 나타나면 '텍스처.psd' 파일로 저장하고 경고 메시지 창이 나타나면 'OK' 버튼을 클릭하세요.

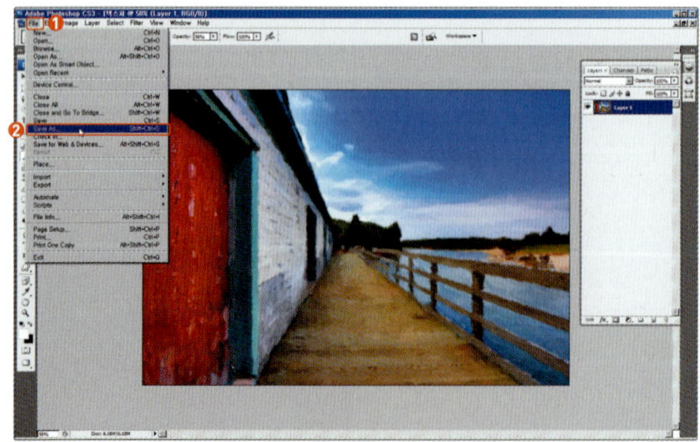

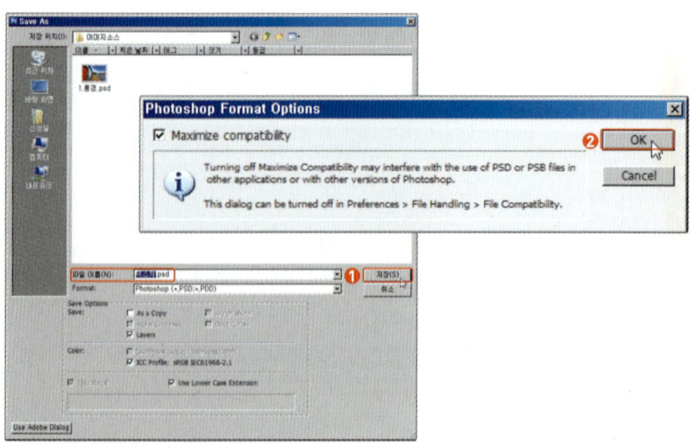

05 'Layers' 팔레트에서 'Layer 2' 레이어를 선택하고 'Filter' → 'Texture' → 'Texturizer' 메뉴를 선택합니다.

06 'Texturizer' 대화상자가 나타나면 'Texturizer' 에서 'Load Texture' 를 선택합니다.

07 'Load Texture' 창이 나타나면 앞의 과정에서 저장했던 '텍스처.psd' 파일을 선택하고 '열기' 버튼을 클릭합니다.

08 'Texturizer' 대화상자가 나타나면 'Scaling' 은 '100', 'Relief' 는 '13' 으로 지정하고 'OK' 버튼을 클릭합니다. 화면에 보이는 이미지를 그대로 텍스처로 적용하면 'Scaling' 은 원본 사이즈와 같은 크기(100%)로 지정하여 사용합니다.

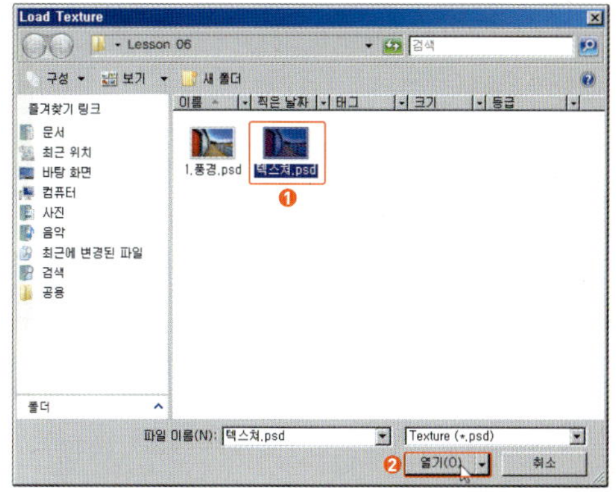
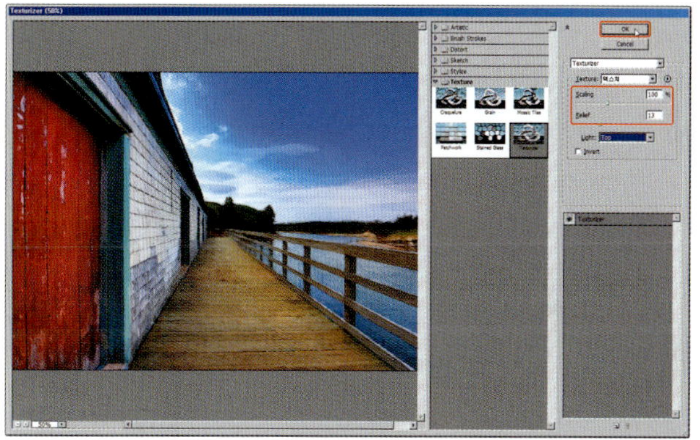

09 'Layers' 팔레트에서 'Layer 2' 레이어를 제외한 레이어들을 Shift 를 누른 상태에서 클릭하여 선택합니다.

10 단축키 `Ctrl`+`G`를 눌러 그룹 레이어 상태로 만들고 레이어 이름을 '원본소스'로 변경합니다. **11** 'Window' → 'History' 메뉴를 선택해 'History' 팔레트를 열고 이제까지 작업한 과정의 마지막 'History'에 체크 표시합니다. 보통 스냅샷을 찍는다고 하는데, 체크 표시하는 부분 이후에 다른 작업을 해도 히스토리 브러시는 'History' 팔레트에서 보이는 체크 표시된 부분을 복원 시점의 시작점이라고 인식합니다.

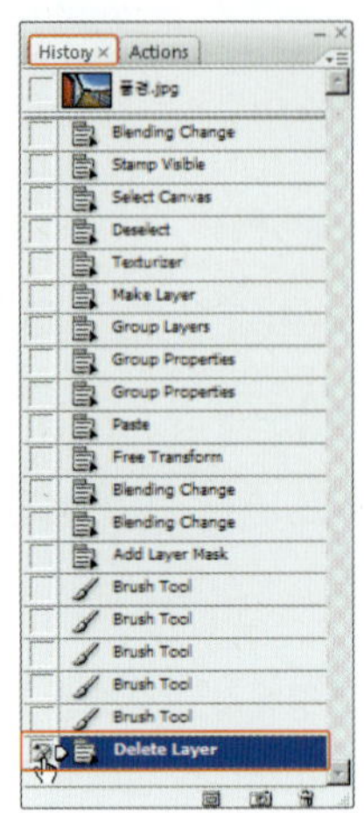

12 'Layers' 팔레트에서 'Layer 2' 레이어를 선택하고 'Filter' → 'Texture' → 'Texturizer' 메뉴를 선택합니다.
13 'Texturizer' 대화상자가 나타나면 'Texturizer'에서 'Load Texture'를 선택합니다.

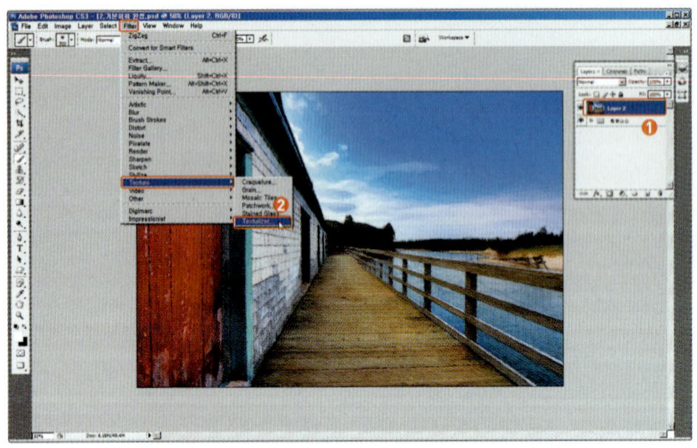

14 'Load Texture' 대화상자가 나타나면 부록 CD에서 '질감.psd' 파일을 선택하고 '열기' 버튼을 클릭합니다. **15** 'Texturizer' 대화상자가 나타나면 다음의 그림과 같이 지정하고 'OK' 버튼을 클릭합니다.

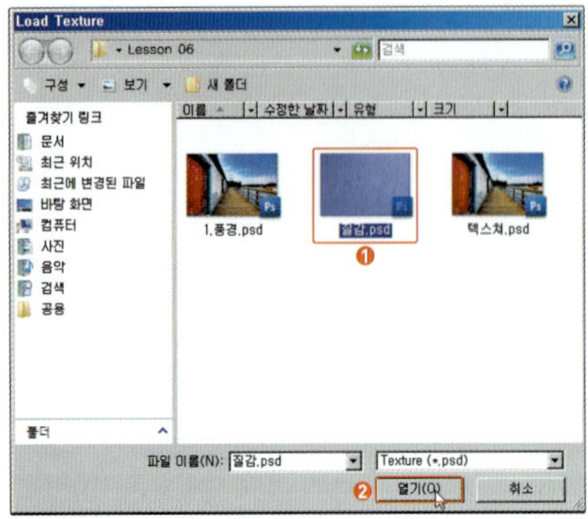
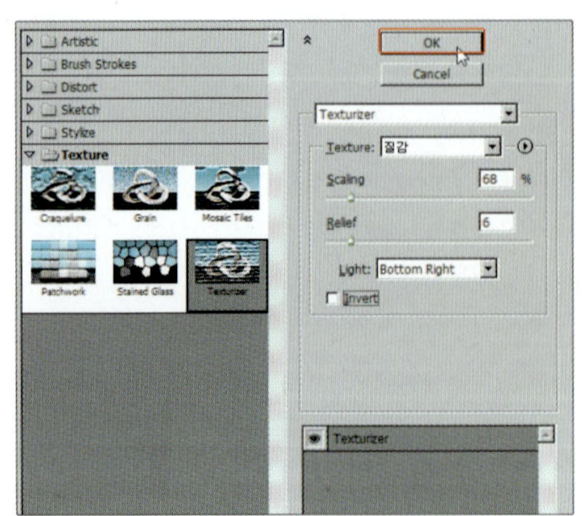

16 툴바에서 히스토리 브러시를 선택합니다. **17** 히스토리 브러시로 질감이 심하게 표현된 부분을 문지르면 **11**번 과정에서 'History' 팔레트에 체크 표시된 부분의 복원 시점의 이미지로 복구할 수 있습니다.

테두리 정리하기

브러시 옵션을 변경해 테두리에 'Water Color' 효과를 적용해 보겠습니다.

예제 파일 부록 CD\Theme05\Lesson06\Watercolour.abr

01 'Layers' 팔레트에서 단축키 Shift + Ctrl + N 을 눌러 신규 레이어를 만들고 레이어 이름을 '흰바탕' 으로 입력합니다.

02 '흰바탕' 레이어를 'Layer 2' 레이어의 아래쪽에 위치시킵니다. 그런 다음 Alt 를 누른 상태에서 'Add Layer Mask' 아이콘 (🔲)을 클릭하여 'Layer 2' 레이어를 'Hide All' 상태로 만드세요.

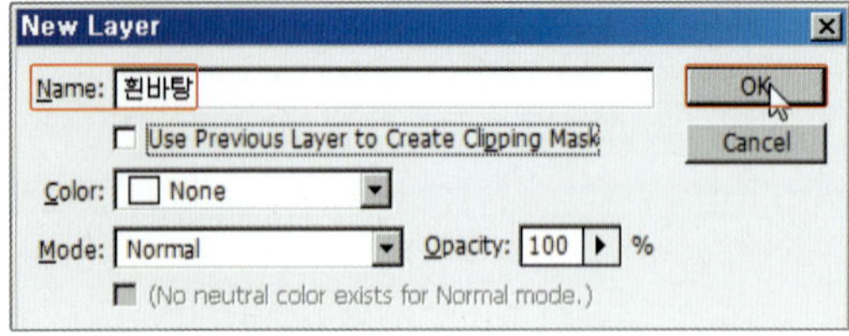
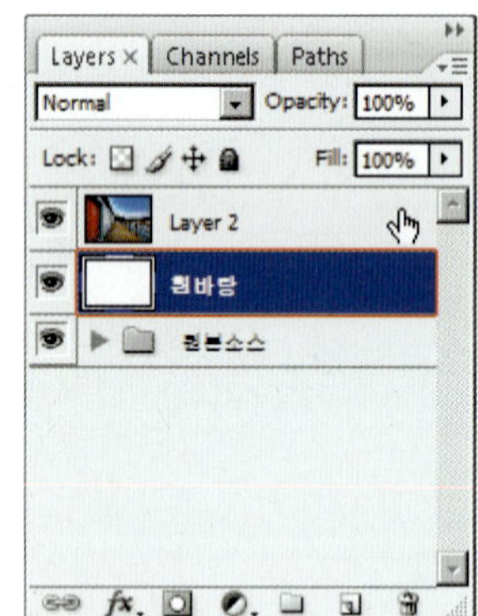
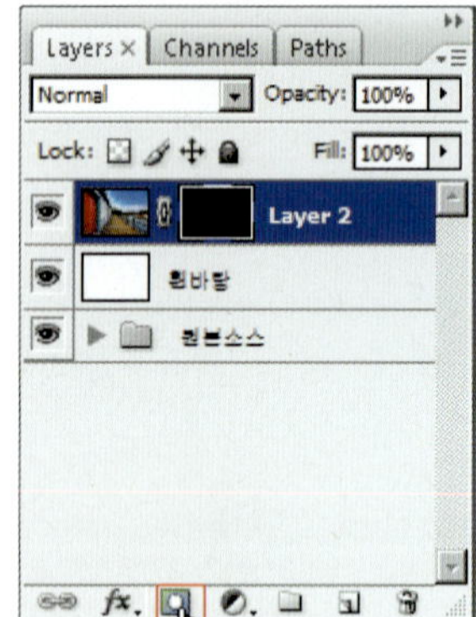

03 브러시를 추가하기 위해 'Load Brushes' 를 실행합니다. **04** 'Load' 대화상자가 나타나면 부록 CD에서 'Watercolour.abr' 브러시를 선택하고 'Load' 버튼을 클릭합니다.

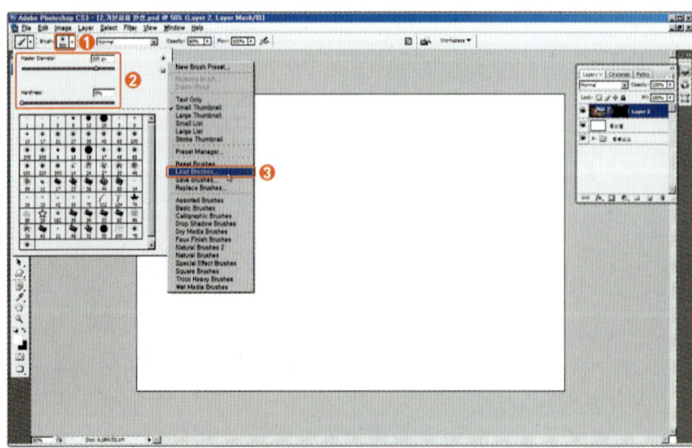
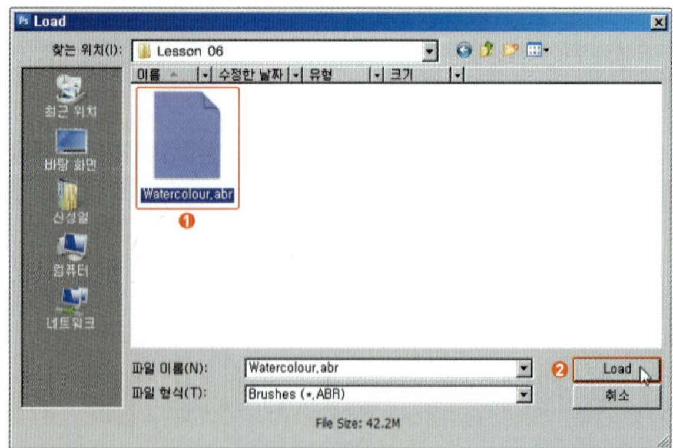

05 추가한 브러시 목록 중 다음의 그림과 같은 브러시(2500pixels)를 선택합니다. **06** 옵션바에서 'Opacity'를 '35%'로 조절합니다.

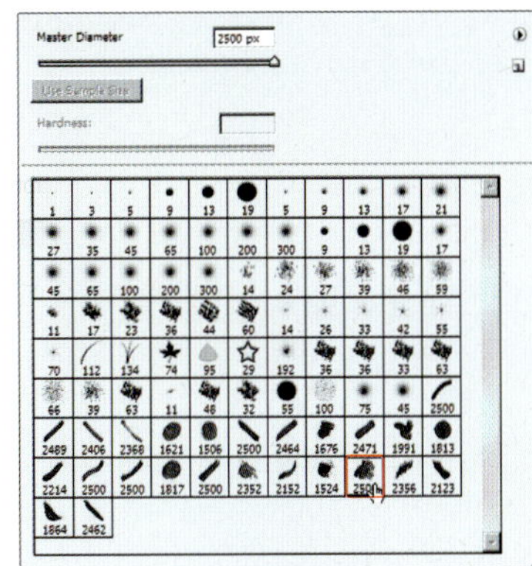

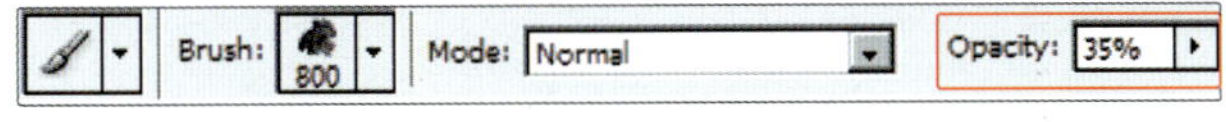

07 전경색을 흰색으로 지정해 중앙부터 칠합니다. 브러시 크기를 확대 및 축소([[ ], [ ]])하면서 테두리 부분은 'Opacity'를 '15~30%'로 다운시킨 후 천천히 여러 번 클릭하는 방식으로 물먹은 듯한 수채화 느낌을 완성할 수 있습니다. **08** 마스크 작업을 통해 테두리를 정리하고 작업을 종료합니다.

Impressionist Filter 설치하기

'http://asnailpace.com/blog/impressionist-plug-in' 에서 다운로드한 파일의 압축을 풀고 'C:\Program Files\Adobe\Adobe Photoshop CS3\Plug-Ins' 폴더에 전체를 드래그합니다.

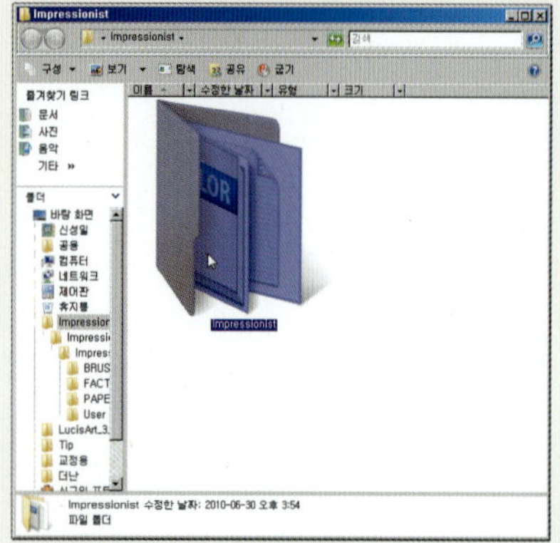 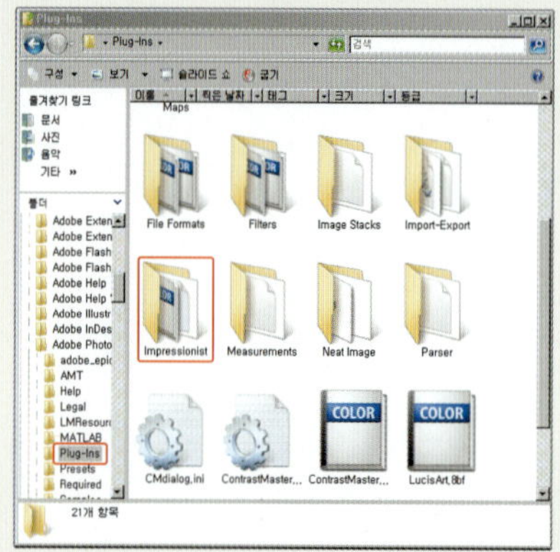

필터를 실행하면 해당 Style 하위 레이어에 추가 효과가 있습니다. 미리 보기 화면이 작지만 모두 사용하기 어려울 정도로 효과가 많은데, 화면의 아래쪽에 있는 'More Controls' 버튼을 클릭합니다.

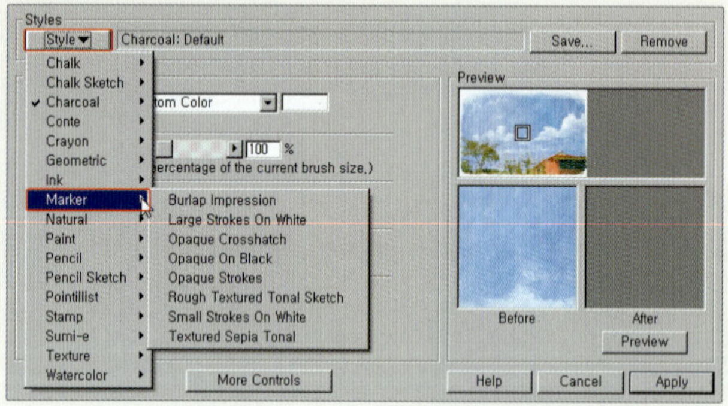 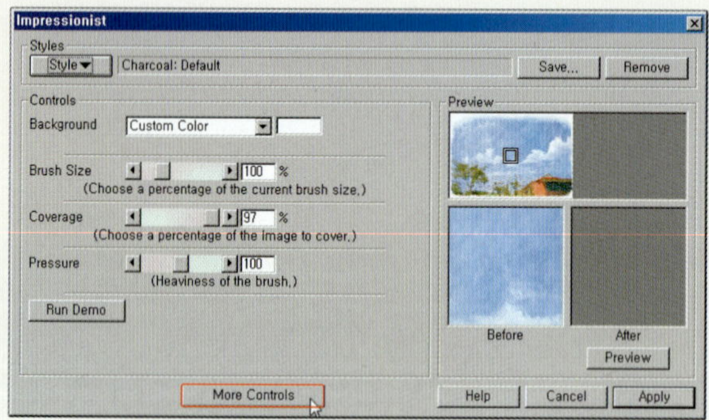

효과 이외에도 브러시나 배경에 적용될 종이 질감을 다르게 지정할 수 있습니다. 이 필터는 회화풍의 리터칭을 하는 사용자에게는 많이 알려졌는데, 인터페이스나 미리 보기 조절 창의 옵션이 너무 간단해서 매우 저평가된 필터입니다. 적용하는 효과가 너무 많아 필자도 모두 활용하지는 않았지만, 브로슈어나 카탈로그에 들어갈 사진 원본의 해상도나 디테일이 떨어질 경우 이번 예제에 설명했던 방법으로 회화풍으로 보정해서 사용합니다.

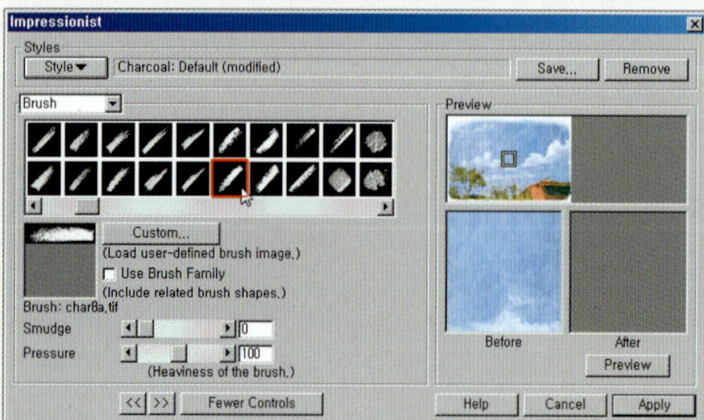 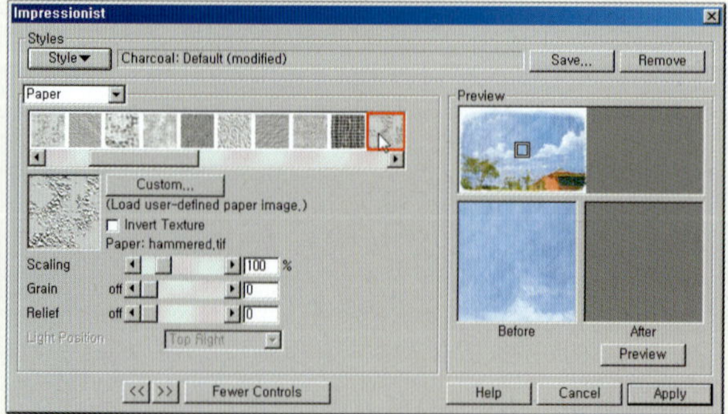

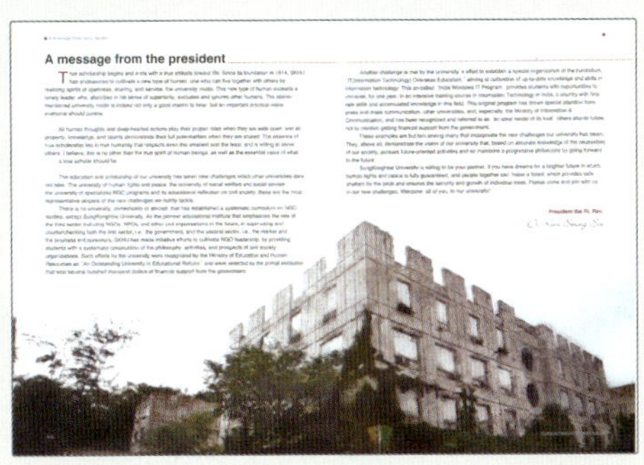

원본의 해상도가 떨어져 인쇄 제작용 사이즈(210×297mm, 300dpi)로 리사이즈하고 'Impressionist' 필터를 활용해 픽셀 사이의 간격을 회화풍으로 메꾼 후 흑백으로 이미지를 변화하여 채널에서 외곽선을 가늘게 추출합니다. 여기서 말하는 라인은 스케치라인과는 다른 의미로, 회화풍 작업 이전에 원본에서의 경계, 즉 색과 색이 맞닿는 부분의 경계(glowing edges 활용)를 말합니다. 그리고 스케치라인을 추출해 'Linear Burn'으로 적용한 후 색을 보정해서 완성합니다.

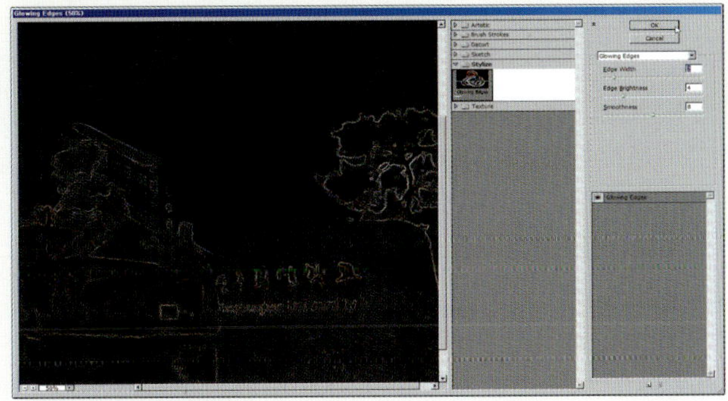

'Glowing Edges'를 적용하면 그림에 나타나는 흰색의 가는 라인이 만들어집니다. 이 라인을 채널로 복사하고 Level이나 Curve를 활용해서 선명하고 가는 라인을 추출합니다. 추출한 선택 영역에 샤픈을 적용하면 경계 부분이 선명하게 보정됩니다.

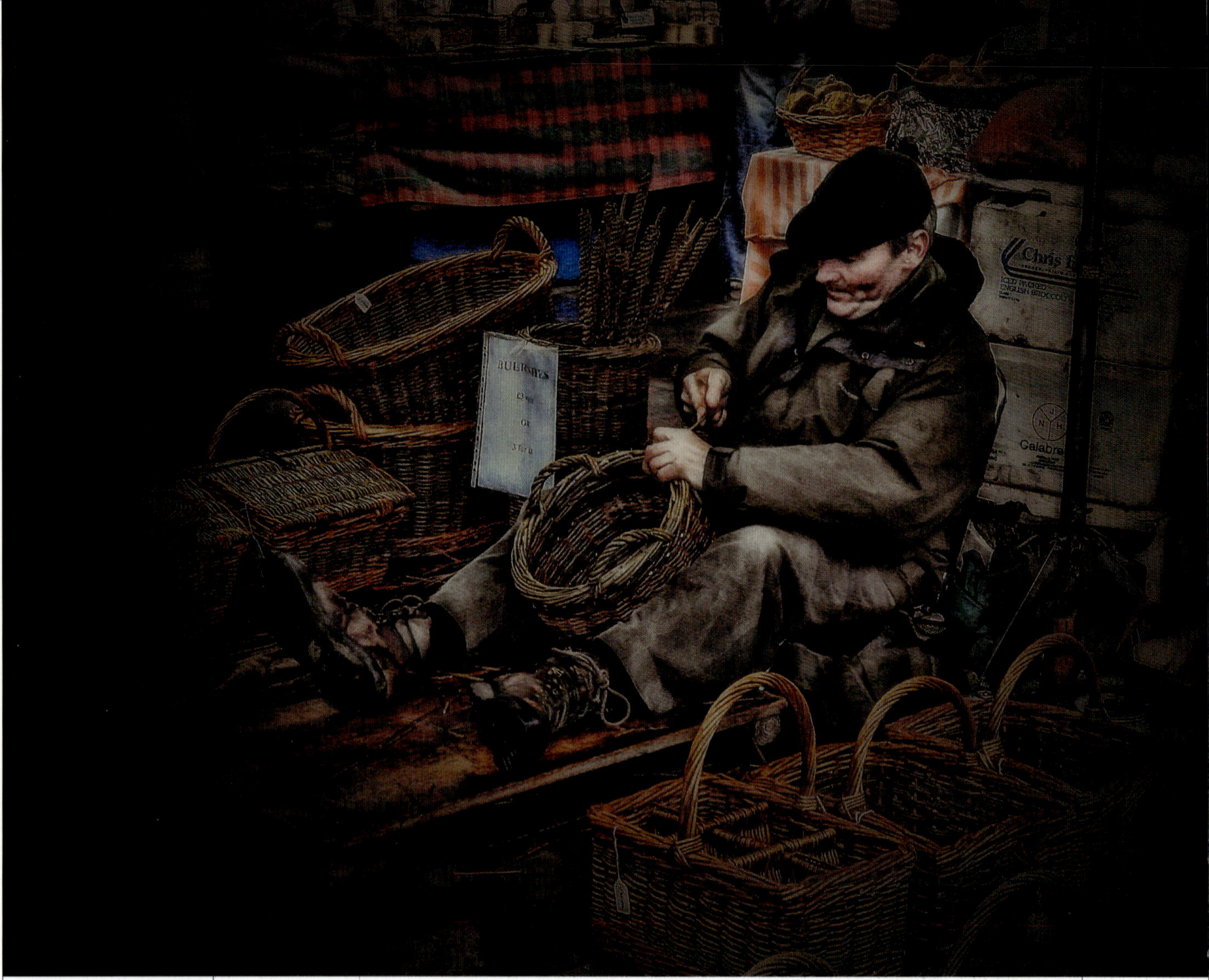

Lesson

결과 파일 부록 CD\Theme05\Lesson07\리터칭.psd

07 리터칭(인물)

'Lucis Art' 필터를 응용하여 인물을 보정하는 방법에 대해 알아보겠습니다. 이 필터를 이용하면 적용하기 이전의 사진의 샤픈을 살리면서 Shadow 영역의 디테일을 선명하면서 밝게 보정할 수 있습니다.

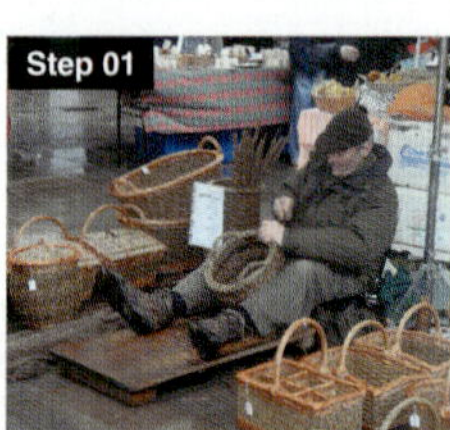

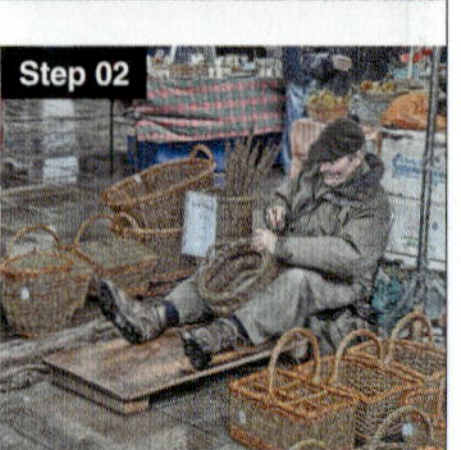

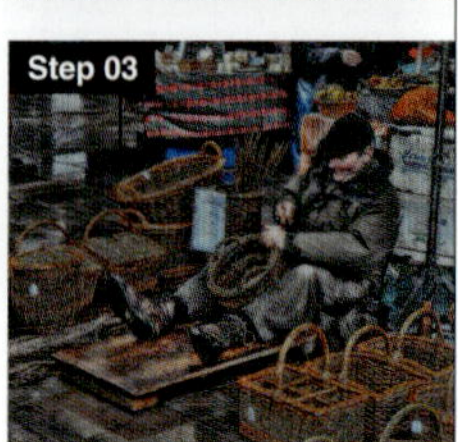

외부 필터로 샤픈 디테일 살리기

'Lucis Art' 외부 필터를 활용해 샤픈 디테일을 증가시켜 보겠습니다.

예제 파일 부록 CD\Theme05\Lesson07\인물.psd

01 부록 CD에서 '인물.psd' 파일을 불러옵니다. **02** 단축키 Ctrl + J 를 눌러 '원본' 레이어를 복사하고 블렌딩 모드를 'Luminosity' 로 변경합니다. 'Luminosity' 는 하위 레이어를 적용했을 때 색상과 채도를 유지하고 밝기만 혼합합니다.

03 별도로 플러그인된 'LucisArt' 필터를 선택합니다. **04** 'LucisArt' 대화상자가 나타나면 표시한 부분을 클릭하고 수치값을 '76' 으로 입력합니다. 최근에는 업그레이드된 버전이 많아서 이 부분에 대해서는 'Lesson 08' 에서 추가 설명하겠습니다.

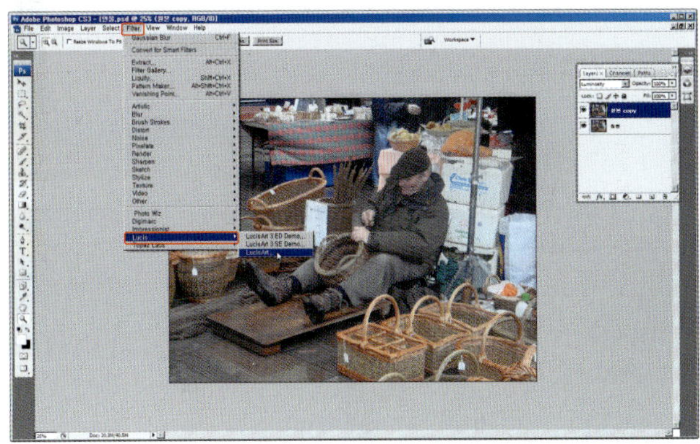

05 단축키 Shift + Ctrl + Alt + E 를 눌러 작업 과정을 하나의 레이어로 묶습니다(부록 CD에서 'Lucis 적용.psd' 파일을 활용하세요). **06** 사진에 'Lucis Art' 필터를 적용하면 섀도 영역을 밝게 만들어 노이즈가 많이 생기는데, 이러한 노이즈를 제거하기 위해 'Filter' → 'Noise' → 'Reduce Noise' 메뉴를 선택합니다.

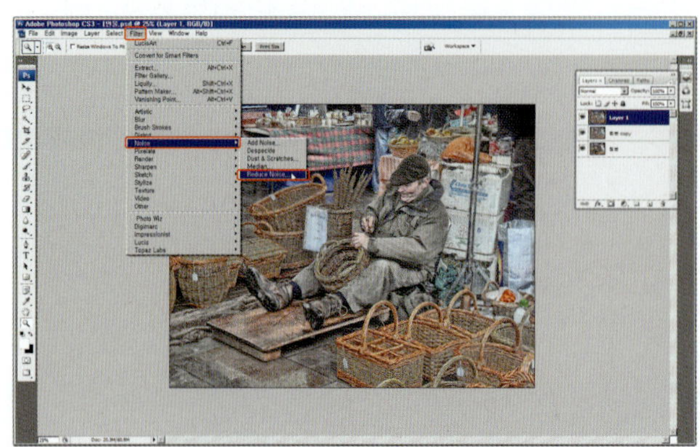

07 'Reduce Noise' 대화상자가 나타나면 다음의 그림과 같이 지정하고 'OK' 버튼을 클릭합니다. **08** 'Lucis Art' 필터를 적용한 이미지는 이미지를 선명하게 보정하지만 콘트라스트가 감소됩니다. 콘트라스트를 조절하기 위해 'Image' → 'Adjustments' → 'Levels' 메뉴(Ctrl + L)를 선택하세요.

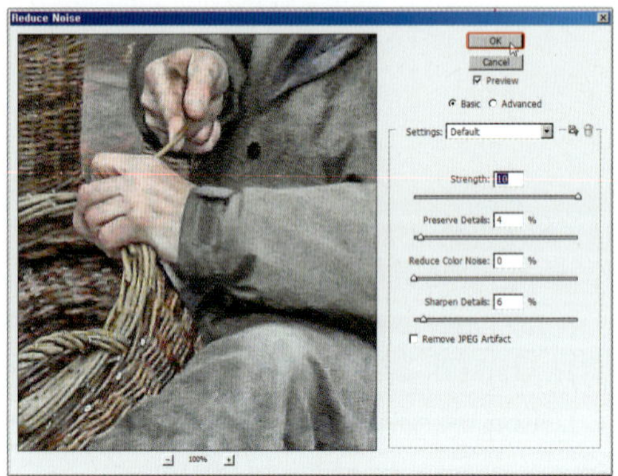
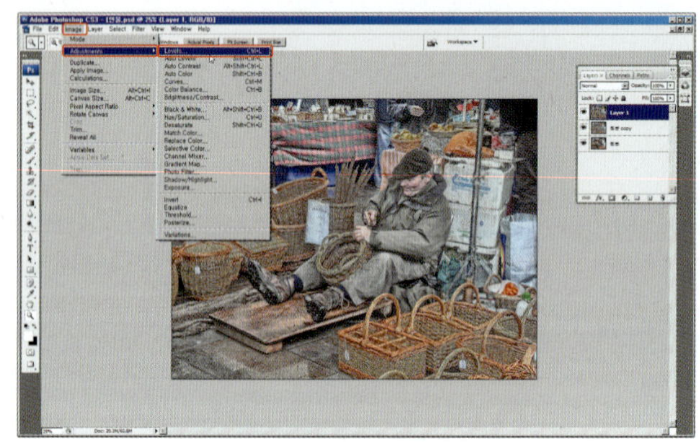

09 'Levels' 대화상자가 나타나면 'Output Levels'를 왼쪽으로 이동해 전체적인 톤을 다운시킵니다. 그런 다음 다음의 그림과 같이 'Input Levels'를 조절해 'Highlight'는 더 밝게, 'Midtone'은 더 어둡게 지정하세요. **10** 'Layers' 팔레트에서 '원본' 레이어를 복사하고 맨 위에 위치시킨 후 레이어의 블렌딩 모드를 'Overlay'로 변경합니다.

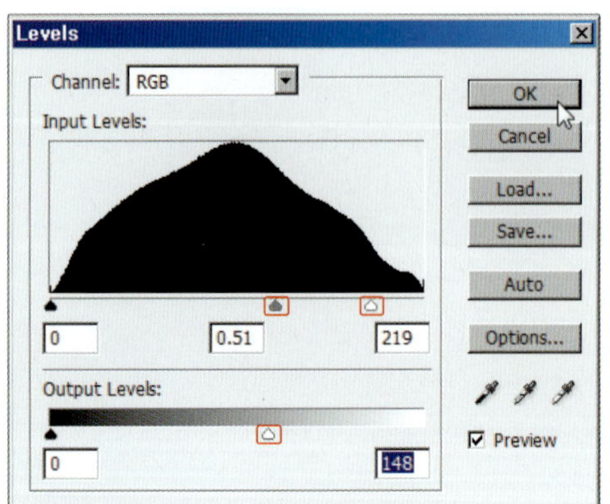
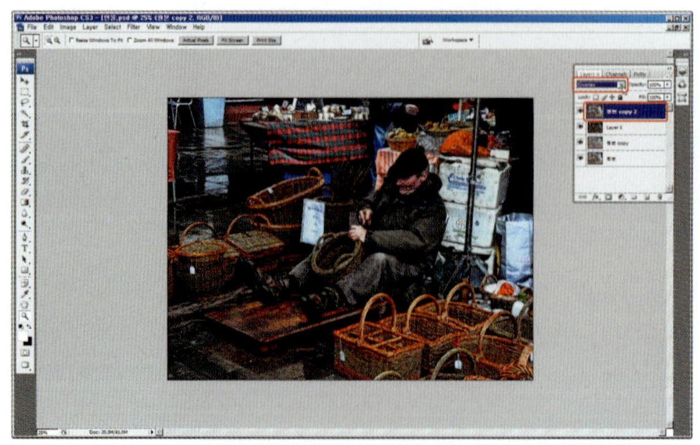

11 'Filter' → 'Other' → 'High Pass' 메뉴를 선택합니다. 이 작업을 통해 'Reduce Noise' 때문에 부드럽게 완화된 사진의 경계면에 샤픈 디테일을 살릴 수 있습니다. **12** 'High Pass' 대화상자가 나타나면 다음의 그림과 같이 지정하고 'OK' 버튼을 클릭합니다. 물론 사진의 해상도나 원본 상태에 따라 설정값을 다르게 적용하지만, 필자는 대부분 '2~5pixels' 사이를 크게 벗어나지 않습니다.

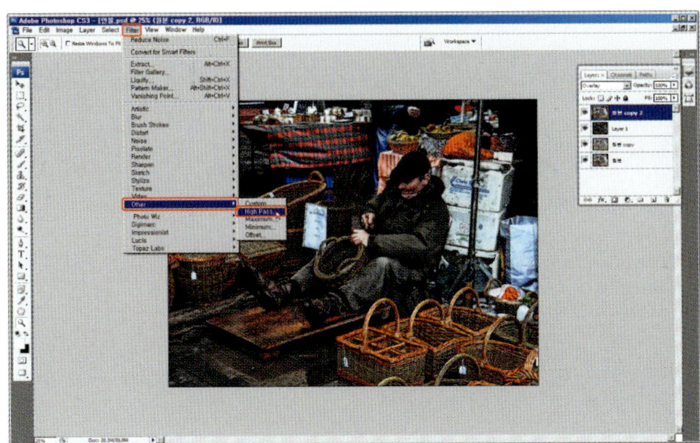
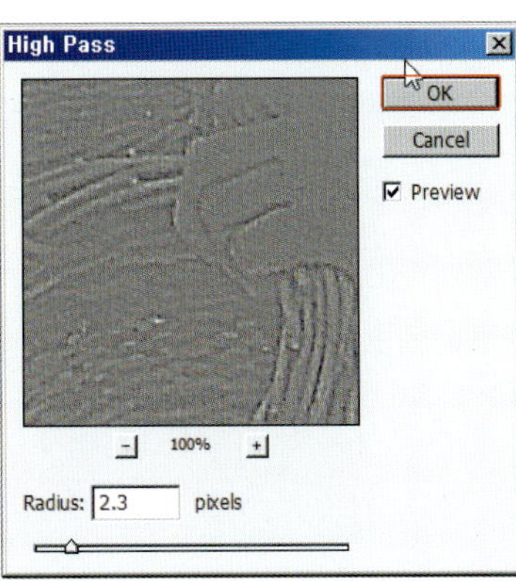

Step 02

표면에 확산광 표현하기

High Pass와 블렌딩 모드를 응용해서 이미지 전면에 확산광을 표현해 보겠습니다.

결과 파일 부록 CD\Theme05\Lesson07\Lucis적용.psd, 보정.psd

01 'Layers' 팔레트에서 Ctrl 을 누른 상태에서 'Layer 1' 레이어와 '원본 copy 2' 레이어를 선택하고 단축키 Ctrl + E 를 눌러 레이어들을 합칩니다. **02** 합친 '원본 copy 2' 레이어를 단축키 Ctrl + J 를 눌러 '원본 copy 3' 레이어를 만듭니다.

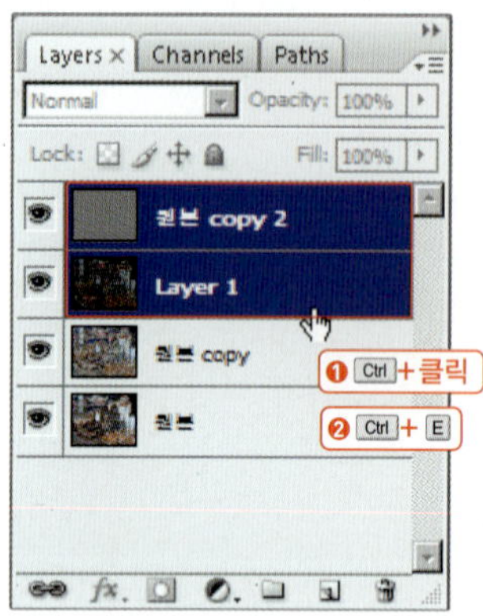
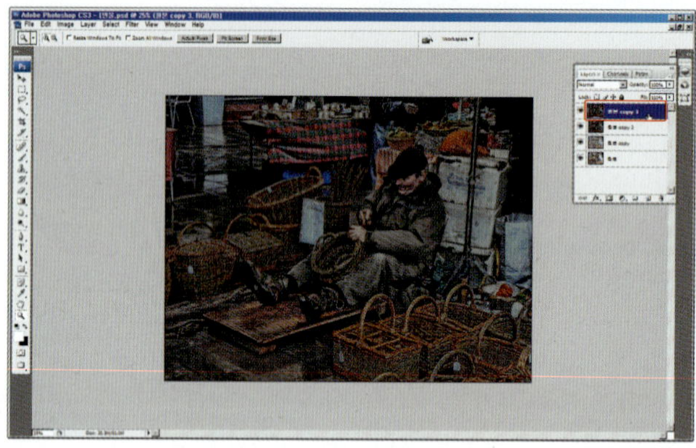

03 '원본 copy 3' 레이어의 블렌딩 모드를 'Hard Light'로 변경하여 강한 콘트라스트를 만듭니다. **04** 'Filter' → 'Other' → 'High Pass' 메뉴를 선택합니다.

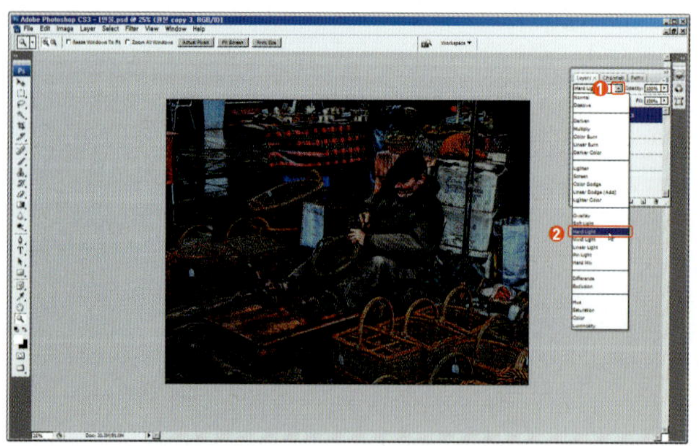
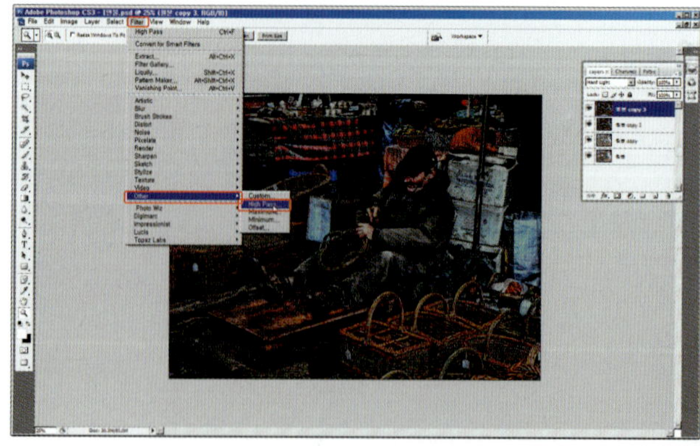

05 'High Pass' 대화상자가 나타나면 'Radius'를 '53.3pixels'로 지정하여 명암톤의 경계면에 강한 확산광을 만듭니다.

06 확산 광원을 부드럽게 만들기 위해 'Filter' → 'Blur' → 'Gaussian Blur' 메뉴를 선택합니다.

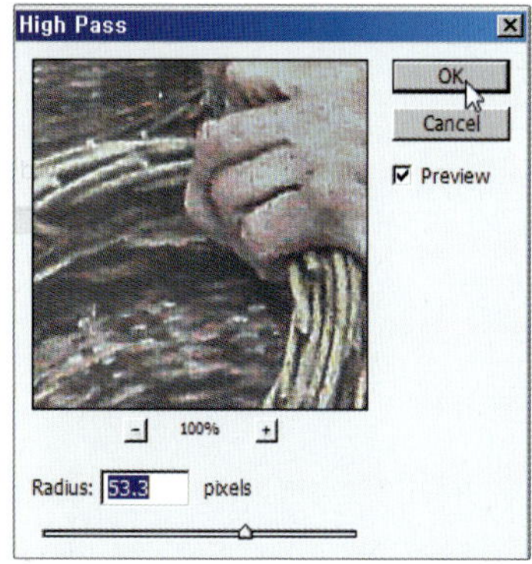
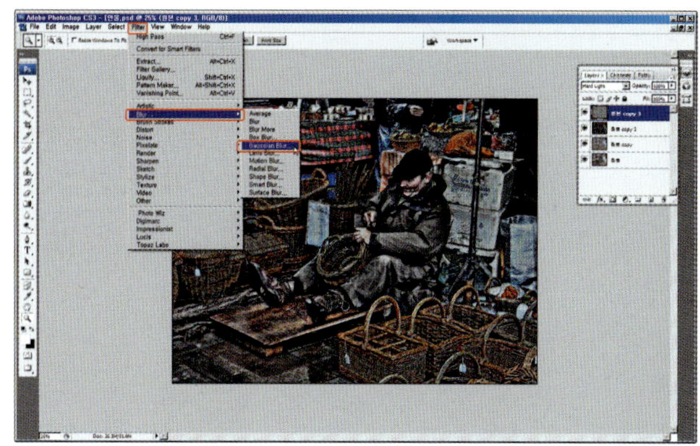

07 작업 창을 보면서 색과 색이 맞닿는 경계면에 후광 현상이 생기지 않을 정도로 슬라이드를 드래그해서 값을 지정합니다. 여기서는 'Radius'를 '19.5pixels'로 지정했습니다.

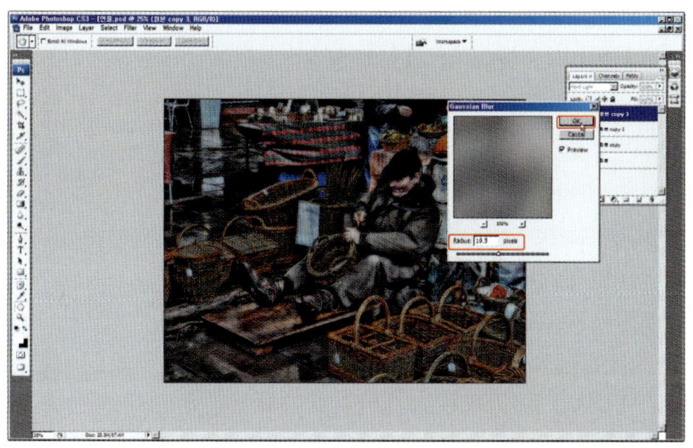

08 'Layers' 팔레트에서 Shift 를 누른 상태에서 '원본 copy 3' 레이어부터 '원본 copy' 레이어를 선택합니다. 그런 다음 단축키 Ctrl + E 를 눌러 레이어들을 합치고 합친 레이어 이름을 '보정'으로 입력하세요. **09** 단축키 Shift + Ctrl + N 을 눌러 신규 레이어 '비네팅'을 만듭니다.

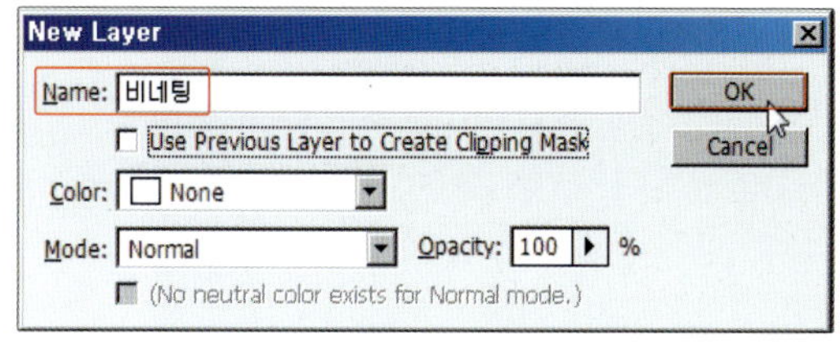

10 D 와 X 를 눌러 전경색과 배경색을 흰색과 검은색으로 지정한 후 원형 그레이디언트를 선택하고 'Foreground to Background' 로 지정합니다. **11** 중앙에서 대각선 측면으로 드래그해 그러데이션을 적용합니다.

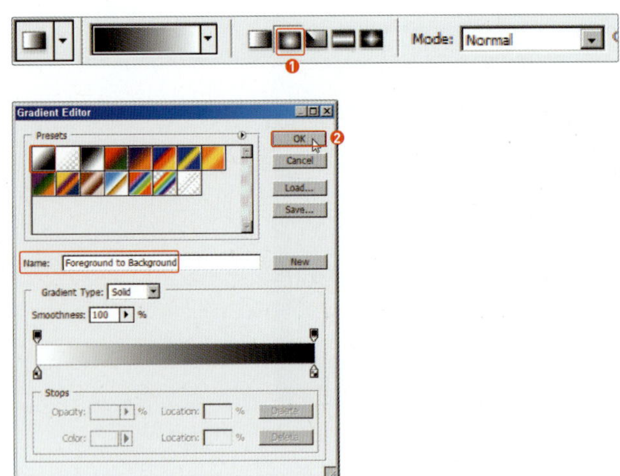

12 '비네팅' 레이어의 블렌딩 모드를 'Multiply' 로 변경합니다. **13** 툴바에서 브러시 툴( )을 선택합니다. 그런 다음 작업 창에서 마우스 오른쪽 버튼을 클릭한 후 'Soft Round' 는 '800pixels', 'Opacity' 는 '30%' 로 지정하세요.

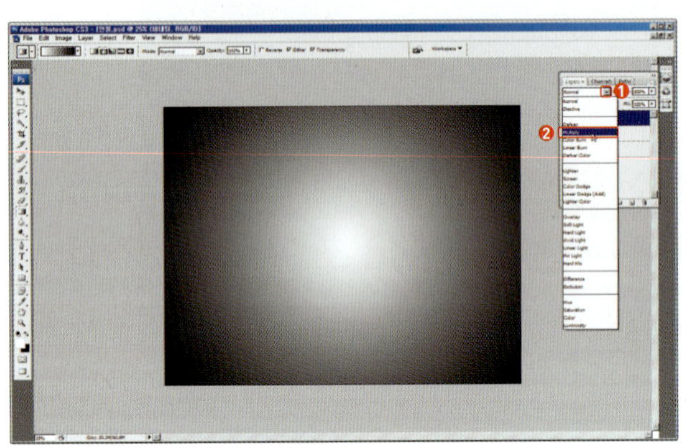

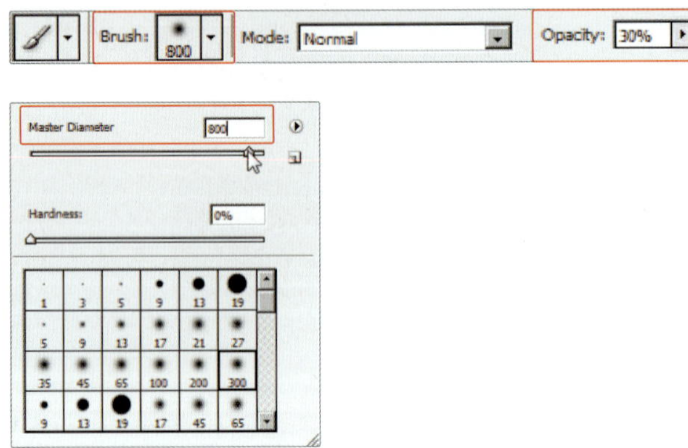

14 전경색을 검은색으로 지정하여 인물을 중심으로 문지릅니다. 그러면 문지르는 부분이 밝아지면서 배경과 대비되어 시선이 중앙으로 집중됩니다. **15** 'Layers' 팔레트에서 보정 레이어 아이콘( )을 클릭하고 'Hue/Saturation' 을 선택합니다.

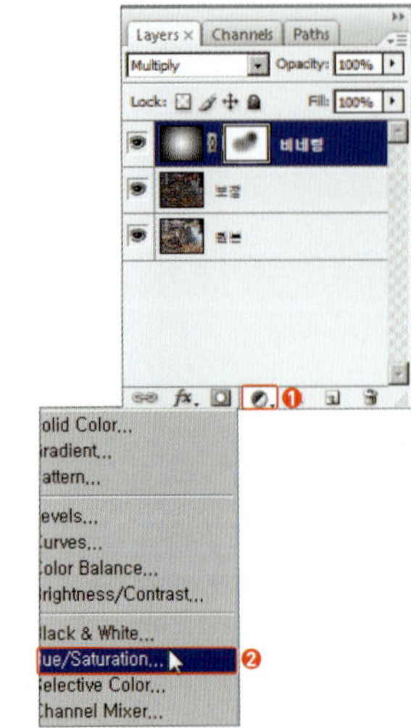

16 'Hue/Saturation' 대화상자가 나타나면 'Saturation'을 '−25'로 지정하여 채도를 감소시킵니다. **17** 'Layers' 팔레트에서 보정 레이어 아이콘(◉)을 클릭한 후 'Color Balance'를 선택합니다.

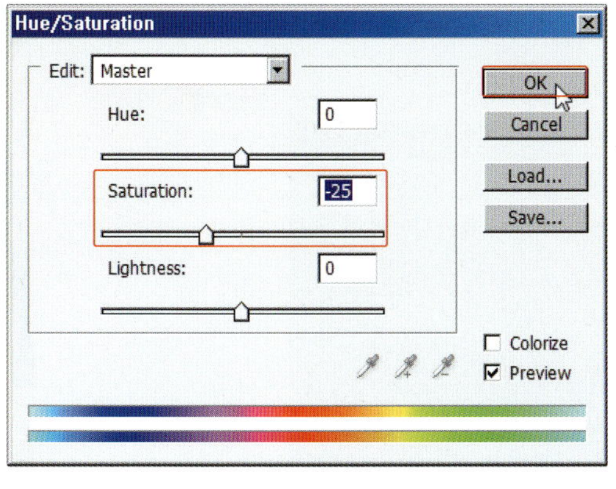

18 다음의 그림과 같이 각각 지정하여 'Red' 톤과 'Yellow' 톤을 증가시켜서 분위기에 어울릴 만한 색감을 만듭니다. 모두 지정했으면 작업을 종료하세요.

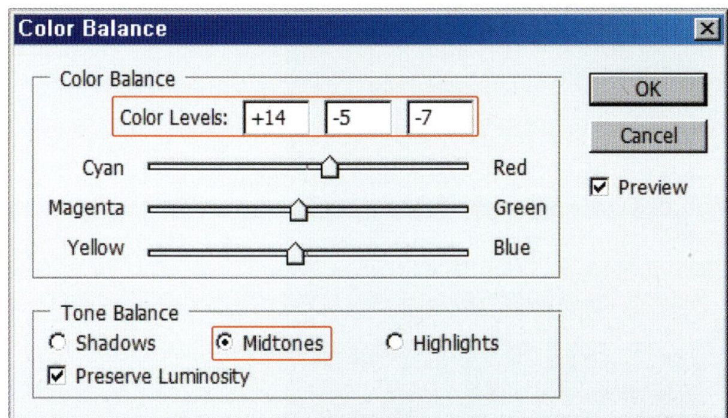

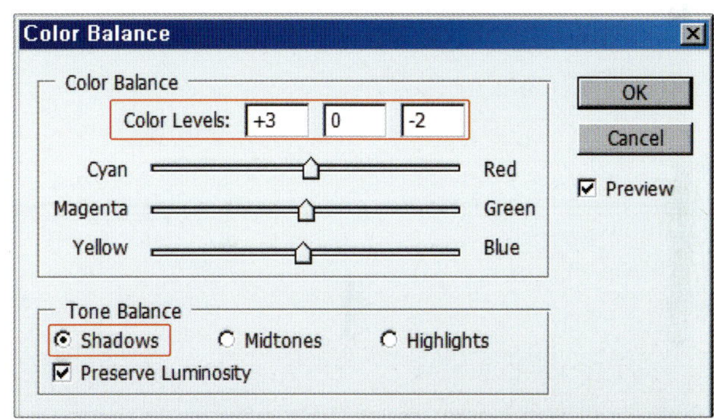

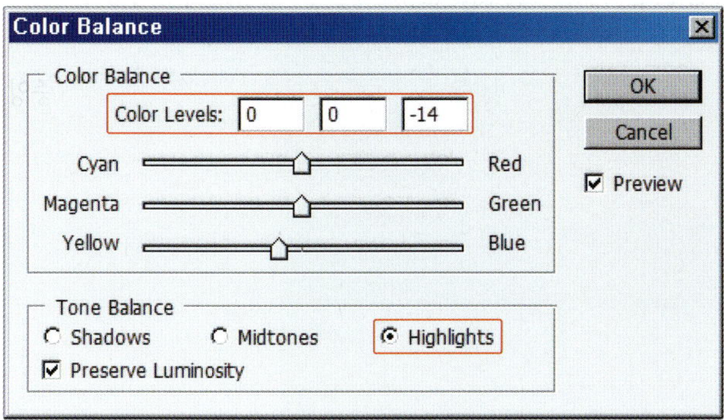

Tip & Tech

'Lucis Art' 필터 활용하기

'Lucis Art' 필터를 사용하면 노이즈가 발생하는데, 원본의 해상도에 따라 결과는 다르게 적용됩니다. 특히 어둡게 찍힌 사진에서 많이 발생하는데, 어두운 영역이 강제적으로 밝게 처리되면서 생겨나는 게 주요 원인입니다. 인물 사진을 소스로 사용할 경우 노출 언더나 노출 오버 사진은 소스로 적합하지 않습니다.

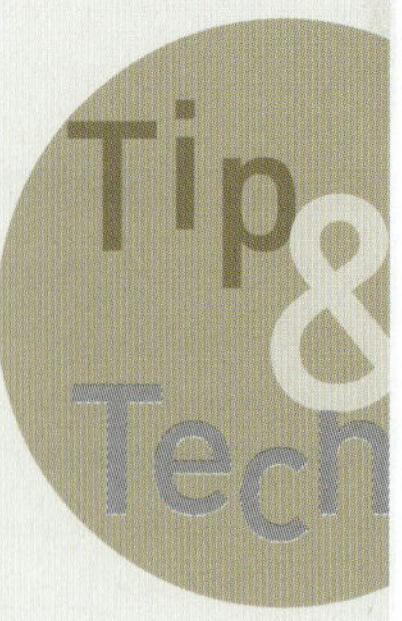

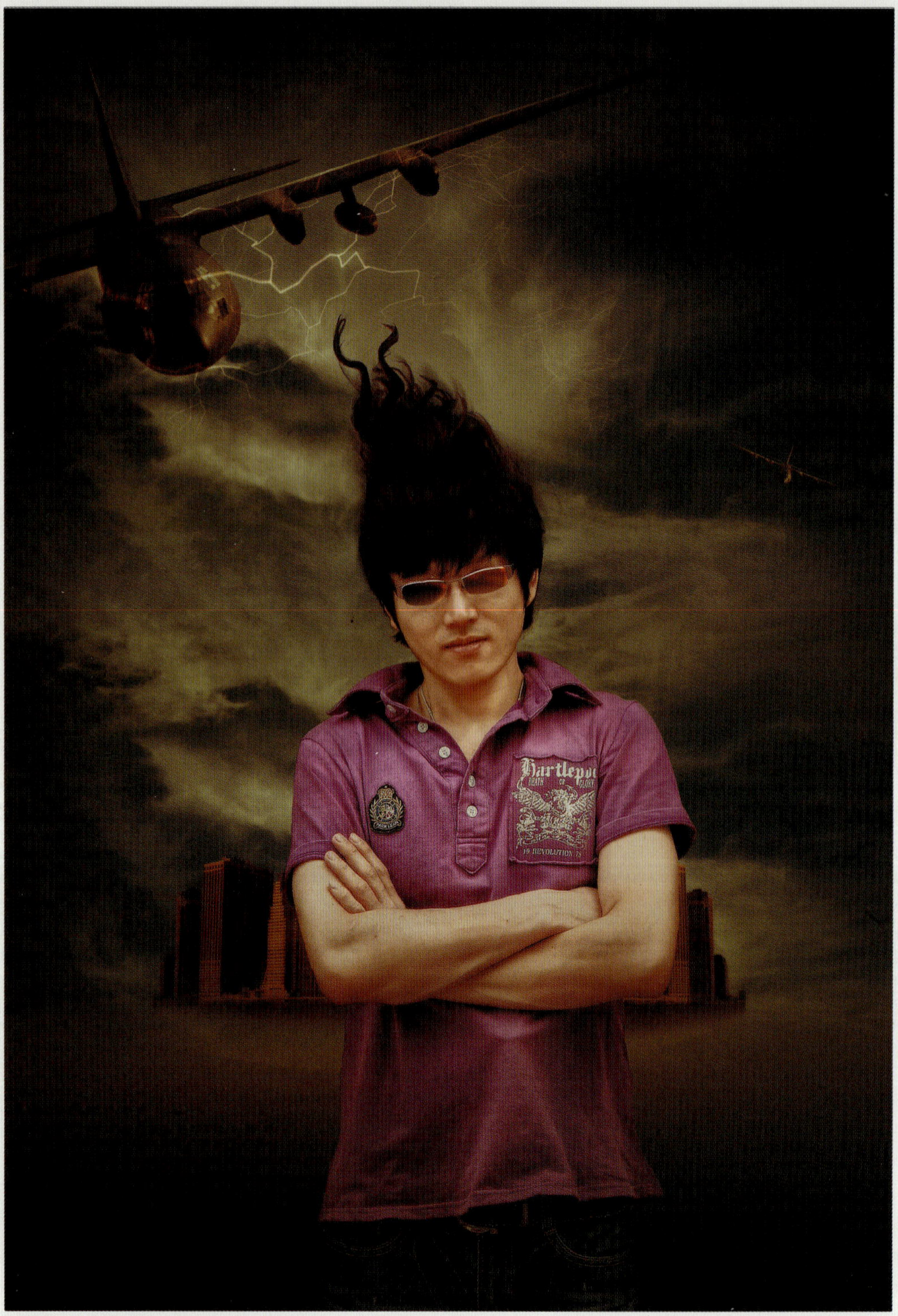

'Theme 03'의 'Lesson 07'에서 작업한 Music Space인데, 'Lucis Art' 필터를 적용하여 이미지를 보정하면 샤픈 디테일이 살아나면서 훨씬 강렬한 이미지를 풍깁니다. 'Lucis Art' 필터를 사용할 때 합성 작업 이후에 레이어를 모두 합친 상태에서 적용하지 않고 작업의 중간중간에 합성되는 모든 구성 요소에 개별적으로 적용합니다. 왜냐하면 합성되는 모든 사진의 해상도가 같지 않으므로 완성도면에서 퀄리티가 떨어지기 때문입니다. 현재 작업의 경우 인물, 배경, 스피커, 이어폰, 글자 등 전부 개별적으로 샤픈과 빌터를 석용한 결과로, 실무와 취미로 하는 습작과는 큰 치이기 있습니다. 습작이아 작업자의 인의대로 효과를 조절하기 때문에 부족한 부분이 있어도 허용됩니다. 하지만, 실무에서 만나는 클라이언트들의 눈은 매우 까다롭기 때문에 디자이너는 타인이 놓치는 부분까지 미리 짚어줄 수 있는 심세한 눈을 가져야 합니다. 필지는 어리거나 경력이 부족한 디자이너들에게 작업 후 한 발자국 뒤로 물러나서 확인하라고 자주 이야기합니다. 말 그대로 화면에서 보이는 작업만 믿지 말고 눈을 잠시 돌린 후 다시 보면 부족한 부분이 눈에 보이기 때문입니다. 그래서 필자의 경우 일정 기간 동안 작업한 데이터에서 인화나 출력을 통해 스스로 보완할 점을 찾아내는 시간을 갖습니다.

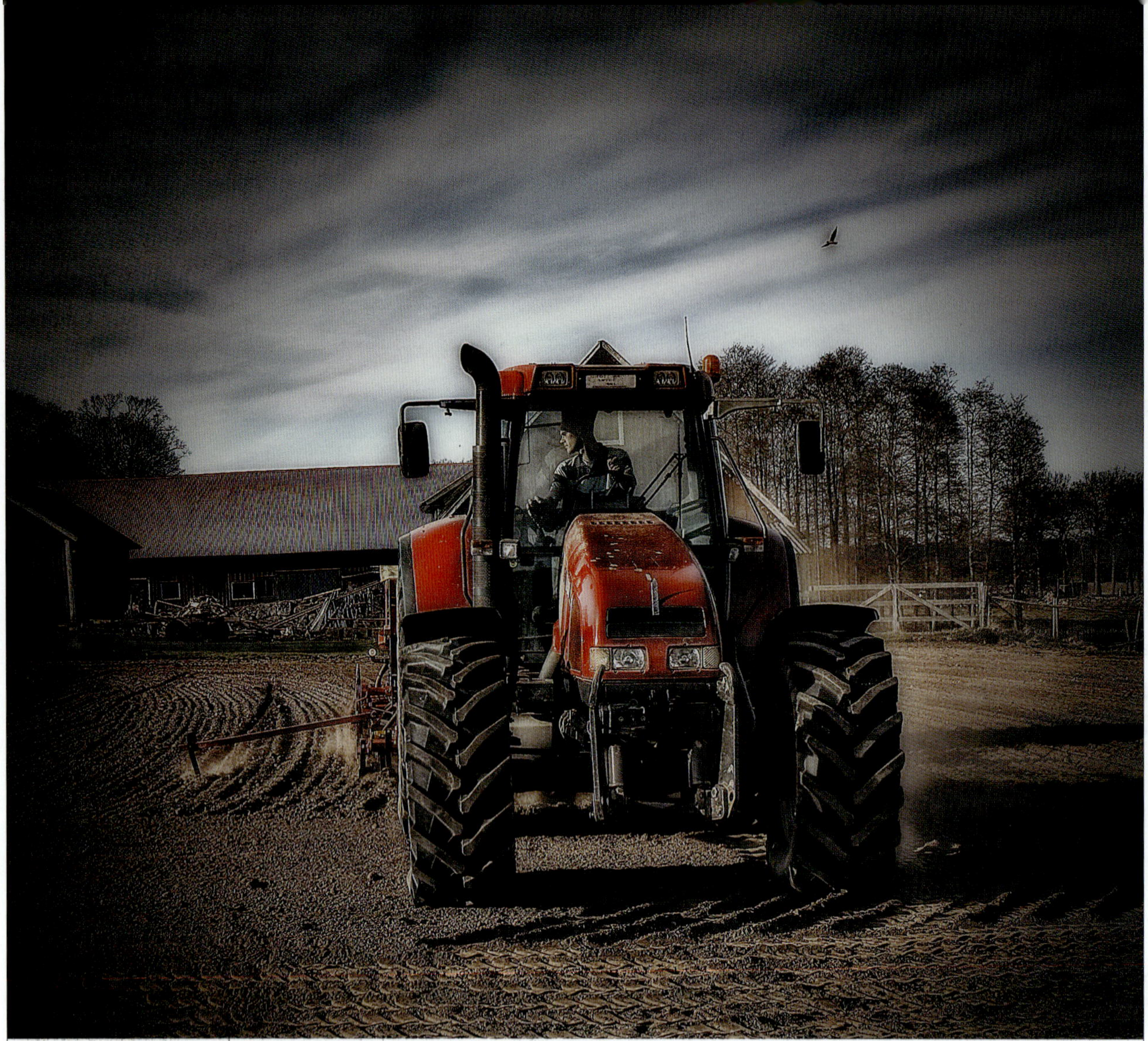

Lesson

결과 파일 부록 CD\Theme05\Lesson08\농장.psd

08

보정(풍경편)

Lesson 07에서 사용했던 'Lucis Art' 필터를 풍경에 적용해 보겠습니다. 최근에 인터넷에서 유행하는 HDR 사진들은 Photomatix 프로그램을 사용하여 만드는 이미지로, 'Lucis Art' 필터를 잘 활용하면 이와 비슷한 방식의 사진을 만들 수 있습니다. 예제를 따라하는 도중에 Step 02에 나오는 확산 광원을 표현을 잘 익혀두면 'Lucis Art' 필터를 쉽게 활용할 수 있습니다.

Step 01

Step 02

Step 03

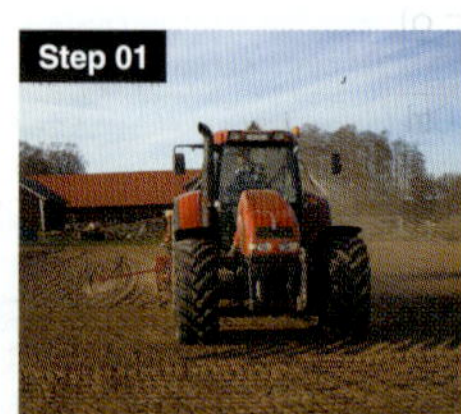

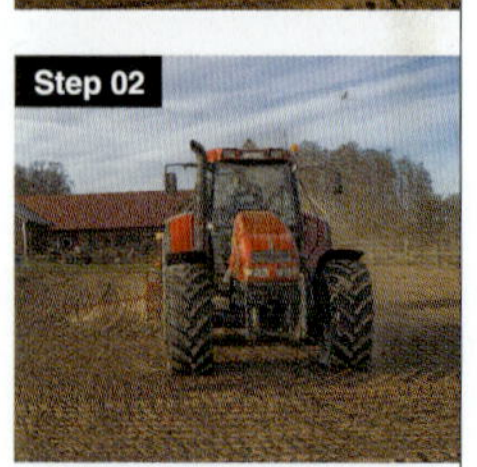

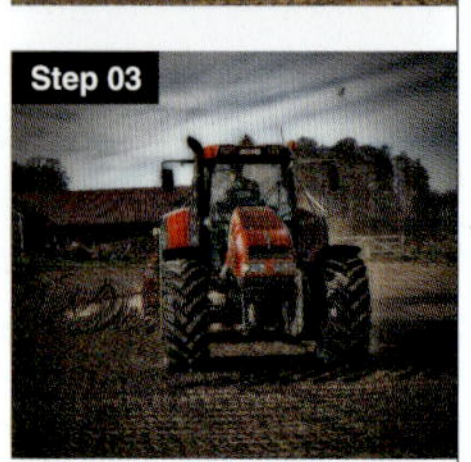

Step **01**

'Lucis Art' 필터 적용하기

원본 이미지에 샤픈을 강하게 적용하고 'Lucis Art' 필터를 적용해 보겠습니다.

예제 파일 부록 CD\Theme05\Lesson08\농장.jpg, Lucis 적용.psd

01 부록 CD에서 '농장.jpg' 파일을 불러옵니다. **02** 'Lucis Art' 필터를 적용하는 다음 단계의 작업을 위해 샤픈을 적용해서 디테일을 살리기 위해 'Filter' → 'Sharpen' → 'Unsharp Mask' 메뉴를 선택합니다.

03 'Unsharp Mask' 대화상자가 나타나면 'Amount' 는 '102%', 'Radius' 는 '2pixels' 로 지정합니다. 원본이 갖고 있는 선예도와 해상도에 따라 적용하는 값이 다르지만, 인물에 적용하는 샤픈보다 강도 높게 조절하세요. **04** 'Layers' 팔레트에서 단축키 Ctrl + J 를 눌러 'Background' 레이어를 복사하고 블렌딩 모드를 'Luminosity' 로 변경합니다. 'Luminosity' 는 하위 레이어에 적용했을 때 색상과 채도는 미세하게 혼합되고 주로 광도에 영향을 미칩니다.

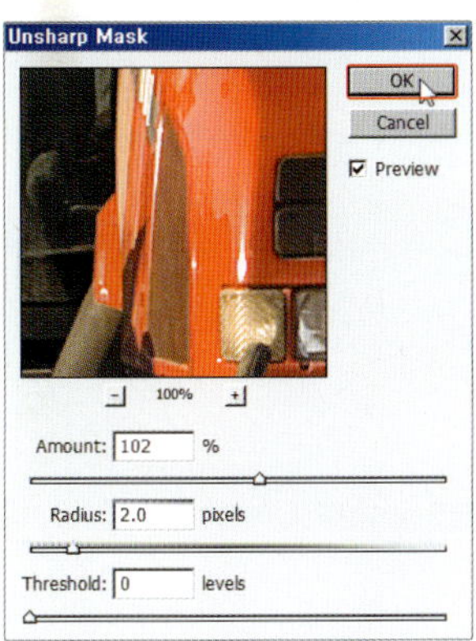 

05 별도로 플러그인된 'Lucis Art' 필터를 선택합니다. **06** 'Lucis Art' 창이 나타나면 표시한 부분을 클릭하고 수치값 '51'을 입력합니다.

07 적용한 필터 효과가 과한 느낌이 있으므로 효과 자체를 감소시키기 위해 'Edit' → 'Fade Lucis Art' 메뉴를 선택합니다. 기타 다른 포토샵 필터를 적용하면 'Edit' → 'Fade '적용한 필터'' 메뉴가 나타납니다. **08** 'Fade' 대화상자가 나타나면 'Opacity'를 '70%'로 조절하여 필터 효과를 감소시킵니다(부록 CD에서 'Lucis 적용.psd' 파일 활용).

 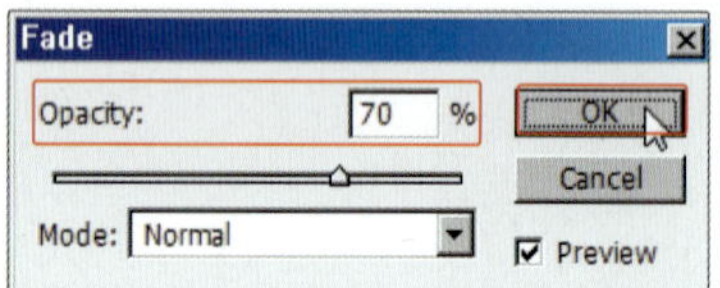

09 이미지 경계면에 디테일을 살려주는 작업을 진행하기 위해 단축키 Ctrl + J 를 눌러 'Background copy' 레이어를 복사하고 블렌딩 모드를 'Overlay'로 변경합니다. **10** 'Filter' → 'Other' → 'High Pass' 메뉴를 선택합니다.

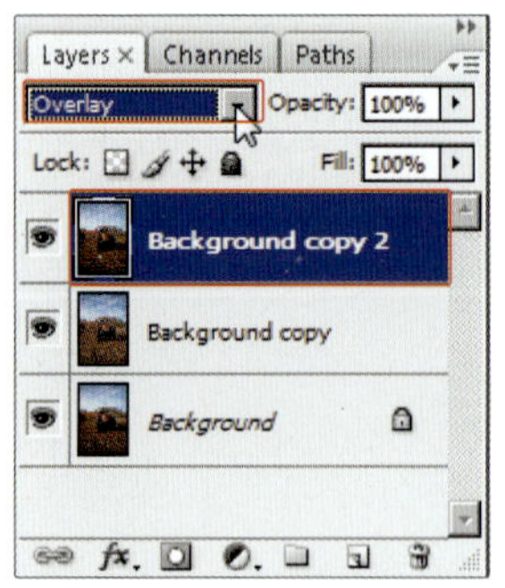 

11 'High Pass' 대화상자가 나타나면 'Radius'를 '3pixels'로 지정하고 'OK' 버튼을 클릭합니다. **12** 단축키 Shift + Ctrl + Alt + E 를 눌러 지금까지의 작업 과정을 하나의 신규 레이어로 만듭니다. 그런 다음 필요 없는 'Background copy', 'Background copy 2' 레이어를 휴지통으로 드래그해 삭제하세요.

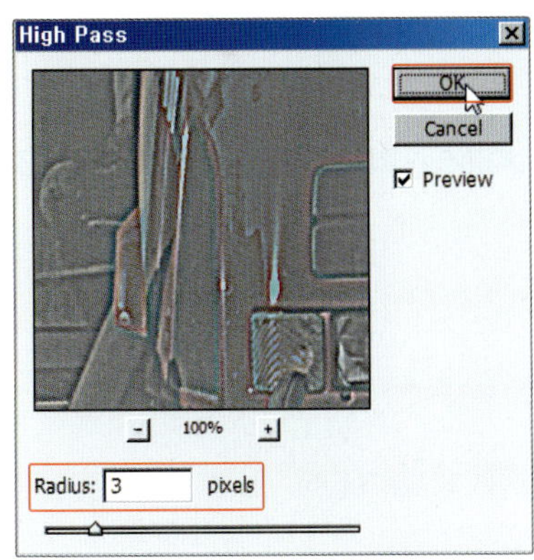
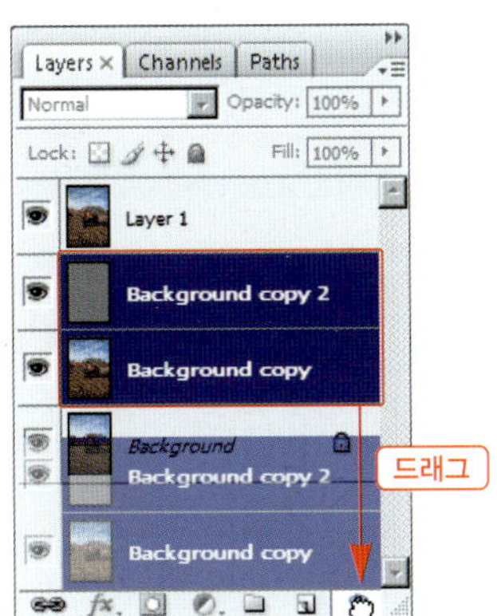

전면에 확산광 표현하기

'High Pass' 필터와 블러를 활용해 이미지 전반에 확산광을 표현해 보겠습니다.

---

01 'Layers' 팔레트에서 단축키 `Ctrl`+`J`를 눌러 'Layer 1' 레이어를 복사하고 블렌딩 모드를 'Hard Light'로 변경합니다.

02 'Filter' → 'Other' → 'High Pass' 메뉴를 선택합니다.

03 하이라이트가 너무 많이 들어간 느낌이면 좋습니다. 이후에 오는 과정에서 블러로 완화하기 때문에 'High Pass' 대화상자에서 'Radius' 값을 좌우로 드래그해서 작업자가 보는 시선에서 적정한 값을 찾으세요. **04** 'Filter' → 'Blur' → 'Gaussian Blur' 메뉴를 선택하여 'Gaussian Blur' 대화상자를 나타내고 'Radius'를 '13pixels'로 지정한 후 'OK' 버튼을 클릭합니다.

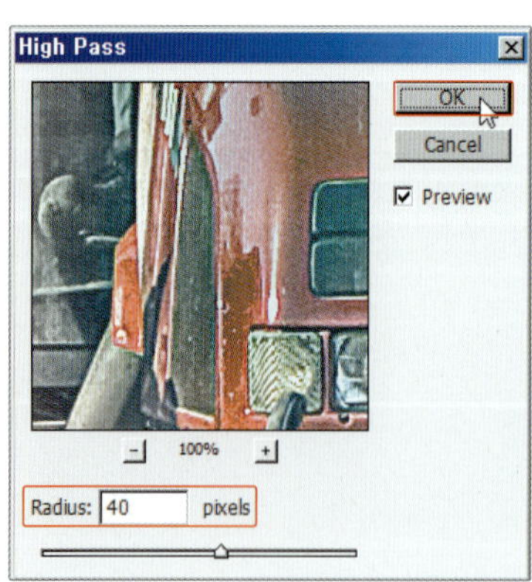 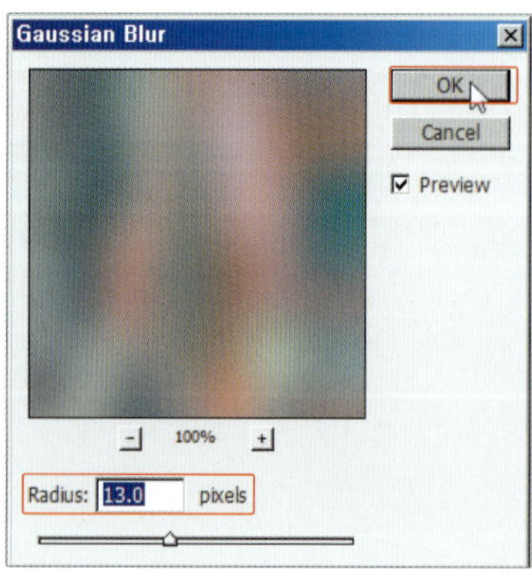

05 'Layers' 팔레트에서 단축키 `Ctrl`+`J`를 눌러 'Background' 레이어를 복사하고 맨 위에 올려놓은 후 블렌딩 모드를 'Vivid Light'로 변경합니다. **06** 'Filter' → 'Other' → 'High Pass' 메뉴를 선택하여 'High Pass' 대화상자를 나타낸 후 'Radius'를 '50.5pixels'로 입력합니다.

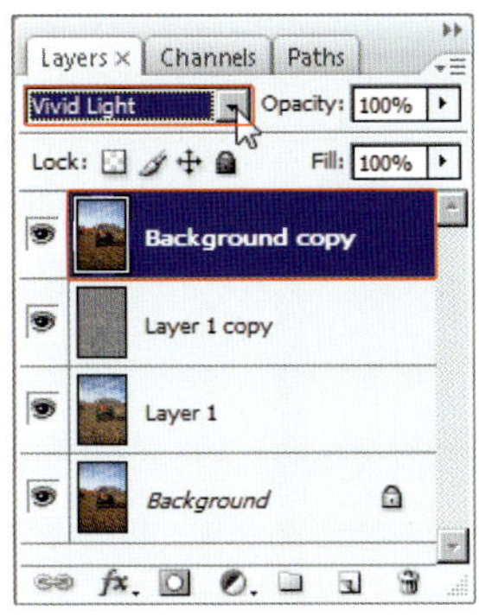
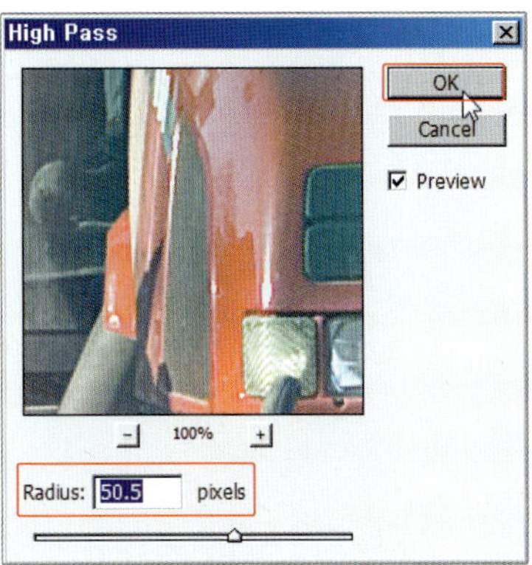

07 'Filter' → 'Blur' → 'Gaussian Blur' 메뉴를 선택하여 'Gaussian Blur' 대화상자를 나타내고 'Radius'를 '48.6pixels'로 지정하여 이미지 전면에 확산 광원을 좀 더 강하게 표현합니다. **08** 'Layers' 팔레트에서 `Shift`를 누른 상태에서 'Layer 1' 레이어부터 'Background Copy' 레이어를 선택하고 단축키 `Ctrl`+`G`를 눌러 레이어들을 합칩니다.

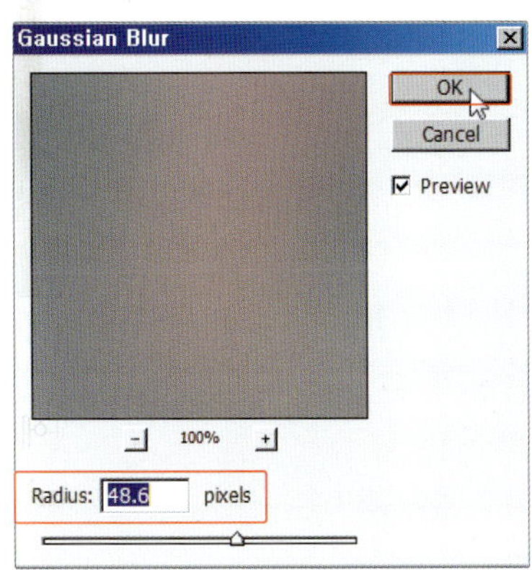
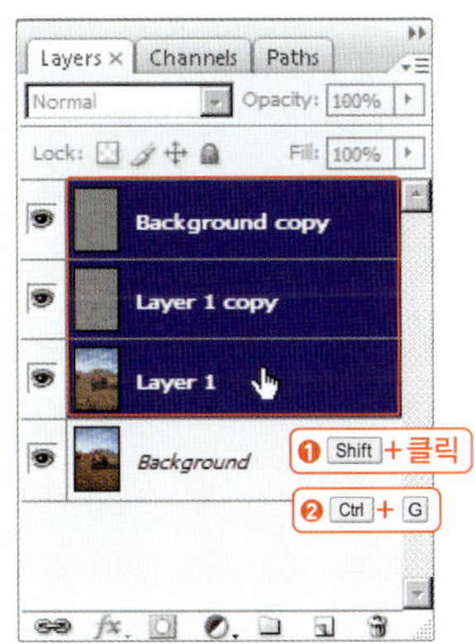

09 합친 레이어 이름을 '보정'으로 변경합니다. **10** 'Layers' 팔레트에서 보정 레이어 아이콘()을 클릭한 후 'Levels'를 선택합니다.

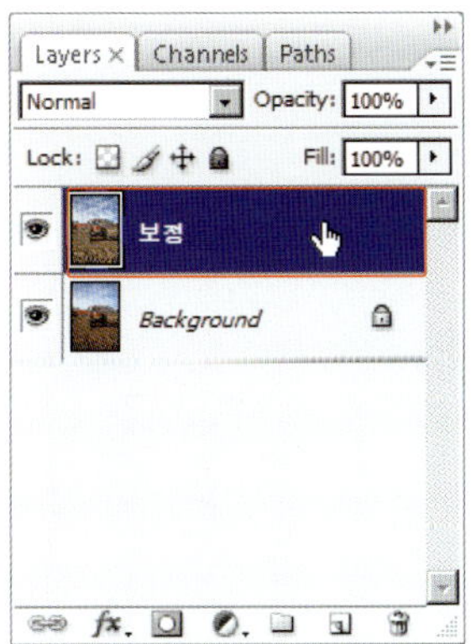

11 'Lucis Art' 필터를 적용한 후 확산광을 표현하면 이미지의 콘트라스트가 감소됨에 따라 톤을 조절해야 합니다. 'Levels' 대화 상자에서 다음의 그림과 같이 조절하여 전체적인 톤은 어둡게, 하이라이트는 밝게 지정하세요. **12** 'Layers' 팔레트에서 보정 레이어 아이콘(◉)을 클릭한 후 'Hue/Saturation'을 선택합니다.

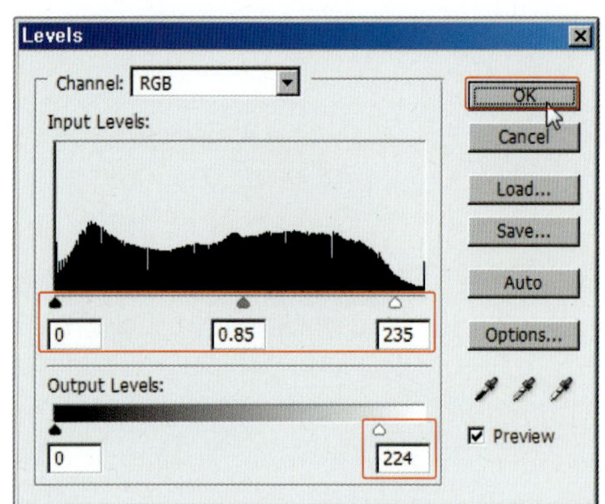

13 'Hue/Saturation' 대화상자에서 'Saturation'을 '-54'로 지정하여 채도를 감소시킵니다. **14** 'Layers' 팔레트에서 보정 레이어 아이콘(◉)을 클릭한 후 'Brightness/Contrast'를 선택합니다.

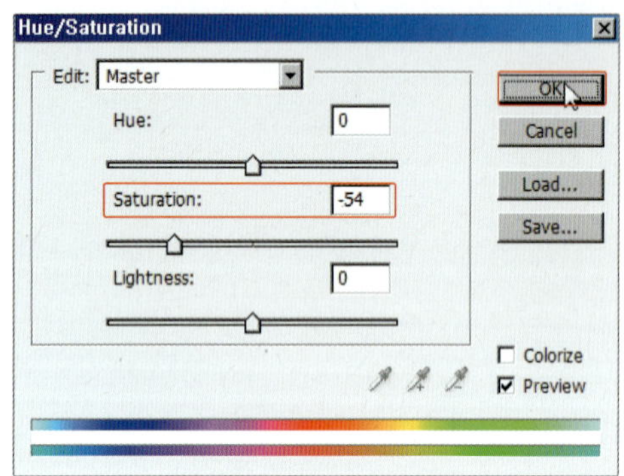

15 'Brightness/Contrast' 대화상자가 나타나면 'Brightness'는 '-11', 'Contrast'는 '+23'으로 지정하여 톤을 어둡게 하고 명암 대비를 높입니다. **16** Shift 를 누른 상태에서 '보정' 레이어부터 'Brightness/Contrast' 레이어를 선택하고 단축키 Ctrl + G 를 눌러 레이어들을 합칩니다.

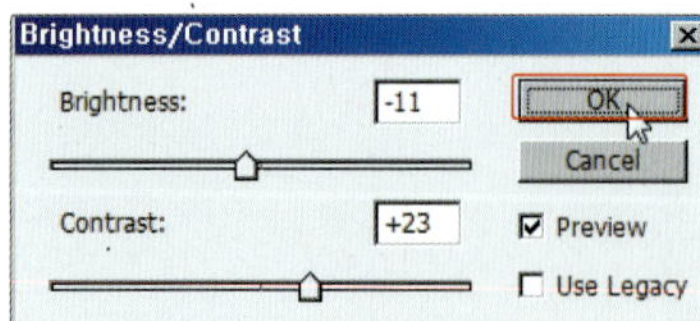

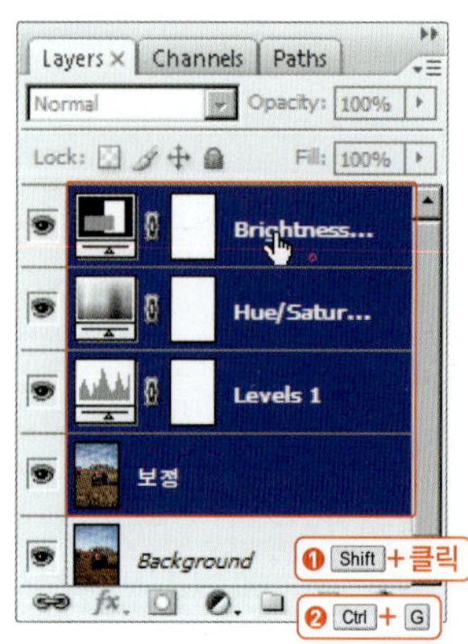

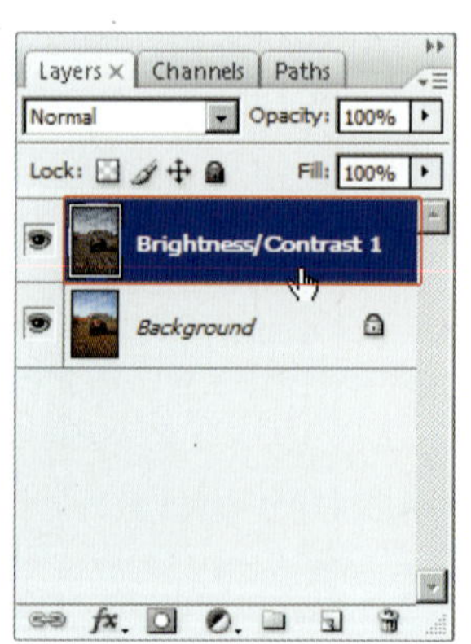

색상 포인트 살리기

보이는 이미지에서 레이아웃이나 컬러, 사물에서 포인트를 찾아 부분을 강조해 보겠습니다.

01 'Layers' 팔레트에서 'Brightness/Contrast1' 레이어를 선택하고 'Filter' → 'Sharpen' → 'Unsharp Mask' 메뉴를 선택합니다. **02** 'Unsharp Mask' 대화상자가 나타나면 다음의 그림과 같이 조절하여 이미지의 디테일을 살립니다.

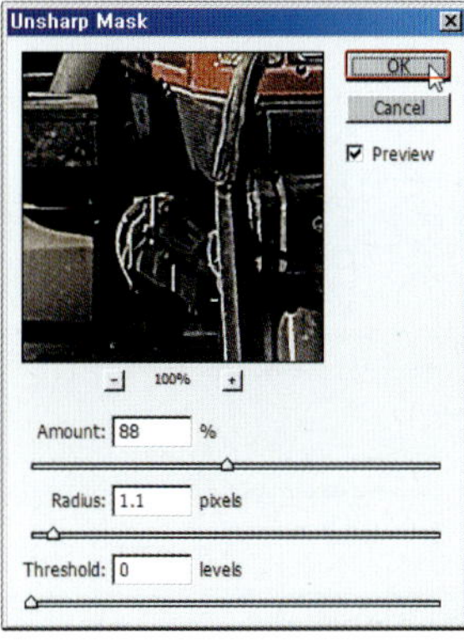

03 단축키 Shift + Ctrl + N 을 눌러 신규 레이어 '비네팅'을 만듭니다. **04** 전경색은 흰색, 배경색은 검은색으로 지정합니다. 그런 다음 툴바에서 그레이디언트 툴(■)을 선택하고 옵션바에서 원형 그레이디언트를 선택하세요.

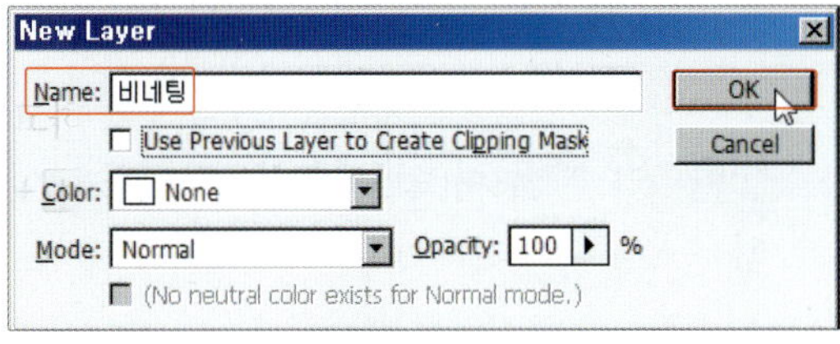
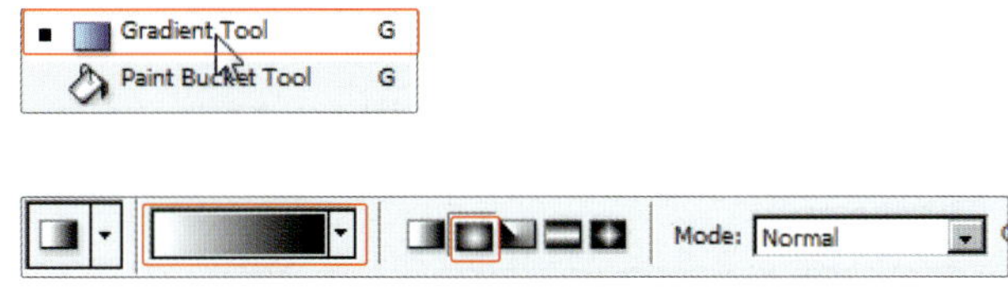

05 중앙에서 대각선 측면 방향으로 드래그하여 그러데이션을 적용합니다. **06** 블렌딩 모드를 'Multiply'로 변경하여 비네팅 효과를 적용합니다.

07 'Layers' 팔레트에서 'Add Layer Mask' 아이콘(◉)을 클릭하여 마스크를 씌웁니다. **08** B 를 눌러 브러시로 지정하고 작업 창에서 마우스 오른쪽 버튼을 클릭한 후 'Master Diameter'를 '1500px'로 지정합니다.

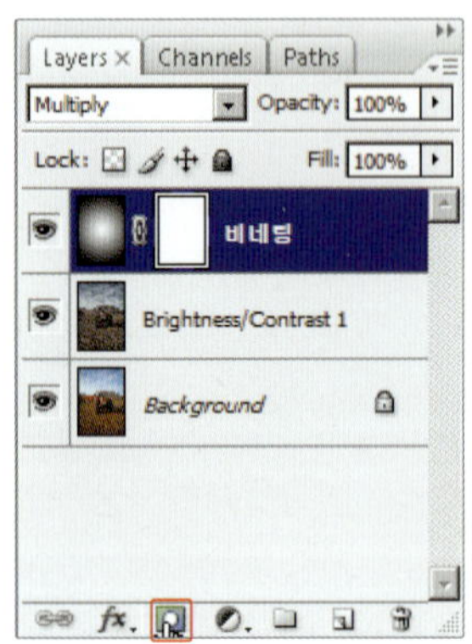

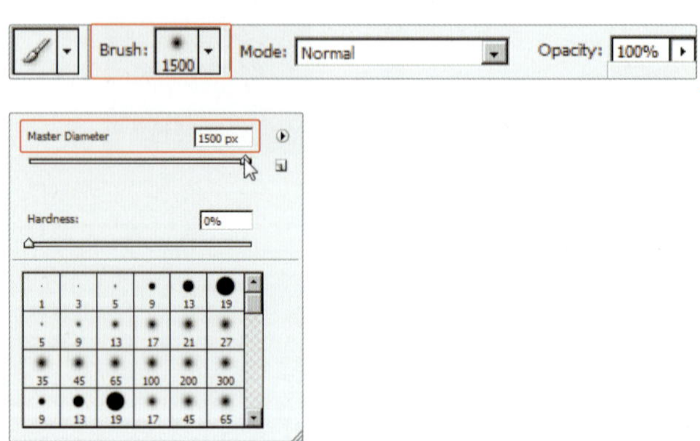

09 전경색을 검은색으로 지정하고 이미지의 중앙을 클릭하여 배경보다 밝게 표현합니다. 그런 다음 'Layers' 팔레트에서 보정 레이어 아이콘(◉)을 클릭하고 'Selective Color'를 선택하세요. **10** 'Selective Color Options' 대화상자가 나타나면 'Color'를 'Reds'로 선택하고 다음의 그림과 같이 'Red'를 결정하는 컬러 'Magenta'와 'Yellow'를 지정하여 트랙터의 붉은색 부분의 채도(화면에서의 포인트)를 높게 조정한 후 작업을 종료합니다.

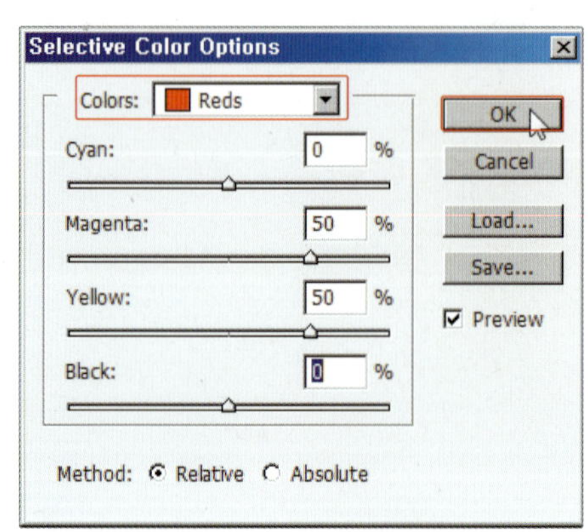

'Lucis Art' 필터

'http://www.lucisart.com/lucisart-3-demo.htm' 에서 30일 데모 버전을 다운로드할 수 있습니다.

❶ 다운로드할 파일의 압축을 풀고 더블클릭하여 필터를 설치합니다.

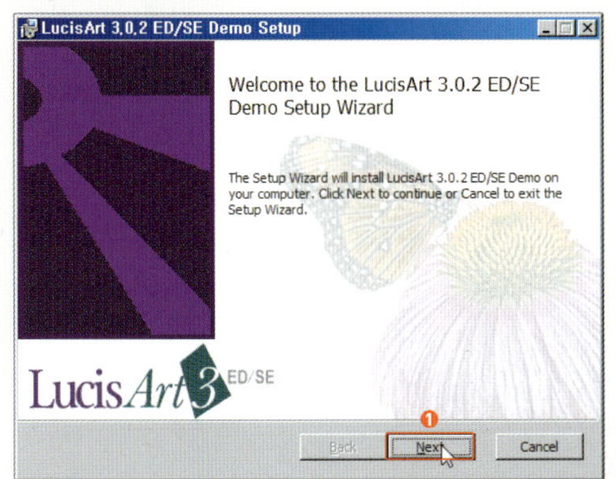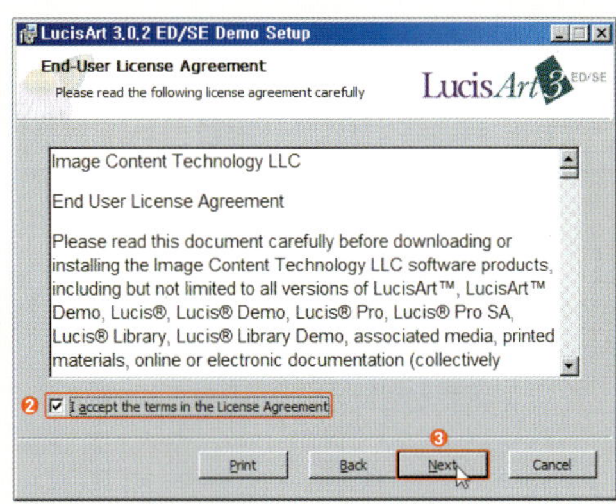

❷ 설치한 포토샵 목록이 왼쪽 화면에 나타나면 'Add' 버튼을 클릭하고 'Next' 버튼을 클릭하여 필터를 설치합니다.

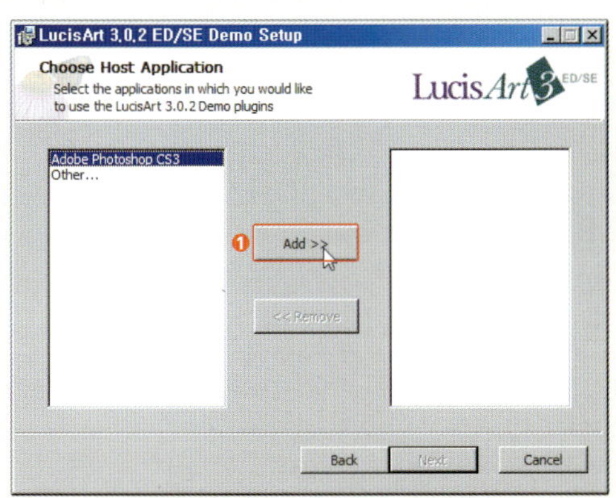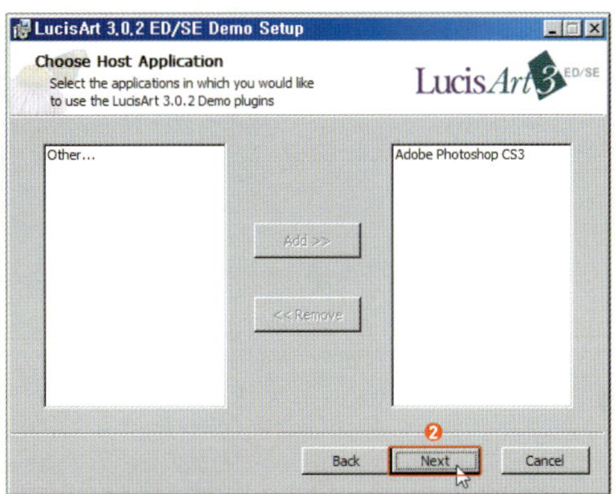

❸ 포토샵을 실행하고 'Filter' 메뉴에 설치한 'Lucis' → 'LucisArt 3 Ed Demo' 메뉴를 선택합니다.
• Enhance Detail : 경계에 적용되는 디테일의 강약을 조절하는데, 왼쪽으로 슬라이드바를 드래그할수록 디테일이 살아납니다.
• Mix With Original Image : 오른쪽으로 드래그할수록 원본 이미지가 살아납니다.

❹ 'Enhance Detail'의 슬라이드바를 왼쪽으로 드래그해 샤
픈디테일을 적용합니다.

❺ 'Mix With Original Image'의 슬라이드바를 오른쪽으로
드래그해 원본 이미지와 혼합합니다. 그러면 표시한 부분에 ·
· 디테일을 적용한 이미지와 원본 이미지의 혼합된 비율이 나타
납니다.

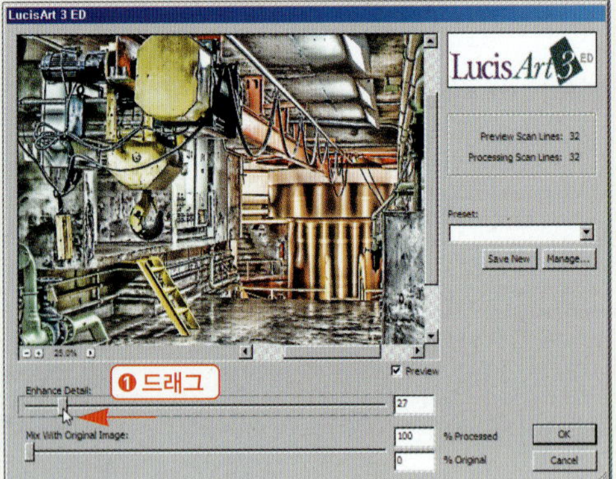
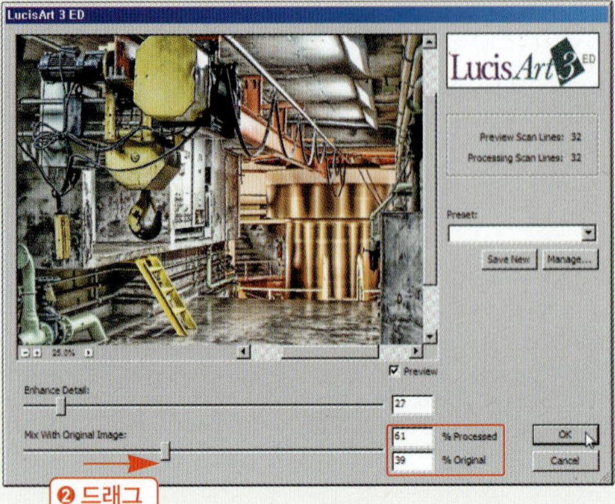

❻ 원본과 비교해 경계에 샤픈 디테일이 살아나면서 실사의
느낌은 감소되고 그림체의 느낌이 묻어납니다.

❼ 콘트라스트를 높이는 작업, 톤다운, 확산광, 'High Pass' 필터를 이용한 샤픈 효과 등을 추가 적용하여 예제에서 설명한 작업과 같은 방식으로 이미지
를 보정했습니다.

❽ 예제에서 사용한 'Lucis Art' 필터의 초기 모델로, 'Lucis Art3' 필터와 사용 방법이 같습니다. 왼쪽 작은 동그라미는 효과를 약하게 적용했습니다.

❾ 오른쪽 큰 동그라미를 클릭하면 효과가 강하게 적용됩니다. 이때 동그라미의 크기는 Enhance Detail을 의미합니다.

❿ 수치값을 적용하는 슬라이드바는 'Mix With Original Image'의 성능과 같습니다. 왼쪽으로 슬라이드바를 드래그 할수록 원본 이미지와 효과가 적용된 이미지를 혼합하여 미리 보기 창에 나타납니다.

하늘에 구름을 합성하고 예제와 같은 방식으로 보정한 사진입니다. 이 경우 배경과 하늘이 분리된 상태에서 필터를 각각 따로 적용합니다. 통으로 된 한 장의 사진만 이용하면 트랙터와 하늘이 맞닿는 부분에 후광 현상이 생겨서 어색한 느낌이 연출됩니다.

특별하지 않은 사진이지만 보정해서 깔끔하게 정리된 느낌입니다. 또한 이런 단순한 사진에서 포인트를 찾아주는 작업이 필요합니다. 따라서 우산의 레인보우 컬러와 파란색 망, 옅은 주황색 쇼핑백의 컬러를 살리는 오른쪽 사진과 왼쪽 사진을 비교했을 때 오른쪽 사진에 시선이 더욱 집중됩니다. 'Lucis Art' 필터를 사용하면 왼쪽 사진과 같은 평면적인 느낌의 사진을 입체적인 느낌으로 보정할 수 있습니다.

이도공간 기본 배경을 만든 후 180° 회전시켜 나머지 오브젝트들을 합성합니다.

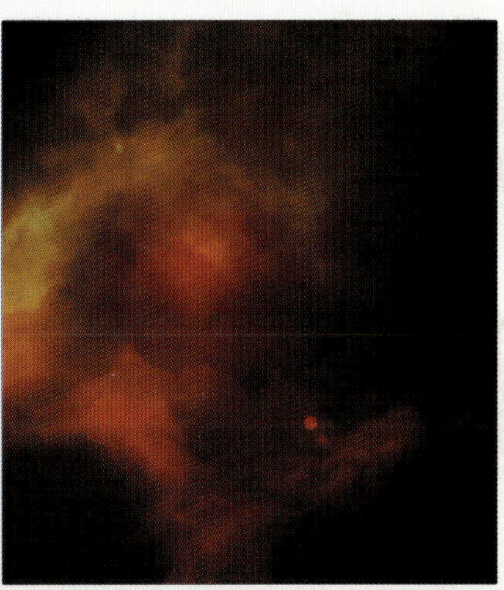

크레이지 붉은색 계열의 그런지(Grungy) 스타일의 배경을 만들어줍니다. 'Lucis Art' 필터를 활용해 인물을 보정하여 배경에 합성합니다.

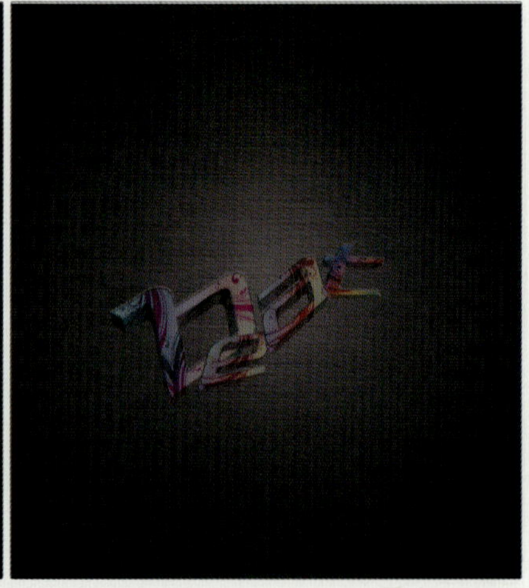

Beat 일러스트레이터 3D 오브젝트 기능을 활용해 3D 타입의 글자를 만들어 준 다음 포토샵에서 문양이나 텍스처를 입혀 기본 글자를 완성합니다. 스피커의 기본 형태를 펜 툴로 그려 만든 다음 베벨엠보스 효과로 입체감을 주고 오브젝트들을 겹쳐 입체 및 공간감을 더합니다.

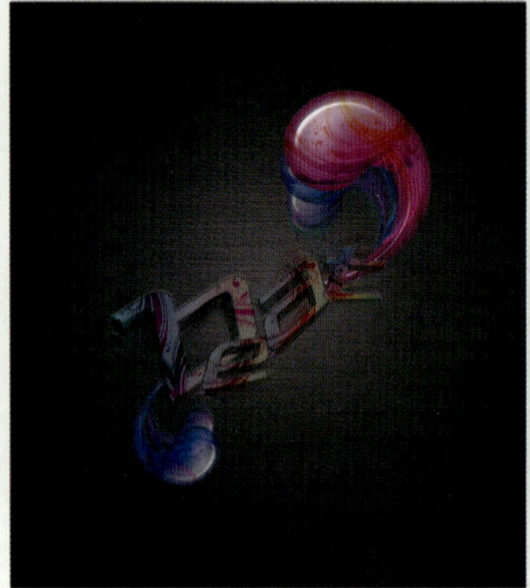

힙합 가장 먼저 배경과 배경에 합성될 인물 소스를 합성하고 배경의 색감이나 분위기를 어둡게 만들어 줍니다. 인물은 샤픈 디테일을 보정하고 3D Render 이미지를 추가하여 역동적인 느낌을 강조해줍니다. 인물과 배경과의 완벽한 합성을 위해 인물의 색감이나 명암 등을 보정하여 완성합니다.

그린 주제에 맞는 배경 컬러를 지정하고 일러스트레이터 3D 오브젝트와 베벨엠보스 효과로 만들어진 기본 글자를 합성하고 반전되는 이미지와 물(Water)의 느낌을 충분히 살려줍니다. 담쟁이와 라인들을 추가해 텍스트를 감싸고 기타 오브젝트들을 추가하여 합성과 컬러의 보정으로 완성합니다.

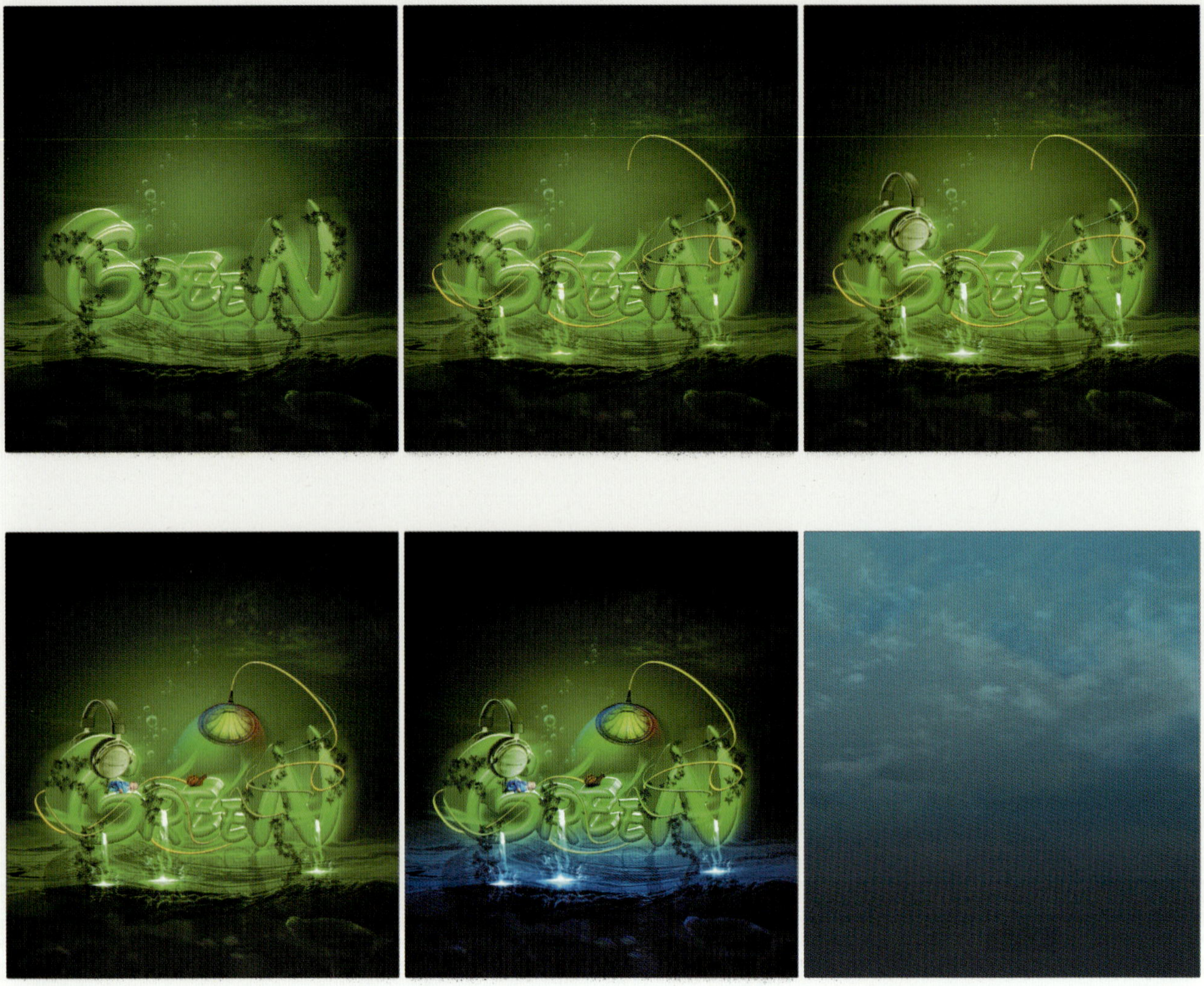

욕심쟁이 가재아저씨 이 작업의 포인트는 낡은 배수관에 잔디를 씌워주는데 있습니다. 잔디 원본을 배수관 위에 올려놓고 브러시 툴을 활용해 관의 굴곡을 따라 이끼를 표현합니다.

수상한 남자의 수상한 가방 가방 안에 숨겨져 있는 섬을 표현합니다. 우선 인물에 마스크 작업을 통해 체내에 물이 흐르는 느낌을 표현하고 가방 안에 하늘과 바위섬 과 인물을 합성합니다. 가방의 기울어진 측면에 하단으로 낙하 하는 물도 표현합니다.

자연과 하나되다 멋진 하늘 배경 사진에 녹색의 느낌이 강한 배경과 인물(특히 누드)을 합성합니다. 인체에도 자연의 느낌을 더하기 위해 꽃을 이용해 인물에 패턴을 입혀주고 천의 굴곡을 따라 잔디를 합성해 배경 컬러와 동일한 느낌을 부여합니다.